J. von Staudingers
Kommentar zum Bürgerlichen Gesetzbuch
mit Einführungsgesetz und Nebengesetzen
Buch 4 · Familienrecht
§§ 1601–1615n
(Unterhaltspflicht)

Kommentatorinnen und Kommentatoren

Dr. Karl-Dieter Albrecht
Vorsitzender Richter am Bayerischen Verwaltungsgerichtshof a. D., München

Dr. Christoph Althammer
Professor an der Universität Regensburg

Dr. Georg Annuß
Rechtsanwalt in München, Außerplanmäßiger Professor an der Universität Regensburg

Dr. Christian Armbrüster
Professor an der Freien Universität Berlin, Richter am Kammergericht a. D.

Dr. Arnd Arnold
Professor an der Universität Trier, Dipl.-Volksw.

Dr. Markus Artz
Professor an der Universität Bielefeld

Dr. Marietta Auer
Professorin an der Universität Gießen

Dr. Martin Avenarius
Professor an der Universität zu Köln

Dr. Ivo Bach
Professor an der Universität Göttingen

Dr. Wolfgang Baumann
Notar in Wuppertal, Professor an der Bergischen Universität Wuppertal

Dr. Winfried Bausback
Professor a. D. an der Bergischen Universität Wuppertal, bayerischer Staatsminister der Justiz, Mitglied des Bayerischen Landtags

Dr. Roland Michael Beckmann
Professor an der Universität des Saarlandes, Saarbrücken

Dr. Dr. h. c. Detlev W. Belling, M.C.L.
Professor an der Universität Potsdam

Dr. Andreas Bergmann
Professor an der Fernuniversität Hagen

Dr. Falk Bernau
Richter am Bundesgerichtshof, Karlsruhe

Dr. Marcus Bieder
Professor an der Universität Osnabrück

Dr. Werner Bienwald
Professor an der Evangelischen Fachhochschule Hannover, Rechtsanwalt in Oldenburg

Dr. Tom Billing
Rechtsanwalt in Berlin

Dr. Claudia Bittner, LL.M.
Außerplanmäßige Professorin an der Universität Freiburg i. Br., Richterin am Hessischen Landessozialgericht

Dr. Eike Bleckwenn
Rechtsanwalt in Hannover

Dr. Reinhard Bork
Professor an der Universität Hamburg

Dr. Jan Busche
Professor an der Universität Düsseldorf

Dr. Georg Caspers
Professor an der Universität Erlangen-Nürnberg

Dr. Tiziana Chiusi
Professorin an der Universität des Saarlandes, Saarbrücken

Dr. Michael Coester, LL.M.
Professor an der Universität München

Dr. Dr. h. c. Dagmar Coester-Waltjen, LL.M.
Professorin an der Universität Göttingen

Dr. Thomas Diehn
Notar in Hamburg

Dr. Katrin Dobler
Regierungsdirektorin beim Justizministerium Baden-Württemberg

Dr. Heinrich Dörner
Professor an der Universität Münster

Dr. Werner Dürbeck
Richter am Oberlandesgericht Frankfurt a. M.

Dr. Anatol Dutta, M. Jur.
Professor an der Universität München

Dr. Christina Eberl-Borges
Professorin an der Universität Mainz

Dr. Dres. h. c. Werner F. Ebke, LL.M.
Professor an der Universität Heidelberg

Dr. Jan Eickelberg, LL.M.
Professor an der Hochschule für Wirtschaft und Recht, Berlin

Jost Emmerich
Richter am AG München

Dr. Volker Emmerich
Professor an der Universität Bayreuth, Richter am Oberlandesgericht Nürnberg a. D.

Dipl.-Kfm. Dr. Norbert Engel
Ministerialdirigent a. D., Rechtsanwalt in Erfurt

Dr. Cornelia Feldmann
Rechtsanwältin in Freiburg i. Br.

Dr. Timo Fest, LL.M.
Priv. Dozent an der Universität München

Dr. Karl-Heinz Fezer
Professor an der Universität Konstanz, Honorarprofessor an der Universität Leipzig, Richter am Oberlandesgericht Stuttgart a. D.

Dr. Philipp S. Fischinger, LL.M.
Professor an der Universität Mannheim

Dr. Holger Fleischer
Professor am Max-Planck-Institut, Hamburg

Dr. Rainer Frank
Professor an der Universität Freiburg i. Br.

Dr. Robert Freitag, Maître en droit
Professor an der Universität Erlangen-Nürnberg

Dr. Jörg Fritzsche
Professor an der Universität Regensburg

Dr. Beate Gsell, Maître en droit
Richterin am Oberlandesgericht München, Professorin an der Universität München

Dr. Karl-Heinz Gursky
Professor an der Universität Osnabrück

Dr. Thomas Gutmann, M. A.
Professor an der Universität Münster

Dr. Martin Gutzeit
Professor an der Universität Gießen

Dr. Martin Häublein
Professor an der Universität Innsbruck

Dr. Johannes Hager
Professor an der Universität München

Dr. Felix Hartmann
Professor an der FU Berlin

Dr. Wolfgang Hau
Professor an der Universität Passau

Dr. Rainer Hausmann
Professor an der Universität Konstanz

Dr. Stefan Heilmann
Richter am Oberlandesgericht Frankfurt, Honorarprofessor an der Frankfurt University of Applied Sciences

Dr. Jan von Hein
Professor an der Universität Freiburg i. Br.

Dr. Christian Heinze
Professor an der Universität Hannover

Dr. Stefan Heinze
Notar in Moers

Dr. Tobias Helms
Professor an der Universität Marburg

Dr. Dr. h. c. mult. Dieter Henrich
Professor an der Universität Regensburg

Dr. Carsten Herresthal, LL.M.
Professor an der Universität Regensburg

Christian Hertel, LL.M.
Notar in Weilheim i. OB.

Dr. Stephanie Herzog
Rechtsanwältin in Würselen

Dr. Katharina Hilbig-Lugani
Professorin an der Universität Düsseldorf

Joseph Hönle
Notar in München

Dr. Ulrich Hönle
Notar in Waldmünchen

Dr. Bernd von Hoffmann †
Professor an der Universität Trier

Dr. Heinrich Honsell
Professor an der Universität Zürich, Honorarprofessor an der Universität Salzburg

Dr. Norbert Horn
Professor an der Universität zu Köln, Vorstand des Arbitration Documentation and Information Center e.V., Köln

Dr. Rainer Hüttemann
Professor an der Universität Bonn

Titel 3
Unterhaltspflicht

Vorbemerkungen zu §§ 1601–1615n

Schrifttum

1. Erläuterungsbücher und Monografien

BORN, in: Münchener Kommentar zum Bürgerlichen Gesetzbuch, Band 8 Familienrecht II (7. Aufl 2017) §§ 1601–1615n

BOTUR, in: BÜTE/POPPEN/MENNE, Unterhaltsrecht (3. Aufl 2015) §§ 1602–1604, 1610–1611

BUENGNER, Zur Theorie und Praxis der Alimentationspflicht (1879)

DERLEDER, in: Alternativkommentar zum Bürgerlichen Gesetzbuch, Band 5 Familienrecht (1981) §§ 1601–1615o

BRUDERMÜLLER, in: PALANDT, Bürgerliches Gesetzbuch (76. Aufl 2017) §§ 1601–1615n

DETHLOFF, Familienrecht (31. Aufl 2015)

DÖLLE, Familienrecht (1964)

DOSE, Einstweiliger Rechtsschutz in Familiensachen (3. Aufl 2010)

EHINGER/GRIESCHE/RASCH, Handbuch Unterhaltsrecht (7. Aufl 2014)

ESCHENBRUCH/KLINKHAMMER, Der Unterhaltsprozess (5. Aufl 2009)

ESCHENBRUCH/SCHÜRMANN/MENNE, Der Unterhaltsprozess (6. Aufl 2013)

GERHARDT/vHEINTSCHEL-HEINEGG/KLEIN, Handbuch des Fachanwalts Familienrecht – FA-FamR (10. Aufl 2015)

GERNHUBER/COESTER-WALTJEN, Lehrbuch des Familienrechts (6. Aufl 2010)

GÖPPINGER, Unterhaltsrecht (5. Aufl 1987)

GÖPPINGER/WAX, Unterhaltsrecht (9. Aufl 2008)

GRABA, in: JOHANNSEN/HENRICH, Familienrecht (6. Aufl 2015) §§ 1601–1615n

GRIESCHE, in: Familiengerichtsbarkeit (1992) §§ 1601–1615o BGB

HÄBERLE, in: SOERGEL, Bürgerliches Gesetzbuch, Band 8 Familienrecht II (12. Aufl 1987) §§ 1601–1615o

HAMMERMANN, in: ERMAN, Handkommentar zum Bürgerlichen Gesetzbuch (15. Aufl 2017) §§ 1589–1921

HEISS/BORN, Unterhaltsrecht, Loseblattausgabe (Stand Januar 2017)

HENRICH, Aktuelle Probleme des Unterhaltsrechts (6. Aufl 1988)

JAKOBS/SCHUBERT, Die Beratung des BGB, Einführung, Biografien und Materialien (1978)

JAKOBS/SCHUBERT, Die Beratung des BGB, Familienrecht I und II (1987)

KLEFFMANN/SOYKA, Praxishandbuch Unterhaltsrecht (2. Aufl 2014)

KOCH, Handbuch des Unterhaltsrechts (13. Aufl 2017)

KÖHLER, in: Münchener Kommentar zum Bürgerlichen Gesetzbuch, Band 8 Familienrecht II (3. Aufl 1992) §§ 1601–1615o

KRAUSE, Die gegenseitigen Unterhaltsansprüche zwischen Eltern und Kindern in der deutschen Privatrechtsgeschichte (1982)

LAUBACH, Lateinische Spruchregeln zum Unterhaltsrecht (2004)

LETTMAIER/SEIBL, in: SOERGEL, Bürgerliches Gesetzbuch, Band 19/1, Familienrecht 3/1 (13. Aufl 2012) §§ 1601–1615n

LICENI-KIERSTEIN, in: RAHM/KÜNKEL, Handbuch Familien- und Familienverfahrensrecht (5. Aufl 2010), Kindesunterhalt

LUTHIN/KOCH, Handbuch des Unterhaltsrechts (11. Aufl 2010)

LUTZE, Der Verwandtenunterhalt nach den §§ 1601 bis 1603 und §§ 1610 bis 1612 BGB in der Rechtsprechung des Reichsgerichts (2007)

LOHMANN, Neue Rechtsprechung des Bundesgerichtshofs zum Familienrecht (7. Aufl 1992)

MARTINY, Unterhaltsrang und -rückgriff (2000)

MENNE/GRUNDMANN, Das neue Unterhalts-

recht (Einführung, Gesetzgebungsverfahren, Materialien) (2008)
Müting, in: Weinreich/Klein, Fachanwaltskommentar Familienrecht §§ 1601 ff (5. Aufl 2013)
Mutschler, in: BGB-RGRK (12. Aufl; 53. Lieferung 1984) §§ 1601–1615o
Niepmann/Schwamb, Die Rechtsprechung zur Höhe des Unterhalts (13. Aufl 2016)
Planck, in: Schubert (Hrsg), Die Vorentwürfe der Redaktoren zum BGB, Familienrecht Bd 1 bis 3 (1983) (zit: Schubert, Vorentwürfe FamR)
Schmitz, Der Unterhaltsanspruch des nichtehelichen Kindes gegen seinen Erzeuger (2000)
C Schmidt (Hrsg), Internationale Unterhaltsrealisierung (2011)
Viefhues, in: jurisPK-BGB (7. Aufl 2014) §§ 1601–1615n
Wendl/Dose, Das Unterhaltsrecht in der familienrichterlichen Praxis (9. Aufl 2015)
Windscheid/Kipp, Lehrbuch des Pandektenrechts (9. Aufl 1906).

2. Aufsätze

Andrae, Das neue Auslandsunterhaltsgesetz, NJW 2011, 2524
dies, Zum Beitritt der Europäischen Gemeinschaft zum Haager Protokoll über das Unterhaltskollisionsrecht, GPR 2010, 196
Behrend, Zusammenhänge zwischen Existenzsicherungs- und Familienrecht, jM 2014, 22
Borth, Der Entwurf eines Gesetzes zur Änderung des Unterhaltsrechts und des Unterhaltsverfahrensrechts, FamRZ 2015, 1154
F W Bosch, Ehe und Familie in der Rechtsordnung, FamRZ 1966, 57
Botur, Aktuelle Probleme der grenzüberschreitenden Vollstreckung europäischer Unterhaltstitel nach der Brüssel I–VO, FamRZ 2010, 1860
Breuer, Grenzüberschreitende Unterhaltsbemessung durch deutsche Gerichte, FamRB 2015, 273
Brudermüller, Solidarität und Subsidiarität im Verwandtenunterhalt – Überlegungen aus ethischer Sicht, FamRZ 1996, 129
Brüggemann, Einige Bemerkungen zum Schuldnerverzug in der gesetzlichen Unterhaltspflicht, in: FS Bosch (1976) 89
H Büttner, Schuldrechtsmodernisierung und Familienrecht, insbesondere Verjährung, Verwirkung und Verzug, FamRZ 2002, 361
E A Büttner, Die rechtliche Stellung des nichtehelichen Kindes im preußischen Allgemeinen Landrecht von 1794, FamRZ 1994, 1497
Christl, Streitiger Unterhalt als Darlehen, NZFam 2017, 791
Frank, Familiäre Solidarität im Unterhalts- und Erbrecht, FamRZ 2009, 649
Gernhuber, Der Richter und das Unterhaltsrecht, FamRZ 1983, 1069
Graba, Kindesbetreuung und Kindesunterhalt, FamRZ 1990, 454
Grandke, Zu den Neuregelungen im Unterhaltsrecht Volljähriger, FPR 1998, 162
Granold, Das neue Unterhaltsrecht: Genese und Kernpunkte, FF 2008, 11
Heger/Selg, Die europäische Unterhaltsverordnung und das neue Auslandsunterhaltsgesetz – Die erleichterte Durchsetzung von Unterhaltsansprüchen im Ausland, FamRZ 2011, 1101
Henrich, Im Labyrinth des internationalen Unterhaltsrechts, FamRZ 2015, 1761
Herr, Elternunterhalt, FamRZ 2005, 1021
Höbbel, Plädoyer für die Abschaffung der Unterhaltsrechtlichen Leitlinien, FamRZ 2017, 854
Holzhauer, Der Unterhaltsregreß, in: FS Ernst Wolf (1985) 223
ders, Zur Rechts- und Rechtsprechungsgeschichte des Verhältnisses von Ehe und nichtehelicher Lebensgemeinschaft, besonders im Unterhaltsrecht, in: FS Jayme (2004) 1447
ders, Bestimmung der Unterhaltshöhe durch Rechtsgeschäft, in: FS Lukes (1989) 673
Jost, Unterhaltsrichtlinien als Rechtsquelle?, JR 2003, 89
Klingelhöffer, Tabellen und Leitlinien zum Unterhaltsrecht, ZRP 1994, 383
Klinkhammer, Die Rangfolge der Unterhaltsansprüche in der gesetzlichen Entwicklung, FamRZ 2007, 1205
ders, Existenzminimum, Erwerbsanreiz und Düsseldorfer Tabelle, FamRZ 2007, 85
ders, Die Düsseldorfer Tabelle nach der Unterhaltsrechtsreform, FamRZ 2008, 193
ders, Grundsicherung und Unterhalt – Zur Be-

Inhaltsübersicht

* Zitiert wird nicht nach Seiten, sondern nach Paragraph bzw Artikel und Randnummer; siehe dazu auch „Zitierweise“.

J. von Staudingers
Kommentar zum Bürgerlichen Gesetzbuch mit Einführungsgesetz und Nebengesetzen

Buch 4
Familienrecht
§§ 1601–1615n
(Unterhaltspflicht)

Neubearbeitung 2018
von
Frank Klinkhammer

Redaktor
Michael Coester

Sellier – de Gruyter · Berlin

Die Kommentatorinnen und Kommentatoren

Neubearbeitung 2018
§§ 1601-1615n: Frank Klinkhammer

Neubearbeitung 2000
§§ 1601, 1602, 1604–1609, 1610a–1615o: Helmut Engler
§§ 1603, 1610: Dagmar Kaiser

Neubearbeitung 1997
§§ 1601, 1602, 1604–1609, 1610a–1615o: Helmut Engler
§§ 1603, 1610: Dagmar Kaiser

Sachregister

Dr. Andreas Pichlmeier, Lappersdorf

Zitierweise

Staudinger/Klinkhammer (2018)
Vorbem 1 zu §§ 1601 ff
Staudinger/Klinkhammer (2018)
§ 1601 Rn 1

Zitiert wird nach Paragraph bzw Artikel und Randnummer.

Hinweise

Das Abkürzungsverzeichnis befindet sich auf www.staudingerbgb.de.

Der Stand der Bearbeitung ist jeweils mit Monat und Jahr auf den linken Seiten unten angegeben.

Am Ende eines jeden Bandes befindet sich eine Übersicht über den aktuellen Stand des „Gesamtwerk Staudinger".

MIX
Papier aus verantwortungsvollen Quellen
FSC
www.fsc.org
FSC® C016439

Die Deutsche Nationalbibliothek verzeichnet diese Publikation in der Deutschen Nationalbibliografie; detaillierte bibliografische Daten sind im Internet über http://dnb.dnb.de abrufbar.

ISBN 978-3-8059-1053-8

Satz: fidus Publikations-Service, Nördlingen.

Druck und Bindearbeiten: Hubert & Co., Göttingen.

Umschlaggestaltung: Bib Wies, München.

∞ Gedruckt auf säurefreiem Papier, das die DIN ISO 9706 über Haltbarkeit erfüllt.

Dr. Martin Illmer
Wiss. Referent am MPI, Hamburg

Dr. Florian Jacoby
Professor an der Universität Bielefeld

Dr. Rainer Jagmann
Vorsitzender Richter am Oberlandesgericht Karlsruhe a. D.

Dr. Ulrich von Jeinsen
Rechtsanwalt und Notar in Hannover, Honorarprofessor an der Universität Hannover

Dr. Joachim Jickeli
Professor an der Universität zu Kiel

Dr. Dagmar Kaiser
Professorin an der Universität Mainz

Dr. Bernd Kannowski
Professor an der Universität Bayreuth

Dr. Rainer Kanzleiter
Notar a. D. in Ulm, Honorarprofessor an der Universität Augsburg

Dr. Sibylle Kessal-Wulf
Richterin des Bundesverfassungsgerichts, Karlsruhe

Dr. Christian Kesseler
Notar in Düren, Honorarprofessor an der Universität Trier

Dr. Fabian Klinck
Professor an der Universität Bochum

Dr. Frank Klinkhammer
Richter am Bundesgerichtshof, Karlsruhe, Honorarprofessor an der Universität Marburg

Dr. Steffen Klumpp
Professor an der Universität Erlangen-Nürnberg

Dr. Jürgen Kohler
Professor an der Universität Greifswald

Dr. Stefan Koos
Professor an der Universität der Bundeswehr München

Dr. Rüdiger Krause
Professor an der Universität Göttingen

Dr. Heinrich Kreuzer
Notar in München

Dr. Lena Kunz, LL.M.
Akad. Mitarbeiterin an der Universität Heidelberg

Dr. Hans-Dieter Kutter
Notar a. D. in Nürnberg

Dr. Arnold Lehmann-Richter
Professor an der Hochschule für Wirtschaft und Recht Berlin

Stefan Leupertz
Richter a. D. am Bundesgerichtshof, Honorarprofessor an der TU Dortmund

Johannes Liebrecht
Wiss. Referent am Max-Planck-Institut, Hamburg

Dr. Martin Löhnig
Professor an der Universität Regensburg

Dr. Dr. h. c. Manfred Löwisch
Professor an der Universität Freiburg i. Br., Rechtsanwalt in Lahr (Schw.), vorm. Richter am Oberlandesgericht Karlsruhe

Dr. Dirk Looschelders
Professor an der Universität Düsseldorf

Dr. Stephan Lorenz
Professor an der Universität München

Dr. Ulrich Magnus
Professor an der Universität Hamburg, Affiliate des MPI für ausländisches und internationales Privatrecht, Hamburg, Richter am Hanseatischen Oberlandesgericht zu Hamburg a. D.

Dr. Peter Mankowski
Professor an der Universität Hamburg

Dr. Heinz-Peter Mansel
Professor an der Universität zu Köln

Dr. Peter Marburger
Professor an der Universität Trier

Dr. Wolfgang Marotzke
Professor an der Universität Tübingen

Dr. Sebastian A. E. Martens
Professor an der Universität Passau

Dr. Dr. Dr. h. c. mult. Michael Martinek, M.C.J.
Professor an der Universität des Saarlandes, Saarbrücken, Honorarprofessor an der Universität Johannesburg, Südafrika

Dr. Annemarie Matusche-Beckmann
Professorin an der Universität des Saarlandes, Saarbrücken

Dr. Gerald Mäsch
Professor an der Universität Münster

Dr. Jörg Mayer †
Honorarprofessor an der Universität Erlangen-Nürnberg, Notar in Simbach am Inn

Dr. Dr. Detlef Merten
Professor an der Deutschen Universität für Verwaltungswissenschaften Speyer

Dr. Tanja Mešina
Staatsanwältin, Stuttgart

Dr. Rudolf Meyer-Pritzl
Professor an der Universität zu Kiel, Richter am Schleswig-Holsteinischen Oberlandesgericht in Schleswig

Dr. Morten Mittelstädt
Notarassessor in Hamburg

Dr. Peter O. Mülbert
Professor an der Universität Mainz

Dr. Dirk Neumann
Vizepräsident des Bundesarbeitsgerichts a. D., Kassel, Präsident des Landesarbeitsgerichts Chemnitz a. D.

Dr. Hans-Heinrich Nöll
Rechtsanwalt in Hamburg

Dr. Jürgen Oechsler
Professor an der Universität Mainz

Dr. Hartmut Oetker
Professor an der Universität zu Kiel, Richter am Thüringer Oberlandesgericht in Jena

Wolfgang Olshausen
Notar a. D. in Rain am Lech

Dr. Dirk Olzen
Professor an der Universität Düsseldorf

Dr. Sebastian Omlor, LL.M., LL.M.
Professor an der Universität Marburg

Dr. Gerhard Otte
Professor an der Universität Bielefeld

Dr. Lore Maria Peschel-Gutzeit
Rechtsanwältin in Berlin, Senatorin für Justiz a. D. in Hamburg und Berlin, Vorsitzende Richterin am Hanseatischen Oberlandesgericht zu Hamburg i. R.

Dr. Frank Peters
Professor an der Universität Hamburg, Richter am Hanseatischen Oberlandesgericht zu Hamburg a. D.

Dr. Axel Pfeifer
Notar in Hamburg

Dr. Christian Picker
Dozent an der Universität München

Dr. Andreas Piekenbrock
Professor an der Universität Heidelberg

Dr. Jörg Pirrung
Richter am Gericht erster Instanz der Europäischen Gemeinschaften i. R., Professor an der Universität Trier

Dr. Dr. h. c. Ulrich Preis
Professor an der Universität zu Köln

Dr. Maximilian Freiherr von Proff zu Irnich
Notar in Köln

Dr. Thomas Raff
Notarassessor, Kandel

Dr. Manfred Rapp
Notar a. D., Landsberg am Lech

Dr. Thomas Rauscher
Professor an der Universität Leipzig, Dipl. Math.

Dr. Peter Rawert, LL.M.
Notar in Hamburg, Honorarprofessor an der Universität Kiel

Eckhard Rehme
Vorsitzender Richter am Oberlandesgericht Oldenburg i. R.

Dr. Wolfgang Reimann
Notar a. D., Honorarprofessor an der Universität Regensburg

Dr. Tilman Repgen
Professor an der Universität Hamburg

Dr. Dieter Reuter †
Professor an der Universität zu Kiel, Richter am Schleswig-Holsteinischen Oberlandesgericht in Schleswig a. D.

Dr. Christoph Reymann, LL.M. Eur.
Notar in Neustadt b. Coburg, Professor an der Privaten Universität Liechtenstein

Dr. Reinhard Richardi
Professor an der Universität Regensburg, Präsident des Kirchlichen Arbeitsgerichtshofs der Deutschen Bischofskonferenz, Bonn

Dr. Volker Rieble
Professor an der Universität München, Direktor des Zentrums für Arbeitsbeziehungen und Arbeitsrecht

Dr. Thomas Riehm
Professor an der Universität Passau

Dr. Anne Röthel
Professorin an der Bucerius Law School, Hamburg

Dr. Christian Rolfs
Professor an der Universität zu Köln

Dr. Herbert Roth
Professor an der Universität Regensburg

Dr. Ludwig Salgo
Apl. Professor an der Universität Frankfurt a. M.

Dr. Renate Schaub, LL.M.
Professorin an der Universität Bochum

Dr. Martin Josef Schermaier
Professor an der Universität Bonn

Dr. Gottfried Schiemann
Professor an der Universität Tübingen

Dr. Eberhard Schilken
Professor an der Universität Bonn

Dr. Peter Schlosser
Professor an der Universität München

Dr. Martin Schmidt-Kessel
Professor an der Universität Bayreuth

Dr. Günther Schotten
Notar a. D. in Köln, Professor an der Universität Bielefeld

Dr. Robert Schumacher, LL.M.
Notar in Köln

Dr. Roland Schwarze
Professor an der Universität Hannover

Dr. Andreas Schwennicke
Notar und Rechtsanwalt in Berlin

Dr. Maximilian Seibl, LL.M.
Oberregierungsrat im Bayerischen Staatsministerium für Gesundheit und Pflege, München

Dr. Hans Hermann Seiler
Professor an der Universität Hamburg, Richter am Hanseatischen Oberlandesgericht a. D.

Dr. Stephan Serr
Notar in Ochsenfurt

Dr. Reinhard Singer
Professor an der Humboldt-Universität Berlin, vorm. Richter am Oberlandesgericht Rostock

Dr. Dr. h. c. Ulrich Spellenberg
Professor an der Universität Bayreuth

Dr. Sebastian Spiegelberger
Notar a. D. in Rosenheim

Dr. Ansgar Staudinger
Professor an der Universität Bielefeld

Dr. Malte Stieper
Professor an der Universität Halle-Wittenberg

Dr. Markus Stoffels
Professor an der Universität Heidelberg

Dr. Dr. h. c. Fritz Sturm †
Professor an der Universität Lausanne

Dr. Gudrun Sturm
Assessorin, Wiss. Mitarbeiterin

Dr. Michael Stürner
Professor an der Universität Konstanz

Burkhard Thiele
Präsident des Oberlandesgerichts Rostock, Präsident des Landesverfassungsgerichts Mecklenburg-Vorpommern

Dr. Christoph Thole
Professor an der Universität zu Köln

Dr. Karsten Thorn
Professor an der Bucerius Law School, Hamburg

Dr. Gregor Thüsing, LL.M.
Professor an der Universität Bonn

Dr. Judith Ulshöfer
Notarassessorin in Ludwigshafen am Rhein

Dr. Barbara Veit
Professorin an der Universität Göttingen

Dr. Bea Verschraegen, LL.M., M.E.M.
Professorin an der Universität Wien, adjunct professor an der Universität Macao

Dr. Klaus Vieweg
Professor an der Universität Erlangen-Nürnberg

Dr. Markus Voltz
Notar in Offenburg

Dr. Reinhard Voppel
Rechtsanwalt in Köln

Dr. Christoph Weber
Akad. Rat a. Z. an der Universität München

Dr. Johannes Weber, LL.M.
Notarassessor, Geschäftsführer des Deutschen Notarinstituts, Würzburg

Gerd Weinreich
Vorsitzender Richter am Oberlandesgericht Oldenburg

Dr. Matthias Wendland, LL.M.
Privatdozent an der Universität München

Dr. Domenik H. Wendt
Professor an der Frankfurt University of Applied Sciences

Dr. Olaf Werner
Professor an der Universität Jena, Richter am Thüringer Oberlandesgericht Jena a. D.

Dr. Daniel Wiegand, LL.M.
Rechtsanwalt in München

Dr. Wolfgang Wiegand
Professor an der Universität Bern

Dr. Peter Winkler von Mohrenfels
Professor an der Universität Rostock, Richter am Oberlandesgericht Rostock a. D., Rechtsanwalt in Rostock

Dr. Hans Wolfsteiner
Notar a. D., Rechtsanwalt in München

Heinz Wöstmann
Richter am Bundesgerichtshof, Karlsruhe

deutung von Gesetzgebung und Rechtsprechung im Schnittbereich zwischen Unterhaltsrecht und Sozialrecht, FamRZ 2003, 1793
ders, Verwandtenunterhalt ohne Verwandtschaft? – Zum Verhältnis von Familie, Abstammung und Unterhalt im deutschen Recht, in: Confronting the Frontiers of Family and Succession Law – Liber Amicorum Walter Pintens (2012) S 753
Koch, Unterhaltspflichten in rechtshistorischer Sicht, in: Schwab/Henrich, Familiäre Solidarität (1997) S 9
Kohleiss, Sozialrecht und Unterhaltsrecht, FamRZ 1991, 8
Kroll-Ludwigs, Das Verhältnis von Haager Unterhaltsprotokoll (2007) und Haager Unterhaltsübereinkommen (1973): lex posterior derogat legi priori?, IPRax 2016, 34
Künkel, Unterhaltsrecht und Sozialrecht aus der Sicht des Familienrichters, FamRZ 1991, 14
Landfermann, Der Kreis der unterhaltspflichtigen Personen im europäischen Familien- und Sozialrecht, RabelsZ 1971, 505
Lehmann, Das neue Unterhaltskollisionsrecht – im Irrgarten zwischen Brüssel und Den Haag, GPR 2014, 342
Lemmerz, Elternunterhalt zwischen Familiarisierung und Sozialisierung, DNotZ 2014, 499
V Lipp, Solidarität und Status im Unterhaltsrecht, in: Lipp/Röthel/Windel, Familienrechtlicher Status und Solidarität (2008) 53
ders, Finanzielle Solidarität zwischen Verwandten im Privat- und im Sozialrecht, NJW 2002, 2201
Martiny, Empfiehlt es sich, die rechtliche Ordnung finanzieller Solidarität zwischen Verwandten in den Bereichen des Unterhaltsrechts, des Pflichtteilsrechts, des Sozialhilferechts und des Sozialversicherungsrechts neu zu gestalten? Gutachten A für den 64. Deutschen Juristentag, 2002
Mast, Unterhaltsverfahren mit Auslandsbezug, NJW 2017, 1720
Maurer, Kindesunterhalt im Beitrittsgebiet, FamRZ 1994, 337
Menne, Gesetzliche Änderungen im Kindesunterhaltsrecht und aktuelle Entwicklungen bei der Düsseldorfer Tabelle, NZFam 2016, 97
ders, Einige Grundzüge des Unterhaltsrechts in Deutschland und in Frankreich, FuR 2006, 67
Müller-Freienfels, Zur Unterschätzung der Überschätzungen unterhaltsrechtlicher Steigerungsmöglichkeiten, in: FS Beitzke (1979) 311
Niepmann/Schwamb, Die Entwicklung des Unterhaltsrechts, NJW 2017, 1853; NJW 2016, 2543; NJW 2015, 2622; NJW 2014, 2626; NJW 2013, 2719; NJW 2013, 662
Oelkers/Kreutzfeldt, Prozessuale und materiell-rechtliche Gesichtspunkte bei der Geltendmachung von Volljährigenunterhalt, FamRZ 1995, 136
Richter, Rechtspolitische Erwägungen zur Reform des Unterhaltsrechts nach §§ 1601 ff BGB, FamRZ 1996, 1245
Sachers, Das Recht auf Unterhalt in der römischen Familie der klassischen Zeit, in: FS Fritz Schulz I (1951) 310
Schlüter/Kemper, Verwandtenunterhaltsrecht im Wandel, FuR 1993, 245
Scholz, Die Düsseldorfer Tabelle, in: Paulsen, 100 Jahre Oberlandesgericht Düsseldorf (2006) S 265
ders, Die Düsseldorfer Tabelle (Stand: 1. 7. 1992), FamRZ 1993, 125
ders, Widersprüche zwischen Unterhaltsrecht und Sozialrecht und ihre Bedeutung für die Praxis, FamRZ 2004, 751
Schwab, Familiäre Solidarität – Die Begründung und die Grenzen der Unterhaltspflicht unter Verwandten im europäischen Vergleich: Das Deutsche Recht, in: Schwab/Henrich, Familiäre Solidarität (1997) S 39
Schwenzer, Verwandtenunterhalt und soziodemographische Entwicklung, FamRZ 1989, 685
Schumacher/Grün, Das neue Unterhaltsrecht minderjähriger Kinder, FamRZ 1998, 778
Schürmann, Unterhaltsrechtliche Leitlinien – Bestandsaufnahme und Entwicklungsmöglichkeiten, FamRZ 2005, 490
ders, Die Entwicklungen des materiellen Unterhaltsrechts nach der Rechtsprechung des Bundesgerichtshofs und der Oberlandesgerichte, FamRZ 2017, 937; FamRZ 2015, 1338; FamRZ 2014, 981; FamRZ 2013, 1082; FamRZ 2012, 913
Schwab, Unterhaltsbemessung zwischen Ge-

setz, Richtlinien und freier richterlicher Entscheidung, FF Sonderheft 2004, Nr 2, 164
SPIEKER, Vollstreckbarkeit von Unterhaltsentscheidungen und Vollstreckungsschutz des Schuldners nach §§ 116 III, 120 II FamFG, NZFam 2016, 102
STRAUSS, Probleme des Kindesunterhaltsgesetzes in der gerichtlichen Praxis, FamRZ 1998, 993
STURM, Der Kampf um die Rechtseinheit in Deutschland – Die Entstehung des BGB und der erste Staudinger, in: 100 Jahre BGB – 100 Jahre Staudinger (Symposium 1998) 13
TÖBBEN, Gesetz zur Änderung des Unterhaltsrechts und des Unterhaltsverfahrensrechts, NJW 2016, 273
TÖBBENS, Das unterhaltsrechtliche Problem der Kaufkraftbereinigung bei grenzüberschreitenden Sachverhalten, FamRZ 2016, 597
TRENK-HINTERBERGER, Der Unterhaltsregress von Sozialleistungsträgern in der Rechtsprechung des Europäischen Gerichtshofs, in: FS Schwab (2005) 1081
E UNGER, Internationale Unterhaltsrealisierung in der EU und weltweit (Tagungsbericht), FamRZ 2013, 1941
WALTER, Grundsätze des Unterhaltsrechts in der Ausgestaltung durch die Rechtsprechung, NJW 1984, 257
WAX, Zur Dogmatik des Unterhaltsanspruchs, FamRZ 1993, 22
WEBER, Das Gesetz zur Vereinheitlichung des Unterhaltsrechts minderjähriger Kinder, NJW 1998, 1992.

Systematische Übersicht

Alphabetische Übersicht

I. Unterhaltsbegriff, Unterhaltsrecht

1. Unterhalt

1 Unterhalt bedeutet die Gesamtheit der Mittel und Dienste, die ein Mensch als Individuum und als Sozialwesen für sein Leben benötigt **(Lebensbedarf)**. Dazu gehören in erster Linie Nahrung, Wohnung und Kleidung, aber auch Betreuung, Erziehung, Bildung und die Befriedigung kultureller und geistiger Bedürfnisse. Der Unterhaltsbegriff umfasst sowohl die unmittelbar zum Leben erforderlichen Sachen *(Naturalunterhalt)* und Leistungen *(Betreuungs-, Erziehungs-, Ausbildungsunterhalt)* als auch die zu ihrer Beschaffung notwendigen Geldbeträge *(Barunterhalt)*. Zuweilen werden die Begriffe miteinander vermengt (so etwa von BGH FamRZ 1983, 263 juris Rn 15: Betreuungsunterhalt als Naturalunterhalt; vgl auch BGH FamRZ 1994, 1102, 1103).

2 Der Unterhaltsbegriff ist mit der Verwirklichung der Gleichberechtigung von Mann und Frau **erweitert** worden. Während früher die *Pflege und Erziehung des Kindes* zur elterlichen Gewalt (§ 1626 aF) gehörte, die der Vater unabhängig von der Unterhaltspflicht leisten musste (§ 1627 aF), ist die Kindesbetreuung heute eine Unterhaltsleistung, die der Barunterhaltspflicht weitgehend gleichgestellt ist (§ 1606 Abs 3 S 2 BGB; zum Wandel des Unterhaltsbegriffs vgl BVerfGE 17, 1, 12 = NJW 1963, 1723 = FamRZ 1963, 496, 498; BGH NJW 1988, 2371, 2373 = FamRZ 1988, 159, 161 mwNw; anders BGH NJW 1994, 2234 = FamRZ 1994, 1102 m krit Anm Scholz FamRZ 1994, 1314; vgl auch Wendl/Scholz[8] § 2 Rn 19; Muscheler FamR Rn 663). Allerdings sind nicht alle Bestimmungen des Verwandtenunterhaltsrechts dem erweiterten Unterhaltsbegriff angepasst worden. Die sich daraus ergebenden Ungereimtheiten müssen im Wege der Auslegung behoben werden (Graba FamRZ 1990, 454). Eine inhaltliche Ausdehnung (im Wege der Analogie) ist vereinzelt befürwortet worden etwa für den Anspruch auf Herausgabe persönlicher Unterlagen des Kindes (OLG Nürnberg FamRZ 2016, 563: Impfpass und kinderärztliches Untersuchungsheft; dazu § 1610 Rn 8).

2. Unterhaltsrecht

3 Das Unterhaltsrecht umfasst die Vorschriften, die die Verpflichtung zur Unterhaltsgewährung im Einzelnen regeln. Dabei ist zu unterscheiden zwischen *öffentlichem Sozialrecht,* das die Leistungen des Staates zur Sicherung des Lebensbedarfs und in besonderen Bedarfsfällen regelt, und dem *privaten Unterhaltsrecht,* das die Unterhaltsgewährung zwischen einzelnen Menschen zum Gegenstand hat.

II. Entstehung und Entwicklung des Verwandtenunterhaltsrechts des BGB

4 Die historischen Wurzeln des Verwandtenunterhalts lassen sich anhand des Rechtszustands vor Inkrafttreten des BGB und dessen Umsetzung in das Recht des BGB

verdeutlichen. Dieses ist seit 1900 zum Teil (nichteheliche Kinder und Eltern) umgestaltet worden, in weiten Teilen aber – im Gegensatz zum Ehegattenunterhalt – bis heute unverändert geblieben.

1. Rechtslage vor dem BGB und Vorentwurf Plancks

5 Als am 1. 1. 1900 das BGB in Kraft trat, beseitigte es bekanntlich den bis dahin herrschenden Zustand der **Rechtszersplitterung**. Es trat an die Stelle der im Gebiet des Deutschen Reiches geltenden Partikularrechte und des – subsidiär geltenden – gemeinen (römischen) Rechts. Die wichtigsten Rechtsquellen waren vor dem BGB das gemeine Recht, das für 16, 5 Mio (33 % der deutschen Gesamtbevölkerung) galt (vgl – auch für das Folgende – Sturm, in: 100 Jahre BGB – 100 Jahre Staudinger S 14 ff und Staudinger/Coing/Honsell Einl 24 f zum BGB), das preußische ALR (21 Mio Deutsche = 43 %), der Code civil, dem etwa 8 Millionen und damit 17 % der Gesamtbevölkerung unterworfen waren und das wegen seines Modellcharakters als erste deutsche Zivilrechtskodifikation bedeutsame sächsische BGB (3 Mio = 7 %). Die Bedeutung des gemeinen Rechts ging deutlich darüber hinaus, weil es den einzelnen Gesetzbüchern – mehr oder weniger – als Vorbild gedient hatte.

6 Bei der Konzeption des BGB-Verwandtenunterhaltsrechts stellte der Familienrechtsredaktor, Gottlieb Planck, neben der Behandlung des gemeinen Rechts und der Partikularrechte beachtliche rechtsvergleichende Betrachtungen an (Planck, in: Schubert, Vorentwürfe FamR 2 S 285 ff; Kurzbiografie Plancks von Jahnel, in: Jakobs/Schubert, Einführung S 80 ff).

7 Wesentliche **konzeptionelle Unterschiede** des BGB zum gemeinen Recht und Partikularrecht lassen sich etwa am Beispiel der persönlichen Anknüpfung des Unterhaltsanspruchs verdeutlichen: Hierzu sah das preußische ALR eine Unterhaltspflicht unter Geschwistern vor (ALR II 3 §§ 15, 16). Auch wenn das BGB sich in anderer Hinsicht am Erbrecht orientierte (zur Rangfolge der Unterhaltsberechtigten vgl Klinkhammer FamRZ 2007, 1205), reichte dieser Aspekt den BGB-Verfassern nicht, um auch die Geschwister in den Kreis der Berechtigten einzubeziehen. Das französische Recht verband die Unterhaltspflicht gegenüber Kindern u a mit der Nutznießung der Eltern am Kindesvermögen, das römische Recht betrachtete – wie das preußische ALR – den Kindesunterhalt als Ausfluss der elterlichen Gewalt. Davon abstrahierte wiederum das BGB, indem es den Unterhalt allein an die Blutsverwandtschaft und die Familienbande anknüpfte (Planck, in: Schubert, Vorentwürfe FamR 2 S 285 f). Keinen Eingang in das BGB hat auch die – freilich aus der Ehe herrührende – Unterhaltspflicht gegenüber Verschwägerten gefunden, wie sie bis 1900 vereinzelt galt. Der Code civil sieht sie auch heute noch vor (Art 206 C civ; vgl Ferrand, in: Schwab/Henrich, Familiäre Solidarität S 83, 92).

8 Ursprünglich nicht in den Verwandtenunterhalt fiel der **Unterhaltsanspruch des nichtehelichen Kindes** („natürliches Kind"; zur heutigen Terminologie vgl Art 6 V GG: „uneheliches Kind" sowie § 1626a Abs 1 BGB: Kind von „bei der Geburt des Kindes nicht miteinander verheirateten Eltern"; vgl auch § 1615a BGB) gegen den Vater. Denn dieses war mit dem Vater rechtlich nicht verwandt und entbehrte des Familienschutzes der väterlichen Familie (vgl – auch zur Verwandtschaft mit der Mutter – Planck, in: Schubert, Vorentwürfe FamR 2 S 609 ff, im Einzelnen FamR 3 S 150 ff, 162 ff), wenn-

gleich unehelichen Kindern jeder Art gegen ihren Erzeuger gewohnheitsrechtlich anerkannt ein Alimentationsanspruch zustand (PLANCK, in: SCHUBERT, Vorentwürfe FamR 2 S 610). Erst seit 1970 gelten aufgrund des Nichtehelichengesetzes vom 19. 8. 1969 (BGBl I 1243) nichteheliche Kinder auch rechtlich als mit ihrem Vater verwandt. Dass der Unterhalt der **Mutter eines nichtehelichen Kindes** als § 1615l BGB im Titel des BGB über den Unterhalt von Verwandten geregelt ist, ist schließlich ebenfalls erst das Ergebnis der Änderungen durch das Nichtehelichengesetz von 1969. Zuvor war der – auf Entbindungskosten und Wochenbettunterhalt beschränkte – Anspruch im Titel über die rechtliche Stellung der unehelichen Kinder eingegliedert (§ 1715 BGB). Geändertes Rollenverständnis und -verhalten führte schließlich zu einer Erweiterung des Unterhaltsanspruchs auf den das Kind **betreuenden Vater** durch das Kindschaftsrechtsreformgesetz vom 16. 12. 1997 (BGBl I 2942). Dass der Anspruch nicht aus der Verwandtschaft, sondern vielmehr aus einer Kinderbetreuung im Interesse (auch) des Unterhaltspflichtigen herrührt und der Anspruch nach derzeitiger Ausgestaltung dem Anspruch aus § 1570 BGB deutlich näher steht (oder weitgehend sogar entspricht), dürfte in Zukunft zu seiner Ausgliederung aus dem Recht des Verwandtenunterhalts führen.

a) Grundzüge des vor dem BGB geltenden Rechts

aa) Gemeines Recht

Dem klassischen römischen Recht war eine Unterhaltspflicht in der Familie im heutigen Sinne noch unbekannt. Selbst die Unterhaltspflicht des Vaters gegenüber dem Kind ergab sich nur als sittliche Pflicht aus dessen Gewaltunterworfenheit *(Manus)*. Der Wandel von der sittlichen Pflicht zur Rechtspflicht ist das Ergebnis späterer Entwicklungen und hing mit der Verselbständigung des Vermögens der Ehegatten und folgenden Änderungen im Erbrecht zusammen (SACHERS, in: FS Fritz Schulz I 310, 311 ff; vgl auch KOCH, in: SCHWAB/HENRICH, Familiäre Solidarität S 9). **9**

Im gemeinen römischen Recht hatte sich allerdings die Pflicht zum Unterhalt von Verwandten in gerader Linie etabliert (s WINDSCHEID/KIPP II § 475 S 1068; BUENGNER S 30 f). Die Unterhaltspflicht war eine gegenseitige, bestand also sowohl im Verhältnis von Aszendenten gegenüber Deszendenten (Kindesunterhalt, Enkelunterhalt usw) als auch von Deszendenten gegenüber Aszendenten (Elternunterhalt, Großelternunterhalt usw). Dagegen bestanden keine Unterhaltsverpflichtungen unter Geschwistern (hM, WINDSCHEID/KIPP II § 475 S 1074; BUENGNER S 171) und gegenüber Verschwägerten (vgl LUTZE S 23 mit dort aufgeführtem Ausnahmefall).

Die Ausgestaltung des Unterhaltsanspruchs (hierzu LUTZE S 23 ff) entsprach ebenfalls **10** in den Grundzügen dem heutigen Recht. Der Unterhaltsanspruch war abhängig von der Bedürftigkeit des Gläubigers und der Leistungsfähigkeit des Schuldners. Standen Kinder unter elterlicher Gewalt, so traf die Eltern eine gesteigerte Unterhaltspflicht. Das Maß des Unterhalts richtete sich nach dem Stand und Bedürfnis des Berechtigten, dem Vermögen des Verpflichteten, war aber auch von der Nähe des Verwandtschaftsgrades abhängig (BUENGNER S 54, 170 f; LUTZE S 25). Der Unterhalt konnte wahlweise in Geld oder durch Naturalleistungen erbracht werden und war nur ausgeschlossen im Fall der Unwürdigkeit des Bedürftigen (LUTZE S 24 f).

In Bezug auf **nichteheliche Kinder** gewährte das gemeine Recht sämtlichen unehe- **11** lichen Kindern einen Unterhaltsanspruch. Damit ging es über das römische Recht hinaus, welches einen Unterhaltsanspruch – und dies in späterer Zeit – nur Konkubinenkindern zugestanden hatte (vgl Buengner S 62 ff; Windscheid/Kipp II § 475 S 1070 Fn 16). Die Legitimation (der „Rechtsgrund") des Anspruchs war in Rechtsprechung und Lehre umstritten (vgl Planck, in: Schubert, Vorentwürfe FamR 2 S 645 ff, sowie FamR 3 S 162 ff). Hauptsächlich standen sich zwei Sichtweisen gegenüber, die den Rechtsgrund des Unterhalts entweder in einem Delikt oder aber in der natürlichen Verwandtschaft bzw Vaterschaft sahen. Von der Einordnung hing etwa die Zulässigkeit von Einwendungen ab (zB die Einrede des „Mehrverkehrs" – *exceptio plurium constupratorum* – oder die Unzurechnungsfähigkeit des Erzeugers). Die Mutter war gegenüber ihrem nichtehelichen Kind, mit dem sie im Gegensatz zum Vater auch rechtlich verwandt war, unterhaltspflichtig (Planck, in: Schubert, Vorentwürfe FamR 2 S 696; Buengner S 63; zum römischen Recht Sachers, in: FS Fritz Schulz I 310, 327 ff).

Hinsichtlich der **nichtehelichen Mutter** gab der gemeinrechtliche Gerichtsgebrauch der Geschwängerten einen (Entschädigungs-)Anspruch auf Entbindungs- und Wochenbettkosten (Planck, in: Schubert, Vorentwürfe FamR 2 S 747 ff), wobei ähnlich wie beim Anspruch des nichtehelichen Kindes über den Rechtsgrund des Anspruchs gestritten wurde. Die Mehrheit betrachtete ihn aber als *obligatio ex lege,* deren Voraussetzungen dem Anspruch des Kindes entsprachen (ausführlich Planck, in: Schubert, Vorentwürfe FamR 2 S 748 ff). Darüber hinaus gewährte das Gewohnheitsrecht der verführten unbescholtenen Jungfrau oder Witwe einen weiteren Anspruch auf Entschädigung gegen den Verführer. Dieser Anspruch richtete sich darauf, dass der Verführer sie ehelichte oder aber durch Gewährung einer Mitgift *(dos)* die Eingehung einer anderen Ehe ermöglichte (vgl auch zum Folgenden Planck, in: Schubert, Vorentwürfe FamR 2 S 755). An dem gemeinen Recht orientierten sich etliche Partikularrechte (so etwa das preußische ALR II 1 §§ 1027 ff).

bb) Preußisches ALR von 1794

12 Das preußische ALR regelte die Unterhaltspflicht von Verwandten – im Gegensatz zum gemeinen Recht und zum BGB – nicht einheitlich, sondern in verschiedenen Zusammenhängen. Es unterschied nach bestehender (ALR II 2 §§ 64 ff) und aufgehobener väterlicher Gewalt (ALR II 2 §§ 251 ff). Planck betrachtete die Alimentationspflicht von Eltern gegenüber Kindern nach preußischem Recht als Ausfluss der väterlichen Gewalt bzw des Elternrechts, während die wechselseitige Unterhaltspflicht der übrigen Verwandten (ALR II 3 §§ 14–30) ein Ausfluss des weiteren Familienverbandes gewesen sei (Planck, in: Schubert, Vorentwürfe FamR 2 S 286).

Auch der Verwandtenunterhalt nach preußischem Recht bestand im Wesentlichen aus einer gegenseitigen Verpflichtung von Verwandten in gerader Linie. So waren auch die Kinder verpflichtet, „die Aeltern in Unglück und Dürftigkeit nach ihren Kräften und Vermögen zu unterstützen, und besonders in Krankheiten deren Pflege und Wartung zu übernehmen" (ALR II 2 § 63). Darüber hinaus sah das preußische Recht in ALR II 3 §§ 15, 16 auch eine Unterhaltspflicht von Geschwistern vor, welche sich auf den notdürftigen Unterhalt richtete.

13 Inhaltlich richtete sich die Unterhaltspflicht nach den Kriterien der Bedürftigkeit und Leistungsfähigkeit, wobei im Fall bestehender väterlicher Gewalt eine gesteigerte Unterhaltspflicht angenommen wurde (Lutze S 27 mNw). Das Maß des Unter-

halts richtete sich nach dem standesmäßigen Unterhalt und stimmte im Wesentlichen mit dem gemeinen Recht überein (ALR II 2 §§ 64, 204, 252). Für den Fall der selbstverschuldeten Verarmung und bei Erbunwürdigkeit des Bedürftigen entfiel der Unterhalt zwar nicht, blieb aber auf den notdürftigen Unterhalt beschränkt (ALR II 2 § 253). Der Unterhalt bestand in Naturalleistungen und nur, wenn der Unterhaltspflichtige die Verpflegung nicht selbst gewähren konnte oder wollte, in einer Geldleistung (Lutze S 29 mNw).

Der Unterhalt für **nichteheliche Kinder** hing im Wesentlichen davon ab, welche 14
Anforderungen an den Beweis der Vaterschaft gestellt wurden. Prinzipiell näherte sich das preußische Recht mehr dem französischen Recht an (s u Rn 17), indem es an die Vaterschaftsklage und deren Beweis strengere Voraussetzungen als das gemeine Recht stellte (Planck, in: Schubert, Vorentwürfe FamR 3 S 172). Diese war nach dem preußischen Gesetz vom 24. 4. 1854 (§§ 13, 9; vgl Planck, in: Schubert, Vorentwürfe FamR 3 S 172) im Wesentlichen nur dann möglich, wenn auch die Mutter einen Anspruch auf Entschädigung hatte. Eine Feststellung der Vaterschaft war demnach bei Ehebruch der Frau, Mehrverkehr, Prostitution, Bescholtenheit der Mutter, Verführung des minderjährigen Erzeugers ausgeschlossen und war demnach im Wesentlichen beschränkt auf sog Brautkinder.

Der **nichtehelichen Mutter** stand nach dem ALR unter bestimmten Voraussetzungen ein gestufter Entschädigungsanspruch gegen den Erzeuger zu (vgl ALR II 1 §§ 1027 ff; vgl E A Büttner FamRZ 1994, 1497, 1499 f und oben Rn 11). Das ALR enthielt hierzu als allgemeine Folgen (ALR II 1 §§ 1041 ff) einen Anspruch auf Ersatz der Entbindungs- und Wochenbettkosten. Besonders weitgehende Folgen zeitigte die Verführung unter falschem Eheversprechen. Nach ALR II 1 § 1047 galt dann im Fall einer unbescholtenen Verlobten, dass der „Verführer" auf Eheschließung verklagt werden konnte, was nach ALR II 1 § 1048 allerdings nicht vollstreckt werden konnte. Der Frau wurden aber nach ALR II 1 §§ 1049 bis 1052 im Fall der Weigerung die Rechte einer unschuldig geschiedenen Ehefrau zuerkannt, einschließlich der Standesrechte und der Scheidungsstrafen.

cc) Code civil von 1804

Der Code civil regelte den Verwandtenunterhalt ähnlich dem preußischen Recht im 15
Zusammenhang mit den aus der Ehe folgenden Verpflichtungen (Art 203 Cc: Eltern gegenüber den Kindern, Art 205 Cc: Kinder gegenüber Eltern und anderen Aszendenten). Der Unterhalt des unter väterlicher Gewalt stehenden Kindes wurde über die auch nach dem Code civil vorausgesetzte Bedürftigkeit hinaus als Ausfluss des väterlichen Nutznießungsrechts am Kindesvermögen gesehen (Art 384, 385 Cc; vgl auch Lutze S 31). Von dem Kind erzielte Vermögenserträge wurden beim Unterhalt grundsätzlich nicht berücksichtigt. Das beruhte darauf, dass das Unterhaltsrecht Bestandteil der Aufziehungspflicht der Eltern war (Lutze S 31; Planck, in: Schubert, Vorentwürfe FamR 2 S 301, 302 f).

Ansonsten war auch der Verwandtenunterhalt des Code civil ein gegenseitiger, dh. er stand sowohl Aszendenten wie Deszendenten zu (Art 205, 207 Cc). Der Code civil enthielt (und enthält noch heute) darüber hinaus eine Unterhaltspflicht gegenüber Schwiegereltern (Art 206 Cc) und wegen der grundsätzlichen Wechselseitigkeit der Unterhaltsverbindlichkeiten (Art 207 Cc) auch gegenüber Schwiegerkindern.

16 In der Ausgestaltung des Anspruchs orientierte sich das französische Recht grundsätzlich ebenfalls an den Erfordernissen von Bedürftigkeit und Leistungsfähigkeit (Art 208 Cc) und umfasste den gesamten Lebensbedarf des Unterhaltsberechtigten und war grundsätzlich in Form einer Geldrente zu zahlen (Lutze S 31 f).

17 Im Hinblick auf **nichteheliche Kinder** beruhte das französische Recht im Gegensatz zum gemeinen Recht auf dem Grundsatz: *La recherche de la paternité est interdite.* Dementsprechend bestanden zwischen dem Kind und seinem Erzeuger keine verwandtschaftlichen Beziehungen, keine Unterhaltspflicht, kein Erbrecht (vgl Planck, in: Schubert, Vorentwürfe FamR 2 S 647, FamR 3 S 160, 166 mwNw), sondern entstanden diese – auch zur Mutter – erst durch Anerkennung. Diese konnte zwar im Klageweg erzwungen werden. Diese Möglichkeit war allerdings regelmäßig nur gegen die Mutter eröffnet, gegen den Vater war eine auf Anerkennung gerichtete Klage nur in Fällen der Entführung und der Vergewaltigung während der Empfängniszeit statthaft (vgl Planck, in: Schubert, Vorentwürfe FamR 3 S 161, 166). Die Anerkennung löste ähnliche Rechtsfolgen aus wie die eheliche Abstammung. Daneben war es allerdings schon seinerzeit möglich, die Abstammung aus dem Statusbesitz *(possession d'etat)* abzuleiten (vgl zusammenfassend die bei Planck, in: Schubert, Vorentwürfe FamR 3 S 179 ff wiedergegebenen Reformanträge an den französischen Senat). Der Unterhalt der **nichtehelichen Mutter** war – abgesehen von Fällen der freiwilligen Anerkennung – entsprechend dem Grundprinzip nur als deliktischer Entschädigungsanspruch denkbar.

dd) Sächsisches BGB von 1863

18 Das sächsische BGB sah in §§ 1802, 1837 ff den Unterhalt von Verwandten ausschließlich in auf- und absteigender Linie vor. Er war ebenfalls von Bedürftigkeit und Leistungsfähigkeit abhängig (Lutze S 33). Unterhaltsberechtigte mit eigenem Vermögen hatten, mit Ausnahme der Kinder (§ 1845 sächs BGB), dieses vorrangig einzusetzen. Der Unterhalt richtete sich auf den standesmäßigen Bedarf, der bei Kindern auch die Ausbildungs- und Erziehungskosten umfasste (§ 1846 sächs BGB). Zwischen dem Unterhalt in Geld oder in Natur hatte der Unterhaltspflichtige die Wahl (§ 1850 sächs BGB).

Der Vater eines **nichtehelichen Kindes** war verpflichtet, die Geburts- und Taufkosten zu bezahlen und bis zum vollendeten 14. Lebensjahr einen Beitrag zum Unterhalt des Kindes zu leisten, der – abhängig vom Stand der Mutter, den Bedürfnissen des Kindes und des Vermögens des Vaters von mindestens 12 bis höchstens 120 Talern pro Jahr betrug (§§ 1858, 1862, 1864 sächs BGB). Im Verhältnis zur Mutter stand das nichteheliche Kind dem ehelichen gleich (§ 1874 sächs BGB).

Der Anspruch der **nichtehelichen Mutter** („außerehelich Geschwächte") war nicht im Familienrecht, sondern im Schuldrecht (Recht der Forderungen, 2. Abteilung, 3. Abschnitt: Forderungen aus verschiedenen Gründen) geregelt. Er setzte voraus, dass der Mann die Frau nicht ehelichen wollte oder konnte, und richtete sich nach § 1551 sächs BGB auf eine nach deren Stand und den Vermögensverhältnissen des Beischläfers zu bestimmende Entschädigung. Die Bemessung der Entschädigung stand im Ermessen des Richters. Der Anspruch war in einzelnen Fällen (zB Prostitution) nach § 1552 sächs BGB ausgeschlossen.

b) Vorentwurf des Redaktors Planck

Der von dem für das Familienrecht zuständigen Redaktor Gottlieb Planck (Kurzbiografie bei Jakobs/Schubert, Einführung S 80) ausgearbeitete Vorentwurf (TE FamR) regelte den Verwandtenunterhalt in §§ 289–308. Der Vorentwurf bestimmte trotz einiger Änderungen im Zuge der Beratungen das Verwandtenunterhaltsrecht des BGB ganz maßgeblich. Die außerordentlich gründliche Ausarbeitung und Begründung des Vorentwurfs gibt nicht nur einen soliden Überblick über den vor dem BGB bestehenden Rechtszustand, sondern enthält auch die grundlegenden Überlegungen zur Legitimation und Dogmatik des Verwandtenunterhaltsrechts. 19

Der TE-FamR gliederte den Verwandtenunterhalt unter der Überschrift **„Wirkungen der ehelichen Abstammung"** ein, wozu neben „Allgemeinen Bestimmungen" auch die „Ausstattungspflicht" und die „Elterliche Gewalt" gehörten. Die unterhaltsrechtlichen Wirkungen **anderer Formen der Verwandtschaft**: uneheliche Verwandtschaft, Adoption, Legitimation und Einkindschaft (vergleichbar der Stiefkindadoption), waren bei den jeweiligen Spezialmaterien geregelt (Planck, in: Schubert, Vorentwürfe FamR 2 S 294 f). 20

§ 289 TE-FamR sah die Unterhaltspflicht zwischen Verwandten in auf- und absteigender Linie vor. § 290 TE-FamR enthielt Regelungen zur Bedürftigkeit und für minderjährige, unverheiratete und nicht erwerbsfähige Kinder, die Erweiterung, dass diese zum eigenen Unterhalt nur Vermögenserträge einzusetzen waren und zur Verwertung des Vermögens nicht verpflichtet waren (vgl § 1602 Abs 2 BGB). Nach § 302 TE-FamR konnte während der Bedürftigkeit vorhandenes, aber nicht verwertbares Vermögen noch nachträglich zum Ersatz der Unterhaltskosten herangezogen werden. § 291 TE-FamR bestimmte Näheres zur Leistungsfähigkeit als Voraussetzung des Unterhaltsanspruchs und schrieb in Abs 2 die gesteigerte Unterhaltspflicht der Eltern gegenüber minderjährigen, unverheirateten Kindern vor (vgl § 1603 Abs 2 BGB). 21

§ 292 TE-FamR regelte die **Rangfolge der Unterhaltsberechtigten** und richtete diese an der gesetzlichen Erbfolge aus, wobei Ehegatte und minderjährige unverheiratete Kinder gleichstanden und der Ehegatte den anderen Verwandten vorging. §§ 293, 294 TE-FamR bestimmten die **Rangfolge der Verpflichteten** im Sinne eines Vorrangs der Pflicht des Ehegatten und unter Verwandten durch Orientierung an den erbrechtlichen Ordnungen, wobei die Verbindlichkeit des Vaters der der Mutter vorging. Am Erbrecht orientierten sich gemäß § 295 TE-FamR auch die Haftungsanteile mehrerer Verpflichteter. § 296 TE-FamR regelte die Ersatzhaftung (vgl § 1607 BGB). 22

Nach § 297 TE-FamR, der Bestimmungen zum **Maß des Unterhalts** enthielt, umfasste der Unterhalt „den Lebensbedarf, bei Personen, welche noch der Erziehung bedürfen, auch die Kosten des Taufe, des Unterrichts und der Vorbildung zu einem besonderen Lebensberufe." Das Maß des Unterhalts bestimmte sich nach der Lebensstellung des Bedürftigen (vgl § 1610 BGB) und umfasste auch die Beerdigungspflicht. 23

§ 298 TE-FamR bestimmte den **Ausschluss** („Nichteintritt") des Unterhaltsanspruchs bei unsittlichem Lebenswandel und schwerer Verletzung verwandtschaftlicher 24

Pflichten gegenüber dem Unterhaltspflichtigen (vgl § 1611 BGB), soweit nach richterlichem Ermessen eine sittliche Pflicht nicht mehr bestand, insbesondere wenn die Voraussetzungen einer Enterbung vorlagen. Wenn aber der Unterhaltsberechtigte einem Armenverband zur Last fiel, sollte dieser von dem Unterhaltspflichtigen dennoch Kostenersatz verlangen können (§ 298 Abs 3 TE-FamR). Eine weitere Ausnahme sollte gelten, wenn der Bedürftige unter Erziehungsgewalt des Unterhaltspflichtigen stand (§ 299 TE-FamR). Dann konnte der Unterhalt lediglich auf den notdürftigen Unterhalt beschränkt werden (§ 299 Abs 1 TE-FamR). Die gleiche Rechtsfolge trat ein bei sittlichem Verschulden des Unterhaltsberechtigten an der Unterhaltsbedürftigkeit (§ 300 TE-FamR).

25 § 301 TE-FamR bestimmte, dass der Unterhalt **grundsätzlich in Geld** zu entrichten war (vgl § 1612 BGB), ausnahmsweise mit gerichtlicher Gestattung auch in anderer Form. Bei unter Erziehungsgewalt stehenden Personen konnte der Unterhaltspflichtige über die Art und Weise des Unterhalts entscheiden, ebenso gegenüber nicht unter Erziehungsgewalt stehenden Kindern, wenn nicht das Gericht etwas anderes entschied.

26 § 303 TE-FamR sah Einschränkungen beim **Unterhalt für die Vergangenheit** vor (vgl § 1613). § 304 TE-FamR enthielt eine **prozessuale Regelung**, die Gestattung der Unterhaltsklage für die Zukunft und deren Abänderung (vgl §§ 258, 323 ZPO; 238 FamFG). Nach § 305 TE-FamR konnte der Anspruch auf Unterhalt im Konkurs des Unterhaltspflichtigen nicht geltend gemacht werden. § 306 TE-FamR regelte **Verzicht und Vorausleistung** (vgl § 1614 BGB), § 307 TE-FamR die Frage der **Verjährung**. Nach § 308 TE-FamR erlosch der Unterhaltsanspruch mit dem **Tod** des Berechtigten wie auch des Verpflichteten.

27 Der **Unterhalt des nichtehelichen Kindes** war in § 385–395 TE-FamR enthalten, die eine ausführliche Regelung zu den einzelnen Voraussetzungen enthielten. Auch wenn es sich hierbei nicht um Verwandtenunterhalt handeln konnte, sah der Vorentwurf eine weitgehende Analogie zum Verwandtenunterhalt vor (§ 387 TE-FamR), insbesondere auch hinsichtlich des Unterhaltsrangs (§ 388 Abs 2 TE-FamR; zur umstrittenen Frage des Rangs im preußischen ALR E A Büttner FamRZ 1994, 1501 mwNw). Nach § 385 TE-FamR sollte der Vater allerdings nur gemeinsam mit der Mutter haften, sodass er nach § 388 TE-FamR nur die Hälfte des standesgemäßen Unterhalts schulden sollte (Planck, in: Schubert, Vorentwürfe FamR 2 S 746). Im Fall des Mehrverkehrs der Mutter sollten nach § 386 TE-FamR mehrere Männer als Gesamtschuldner haften.

28 Der Unterhalt der **nichtehelichen Mutter** war in §§ 396–401 TE-FamR geregelt (Planck, in: Schubert, Vorentwürfe FamR 2 S 747 ff; vgl auch Klinkhammer FamRZ 2007, 1205, 1209). Er richtete sich auf die Kosten der Niederkunft, Wochenbettkosten und standesmäßige Verpflegung für sechs Wochen (§ 396 Abs 1 TE-FamR). In § 402 Abs 1 TE-FamR fand sich die ausdrückliche Bestimmung, dass durch den außerehelichen Beischlaf als solchen (mit Ausnahme eines verwirklichten Straftatbestands, § 401 Abs 2 TE-FamR) keinerlei Anspruch begründet werde.

2. Änderungen durch die 1. und 2. Kommission und BGB von 1896

Der zum Verwandtenunterhalt verpflichtete Personenkreis wurde durch die 1. Kommission erweitert. Nach § 1480 E I sollten neben den Verwandten in gerader Linie auch **Geschwister** einander zum (notdürftigen) Unterhalt verpflichtet sein (Synopse der §§ 1601–1603 und 1610–1612 im Laufe der Beratung des BGB bei LUTZE S 283 ff). Diese Regelung, die sich an ALR II 3 §§ 15, 16 orientierte, wurde aber von der 2. Kommission wieder gestrichen und fand sich im BGB von 1896 nicht wieder. In § 1601 BGB wurde lediglich die Bezeichnung „in auf- und absteigender Linie" durch „in gerader Linie" ersetzt. 29

Die Vorschriften zur **Bedürftigkeit** und zur **Leistungsfähigkeit** einschließlich der gesteigerten Unterhaltspflicht wurden im Wesentlichen nur redaktionell überarbeitet und blieben in ihrem sachlichen Gehalt weitgehend gleich. Die die Bedürftigkeit ergänzende Regelung des § 302 TE-FamR (nachträgliche Heranziehung von zunächst nicht verwertbarem Vermögen des Unterhaltsberechtigten) wurde von der 1. Kommission gestrichen (JAKOBS/SCHUBERT FamR 2 S 265). 30

Die in § 1604 BGB enthaltene Sonderregelung für die **Gütergemeinschaft** war im TE-FamR noch nicht im Verwandtenunterhalt enthalten, sondern bei der Haftung für Verbindlichkeiten des Ehegatten (§ 107 TE-FamR) und der Gütergemeinschaft (§§ 157/162, 221, 227 TE-FamR; vgl JAKOBS/SCHUBERT FamR 1 S 709, 774; E II § 1499; E I § 1363). 31

§ 1605 BGB enthielt in der Fassung von 1896 Bestimmungen zur Unterhaltspflicht des minderjährigen Kindes gegenüber seinen Verwandten bei elterlicher Nutznießung am Kindesvermögen. 32

§ 1606 BGB regelte die **Rangfolge der Unterhaltsverpflichteten** (§§ 294, 295 TE-FamR) im Sinne eines Vorrangs der Abkömmlinge vor Verwandten der aufsteigenden Linie. Die Haftung der Abkömmlinge bestimmte sich nach der gesetzlichen Erbfolge und dem Verhältnis der Erbteile. Unter den Verwandten der aufsteigenden Linie hafteten die näheren vor den entfernteren. Mehrere gleich nahe hafteten zu gleichen Teilen, der Vater aber vor der Mutter, es sei denn, diese hätte die Nutznießung am Kindesvermögen (aufgrund elterlicher Gewalt). In den Beratungen beider Kommissionen war beantragt worden, eine gesamtschuldnerische Haftung in das Gesetz aufzunehmen (JAKOBS/SCHUBERT FamR 2 S 254, 256–1. Kommission, S 291; Prot II 4, 486 – 2. Kommission), was von beiden Kommissionen abgelehnt wurde. 33

Die **Ersatzhaftung** nach § 1607 BGB einschließlich des – deutlicher formulierten – Regressanspruchs bei erschwerter Rechtsverfolgung wurde gegenüber dem Vorentwurf (§ 296 TE-FamR) ergänzt um die Regelung, dass der Anspruchsübergang nicht zum Nachteil des Unterhaltsberechtigten geltend gemacht werden darf. 34

Der **Rang der Berechtigten** in § 1609 BGB wurde übereinstimmend mit § 1606 BGB so ausgestaltet, dass bei Abkömmlingen die Erbfolge maßgeblich war, bei Verwandten der aufsteigenden Linie die Nähe des Verwandtschaftsgrades. 35

Die Vorschrift zum **Maß des Unterhalts** wurde in § 1610 BGB wesentlich vereinfacht, 36 blieb aber inhaltlich im Wesentlichen unverändert. Die Taufkosten wurden gestrichen, weil es insoweit keiner besonderen Hervorhebung bedurfte (Jakobs/Schubert FamR 2 S 292, Prot II 4, 491). Die Kosten der Beerdigung wurden in § 1615 Abs 2 BGB aufgenommen und sollten vom Unterhaltspflichtigen nur dann geschuldet sein, wenn sie vom Erben nicht zu erlangen waren.

37 Die Beschränkungen auf den notdürftigen Unterhalt wegen **Verwirkung** (§§ 298–300 TE-FamR) wurden in der allgemeinen Verwirkungsvorschrift des § 1611 BGB zusammengefasst und vereinfacht. Die Regressmöglichkeit der Armenverbände im Fall der Verwirkung entfiel.

38 Zur **Art und Weise der Unterhaltsgewährung** (§ 1612 BGB) entsprach das BGB im Wesentlichen der Vorlage in § 301 TE-FamR. Es enthielt Modifikationen zur Vorausleistung und ließ eine von der Geldleistungspflicht abweichende Bestimmung beim Kindesunterhalt zu (überprüfbar durch das Vormundschaftsgericht). Beim sonstigen Unterhalt konnte ebenfalls eine abweichende Art der Leistung verlangt werden, die im Gegensatz zum Vorentwurf nicht von einer gerichtlichen Gestattung abhängig und folglich vom Prozessgericht (inzident) zu überprüfen war (Staudinger/Engelmann [1. Aufl 1899] § 1612 Anm 2a).

39 Die Regelung zum **Unterhalt für die Vergangenheit** (§ 1613 BGB) blieb bis auf den Verweis auf von der Regelung unberührt bleibende Ansprüche aus Geschäftsführung (ohne Auftrag) und ungerechtfertigter Bereicherung unverändert (zur Streichung durch die 1. Kommission Jakobs/Schubert FamR 2 S 266 f).

40 **§ 304 TE-FamR** (§ 1493 E I) war übereinstimmend mit der gleichgerichteten Vorschrift zum Ehegattenunterhalt (§ 718 TE-FamR) als prozessuale Vorschrift entbehrlich. Die Regelung wurde von der 2. Kommission gestrichen (Prot II 4, 514 f), weil die Verweisung wegen der in die CPO aufzunehmende allgemeinen Vorschrift (§ 293b CPO) gegenstandslos sei. **§ 305 TE-FamR** (§ 1494 E I) wurde von der 2. Kommission zugunsten einer entsprechenden Regelung in der Konkursordnung gestrichen (Prot II 4, 515).

41 Hinsichtlich **Unterhaltsverzicht** und **Vorausleistung** wich § 1614 BGB nur redaktionell vom Vorentwurf (§ 306 TE-FamR) ab (zur Beratung der 1. Kommission Jakobs/Schubert FamR 2 S 269 f). § 307 TE-FamR **(Verjährung)** wurde auf Antrag Plancks von der 1. Kommission als überflüssig gestrichen (Jakobs/Schubert FamR 2 S 270 f).

42 Das **Erlöschen** des Unterhaltsanspruchs mit dem **Tod** des Berechtigten wie auch des Verpflichteten (§ 308 TE-FamR) wurde beibehalten. Ausgenommen wurden Ansprüche auf Erfüllung oder Schadensersatz wegen Nichterfüllung, die zum jeweiligen Todeszeitpunkt fällig waren.

43 Nach dem BGB 1896 begründete die **uneheliche Vaterschaft** übereinstimmend mit dem TE-FamR keine Verwandtschaft. Der Unterhalt von Kind und Mutter fand sich im 6. Titel (Rechtliche Stellung der unehelichen Kinder) geregelt.

Den Unterhaltsanspruch des **nichtehelichen Kindes** änderte die 1. Kommission dahin ab, dass im Gegensatz zur im Vorentwurf vorgeschlagenen Gesamtschuldnerhaftung mehrerer Männer nur eine Vaterschaft bestehen konnte, sodass bei (erwiesenem) Mehrverkehr keiner der Männer haftet (§ 1717 Abs 1 BGB-1896; Jakobs/Schubert FamR 2 S 602). Anders als im Vorentwurf vorgesehen haftet der Vater nicht neben, sondern vor der Mutter (§ 1709 Abs 1 BGB-1896). Eine Beschränkung des Anspruchs auf den notdürftigen Unterhalt durch die 1. Kommission (§ 1573 E I; Jakobs/Schubert FamR 2 S 605 f) und die Begrenzung auf die Vollendung des 14. Lebensjahres wurde von der 2. Kommission durch eine Orientierung an der Lebensstellung der Mutter und eine Ausdehnung bis zur Vollendung des 16. Lebensjahres ersetzt (§ 1708 BGB-1896). Ein längerer Unterhalt war möglich, aber – anders als der Anspruch im Allgemeinen – durch die Leistungsfähigkeit des Vaters begrenzt (§ 1708 Abs 2 BGB-1896).

Der im TE-FamR vorgeschlagene Anspruch der **nichtehelichen Mutter** wurde in den Gesetzesberatungen – abgesehen von der Haftung im Fall des Mehrverkehrs – im Wesentlichen unverändert übernommen.

3. Änderungen des BGB seit 1900

Das Verwandtenunterhaltsrecht des BGB von 1896 hat die Änderungen des BGB in seinem Kern bis heute überdauert. Die wichtigsten Änderungen brachten das Nichtehelichengesetz vom 19. 8. 1969 (BGBl I 1243), das Kindschaftsrechtsreformgesetz (KindRG) vom 16. 12. 1997 (BGBl I 2942) und das Kindesunterhaltsgesetz (KindUG) vom 6. 4. 1998 (BGBl I 666) sowie das Unterhaltsrechtsänderungsgesetz vom 21. 12. 2007 (BGBl I 3189). 44

Neben diesen Änderungen wurde der nicht eigentlich zum Verwandtenunterhalt gehörende Unterhalt der nichtehelichen Mutter (seit 1998 des nichtehelichen Elternteils) eingegliedert und später durch das Schwangeren- und Familienhilfeänderungsgesetz vom 21. 8. 1995 (BGBl I 1050, 1055) geändert.

Die **Änderungen im Einzelnen** (soweit sie §§ 1601–1615o BGB betreffen) sind: 45

- Durch das *Ehegesetz 1938* vom 6. 7. 1938 (RGBl I 807) wurde § 1608 Abs 2 BGB aufgehoben.

- Durch die *1. DVO zum Ehegesetz 1938* vom 27. 7. 1938 (BGBl I 923) wurde § 1609 Abs 2 S 2 BGB geändert.

- Durch das *Grundgesetz vom 23. 5. 1949* (BGBl I 1) wurden §§ 1604 und 1606 BGB geändert.

- Durch das *Gleichberechtigungsgesetz* vom 18. 6. 1957 (BGBl I 609) wurden §§ 1604, 1606 und 1612 BGB geändert und § 1605 BGB aufgehoben.

- Durch das *Familienrechtsänderungsgesetz* vom 11. 8. 1961 (BGBl I 1221) wurden §§ 1603 Abs 1, 1608 und 1610 Abs 1 BGB geändert.

- Durch das *Nichtehelichengesetz* vom 19. 8. 1969 (BGBl I 1243) wurden §§ 1606, 1609

Abs 1 und 1611 Abs 1 und 2 BGB geändert und §§ 1612 Abs 2 S 3, 1613 Abs 2 und 1615a bis 1615o BGB eingefügt.

- Durch das *Volljährigkeitsgesetz* vom 31. 7. 1974 (BGBl I 1713) wurde § 1610 Abs 2 BGB geändert.

- Durch das *Erste Eherechtsreformgesetz* vom 14. 6. 1976 (BGBl I 1421) wurden §§ 1605 und 1610 Abs 3 BGB eingefügt.

- Durch das *Gesetz zur vereinfachten Abänderung von Unterhaltsrenten* vom 29. 7. 1976 (BGBl I 2029) wurde § 1612a BGB eingefügt.

- Durch den *Einigungsvertrag* vom 31. 8. 1990 (BGBl II 889 Anl I Kap III B II §§ 8, 9) wurden §§ 1612a, 1615 f BGB geändert.

- Durch das *Betreuungsgesetz* vom 12. 9. 1990 (BGBl I 2002) wurde § 1615e Abs 2 S 2 BGB eingefügt.

- Durch das *Gesetz zur unterhaltsrechtlichen Berechnung von Aufwendungen für Körper- und Gesundheitsschäden* vom 15. 1. 1991 (BGBl I 46) wurde § 1610a BGB eingefügt.

- Durch das *Schwangeren- und Familienhilfeänderungsgesetz* vom 21. 8. 1995 (BGBl I 1050, 1055) wurde § 1615l BGB geändert.

- Durch das *Jahressteuergesetz 1996* vom 11. 10. 1995 (BGBl I 1250, 1384) wurde § 1612a BGB geändert.

- Durch das *Kindschaftsrechtsreformgesetz (KindRG)* vom 16. 12. 1997 (BGBl I 2942) wurden §§ 1610 Abs 3 BGB (insoweit gegenstandslos durch das KindUG vom 6. 4. 1998) und 1612, die Überschrift vor § 1615a BGB und die §§ 1615a, 1615l und 1615o BGB geändert. Der Anspruch nach § 1615l BGB wurde auf den Vater erweitert. Außerdem wurden Einzelheiten geändert, insbesondere der Neuregelung angepasst, die den Begriff des nichtehelichen Kindes nicht mehr verwendet.

- Durch das *Kindesunterhaltsgesetz (KindUG)* vom 6. 4. 1998 (BGBl I 666) wurden die allgemeinen Vorschriften, die zuvor die Ansprüche ehelicher und nichtehelicher Kinder auf Unterhalt unterschiedlich geregelt hatten, vereinheitlicht. § 1612a wurde neugefasst und durch §§ 1612b und 1612c BGB ergänzt, § 1613 BGB wurde neugefasst, in §§ 1603, 1606, 1607, 1608, 1609, 1610, 1612, 1615l, 1615n, 1615o BGB wurden einzelne Bestimmungen geändert oder eingefügt; die durch das Nichtehelichengesetz eingefügten §§ 1615b bis 1615k BGB wurden aufgehoben.

- Durch das *Eheschließungsrechtsgesetz* vom 4. 5. 1998 (BGBl I 833) wurde § 1610 Abs 3 BGB geändert (allerdings gegenstandslos durch das KindUG vom 6. 4. 1998).

- Durch das *Gesetz über Fernabsatzverträge etc* vom 27. 6. 2000 (BGBl I 897) wurde § 1612a BGB geändert.

– Durch das *Gesetz zur Ächtung der Gewalt in der Erziehung und zur Änderung des Kindesunterhaltsrechts* vom 2. 11. 2000 (BGBl I 2000, 1479) wurden §§ 1612a, 1612b BGB geändert.

– Durch das *Gesetz zur Beendigung der Diskriminierung gleichgeschlechtlicher Gemeinschaften (LPartG)* vom 16. 2. 2001 (BGBl I 266, 269) wurde § 1608 BGB geändert.

– Durch das *Gesetz zur Einführung des Euro in Rechtspflegegesetzen etc* vom 13. 12. 2001 (BGBl I 3574) wurde § 1612a BGB geändert.

– Durch das *Schuldrechtsmodernisierungsgesetz* vom 26. 11. 2001 (BGBl I 3138) wurde § 1615l BGB geändert.

– Durch das *Unterhaltsrechtsänderungsgesetz* vom 21. 12. 2007 (BGBl I 3189) wurden die §§ 1604, 1609, 1612, 1612a, 1612b, 1615l BGB geändert. Die Änderung des § 1615l BGB beruht auch auf einer Entscheidung des BVerfG vom 28. 2. 2007 (BGBl I 1032 = FamRZ 2007, 965), die die unterschiedliche Regelung der Unterhaltsansprüche in § 1570 BGB und § 1615l Abs 2 S 3 BGB für mit Art 6 Abs 5 GG unvereinbar erklärt hatte.

– Durch das *FGG-Reformgesetz* vom 17. 12. 2008 (BGBl I 2586) wurde § 1615o BGB aufgehoben (Art 50 Nr 25 FGG-RG) und sein verfahrensrechtlicher Gehalt in § 247 FamFG aufgenommen.

– Durch das *Gesetz zur Änderung des Unterhaltsrechts und des Unterhaltsverfahrensrechts sowie zur Änderung der Zivilprozessordnung und kostenrechtlicher Vorschriften* vom 20. 11. 2015 (BGBl I 2018; zum Entwurf Borth FamRZ 2015, 1154) wurde § 1612a BGB geändert, außerdem die Vorschriften über das vereinfachte Verfahren nach §§ 249 ff FamFG sowie das Auslandsunterhaltsgesetz.

– Durch das *Gesetz zur Bekämpfung von Kinderehen* vom 17. 7. 2017 (BGBl I 2429) wurden §§ 1602 Abs 2, 1603 Abs 2 S 1 und 2, 1606 Abs 3 S 2, 1609 Nr 1, 1611 Abs 2 BGB geändert.

Der Inhalt der Änderungen ist bei den Einzelbestimmungen angegeben und erläutert. **46**

4. Verwandtenunterhaltsrecht der DDR und Einigungsvertrag

a) Unterhaltsrecht der DDR

aa) Familiengesetzbuch

In der Deutschen Demokratischen Republik wurde das Verwandtenunterhaltsrecht **47**
durch das *Familiengesetzbuch* (FGB) vom 20. 12. 1965 (GBl I 1966, 1) – zuletzt geändert durch das EGZGB vom 19. 6. 1975 (GBl I 517) und das 1. FamRÄndG vom 20. 7. 1990 (GBl I 1038) – neu geregelt.

Der Unterhalt minderjähriger Kinder war im Zusammenhang mit Trennung und **48**
Scheidung der Eltern geregelt. Die Unterhaltsansprüche von Kindern getrennt le-

bender Eheleute waren in §§ 19–22 FGB geregelt. Im Fall der Scheidung wurde der Kindesunterhalt im Scheidungsurteil festgesetzt (§ 25 FGB), außerdem war er auch im Zuge der Entziehung des Erziehungsrechts festzusetzen (§ 51 Abs 2 FGB). Bei nichtehelichen Kindern war die Unterhaltspflicht des Vaters – im Zusammenhang mit dem Erziehungsrecht – in § 46 Abs 1 FGB geregelt. Maßstab waren jeweils §§ 19–22 FGB.

Im Übrigen bestand eine wechselseitige *Unterhaltspflicht zwischen Kindern, Eltern und Großeltern,* wobei minderjährige Kinder keinen Unterhalt zu leisten brauchten (§ 81 FGB), aber entsprechend ihren Kräften, ihrem Einkommen und ihren sonstigen Mitteln zum Familienunterhalt beitragen mussten (§ 12 FGB).

Bei entfernterer Verwandtschaft als dem zweiten Grad bestand keine Unterhaltspflicht mehr (§ 81 FGB; Adlerstein/Wagenitz FamRZ 1990, 1169, 1172).

49 Der Unterhaltsanspruch setzte die *Bedürftigkeit* des Berechtigten und die *Leistungsfähigkeit* des Verpflichteten voraus (§§ 20 Abs 1, 87 FGB). Die Leistungsfähigkeit bestimmte sich insbesondere nach dem Einkommen des Unterhaltsverpflichteten, seinen Unterhaltsverpflichtungen gegenüber Minderjährigen, seinen im Zusammenhang mit der Erfüllung besonderer gesellschaftlicher und beruflicher Aufgaben und der beruflichen Weiterbildung stehenden notwendigen Aufwendungen und sonstigen besonderen Belastungen (§ 82 Abs 1 S 2 FGB).

50 *Rückständiger Unterhalt* konnte höchstens für ein Jahr geltend gemacht werden, anders wenn sich der Unterhaltsverpflichtete der Leistung entzogen hatte (§§ 20 Abs 2, 87 FGB). Auf *künftigen Unterhalt* konnte nicht verzichtet werden (§§ 21 Abs 1, 87 FGB; s § 1614 Rn 15).

51 Kam der Unterhaltsverpflichtete seiner Zahlungspflicht nicht nach und traten deshalb andere unterhaltspflichtige Verwandte, staatliche Organe oder andere Personen für den Zahlungspflichtigen ein, so *ging der Anspruch* insoweit *auf sie über* (§§ 21 Abs 2, 87 FGB).

52 Das *Maß des Unterhalts* richtete sich nach den Lebensverhältnissen der Beteiligten und der Leistungsfähigkeit des Unterhaltsverpflichteten (§ 82 Abs 1 S 1 FGB), beim Minderjährigenunterhalt wurde der Unterhalt durch Richtlinie des Obersten Gerichts der DDR festgelegt (Rn 55). Der nach § 82 FGB festzulegende Unterhalt konnte geringer bemessen oder in besonderen Fällen ganz versagt werden, wenn der *Unterhaltsberechtigte* seine *Bedürftigkeit selbst verschuldet,* frühere Unterhaltspflichten verletzt oder sich einer schweren Verfehlung gegen den Unterhaltsverpflichteten schuldig gemacht hatte (§ 82 Abs 2 FGB).

53 Der Unterhalt war grundsätzlich monatlich im Voraus in *Geld* zu leisten (§§ 20 Abs 1, 87 FGB). Im beiderseitigen Einverständnis konnte er auch durch Aufnahme in den Haushalt des Unterhaltsverpflichteten gewährt werden (§ 82 Abs 3 FGB).

54 Die *Vorrangregelungen* (§§ 84–86 FGB) entsprachen – für den sonstigen Verwandtenunterhalt (außer der vorrangigen Unterhaltspflicht von Eltern für minderjährige Kinder, vgl § 82 Abs 1 S 2 FGB) – im Wesentlichen denen der §§ 1606–1609 BGB.

bb) Unterhaltsrichtlinien

Zur *Unterhaltsbemessung für minderjährige Kinder* hatte das Plenum des Obersten Gerichts der DDR die *Richtlinie Nr 18* vom 14. 4. 1965 (GBl II 331) erlassen und diese später durch die *Unterhaltsrichtlinie* vom 16. 1. 1986 (GBl I 41; FamRZ 1990, 477), in die auch *volljährige* Kinder einbezogen wurden, ersetzt. Dort waren ähnlich wie in den Leitlinien der Oberlandesgerichte Regeln für die Gesetzesanwendung und eine Richtsatztabelle aufgestellt. Im Gegensatz zu den Leitlinien waren die Richtlinien für die Gerichte der DDR verbindlich (§ 20 Abs 2 GVG-DDR v 27. 9. 1974, GBl I 457; Müller/Römer ROW 1968, 151). 55

b) Einigungsvertrag

Nach Art 8 des Einigungsvertrages vom 31. 8. 1990 (BGBl II 889) trat mit dem Wirksamwerden des Beitritts am 3. 10. 1990 (Bek v 19. 9. 1990 – BGBl I 2057) in den Ländern der früheren Deutschen Demokratischen Republik das *Verwandtenunterhaltsrecht des BGB in Kraft.* Ausgenommen war nur die Regelunterhalt-Verordnung vom 27. 6. 1970, zuletzt geändert durch Verordnung vom 21. 7. 1980 (Anl I zum Einigungsvertrag Kap III Sachgeb B Abschn I Nr 2). 56

Das Unterhaltsrecht der früheren DDR ist zwar nicht ausdrücklich *aufgehoben* worden, es ist aber nach Art 9 Abs 1 des Einigungsvertrages nur in Kraft geblieben, soweit es mit dem Unterhaltsrecht des BGB vereinbar ist. Inhaltlich gleiches DDR-Recht besteht demnach formell fort. Praktisch kommt dem aber keine Bedeutung zu, sodass in den früher zur DDR gehörenden Ländern nunmehr nur noch das Unterhaltsrecht des BGB anzuwenden sein wird. Auch die Unterhaltsrichtlinien des Obersten Gerichts sind nicht mehr anwendbar (Adlerstein/Wagenitz FamRZ 1990, 1169, 1172). 57

Das *Übergangsrecht* ist in dem durch den Einigungsvertrag eingeführten Art 234 EGBGB geregelt. Nach § 1 dieses Artikels gilt das Unterhaltsrecht des BGB grundsätzlich für alle familienrechtlichen Verhältnisse, die am 3. 10. 1990 bestanden haben. Die Unterhaltsansprüche gegen einen Verwandten sind also für die Zeit bis zum 2. 10. 1990 nach DDR-Recht und für die Folgezeit nach BGB zu beurteilen. Soweit sich daraus und aus den veränderten wirtschaftlichen Verhältnissen Änderungen ergeben, müssen (mussten)Unterhaltstitel nach § 323 ZPO (nunmehr §§ 238, 239 FamFG) angepasst werden (Adlerstein/Wagenitz FamRZ 1990, 1169, 1173). 58

Durch Art 234 §§ 8 und 9 EGBGB waren – in Ergänzung der §§ 1612a und 1615f Abs 2 BGB – auch die Landesregierungen der neuen Länder zum Erlass von Anpassungsverordnungen und Regelbedarfs-Verordnungen ermächtigt worden. In diesen Ländern waren daraufhin Regelbedarfs-Verordnungen erlassen worden (FamRZ 1992, 1026; 1994, 878; s dazu Staudinger/Eichenhofer [1997] § 1615a Rn 56; Staudinger/Rauscher [1996] Art 234 § 9 EGBGB Rn 8 ff).

Die Verordnungsermächtigungen waren jedoch hinfällig geworden, da die Bundesregierung mit Verordnung vom 25. 9. 1995 (BGBl I 1190) den Vomhundertsatz nach § 1612a BGB und den Regelbedarf nach § 1615 f BGB auch für das Beitrittsgebiet festgelegt hatte (Art 234 § 8 Abs 3 und § 9 Abs 3 EGBGB). Das KindUG vom 6. 4. 1998 (BGBl I 666) hat zugleich mit der Vereinheitlichung des Unterhaltsrechts für eheliche und nichteheliche Kinder auch das Verfahren, in dem Kinder auf einem 59 schnellen und vereinfachen Weg Unterhalt erlangen können, in § 1612a BGB neu geregelt. Die Regelbetrag-Verordnung (Art 2 KindUG) setzt den – nach dem Alter der Kinder gestaffelten – Regelbetrag für den Unterhalt eines minderjährigen Kindes gegenüber dem Elternteil, mit dem es nicht in einem Haushalt lebt, für die alten und die neuen Länder fest. Die Bestimmungen des Art 234 §§ 8 und 9 EGBGB wurden dementsprechend mit Wirkung vom 1. 7. 1998 als gegenstandslos aufgehoben (Art 4 Abs 9 KindUG; s dazu BT-Drucks 13/7338, 49).

60 Wegen der (modifizierten) Geltung von Gesetzen, die Sozialleistungen an unterhaltsbedürftige Personen vorsehen, im Beitrittsgebiet s STAUDINGER/KAPPE/ENGLER (1997) Vorbem 161, 164, 168, 173, 184, 187, 196, 201 zu §§ 1601 ff.

III. Überblick über die gesetzliche Regelung

1. Verwandtenunterhalt

61 Der *Dritte Titel* (§§ 1601 ff BGB) regelt die sich aus Verwandtschaft ergebenden Unterhaltspflichten in zwei Untertiteln, deren Inhalt und Bedeutung das Kindschaftsrechtsreformgesetz grundlegend geändert hat. Da das Gesetz den Begriff des nichtehelichen Kindes nicht mehr verwendet und die in und außerhalb der Ehe geborenen Kinder unterhaltsrechtlich gleich behandelt, enthält der *erste Untertitel* (§§ 1601 bis 1615 BGB) jetzt alle für den Verwandtenunterhalt allgemein geltenden Vorschriften. Der *zweite Untertitel,* in dem früher besondere Vorschriften für das nichteheliche Kind und seine Mutter zusammengefasst waren, enthält neben der allgemeinen Verweisung in § 1615a BGB nur noch die §§ 1615l bis 1615n BGB, in denen Ansprüche der Mutter gegen den Vater ihres Kindes – und umgekehrt – (vor allem der Anspruch auf den sog Betreuungsunterhalt) geregelt sind. Der Untertitel hat jetzt die Überschrift „Besondere Vorschriften für das Kind und seine nicht miteinander verheirateten Eltern“. Die Formulierung ist insofern ungenau, als geschiedene Eltern nicht unter den Titel fallen, obwohl sie ebenfalls nicht miteinander verheiratet sind.

62 Die *Voraussetzungen* des Unterhaltsanspruchs sind in mehrere Bestimmungen aufgeteilt: § 1601 BGB umgrenzt den unterhaltspflichtigen Personenkreis, § 1602 BGB behandelt die Bedürftigkeit des Unterhaltsberechtigten, § 1603 BGB die Leistungsfähigkeit des Unterhaltspflichtigen und § 1604 BGB die Leistungsfähigkeit bei bestehender Gütergemeinschaft.

63 §§ 1606 bis 1608 BGB bestimmen die *Reihenfolge,* in der mehrere Unterhaltspflichtige einem Bedürftigen haften (Rang der Unterhaltspflichtigen), § 1609 BGB die Reihenfolge, in der ein Unterhaltspflichtiger mehreren Bedürftigen haftet (Rang der Unterhaltsberechtigten). §§ 1610 bis 1611 BGB regeln das *Maß* des zu gewährenden Unterhalts und die Verwirkung, § 1612 BGB die *Art* der Unterhaltsgewährung, §§ 1612a bis 1612c BGB den Mindestunterhalt, die darauf aufbauende Dynamisierung sowie die Anrechnung von Kindergeld und entsprechender Leistungen, § 1613 BGB den *Zeitraum,* für den Unterhalt verlangt werden kann, § 1614 BGB den *Verzicht* auf Unterhalt und die *Vorausleistung* und § 1615 BGB das *Erlöschen* des Unterhaltsanspruchs beim Tod des Berechtigten oder des Verpflichteten und die Pflicht zur Tragung von *Beerdigungskosten.*

Der dazwischenliegende § 1605 BGB begründet eine *Auskunftspflicht.* Die systemwidrige Stellung dieser Bestimmung erklärt sich daraus, dass diese Stelle durch Aufhebung des § 1605 aF frei geworden war (§ 1605 Rn 1). **64**

Für die in der Praxis besonders bedeutsamen Unterhaltsansprüche *minderjähriger Kinder* enthalten die §§ 1602 Abs 2, 1603 Abs 2, 1606 Abs 3 S 2, 1609 Nr 1, 1611 Abs 2, 1612 Abs 2 BGB und die §§ 1612a bis 1612c BGB Sonderregelungen. **65**

Die §§ 1615l bis 1615n BGB regeln *Unterhaltsansprüche der Mutter* (§ 1615l auch des Vaters) einschließlich des Anspruchs auf Ersatz der Entbindungskosten und die Pflicht zur Tragung von *Beerdigungskosten.* § 1615o BGB, der einstweilige *Verfügungen* zugunsten des Kindes und der Mutter ermöglichte, ist durch das FGG-Reformgesetz vom 17. 12. 2008 aufgehoben und mit seinem verfahrensrechtlichen Gehalt nunmehr in § 247 FamFG aufgenommen worden. **66**

2. Andere Unterhaltsvorschriften

a) Ehelicher und nachehelicher Unterhalt

Nach §§ 1360, 1360a BGB schulden Ehegatten einander einen Beitrag zum **Familienunterhalt**, aus dem die Kosten des Haushalts zu bestreiten und die persönlichen Bedürfnisse der Ehegatten und der Lebensbedarf der gemeinsamen unterhaltsberechtigten Kinder zu befriedigen sind. Die Kinder haben keinen eigenen Anspruch auf den Familienunterhalt. Solange und soweit ihr Lebensbedarf durch den Familienunterhalt gedeckt ist, steht ihnen mangels Bedürftigkeit kein eigener Unterhaltsanspruch mehr zu (§ 1606 Rn 47). Leben die Eheleute in *Gütergemeinschaft,* findet § 1420 BGB Anwendung. **67**

Die gegenseitige *Unterhaltspflicht getrennt lebender* Ehegatten ist in § 1361 BGB geregelt. Die Unterhaltsansprüche *geschiedener* Ehegatten gegeneinander ergeben sich aus §§ 1569 bis 1586b BGB, bei Scheidung vor dem 1. 7. 1977 aus §§ 58 bis 70, 72 Ehegesetz (Art 12 Nr 3 Abs 2 1. EheRG). Nach *Aufhebung* der Ehe sind die Vorschriften der §§ 1569 bis 1586b BGB unter den in § 1318 Abs 2 BGB genannten Voraussetzungen entsprechend anzuwenden; vor dem 1. 7. 1998 war das Bestehen von Unterhaltspflichten nach Nichtigerklärung oder Aufhebung der Ehe in §§ 26, 37, 39 Abs 2 S 2 Ehegesetz geregelt. **68**

b) Vermögenssorge der Eltern

Nach § 1649 Abs 1 BGB sind *Einkünfte des Kindesvermögens,* die zur ordnungsmäßigen Verwaltung des Vermögens nicht benötigt werden, für den Unterhalt des Kindes zu verwenden. Soweit sie nicht ausreichen, können auch Einkünfte des Kindes aus Erwerbstätigkeit verwendet werden. Insoweit besteht wegen fehlender Bedürftigkeit kein Unterhaltsanspruch des Kindes (§ 1602 Abs 2 BGB; s Staudinger/Engler [2009] § 1649 Rn 13, 20 f). **69**

Nach § 1649 Abs 2 BGB können die Eltern Einkünfte des Kindesvermögens, die zur Vermögensverwaltung und für den Kindesunterhalt nicht benötigt werden, für ihren *eigenen Unterhalt* und für den *Unterhalt der Geschwister* des Kindes verwenden, soweit dies der Billigkeit entspricht (vgl dazu Staudinger/Engler [2009] § 1649 Rn 23 ff).

c) Frühere Ehelicherklärung

70 Nach *§ 1739 aF* war der Vater einem Kind, das auf seinen Antrag für ehelich erklärt wurde, und dessen Abkömmlingen vor der Mutter und den mütterlichen Verwandten zum Unterhalt verpflichtet. Damit wurde die Vorrangregelung des § 1606 Abs 3 S 1 BGB durchbrochen (Staudinger/Göppinger[12] § 1739 Rn 3). Durch Art 1 Nr 48 des Kindschaftsrechtsreformgesetzes, das die Unterscheidung zwischen ehelichen und nichtehelichen Kindern aufgegeben hat, wurden die Vorschriften über die Legitimation nichtehelicher Kinder (§§ 1719 bis 1740b BGB) aufgehoben.

d) Annahme als Kind

71 Nach *§ 1751 Abs 4 BGB* ist der Annehmende dem Kind bereits während der Adoptionspflege vor den Verwandten des Kindes zum Unterhalt verpflichtet (§ 1601 Rn 22), bei der Annahme eines Kindes des Ehegatten bleibt dessen gleichrangige Haftung jedoch bestehen (§ 1606 Rn 3).

e) Erbrechtliche Vorschriften

72 Wird der gesetzliche Erbteil des überlebenden Ehegatten zum Ausgleich des Zugewinns um ein Viertel erhöht (§ 1371 Abs 1 BGB), so ist dieser Ehegatte nach *§ 1371 Abs 4 BGB* verpflichtet, erbberechtigten Abkömmlingen des Erblassers, die nicht aus der durch den Tod aufgelösten Ehe stammen, die Mittel für eine angemessene Ausbildung aus diesem Viertel zu gewähren, wenn und soweit sie dessen *bedürfen.*

Die *§§ 1963, 2141 BGB* begründen einen Unterhaltsanspruch der Mutter eines zur Zeit des Erbfalls oder des Nacherbfalls noch nicht geborenen Erben gegen den Nachlass. *§ 1969 BGB* regelt die Unterhaltspflicht des Erben gegenüber Familienangehörigen des Erblassers in den ersten 30 Tagen nach Eintritt des Erbfalls (sog Dreißigster).

f) Höfeordnung

73 Nach *§ 12 Abs 6, 8 Höfeordnung* idF vom 26. 7. 1976 (BGBl I 1933; s Staudinger/Promberger/Schreiber[12] Art 64 EGBGB Rn 101 ff; Staudinger/Mayer [1998] Art 64 EGBGB Rn 89) hat der Hoferbe dem minderjährigen Miterben die Kosten des angemessenen Lebensbedarfs und einer angemessenen Berufsausbildung bis zur Höhe der ihm zustehenden Abfindung zu zahlen, soweit diese Kosten durch den dem Miterben gewährten Unterhalt nicht gedeckt sind.

g) Schenkung

74 Nach *§ 528 Abs 1 S 2 BGB* kann ein Beschenkter, der wegen Notbedarfs des Schenkers zur Herausgabe des Geschenks verpflichtet ist, die Herausgabe durch Zahlung des für den Unterhalt erforderlichen Betrages abwenden.

h) Schadensersatz

75 Wird durch eine unerlaubte Handlung der Körper oder die Gesundheit eines anderen verletzt und dadurch die Erwerbsfähigkeit des Verletzten aufgehoben oder gemindert oder werden infolge der Verletzung seine Bedürfnisse vermehrt, so kann der Verletzte nach *§ 843 BGB* Schadensersatz durch Entrichtung einer Geldrente verlangen. Der Rentenanspruch ist *kein Unterhaltsanspruch,* die Unterhaltsvorschriften finden weder unmittelbar noch entsprechend Anwendung (Staudinger/Vie-

WEG [2007] § 843 Rn 26). Nach § 843 Abs 4 BGB wird der Anspruch nicht dadurch ausgeschlossen, dass ein anderer dem Verletzten Unterhalt zu gewähren hat (s dazu STAUDINGER/VIEWEG [2007] § 843 Rn 40 ff).

Im Falle einer Tötung muss der Ersatzpflichtige Dritten, denen der Getötete unter- **76**
haltspflichtig war oder werden konnte, nach *§ 844 Abs 2 BGB* Schadensersatz durch Entrichtung einer Geldrente leisten. Auch dieser Anspruch ist *kein Unterhaltsanspruch* (STAUDINGER/RÖTHEL [2007] § 844 Rn 11 mwNw). Er besteht auch dann, wenn ein anderer dem Dritten unterhaltspflichtig (geworden) ist (§ 844 Abs 2 S 1 HS 2 BGB, s STAUDINGER/RÖTHEL [2007] § 844 Rn 83).

Ähnliche Regelungen bestehen bei der *Gefährdungshaftung,* bei denen aber die **77**
Ersatzpflicht auf Höchstbeträge begrenzt ist (vgl §§ 5, 6, 8, 9 HaftpflichtG, §§ 10–13 StVG, §§ 35–38 LuftverkehrsG, §§ 28–31 AtomG, §§ 86–89 ArzneimittelG).

i) Insolvenzverfahren

Im Insolvenzverfahren beschließt die Gläubigerversammlung, ob und in welchem **78**
Umfang dem Schuldner und seiner Familie Unterhalt aus der Insolvenzmasse gewährt werden soll (§ 100 Abs 1 InsO). Bis zur Entscheidung der Gläubigerversammlung kann der Insolvenzverwalter mit Zustimmung des Gläubigerausschusses, wenn ein solcher besteht, dem Schuldner den notwendigen Unterhalt gewähren; in gleicher Weise kann den minderjährigen unverheirateten Kindern des Schuldners, seinem Ehegatten, seinem früheren Ehegatten und dem anderen Elternteil seines Kindes Unterhalt gewährt werden (§ 100 Abs 2 InsO in der durch Art 14 § 7 KindRG geänderten Fassung). Diese Bestimmungen sind am 1. 1. 1999 in Kraft getreten (Art 110 Abs 1 EGInsO); war vor dem 1. 1. 1999 ein Konkursverfahren beantragt, so sind die bis zu diesem Zeitpunkt geltenden Vorschriften (§§ 129 Abs 1, 132 Abs 1 KO) anzuwenden.

Im Übrigen ist zu beachten, dass Unterhaltsgläubiger nach § 850d ZPO und § 89 Abs 2 S 2 InsO einen weitergehenden Zugriff auf Bezüge des Insolvenzschuldners (Unterhaltsschuldner) haben als andere Gläubiger (vgl MünchKommInsO/SCHUMANN[3] § 40 Rn 22 ff; JAEGER/HENCKEL InsO [2004] § 40 Rn 5).

IV. Rechtsquellen, Düsseldorfer Tabelle und Leitlinien der Oberlandesgerichte

1. Unbestimmte Gesetzesbegriffe

Das gesetzliche Unterhaltsrecht enthält eine Vielzahl von *unbestimmten Begriffen,* **79**
die bei der Anwendung im Einzelfall präzisiert werden müssen (BOSCH FamRZ 1966, 57, 62 f; vgl FLUME, Richter und Recht, Gesammelte Schriften I 3, 25; GERNHUBER FamRZ 1983, 1069). So sind schon die sachlichen Voraussetzungen des Unterhaltsanspruchs Bedürftigkeit und Leistungsfähigkeit nur allgemein umschrieben. Wenn festgestellt werden muss, ob ein Volljähriger „außerstande ist, sich selbst zu unterhalten" (§ 1602 Abs 1 BGB), bedarf es zunächst einer Prüfung, auf welche Einzeltatsachen es hierfür ankommt (zB Einkünfte, Vermögen, Arbeitsfähigkeit); die Antwort kann selbst bei Kenntnis dieser Tatsachen nur aufgrund einer wertenden Beurteilung gegeben werden. Welcher Unterhalt „angemessen" ist (§ 1603 Abs 1 BGB), bleibt auch dann ungewiss, wenn die „Lebensstellung" als Maßstab herangezogen wird

(§ 1610 Abs 1 BGB). Offen ist außerdem, was die „Berücksichtigung“ sonstiger Verpflichtungen (§ 1603 Abs 1 BGB) bedeutet. Unbestimmte Gesetzesbegriffe sind ferner: „gesamter Lebensbedarf“, „angemessene Vorbildung“ (§ 1610 Abs 2 BGB), „sittliches Verschulden“, „gröblich vernachlässigt“, „schwere Verfehlung“, „grob unbillig“ (§ 1611 Abs 1 BGB), „besondere Gründe“ (§ 1612 Abs 1 BGB), „außergewöhnlich hoher Bedarf“ (§ 1613 Abs 2 Nr 1 BGB), „unbillige Härte“ (§ 1613 Abs 3 BGB).

80 „Offene“ Gesetzesbegriffe haben den **Vorzug**, dass sie unterschiedliche Sachverhalte erfassen und der Mannigfaltigkeit der Familienverhältnisse Rechnung tragen können. Solange die familiären Verhältnisse intakt sind, sollten der Familie keine starren Regelungen auferlegt werden. Andererseits muss die gesetzliche Regelung vor allem im Konfliktfall eingreifen, und hier zeigen sich die Nachteile einer zu weitgehenden Offenheit.

81 Der **Nachteil offener Regelungen** besteht darin, dass sie zu unterschiedlichen Entscheidungen und damit zu einer *Rechtsungleichheit* führen, solange sich nicht eine einheitliche Rechtsprechung gebildet hat. Nach Flume (Richter und Recht Gesammelte Schriften I 3, 25) werden dem Richter über unbestimmte Rechtsbegriffe und Generalklauseln Entscheidungen zugeschoben, die rechtlich nicht determiniert sind. Die Rechtsprechung der Landgerichte, die bis 1977 in Unterhaltssachen letztinstanzlich zuständig waren, bietet für die daraus entstehende, durchaus unerwünschte Vielfalt eindrucksvolle Beispiele (Kalthoener/Haase/Becher/Büttner, Die Rechtsprechung der Landgerichte zur Höhe des Unterhalts [1975] Rn 26 ff; s auch Staudinger/Göppinger$^{10/11}$ § 1708 aF Rn 63 ff, insbes Rn 76). Ein weiterer Nachteil ist die *Unberechenbarkeit* der zu zahlenden Rente. Kein Betroffener kann dem Gesetz entnehmen, welcher Betrag als Unterhalt zu zahlen ist. Dass durch diese *Rechtsunsicherheit* Konflikte gefördert werden, liegt auf der Hand.

82 Eine **konkrete Regelung** bestimmter Unterhaltsansprüche hat der Gesetzgeber im Jahre 1969 mit der Einführung des *Regelunterhalts* durch das Nichtehelichengesetz getroffen. Der Regelbedarf des nichtehelichen minderjährigen Kindes (§ 1615 f BGB) war durch Rechtsverordnung festgesetzt und wurde laufend fortgeschrieben. Seit der Einfügung des § 1610 Abs 3 BGB durch das 1. Eherechtsreformgesetz von 1976 war der Regelbedarf auch für eheliche Kinder, die in den Haushalt des geschiedenen Elternteils aufgenommen sind, maßgebend. Diese Regelungen haben in erheblichem Maße zur Rechtssicherheit beigetragen.

83 Das Kindesunterhaltsgesetz vom 6. 4. 1998 (BGBl I 666) hat das Regelunterhaltsystem, weil es sich bewährt hat, in veränderter Form für die Unterhaltsansprüche aller minderjährigen Kinder eingeführt (zur Begründung s RegEntw BT-Drucks 13/7338, 22 ff und Beschlussempfehlung des Rechtsausschusses BT-Drucks 13/9596, 32 ff). In der Regelbetrag-Verordnung (Art 2 KindUG) waren für den Unterhalt eines minderjährigen Kindes gegenüber dem Elternteil, mit dem es nicht in einem Haushalt lebte, Regelbeträge festgelegt, die in drei Altersstufen gestaffelt sind und sich – für eine Übergangszeit (Art 4 Abs 1 KindUG) – für die alten und die neuen Länder unterschieden (s § 1612a Rn 15). Seit dem 1. 1. 2008 legt § 1612a Abs 1 BGB den **Mindestunterhalt** für minderjährige Kinder gesetzlich fest und verwies hierfür zunächst (bis 2015) auf den steuerlichen Kinderfreibetrag nach § 32 Abs 6 EStG, welcher sich wiederum am

Existenzminimum-Bericht der Bundesregierung orientierte. Seit 26. 11. 2015 knüpft die Regelung wiederum an eine vom Bundesministerium der Justiz und für Verbraucherschutz zu erlassenden Verordnung (Mindestunterhaltsverordnung) an, die sich am jeweils letzten Existenzminimumbericht der Bundesregierung zu orientieren hat (s § 1612a Rn 18 ff). Der **BGH** hat inzwischen einen am Existenzminimum orientierten **Mindestbedarf** auch für die weiteren Unterhaltsberechtigten (zB beim Ehegattenunterhalt und Unterhalt des nichtehelichen Elternteils, aber auch für den Elternunterhalt und den Unterhalt volljähriger Kinder) anerkannt und damit die Rechtsanwendung vereinfacht. Auch das kann aber nicht zu einer Beseitigung des Streitpotenzials führen, weil die Streitigkeiten oftmals auf die Ebene der Leistungsfähigkeit, der Bemessung der Haftungsanteile mehrerer Unterhaltspflichtiger oder Fragen der Verwirkung verlagert werden.

Dennoch dürfte in Anbetracht einer gefestigten und engagierten Praxis der Instanz- 84
gerichte, vor allem der Oberlandesgerichte, die Unbestimmtheit der unterhaltsrechtlichen Gesetzesbegriffe einer – erfahrungsgemäß großen – gesetzgeberischen Regelungsfreude, wie sie im Sozial- und Steuerrecht anzutreffen ist (vgl – zur Grundsicherung für Arbeitsuchende nach dem SGB II – Klinkhammer FamRZ 2007, 85, 88: Geringe Halbwertszeit von Sozialgesetzen), vorzuziehen sein. Der Gesetzgeber des **Unterhaltsrechtsänderungsgesetzes vom 21. 12. 2007** hat dementsprechend bestehende unbestimmte Gesetzesbegriffe bewusst beibehalten und darauf verwiesen, dass den Gerichten damit ein **relativ breiter Spielraum** gegeben werden soll, um dem konkreten Einzelfall nach Billigkeits- und Zumutbarkeitsgesichtspunkten gerecht zu werden. Die Gerichte orientierten sich dabei an Leitlinien der Oberlandesgerichte, die zur Rechtsvereinheitlichung und zum Rechtsfrieden ganz erheblich beitrügen. Diese Grundkonzeption habe sich in der Vergangenheit bewährt und solle beibehalten werden (BT-Drucks 16/1830, 13; vgl auch § 1610 Rn 296).

2. Rechtsprechung

Unbestimmte Gesetzesbegriffe müssen durch die Lehre und vor allem durch die 85
Rechtsprechung ausgefüllt werden. Die Gerichte müssen bei der Entscheidung der Einzelfälle ausgehend von den gesetzlichen Grundwertungen Regeln entwickeln, die auch künftig angewandt werden können. Dabei müssen Divergenzen möglichst vermieden oder ausgeräumt werden. Das war früher dadurch erschwert, dass Unterhaltssachen erstinstanzlich den Amtsgerichten zugewiesen waren (§ 23 Nr 2c aF GVG) und in zweiter Instanz die Landgerichte abschließend entschieden (§ 72 aF GVG). Seit Einführung der Familiengerichtsbarkeit durch das **1. Eherechtsreformgesetz vom 14. 6. 1976** waren in Familiensachen, die die gesetzliche Unterhaltspflicht gegenüber einem ehelichen Kind und die durch Ehe begründete gesetzliche Unterhaltspflicht betreffen, in zweiter Instanz die Oberlandesgerichte (§§ 23a Abs 1, 119 Abs 1 Nr 1 GVG) und im Revisionsverfahren – nach Zulassung – der Bundesgerichtshof (§ 133 GVG) zuständig. Am Instanzenzug hat sich durch das **FGG-Reformgesetz vom 17. 12. 2008** im Grundsatz nichts verändert. Das in Unterhaltssachen nunmehr zu führende Antragsverfahren (Entscheidung nicht mehr durch Urteil, sondern durch **Beschluss**; s unten Rn 188 ff) folgt nach wie vor den Regeln des Zivilprozesses. Statt der Berufung findet gegen die Entscheidungen der Familiengerichte nunmehr die **Beschwerde** zum Oberlandesgericht statt und gegen dessen Entscheidungen im Fall der Zulassung die **Rechtsbeschwerde** zum BGH.

86 Der **BGH** und die **Oberlandesgerichte** haben eine große Zahl von Regeln zur Anwendung des gesetzlichen Unterhaltsrechts entwickelt. Dabei hat sich gezeigt, dass die Mannigfaltigkeit der Lebensverhältnisse nicht mit einfachen Regeln erfasst werden kann, sodass immer wieder Eingrenzungen gemacht und Ausnahmeregeln aufgestellt werden müssen. Der „Verdichtungsprozess" der Rechtsprechung (vgl Gernhuber FamRZ 1983, 1069, 1071) dürfte indessen auch bei zurückhaltender Gesetzgebungstätigkeit nicht zum Abschluss kommen (andere Einschätzung noch von Staudinger/Engler [2000] Rn 55). Abgesehen von den Rechtsänderungen auf anderen Gebieten, etwa des Steuer- und Sozialrechts, die auf das Unterhaltsrecht ausstrahlen und von diesem verarbeitet werden müssen, gibt es auch im Verwandtenunterhaltsrecht immer noch etliche Fragen, zu denen eine Weiterentwicklung der Rechtsregeln durch den Bundesgerichtshof vonnöten ist. Beispielhaft sei hier auf den Elternunterhalt verwiesen, der infolge der demografischen Entwicklung zunehmend an Bedeutung gewinnt und auch rechtspolitisch diskutiert wird. Außerdem führen etwa im Bereich des Minderjährigenunterhalts Änderungen im Rollenverständnis dazu, dass sich neue Betreuungsmodelle (etwa das Wechselmodell) etablieren, denen das Unterhaltsrecht angemessen Rechnung tragen muss.

3. Schlüssel, Tabellen, Leitlinien

87 Schon früh hat die Rechtsprechung nach festeren, in der **Alltagspraxis** für Normalfälle anwendbaren Richtlinien gesucht. Dazu sind unter anderem der „Zwickauer Schlüssel" (Mittelverteilung auf Mann, Frau und Kind im Verhältnis 4:2:1), der „Kieler Schlüssel" (OLG Schleswig MDR 1955, 231; Rassow FamRZ 1969, 515), die „Heidelberger Empfehlungen" (DAVorm 1971, 286, 293 ff; Künkel DAVorm 1988, 641) aufgestellt worden. Sie sind heute alle überholt.

88 Dem Bedürfnis, Anhaltspunkte für die gerechte Bemessung des Unterhalts zu schaffen und damit auch Unterhaltsstreitigkeiten zu vermeiden, dienen **Tabellen und Leitlinien**, wie sie inzwischen in den meisten Oberlandesgerichtsbezirken entwickelt und veröffentlicht worden sind. Diese sind von den Richtern der Oberlandesgerichte erarbeitet worden, um eine möglichst einheitliche Rechtsprechung herbeizuführen. Sie sind selbstverständlich nicht verbindlich; vielmehr muss ihre Anwendbarkeit im Einzelfall geprüft werden. Der Bundesgerichtshof hat in ständiger Rechtsprechung die Anlehnung an Richtsätze und Leitlinien gebilligt, soweit nicht besondere Umstände des Falles eine Abweichung bedingen (BGH FamRZ 1982, 365, 366 = NJW 1982, 1050; FamRZ 1983, 678 = NJW 1983, 1733; FamRZ 1985, 354; FamRZ 1986, 151 = NJW-RR 1986, 426; Schürmann FamRZ 2005, 490; Klingelhöffer ZRP 1994, 383, 385).

89 Als Modell hat sich bei den Oberlandesgerichten die **Düsseldorfer Tabelle** durchgesetzt, die das OLG Düsseldorf vom LG Düsseldorf übernommen und zum 1. 1. 1979 neugefasst hatte, nachdem die Zuständigkeit für Rechtsmittel in Unterhaltssachen auf die Oberlandesgerichte übergegangen war. Schon die Tabelle des LG Düsseldorf enthielt Richtwerte für den Kinder- und Ehegattenunterhalt mit erläuternden Anmerkungen über Altersstufen, Selbstbehalt, Berücksichtigung von Naturalunterhaltsleistungen, Bedarf von Studierenden, Kindergeld und Ausbildungsbeihilfe (Text NJW 1977, 289 = JMBlNRW 1976, 283). Die zunächst sehr ausführlichen, mit Fallbeispielen versehenen Erläuterungen (Stand 1. 1. 1979 FamRZ 1978, 854) wurden später zurückhaltender gefasst (zB Stand 1. 1. 1980 FamRZ 1980, 19; zur Geschichte und zum Inhalt der Düsseldorfer Tabelle SCHOLZ, in: PAULSEN, 100 Jahre OLG Düsseldorf [2006] 265 ff; SCHOLZ FamRZ 1993, 125; SCHOLZ FamRZ 1999, 1177).

90 Seit dem **1. 1. 2008** wird die **Düsseldorfer Tabelle** mit ihren Sätzen in sämtlichen Bundesländern angewendet, nachdem der Mindestunterhalt für minderjährige Kinder in § 1612a und die Sätze für bedürftigkeitsabhängige Sozialleistungen einheitlich geregelt worden sind (s dazu KLINKHAMMER FamRZ 2008, 193). Die im Beitrittsgebiet früher als „Vortabelle" zur Düsseldorfer Tabelle angewandte Berliner Tabelle ist damit obsolet.

In ihrer aktuellen Fassung (Stand: 1. 1. 2018) ist die Düsseldorfer Tabelle (Text mit Anmerkungen § 1610 Rn 305) gegliedert in vier Abschnitte: Kindesunterhalt, Ehegattenunterhalt, Mangelfälle, Verwandtenunterhalt und Unterhalt nach § 1615l BGB. Außerdem enthalten die Anmerkungen Erläuterungen zur Umrechnung von Alttiteln nach der Unterhaltsreform 2007. Die eigentliche Tabelle baut auf dem Mindestunterhalt nach § 1612a BGB auf und steigert diesen stufenweise entsprechend den höheren Einkünften des Unterhaltspflichtigen. Zur Ergänzung haben die Familiensenate der Oberlandesgerichte aber auch – aufgrund einer bundesweit vereinheitlichten Struktur – ausführliche **Leitlinien** veröffentlicht (zur Struktur der Leitlinien s SCHÜRMANN FamRZ 2005, 490; Düsseldorfer Tabelle und Leitlinien der Oberlandesgerichte abrufbar auf den Internetseiten der FamRZ – http://www.famrz.de/arbeitshilfen [Stand 2. 8. 2017] – und des Deutschen Familiengerichtstags – https://www.dfgt.de/ – [Stand 2. 8. 2017] sowie – Düsseldorfer Tabelle – des OLG Düsseldorf – http://www.olg-duesseldorf.nrw.de/infos/Duesseldorfer_tabelle/index.php [Stand 2. 8. 2017]). Diese geben ausgehend von der Rechtsprechung des BGH in den wichtigsten praktischen Fragen, etwa der Einkommensermittlung, die Praxis der Oberlandesgerichte wieder (für die Abschaffung – bzw Vereinheitlichung – der Leitlinien plädiert HÖBBEL FamRZ 2017, 854).

V. Rechtsnatur des Unterhaltsanspruchs

1. Familienrechtliche und schuldrechtliche Natur

91 Die Unterhaltsansprüche zwischen Verwandten beruhen auf der natürlichen und sittlichen Bindung, die sich aus dem Familienverhältnis ergibt (vgl PLANCK, in: SCHUBERT, Vorentwürfe FamR 2 S 285; Mot IV 676 f). Die Verwandtschaft ist nicht nur Voraussetzung für das Entstehen des Anspruchs, vielmehr wird auch dessen Ausprägung durch die familiäre Bindung mitbestimmt. Das zeigt sich in zahlreichen Einzelbestimmungen, zB über die Unterhaltsgewährung **durch Betreuung** (§ 1606 Abs 3 S 2 BGB) oder **in Natur** (§ 1612 Abs 2 BGB), über den Unterhalt für die **Vergangenheit** (§ 1613 BGB), über das **Verzichtsverbot** (§ 1614 Abs 1 BGB), über die **Vorausleistung** (§ 1614 Abs 2 BGB) und über das **Erlöschen** des Anspruchs (§ 1615 BGB). Der Unterhaltsanspruch ist deshalb – abgesehen von seiner systematischen Einordnung im Familienrecht – seinem Inhalt nach **familienrechtlicher Natur** (vgl PLANCK, in: SCHUBERT, Vorentwürfe FamR 2 S 287 ff; DÖLLE Bd 2 § 86 I S 3). Das gilt auch für den Unterhaltsanspruch nichtehelicher Kinder gegen den Vater, der vor dem Nichtehelichengesetz als schuldrechtlicher Anspruch angesehen wurde (s dazu § 1615a Rn 6).

92 Der auf eine Leistung des Unterhaltspflichtigen gerichtete Unterhaltsanspruch entspricht zugleich den Voraussetzungen eines Schuldverhältnisses (§ 241 BGB) und

trägt deshalb auch **schuldrechtlichen Charakter**. Aus diesem Grunde sind die allgemeinen Bestimmungen des Schuldrechts auf die Unterhaltspflicht grundsätzlich anwendbar. Die Anwendbarkeit der Bestimmungen über Schadensersatz wegen Nichterfüllung und über Verzug (§§ 280, 286, 288 BGB) wird in § 1613 BGB sogar vorausgesetzt. Das gilt aber nur, soweit nicht familienrechtliche Bestimmungen oder die familienrechtliche Rechtsnatur des Unterhaltsanspruchs entgegenstehen (Dölle Bd 2 § 86 I S 3; Palandt/Brudermüller[76] Einf v § 1601 Rn 1).

2. Kein einheitlicher Anspruch

93 Die Unterhaltspflicht ist nach herrschender Meinung keine einheitliche Verpflichtung, die, einmal entstanden, bis zum Wegfall einer ihrer Voraussetzungen fortdauert. Sie entsteht vielmehr in jedem Zeitpunkt, in dem ihre Voraussetzungen vorliegen, neu, sodass sie sich maW *fort und fort erneuert* (Mot IV 677; RGZ 4, 208, 216; 46, 65, 67; 49, 155; BGHZ 82, 246, 250 = NJW 1982, 578 = FamRZ 1982, 259; BGHZ 85, 16, 25 = NJW 1983, 279; vgl BGH FamRZ 2007, 453 Rn 28; Wendl/Dose[9] § 1 Rn 8; Dölle Bd 2 § 86 I S 3).

Aus der Verwandtschaft ergibt sich – entgegen der missverständlichen Formulierung des § 1601 BGB – kein einheitlicher, nur in seinen einzelnen Leistungen bedingter Unterhaltsanspruch. Der Familienverbund gewährt – anders als die Leibrente (hM; vgl Staudinger/Mayer [2008] Vorbem 25 ff zu §§ 759 ff) – *kein Stammrecht,* sondern ist nur die Grundlage, auf der der Unterhaltsanspruch bei Bedürftigkeit des Berechtigten (§ 1602 BGB) und Leistungsfähigkeit des Pflichtigen (§ 1603 BGB) entsteht. Solange diese Voraussetzungen nicht gegeben sind, besteht nur eine Aussicht, eine rechtliche Möglichkeit (Mot IV 677). Die geradlinige Verwandtschaft nach § 1601 BGB bildet nur die persönliche Voraussetzung für die Entstehung des Unterhaltsanspruchs.

94 Entgegen Engler (Staudinger/Engler [2000] Rn 65 ff; ebenso Wax FamRZ 1993, 22) leuchtet es durchaus ein, dass die Unterhaltspflicht auch bei Fortbestand der sachlichen Voraussetzungen immer wieder neu entsteht. Dass der Unterhalt nach § 1612 Abs 1 und 3 BGB monatlich im Voraus zu zahlen ist, steht dem nicht entgegen, sondern beruht auf einem praktischen Bedürfnis und entspricht gängiger Praxis bei laufenden Lebenshaltungskosten, die – wie etwa Miete oder Betriebskosten – in der Regel ebenfalls monatlich im Voraus zu entrichten sind. Der hM stehen auch nicht die Identität von Minderjährigen- und Volljährigenunterhalt und die hierzu ergangene Rechtsprechung des BGH (BGH FamRZ 1984, 682) entgegen. Diese widerspricht nicht dem Umstand, dass Bedürftigkeit und Leistungsfähigkeit (und sogar auch die Verwandtschaft; vgl Staudinger/Rauscher [2011] § 1599 Rn 25 mwNw) als Voraussetzungen des Unterhaltsanspruchs Tag für Tag neu vorliegen müssen. Sie sind zeitbezogene Voraussetzungen. Ihren Wegfall als Erlöschensgrund aufzufassen, lässt sich nicht mit der Natur des Unterhaltsanspruchs vereinbaren. Wenn diese Voraussetzungen dennoch als fortbestehend angenommen oder – wie die mangelnde Leistungsfähigkeit – darüber hinaus in die Beweislast des Schuldners gestellt werden, so beruht auch dies auf nahe liegenden praktischen Erwägungen des Gesetzgebers. Aus diesen Erwägungen heraus hat der Gesetzgeber auch die Klage (nunmehr: den Antrag) auf künftige Leistungen zugelassen, wobei die dogmatische Frage wegen der „positiven Bestimmung" der Prozessordnung schon beim Vorentwurf des Redaktors Planck offen gelassen wurde (Planck, in: Schubert, Vorentwürfe FamR 2 S 293). Schon deshalb

kann somit auch aus der verfahrensrechtlichen Behandlung (vgl BGHZ 82, 246, 250 = FamRZ 1982, 259) nicht auf eine materiellrechtliche Einheit des – seiner Natur nach zeitbezogenen – Unterhaltsanspruchs geschlossen werden.

VI. Anwendung des Allgemeinen Teils und des Schuldrechts

1. Verjährung

Hinsichtlich der Geltendmachung rückständigen Unterhalts sind zunächst die **Einschränkungen des § 1613 BGB** zu beachten. 95

Nach **§ 194 Abs 2 BGB** unterliegt der Anspruch aus einem familienrechtlichen Verhältnis nicht der Verjährung, soweit er auf Herstellung des dem Verhältnis entsprechenden Zustandes für die Zukunft gerichtet ist. Das trifft für Unterhaltsansprüche nicht zu (**aA** Staudinger/Peters/Jacoby [2014] § 194 Rn 28). Sie sind nicht auf die Zukunft gerichtet, sondern sollen den laufenden Bedarf decken. Dass die Unterhaltsrente monatlich im Voraus zu zahlen ist (§ 1612 Abs 3 BGB), betrifft nur die Zahlungsweise und bezweckt nicht die Herstellung eines künftigen Zustandes. Das Verwandtschaftsverhältnis kann als tatsächlicher Zustand ohnehin nicht verjähren. Ein Unterhaltsstammrecht als Grundlage künftiger Unterhaltspflichten gibt es nicht (s oben Rn 93).

Die regelmäßige Verjährungsfrist beträgt nach **§ 195 BGB** (in der seit dem Schuldrechtsmodernisierungsgesetz geltenden Fassung) **drei Jahre** und nicht mehr 30 Jahre wie zuvor (vgl Büttner FamRZ 2002, 361). Die zunächst noch vorgeschriebene 30-jährige Verjährungsfrist für familien- und erbrechtliche Ansprüche nach § 197 Abs 1 Nr 2 aF sowie für Unterhaltsleistungen (§ 197 Abs 2 aF) ist durch das **Gesetz zur Änderung des Erb- und Verjährungsrechts vom 24. 9. 2009** (BGBl I 3142) gestrichen worden. Seitdem gelten für Unterhaltsansprüche hinsichtlich der Verjährungsfrist keine Sonderregeln mehr. Auch für die frühere Unterscheidung zwischen regelmäßig wiederkehrenden Leistungen und Sonderbedarf (vgl Staudinger/Engler [2000] Rn 69) ist damit die Grundlage entfallen (vgl – auch zum Übergangsrecht – Wendl/Gerhardt[9] § 6 Rn 147 f). 96

Titulierte Unterhaltsansprüche verjähren, wenn sie sich auf **Rückstände** beziehen, nach § 197 Abs 1 Nr 3 BGB in 30 Jahren. Die Einschränkung auf Rückstände folgt aus § 197 Abs 2 BGB, wonach für titulierte Ansprüche auf (nach Rechtskraft des Urteils, Palandt/Ellenberger[73] § 197 Rn 10) **künftig fällig werdende Leistungen** die regelmäßige Verjährungsfrist gilt. Daraus folgt, dass titulierter laufender Unterhalt notfalls erneut – im Wege des Feststellungsantrags – gerichtlich geltend gemacht werden muss, um den Eintritt der Verjährung zu verhindern. Die erneute gerichtliche Geltendmachung setzt indessen keine neue Verjährungsfrist in Gang, sondern löst nur die Hemmungswirkungen nach §§ 209, 204 Abs 2 BGB aus. Die Auffassung des OLG Köln (InVo 2007, 23), nach der einer Klage das Rechtsschutzinteresse fehle, weil bei Untätigkeit jedenfalls Verwirkung eintrete, entbehrt der Grundlage (zur Verwirkung titulierter Ansprüche vgl BGH WM 2014, 82; vgl auch § 212: Neubeginn der Verjährung nach Vollstreckungshandlungen). In einem Betrag titulierte **Abfindungen verjähren in 30 Jahren**, auch wenn sie künftigen Unterhalt einbeziehen (BGH FamRZ 2014, 1622 – Ehegattenunterhalt).

97 Die **regelmäßige Verjährung** beginnt nach § 199 Abs 1 BGB mit dem **Schluss des Jahres**, in dem 1. der Anspruch entstanden ist und 2. der Gläubiger von den den Anspruch begründenden Umständen und der Person des Schuldners Kenntnis erlangt hat oder ohne grobe Fahrlässigkeit erlangen müsste (vgl BGH FamRZ 2017, 900; AG Tempelhof-Kreuzberg FamRZ 2010, 737). Die Verjährung von **gerichtlich festgestellten Ansprüchen** beginnt nach § 201 S 1 BGB mit Rechtskraft der Entscheidung, nicht jedoch vor Entstehung des Anspruchs.

98 Die allgemeine **Hemmung** der Verjährung von Unterhaltsansprüchen richtet sich nach § 204 BGB (vgl etwa OLG Brandenburg 5. 6. 2007 – 10 UF 6/07 – juris). **Ansprüche zwischen dem Kind und seinen Eltern** sind zudem nach § 207 Abs 1 S 2 Nr 2a BGB bis zur Vollendung des 21. Lebensjahres des Kindes gehemmt. Die Hemmung gilt auch für Ansprüche der Eltern gegen das Kind (Palandt/Ellenberger[73] § 207 Rn 4). Im Fall des gesetzlichen Forderungsübergangs auf den Sozialleistungsträger findet § 207 Abs 1 S 2 Nr 2a BGB keine Anwendung mehr, weil der Zweck der Vorschrift, die Wahrung des Familienfriedens, hier nicht mehr eingreift (BGH FamRZ 2006, 1664, 1666 – Unterhaltsvorschuss).

99 Die frühere Sonderregelung zum Betreuungsunterhalt nichtehelicher Mütter/Väter (§ 1615l Abs 4, 5 BGB) ist zum 1. 1. 2002 aufgehoben worden.

2. Verwirkung

100 Ein Anspruch ist nach Treu und Glauben (§ 242 BGB) verwirkt, wenn der Berechtigte ihn längere Zeit nicht geltend macht, obwohl er dazu in der Lage wäre, und der Verpflichtete sich nach dem gesamten Verhalten des Berechtigten darauf einstellen durfte und darauf eingestellt hat, dass dieser sein Recht auch in Zukunft nicht mehr geltend machen werde (BGH FamRZ 2002, 1698, 1699 – Elternunterhalt; FamRZ 2010, 1888 – Elternunterhalt; FamRZ 2007, 453, 455 – Ehegattenunterhalt; FamRZ 2004, 531, 532 – Ehegattenunterhalt; FamRZ 1982, 898 – Ehegattenunterhalt; BGHZ 25, 47, 51 = NJW 1957, 1358; s auch Staudinger/Looschelders/Olzen [2009] § 242 Rn 302 ff mwNw).

101 Ansprüche auf *rückständigen Unterhalt* können trotz ihrer familienrechtlichen Natur verwirkt werden, denn Treu und Glauben gilt auch unter Verwandten (Knorn FamRZ 1964, 383; BGHZ 84, 280 = NJW 1982, 1999 = FamRZ 1982, 898; BGH FamRZ 2002, 1698; BGHZ 103, 62, 67 = NJW 1988, 1137 = FamRZ 1988, 370; FamRZ 1988, 478, 480; OLG Düsseldorf FamRZ 1989, 776; OLG Hamburg FamRZ 1990, 1271; OLG Hamm FamRZ 1996, 1239). Auch dann, wenn der Unterhaltsanspruch *tituliert* ist, kann er verwirkt werden, falls sich seine Geltendmachung unter dem Gesichtspunkt illoyal verspäteter Rechtsausübung als unzulässig erweist (BGH FamRZ 2004, 531; DAVorm 1999, 711; OLG Hamm FamRZ 2007, 159). Dem steht nicht entgegen, dass nach *§ 1611 BGB* die Unterhaltspflicht nur bei einem besonders schwerwiegenden Fehlverhalten des Unterhaltsberechtigten gemindert wird oder entfällt und dass selbst dies im Eltern-Kind-Verhältnis nicht gilt. Denn § 1611 BGB gilt für die Unterhaltspflicht allgemein, in erster Linie also für den Anspruch auf laufenden Unterhalt, und schützt nicht vor einem Wegfall des Anspruchs auf rückständigen Unterhalt aus anderen Gründen. Die *kurze Verjährungsfrist* von drei Jahren (oben Rn 96) schließt eine Verwirkung ebenfalls nicht aus.

102 Die Verwirkung setzt zunächst voraus, dass der Anspruch längere Zeit nicht geltend

gemacht worden ist (sog **Zeitmoment**). Die Zeitspanne richtet sich nach den Umständen des Einzelfalles. Nach dem **BGH** (BGHZ 152, 217 = FamRZ 2002, 1698; BGHZ 103, 62, 68 ff) kann von einem Unterhaltsgläubiger, der lebensnotwendig auf Unterhaltsleistungen angewiesen ist, eher als von einem Gläubiger anderer Forderungen erwartet werden, dass er sich zeitnah um die Durchsetzung des Anspruchs bemüht. Andernfalls könnten Unterhaltsrückstände zu einer erdrückenden Schuldenlast anwachsen. Abgesehen davon seien im Unterhaltsrechtsstreit die für die Bemessung des Unterhalts maßgeblichen Einkommensverhältnisse der Parteien nach längerer Zeit oft nur schwer aufklärbar. Diese Gründe, die eine möglichst zeitnahe Geltendmachung von Unterhalt nahelegten, seien so gewichtig, dass das Zeitmoment der Verwirkung auch dann erfüllt sein könne, wenn die Rückstände Zeitabschnitte betreffen, die etwas mehr als ein Jahr zurückliegen. Nach den gesetzlichen Bestimmungen der §§ 1585b Abs 3, 1613 Abs 2 Nr 1 BGB verdiene der Gesichtspunkt des Schuldnerschutzes bei Unterhaltsrückständen für eine mehr als ein Jahr zurückliegende Zeit besondere Beachtung. Diesem Rechtsgedanken könne im Rahmen der Bemessung des Zeitmoments in der Weise Rechnung getragen werden, dass das Verstreichenlassen einer Frist von mehr als einem Jahr ausreichen könne.

Bei Unterhaltsrenten beginnt der Zeitabschnitt für jeden Monat gesondert (BGH FamRZ 2002, 1698 juris Rn 11).

Der Zeitablauf allein reicht nicht aus (vgl BGH WM 2014, 82 Rn 11 mwNw). Hinzu 103
kommen muss das sog **Umstandsmoment**, nach dem sich der Unterhaltsverpflichtete darauf einrichten durfte und eingerichtet hat, dass der Unterhaltsberechtigte sein Recht nicht mehr wahrnehmen werde (BGH FamRZ 2002, 1698 juris Rn 11). Es wird bei Unterhaltsansprüchen meist gegeben sein. Der BGH hat es – beim Elternunterhalt – als ausreichend angesehen, wenn der Unterhaltsschuldner seine Lebensführung an die ihm zur Verfügung stehenden Einkünfte anpasst und dafür im Bereich durchschnittlicher Einkommensverhältnisse einen entsprechenden Erfahrungssatz aufgestellt (BGH FamRZ 2002, 1698 juris Rn 13). Hierbei handelt es sich um die Gesichtspunkte, die schon der Einschränkung der Nachforderung gemäß § 1613 BGB zugrunde liegen (vgl § 1613 Rn 5) und die demzufolge ausgeräumt sein müssten, wenn der Gläubiger die Voraussetzungen schafft. Man wird daher nicht umhin kommen, besondere Umstände festzustellen. Der Unterhalt ist sodann verwirkt, wenn die Inanspruchnahme des Schuldners auf rückständigen Unterhalt **nicht allein aufgrund des Zeitablaufs als illoyal** erscheint (vgl Staudinger/Looschelders/Olzen [2009] § 242 Rn 308). Das Umstandsmoment ist nicht erfüllt, wenn der Unterhaltspflichtige zur Klärung des Anspruchs selbständig an den Gläubiger herangetreten ist (OLG Brandenburg NZFam 2017, 465 – Minderjährigenunterhalt).

Bei **titulierten Ansprüchen** ist weitere Zurückhaltung geboten. Die bloße Unterlas- 104
sung von Vollstreckungsversuchen reicht für eine Verwirkung keinesfalls aus. Vielmehr zeigt sich allein daran, dass sich der Gläubiger einen Vollstreckungstitel verschafft hat, dass er diesen über die gesamte Verjährungsfrist hin auch geltend machen will (vgl BGH WM 2014, 82 Rn 11 mwNw – zum Mietrecht). In der Begründung – nicht im Ergebnis – bedenklich ist daher eine Entscheidung des OLG Hamm (FamRZ 2007, 159, 160), das allein auf das Abwarten über 18 Monate (durch den Träger der Unterhaltsvorschusskasse) abgestellt hat. Die Besonderheit des Falls lag aber darin, dass für die Unterhaltsvorschusskasse als Anspruchsinhaberin die Ansprüche erst

mit der mehrere Jahre später beantragten Klauselerteilung tituliert waren und das Kind, das zwischenzeitlich wieder mit dem Unterhaltsschuldner zusammengelebt hatte, wegen des Anspruchsübergangs nicht mehr Anspruchsinhaber war.

Verwirkung kann auch eintreten, wenn nur ein **Teil des Unterhaltsanspruchs** längere Zeit nicht erfüllt wird und der Schuldner darauf vertraut hat, dass keine Nachforderung geltend gemacht wird.

3. Leistungsstörungen, Zinsen

105 Die Vorschriften über Leistungsstörungen (§§ 275 ff BGB) sind auf Unterhaltsansprüche grundsätzlich anwendbar (s oben Rn 92). Das zeigt auch § 1613 Abs 1 BGB, wonach Schadensersatz wegen Nichterfüllung gefordert werden und der Verpflichtete in Verzug kommen kann. Die Besonderheiten des Unterhaltsanspruchs sind aber zu beachten, zB dass bei einem Unvermögen des Schuldners (§ 275 Abs 2 BGB) ein Unterhaltsanspruch nicht entsteht (§ 1603 BGB) und dass Unterhalt für die Vergangenheit nur unter den Voraussetzungen des § 1613 BGB gefordert werden kann.

106 Ein Anspruch auf **Schadensersatz wegen Nichterfüllung** (§ 280 BGB) kann bei Naturalunterhalt (§ 1612 Abs 1 S 2 BGB) bestehen, wenn eine nachträgliche Naturalleistung unmöglich ist (Brüggemann, in: FS Bosch 89 f). Dagegen befreit bei rückständigem Barunterhalt eine nachträglich eintretende Zahlungsunfähigkeit den Schuldner nicht von der Leistungspflicht, weil jedermann für seine finanzielle Leistungsfähigkeit einzustehen hat (BGH NJW 1989, 1276, 1278 mwNw). Auch eine Schadensersatzpflicht nach § 286 Abs 2 BGB wird bei Barunterhalt nicht in Betracht kommen, weil das Erfüllungsinteresse des Gläubigers durch Verzug nicht entfällt.

107 Bei Verzug des Schuldners (dazu § 1613 Rn 29 ff) hat dieser den **Verzögerungsschaden** zu ersetzen (§ 280 Abs 1, 2 BGB). Insoweit bestehen für Unterhaltsansprüche keine Besonderheiten (allgM), als Schaden kommen hier vor allem die Kosten eines Überbrückungskredits in Betracht (Brüggemann 95).

108 Die Vorschriften über die Verzinsung einer Geldschuld bei Schuldnerverzug (§§ 288, 286) gelten auch für Unterhaltsforderungen (BGH FamRZ 2008, 1428 Rn 23 f mwNw; noch offen gelassen von BGH FamRZ 1987, 352; Wendl/Gerhardt[8] § 6 Rn 138 f). Die *gegenteilige Auffassung* von Brüggemann (in: FS Bosch 89; FamRZ 1983, 525; ebenso OLG Celle FamRZ 1983, 525), der § 288 Abs 1 BGB nicht für anwendbar hält, weil der Unterhalt nicht der Kapitalanlage, sondern dem alsbaldigen Verbrauch dient, hat sich nicht durchgesetzt. Ihr steht auch entgegen, dass nach dem Gesetz in der Vorenthaltung geschuldeten Geldes stets ein Schaden zu sehen ist (BGHZ 74, 231, 235 = NJW 1979, 1494).

109 Ein Anspruch auf **Prozesszinsen** (§ 291 BGB) besteht in Unterhaltssachen ebenfalls (BGH FamRZ 1987, 352 = NJW-RR 1987, 386). Das gilt auch bei Ansprüchen auf laufenden und künftigen Unterhalt, die nach Rechtshängigkeit fällig und nicht erfüllt werden (Brüggemann 100; **aA** OLG Koblenz FamRZ 1980, 583; OLG Hamm FamRZ 1982, 170, 172). Nach dem **BGH** (FamRZ 2008, 1428 Rn 16 ff) tritt (allein) durch die Geltendmachung des Unterhalts im vereinfachten Verfahren nach §§ 249 ff FamFG noch keine Rechtshängigkeit ein, sodass kein Anspruch auf Prozesszinsen besteht (zur Rechts-

hängigkeit näher § 1613 Rn 59 ff). Nach § 255 Abs 3 FamFG gilt das Verfahren allerdings nach Überleitung in das streitige Verfahren als mit der Zustellung des Festsetzungsantrags rechtshängig geworden. Folgerichtig müssen jedenfalls in diesem Fall Prozesszinsen schon ab Zustellung des Festsetzungsantrags (zur Vorwirkung s § 167 ZPO) geltend gemacht werden können.

Ein Schadensersatzanspruch wegen **Schlechterfüllung** (vgl Staudinger/Caspers [2014] Vorbem 2 ff zu §§ 275 ff) kommt bei Naturalunterhalt in Betracht, etwa bei Gesundheitsschäden wegen Gewährung unzulänglicher Wohnung (Brüggemann 90) oder bei Schäden infolge mangelhafter Versorgung eines in den Haushalt des Unterhaltspflichtigen aufgenommenen Elternteils. 110

4. Aufrechnung

Nach § 394 BGB findet eine Aufrechnung gegen eine Forderung nicht statt, soweit die Forderung der Pfändung nicht unterworfen ist. **Gesetzliche Unterhaltsansprüche** sind grundsätzlich unpfändbar (§§ 95 Abs 1 Nr 1 FamFG, 850b Abs 1 Nr 2 ZPO; s unten Rn 235 f), deshalb ist eine Aufrechnung gegen sie **grundsätzlich nicht zulässig**. Für das gesetzliche Aufrechnungsverbot kommt es nur auf die Aufrechnungsforderung an, nicht auf die Gegenforderung. Dem Aufrechnungsverbot unterliegt also auch die Aufrechnung mit Rückforderungsansprüchen wegen überzahlten Unterhalts (OLG München NJOZ 2011, 633 mwNw auch zur **aA**). Der grundsätzliche Ausschluss der Aufrechnung gilt auch für Ansprüche, die auf einen **Sozialleistungsträger** übergegangen sind (BGHZ 197, 326 = FamRZ 2013, 1202 Rn 21 ff – Grundsicherung für Arbeitsuchende nach SGB II). Daraus folgt kein Abtretungsverbot für den Sozialleistungsträger (BGHZ 197, 326 = FamRZ 2013, 1202 Rn 25). 111

Anders verhält es sich, wenn der Unterhaltsanspruch vollständig auf eine vertragliche Grundlage gestellt wird. Das ist allerdings nur bei Vorliegen besonderer Umstände anzunehmen (BGH FamRZ 2002, 1179 – Ehegattenunterhalt). Beim Verwandtenunterhalt besteht dafür vor allem wegen § 1614 kaum eine Grundlage, sodass eine vertragliche Grundlage allenfalls bei Vereinbarung eines nach gesetzlichen Maßstäben eindeutig überhöhten Unterhalts in Betracht käme (s Rn 128 ff).

Nach §§ 95 Abs 1 Nr 1 FamFG, 850b Abs 2 ZPO können Unterhaltsforderungen unter bestimmten Voraussetzungen ausnahmsweise gepfändet werden. Bei Vorliegen dieser Voraussetzungen kann daher auch gegen sie aufgerechnet werden. Nach lange Zeit wohl einhelliger Meinung setzt die Aufrechenbarkeit voraus, dass das *Vollstreckungsgericht* die Pfändung oder die Aufrechnung zugelassen hat (BGHZ 31, 210, 217 f = NJW 1960, 572 = FamRZ 1960, 110; NJW 1970, 282 = FamRZ 1970, 23 betr Abtretung; KG OLGZ 1970, 17; OLG Hamm FamRZ 2005, 995, 996; OLG Düsseldorf FamRZ 1981, 970; OLG Stuttgart Rpfleger 1983, 409; OLG Bamberg FamRZ 1987, 1047; OLG Hamm FamRZ 1988, 952; Bosch FamRZ 1959, 290; Staudinger/Gursky [2016] § 394 Rn 29). 112

Hiergegen bestehen durchgreifende Bedenken (ebenso Wendl/Dose[9] § 6 Rn 303 ff). Es leuchtet nicht ein, dass über die Zulässigkeit der Pfändung und damit auch der Aufrechnung nur das Vollstreckungsgericht entscheiden können soll. Eine besondere „Zulassung“ der Pfändung gibt es auch im Vollstreckungsverfahren nicht. Das Vollstreckungsgericht muss vielmehr bei seiner Entscheidung über die Pfändung – 113

Geldforderungen werden durch gerichtlichen Beschluss gepfändet (§ 829 ZPO) – feststellen, ob die Vollstreckungsvoraussetzungen gegeben sind und keine Vollstreckungshindernisse vorliegen. Bei der Feststellung der Voraussetzungen des § 850b Abs 2 ZPO handelt es sich weder um eine „konstitutive Entscheidung" (so BGH NJW 1970, 282 = FamRZ 1970, 23) noch um einen „Gestaltungsakt" (OLG Düsseldorf FamRZ 1981, 970) oder um eine „Freigabeentscheidung" (Bosch FamRZ 1959, 260), sondern um eine Begründung für die Pfändung. Im Vollstreckungsverfahren ist für diese Feststellung zwar das Vollstreckungsgericht ausschließlich zuständig (§§ 828 Abs 1, 802 ZPO). Soweit es im ordentlichen Verfahren jedoch darauf ankommt, ob eine Forderung der Pfändung unterworfen ist, kann und muss das Prozessgericht darüber entscheiden (Wendl/Dose[9] § 6 Rn 303). Für die Feststellung der Unpfändbarkeit nach § 850b Abs 1 ZPO wird das nicht in Zweifel gezogen. Es ist nicht ersichtlich, warum für die Feststellung der Pfändbarkeit nach Abs 2 etwas anderes gelten soll. Das ergibt sich auch nicht aus § 850b Abs 3 ZPO, wonach das Vollstreckungsgericht vor seiner Entscheidung die Beteiligten hören soll. Diese Bestimmung gilt für die Entscheidung sowohl nach Abs 1 als auch nach Abs 2.

114 Die Aufrechnung gegen einen Unterhaltsanspruch ist demnach **ausnahmsweise zulässig**, wenn die Voraussetzungen des § 850b Abs 2 ZPO vorliegen. Danach kann gegen den Anspruch aufgerechnet werden, wenn der Unterhaltsberechtigte *kein sonstiges pfändbares bewegliches Vermögen* hat und wenn nach den Umständen des Falles, insbesondere nach der Art des Anspruchs des Unterhaltspflichtigen und der Höhe des Unterhaltsanspruchs, die Aufrechnung *der Billigkeit entspricht.* Das kann zB der Fall sein, wenn einem Anspruch auf hohe Unterhaltsrückstände ein Schadensersatzanspruch des Unterhaltspflichtigen aus vorsätzlicher unerlaubter Handlung gegenübersteht. Zu beachten ist, dass der Unterhaltsanspruch nur nach den für Arbeitseinkommen geltenden Vorschriften gepfändet und dass daher nur in diesem Umfang gegen ihn aufgerechnet werden darf.

115 Dem Aufrechnungsverbot nach § 394 BGB kann unter bestimmten Voraussetzungen mit der **Einrede der Arglist** entgegengetreten werden (Wendl/Dose[9] § 6 Rn 307 mwNw). Die Arglisteinrede ist auch gegenüber einem Verbot, gegen *Unterhaltsansprüche* aufzurechnen, dann zulässig, wenn die Forderung, mit der aufgerechnet werden soll, auf einer *vorsätzlichen Schadenszufügung* durch den Unterhaltsgläubiger beruht (BGHZ 30, 36, 38 f = NJW 1959, 1275 = FamRZ 1959, 288; OLG Düsseldorf FamRZ 1981, 970 mwNw). Dem Unterhaltsberechtigten muss jedoch das Existenzminimum verbleiben (BGHZ 123, 49, 57 = NJW 1993, 2105 = FamRZ 1993, 1186 = JR 1994, 283 m krit Anm Probst). Ferner ist die Regelung des *§ 1611 BGB* zu beachten, nach der der Unterhaltsanspruch selbst bei einer schweren Verfehlung des Berechtigten gegen den Unterhaltspflichtigen nicht ohne Weiteres entfällt. Im Übrigen bedarf es der Arglisteinrede nicht, wenn die Aufrechnung unter den Voraussetzungen des § 850b Abs 2 ZPO zulässig ist (Rn 111 ff).

5. Abtretung und Verpfändung

116 Eine Forderung kann nach § 400 BGB nicht abgetreten und demzufolge nach § 1274 Abs 2 BGB nicht verpfändet werden, soweit sie der Pfändung nicht unterworfen ist. *Unterhaltsansprüche* sind nach §§ 95 Abs 1 Nr 1 FamFG, 850b Abs 1 Nr 2 ZPO grundsätzlich nicht pfändbar (s unten Rn 235 f) und deshalb grundsätzlich *nicht abtret-*

bar und *nicht verpfändbar.* Ausnahmsweise können sie nach §§ 850b Abs 2 ZPO unter bestimmten Voraussetzungen gepfändet werden. Insoweit gilt für die Abtretung und Verpfändung grundsätzlich dasselbe wie zur Aufrechnung (oben Rn 111 f), die Unterhaltsansprüche können also bei Vorliegen der Voraussetzungen des § 850b Abs 2 ZPO abgetreten und verpfändet werden.

Der Bundesgerichtshof hat die Abtretung unpfändbarer Ansprüche für zulässig erklärt, wenn sie an denjenigen erfolgt, der dem Berechtigten freiwillig oder vertragsgemäß Zahlungen in Höhe der abgetretenen Ansprüche geleistet hat oder leistet (BGHZ 4, 153; 7, 30, 52; 13, 360; 21, 112, 120; 59, 109, 115 – jeweils für Rentenansprüche; BGH [V. ZS] FamRZ 2010, 367 – Altenteilsansprüche – im konkreten Fall verneint; vgl auch BAG NZA-RR 2013, 590 – arbeitsrechtliche Vergütungsansprüche). Das gilt auch für die Abtretung von Unterhaltsansprüchen. Wer Unterhalt leistet, ohne dazu verpflichtet zu sein, kann sich die entsprechenden Unterhaltsansprüche abtreten lassen (OLG Bremen FamRZ 2002, 1189; OLG Köln FamRZ 1995, 308; vgl BGHZ 197, 326 = FamRZ 2013, 1202 Rn 25). 117

Die **Rückabtretung** von Unterhaltsansprüchen, die kraft Gesetzes auf den Träger von Sozialleistungen übergegangen sind, ist in § 94 Abs 5 S 1 SGB XII, § 33 Abs 4 S 1 SGB II, § 7 Abs 4 S 2 UVG ausdrücklich zugelassen (vgl Wendl/Klinkhammer[9] § 8 Rn 111 ff, 255 ff, 274). Diese Regelungen gehen § 400 BGB jeweils als lex specialis vor.

Unzulässig ist hingegen eine Abtretung zur Erstattung von Sozialleistungen (BGH NJW 1994, 1733 = FamRZ 1994, 829); wohl ist es vom BGH aufgrund früherer Rechtslage für zulässig gehalten worden, dass der Träger der Unterhaltsvorschussleistung die noch nicht gemäß § 7 UVG übergegangenen Ansprüche im Wege der gewillkürten Prozessstandschaft geltend macht, wenn gewährleistet ist, dass der Unterhaltsberechtigte die Leistung erhält (BGH FamRZ 1998, 357; vgl nunmehr § 7 Abs 4 S 1 UVG; zur Einziehungsermächtigung und Prozess- bzw Verfahrensführungsermächtigung im Bereich der Sozialhilfe vgl Wendl/Klinkhammer[9] § 8 Rn 111).

6. Zurückbehaltungsrecht

Nach § 273 Abs 1 BGB steht einem Schuldner, der aus demselben rechtlichen Verhältnis, auf dem seine Verpflichtung beruht, einen fälligen Anspruch gegen den Gläubiger hat, ein *Zurückbehaltungsrecht* zu, sofern sich nicht aus dem Schuldverhältnis ein anderes ergibt. Da **Unterhaltsansprüche** nach § 1601 BGB auf Verwandtschaft beruhen, kommt ihnen gegenüber ein Zurückbehaltungsrecht nur wegen eines Anspruchs in Betracht, der ebenfalls auf dem Verwandtschaftsverhältnis beruht, zB ein Auskunftsanspruch nach § 1605 BGB oder ein Dienstleistungsanspruch gegen das Kind nach § 1619 BGB. Dabei ist aber zu berücksichtigen, dass eine Verweigerung des Unterhalts dessen Zweck, die Lebensgrundlage des Berechtigten zu sichern, widerspricht. Deshalb ist nach hM ein Zurückbehaltungsrecht gegenüber Unterhaltsansprüchen ausgeschlossen (RGZ 152, 71, 75; OLG Hamburg OLGE 21, 240; OLG Bamberg FamRZ 1985, 610; Göppinger/Wax/Strohal[9] Rn 44; Staudinger/Bittner [2014] § 273 Rn 84, 92). Ob das auch für Unterhaltsrückstände gilt, ist allerdings zweifelhaft. 118

Dem Unterhaltspflichtigen steht wegen eines **Auskunftsanspruchs**, den er gemäß § 1605 BGB gegen den Unterhaltsberechtigten hat, kein Zurückbehaltungsrecht 119 zu. In der Rechtsprechung sind hier vereinzelt Ausnahmen zugelassen worden (vgl OLG Koblenz FamRZ 2015, 1813; OLG Brandenburg FamRZ 2011, 1067; OLG Hamm FamRZ 1996, 49 = NJW-RR 1996, 4 – Anspruch auf Schulbescheinigung gegenüber Mehrbedarf wegen Privatschulkosten in Thailand; ebenso WENDL/SCHOLZ[8] § 2 Rn 90; vgl auch OLG Hamm FamRZ 2013, 1407). Fraglich ist hier allerdings, ob es dieser Ausnahmen bedarf. Denn der Berechtigte muss zur Geltendmachung seines Unterhaltsanspruchs die seine Bedürftigkeit begründenden Tatsachen ohnehin darlegen und im Streitfall beweisen (§ 1602 Rn 179 ff). Solange seine Bedürftigkeit ungeklärt ist, kommt der Unterhaltsschuldner nicht in Verzug (§ 1613 Rn 51 f). Ein Zurückbehaltungsrecht gegenüber dem Auskunftsanspruch besteht ebenfalls nicht (§ 1605 Rn 13; MünchKomm/KRÜGER[7] § 273 Rn 50 mwNw).

120 Die Eltern können die **Dienstleistungspflicht** eines Kindes (§ 1619 BGB) nach hM nicht durch Zurückbehaltung des vollen Unterhalts mittelbar erzwingen, weil dem der Zweck der Unterhaltsgewährung entgegensteht (vgl RGZ 99, 112, 114 f – keine Gegenseitigkeit; **aA** MünchKomm/VON SACHSEN GESAPHE § 1619 Rn 13). Dagegen sollte gegenüber volljährigen Kindern eine teilweise Zurückbehaltung einzelner Unterhaltsleistungen (zB Taschengeld) zulässig sein (STAUDINGER/COESTER [2007] § 1619 Rn 42 mwNw). Der Streit dürfte allerdings müßig sein, da die Eltern ihrem Kind den zur Wahrung des Existenzminimums notwendigen Unterhalt in jedem Fall gewähren müssen und sie im Übrigen in der Gestaltung des (Familien-)Unterhalts für haushaltsangehörige Kinder nach §§ 1360, 1360a BGB (vgl auch § 1612 BGB) weitgehend frei sind.

7. Schenkung

121 Ein Schenker kann nach **§ 519 Abs 1 BGB** die Erfüllung eines Schenkungsversprechens verweigern, wenn durch die Leistung die Erfüllung einer gesetzlichen Unterhaltspflicht gefährdet würde. Nach **§ 528 Abs 1 BGB** kann er das Geschenk zurückfordern, wenn er später außerstande ist, seinen Unterhalt zu bestreiten oder seine Unterhaltspflicht zu erfüllen. Ein Anspruch des Schenkers auf Herausgabe des Geschenks ist nach **§ 529 Abs 2 BGB** ausgeschlossen, wenn der Beschenkte dadurch die Erfüllung *seiner* gesetzlichen Unterhaltspflichten gefährden würde.

8. Geschäftsführung ohne Auftrag

122 Erbringt ein anderer als der Unterhaltspflichtige für diesen Unterhaltsleistungen an den Berechtigten, so finden grundsätzlich die Regeln der Geschäftsführung ohne Auftrag (§ 677 ff BGB) Anwendung, wenn sonst die Unterhaltspflicht nicht rechtzeitig erfüllt worden wäre (BGHZ 28, 359 = FamRZ 1959, 108; STAUDINGER/BERGMANN [2015] Vorbem 147 ff zu §§ 677 ff). Das gilt unter den Voraussetzungen des **§ 679 BGB** auch bei entgegenstehendem Willen des Unterhaltspflichtigen. Der andere kann trotz des entgegenstehenden Willens des Pflichtigen nach **§ 683 BGB** Ersatz seiner Aufwendungen verlangen (s § 1606 Rn 69), es sei denn, dass ihm die Absicht dazu fehlte (§ 685 Abs 1 BGB). Der Anspruch kann auch bei Bestehen einer eigenen Verpflichtung des Leistenden gegeben sein (BGHZ 28, 359 = FamRZ 1959, 108; sog Auch-fremdes Geschäft).

Wird der Unterhalt durch einen nicht unterhaltspflichtigen Verwandten in gerader

Linie gewährt – bei nachrangiger Haftung nach § 1606 Abs 1 und 2 BGB –, so wird nach **§ 685 Abs 2 BGB** das Fehlen der Absicht vermutet, von dem Empfänger (nicht dem Unterhaltspflichtigen) Ersatz zu verlangen.

Der Geschäftsführung ohne Auftrag gehen der **familienrechtliche Ausgleichsanspruch** **123** (vgl § 1606 Rn 73, § 1612b Rn 41 ff, 55 ff) und die **Regressansprüche nach § 1607 BGB** (vgl § 1607 Rn 25 ff, 43 ff) als besondere Regeln vor (s auch Rn 163).

In der Rechtsprechung im weiteren Zusammenhang mit dem Unterhalt anerkannte **124** **Anwendungsfälle** der Geschäftsführung ohne Auftrag sind etwa die – rechtsgrundlose – Erbringung von öffentlichen Leistungen mit Unterhaltscharakter anstelle des vermeintlich verschollenen Unterhaltspflichtigen (BGHZ 28, 359 = FamRZ 1959, 108, im Ergebnis verneint wegen gleichzeitiger Rückforderung vom Unterhaltsberechtigten; vgl auch BGH FamRZ 1963, 352) und die Erstattung von Besuchskosten, die der Ehemann einer deliktisch Geschädigten für deren Kind und Mutter aufgewendet hat (BGH NJW 1979, 598 mwNw). Nicht zweifelsfrei sind Fälle der **ärztlichen Heilbehandlung** von Unterhaltsberechtigten (vgl Staudinger/Bergmann [2015] Vorbem 148 zu §§ 677 ff). Anerkannt worden ist ein Anspruch bei Krankenhausbehandlung eines nicht krankenversicherten Kindes nach einem Unfall vom OLG Köln (NJW 1965, 350), das sogar die Unterhaltspflicht offen gelassen und ein Fremdgeschäft – kaum vertretbar – schon wegen des Sorgerechts des nicht notwendig unterhaltspflichtigen Elternteils angenommen hat. Auch ist – ebenfalls zweifelhaft – ein Anspruch des Zahnarztes gegen den Ehemann nach Behandlung der Ehefrau angenommen worden (LG Stuttgart NJW 1961, 972, 973). Wegen weiterer Fälle wird auf Staudinger/Bergmann (2015) Vorbem zu §§ 677 ff Bezug genommen.

Neuerdings ist von Löhnig (FamRZ 2013, 1866) ein Anspruch von anderen Umgangs- **125** berechtigten als den Eltern (§§ 1685, 1686a BGB) auf Ersatz der **Umgangskosten** (Fahrtkosten, Verpflegung des Kindes) zur Diskussion gestellt worden. In diesen Fällen dürfte es sich jedoch regelmäßig um ein ausschließliches Eigengeschäft des Umgangsberechtigten handeln. Soweit Kosten für das Kind anfallen, wird die mit den Eltern (oder sonstigen Sorgeberechtigten) getroffene Einigung hinsichtlich der Modalitäten zugleich auch eine stillschweigende Vereinbarung über die Kosten enthalten. Auch eine gerichtliche Umgangsregelung wird im Zweifel so zu verstehen sein, dass die Kosten von demjenigen zu tragen sind, bei dem sie im Rahmen der Durchführung der Umgangsregelung anfallen.

9. Unerlaubte Handlung

Eine Billigkeitshaftung für eine im Zustand der Verantwortungslosigkeit begangene **126** unerlaubte Handlung nach **§ 829 BGB** scheidet aus, soweit dem Schädiger durch die Leistung die Mittel entzogen würden, deren er zur Erfüllung seiner Unterhaltspflichten bedarf.

§ 170 StGB (Unterhaltspflichtverletzung, früher § 170b StGB) ist ein Schutzgesetz **127** im Sinne von § 823 Abs 2 BGB (BGHZ 28, 359 = FamRZ 1959, 108; vgl auch BGH FamRZ 1974, 593; FamRZ 1968, 29; FamRZ 1963, 128 – jeweils Schutzgesetz für den Versorgungsträger). Das ist insbesondere im Insolvenzverfahren des Unterhaltsschuldners von Bedeutung (vgl BGH WM 2016, 753; OLG Celle FamRZ 2013, 1814; FamRZ 2012, 1838; OLG Hamm FamRZ 2013, 67; FamRZ 2012, 1741; OLG Köln FamRZ 2012, 1836 – jeweils mwNw).

VII. Vertragliche Unterhaltsregelungen

1. Vertragliche Regelung des gesetzlichen Unterhaltsanspruchs

128 Obwohl das Familienrecht die Unterhaltspflicht unter Verwandten abschließend regelt, sind vertragliche Regelungen dieser Unterhaltspflicht **zulässig** (RGZ 164, 65, 68; allgM). Das folgt aus dem Grundsatz der Vertragsfreiheit (Staudinger/Löwisch/Feldmann [2018] § 311 Rn 1; Staudinger/Olzen [2014] Einl 52 zum SchuldR), der wegen des schuldrechtlichen Charakters der Unterhaltsansprüche (oben Rn 91) auch für sie gilt. Nach § 133 Abs 1 Nr 2 FamFG muss die Antragsschrift in der Scheidungssache unter anderem die Erklärung enthalten, ob die Ehegatten eine Regelung über die Unterhaltspflicht gegenüber den gemeinschaftlichen minderjährigen Kindern getroffen haben.

129 Vertragliche Regelungen können die unbestimmten Gesetzesbegriffe (oben Rn 79) ausfüllen. Sie können den Betrag des zu leistenden Unterhalts zum **Inhalt** haben, ferner die Art der Unterhaltsgewährung, die Dauer und Abänderbarkeit, sowie Einzelheiten der Unterhaltsberechnung. Eine *Grenze* ergibt sich aus dem Verbot, auf Unterhalt für die Zukunft zu verzichten (§ 1614 BGB). Eine Kapitalabfindung, wie sie der durch das KindUG aufgehobene § 1615e BGB für den Unterhaltsanspruch des nichtehelichen Kindes zugelassen hatte, kann nicht mehr wirksam vereinbart werden (§ 1614 Rn 14).

130 Vertragliche Regelungen des gesetzlichen Unterhaltsanspruchs sind **formlos** möglich. Es handelt sich nicht um eine formbedürftige Leibrentenvereinbarung (§ 761 BGB), weil die Parteien nur die Höhe des gesetzlichen Unterhalts festlegen und nicht eine lebenslängliche Rente in bestimmter Höhe begründen wollen (RG HRR 1937 Nr 1309; Holzhauer, in: FS Lukes 673, 676 f). Die Formvorschriften für ein abstraktes Schuldversprechen oder Schuldanerkenntnis (§§ 780, 781 BGB) sind nicht anwendbar, weil die Schuld nicht unabhängig von der gesetzlichen Unterhaltspflicht begründet werden soll (OLG Dresden OLGE 39, 4; Holzhauer 678 ff). Auch ein formbedürftiges Schenkungsversprechen (§ 518 BGB) liegt nicht vor, weil die Unterhaltsleistungen nicht unentgeltlich sind (OLG Dresden OLGE 39, 4).

131 Häufig werden solche Vereinbarungen **in vollstreckbarer Form** getroffen, entweder durch Verfahrensvergleich oder in einer vollstreckbaren notariellen Urkunde (§§ 86 Abs 1 Nr 3 FamFG, 794 Abs 1 Nr 1, 5 ZPO) oder in einer vollstreckbaren Urkunde des Jugendamts (§§ 59 Abs 1 Nr 3 und 4, 60 SGB VIII). Ein im *Scheidungsverfahren* abgeschlossener Vergleich der Eltern über den Unterhalt des Kindes wirkt auch für und gegen das Kind (§ 1629 Abs 3 BGB).

132 Ob und inwieweit die *gesetzlichen Bestimmungen* über die Unterhaltspflicht ergänzend anwendbar bleiben, ist in erster Linie eine Frage der Vertragsauslegung (vgl BGH FamRZ 2012, 527 – Ehegattenunterhalt). § 1613 BGB kommt nicht zur Anwendung, wenn vertragliche Unterhaltsleistungen in bestimmter Höhe vereinbart wurden (RGZ 164, 65, 69; OLG Karlsruhe FamRZ 1981, 384). Die Voraussetzungen der Bedürftig-

keit und der Leistungsfähigkeit (§§ 1602, 1603 BGB) können nicht unbeschränkt abbedungen werden, weil sonst ein Leibrentenvertrag vorliegt (RGZ 150, 385, 390; HOLZHAUER, in: FS Lukes 677).

Der Unterhaltsanspruch verliert durch eine solche vertragliche Regelung nicht seine *familienrechtliche Rechtsnatur*. Die Sonderregeln für gesetzliche Unterhaltsansprüche (oben Rn 68 ff) bleiben deshalb grundsätzlich anwendbar (PALANDT/BRUDERMÜLLER[76] Einf 22 vor § 1601; RGZ 164, 65, 68 hinsichtlich Vorrecht in der Zwangsvollstreckung). **133**

2. Umwandlung

Eine „Umwandlung" des gesetzlichen Unterhaltsanspruchs in einen vertraglichen Anspruch in der Weise, dass nur die vertraglichen Leistungen unabhängig von Bedürftigkeit und Leistungsfähigkeit geschuldet werden, ist zwischen Verwandten nicht möglich (anders beim nachehelichen Unterhalt, s BGH NJW 1984, 2350 = FamRZ 1984, 874; FamRZ 1991, 673 und 1040 = NJW-RR 1991, 388 und 899). Denn zwischen Verwandten kann auf künftigen (höheren) Unterhalt nicht verzichtet werden (§ 1614 Abs 1 BGB). Soweit der vertragliche Anspruch gleichhoch oder höher ist, ist für eine Umwandlung kein Raum, weil durch die vertragliche Sicherung die Bedürftigkeit und damit auch der gesetzliche Unterhaltsanspruch entfällt. **134**

3. Freistellung

Ein Unterhaltsschuldner kann durch Vertrag mit einem Dritten vereinbaren, dass dieser ihn von seiner Unterhaltspflicht freistellt. Eine solche *Freistellungsvereinbarung* kann zwischen Ehegatten hinsichtlich ihrer Unterhaltspflicht gegenüber gemeinschaftlichen Kindern für den Fall der Scheidung (vgl § 133 Abs 1 Nr 2 FamFG) und auch schon bei Trennung getroffen werden (BGH NJW 1986, 1167 = FamRZ 1986, 444; OLG Frankfurt FamRZ 1994, 1131; OLG Stuttgart FamRZ 1992, 716 = NJW-RR 1993, 133). Obwohl beide Eltern für den Unterhalt ihrer Kinder grundsätzlich anteilig haften (§ 1606 Abs 3 S 1 BGB), können sie sich unabhängig von der Regel des § 1606 Abs 3 S 2 BGB dahin einigen, dass einer von ihnen den Barunterhalt allein zu tragen hat und der andere von der Barunterhaltspflicht vollständig freigestellt wird (s § 1606 Rn 65). Das Verzichtsverbot des § 1614 Abs 1 BGB steht nicht entgegen, weil der Unterhaltsanspruch des Kindes bestehen bleibt (s § 1614 Rn 16). Die Vereinbarung der Eltern ist eine Erfüllungsübernahme, aufgrund deren der in Anspruch genommene Elternteil von dem anderen verlangen kann, dass er die Ansprüche des Kindes befriedigt. Ob in einer vereinbarten Begrenzung des Kindesunterhalts zugleich eine **konkludente Freistellungsvereinbarung** zu sehen ist, bedarf sorgfältiger Prüfung (vgl BGH FamRZ 2009, 768 mAnm BÖMELBURG FF 2009, 250). Sie setzt einen auf die Freistellung gerichteten Rechtsbindungswillen des nicht unterhaltspflichtigen Elternteils voraus, der im Streitfall vom Unterhaltspflichtigen darzulegen und zu beweisen ist. **135**

Erfüllt ein Elternteil seine Freistellungsvereinbarung nicht, so steht dem Unterhaltspflichtigen ein Rückgriffsanspruch nach § 670 BGB zu (BGH FamRZ 2009, 768 Rn 13; RGZ 129, 27, 29 f; vgl auch RGZ 131, 154, 158; zu anderen diskutierten Anspruchsgrundlagen s STAUDINGER/JAGMANN [2015] § 329 Rn 20 mwNw).

Eine Unterhaltsfreistellung ist wegen Sittenwidrigkeit **nichtig** (§ 138 Abs 1 BGB), **136** wenn ein damit verbundener Elternvorschlag zur Regelung der elterlichen Sorge sich über das Wohl des Kindes bewusst hinwegsetzt (BGH FamRZ 1984, 778 – Freistellung vom Kindesunterhalt gegen Verzicht auf Umgang; vgl auch BGH FamRZ 1986, 444; § 1606 Rn 65 mwNw).

4. Begründung von Unterhaltspflichten durch Vertrag

137 Von den Verträgen zur Regelung gesetzlicher Unterhaltsansprüche (oben Rn 128 ff) zu unterscheiden sind Verträge, durch die eine gesetzlich nicht bestehende Unterhaltspflicht **begründet** wird. Vertragliche Unterhaltspflichten können insbesondere gegenüber Stiefkindern (§ 1601 Rn 26), Schwiegereltern, Geschwistern, Pflegekindern oder -eltern (BGH FamRZ 1986, 669 = NJW-RR 1986, 866; FamRZ 1995, 995 [wie OLG Bremen FamRZ 1995, 1291]) sowie in einer nichtehelichen Lebensgemeinschaft (BGH NJW 1986, 374 = FamRZ 1986, 145) übernommen werden. Außerdem sind vertragliche Unterhaltsansprüche angenommen worden bei konsentierter heterologer Insemination (vor Inkrafttreten des § 1600 Abs 5 BGB). Der BGH (BGHZ 129, 297 = FamRZ 1995, 861; BGH FamRZ 1995, 865 – verneint nach Ehelichkeitsanfechtung durch das Kind) hat einen vertraglich begründeten Unterhaltsanspruch des Kindes gegen den der heterologen Insemination zustimmenden Ehemann angenommen, auch wenn dieser nicht der rechtliche Vater des Kindes war (vgl Klinkhammer, in: FS Pintens S 753, 760 ff). Ebenso hat der BGH (nach der 2002 geänderten Rechtslage) für den konsentierenden nicht verheirateten Mann entschieden, der die Vaterschaft nach der Geburt nicht anerkannt hatte (BGHZ 207, 135 = FamRZ 2015, 2134). Nach dem BGH enthält eine Vereinbarung, mit welcher ein Mann die Einwilligung zu einer heterologen künstlichen Befruchtung einer Frau mit dem Ziel erteilt, die Vaterstellung für das zu zeugende Kind einzunehmen, regelmäßig zugleich einen von familienrechtlichen Besonderheiten geprägten Vertrag zugunsten des aus der künstlichen Befruchtung hervorgehenden Kindes, aus dem sich für den Mann dem Kind gegenüber die Pflicht ergibt, für dessenUnterhalt wie ein rechtlicher Vater einzustehen. Außerdem hat der BGH (BGH FamRZ 1995, 995) einen stillschweigend vereinbarten vertraglichen Unterhaltsanspruch angenommen, wenn Ehegatten ein fremdes Kind unter Umgehung einer förmlichen Adoption zu sich zu nehmen und seine wahre Herkunft und seinen Personenstand verschleiern, um es im Inland als eigenes eheliches Kind auszugeben und als solches großzuziehen. Schließlich dürfte auch die Verpflichtungserklärung nach § 68 AufenthG in den Zusammenhang vertraglich übernommener Unterhaltspflichten einzuordnen sein (vgl BVerwG NVwZ 2017, 1200 mwNw). Nach § 68 Abs 1 S 1 AufenthG hat, wer sich der Ausländerbehörde oder einer Auslandsvertretung gegenüber (schriftlich) verpflichtet hat, die Kosten für den Lebensunterhalt eines Ausländers zu tragen, für einen Zeitraum von fünf Jahren sämtliche öffentlichen Mittel zu erstatten, die für den Lebensunterhalt des Ausländers einschließlich der Versorgung mit Wohnraum sowie der Versorgung im Krankheitsfalle und bei Pflegebedürftigkeit aufgewendet werden.

138 Ein Unterhaltsvertrag bedarf grundsätzlich **keiner Form** (BGH FamRZ 2015, 2134). Etwas anderes gilt, wenn die Leistungspflicht von der Bedürftigkeit des Berechtigten und der Leistungsfähigkeit des Schuldners unabhängig ist, bei gleichbleibenden Beträgen handelt es sich dann um ein nach § 761 BGB formbedürftiges Leibrentenversprechen (zur Abgrenzung BGH FamRZ 2015, 2134 Rn 15 mwNw; vgl auch Holzhauer, in: FS Lukes 673, 675).

139 Ein Unterhaltsvertrag kann auch **stillschweigend** geschlossen werden. Erforderlich ist, dass sich aus dem Verhalten des Leistenden und den sonstigen Umständen des Einzelfalles ein Bindungswille ergibt, so aus dem Einverständnis eines Ehemannes zu einer heterologen Insemination seiner Ehefrau oder aus einer Aufnahme eines fremden Kindes, das sie als eigenes ausgeben (s Rn 137 f). Dagegen reicht die Aufnahme eines Stiefkindes oder der Schwiegereltern in den Haushalt allein nicht aus (Staudinger/Voppel [2012] § 1360a Rn 44). Bei einer länger dauernden regelmäßigen Unterhaltszahlung ist vereinzelt eine Verpflichtung angenommen worden, bei gleichbleibenden Verhältnissen den Unterhalt auch künftig zu leisten (AG Brakel FamRZ 1999, 880: Vorbehaltlose Zahlung über einen Zeitraum von 4 Jahren; verneinend bei einer Zahlungsdauer von 10 Monaten OLG Hamm FamRZ 1981, 384). Stets erforderlich ist ein entsprechender **Rechtsbindungswille** des den Unterhalt Zahlenden. Liegt ein solcher nicht vor, handelt es sich um freiwillige Leistungen, die vom Zahlenden jederzeit eingestellt werden können.

140 Im Vertrag nicht geregelte Fragen – zB über die Dauer der Unterhaltspflicht oder das Rangverhältnis zu gesetzlichen Unterhaltspflichten – sind nicht nach den gesetzlichen Unterhaltsbestimmungen, sondern nach **allgemeinen Auslegungsregeln** (§§ 133, 157 BGB) zu lösen (BGH NJW 1986, 374 = FamRZ 1986, 145; FamRZ 1986, 669 = NJW-RR 1986, 866). Die Auslegung kann natürlich ergeben, dass die Parteien das vereinbart haben, was für gesetzliche Unterhaltsansprüche gilt. Im Fall der Einwilligung in die heterologe Insemination ist im Zweifel die dadurch übernommene Unterhaltspflicht an der gesetzlichen Unterhaltspflicht orientiert (BGH FamRZ 2015, 2134 Rn 23). Ist durch eine Vereinbarung der gesetzliche Anspruch auf Ausbildungsunterhalt lediglich inhaltlich ausgestaltet worden, so entfällt der „vertragliche" (richtig: gesetzliche) Anspruch, wenn ein Anspruch auf Ausbildungsunterhalt dem Grunde nach nicht mehr besteht (OLG Hamm FamRZ 1999, 879, 880).

VIII. Besondere Folgen der Verletzung der Unterhaltspflicht

141 Wegen der großen Bedeutung, die die Erfüllung der Unterhaltspflicht nicht nur für den Bedürftigen, sondern auch für die Allgemeinheit hat, löst eine Verletzung dieser Verpflichtung – neben der Schadensersatzpflicht (oben Rn 126 ff) – eine Reihe von Rechtsfolgen aus.

1. Strafrechtliche Sanktion

142 Nach **§ 170 Abs 1 StGB** wird mit Freiheitsstrafe bis zu drei Jahren oder mit Geldstrafe bestraft, wer sich seiner gesetzlichen Unterhaltspflicht entzieht, sodass der Lebensbedarf des Unterhaltsberechtigten gefährdet ist oder ohne die Hilfe anderer gefährdet wäre. Der Tatbestand bereitet in der praktischen Handhabung Schwierigkeiten, zumal es einer eigenständigen Prüfung der Strafgerichte zur Bedürftigkeit des Unterhaltsberechtigten und zur Leistungsfähigkeit des Unterhaltsschuldners bedarf (vgl OLG Brandenburg StRR 2013, 29; OLG Koblenz NStZ 2011, 423; OLG München NStZ 2009, 212; OLG Hamm NStZ 2008, 342) und Strafverfolgungsbehörden wie Strafgerichte mit der Materie in der Regel nur wenig vertraut sind. Außerdem sind auch die Ermittlungsmöglichkeiten begrenzt (vgl zur Wohnungsdurchsuchung – allerdings mit wohl überzogenen Anforderungen an einen Tatverdacht – BVerfG K WuM 2012, 94). Auf die Ergebnisse von vorausgegangenen familiengerichtlichen Verfahren kann das Strafgericht

nur eingeschränkt zurückgreifen, schon weil die Beweislast unterschiedlich ausgestaltet ist. Während der Unterhaltsschuldner im Verfahren vor dem Familiengericht etwa seine Leistungsunfähigkeit darzulegen und zu beweisen hat, setzt seine Verurteilung im Strafverfahren die positive Feststellung seiner Leistungsfähigkeit voraus (vgl allerdings OLG Celle FamRZ 2011, 1826).

143 Eine Bestrafung des Unterhaltspflichtigen hat Engler (Staudinger/Engler [2000] Rn 129 mN) überdies als auch für den Unterhaltsberechtigten problematisch gehalten. Danach sei es vorzugswürdig, gemäß § 153a Abs 1 Nr 4, Abs 2 StPO vorläufig von der Erhebung der öffentlichen Klage abzusehen oder das Verfahren vorläufig einzustellen und zugleich dem Beschuldigten aufzuerlegen, seinen Unterhaltspflichten in einer bestimmten Höhe und innerhalb einer bestimmten Frist nachzukommen.

2. Eheliches Güterrecht

144 Nach § 1381 Abs 1, 2 BGB kann die Erfüllung einer Forderung auf **Zugewinnausgleich** verweigert werden, wenn der anspruchsberechtigte Ehegatte längere Zeit hindurch die sich aus dem ehelichen Verhältnis ergebenden wirtschaftlichen Verpflichtungen schuldhaft nicht erfüllt hat. Zu diesen Verpflichtungen gehört der Beitrag zum Familienunterhalt (§ 1360 BGB), aus dem auch der Lebensbedarf der gemeinsamen unterhaltsberechtigten Kinder zu befriedigen ist (§ 1360a Abs 1 BGB).

145 Nach § 1385 Nr 3 BGB kann ein Ehegatte **vorzeitigen Zugewinnausgleich** verlangen, wenn der andere Ehegatte längere Zeit hindurch die sich aus dem ehelichen Verhältnis ergebenden wirtschaftlichen Verpflichtungen schuldhaft nicht erfüllt hat und anzunehmen ist, dass er sie auch in Zukunft nicht erfüllen wird.

146 Nach §§ 1447 Nr 2, 1469 Nr 3 BGB kann ein Ehegatte auf Aufhebung der **Gütergemeinschaft** klagen, wenn der andere Ehegatte seine Verpflichtung, zum Familienunterhalt beizutragen, verletzt hat und für die Zukunft eine erhebliche Gefährdung des Unterhalts zu besorgen ist.

147 Nach § 1495 Nr 2 BGB kann bei einer **fortgesetzten Gütergemeinschaft** ein anteilsberechtigter Abkömmling auf Aufhebung klagen, wenn der überlebende Ehegatte seine Verpflichtung, ihm Unterhalt zu gewähren, verletzt hat und auch für die Zukunft eine erhebliche Gefährdung des Unterhalts zu besorgen ist.

3. Unterhaltsrecht

148 Nach § 1579 Nr 6 BGB ist ein nachehelicher Unterhaltsanspruch zu versagen, wenn der Berechtigte vor der Trennung längere Zeit hindurch seine Pflicht, zum Familienunterhalt beizutragen, **gröblich verletzt** hat.

149 Hat ein unterhaltsberechtigter Verwandter seine eigene Unterhaltspflicht gegenüber dem Unterhaltspflichtigen **gröblich vernachlässigt**, so braucht der Verpflichtete nach *§ 1611 Abs 1 BGB* nur einen Billigkeitsbeitrag zum Unterhalt zu leisten; bei grober Unbilligkeit fällt die Verpflichtung ganz weg.

4. Versorgungsausgleich

Nach § 27 VersAusglG findet ein Versorgungsausgleich ausnahmsweise nicht statt, soweit er grob unbillig wäre. Dies ist nur der Fall, wenn die gesamten Umstände des Einzelfalls es rechtfertigen, von der Halbteilung abzuweichen. Nach der früheren Regelung in *§§ 1587c Nr 3, 1587h Nr 3 BGB* war dies ausdrücklich für den Fall bestimmt, dass der Berechtigte während der Ehe längere Zeit hindurch seine Pflicht, zum Familienunterhalt beizutragen, gröblich verletzt hat (zur grundsätzlichen Fortgeltung im Rahmen des offener gefassten § 27 VersAusglG s MünchKomm/Dörr[6] § 27 VersAusglG Rn 42). **150**

5. Kindschaftsrecht

Nach *§ 1666 Abs 1 BGB* hat das Familiengericht ua die zur Abwendung der Gefahr erforderlichen Maßnahmen zu treffen, wenn das Vermögen des Kindes durch ein Verhalten der Eltern gefährdet wird; nach § 1666 Abs 2 BGB ist eine Gefährdung des Kindesvermögens in der Regel dann anzunehmen, wenn der Inhaber der Vermögenssorge seine Unterhaltspflicht gegenüber dem Kind verletzt. Als erforderliche Maßnahme kommt auch die *Entziehung der Vermögenssorge* in Betracht. Mit der allgemein gefassten Bestimmung des § 1666 Abs 1 BGB wollte das am 1. 7. 1998 in Kraft getretene KindRG das zuvor geltende Recht „innerlich nicht antasten" (BT-Drucks 13/4899, 64, s auch 97). § 1666 Abs 3 aF hatte deutlicher gesagt, dass das Gericht einem Elternteil auch die Vermögenssorge entziehen kann, „wenn er das Recht des Kindes auf Gewährung des Unterhalts verletzt hat und für die Zukunft eine Gefährdung des Unterhalts zu besorgen ist". **151**

Nach *§ 1748 Abs 1 BGB* hat das Vormundschaftsgericht die Einwilligung eines Elternteils zur *Adoption* des Kindes zu ersetzen, wenn dieser seine Pflichten gegenüber dem Kind anhaltend gröblich verletzt hat. **152**

6. Erbrecht

Hat ein erbrechtlich Berechtigter die ihm dem Erblasser gegenüber obliegende Unterhaltspflicht böswillig verletzt, so kann wegen Verfehlung **153**

- nach *§ 2271 Abs 2 BGB* (iVm § 2294, §§ 2333 f BGB) der überlebende Ehegatte die in einem *wechselseitigen Testament* enthaltene *Verfügung aufheben* (vgl Staudinger/Kanzleiter [2013] § 2271 Rn 48 f),
- nach *§ 2294 BGB* iVm §§ 2333 f BGB der Erblasser von einer in einem *Erbvertrag* getroffenen Verfügung *zurücktreten,*
- nach *§§ 2333 Nr 4, 2334 BGB* der Erblasser einem Abkömmling oder einem Elternteil den *Pflichtteil entziehen.*

7. Verwaltungsrecht

Nach *§ 48 Abs 1 S 1 SGB I* können laufende Geldleistungen, die zur Sicherung des Lebensunterhalts bestimmt sind, in angemessener Höhe an den Ehegatten oder die **154**

Kinder des Leistungsberechtigten ausgezahlt (abgezweigt) werden, wenn er ihnen gegenüber seiner Unterhaltspflicht nicht nachkommt.

155 Nach *§§ 7 Abs 1 Nr 5, 8 des Passgesetzes* ist der Pass zu versagen oder zu entziehen, wenn bestimmte Tatsachen die Annahme begründen, dass der Passbewerber oder -inhaber sich seiner Unterhaltspflicht entziehen will. Aus denselben Gründen können die Grenzkontrollbehörden nach *§ 10 Abs 1 PassG* die Ausreise in das Ausland untersagen.

156 Nach § 46 Abs 2 AufenthG (früher: *§ 62 Abs 2 des Ausländergesetzes)* kann auch Ausländern in entsprechender Anwendung des § 10 Abs 1 des Passgesetzes die Ausreise untersagt werden.

IX. Ersatz für nicht geschuldete Unterhaltsleistungen

1. Bereicherungsanspruch gegen den Empfänger

157 Wer Unterhalt leistet, ohne dazu rechtlich verpflichtet zu sein, oder wer mehr leistet, als er muss, kann nach **§ 812 BGB** die Herausgabe des Geleisteten oder der Mehrleistung verlangen. Das Bereicherungsrecht ist auf Unterhaltsansprüche wegen ihres schuldrechtlichen Charakters (oben Rn 62) anwendbar. Der Anspruch unterliegt nicht den Beschränkungen des § 1613 Abs 1 BGB (Mertens FamRZ 1994, 601).

158 **Ohne rechtlichen Grund** sind Leistungen bei Fehlen eines geradlinigen Verwandtschaftsverhältnisses (§ 1601 BGB), bei vorrangiger Unterhaltspflicht eines anderen Verwandten (§ 1606 Abs 1, 2 BGB) oder des Ehegatten (§ 1608 BGB), bei Vorliegen eines Beschränkungs- oder Ausschließungsgrundes (§ 1611 BGB) oder bei fehlender Bedürftigkeit (§ 1602 Rn 163). Bei nachträglicher Arbeitsaufnahme kann es zu Überzahlungen kommen, jedoch kann bei einem Wegfall der Bedürftigkeit der bis dahin gezahlte Unterhalt nicht zurückgefordert werden (§ 1602 Rn 162). Bei einem Anspruchsübergang nach § 1607 Abs 2 S 2 BGB kommt ein Bereicherungsanspruch nicht in Betracht, da der nachrangig haftende Verwandte in diesem Fall zur Leistung verpflichtet war (s auch § 1607 Rn 11 ff).

159 Der Bereicherungsanspruch ist nach **§ 814 BGB** ausgeschlossen, wenn der Leistende das Fehlen seiner Leistungspflicht gekannt hat oder wenn die Leistung einer sittlichen Pflicht oder einer auf den Anstand zu nehmenden Rücksicht entsprach. Das wird nur selten der Fall sein.

160 Der Anspruch kann ferner nach **§ 818 Abs 3 BGB** an einem Wegfall der Bereicherung scheitern, zumal der Unterhalt zum alsbaldigen Verbrauch bestimmt ist (vgl BGHZ 119, 383, 385 = NJW 1992, 2415 = FamRZ 1992, 1152). Der Empfänger kann sich jedoch nach *§ 819 Abs 1 BGB* hierauf nicht berufen, wenn er das Fehlen des rechtlichen Grundes bei Empfang kannte. Das kann insbesondere bei fehlender Bedürftigkeit der Fall sein (§ 1602 Rn 163).

161 Bei einer **rechtskräftigen Verpflichtung** (Verurteilung) zu Unterhaltsleistungen bildet der Titel den Rechtsgrund für die erbrachten Leistungen, und bei einer *Abänderung des Titels* wegen Änderung der Verhältnisse schließt die Zeitschranke des § 238

Abs 3 FamFG (zuvor § 323 Abs 3 ZPO) einen Bereicherungsanspruch wegen der vorher erhaltenen Leistungen aus. Die – umstrittene – analoge Anwendung von **§ 241 FamFG** auf die Rückforderung des durch **einstweilige Anordnung** titulierten Unterhalts ist vom OLG Karlsruhe verneint worden (OLG Karlsruhe NJW 2014, 1744 mwNw).

2. Ersatzanspruch gegen den Unterhaltspflichtigen

a) Anspruchsübergang

162 Leistet ein nachrangig haftender Verwandter Unterhalt, weil der Erstverpflichtete schwer zu belangen ist, so geht nach *§ 1607 Abs 2 BGB* der Unterhaltsanspruch auf den Leistenden über. Ein Anspruchsübergang findet ferner nach *§ 1607 Abs 3 BGB* statt, soweit anstelle des unterhaltspflichtigen Elternteils ein anderer, nicht unterhaltspflichtiger Verwandter oder der Ehegatte des anderen Elternteils dem Kind Unterhalt leistet, und Entsprechendes gilt, wenn dem Kind ein Dritter als Vater Unterhalt gewährt (s § 1607 Rn 48). Die gesetzliche Anspruchsübertragung schließt Ansprüche des Leistenden gegen den (Erst-)Verpflichteten aus Geschäftsführung ohne Auftrag und aus ungerechtfertigter Bereicherung aus (§ 1607 Rn 42).

b) Familienrechtlicher Ausgleichsanspruch

163 Hat ein Elternteil einem von ihm betreuten Kind Barunterhalt geleistet, obwohl er dazu nach *§ 1606 Abs 3 S 2 BGB* nicht verpflichtet war, oder hat ein Elternteil einen höheren Kindesunterhalt gewährt, als er nach *§ 1606 Abs 3 S 1 BGB* zahlen musste, so kann er von dem anderen unterhaltspflichtigen Elternteil Ersatz verlangen. Als Rechtsgrundlage hierfür hat der Bundesgerichtshof im Wege der Rechtsfortbildung einen *familienrechtlichen Ausgleichsanspruch* entwickelt, der gegeben ist, wenn ein Elternteil mit einer Unterhaltszahlung an das Kind eine an sich dem anderen Elternteil obliegende Verpflichtung erfüllt hat. Wegen der Begründung und der Ausgestaltung dieses Anspruchs wird auf § 1606 Rn 73 f verwiesen.

c) Geschäftsführung ohne Auftrag

164 Wer Unterhalt in dem Bewusstsein und mit dem Willen leistet, damit die Unterhaltspflicht eines anderen zu erfüllen, kann nach *§§ 677, 683, 670 BGB* von dem anderen Ersatz seiner Aufwendungen verlangen (OLG Celle NJW-RR 1995, 136; Holzhauer, in: FS Wolf 223, 238 ff; Göppinger/Wax/van Els Rn 1711; Soergel/Lettmaier[13] Vorbem 17; BGB-RGRK/Mutschler Vorbem 19; s auch § 1606 Rn 62 mwNw). Ein der Geschäftsführung entgegenstehender Wille des Unterhaltspflichtigen bleibt unberücksichtigt, wenn dessen Unterhaltspflicht ohne die Geschäftsführung nicht rechtzeitig erfüllt worden wäre (§§ 679, 683 S 2 BGB).

165 Der Ersatzanspruch unterliegt der *Sperrwirkung des § 1613 BGB,* denn der Unterhaltsschuldner darf dem Leistenden gegenüber nicht schlechter gestellt werden als gegenüber dem Unterhaltsberechtigten (OLG Celle NJW-RR 1995, 136). Ein Ersatz kann daher nur für die Zeit gefordert werden, in der der Verpflichtete mit der Unterhaltszahlung in Verzug gekommen oder der Unterhaltsanspruch rechtshängig geworden war (einschränkend Holzhauer, in: FS Wolf 223, 245 ff).

d) Bereicherungsanspruch gegen den Unterhaltspflichtigen

166 Ein Unterhaltspflichtiger ist bereichert, wenn seine Unterhaltspflicht durch die

Leistung eines anderen erlischt (Staudinger/Lorenz [2007] § 812 Rn 42, 67). Das ist der Fall, wenn der andere in der erkennbaren Absicht handelt, die Schuld des Unterhaltspflichtigen zu tilgen (§ 267 BGB). Im Zweifel soll die Zahlung den Schuldner indessen nicht entlasten, sodass auch keine Erfüllung eintritt. Auch die Voraussetzung der Bedürftigkeit entfällt nicht (vgl § 1602 Rn 41 ff; **aA** Staudinger/Engler [2000] Rn 153 mwNw; Holzhauer, in: FS Wolf 223, 244). Der Unterhaltspflichtige muss die erlangte Befreiung von seiner Verbindlichkeit nach *§ 812 BGB* (Nichtleistungskondiktion) an den Leistenden herausgeben. Da die Herausgabe unmöglich ist, muss er nach § 818 Abs 2 BGB den Wert ersetzen. Der Schuldnerschutz des *§ 1613 BGB* besteht auch gegenüber diesem Bereicherungsanspruch (vgl oben Rn 165).

3. Ersatzanspruch gegen die Mutter

167 Ein Scheinvater kann von der Mutter nach allgemeinem Deliktsrecht keinen Ersatz des Schadens verlangen, den er durch Unterhaltszahlungen an ein nicht von ihm stammendes Kind erlitten hat, weil das Ehe- und Familienrecht hier die Deliktsregel verdrängt (BGHZ 196, 207 = FamRZ 2013, 939 Rn 13; NJW 1990, 706 = FamRZ 1990, 367; Roth FuR 1991, 86). Dagegen kommt ein Schadensersatzanspruch nach § 826 BGB in Betracht (LG Baden-Baden NJW 1992, 1514 = FamRZ 1992, 557). Das bloße Verschweigen des Ehebruchs reicht hierzu allerdings nicht aus (BGHZ 196, 207 = FamRZ 2013, 939 Rn 17). Ferner kommt eine Haftung nach § 823 Abs 2 BGB iVm § 153 StGB in Betracht (OLG Celle FamRZ 1992, 556).

168 Nach der bisherigen Rechtsprechung des **BGH** war die Mutter indessen nach Anfechtung der (ehelichen) Vaterschaft grundsätzlich verpflichtet, ihrem (geschiedenen) Ehemann **Auskunft** darüber zu erteilen, wer ihr während der Empfängniszeit beigewohnt hat (BGHZ 196, 207 = FamRZ 2013, 939 Rn 29 ff; BGHZ 191, 259 = FamRZ 2012, 200; BGH FamRZ 2014, 1440). Daraus konnte sich ein Schadensersatzanspruch aus **§ 280 BGB** ergeben. Dieser beruhte nicht auf dem „Unterschieben" des Kindes, sondern auf der nicht erteilten Auskunft und der deswegen **nicht (mehr) durchsetzbaren Regressforderung** (§ 1607 Abs 3 S 2 BGB). Die Bezifferung des Schadens war allerdings ohne die Auskunft nicht möglich, weil der Schaden einen realisierbaren Unterhaltsanspruch gegen den Erzeuger voraussetzt und dieser in vollem Umfang festgestellt werden muss.

Das **BVerfG** hat dieser Rechtsprechung die Grundlage entzogen. Nach Auffassung des BVerfG überschreitet die gerichtliche Verpflichtung einer Mutter, zur Durchsetzung eines Regressanspruchs des Scheinvaters (§ 1607 Abs 3 BGB) Auskunft über die Person des mutmaßlichen Vaters des Kindes zu erteilen, die verfassungsrechtlichen Grenzen richterlicher Rechtsfortbildung, weil es hierfür an einer hinreichend deutlichen Grundlage im geschriebenen Recht fehle (BVerfG FamRZ 2015, 729 mAnm Scherpe; krit Neuner JZ 2016, 435; näher dazu § 1607 Rn 3). Ein Gesetzesvorhaben zur Einführung eines gesetzlichen Auskunftsanspruchs (und Begrenzung der Ersatzhaftung des Vaters) ist in der 18. Legislaturperiode gescheitert (Gesetzentwurf BT-Drucks 18/10343).

X. Regress von Sozialleistungsträgern und Legalzession

169 Wird kein oder kein ausreichender Unterhalt gezahlt, so treten anstelle des Verwandtenunterhalts verschiedene Sozialleistungen, die als subsidiäre Leistungen den Unterhalt ersetzen (Wendl/Klinkhammer[8] § 8 Rn 7). Beispielsweise erhalten minderjährige Kinder bis zur Vollendung des 18. Lebensjahres (bis 30. 6. 2017: des 12. Lebensjahres) **Unterhaltsvorschuss nach dem UVG**. Leben sie in einer Bedarfsgemeinschaft mit einem hilfebedürftigen erwerbsfähigen Elternteil, so erhalten sie (grundsätzlich) **Sozialgeld nach dem SGB II**, wenn der Elternteil eines 12- bis 17-jährigen allerdings eigenes Einkommen von mindestens 600 € erzielt, ebenfalls Unterhaltsvorschuss. Volljährige Kinder in Ausbildung können **Ausbildungsförderung nach dem BAföG** beantragen. Pflegebedürftige Eltern beziehen oftmals **Hilfeleistungen nach dem SGB XII** (Hilfe zum Lebensunterhalt, Hilfe zur Pflege). Mitunter sind Sozialleistungen aber auch einkommensersetzend und können dann nicht im Regressweg vom Unterhaltspflichtigen erstattet verlangt werden (vgl Wendl/Klinkhammer[9] § 8 Rn 5 f; zur **Jugendhilfe** nach dem SGB VIII s § 1602 Rn 97).

1. Sozialhilfe und Grundsicherung im Alter und bei Erwerbsminderung (SGB XII)

Nach **§ 94 I 1 SGB XII** (näher dazu Wendl/Klinkhammer[9] § 8 Rn 60 ff) geht ein Unter- 170
haltsanspruch des Leistungsberechtigten kraft Gesetzes auf den Sozialhilfeträger über. Vom Anspruchsübergang werden nach § 94 I 1 SGB XII zunächst (mit Ausnahme der in Rn 68 genannten Fälle) die **gesetzlichen Unterhaltsansprüche** des Leistungsberechtigten und der Angehörigen der Einsatzgemeinschaft erfasst. Es handelt sich – soweit §§ 1601 ff BGB betreffend – um Ansprüche auf Kindesunterhalt, Elternunterhalt, auf Unterhalt der nicht verheirateten Mutter oder des nicht verheirateten Vaters wegen Betreuung eines nichtehelichen Kindes (§ 1615l Abs 1, 2, 4 BGB). Zusammen mit dem Unterhaltsanspruch geht auch der **privatrechtliche Auskunftsanspruch** nach §§ 1605, 1615l Abs 3 S 1 BGB auf den Sozialhilfeträger, in der Regel auf die zuständige Gemeinde oder den Landkreis, über (§ 94 I 1 SGB XII; vgl § 1602 Rn 69).

Ausnahmen vom Anspruchsübergang gelten nach § 94 Abs 1 S 3, 4 SGB XII, wenn 171
der Unterhaltsberechtigte mit dem Unterhaltspflichtigen in einer Einsatzgemeinschaft (Bedarfsgemeinschaft) lebt, wenn der Unterhaltsberechtigte mit dem Unterhaltspflichtigen nur vom zweiten Grad an verwandt ist und bei Schwangeren oder Kindern, die eigene Kinder betreuen.

Der Anspruchsübergang ist beim **Volljährigenunterhalt** von behinderten oder pflegebedürftigen Kindern nach § 94 Abs 2 SGB XII begrenzt (vgl BGH FamRZ 2010, 1418; KG FamRZ 2013, 1336). Außerdem findet er nicht statt, wenn die Inanspruchnahme eine **unbillige Härte** darstellen würde (§ 94 Abs 3 S 1 Nr 2 SGB XII; dazu näher Wendl/Klinkhammer[9] § 8 Rn 87 ff; vgl auch BGH FamRZ 2015, 1594 Rn 42 ff und OLG Karlsruhe Beschluss vom 22. 1. 2016 – 20 UF 109/14 zum Ausschluss des Anspruchsübergangs in Höhe des – fiktiven – Wohngelds bei Heimbewohnern, s dazu nunmehr § 94 SGB XII nF und § 1602 Rn 69, 76). Weil der Unterhaltspflichtige nach sozialrechtlichen Grundsätzen nicht leistungsberechtigt werden darf, ist der Anspruchsübergang nach § 94 Abs 3 S 1 Nr 1 SGB XII begrenzt. Hierzu ist eine sozialrechtliche Vergleichsberechnung anzustellen (Wendl/Klinkhammer[9] § 8 Rn 91 ff und BGH FamRZ 2013, 1962).

172 Zum **Unterhalt für die Vergangenheit** aufgrund Rechtswahrungsanzeige s § 1613 Rn 65 f.

173 Der Unterhalt kann und muss nach Übergang des Anspruchs vom Sozialleistungsträger geltend gemacht werden. Dieser ist auch befugt, vor dem Familiengericht die Zahlung künftigen Unterhalts geltend zu machen (§ 94 Abs 4 S 2 SGB XII). Der Sozialleistungsträger kann aber die Ansprüche auch auf den Unterhaltsberechtigten **zurückübertragen** (§ 94 Abs 5 S 1 SGB XII; zur Verfahrenskostenhilfe in diesen Fall s BGH FamRZ 2008, 1159).

174 Wegen in bestimmten Fallkonstellationen in Betracht kommenden Berücksichtigung der Sozialhilfe bei der Einkommensanrechnung auf Seiten des Unterhaltsberechtigten oder -verpflichteten s § 1602 Rn 68 ff und § 1603 Rn 82 ff.

175 Werden Leistungen der **Grundsicherung im Alter und bei Erwerbsminderung** an Verwandte erbracht, so sind diese nach § 43 Abs 3 SGB XII weitgehend privilegiert und nehmen am Anspruchsübergang auf den Sozialhilfeträger nicht teil (§ 94 Abs 1 S 3 HS 2 SGB XII).

2. Grundsicherung für Arbeitsuchende (SGB II)

176 Auch Leistungen der Grundsicherung für Arbeitsuchende nach dem SGB II (Wendl/Klinkhammer[9] § 8 Rn 171 ff) sind grundsätzlich subsidiär und können von den Leistungsträgern im Regressweg gegen Unterhaltspflichtigen geltend gemacht werden.

Der Unterhaltsanspruch des Empfängers von Leistungen geht nach **§ 33 Abs 1 S 1 SGB II** auf die Träger der Grundsicherung („Jobcenter" = idR Bundesagentur für Arbeit und kommunale Träger als gemeinsame Einrichtung, vgl § 6 I 1 SGB II).

177 Der Anspruchsübergang erfasst seit dem 1. 8. 2006 auch den privatrechtlichen **Auskunftsanspruch** (§ 33 Abs 1 S 4 SGB II).

Uneingeschränkt gehen – im Hinblick auf §§ 1601 ff BGB nur Ansprüche nach § 1615l BGB über und beim Kindesunterhalt für minderjährige Kinder und volljährige Kinder, die das 25. Lebensjahr noch nicht vollendet und die Erstausbildung noch nicht abgeschlossen haben (zum näheren Umfang des Anspruchsübergangs s Wendl/Klinkhammer[9] § 8 Rn 238). Beim übrigen **Verwandtenunterhalt** hängt der Anspruchsübergang davon ab, ob der leistungsberechtigte Unterhaltsgläubiger den Unterhaltsanspruch bereits **geltend gemacht** hat. Dies ist dann der Fall, wenn der Berechtigte den Pflichtigen gemahnt oder ihn nach §§ 1605, 1613 Abs 1 S 1 BGB aufgefordert hat, über sein Einkommen und Vermögen Auskunft zu erteilen, oder wenn er den Unterhaltsanspruch gerichtlich geltend (anhängig) gemacht hat (Wendl/Klinkhammer[9] § 8 Rn 234 mwNw). Im Übrigen gelten Einschränkungen bei Zusammenleben in der Bedarfsgemeinschaft und bei Schwangeren (§ 33 Abs 2 S 1 Nr 1, 3 SGB II).

178 Bei der Grundsicherung für Arbeitsuchende ist vergleichbar mit der Sozialhilfe (s Rn 171) eine sozialrechtliche Vergleichsberechnung durchzuführen (BGH FamRZ 2013, 1962; Wendl/Klinkhammer[9] § 8 Rn 248 ff). Dies stellt den einzigen sozialrechtlichen

Schuldnerschutz dar, weil § 33 SGB II eine Einschränkung des Anspruchsübergangs wegen unbilliger Härte anders als das Sozialhilferecht nicht kennt.

Nach § 33 Abs 4 S 1 SGB II besteht (seit dem 1. 8. 2006) für die Träger der Grundsicherung die Möglichkeit, den auf sie übergegangenen Unterhaltsanspruch auf den Leistungsempfänger zur gerichtlichen Geltendmachung zurückzuübertragen. Die Regelung entspricht derjenigen des § 94 Abs 5 SGB XII (s Rn 173). **179**

Zum **Unterhalt für die Vergangenheit** aufgrund Rechtswahrungsanzeige s § 1613 Rn 65 f. **180**

3. Unterhaltsvorschuss (UVG)

Der Unterhaltsvorschuss ist eine Sozialleistung zur Unterstützung von Familien, in denen ein alleinstehender Elternteil mit einem oder mehreren Kindern zusammenlebt, und steht bis zur Vollendung des 18. Lebensjahres (bis 30. 6. 2017: des 12. Lebensjahres) dem Kind zu, wenn der andere Elternteil seine Unterhaltspflicht nicht oder nicht regelmäßig durch Vorausleistung erfüllt (§ 1 UVG). **181**

Nach **§ 7 Abs 1 S 1 UVG** geht der Unterhaltsanspruch des Kindes gegen den pflichtigen Elternteil zusammen mit dem unterhaltsrechtlichen Auskunftsanspruch auf das Land als Träger der Unterhaltsvorschusskasse. Der Übergang von Unterhaltsansprüchen gegen sonstige Verwandte, insbesondere die Großeltern, ist nicht vorgesehen. Besondere **Schuldnerschutzvorschriften** wie das SGB XII oder SGB II enthält das UVG **nicht**. Insbesondere findet auch eine öffentlich-rechtliche Vergleichsberechnung nicht statt (BGH FamRZ 2001, 619, 621; vgl näher – auch zur Höhe der Leistungen und zu den Anspruchsvoraussetzungen – Wendl/Klinkhammer[9] § 8 Rn 262 ff). Eine Rückabtretung ist nach § 7 Abs 4 S 2 UVG zulässig. Die Unterhaltsvorschusskasse kann vor Gericht die künftige Leistung geltend machen (§ 7 Abs 4 S 1 UVG). **182**

Ein vom Land gemäß § 7 Abs 4 UVG erstrittener Unterhaltstitel kann nach Einstellung der Vorschussleistungen im Wege einer analogen Anwendung des § 727 ZPO auf das unterhaltsberechtigte Kind umgeschrieben werden (Rn 11; BGHZ 207, 15 = FamRZ 2015, 2150 Rn 11 – zu § 7 UVG). Zum **Unterhalt für die Vergangenheit** aufgrund Rechtswahrungsanzeige s § 1613 Rn 65. **183**

4. Ausbildungsförderung (BAföG) und Berufsausbildungsbeihilfe (SGB III)

Auch die Ausbildungsförderung nach dem BAföG und die Berufsausbildungsbeihilfe nach dem SGB III stellen **subsidiäre Sozialleistungen** dar. Anders als bei Sozialhilfe und Grundsicherung für Arbeitsuchende wird die Subsidiarität in der Regel nicht durch den Rückgriff beim Unterhaltsschuldner verwirklicht. Dies ist – als elternunabhängige Förderung § 37 BAföG (§ 68 Abs 1 SGB III) – die Ausnahme. Vielmehr besteht von vornherein nur ein Anspruch auf Förderung einer Ausbildung, wenn dem Auszubildenden die für seinen Lebensunterhalt und seine Ausbildung erforderlichen Mittel anderweitig nicht zur Verfügung stehen (§ 1 BAföG). Zur Bestreitung des Lebensunterhalts und der Ausbildungskosten sind zunächst **Einkommen** und Vermögen des Auszubildenden, seines nicht getrennt lebenden Ehegatten **184** und seiner Eltern heranzuziehen (§ 11 BAföG; zur Einkommensanrechnung vgl BGH FamRZ 2013, 1345).

Auf Einkommen der Großeltern kommt es nicht an. Dementsprechend ist die gewährte Ausbildungsförderung regelmäßig als Einkommen des Kindes zu berücksichtigen.

185 Anders verhält es sich in Fällen der Vorausleistung nach § 36 BAföG. In diesem Fall geht der Unterhaltsanspruch auf das Land über, soweit auf den Bedarf des Auszubildenden das Einkommen der Eltern anzurechnen ist **(§ 37 Abs 1 S 1 BAföG)**. Im Wesentlichen unter ähnlichen Voraussetzungen findet nach § 68 Abs 2 SGB III auch ein Anspruchsübergang bei der **Berufsausbildungsbeihilfe** statt (§ 1602 Rn 90 ff). Der Forderungsübergang ist der Höhe eingeschränkt durch die Höhe der Vorausleistung des Amtes für Ausbildungsförderung, durch die Höhe des Unterhaltsanspruchs des Auszubildenden gegen seine Eltern und durch die Höhe des nach dem BAföG anzurechnenden Einkommens der Eltern (zu Einzelheiten vgl Wendl/Klinkhammer[9] § 8 Rn 288 ff).

Zusammen mit dem Unterhaltsanspruch geht der unterhaltsrechtliche **Auskunftsanspruch** nach § 1605 BGB auf das Land über (§ 37 Abs 1 S 1 BAföG).

186 § 37 BAföG sieht eine **Rückabtretung** nicht vor. Sie ist daher unzulässig (§ 32 SGB X). Dies gilt ebenfalls für Einziehungsermächtigung und Verfahrensstandschaft (Wendl/Klinkhammer[9] § 8 Rn 295).

187 Zum **Unterhalt für die Vergangenheit** aufgrund Rechtswahrungsanzeige s § 1613 Rn 65.

XI. Gerichtliches Verfahren

188 Das Verfahrensrecht ist zum 1. 9. 2009 durch das **FGG-Reformgesetz** vom 17. 12. 2008 (BGBl I 2586) grundlegend geändert worden und findet sich nunmehr im Gesetz über das Verfahren in Familiensachen und in den Angelegenheiten der freiwilligen Gerichtsbarkeit (FamFG) geregelt. Das Verfahren in Unterhaltssachen, die Familienstreitsachen sind, folgt aber nach wie vor im Wesentlichen den Grundsätzen des Zivilprozesses. Deshalb ist auch in weiten Bereichen (vgl § 113 FamFG) auf die Vorschriften der ZPO verwiesen und lediglich die Begrifflichkeit dem neuen Verfahrensrecht angepasst (zur Neuregelung und zum Übergangsrecht s Wendl/Schmitz[9] § 10 Rn 1 ff sowie Prütting/Helms/Bömelburg FamFG[3] Vor §§ 231–260 Rn 1 ff).

1. Unterhaltsantrag

189 Der Normalfall eines erstmaligen Unterhaltsverfahrens zwischen den Parteien eines Unterhaltsrechtsverhältnisses ist der **Antrag auf Zahlung einer monatlichen Unterhaltsrente**, die sich in der Regel auf Zahlung künftigen Unterhalts richtet sowie eines bis zur Antragseinreichung aufgelaufenen Rückstands (zur Bestimmtheit vgl OLG Schleswig NZFam 2017, 317 – zur verbreiteten, aber unbestimmten Anrechnungsklausel: „abzüglich geleisteter Zahlungen").

a) Zuständigkeit

Die **sachliche Zuständigkeit** für alle Familiensachen liegt nach §§ 23 Abs 1 Nr 1 GVG bei den **Amtsgerichten** als **Familiengerichten**. Unterhaltssachen sind nach § 111 Nr 8 FamFG Familiensachen. Zu den Unterhaltssachen gehören nach § 231 Abs 1 FamFG (vor allem) Verfahren, die die durch Verwandtschaft begründete gesetzliche Unterhaltspflicht, die durch Ehe begründete gesetzliche Unterhaltspflicht und die Ansprüche nach § 1615l BGB oder § 1615m BGB zum Gegenstand haben. Für Familiensachen sind nach § 23b GVG zwingend **Abteilungen für Familiensachen** zu bilden. **190**

Diese Zuständigkeitsregelung gilt auch, wenn der gesetzliche Unterhaltsanspruch *durch Vertrag ausgestaltet* ist (oben Rn 128; BGH NJW 1979, 2046 = FamRZ 1979, 910; FamRZ 1979, 907), ferner wenn der Unterhaltsanspruch auf einen anderen *übergegangen* ist (Prütting/Helms/Bömelburg FamFG³ § 231 Rn 9 mwNw; § 1607 Rn 64). **191**

Die Amtsgerichte – Familiengerichte – sind ferner zuständig für Ansprüche auf *Rückzahlung* zuviel geleisteten Unterhalts (BGHZ 71, 264 = NJW 1978, 1531 = FamRZ 1978, 582), für *Ausgleichsansprüche* zwischen Ehegatten wegen des Kindesunterhalts (BGH NJW 1978, 2297 = FamRZ 1978, 770; OLG Düsseldorf FamRZ 1986, 180), für Anträge gegen den geschiedenen Ehegatten auf *Befreiung* von der Unterhaltspflicht gegenüber dem Kind (BGH NJW 1979, 552 = FamRZ 1979, 217; OLG Oldenburg FamRZ 1988, 631) und für *Auskunftsansprüche* (§ 1605 Rn 61). **192**

Unterhaltssachen und zugleich Familiensachen sind seit der Änderung des damaligen § 23b Abs 1 S 2 Nr 5 GVG durch das KindRG auch Unterhaltsklagen *von Enkelkindern* gegen *Großeltern* und umgekehrt und Unterhaltsklagen von *Eltern gegen ihre Kinder,* da die Zuständigkeit des Familiengerichts seitdem allgemein für Streitigkeiten besteht, die die durch Verwandtschaft begründete gesetzliche Unterhaltspflicht betreffen (BT-Drucks 13/4899, 117; s zum bis 30. 6. 1998 geltenden Recht Staudinger/Kappe/Engler [1997] Vorbem 205 zu §§ 1601 ff mNw). **193**

Die **örtliche Zuständigkeit** ist in § 232 FamFG geregelt. Nach § 232 Abs 1 FamFG ist **ausschließlich zuständig** **194**

- für Unterhaltssachen, die die Unterhaltspflicht für ein gemeinschaftliches Kind der Ehegatten betreffen, mit Ausnahme des vereinfachten Verfahrens nach §§ 247 ff FamFG, während der **Anhängigkeit einer Ehesache** das Gericht, bei dem die Ehesache im ersten Rechtszug anhängig ist oder war (Nr 1);
- für Unterhaltssachen, die die Unterhaltspflicht für ein **minderjähriges Kind** oder ein sog privilegiertes volljähriges Kind (§ 1603 Abs 2 S 2 BGB) betreffen, das Gericht, in dessen Bezirk das Kind oder der nach § 1629 BGB vertretungs- oder verfahrensführungsbefugte Elternteil seinen gewöhnlichen Aufenthalt hat, wenn dieser nicht im Ausland ist (Nr 2).

Sofern eine Zuständigkeit nach § 232 Abs 1 FamFG nicht besteht, bestimmt sich die Zuständigkeit gemäß § 232 Abs 3 S 1 FamFG nach **§§ 12 ff ZPO**, wobei es für den allgemeinen Gerichtsstand nicht auf den Wohnsitz (vgl § 13 ZPO), sondern auf den **gewöhnlichen Aufenthalt** ankommt (idR also gewöhnlicher Aufenthalt des Antrags- **195** gegners). Gemäß § 232 Abs 3 S 2 BGB ist indessen **nach Wahl des Antragstellers** auch zuständig

1. für den Antrag eines Elternteils gegen den anderen Elternteil auf Ehegattenunterhalt oder Unterhalt nach § 1615l BGB, das Gericht, bei dem ein Verfahren über den Unterhalt des Kindes im ersten Rechtszug anhängig ist;

2. für den Unterhaltsantrag eines Kindes gegen beide Eltern das Gericht, das für den Antrag gegen einen Elternteil zuständig ist;

3. das Gericht, bei dem der Antragsteller seinen gewöhnlichen Aufenthalt hat, wenn der Antragsgegner im Inland keinen Gerichtsstand hat.

Nr 3 betrifft somit die **internationale Zuständigkeit** (vgl Rn 260 ff) und entspricht der durch das hier maßgebliche übergeordnete Recht eröffneten Wahlmöglichkeit (Art 3 Abs 1 lit b EuUntVO; vgl Andrae NJW 2011, 2545, 2546 f sowie § 28 AUG – Verfahrenskonzentration). Einem Sozialleistungsträger, der den Unterhalt im Wege des Regresses geltend macht, steht die Wahlmöglichkeit nicht offen (EuGH FamRZ 2004, 513). Die internationale Zuständigkeit bei Geltendmachung des Kindesunterhalts im Verbund mit einer Statussache ist in Art 3 lit c EuUntVO geregelt (vgl Andrae NJW 2011, 2545, 2546).

b) Gesetzliche Vertretung, Verfahrensstandschaft, Anwaltszwang

196 Steht die elterliche Sorge für ein Kind den Eltern gemeinsam zu, so kann nach § 1629 Abs 2 S 2 BGB der Elternteil, in dessen Obhut sich das Kind befindet, Unterhaltsansprüche des Kindes auch ohne Übertragung der Alleinsorge gegen den anderen Elternteil geltend machen. Sind die Eltern des Kindes miteinander verheiratet, so kann ein nach § 1629 Abs 1 oder Abs 2 S 2 BGB allein vertretungsbefugter Elternteil, **solange die Eltern getrennt leben oder eine Ehesache zwischen ihnen anhängig ist**, Unterhaltsansprüche des Kindes gegen den anderen Elternteil **nur** im eigenen Namen geltend machen **(gesetzliche Verfahrensstandschaft)**. Die gerichtliche Entscheidung und ein zwischen den Eltern abgeschlossener gerichtlicher Vergleich wirken auch für und gegen das Kind (§ 1629 Abs 3 S 2 BGB).

Wird die Ehe der Eltern während des rechtshängigen Verfahrens über den Kindesunterhalt **geschieden**, so dauert die gesetzliche Verfahrensstandschaft fort (BGHZ 109, 211 = FamRZ 1990, 283, 284). Endet die gesetzliche Verfahrensstandschaft eines Elternteils nach § 1629 Abs 3 BGB mit **Eintritt der Volljährigkeit** des Kindes, so kann das Kind als Antragsteller in das Verfahren – nur – im Wege des **gewillkürten Beteiligtenwechsels** eintreten. Dieser ist nicht von der Zustimmung des Antragsgegners abhängig (BGH FamRZ 2013, 1378).

197 Gemäß **§ 114 Abs 1 FamFG** müssen sich die Beteiligten (ua) in selbständigen Familienstreitsachen anwaltlich vertreten lassen. Damit unterliegen sämtliche Unterhaltsverfahren (mit Ausnahme von Verfahren nach § 231 Abs 2 [Bestimmung des Kindergeldbezugsberechtigten], vgl BGH FamRZ 2014, 646) dem **Anwaltszwang.**

c) Verfahrenskostenvorschuss

198 Nach § 246 Abs 1 FamFG kann das Gericht durch einstweilige Anordnung auf

Antrag neben der Verpflichtung zur Zahlung von Unterhalt auch die Zahlung eines Kostenvorschusses für ein gerichtliches Verfahren anordnen. Diese Bestimmung begründet keinen materiellrechtlichen Anspruch auf Vorschussleistung, sondern setzt ihn voraus und regelt seine rasche prozessuale Durchsetzbarkeit (BGHZ 89, 33 = NJW 1984, 291 = FamRZ 1984, 184). Wegen der Voraussetzungen eines Anspruchs auf Verfahrenskostenvorschuss wird auf die Erläuterungen zu § 1610 BGB (Rn 192 ff) verwiesen.

Für das *Anordnungsverfahren* gelten die §§ 49 ff FamFG. Es unterliegt nicht dem Anwaltszwang (§ 114 Abs 4 Nr 1 FamFG). Im Gegensatz zur früheren Rechtslage handelt es sich um ein selbständiges Verfahren, das die Anhängigkeit eines gleichgerichteten Hauptsacheverfahrens (oder Ehesache) nicht voraussetzt (vgl Prütting/Helms/Bömelburg FamFG[3] § 246 Rn 33 f). Die Entscheidung ist *unanfechtbar* (§ 57 S 1 FamFG). 199

d) Rechtsschutzbedürfnis (Titulierungsinteresse)

Ein **Antrag auf künftigen Unterhalt** nach §§ 113 FamFG, 258 ZPO (s § 1602 Rn 168 ff) setzt als Leistungsantrag ein besonderes Rechtsschutzbedürfnis des Klägers nicht voraus. Insbesondere braucht – anders als bei § 259 ZPO – nicht die Besorgnis zu bestehen, dass der Schuldner sich der rechtzeitigen Leistung entziehen werde. Der Antrag ist deshalb auch bei freiwilliger und pünktlicher Zahlung des laufenden Unterhalts zulässig, so lange trotz entsprechender Aufforderung (BGH FamRZ 2010, 195 Rn 16) kein Titel, etwa eine Jugendamtsurkunde über den Kindesunterhalt gemäß §§ 59, 60 SGB VIII, vorgelegt wird (vgl Wendl/Schmitz[9] § 10 Rn 39). Ein Unterhaltsschuldner, der nur Teilleistungen auf den geschuldeten Unterhalt erbringt, gibt auch dann Veranlassung für einen Antrag auf den vollen Unterhalt, wenn er zuvor nicht zur Titulierung des freiwillig gezahlten Teils aufgefordert worden ist (BGH FamRZ 2010, 195). 200

Erkennt der Beklagte den Anspruch sofort an und hat er – wegen vollständiger pünktlicher Zahlungen und mangels Aufforderung zur Titulierung – keine Veranlassung zur Klageerhebung gegeben, so hat das Familiengericht nach § 243 S 2 Nr 4 FamFG ein sofortiges Anerkenntnis nach § 93 ZPO zu berücksichtigen. Das heißt, dass dem Antragsteller die Verfahrenskosten aufzuerlegen sind. 201

Das Rechtsschutzbedürfnis für einen Unterhaltsantrag entfällt nicht durch die Möglichkeit, eine *einstweilige Anordnung* über den Unterhalt zu erwirken, denn diese gewährt aufgrund einer summarischen Beurteilung lediglich einen vorläufigen Rechtsschutz und steht einem im ordentlichen Erkenntnisverfahren ergangenen Urteil nicht gleich (Wendl/Schmitz[9] § 10 Rn 37; BGH FamRZ 1984, 767; BGH NJW 1983, 1330 = FamRZ 1983, 355, 356). 202

e) Allgemeine Verfahrensvorschriften

aa) Verfahren in erster Instanz

Für das erstinstanzliche Verfahren in Unterhaltssachen gelten nach § 113 Abs 1 S 2 FamFG die allgemeinen Vorschriften der ZPO (§§ 1–252 ZPO) und die ZPO-Vorschriften über das Verfahren vor den Landgerichten (§§ 253–494a ZPO) entsprechend, soweit die Vorschriften für Unterhaltssachen in §§ 231 ff FamFG keine Sonderregelungen enthalten. 203

204 Soweit in einem *Scheidungsverfahren* eine Entscheidung über die gesetzliche Unterhaltspflicht gegenüber einem gemeinschaftlichen Kind für den Fall der Scheidung begehrt wird, gelten die besonderen Vorschriften der §§ 137 ff FamFG über den *Verhandlungs- und Entscheidungsverbund.*

bb) Beweislast

205 Wegen der Darlegungs- und Beweislast wird auf die Verfahrenshinweise zu den Einzelbestimmungen verwiesen.

206 Das Unterhaltsverfahren enthält hingegen abweichend vom Beibringungsgrundsatz der ZPO einzelne Elemente der **Amtsaufklärung**. Nach § 235 FamFG trifft die Beteiligten eine **verfahrensrechtliche Auskunftspflicht** im Hinblick auf ihr Einkommen, Vermögen und ihre persönlichen und wirtschaftlichen Verhältnisse. Die Anordnungen des Gerichts sind zwar nicht mit Zwangsmitteln durchsetzbar, können aber bei verspäteter Auskunft Kostenfolgen nach sich ziehen (§ 243 S 2 Nr 3 FamFG). Vor allem kann und muss das Familiengericht aber bei unzureichender Erfüllung der Auskunftspflicht nach § 236 Abs 1 FamFG **Auskünfte bei Dritten** einholen, namentlich bei Arbeitgebern, Sozialleistungsträgern, sonstigen Versorgungsträgern, Versicherungsunternehmen oder Finanzämtern.

cc) Rechtsmittel

207 Bei der **Beschwerde** (§§ 58 ff FamFG) gegen eine Entscheidung des *Familiengerichts* ist das Oberlandesgericht – Familiensenat – für die Verhandlung und Entscheidung über das Rechtsmittel zuständig (§ 119 Abs 1 Nr 1a, Abs 2 iVm § 23b Abs 1 GVG).

208 Eine **Rechtsbeschwerde** gegen Beschlüsse der Oberlandesgerichte in Unterhaltssachen, die Familiensachen sind, findet nur statt, wenn das Oberlandesgericht sie in dem Beschluss zugelassen (§ 70 Abs 1 FamFG) oder die Beschwerde als unzulässig verworfen hat (§§ 117 Abs 1 S 3 FamFG, 522 Abs 1 S 4, 574 ZPO). Ausnahmsweise zulassungsfrei statthaft ist die Rechtsbeschwerde im Verfahren über die Vollstreckbarerklärung ausländischer Titel nach § 46 AUG.

2. Vereinfachtes Verfahren über den Unterhalt Minderjähriger

209 Nach § 249 Abs 1 FamFG wird auf Antrag der **Unterhalt eines minderjährigen Kindes**, das mit dem in Anspruch genommenen Elternteil nicht in einem Haushalt lebt, im vereinfachten Verfahren festgesetzt, soweit der Unterhalt vor Berücksichtigung der Leistungen nach § 1612b oder § 1612c BGB das **1,2 fache des Mindestunterhalts** nach § 1612a Abs 1 BGB nicht übersteigt. Das Verfahren steht bei Legalzession auch dem Rechtsnachfolger (zB Unterhaltsvorschusskasse) offen.

210 Das vereinfachte Verfahren kommt nur bei der **erstmaligen Festsetzung von Unterhalt** in Betracht; es findet nicht statt, wenn über den Anspruch des Kindes ein Gericht entschieden hat, ein gerichtliches Verfahren anhängig ist oder ein zur Zwangsvollstreckung geeigneter Schuldtitel errichtet worden ist (§ 249 Abs 2 FamFG). In einem solchen Fall kann eine anderweitige Bemessung des Unterhalts nur durch Abänderungsantrag (§§ 238, 239 FamFG oder § 240 FamFG) erreicht werden.

Das Verfahren soll dem Kind auf einfache Weise und zeitnah zu einem Titel verhelfen. Das Kind trifft keine Darlegungslast. Die Berücksichtigung von Einwendungen des Antragsgegners (zB Leistungsunfähigkeit) sind an zusätzliche Bedingungen geknüpft (zB vollständige Auskunft) und bei erstmaliger Geltendmachung im Beschwerdeverfahren nicht mehr zu berücksichtigen (vgl § 256 S 2 FamFG). Werden Einwendungen in zulässiger Weise geltend gemacht und kann daher kein Festsetzungsbeschluss ergehen, so ist nach § 255 FamFG auf Antrag das streitige Verfahren durchzuführen, das sodann den allgemeinen Regeln für Unterhaltssachen folgt. 211

3. Abänderungsantrag

212 Tritt nach einer Verpflichtung zur Entrichtung einer Unterhaltsrente durch **rechtskräftigen Beschluss** eine wesentliche *Änderung der Verhältnisse* ein, die für die Verurteilung zur Leistung der Rente, für die Bestimmung ihrer Höhe oder für die Dauer ihrer Entrichtung maßgebend waren, so ist nach **§ 238 Abs 1 FamFG** jeder Teil berechtigt, im Wege des Abänderungsantrags eine entsprechende Abänderung der Entscheidung zu verlangen. Die Abänderungsgründe müssen nach Schluss der mündlichen Verhandlung, in der sie geltend gemacht werden konnten, entstanden sein (§ 238 Abs 2 FamFG). Die Abänderung ist nach § 238 Abs 3 S 1 FamFG – grundsätzlich – erst für die Zeit ab Rechtshängigkeit des Antrags zulässig. Ist der Antrag auf **Erhöhung** des Unterhalts gerichtet, ist er § 238 Abs 3 S 2 FamFG auch zulässig für die Zeit, für die Unterhalt für die Vergangenheit verlangt werden kann (§ 1613 BGB). Ist der Antrag auf **Herabsetzung** des Unterhalts gerichtet, ist er auch zulässig für die Zeit ab dem Ersten des auf ein entsprechendes Auskunfts- oder Verzichtsverlangen des Antragstellers folgenden Monats (§ 238 Abs 3 S 3 FamFG). Nach § 238 Abs 3 S 4 FamFG kann eine Herabsetzung für eine mehr als ein Jahr vor Rechtshängigkeit des Abänderungsantrags liegende Zeit nicht verlangt werden.

213 Der Abänderungsantrag ist ein *prozessuales Gestaltungsmittel,* das die Anpassung des Titels an die veränderte materielle Rechtslage ermöglichen soll, wobei dem Titel durch die Begrenzung der Änderungsmöglichkeit eine gewisse Bestandskraft eingeräumt wird (vgl dazu Gottwald, in: FS Schwab [1990] 151 und Graba NJW 1988, 2343).

214 Auch wenn sich aus der Änderung der Verhältnisse ein *höherer Unterhaltsanspruch* ergibt, als im Vorverfahren verlangt und zugesprochen war, kann der Mehrbetrag nur im Wege eines Abänderungsantrags geltend gemacht werden. Ein **Zusatz- oder Nachforderungsantrag** ist nur dann zulässig, wenn der Antragsteller im Vorverfahren ausdrücklich einen Teilanspruch geltend gemacht oder sich erkennbar eine Nachforderung vorbehalten hat (BGHZ 94, 145 = NJW 1985, 1701 = FamRZ 1985, 690; NJW 1986, 3142 mwNw), etwa wenn ein über einen freiwillig gezahlten Betrag hinausgehender Anspruch geltend gemacht war (BGH NJW 1991, 429 = FamRZ 1991, 320). Dagegen muss ein nachträglich eintretender *Sonderbedarf* (§ 1613 Abs 2 Nr 1 BGB) durch einen neuen Leistungsantrag geltend gemacht werden, weil dieser nicht von der Unterhaltsrente umfasst wird.

215 Nach *Abweisung eines Unterhaltsantrags* mangels Bedürftigkeit oder wegen fehlender Leistungsfähigkeit kann und muss nach der Rechtsprechung des Bundesgerichtshofs bei späterer Änderung der Verhältnisse eine neue Leistungsklage erhoben werden (BGHZ 172, 22 = FamRZ 2007, 983 – Vergleich; BGHZ 82, 246, 250 = NJW 1982, 578 =

FamRZ 1982, 259; NJW 1985, 552, 554 = FamRZ 1984, 1001, 1003; FamRZ 1990, 863 = NJW-RR 1990, 390; NJW 1995, 655; einschränkend BGH NJW 1985, 1345 = FamRZ 1985, 376). Insoweit fehlt es der vorausgegangenen Entscheidung an einer Verpflichtung zu künftig fällig werdenden wiederkehrenden Leistungen gemäß § 238 Abs 1 S 1 FamFG. Daraus folgt allerdings nicht, dass der Antragsteller nach Abweisung des Unterhaltsantrags bei unveränderter Tatsachenlage sogleich einen erneuten Antrag stellen und damit etwa die Fehlerhaftigkeit der vorausgegangenen Entscheidung geltend machen kann (teils anders BGH FamRZ 2005, 101). Insoweit steht die Rechtskraft der Vorentscheidung entgegen (zur Abänderung einer **Versäumnisentscheidung** vgl BGHZ 185, 322 = FamRZ 2010, 1150; BGH FamRZ 2010, 1318; zur **Anerkenntnisentscheidung** BGHZ 193, 210 = FamRZ 2007, 1459).

216 Die für Grund, Höhe und Dauer der Unterhaltsrente *maßgebenden Verhältnisse* sind bei Verwandtenunterhalt vor allem die *Bedürftigkeit* der Berechtigten (§ 1602 BGB) – wegen des Aufsteigens eines unterhaltsberechtigten Kindes in eine neue Altersstufe siehe § 1602 Rn 172 – und die *Leistungsfähigkeit* des Verpflichteten (§ 1603 BGB). *Wesentlich* ist eine Änderung der Verhältnisse dann, wenn sie nach Maßgabe des materiellen Rechts zu einer nicht unerheblich anderen Beurteilung des Bestehens, der Höhe oder der Dauer des Anspruchs führt (BGH NJW 1984, 1458 = FamRZ 1984, 379; NJW 1987, 1551 = FamRZ 1987, 457).

217 Nach **§ 239 FamFG** ist ein **Vergleich** nach § 794 Abs 1 Nr 1 ZPO oder eine **vollstreckbare Urkunde**, die eine Verpflichtung zu künftig fällig werdenden wiederkehrenden Leistungen enthalten, ebenfalls abänderbar. Darunter fallen von einem Notar oder von einem Jugendamt (§§ 59, 60 SGB VIII) errichtete Urkunden. Der Antrag ist nach § 239 Abs 1 2 FamFG zulässig, sofern der Antragsteller Tatsachen vorträgt, die die Abänderung rechtfertigen. Die weiteren Voraussetzungen und der Umfang der Abänderung richten sich nach den Vorschriften des bürgerlichen Rechts (§ 239 Abs 2 FamFG; vgl BGHZ 189, 284 = FamRZ 2011, 1041 mwNw; BGH FamRZ 2007, 715 – jeweils zu Jugendamtsurkunden; BGH FamRZ 2010, 192 – Vergleich).

218 Nach **§ 240 FamFG** kann bei einer rechtskräftigen Endentscheidung nach § 237 FamFG (Unterhaltsfestsetzung bei der Feststellung der Vaterschaft) oder § 253 FamFG **(Festsetzungsbeschluss im vereinfachten Verfahren)**, die eine Verpflichtung zu künftig fällig werdenden wiederkehrenden Leistungen enthält, jeder Teil die Abänderung beantragen, sofern nicht bereits ein Antrag auf Durchführung des streitigen Verfahrens nach § 255 FamFG gestellt worden ist (vgl – zur Rechtslage vor dem FamFG – BGH FamRZ 2003, 304). Wird ein Antrag auf Herabsetzung des Unterhalts nicht **innerhalb eines Monats nach Rechtskraft** gestellt, so ist die Abänderung nur zulässig für die Zeit ab Rechtshängigkeit des Antrags.

219 Da die Abänderung die Veränderung der maßgeblichen Verhältnisse voraussetzt, greift bei rechtskräftigen Beschlüssen die Präklusion nach § 238 Abs 2 FamFG (vgl BGH FamRZ 2008, 872 – fiktives Einkommen nach mutwilliger Arbeitsplatzaufgabe). Bei Abänderung von Vergleichen und vollstreckbaren Urkunden greift zwar keine Präklusion (vgl BGHZ 85, 64 = NJW 1983, 228 = FamRZ 1983, 22; NJW 1985, 64 = FamRZ 1984, 997; NJW 1990, 3274 = FamRZ 1990, 989; FamRZ 1991, 542 = NJW-RR 1991, 514) ein. Auch diese setzt aber eine Änderung der wesentlichen Verhältnisse voraus (vgl BGHZ 189, 284 = FamRZ 2011, 1041 mwNw – Jugendamtsurkunde; BGH FamRZ 2010, 192 – Vergleich).

Die Grenze zwischen der Abänderungsantrag und der **Vollstreckungsabwehrklage bzw -antrag** (§§ 120 Abs 1 FamFG, 767 ZPO, vgl PRÜTTING/HELMS/BÖMELBURG[3] § 120 Rn 2) ist nicht immer eindeutig zu ziehen (BGHZ 165, 223 = FamRZ 2006, 261; BGHZ 163, 187 = FamRZ 2005, 1479 – nachträglicher Rentenbezug; BGHZ 70, 151, 158 = NJW 1978, 753 = FamRZ 1978, 177; BGHZ 83, 278, 281 = NJW 1982, 1147 = FamRZ 1982, 470; vgl auch KG NJW 2015, 3726). Mit dem Vollstreckungsgegenantrag wird – anders als beim Abänderungsantrag – wegen nachträglich entstandener Einwendungen lediglich die Vollstreckbarkeit des Urteils beseitigt (zB durch Erfüllung oder Erfüllungssurrogat), ohne in die Grundlagen der Unterhaltsbemessung und die Rechtskraft einzugreifen. **220**

4. Einstweilige Anordnung

Um dem Unterhaltsbedürftigen eine schnelle Durchsetzung seines Unterhaltsanspruchs zu ermöglichen, bietet das Verfahrensrecht Regelungen, durch die er in einem summarischen Verfahren einen vorläufig vollstreckbaren Titel erlangen kann. Dafür gibt es seit Inkrafttreten des FamFG als alleinige Möglichkeit die **einstweilige Anordnung**. Für die **einstweilige Verfügung** besteht seitdem kein Raum mehr (DOSE, Einstweiliger Rechtsschutz[3] Rn 8 mwNw). **221**

a) Einstweilige Anordnung in Unterhaltssachen

Nach § 246 Abs 1 FamFG kann das Gericht in Unterhaltssachen nach § 231 FamFG auf Antrag durch einstweilige Anordnung die Verpflichtung zur **Zahlung von (laufendem) Unterhalt** oder zur Zahlung eines **Kostenvorschusses** für ein gerichtliches Verfahren regeln. Der Antrag kann auf den vollen Unterhalt gestellt werden und ist nicht auf den Mindestunterhalt beschränkt (DOSE, Einstweiliger Rechtsschutz[3] Rn 14). **222**

Abweichend von § 49 Abs 1 FamFG ist ein dringendes Bedürfnis nicht erforderlich. Nach §§ 49 ff, 246 ff. FamFG ist das Verfahren der einstweiligen Anordnung im Gegensatz zur früheren Rechtslage (bis 31. 8. 2009) – vergleichbar mit dem Verfahren über die einstweilige Verfügung nach § 935 ZPO – ein eigenständiges Verfahren. Es ist insbesondere nicht mehr, wie nach früherem Verfahrensrecht, akzessorisch zu dem Verfahren in der Ehesache oder dem selbständigen Unterhaltsverfahren (DOSE, Einstweiliger Rechtsschutz[3] Rn 10; zur früheren Rechtslage STAUDINGER/ENGLER [2000] Rn 238 ff). Die einstweilige Anordnung ist ein Vollstreckungstitel. Durch das Verfahren wird der Unterhalt aber noch nicht rechtshängig, die Entscheidung erwächst nicht in Rechtskraft. **223**

Die Entscheidung ergeht durch Beschluss. Nach § 246 Abs 2 FamFG findet eine mündliche Verhandlung statt, wenn dies zur Aufklärung des Sachverhalts oder für eine gütliche Beilegung „des Verfahrens" geboten erscheint. Ist eine einstweilige Anordnung erlassen, hat das Gericht nach § 52 Abs 1 FamFG auf Antrag eines Beteiligten das Hauptsacheverfahren einzuleiten. Das Gericht kann mit Erlass der einstweiligen Anordnung eine Frist (von nicht mehr als drei Monaten) bestimmen, vor deren Ablauf der Antrag unzulässig ist. **224**

Der Beschluss ist unanfechtbar (§ 57 Abs 1 S 1 FamFG). Er kann jedoch nach § 54 FamFG aufgehoben oder geändert werden. Außerdem kann die Vollstreckung nach § 55 FamFG ausgesetzt werden. **225**

Nach § 56 Abs 1 FamFG tritt die einstweilige Anordnung, sofern nicht das Gericht einen früheren Zeitpunkt bestimmt hat, bei Wirksamwerden einer anderweitigen Regelung außer Kraft. Beim Unterhaltsbeschluss als Familienstreitsache ist dessen Rechtskraft maßgebend, soweit nicht die Wirksamkeit zu einem späteren Zeitpunkt eintritt. Außerdem tritt die einstweilige Anordnung nach § 56 Abs 2 FamFG außer Kraft, wenn der Antrag in der Hauptsache zurückgenommen wird, in der Hauptsache rechtskräftig abgewiesen ist, die Hauptsache übereinstimmend für erledigt erklärt wird oder die Erledigung der Hauptsache anderweitig eingetreten ist (zur Feststellung der Wirkung durch Beschluss vgl § 56 Abs 3 FamFG; zur Rückforderung überzahlten Unterhalts s Rn 161).

b) Einstweilige Anordnung in Abstammungssachen

226 Nach **§ 247 FamFG** kann der Unterhalt für das Kind nach § 1601 und für die Mutter nach § 1615l Abs 1 BGB im Wege der einstweiligen Anordnung für die ersten drei Monate bereits **vor der Geburt des Kindes**, also vor Entstehung des Anspruchs geregelt werden (§ 247 Abs 1 FamFG). Hinsichtlich des Unterhalts für das Kind kann der Antrag auch durch die Mutter gestellt werden. § 1600d Abs 2 und 3 BGB (Vaterschaftsvermutung im Fall der Beiwohnung während der Empfängniszeit) gilt entsprechend. Es kann auch angeordnet werden, dass der Betrag zu einem bestimmten Zeitpunkt vor der Geburt des Kindes zu hinterlegen ist (§ 247 Abs 2 FamFG).

227 Die Regelung in § 247 FamFG hat mit Wirkung vom 1. 9. 2009 die einstweilige Verfügung nach dem früheren **§ 1615o BGB** ersetzt.

228 Ein Antrag auf Kindesunterhalt und Unterhalt nach § 1615l BGB ist ansonsten gemäß **§ 248 Abs 1 FamFG** nur zulässig, wenn ein **Verfahren auf Feststellung der Vaterschaft** anhängig ist. Auch hier gilt die Vaterschaftsvermutung nach § 1600d Abs 2 und 3 BGB.

229 Die einstweilige Anordnung tritt im Fall des § 248 FamFG (Vaterschaftsfeststellung) auch außer Kraft, wenn der Antrag auf Feststellung der Vaterschaft zurückgenommen oder rechtskräftig zurückgewiesen worden ist. In diesem Fall hat derjenige, der die einstweilige Anordnung erwirkt hat, dem Mann den Schaden zu ersetzen, der ihm aus der Vollziehung der einstweiligen Anordnung entstanden ist.

Hinsichtlich des Verfahrens, der Entscheidung und deren Änderung sowie Außerkrafttreten bestehen im Übrigen keine Besonderheiten zur allgemeinen einstweiligen Anordnung nach § 246 FamFG.

c) Einstweilige Verfügung nach dem früheren § 1615o

230 Die einstweilige Verfügung nach dem früheren § 1615o BGB ist durch die weitgehend entsprechende Regelung in **§ 247 FamFG** ersetzt worden (dazu Rn 226 ff).

5. Vorläufige Vollstreckbarkeit

231 Endentscheidungen sind in Familienstreitsachen sind mit Wirksamwerden vollstreckbar **(§ 120 Abs 2 S 1 FamFG)**. Endentscheidungen in Familienstreitsachen werden gemäß § 116 Abs 3 FamFG mit Rechtskraft wirksam. Das Gericht kann die sofortige Wirksamkeit anordnen. Soweit die Endentscheidung eine Verpflichtung zur Leistung von Unterhalt enthält, soll das Gericht die sofortige Wirksamkeit anordnen (näher – auch zu Ausnahmen – RAKE FPR 2013, 159; zur Auslandsvollstreckung s Rn 264 und HESS/SPANCKEN FPR 2013, 27).

Auch wenn § 120 Abs 1 FamFG auf die Vorschriften der ZPO verweist, ist der Umfang eines Vollstreckungsschutzes für den Unterhaltsschuldner ausschließlich § 120 Abs 2 S 2, 3 FamFG zu entnehmen (OLG Karlsruhe 20. 8. 2013 – 18 UF 151/13 – juris; zur Einstellung in der Beschwerdeinstanz s OLG Düsseldorf 28. 1. 2013 – II-7 UF 23/12 – juris, jeweils mwNw auch zur **aA**; zur Einstellung in der Rechtsbeschwerdeinstanz s BGH FamRZ 2013, 1299). §§ 708 bis 713 ZPO sind bei der Vollstreckung von Beschlüssen in FamFG-Sachen nicht anwendbar (BT-Drucks 16/6308, 226; zur Anwendbarkeit von § 717 Abs 3 S 2 ZPO s BGH FamRZ 2013, 109). Die Einstellung oder Beschränkung der Vollstreckung setzt voraus, er Unterhaltsschuldner darlegt und nachweist, dass die Zwangsvollstreckung für ihn zu nicht zu ersetzenden Nachteilen führt. Dazu genügt es noch nicht, dass der Gläubiger den Unterhalt – bestimmungsgemäß – verbraucht (vgl RAKE FPR 2013, 159, 161 f mwNw). 232

Leistet der Unterhaltsschuldner zur Abwendung der Zwangsvollstreckung *unter Vorbehalt,* so kann er bei einer Aufhebung des Vollstreckungstitels das Geleistete zurückfordern (BGH NJW 1988, 2376, 2380 = FamRZ 1988, 259, 263 f; NJW 1984, 2826 = FamRZ 1984, 470 mwNw; zur Aufhebung s BGH FamRZ 2013, 1731). 233

6. Zwangsvollstreckung

Unterhaltsansprüche sind in der Zwangsvollstreckung in mehrfacher Hinsicht **begünstigt**, sowohl bei der Vollstreckung gegen den Unterhaltsgläubiger als auch bei der gegen den Unterhaltsschuldner (zur Auslandsvollstreckung s Rn 261 ff und HESS/SPANCKEN FPR 2013, 27). 234

a) Grundsatz der Unpfändbarkeit (§§ 120 Abs 1 FamFG, 850b Abs 1 ZPO)

Nach §§ 120 Abs 1 FamFG, 850b Abs 1 Nr 2 ZPO sind Unterhaltsrenten, die auf gesetzlicher Vorschrift beruhen, **grundsätzlich unpfändbar**. Das gilt sowohl für laufende Unterhaltsrenten als auch für Rückstände (BGHZ 31, 210, 218 = NJW 1960, 572 = FamRZ 1960, 110, 113; vgl auch BGHZ 197, 326 = FamRZ 2013, 1202). 235

Durch das Pfändungsverbot soll der Schuldner davor geschützt werden, dass ihm Mittel, die er für seinen Lebensbedarf benötigt, entzogen werden (OLG Celle NJW 1960, 1015). Dieser *Normzweck* ist auch bei einem unregelmäßigen Bedarf gegeben. Deshalb erstreckt sich das Pfändungsverbot entgegen dem engen Gesetzeswortlaut auch auf Unterhaltsansprüche wegen *Sonderbedarfs* nach § 1613 Abs 2 Nr 1 BGB (OLG Düsseldorf FamRZ 1982, 498). 236

b) Pfändbarkeit im Ausnahmefall (§ 850b Abs 2 ZPO)

Nach § 850b Abs 2 ZPO *können* Unterhaltsansprüche ausnahmsweise *gepfändet werden,* wenn sonstige Vollstreckungsmaßnahmen erfolglos waren oder voraussichtlich sein werden und wenn die Pfändung der Billigkeit entspricht. Hierüber entscheidet das Vollstreckungsgericht nach Anhörung der Beteiligten (§§ 828 Abs 1, 850b Abs 3 ZPO). Der Taschengeldanspruch des haushaltführenden Ehegatten ist 237 nach § 850b Abs 2 ZPO bedingt pfändbar (BGH FamRZ 2004, 1784 mAnm BALTHASAR FamRZ 2005, 85).

c) Sonstige Pfändungsbeschränkungen

238 Ansprüche auf **Naturalunterhalt** sind wegen ihres höchstpersönlichen Charakters gemäß § 399 BGB nicht abtretbar und deshalb nach *§ 851 Abs 1 ZPO* auch nicht pfändbar (STAUDINGER/BUSCHE [2017] § 399 Rn 26 mwNw; LG Frankenthal NJW-RR 1989, 1352).

239 Der Anspruch der Mutter, die nicht mit dem Vater verheiratet ist, auf **Erstattung der Entbindungskosten**, der früher in dem durch das KindUG aufgehobenen § 1615k BGB geregelt war, hat jetzt, nachdem der wesentliche Inhalt dieser Bestimmung als Abs 1 S 2 in § 1615l BGB eingefügt wurde, den Charakter eines Unterhaltsanspruchs (BT-Drucks 13/7338, 32; s dazu § 1615l Rn 27 f; zur Anwendbarkeit des § 850b ZPO nach früherem Recht vgl BGH FamRZ 2004, 185 – zu § 850d ZPO; STAUDINGER/KAPPE/ENGLER [1997] Vorbem 101 zu §§ 1601 ff). Da es sich nicht um eine Unterhaltsrente handelt, ist § 850b Abs 1 Nr 2 ZPO nicht unmittelbar anzuwenden. Aus den Gründen, die für die Einbeziehung der Ansprüche wegen Sonderbedarfs sprechen (oben Rn 96), erscheint jedoch die entsprechende Anwendung der Vorschrift auch auf die Kosten der Schwangerschaft und der Entbindung gerechtfertigt.

240 Nach Zahlung des Unterhalts ist gemäß *§ 811 Nr 8 ZPO* ein **Geldbetrag**, der der Unterhaltsrente für die Zeit bis zum nächsten Zahlungstermin entspricht, unpfändbar. Bei Überweisung des Unterhalts auf ein **Pfändungsschutzkonto** nach § 850k ZPO ist das Guthaben zwar pfändbar, der Schuldner darf aber in Höhe eines monatlichen Freibetrags nach § 850c ZPO darüber verfügen. Nach § 850i ZPO können dem Vollstreckungsschuldner vom Vollstreckungsgericht auf Antrag auch solche Guthaben von der Vollstreckung freigestellt werden, die aus unpfändbaren Beträgen gebildet worden sind, wenn auch für die Zukunft nur mit solchen Beträgen zu rechnen ist.

d) § 850d ZPO

241 Bei einer Vollstreckung wegen der Unterhaltsansprüche von Verwandten und wegen Unterhaltsansprüchen eines Elternteils nach §§ 1615l, 1615n BGB sind nach *§§ 120 Abs 1 FamFG, 850d ZPO* das Arbeitseinkommen und die Nebenbezüge des Schuldners ohne die bei der Vollstreckung wegen anderer Forderungen bestehenden Beschränkungen (§§ 850a, 850c ZPO) pfändbar. Dem Schuldner müssen jedoch gewisse Teile seiner Nebeneinkünfte und so viel belassen werden, wie er zu seinem notwendigen Unterhalt und zur Erfüllung seiner laufenden Unterhaltspflichten gegenüber bevorrechtigten Gläubigern und zur gleichmäßigen Befriedigung gleichstehender Berechtigter benötigt. Die Rangordnung ist in § 850d Abs 2 ZPO geregelt (s dazu § 1609 Rn 56).

242 Um den **Nachweis der Vollstreckungsprivilegierung** eines Unterhaltsanspruchs gemäß § 850d Abs 1 S 1 ZPO zu erbringen, muss der Gläubiger einen Titel vorlegen, aus dem sich – gegebenenfalls im Wege der Auslegung – ergibt, dass der Vollstreckung ein Unterhaltsanspruch der in § 850d Abs 1 Satz 1 ZPO genannten Art zugrunde liegt (BGH FamRZ 2012, 1799 Rn 11 mwNw). Die Bevorrechtigung des Gläubigers gemäß § 850d Abs 2 ZPO in Verbindung mit § 1609 BGB gegenüber anderen Unterhaltsberechtigten muss sich hingegen nicht aus dem Titel ergeben. Die Rangfolge mehrerer Unterhaltsberechtigter hat das Vollstreckungsorgan bei der Bemessung des dem Schuldner pfandfrei zu belassenden Einkommensanteils nach § 850d Abs 1 Satz 2 ZPO selbständig zu prüfen und festzulegen (BGH FamRZ 2012, 1799 Rn 12).

Der unpfändbare **notwendige Unterhalt des Schuldners** iSv § 850d Abs 1 ZPO entspricht grundsätzlich dem notwendigen Lebensunterhalt im Sinne des 3. und 4. Kapitels des SGB XII (BGH FamRZ 2010, 1798 Rn 1 mwNw – auch zu Umgangskosten). Dem Schuldner sind jedenfalls die Regelsätze nach § 28 SGB XII zu belassen (BGH FamRZ 2011, 208 Rn 9 ff; BGH FamRZ 2004, 620; vgl auch BGHZ 156, 30 = FamRZ 2003, 1466 sowie BGH FamRZ 2004, 621 – Heim- und Pflegekosten des Unterhaltsschuldners). **243**

Bei der Bemessung des pfandfreien Betrages sind die **gesetzlichen Unterhaltspflichten des Schuldners** in Höhe des dem Unterhaltsberechtigten zustehenden Betrages zu berücksichtigen, auch wenn der Schuldner seiner Unterhaltspflicht nicht in vollem Umfang genügt (BGH FamRZ 2010, 1654).

Die Privilegierung gilt grundsätzlich nicht für Unterhaltsansprüche, die länger als ein Jahr vor dem Pfändungsantrag fällig geworden sind (§ 850d Abs 1 S 4 ZPO), es sei denn, der Schuldner hat sich der Zahlungspflicht absichtlich entzogen (vgl BGH FamRZ 2005, 440). Wegen künftiger Unterhaltsansprüche kann auch künftig fällig werdendes Arbeitseinkommen gepfändet werden (§ 850d Abs 3 ZPO). **244**

e) Pfändungsfreie Beträge

Bei einer Pfändung wegen anderer Ansprüche ist der pfändungsfreie Teil des Arbeitseinkommens des Schuldners nach *§ 850c Abs 1 S 2, Abs 2 S 2 ZPO* erhöht, wenn der Schuldner einem Verwandten oder nach §§ 1615l, 1615n BGB einem Elternteil Unterhalt gewährt (vgl § 1603 Rn 197). Bei besonders umfangreichen Unterhaltspflichten kann das Vollstreckungsgericht nach *§ 850f Abs 1 Buchst c ZPO* dem Schuldner einen noch höheren Teil seines Arbeitseinkommens belassen. **245**

Bei einer Zwangsvollstreckung wegen einer Forderung aus einer vorsätzlichen unerlaubten Handlung kann das Vollstreckungsgericht nach *§ 850f Abs 2 ZPO* den pfändbaren Teil des Arbeitseinkommens frei bestimmen, es muss jedoch dem Schuldner so viel belassen, wie er für seinen notwendigen Unterhalt und zur Erfüllung seiner laufenden gesetzlichen Unterhaltspflichten benötigt. Dasselbe gilt nach *§ 850i ZPO* bei einer Pfändung anderer Vergütungen. **246**

Das Zusammentreffen einer Pfändung von Arbeitseinkommen wegen Unterhaltsansprüche mit einer Pfändung wegen anderer Ansprüche ist in *§ 850e Nr 4 ZPO* geregelt. **247**

7. Insolvenzverfahren

a) Insolvenz des Unterhaltsberechtigten

Von einem Insolvenzverfahren über das Vermögen des Unterhaltsberechtigten werden seine Unterhaltsansprüche nach § 36 Abs 1 InsO nicht erfasst, weil sie nicht der Zwangsvollstreckung unterliegen (§ 850b Abs 1 Nr 2 ZPO). Das gilt für die laufende **248**

Unterhaltsrente, Rückstände, Ansprüche wegen Sonderbedarfs und Unterhaltsansprüche eines Elternteils nach §§ 1615l, 1615n BGB (s oben Rn 96).

249 Die in Ausnahmefällen nach § 850b Abs 2 ZPO zulässige Pfändung dieser Ansprüche (oben Rn 237) bleibt im *Insolvenzverfahren* außer Betracht, weil dabei die Art des beizutreibenden Anspruchs zu berücksichtigen ist. Die Pfändung kann daher jeweils nur zugunsten einzelner Gläubiger zulässig sein, nicht jedoch im Insolvenzverfahren zugunsten aller Gläubiger (Uhlenbruck FamRZ 1998, 1473 f).

b) Insolvenz des Unterhaltspflichtigen

250 In das Insolvenzverfahren über das Vermögen des Unterhaltspflichtigen werden nach § 38 InsO Unterhaltsansprüche einbezogen, die **zur Zeit der Eröffnung des Verfahrens begründet** waren. Dazu gehört eine vor Eröffnung fällig gewordene Unterhaltsrente (§ 1612 Abs 3 BGB), auch soweit sie einen späteren Zeitraum umfasst. Die Ansprüche sind gewöhnliche Insolvenzforderungen. Besonderheiten gelten nach § 302 Nr 1 InsO bei der Restschuldbefreiung, wenn die Forderung zugleich auf einer unerlaubten Handlung beruht (OLG Celle FamRZ 2013, 1814; FamRZ 2012, 1838; OLG Hamm FamRZ 2013, 67; FamRZ 2012, 1741; OLG Köln FamRZ 2012, 1836).

Massekosten sind nur die dem Gemeinschuldner und dessen Familie bewilligte Unterstützung (§ 100 InsO, vgl dazu oben Rn 78).

251 **Nach Eröffnung fällig werdende Unterhaltsansprüche** sind zwar nach der Definition des § 38 InsO Insolvenzforderungen; sie können (und müssen) aber nach § 40 InsO im Insolvenzverfahren nur geltend gemacht werden, wenn der Schuldner als Erbe des Verpflichteten haftet (vgl Uhlenbruck FamRZ 1993, 1026; 1998, 1473, 1474). Bei der Unterhaltspflicht gegenüber Verwandten tritt dieser Fall nicht ein, weil Ansprüche auf künftigen Unterhalt mit dem Tode des Verpflichteten erlöschen (§ 1615 Abs 1 BGB). Anders ist es beim Geschiedenenunterhalt (§ 1586b Abs 1 BGB) und bei dem Unterhaltsanspruch der Mutter eines nichtehelichen Kindes (§ 1615l Abs 3 S 4 BGB).

252 Der Schuldner bleibt nach Eröffnung des Insolvenzverfahrens unterhaltspflichtig, soweit er leistungsfähig ist (§ 1603 BGB). Sein später erworbenes Arbeitsentgelt fällt nicht in die Insolvenzmasse; er ist verpflichtet, eine zumutbare Erwerbstätigkeit auszuüben (§ 1603 Rn 118 ff). Ein laufendes Unterhaltsverfahrens wird nach §§ 113 Abs 1 S 2 FamFG, 240 ZPO hinsichtlich des rückständigen Unterhalts unterbrochen, im Übrigen ist es fortzuführen (s OLG Koblenz OLGR 2002, 36; OLG Hamm FamRZ 2005, 279, 280 sowie BGH NZM 2012, 417 Rn 15 – Mietrecht).

253 Abweichend vom Grundsatz des § 89 Abs 1 und Abs 2 S 1 InsO, dass während der Dauer des Insolvenzverfahrens die Zwangsvollstreckung in die Insolvenzmasse und in das sonstige Vermögen des Schuldners unzulässig ist, gestattet § 89 Abs 2 S 2 InsO iVm § 850d ZPO die Zwangsvollstreckung wegen eines Unterhaltsanspruchs in laufende Bezüge aus einem Dienstverhältnis des Schuldners hinsichtlich des Teils der Bezüge, der für andere Gläubiger nicht pfändbar ist (vgl MünchKommInsO/Schumann[3] § 40 Rn 22 ff; Jaeger/Henckel InsO [2004] § 40 Rn 5 sowie Rn 241).

Wegen der Gewährung von Unterhalt und Unterstützung aus der Insolvenzmasse s oben Rn 78. **254**

XII. Internationales Unterhaltsrecht

Im internationalen Unterhaltsrecht geht es um die Fragen der internationalen Zuständigkeit und des anwendbaren Rechts, um die Hilfe bei der Durchsetzung von Unterhaltsansprüchen im Ausland sowie um die Anerkennung und Vollstreckung ausländischer Unterhaltsentscheidungen oder sonstiger Unterhaltstitel (Henrich FamRZ 2015, 1761). Zur Anknüpfung der Abstammung als Vorfrage s § 1601 Rn 9. **255**

1. Unterhaltsstatut (IPR)

Das (materielle) internationale Unterhaltsrecht ist für seit dem **18. 6. 2011** entstandene Unterhaltsansprüche durch das **Haager Unterhaltsprotokoll** v 23. 11. 2007 **(HUP)** geregelt. Die Verordnung (EG) des Rates Nr 4/2009 **(EuUntVO)** enthält vorwiegend Bestimmungen zum Verfahren. Zum anwendbaren Recht verweist Art 15 EuUntVO auf das HUP. Die EuUntVO enthält ansonsten keine kollisionsrechtlichen Regelungen. Das HUP hat **Art 18 EGBGB** abgelöst. Art 18 EGBGB kam ohnedies nur zur Anwendung, soweit keine staatsvertraglichen Sonderregelungen (Haager Übereinkommen über das auf Unterhaltspflichten anzuwendende Recht vom 24. 10. 1956 und vom 2. 10. 1973 – **HUÜ 1973**; vgl Staudinger/Engler [2000] Rn 253 f) bestanden. Das HUÜ 1973 ist allerdings vom HUP nicht vollständig abgelöst worden, weil einzelne Staaten (Türkei, Schweiz, Japan, Albanien) zwar Vertragsstaaten des HUÜ 1973, nicht aber des HUP sind. Ob das HUÜ auch nach Ratifizierung des HUP noch einen eigenen Anwendungsbereich behalten hat, ist fraglich (näher dazu K Kroll-Ludwigs IPRax 2016, 34, 40: unionsrechtliche Verpflichtung Deutschlands, das HUÜ zu kündigen und seine Vorschriften bis dahin auch im Verhältnis zu Drittstaaten unangewendet zu lassen). **256**

Obwohl das HUP erst zum 1. 8. 2013 völkerrechtlich in Kraft getreten ist, ist es aufgrund der Ratifizierung durch die Europäische Union als Mitglied der Haager Konferenz und aufgrund eines Ratsbeschlusses der EG vom 30. 11. 2009 (2009/941/EG) zur – einseitigen – vorläufigen Anwendung bereits mit Inkrafttreten der **EuUntVO** zum 18. 6. 2011 in Kraft getreten. Völkerrechtlich ist es seit 1. 8. 2013 verbindlich (vgl Palandt/Thorn[76] HUntProt Rn 2; näher Wendl/Dose[9] § 9 Rn 2 ff; Eschenbruch/Dörner[6] Kap 6 Rn 228; vgl auch BGH FamRZ 2013, 1366 Rn 32, 38). Da das HUP von der Europäischen Union ratifiziert worden ist, ist es Bestandteil des EU-Rechts (BGH FamRZ 2013, 1366 Rn 37 mwNw; Andrae GPR 2010, 196, 200 mwNw; Rauscher/Pabst GPR 2011, 41, 48). Das Vereinigte Königreich und Dänemark haben sich im Rahmen des Opt-in an der Ratifikation nicht beteiligt (zu den Eigenheiten der Ratifikation durch die EU vgl Mankowski FamRZ 2010, 1487). **257**

Nach einer Grundsatzentscheidung des **BGH** ist das maßgebliche Kollisionsrecht in einem nach dem 18. 6. 2011 eingeleiteten Unterhaltsverfahren mit Auslandsbezug dem HUP zu entnehmen. Dies gelte im Verhältnis der durch das HUP gebundenen EU-Staaten auch, soweit das Verfahren Unterhaltszeiträume vor dem Inkrafttreten des Haager Unterhaltsprotokolls am 18. 6. 2011 umfasst (BGHZ 203, 372 = FamRZ 2015, 479 Rn 22).

258 Nach der allgemeinen Regel in **Art 3 HUP** gilt das Recht des Staates in dem der **Unterhaltsberechtigte** seinen **gewöhnlichen Aufenthalt** hat (Art 3 Abs 1 HUP) und nach einem Aufenthaltswechsel folglich das Recht des Staates des neuen gewöhnlichen Aufenthalts (Art 3 Abs 2 HUP; zum Umfang des anzuwendenden Rechts s Art 11 HUP). Wenn der Unterhaltsberechtigte nach dem Statut gemäß Art 3 HUP keinen Unterhalt erhalten kann, ist – beim Kindesunterhalt und beim Elternunterhalt – nach **Art 4 HUP ersatzweise** das am Ort des angerufenen Gerichts geltende Recht anwendbar. Das gilt nicht, wenn der Unterhalt nach dem primär berufenen Aufenthaltsstatut vom Umfang her hinter dem Unterhalt nach dem Forumsstatut zurückbleibt oder das primär berufene Statut einzelne Unterhaltsbestandteile (zB Prozess-/Verfahrenskostenvorschuss) nicht gewährt (näher STAUDINGER/MANKOWSKI [2016] Art 4 HUP Rn 27 ff mwNw). Die internationale Zuständigkeit bestimmt sich vorrangig nach **Art 3 EuUntVO** (vgl Rn 260). Zu den Aufgaben der **Zentralen Behörden** (in Deutschland das Bundesamt für Justiz) s Art 49 ff EuUntVO, §§ 4 f Auslandsunterhaltsgesetz **(AUG)**.

259 Die im HUP vorgesehenen Möglichkeiten einer **Rechtswahl** (Art 7 f HUP) werden beim Verwandtenunterhalt kaum zur Anwendung kommen. Eine Rückverweisung **(renvoi)** ist durch Art 12 HUP ausgeschlossen. Die Anwendung des HUP in Bezug auf **Drittstaaten** (Nichtvertragsstaaten) ist umstritten (offen gelassen von BGH FamRZ 2013, 1366 Rn 34 ff mwNw; vgl auch OLG Stuttgart 22. 11. 2011 – 17 UF 133/10 – juris Rn 63 mwNw sowie OLG Stuttgart 17. 1. 2014 – 17 WF 229/13 – juris Rn 12). Hierbei ist zunächst zu unterscheiden, ob im Verhältnis zu Nichtvertragsstaaten bereits **andere Übereinkommen** gelten, denen diese Staaten beigetreten sind (also etwa die HUÜ 1956 und 1973, s Rn 256), oder ob zwischen der Bundesrepublik Deutschland und diesen Staaten keine Übereinkommen gelten. Im ersten Fall gelten vorrangig die bisherigen Übereinkommen, soweit nicht beide Vertragsstaaten beigetreten sind (vgl Art 18 HUP; ANDRAE GPR 2010, 196, 200; vgl allerdings auch BONOMI, Erläuternder Bericht zum HUP, Art 18 Nr 197). Im zweiten Fall ist das Haager Unterhaltsprotokoll anzuwenden (Art 2 HUP).

2. Internationales Verfahrensrecht

260 Das **internationale Verfahrensrecht** richtet sich vorrangig nach der **EuUntVO** und dem zu deren Umsetzung und Ergänzung erlassenen Auslandsunterhaltsgesetz (AUG; zu weiteren Übereinkommen vgl BGH FamRZ 2014, 796 Rn 5 – Schweiz).

261 Die **internationale Zuständigkeit** ist in Art 3–14 EuUntVO (§ 25 AUG) geregelt. Nach **Art 3 EuUntVO** ist für Entscheidungen in Unterhaltssachen in den Mitgliedstaaten zuständig

a) das Gericht des Ortes, an dem der **Beklagte seinen gewöhnlichen Aufenthalt** hat, oder

b) das Gericht des Ortes, an dem die **berechtigte Person ihren gewöhnlichen Aufenthalt** hat (vgl EuGH NJW 2015, 683 – zur begrenzten Zulässigkeit der Zuständigkeitskonzentration nach § 28 AUG; EuGH NJW 2017, 2013 zur Zuständigkeit für ein Abänderungsverfahren nach Wechsel des gewöhnlichen Aufenthalts), oder

c) das Gericht, das nach seinem Recht für ein **Verfahren in Bezug auf den Personenstand** zuständig ist, wenn in der Nebensache zu diesem Verfahren über eine Unterhaltssache zu entscheiden ist (vgl § 25 Abs 1 Nr 2 AUG), es sei denn, diese Zuständigkeit begründet sich einzig auf der Staatsangehörigkeit einer der Parteien, oder

d) das Gericht, das nach seinem Recht für ein **Verfahren in Bezug auf die elterliche Verantwortung** zuständig ist, wenn in der Nebensache zu diesem Verfahren über eine Unterhaltssache zu entscheiden ist, es sei denn, diese Zuständigkeit beruht einzig auf der Staatsangehörigkeit einer der Parteien (zur Notzuständigkeit nach Art 7 EuUntVO vgl BGH FamRZ 2016, 115 zu Abänderungsverfahren).

Die **Vollstreckung** ausländischer Titel in Deutschland bedarf bei Titeln aus den an das **HUP gebundenen Staaten** gemäß Art 17 Abs 2 EuUntVO keiner gesonderten Vollstreckbarerklärung **(Abschaffung des Exequaturverfahrens)**. In bestimmten Konstellationen besteht, insbesondere bei Verletzung des rechtlichen Gehörs, nach Art 19 EuUntVO ein Recht auf Nachprüfung (vgl §§ 30 ff AUG). Zum Übergangsrecht ist auf die Entscheidung des BGH vom 23. 9. 2015 (FamRZ 2015, 2144 Rn 8) hinzuweisen. 262

Titel aus **nicht an das HUP gebundenen Staaten** bedürfen indessen der **Vollstreckbarerklärung** (Art 26, 30 EuUntVO). Die Vollstreckung darf nur versagt werden, wenn die Entscheidung nicht anerkennungsfähig ist, wobei die diesbezügliche Prüfung erst im Rechtsmittelverfahren stattfindet (Art 30, 34 Abs 1 EuUntVO). 263

Die Titel werden von den Mitgliedstaaten (der EuUntVO) ohne besonderes Verfahren anerkannt. Entsteht ein Streit über die Anerkennung, so ist auf Antrag ein Feststellungsverfahren über die Anerkennungsfähigkeit durchzuführen. Die Anerkennung ist nach Art 24 EuUntVO zu versagen, wenn die Entscheidung gegen den ordre public verstößt (lit a), wenn das verfahrenseinleitende Schriftstück nicht ordnungsgemäß zugestellt wurde und der Antragsgegner sich auf das Verfahren nicht eingelassen hat (lit b) oder wenn die Entscheidung einer bereits früher ergangenen Entscheidung widerspricht (lit c und b; vgl § 328 ZPO sowie §§ 35 ff AUG). Im Vollstreckbarerklärungsverfahren kann geltend gemacht werden, dass die Unterhaltsentscheidung im Ursprungsstaat abgeändert wurde (BGH FamRZ 2015, 2144).

Gemäß § 65 AUG richtet sich die **Vollstreckung** grundsätzlich nach § 120 Abs 1 FamFG iVm den ZPO-Vollstreckungsvorschriften (zur Auslandsvollstreckung s Hess/Spancken FPR 2013, 27; Hohloch FPR 2012, 495 sowie EuGH NJW 2017, 1227). 264

Zur **Abänderung ausländischer Unterhaltstitel** ist auf die Grundsatzentscheidung des BGH vom 10. 12. 2014 (BGHZ 203, 372 = FamRZ 2015, 479) hinzuweisen. 265

Untertitel 1
Allgemeine Vorschriften

§ 1601
Unterhaltsverpflichtete

Verwandte in gerader Linie sind verpflichtet, einander Unterhalt zu gewähren.

Materialien: E I § 1480; II § 1496; III § 1579; Jakobs/Schubert, Familienrecht II §§ 1564–1921 S 242; Mot IV 678; Prot IV 478.

Schrifttum

Klinkhammer, Verwandtenunterhalt ohne Verwandtschaft? – Zum Verhältnis von Familie, Abstammung und Unterhalt im deutschen Recht, in: Confronting the Frontiers of Family and Succession Law – Liber Amicorum Walter Pintens (2012) S 753

V Lipp, Solidarität und Status im Unterhaltsrecht, in: Lipp/Röthel/Windel, Familienrechtlicher Status und Solidarität (2008) 53

Muscheler, Das Recht der Stieffamilie, FamRZ 2004, 913

Schwab, Familiäre Solidarität – Die Begründung und die Grenzen der Unterhaltspflicht unter Verwandten im europäischen Vergleich: Das Deutsche Recht, in: Schwab/Henrich, Familiäre Solidarität (1997) S 39.

Systematische Übersicht

Alphabetische Übersicht

I. Allgemeines

1. § 1601 BGB bestimmt, welche Personen unterhaltsberechtigt und -verpflichtet sind. Er bildet die zentrale **Anspruchsgrundlage** für den Verwandtenunterhalt („sind verpflichtet"; WENDL/KLINKHAMMER[9] § 2 Rn 1). Die Vorschrift selbst enthält nur die 1 persönlichen Voraussetzungen der Unterhaltspflicht. Die sachlichen Voraussetzungen des Unterhalts, vor allem Bedarf, Bedürftigkeit und Leistungsfähigkeit, ergeben sich aus §§ 1602, 1603 und § 1610 BGB (s Rn 5).

2 **2.** Die Unterhaltspflicht und damit auch der Unterhaltsanspruch bestehen **wechselseitig** („einander"). Das Gesetz unterscheidet hier nicht zwischen den Ansprüchen der Kinder gegen Eltern und Voreltern und den Ansprüchen der Eltern und Voreltern gegen die Kinder. Bei der Einzelregelung bestehen aber Besonderheiten für die Ansprüche der unverheirateten minderjährigen Kinder gegen ihre Eltern (§§ 1602 Abs 2, 1603 Abs 2 BGB). Vom **Bundesgerichtshof** ist vor dem Hintergrund der gesetzlichen Rangfolge insbesondere im Rahmen der Leistungsfähigkeit nach § 1603 BGB eine Differenzierung der einzelnen Unterhaltsansprüche entwickelt worden. So werden dem Unterhaltsschuldner vor allem beim Elternunterhalt, beim Einkommensselbstbehalt und beim Vermögenseinsatz Erleichterungen gegenüber vorrangigen Unterhaltsansprüchen eingeräumt (s § 1603 Rn 264 ff, 336 ff).

3 **3.** Obwohl der Wortlaut des § 1601 BGB seit Inkrafttreten des BGB am 1. 1. 1900 nicht geändert worden ist, ist sein **Anwendungsbereich** dadurch **ausgedehnt** worden, dass der Kreis der Verwandten durch das NEhelG v 19. 8. 1969 und das AdoptG v 2. 7. 1976 erweitert worden ist (s Staudinger/Rauscher [2011] § 1589 Rn 4, 7).

II. Aufbau der Anspruchsprüfung, Darlegungs- und Beweislast (Übersicht)

4 § 1601 BGB ist **Anspruchsgrundlage** für den Verwandtenunterhalt (s Rn 1). Dass die Anspruchsvoraussetzungen in der Vorschrift nicht abschließend aufgezählt sind, sondern zu Grund, Inhalt und Höhe des Anspruchs §§ 1602, 1603, 1610, 1612 BGB herangezogen werden müssen, steht dem nicht entgegen.

5 **Prüfungsschema**: Der Anspruch auf Verwandtenunterhalt ist in folgender **Reihenfolge** zu prüfen (vgl auch Soergel/Lettmaier[13] Vor § 1601 Rn 6):

- **Persönliche Voraussetzungen**: Verwandte in gerader Linie (§ 1601 BGB); ggf **Aktivlegitimation** aufgrund Legalzession (§ 1607 Abs 3 BGB; §§ 33 SGB II, 94 SGB XII, 7 UVG etc)
- **Voraussetzungen der Nachforderbarkeit** von rückständigem Unterhalt (Verzug, Auskunftsverlangen, § 1613 BGB; ggf Rechtswahrungsanzeige)
- **Bedürftigkeit**:
  - **Bedarf** (§ 1610 BGB), einschließlich Angemessenheit einer Ausbildung
  - **Bedürftigkeit im engeren Sinne** (§ 1602 BGB)
- **Leistungsfähigkeit** (§ 1603 BGB)
- Bei mehreren Unterhalts*schuldnern:* **Rang des Schuldners** (§ 1606 BGB)

– Bei mehreren Unterhalts*gläubigern* (im Fall eingeschränkter Leistungsfähigkeit): **Rang des Gläubigers** (§ 1609 BGB)

– Anspruchsinhalt: grundsätzlich **Geldrente** (§ 1612 BGB)

– **Ausschlussgründe** (ggf zur Vereinfachung vorzuziehen):

– Verwirkung (§ 1611 BGB)

– Allgemeine Verwirkung (§ 242 BGB), Verjährung

– Ausschluss des Anspruchsübergangs – bei Legalzession – (§ 1607 Abs 4 BGB, §§ 33 Abs 2 SGB II, 94 Abs 3 SGB XII)

Zusätzlich ist zu beachten, dass zwischen den Voraussetzungen der Bedürftigkeit und Leistungsfähigkeit **zeitliche Kongruenz** bestehen muss (BVerfG FamRZ 2005, 1051 mAnm Klinkhammer; Soergel/Lettmaier[13] Vor § 1601 Rn 4, § 1603 Rn 2: „Grundsatz der Zeitidentität"). Vorstehend sind die Anspruchsvoraussetzungen (nebst Einwendungen) und der Anspruchsinhalt aufgeführt. Erlöschensgründe wie zB die Erfüllung nach § 362 BGB oder der Erlass nach § 397 BGB kommen hinzu und sind bei gegebenem Anlass im Anschluss zu prüfen.

In die **Darlegungs- und Beweislast des Gläubigers** fallen die persönlichen Voraussetzungen (Verwandtschaft, vgl BGH 5. 7. 2017 – XII ZB 277/16 – juris; ggf der Legalzession, etwa die Gewährung von Sozialleistungen), die Voraussetzungen der Nachforderbarkeit, die Bedürftigkeit (Bedarf und Bedürftigkeit iES) sowie der Umfang der Unterhaltspflicht bei vorhandenen vor- oder gleichrangigen weiteren Unterhaltspflichtigen. 6

In die **Darlegungs- und Beweislast des Schuldners** fallen mangelnde Leistungsfähigkeit, Unterhaltsansprüche vor- oder gleichrangiger Gläubiger, ein ggf abweichender Anspruchsinhalt sowie die Ausschlussgründe. Zu **doppelrelevanten Tatsachen** s § 1610 Rn 337.

III. Unterhaltspflichtige Verwandte

1. Verwandte in gerader Linie

Wer miteinander verwandt ist, ergibt sich aus **§ 1589 BGB**. Es kommt auf die **rechtliche Verwandtschaft** an, nicht auf die genetische (oder soziale) Verwandtschaft. Wer Vater eines Kindes ist, ergibt sich aus § 1592 BGB. Die Mutterschaft bestimmt sich nach § 1591 BGB. Wohl kann sich bei fehlender rechtlicher Verwandtschaft ein Anspruch auf vertraglicher Grundlage ergeben (Rn 13). Die Unterhaltspflicht beginnt mit dem durch die Geburt entstandenen Verwandtschaftsverhältnis und **dauert dem Grunde nach lebenslang** fort (zur Rechtsnatur Vorbem 91 zu §§ 1601 ff). So besteht etwa die Verpflichtung zum Kindesunterhalt, solange das Kind bedürftig ist und die Eltern leistungsfähig sind, und ist nicht an bestimmte Altersgrenzen gebunden (BGH FamRZ 1984, 682; Wendl/Klinkhammer[9] § 2 Rn 12). Der Unterhaltsanspruch **erlischt** mit dem Tod des Berechtigten oder des Verpflichteten (§ 1615 Abs 1 BGB). 7

8 Die gesetzliche Unterhaltspflicht erstreckt sich nicht auf die gesamte Blutsverwandtschaft (s Staudinger/Rauscher [2011] § 1589 Rn 2), sondern ist auf Verwandte **in gerader Linie** beschränkt. Ausgenommen sind also Verwandte in der Seitenlinie (§ 1589 S 2 BGB). Ebensowenig ist eine Unterhaltspflicht zwischen Verschwägerten (§ 1590 BGB) vorgesehen. In gerader Linie verwandt sind nach § 1589 S 1 BGB Personen, deren eine von der anderen abstammt, also Kinder mit Eltern, Großeltern und entfernteren Voreltern. Auf den Grad der Verwandtschaft (§ 1589 S 3 BGB) kommt es für die Unterhaltspflicht nicht an. Anderes gilt beim Sozialhilferegress, der gemäß § 94 Abs 1 S 3 SGB XII auf Verwandte ersten Grades beschränkt ist.

9 Bei der **Adoption** erlangt das Kind die Stellung eines Kindes des oder der Annehmenden (§ 1754 BGB; s unten Rn 17 ff). Bei Geburt im **Ausland** ist zunächst die Abstammung zu klären, wobei streitig ist, ob die Vorfrage der Abstammung selbständig oder unselbständig anzuknüpfen ist, was aber im Ergebnis häufig keinen Unterschied macht (vgl BGH 5. 7. 2017 – XII ZB 277/16 – juris). Eine in Spanien vor dem zuständigen Standesamt erklärte **Anerkennung** der Vaterschaft ist der Anerkennung nach deutschem Recht gleichwertig und ersetzt die hierfür vorgeschriebene Form der öffentlichen Beurkundung (BGH 5. 7. 2017 – XII ZB 277/16 – juris).

2. Ausnahmen von der rechtlichen Verwandtschaft

10 Der **BGH** hat in einer bestimmten Fallkonstellation (sog vereitelter Scheinvaterregress) eine **Ausnahme** vom Erfordernis der rechtlichen Verwandtschaft anerkannt. Er hat entschieden, dass der Unterhaltsanspruch des Kindes (wie auch der Unterhalt seiner Mutter) gegen den **leiblichen Vater** des Kindes nach § 1607 Abs 3 S 2 BGB auf den Scheinvater übergeht (BGHZ 176, 327 = FamRZ 2008, 1424 Rn 17 ff und BGHZ 191, 259 = FamRZ 2012, 200 Rn 14; vgl auch BGH FamRZ 2009, 32 Rn 11 ff – Versorgungsausgleich). Der Unterhalt kann vom Scheinvater auf dem Regressweg geltend gemacht werden, ohne dass der Schuldner zuvor gemäß §§ 1592 Nr 3, 1600d BGB als Vater festgestellt werden muss. Die leibliche Vaterschaft muss in dem Verfahren – inzident – festgestellt werden. Die vom BGH angenommene Durchbrechung der Rechtsausübungssperre nach § 1600d Abs 4 BGB ist vor allem vor dem Hintergrund gerechtfertigt, dass weder die Kindesmutter noch der mutmaßliche Erzeuger bereit sind, dessen Vaterschaft gerichtlich feststellen zu lassen, und der Anspruchsteller nach Abschaffung der gesetzlichen Amtspflegschaft für nichteheliche Kinder zum 1. 7. 1998 andernfalls rechtlos gestellt wäre.

11 Aus der Begründung der Einschränkung der gesetzlichen Regelung in § 1600d Abs 4 BGB ergibt sich zugleich auch deren Begrenzung. Nimmt etwa das Kind selbst seinen leiblichen Vater auf Unterhalt in Anspruch, kann es sich auf die Ausnahme nicht berufen, weil es im Gegensatz zum Scheinvater die Möglichkeit hat, den Schuldner als Vater feststellen zu lassen. Auch der Unterhaltsschuldner, der eine rechtzeitige Anfechtung der Vaterschaft versäumt hat, kann sich nicht auf seine fehlende leibliche Vaterschaft berufen, selbst wenn diese unstreitig ist (BGH FamRZ 2012, 437; OLG Hamm MDR 2014, 229).

12 Der Kindesunterhalt kann wie der Unterhalt der nichtehelichen Mutter nach § 247 FamFG bereits **vor der Geburt** des Kindes und nach § 248 FamFG **vor rechtskräftiger Feststellung der Vaterschaft** durch einstweilige Anordnung geltend gemacht werden.

Hierbei handelt es sich aber nur um scheinbare Ausnahmen vom Erfordernis der rechtlichen Verwandtschaft. Denn der Unterhalt wird hier nur vorläufig geltend gemacht. Stellt sich später heraus, dass der in Anspruch Genommene nicht der Erzeuger des Kindes ist, kann er gezahlte Beträge zurückfordern (vgl Vorbem 157 zu §§ 1601 ff).

Eine nur scheinbare Ausnahme stellt der **Unterhalt gegen den konsentierenden Wunschvater** dar, der nach der Geburt nicht in die rechtliche Vaterstellung gelangt. Der Unterhaltsanspruch ergibt sich in diesem Fall aus einer Vereinbarung, mit welcher ein Mann die Einwilligung zu einer heterologen künstlichen Befruchtung einer Frau mit dem Ziel erteilt, die Vaterstellung für das zu zeugende Kind einzunehmen. Diese enthält nach der Rechtsprechung des **BGH** regelmäßig zugleich einen von familienrechtlichen Besonderheiten geprägten Vertrag zugunsten des aus der künstlichen Befruchtung hervorgehenden Kindes, aus dem sich für den Mann dem Kind gegenüber die Pflicht ergibt, für dessen Unterhalt wie ein rechtlicher Vater einzustehen (BGHZ 207, 135 = FamRZ 2015, 2134; s bereits BGHZ 129, 297 = FamRZ 1995, 861). Hierbei handelt es sich nicht um gesetzlichen, sondern um **vertraglichen Unterhalt**. Näheres Vorbem 137 ff zu §§ 1601 ff. 13

3. Kindesunterhalt

Eine Unterhaltspflicht besteht also von Eltern gegenüber ihren Kindern (Kindesunterhalt). Unerheblich ist, ob die Eltern miteinander verheiratet sind oder waren (nach überkommender Terminologie: ob die Kinder ehelich oder nichtehelich sind). Auch der nicht mit der Mutter verheiratete Vater ist seinem Kind seit Inkrafttreten des NEhelG am 1. 7. 1970 voll unterhaltspflichtig, ebenso das Kind seinem Vater gegenüber (wegen der Zeit vorher s §§ 1708 ff aF; Übergangsvorschriften s Staudinger/Rauscher [2011] Vorbem 1 ff zu §§ 1591 ff). Die durch das NEhelG eingeführten Vorschriften über die Unterhaltspflicht gegenüber nichtehelichen Kindern (§§ 1615a ff aF), die das KindUG zum größten Teil aufgehoben hat (§ 1615a Rn 3, 11 ff), hatten nichts an der vollen Unterhaltspflicht geändert. 14

Die jetzt im Untertitel 2 des Titels 3 (anstelle der früheren Regelung der Unterhaltspflicht gegenüber nichtehelichen Kindern) noch enthaltenen „besonderen Vorschriften für das Kind und seine nicht miteinander verheirateten Eltern“ sehen nach Aufhebung des § 1615o BGB (s dazu Vorbem 230, 226 ff zu §§ 1601 ff) keine Sonderregelungen für nichteheliche Kinder mehr vor. 15

Zu der vor dem 1. 7. 1998 geltende Regelung der Unterhaltspflicht gegenüber nichtehelichen Kindern s Staudinger/Kappe/Engler (1997) Rn 6–10.

Der Anspruch auf Minderjährigenunterhalt wird nicht durch den **Anspruch auf Familienunterhalt nach § 1360 BGB** verdrängt. Zwar umfasst die gemäß § 1360 BGB bestehende gegenseitige Verpflichtung der Ehegatten, die Familie angemessen zu unterhalten, auch die Befriedigung des Lebensbedarfs der gemeinsamen unterhaltsberechtigten Kinder (§ 1360a Abs 1 BGB). Der Unterhaltsanspruch der ehelichen Kinder nach den § 1601 BGB gegen ihre Eltern besteht indessen neben dem wechselseitigen Unterhaltsanspruch der Eltern auf Gewährung von Familienunterhalt. Soweit das Kind in der Familie lebt und die Eltern beiderseits ihrer Pflicht zur 16

Leistung des Familienunterhalts nachkommen, wird der nach § 1601 BGB bestehende Unterhaltsanspruch erfüllt. Kommt ein Elternteil der Verpflichtung auf Leistung von Familienunterhalt nicht nach, so ergibt sich ein eigener einklagbarer Anspruch aus § 1360 BGB für das Kind nicht. Es kann vielmehr seinen Unterhaltsanspruch nach § 1601 BGB gegen den erwerbstätigen Elternteil geltend machen (BGH FamRZ 1997, 735 juris Rn 14; vgl auch BGHZ 210, 124 = FamRZ 2016, 1142 Rn 21).

4. Elternunterhalt

17 Die Unterhaltspflicht von Kindern gegenüber ihren Eltern (Elternunterhalt) hat erheblich an Bedeutung gewonnen und ist seit der ersten hierzu ergangenen Grundsatzentscheidung des BGH vom 23. 10. 2002 (FamRZ 2002, 1698 mAnm Klinkhammer) Gegenstand vertiefter Betrachtung. Die gestiegene Lebenserwartung der Eltern, die hohen Kosten einer Heimpflege, eine unzulängliche Altersversorgung führen immer häufiger dazu, dass Eltern auf Unterhalt Dritter angewiesen sind. Sie nehmen dann meist Sozialhilfe in Anspruch, weil sie ihre Kinder nicht belasten wollen. Ihre Unterhaltsansprüche gehen jedoch in diesem Fall auf den Sozialhilfeträger über (§ 94 SGB XII), der seinerseits die Kinder in Rückgriff nimmt. Um sie vor einer übermäßigen Inanspruchnahme zu schützen, billigt ihnen die Rechtsprechung beim Elternunterhalt einen erhöhten Selbstbehalt zu (s § 1603 Rn 268 ff).

5. Enkel und Großeltern

18 Eine wechselseitige Unterhaltspflicht besteht ferner zwischen Enkeln und Großeltern und weiteren Voreltern. Hieran hat die 1974 eingeführte Bestimmung des § 91 Abs 1 S 3 BSHG (nunmehr § 94 Abs 1 S 3 SGB XII), dass der Träger der Sozialhilfe für gewährte Hilfen keinen Rückgriff auf Verwandte im zweiten oder in einem entfernteren Grad nehmen darf, nichts geändert (BVerwGE 52, 214, 217 = FamRZ 1977, 541, 544). Auch wenn durch das Bestehen eines rückgriffsfreien Sozialhilfeanspruchs die Bedürftigkeit entfallen oder gemindert sein sollte (s § 1602 Rn 72), sind die Verwandten höherer Grade nicht aus dem Kreis der Unterhaltspflichtigen ausgeschieden.

IV. Unterhaltspflicht bei Kindesannahme

19 Mit der Annahme als Kind erlangt der oder die Angenommene nach §§ 1754, 1767 Abs 2 BGB die rechtliche Stellung eines **Kindes** des Annehmenden. Die Annahme wird nach § 197 Abs 2 FamFG mit der Zustellung des Annahmebeschlusses (§ 1752 Abs 1 BGB) an den Annehmenden wirksam. Von diesem Zeitpunkt an sind die persönlichen Voraussetzungen für eine Unterhaltspflicht nach § 1601 BGB zwischen dem Annehmenden und dem Angenommenen gegeben. Im Übrigen ist zu unterscheiden:

1. Annahme Minderjähriger

20 **a)** Mit der Annahme eines Minderjährigen wird zugleich ein Verwandtschaftsverhältnis des Kindes zu den **Verwandten des Annehmenden** und der Abkömmlinge des Kindes zu dem Annehmenden und den Verwandten des Annehmenden begründet (Staudinger/Frank [2007] § 1754 Rn 8). Eine wechselseitige Unterhaltspflicht nach

§ 1601 BGB entsteht daher auch zwischen den Eltern und Voreltern des Annehmenden und dem Angenommenen und dessen Abkömmlingen.

b) Mit der Annahme erlöschen nach § 1755 Abs 1 S 1 BGB das Verwandtschaftsverhältnis des Kindes und seiner Abkömmlinge zu den **bisherigen Verwandten** und die sich daraus ergebenden Rechte und Pflichten. Für die Folgezeit schulden also die bisherigen Verwandten dem Kind keinen Unterhalt mehr. Unterhaltsansprüche aus dem bisherigen Verwandtschaftsverhältnis für die Zeit bis zur Kindesannahme bleiben aber bestehen (BGH NJW 1981, 2298 = FamRZ 1981, 949; KG FamRZ 1984, 1131; **aA** Doms FamRZ 1981, 325). 21

c) Die Unterhaltspflicht des Annehmenden gegenüber dem Kind beginnt nach § 1751 Abs 4 S 1 BGB bereits, sobald die Eltern des Kindes die erforderliche Einwilligung erteilt haben und das Kind in die Obhut des Annehmenden mit dem Ziel der Annahme aufgenommen ist (**Adoptionspflege**, § 1744 BGB; s BGH FamRZ 1984, 378). Die Unterhaltspflicht der leiblichen Verwandten des Kindes erlischt jedoch während der Pflegezeit nicht, sondern tritt lediglich hinter die des Annehmenden zurück (Subsidiarität). Endet die Adoptionspflege, ohne dass es zur Annahme kommt, so entfällt von diesem Zeitpunkt an die Unterhaltspflicht der Pflegeperson, und die Unterhaltspflicht der leiblichen Verwandten tritt wieder voll ein (OLG Frankfurt FamRZ 1984, 312 mAnm Bosch). 22

2. Annahme Volljähriger

a) Die Wirkung der Annahme eines Volljährigen erstreckt sich nach § 1770 Abs 1 S 1 BGB grundsätzlich (Ausnahme: § 1772 BGB) **nicht** auf die **Verwandten des Annehmenden**. Zwischen den Eltern und Voreltern des Annehmenden und dem Angenommenen entsteht also keine Unterhaltspflicht. Dagegen begründet die Annahme auch eine Verwandtschaft und damit eine Unterhaltspflicht zwischen dem Annehmenden und den **Abkömmlingen des Angenommenen**; dabei macht es keinen Unterschied, ob die Abkömmlinge zur Zeit der Annahme lebten oder später geboren sind (Staudinger/Frank[12] § 1770 Rn 4). 23

b) Das Verwandtschaftsverhältnis des Angenommenen und seiner Abkömmlinge zu ihren **leiblichen Verwandten** und die sich daraus ergebenden Unterhaltspflichten bleiben nach § 1770 Abs 2 BGB bestehen. Der Kreis der unterhaltspflichtigen Personen wird also durch die Annahme erweitert. Dabei ist der Annehmende nach § 1770 Abs 3 BGB grundsätzlich vor den leiblichen Verwandten zur Gewährung des Unterhalts verpflichtet. Der Vorrang der Unterhaltspflicht des Ehegatten und der Abkömmlinge des Angenommenen (§§ 1608, 1606 BGB) bleibt jedoch auch gegenüber dem Annehmenden bestehen (§ 1770 Rn 11). Umgekehrt sind die Unterhaltspflichten des Angenommenen gegenüber dem Annehmenden und seinen leiblichen Eltern gleichrangig (vgl Staudinger/Frank [2007] § 1770 Rn 12). 24

c) Ein **früherer Beginn** der Unterhaltspflicht des Annehmenden (vgl oben Rn 20) kommt bei der Erwachsenenadoption **nicht** in Betracht, weil es hier eine Adoptionspflege nicht gibt (§§ 1768 Abs 1 S 2, 1744 BGB). 25

V. Keine Unterhaltspflicht für Verwandte in der Seitenlinie, Verschwägerte, Stiefkinder

26 Geschwister sind **in der Seitenlinie** miteinander verwandt (§ 1589 S 2 BGB). Nach dem eindeutigen Wortlaut des § 1601 BGB erfüllen sie die persönlichen Voraussetzungen des gesetzlichen Unterhaltsanspruchs nicht. Zu abweichenden Regelungen vor dem BGB s Vorbem 29 zu §§ 1601 ff, zur Unterhaltspflicht von Geschwistern im Auslandsrecht s Wendl/Dose[9] § 9 Rn 100 ff.

27 Schwiegereltern und Stiefkinder sind Verwandte (in gerader Linie) des Ehegatten einer Person, mit dieser also (in gerader Linie) **verschwägert** (§ 1590 BGB). Auch sie erfüllen die persönlichen Voraussetzungen eines Unterhaltsanspruchs nach §§ 1601 ff BGB nicht. Zu abweichenden Regelungen vor dem BGB s Vorbem 137 zu §§ 1601 ff (vgl Muscheler FamRZ 2004, 913, 919, der de lege ferenda eine Unterhaltspflicht befürwortet; dazu V Lipp, in: Lipp/Röthel/Windel, Familienrechtlicher Status und Solidarität [2008] 53, 66 mwNw).

Freilich knüpfen das Sozial- und Steuerrecht an die Stiefkindschaft begünstigende oder belastende Regelungen. So werden Stiefkinder etwa gemäß § 63 Abs 1 S 1 Nr 3 EStG beim Kindergeld der Stiefeltern berücksichtigt (s § 1612b Rn 5). Nach § 9 Abs 2 S 2 SGB II sind bei unverheirateten Kindern, die mit ihren Eltern oder einem Elternteil in einer Bedarfsgemeinschaft leben, auch das Einkommen und Vermögen der Eltern oder des Elternteils und dessen in Bedarfsgemeinschaft lebender Partnerin oder lebenden Partners zu berücksichtigen, ohne dass eine korrespondierende Unterhaltspflicht besteht (vgl Behrend jM 2014, 22, 26; Klinkhammer, in: FS Pintens S 753, 762).

28 Ohne Rechtspflicht geleistete Unterhaltszahlungen an Schwiegereltern oder Stiefkinder werden im Allgemeinen einer **sittlichen Pflicht** oder einer **Anstandspflicht** entsprechen, sodass sie nach § 814 BGB auch dann nicht zurückgefordert werden können, wenn der Leistende irrtümlich angenommen hat, zu der Leistung verpflichtet zu sein.

§ 1602
Bedürftigkeit

(1) Unterhaltsberechtigt ist nur, wer außerstande ist, sich selbst zu unterhalten.

(2) Ein minderjähriges Kind kann von seinen Eltern, auch wenn es Vermögen hat, die Gewährung des Unterhalts insoweit verlangen, als die Einkünfte seines Vermögens und der Ertrag seiner Arbeit zum Unterhalt nicht ausreichen.

Materialien: E I § 1481; II § 1497; III § 1580; Mot IV 680; Prot IV 478; Jakobs/Schubert, Familienrecht II §§ 1564–1921 S 242.

Schrifttum

Born, Bewerbungsbemühungen im Unterhaltsrecht, NZFam 2014, 252
Derleder/Derleder, Privater Unterhalt und staatliche Sozialleistungen, DAVorm 1984, 99
Derleder, Unterhaltsrecht versus Sozialhilferecht, FuR 1991, 1
A Diederichsen, Ansprüche naher Angehöriger von Unfallopfern, NJW 2013, 641
Eichenhofer, Abzweigung bei Verletzung der Unterhaltspflicht, SGb 2005, 408
Giese/Brühl, Zur „Ausstrahlung" des Rechts der öffentlichen Fürsorge auf die bürgerlichrechtliche Unterhaltspflicht, FamRZ 1982, 11, 13
Graba, Darlehen statt Unterhalt, FamRZ 1985, 118
ders, Mietfreies Wohnen und Unterhalt, FamRZ 1985, 657
ders, Fiktives Einkommen im Unterhaltsrecht, FamRZ 2001, 1257
TA Heiss, Mindern Ausbildungsunterstützungen die Unterhaltslast?, FPR 2008, 362
Heiter, Unterhalt als Darlehen, FamRZ 2015, 1353
Hoppenz, Fiktive Einkommensverhältnisse im Unterhaltsrecht, NJW 1984, 2327
ders, Schulden im Unterhaltsrecht, FamRZ 1987, 324
Kasenbacher, Volljährigenunterhalt und die Verpflichtung, BAföG zu beantragen, NJW-Spezial 2009, 660
Kleffmann, Basics der Einkommensermittlung, FuR 2010, 677
Kunz, Besteht noch eine Unterhaltspflicht zwischen Verwandten zweiten oder entfernteren Grades?, FamRZ 1977, 291
ders, Haben Schenkungen keinen Einfluß auf die Bedürftigkeit des Beschenkten?, FamRZ 1977, 692
Klinkhammer, Arbeitslosengeld II und Unterhaltsregress nach § 33 SGB II – Fortentwicklungsgesetz, FamRZ 2006, 1171
Köbl, Zur Unterhaltsersatzfunktion von Waisenrenten der gesetzlichen Rentenversicherung, in: FS vMaydell 321
Melchers, Der Barunterhaltsanspruch minderjähriger Kinder bei gedecktem Wohnbedarf, FuR 2009, 541
Mleczko, Die Bedürftigkeit beim Elternunterhalt, FPR 2003, 616
Münder, Unterschiede zwischen zivilrechtlichem Unterhaltsanspruch und sozialhilferechtlichen Regelungen, NJW 1990, 2031
Münder/Geiger, Die generelle Einstandspflicht für Partnerkinder in der Bedarfsgemeinschaft nach § 9 Abs 2 Satz 2 SGB II, NZS 2009, 593
Müller, Das für die Unterhaltsberechnung maßgebliche Nettoeinkommen, DAVorm 1988, 491
Nickl, Wertungsdivergenz zwischen Steuer- und Unterhaltsrecht, NJW 1986, 2544
Ruland, Die Beziehungen zwischen familiärem Unterhalt und Leistungen der sozialen Sicherheit, FamRZ 1972, 537
Scheiwe, Kindesunterhalt und Sozialleistungen, SDSRV Nr 58, 51 (2009)
Schlegel, Unterhaltsansprüche erwachsener Arbeitsloser gegen ihre Eltern und subsidiäre Sozialleistungen, FamRZ 1986, 856
Scholler/Fuchs, Die Berücksichtigung mehrbedarfsorientierter Sozialleistungen im Rahmen bürgerlich-rechtlicher Unterhaltsansprüche, JZ 1984, 304
Scholz, Anrechnung von Leistungen der Grundsicherung auf den Unterhaltsbedarf, FamRZ 2007, 1160
Soyka, Verpflichtung zum Umzug an den Studienort bei hohen Fahrtkosten und anteilige Berücksichtigung der Halbwaisenrente, FuR 2009, 413
Tempel, Die Berücksichtigung von Sozialversicherungs- und Kindergeldleistungen im Unterhaltsrecht (Tübingen 1974)
Ullenbruch/Giese, Besteht ein Wahlrecht des bedürftigen Enkels auf Unterhalt durch die Großeltern oder auf Hilfe zum Lebensunterhalt nach dem Bundessozialhilfegesetz?, FamRZ 1982, 664, 666
Viefhues, Der ständige Ärger mit der Erwerbsobliegenheit, FuR 2007, 241
Winkler von Mohrenfels, Die unterhaltsrechtliche Verpflichtung zur Realisierung indi-

vidueller vermögensrechtlicher Ansprüche, FamRZ 1981, 521
Walter, Zurechnung von fiktiven Erwerbseinkommen bei minderjährigen Schul- und Berufsverweigerern, ZFE 2008, 168
Wönne, Erwerbsobliegenheit und ausreichende Erwerbsbemühungen, FF 2013, 476.

Systematische Übersicht

Alphabetische Übersicht

I. Allgemeines

1. Inhalt und Geltungsbereich

1 Die Vorschrift des § 1602 BGB, deren Wortlaut vom Inkrafttreten des BGB bis zum 17. 7. 2017 unverändert geblieben ist (durch das *Gesetz zur Bekämpfung von Kinderehen* vom 17. 7. 2017 [BGBl I 2429] ist in Abs 2 das Merkmal „unverheiratetes" gestrichen worden), erfordert als erste sachliche Voraussetzung des Unterhaltsanspruchs die **Bedürftigkeit** des Berechtigten. Die Bedürftigkeit setzt voraus, dass der Unterhaltsgläubiger seinen Lebensbedarf (§ 1610 BGB) nicht aus eigener Kraft bestreiten kann. Sie berechnet sich, indem eigenes (ggf fiktives) Einkommen (und ggf einsetzbares Vermögen) des Unterhaltsberechtigten von dessen Bedarf abgezogen werden.

2 § 1602 BGB gilt unmittelbar nur für den **Unterhalt unter Verwandten** nach § 1601 BGB. Dazu zählen seit Inkrafttreten des NEhelG am 1. 7. 1970 auch die nichtehelichen Kinder (§ 1615a aF). Deren Anspruch auf Zahlung des *Regelunterhalts* nach § 1615 f BGB war zwar – wie schon der Anspruch des unehelichen Kindes gegen seinen Vater nach dem zuvor geltenden § 1708 aF – grundsätzlich nicht von Bedürf-

tigkeit abhängig, der Vater konnte jedoch nach § 1615h BGB eine Herabsetzung des Regelunterhalts verlangen, wenn das Kind nicht bedürftig war (Staudinger/Eichenhofer [1997] § 1615h Rn 9, 13). Das KindUG hat mit Wirkung vom 1. 7. 1998 das Unterhaltsrecht für alle Kinder vereinheitlicht (BT-Drucks 13/7338, 18 f).

3 Für die Ansprüche zwischen den Ehegatten auf Beitrag zum **Familienunterhalt** nach §§ 1360, 1360a BGB gilt § 1602 BGB nicht (BGH NJW 1965, 1710 = FamRZ 1965, 437 – Schadensersatz wegen Tötung; Göppinger/Wax/Bäumel[9] Rn 930, ausführlicher Göppinger/Kindermann[5] Rn 1107 mwNw).

2. Verhältnis von Bedürftigkeit und Leistungsfähigkeit

4 Bedürftigkeit und Leistungsfähigkeit sind **gegensätzliche Rechtsbegriffe**. Die Begriffe betreffen die Erwerbs- und Vermögensverhältnisse einerseits des Unterhaltsberechtigten (§ 1602 BGB), andererseits des Unterhaltspflichtigen (§ 1603 BGB). Eine **Gleichbehandlung** von Unterhaltsberechtigtem und Unterhaltspflichtigem ist grundsätzlich nur insoweit gerechtfertigt, als an den Unterhaltspflichtigen in der Verwendung seiner Einkünfte und seines Vermögens für den Unterhalt sowie im Einsatz seiner Arbeitskraft und in der Vermögensnutzung keine strengeren Anforderungen gestellt werden dürfen als an den Unterhaltsberechtigten. Das gilt aber nicht umgekehrt (vgl BGH FamRZ 2008, 2104 Rn 33 [zum Umfang der Erwerbsobliegenheit]; Johannsen/Henrich/Graba[6] Rn 1; MünchKomm/Born[6] Rn 5). Die Unterhaltspflicht ist kein Leistungsaustausch, sondern für den Schuldner eine Last und für den Gläubiger eine Begünstigung. Das kann es rechtfertigen, einzelne Merkmale der Bedürftigkeit strenger zu beurteilen als die entsprechenden Merkmale der Leistungsfähigkeit. So muss der Unterhaltsberechtigte grundsätzlich sein gesamtes Vermögen zur Deckung seines gegenwärtigen Lebensbedarfs verbrauchen (unten Rn 125 ff), während dem Unterhaltspflichtigen die zur Sicherung seiner Altersversorgung erforderlichen Vermögensteile zu belassen sind (§ 1603 Rn 29). Die Berücksichtigung sonstiger Verbindlichkeiten schreibt das Gesetz bei der Leistungsfähigkeit vor (§ 1603 Abs 1 BGB), bei der Bedürftigkeit dagegen nicht (s dazu Rn 141 ff). Auch bei der Erwerbsobliegenheit (Rn 109 ff) können sich Unterschiede je nachdem ergeben, ob die Arbeit dem zuzumuten ist, der Unterhalt beansprucht, oder dem, der Unterhalt gewähren soll. Jedenfalls können die an die Bedürftigkeit und an die Leistungsfähigkeit zu stellenden Anforderungen nicht ohne Weiteres gleichgesetzt werden.

3. Grundsatz der wirtschaftlichen Eigenverantwortung

5 § 1602 Abs 1 BGB beruht auf dem Grundsatz der wirtschaftlichen Eigenverantwortung (BGHZ 93, 123, 127 = NJW 1985, 806 = FamRZ 1985, 273; FamRZ 1985, 1245; BGB-RGRK/Mutschler Rn 1; Göppinger/Wax/Strohal Rn 372). Danach ist ein Volljähriger, der sich nicht in der Berufsausbildung befindet, zunächst ausschließlich selbst für sich verantwortlich. Eine Unterhaltspflicht Verwandter für ihn setzt daher erst ein, wenn er sich nicht selbst unterhalten kann. Abs 2 enthält eine Einschränkung des Grundsatzes der Eigenverantwortung für *minderjährige Kinder* (Näheres s Rn 151 ff; zur früheren Fassung vgl Rn 1).

II. Bedürftigkeit

1. Begriff

6 Der Begriff „Bedürftigkeit" wird in § 1602 BGB nicht verwendet, er ergibt sich aber aus den nachfolgenden Vorschriften: § 1604 S 2 BGB „bedürftige Verwandte", §§ 1608 S 1 und 1610 Abs 1 BGB „des Bedürftigen", § 1611 Abs 1 S 1 BGB „bedürftig", § 1611 Abs 3 BGB „der Bedürftige", § 1614 Abs 2 BGB „bei erneuter Bedürftigkeit".

7 Nach § 1602 Abs 1 BGB ist bedürftig, wer außerstande ist, sich selbst zu unterhalten. Das bedeutet, dass er die für seinen Unterhalt notwendigen Mittel nicht hat und sich auch nicht auf zumutbare Weise beschaffen kann. Welche Mittel für den Unterhalt erforderlich sind, ist in § 1610 BGB geregelt. Danach umfasst der Unterhalt den gesamten Lebensbedarf (die Summe der Bedürfnisse) gemessen an der Lebensstellung des Bedürftigen. Bedürftigkeit ist demnach das **Unvermögen, den Bedarf aus eigenen Kräften und Mitteln zu decken** (Göppinger/Wax/Macco[9] Rn 305).

8 Ähnliche Definitionen der Bedürftigkeit wie in § 1602 Abs 1 BGB enthalten § 528 Abs 1 BGB („außerstande, seinen angemessenen Unterhalt zu bestreiten") und § 1963 BGB („außerstande, sich selbst zu unterhalten"). Sie bedeuten das gleiche wie in § 1602 BGB (Staudinger/Mešina [2016] § 1963 Rn 4). Auch die Formulierung des § 1569 BGB („außerstande, selbst für seinen Unterhalt zu sorgen") entspricht § 1602 Abs 1 BGB. Die Bedürftigkeit für den Ehegattenunterhalt ist in § 1577 BGB geregelt (vgl Staudinger/Verschraegen [2014] § 1577 Rn 1 ff). Die Definitionen der Bedürftigkeit im öffentlichen Sozialrecht (§ 9 SGB I, § 2 SGB XII, § 2 SGB II) weichen wegen der anderen Zweckbestimmung dieser Gesetze inhaltlich von § 1602 BGB ab (vgl Scholz FamRZ 2004, 751; BGH NJW 1980, 124, 126 = FamRZ 1980, 40, 42; Schellhorn FuR 1990, 20, 23; Münder NJW 1990, 2031).

2. Eigener Unterhaltsbedarf

9 Zu berücksichtigen ist lediglich der *eigene Bedarf* des Unterhaltsberechtigten, nicht aber der Bedarf der ihm gegenüber unterhaltsberechtigten Personen, etwa seines Ehegatten oder seiner Kinder (s Rn 149 mwNw). Anderenfalls müsste der Verpflichtete Unterhalt für Personen gewähren, denen er unmittelbar nicht unterhaltspflichtig ist, etwa für Geschwister oder für Stiefkinder. Das schließt nicht aus, dass ein Berechtigter, der ein minderjähriges Kind zu versorgen hat, den ihm zustehenden und nach seinem Bedarf bemessenen Unterhalt für das Kind mitverwenden muss (§ 1603 Abs 2 S 1 BGB). *Betreuungsleistungen,* die der Unterhaltsberechtigte für ein minderjähriges Kind – in Erfüllung seiner Unterhaltspflicht (§ 1606 Abs 3 S 2 BGB) – erbringt, können jedoch zu einer Einschränkung seiner Erwerbsobliegenheit führen (s Rn 13 ff; vgl auch BGH FamRZ 2011, 1560 – Erstausbildung nach Kinderbetreuung).

3. Ursache der Bedürftigkeit

10 Auf die Ursache der Bedürftigkeit kommt es grundsätzlich nicht an. Die Ursache kann in der Ausbildungsbedürftigkeit (§ 1610 Rn 44 ff), Krankheit, Alter oder Pflegebedürftigkeit (§ 1610 Rn 169 ff) liegen, in der Betreuung eines eigenen Kindes (Rn 13 ff)

und auch – allerdings unter strengen Anforderungen – in der Arbeitslosigkeit (s Rn 109 ff).

Selbst eine *schuldhafte Herbeiführung* der Bedürftigkeit durch den Berechtigten steht dem Unterhaltsanspruch nicht ohne Weiteres entgegen. Nur wenn der Berechtigte durch ein **sittliches Verschulden** bedürftig geworden ist, wird der Anspruch gemäß § 1611 Abs 1 BGB der Billigkeit entsprechend beschränkt oder bei grober Unbilligkeit ausgeschlossen; dies gilt jedoch nicht für den Unterhaltsanspruch eines minderjährigen Kindes (§ 1611 Abs 2 BGB).

11 Die für den nachehelichen Unterhalt und den Trennungsunterhalt geltende negative **Härteklausel** der §§ 1579, 1361 Abs 3 BGB ist auf den Verwandtenunterhalt nicht anwendbar. Die dort geregelte *mutwillige Herbeiführung* der Bedürftigkeit durch den Berechtigten (§ 1579 Nr 4 BGB) führt unter Verwandten nur dann zu einer Einschränkung des Unterhaltsanspruchs, wenn sie *sittlich* zu missbilligen ist, was freilich meist der Fall sein wird.

12 Zu beachten ist, dass **Mittellosigkeit** noch keine Bedürftigkeit begründet. Wer die für seinen Unterhalt erforderlichen Mittel nicht hat, ist nicht schon deshalb außerstande, sich selbst zu unterhalten. Es kommt vielmehr darauf an, ob er Einkünfte durch Ausübung einer zumutbaren Erwerbstätigkeit oder durch zumutbare Nutzung oder Verwertung seines Vermögens erzielen könnte (BGH NJW 1981, 2805 = FamRZ 1981, 1042; FamRZ 1988, 145, 149 = NJW-RR 1988, 514, 517; NJW 1990, 709, 711 = FamRZ 1990, 269, 271). Wer ohne hinreichenden Grund seinen Arbeitsplatz aufgibt und sich damit einkommenslos stellt, ist deshalb (zunächst) noch nicht bedürftig, weil er sich selbst unterhalten könnte (Wendl/Klinkhammer[9] § 2 Rn 57). Jedoch ist die Aufgabe des Arbeitsplatzes, wenn er später bedürftig wird, weil er keine neue Arbeit finden kann, für diese Bedürftigkeit mitursächlich und deshalb nach § 1611 BGB zu würdigen (Hoppenz NJW 1984, 2327). Auch die Herbeiführung der Bedürftigkeit durch *Weggabe eines Kapitals* ist allein nach § 1611 BGB zu beurteilen (BGH NJW 1988, 2371 = FamRZ 1988, 159).

4. Bedürftigkeit wegen Kindesbetreuung

13 Eine Unterhaltspflicht der Eltern kann ausnahmsweise auch gegenüber einer volljährigen und voll ausgebildeten Tochter (auch des Sohnes, vgl § 1615l Abs 4 BGB) bestehen, die wegen Betreuung eines eigenen Kindes nicht erwerbstätig ist (BGHZ 93, 123, 129 = FamRZ 1985, 273; krit Derleder JZ 1985, 437, 440). Der Anspruch setzt voraus, dass der nach §§ 1608, 1615l Abs 3 S 2 BGB vorrangig verpflichtete andere Elternteil entweder mangels Leistungsfähigkeit nicht unterhaltspflichtig ist oder der Unterhaltsanspruch gegen diesen nicht realisierbar ist. Des Weiteren dürfte die praktische Relevanz dadurch verringert werden, dass der Unterhaltsregress in diesen Fällen nach §§ 33 Abs 2 S 1 Nr 2 SGB II – bei fehlender persönlicher Geltendmachung, § 94 Abs 1 S 4 SGB XII regelmäßig ausgeschlossen ist. Zur Unterhaltsbedürftigkeit im Rahmen von § 1615l Abs 2 S 2 BGB s § 1615l Rn 51 ff.

14 Der elterlichen Unterhaltspflicht gegenüber der volljährigen Tochter steht auch § 1611 BGB nicht entgegen, denn die nichteheliche Mutterschaft kann nicht als ein **sittliches Verschulden** angesehen werden. Der vom BGH für möglich gehaltene

Ausnahmefall, dass eine gesunde volljährige Tochter aus Arbeitsscheu über eine nichteheliche Mutterschaft weiter auf Kosten ihrer Eltern zu leben beabsichtige (BGHZ 93, 123, 134 = FamRZ 1985, 273), lässt sich nicht (mehr) vertreten. In jedem Fall stehen die Geburt und Erziehung des eigenen Kindes im Vordergrund. Diese können kein sittliches Verschulden des Unterhaltsberechtigten ergeben.

Die elterliche Unterhaltspflicht gegenüber der volljährigen ausgebildeten Tochter setzt aber voraus, dass diese **bedürftig** ist. Es kommt also darauf an, inwieweit ihre **Erwerbsobliegenheit** (Rn 109 ff) durch die Kindesbetreuung eingeschränkt ist. Der Bundesgerichtshof hat in seiner 1984 ergangenen Grundsatzentscheidung die Grenze eng gezogen. Voraussetzung der Anspruchserstreckung ist danach, dass die Betreuung und Versorgung des Kindes durch die Mutter in dessen Interesse erforderlich ist, weil eine Möglichkeit zu anderer Versorgung, zB in einer Tagesheimstätte oder bei Verwandten, nicht besteht. Er hat hierfür an die Regelung des § 1615l Abs 2 S 2 und 3 aF (bis 30. 9. 1995) angeknüpft, nach der die Unterhaltspflicht des Vaters gegenüber der Mutter eines nichtehelichen Kindes für die Zeit von acht Wochen nach der Geburt bis auf ein Jahr verlängert werden konnte, wenn die Mutter nicht oder nur beschränkt erwerbstätig war, weil das Kind anderenfalls nicht versorgt werden könnte. 15

Im Ausgangspunkt ist dieser Rechtsprechung nach wie vor zuzustimmen (ebenso Staudinger/Engler [2000] Rn 16 mwNw; Botur, in: Büte/Poppen/Menne[3] Rn 10; vgl auch OLG München FamRZ 1999, 1166 – Erwerbsobliegenheit nach 18 bis 24 Monaten; OLG Hamm FamRZ 1996, 1104). Sie stimmt im Ansatz mit der Rechtsprechung zur Leistungsfähigkeit der ein Kind betreuenden Mutter überein, die zugleich einem weiteren minderjährigen Kind zum Barunterhalt verpflichtet ist (BGH FamRZ 2015, 738; FamRZ 2006, 1010). Die Kindesmutter hat zwar einerseits nach §§ 1626 Abs 1, 1627 BGB die Pflicht, in eigener Verantwortung für das Wohl des Kindes zu sorgen. Andererseits ist sie für ihren eigenen Unterhalt in erster Linie selbst verantwortlich (Rn 5) und nach § 1618a BGB ihren Eltern Rücksicht schuldig. Die Abgrenzung dieser Pflichten muss nach objektiven Maßstäben ohne Rücksicht auf das eigene Interesse der Kindesmutter erfolgen. Allerdings ist der vom BGH als gesetzlicher Anhalt für die persönliche Betreuungsnotwendigkeit herangezogene § 1615l BGB inzwischen mehrfach erweitertet worden (vgl § 1615l Rn 9 ff), woraus der BGH im Zusammenhang mit dem Ausbildungsunterhalt eine Ausstrahlungswirkung auch auf andere Unterhaltsverhältnisse hergeleitet hat (BGH FamRZ 2011, 1560 Rn 21). Die dort früher gezogene Jahresgrenze ist auf den Unterhaltsanspruch der Kindesmutter gegen ihre Eltern demnach nicht mehr anwendbar. 16

Dem Gesetzgeber ging es bei der letzten Änderung des § 1615l BGB im Zuge der Unterhaltsreform 2007 zunächst darum, die zu weit auseinander klaffende „Schere" zwischen geschiedenen und nicht verheirateten Elternteilen „von beiden Seiten weiter zu schließen" (BT-Drucks 16/1830, 14; vgl BVerfG FamRZ 2007, 965). Die Begrenzung des Betreuungsunterhalts auf drei Jahre hat er aber zudem an Aspekten des Kindeswohls gemessen. Er hat es bei typisierender Betrachtung als im Regelfall für angemessen gehalten, weil ab dem (vollendeten) dritten Lebensjahr des Kindes eine Fremdbetreuung regelmäßig möglich sei und tatsächlich auch erfolge, ohne dass sich dies zum Nachteil des Kindes auswirke (BT-Drucks 16/1830, 31). 17

Die Altersgrenze von drei Jahren scheint demnach jedenfalls als Höchstgrenze für eine ausschließliche Kinderbetreuung hinreichend gesichert. Ob darüber hinaus auch weitere Betreuungsmöglichkeiten (vgl etwa § 24 Abs 2 SGB VIII: Anspruch auf frühkindliche Förderung in einer Tageseinrichtung oder Kindertagespflege) genutzt werden müssen, ist umstritten. Zum Teil wird die Grenze für den sogenannten Basisunterhalt nach §§ 1570, 1615l Abs 2 S 2 BGB auch im Rahmen des Verwandtenunterhalts herangezogen (so OLG Köln FamRZ 2014, 136).

Von diesem Anspruch muss das unterhaltsberechtigte Kind grundsätzlich Gebrauch machen (vgl auch Botur, in: Büte/Poppen/Menne[3] Rn 10; Staudinger/Engler [2000] Rn 17 mwNw: jedenfalls in den ersten 18 Lebensmonaten keine Erwerbsobliegenheit der Mutter; OLG Frankfurt NJW 2009, 3105). Da die Eltern ihre regelmäßige Unterhaltspflicht gegenüber dem volljährigen Kind bereits erfüllt haben, entspricht die Erwerbsobliegenheit des Kindes grundsätzlich derjenigen des nach § 1603 Abs 2 BGB gesteigert unterhaltspflichtigen Elternteils.

18 Beim Bezug von **Elterngeld oder Betreuungsgeld** (vgl Rn 50 f) ist dieser allerdings von der Rechtsprechung grundsätzlich von der Erwerbsobliegenheit gegenüber einem weiteren minderjährigen Kind befreit (BGH FamRZ 2006, 1010). Dementsprechend hat der **BGH** in einer neueren Entscheidung ausgesprochen, dass einem zum Minderjährigenunterhalt verpflichteten Elternteil, der sich nach Geburt eines weiteren Kindes dessen Betreuung widmet, im Fall einer zu respektierenden Rollenwahl jedenfalls für die ersten beiden Lebensjahre des von ihm betreuten Kindes unterhaltsrechtlich nicht vorgeworfen werden könne, dass er von der Möglichkeit Gebrauch mache, die Bezugsdauer des Elterngelds zu verdoppeln, und deswegen keine für den Kindesunterhalt ausreichenden Einkünfte habe (BGH FamRZ 2015, 738 = NJW 2015, 1178). Da der Maßstab der gesteigerten Unterhaltspflicht nach § 1603 Abs 2 BGB dem der Obliegenheit, für den eigenen Unterhalt Sorge zu tragen, annähernd entspricht, ist ein das eigene Kind betreuendes Kind auch von der Erwerbsobliegenheit gegenüber den Eltern insoweit befreit.

19 Der Anspruch setzt in jedem Fall voraus, dass die Mutter das (Enkel-)Kind persönlich betreut (OLG Frankfurt FamRZ 2006, 566 – Entziehung des Aufenthaltsbestimmungsrechts). Zur Anrechnung von trotz Kinderbetreuung zufließenden Einnahmen (Elterngeld, Betreuungsgeld nach BEEG, Grundsicherung für Arbeitsuchende nach SGB II, Sozialhilfe nach SGB XII, Erwerbseinkommen bei Betreuung durch den anderen Elternteil) vgl Rn 50 f.

5. Zeitraum der Bedürftigkeit

a) Allgemeines

20 Bedürftigkeit muss in dem **Zeitraum** vorhanden sein, für den Unterhalt verlangt wird (§ 1601 Rn 5). Das gilt auch für das Außerstandesein, Einkünfte durch Ausübung einer zumutbaren Erwerbstätigkeit oder durch zumutbare Nutzung oder Verwertung des Vermögens zu erzielen (s Rn 123). Eine Bedürftigkeit kann nicht schon dann verneint werden, wenn der Anspruchsteller früher einmal eine zumutbare Erwerbstätigkeit aufgegeben oder ausgeschlagen hat, aus der er weiterhin Einkünfte haben würde. Bedürftig ist er vielmehr, wenn er in dem Zeitraum, für den er Unterhalt beansprucht, keine zumutbare Arbeit finden kann, wobei allerdings die frühere Aufgabe oder Ausschlagung eines Arbeitsplatzes gegen das Vorliegen dieser Voraussetzung spricht.

21 Eine bestehende Bedürftigkeit kann sich jederzeit **ändern**. Sie mindert sich oder entfällt, sobald der Berechtigte Einkünfte erzielt oder erzielen könnte; sie erhöht sich, sobald ein zusätzlicher Lebensbedarf des Berechtigten entstanden ist (Göppinger[5] Rn 1002). Da nach hM der Unterhaltsanspruch in jedem Monat neu entsteht (Vorbem 93 ff zu §§ 1601 ff), müsste an sich auch die Bedürftigkeit jeweils neu festgestellt werden. Solange keine greifbaren Anhaltspunkte für eine Änderung vorliegen, kann jedoch von einer **Fortdauer der bestehenden Verhältnisse** ausgegangen werden (s Rn 171 ff mwNw). Wegen der gerichtlichen Geltendmachung künftiger Unterhaltsansprüche s Rn 174.

22 Erzielt ein Bedürftiger **einmalige Einnahmen** (zB Spiel- oder Wettgewinn, Erbschaft), so entfällt seine Bedürftigkeit, soweit der eingenommene Betrag für seinen Unterhalt ausreicht. Bei höheren Einnahmen dauert der Wegfall der Bedürftigkeit vorausschauend so lange, wie der Betrag bei vernünftiger und sparsamer Wirtschaftsführung seinen Lebensbedarf decken wird. Verschwendet der Erwerber jedoch das ihm zugeflossene Geld, so wird er bereits dann wieder bedürftig, wenn es verbraucht ist. In diesem Fall kommt es für seinen Unterhaltsanspruch darauf an, ob er den (vorzeitigen) Eintritt der Bedürftigkeit sittlich verschuldet hat (§ 1611 BGB).

23 **Laufende Einnahmen**, die in längeren als monatlichen Zeitabständen erzielt werden (zB Zinsen, Weihnachtsgeld), müssen auf *Monatsbeträge* umgerechnet werden, weil der Unterhaltsanspruch nach Monatsbeträgen zu bemessen ist (§ 1612 Abs 3 BGB). Ebenso sind Einkünfte in *schwankender Höhe* mit einem monatlichen Durchschnittsbetrag anzusetzen (vgl § 1603 Rn 20 zu entsprechenden Grundsätzen bei der Leistungsfähigkeit des Unterhaltspflichtigen).

b) Rückwirkende Rentenbewilligung, Unterhalt als Darlehen?

24 Besondere Probleme bestehen bei einer rückwirkenden Rentenbewilligung. Die Bedürftigkeit entfällt erst dann, wenn der Berechtigte die Rente *tatsächlich bezieht,* das Bestehen eines Rentenanspruchs reicht nicht aus. Solange über einen Rentenantrag noch nicht entschieden ist, ist der Bedürftige auf andere Leistungen angewiesen, selbst wenn später die Rente rückwirkend bewilligt und nachgezahlt wird. Soweit eine *Vorschusszahlung* verlangt werden kann (§ 42 Abs 1 SGB I), muss der Berechtigte sie beantragen, ehe er einen unterhaltspflichtigen Verwandten in Anspruch nimmt. Bei Erwerbsminderungsrenten wird das aber häufig nicht möglich sein, da die Erwerbsminderung erst festgestellt werden muss. Bei privaten Haftpflichtrenten kommt eine vorläufige Regelung durch *einstweilige Verfügung* nach § 940 ZPO in Betracht (Baumbach/Hartmann, ZPO § 940 Rn 42). Dagegen braucht sich der Bedürftige während des Bewilligungsverfahrens nicht auf Sozialleistungen (etwa Grundsicherung für Arbeitsuchende, Sozialhilfe) verweisen zu lassen, weil die Unterhaltspflicht vorgeht (Rn 70 ff).

25 In der Zeit zwischen Beantragung und Bewilligung der Rente kann demnach noch ein Unterhaltsanspruch gegen einen Verwandten bestehen. Das Ergebnis ist unbefriedigend, wenn dem Berechtigten später für den Zeitraum, für den er Unterhalt

bezogen hat, die Rente nachgezahlt wird. Einen Anspruchsübergang wie im Falle des § 1607 Abs 2 BGB gibt es hier nicht. Der **Bundesgerichtshof** hat folgenden Lösungsweg erwogen: Der Unterhaltspflichtige könne dem Berechtigten zur Abwendung der Bedürftigkeit ein **zins- und tilgungsfreies Darlehen** mit der Verpflichtung gewähren, im Falle der endgültigen Ablehnung des Rentenantrages auf deren Rückzahlung zu verzichten, und sich zur Sicherung des Rückzahlungsanspruchs den Anspruch auf Rentennachzahlung abtreten lassen (BGH NJW 1983, 1481 = FamRZ 1983, 574; vgl auch BGH FamRZ 2000, 751; FamRZ 2010, 1637 Rn 56; dazu Heiter FamRZ 2015, 1353). Beim Minderjährigenunterhalt greift eine solche Obliegenheit allerdings nicht ein (BGH FamRZ 1985, 916 juris Rn 11 – zu BAföG-Darlehen, dazu vgl Rn 85, 135). Die Obliegenheit zur Annahme eines Darlehens wird allerdings durch die zwischenzeitlich ergangene Rechtsprechung des **BVerfG** (FamRZ 2005, 1051 mAnm Klinkhammer) in Frage gestellt. Das BVerfG hat – für den Elternunterhalt – eine erst durch ein Darlehensangebot des Sozialhilfeträgers (als Unterhaltsgläubiger kraft Legalzession) herbeigeführte *Leistungsfähigkeit* – für das Unterhalts- und Sozialrecht – als mit herkömmlichen Auslegungsmethoden nicht für begründbar gehalten. Indessen liegt der Fall der rückwirkenden Rentenbewilligung insofern anders, als diese auf einem bestehenden und fälligen Anspruch des Unterhaltsberechtigten beruht, der sich auf den konkreten Zeitraum der Bedürftigkeit bezieht. Dass der Unterhaltsberechtigte die Leistung erst nachträglich erhält, darf im Ergebnis jedenfalls nicht dazu führen, dass er mehr erhält, als er zur Deckung seines Lebensbedarfs benötigt, und der Unterhaltspflichtige aufgrund der doppelten Bedarfsdeckung einen Schaden erleidet. Eine andere Lösung hat das OLG Düsseldorf (FamRZ 1982, 821) vorgeschlagen: Der Unterhaltsschuldner sei im Rahmen einer Vorteilsausgleichung zur Zahlung des Unterhalts nur Zug um Zug gegen Abtretung der Rentenansprüche verpflichtet; die Abtretung sei in entsprechender Anwendung des § 53 Abs 2 Nr 1 SGB I zulässig. Als weitere Möglichkeit ist – je nach Einzelfall – zu erwägen, ob die Rentennachzahlung zur Deckung des laufenden Unterhalts zu verwenden ist und auf diese Weise noch vollständig berücksichtigt werden kann.

26 Unterbleibt die Abtretung, so steht dem Unterhaltspflichtigen bei rückwirkender Rentenbewilligung ein **Erstattungsanspruch** in der Höhe zu, in der sich der Unterhaltsanspruch des Berechtigten ermäßigt hätte, wenn die Rente sofort bewilligt worden wäre. Dieser Anspruch wird aus dem Grundsatz von Treu und Glauben hergeleitet, der es ausschließe, dem Unterhaltsberechtigten die nachträglich gezahlte Rente ungeschmälert für einen Zeitraum zu belassen, in dem der Verpflichtete Unterhalt geleistet hat (BGH NJW 1983, 1481 = FamRZ 1983, 574; NJW 1989, 1990 = FamRZ 1989, 718; NJW 1990, 709, 712 = FamRZ 1990, 269, 272; OLG Frankfurt FamRZ 1987, 1270). Gegen die Begründung eines Anspruchs auf Teilhabe an der Nachzahlung allein aus dem Grundsatz von Treu und Glauben hat Engler (Staudinger/Engler [2000] Rn 24) methodische Bedenken erhoben. Näher liege ein Bereicherungsanspruch, wie ihn der BGH in einem anderen Fall auch bejaht habe (BGHZ 83, 278 = NJW 1982, 1147 = FamRZ 1982, 470). Der Rechtsgrund für die Unterhaltsleistung – die Bedürftigkeit – sei durch die rückwirkende Rentenbewilligung weggefallen (§ 812 Abs 1 S 2 BGB). Soweit ein Unterhaltstitel bestehe, könne der nachträgliche Wegfall im Wege der Vollstreckungsgegenklage geltend gemacht werden (BGH 83, 278 und FamRZ 1989, 159 = NJW-RR 1989, 322).

III. Anzurechnende Einkünfte

1. Grundsätze

27 Grundsätzlich mindern **tatsächliche Einkünfte jeder Art** die Bedürftigkeit des Erwerbers oder heben sie auf (BGH FamRZ 2006, 1597, 1599; NJW 1980, 2081 = FamRZ 1980, 771; NJW 1982, 822 = FamRZ 1982, 250; NJW 1988, 2371, 2373 = FamRZ 1988, 159, 161). Das gilt sowohl für wiederkehrende Einkünfte als auch für einmalige Einnahmen. Abzuziehen sind die mit der Erzielung der Einkünfte verbundenen **gesetzlichen Abgaben**, zB Steuern und Sozialversicherungsbeiträge, und die **Werbungskosten**, also die Aufwendungen, die zur Einkommenserzielung notwendig sind (BGH NJW 1988, 2371, 2372; Wendl/Dose[8] § 1 Rn 23).

28 Auch Einkünfte aus **unzumutbarer Erwerbstätigkeit** des Bedürftigen sind in voller Höhe anzurechnen. Die Vorschrift des § 1577 Abs 2 BGB, nach der solche Einkünfte bei der Bemessung des nachehelichen Unterhalts in gewissem Umfang anrechnungsfrei bleiben (BGH NJW 1983, 933 = FamRZ 1983, 146), ist im Verwandtenunterhaltsrecht entsprechend anzuwenden (BGH NJW 1995, 1215, 1217 = FamRZ 1995, 475, 477; Wendl/Scholz[8] § 2 Rn 109; **aA** Staudinger/Engler [2000] Rn 26). Die Pflicht des Berechtigten, seine Arbeitskraft zu nutzen, hat Grenzen. Wer eine unzumutbare Arbeit ausübt, muss den Erlös für seinen Unterhalt nur verwenden, soweit der Unterhaltspflichtige den vollen Unterhalt leistet und die Anrechnung der Billigkeit entspricht (vgl § 1577 Abs 2 BGB). Er kann diese Arbeit außerdem jederzeit einstellen.

29 Ebenso sind tatsächliche Einnahmen aus **unsittlicher oder verbotener Tätigkeit** (Prostitution, strafbare Handlung) sowie aus **Spiel** (OLG Düsseldorf NJW 1993, 3078 = FamRZ 1994, 896) auf den Unterhaltsbedarf anzurechnen (Göppinger/Wax/Strohal[9] Rn 433 f).

30 Das unterhaltsrechtlich bedeutsame Einkommen unterscheidet sich von dem **steuerpflichtigen Einkommen**, es ist in der Regel höher (BGH FamRZ 2009, 762 Rn 39; NJW 1980, 2083 = FamRZ 1980, 770; NJW 1984, 303 = FamRZ 1984, 39, 41; NJW 1985, 909 = FamRZ 1985, 357, 359; NJW 1987, 776 = FamRZ 1987, 46, 48; Wendl/Dose[9] § 1 Rn 48 ff). Das Steuerrecht berücksichtigt nur bestimmte Einkunftsarten (§ 2 Abs 1 EStG) und lässt eine Reihe von Einnahmen steuerfrei (§§ 3 ff EStG). Es lässt ferner pauschale Absetzungen und Abschreibungen zu, die den tatsächlichen Verhältnissen nicht entsprechen. Das ist im Unterhaltsrecht nicht zulässig. Für die Bedürftigkeit (und die Leistungsfähigkeit) kommt es auf die tatsächlichen wirtschaftlichen Verhältnisse im Einzelfall an.

2. Einkünfte aus Erwerbstätigkeit

31 Als anzurechnendes **Arbeitseinkommen** sind regelmäßig alle Leistungen anzusehen, die im Hinblick auf das Arbeits- oder Dienstverhältnis, gleichgültig aus welchem Anlass im Einzelnen, gewährt werden (BGH NJW 1982, 822 = FamRZ 1982, 250). Hierzu gehören außer den regelmäßigen Lohn- und Gehaltszahlungen grundsätzlich auch alle *Zulagen* und *Sonderzuwendungen* (Gratifikationen), gleichgültig ob ein Rechtsanspruch darauf besteht oder ob sie freiwillig gezahlt werden. Die Anrechenbarkeit von Arbeitseinkommen unterliegt im Ansatz denselben Regeln wie bei der Leistungsfähigkeit des Unterhaltspflichtigen, hierzu s § 1603 Rn 17 ff. Im Folgenden

werden die Einkünfte dargestellt, die **typischerweise dem Unterhaltsberechtigten** (etwa dem Kind in Ausbildung oder dem pflegebedürftigen Elternteil) zufließen.

32 Zum Arbeitseinkommen rechnen auch eine während der Berufsausbildung gezahlte **Ausbildungsvergütung** (einschließlich Anwärterbezüge – BGH FamRZ 1981, 541; FamRZ 1988, 159 –, Ausbildungsbeihilfe, Zuschüsse während eines Praktikums), wovon ausbildungsbedingte Aufwendungen (Werbungskosten) und ein ausbildungsbedingter Mehrbedarf abzuziehen sind (vgl § 1610 Rn 152; Wendl/Klinkhammer[9] § 2 Rn 112 ff). Das nach Abzug von Aufwendungen und Mehrbedarf verbleibende Einkommen ist bedarfsmindernd abzuziehen. Zu Einzelheiten des Einkommens während der Ausbildung s § 1610 Rn 156 f.

33 Auch bei minderjährigen Kindern kann außerdem eine Erwerbsobliegenheit bestehen, soweit sie nicht den Beschränkungen des Jugendarbeitsschutzgesetzes unterliegen und (noch) keine oder nur eine Teilzeitausbildung durchlaufen (OLG Düsseldorf FamRZ 2010, 2082; Wendl/Klinkhammer[9] § 2 Rn 55).

3. Einkünfte aus Vermögen

34 Der Unterhaltsberechtigte muss sich die Erträge seines Vermögens (Zinsen, Dividenden) nach Abzug der auf diese Einkünfte entfallenden Steuern und Werbungskosten auf seinen Bedarf anrechnen lassen. Auf die *Herkunft des Vermögens* kommt es dabei nicht an, auch eine Billigkeitsabwägung findet nicht statt. Entscheidend ist vielmehr nur, ob und in welcher Höhe der Berechtigte Vermögenseinkünfte erzielt oder in zumutbarer Weise erzielen könnte (Wendl/Dose[9] § 1 Rn 601 ff; BGH FamRZ 1985, 354, 356; NJW 1985, 909, 911 = FamRZ 1985, 357, 359; NJW 1985, 1343 = FamRZ 1985, 582; FamRZ 1986, 441 = NJW-RR 1986, 683; FamRZ 1987, 912 = NJW-RR 1987, 962; OLG Saarbrücken FamRZ 1985, 479; OLG Koblenz FamRZ 1989, 59). Wie aus Abs 2 folgt, gilt dies auch für minderjährige Kinder, die lediglich davon befreit sind, den Vermögensstamm zu verwerten.

35 Auch Einkünfte aus der **Anlage von Schmerzensgeld** mindern den Unterhaltsbedarf und damit den Unterhaltsanspruch (BGH FamRZ 1988, 1031, 1034 = NJW-RR 1988, 1093, 1095 – Ehegattenunterhalt; krit Niepmann/Schwamb[12] Rn 575; **aA** OLG Düsseldorf FamRZ 1992, 1096, 1098; für eine (teilweise) Anrechnung je nach Billigkeit OLG Hamm FamRZ 2003, 1771 – Kapitaleinkünfte aus einer Abfindung – auch – für Schmerzensgeld, die teilweise als Pflegevorsorge für die Zukunft angespart werden dürften). Allerdings kann auch der Bedarf des Berechtigten infolge der Verletzung, für die er Schmerzensgeld erhalten hat, erhöht sein (vgl BGH NJW 1989, 524 = FamRZ 1989, 170, 172; vgl Wendl/Dose[9] § 1 Rn 726).

36 Eltern können nach § 1649 Abs 2 BGB unter bestimmten Voraussetzungen **Vermögenseinkünfte ihres Kindes** für ihren eigenen Unterhalt verwenden. Machen sie von dieser Verwendungsbefugnis Gebrauch, wozu sie nicht verpflichtet sind (Staudinger/Engler [2009] § 1649 Rn 25 mwNw), so entfällt insoweit ihre Bedürftigkeit. Eine *Obliegenheit* zur Ausübung der Befugnis soll nach Engler (Staudinger/Engler [2000] Rn 37 im Verhältnis zu anderen unterhaltspflichtigen Personen (vornehmlich geschiedene Ehegatten) grundsätzlich zu bejahen sein (offen gelassen OLG Celle FamRZ 1987, 1038, 1041). Weil die Verwendungsbefugnis nur bestehe, soweit dies unter Berücksichtigung der Vermögens- und Erwerbsverhältnisse der Beteiligten der Billigkeit ent-

spreche (§ 1649 Abs 2 S 1 BGB), könne den Interessen des Kindes hinreichend Rechnung getragen werden (wie in dem vom OLG Celle entschiedenen Fall eines schwerbehinderten Kindes). Die Bewertung der Rangfolge zwischen der Heranziehung des Kindeseinkommens und weiteren Unterhaltspflichtigen dürfte in diesen Fällen allerdings vornehmlich § 1608 BGB zu entnehmen sein. Auch sind, wie der Fall des OLG Celle zeigt, die Bedarfsmaßstäbe (§§ 1610, 1578 BGB) unterschiedlich. Über die Anrechnung von Einkünften für die Pflege des Kindes in Bezug auf den Unterhalt entscheiden sodann vorrangig Sondervorschriften, indem sie etwa (wie zB § 13 Abs 6 SGB XI) eine Anrechnung nur in Ausnahmefällen zulassen.

Zu den anrechenbaren Vermögenseinkünften gehören vor allem **Erträge aus Kapitalvermögen** (vgl § 20 EStG), wie Gewinnanteile (Dividenden), Zinsen (BGH NJW 1986, 1342 = FamRZ 1986, 437), Kursgewinne (RG WarnRspr 1913, 297), und **Einkünfte aus Grundvermögen** (vgl § 21 EStG), wie Miete, Pacht. 37

Anzurechnen sind ferner die Gebrauchsvorteile (§ 100) des **Wohnens im eigenen Hause** (BGH NJW 1986, 1340 = FamRZ 1986, 434; NJW 1986, 1342 = FamRZ 1986, 437) oder in einer *Eigentumswohnung* (OLG Koblenz FamRZ 1989, 59) und die Gebrauchsvorteile eines *dinglichen Wohnrechts* (BGH FamRZ 1988, 1031, 1034 = NJW-RR 1988, 1093, 1095). Diese Vorteile decken aber nur den Wohnbedarf des Unterhaltsberechtigten, auf seinen sonstigen Lebensbedarf (Ernährung, Kleidung, Gesundheitspflege, Bildung) wirken sie sich auch dann nicht aus, wenn der Berechtigte eine unangemessen teure Wohnung bewohnt. Deshalb darf bei der Anrechnung nur ein der Lebensstellung des Bedürftigen angemessener Wohnwert berücksichtigt werden (OLG Düsseldorf FamRZ 1994, 326, 329; vgl § 1603 Rn 63). 38

Bei den Einkünften aus Vermietung und Verpachtung und dem Nutzungswert der eigenen Wohnung können *Instandsetzungskosten* (als Werbungskosten) nur insoweit abgezogen werden, als es sich um den notwendigen Instandhaltungsaufwand handelt und nicht um Aufwand für Ausbauten oder wertsteigernde Verbesserungen (BGH NJW 1984, 303 = FamRZ 1984, 39, 41). *Abschreibungen* sind grundsätzlich nicht zu berücksichtigen (§ 1603 Rn 64; BGH NJW 1984, 303). 39

4. Sonstige privatrechtliche Leistungen Dritter

a) Pflichtleistungen

Privatrechtliche Zuwendungen Dritter, auf die der Bedürftige einen **Rechtsanspruch** hat, mindern seine Bedürftigkeit oder schließen sie aus. Das gilt sowohl für laufende Leistungen (Renten) als auch für einmalige Zuwendungen (zB Kapitalabfindung), wobei für letztere allerdings nach dem jeweiligen Zweck (zB Umlegung auf längeren Zeitraum bei einer Abfindung mit Lohnersatzfunktion, vgl Wendl/Dose[9] § 1 Rn 29 f) zu differenzieren ist. 40

Leistet der Dritte aufgrund einer *Verpflichtung gegenüber dem* eigentlichen (oder in erster Linie) *Unterhaltspflichtigen,* so bewirkt er die diesem obliegende Leistung. Der Unterhaltspflichtige wird jedoch nur insoweit frei, als der Dritte den Unterhalt tatsächlich gewährt (RG WarnR 1924, 19; KG JW 1938, 374), der Abschluss eines Vertrages, durch den der Dritte die Unterhaltspflicht übernimmt, reicht dazu nicht aus (RG JW 1912, 1062).

b) Freiwillige Leistungen

41 Leistet der Dritte **freiwillig**, ohne dass ein Rechtsanspruch gegen ihn besteht, so beeinträchtigt das die Bedürftigkeit des Unterhaltsberechtigten grundsätzlich nicht, denn er ist nicht verpflichtet, von Almosen oder Mildtätigkeit zu leben und sich der Gefahr eines jederzeit möglichen Widerrufs solcher Leistungen auszusetzen (RGZ 72, 199, 201; RG WarnR 1924, 19). Freiwillige Zuwendungen Dritter können auch **Naturalleistungen** sein, etwa Gewährung von Wohnraum (vgl § 1610 Rn 27) oder Haushaltsführung oder Leistung sonstiger Dienste.

42 Nach Rechtsprechung und herrschender Lehre hängt die Anrechenbarkeit freiwilliger Zuwendungen Dritter auf den Unterhaltsanspruch des Empfängers grundsätzlich von dem **Willen des Leistenden** ab: Will dieser nur den Beschenkten selbst unterstützen und nicht zugleich den Unterhaltspflichtigen entlasten – was meist der Fall sein wird –, so berührt die Zuwendung nach dieser Ansicht die Bedürftigkeit des Empfängers nicht (BGH FamRZ 2017, 437; BGH FamRZ 2000, 153, 154; 1999, 843; NJW 1980, 124, 126 = FamRZ 1980, 40, 42; FamRZ 1980, 879; NJW 1985, 1339 = FamRZ 1985, 584; FamRZ 1986, 151 = NJW-RR 1986, 426; NJW 1988, 2371, 2374 = FamRZ 1988, 159, 162; NJW-RR 1989, 196; FamRZ 1990, 979, 981 = NJW-RR 1990, 578, 580; FamRZ 1993, 417, 419 = NJW-RR 1993, 322; NJW 1995, 1486 = FamRZ 1995, 537; Wendl/Dose[9] § 1 Rn 708 mwNw). Entsprechendes gilt, wenn der Unterhaltsschuldner sich wegen Leistungen des Dritten auf einen Anspruchsübergang auf diesen beruft und die fehlende Aktivlegitimation einwendet (vgl OLG Nürnberg FamRZ 2015, 277; dazu § 1607 Rn 63).

43 Hiergegen hat Engler (Staudinger/Engler [2000] Rn 44 mwNw) **Bedenken** erhoben. Da der Beschenkte grundsätzlich über das Geschenk frei verfügen könne, könne er es auch für seinen Unterhalt verwenden. Soweit das Geschenk dazu ausreiche, sei er deshalb imstande, sich selbst zu unterhalten; der Wille des Schenkenden ändere daran nichts. Der von Engler angestellte Vergleich mit der Lage bei Sozialleistungen vermag indes nicht zu überzeugen. Gerade bei Sozialleistungen ist ebenfalls nach dem Zuwendungszweck zu unterscheiden. So hat etwa das Arbeitslosengeld nach dem SGB III Lohnersatzfunktion und ist dementsprechend beim Unterhaltsberechtigten zu berücksichtigen. Dagegen haben die Leistungen der Grundsicherung für Arbeitsuchende nach dem SGB II in der Regel subsidiären Charakter und sollen den Unterhaltspflichtigen nach ihrem Sinn und Zweck nicht entlasten (näher Rn 78 ff).

44 Dessen ungeachtet sind aus geschenktem Vermögen gezogene **Nutzungen** (Zinsen, Wohnvorteil) als unterhaltsrechtliches Einkommen des Berechtigten zu berücksichtigen (Wendl/Dose[9] § 1 Rn 708).

45 Einen Grenzfall dürfte eine Entscheidung des OLG Hamm (MDR 2014, 224 – Verfahrenskostenhilfebeschwerde) betreffen: Der unterhaltsverpflichtete – rechtliche – Vater hatte die Anfechtungsfrist für eine Vaterschaftsanfechtung versäumt. Er berief sich im Abänderungsverfahren darauf, dass der unstreitige leibliche Vater, der mit der Mutter verheiratet war und mit Mutter und Kind zusammenlebte, dem Kind freiwillige Unterhaltsleistungen erbrachte. Nach Auffassung des OLG Hamm bleiben diese als freiwillige Leistungen eines Dritten unberücksichtigt. Einerseits ist dies die Konsequenz des Statusprinzips, das die Unterhaltspflicht allein an die rechtliche Vaterschaft anknüpft (vgl § 1601 Rn 7) und den leiblichen Vater zur jederzeitigen

Einstellung der Zahlungen berechtigt. Andererseits streitet der Aspekt der Billigkeit für eine Berücksichtigung der Leistungen, zumal diese jedenfalls aus einer sittlichen Pflicht resultieren (vgl § 84 Abs 2 SGB XII). Letztendlich spricht dennoch wohl mehr dafür, die Leistungen auch hier unberücksichtigt zu lassen. Das Unterhaltsverfahren dient nicht der Korrektur der Statusfrage. Eine doppelte Bedarfsbefriedigung wird in der Praxis ohnedies selten sein, weil die Leistungen des leiblichen Vaters regelmäßig nur dann erfolgen, wenn solche des rechtlichen Vaters ausbleiben. Schließlich sollte eine anderenfalls notwendige Inzidentfeststellung der leiblichen Vaterschaft im Unterhaltsverfahren auf Ausnahmekonstellationen beschränkt bleiben.

c) Eheähnliche Lebensgemeinschaft

46 Der *Bundesgerichtshof* hält auf der Grundlage seiner Rechtsprechung über die Anrechenbarkeit freiwilliger Zuwendungen (Rn 41) die in einer eheähnlichen Lebensgemeinschaft gewährten Zuwendungen grundsätzlich nicht für anrechenbar, wobei er davon ausgeht, dass die Partner regelmäßig nur einander unterstützen und nicht den Unterhaltspflichtigen begünstigen wollen. Er sieht jedoch – vorwiegend im Rahmen des Ehegattenunterhalts – Zuwendungen, die ein Partner von dem anderen erhält, insoweit als bedarfsminderndes Einkommen des Empfängers an, als sie dem Wert der Gegenleistung entsprechen, die der Empfänger seinerseits dem Leistenden erbringt (BGH FamRZ 2004, 1170; NJW 1980, 124, 126 = FamRZ 1980, 40, 42; NJW 1980, 1686, 1688 = FamRZ 1980, 665, 668; FamRZ 1980, 879; NJW 1984, 2358 = FamRZ 1984, 662; NJW 1987, 3129 = FamRZ 1987, 689; NJW 1989, 1083 = FamRZ 1989, 487; näher WENDL/DOSE[9] § 1 Rn 712 ff; **aA** STAUDINGER/ENGLER [2000] Rn 49 f).

5. Sozialleistungen

a) Allgemeines

47 Sozialleistungen sind öffentlich-rechtliche Leistungen zur Verwirklichung sozialer Gerechtigkeit und sozialer Sicherheit (§ 1 SGB I). Sie dienen den allgemeinen oder besonderen Lebensbedürfnissen des Empfängers und mindern insoweit seine Bedürftigkeit. Die Gewährung von Sozialleistungen ist deshalb grundsätzlich bei dem Unterhaltsanspruch des Empfängers zu berücksichtigen (**Grundsatz der vollen Anrechenbarkeit**; vgl WENDL/KLINKHAMMER[9] § 8 Rn 5 ff).

Eine Ausnahme von diesem Grundsatz gilt, wenn das Gesetz ausdrücklich bestimmt, dass die Sozialleistung den Unterhaltsanspruch nicht berühren soll (**Anrechnungsverbot**; Rn 49 ff). Darüber hinaus kann sich aus der gesetzlichen **Zweckbestimmung** einer Sozialleistung ergeben, dass sie gegenüber dem Unterhalt nachrangig ist, woraus sich ein Ausschluss oder Einschränkungen der Anrechnung auf den Unterhalt ergeben können (Rn 68 ff). Wegen des Unterhaltsregresses bei den in der Praxis wichtigsten Sozialleistungen s Vorbem 169 ff zu §§ 1601 ff.

48 Liegen keine Anrechnungsverbote oder sich aus dem Zweck der Sozialleistung ergebende Einschränkungen der Anrechnung vor, so ist die Sozialleistung auf den Unterhaltsbedarf anzurechnen.

b) Sozialleistungen mit gesetzlichen Anrechnungsverboten

49 In einigen Fällen ist gesetzlich bestimmt, dass durch die Gewährung einer Sozial-

leistung der Unterhaltsanspruch des Empfängers nicht gemindert werden soll. Zumeist verfolgen diese gesetzlichen Regelungen Ausgleichs- oder Förderzwecke und sollen durch eine Anrechnung beim Unterhalt nicht unterlaufen oder unattraktiv gemacht oder entwertet werden. Die Folge ist allerdings nicht selten ein Eingriff in das ausbalancierte Unterhaltsverhältnis, der aber als verbindlicher gesetzgeberischer Wille nicht in Frage gestellt werden darf.

aa) Elterngeld, Betreuungsgeld

50 Das **Elterngeld** nach dem BEEG hat das Erziehungsgeld nach dem BErzGG, das nur für bis zum 31. 12. 2006 geborene Kinder galt, abgelöst (zum Erziehungsgeld vgl Staudinger/Engler [2000] Rn 65 f). Das Anrechnungsverbot gemäß § 9 BErzGG ist indessen von § 11 BEEG übernommen worden. Dieses bezieht sich nunmehr auch auf das zum 1. 8. 2013 eingeführte **Betreuungsgeld** nach § 4a ff BEEG. Das **BVerfG** hat die bundesrechtlichen Regelungen des Betreuungsgelds (§§ 4a–4d BEEG) für nichtig erklärt (BVerfG 21. 7. 2015 – 1 BvF 2/13, NJW 2015, 2399). In **Bayern** wird die Leistung nunmehr allerdings auf landesgesetzlicher Grundlage erbracht.

51 Unterhaltsverpflichtungen werden durch die Zahlung des Elterngeldes, des Betreuungsgeldes (oder vergleichbare Leistungen nach Landesgesetzen) gemäß **§ 11 BEEG** nur insoweit berührt, als die Zahlung den Sockelbetrag von **300 €** monatlich übersteigt (vgl Wendl/Dose[9] § 1 Rn 117 f sowie BGH FamRZ 2014, 1183 – Ehegattenunterhalt). Beim sogenannten Elterngeld plus liegt der Sockelbetrag bei 150 € (§ 11 S 2 BEEG). Der jeweilige Betrag vervielfacht sich bei Mehrlingsgeburten mit der Zahl der geborenen Kinder. Das Anrechnungsverbot entfällt im Fall des § 1611 Abs 1 BGB (Verwirkung wegen sittlich verschuldeter Bedürftigkeit oder schwerer Verfehlung des Unterhaltsberechtigten gegen den Unterhaltspflichtigen), außerdem – bei Bezug durch den Unterhaltspflichtigen – im Fall des § 1603 Abs 2 BGB (gesteigerte Unterhaltspflicht des Elterngeldempfängers; vgl § 1603 Rn 87).

52 Zur Erwerbsobliegenheit des unterhaltsberechtigten Elternteils, der Elterngeld bezieht, vgl Rn 15 ff.

bb) Contergan-Rente

53 Nach § 12 Abs 1 ContStiftG (Conterganstiftungsgesetz) werden Leistungen wegen Fehlbildungen an die behinderten Menschen gewährt. Als Leistungen stehen den Betroffenen Kapitalentschädigung, Leistungen zur Deckung spezifischer Bedarfe und „lebenslängliche" Conterganrente sowie eine jährliche Sonderzahlung zu. Die Höhe der Kapitalentschädigung, der Conterganrente und der jährlichen Sonderzahlung richtet sich nach der Schwere des Körperschadens und der hierdurch hervorgerufenen Körperfunktionsstörungen. Die Kapitalentschädigung beträgt mindestens 1278 € und höchstens 12 782 €, die monatliche Conterganrente mit Wirkung vom 1. 1. 2013 mindestens 612 Euro und höchstens 6912 €. In leichten Fällen sind die Leistungen auf die Kapitalentschädigung zu beschränken. Die Höhe der Conterganrente wird entsprechend der Entwicklung der gesetzlichen Renten angepasst.

54 Nach § 18 Abs 1 ContStiftG (Conterganstiftungsgesetz) bleiben Leistungen nach diesem Gesetz bei der Ermittlung oder Anrechnung von Einkommen, sonstigen Einnahmen und Vermögen nach anderen Gesetzen, unter anderem auch nach dem BGB, außer Betracht. Nach § 18 Abs 2 ContStiftG werden Verpflichtungen

Anderer, insbesondere Unterhaltspflichtiger, nicht berührt. Der Übergang des Unterhaltsanspruchs auf Sozialhilfeträger ist hingegen regelmäßig wegen unbilliger Härte ausgeschlossen (§ 18 Abs 2 S 3 ContStiftG; vgl BGH FamRZ 2014, 1619 – zu § 27 VersAusglG).

Dem ContStiftG ging das Gesetz über die Errichtung einer Stiftung „Hilfswerk für behinderte Kinder" vom 17. 12. 1971 (BGBl I 2018; Errichtungsgesetz) voraus (hierzu Staudinger/Engler [2000] Rn 67). Nach § 22 dieses Gesetzes wurden Unterhaltspflichten anderer durch die Contergan-Rente bis zur Höhe des Betrages, den der Behinderte als Grundrente nach dem Bundesversorgungsgesetz erhalten würde, nicht berührt. Das galt aber nicht für den behinderungsbedingten *Mehrbedarf*, der durch die Contergan-Rente gerade abgedeckt werden soll (vgl auch OLG Celle FamRZ 1983, 1156 sowie **aA** OLG Hamm FamRZ 1986, 1101). Anderenfalls würde der Geschädigte für seine Behinderung doppelt entschädigt. Der unterhaltspflichtige Verwandte muss also den Unterhalt zahlen, den er ohne die Behinderung leisten müsste, für den durch die Behinderung entstehenden Mehrbedarf muss er nur aufkommen, soweit dieser durch die Contergan-Rente nicht gedeckt wird. 55

Die Änderung durch in § 18 Abs 1 ContStiftG steht vor dem Hintergrund, dass die Vermutung nach § 1610a BGB, dass den Leistungen auch ein entsprechender Mehraufwand gegenübersteht, vom Unterhaltspflichtigen widerlegt werden konnte. Nach Auffassung des Reformgesetzgebers widerspricht dies aber „dem Wortlaut und der Ratio" des ContStiftG. Zur Vermeidung von Auslegungsproblemen sei es daher erforderlich klarzustellen, dass die Leistungen nach dem neuen ContStiftG auch bei der Bemessung des Unterhalts als echte Zusatzleistungen erhalten blieben (BT-Drucks 15/5654, 13). Daraus dürfte aber auch deutlich werden, dass die Leistungen nach dem Gesetz jedenfalls nicht zu einer doppelten Bedarfsbefriedigung des behinderungsbedingten Mehrbedarfs führen sollen. Die Gesetzesänderung zielt vielmehr – wie ausgeführt – auf die Ausschaltung der Widerlegungsmöglichkeit nach § 1610a BGB. Dessen ungeachtet ergeben sich Probleme der Anrechnung vorwiegend beim Ehegattenunterhalt. 56

cc) HIV-Hilfe

Nach dem Gesetz über die humanitäre Hilfe für durch Blutprodukte HIV-infizierte Personen (HIV-Hilfegesetz – HIVHG) vom 24. 7. 1995 (BGBl I 972) werden durch eine Stiftung des öffentlichen Rechts Personen, die *durch Blutprodukte mit dem HIV infiziert* worden sind, deren Kindern und Ehegatten unter bestimmten Voraussetzungen und innerhalb bestimmter Grenzen Renten in – je nach den Voraussetzungen – unterschiedlicher Höhe gewährt. Zweck des Gesetzes ist es, aus humanitären und sozialen Gründen Personen, die durch Blutprodukte unmittelbar oder mittelbar HIV-infiziert oder an AIDS erkrankt sind, und deren unterhaltsberechtigten Angehörigen finanziell zu helfen (s dazu Deutsch NJW 1996, 755). HIV-infizierte Personen erhalten monatlich 766, 94 €, AIDS-erkrankte Personen monatlich 1533, 88 € „ohne Prüfung der Einkommens- oder sonstigen wirtschaftlichen Verhältnisse" (§ 16 Abs 1 HIVHG); die Leistungen der Stiftung sind einkommensteuerfrei (§ 17 Abs 1 HIVHG), und sie werden „nicht auf andere Leistungen aus öffentlichen Mitteln angerechnet und auch nicht bei der gesetzlich vorgesehenen Ermittlung von Einkommen und Vermögen berücksichtigt" (§ 17 Abs 2 HIVHG). 57

dd) Waisenrente

58 Der durch das KindUG aufgehobene § 1615g hatte in Abs 3 bestimmt, dass Waisenrenten, die einem nichtehelichen Kind zustehen, auf den vom Vater zu deckenden Regelbedarf nicht anzurechnen sind. Dies galt aber nur für den Regelunterhalt nach § 1615 f aF in Verbindung mit der Regelunterhalt-Verordnung, nicht für die Bedürftigkeit nach § 1602 BGB. Die Bestimmungen über den Regelunterhalt, die den nichtehelichen Kindern die Geltendmachung eines pauschalierten Mindestunterhaltsanspruchs erleichtern sollten (Staudinger/Eichenhofer [1997] § 1615 Rn 7), galten nicht für den allgemeinen Unterhaltsanspruch nichtehelicher und erst recht nicht für den Unterhaltsanspruch ehelicher Kinder (BGH FamRZ 2006, 1597; NJW 1981, 168 = FamRZ 1980, 1109 = DAVorm 1980, 919; OLG Hamm FamRZ 1980, 479; allgM, s Staudinger/Kappe/Engler [1997] § 1602 Rn 68).

59 Das KindUG hat von einer Sonderregelung, wie sie § 1615g Abs 3 vorgesehen hatte, abgesehen; die Begründung des RegE weist – im Anschluss an den BGH NJW 1981, 168 = FamRZ 1980, 1109 – darauf hin, dass **Waisenrenten bedarfsmindernd zu berücksichtigen** sind (BT-Drucks 13/7338, 28). Durch eine dem Kind nach dem Tode eines Stiefelternteils gewährte Waisenrente werden die Eltern von ihrer Unterhaltspflicht im Verhältnis ihrer Haftungsanteile entlastet (BGH FamRZ 2006, 1597; NJW 1981, 168 = FamRZ 1980, 1109). Nach der Rechtsprechung des BGH ist die für ein minderjähriges Kind gezahlte Halbwaisenrente auf seinen Barunterhaltsanspruch gegen den Elternteil, bei dem es lebt, nur zur Hälfte anzurechnen (BGH FamRZ 2009, 762 – allerdings zweifelhaft; vgl § 1606 Rn 44; § 1610 Rn 159). Wird das Kind nicht vom überlebenden Elternteil betreut, ist die Halbwaisenrente nach dem BGH in voller Höhe als bedarfsdeckend abzuziehen (BGH FamRZ 2006, 1597; zur Bedarfsbemessung in diesem Fall s § 1606 Rn 40; § 1610 Rn 31 ff).

ee) Pflegegeld nach SGB XI

60 Die – soziale – Pflegeversicherung hat nach § 1 Abs 4 SGB XI die Aufgabe, Pflegebedürftigen Hilfe zu leisten, die wegen der Schwere der Pflegebedürftigkeit auf solidarische Unterstützung angewiesen sind (vgl § 14, 15 SGB XI; zum Leistungsumfang §§ 28, 36 ff SGB XI). Entsprechendes gilt nach § 110 SGB XI auch für die private Pflegeversicherung.

61 Im Hinblick auf die unterhaltsrechtliche Anrechenbarkeit des Pflegegelds für selbst beschaffte Pflegehilfen (§ 37 SGB XI) oder vergleichbare Geldleistungen ist zwischen dem Pflegebedürftigen und der Pflegeperson zu unterscheiden. Beim Pflegebedürftigen deckt das Pflegegeld den Pflegebedarf und ist – vor allem beim Elternunterhalt – als Einkommen zu berücksichtigen. Das Pflegegeld übersteigt den Pflegebedarf regelmäßig nicht, § 1610a BGB ist anwendbar (BGH FamRZ 2011, 713 Rn 32; s § 1610a Rn 15), was insbesondere bei häuslicher Pflege und nicht an die Pflegeperson weitergeleitetem Pflegegeld in Frage kommt. Liegt es im Verantwortungsbereich des Sozialhilfeträgers, dass der Unterhaltsberechtigte nicht pflegeversichert ist und deshalb im später eingetretenen Pflegefall kein Pflegegeld bezieht, kann der Übergang des Elternunterhaltsanspruchs gemäß § 94 Abs 3 Satz 1 Nr 2 SGB XII in Höhe des fiktiven Pflegegelds eine unbillige Härte bedeuten. Insoweit können allerdings fiktive Versicherungsbeiträge den Bedarf des Unterhaltsberechtigten erhöhen (BGH NJW 2015, 2577 Rn 38).

Wird das Pflegegeld an die Pflegeperson weitergeleitet, ist die Anrechnung gemäß § 13 Abs 6 SGB XI eingeschränkt: Wird Pflegegeld bei selbst beschafften Pflegehilfen (§ 37 SGB XI) oder eine vergleichbare Geldleistung an eine Pflegeperson (§ 19 SGB XI) weitergeleitet, bleibt dies bei der Ermittlung von Unterhaltsansprüchen und Unterhaltsverpflichtungen der Pflegeperson unberücksichtigt. Dies gilt nicht 62

1. in den Fällen des § 1603 Abs 2 BGB und des § 1611 Abs 1 BGB,

2. für Unterhaltsansprüche der Pflegeperson, wenn von dieser erwartet werden kann, ihren Unterhaltsbedarf ganz oder teilweise durch eigene Einkünfte zu decken und der Pflegebedürftige mit dem Unterhaltspflichtigen nicht in gerader Linie verwandt ist.

Dass der Unterhaltsberechtigte zugleich Pflegeperson ist, betrifft vorwiegend den Ehegattenunterhalt und wird – denkbar noch beim Eltern- oder Volljährigenunterhalt – selten relevant werden. Der Unterhalt nach § 1615l BGB setzt schließlich eine Unterhaltsbedürftigkeit wegen Kinderbetreuung voraus, welche bei eigener Pflegebedürftigkeit des Elternteils regelmäßig nicht möglich sein wird.

c) Sozialleistungen ohne Zweckbindung

aa) Die Sozialleistung dient nach ihrem sozialpolitischen Zweck nicht selten dazu, einen besonderen abgrenzbaren Bedarf auszugleichen. Der Begriff der „zweckbestimmten Sozialleistungen" (s Staudinger/Engler [2000] Rn 53) ist allerdings missverständlich, weil alle Sozialleistungen zweckbestimmt sind. Besser passen würde der Begriff der Zweckbindung, welche allerdings regelmäßig mit einem gesetzlichen Anrechnungsverbot verbunden ist (dazu oben Rn 47 ff). 63

In der Regel ist der Empfänger an die Zweckbestimmung einer Sozialleistung nicht gebunden, er kann die Leistung auch zur Befriedigung seines allgemeinen Unterhaltsbedarfs verwenden. Deshalb kommt es unterhaltsrechtlich auf die Zweckbestimmung der Sozialleistung grundsätzlich nicht an (BGHZ 103, 267, 272 = NJW 1988, 2799 = FamRZ 1988, 604, 606 – Kinderzulage des Unterhaltspflichtigen; NJW 1992, 364 = FamRZ 1992, 162 – Kindererziehungsleistungen nach dem Kindererziehungsleistungsgesetz). Allerdings muss dann zugunsten des Berechtigten auch der Mehrbedarf berücksichtigt werden, zu dessen Ausgleich die Sozialleistung gewährt wird. Mehrbedarf und Sozialleistung gleichen sich aber unterhaltsrechtlich nicht ohne Weiteres aus, da die Sozialleistung meistens pauschal und nach anderen Maßstäben berechnet wird als der Unterhaltsanspruch.

bb) Eine nicht zweckgebundene Sozialleistung ist das **Wohngeld**, das Personen gewährt wird, deren Familieneinkommen unter bestimmten Höchstbeträgen liegt und deren Miete bestimmte Höchstbeträge übersteigt. Es bezweckt die wirtschaftliche Sicherung angemessenen und familiengerechten Wohnens (§ 1 WoGG; seit 2005 erhalten Empfänger der Grundsicherung für Arbeitsuchende nach dem SGB II und Sozialhilfe oder Grundsicherung nach dem SGB XII kein Wohngeld mehr, vgl § 7 WoGG). Nach dem oben dargelegten Grundsatz, dass es auf die Zweckbestimmung nicht ankommt, mindert das Wohngeld die Bedürftigkeit des Empfängers, wobei allerdings sein Unterhaltsbedarf durch erhöhte Wohnkosten größer sein kann (BGH FamRZ 2012, 1201 Rn 15; FamRZ 2003, 860, 862; NJW 1980, 2081 = FamRZ 1980, 771; NJW 64

1983, 684, 686 = FamRZ 1982, 587, 589; FamRZ 1984, 364, 366 und 772, 774; FamRZ 1985, 374; Wendl/Dose[9] § 1 Rn 665 ff).

65 **cc)** Streitig ist die unterhaltsrechtliche Berücksichtigung der **Grundrente**, die nach § 31 Bundesversorgungsgesetz idF 14. 8. 2013 (BGBl I 21, zul geänd d Ges v 14. 8. 2013 – BGBl I 3227) an Kriegsopfer gezahlt wird. Es ist die Ansicht vertreten worden, diese Rente sei höchstpersönlich auf den Behinderten bezogen und habe keine Unterhaltsersatzfunktion (Schwagerl NJW 1982, 1798, 1800). Ferner ist darauf hingewiesen worden, dass bei der Gewährung von Sozialleistungen die Grundrente kein Einkommen sei, was im bürgerlichen Unterhaltsrecht entsprechend gelten müsse (Scholler/Fuchs JZ 1984, 304). Auch erfordere es der ideelle Ausgleichszweck der Grundrente, sie unterhaltsrechtlich nicht zu berücksichtigen (BGB-RGRK/Mutschler Rn 12). Demgegenüber sehen der Bundesgerichtshof und die herrschende Lehre die Grundrente als Einkommen an, das die Bedürftigkeit des Beschädigten mindert (BGH NJW 1981, 1313 = FamRZ 1981, 338; NJW 1982, 41 = FamRZ 1981, 1165; FamRZ 1982, 579; vgl auch BGH FamRZ 1983, 674; FamRZ 1994, 21; Wendl/Dose[9] § 1 Rn 649). Dem ist zuzustimmen. Die Grundrente steht dem Beschädigten zur freien Verfügung, sie ist auch geeignet, seinen Lebensbedarf teilweise zu decken. Dabei muss allerdings berücksichtigt werden, dass der Lebensbedarf infolge der Schädigung erhöht sein kann, auch ein Ausgleich für seelische Belastungen kann dazu gehören. Es erscheint nicht unbillig, einem Beschädigten zuzumuten, seine – großzügig bemessene – Grundrente nach Abzug des schädigungsbedingten Mehrbedarfs (s dazu § 1610a BGB; zur anders gelagerten Fragestellung im Schadensersatzrecht s BGH [6. ZS] MDR 2016, 461 Rn 12; NJW-RR 1986, 370 f) für seinen Lebensunterhalt zu verwenden, ehe er seine Kinder oder Eltern in Anspruch nimmt. Wegen der **Ausgleichsrente** nach § 32 BVG s Rn 103.

66 **dd)** Ferner sind als bedürftigkeitsminderndes Einkommen – nach Abzug des tatsächlichen Mehrbedarfs – anzurechnen:

- *BAföG-Leistungen* (Vorbem 184 ff zu §§ 1601 ff), soweit es sich nicht um elternunabhängige Vorausleistungen handelt, auch wenn sie darlehensweise gewährt werden (vgl BGH FamRZ 2013, 1345; FamRZ 1985, 916). Bei vorwerfbar unterlassener Antragstellung sind diese, wenn die Antragstellung nicht von vornherein aussichtslos ist, auch als fiktives Einkommen anzurechnen (OLG Hamm FamRZ 2014, 565; OLG Karlsruhe NJW-RR 2010, 8; OLG Schleswig FamRZ 2006, 571),
- die *Grundsicherung im Alter und bei Erwerbsminderung* nach §§ 41 ff SGB XII ist in vielen Fällen (insbesondere beim Elternunterhalt) als bedarfsdeckendes Einkommen anzurechnen (vgl unten Rn 77),
- die *Schwerstbeschädigtenzulage* und die *Pflegezulage* nach §§ 31 Abs 5, 35 BVG (BGH NJW 1982, 41 = FamRZ 1981, 1165; Wendl/Dose[9] § 1 Rn 649),
- die Berufsschadensausgleichsrente nach § 30 Abs 3 BVG (BGH FamRZ 1983, 674; OLG Hamm FamRZ 1992, 186),
- die *Kleiderzulage* nach § 15 BVG (BGH NJW 1982, 1594 [LS] = FamRZ 1982, 579),

- das landesrechtlich gewährte *Blindengeld* für Zivilblinde (OLG Nürnberg FamRZ 1981, 964; OLG Hamm FamRZ 1990, 405), soweit dieses nicht nur den Mehrbedarf abdeckt (vgl OLG Hamm FamRZ 2003, 1771 sowie § 1610a Rn 9 ff),
- Verletztenrente aus der **gesetzlichen Unfallversicherung** (BGH FamRZ 1983, 674),
- das landesrechtlich gewährte *Pflegegeld* für Schwerbehinderte, jedenfalls auf den behinderungsbedingten Mehrbedarf (BGH FamRZ 1993, 417 = NJW-RR 1993, 322 = DAVorm 1993, 449; AG Hamburg FamRZ 1993, 965),
- die *Gesundheitsschadenrente* und die *Berufsschadenrente* nach §§ 28 ff, 64 ff BEG (BGH NJW 1983, 1783 = FamRZ 1983, 674),
- Bezüge nach dem *Kindererziehungsleistungs-Gesetz* vom 12. 7. 1987 – BGBl I 1585 (BGH NJW 1992, 364 = FamRZ 1992, 162).

ee) Kindergeld nach Abschnitt X (§§ 62 ff) des Einkommensteuergesetzes und dem Bundeskindergeldgesetz (Vorbem 174 ff zu §§ 1601 ff) wird Eltern für ihre Kinder und anderen Personen für Stiefkinder, Pflegekinder, Enkel und Geschwister (§§ 32 Abs 1, 63 Abs 1 EStG, §§ 1 Abs 1, 2 Abs 1 u 2 BKGG) gewährt. **67**

Die Anrechnung des Kindergelds im Rahmen des Kindesunterhalts wird vorrangig durch die Spezialbestimmung in § 1612b BGB geregelt. Danach richtet sich insbesondere, inwiefern das Kindergeld als (Quasi-)Einkommen des Kindes auf dessen Barbedarf anzurechnen ist. Zu den öffentlich-rechtlichen Voraussetzungen und zum Leistungsinhalt s § 1612b Rn 3 ff; zur bedarfsdeckenden Anrechnung s § 1612b Rn 60 ff; zum Ausgleich des Kindergelds zwischen den Eltern oder sonstigen Bezugsberechtigten s § 1612b Rn 43 f, 55; zur Abzweigung des Kindergelds s § 1612b Rn 96 ff.

Hinsichtlich des **Kinderzuschlags** nach **§ 6a BKGG** fehlt es an einer Einbeziehung nach §§ 1612b, 1612c BGB in den Ausgleich der Leistung (vgl KLINKHAMMER FamRZ 2004, 1909, 1912). Die Leistung wäre nach dem allgemeinen Grundsatz (Rn 27) daher als Einkommen des Beziehers zu berücksichtigen, mithin des Kindergeldberechtigten, in dessen Haushalt das Kind lebt. Der Anspruch steht nur diesem einen Elternteil zu, sodass für einen Ausgleich zwischen den Eltern keine dem Kindergeld vergleichbare Grundlage besteht. Davon abweichend wird die Auffassung vertreten, dass der Kinderzuschlag entsprechend der sozialrechtlichen Regelung in § 11 Abs 1 S 3 SGB II als Einkommen des Kindes anzurechnen sei (so WENDL/DOSE[9] § 1 Rn 686 mwNw; SCHÜRMANN FF 2005, 10; SCHOLZ, in: SCHOLZ/KLEFFMANN/MOTZER, Praxishandbuch Familienrecht – Dezember 2010 – Teil L Rn 189; ebenso iE OLG Düsseldorf JAmt 2013, 659 zweckgebundenes Einkommen des Elternteils; **aA** OLG Brandenburg FamFR 2013, 332; KLINKHAMMER FamRZ 2004, 1909, 1912). Dem ist im Ergebnis nunmehr zuzustimmen. Zwar stimmen die unterhaltsrechtliche und die sozialrechtliche Einkommensanrechnung in vieler Hinsicht nicht überein. So ist etwa das Kindergeld nach § 11 Abs 1 S 4 SGB II abweichend von der unterhaltsrechtlichen Regelung wie der Kinderzuschlag als Einkommen des Kindes zu betrachten, soweit es bei dem jeweiligen Kind zur Sicherung des Lebensunterhalts benötigt wird. Zu beachten ist allerdings, dass der Kinderzuschlag nur unter der Voraussetzung gezahlt wird, dass dadurch eine anderenfalls – bei grundsätzlich ausreichenden eigenen Einkünften – allein wegen des Kindesbedarfs drohende Sozialleistungsbedürftigkeit vermieden wird. Dementsprechend kann auch für das Unterhaltsrecht davon ausgegangen werden, dass der Kinderzuschlag entsprechend seiner Zweckbestimmung wie das Kindergeld (vgl § 1612b Abs 1 BGB) (nur) für das Kind zu verwenden ist. Es handelt sich demnach um eine zweckgebundene Leistung, die – zur Abkürzung – dem Kind als Empfänger zugerechnet wird. Die Konsequenz daraus ist allerdings auch, dass dem Kind bei zweckwidriger Verwendung ein Auskehrungsanspruch zusteht, dessen Geltendmachung wegen der bestehenden Bedarfsgemeinschaft mit dem Bezieher des Kinderzuschlags eine eher theoretische Frage bleibt.

d) Nachrangige Sozialleistungen

aa) Sozialhilfe

68 Das Verhältnis von Sozialhilfe zur Unterhaltspflicht (Vorbem 170 ff zu §§ 1601 ff) ist in § 2 SGB XII, der die Überschrift „Nachrang der Sozialhilfe " trägt, geregelt. Nach Abs 1 erhält Sozialhilfe nicht, wer die erforderliche Hilfe von Angehörigen erhält. Anders als bei der Rangfolge nach § 1606 BGB schließt also nicht bereits das Vorhandensein eines unterhaltspflichtigen Verwandten (§ 1606 Rn 5), sondern erst die tatsächliche Gewährung des Unterhalts die Sozialhilfe aus. Freilich muss der Bedürftige im Rahmen seiner Selbsthilfepflicht den Unterhaltsanspruch geltend machen (BVerwGE 67, 163, 166 = NJW 1983, 2954 = FamRZ 1983, 903; OVG Hamburg NJW 1990, 532). Nach § 2 Abs 2 SGB XII werden Verpflichtungen Unterhaltspflichtiger durch dieses Gesetz **„nicht berührt"**. Das bedeutet, dass der Unterhaltspflichtige den Bedürftigen nicht auf seine Ansprüche nach dem SGB XII verweisen kann, die Unterhaltspflicht geht vor. Wird Sozialhilfe trotz Bestehens eines Unterhaltsanspruchs gewährt, so geht der Unterhaltsanspruch nach § 94 SGB XII auf den Träger der Sozialhilfe über.

69 **§ 94 SGB XII** hat folgenden Wortlaut (Stand: 1. 1. 2016):

(1) Hat die leistungsberechtigte Person für die Zeit, für die Leistungen erbracht werden, nach bürgerlichem Recht einen Unterhaltsanspruch, geht dieser bis zur Höhe der geleisteten Aufwendungen zusammen mit dem unterhaltsrechtlichen Auskunftsanspruch auf den Träger der Sozialhilfe über. Der Übergang des Anspruchs ist ausgeschlossen, soweit der Unterhaltsanspruch durch laufende Zahlung erfüllt wird. Der Übergang des Anspruchs ist auch ausgeschlossen, wenn die unterhaltspflichtige Person zum Personenkreis des § 19 gehört oder die unterhaltspflichtige Person mit der leistungsberechtigten Person vom zweiten Grad an verwandt ist; der Übergang des Anspruchs des Leistungsberechtigten nach dem Vierten Kapitel gegenüber Eltern und Kindern ist ausgeschlossen. Gleiches gilt für Unterhaltsansprüche gegen Verwandte ersten Grades einer Person, die schwanger ist oder ihr leibliches Kind bis zur Vollendung seines sechsten Lebensjahres betreut. § 93 Abs 4 gilt entsprechend.

(2) Der Anspruch einer volljährigen unterhaltsberechtigten Person, die behindert im Sinne von § 53 oder pflegebedürftig im Sinne von § 61 ist, gegenüber ihren Eltern wegen Leistungen nach dem Sechsten und Siebten Kapitel geht nur in Höhe von bis zu 26 Euro, wegen Leistungen nach dem Dritten Kapitel nur in Höhe von bis zu 20 Euro monatlich über. Es wird vermutet, dass der Anspruch in Höhe der genannten Beträge übergeht und mehrere Unterhaltspflichtige zu gleichen Teilen haften; die

Vermutung kann widerlegt werden. Die in Satz 1 genannten Beträge verändern sich zum gleichen Zeitpunkt und um denselben Vomhundertsatz, um den sich das Kindergeld verändert.

(3) Ansprüche nach Absatz 1 und 2 gehen nicht über, soweit

1. die unterhaltspflichtige Person Leistungsberechtigte nach dem Dritten und Vierten Kapitel ist oder bei Erfüllung des Anspruchs würde oder

2. der Übergang des Anspruchs eine unbillige Härte bedeuten würde.

Der Träger der Sozialhilfe hat die Einschränkung des Übergangs nach Satz 1 zu berücksichtigen, wenn er von ihren Voraussetzungen durch vorgelegte Nachweise oder auf andere Weise Kenntnis hat.

(4) Für die Vergangenheit kann der Träger der Sozialhilfe den übergegangenen Unterhalt außer unter den Voraussetzungen des bürgerlichen Rechts nur von der Zeit an fordern, zu welcher er dem Unterhaltspflichtigen die Erbringung der Leistung schriftlich mitgeteilt hat. Wenn die Leistung voraussichtlich auf längere Zeit erbracht werden muss, kann der Träger der Sozialhilfe bis zur Höhe der bisherigen monatlichen Aufwendungen auch auf künftige Leistungen klagen.

(5) Der Träger der Sozialhilfe kann den auf ihn übergegangenen Unterhaltsanspruch im Einvernehmen mit der leistungsberechtigten Person auf diesen zur gerichtlichen Geltendmachung rückübertragen und sich den geltend gemachten Unterhaltsanspruch abtreten lassen. Kosten, mit denen die leistungsberechtigte Person dadurch selbst belastet wird, sind zu übernehmen. Über die Ansprüche nach den Absätzen 1 bis 4 ist im Zivilrechtsweg zu entscheiden.

Zu den Grundzügen der Legalzession nach § 94 SGB XII s Vorbem 170ff zu §§ 1601 ff.

Seit der Neuregelung im Jahr 2005 („Hartz IV-Reform"; vgl KLINKHAMMER FamRZ 2004, 1909) hat die Sozialhilfe an Bedeutung verloren. Sie gilt nur noch für nicht erwerbsfähige Hilfsbedürftige, während an Erwerbsfähige nunmehr Grundsicherung für Arbeitsuchende nach dem SGB II gewährt wird (unten Rn 78 ff). Da der Anspruchsübergang bei volljährigen Kindern nur eingeschränkt stattfindet und bei Leistungen der Grundsicherung im Alter und bei Erwerbsminderung ausgeschlossen ist, hat die Sozialhilfe unterhaltsrechtlich noch in Bezug auf den Elternunterhalt Bedeutung, wenn den Eltern Hilfe zur Pflege gewährt wird. 70

Sachliche Voraussetzung für den Anspruchsübergang ist die **Gewährung von Sozialhilfe**. Ob es auf die Rechtmäßigkeit der Hilfeleistung ankommt, ist umstritten. Nach STAUDINGER/ENGLER (2000) Rn 73 ist dies zu verneinen. Das ergebe sich aus dem Gesetzeswortlaut, im Übrigen sei ein Rechtsschutzbedürfnis für eine Prüfung der Rechtmäßigkeit nicht ersichtlich. Nach anderer Auffassung ist die Rechtmäßigkeit Voraussetzung des Anspruchsübergangs und somit im Verfahren über den Unterhaltsregress zu überprüfen (MÜNDER NJW 1994, 494; MAH Familienrecht[4]/GÜNTHER § 12 Rn 55 mwNw; SCHÜRMANN FF 2016, 105, 110 f – zu § 33 SGB II; WENDL/KLINKHAMMER[9] § 8 Rn 77, 71

244 mwNw). Für die erstgenannte Auffassung spricht, dass eine Überprüfung der Rechtmäßigkeit im Verfahren über den Unterhaltsregress vermieden werden sollte, wenn und soweit der Sozialleistungsträger mit seinen Leistungen für einen mit dem Unterhalt kongruenten Bedarf aufgekommen ist. Der Schuldner ist dann hinreichend geschützt, indem er die Voraussetzungen des Unterhalts (etwa die Unterhaltsbedürftigkeit) bestreiten und alle bürgerlich-rechtlichen Einwendungen erheben kann. Außerdem kommen ihm sozialrechtliche Schuldnerschutzvorschriften zugute (§ 94 Abs 3 SGB XII: unbillige Härte, sozialrechtliche Vergleichsbetrachtung), die vom Familiengericht voll zu überprüfen sind. Da der Schuldner somit nur für sich anführen kann, dass der Sozialleistungsträger dem Unterhaltsberechtigten mehr Leistungen erbracht habe, als diesem nach öffentlichem Recht zustünden, ist der Schuldner entsprechend sonstigen Fällen der Unterhaltsgewährung durch Dritte schließlich kaum schutzbedürftig (Vorbem 164 ff zu §§ 1601 ff).

72 Nach § 94 Abs 1 S 3 2. Alt SGB XII ist der Übergang des Unterhaltsanspruchs **ausgeschlossen**, wenn der Unterhaltspflichtige mit dem Hilfeempfänger im zweiten oder einem entfernteren Grad verwandt ist. **Großeltern** und **Enkel** des Hilfsbedürftigen können demnach von dem Sozialhilfeträger nicht in Anspruch genommen werden. Der Verzicht auf Anspruchsübergang hat jedoch ihre bürgerlich-rechtliche Unterhaltspflicht nicht geändert (BVerwGE 51, 214, 222 = FamRZ 1977, 541, 544; § 1601 Rn 11). Streitig ist, ob und inwieweit sich § 94 SGB XII auf das Rangverhältnis zwischen Sozialhilfe und Unterhalt auswirkt.

73 Vielfach wird angenommen, durch den Ausschluss des Anspruchsübergangs sei der **Nachrang der Sozialhilfe entfallen**. Der Anspruch auf rückgriffsfreie Sozialhilfe mindere die unterhaltsrechtliche Bedürftigkeit. Ein Unterhaltsberechtigter könne von seinen Großeltern oder Enkeln Unterhalt nur insoweit verlangen, als sein angemessener Lebensbedarf durch die Sozialhilfe, die er vorrangig in Anspruch nehmen müsse, nicht gedeckt sei (vgl Gernhuber/Coester-Waltjen[6] § 45 I Rn 2). Nach einer anderen Ansicht soll der Bedürftige ein **Wahlrecht** zwischen dem Unterhaltsanspruch gegen Großeltern oder Enkel und dem Anspruch auf Sozialhilfe haben (MAH Familienrecht/Günther[4] § 12 Rn 58 mwNw; Wendl/Klinkhammer[9] § 8 Rn 128; vgl auch Schwenzer FamRZ 1989, 685, 688).

74 Zu unterscheiden ist zwischen den Fragen, ob geleistete Sozialhilfe bedürftigkeitsmindernd angerechnet wird und ob der in Anspruch genommene Unterhaltsschuldner den Gläubiger darauf verweisen kann, vorrangig müsse dieser Sozialhilfe beantragen. Die letzte Frage ist zu verneinen. Der Nachrang der Sozialhilfe ist in § 2 SGB XII geregelt (Rn 68). Diese Bestimmung ist nicht geändert worden. Sie gilt auch dann, wenn der Nachrang durch den Ausschluss des Anspruchsübergangs nicht mehr nachträglich realisiert werden kann. Unterhaltspflichten zwischen Enkeln und Großeltern werden gemäß § 2 Abs 2 S 1 SGB XII durch § 94 SGB XII nicht berührt. Großeltern und Enkel, die auf Unterhalt in Anspruch genommen werden, können den Berechtigten nicht auf Sozialhilfe verweisen (BGHZ 115, 228, 231 = NJW 1992, 115 = FamRZ 1992, 41; vgl auch BGH FamRZ 2007, 375). De lege ferenda mag eine Einschränkung der Unterhaltspflicht zwischen Verwandten zweiten und entfernteren Grades erstrebenswert sein (Schwenzer FamRZ 1989, 685, 688; Schulte NJW 1989, 1241, 1246), dazu bedarf es aber einer eindeutigen Regelung durch den Gesetzgeber.

Solange die Sozialhilfe nicht tatsächlich erbracht ist, kann der Bedürftige von dem Unterhaltspflichtigen trotz laufender Sozialhilfeleistungen *für die Zukunft* Zahlung an sich verlangen (vgl allerdings für eine besonders gelagerte Fallkonstellation auch BGH FamRZ 2015, 1467 Rn 46 ff). Macht der Sozialhilfeträger den Unterhalt gerichtlich geltend, so kann er nach § 94 Abs 4 S 2 SGB XII auch auf künftige Leistung „klagen“, wenn die Sozialhilfeleistung voraussichtlich auf längere Zeit erbracht werden muss (s Wendl/Klinkhammer[9] § 8 Rn 121). 75

Der **Anspruchsübergang** ist ferner **ausgeschlossen**: 76

- Bei Hilfe trotz **laufender Zahlung** des Unterhalts (§ 94 Abs 1 S 2 SGB XII). Die Bestimmung ist nur von Bedeutung, wenn die „laufende Zahlung“ nach Gewährung der Sozialhilfe erfolgt, denn anderenfalls erlischt der Anspruch mit der Erfüllung (§ 362 Abs 1 BGB) und kann schon deshalb nicht mehr übergehen.

- Bei Zugehörigkeit des Unterhaltspflichtigen **zur Einsatzgemeinschaft** (auch Bedarfsgemeinschaft) mit dem Hilfeempfänger (§ 94 Abs 1 S 3 1. Alt SGB XII). Die gesetzliche Verweisung auf den „Personenkreis des § 19“ (SGB XII) ist allerdings nach einer Gesetzesänderung redaktionell nicht angepasst worden, nachdem § 19 keine Definition der Einsatzgemeinschaft mehr enthält (vgl Wendl/Klinkhammer[9] § 8 Rn 25, 68). Diese findet sich nunmehr in § 27 Abs 2 S 2 SGB XII. Zur Einsatzgemeinschaft gehören nicht getrennt lebende Ehegatten oder Lebenspartner, Kinder, wenn sie im Haushalt des Elternteils leben. Ihre Unterhaltspflicht muss der Sozialhilfeträger bereits bei der Prüfung der Bedürftigkeit berücksichtigen. Zur sozialrechtlichen Vergleichsberechnung s Vorbem 170 zu §§ 1601 ff mNw.

- Bei Unterhalt aufgrund **fiktiven Einkommens** geht der Anspruch regelmäßig nicht auf den Sozialhilfeträger über. Das ändert aber nichts am Nachrang der Sozialhilfe (BGH FamRZ 1999, 843).

- Unterhaltsansprüche gegen Eltern einer Hilfeempfängerin, die **schwanger** ist oder ihr **Kind bis zur Vollendung des 6. Lebensjahres betreut** (§ 94 Abs 1 S 4 SGB XII).

- Unterhaltsansprüche gegen Eltern oder Kinder, wenn diese **Grundsicherung im Alter und bei Erwerbsminderung** nach dem Vierten Kapitel des SGB XII (§§ 41 ff SGB XII) beziehen (§ 94 Abs 1 S 3 3. Alt SGB XII, vgl Rn 68 ff, 77).

- Wenn der Übergang eine **unbillige Härte** bedeuten würde (§ 94 Abs 3 S 1 Nr 2 SGB XII).

- (**Bis 31. 12. 2015**:) Soweit in der Sozialhilfeleistung Wohnkosten enthalten sind (§ 94 Abs 1 S 6 SGB XII aF iVm § 105 Abs 2 SGB XII; vgl dazu BGHZ 206, 25 = FamRZ 2015, 1594 und OLG Karlsruhe 22. 1. 2016 – 20 UF 109/14 – juris). Die Regelung ist zum 1. 1. 2016 ersatzlos durch Gesetz zur Änderung des Zwölften Buches Sozialgesetzbuch und weiterer Vorschriften vom 21. 12. 2015 (BGBl I 2557) aufgehoben worden (vgl die Gesetzesbegründung BT-Drucks 18/6284, 32, die allerdings von unzutreffenden Voraussetzungen ausgeht).

bb) Grundsicherung im Alter und bei Erwerbsminderung

77 Leistungen der **Grundsicherung im Alter und bei Erwerbsminderung** an Verwandte gemäß §§ 41 ff SGB XII sind trotz ihres prinzipiellen Nachrangs (§ 2 Abs 2 S 1 SGB XII) nach § 43 Abs 3 SGB XII weitgehend privilegiert und nehmen § 94 Abs 1 S 3 HS 2 SGB XII am Anspruchsübergang auf den Sozialhilfeträger nicht teil. Sie sind demnach als Einkommen des Unterhaltsberechtigten zu berücksichtigen und mindern seine Bedürftigkeit (BGH FamRZ 2007, 1158; näher WENDL/KLINKHAMMER[9] § 8 Rn 147 ff). Das gilt ebenfalls, wenn der Unterhaltsberechtigte zwar keine Leistungen bezieht, aber einen Anspruch darauf hat und sie beantragen könnte (vgl OLG Brandenburg FamRZ 2008, 174, 176; OLG Brandenburg 11. 3. 2004 – 10 UF 176/03 – juris Rn 110; OLG Hamm NJW 2015, 3588; WENDL/KLINKHAMMER[9] § 8 Rn 161).

cc) Grundsicherung für Arbeitsuchende

78 Bis zum 31. 12. 2004 erhielten Arbeitslose, die bei der Bundesanstalt für Arbeit versichert waren, nach Erschöpfung des Anspruchs auf Arbeitslosengeld bei Bedürftigkeit und bei Erfüllung weiterer Voraussetzungen Arbeitslosenhilfe (§ 190 SGB III aF). Diese war der Höhe nach vom früheren Einkommen abhängig (§ 195 SGB III aF; näher STAUDINGER/ENGLER [2000] Rn 78). Zum 1. 1. 2005 führte der Gesetzgeber durch das Vierte Gesetz für moderne Dienstleistungen am Arbeitsmarkt (vom 27. 12. 2003 – BGBl I 2954; dazu KLINKHAMMER FamRZ 2004, 1909) mit der Grundsicherung für Arbeitsuchende ein neues Hilfesystem ein.

Die Grundsicherung für Arbeitsuchende erfasst alle hilfebedürftigen erwerbsfähigen Personen, deren Partner und Angehörige, die mit ihnen in einer Bedarfsgemeinschaft zusammenleben. Es kommt allein darauf an, ob der Hilfebedürftige erwerbsfähig ist. Die Berechtigten erhalten Leistungen zur Sicherung des Lebensunterhalts in der Form des Arbeitslosengeldes II bzw des Sozialgeldes (§§ 19 ff SGB II). Die Leistungen entsprechen weitgehend dem Niveau der Sozialhilfe.

79 Im Bereich des Verwandtenunterhalts hat die Grundsicherung für Arbeitsuchende nur eine begrenzte Bedeutung. Nach § 33 Abs 2 S 1 Nr 1 SGB II geht der Unterhaltsanspruch nicht auf die Leistungsträger über, wenn der Unterhaltsberechtigte mit dem Verpflichteten verwandt ist und den Unterhaltsanspruch **nicht geltend macht**. Wenn der Unterhaltsberechtigte von einem Antrag auf Leistungen nach dem SGB II absieht und stattdessen den Elternteil auf Unterhalt in Anspruch nimmt, folgt aus dieser – recht eigenwilligen – Regelung allerdings, dass der Unterhaltspflichtige den Unterhaltsberechtigten nicht auf die Inanspruchnahme von Leistungen nach dem SGB II verweisen kann, obwohl diesem die Leistungen zustehen. Die praktische Bedeutung ist dennoch gering, da ein Erwerbsfähiger, der seine Berufsausbildung abgeschlossen hat, nur in seltenen Fällen einen Unterhaltsanspruch gegen seine Eltern hat, weil er zur Sicherung seines Lebensunterhalts jede Arbeit annehmen muss (s Rn 110).

80 Ein Unterhaltsanspruch geht in jedem Fall (dh auch wenn er nicht geltend gemacht wird) nach § 33 SGB II kraft Gesetzes auf die Leistungsträger über (dazu auch Vorbem 176 ff zu §§ 1601 ff), wenn **Minderjährigenunterhalt** betroffen ist (§ 33 Abs 2 S 1 Nr 2a SGB II). Dann sind die Leistungen nach SGB II (Sozialgeld) folglich nicht als Einkommen des Unterhaltsberechtigten anzurechnen (näher WENDL/KLINKHAMMER[9] § 8 Rn 225 ff). Auch im Bereich des **Volljährigenunterhalts** sind die Leistungen nach

SGB II nur hinsichtlich des Ausbildungsunterhalts von bis zu 24-jährigen Kindern subsidiär (§ 33 Abs 2 S 1 Nr 2b SGB II).

dd) Ausbildungsförderung

Ausbildungsförderung nach dem **Bundesausbildungsförderungsgesetz** wird insbesondere für den Besuch von weiterführenden **Schulen** (ab Klasse 10), von Fach- und Fachoberschulen, Abendschulen und von **Hochschulen** gewährt (§ 2 Abs 1, Abs 1 a BAföG), und zwar grundsätzlich nur bis zum ersten berufsqualifizierenden Abschluss (§ 7 Abs 1 S 1 BAföG). Ein Masterstudiengang wird unter bestimmten Bedingungen gefördert, insbesondere wenn er auf einem Bachelorstudiengang aufbaut (§ 7 I a 1 BAföG). Vgl Vorbem 184 zu §§ 1601 ff sowie näher Wendl/Klinkhammer[9] § 8 Rn 282. **81**

Beim **Bedarf** des Auszubildenden unterscheidet das Gesetz zwischen Schülern (§ 12 BAföG), Studierenden (§ 13 BAföG), und Praktikanten (§ 14 BAföG). Er setzt sich aus einem Grundbetrag, verschiedenen Zuschlägen, Wohnkosten, evtl Beiträgen zur Kranken- und Pflegeversicherung zusammen. Von 2010 bis 2016 hat die Höchstförderung (§§ 13, 13a BAföG) 670 Euro betragen (zuvor 648 Euro). Der Höchstsatz schließt anders als der unterhaltsrechtliche Bedarf Zuschläge für Kranken- und Pflegeversicherung mit ein. Seit dem **1. 10. 2016** gilt ein Höchstsatz von insgesamt **735 Euro**. **82**

BAföG-Leistungen sind nach der Grundregel des § 1 BAföG zwar **nachrangig**, denn sie werden gewährt, wenn dem Auszubildenden die für seinen Lebensunterhalt und seine Ausbildung erforderlichen Mittel anderweitig nicht zur Verfügung stehen (BVerwG FamRZ 1981, 1011). **83**

Die Subsidiarität wird in der Praxis aber nicht – wie bei der Sozialhilfe (§ 94 SGB XII) und bei der Grundsicherung für Arbeitsuchende (§ 33 SGB II) – dadurch verwirklicht, dass zunächst die Leistung (Förderung) gewährt und dann Rückgriff beim Unterhaltsschuldner genommen wird. Dies ist die Ausnahme (vgl § 37 BAföG). Zur Bestreitung des Lebensunterhalts und der Ausbildungskosten sind zunächst **Einkommen** und Vermögen des **Auszubildenden** anzurechnen. Die einzusetzenden Mittel werden grundsätzlich auf den Bedarf des Auszubildenden angerechnet. Wenn ein Auszubildender von seinen Eltern Unterhalt erhält, der seinen Bedarf im Sinne der §§ 12 ff BAföG deckt, verfügt er über die für seinen Lebensunterhalt und seine Ausbildung erforderlichen Mittel, sodass Ausbildungsförderung nicht gewährt werden kann (§ 1 BAföG). Unter bestimmten Voraussetzungen, insbesondere wenn der Auszubildende ein Abendgymnasium oder ein Kolleg besucht oder wenn ausnahmsweise eine (erneute) Ausbildung nach vorhergehender Erwerbstätigkeit oder nach Vollendung des 30. Lebensjahres gefördert wird, bleibt das Einkommen der Eltern außer Betracht (§ 11 Abs 3 BAföG – elternunabhängige Förderung). Das Einkommen der Eltern wird auch dann nicht berücksichtigt, wenn ihr Aufenthalt nicht bekannt ist oder sie rechtlich oder tatsächlich gehindert sind, im Inland Unterhalt zu leisten (§ 11 Abs 2 a BAföG). Einkommen (und natürlich auch das Vermögen) des dauernd getrennt lebenden oder geschiedenen Ehegatten werden nicht angerechnet (§ 11 Abs 2 S 2 BAföG). Jedoch mindern tatsächliche Unterhaltsleistungen des geschiedenen oder getrennt lebenden Ehegatten des Auszubildenden dessen Bedarf (§ 21 Abs 3 Nr 4 BAföG). **84**

85 Eine vorrangige Ausbildungsförderung ist auch dann auf den Unterhaltsbedarf anzurechnen, wenn die Förderung teilweise **als Darlehen gewährt** wird, so bei dem Besuch von Höheren Fachschulen, Akademien und Hochschulen (§ 17 Abs 2 BAföG). Das Darlehen wird unter derart günstigen Bedingungen gewährt – Zinslosigkeit, schonende Rückzahlungsbedingungen, Möglichkeiten zum Teilerlass (§§ 18, 18a, 18b BAföG) –, dass die Kreditaufnahme zumindest einem volljährigen Auszubildenden im Rahmen seiner Obliegenheit zur Selbsthilfe zugemutet werden kann (BGH NJW 1985, 2331 = FamRZ 1985, 916; NJW-RR 1986, 1262; OLG Hamm FAMRZ 1994, 1343 = NJW-RR 1994, 964).

86 Hat das Kind einen Anspruch auf Ausbildungsförderung, ist es im Umfang des Anspruchs nicht bedürftig. Unterlässt es eine Antragstellung, so ist ihm die Ausbildungsförderung als fiktives Einkommen zuzurechnen (OLG Hamm FamRZ 2014, 565). Darüber hinaus ist in der Rechtsprechung die Obliegenheit eines Kindes angenommen worden, auch nach einem ablehnenden BAföG-Bescheid bei zwischenzeitlicher Verschlechterung der finanziellen Situation der Eltern einen erneuten Antrag zu stellen (OLG Karlsruhe NJW-RR 2010, 8).

87 Ist die Ausbildungsförderung endgültig festgesetzt worden, besteht keine Möglichkeit des Landes zum Rückgriff gegen den Unterhaltspflichtigen, da die Subsidiarität der Förderung bereits durch die Anrechnung des Einkommens des Auszubildenden, des Ehegatten oder seiner Eltern verwirklicht worden ist. Dagegen geht der Unterhaltsanspruch bei Gewährung einer **Vorausleistung** auf das Land über, soweit auf den Bedarf des Auszubildenden das Einkommen der Eltern anzurechnen ist (§ 37 Abs 1 S 1 BAföG). Wird eine Ausbildung unabhängig vom Einkommen der Eltern gefördert (§ 11 Abs 2a, Abs 3 BAföG), scheidet daher ein Anspruchsübergang von vorneherein aus. Bei Gewährung eines Bankdarlehens gemäß § 18c BAföG ist der Anspruchsübergang nach § 37 Abs 1 S 3 BAföG ausgeschlossen. Der Forderungsübergang ist der Höhe nach eingeschränkt durch die Höhe der Vorausleistung, durch die Höhe des Unterhaltsanspruchs des Auszubildenden gegen seine Eltern und durch die Höhe des nach dem BAföG anzurechnenden Einkommens der Eltern (vgl BGH FamRZ 2013, 1644).

88 Gegenüber der **Unterhaltspflicht der Großeltern** (und sonstiger nichtelterlicher Verwandter) ist die Ausbildungsförderung **vorrangig**, denn ihr Einkommen und Vermögen wird nach § 11 Abs 2 BAföG auf den Bedarf des Auszubildenden nicht angerechnet. Verlangt der Auszubildende nach dem Tod oder bei Leistungsunfähigkeit seiner Eltern Unterhalt von seinen Großeltern, so können diese ihn auf die Ausbildungsförderung verweisen. Ihnen gegenüber ist der Enkel nicht bedürftig, soweit ihm Ausbildungsförderung zusteht (vgl WENDL/KLINKHAMMER[9] § 8 Rn 248 ff).

89 Leistungen der **Studienstiftung des deutschen Volkes** und andere **Stipendien** einschließlich eines **Büchergeldes** sind auf den Unterhaltsbedarf anzurechnen (OLG Bamberg FamRZ 1986, 1028; OLG Koblenz NJW-RR 1992, 389).

ee) Berufsausbildungsbeihilfe

90 Nach § 56 Abs 1 SGB III haben Auszubildende Anspruch auf **Berufsausbildungsbeihilfe** während einer **Berufsausbildung**, wenn die Berufsausbildung förderungsfähig ist (vgl § 57 SGB III), sie zum förderungsfähigen Personenkreis (vgl § 59 SGB III)

gehören und die sonstigen persönlichen Voraussetzungen (§ 60 SGB III) für eine Förderung erfüllt sind und ihnen die erforderlichen Mittel zur Deckung des Bedarfs für den Lebensunterhalt, die Fahrkosten und die sonstigen Aufwendungen (Gesamtbedarf) nicht anderweitig zur Verfügung stehen.

Das Gleiche gilt nach § 56 Abs 2 SGB III während einer **berufsvorbereitenden Bildungsmaßnahme**.

91 Der Bedarf eines außerhalb des elterlichen Haushalts untergebrachten Auszubildenden orientiert sich nach § 61 Abs 1 SGB III am Bedarf von Studierenden gemäß BAföG (vgl Rn 82). Besonderheiten gelten bei Internatsunterbringung (§ 61 Abs 3 SGB III; zum Abzug eines Ausbildungsmehrbedarfs s OLG Brandenburg FamRZ 2004, 560 sowie Wendl/Klinkhammer[9] § 2 Rn 112 ff).

92 Die Berufsausbildungsbeihilfe, die ein Auszubildender von der Bundesagentur für Arbeit für eine berufliche Ausbildung und für berufsvorbereitende Bildungsmaßnahmen erhält, ist zwar *grundsätzlich nachrangig* (BGH FamRZ 1986, 151, 153 = NJW-RR 1986, 426; vgl auch BGH – III. ZS – FamRZ 2012, 539 Rn 14 ff zum Ausbildungsgeld nach § 104 SGB III aF, nunmehr § 122 SGB III). Denn sie wird nach § 56 Abs 1 Nr 3 SGB III nur gewährt, soweit dem Auszubildenden die hierfür erforderlichen Mittel anderweitig nicht zur Verfügung stehen.

93 Der Nachrang ist aber auch hier – wie bei der Ausbildungsförderung (oben Rn 83) – in der Weise eingeschränkt, dass zwar auf den Gesamtbedarf des Auszubildenden das Einkommen des Auszubildenden, seines Ehegatten und seiner Eltern (Ausnahmen: § 67 Abs 5 SGB III) anzurechnen ist (§ 67 Abs 1 SGB III), dass dabei aber die im Bundesausbildungsförderungsgesetz festgesetzten Freigrenzen zu berücksichtigen sind (67 Abs 2 S 1 SGB III; Abweichungen vom BAföG in bestimmten Einzelfragen, § 67 Abs 2 S 2 SGB III). Dementsprechend ist die Berufsausbildungsbeihilfe, sofern sie nicht elternunabhängig gewährt wird (vgl Rn 95), als Einkommen des Kindes anzurechnen (vgl OLG Celle FamRZ 2016, 830: abzüglich Leistungen für Betreuung eigener Kinder, § 64 Abs 3 S 1 SGB III).

94 Das Einkommen anderer Verwandter als der Eltern, insbesondere der *Großeltern* des Auszubildenden, ist in § 67 Abs 1 SGB III nicht erwähnt. Das bedeutet, dass gegenüber ihrer Unterhaltspflicht die *Berufsausbildungsbeihilfe vorrangig* ist (vgl Rn 88). Die Großeltern können den Auszubildenden, wenn er von ihnen Unterhalt verlangt, auf die Berufsausbildungsbeihilfe verweisen.

95 Macht der Auszubildende glaubhaft, dass er Unterhaltsleistungen der Eltern, auf die er einen Anspruch hat, nicht erhält, oder kann das Einkommen der Eltern nicht berechnet werden, weil sie die erforderlichen Auskünfte nicht erteilen oder Urkunden nicht vorlegen, so wird Berufsausbildungsbeihilfe ohne Anrechnung des maßgebenden Betrags geleistet (§ 68 Abs 1 SGB III). Der Unterhaltsanspruch gegen die Eltern geht bis zur Höhe des anzurechnenden Betrags auf die Agentur für Arbeit über (§ 68 Abs 2 SGB III). Die Agentur für Arbeit hat die Förderung den Eltern anzuzeigen (vgl auch BVerfG 29. 9. 2015 – 1 BvR 1125/14).

96 **Unterhaltsgeld**, das nach § 77 SGB III (aF) Teilnehmern an Maßnahmen zur beruf-

lichen *Weiterbildung* gewährt wurde, ist mit dem Arbeitslosengeld zusammengefasst worden. Das Arbeitslosengeld ist nicht von Unterhaltsansprüchen und -leistungen abhängig und mindert deshalb die unterhaltsrechtliche Bedürftigkeit.

ff) Jugendhilfe

97 Das Verhältnis der Jugendhilfe, die auch Unterhaltsleistungen enthalten kann, zur Unterhaltspflicht von Verwandten war nach der **bis zum 30. 9. 2005** geltenden Gesetzeslage in § 10 Abs 1 SGB VIII geregelt. Danach sollten Unterhaltspflichten durch das SGB VIII nicht berührt werden.

98 Der Unterhaltsbedarf eines Kindes wurde nach der bis zum 30. 9. 2005 geltenden Fassung des SGB VIII durch Leistungen der Kinder- und Jugendhilfe gedeckt, wenn das Kind vor Beginn der Hilfe mit dem unterhaltspflichtigen Elternteil zusammengelebt hatte. Ein Rückgriff des Trägers der Kinder- und Jugendhilfe war dann nicht mehr mittels übergegangenen Unterhaltsanspruchs, sondern nur durch Erhebung eines öffentlich-rechtlichen Kostenbeitrags möglich (BGH FamRZ 2007, 377, 378 f mAnm Doering-Striening FamRZ 2007, 380; OLG Oldenburg NJW 2017, 1249; vgl Luthe, in: jurisPK-SGB VIII § 10 Rn 65 ff). Nur wenn das Kind schon vor Beginn der Hilfe von seinen Eltern getrennt lebte, war die Erhebung eines Kostenbeitrags nicht vorgesehen. Die Leistungen der Kinder- und Jugendhilfe waren gegenüber dem Unterhaltsanspruch subsidiär und dementsprechend nicht bedarfsdeckend anzurechnen. Der Unterhaltsanspruch ging kraft Gesetzes nach § 94 Abs 3 SGB VIII aF auf den Träger der Kinder- und Jugendhilfe über (BGH FamRZ 2007, 377, 378).

99 Aufgrund des Gesetzes zur Weiterentwicklung der Kinder- und Jugendhilfe (Kinder- und Jugendhilfeweiterentwicklungsgesetz – Kick) vom 8. 9. 2005 (BGBl I 2729) findet ein gesetzlicher Forderungsübergang von Unterhaltsansprüchen **seit 1. 10. 2005** nicht mehr statt. Unterhaltspflichtige Personen werden gemäß § 10 Abs 2 S 1 SGB VIII nur noch gemäß §§ 90 bis 97b SGB VIII an den Kosten für Leistungen und vorläufige Maßnahmen nach dem SGB VIII beteiligt. Statt dessen können Elternteile zu den Kosten nach § 91 SGB VIII (insbesondere Hilfe zur Erziehung) nur noch im Rahmen der Heranziehung nach § 92 ff SGB VIII für die Zeit ab der rechtswahrenden Mitteilung nach § 92 Abs 3 SGB VIII durch Leistungsbescheid zur Kostenerstattung verpflichtet werden. Die Heranziehung ist einkommensabhängig (vgl die zu § 94 Abs 5 SGB VIII erlassene Kostenbeitragsverordnung des BMFSFJ – zuletzt geändert durch VO vom 5. 12. 2013 – BGBl I 4040). Von ihr soll in Härtefällen abgesehen werden (§ 94 Abs 5 SGB VIII).

Die Überleitung nach § 95 SGB VIII hat bei Unterhaltsansprüchen keine Bedeutung, weil die Eltern (potenzielle) Kostenbeitragspflichtige im Sinne von § 92 SGB VIII sind.

100 Demnach sind Leistungen der Jugendhilfe bedarfsdeckend anzurechnen (vgl OLG Naumburg MDR 2008, 807) und kommt beim Kindesunterhalt lediglich eine Heranziehung der Eltern durch Leistungsbescheid in Betracht (Beispiele für die Berechnung: BVerwG NJW 2013, 1832; OVG NRW 21. 1. 2014 – 12 A 2071/12 – juris). Für die Anfechtung sind die Verwaltungsgerichte zuständig.

gg) Unterhaltsvorschuss

101 Der Anspruch auf **Unterhaltsleistung**, der nach dem Unterhaltsvorschussgesetz (UVG; Vorbem 181 ff zu §§ 1601 ff) einem in einer unvollständigen Familie lebenden Kind zusteht, ist *nachrangig* gegenüber dem Unterhaltsanspruch des Kindes gegen den Elternteil, bei dem es nicht lebt. Diese Sozialleistung wird nur gewährt, wenn das Kind nicht oder nicht regelmäßig Unterhalt von dem Elternteil, bei dem es nicht lebt, erhält (§ 1 Abs 1 Nr 3 Buchst a UVG); Unterhaltszahlungen dieses Elternteils werden angerechnet (§ 2 Abs 3 Nr 1 UVG). Mit der Zahlung der öffentlichen Unterhaltsleistung *geht* der Unterhaltsanspruch des Kindes gegen den Elternteil, bei dem es nicht lebt, nach § 7 Abs 1 S 1 UVG *auf das Land über* (s dazu BGH FamRZ 2006, 1664; FamRZ 2003, 444; FamRZ 2001, 619; FamRZ 2000, 1358; FamRZ 1998, 357; NJW 1986, 3082 = FamRZ 1986, 878; vgl Vorbem 181 ff zu §§ 1601 ff; Wendl/Klinkhammer[9] § 8 Rn 262 ff).

102 Dagegen sind die Ansprüche nach dem Unterhaltsvorschussgesetz *vorrangig* gegenüber den Unterhaltsansprüchen des Kindes gegen andere Verwandte, insbesondere gegen den Elternteil, bei dem das Kind lebt, und gegen die *Großeltern* (Wendl/Klinkhammer[9] § 8 Rn 270). Ihnen gegenüber ist das Kind nicht bedürftig, soweit es öffentliche Unterhaltsleistungen beanspruchen kann. Nach der eindeutigen gesetzlichen Regelung in § 2 Abs 3 UnterhVG, nach der nur Unterhaltszahlungen des Elternteils, bei dem das Kind nicht lebt, und Waisenbezüge auf die öffentliche Unterhaltsleistung angerechnet werden, bleiben *Unterhaltszahlungen* anderer Verwandter unberücksichtigt (Scholz, Unterhaltsvorschussgesetz § 2 Rn 13).

hh) Weitere nachrangige Sozialleistungen

103 Leistungen der **Kriegsopferfürsorge** nach §§ 25 ff Bundesversorgungsgesetz sind mit bestimmten Leistungen gegenüber dem Unterhalt *nachrangig*. Bis 1993 sahen sie eine Überleitung des Unterhaltsanspruchs auf die Träger der Kriegsopferfürsorge durch Verwaltungsakt vor (vgl § 27g Abs 3, 4 BVG in der bis 26. 6. 1993 geltenden Fassung). Durch das Gesetz zur Umsetzung des Föderalen Konsolidierungsprogramms (FKPG) vom 23. 6. 1993 (BGBl I 944) sind die auf die Überleitung von Unterhaltsansprüchen bezogenen Absätze gestrichen und der Anspruchsübergang an § 91 BSHG (nunmehr § 94 SGB XII) orientiert worden.

Leistungen der Kriegsopferfürsorge werden nur gewährt, wenn der Beschädigte nicht in der Lage ist, den anzuerkennenden Bedarf aus seinem Einkommen und seinem Vermögen zu decken (§ 25a Abs 1 BVG). Dazu gehören nach näherer Maßgabe von § 25d Abs 2 S 2 BVG auch Unterhaltsleistungen.

104 Werden Fürsorgeleistungen trotz eines bestehenden Unterhaltsanspruchs gewährt, so geht – ähnlich wie bei der Sozialhilfe (§ 94 SGB XII) – der Unterhaltsanspruch auf den Träger der Kriegsopferfürsorge über (§ 27h Abs 1 S 1 BVG). Der Übergang ist jedoch ausgeschlossen, wenn der Unterhaltspflichtige mit dem Beschädigten im zweiten oder einem entfernteren Grad verwandt ist (§ 27h Abs 1 S 3 BVG) oder wenn der Übergang eine unbillige Härte bedeuten würde (§ 27h Abs 2 S 2 BVG).

105 Ansprüche auf folgende **Renten nach dem Bundesversorgungsgesetz** sind *nachrangig:*

– *Ausgleichsrente für Schwerbeschädigte* (§ 32 BVG) gegenüber dem Unterhaltsanspruch gegen den Ehegatten oder früheren Ehegatten (§ 33 Abs 1, 5 BVG, § 4 AusglV v 1. 7. 1975, BGBl I 1769),

- *Ausgleichsrente für Halbwaisen* (§ 47 Abs 1 BVG) gegenüber dem Unterhaltsanspruch gegen den noch lebenden Elternteil (§§ 47 Abs 2, 33 Abs 1 BVG, § 15 Abs 2 AusglV),

- wiederaufgelebte *Witwenrente* (§ 44 Abs 2 BVG) gegenüber dem Unterhaltsanspruch der Witwe aus der neuen Ehe (§ 44 Abs 5 BVG).

Dagegen werden Leistungen aufgrund von Unterhaltsansprüchen gegen andere Verwandte und freiwillige Unterhaltsleitungen auf diese Rentenansprüche nicht angerechnet (§ 2 Abs 1 Nr 19 AusglV), insoweit sind die Rentenansprüche also *vorrangig*.

106 Die nach Auflösung einer Zweitehe **wieder auflebende Witwenrente** aus der Erstehe (§§ 61 Abs 3 BeamtVG, 46 Abs 3 SGB VI, 44 Abs 2 BVG, 23 S 2 BEG) ist *nachrangig* gegenüber dem Unterhaltsanspruch aus der Zweitehe (BGH NJW 1979, 815 = FamRZ 1979, 211; FamRZ 1986, 889; kritisch Dieckmann FamRZ 1987, 231; s auch OLG Hamm FamRZ 1985, 604; OLG Koblenz FamRZ 1987, 1154). Dagegen ist dieser Rentenanspruch *vorrangig* gegenüber Unterhaltsansprüchen gegen Verwandte.

IV. (Erwerbs-)Obliegenheiten und fiktive Einkünfte

1. Allgemeines

107 Bedürftigkeit wird allein durch das Fehlen der für den Lebensunterhalt erforderlichen Mittel noch nicht begründet. Bedürftig ist vielmehr nur, wer *außerstande* ist, sich zu unterhalten. Daraus ergibt sich die **Obliegenheit** (Gebot des eigenen Interesses, s Wieling AcP 1976, 334, 346), sich die Mittel für den eigenen Lebensbedarf nach besten Kräften selbst zu beschaffen, etwa durch Ausübung einer Erwerbstätigkeit oder durch Nutzung oder Liquidierung von Vermögenswerten, möglicherweise auch durch Darlehensaufnahme (s Rn 128 ff).

108 Die Bedürftigkeit wird daher auch durch solche Einkünfte gemindert, die zwar tatsächlich nicht gezogen werden, aber in zumutbarer Weise gezogen werden könnten *(fiktive Einkünfte)*. Bei der **Zumutbarkeitsprüfung** sind die Belange des Unterhaltsberechtigten und des Unterhaltspflichtigen unter Berücksichtigung der Umstände des Einzelfalles angemessen gegeneinander abzuwägen (BGH FamRZ 1986, 439 = NJW-RR 1986, 683; FamRZ 1988, 145, 149 = NJW-RR 1988, 514, 517; NJW 1990, 709, 711 = FamRZ 1990, 269, 271).

2. Erwerbsobliegenheit

109 Ein arbeitsfähiger **Volljähriger** muss, wenn er nicht von seinem Vermögen leben kann, nach Abschluss seiner Ausbildung seinen Lebensunterhalt grundsätzlich durch eigene Erwerbstätigkeit verdienen (vgl Wendl/Dose[9] § 1 Rn 774).

110 An die Erwerbsobliegenheit sind strenge Anforderungen zu stellen. Der ausgebil-

dete Volljährige muss sich nachdrücklich **um einen Arbeitsplatz bemühen**, die Meldung beim Arbeitsamt und gelegentliche Antwort auf Zeitungsanzeigen reichen nicht aus (OLG Bamberg FamRZ 1985, 832; vgl auch BGH NJW 1982, 1873 = FamRZ 1982, 255, 257). Wenn er in angemessener Zeit keinen seiner Ausbildung entsprechenden Arbeitsplatz findet, muss er ohne Rücksicht auf seine soziale Stellung, seinen bisherigen Lebenszuschnitt und seinen Bildungsgrad **jedwede Arbeit** annehmen, auch einfachste Arbeiten eines ungelernten Arbeiters (BGH FamRZ 1987, 930, 932; FamRZ 1985, 273; FamRZ 1985, 1245; Wendl/Klinkhammer[9] § 2 Rn 57, 535). Dabei muss er auch einen Umzug an einen anderen Ort in Kauf nehmen (OLG Köln FamRZ 1983, 942). Für die Obliegenheit des erwachsenen Unterhaltsgläubigers zur Nutzung seiner Arbeitskraft gelten ähnliche Maßstäbe wie für den barunterhaltspflichtigen Elternteil im Verhältnis zu dem minderjährigen Kind (§ 1603 Rn 218; s BGHZ 93, 123, 127 = NJW 1985, 806 = FamRZ 1985, 273; FamRZ 1987, 930, 932; FamRZ 1985, 1245; BSGE 58, 165 = FamRZ 1985, 1251, 1253; OLG Hamm FamRZ 1990, 1385 = NJW-RR 1991, 580; Wendl/Klinkhammer[9] § 2 Rn 484).

Die Erwerbsobliegenheit ist gegenüber unterhaltspflichtigen Verwandten nicht auf die Ausübung einer *angemessenen Erwerbstätigkeit* beschränkt. Die Bestimmung des § 1574 Abs 1, nach der der geschiedene Ehegatte nur eine ihm angemessene Erwerbstätigkeit auszuüben braucht, beruht auf dem Grundsatz der fortwirkenden wirtschaftlichen Verantwortung der Ehegatten füreinander (vgl BGH NJW 1983, 1483 = FamRZ 1983, 144) und ist im Verwandtenunterhaltsrecht nicht anwendbar (OLG Köln FamRZ 1986, 499 = NJW-RR 1988, 1454). **111**

Eine Erwerbsobliegenheit kann auch für ein **minderjähriges Kind** bestehen, das nach Beendigung der Schulausbildung keine Berufsausbildung aufnimmt (vgl OLG Frankfurt NJW 2015, 3105; OLG Düsseldorf FamRZ 2010, 2082; OLG Rostock FamRZ 2007, 1267; OLG Köln FuR 2005, 570; OLG Koblenz JAmt 2004, 153; Wendl/Klinkhammer[9] § 2 Rn 52; Wendl/Dose[9] § 1 Rn 774; **aA** Botur, in: Büte/Poppen/Menne, Unterhaltsrecht[3] § 1602 Rn 5 mwNw; MünchKomm/Born[7] Rn 7 f: Erwerbsobliegenheit, deren Verletzung aber sanktionslos bleibt; Staudinger/Engler [2000] Rn 107, 156: Erwerbsobliegenheit nur gegenüber Großeltern). **112**

Während der **Ausbildungszeit** besteht keine Erwerbsobliegenheit des Auszubildenden (Ferien-, Schüler-, Werkstudentenarbeit), wenn dadurch die Ausbildung erschwert oder verzögert wird (MünchKomm/Born[7] Rn 7 ff). Demnach ist einem Minderjährigen, der noch der Schulpflicht unterliegt, selbst dann kein fiktives Einkommen zuzurechnen, wenn dieser dauerhaft die Schule schwänzt (OLG Frankfurt NJW 2015, 3105), auch eine Verwirkung scheidet in diesem Fall aus (§ 1611 Abs 2 BGB). Grundsätzlich ist ein in Ausbildung stehender Unterhaltsberechtigter im Verhältnis zum Unterhaltspflichtigen gehalten, seine Ausbildung mit dem gehörigen Fleiß und der gebotenen Zielstrebigkeit zu betreiben, damit er sie innerhalb angemessener und üblicher Dauer beenden kann (BGH NJW 1984, 1961 = FamRZ 1984, 777; NJW 1987, 1557 = FamRZ 1987, 470; NJW 1995, 1215, 1217 = FamRZ 1995, 475, 477). Im Übrigen kommt es auf die Umstände des Einzelfalls, auf die Dauer der Ausbildung, die Art der Nebentätigkeit und die Einkommensverhältnisse des Unterhaltspflichtigen an (OLG Hamm FamRZ 1988, 425, 427). So kann eine gewisse Erwerbstätigkeit während der Semesterferien am Anfang eines Studiums zumutbar sein (vgl BGH NJW 1980, 393 = FamRZ 1980, 126 – Ehegattenunterhalt) oder während der Arbeit an einer Dissertation (OLG Karlsruhe OLGZ 1980, 209 = FamRZ 1980, 72 [LS]; AG Königstein FamRZ 1992, 594) sowie eine fach- **113** bezogene Nebenerwerbstätigkeit (OLG Düsseldorf FamRZ 1986, 590; OLG Hamm FamRZ 1988, 425, 427). Näheres § 1610 Rn 47, 156 ff.

114 Die **Einkünfte** des Auszubildenden aus einer Erwerbstätigkeit sind ebenso wie die Ausbildungsvergütung (Rn 32, § 1610 Rn 156 f) nach Abzug der erwerbsbedingten Aufwendungen voll auf seinen Unterhaltsbedarf anzurechnen (OLG Köln FamRZ 1995, 55 = NJW-RR 1995, 1027; s auch OLG Hamm FamRZ 1997, 231). Erzielt der Auszubildende Einkünfte aus überobligatorischer Tätigkeit, so ist § 1577 Abs 2 BGB entsprechend anzuwenden (BGH NJW 1995, 1215, 1217 = FamRZ 1995, 475, 477; OLG Hamm FF 2012, 459; **aA** Staudinger/Engler [2000] Rn 109). Wegen der Aufteilung der Anrechnung auf Barunterhalt und Betreuungsunterhalt s § 1606 Rn 42 ff.

115 Eine Erwerbsobliegenheit besteht nicht, soweit öffentlich-rechtliche Vorschriften zum Schutz des Betroffenen eine **Beschäftigung verbieten** (Wendl/Klinkhammer[9] § 2 Rn 52), zB für werdende Mütter und Wöchnerinnen (§§ 3 ff MuSchG) und für Kinder und Jugendliche unter 15 Jahren (§§ 5, 7 JArbSchG).

116 Die Erwerbsobliegenheit kann durch die **Betreuung von Kleinkindern** eingeschränkt sein (s dazu Rn 13 ff). Auch die Betreuung eines *behinderten Kindes* des Unterhaltsberechtigten kann zu einer Einschränkung seiner Erwerbsobliegenheit führen. Hier gelten ähnliche Maßstäbe wie für Unterhaltspflichtige im Fall, dass die gesteigerte Unterhaltspflicht nach § 1603 Abs 2 BGB (hierzu vgl BGH FamRZ 2015, 738; FamRZ 2006, 1010; Rn 18; § 1603 Rn 344 ff) eingreift. Dagegen wirkt sich die (unentgeltliche) Betreuung sonstiger **pflegebedürftiger Angehöriger** des Bedürftigen grundsätzlich nicht einschränkend auf seine Erwerbsobliegenheit aus (Göppinger/Wax/Macco[9] Rn 370). Einer sittlichen Pflicht zur Betreuung steht der Grundsatz der Eigenverantwortung (Rn 5) gegenüber. Die Betreuung darf nicht zu Lasten eines Dritten geleistet werden, der dem Betreuten nicht unterhaltspflichtig ist. Im Übrigen ist die Ansicht des Reichsgerichts überholt, es entspreche „der natürlichen sittlichen Pflicht der Tochter, dem verwitweten Vater den Haushalt zu führen" (RGZ 99, 112, 114). Auch die **Führung eines Familienhaushalts** befreit bei unzureichendem Familienunterhalt (§ 1360 BGB) den Bedürftigen nicht von der Erwerbsobliegenheit gegenüber seinen Verwandten.

117 Die Erwerbsobliegenheit kann wegen **Krankheit** eingeschränkt sein oder entfallen (vgl § 1572 BGB und dazu Staudinger/Verschraegen [2014] § 1572 Rn 15 ff mwNw; Göppinger/Wax/Macco[9] Rn 371). Der Bedürftige ist aber im Falle einer Krankheit gehalten, alles zur Wiederherstellung seiner Arbeitskraft Erforderliche zu tun (OLG Düsseldorf FamRZ 1987, 1262), er muss sich insbesondere einer zumutbaren ärztlichen Behandlung – möglicherweise auch einer Operation (vgl Staudinger/Schiemann [2016] § 254 Rn 83) – unterziehen (Niepmann/Schwamb[13] Rn 496; BGB-RGRK/Mutschler Rn 16).

118 Zu den Krankheiten, die eine Erwerbsobliegenheit ausschließen, kann auch eine **Alkoholsucht** gehören (OLG Schleswig OLGR 2001, 248, 249; OLG Stuttgart FamRZ 1981, 963; OLG Düsseldorf FamRZ 1987, 1262 – jeweils zum Ehegattenunterhalt; Staudinger/Verschraegen [2014] § 1572 Rn 15 ff mwNw; Niepmann/Schwamb[13] Rn 424, 1081; BGB-RGRK/Mutschler Rn 16), ebenso eine **Drogensucht**. Auch eine Erwerbsunfähigkeit, die auf **seelischen Störungen** beruht, kann eine Bedürftigkeit begründen (BGH NJW 1984, 1816 = FamRZ 1984, 660; vgl auch BGH FamRZ 2012, 1533). Allerdings schließt eine neurotische Störung, die im Wesentlichen durch das – wenn auch unbewusste – Streben nach einer

Lebenssicherung ohne die Schwierigkeiten des Arbeitslebens geprägt ist *(Rentenneurose)*, die Erwerbsobliegenheit nicht aus (BGH NJW 1984, 1816; BGHZ 20, 137 = NJW 1956, 1108; OLG Frankfurt FamRZ 1987, 408; vgl Wendl/Klinkhammer[9] § 2 Rn 53).

Mit **zunehmendem Lebensalter** werden die an die Erwerbsobliegenheit zu stellenden Anforderungen geringer (vgl § 1603 Rn 141 ff). Wer nach vielen Berufsjahren im mittleren oder fortgeschrittenen Alter seinen Arbeitsplatz verliert, ist nicht mehr so beweglich wie bei Eintritt in das Erwerbsleben. Aber auch von ihm muss erwartet werden, dass er eine andere, auch geringer bezahlte Arbeit übernimmt, ehe er von seinen Verwandten Unterhalt verlangt. Problematisch sind die Fälle der **Langzeitarbeitslosigkeit**. Findet der ältere Arbeitslose trotz gehöriger Bemühungen keinen Arbeitsplatz, so müssen nach Ablauf der Arbeitslosenversicherung seine Kinder oder seine Eltern für seinen Unterhalt auch dann aufkommen, wenn die Arbeitslosigkeit auf der allgemeinen wirtschaftlichen Lage oder auf der Lage am Arbeitsmarkt beruht (BSG FamRZ 1985, 1251, 1253). Nach Erreichen der **gesetzlichen Regelaltersgrenze** besteht grundsätzlich keine Erwerbsobliegenheit mehr (vgl BGH FamRZ 2003, 860). 119

Die Bedeutung der Unterhaltspflicht für **volljährige Kinder** wird dadurch erheblich eingeschränkt, dass **Sozialleistungen** in diesem Bereich weitgehend als dem Unterhalt vorrangig ausgestaltet sind. 120

Bei **erwerbsfähigen Kindern**, die arbeitslos sind, greift die Grundsicherung für Arbeitsuchende nach dem SGB II ein. Gemäß § 33 Abs 2 SGB II gehen Unterhaltsansprüche auf Sozialleistungsträger nur dann über, wenn die Ansprüche vom Unterhaltsberechtigten geltend gemacht werden (Ausnahme: Unter 25-jährige Kinder, die ihre Erstausbildung noch nicht abgeschlossen haben: dann Legalzession auch ohne Geltendmachung), § 33 Abs 2 S 1 Nr 2 SGB II (näher Wendl/Klinkhammer[9] § 8 Rn 234). Ein Anspruchsübergang scheidet ebenfalls aus bei **schwangeren oder ihrerseits kinderbetreuenden Kindern**, bis das betreute Kleinkind sechs Jahre alt ist (§ 33 Abs 2 S 1 Nr 3 SGB II). 121

Bei dauerhaft **nichterwerbsfähigen volljährigen Kindern** greift im Umfang der Leistungen zur Sicherung des Lebensunterhalts die Grundsicherung für Erwerbsgeminderte nach §§ 41 ff SGB XII. Bezieht ein volljähriges Kind Grundsicherung im Alter und bei Erwerbsminderung, scheidet insoweit ein Anspruchsübergang nach § 94 Abs 1 S 3 2. HS SGB XII aus (im Fall des BGH FamRZ 2012, 1553 geht aus dem Sachverhalt nicht hervor, warum der volljährige Sohn keine Grundsicherung für Erwerbsgeminderte bezog). Dies gilt auch beim **Elternunterhalt**. 122

Bezieht das **volljährige Kind** darüber hinaus weitergehende Leistungen nach dem SGB XII, so ist der Anspruchsübergang nach § 94 Abs 2 SGB XII weitgehend auf Kostenbeiträge eingeschränkt (vgl BGH FamRZ 2012, 530; Wendl/Klinkhammer[9] § 8 Rn 86).

3. Vermögenseinsatz

a) Nutzungsobliegenheit

Bedürftig ist nicht, wer sich aus seinem Vermögen unterhalten kann. Dabei mindern 123 nicht nur die tatsächlich erzielten Einkünfte aus dem Vermögen die Bedürftigkeit (Rn 34 ff), vielmehr müssen auch **fiktive Vermögenseinkünfte** berücksichtigt werden, die in zumutbarer Weise gezogen werden könnten (BGH FamRZ 1986, 439 und 560 = NJW-RR 1986, 683 und 746; FamRZ 1988, 145, 149 = NJW-RR 1988, 514, 517; NJW 1990, 709, 711 = FamRZ 1990, 269, 271). Auf die Herkunft des Vermögens kommt es dafür grundsätzlich nicht an (BGH FamRZ 1988, 1031 – Schmerzensgeld des unterhaltsbedürftigen Ehegatten; Niepmann/Schwamb[13] Rn 574 f).

124 Der Unterhaltsberechtigte muss sein Vermögen so ertragreich wie möglich nutzen **(Nutzungsobliegenheit)**. So muss er leerstehende Wohnungen, Zweitwohnungen, uU auch einzelne Zimmer der (zu) geräumigen eigenen Wohnung vermieten (vgl Göppinger/Wax/Macco Rn 307; Göppinger/Wax/Strohal Rn 519). Allerdings setzt die Nutzungsobliegenheit eine **Zumutbarkeitsprüfung** voraus, bei der die Belange des Unterhaltsberechtigten und des Unterhaltsverpflichteten unter Berücksichtigung aller Umstände des Einzelfalles angemessen gegeneinander abzuwägen sind. Das gilt insbesondere für eine **Vermögensumschichtung** (Wechsel der Anlageform). Bei der Wahl der Anlageform, für die außer der Rendite auch das Verlustrisiko und die Wertbeständigkeit von Bedeutung sind, muss dem Berechtigten eine gewisse Entscheidungsfreiheit verbleiben (BGH FamRZ 1986, 439 und 560 = NJW-RR 1986, 683 und 746; NJW 1992, 1044, 1046 = FamRZ 1992, 423; OLG Saarbrücken FamRZ 1985, 477, 479). Bei einer offensichtlich unwirtschaftlichen Anlageform sind dem Unterhaltsberechtigten jedoch die erzielbaren Mehreinnahmen zuzurechnen (Göppinger/Kindermann[5] Rn 1055).

b) Substanzverwertung

125 Wenn die tatsächlichen und erzielbaren Einkünfte für den Unterhalt nicht ausreichen, muss der Bedürftige den **Stamm seines Vermögens** verbrauchen, ehe er seine Verwandten in Anspruch nehmen kann (zum maßgeblichen Zeitraum vgl Vorbem 30 zu §§ 1601 ff). Das gilt nach Abs 2 allerdings nicht für minderjährige Kinder im Verhältnis zu ihren Eltern (s dazu Rn 151).

126 Im Unterhaltsrecht zwischen geschiedenen Ehegatten braucht der Berechtigte nach **§ 1577 Abs 3 BGB** den Stamm seines Vermögens nicht zu verwerten, soweit die Verwertung unwirtschaftlich oder unter Berücksichtigung der beiderseitigen wirtschaftlichen Verhältnisse unbillig wäre. Diese Bestimmung ist für Unterhaltsansprüche zwischen Verwandten **zu berücksichtigen** (BGH FamRZ 2004, 370, 371 – Elternunterhalt; OLG Karlsruhe FamRZ 2012, 1573 – Notgroschen beim Volljährigenunterhalt; dazu auch OLG Jena NJW-RR 2016, 973; OLG Düsseldorf FamRZ 1994, 767, 770; Wendl/Klinkhammer[9] § 2 Rn 133 f; **aA** Staudinger/Engler [2000] Rn 118), hierfür gibt es jedoch keine allgemeine Billigkeitsgrenze (BGH FamRZ 1986, 48, 50 = NJW-RR 1986, 66).

127 Der BGH zieht die Vorschriften des Sozialhilferechts über das **Schonvermögen**, von dessen Einsatz und Verwertung die Hilfe nicht abhängig gemacht werden darf (§ 90 Abs 2 Nr 9 SGB XII iVm der hierzu erlassenen Durchführungsverordnung; früher: § 88 Abs 2 und 3 BSHG), auch im Unterhaltsrecht heran. Sie kommen dem Unterhaltsberechtigten (BGH FamRZ 2004, 370, 371 – Elternunterhalt; ebenso OLG Karlsruhe FamRZ 2012, 1573 OLG Karlsruhe FamRZ 2012, 1573; OLG Jena 3. 3. 2016 – 1 UF 340/15 – juris – jeweils zum Volljährigenunterhalt; OLG Düsseldorf FamRZ 1994, 767, 770; Wendl/Klinkhammer[9]

§ 2 Rn 133; **aA** STAUDINGER/ENGLER [2000] Rn 119 mwNw) und – weitergehend – dem Unterhaltspflichtigen zugute (BGH FamRZ 2013, 1554; vgl § 1603 Rn 316).

Bargeld und bei Banken oder Bausparkassen **angelegtes Geld** muss für den Unterhalt regelmäßig (bis auf den sog Notgroschen) verbraucht werden (OLG Hamm NJW 2007, 1217; OLG Frankfurt OLGR 2007, 285; OLG Düsseldorf FamRZ 1990, 1137; OLG Hamm FamRZ 1982, 1099), auch wenn durch vorzeitige Abhebung ein Zinsverlust entsteht. Wertpapiere sind ohne Rücksicht auf einen etwaigen Kursverlust zu verkaufen. Eine Kapitalreserve für Krankheitsfälle oder sonstigen plötzlich auftretenden Sonderbedarf **(Notgroschen)** steht in gewissem Umfang auch dem Unterhaltsberechtigten zu (BGH FamRZ 2004, 370, 371 – Elternunterhalt; BGH FamRZ 1998, 367, 369; OLG Düsseldorf FamRZ 1990, 1137; WENDL/KLINKHAMMER[9] § 2 Rn 134; **aA** STAUDINGER/ENGLER [2000] Rn 122). **128**

Forderungen sind einzuziehen, soweit erforderlich durch gerichtliche Geltendmachung und Zwangsvollstreckung. Von der Geltendmachung kann abgesehen werden, soweit die Ansprüche ersichtlich nicht realisierbar sind. Falls ein Anspruch nicht rechtzeitig eingezogen werden kann, muss er möglichst auf andere Weise verwertet werden, zB durch Verkauf oder Verpfändung (RGZ 81, 241, 242). **129**

Zu den zu verwertenden Ansprüchen gehören **130**

- Ansprüche auf nicht nachrangige **Sozialleistungen** (insbesondere BAföG, Grundsicherung im Alter und bei Erwerbsminderung), dazu Rn 47 ff,
- der Anspruch nach § 528 BGB auf **Herausgabe eines Geschenkes** wegen Notbedarfs (BGH NJW 1991, 1824; OLG Schleswig NJW-RR 2009, 1369 – Elternunterhalt), s auch §§ 519 und 530 BGB. Bei regelmäßig wiederkehrendem Unterhaltsbedarf des Schenkers richtet sich der Anspruch aus § 528 Abs 1 S 1 BGB auf wiederkehrende Leistungen des Beschenkten in einer dem angemessenen Unterhaltsbedarf entsprechenden Höhe, bis der Wert des Schenkungsgegenstandes erreicht ist (BGH FamRZ 1996, 483),
- Ansprüche aus einem **Leibrentenvertrag** (§ 759 BGB) und vertragliche Unterhaltsansprüche, auch wenn sie aus einem Vertrag zwischen dem Unterhaltspflichtigen und einem Dritten zugunsten des Berechtigten herrühren (RG WarnR 1916 Nr 284; vgl auch STAUDINGER/JAGMANN [2009] § 328 Rn 64),
- **Schadensersatzansprüche** aus § 823 BGB (GÖPPINGER/WAX/STROHAL[9] Rn 625, 634), auch Ansprüche auf eine *Kapitalabfindung* nach §§ 844 Abs 2, 843 Abs 3 BGB (RGZ 151, 101, 103) sowie *Schmerzensgeldansprüche* (vgl Rn 35; GÖPPINGER/WAX/STROHAL[9] Rn 593; WENDL/KLINKHAMMER[9] § 2 Rn 378 – jeweils mit Einschränkungen im Hinblick auf die Genugtuungsfunktion; **aA** NIEPMANN/SCHWAMB[13] Rn 592; OLG Düsseldorf FamRZ 1992, 1097, 1098; BGB-RGRK/MUTSCHLER Rn 8; vgl auch WENDL/DOSE[9] § 1 Rn 726),
- Ansprüche auf **Zugewinnausgleich** nach § 1378 BGB (MünchKomm/KÖHLER[3] Rn 8; s auch BGH NJW 1985, 909, 911 = FamRZ 1985, 357, 359 zu § 1577 Abs 3),
- der Anspruch aus einem **Mitgiftversprechen** gemäß § 1624 BGB (RG WarnR 1919 Nr 334),

– der Anspruch auf **Erbauseinandersetzung** nach § 2042 BGB (RGZ 81, 241) und aus einem **Vermächtnis** (§ 2174),

– **Pflichtteilsansprüche** nach § 2303 BGB (RG WarnR 1919 Nr 98). Der Bundesgerichtshof hat eine Obliegenheit des unterhaltspflichtigen Ehegatten zur Geltendmachung eines Pflichtteilsanspruchs in einem Fall verneint, in dem das Testament eine Verfallklausel enthielt und die Zahlung des laufenden Unterhalts aus dem Erwerbseinkommen des Mannes erfolgen konnte (BGH NJW 1982, 2771 = FamRZ 1982, 996; ebenso OLG Celle FamRZ 1987, 1038, 1040 in einem Fall, in dem der Pflichtteilsanspruch dem unterhaltsberechtigten Ehegatten zustand). Diese Rechtsprechung ist aber auf den Pflichtteilsanspruch eines unterhaltsberechtigten Verwandten nicht anwendbar. Das Bestehen einer Verfallklausel darf ihn an der Geltendmachung des Pflichtteilsanspruchs nicht hindern, weil er sich sonst den Anspruch auf die Erbschaft auf Kosten des Unterhaltsverpflichteten sichern würde. Möglicherweise kann er den künftigen Erbschaftsanspruch für eine Kreditaufnahme verwerten.

131 **Bewegliche Habe** muss veräußert werden, soweit sie nicht zu einer der Lebensstellung des Bedürftigen entsprechenden Lebensführung benötigt wird. Äußerste Grenzen sind dabei die *Pfändungsverbote* des § 811 ZPO, die dem Schutz des Schuldners aus sozialen Gründen im öffentlichen Interesse dienen (STEIN/JONAS/MÜNZBERG, ZPO § 811 Rn 1). Bei einer gehobenen Lebensstellung des Unterhaltsberechtigten werden die Grenzen weiter zu ziehen sein, andererseits wird er Sachen, die dem Zugriff von Gläubigern unterliegen, in erster Linie für seinen Unterhalt verwerten müssen. Besonders wertvolle Einrichtungsgegenstände hat der Unterhaltsberechtigte nach den Grundsätzen über die *Austauschpfändung* (§ 811a ZPO) zu verwerten. Kunstgegenstände, Schmuck, Goldbarren, Münz- und Briefmarkensammlungen sind zu veräußern (RG WarnR 1921 Nr 101).

132 Die **Unwirtschaftlichkeit** eines Verkaufs steht der Verwertungsobliegenheit nicht ohne Weiteres entgegen (so aber BGH FamRZ 1957, 120; FamRZ 1966, 128; OLG Frankfurt FamRZ 1987, 1179). Nur wenn der zu erzielende Erlös so gering ist, dass er im Verhältnis zu dem geschuldeten Unterhalt nicht ins Gewicht fällt, kann von der Veräußerung abgesehen werden. Auch Sachen, die für den Unterhaltsberechtigten einen besonderen *Affektionswert* haben, sind zu verwerten, soweit durch den Erlös der Unterhaltsanspruch wesentlich gemindert wird (BGB-RGRK/MUTSCHLER Rn 22; **aA** GÖPPINGER/KINDERMANN[5] Rn 1069). Die Erhaltung wertvoller Familienerbstücke darf nicht auf Kosten des Unterhaltspflichtigen gehen.

133 **Grundstücke**, die keinen Ertrag erbringen, zB ein *Ferienhaus* (vgl BGH FamRZ 1986, 48, 50 = NJW-RR 1986, 66 [zu § 1603]), sind zu veräußern. Das gilt grundsätzlich auch, wenn die Grundstückserträge für den Unterhalt nicht ausreichen. Anders als im Sozialrecht (§ 90 Abs 2 Nr 8 SGB XII) kann der Unterhaltsberechtigte die Belassung eines eigenen *Familienheims* nicht verlangen. Zu beachten ist jedoch, dass mit der Veräußerung die Erträge und die Eigennutzung wegfallen, sodass es für den Unterhaltspflichtigen auf die Dauer günstiger sein kann, dem Bedürftigen das Grundstück zu erhalten (MünchKomm/KÖHLER[3] Rn 8). In diesem Fall kann von der Veräußerung abgesehen werden.

4. Kreditaufnahme

Eine Obliegenheit des Unterhaltsberechtigten, seine Bedürftigkeit durch Aufnahme eines Kredits zu beheben, ist nur in einzelnen Fallkonstellationen anzuerkennen (zur Darlehensaufnahme durch den Unterhaltspflichtigen vgl BVerfG FamRZ 2005, 151 sowie § 1603 Rn 148). Insbesondere ist vom Unterhaltsberechtigten nicht zu verlangen, dass er seinen Konsum fremdfinanziert, indem er beispielsweise zum Erwerb von Haushaltsgegenständen Verbraucherdarlehen oder sonstige Finanzierungshilfen in Anspruch nimmt. **134**

Die Obliegenheit zur Darlehensaufnahme ist von der Rechtsprechung anerkannt: **135**

- für **BAföG-Darlehen** (BGH FamRZ 1985, 916; BGH FamRZ 1989, 499 zum Anspruchsübergang nach § 37 BAföG; OLG Hamm FamRZ 2014, 565). Anderes dürfte für den – ebenfalls öffentlich geförderten – Bildungskredit gelten (OLG Bremen FamRZ 2013, 1050)

- bei voraussichtlich **rückwirkender Rentenzahlung,** hier ist der Unterhaltsberechtigte gehalten, ein Darlehensangebot des Unterhaltspflichtigen anzunehmen, das im Fall der rückwirkenden Rentenbewilligung zurückzuzahlen ist (BGH FamRZ 1983, 574 – Ehegattenunterhalt; vgl auch BGH FamRZ 1989, 718; FamRZ 1990, 269; Staudinger/Verschraegen [2014] § 1585 Rn 12 f).

Darüber hinaus ist die Darlehensaufnahme in Betracht zu ziehen zur Überbrückung absehbar vorübergehender Notlagen (vgl etwa für den Unterhaltspflichtigen BGH FamRZ 1987, 372; FamRZ 1985, 158; FamRZ 1982, 1050 – jeweils zur Leistungsfähigkeit durch zumutbare Darlehensaufnahme nach Wechsel der Tätigkeit; vgl auch BGH FamRZ 2003, 1471), die dem Unterhaltsberechtigten eine absehbare Überbrückung ermöglichen (vgl Staudinger/Verschraegen [2014] § 1577 Rn 84 mwNw). **136**

Die Inanspruchnahme eines **Realkredits** (Hypothek, Grundschuld, Verpfändung beweglicher Sachen) kommt in Betracht, wenn die Veräußerung der zu beleihenden Sache (s Rn 127) sich verzögert oder nicht möglich ist. Dabei muss auch die Verzinsung und Amortisation des Kredits sichergestellt werden (vgl BGH FamRZ 1966, 28). Ein **Personalkredit** wird vor allem bei *vorübergehenden Notlagen* aufzunehmen sein, wenn der Unterhaltsberechtigte zeitweilig keine ausreichenden Einkünfte erzielt, sie später aber voraussichtlich wieder erzielen wird. Das Bedenken, dass damit unterhaltsrechtlich die späteren Einkünfte berücksichtigt würden, während es für die Bedürftigkeit auf den Zeitraum ankommt, für den Unterhalt verlangt wird (Rn 18; Göppinger/Kindermann[5] Rn 1071), greift nicht durch. Denn die Aussicht auf einen späteren Erwerb kann unterhaltsrechtlich ein gegenwärtiger Vermögenswert sein. **137**

Zu einer vorübergehenden Notlage, die durch eine Kreditaufnahme zu überbrücken ist, kann es am *Anfang einer selbständigen Berufstätigkeit* kommen, und zwar sowohl nach Beendigung der Ausbildung als auch bei einem Wechsel von einer unselbständigen zu einer selbständigen Berufstätigkeit (vgl BGH NJW 1982, 1050, 1052 = FamRZ 1982, 365, 366 f [zu § 1603]). **138**

Ein Unterhaltsberechtigter muss eine vorrangige **Ausbildungsförderung** auch dann in Anspruch nehmen, wenn sie *als Darlehen gewährt* wird (Rn 85). Eine Pflicht zur **139**

Darlehensaufnahme kommt ferner in Betracht, solange über einen **Rentenantrag** noch nicht entschieden ist (Rn 23).

140 Soweit ein Unterhaltsberechtigter zur Kreditaufnahme verpflichtet ist, darf er ein **Darlehensangebot des Unterhaltsverpflichteten** nicht ausschlagen (vgl BGH NJW 1983, 1481 = FamRZ 1983, 574; OLG Köln NJW 1980, 2817). In anderen Fällen kann sich jedoch ein Unterhaltspflichtiger seiner Unterhaltspflicht nicht dadurch entziehen, dass er dem Unterhaltsberechtigten die für seinen Lebensunterhalt erforderlichen Beträge darlehensweise gewährt (OLG Hamburg FamRZ 1980, 912, 914; Graba FamRZ 1985, 118, 121).

V. Berücksichtigung von Verbindlichkeiten

141 Ob und ggf unter welchen Voraussetzungen Verbindlichkeiten des Unterhaltsberechtigten bei der Prüfung seiner Bedürftigkeit zu berücksichtigen sind, ist streitig.

1. Einkommens- und vermögenslose Bedürftige

142 Verbindlichkeiten bleiben außer Betracht, wenn der Unterhaltsberechtigte *weder Einkünfte noch Vermögen* hat. Dann schuldet der Unterhaltsverpflichtete den angemessenen Lebensbedarf des Berechtigten, zu dem nicht die Begleichung seiner Schulden gehört. Eine andere Frage ist, ob der Berechtigte den ihm gewährten Unterhalt auch zur Tilgung seiner Verbindlichkeiten verwenden muss (vgl dazu § 850b Abs 2 ZPO). Jedenfalls führt eine Verschuldung des Berechtigten nicht zu einer Erhöhung seines Unterhaltsanspruchs. Die Unterhaltspflicht umfasst nicht die Befriedigung der Gläubiger des Unterhaltsberechtigten (Mot IV 696).

143 Nach herrschender Meinung soll eine *Ausnahme* dann gelten, wenn die Verbindlichkeiten zur Deckung des angemessenen Lebensbedarfs oder eines Sonderbedarfs begründet worden sind, insoweit handele es sich um „Quasibedarfsposten" (Hoppenz FamRZ 1987, 324) oder um eine „Nachfinanzierung" von Unterhaltsleistungen (Kalthoener/Büttner Rn 327; einschränkend BGB-RGRK/Mutschler Rn 24; MünchKomm/Köhler[3] Rn 30). Dem kann nicht gefolgt werden. Ein entstandener Unterhaltsanspruch entfällt nicht dadurch, dass der Berechtigte zur Deckung seines Bedarfs eine Verbindlichkeit eingeht. Soweit die sachlichen und zeitlichen (§ 1613 BGB) Voraussetzungen für einen Unterhaltsanspruch gegeben sind, schuldet der Unterhaltspflichtige Unterhalt und nicht die Rückzahlung der Schulden. Anderenfalls, etwa bei unterbliebener Mahnung (§ 1613 Abs 1 BGB), schuldet er weder Unterhalt noch eine Nachfinanzierung. Soweit durch die nicht rechtzeitige Erfüllung des Unterhaltsanspruchs ein Schaden entstanden ist (zB Darlehenszinsen), kommt ein Schadensersatzanspruch wegen Verzuges in Betracht.

144 Es mag Fälle geben, in denen die Tilgung von besonders dringenden Verbindlichkeiten des Bedürftigen auch im Interesse des unterhaltspflichtigen Verwandten liegt, etwa wenn durch die Deckung von Mietrückständen des Bedürftigen die Räumung seiner preisgünstigen Wohnung verhindert und Umzugskosten und höhere Mietzinsen für eine neue Wohnung erspart werden. Aber auch dann gehört die Tilgung der Rückstände nicht zur Unterhaltspflicht. Der Unterhaltspflichtige kann ihm drohende Nachteile dadurch vermeiden, dass er die Rückstände gegen Abtretung der

Ansprüche oder als Geschäftsführer ohne Auftrag begleicht und dadurch einen Ersatzanspruch gegen den Bedürftigen erwirbt (§ 683 BGB).

2. Nicht ausreichende Einkünfte

Hat der Unterhaltsberechtigte Einkünfte oder Vermögen, die für seinen Unterhalt und die Erfüllung seiner Verbindlichkeiten *nicht ausreichen,* so muss er seine Mittel in erster Linie für seinen Unterhalt verwenden. Reichen die Mittel zur Deckung seines angemessenen Lebensbedarfs aus, so ist er nicht bedürftig. Dabei dürfen Schulden des Unterhaltsberechtigten nicht berücksichtigt werden, weil sie sonst auf Kosten des Unterhaltspflichtigen erfüllt würden. Das gilt jedenfalls für den Verwandtenunterhalt, beim Ehegattenunterhalt (§ 1361 BGB) mag es anders sein (OLG Frankfurt FamRZ 1981, 955). 145

Der Ansicht, Verbindlichkeiten müssten bei der Beurteilung der Bedürftigkeit ebenso berücksichtigt werden wie nach § 1603 Abs 1 BGB bei der Leistungsfähigkeit des Unterhaltspflichtigen (Göppinger/Wax/Strohal[8] Rn 368 aE; MünchKomm/Köhler[3] Rn 29, 30), kann nicht gefolgt werden. § 1602 BGB schreibt im Gegensatz zu § 1603 Abs 1 BGB die Berücksichtigung von Schulden nicht vor. Die Bestimmung des § 1603 Abs 1 BGB kann auf die Bedürftigkeit nicht entsprechend angewandt werden (OLG Breslau OLGE 33, 349), weil ihr Zweck hier nicht passt: § 1602 BGB knüpft an eine gegenwärtig bestehende Unfähigkeit des Berechtigten, sich selbst zu unterhalten, an (Rn 18), dagegen soll durch § 1603 Abs 1 BGB der angemessene Unterhalt des Unterhaltspflichtigen auf Dauer sichergestellt werden (§ 1603 Rn 139 f; vgl auch Göppinger/Wenz[5] Rn 1195). 146

3. Entstehungszeitpunkt

Eine Unterscheidung zwischen Verbindlichkeiten, die vor oder nach Eintritt der Bedürftigkeit entstanden sind (so in der Vergangenheit Göppinger/Kindermann[5] Rn 1145; Kalthoener/Büttner Rn 382; BGB-RGRK/Mutschler Rn 24; MünchKomm/Köhler[3] Rn 29 – mit unterschiedlichen Ergebnissen), hilft nicht weiter. Auch später entstandene Schulden, die zur Deckung des laufenden Lebensbedarfs gemacht worden sind (zB Mietzinsen, Beschaffung von Lebensmitteln oder Kleidung auf Kredit), sind nicht als solche zu berücksichtigen, vielmehr ist der Unterhalt nach dem ursprünglichen Bedarf zu bemessen (Rn 134). 147

4. Schulden für Eigenheim

Verbindlichkeiten, die durch den Erwerb eines Eigenheims entstanden sind, sind ebenfalls nicht zu berücksichtigen. Soweit Zins- und Tilgungsleistungen der Miete für eine angemessene Wohnung entsprechen, werden sie von dem angemessenen Unterhalt umfasst (BGH NJW 1984, 1237 = FamRZ 1984, 358, 360). Mehrbeträge führen nicht zu einer Erhöhung des Unterhaltsanspruchs. Tilgungsleistungen bewirken eine Vermögensbildung des Bedürftigen und dürfen schon deshalb nicht auf Kosten des Unterhaltspflichtigen erfolgen (Göppinger/Wax/Strohal Rn 467; BGB-RGRK/Mutschler Rn 24). Aber auch die Zinsen können nicht anders behandelt werden als sonstige Verbindlichkeiten des Bedürftigen (vgl aber auch BGH FamRZ 2017, 519 zu § 1603 BGB). 148

5. Unterhaltspflichten

149 Unterhaltspflichten des Bedürftigen müssen *unberücksichtigt* bleiben, weil ihre Berücksichtigung zu einer mittelbaren Unterhaltspflicht gegenüber dritten Personen führen würde, die es nach dem Gesetz nicht gibt (Mot IV 698; RG Recht 1916 Nr 1146; RG Recht 1917 Nr 2022 = LZ 1918, 217; OLG Celle OLGE 18, 276; OLG Düsseldorf OLGE 38, 145; OLG Neustadt VersR 1956, 441; LG Köln NJW 1959, 1324; BGH NJW 1986, 1869 = FamRZ 1986, 668). Eine Einschränkung gilt allerdings insoweit, als die Erwerbsobliegenheit einer bedürftigen Tochter durch ihre Pflicht zur **Kindesbetreuung** (§ 1606 Abs 3 S 2 BGB) eingeschränkt sein kann (Rn 13 ff). Die Nichtberücksichtigung von Unterhaltspflichten des Bedürftigen bei der Bemessung seines Unterhalts schließt nicht aus, dass der Berechtigte den ihm gewährten Unterhalt zur Erfüllung der ihm obliegenden Unterhaltspflichten – zumindest im Rahmen des § 1603 Abs 2 BGB – mitverwenden muss (BGH NJW 1980, 934 = FamRZ 1980, 555; § 1603 Rn 98 ff mwNw).

6. Prozesskosten

150 Verbindlichkeiten, die durch die Führung eines Rechtsstreits entstanden sind (Gerichtskosten, Anwaltskosten), sind bei der Prüfung der Bedürftigkeit ebenfalls nicht zu berücksichtigen. Nach dem Willen der Verfasser des BGB sollten weder die Kosten von Prozessen, die das Vermögen betreffen, noch von solchen, die die persönlichen Verhältnisse des Unterhaltsberechtigten zum Gegenstand haben, zu den Alimenten gehören (Mot IV 696 f; Beitzke FamRZ 1959, 44). Nach heutiger Auffassung kann der Unterhalt zwar eine (**Prozesskosten-)Verfahrenskostenvorschusspflicht** umfassen, um dem Unterhaltsberechtigten die Führung eines Prozesses zu ermöglichen (§ 1610 Rn 192 ff). Das gilt aber nur, soweit und solange der Vorschuss zur Durchführung des Verfahrens erforderlich ist. Nach Abschluss des Verfahrens können die Prozess-/Verfahrenskosten ebensowenig wie sonstige Verbindlichkeiten des Unterhaltsberechtigten dem Unterhaltspflichtigen gegenüber berücksichtigt werden (BGH NJW 1964, 2151 = FamRZ 1964, 558, 560; NJW 1985, 2265 = FamRZ 1985, 902; OLG Stuttgart NZFam 2014, 754; LG Dortmund NJW 1958, 1593 m zust Anm Beitzke). Eltern schulden ihren minderjährigen Kindern einen Prozesskostenvorschuss auch dann, wenn sie ihn zwar nicht in einer Summe zahlen können, aber nach § 115 Abs 1 und 2 ZPO, der regelmäßig auch ihren notwendigen Selbstbehalt wahrt, für eine eigene Prozessführung zu Ratenzahlungen in der Lage wären. Dann kann dem vorschussberechtigten Kind Prozess-/Verfahrenskostenhilfe auch nur gegen entsprechende Ratenzahlung bewilligt werden (BGH FamRZ 2004, 1633). Zur – nur ausnahmsweise zulässigen – Anrechnung eines geleisteten Verfahrenskostenvorschusses im Kostenfestsetzungsverfahren s BGH FamRZ 2010, 452. Nähere Einzelheiten unter § 1610 Rn 192 ff.

VI. Minderjährige Kinder, Abs 2

1. Allgemeines

151 Abs 2 begünstigt Unterhaltsansprüche minderjähriger (bis 17. 7. 2017 zusätzlich: unverheirateter; vgl Rn 1) Kinder gegen ihre Eltern. Die Kinder sind, auch wenn sie Vermögen haben, unterhaltsberechtigt, soweit die Einkünfte ihres Vermögens und die Erträge ihrer Arbeit zum Unterhalt nicht ausreichen. Sie brauchen also den

Stamm ihres Vermögens nicht einzusetzen. Damit wird zugleich der Grundsatz der wirtschaftlichen Eigenverantwortung (Rn 5) eingeschränkt und die Unterhaltspflicht der Eltern gesteigert.

Diese Privilegierung wird aus der *natürlichen Stellung und Aufgabe der Eltern* hergeleitet, die sie verpflichtet, ihre Kinder grundsätzlich durch eigene Kräfte und Mittel zur Selbständigkeit zu bringen; auch wirtschaftlich sei die Selbständigkeit und das spätere Fortkommen der Kinder gesicherter, wenn sie bei Vollendung ihrer Ausbildung nicht von allen Mitteln entblößt seien (Mot IV 681). Das wirtschaftliche Argument trägt allerdings nicht bei Fortdauer der Ausbildung nach Eintritt der Volljährigkeit, weil dann Abs 2 nicht mehr eingreift.

Eine weitere Begünstigung der minderjährigen Kinder enthält *§ 1603 Abs 2 S 1 BGB,* wonach Eltern auch bei Gefährdung ihres eigenen angemessenen Unterhalts verpflichtet sind, alle verfügbaren Mittel zu ihrem und der Kinder Unterhalt gleichmäßig zu verwenden. Die durch das KindUG eingefügte Bestimmung des § 1603 Abs 2 S 2 BGB dehnt dieses Privileg aus auf volljährige unverheiratete Kinder bis zur Vollendung des 21. Lebensjahres, solange sie im Haushalt der Eltern oder eines Elternteils leben und sich in der allgemeinen Schulausbildung befinden (s dazu § 1603 Rn 351 ff). Die gesteigerte Unterhaltspflicht besteht aber nicht gegenüber einem Kinde, dessen Unterhalt aus dem Stamm seines Vermögens bestritten werden kann (§ 1603 Abs 2 S 3 2. Alt). Die Begünstigung der Kinder nach § 1602 Abs 2 BGB besteht daher nur gegenüber voll leistungsfähigen Eltern.

2. Kinder

a) Die Privilegierung gilt **nur im Verhältnis des Kindes gegenüber seinen Eltern**, nicht umgekehrt, auch nicht gegenüber Großeltern und entfernteren Verwandten. Kinder sind Abkömmlinge ersten Grades unabhängig davon, ob die Eltern miteinander verheiratet sind oder nicht (Staudinger/Rauscher [2011] § 1589 Rn 14). Dazu gehören auch angenommene und in Adoptionspflege befindliche Kinder (§ 1601 Rn 10, 17). Unerheblich ist, ob den Eltern das Sorgerecht zusteht und ob die Kinder zum elterlichen Hausstand gehören (Mot IV 681). 152

b) **Minderjährig** ist das Kind bis zur Vollendung des 18. Lebensjahres (§ 2; vor 1975 des 21. Lebensjahres, s dazu Staudinger/Habermann/Weick [1995] § 2 Rn 1). Eine Volljährigerklärung (§ 3 aF) gibt es seit der Herabsetzung des Volljährigkeitsalters nicht mehr. Auch eine Eheschließung vor Vollendung des 18. Lebensjahres führt nicht zum Eintritt der Volljährigkeit (§§ 1303, 1633 BGB). 153

Eine entsprechende Anwendung des Abs 2 auf **volljährige** Kinder, die sich noch in der Ausbildung befinden, ist nicht zulässig; diese Kinder müssen auch den Stamm ihres Vermögens für ihren Unterhalt einsetzen (Göppinger[5] Rn 932; Soergel/Häberle Rn 13; OLG Frankfurt FamRZ 1987, 1179; OLG Hamm FamRZ 1982, 1099; OLG München FamRZ 1996, 1433). Der Gesetzgeber hat das Privileg bewusst auf Minderjährige beschränkt, weil das volljährige Kind nicht mehr abhängig von den Eltern ist und über sein Vermögen beliebig verfügen kann (Mot IV 682). 154

c) **Unverheiratet** sind nach herrschender Meinung Kinder, die niemals verheiratet 155 gewesen sind (Gernhuber/Coester-Waltjen[6] § 46 I Rn 2 mwNw; Rauscher, Familienrecht[2] Rn 840; Göppinger/Wenz[5] Rn 1209); die gesteigerte Unterhaltspflicht der Eltern soll nach Auflösung der Ehe nicht wieder aufleben (BGB-RGRK/Mutschler Rn 25; vgl OLG Köln FamRZ 1983, 643 zu § 1612). Das Merkmal gilt nach der Änderung durch das *Gesetz zur Bekämpfung von Kinderehen* vom 17. 7. 2017 (BGBl I 2429) nur noch für die Zeit **vor dem 22. 7. 2017** (Inkrafttreten).

156 Nach Engler (Staudinger/Engler [2000] Rn 147) sprach der Wortlaut des Gesetzes eher für den gegenwärtigen Familienstand des Kindes, das nach Auflösung der Ehe „unverheiratet" ist. Auch die Begründung für die gesetzliche Regelung, dass das Kind mit der Verheiratung aus dem engeren Familienverband ausscheide (Mot IV 683), besage nicht, dass das Ausscheiden endgültig sei. Deshalb solle auf die **unterhaltsrechtlichen Folgen** der Eheschließung und der Auflösung der Ehe abgestellt werden. Mit der Eheschließung trete die Unterhaltspflicht der Eltern hinter die des Ehegatten zurück (§ 1608 BGB), die vorrangige Haftung des Ehegatten bleibe auch nach **Scheidung** oder **Aufhebung der Ehe** bestehen (§§ 1584, 1318 BGB). Dem geschiedenen Ehegatten gegenüber müsse auch ein Minderjähriger im Rahmen des § 1577 Abs 3 BGB den Stamm seines Vermögens einsetzen. Gegenüber den zweitrangig haftenden Eltern könne er nicht besser gestellt werden. Die gesteigerte Haftung der Eltern **lebe** deshalb nach Scheidung oder Aufhebung der Ehe des Kindes **nicht wieder auf**. Im Übrigen werde es selten vorkommen, dass die Ehe eines Minderjährigen vor Vollendung seines 18. Lebensjahres geschieden oder aufgehoben werde.

157 Anders sei es bei der Auflösung der Ehe durch **Tod des Ehegatten** (Staudinger/Engler [2000] Rn 148). Damit erlösche der eheliche Unterhaltsanspruch (§§ 1360a Abs 3, 1615 Abs 1 BGB). Unterhaltsrechtlich befinde sich also das verwitwete Kind in derselben Lage wie das unverheiratete. Eine 17-jährige Schülerin, die einen vermögenslosen Studenten geheiratet habe, sei nach dem Tode ihres Mannes ebenso schutzbedürftig wie ohne die Heirat. In diesem Fall sollte deshalb die gesteigerte Unterhaltspflicht der Eltern, die ohnehin nur bis zur Volljährigkeit dauert, wieder aufleben.

3. Anzurechnende Einkünfte

158 **a)** Auf den Unterhaltsanspruch des minderjährigen unverheirateten Kindes bleiben zunächst **Einkünfte aus seinem Vermögen** (s Rn 34 ff) anrechenbar. Die Abgrenzung zwischen Einkünften und Stamm des Vermögens ist nach dem Zweck der Regelung dahin vorzunehmen, dass den Kindern der Wert ihres Vermögens erhalten bleibt, sie aber eine Steigerung des Vermögenswertes nicht beanspruchen können. So sind *Kursgewinne* von Wertpapieren zu den Einkünften zu rechnen (RG WarnR 1913, 297).

159 Bei **Renten** des Kindes wird das Rentenstammrecht zum Vermögen gezählt, dagegen werden die einzelnen Rentenleistungen als anrechenbare Einkünfte angesehen (BGH FamRZ 1970, 587; BayObLGZ 1951, 440, 445 und Bd 28, 63; Göppinger/Kindermann[5] Rn 1060; BGB-RGRK/Mutschler Rn 27). Hiergegen bestehen Bedenken, weil das Rentenstammrecht (vgl dazu Staudinger/Mayer [2015] Vorbem 25 ff zu §§ 759–761) durch die Einzelleistungen laufend an Wert verliert. Wird das Grundstück eines minderjährigen Kindes gegen Gewährung einer *Leibrente* (§ 759 BGB) verkauft, so können die einzelnen Rentenzahlungen nicht auf den Unterhalt angerechnet werden. Anders ist es bei *Waisenrenten* und *Schadensersatzrenten,* die anstelle oder als Ersatz für entgangenen Unterhalt geleistet werden. Eine **Halbwaisenrente** ist in voller Höhe auf den Unterhalt anzurechnen, der bei Fremdunterbringung des Kindes auch den Betreuungsunterhalt umfasst (BGH FamRZ 2006, 1597 mAnm Born).

Soweit den Eltern die Vermögenssorge zusteht, können sie nach **§ 1649 Abs 1 BGB** 160
die Einkünfte des Kindesvermögens nach Abzug der Verwaltungskosten unmittelbar für den Unterhalt des Kindes verwenden. Zur unterschiedlichen Bedeutung des Begriffs „Einkünfte" in §§ 1649 Abs 1 und 1602 Abs 2 BGB s § 1649 Rn 16.

b) Das minderjährige Kind muss ferner den **Ertrag seiner Arbeit** für seinen 161
Unterhalt verwenden. Arbeitserträge sind Einkünfte aus *unselbständiger Erwerbstätigkeit* (Rn 31 ff) und aus dem *selbständigen Betrieb eines Erwerbsgeschäftes* (vgl §§ 112, 1649 Abs 1 BGB). Insoweit hat die Bestimmung durch Herabsetzung des Volljährigkeitsalters an Bedeutung verloren, weil die Kinder bis zum 18. Lebensjahr idR in Schul- oder Berufsausbildung stehen.

Als Arbeitsertrag ist auch die **Ausbildungsvergütung** (Lehrlingsbeihilfe, Ausbildungs- 162
beihilfe, Anwärterbezüge) anzusehen (Rn 32), die daher nach Abzug der ausbildungsbedingten Mehraufwendungen nach hM zur Hälfte auf den Unterhaltsbedarf anzurechnen ist (näher § 1610 Rn 156 ff mwNw).

Auf Einkünfte des Kindes aus **freiwilligen – überobligatorischen – Arbeitsleistungen** 163
(zB Ferienarbeit) findet § 1577 Abs 2 BGB entsprechende Anwendung (vgl Rn 114). So bleibt etwa in den Ferien erzieltes Einkommen von Schülern und Studenten in der Regel anrechnungsfrei (vgl Wendl/Klinkhammer[9] § 2 Rn 109 mwNw).

c) Aus der gesetzlichen Beschränkung der anzurechnenden Leistungen auf Ver- 164
mögenseinkünfte und Arbeitserträge ergibt sich nicht, dass sonstige Einkünfte unberücksichtigt bleiben. So sind etwa Mieterträge anzurechnen, auch wenn es sich hierbei nicht um Vermögenseinkünfte im eigentlichen Sinn handelt.

Auch minderjährige Kinder kann eine **Erwerbsobliegenheit** treffen, wenn sie sich 165
nicht mehr in der Ausbildung befinden und der Jugendarbeitsschutz eine Arbeit erlaubt (vgl OLG Düsseldorf FamRZ 2010, 2082; OLG Rostock FamRZ 2007, 1267; Wendl/Klinkhammer[9] § 2 Rn 52; jurisPK/Viefhues [Stand 1. 10. 2014] Rn 53 ff; **aA** Staudinger/Engler [2000] Rn 107, 156: nur gegenüber Großeltern, nicht aber gegen die Eltern, die ihre eigene Sorgepflicht verletzt hätten).

§ 1611 Abs 2 BGB steht dem nicht entgegen. Anders als im Fall der Verwirkung nach § 1611 BGB handelt sich hier nicht um eine in der Vergangenheit gesetzte Ursache für die heutige Bedürftigkeit des Unterhaltsberechtigten, deren Folgen sich nicht mehr abwenden lassen. Nur insoweit ist § 1611 Abs 2 BGB als Spezialregelung vorrangig. Im Rahmen der Bedürftigkeit geht es hingegen – ähnlich zum Verhältnis zwischen § 1577 und § 1579 Nr 4 BGB – um die aktuell vorhandene Möglichkeit, eigenes Einkommen zu erzielen (vgl BGH FamRZ 1998, 671; OLG Düsseldorf FamRZ 2010, 2082 juris Rn 3 mwNw; jurisPK/Viefhues [Stand 1. 10. 2014] Rn 53 ff; **aA** Botur, in: Büte/Poppen/

Menne, Unterhaltsrecht[3] § 1602 Rn 5). Es ist kaum einzusehen, dass etwa ein 16-jähriger Schulabgänger, der keine Anstrengungen unternimmt, eine Ausbildung aufzunehmen, weiterhin in vollem Umfang unterhaltsberechtigt wäre. Ein – unterstelltes – Erziehungsversagen der Eltern kann dagegen nicht angeführt werden (**aA** Staudinger/Engler [2000] Rn 156; Walter ZFE 2008, 168).

166 Eine **Nutzungsobliegenheit** – ertragreichere Anlage des Kindesvermögens (Rn 116) – können die Eltern den Kindern nicht entgegenhalten. Es ist vielmehr ihre Sache, das ihrer Verwaltung unterliegende Kindesvermögen nach den Grundsätzen einer wirtschaftlichen Vermögensverwaltung (§ 1642 BGB) zu erhalten, zu verwerten und zu vermehren (Staudinger/Heilmann [2015] Vorbem 1 zu §§ 1638–1683).

167 Einen möglichen **Kredit** (s Rn 128 ff) brauchen die Kinder grundsätzlich nicht in Anspruch zu nehmen, weil dadurch ihr Vermögen gemindert wird (BGH NJW 1985, 2331 = FamRZ 1985, 916). Eine Ausnahme gilt für die darlehensweise Gewährung einer Ausbildungsförderung (Rn 85).

168 **d)** Auf den Unterhaltsanspruch minderjähriger Kinder sind Leistungen anzurechnen, die anstelle von oder als **Ersatz für entgangenen Unterhalt** gewährt werden. Das ergibt sich aus der Rechtsnatur dieser Leistungen. Hierzu gehören *Waisenrenten* nach dem Tode eines Elternteils und *Schadensersatzrenten* wegen Tötung eines Unterhaltspflichtigen (§ 844 Abs 2 BGB; BGH FamRZ 1970, 587; s auch Rn 159).

169 Auch *sonstige Schadensersatzleistungen,* die den Lebensbedarf des Kindes betreffen – zB Ersatz von Kleidungsstücken und Gebrauchsgegenständen sowie von Heilungskosten (Staudinger/Schäfer[12] § 843 Rn 155 ff) –, sind auf seinen Unterhaltsanspruch anzurechnen, denn das Kind soll keinen über den Schaden hinausgehenden Vorteil erhalten (Staudinger/Schäfer[12] § 843 Rn 73). Dagegen ist das **Schmerzensgeld** (§ 847 BGB), das das Kind erhält, nicht anrechenbar, weil dadurch ein über den allgemeinen Lebensbedarf hinausgehender Schaden ausgeglichen werden soll (Staudinger/Schäfer[12] § 847 Rn 32 ff); insoweit handelt es sich um sonstige Einkünfte, die nicht zu berücksichtigen sind.

170 Eine **Kapitalabfindung**, die dem Kinde statt einer Schadensersatzrente gewährt wird (§ 843 Abs 3 BGB), ist auch in ihrer Substanz für den Unterhalt des Kindes zu verwenden, weil sie an die Stelle der Unterhaltsleistungen tritt (RGZ 151, 101, 103).

VII. Hinweise für das gerichtliche Verfahren

1. Antrag auf künftigen Unterhalt

171 Nach §§ **113 Abs 1 S 2 FamFG, 258 ZPO** kann bei wiederkehrenden Leistungen auch wegen der erst nach Erlass des Urteils fällig werdenden Leistungen Klage (Antrag) auf künftige Entrichtung erhoben werden. Die Bestimmung findet auf die monatlich im Voraus zu entrichtende Unterhaltsrente Anwendung (allgM, vgl BGH FamRZ 2011, 97; BGHZ 82, 246, 250 = NJW 1982, 578 = FamRZ 1982, 259; vgl Wendl/Schmitz[9] § 10 Rn 34 ff).

Die Verurteilung zu künftigen Unterhaltsleistungen setzt jedoch voraus, dass die sachlichen Voraussetzungen des Anspruchs – hier die Bedürftigkeit – voraussichtlich auch in Zukunft bestehen werden. Es bedarf also einer **Prognose** über die künftige Entwicklung der persönlichen und wirtschaftlichen Verhältnisse des Bedürftigen. Voraussichtlich eintretende Änderungen der Bedürftigkeit sind zu berücksichtigen (Wendl/Schmitz[9] § 10 Rn 36).

172 So muss bei dem nach der Düsseldorfer Tabelle bemessenen Unterhalt für minderjährige Kinder der künftige Wechsel in eine **höhere Altersstufe** (§ 1612a Abs 1 S 3 BGB) jedenfalls dann bereits im Ausgangsverfahren berücksichtigt werden, wenn bis zu diesem Zeitpunkt eine sonstige Änderung in den Lebensverhältnissen des Kindes (zB Abschluss der Schulausbildung) und in den Einkommensverhältnissen des Unterhaltspflichtigen nicht zu erwarten ist und ein Altersstufenwechsel zeitnah bevorsteht (vgl BGH FamRZ 2015, 479 Rn 31 mwNw).

173 Im Anschluss an die Rechtsprechung des Reichsgerichts hält die herrschende Lehre grundsätzlich eine **zeitliche Begrenzung** der Verurteilung zu künftigen Unterhaltsleistungen für erforderlich. Anderenfalls werde der Unterhaltspflichtige bei einem späteren Wegfall der Bedürftigkeit auf einen Abänderungsantrag nach § 238 FamFG (früher Abänderungsklage nach § 323 ZPO) verwiesen und müsse den Wegfall beweisen; dadurch werde die Beweislastregel des § 1602 BGB (Rn 179) umgekehrt (RG JW 1905, 143, 283, 493; 1906, 548; 1913, 272; 1916, 836; WarnR 1917 Nr 26; RGZ 83, 65; 90, 226; 123, 40, 43; Ausnahmen von dem Grundsatz der Befristung seien möglich, wenn der Berechtigte dauernd arbeitsunfähig oder pflege- oder anstaltsbedürftig ist).

174 Lässt sich ein Zeitpunkt, in dem die Bedürftigkeit voraussichtlich wegfallen wird, nicht mit hinreichender Sicherheit feststellen, so ist der Unterhalt *ohne zeitliche Begrenzung* zuzusprechen. In diesen Fällen ist von einer **Fortdauer der bestehenden Verhältnisse** auszugehen (BGH FamRZ 2013, 1958 Rn 20; BGHZ 180, 170 = FamRZ 2009, 770 – jeweils zum Betreuungsunterhalt; OLG Düsseldorf FamRZ 1994, 1344; OLG Köln NJW 1979, 1661; OLG Stuttgart FamRZ 1980, 397; vgl auch BAG NJW 1972, 733). In der Praxis geschieht dies idR ohne Erörterung der Dauer der Unterhaltspflicht.

2. Abänderungsverfahren

175 Änderungen der Bedürftigkeit – Vermehrung oder Minderung des Bedarfs, Erzielung oder Wegfall von Einkünften – entgegen der dem Urteil zugrundeliegenden Prognose (Rn 171) können durch *Abänderungsantrag* nach § 238 FamFG geltend gemacht werden (s Vorbem 212 ff zu §§ 1601 ff).

176 Ein wesentliches Ziel des KindUG vom 6. 4. 1998 (BGBl I 666) war es, allen minderjährigen Kindern die Möglichkeit zu geben, dynamisierte, individuell bemessene Unterhaltsrenten zu verlangen. Nach dem **System des neuen § 1612a BGB** kann das Kind von dem Elternteil, mit dem es nicht in einem Haushalt lebt, den Unterhalt als Prozentsatz des Mindestunterhalts verlangen (§ 1612a Rn 40 ff; zum Vereinfachten Verfahren vgl Vorbem 208 ff zu §§ 1601 ff).

177 Wenn die Unterhaltsrente nach der Düsseldorfer Tabelle bemessen ist, ist die **Fortschreibung der Tabellensätze** ebenfalls ein Abänderungsgrund. Zwar ist die Tabelle kein tatsächlicher Umstand, sondern lediglich eine richterliche Entscheidungshilfe. In der Berufung des Antragstellers (Klägers) auf die Fortschreibung ist jedoch die

Behauptung zu sehen, dass sich die allgemeinen wirtschaftlichen Verhältnisse, die für die Bemessung des Unterhalts maßgebend sind, entsprechend verändert hätten (BGH NJW 1995, 534 = FamRZ 1995, 221 mwNw).

178 Bei **Abweisung** eines Unterhaltsantrags wegen fehlender Bedürftigkeit ist nach Eintritt der Bedürftigkeit der Unterhaltsanspruch nicht durch Abänderungsantrag, sondern durch einen neuen Leistungsantrag geltend zu machen (BGHZ 82, 246, 250 = NJW 1982, 578 = FamRZ 1982, 259; NJW 1985, 552, 554 = FamRZ 1984, 1001, 1003 mwNw; FamRZ 1990, 863 = NJW 1990, 390; einschränkend BGH NJW 1985, 1345 = FamRZ 1985, 376).

3. Darlegungs- und Beweislast

a) Allgemeines

179 Der Unterhaltsberechtigte trägt die Darlegungs- und Beweislast für seine Bedürftigkeit, denn nach der Fassung des Gesetzes ist die Bedürftigkeit eine rechtsbegründende Tatsache (Mot IV 684; allgM). Diese Regelung wird auch auf die praktische Erwägung gestützt, dass dem Unterhaltsberechtigten die seine Bedürftigkeit begründenden Tatsachen gewöhnlich besser bekannt sind als dem Pflichtigen (Mot IV 684). Erzielt der Unterhaltsberechtigte Einkünfte aus Kapitalvermögen, muss er diese jedenfalls im Zusammenhang mit der Geltendmachung offenbaren (**aA** für das Jugendamt als Beistand DIJuF-Rechtsgutachten JAmt 2012, 652). Es handelt sich nicht um einen Fall der ungefragten Offenbarung im Rahmen laufender Unterhaltszahlungen. Vielmehr muss der Unterhaltsberechtigte sich zur Bedürftigkeit als anspruchsbegründendem Merkmal vollständig äußern.

180 Der Unterhalts-Antragsteller muss darlegen und im Streitfall beweisen, dass er außerstande ist, sich selbst zu unterhalten. Da es sich hierbei um etwas Negatives handelt, muss er die Tatsachen vortragen, aus denen sich seine Unfähigkeit ergibt, sich zu unterhalten. Die Anforderungen sind ähnlich denen, die an den Unterhaltspflichtigen im Rahmen der gesteigerten Unterhaltspflicht gemäß § 1603 Abs 2 BGB zu stellen sind (vgl BGH FamRZ 2014, 637 Rn 17). Dazu muss der Unterhaltsberechtigte seine konkrete Lebenssituation und die wirtschaftlichen Verhältnisse, in denen er lebt, im Einzelnen schildern (Baumgärtel/Aps, Beweislast[3] § 1602 BGB Rn 2; OLG Hamm FamRZ 2014, 565; OLG Zweibrücken FamRZ 1981, 550).

181 Ist der Unterhaltsanspruch kraft Gesetzes auf einen anderen übergegangen, so trifft diesen beim Unterhaltsrückriff die Darlegungs- und Beweislast für die Unterhaltsbedürftigkeit des Unterhaltsberechtigten (vgl OLG Oldenburg FamRZ 2013, 1143 – Elternunterhalt; OLG Brandenburg FamRZ 2010, 302).

b) Mittellosigkeit

182 Der Unterhaltsberechtigte muss zunächst darlegen, dass er über keine ausreichenden Einkünfte und kein ausreichendes Vermögen verfügt. Dabei darf er Einkünfte aus gelegentlicher Nebentätigkeit nicht verschweigen (OLG Hamm FamRZ 1982, 172). Der Beweis, dass er nicht doch irgendwelche Einkünfte (zB aus Schwarzarbeit) oder ein Bankguthaben oder sonstige Vermögenswerte hat, ist schwer zu führen. Deshalb dürfen nach herrschender Meinung die Anforderungen an die Führung eines derartigen Negativbeweises nicht überspannt werden (vgl BGHZ 185, 1 = FamRZ 2010, 875 Rn 18 ff – zum Ehegattenunterhalt; Baumgärtel/Aps, Beweislast[3] § 1602 BGB Rn 2; Klauser,

Beweislast und Beweismaß im Unterhaltsprozess, MDR 1982, 529, 531; BGB-RGRK/Mutschler Rn 32; OLG Düsseldorf FamRZ 1981, 56). Erst wenn der Beklagte (Antragsgegner) eine bestimmte Einnahmequelle oder bestimmte Vermögenswerte des Klägers (Antragstellers) behaupte, müsse der Kläger das widerlegen. Der Bundesgerichtshof meint sogar – ohne nähere Begründung –, einen vom Beklagten behaupteten Erwerb des Klägers aus strafbarem oder unredlichem Verhalten – Abzweigen von 8000 DM vom Haushaltsgeld – müsse der Beklagte beweisen (BGH FamRZ 1983, 670).

Das **Beweismaß** ist in § 286 ZPO dahin geregelt, dass die richterliche Überzeugung über die Wahrheit einer tatsächlichen Behauptung entscheidet. Praktische Schwierigkeiten der Beweisführung allein rechtfertigen keine Abweichung. Der Richter darf sich also nicht mit einer überwiegenden Wahrscheinlichkeit begnügen. Andererseits ist für den Beweis keine zwingende jeden Zweifel ausschließende Gewissheit zu verlangen, vielmehr reicht ein für das praktische Leben brauchbarer Grad von Gewissheit aus, der den Zweifeln Einhalt gebietet, ohne sie völlig auszuschließen (BGHZ 53, 245, 256 = NJW 1970, 946, 948; Stein/Jonas/Leipold, ZPO § 286 Rn 4). Dazu lassen sich auch bei einem Negativbeweis keine festen Regeln aufstellen, hierüber muss vielmehr im Einzelfall unter Würdigung aller Umstände entschieden werden. Kann der Richter denkbare Zweifel an der Bedürftigkeit des Klägers (Antragstellers) nicht überwinden, muss er die Klage (den Antrag) abweisen. 183

c) Erwerbsobliegenheit

Der Antragsteller muss ferner darlegen, dass er die für seinen Unterhalt erforderlichen Mittel nicht durch eine Erwerbstätigkeit erlangen kann. Ist er *erwerbsunfähig,* muss er die Gründe hierfür (Krankheit, Behinderung, Alter) vortragen und im Streitfall beweisen (BGH FamRZ 1986, 244, 247; Baumgärtel/Aps, Beweislast[3] § 1602 Rn 6; Klauser MDR 1982, 529; BGB-RGRK/Mutschler Rn 33). 184

Der erwerbsfähige Antragsteller trägt die Darlegungs- und Beweislast dafür, dass er keine Arbeit finden konnte. Dazu muss er seine Bemühungen um einen Arbeitsplatz im Einzelnen in nachprüfbarer Weise vortragen (BGH NJW 1986, 718 = FamRZ 1986, 244; OLG Düsseldorf FamRZ 1981, 255; Baumgärtel/Laumen/Pruskowski § 1602 Rn 8 f; Klauser MDR 1982, 529). Ob er mit diesen Bemühungen seiner *Erwerbsobliegenheit* hinreichend genügt hat (Rn 109 ff), ist keine Frage des Beweisrechts, sondern des sachlichen Rechts.

d) Künftiger Unterhalt

Soweit der Antragsteller eine Verpflichtung zu *künftigen Unterhaltsleistungen* beantragt (Rn 171 ff), trifft ihn die Darlegungs- und Beweislast für das Fortbestehen seiner Bedürftigkeit (RG JW 1916, 836; WarnR 1917 Nr 26; Baumgärtel/Aps, Handbuch der Beweislast[3] § 1602 BGB Rn 10). Dabei ist zu berücksichtigen, dass die erforderliche *Prognose* über die künftige Entwicklung der persönlichen und wirtschaftlichen Verhältnisse des Bedürftigen immer Unsicherheitsfaktoren enthält, sodass sichere Feststellungen nicht getroffen werden können. Es reicht deshalb aus, dass der Antragsteller die Umstände vorträgt und im Bestreitensfall beweist, die nach dem gewöhnlichen erfahrungsmäßigen Verlauf der Dinge eine Fortdauer seiner Bedürftigkeit erwarten lassen (RG JW 1916, 836). Das Gericht kann dann die Dauer der Bedürftigkeit gemäß § 287 Abs 2 ZPO unter Würdigung aller Umstände nach freier Überzeugung schätzen, wobei ein hoher Grad von Wahrscheinlichkeit genügen kann 185

(Baumgärtel/Aps, Handbuch der Beweislast[3] § 1602 BGB Rn 12; Göppinger/Wax/van Els Rn 1803 f). In der Regel wird davon auszugehen sein, dass im Fall, dass zum Schluss der mündlichen Verhandlung keine konkrete Änderung sicher bevorsteht, der künftige Unterhalt aufgrund der aktuellen Verhältnisse festzusetzen ist. Die Berücksichtigung weiterer Änderungen hat dann im Abänderungsverfahren nach § 238 FamFG zu erfolgen (vgl Rn 21, 175).

§ 1603
Leistungsfähigkeit

(1) Unterhaltspflichtig ist nicht, wer bei Berücksichtigung seiner sonstigen Verpflichtungen außerstande ist, ohne Gefährdung seines angemessenen Unterhalts den Unterhalt zu gewähren.

(2) Befinden sich Eltern in dieser Lage, so sind sie ihren minderjährigen Kindern gegenüber verpflichtet, alle verfügbaren Mittel zu ihrem und der Kinder Unterhalt gleichmäßig zu verwenden. Den minderjährigen Kindern stehen volljährige unverheiratete Kinder bis zur Vollendung des 21. Lebensjahres gleich, solange sie im Haushalt der Eltern oder eines Elternteils leben und sich in der allgemeinen Schulausbildung befinden. Diese Verpflichtung tritt nicht ein, wenn ein anderer unterhaltspflichtiger Verwandter vorhanden ist; sie tritt auch nicht ein gegenüber einem Kind, dessen Unterhalt aus dem Stamme seines Vermögens bestritten werden kann.

Materialien: E I § 1482; II § 1498; III § 1581; Mot IV 685; Prot IV 480; BT-Drucks III/530, 25; BT-Drucks 13/7338, 21; Planck, in: Schubert, Vorlagen der Redaktoren, Familienrecht II 305; Jakobs/Schubert §§ 1564–1921, 251.

Schrifttum

Bauer, Die steuerrechtliche Ermittlung des Gewinns aus selbständiger Arbeit und ihre Maßgeblichkeit für den Unterhaltsanspruch, DAVorm 1987, 475
Beinkinstadt, Mangelfallberechnung in der Praxis, DAVorm 1994, 1
Bernreuther, Die Berücksichtigung von Schulden des Unterhaltspflichtigen bei der Unterhaltsberechnung, FamRZ 1995, 769
Boecken/Klattenhoff, Der Elternunterhalt bei Pflegebedürftigkeit zwischen sozialstaatlicher Verantwortung und individueller Einstandspflicht, JZ 2006, 285
Bömelburg, Sicherstellung des Mindestunterhalts für minderjährige Kinder, FF 2016, 272,
Born, Verlust der Arbeit und Bewerbungsbemühungen – ein Bonus für sorgloses Verhalten?, FamRZ 1995, 523
ders, Barunterhaltspflicht bei Vorhandensein eines „anderen“ Verwandten, FPR 2008, 119
ders, Bewerbungsbemühungen im Unterhaltsrecht, NZFam 2014, 252
Borth, Private Altersvorsorge und Unterhalt, NJW 2008, 326
Brüggemann, Studiendauer und Unterhaltspflicht des Studierenden, FamRZ 1988, 127
Büttner, Viererlei Maß, FamRZ 1990, 459
Christl, Minijobs – gesteigerte Zurechnung fiktiver Nebeneinkünfte nach § 1603 II BGB?, FamRZ 2003, 1235

Christian, Steuerrechtliche Fragen bei der Heranziehung unterhaltspflichtiger Selbständiger, DAVorm 1986, 561, 682
Dieckmann, Der Selbstbehalt, Brühler Schriften zum Familienrecht Bd 1, 41
Diederichsen, Der BGH und der Elternunterhalt, FF 2003, 8
Diehl, Aktuelle Rechtsprechung zu den Anforderungen an die Leistungsfähigkeit von Eltern beim Minderjährigenunterhalt, FPR 2013, 143
Doerges, Unterhaltsrechtliche Relevanz steuerlicher AfA, FamRZ 1985, 761
Dose, Elternunterhalt in der Rechtsprechung des Bundesgerichtshofs, FamRZ 2013, 993
Duderstadt, Einsatz des Vermögensstammes des Pflichtigen beim Erwachsenenunterhalt, FamRZ 1998, 273
Durchlaub, Abschreibungen im Unterhaltsrecht, FamRZ 1987, 1223
Eberl-Borges/Schüttlöffel, Sozialstaat oder Verwandtensolidarität, FamRZ 2006, 589
Ehinger, Elternunterhalt – Gesetzliche Voraussetzungen und Beschränkungen der Inanspruchnahme durch Rechtsprechung und Gesetzgebung, NJW 2008, 2465
dies, Die Leistungsfähigkeit des unterhaltspflichtigen Kindes beim Elternunterhalt, FPR 2003, 623
Elden, Die gesteigerte Erwerbsobliegenheit von Eltern minderjähriger Kinder, FamFR 2010, 241
ders, Arbeit im Ruhestand, NZFam 2015, 481
Engels, Selbstgenutzte Immobilie und Altersschonvermögen im Elternunterhalt, FF 2013, 56
Finke, Anforderungen an Erwerbsbemühungen bei gesteigerter Unterhaltspflicht, FPR 2006, 322
Fischer-Winkelmann, Der Einkommensnachweis von Selbständigen aus der unterhaltsrechtlichen Perspektive, FuR 1995, 259
ders, Kein Ärger mit den Abschreibungen – zugleich Anmerkung zu Kleinle, FamRZ 1998, 1346, FamRZ 1999, 1403
Fischer-Winkelmann/Maier, Ermittlung der unterhaltsrechtlich anrechenbaren Steuerlast bei Selbständigen: Faktische Steuerzahlung versus fiktive Steuerberechnung?, FamRZ 1993, 880
dies, Einkünfte aus der Beteiligung an einer Personen- oder Kapitalgesellschaft aus unterhaltsrechtlicher Perspektive, FamRZ 1996, 1391
Foerste, Alkoholismus und Unterhaltsrecht, FamRZ 1999, 1245
Gerhardt, Die Unterhaltsberechnung im Mangelfall, FuR 2010, 442
Graba, Mietfreies Wohnen und Unterhalt, FamRZ 1985, 657
ders, Das Familienwohnheim beim Scheitern der Ehe, NJW 1987, 1721
ders, Zur Mietersparnis im Unterhaltsrecht, FamRZ 1995, 385
Griesche, Zusätzliche private Altersvorsorge beim Ehegatten-, Kindes- und Elternunterhalt, FPR 2006, 337
ders, Die Berücksichtigung von Fahrtkosten bei der Ermittlung des unterhaltspflichtigen Einkommens, FamFR 2011, 485
Gutdeutsch, Herabsetzung des Selbstbehalts bei Zusammenleben, FamRZ 2008, 2240
ders, Das Zusammenspiel von Ehegatten- und Kindesunterhalt – Unterhalt vom Unterhalt, NJW 2009, 945
ders, Unterhaltsberechnung in Mangelfällen, FamRB 2009, 14
Grün, Fiktives Einkommen und reale Beschäftigungschance im Unterhaltsrecht, ZKJ 2014, 369
ders, Recht auf Ausbildung eines Elternteils zu Lasten seiner Unterhaltspflicht gegenüber minderjährigen Kindern, FPR 2008, 370
Günther, Die Inanspruchnahme von Großeltern auf Enkelunterhalt, FPR 2006, 347
Hauss/Schürmann, Überlegungen zur Struktur des Selbstbehalts, FamRB 2010, 245
Heistermann, der notwendige Selbstbehalt – das Ende einer festen Größe im Unterhaltsrecht?, FamRZ 2006, 742
Herlan, Die Ermittlung des Gewinns Selbständiger in Theorie und Praxis, DAVorm 1997, 19 u 77
Herr, Für einen gesetzlichen dynamisierten Selbstbehalt, FamRB 2010, 318
Höbbel, Plädoyer für die Abschaffung der Unterhaltsrechtlichen Leitlinien, FamRZ 2017, 854
Hoppenz, Fiktive Einkommensverhältnisse im Unterhaltsrecht, NJW 1984, 2327

ders, Schulden im Unterhaltsrecht, FamRZ 1987, 324
ders, Verbindlichkeiten im Unterhaltsrecht – allgemeine Grundsätze FPR 2006, 97
HORST, Elternunterhalt – Zählt die eigene Immobilie zum anrechenbaren Vermögen?, DWW 2017, 282
KLEFFMANN, Der Selbständige im Unterhaltsprozeß, FuR 1994, 159
KLEINLE, Privatentnahmen und Abschreibungen im Unterhaltsrecht, DAVorm 1996, 433
ders, Der Ärger mit der AfA – zugleich Anmerkung zu BGH, FamRZ 1998, 357, FamRZ 1998, 1346
KLINKHAMMER, Existenzminimum, Erwerbsanreiz und Düsseldorfer Tabelle, FamRZ 2007, 85
ders, Das Hartz-IV-Urteil des BVerfG vom 9. 2. 2010 – Konsequenzen für das Unterhaltsrecht?, FamRZ 2010, 845
KRAUSE, Unterhalt und Insolvenz, FamRZ 2005, 1725
vKROG, Unterhaltspflicht und verschuldete Leistungsunfähigkeit, FamRZ 1984, 539
KÜNKEL, Mindestselbstbehalt, Pfändungsfreigrenzen und Abzweigung, DAVorm 1990, 89
KÜRZ, Die Unterhaltspflicht des „Hausmanns“ gegenüber barunterhaltsberechtigten minderjährigen unverheirateten Kindern (Diss Freiburg 1996)
LANGHEIM, Die Ermittlung des geldwerten Vorteils für die private Nutzung eines Dienstwagens im Unterhaltsrecht, FamRZ 2009, 665
V LIPP, Selbstbehalt zwischen Verfassung, Gesetz, Richtlinien und Einzelfall, FamRZ 2012, 1
LUDYGA, Unterhaltspflichten von Kindern gegenüber ihren Eltern im Alter und bei Pflegebedürftigkeit unter Berücksichtigung des SGB XII, NZS 2011, 606
MAIER, Über Wohnwert und Nutzungen im Unterhalt, FamRZ 2016, 426
MAYER/MAYER, Kritik der unterschiedlichen Behandlung von vermögenswirksamen Leistungen in den unterhaltsrechtlichen Leitlinien, FamRZ 1983, 258
MELCHERS, Obliegenheit des Unterhaltsschuldners zur Einleitung eines Verbraucherinsolvenzverfahrens, NJW 2008, 806
ders, Zur Frage der Zumutbarkeit einer Nebenbeschäftigung des vollschichtig arbeitenden Unterhaltspflichtigen, FamRZ 2003, 1033
MENNE, Zur Darlegungs- und Beweislast für mangelnde Leistungsfähigkeit des Schuldners beim Kindesunterhalt, ZKJ 2008, 251
MÜLLER, Mehrarbeit bei der Unterhaltsberechnung, DAVorm 1987, 81
ders, Ruhestand und Unterhaltspflicht, DAVorm 1987, 583
ders, Vorruhestand und Altersteilzeit – auch für Unterhaltspflichtige?, ZfJ 1999, 297
MUTSCHLER, Kindesunterhalt in Mangelfällen, DAVorm 1994, 129
ders, Zur Höhe des Mindestbedarfs Unterhaltspflichtiger, DAVorm 1994, 655
NICKL, Die steuerliche Abschreibung bei Berechnung des unterhaltsrechtlich relevanten Einkommens, FamRZ 1985, 1219
ders, Problematische Betriebsausgabenpositionen bei der Berechnung des unterhaltsrechtlich relevanten Einkommens bei Selbständigen, DAVorm 1986, 103
ders, Wertungsdivergenzen zwischen Steuer- und Unterhaltsrecht, NJW 1986, 2544
ders, Die unterhaltsrechtliche Leistungsfähigkeit des beherrschenden Gesellschafters einer GmbH, FamRZ 1988, 132
ders, Das steuerrechtliche Sachverständigengutachten im Unterhaltsprozeß, NJW 1989, 2091
OELKERS, Prozeßrechtliche und materiell-rechtliche Fragen bei der Berechnung des Unterhalts für eheliche Kinder, DAVorm 1996, 1
PULS, Steuerrechtliche Fragen bei der Einkommensfeststellung im Rahmen der Berechnung von Unterhaltsansprüchen, DAVorm 1975, 72, 141
REINECKE, Rechtsprechungstendenzen zum Verlust des Arbeitsplatzes im Unterhaltsrecht, FPR 2000, 25
REINKEN, Die Rangfolgeregelung nach neuem Recht mit Berechnungsbeispielen für den Mangelfall, FPR 2008, 9
ders, Fiktive Einkünfte und reale Beschäftigungschancen in Zeiten hoher Arbeitslosigkeit, FPR 2006, 319
RENN/NIEMANN, Die Heranziehung verheirateter Kinder zu Unterhaltsleistungen, FamRZ 1994, 473
RIEGNER, Die Entwicklung der Sätze der Düs-

seldorfer Tabelle für den notwendigen Eigenbedarf gegenüber Minderjährigen im Vergleich zum sozialhilferechtlichen und steuerlichen Existenzminimum, FPR 2006, 324
ROMEYKO, Der private Nutzungswert des Geschäftswagens, FamRZ 2004, 242
ROTH, Kindesunterhalt/Elternunterhalt – die Benachteiligung der Familie, NJW 2004, 2434
ROTH-STIELOW, Strafhaft als Unterhaltsschuldner-Schutz, NJW 1982, 2853
SCHELLHORN, Sozialhilfeschwelle als unterste Grenze des notwendigen Eigenbedarfs nach dem Unterhaltsrecht, FuR 1991, 341
SCHIBEL, Der Einsatz des Vermögens beim Elternunterhalt, NJW 1998, 3449
CHRISTOPHER SCHMIDT, Maßstäbe bei gesteigerter Unterhaltspflicht bzw bei Bezug von Leistungen nach dem SGB II, NZFam 2015, 737
CLAUDIA SCHMIDT, SGB II – Überblick und Auswirkungen auf das Unterhaltsrecht, FuR 2005, 290
SCHOLZ, Die Unterhaltspflicht des verheirateten, gering verdienenden Kindes gegenüber einem Elternteil, in: FS Schwab (2005) 911
ders, Die Beteiligung des betreuenden Elternteils am Barunterhalt, FamRZ 2006, 1728
SCHÜRMANN, Fiktives Erwerbseinkommen – Voraussetzungen und Berechnung, FuR 2011, 187
ders, Einkommen aus selbständiger Tätigkeit im Unterhaltsrecht, FamRB 2006, 149, 183, 215, 242
ders, Entnahmen im Unterhaltsrecht, FamRZ 2002, 1150
ders, Reformierte Sozialgesetze und das Unterhaltsrecht, FamRZ 2011, 1188
ders, Unterhalt und Existenzsicherung, FF 2016, 105
SINGER, Zur Obliegenheit der Ausübung einer Nebentätigkeit im Fall des berechtigten Rollenwechsels zum Hausmann, JZ 2007, 589
STEIN, Entnahmen im Unterhaltsrecht, FamRZ 1989, 343
STROHAL, Unterhaltsrechtlich relevantes Einkommen bei Selbständigen (4. Aufl 2010, zit: STROHAL)
ders, Einkommensermittlung Selbständiger, DAVorm 1989, 569
ders, Jahreswagen und Unterhalt, FamRZ 1995, 459
ders, Der Vorruhestand im Unterhaltsrecht, FamRZ 1996, 197
VIEFHUES, Fiktive Einkünfte im Unterhaltsrecht, FuR 2015, 66
ders, Eckpunkte des Elternunterhalts, jM 2014, 134
ders, Das Bundesverfassungsgericht, die Erwerbsobliegenheit und das erzielbare Einkommen, FF 2012, 481
TÖBBENS, Das unterhaltsrechtliche Problem der Kaufkraftbereinigung bei grenzüberschreitenden Sachverhalten, FamRZ 2016, 597
VOLKER, (Keine) Haftung des betreuenden Elternteils nach § 1603 Abs 2 Satz 3 BGB, FuR 2015, 136
WEBER, Unterhaltsrechtliche Behandlung von Schulden in den Leitlinien der Oberlandesgerichte, FPR 2006, 468
WEFERS, Elternunterhalt: Vorrang der Grundsicherung auch bei Einkommen nur eines von mehreren Kindern ab 100 000 €?, FamRB 2014, 222
WEYCHARDT, Steuerrechtliche Aspekte bei der Unterhaltsberechnung, DAVorm 1995, 149
ders, Die lineare AfA mindert den Gewinn des Selbständigen! – zugleich Replik zu Fischer-Winkelmann in FamRZ 1999, 1403, FamRZ 1999, 1407
WICHMANN, Steuerrecht und Kindesunterhalt, FamRZ 1995, 1241.
WOHLGEMUTH, Ersparniseinrechnung beim Elternunterhalt, FamRZ 2011, 341
WÖNNE, Erwerbsobliegenheit und Bewerbungsbemühungen, FF 2013, 476.

Systematische Übersicht

Alphabetische Übersicht

I. Inhalt und Geltungsbereich; Verfassungsrecht

1 Der in § 1603 Abs 1 BGB ausgedrückte **Selbsterhaltungsgrundsatz** beruht auf dem Gedanken, dass das Recht und die Pflicht zur Selbsterhaltung der Pflicht, andere zu unterhalten, vorgeht (Mot IV 685). Nach ständiger Rechtsprechung des **BVerfG** (BVerfGE 57, 361, 378 ff = FamRZ 1981, 745 [verschuldensunabhängiger Ehegattenunterhalt]; FamRZ 2001, 1685; zuletzt NJW 2012, 2420 mwNw) gilt: Die Auferlegung von Unterhaltsleistungen schränkt den Verpflichteten in seiner durch Art 2 Abs 1 GG geschützten **Handlungsfreiheit** ein. Diese ist jedoch nur im Rahmen der verfassungsmäßigen Ordnung gewährleistet, zu der auch das Unterhaltsrecht gehört, soweit es mit **Art 6 Abs 1 GG** in Einklang steht. Der ausgeurteilte Unterhalt darf nicht zu einer **unverhältnismäßigen Belastung** des Unterhaltspflichtigen führen. Wird die Grenze des Zumutbaren eines Unterhaltsanspruchs überschritten, ist die Beschränkung der Dispositionsfreiheit des Verpflichteten im finanziellen Bereich als Folge der Unterhaltsansprüche des Bedürftigen nicht mehr Bestandteil der verfassungsmäßigen Ordnung und kann vor Art 2 Abs 1 GG nicht bestehen. Damit wird die zivilrechtliche ratio des § 1603 BGB verfassungsrechtlich parallel begründet. Das hat allerdings zur Folge, dass das BVerfG insoweit – in der Regel durch Kammerentscheidungen – mit einfachgesetzlichem Maßstab und somit letztlich als Superrevisionsinstanz judiziert (deutlich etwa BVerfG NJW 2012, 2420 Rn 18 ff), was an der Verbindlichkeit seiner Rechtsprechung allerdings nichts ändert. Dem Unterhaltsschuldner ist das sozialhilferechtliche Existenzminimum in jedem Fall zu belassen, also auch bei gesteigerter Unterhaltspflicht nach Abs 2 (zur Bemessung des Selbstbehalts Rn 245). Die schon den BGB-Verfassern als sog „nothdürftiger Unterhalt“ bekannte Grenze des eigenen Existenzminimums sollte indessen nach deren Vorstellungen durchaus unterschritten werden müssen, um der gesteigerten Unterhaltspflicht nachzukommen (vgl Vorbem 5 ff zu §§ 1601 ff; Klinkhammer FamRZ 2007, 85 mwNw). In der Sache hat sich mithin durch den **Einfluss verfassungsrechtlicher Wertungen** eine Rechtsänderung (-fortbildung?) vollzogen.

2 Gleichzeitig enthält § 1603 Abs 1 BGB eine weitere sachliche Voraussetzung für den Unterhaltsanspruch gegen einen Verwandten: neben der Bedürftigkeit des Unterhaltsberechtigten (§ 1602 BGB) das Erfordernis der **Leistungsfähigkeit** des Verpflichteten. Rechtstechnisch ist die Bestimmung allerdings so gefasst, dass die Leistungsfähigkeit keine rechtserzeugende Tatsache (so nach gemeinem Recht, RGZ 4, 149, 154), sondern die fehlende Leistungsfähigkeit eine **negative Tatbestandsvoraussetzung** ist: Die Beweislast für die Leistungsunfähigkeit wird dem Unterhaltspflichtigen auferlegt, weil es dem Unterhaltsberechtigten häufig schwer fiele, die Leistungsfähigkeit des Pflichtigen darzulegen (Prot IV 480; vgl Planck, in: Schubert, Vorentwürfe FamR 2 S 309 f). Das Bundesverfassungsgericht formuliert insoweit, dass die Fachgerichte verfassungsrechtlich bedenkenfrei davon ausgehen „können“, dass die Darlegungs- und Beweislast für die Leistungsunfähigkeit zunächst den Verpflichteten trifft (BVerfG FamRZ 2014, 1977 Rn 18 mwNw). Das ist dahingehend zu konkretisieren, dass die Fachgerichte in Anbetracht der eindeutigen gesetzlichen Regelung von der Darlegungs- und Beweislast des Unterhaltspflichtigen sogar ausgehen müssen (näher zur Darlegungs- und Beweislast Rn 385 ff). Die Frage kann allenfalls sein, ob der Gesetzgeber davon ausgehen kann, was aber vom BVerfG offensichtlich nicht in Zweifel gezogen wird.

§ 1603 BGB gilt grundsätzlich für alle Unterhaltsansprüche **zwischen Verwandten** (§ 1601), nämlich für Ansprüche auf Entrichtung einer Geldrente (§ 1612 Abs 1 BGB), auf Naturalunterhalt (§ 1612 Abs 2 BGB), auf Unterhalt für die Vergangenheit (§ 1613 Abs 1 BGB, dazu Rn 7) und für Ansprüche wegen Sonderbedarfs (§ 1613 Abs 2 BGB; dazu Rn 7). Abs 2 begründet eine gesteigerte Unterhaltspflicht der Eltern gegenüber ihren minderjährigen Kindern und schränkt damit den Grundsatz des Abs 1 ein. 3

Für Unterhaltsansprüche **zwischen Ehegatten** enthalten §§ 1360, 1360a, 1361, 1581 BGB Sonderregelungen. § 1603 BGB gilt zwar nicht, dennoch hat der BGH für den Fall der Pflegebedürftigkeit eines Ehegatten und eines darauf resultierenden Barunterhaltsanspruchs die Leistungsfähigkeit als Voraussetzung des Anspruchs angesehen (BGHZ 210, 124 = FamRZ 2016, 1142). Dagegen ist § 1603 BGB entsprechend anzuwenden auf den Anspruch des nichtehelichen Elternteils nach § 1615l BGB (§ 1615l Abs 3 S 1 BGB).

II. Leistungsfähigkeit

1. Begriff

Der Begriff „Leistungsfähigkeit" wird – außer der Gesetzesüberschrift – in § 1603 BGB nicht verwendet, sondern in Abs 1 lediglich umschrieben (s jedoch § 1584 S 2 BGB). Der Begriff ist dabei negativ bestimmt. Das hängt damit zusammen, dass die Leistungsfähigkeit im Verfahren keine anspruchsbegründende, sondern die **Leistungsunfähigkeit** eine anspruchsausschließende Tatsache (Einwendung) ist. Als Einwendung ist sie (genauer: sind die sie begründenden Tatsachen) mithin vom Antragsgegner darzulegen und zu beweisen (vgl Vorbem 6 zu §§ 1601 ff). 4

Leistungsfähig ist – in Umkehr der Gesetzesformulierung –, wer nach seinen Erwerbs- und Vermögensverhältnissen unter Berücksichtigung seiner sonstigen Verpflichtungen imstande ist, ohne Gefährdung seines eigenen angemessenen Unterhalts einem anderen Unterhalt zu gewähren. Dazu muss er – unter Berücksichtigung seiner sonstigen Verpflichtungen (Rn 193 ff) – seine tatsächlich erzielten (Rn 10 ff) und in zumutbarer Weise erzielbaren Einkünfte (Rn 118 ff) sowie sein vorhandenes Vermögen einsetzen (Rn 300 ff). Der angemessene Unterhalt des Schuldners ist gefährdet, wenn die vom Unterhaltspflichtigen einzusetzenden Mittel für seinen eigenen Bedarf (Selbstbehalt) von vornherein nicht ausreichen oder wenn nach der Lebenserfahrung künftig damit zu rechnen ist, dass die Mittel nicht ausreichen werden (Rn 290 ff).

Leistungsfähigkeit und **Bedürftigkeit** sind gegensätzliche Rechtsbegriffe. Sie beinhalten eine Bewertung der wirtschaftlichen Verhältnisse des Unterhaltspflichtigen einerseits und des Unterhaltsberechtigten andererseits. Trotz Parallelen dürfen die bei der Bedürftigkeit anzulegenden Maßstäbe nicht ohne Weiteres auf die Leistungsfähigkeit übertragen werden (str, dazu § 1602 Rn 4). 5

Kann der Unterhaltspflichtige ohne Gefährdung seines eigenen angemessenen Unterhalts nur einen Teil der Mittel leisten, deren der Unterhaltsberechtigte bedarf 6

(teilweise Leistungsfähigkeit), so beschränkt sich die Unterhaltspflicht auf diesen Teil (RGZ 57, 69).

2. Maßgeblicher Zeitpunkt und zeitliche Kongruenz

7 Die Leistungsfähigkeit muss in dem Zeitraum gegeben sein, für den Unterhalt verlangt wird (**zeitliche Kongruenz**, vgl § 1601 Rn 5; SOERGEL/LETTMAIER[13] Rn 2). Wird **Unterhalt für die Vergangenheit** gefordert (§ 1613 Abs 1 BGB), muss der Unterhaltsschuldner in der Vergangenheit leistungsfähig gewesen sein. Auch für die nachträgliche Geltendmachung eines **Sonderbedarfs** (§ 1613 Abs 2 BGB) kommt es auf die Leistungsfähigkeit zur Zeit der Entstehung des Bedarfs an (KG FamRZ 1993, 561 = NJW-RR 1993, 1223; OLG Köln FamRZ 1986, 593; **aA** BGB-RGRK/MUTSCHLER Rn 26). Solange der in Anspruch Genommene nicht leistungsfähig ist, entsteht eine Unterhaltspflicht nicht; wird er später leistungsfähig, begründet das keine Nachzahlungspflicht (Mot IV 687 f; BVerfG FamRZ 2005, 1051 m Anm KLINKHAMMER; BGH FamRZ 2013, 1022, 1023; FamRZ 2006, 1511, 1512; FamRZ 2004, 443, 444 f; NJW 1983, 814 = FamRZ 1983, 140; NJW 1985, 486 = FamRZ 1985, 155; KG FamRZ 1993, 561 = NJW-RR 1993, 1223; BGB-RGRK/MUTSCHLER Rn 26; vgl auch Vorbem 30 zu §§ 1601 ff zum Vermögenseinsatz des Unterhaltsberechtigten).

8 Die **rückwirkende Bewilligung einer Rente** wirkt sich erst von dem Zeitpunkt an auf die Leistungsfähigkeit des Unterhaltspflichtigen aus, in dem er die (Nach-)Zahlungen erhält (BGH NJW 1985, 486 = FamRZ 1985, 155; OLG Nürnberg FamRZ 1997, 961; vgl § 1602 Rn 24 ff, 135 – auf Seiten des Unterhaltsberechtigten). Bei einem Antrag auf Regelaltersrente (§ 35 SGB VI) kann der Unterhaltspflichtige gehalten sein, Vorschüsse (§ 42 Abs 1 SGB I) zu beantragen, um seine Leistungsfähigkeit schon vor der Rentenbewilligung herbeizuführen oder zu stärken. Bei einem Antrag auf Rente wegen Berufsunfähigkeit oder Erwerbsunfähigkeit (Erwerbsminderung) kann ein Vorschuss erst gewährt werden, wenn die Berufs- oder Erwerbsunfähigkeit feststeht. Solange die Rentenbewilligung noch unsicher ist, kann dem Unterhaltspflichtigen auch nicht zugemutet werden, seine Leistungsfähigkeit durch Aufnahme eines Kredits zu verbessern.

9 Ein einmal entstandener Unterhaltsanspruch (auch für die Vergangenheit) entfällt nicht dadurch, dass der Unterhaltspflichtige später leistungsunfähig wird (**aA** MünchKomm/KÖHLER[3] Rn 3).

III. Zu berücksichtigende Einkünfte

1. Grundsatz

10 Bei der Ermittlung der Leistungsfähigkeit sind **grundsätzlich alle Einkünfte** zu berücksichtigen, die dem Unterhaltsschuldner zufließen, gleich welcher Art sie sind und aus welchem Anlass sie erzielt werden (BGH FamRZ 2012, 1201 Rn 22 – Ehegattenunterhalt; FamRZ 2004, 186 – Elternunterhalt; FamRZ 1980, 342; NJW 1980, 2081 und 2251 = FamRZ 1980, 771 und 984; NJW 1981, 1313 = FamRZ 1981, 338; NJW 1982, 822 = FamRZ 1982, 250; FamRZ 1986, 780 = NJW-RR 1986, 1002; NJW 1994, 134 = DAVorm 1993, 1215; NJW 1994, 935; WENDL/DOSE[9] § 1 Rn 22; NIEPMANN/SCHWAMB[12] Rn 782). Da die Leistungsfähigkeit durch Möglichkeit (und Zumutbarkeit) der Einkommenserzielung definiert wird, kommt

es nicht darauf an, ob die Einkünfte auch tatsächlich erzielt werden. Bei trotz Erwerbsobliegenheit und -möglichkeit nicht erzielten Einkünften kann zwar von fiktiven Einkünften gesprochen werden. Missverständlich ist hingegen die zuweilen anzutreffende Formulierung „fiktive Leistungsfähigkeit", weil die Leistungsfähigkeit nicht nur fiktiv, sondern real besteht und für den Unterhaltsanspruch jedenfalls grundsätzlich auch bestehen muss.

Von den Einnahmen sind die Beträge abzuziehen, die der Unterhaltspflichtige notwendigerweise für andere Zwecke als zur Deckung des eigenen oder des fremden Lebensbedarfs verwenden muss, wie Steuern (Rn 21 ff), Sozialversicherungsbeiträge (Rn 28 f), berufsbedingte Aufwendungen (Rn 32 ff). Auszugehen ist deshalb von einem **bereinigten Nettoeinkommen** (auch – teils abweichend verwendet – „verteilungsfähiges Einkommen" genannt; vgl FA-FamR[10]/Gerhardt 6. Kap Rn 171: Einkünfte abzüglich aller berücksichtigungsfähigen Abzüge). Nettoeinkommen ist – bei Einkünften aus nichtselbständiger Tätigkeit – das (Brutto-) Einkommen abzüglich der Steuern und Sozialversicherungsbeiträge, das in Lohnbescheinigungen regelmäßig auch als („gesetzliches") Netto ausgewiesen wird. Bereinigtes Nettoeinkommen ist das Nettoeinkommen abzüglich der Werbungskosten und ggf weiterer freiwilliger Vorsorgeaufwendungen (etwa zusätzliche Altersvorsorge). 11

Hinsichtlich der unterhaltsrechtlichen Leistungsfähigkeit bestehen **prinzipielle Unterschiede** zwischen **steuerrechtlichem** und **unterhaltsrechtlichem Einkommen**: 12

Auch steuerfreie Einkünfte sind unterhaltsrechtliches Einkommen. Ein wesentlicher Unterschied besteht ferner beim Abzug berufsbedingter Aufwendungen bzw Betriebsausgaben. Während es steuerrechtlich ausreicht, dass diese beruflich bzw betrieblich veranlasst sind, kommt es für die unterhaltsrechtliche Anerkennung der Kosten auf ihre Notwendigkeit (vgl FA-FamR[10]/Gerhardt 6. Kap Rn 200 mwNw) und darauf an, dass sie zum Einkommen in einem angemessenen Verhältnis stehen. Ferner erkennt das Steuerrecht mitunter Absetzungs- und Abschreibungsmöglichkeiten an, die keine wirkliche Vermögenseinbuße zum Gegenstand haben. Diese können unterhaltsrechtlich nicht einkommensmindernd berücksichtigt werden, weswegen das für die Unterhaltspflicht maßgebliche Einkommen höher sein kann als das steuerpflichtige Einkommen (vgl BGH FamRZ 1987, 36, 37 [Steuerersparnisse aus Bauherrenmodell]; FamRZ 2004, 1177, 1179 [Ansparabschreibung]; grundlegend BGH NJW 1980, 2083 = FamRZ 1980, 770; NJW 1997, 735 = FamRZ 1997, 281; FamRZ 1998, 357, 359; vgl Strohal[4] Rn 182 mwNw).

Einnahmen, die der Unterhaltspflichtige aus **unsittlicher oder verbotener Tätigkeit** erzielt, sind bei der Ermittlung seiner Leistungsfähigkeit grundsätzlich zu berücksichtigen. Das wird zu Recht angenommen für tatsächlich erzielte Einkünfte aus **Prostitution** (OLG Köln FamRZ 2013, 1745 mAnm Röttgen). Allerdings werden aus **Straftaten** erzielte „Einkünfte" dann nicht für den Unterhalt zur Verfügung stehen, wenn diese an den Geschädigten zurückgezahlt werden müssen (zur Frage der Leistungsfähigkeit bei Strafhaft s Rn 156 ff, 262). 13

Auch Einkommen, das entgegen dem gesetzlichen Verbot aus **Schwarzarbeit** nach § 1 Abs 2 SchwarzArbG (Schwarzarbeitsbekämpfungsgesetz vom 23. 7. 2004, BGBl I 1842) erzielt wurde, ist nach überwiegender Auffassung anrechenbares Einkommen 14

(OLG Brandenburg FamRZ 2013, 631; WENDL/DOSE[9] § 1 Rn 66; BeckOGK/HAIDL [Stand: 15. 10. 2014] Rn 18; **aA** AG Viechtach FamRZ 1990, 1139). Das steht mit der neueren Rechtsprechung des BGH zum Bereicherungsausgleich bei Schwarzarbeit (BGH NJW 2014, 1805) im Einklang. Danach besteht zwar kein Anspruch des Schwarzarbeit Leistenden auf die „Gegenleistung", gleichwohl kann eine bereits gezahlte Vergütung nicht zurückgefordert werden (§ 817 S 2 BGB).

15 Einkommen aus Prostitution oder aus Schwarzarbeit bleibt aber auf tatsächliche bezogene Einkünfte beschränkt. Da diese Tätigkeiten oder ihre Fortsetzung vom Unterhaltspflichtigen nicht verlangt werden können (OLG Köln FamRZ 2013, 1745; WENDL/DOSE[9] § 1 Rn 66), scheidet die Anrechnung eines fiktiven Einkommens insoweit aus und bleibt diese auf regulär erzielbares Einkommen beschränkt.

16 Umstritten ist insoweit, ob auf das Einkommen bei der für den künftigen Unterhalt anzustellenden **Prognose** als fortlaufend anzunehmen ist oder ob der Unterhalt allenfalls aufgrund eines fiktiven regulär erzielbaren Einkommens zu berechnen ist (so OLG Brandenburg FamRZ 2013, 631; WENDL/DOSE[9] § 1 Rn 66; **aA** BeckOGK/HAIDL [Stand: 15. 10. 2014] Rn 18: Fortschreibung des Einkommens aus Schwarzarbeit). Im Fall gesetzeswidriger Tätigkeit ist es richtig, dass das Einkommen nicht ohne Weiteres fortgeschrieben werden kann. Das zeigt sich insbesondere dann, wenn Einkünfte aus Schwarzarbeit – wie im Fall des OLG Brandenburg – neben einer bedürftigkeitsabhängigen Sozialleistung (hier: Grundsicherung für Arbeitsuchende nach SGB II) bezogen werden. Freilich wird sich aus dem Einkommen regelmäßig ein Indiz dafür ergeben, dass dieses vom Unterhaltspflichtigen auch im Rahmen einer regulären Tätigkeit erzielt werden kann (OLG Brandenburg FamRZ 2013, 631, 632). Im Fall der Prostitution verhält es sich zwar insoweit gleich, als deren Fortsetzung nicht verlangt werden kann. Da die Tätigkeit aber nicht gesetzeswidrig ist, ist mangels gegenteiliger Anhaltspunkte von fortlaufend erzielten Einkünften auszugehen (vgl OLG Köln FamRZ 2013, 1745), sodass auch der künftige Unterhalt auf der Grundlage der bislang bezogenen Durchschnittseinkünfte zu bemessen ist.

2. Einkünfte aus nichtselbständiger Erwerbstätigkeit

a) Grundsatz

17 Die Leistungsfähigkeit eines Arbeitnehmers bemisst sich in erster Linie nach seinem **Arbeitseinkommen** einschließlich der Ausbildungsvergütung (zu dieser § 1602 Rn 32 mNw). Arbeitseinkommen sind alle Leistungen, die dem Arbeitnehmer im Hinblick auf das Arbeits- oder Dienstverhältnis gewährt werden – gleichgültig aus welchem Anlass (BGH FamRZ 2013, 935 Rn 23; FamRZ 2012, 1201, 1202; BGH NJW 1982, 822 = FamRZ 1982, 250). Dazu gehören grundsätzlich auch **Überstundenvergütungen** (BGH FamRZ 2004, 186, 187 [Elternunterhalt]). Außer den regelmäßigen Lohn- oder Gehaltszahlungen zählen dazu alle **Zulagen** und **Sonderzuwendungen** (BGH FamRZ 2012, 1201, 1202 – Auslandsverwendungszuschlag eines Berufssoldaten; vgl auch BGH FamRZ 1994, 21, 22 Fliegeraufwandsentschädigung für Kampfflieger; BGH NJW 1980, 2251 = FamRZ 1980, 984; OLG Frankfurt NJW 2013, 1686; OLG Dresden FamRZ 2014, 1307 [LSe]: Kosovo-Einsatz eines Kriminalpolizisten), etwa eine Weihnachtsgratifikation oder das 13. Monatsgehalt (BGH FamRZ 2013, 935 Rn 27). Auch **Sachleistungen**, etwa der Jahreswagen in der Automobilbranche (AG Stuttgart FamRZ 1990, 195; STROHAL FamRZ 1995, 459 ff; GÖPPINGER/WAX/STROHAL[9] Rn 506; weitere Beispiele bei WENDL/DOSE[9] § 1 Rn 91) und **Nutzungen**, so der Privatanteil des vom

Arbeitgeber überlassenen Firmenwagens (OLG Hamm FamRZ 1992, 1427; OLG München FamRZ 1999, 1350; NIEPMANN/SCHWAMB[12] Rn 809; zur Bemessung s LANGHEIM FamRZ 2009, 665; ROMEYKO FamRZ 2004, 242) zählen zum Arbeitseinkommen. Zum Arbeitseinkommen rechnet auch das Trinkgeld (BGH FamRZ 1991, 182, 184). Zum Einkommen von **Strafgefangenen** s Rn 156 ff, 262.

Auch **Spesen, Reisekostenerstattungen, Auslösungen** etc gehören zum Arbeitsein- 18
kommen. Zu berücksichtigen ist aber, dass diese einen Mehraufwand ausgleichen sollen. Sie sind daher stets mit Blick auf den durch sie abgegoltenen Mehraufwand zu beurteilen. Als Einkommen ist nur der Anteil der Zahlungen anzurechnen, der den Aufwand übersteigt und dem Arbeitnehmer (auch in Form ersparter Kosten) per saldo zugute kommt (vgl BGH FamRZ 2014, 1536 Rn 30; näher WENDL/DOSE[9] § 1 Rn 78 ff; Unterhaltsleitlinien der Oberlandesgerichte Nr 1.4; vgl auch Rn 191).

Bei **Beamten** gehören zum Einkommen neben dem Grundgehalt der Familien-, der 19
Orts- und der Auslandszuschlag (BGH FamRZ 2012, 1201 [Auslandsverwendungszuschlag eines Soldaten]; FamRZ 1980, 342; FamRZ 1983, 49) – auch für Stiefkinder (BGH FamRZ 1990, 981; NJW 1989, 1033 = FamRZ 1989, 172; FamRZ 1988, 604; vgl BGH FamRZ 2007, 793 Rn 40 ff – Ehegattenunterhalt) –, Zulagen wie Amts- und Stellenzulagen (OLG Hamm FamRZ 1992, 1427), Ministerialzulage (OLG Köln FamRZ 1982, 706) sowie Aufwandsentschädigungen (BGH NJW 1994, 134 = FamRZ 1994, 21, 22). Zum Einkommen rechnen auch Anwärterbezüge im öffentlichen Dienst (§ 1602 Rn 32 mNw).

Bei **schwankenden Bezügen** ist ein **Durchschnittseinkommen** zu berechnen (s BGH 20
NJW 1984, 1614; GÖPPINGER/WAX/STROHAL[9] Rn 487, 513), gegebenenfalls muss dessen Höhe geschätzt werden. Praktisch wird dies etwa bei Saisonarbeitnehmern oder Arbeitnehmern im Baugewerbe, die regelmäßig während des Winters nicht beschäftigt werden und diese Zeiten mit Schlechtwettergeld oder (bei kurzfristiger Entlassung mit Wiedereinstellung im Frühling) mit Arbeitslosengeld überbrücken müssen (OLG Zweibrücken FamRZ 2000, 112, 113 [Dachdecker]). Zu **Abfindungen** s Rn 95 f.

b) Abzüge

aa) Steuern

Von den Einkünften sind die für sie zu zahlenden Steuern (Lohnsteuer, Kirchen- 21
steuer) in der Höhe und grundsätzlich zu dem **Zeitpunkt** abzuziehen, in der und zu dem sie tatsächlich entrichtet oder einbehalten werden (**In-Prinzip**, BGH FamRZ 1991, 670; NJW 1982, 1986 = FamRZ 1983, 152; FamRZ 1987, 36 = NJW-RR 1987, 194; näher zur Besteuerung des Arbeitseinkommens WENDL/SPIEKER[9] § 1 Rn 900 ff). Steuererstattungen und Steuernachzahlungen sind grundsätzlich erst zu berücksichtigen, wenn sie geleistet werden (BGH NJW 1980, 2251 = FamRZ 1980, 984; NJW 1982, 1986 = FamRZ 1983, 152; FamRZ 1985, 374). Tritt der Unterhaltspflichtige (etwa nach Scheidung der Ehe) in eine Kirche ein, so ist die anfallende Kirchensteuer zu berücksichtigen (BGH FamRZ 2007, 793).

Das In-Prinzip darf nach dem BGH nicht als Dogma missverstanden werden. In 22
bestimmten Fällen ist die Steuerlast nach dem **Für-Prinzip** zu bemessen, wenn das die Leistungsfähigkeit des Unterhaltsschuldners bei wirtschaftlicher Betrachtungsweise besser widerspiegelt (vgl BGH FamRZ 2011, 1851 Rn 19 [Steuernachzahlung eines

Selbständigen – Ehegattenunterhalt]; FamRZ 2004, 1177, 1178 [Ansparabschreibung eines Selbständigen – Ehegattenunterhalt]).

23 **Steuervorteile**, die zur Abgeltung eines besonderen Aufwandes des Unterhaltspflichtigen bestimmt sind, wie Werbungskosten und Freibeträge für Schwerbeschädigte, erhöhen seine Leistungsfähigkeit, wenn auch die betreffenden Aufwendungen berücksichtigt worden sind. Hingegen bleiben die Steuervorteile außer Betracht, wenn bereits die entsprechenden Aufwendungen nicht anerkannt worden sind, etwa weil sie der unterhaltsrechtlich nicht berücksichtigungsfähigen Vermögensbildung dienen (zB Bauherrenmodell; s noch Rn 12, 43; BGH FamRZ 1987, 36 = NJW-RR 1987, 194; vgl auch BGH FamRZ 2005, 1159 [negative Einkünfte aus Vermietung und Verpachtung sowie Land- und Forstwirtschaft]; FamRZ 2003, 741 [Sonderabschreibungen eines Selbständigen]; weitere Fälle „fiktiver Steuerberechnungen" bei FA-FamR[10]/Gerhardt 6. Kap Rn 178).

24 Der **Splittingvorteil** des Unterhaltsschuldners aus einer neuen Ehe kommt seinen Kindern aus einer früheren Ehe und anderen Verwandten zugute (BGHZ 178, 79 = FamRZ 2008, 2189 Rn 16 ff; FamRZ 2010, 1318 Rn 18 ff). Dabei ist allerdings sicherzustellen, dass der Steuervorteil nur auf dem Einkommen des Unterhaltspflichtigen beruht (BGHZ 178, 79 = FamRZ 2008, 2189 Rn 21, 33; FamRZ 2010, 1318 Rn 18 ff). Erzielt der (neue, seinerseits nicht unterhaltspflichtige) Ehegatte eigenes Einkommen, ist daher eine Aufteilung der Steuerlast erforderlich und nur der auf den Unterhaltsschuldner entfallende Anteil des Splittingvorteils als Einkommen zu berücksichtigen (BGHZ 178, 79 = FamRZ 2008, 2189 Rn 21, 33; zur Ermittlung BGH FamRZ 2006, 1178, 1180; vgl auch BGH FamRZ 2014, 1183 Rn 16).

25 Ein verheirateter Unterhaltsschuldner muss dementsprechend den ihm zustehenden **Splittingvorteil** (§ 32a Abs 5 EStG) wahrnehmen. Durch die Wahl der Steuerklasse V kann der Unterhaltsschuldner seine Obliegenheit verletzen, weil er damit seinem Ehegatten den Splittingvorteil allein überlässt (BGH NJW 1980, 2251 = FamRZ 1980, 984). In diesem Fall ist die Steuer entsprechend Rn 24 zu berechnen. Beziehen beide Ehegatten Arbeitslohn, können sie wählen: entweder beide Steuerklasse IV (§§ 38b Abs 1 S 2 Nr 4, 38 c Abs 1 S 3 EStG – keine Berücksichtigung des Splittingvorteils) oder der eine Steuerklasse III (§§ 38b Abs 1 S 2 Nr 3, 38 c Abs 1 S 3 EStG – mit Splittingvorteil) und der andere die ungünstige Steuerklasse V (§§ 38b S 2 Nr 5, 38 c Abs 1 S 4 EStG). Eine den Einkommensanteilen der Ehegatten entsprechende Aufteilung der Steuerabzüge bei Steuerklasse IV/IV ist seit 2010 durch das sog **Faktorverfahren** nach § 39 f EStG möglich (vgl Wendl/Spieker[9] § 1 Rn 913; FA-FamR[10]/Perleberg-Kölbel/Kuckenburg 13. Kap Rn 338 ff). Auch dann muss die Steuerberechnung dazu führen, dass (nur) das Einkommen des Unterhaltspflichtigen einschließlich der auf diesen entfallenden Steuerentlastung für den Unterhalt zu berücksichtigen ist.

26 Steuervorteile, die dem Unterhaltspflichtigen wegen eines **Stiefkindes** gewährt werden, waren nach früherer Rechtsprechung des BGH zu berücksichtigen (BGH NJW 1989, 1033, 1034 = FamRZ 1989, 172, 174). Ob dies auch gilt, wenn (freiwillige) Unterhaltsbeiträge für das Stiefkind geleistet, aber nicht berücksichtigt werden, erscheint allerdings bedenklich (vgl etwa BGH FamRZ 2014, 1183 Rn 16 mwNw [Familienzuschlag aus neuer Ehe bei nachrangigem zweiten Ehegatten]). Der BGH hat dementsprechend den auf das Stiefkind entfallenden Familienzuschlag beim Ehegattenunterhalt nicht mehr

berücksichtigt (BGH FamRZ 2007, 793 Rn 49 ff). Entsprechendes muss auch für den Verwandtenunterhalt gelten.

27 Einem Unterhaltspflichtigen **obliegt es, mögliche Steuervorteile wahrzunehmen**, soweit ihm das zugemutet werden kann (zur Obliegenheit des Unterhaltsschuldners, seine Leistungsfähigkeit voll auszunutzen [„zu steigern"], allg Rn 117 ff). Kommt er dieser Obliegenheit nicht nach, so ist seine Leistungsfähigkeit unter fiktiver Berücksichtigung der Steuervorteile zu bemessen (BGH FamRZ 2007, 1303 [Ausschöpfung des begrenzten Realsplittings]; dazu vgl auch BGH FamRZ 2007, 793). Der verheiratete Unterhaltspflichtige muss die Steuerklasse wählen, die seiner individuellen Einkommensbesteuerung am nächsten kommt, also Steuerklasse IV statt V (BGH FamRZ 2015, 1594 Rn 51; FamRZ 2013, 1563 mwNw). Nach dem BGH ist in Anlehnung an § 270 AO zunächst anhand der fiktiven Steuerlast bei einer Einzelveranlagung die Relation der individuellen Steuerlast zur gesamten Steuerlast zu ermitteln und anhand des entsprechenden Prozentsatzes die Steuerlast des Unterhaltspflichtigen am Maßstab der bei Zusammenveranlagung tatsächlich bestehenden Steuerschuld zu berechnen (BGH FamRZ 2015, 1594 Rn 51 mwNw).

Ob und in welchem Umfang der Unterhaltspflichtige ihm zustehende **Freibeträge** auf der Lohnsteuerkarte eintragen lassen muss, ist im Einzelfall zu beurteilen (näher FA-FamR[10]/GERHARDT 6. Kap Rn 185).

bb) Sozialversicherungsbeiträge

28 Von den Einkünften abzuziehen sind ferner die **Pflichtbeiträge** zu einer gesetzlichen Krankenversicherung, Pflegeversicherung, Unfallversicherung, Rentenversicherung und Arbeitslosenversicherung, bei unselbständig Beschäftigten nur der Arbeitnehmeranteil (BGH NJW 1982, 1983 = FamRZ 1982, 887; NJW 1985, 909 = FamRZ 1985, 357; FA-FamR[10]/GERHARDT 6. Kap Rn 190 ff).

29 Angemessene **freiwillige Vorsorgeaufwendungen**, etwa Beiträge für eine private Rentenversicherung bei Überschreiten der Beutragsbemessungsgrenze, sind jedenfalls insoweit zu berücksichtigen, als sie ihrer Funktion nach den der gesetzlichen Sozialversicherung entsprechen (teilweise anders noch STAUDINGER/ENGLER/KAISER [2000] Rn 30: erst bei der Ermittlung des eigenen Lebensbedarfs zu berücksichtigen). Zur Zusatzkrankenversicherung s Rn 30.

30 Nach dem BGH sind Aufwendungen für eine **zusätzliche Altersversorgung** unterhaltsrechtlich grundsätzlich zu berücksichtigen. Denn durch die aus dem Erwerbseinkommen abzuführenden Beiträge zur gesetzlichen Rentenversicherung kann eine angemessene Altersversorgung nicht mehr erreicht werden. Der BGH hat deshalb beim Kindesunterhalt wie beim Ehegattenunterhalt grundsätzlich Aufwendungen bis zu **4%** des Gesamtbruttoeinkommens als angemessene zusätzliche Altersversorgung angesehen (BGHZ 163, 84 = FamRZ 2005, 1817, 1821; vgl FA-FamR[10]/GERHARDT 6. Kap Rn 192). Im Fall der **gesteigerten Unterhaltspflicht** nach Abs 2 (Rn 349) sind Aufwendungen für eine zusätzliche Altersversorgung (und eine Zusatzkrankenversicherung) unterhaltsrechtlich nicht berücksichtigungsfähig, wenn der Mindestunterhalt für ein minderjähriges Kind andernfalls nicht aufgebracht werden kann (BGH FamRZ 2013, 278).

31 Beim **Elternunterhalt** ist dem Unterhaltspflichtigen ein zusätzlicher Abzug von **5%** zuzubilligen (BGH FamRZ 2009, 1300; vgl auch BGH FamRZ 2013, 1345). Für den zur Zahlung von Elternunterhalt Verpflichteten, der verheiratet ist und kein eigenes Erwerbseinkommen erzielt, besteht nach dem BGH allerdings grundsätzlich kein Bedürfnis für die Bildung eines eigenen Altersvorsorgevermögens. Dies gilt allerdings nicht, soweit der Unterhaltspflichtige über seinen Ehegatten nicht hinreichend für das Alter abgesichert ist, was er darzulegen und gegebenenfalls zu beweisen hat. Eine unzureichende Altersversorgung ist gegeben, wenn der Ehegatte selbst nicht über eine – den Maßstäben zum Elternunterhalt entsprechende – Altersversorgung verfügt (BGH FamRZ FamRZ 2015, 1172 Rn 35 ff mwNw).

cc) Berufsbedingte Aufwendungen

32 Von den Einkünften sind auch die berufsbedingten Aufwendungen abzuziehen. Diese müssen von den bei der Ermittlung des steuerpflichtigen Einkommens abzusetzenden Betriebsausgaben und Werbungskosten (§§ 2 Abs 2, 4 Abs 4, 9 EStG) unterschieden werden: Im Steuerrecht kommt es grundsätzlich nicht darauf an, ob die Ausgaben notwendig, zweckmäßig oder üblich sind; entscheidend ist nur, dass sie veranlasst sind durch die auf die Erzielung steuerpflichtiger Einnahmen gerichtete Tätigkeit (Schmidt/Heinicke, EStG § 4 Rn 470, 480 ff, Schmidt/Drenseck, EStG § 9 Rn 7 f). Hingegen wird die Leistungsfähigkeit des Unterhaltsschuldners nur durch solche Ausgaben gemindert, die **zur Einkommenserzielung notwendig** sind (BGH FamRZ 2014, 1536 Rn 30; FamRZ 2009, 762 Rn 39; FamRZ 2007, 193; NJW 1986, 2054 = FamRZ 1986, 790; NJW 1988, 2371, 2373 = FamRZ 1988, 159, 161; Wendl/Dose[9] § 1 Rn 122 ff). Die steuerrechtlich anerkannten Pauschbeträge für Werbungskosten (zB § 9a EStG) können nicht auf das Unterhaltsrecht übertragen werden.

33 Nach der **Düsseldorfer Tabelle** (Vorbem 88 zu §§ 1601 ff; § 1610 Rn 305) und den unterhaltsrechtlichen Leitlinien der meisten Oberlandesgerichte (s Vorbem 60 zu §§ 1601 ff) können berufsbedingte Aufwendungen regelmäßig ohne einen besonderen Nachweis in Höhe einer **Pauschale von 5%** des Nettoeinkommens (mit bestimmten Mindest- und Höchstbeträgen) abgesetzt werden.

Hiergegen ist in der Vorbearbeitung als **Bedenken** erhoben worden (Staudinger/Engler/Kaiser [2000] Rn 32), es gebe keinen Erfahrungssatz, dass ein Erwerbstätiger einen bestimmten Prozentsatz seiner Einkünfte notwendigerweise für die Ausübung der Erwerbstätigkeit verwenden müsse. Die berufsbedingten Aufwendungen hingen von der Art der Tätigkeit ab (zB Heimarbeit oder Büroarbeit) und auch von den persönlichen Verhältnissen des Unterhaltsschuldners (zB dem Weg zum Arbeitsplatz). Diese Aufwendungen müssten daher nach den Verhältnissen des Einzelfalls konkret festgestellt werden. Das entspricht im Grundsatz der Rechtsprechung des BGH (vgl BGH FamRZ 2009, 762 Rn 39 f). Demgegenüber ist anzuführen, dass es sich bei der Unterhaltsfestsetzung um ein **Massenphänomen** handelt, bei dem in jeder Hinsicht exakte Feststellungen weder erzielbar sind noch angestrebt werden sollten. Die Unterhaltsfestsetzung erfolgt daher auch in anderer Hinsicht mit Hilfe pauschalierter Methoden (zB durch Einstufung in Einkommensgruppen der Düsseldorfer Tabelle; vgl Klinkhammer FamRZ 2008, 193, 195). Abgesehen etwa von Fällen des **Abs 2** (gesteigerte Unterhaltspflicht bei nicht gewährleistetem Mindestunterhalt minderjähriger oder privilegiert volljähriger Kinder; vgl Süddeutsche Leilinien Nr 10.2.1) ist daher die Praxis der Pauschalierung, die den meisten Fällen wenigstens annäherungsweise gerecht wird, nicht zu beanstanden (vgl auch WENDL/DOSE[9] § 1 Rn 123).

Die berufsbedingten Aufwendungen sind wie im Steuerrecht von den **allgemeinen Lebenshaltungskosten** abzugrenzen (BGH FamRZ 2009, 762 Rn 39; WENDL/DOSE[9] § 1 Rn 122). Keine vorweg abzuziehenden berufsbedingten Aufwendungen sind Mehrkosten, die dadurch entstehen, dass ein Erwerbstätiger mehr Geld in Kleidung investieren muss, die seiner beruflichen Stellung angemessen ist (BGH NJW 1982, 822 = FamRZ 1982, 250; anders bei spezifischer Arbeitskleidung: Rn 39), oder dass er weniger Zeit für seine eigene Versorgung hat als ein Nichterwerbstätiger, zB für das Ausnutzen von Sonderangeboten in verschiedenen Supermärkten sowie für die Zubereitung von Speisen, und deswegen häufiger auswärtig isst. Diese Kosten können allenfalls bei der Bemessung des eigenen Lebensbedarfs des Unterhaltsschuldners berücksichtigt werden (BGH NJW 1982, 822 = FamRZ 1982, 250; Rn 228 ff). Einen **Erwerbstätigenbonus**, der dem erwerbstätigen Ehegatten bei der Bedarfsbemessung für Trennungs- und Scheidungsunterhalt zugebilligt wird (STAUDINGER/VERSCHRAEGEN [2014] § 1578 Rn 33), gibt es bei Unterhaltsansprüchen zwischen Verwandten nicht (OLG Düsseldorf FamRZ 1994, 1049 = NJW-RR 1994, 326; zur Differenzierung des notwendigen Selbstbehalts s allerdings Rn 246). 34

Repräsentationskosten und **Bewirtungskosten** kann der Schuldner unterhaltsrechtlich nicht absetzen (BGH NJW 1987, 776 = FamRZ 1987, 46 zum Ehegattenunterhalt), ebensowenig Aufwendungen für **Werbegeschenke** (vgl NICKL DAVorm 1986, 103, 107). 35

Als berufsbedingte Aufwendungen abzugsfähig sind die Kosten, die dem Unterhaltsschuldner notwendigerweise für den **Weg zur Arbeitsstelle** entstehen. Die Höhe der Fahrtkosten mit dem eigenen Pkw ist unter Berücksichtigung der Betriebskosten zu schätzen (BGH FamRZ 2009, 762; NJW 1982, 1869 = FamRZ 1982, 360). Als Berechnungsgrundlage kann mangels sonstiger konkreter Anhaltspunkte § 5 JVEG zugrunde gelegt werden, der für Zeugen 0, 25 €, für sachverständige 0, 30 € pro gefahrenen Kilometer veranschlagt (BGH FamRZ 2012, 1374 Rn 11 ff; NJW 1994, 190 = FamRZ 1994, 87; NJW-RR 1992, 1282; FamRZ 1991, 1414 = NJW-RR 1991, 1346; WENDL/DOSE[9] § 1 Rn 136 f; vgl auch GRIESCHE FamFR 2011, 485). Die Leitlinien der Oberlandesgerichte (Nr 10. 2. 2) gehen inzwischen überwiegend von der Pauschale für Sachverständige (§ 5 Abs 2 S 1 Nr 1 JVEG) aus, welche im Unterschied zu dem für Zeugen geltenden Kilometersatz auch die Anschaffungskosten abdecken soll (vgl auch BGH FamRZ 2006, 1511 Rn 24 [Elternunterhalt]). Bei langen Fahrtstrecken schlagen sie für die Mehrkilometer einen geringeren Satz vor (zB SüddtLL 2015: 0, 20 €/Km ab 30 km „einfach“). 36

Ob und in welchem Umfang dem Unterhaltspflichtigen **Einsparungen** zuzumuten sind – zB durch die **Benutzung öffentlicher Verkehrsmittel** statt eines Pkw, uU auch durch einen **Umzug** an den Arbeitsort (vgl BGH FamRZ 2009, 762 Rn 36 mwNw; FamRZ 2002, 536; OLG Koblenz FamRZ 1994, 1609; s noch Rn 121, 369; mit Recht großzügig BGH NJW-RR 1995, 129), ist nach den Umständen des Einzelfalles zu entscheiden. Zehrt die Benutzung eines Pkw einen so großen Teil des Einkommens auf, dass der Pflichtige deswegen keinen ausreichenden Unterhalt zahlen kann, muss er jedenfalls bei der gesteigerten Unterhaltspflicht gegenüber minderjährigen Kindern gem Abs 2 in der Regel die kostengünstigeren öffentlichen Verkehrsmittel benutzen, gegebenenfalls sein Auto verkaufen (BGH FamRZ 1989, 483 = NJW-RR 1989, 386; OLG Hamm FamRZ 1996, 37

958; OLG Brandenburg FamRZ 1999, 1010). Erhöhte Fahrtkosten aufgrund eines nach Trennung der Eltern erfolgten Umzugs des Unterhaltsschuldners sind jedenfalls bei nicht gewährleistetem Mindestunterhalt nicht ohne Weiteres zu billigen (KG NJW 2014, 869; OLG Saarbrücken FamRZ 2012, 797; vgl auch OLG Stuttgart NJW-RR 2008, 527). Eine Obliegenheit zur Benutzung öffentlicher Verkehrsmittel besteht nicht, wenn dem Unterhaltsschuldner deren Benutzung wegen nicht vertretbaren Zeitaufwandes unzumutbar ist (OLG Hamm FamRZ 1998, 623 [LS] = NJW-RR 1998, 724).

38 Muss ein erwerbstätiger Unterhaltsschuldner seine **Kinder** wegen der Berufstätigkeit anderweitig betreuen lassen, erhöhen die **Betreuungskosten** den Unterhaltsbedarf des betreuten Kindes. Früher wurden diese als berufsbedingte Aufwendungen behandelt (BGH NJW 1982, 2664 = FamRZ 1982, 779). Nach neuerer Rechtsprechung des BGH sind die Betreuungskosten (Mehr-)Bedarf des Kindes, welcher von den Sätzen der Düsseldorfer Tabelle nicht abgedeckt ist (BGH FamRZ 2009, 962). Wie bei der Unterhaltspflicht gegenüber dem Ehegatten (BGH NJW 1986, 2054 = FamRZ 1986, 790) kann dem Unterhaltsschuldner auch ein **„Betreuungsbonus"** in dem Sinne zugebilligt werden, dass die Erwerbstätigkeit mit Blick auf die Kinderbetreuung (teilweise) überobligatorisch ist (BGH FamRZ 2017, 711 Rn 19; Wendl/Klinkhammer[9] § 2 Rn 400 f, 444; dazu Rn 184). Zur Mithaftung beim Kindesunterhalt für Kinder, die der Elternteil selbst betreut, s § 1606 Rn 54 f, zum Wechselmodell § 1606 Rn 49.

39 Als abzugsfähige berufsbedingte Aufwendungen kommen weiter in Betracht:

- Kosten für spezifische **Arbeitskleidung** und **Arbeitsmittel** (OLG Schleswig DAVorm 1987, 268, 270; vgl aber auch OLG Brandenburg FamRZ 2010, 1915; OLG Köln FamRZ 1982, 706; OLG Brandenburg 9. 11. 2010 – 10 UF 23/10 – juris),
- Kosten für ein **Arbeitszimmer**, soweit dieses benötigt wird (OLG Bamberg FamRZ 1987, 1295; OLG Köln FamRZ 1983, 750),
- Beiträge zu **Gewerkschaften** (BGH FamRZ 2006, 1511 Rn 24 [Elternunterhalt]; OLG Köln FamRZ 1985, 1166; ebenso OLG Hamm NJW 2014, 1746 – juris Rn 92 [Ehegattenunterhalt]; **aA** KG FamRZ 1978, 937) und **Berufsverbänden** (OLG Köln FamRZ 1983, 750),
- Kosten für einen berufsbedingten **Umzug** (OLG Frankfurt NJW-RR 1993, 968),
- **Steuerberatungskosten**, soweit die Zuziehung eines Steuerberaters zweckdienlich ist (vgl OLG Hamm FamRZ 1992, 1177),
- Kosten eines **Aupair-Mädchens** zur Betreuung von Geschwistern beim Kindesunterhalt (OLG Koblenz FamRZ 2008, 434 [LS] – juris [wohl eher Betreuungsmehrbedarf der Geschwister]).

3. Einkünfte aus selbständiger Erwerbstätigkeit (Land- und Forstwirtschaft, Gewerbebetrieb und selbständige Arbeit)

a) Ermittlung der Einkünfte

40 Die Feststellung der Einkünfte von **Freiberuflern** (zB Ärzten, Anwälten, Architekten, Journalisten, vgl § 18 Abs 1 Nr 1 EStG), Kaufleuten, Handwerkern und anderen selbständig Erwerbstätigen bereitet häufig Schwierigkeiten, weil sich die Einkünfte aus einer Vielzahl von Geschäftsvorfällen – Einnahmen und Ausgaben – ergeben, die zur Beurteilung der wirtschaftlichen Leistungsfähigkeit in bestimmten Zeitabschnitten zusammengefasst, geordnet und einander gegenübergestellt werden müssen. Dabei wird **regelmäßig von den steuerrechtlichen Zusammenstellungen** (Bilanzen, Gewinn- und Verlustrechnungen, Einkommensteuererklärungen und -bescheiden) ausgegangen werden können (gleich Rn 40 ff). Diese müssen jedoch in einigen Punkten ergänzt und geändert werden, weil das zu versteuernde Einkommen mit dem unterhaltsrechtlich bedeutsamen Einkommen nicht identisch ist (oben Rn 12, 31 und gleich 46). Es genügt nicht, dass sich ein Unterhaltspflichtiger zur Darlegung seiner Leistungsunfähigkeit auf sein zu versteuerndes Einkommen beruft. Vielmehr muss er seine Einnahmen und Ausgaben im Einzelnen so darstellen, dass die allein steuerlich beachtlichen Aufwendungen von solchen, die unterhaltsrechtlich von Bedeutung sind, abgegrenzt werden können (BGH NJW 1980, 2083 = FamRZ 1980, 770; NJW 1985, 909 = FamRZ 1985, 357; BGH NJW 1987, 776 = FamRZ 1987, 46; NJW 1988, 2369, 2371 = FamRZ 1988, 265, 268; FamRZ 1993, 789, 792; FamRZ 1998, 357, 359 [Landwirt]).

Das der Steuerpflicht unterliegende Einkommen selbständig Erwerbstätiger ist der **Gewinn** (§ 2 Abs 2 Nr 1 EStG). Er kann auf verschiedene Arten ermittelt werden, nämlich durch den Betriebsvermögensvergleich (§§ 4 Abs 1, 5 EStG), durch die Überschussrechnung (§ 4 Abs 3 EStG) oder – bei Land- und Forstwirten – nach Durchschnittssätzen (§ 13a EStG). Beim **Betriebsvermögensvergleich** (Bilanzierung) als der Regelberechnung wird als Gewinn der in dem Wirtschaftsjahr erzielte Vermögenszuwachs festgestellt: der Unterschiedsbetrag zwischen dem Betriebsvermögen am Schluss und am Anfang eines Wirtschaftsjahres, vermehrt um den Wert der Entnahmen und vermindert um den Wert der Einlagen (§ 4 Abs 1 S 1 EStG). Die **Überschussrechnung** (Einnahmen-Überschuss-Rechnung) gilt für Gewerbetreibende, die gesetzlich nicht verpflichtet sind, Bücher zu führen und regelmäßig Abschlüsse zu machen (§ 4 Abs 3 EStG), insbesondere für Freiberufler und nicht im Handelsregister eingetragene Kleingewerbetreibende im Sinne des § 1 Abs 2 HGB. Nach dieser Berechnungsmethode ist Gewinn der Überschuss der Betriebseinnahmen über die Betriebsausgaben (§ 4 Abs 3 S 1 EStG). Sie unterliegt grundsätzlich dem Zu- und Abflussprinzip (§ 11 EStG). **41**

Alle Berechnungsarten sollen auf Dauer zum selben Totalgewinn führen, können im einzelnen Wirtschaftsjahr aber unterschiedliche Periodengewinne ergeben (Schmidt/Heinicke, EStG § 4 Rn 10). So sind Forderungen aus Lieferungen und Leistungen beim Betriebsvermögensvergleich zu aktivieren, sobald sie im abgelaufenen Wirtschaftsjahr entstanden sind (Schmidt/Heinicke, EStG § 5 Rn 97–99), während es bei der Überschussrechnung auf den Zeitpunkt des Entgeltzuflusses ankommt (§ 11 Abs 1 EStG). Dadurch können sich unterschiedliche Gewinne ergeben, wenn die Zahlung für eine Lieferung oder Leistung im nächsten Wirtschaftsjahr erfolgt (vgl auch Bauer DAVorm 1987, 475, 477). Für die Bemessung der unterhaltsrechtlichen Leistungsfähigkeit können diese Unterschiede dadurch ausgeglichen werden, dass ausgegangen wird von einem **durchschnittlichen Einkommen aus einem längeren Zeitraum – meist drei Jahre**, gegebenenfalls länger (BGH NJW 1982, 1642 = FamRZ 1982, 680; NJW 1982, 1645 = FamRZ 1982, 151; NJW 1983, 1554 = FamRZ 1983, 680; NJW 1985, 909 = FamRZ 1985, 357; Wendl/Spieker[9] § 1 Rn 420 ff) – unter Ausklammerung der Anlaufphase (OLG Köln NJW-RR 1995, 1157). Das Durchschnittseinkommen der letzten drei Jahre ist auch bei **42** nebenberuflichen Einkünften aus selbständiger Tätigkeit zugrunde zu legen (OLG Hamm FamRZ 1999, 1014 [LS]: Musiker). Bei der Einkommensermittlung ist stets zu berücksichtigen, dass diese die wirtschaftliche Leistungsfähigkeit des Unterhaltsschuldners verlässlich widerspiegeln muss. Bei **besonderen Anhaltspunkten** für eine abweichende Einkommensentwicklung kann und muss demnach auch vom durchschnittlichen Ergebnis der vergangenen Jahre abgewichen werden. Dann ist dieses nur für den betreffenden Unterhaltszeitraum maßgeblich, während der Bemessung des künftigen Unterhalts das aktuelle Einkommen zugrunde zu legen ist.

43 Im Übrigen sind alle steuerlichen Berechnungsarten für die Ermittlung der Leistungsfähigkeit anwendbar. Weil steuerpflichtiges und unterhaltsrechtlich maßgebliches Einkommen nicht identisch sind (oben Rn 12), können sich bei einigen Berechnungsposten aber Abweichungen ergeben. Das gilt vor allem für Abschreibungen und für Betriebsausgaben. Auch **Rückstellungen** und **Investitionen** sind auf ihre unterhaltsrechtliche Relevanz zu überprüfen. Gegebenenfalls sind in sachlicher oder zeitlicher Hinsicht Korrekturen veranlasst (vgl BGH FamRZ 2004, 1177, 1179 [Ansparabschreibung]; BGH FamRZ 1987, 36, 37 [Bauherrenmodell]; BGH FamRZ 2003, 741 [Investitionszulage]).

44 Nach verbreiteter Meinung kann zur Ermittlung der Leistungsfähigkeit grundsätzlich auch von den **Privatentnahmen** (Überführung von Geld und sonstigen Wirtschaftsgütern aus dem Betriebsvermögen in das private Vermögen, § 4 Abs 1 S 2 EStG; zum Eigenverbrauch vgl BGH FamRZ 2005, 97) des Unterhaltspflichtigen ausgegangen werden, welchen etwa **indizielle Bedeutung** für die Feststellung des wirklichen Einkommens beigemessen wird (OLG Hamm FamRZ 1996, 1216; FamRZ 1993, 1088; OLG Köln FamRZ 1990, 310; OLG Düsseldorf FamRZ 1983, 397, 399; OLG Köln FamRZ 1983, 87, 89; SCHÜRMANN FamRB 2006, 215, 216 f; MünchKomm/BORN[6] Rn 24; ARENS/SPIEKER FamRZ 1985, 121, 127; OLG Dresden FamRZ 1999, 851; vgl auch SCHÜRMANN FamRZ 2002, 1150).

45 Sind die Entnahmen höher als der Gewinn, so mindern sie das Betriebsvermögen. Nach der Vorbearbeitung kann in diesen Fällen bei der Bemessung der Leistungsfähigkeit regelmäßig von den **Privatentnahmen** ausgegangen werden, weil ein unterhaltspflichtiger Verwandter grundsätzlich auch sein Vermögen einsetzen müsse (STAUDINGER/ENGLER/KAISER [2000] Rn 44 – auch für das Folgende – mwNw). Dabei werde die Tatsache höherer Entnahmen meist für ihre wirtschaftliche Vertretbarkeit sprechen. Das gelte zumindest dann, wenn der Unternehmer mehr entnehme, als er für seinen eigenen Unterhalt benötige. Dagegen begründeten wirtschaftlich nicht vertretbare Entnahmen keine unterhaltsrechtliche Leistungsfähigkeit.

46 Eine solche Herangehensweise erscheint dagegen in ihrer Allgemeinheit bedenklich. Zum einen bedarf die Obliegenheit des Unterhaltsschuldners, zur Bestreitung des Verwandtenunterhalts auch sein Vermögen zu verwerten, der besonderen Prüfung und Begründung (dazu Rn 299 ff). Zum anderen ist auch bei dem Rückschluss von den Entnahmen, von denen in jedem Fall die Einlagen abzuziehen sind, auf das „wirkliche Einkommen" Vorsicht geboten (vgl STROHAL[4] Rn 224; näher zur Bewertung WENDL/SPIEKER[9] § 1 Rn 237 ff). Die Tatsache von den Gewinn deutlich übersteigenden Entnahmen mag daher zwar Anlass für eine kritische Überprüfung der vom Unterhaltsschuldner vorgelegten Gewinnermittlung (dazu näher STROHAL[4] Rn 230) geben. Als Grundlage für einen in entsprechender Höhe vermuteten Gewinn erscheint sie hin-

gegen nicht ohne Weiteres geeignet. Im Gerichtsverfahren wird es also weiterer Anhaltspunkte (etwa für die Verlagerung von Gewinnen in spätere Geschäftsjahre oder für Manipulationen) bedürfen, um die Privatentnahmen als Grundlage der Unterhaltsfestsetzung heranzuziehen, wobei das Familiengericht im Rahmen des pflichtgemäßen Ermessens vom durch §§ 286, 287 ZPO (iVm § 113 Abs 1 S 2 FamFG) eingeräumten Spielraum Gebrauch machen kann und muss.

b) Einzelne Abzüge im Rahmen der Gewinnermittlung

aa) Abschreibungen

Die Abnutzung oder Substanzverringerung von Wirtschaftsgütern, deren Verwendung oder Nutzung der Erzielung von Einkünften dient, wird im **Steuerrecht** im Wege der Abschreibung **pauschal** berücksichtigt (§§ 7 ff, 9 Abs 1 Nr 7 EStG). Das lässt sich auf die Ermittlung der unterhaltsrechtlichen Leistungsfähigkeit nicht ohne Weiteres übertragen, weil die steuerliche Pauschalabschreibung von einer „betriebsgewöhnlichen" Nutzungsdauer ausgeht, die kürzer währt als die tatsächliche Nutzung, sodass die Pauschalabschreibung häufig nicht einer tatsächlichen Verringerung der für den Lebensbedarf verfügbaren Mittel entspricht (BGH NJW 1980, 2083 = FamRZ 1980, 770; NJW 1984, 303 = FamRZ 1984, 39; NJW 1985, 909 = FamRZ 1985, 357; NJW 1997, 735 = FamRZ 1997, 281; FamRZ 1998, 357, 359 [Landwirt]). **47**

Die in der steuerrechtlichen Abschreibung ausgedrückte Wertminderung kann unterhaltsrechtlich nicht außer Betracht bleiben (**aA** OLG Hamburg FamRZ 1984, 59 [Inventar einer Arztpraxis]). Durch die Abschreibung werden die **Anschaffungskosten** auf einen längeren Zeitraum **verteilt** (OLG Hamm NJW-RR 1991, 1474). Das kann auch für die Bemessung von Unterhaltsansprüchen sinnvoll sein, weil diese berufsbedingten Kosten ansonsten in vollem Umfang sofort abgesetzt werden dürften (Durchlaub FamRZ 1987, 1223; Kleinle FamRZ 1998, 1346, 1348). Ob und in welchem Umfang steuerrechtliche Abschreibungen bei der Bemessung der Leistungsfähigkeit berücksichtigt werden können, hängt von der **Abschreibungsart** ab (im Einzelnen dazu Wendl/Spieker[9] § 1 Rn 341 ff). **48**

Nach der Rechtsprechung des BGH sind – beispielsweise der Investitionsförderung dienende (vgl § 7g EStG) – **Sonderabschreibungen** zu korrigieren und mit reellen Abnutzungswerten anzusetzen (BGH FamRZ 2003, 741 mAnm Gerken). Außerdem sind **Abschreibungen für Gebäude** (zu Instandhaltungskosten s Rn 53) zuweilen nicht anerkannt worden, weil die zulässigen steuerlichen Pauschalen vielfach über das tatsächliche Ausmaß der Wertminderung hinausgingen (vgl BGH FamRZ 2005, 1159, 1160 mwNw). **49**

Diese Rechtsprechung wird zunehmend kritisiert. Hierfür wird etwa angeführt, dass die Anschaffungskosten als betrieblich veranlasste Aufwendungen dem Grunde nach auch im Unterhaltsrecht anerkannt werden müssten. Bei einem Eingriff in die steuerliche Gewinnermittlung ergebe sich die Notwendigkeit einer unterhaltsrechtlich gesonderten Erfassung auch für Zeiträume, für die das Wirtschaftsgut steuerlich längst abgeschrieben sei (vgl Wendl/Spieker[9] § 1 Rn 347 ff). Die Korrekturen erwiesen sich in vielen Fällen als überflüssig, weil sie auf lange Sicht zum selben Ergebnis führen müssten, und zwängen ihrerseits zu Korrekturen (vgl Wendl/Spieker[9] § 1 Rn 352). Angesichts dieser Erwägungen spreche heute viel für die Belassung der **50**

AfA-Werte, soweit es sich um Abschreibung von abnutzbarem Anlagegut handele (Strohal[4] Rn 260).

51 Dazu ist festzuhalten, dass die eigenständige unterhaltsrechtliche Bewertung dazu dienen soll, die reelle Leistungsfähigkeit des Unterhaltsschuldners zu erfassen. Dazu gehört auch eine periodengerechte Erfassung. Denn schon die Verschiebung um ein Wirtschaftsjahr kann dem Unterhaltsschuldner Vorteile bringen, wenn das folgende Wirtschaftsjahr bei der dem Unterhaltstitel zugrunde liegenden Einkommensermittlung außer Betracht bleibt und eine Erfassung dann erst in einem Abänderungsverfahren möglich ist. Dementsprechend bleibt es bei der – im Gerichtsverfahren vorwiegend den Tatsachengerichten vorbehaltenen – Aufgabe, im Rahmen einer kritischen Auswertung der steuerlichen Unterlagen die Leistungsfähigkeit des Unterhaltsschuldners realitätsgerecht zu erfassen (vgl BGH FamRZ 2003, 741 mAnm Gerken).

bb) Weitere Positionen mit besonderer unterhaltsrechtlicher Bewertung, Schwarzgeld

52 Eine Korrektur hat im Grundsatz entsprechend den oben (Rn 47 ff) bereits behandelten Positionen dann zu erfolgen, wenn die steuerrechtliche und die unterhaltsrechtliche Bewertung voneinander abweichen (s Rn 12). Das ist dann der Fall, wenn Aufwendungen zwar betrieblich veranlasst (Steuerrecht), aber nicht notwendig sind (Unterhaltsrecht; vgl FA-FamR[10]/Gerhardt 6. Kap Rn 200 mwNw). Demnach kann eine unterhaltsrechtliche Korrektur neben den bereits behandelten Abschreibungen insbesondere bei bestimmten Kostenpositionen wie Telefon-, Fahrzeug- und Bewirtungskosten erfolgen, welche teilweise private Bedürfnisse befriedigen und teilweise nicht notwendig oder nicht angemessen sind (näher dazu Wendl/Spieker[9] § 1 Rn 330 ff; Strohal[4] Rn 245 ff).

53 **Instandsetzungskosten für Gebäude** sind nach der Rechtsprechung des BGH nur insoweit einkommensmindernd zu berücksichtigen, als es sich um notwendigen Erhaltungsaufwand handelt und nicht um solchen für Ausbauten und wertsteigernde Verbesserungen, die der Vermögensbildung dienen (BGH FamRZ 2005, 1159, 1160 [zu Einkünften aus Vermietung und Verpachtung]; vgl Wendl/Spieker[9] § 1 Rn 339). Zu weiteren korrekturbedürftigen Positionen s Wendl/Spieker[9] § 1 Rn 330 ff.

54 Ein Sonderproblem stellt die Behandlung von **Schwarzgeld** dar. Hier stellt sich vorrangig das Problem der Feststellbarkeit. Zur Feststellung von Schwarzeinkünften (bzw fehlerhaft verbuchter Ausgaben; vgl Strohal[4] Rn 248) stehen etwa Kontrollmitteilungen der Finanzverwaltung zur Verfügung. Schwarzeinkünfte können bei einer Betriebsprüfung etwa im Wege der Plausibilitätskontrolle aufgedeckt werden oder aber durch eine Anzeige von Familienmitgliedern, etwa des in entsprechende Praktiken eingeweihten Ehegatten nach der Trennung (zu Beweisfragen s Strohal[4] Rn 277 ff sowie Rn 385 ff). Festgestellte Einkünfte sind der Bemessung der Leistungsfähigkeit zugrunde zu legen und ggf auch für den zukünftigen Unterhalt fortzuschreiben (vgl Rn 14 ff).

cc) Steuern, Vorsorgeaufwendungen

55 Bei **Steuern** ist zwischen betrieblichen und privaten Steuern zu unterscheiden. Betriebliche Steuern (zB Grundsteuer auf ein zum Betriebsvermögen gehörendes

Grundstück) sind bereits bei der Gewinnermittlung zu berücksichtigen. Zu betrieblichen Ausgaben zählt auch die Gewerbesteuer, auch wenn diese steuerrechtlich (§ 4 Abs 5b EStG) nicht als Betriebsausgabe gilt.

Von den Einkünften sind die vom Unterhaltsschuldner für sie zu zahlenden (privaten) Steuern (Einkommensteuer, Kirchensteuer) grundsätzlich in der Höhe und zu dem **Zeitpunkt** abzuziehen, in der und zu dem sie tatsächlich entrichtet oder einbehalten werden (oben Rn 21 ff). **56**

Zudem sind auch bei Selbständigen angemessene **Vorsorgeaufwendungen** (für Krankheit, Alter, Erwerbsminderung und Pflegebedürftigkeit) abziehbar (vgl Rn 28 ff sowie FA-FamR[10]/Gerhardt 6. Kap Rn 195 f). **57**

4. Einkünfte aus Vermögen, Vermietung und Verpachtung

Bei der Ermittlung der Leistungsfähigkeit sind die Einkünfte zu berücksichtigen, die der Unterhaltspflichtige aus seinem Vermögen zieht (Wendl/Dose[9] § 1 Rn 600 ff). Dazu gehören **Kapitalerträge** (vgl § 20 EStG) wie Zinsen (insbesondere aus Sparguthaben, Darlehen, Hypotheken, Wertpapieren, BGH FamRZ 1988, 1145), Gewinnanteile (Dividenden), Kursgewinne (RG WarnR 1913, 297), Leibrenten (vgl BGH NJW 1994, 935), Einkünfte aus der Beteiligung an Personen- oder Kapitalgesellschaften (Fischer-Winkelmann/Maier FamRZ 1996, 1391; zur Auskunftspflicht BGH NJW 1982, 1642 = FamRZ 1982, 680) sowie **Einkünfte aus Grundvermögen** (vgl § 21 EStG), etwa aus Vermietung und Verpachtung (dazu Wendl/Dose[9] § 1 Rn 450 ff) und die Gebrauchsvorteile (§ 100 BGB) des Wohnens im eigenen Haus oder in der eigenen Wohnung (s unten Rn 62 ff). Zur Nutzungsobliegenheit vgl auch Rn 150. **58**

Auf die **Herkunft** des Vermögens kommt es nicht an (Wendl/Dose[9] § 1 Rn 601 mwNw). Einkünfte aus der Anlage von Schmerzensgeld (s unten Rn 105 f) und aus einer sonstigen Kapitalabfindung (§ 843 Abs 3 BGB) erhöhen die Leistungsfähigkeit, soweit der Unterhaltspflichtige diese nicht für seinen eigenen (Mehr-)Bedarf benötigt (vgl § 1602 Rn 34 ff). Auch Erträge aus einem durch Zugewinnausgleich erworbenen Vermögen sind zu berücksichtigen (BGH FamRZ 2008, 1325 Rn 33). Dasselbe gilt für Einkünfte aus einem geschenkten Vermögenswert. **59**

Von den Vermögenseinnahmen abzuziehen sind auf das Vermögen bezogene **Steuern** sowie die zu ihrer Erzielung **notwendigen Aufwendungen**. Die Abzüge sind vor allem bei den Einkünften aus Grundvermögen bedeutsam, weil der Eigentümer, der Einkünfte aus Mieteinnahmen hat, regelmäßig die allgemeinen Hausunkosten trägt. Instandsetzungskosten können nur insoweit abgezogen werden, als es sich um den notwendigen Instandhaltungsaufwand handelt und nicht um Aufwand für Ausbauten oder wertsteigernde Verbesserungen (BGH NJW 1984, 303 = FamRZ 1984, 39; NJW 1997, 735 = FamRZ 1997, 281; s auch Rn 53). **60**

Einen **Sparer-Pauschbetrag** wie im Steuerrecht (§ 20 Abs 9 EStG) gibt es im Unterhaltsrecht nicht: Auch geringfügige Vermögenserträge (zB Zinsen aus Sparguthaben) erhöhen die Leistungsfähigkeit. In der Praxis werden solche geringfügigen Erträge allerdings nur selten berücksichtigt. **61**

5. Wohnvorteil

62 Durch das **Wohnen im eigenen Haus** oder **in der eigenen Wohnung** wird der eigene Bedarf des Unterhaltsschuldners gedeckt. Der objektive Wert dieser Gebrauchsvorteile steigert aber nicht ohne Weiteres die Leistungsfähigkeit: Nur soweit der Unterhaltsschuldner Aufwendungen für eine angemessene Mietwohnung erspart und diese ersparten Aufwendungen höher sind als die anzurechnenden Hausunkosten, der Unterhaltspflichtige also in der eigenen Wohnung billiger lebt als in einer angemessenen Mietwohnung, erhöht sich seine Leistungsfähigkeit gegenüber dem zur Miete wohnenden Unterhaltspflichtigen (BGH FamRZ 2017, 519; FamRZ 2014, 923; FamRZ 2014, 538; FamRZ 1985, 354, 356; NJW 1985, 909 = FamRZ 1985, 357; FamRZ 1986, 48 = NJW-RR 1986, 66; NJW 1986, 1340 = FamRZ 1986, 434; NJW 1989, 2809 = FamRZ 1989, 1160; FamRZ 1990, 283 = NJW-RR 1990, 323; FamRZ 1998, 87; Wendl/Gerhardt[9] § 1 Rn 473 ff; Leitlinien der Oberlandesgerichte Nr 5; s noch Rn 208).

63 Ist der objektive Gebrauchswert der eigenen Wohnung wesentlich höher als die Miete für eine angemessene Mietwohnung („angemessener Wohnwert"), kann dem Unterhaltspflichtigen **uU eine ertragreichere Nutzung** seines Vermögens obliegen (Rn 216), etwa durch Vermietung der eigenen Wohnung und Umzug in eine billigere Mietwohnung oder durch Vermietung einzelner Räume (vgl BGH NJW 1984, 1237 = FamRZ 1984, 358; FamRZ 1988, 145 = NJW-RR 1988, 514 unter I 4 a). Schließlich kann die Obliegenheit zur Verwertung des Vermögensstamms durch Veräußerung eingreifen (s Rn 299 ff).

64 In welchem Umfang der Wohnwert anzurechnen ist, steht im Zusammenhang mit der Frage, welche Obliegenheit den Unterhaltsschuldner trifft. Das unterscheidet sich nach der **Art des Unterhaltsanspruchs**. Geht es um die Leistungsfähigkeit eines barunterhaltsverpflichteten Elternteils im Hinblick auf den **Mindestunterhalt** eines **minderjährigen Kindes**, ist die Höhe des Wohnwerts einer selbstgenutzten Immobilie grundsätzlich mit der bei einer Fremdvermietung erzielbaren objektiven Marktmiete zu bemessen (BGH FamRZ 2014, 923 Rn 19; FamRZ 2013, 1563 Rn 16). Nur bei besonderen Schwierigkeiten einer Verwertung des Grundstücks bleibt die Anrechnung auf den angemessenen Wohnwert beschränkt (BGH FamRZ 2014, 923 Rn 20). Eine Obliegenheit zur anderweitigen Nutzung des Eigenheims besteht daher nicht, wenn der Unterhaltsschuldner seinen Kindern mehr als den Mindestunterhalt zahlt (vgl OLG Saarbrücken FamRZ 1999, 396: mehr als den Regelbetrag nach der Düsseldorfer Tabelle). Dagegen bleibt der anrechenbare Wohnwert beim **Elternunterhalt** auf den angemessenen Wohnwert beschränkt. Der BGH begründet die Unzumutbarkeit der anderweitigen Verwertung des Grundstücks (der Eigentumswohnung) damit, dass durch eine Veräußerung oder Vermietung des Familienheims die bisherige häufig bereits langjährig gestaltete Lebensführung grundlegend beeinträchtigt würde und der Unterhaltsanspruch von Eltern rechtlich vergleichsweise schwach ausgestaltet sei (BGH FamRZ 2003, 1179, 1180 f; BGH FamRZ 2014, 923 Rn 19; FamRZ 2014, 538). Zur Bemessung der Selbstbehalte je nach Art des Unterhalts s Rn 264 ff.

65 Für den Wohnwert ist in jedem Fall von der (ersparten) Nettomiete auszugehen. Davon sind solche **Kosten** abzuziehen, die nur den Eigentümer treffen. Vom Eigentümer zu tragende verbrauchsunabhängige Kosten können hingegen grundsätzlich nur dann von seinem Wohnvorteil abgezogen werden, wenn es sich um nicht um-

lagefähige Kosten im Sinne von §§ 556 Abs 1 BGB, 1, 2 BetrKV handelt (BGH FamRZ 2009, 1300). Der Abzug von **Zins- und Tilgung** auf Hausdarlehen muss – wie die Wohnwertbemessung – auf die Art des Unterhalts und die den Unterhaltsschuldner treffenden Obliegenheiten Rücksicht nehmen (vgl BGH FamRZ 2014, 923 Rn 24 ff: Tilgungsanteil als Vermögensbildung beim Minderjährigenunterhalt nur mit Rücksicht auf die gesteigerte Unterhaltspflicht nach Abs 2 zu beurteilen). Für den **Elternunterhalt** hat der BGH entschieden, dass neben den Zinsen die Tilgungsleistungen bis zur Höhe des Wohnvorteils vom Einkommen des Elternunterhaltspflichtigen abzuziehen sind, ohne dass dies seine Befugnis zur Bildung eines zusätzlichen Altersvorsorgevermögens schmälert. Der den Wohnvorteil dann noch übersteigende Tilgungsanteil ist als Vermögensbildung zu Lasten des Unterhaltsberechtigten im Rahmen der sekundären Altersvorsorge auf die Altersvorsorgequote von 5% des Bruttoeinkommens des Elternunterhaltspflichtigen anzurechnen (BGH FamRZ 2017, 519 Rn 33 f).

6. Sozialleistungen, Renten

a) Allgemeines

Sozialleistungen (§ 1602 Rn 47; Vorbem 169 zu §§ 1601 ff) erhöhen grundsätzlich wie andere Einnahmen die Leistungsfähigkeit. Das gilt grundsätzlich auch für solche **Sozialleistungen** (§ 1602 Rn 63), die dazu dienen, einen besonderen, abgrenzbaren Bedarf auszugleichen (etwa Wohngeld, Rn 81): Die öffentlich-rechtliche Zweckbestimmung ist für die Beurteilung der Leistungsfähigkeit nicht ohne Weiteres maßgebend. Unterhaltsrechtlich muss im Einzelfall geprüft werden, ob und in welcher Höhe der Mehrbedarf besteht, der durch die Sozialleistung – pauschal – ausgeglichen werden soll; hierbei ist die Vermutungsregel des § 1610a BGB zu beachten. Ist die Leistung höher als der tatsächliche Mehrbedarf, so muss der Empfänger die Mehreinnahmen, soweit er sie nicht für seinen sonstigen Lebensbedarf benötigt, für den Unterhalt verwenden (BGH NJW 1981, 1313 = FamRZ 1981, 338; NJW 1982, 41 = FamRZ 1981, 1165; FamRZ 1982, 579; FamRZ 1986, 780 = NJW-RR 1986, 1002). 66

Dagegen dürfen Sozialleistungen bei der Ermittlung der Leistungsfähigkeit **nicht** berücksichtigt werden, soweit dies als gesetzliches **Anrechnungsverbot** ausdrücklich bestimmt ist (zB beim Elterngeld, Rn 87). 67

Soweit es sich um **bedürftigkeitsabhängige Sozialleistungen** (etwa Sozialhilfe nach dem SGB XII oder – weitgehend – Grundsicherung für Arbeitsuchende nach dem SGB II) handelt, werden diese allein den unterhaltsrechtlichen Selbstbehalt (Rn 245) selten übersteigen, sodass ein Unterhaltsanspruch im Ergebnis oft wegen Leistungsunfähigkeit nicht begründet sein wird. Wenn die Sozialleistungen allerdings den eigenen Lebensbedarf des Unterhaltspflichtigen vollständig decken und daneben etwa anrechnungsfreie Einkünfte verbleiben, so können letztere insbesondere im Rahmen der gesteigerten Unterhaltspflicht nach Abs 2 für den Minderjährigenunterhalt zur Verfügung stehen. In diesen Fällen kommt es auch nicht darauf an, ob die Sozialleistung den in der Düsseldorfer Tabelle und den Leitlinien der Oberlandesgerichte ausgewiesenen Selbstbehalt erreicht (vgl BGH FamRZ 2015, 1473 Rn 22 ff: Eigengeld von Strafgefangenen; vgl etwa auch Nr 2.2 der Süddeutschen Leitlinien). 68

Handelt es sich um **Sozialleistungen mit Lohnersatzfunktion** (zB Arbeitslosengeld, 69

Krankengeld) so stehen diese wie der entsprechende Arbeitslohn für den Unterhalt in vollem Umfang zur Verfügung.

b) Krankengeld, Krankenhaustagegeld

70 Unterhaltsrechtliches Einkommen ist auch das Krankengeld gem §§ 44, 47 SGB V, das die Krankenkasse Arbeitnehmern zahlt, nachdem die 6-Wochen-Frist für die Entgeltfortzahlung des Arbeitgebers gem § 3 EntgFZG abgelaufen ist, § 49 Abs 1 Nr 1 SGB V, und das Krankengeld nach §§ 45, 47 SGB V für Arbeitnehmer während der Betreuung ihres erkrankten Kindes (BGH NJW 1994, 1002 = FamRZ 1994, 372; Wendl/Dose[9] § 1 Rn 115). Nicht für den Unterhalt einzusetzen ist das Krankengeld, soweit es einen Mehrbedarf des Kranken abdeckt. Die gleichen Grundsätze gelten für das Krankenhaustagegeld (BGH FamRZ 2013, 191 Rn 36 f; OLG Bremen FamRZ 1991, 86; vgl BGH FamRZ 2009, 1207 Rn 28 [Abzug der entsprechenden Versicherungsbeiträge]; Wendl/Dose[9] § 1 Rn 115).

c) Leistungen bei Arbeitslosigkeit, Grundsicherung für Arbeitsuchende nach SGB II

71 Das **Arbeitslosengeld I** nach dem SGB III ist als Ersatz für das fehlende Arbeitseinkommen bei der Ermittlung der Leistungsfähigkeit zu berücksichtigen (BSG FamRZ 1987, 274; Wendl/Dose[9] § 1 Rn 106). Dasselbe gilt für Kurzarbeitergeld und Schlechtwettergeld (Wendl/Dose[9] § 1 Rn 121 mwNw).

72 Das **Arbeitslosengeld II** nach dem SGB II (Grundsicherung für Arbeitsuchende) ist im Gegensatz zur früheren Arbeitslosenhilfe (bis 2004) keine Lohnersatzleistung mehr (zur **Arbeitslosenhilfe** Staudinger/Engler/Kaiser [2000] Rn 66; zur Abschaffung der Arbeitslosenhilfe im Zuge der Hartz IV-Reform Klinkhammer FamRZ 2004, 1909). Das schließt indessen nicht aus, dass der eigene Unterhaltsbedarf des Unterhaltsschuldners durch die Leistungen der Grundsicherung für Arbeitsuchende gedeckt und darüber hinausgehendes – anrechnungsfreies – Einkommen für den Unterhalt zur Verfügung steht (BGH FamRZ 2013, 1378 Rn 28; Wendl/Dose[9] § 1 Rn 111 f).

73 Unter der Voraussetzung, dass der eigene Lebensbedarf des Unterhaltsschuldners gewährleistet ist, der grundsätzlich, aber nicht notwendig dem Selbstbehalt nach der Düsseldorfer Tabelle und den Leitlinien der Oberlandesgerichte entspricht (vgl BGH FamRZ 2015, 1473 Rn 22 ff), stehen demnach die Leistungen der Grundsicherung für Arbeitsuchende für den Unterhalt (insbesondere von Minderjährigen) zur Verfügung, die keine Leistungen zur Sicherung des Lebensunterhalts (§§ 19 ff SGB II; dazu näher Wendl/Klinkhammer[9] § 8 Rn 100 ff) darstellen.

74 Im Einzelnen sind dies:

- **Einstiegsgeld** nach §§ 16b, 16c SGB II (OLG Celle FamRZ 2006, 1203),
- Mehraufwandsentschädigung für **„Ein-Euro-Jobs“** nach § 16d SGB II,
- Leistungen innerhalb der **Bedarfsgemeinschaft**, wenn der Unterhaltsschuldner – etwa bei sog Patchwork-Familien – trotz ausreichenden Einkommens Leistungen erhält (vgl § 9 Abs 2 S 3 SGB II; unechte Ausnahme, weil von vornherein nur die unter-

haltsrechtliche Betrachtungsweise eingreift; vgl BGH FamRZ 1996, 1272; OLG Bremen FamRZ 2007, 1036; Wendl/Klinkhammer[9] § 8 Rn 223 mwNw),

- Keine Leistung, aber – unter der genannten Voraussetzung – ebenfalls für den Unterhalt einsetzbar ist aufgrund des **Freibetrags** nach § 11b Abs 2 SGB II nicht angerechnetes Einkommen des Unterhaltsschuldners (vgl Wendl/Klinkhammer[9] § 8 Rn 220),

- Außerdem findet eine Anrechnung **fiktiver Einkünfte** statt, falls der Unterhaltsschuldner – nach unterhaltsrechtlichen Kriterien – eine reale Beschäftigungsmöglichkeit und gegen seine Erwerbsobliegenheit verstoßen hat (näher Wendl/Klinkhammer[9] § 8 Rn 219 sowie Rn 117).

Durch die sozialrechtliche **Berücksichtigung titulierter Unterhaltspflichten** bei einem Antrag des Unterhaltspflichtigen auf Leistungen der Grundsicherung für Arbeitsuchende (§ 11b Abs 1 S 1 Nr 7 SGB II) lässt sich dessen unterhaltsrechtliche Leistungsfähigkeit allerdings nicht erhöhen. Für die Unterhaltsbemessung kommt es allein auf zivilrechtliche Kriterien (= Einkommen ohne Berücksichtigung des Unterhaltsanspruchs) an (BGH FamRZ 2013, 1378 Rn 27 ff; FamRZ 2014, 637 Rn 24). Dies gilt auch, wenn der Unterhalt bereits tituliert worden ist und um die Abänderung des Titels gestritten wird (BGH FamRZ 2013, 1378 Rn 31). Auch in diesem Fall darf eine unterhaltsbedingt höhere Sozialleistung nicht in die Unterhaltsberechnung einfließen. 75

d) Altersrente, Erwerbsminderungsrente

Unterhaltsrechtliches Einkommen sind auch die Altersrente nach § 35 SGB VI (vgl BGH FamRZ 2011, 454), Altenteilsleistungen und private Renten aus Anlass einer vorweggenommenen Erbfolge oder sonstigen Übertragung von Vermögen. Die Leistungsfähigkeit wird gesteigert durch Betriebsrenten nach dem BetrAVG (vgl FA-FamR[10]/Gerhardt 6. Kap Rn 64). Gleiches gilt für Erwerbsminderungsrenten nach § 43 Abs 2 SGB VI (vgl BGH FamRZ 2017, 109 Rn 22 ff). 76

e) Entschädigungsrenten

Die Grundrente, die Schwerstbeschädigtenzulage, die Pflegezulage und die Kleiderzulage sowie die Ausgleichsrente nach dem **Bundesversorgungsgesetz** dienen zwar dem Ausgleich erlittener Beschädigungen. Soweit sie nicht durch den tatsächlichen Mehrbedarf des Empfängers aufgezehrt werden, was § 1610a BGB vermutet, erhöhen sie seine unterhaltsrechtliche Leistungsfähigkeit (BGH NJW 1981, 1313 = FamRZ 1981, 338; NJW 1982, 41 = FamRZ 1981, 1165; FamRZ 1982, 579; NJW 1982, 1593 = FamRZ 1982, 252; NJW 1983, 1783 = FamRZ 1983, 674; Wendl/Dose[9] § 1 Rn 649; s auch § 1602 Rn 65 f). 77

Ebenso erhöhen die wiedergutmachungsrechtliche Ausgleichsrente sowie Gesundheits- und Berufsschadensrente nach dem **Bundesentschädigungsgesetz** die Leistungsfähigkeit des Unterhaltsschuldners (BGH NJW 1983, 1783 = FamRZ 1983, 674; vgl Wendl/Dose[9] § 1 Rn 649). 78

Zur **Contergan-Rente** vgl § 1602 Rn 53 ff. Nach § 18 Abs 1 ContStiftG (Conterganstiftungsgesetz) bleiben Leistungen nach diesem Gesetz bei der Ermittlung oder Anrechnung von Einkommen, sonstigen Einnahmen und Vermögen nach anderen 79

Gesetzen, unter anderem auch nach dem BGB, außer Betracht (vgl BGH FamRZ 2014, 1619 – zu § 27 VersAusglG). Erhält der Unterhaltsschuldner eine Contergan-Rente, so ist diese wegen der eindeutigen gesetzlichen Anordnung in § 18 Abs 1 ContStiftG bei der Ermittlung des unterhaltsrechtlichen Einkommens nicht zu berücksichtigen (Wendl/Dose[9] § 1 Rn 649). Hat der Unterhaltsschuldner andere Einkünfte, ist indessen davon auszugehen, dass der durch die Behinderung verursachte Mehrbedarf durch die Contergan-Rente abgedeckt ist (vgl § 1602 Rn 56).

80 Das landesrechtlich gewährte **Blindengeld** für Zivilblinde steigert grundsätzlich die Leistungsfähigkeit des Unterhaltsschuldners (OLG Nürnberg FamRZ 1982, 964; OLG Hamm FamRZ 1990, 405; **aA** OLG Karlsruhe NJW-RR 1990, 713). Allerdings wird die Vermutung des § 1610a BGB einer Verwendung der Leistungen zur Deckung eines fremden Bedarfs in der Regel entgegenstehen (Wendl/Dose[9] § 1 Rn 649; näher Drerup NJW 1991, 683).

f) Wohngeld

81 Das Wohngeld erhöht als Einkommen des Unterhaltspflichtigen dessen Leistungsfähigkeit. Es ist jedoch zunächst auf den erhöhten Wohnkostenbedarf des Unterhaltsschuldners anzurechnen (BGH FamRZ 2003, 860, 862; NJW 1983, 684 = FamRZ 1982, 587; FamRZ 1984, 364; FamRZ 1984, 772; zur anstelle des Wohngelds gewährten Sozialhilfe vgl § 1602 Rn 76 und BGHZ 206, 25 = FamRZ 2015, 1594 Rn 42 ff) und wird durch den erhöhten Bedarf oftmals aufgezehrt.

g) Grundsicherung und Sozialhilfe nach SGB XII

82 Der Nachrang der **Sozialhilfe** (Vorbem 170 zu §§ 1601 ff) steht ihrer Berücksichtigung bei der Leistungsfähigkeit nicht entgegen. Die Sozialhilfeleistungen sollen dem Empfänger aber ermöglichen, ein menschenwürdiges Leben zu führen, § 1 Abs 2 SGB XII; sie reichen in der Regel nicht aus, um Dritte zu unterhalten. Die Sozialhilfe enthält insbesondere keine Familienzuschläge, sodass sich auch insoweit eine Pflicht zur teilweisen Verwendung für Dritte nicht herleiten lässt (vgl Rn 68).

83 Bei der **Grundsicherung im Alter und bei Erwerbsminderung** (vgl Vorbem 175 zu §§ 1601 ff; § 1602 Rn 77) handelt es sich ebenfalls um eine bedürftigkeitsabhängige Sozialleistung (vgl Rn 68), die in der Regel am sozialrechtlichen Existenzminimum orientiert ist. Die Leistungen werden demnach ebenfalls in der Regel eine unterhaltsrechtliche Leistungsfähigkeit des Beziehers nicht begründen können.

h) Pflegegeld nach SGB VIII, SGB XI und SGB XII

84 Pflegegeld, das im Rahmen der **Jugendhilfe** (vgl § 1602 Rn 97 ff) an Pflegepersonen gezahlt wird, ist als Einkommen der Pflegeperson zu berücksichtigen, soweit es den Betrag übersteigt, der für den Lebensbedarf des gepflegten Kindes notwendig ist. Für eine **Tagespflege** sollen der Pflegeperson nach **§ 23 SGB VIII** die Aufwendungen einschließlich der Kosten der Erziehung ersetzt werden. Die Kosten der Erziehung enthalten ein Entgelt für die Tätigkeit der Pflegeperson und gehören schon deshalb zu ihren Einkünften. Soweit es sich bei dem Pflegegeld um eine Aufwandsentschädigung handelt, ist sie unterhaltsrechtlich Einkommen, soweit sie die tatsächlichen Kosten übersteigt. Bei der **Vollzeitpflege (§ 33 SGB VIII)** dient das Pflegegeld der Sicherstellung des notwendigen Lebensbedarfs des Kindes oder Jugendlichen sowie der Kosten der Erziehung (§ 39 Abs 1 SGB VIII) und wird als monatlicher Pau-

schalbetrag gewährt (§ 39 Abs 4, 5 SGB VIII). Die Kosten der Erziehung nach § 39 Abs 1 S 2 SGB VIII vergüten die Betreuung des Kindes, dieser Teil des Pflegegeldes ist Einkommen der Pflegeperson (s BGH NJW 1984, 2355 = FamRZ 1984, 769 zum Pflegegeld nach JWG; auch OLG Zweibrücken OLGR 2002, 75; OLG Karlsruhe FamRZ 1987, 1074; WENDL/DOSE[9] § 1 Rn 690f).

Beim **Pflegegeld nach dem SGB XI** ist die Anrechnung gemäß § 13 Abs 6 SGB XI eingeschränkt. Wird Pflegegeld bei selbst beschafften Pflegehilfen (§ 37 SGB XI) oder eine vergleichbare Geldleistung an eine Pflegeperson (§ 19 SGB XI) weitergeleitet, bleibt dies auch bei der Ermittlung Unterhaltsverpflichtungen der Pflegeperson unberücksichtigt (vgl § 1602 Rn 62). Dies gilt allerdings nicht in den Fällen der gesteigerten Unterhaltspflicht nach § 1603 Abs 2 (§ 13 Abs 6 S 2 Nr 1 SGB XI). Verbleibt das Pflegegeld beim Pflegebedürftigen und ist dieser (ausnahmsweise) unterhaltspflichtig, so greift die Vermutungsregel des § 1610a (BGH FamRZ 2011, 713 Rn 32; s § 1610a Rn 15). 85

Das im Rahmen der Sozialhilfe in Form der Hilfe zur Pflege nach **§ 64 SGB XII** gewährte Pflegegeld ist zwar nicht unmittelbar zur Abgeltung des Pflegebedarfs bestimmt (vgl jurisPK-SGB XII[2]/MESSLING Rn 21). Der Hilfeempfänger soll aber durch das Pflegegeld in die Lage versetzt werden, die Pflegebereitschaft Dritter zu erhalten und zu fördern (BVerwGE 29, 108, 110). Diesem Zweck entspricht eine zumindest teilweise Weiterleitung des Pflegegeldes an die Pflegeperson. Soweit dies geschieht, ist das Pflegegeld unterhaltsrechtlich relevantes Einkommen der Pflegeperson (BGH NJW 1987, 1201 = FamRZ 1987, 259, 261; OLG Hamm FamRZ 1994, 895; NJW 1997, 1081 = FamRZ 1997, 1216). Verbleibt das Pflegegeld beim pflegebedürftigen Hilfeempfänger, gilt Entsprechendes wie für das Pflegegeld nach SGB XI (Rn 85). 86

i) Elterngeld, Betreuungsgeld

Das Elterngeld nach § 1 BEEG ist als Lohnersatzleistung grundsätzlich für den Verwandtenunterhalt einzusetzen. Unterhaltsverpflichtungen werden allerdings durch die Zahlung des Elterngeldes gemäß **§ 11 BEEG** nur insoweit berührt, als die Zahlung den Sockelbetrag von **300 €** monatlich übersteigt (vgl WENDL/DOSE[9] § 1 Rn 117f). Die Privilegierung gilt nicht nur für den Unterhaltsberechtigten (vgl § 1602 Rn 50f), sondern auch für den Unterhaltspflichtigen. Etwas anderes gilt allerdings bei gesteigerter Unterhaltspflicht nach Abs 2 (§ 11 Satz 4 BEEG). Dann ist das volle Elterngeld einzusetzen, soweit es für den Mindestunterhalt des Kindes benötigt wird. 87

Das **BVerfG** hat die bundesrechtlichen Regelungen des **Betreuungsgelds** (§§ 4a–4d BEEG), das insoweit dem Elterngeld ähnlich ausgestaltet war, für nichtig erklärt (BVerfG 21. 7. 2015 – 1 BvF 2/13, NJW 2015, 2399). In **Bayern** wird dieses nunmehr auf landesgesetzlicher Grundlage geleistet. 88

7. Kindergeld, Kinderzuschüsse und -zulagen

Die Anrechnung des Kindergelds im Rahmen des Kindesunterhalts wird vorrangig durch die Spezialregelung in § 1612b BGB geregelt. Auf § 1612b Rn 60 ff wird verwiesen. Da das Kindergeld unter Berücksichtigung seiner Zweckbestimmung voll- 89 ständig erfasst und verteilt wird, ist es beim Einkommen des Unterhaltspflichtigen nicht zu berücksichtigen (zur Anrechnung beim Unterhaltsberechtigten s § 1602 Rn 67).

90 Ebenso sind **Kinderzuschüsse** und **Kinderzulagen** zu Sozialrenten bei der Ermittlung der Leistungsfähigkeit des Empfängers zu berücksichtigen (BGHZ 103, 267, 273 = NJW 1988, 2799, 2801 = FamRZ 1988, 604, 606).

91 Der **Kinderzuschlag** nach **§ 6a BKGG** ist nach der hier vertretenen Meinung (anders noch KLINKHAMMER FamRZ 2004, 1909, 1912) als Einkommen des Kindes zu behandeln, wofür im wesentlichen Gründe der Praktikabilität sprechen (näher § 1602 Rn 67). Dementsprechend stellt er beim beziehenden Elternteil kein Einkommen dar.

8. Sonstige Einkünfte

a) Aufwandsentschädigungen

92 Die Abgeordneten des **Europäischen Parlaments**, des **Deutschen Bundestages** und der **Landesparlamente** erhalten für ihre Tätigkeit eine Grundentschädigung (vgl § 11 AbG) als ausreichende Existenzgrundlage für sie und ihre Familien während der Dauer ihrer Parlamentszugehörigkeit (BVerfGE 40, 296, 315 = NJW 1973, 2331) sowie eine (steuerfreie) „Amtsausstattung als Aufwandsentschädigung" zur Abgeltung ihrer durch das Mandat veranlassten Aufwendungen (§ 12 AbgG). Die **Grundentschädigung** ist schon nach ihrer Zweckbestimmung bei der Ermittlung der unterhaltsrechtlichen Leistungsfähigkeit zu berücksichtigen. Die **Aufwandsentschädigung**, die eine Kostenpauschale für bestimmte Aufwendungen enthält, ist insoweit unterhaltsrechtlich erhebliches Einkommen, als sie die mit dem Mandat verbundenen Aufwendungen übersteigt (BGH FamRZ 1986, 780, 782 = NJW-RR 1986, 1002; OLG Stuttgart FamRZ 1994, 1251 = NJW-RR 1994, 133; WENDL/DOSE[9] § 1 Rn 154; **gegen** die Berücksichtigung der Aufwandsentschädigung ROLL FamRZ 1980, 111 f; s auch FA-FamR[10]/GERHARDT 6. Kap Rn 48). Der unterhaltspflichtige Abgeordnete muss seine Aufwendungen im Einzelnen darlegen, wobei das Gericht Ausgaben in Anerkennung eines „Vertrauensbonus" großzügig beurteilen können soll (BGH FamRZ 1986, 780).

93 Sitzungsgelder für die Mitwirkung in einem **kommunalen Vertretungsorgan** sind bei der Bemessung der Leistungsfähigkeit ebenfalls zu berücksichtigen, soweit sie die tatsächlichen Aufwendungen übersteigen (BGH FamRZ 1983, 670; **aA** OLG Hamm FamRZ 1980, 997). Es wird sich hier in der Regel aber nur um geringfügige Beträge handeln. Die Dienstaufwandsentschädigung eines Bürgermeisters erhöht wie bei Abgeordneten (Rn 92) dessen Leistungsfähigkeit (OLG Bamberg FamRZ 1999, 1082).

94 Das Gleiche gilt für pauschale Entschädigungen, die **ehrenamtlichen Richtern** (zB Schöffen, Handelsrichtern) gewährt werden (BGH FamRZ 1983, 670; WENDL/DOSE[9] § 1 Rn 154). Zur überobligatorischen Tätigkeit s Rn 183 ff.

b) Abfindungen

95 Bei der Ermittlung der Leistungsfähigkeit sind Abfindungen zu berücksichtigen, die der Unterhaltspflichtige **wegen der Auflösung seines Arbeitsverhältnisses** durch arbeitsgerichtliche Entscheidung (§§ 9, 10 KSchG), aufgrund eines Sozialplans (§ 112 BetrVG), als Nachteilsausgleich (§ 113 BetrVG) oder aufgrund einer Vereinbarung mit seinem bisherigen Arbeitgeber erhalten hat (BGH FamRZ 2012, 1048; FamRZ 2012,

1040 mwNw; NJW 1982, 822 = FamRZ 1982, 250; NJW 1987, 1554 = FamRZ 1987, 359; NJW 1990, 709 = FamRZ 1990, 269; WENDL/DOSE[9] § 1 Rn 29).

Führt die Auflösung des Arbeitsverhältnisses zu einer Erwerbseinbuße, ist zunächst zu prüfen, in welcher Höhe und für welchen Zeitraum der Unterhaltspflichtige die Abfindung für seinen eigenen angemessenen Unterhalt benötigt. Sofern die Abfindung nicht zur Eingliederung in das Berufsleben verwendet worden ist (OLG München FamRZ 1998, 559: Kauf eines Computers), ist der Abfindungsbetrag orientiert am bisherigen Einkommen des Unterhaltsschuldners auf den **Zeitraum seiner voraussichtlichen Arbeitslosigkeit** zu verteilen, um eine Aufstockung des Arbeitslosengeldes (ggf auch eines gesunkenen Einkommens aus anschließender Tätigkeit) zu ermöglichen (vgl BGH FamRZ 2012, 1048; FamRZ 2012, 1040 mwNw; BGH NJW 1987, 1554 = FamRZ 1987, 359; OLG Koblenz FamRZ 1991, 573; s auch WENDL/DOSE[9] § 1 Rn 29). 96

Die Leistungsfähigkeit erhöhen auch 97

- Ausgleichszahlungen an einen **Handelsvertreter** nach Beendigung des Vertragsverhältnisses gem § 89b HGB,
- Entschädigungsleistungen für **Wettbewerbsbeschränkungen** gem § 90a HGB,
- Übergangsgebührnisse und Übergangsbeihilfen für **Zeitsoldaten** gem §§ 11, 12 SVG (BGH FamRZ 1987, 930 = NJW-RR 1987, 706; OLG Köln FamRZ 1995, 353),
- Ausgleichszahlungen an **Berufssoldaten** bei Eintritt in den vorzeitigen Ruhestand gem § 38 SVG,
- Entlassungsgeld nach Ablauf des **freiwilligen Wehrdienstes** (§ 58b SoldG) gem § 9 Wehrsoldgesetz,
- Übergangsgeld für ehemalige **Mitglieder des Bundestages** gem § 18 AbgG.

c) Unterhalt, Taschengeld

Der **Unterhalt**, der dem Unterhaltspflichtigen seinerseits zufließt oder der ihm zusteht und realisierbar ist (vgl Rn 300), ist für seine unterhaltsrechtliche Leistungsfähigkeit gegenüber eigenen Unterhaltsberechtigten grundsätzlich als **Einkommen** zu berücksichtigen. Allerdings sind **Einschränkungen** geboten, wenn der Unterhalt dem Empfänger nicht zur freien Verfügung zufließt. Es ist im Einzelnen zu differenzieren nach der Art, in der der Unterhalt geschuldet ist. Insbesondere ist zwischen Barunterhalt und Naturalunterhalt zu unterscheiden, aber auch nach einer mit dem Unterhalt verbundenen Zweckbindung (nicht aber: Zweckbestimmung, vgl § 1602 Rn 63): 98

Soweit es sich um **nicht frei verfügbare Unterhaltsleistungen** handelt, sind auch diese in jedem Fall insoweit zu berücksichtigen, als sie den eigenen Lebensbedarf des Unterhaltspflichtigen decken. Daher ist etwa der Familienunterhalt des Ehegatten nach §§ 1360, 1360a BGB ungeachtet dessen, dass er grundsätzlich nicht als Barunterhalt geschuldet ist, bei der Frage zu berücksichtigen, ob und inwiefern der Selbstbehalt des Empfängers gesichert ist (vgl BGH FamRZ 2014, 1990; DOSE FamRZ 2013, 993, 999). Ist der Selbstbehalt (Rn 228 ff) durch den Familienunterhalt gesichert, so ermög- 99 licht ein dem Unterhaltspflichtigen zufließendes Einkommen aus Erwerbstätigkeit oder aus Taschengeld die (teilweise) Zahlung des Verwandtenunterhalts (BGH FamRZ 2014, 538 – Leistungsfähigkeit des geringer verdienenden Ehegatten für den Elternunterhalt; FamRZ 2014, 1990 – Taschengeldeinsatz beim Elternunterhalt; vgl BGH FamRZ 2014, 1543 Rn 13 mwNw).

Um nicht frei verfügbare Unterhaltsleistungen handelt es sich auch, wenn der dem Unterhaltspflichtigen zustehende Unterhalt zwar in Geld zu leisten ist, die Geldleistungen aber einer **Zweckbindung** unterliegen. Das ist etwa der Fall beim Wirtschaftsgeld (§ 1360a Abs 2 S 2 BGB), das dem haushaltsführenden Ehegatten im Rahmen des Familienunterhalts zu zahlen ist (vgl Staudinger/Voppel [2012] § 1360a Rn 51). Es handelt sich zwar um eine Barleistung, diese ist dem Empfänger aber nur treuhänderisch überlassen und muss von ihm zweckentsprechend für die Haushaltsführung verwendet werden. Es steht somit für Unterhaltszahlungen an Verwandte des Empfängers nicht zur Verfügung (BGH FamRZ 1986, 668). Ähnlich verhält es sich beim Altersvorsorgeunterhalt nach § 1578 Abs 3 BGB. Der Empfänger ist auch hier zu einer zweckentsprechenden Verwendung verpflichtet (vgl MünchKomm/Maurer[6] § 1578 Rn 81 mwNw). Der Unterhalt deckt damit lediglich den Altersvorsorgebedarf des Unterhaltspflichtigen ab und lässt möglicherweise diesem zufließende weitere Barmittel für den Verwandtenunterhalt freiwerden.

100 In der Regel ist der Unterhalt als Geldrente zu entrichten und steht dem Empfänger **zur freien Verfügung**. Dies gilt unabhängig von der Art der (Bedarfs-)Ermittlung. Der Unterhalt ist dann wie sonstiges Einkommen (ohne sog Erwerbsanreiz oder Erwerbstätigenbonus) zu behandeln und steht als solches für den Verwandtenunterhalt zur Verfügung (Dose FamRZ 2013, 993, 999 zum Elternunterhalt; Gutdeutsch NJW 2009, 945 f zum Kindesunterhalt).

Beispiel: Die Tochter (T) ist das einzige Kind ihrer Mutter (M). Die geschiedene T bezieht einen aufgrund konkreter Bedarfsbemessung ermittelten nachehelichen Unterhalt von mtl 4500 €. M ist pflegebedürftig und hat nach Abzug von Rente und Pflegegeld einen ungedeckten Unterhaltsbedarf von mtl 500 €.

Leistungsfähigkeit der T (Berechnung aufgrund Düsseldorfer Tabelle 2018): 4500 € – 1800 € = 2700 €. Davon sind 50 % einsetzbar (vgl Rn 269) = 1350 €, sodass T in vollem Umfang leistungsfähig ist.

101 Falsch wäre es hier anzunehmen, dass keine Leistungsfähigkeit nach Abs 1 bestehe, weil der Ehegattenunterhalt bereits nach dem angemessenen Bedarf der T bemessen sei, der nach Abs 1 nicht angetastet werden dürfe. Diese Argumentation vernachlässigt zum einen, dass der Bedarf des Ehegatten nach den ehelichen Lebensverhältnissen höher sein kann (und oftmals höher ist) als sein angemessener Bedarf aufgrund seiner eigenen Lebensstellung (vgl BGH FamRZ 2009, 1990; FamRZ 2010, 629). Zum anderen ist der angemessene Bedarf nach § 1610 BGB mit demjenigen nach Abs 1 nicht identisch (**aA** Staudinger/Engler/Kaiser [2000] Rn 88 unter Berufung auf BGH NJW 1985, 806 = FamRZ 1985, 273), sondern kann höher liegen als dieser. Erhält etwa ein kinderbetreuender Elternteil einen nach seinem früheren Erwerbseinkommen bemessenen Unterhalt gemäß §§ 1615l, 1610 BGB (vgl BGH FamRZ 2015, 1369 Rn 34) und liegt dieser über dem Selbstbehalt nach Abs 1 (s Rn 264 ff), so ist er einem weiteren

Kind gegenüber leistungsfähig iSv Abs 1. Der eigene angemessene Unterhalt darf also auch nicht mit dem Betrag gleichgesetzt werden, den der Unterhaltspflichtige zur unveränderten Aufrechterhaltung seiner bisherigen Lebensführung benötigen würde (vgl BGH FamRZ 2013, 203 Rn 35 f). Denn dies würde einen Unterhalt nur mit den Beträgen zulassen, die der Unterhaltspflichtige vor Beginn der Unterhaltspflicht zur Vermögensbildung oder für Luxusausgaben verwendete, was den Verwandtenunterhalt weitgehend gegenstandslos machen würde (zu den Hintergründen beim Elternunterhalt vgl Klinkhammer FamRZ 2003, 1793, 1796 f). Dagegen ist der Unterhalt abgesehen von wenigen Ausnahmen „unbeschränkter Leistungsfähigkeit" (vgl dazu aber BGH 15.11.2017 – XII ZB 503/16 – zum Ehegattenunterhalt) regelmäßig mit einer spürbaren Einschränkung der eigenen Lebensführung des Unterhaltspflichtigen verbunden. Der Selbstbehalt wird dementsprechend von der Praxis zulässigerweise mit standardisierten Beträgen bemessen und nicht nach den Beträgen, die der Unterhaltspflichtige vor Einsetzen der Unterhaltspflicht zur Bestreitung seines Lebensbedarfs verwendete, oder sogar schlicht nach seinem Einkommen (s Rn 232).

Durch die Heranziehung des Unterhalts als einsetzbares Einkommen entsteht keine verdeckte Haftung des Unterhaltsschuldners für die Verwandten des Gläubigers (beim Elternunterhalt **„verdeckte Schwiegerkindhaftung"**, beim Kindesunterhalt „verdeckte Stiefelternhaftung"). Denn der Unterhaltsanspruch wird ohne Rücksicht auf den Unterhalt des Verwandten berechnet, der Unterhaltsschuldner schuldet also keinen Unterhalt wegen des vom Gläubiger zu leistenden Verwandtenunterhalts (dazu BGH FamRZ 2013, 363 Rn 29; FamRZ 2004, 1370, 1372; Wendl/Dose[9] § 1 Rn 721; Wendl/Wönne[9] § 2 Rn 937; vgl § 1602 Rn 9, 149; § 1610 Rn 234). Dass der Empfänger des Unterhalts diesen dennoch für den Verwandtenunterhalt einsetzen muss, ergibt sich daraus, dass ihm der Unterhalt zur freien Verfügung zufließt und höher ist als sein Selbstbehalt nach Abs 1 (oder Abs 2; aA Schürmann jurisPR-FamR 14/2014 Anm 6). **102**

Hinsichtlich des zur Befriedigung persönlicher Bedürfnisse gewährten **Taschengelds** gilt das gleiche wie für sonstige Unterhaltszahlungen (generell gegen den Taschengeldanspruch Braun NJW 2000, 97 ff). Das Taschengeld stellt, weil es dem Unterhaltspflichtigen zur freien Verfügung zusteht, grundsätzlich für den Elternunterhalt einsetzbares Einkommen dar. Es wird vom BGH mit 5–7 % des Familieneinkommens bemessen. Da das Taschengeld aber auch dem Unterhaltspflichtigen selbst zugute kommen muss, hält der BGH grundsätzlich die Hälfte für einsetzbar (BGH FamRZ 2013, 363 – mit teils missverständlicher Formulierung Rn 48 – insoweit klargestellt von BGH FamRZ 2014, 538; vgl Dose FamRZ 2013, 993, 1000; Klinkhammer FPR 2013, 127). Der Einsatz des Taschengelds kommt nicht in Betracht, wenn bereits eigenes Einkommen in einer das Taschengeld übersteigenden Höhe vorhanden ist (BGH FamRZ 2014, 538 Rn 29; vgl auch BGH FamRZ 2014, 1543). **103**

d) Schadensersatz, Schmerzensgeld

Schadensersatzleistungen an den Unterhaltspflichtigen steigern dessen Leistungsfähigkeit, soweit er einen Geldersatz (§ 249 S 2 BGB) nicht zur Wiederherstellung des früheren Zustandes verwendet. Etwa ist eine Geldrente oder Kapitalabfindung wegen Körperverletzung (§ 843 BGB) bei der Leistungsfähigkeit des Verletzten zu berücksichtigen (Göppinger/Wax/Strohal[9] Rn 625, 634), soweit sie den verletzungsbedingten Mehrbedarf übersteigt. **104**

105 Das **Schmerzensgeld** soll dem Geschädigten einen angemessenen Ausgleich für nicht vermögensrechtliche Schäden bieten und ihm zugleich eine Genugtuung für das zugefügte Leid verschaffen (BGHZ 18, 149 = NJW 1955, 1672). Aus dieser Zweckbestimmung kann nicht geschlossen werden, dass das Schmerzensgeld und eine Schmerzensgeldrente bei der Bemessung der Leistungsfähigkeit außer Betracht bleiben müssen (für eine Berücksichtigung jedenfalls im Rahmen der gesteigerten Unterhaltspflicht gem Abs 2: BGH NJW 1989, 524 = FamRZ 1989, 170). Denn für die Leistungsfähigkeit kommt es nicht auf die Zweckbestimmung der Leistung, sondern darauf an, ob der Empfänger über das Geleistete frei verfügen kann (s Rn 98 ff; zum Schmerzensgeld näher § 1602 Rn 35).

106 Eine **Grenze** für die unterhaltsrechtliche Berücksichtigung des Schmerzensgeldes ergibt sich aber – ebenso wie bei den Einkünften aus unzumutbarer Erwerbstätigkeit (Rn 182 ff) – aus den Grundsätzen von Treu und Glauben (§ 242 BGB). Danach kann es unter Umständen einem Unterhaltspflichtigen, der in seiner Lebensfreude erheblich beeinträchtigt ist, auch bei Berücksichtigung der Belange des Unterhaltsberechtigten nicht zugemutet werden, die „billige Entschädigung" für seine Verletzung voll für den Unterhalt einzusetzen. Die Entscheidung hierüber muss im Einzelfall unter Abwägung aller Umstände getroffen werden. Andauernden schwerwiegenden Behinderungen des Unterhaltspflichtigen ist durch eine maßvolle, die Belange des Kindes berücksichtigende Anhebung der zumutbaren Opfergrenze Rechnung zu tragen (BGH NJW 1989, 524 = FamRZ 1989, 170 m zust Anm Voelskow FamRZ 1989, 481).

e) Zuwendungen Dritter

107 Schenkungen an den Unterhaltspflichtigen steigern dessen Leistungsfähigkeit. Nach herrschender Ansicht sollen **freiwillige Zuwendungen Dritter** unterhaltsrechtlich außer Betracht bleiben, wenn sie nach dem **Willen des Schenkers** allein den persönlichen Bedarf des Empfängers befriedigen, nicht aber einem anderen zugute kommen sollen (BGH NJW 1995, 1486 = FamRZ 1995, 537; NJW-RR 1989, 196; OLG Saarbrücken FamRZ 1999, 396, 397; Wendl/Dose[9] § 1 Rn 708). Dieser Wille soll bei Schenkungen naher Angehöriger grundsätzlich unterstellt werden können (BGH NJW 1995, 1486 = FamRZ 1995, 537 mwNw). Das soll auch für freiwillige Pflegeleistungen gelten, die der Empfänger anderenfalls bezahlen müsste (BGH NJW 1995, 1486 = FamRZ 1995, 537).

108 Engler/Kaiser haben dem widersprochen (Staudinger/Engler/Kaiser [2000] Rn 95 f mwNw) und die Auffassung vertreten, der Empfänger müsse das Geschenk für den Unterhalt anderer verwenden, soweit er darüber frei verfügen könne und es nicht für seinen eigenen Lebensbedarf benötige (anders nur bei Schenkung unter Auflage oder Zweckschenkung). In der Tat dürfte die Lage nicht in vollem Umfang mit derjenigen bei freiwilligen Leistungen an den Unterhaltsberechtigten übereinstimmen, welche den Unterhaltspflichtigen regelmäßig nicht entlasten sollen (dazu § 1602 Rn 41 f). Es spricht viel dafür, in bestimmten Fällen im Rahmen von Treu und Glauben auch den Einsatz von Leistungen Dritter zu verlangen, insbesondere in Fällen gesteigerter Unterhaltspflicht (Johannsen/Henrich/Graba[6] Vor § 1601 Rn 55). Soweit der Unterhaltspflichtige aus Geschenken Erträge zieht (Wohnvorteil oder Zinsen), sind diese ohnedies als Einkommen zu berücksichtigen.

f) Weitere anrechenbare Einkünfte

109 Die Leistungsfähigkeit erhöht sich ferner durch:

– (fiktives) Entgelt für an Dritte erbrachte **Versorgungsleistungen** (vgl BGH FamRZ 2004, 1170; 2004, 1173; 2006, 846; 2008, 1739; 2012, 1201; näher FA-FamR[10]/GERHARDT 6. Kap Rn 134; WENDL/DOSE[9] § 1 Rn 716); die Frage ist beim Verwandtenunterhalt hinsichtlich der Leistungsfähigkeit in der Regel nicht von Bedeutung (vgl Rn 128), anders die Frage, ob wegen Synergieeffekten (Haushaltsersparnis) der Selbstbehalt herabzusetzen ist (s Rn 256),

– Spielgewinne (OLG Oldenburg FamRZ 1988, 89: Spielbankgewinn; OLG Düsseldorf NJW 1993, 3078 = FamRZ 1994, 896: Skat),

– Ausgleichsrenten aufgrund des schuldrechtlichen Versorgungsausgleichs nach §§ 20 ff VersAusglG (nicht aber zweckgebundene Abfindungszahlungen im Gegenzug für einen Verzicht auf den Versorgungsausgleich, es sei denn, der Unterhaltspflichtige verwendet diese zweckwidrig; OLG Koblenz FamRZ 2015, 1973 [Ls] – juris für gesteigerte Unterhaltspflicht nach Abs 2),

– Ausgleichszahlungen aufgrund des Zugewinnausgleichs nach § 1378 BGB; s auch § 1602 Rn 130.

IV. (Erwerbs-)Obliegenheiten und fiktive Einkünfte; leichtfertig herbeigeführte Leistungsunfähigkeit

1. Grundsätze

Die Leistungsfähigkeit bestimmt sich nach der Fähigkeit, die für den Unterhalt 110
nötigen Mittel zu erwirtschaften (vgl Rn 4). Sie ist also insbesondere gegeben, wenn der Unterhaltspflichtige in der Lage ist, einer Erwerbstätigkeit nachzugehen, die ihm – unter Wahrung seines eigenen Unterhalts (Selbstbehalt; Rn 228 ff) – die Unterhaltszahlung ermöglicht. Die Leistungsfähigkeit setzt nicht voraus, dass der Unterhaltspflichtige auch tatsächlich ein Einkommen erzielt (zur entsprechenden Bewertung auf Seiten des Unterhaltsberechtigten s § 1602 Rn 7). Das war schon für die Gesetzesverfasser des BGB unstreitig (vgl PLANCK, in: SCHUBERT, Vorentwürfe FamR 2 S 309: „Dabei kommt es aber nicht in Betracht, was der Pflichtige thatsächlich erwirbt, sondern was er erwerben kann.“). Erzielt der Unterhaltspflichtige entgegen seiner Erwerbsobliegenheit ihm mögliche Einkünfte nicht, so beruht der Anspruch also nicht bloß auf **„fiktiver Leistungsfähigkeit“**, wie es mitunter formuliert wird (etwa von BGH FamRZ 2008, 872 Rn 17; OLG Hamm NZFam 2014, 217; OLG Brandenburg FamRZ 2013, 631; vgl auch MünchKomm/BORN[7] Rn 60: „Rechtsfigur des fiktiven Einkommens“ „als Druckmittel, um den Schuldner zur baldigen Wiederherstellung der tatsächlichen Leistungsfähigkeit anzuhalten“), sondern auf bestehender (realer) Leistungsfähigkeit (Erwerbsfähigkeit bei bestehender Beschäftigungsmöglichkeit).

Verliert der Unterhaltsschuldner dagegen seinen Arbeitsplatz oder verschlechtert 111
sich die Lage seines Gewerbebetriebes erheblich und ist er deswegen nicht mehr in der Lage, sein früheres Einkommen zu erzielen, so ist er **nicht leistungsfähig**: In diesem Fall ist er grundsätzlich selbst dann nicht unterhaltspflichtig, wenn er seine Leistungsunfähigkeit verschuldet hat (BGH FamRZ 2008, 872; NJW 1985, 732 = FamRZ 1985, 158 mwNw; FamRZ 1987, 372 = NJW-RR 1987, 770; NJW 1988, 2239 = FamRZ 1988, 597; FamRZ 1989, 159 = NJW-RR 1989, 322; FamRZ 1993, 1055 = NJW 1993, 1974; NJW 1994, 1002 =

FamRZ 1994, 372; Born FamRZ 1995, 523, 524; **aA** Roth-Stielow NJW 1982, 2853; vKrog FamRZ 1984, 539). Denn nach § 1603 Abs 1 BGB kommt es auf die Gründe, aus denen der in Anspruch Genommene außerstande ist, den Unterhalt zu gewähren, nicht an. Während beim Unterhaltsberechtigten ein sittliches Verschulden am Eintritt der Bedürftigkeit und andere Verfehlungen zu einer Beschränkung oder zum Wegfall des Unterhaltsanspruchs führen (§ 1611 Abs 1 BGB), fehlt eine entsprechende Vorschrift für den Unterhaltsschuldner.

112 Der Grundsatz, dass die Unterhaltspflicht auch bei schuldhafter Herbeiführung der Leistungsunfähigkeit entfällt, gilt indes **nicht uneingeschränkt**. Trifft den Unterhaltsschuldner die Obliegenheit, seine Arbeitskraft und andere Erwerbsmöglichkeiten einzusetzen, um für angemessenen Unterhalt zu sorgen **(Erwerbsobliegenheit)**, liegt schon keine Leistungsunfähigkeit vor (Rn 110): Der Unterhaltspflichtige ist erst dann außerstande, den Unterhalt zu gewähren, wenn er die dazu erforderlichen Mittel nicht hat und sich auch nicht auf zumutbare Weise beschaffen kann, etwa durch Aufnahme einer besser bezahlten Tätigkeit oder durch Mehrarbeit, einen Nebenerwerb usw. Auch wenn den Unterhaltsschuldner aber keine Erwerbsobliegenheit trifft, kann es ihm nach Treu und Glauben (§ 242 BGB) ausnahmsweise verwehrt sein, sich auf seine Leistungsunfähigkeit zu berufen, wenn er diese durch **verantwortungsloses, zumindest leichtfertiges Verhalten** selbst herbeigeführt hat (Rn 152 ff).

113 **Verliert** der Unterhaltsschuldner etwa seinen **Arbeitsplatz**, so ist zunächst zu prüfen, ob er dadurch leistungsunfähig geworden ist. Das ist nicht der Fall, wenn er eine andere zumutbare Arbeit finden oder die für den Unterhalt erforderlichen Mittel auf andere zumutbare Weise beschaffen kann (Erwerbsobliegenheit). Nur wenn er dazu außerstande ist, etwa für das erste halbe Jahr nach der Kündigung des Arbeitsverhältnisses oder wegen schlechter Arbeitsmarktlage für einen längeren Zeitraum, kommt es darauf an, ob ihm die Berufung auf seine Leistungsunfähigkeit gem § 242 BGB verwehrt ist (Hoppenz NJW 1984, 2327). Obliegt dem Unterhaltsschuldner die Aufnahme einer Erwerbstätigkeit, ist es ihm wegen der Arbeitsmarktlage aber nur möglich, eine Beschäftigung zu erlangen, die schlechter entlohnt wird als seine bisherige Arbeitstätigkeit, kann ihm das höhere frühere Einkommen nur dann zugerechnet werden, wenn der Verlust seines Arbeitsplatzes leichtfertig war; ansonsten bleibt es bei der Anrechnung der auf dem Arbeitsmarkt durch eine neue Tätigkeit erzielbaren (geringeren) Einkünfte (vgl BGH FamRZ 2008, 872).

114 Rechtsprechung und Literatur **trennen** die Erwerbsobliegenheit und die ausnahmsweise Unbeachtlichkeit der Leistungsunfähigkeit **häufig nicht hinreichend**. Insbesondere wird teilweise auch für den Verstoß gegen die Erwerbsobliegenheit ein unterhaltsrechtlich leichtfertiges Verhalten verlangt (s OLG Karlsruhe FamRZ 1993, 1481; OLG Bamberg FamRZ 1999, 883; MünchKomm/Born[7] Rn 60 ff). Das ist falsch (s BGH FamRZ 2008, 872 Rn 19; OLG Hamm FamRZ 1998, 979 [Kaufhausdetektiv]; auch OLG Düsseldorf FamRZ 1998, 851, 852 mit Anm Gutdeutsch FamRZ 1998, 1611, das für die Verletzung der Erwerbsobliegenheit ein leichtfertiges Verhalten ausdrücklich nicht voraussetzt; vgl auch Erman/Hammermann[14] Rn 81 sowie Wendl/Klinkhammer[9] § 2 Rn 243 einerseits, Rn 244 andererseits; zu eng formuliert insoweit von BGH FamRZ 2011, 1041, 1044 Rn 36, weil im entschiedenen Fall bereits keine Erwerbsobliegenheit bestand; differenziert dagegen BGH FamRZ 2008, 872 Rn 19).

115 Ist dem Unterhaltsschuldner aufgrund seiner Erwerbsobliegenheit oder wegen verschuldeter Leistungsunfähigkeit ein fiktives Einkommen zuzurechnen, muss die Fiktion konsequent durchgeführt werden: Der Unterhaltsschuldner ist so zu behandeln, als arbeite er wirklich, weswegen er vom fiktiven Einkommen **fiktive berufsbedingte Abzüge und fiktive Steuern** abziehen kann (WENDL/DOSE[9] § 1 Rn 793 mwNw; s noch Rn 21 ff, 28 ff und 32 ff) und ihm bei der gesteigerten Erwerbsobliegenheit nach Abs 2 (Rn 369 ff) der notwendige Selbstbehalt für Erwerbstätige zu belassen ist (BGH NJW 1985, 318; NJW-RR 1998, 505 = FamRZ 1998, 286; s noch Rn 246 ff).

Beispiele für **weitere Obliegenheiten** des Unterhaltsschuldners (zu Obliegenheiten des Unterhaltsgläubigers s § 1602 Rn 107 ff): **116**

- **Verwertung des Vermögensstamms** (vgl BGH FamRZ 2013, 1554; FamRZ 2013, 203; FamRZ 2015, 1172; FamRZ 2006, 1511; FamRZ 2002, 1698 jeweils zum Elternunterhalt; BGH FamRZ 2014, 923 [Einsatz der selbst genutzten Immobilie beim Minderjährigenunterhalt]; näher Rn 332 ff);
- **Realisierung von Ansprüchen** (BGH FamRZ 2013, 278 [Pflichtteilsanspruch]; BGH FamRZ 2013, 1378 [verneinte Titulierungsobliegenheit zur Erwirkung von Leistungen nach SGB II]);
- **Einleitung einer Verbraucherinsolvenz** beim Minderjährigenunterhalt (BGH FamRZ 2005, 608, 610 f; vgl BGH FamRZ 2008, 137; näher Rn 217);
- **Nebentätigkeit eines Hausmanns** (BGHZ 169, 200 = FamRZ 2006, 1827; s Rn 128 ff) und während der **Betreuung eines Kleinkinds** (BGH FamRZ 2015, 738 mwNw [verneint] s Rn 132 ff).

2. Obliegenheit zur Ausschöpfung der Leistungsfähigkeit

a) Grundsatz

Ein Unterhaltspflichtiger ist nicht schon dann leistungsunfähig, wenn er die für die Unterhaltsgewährung erforderlichen Geldmittel tatsächlich nicht hat. Zur Unterhaltsgewährung außerstande ist er erst, wenn er sich die notwendigen Mittel auch nicht verschaffen kann. Den Unterhaltsschuldner trifft keine Pflicht, sondern lediglich eine – verschuldensunabhängige (Rn 114) – **Obliegenheit** zur Ausschöpfung seiner Leistungsfähigkeit: Er kann zur Beschaffung zusätzlicher Geldmittel nicht gezwungen werden (BGH FamRZ 2013, 278: kein Anspruch des Unterhaltsberechtigten gegen den Unterhaltsschuldner auf Rückforderung einer Schenkung oder Geltendmachung eines Pflichtteilsanspruchs). Der Unterhaltsschuldner muss aber die Folgen fehlender Bemühungen tragen und sich unterhaltsrechtlich die **fiktiven Einkünfte** anrechnen lassen, die er bei hinreichenden Bemühungen hätte erzielen können (st Rspr, etwa BGH FamRZ 2013, 278; BGHZ 75, 272 = NJW 1980, 340 = FamRZ 1980, 43; FamRZ 1993, 1303 = NJW-RR 1993, 1283; vgl BVerfG FamRZ 2014, 1977 mwNw; WENDL/DOSE[9] § 1 Rn 753 ff). **117**

Das gilt auch für sogenannte **verschleierte Einkünfte** (s STAUDINGER/ENGLER/KAISER [2000] Rn 22 f). Arbeitet ein Unterhaltspflichtiger unentgeltlich oder gegen eine geringe Vergütung und wird für die Arbeitsleistung üblicherweise eine (höhere) Vergütung gezahlt (zB bei Mitarbeit im Betrieb eines Verwandten, bei Versorgungsleistungen für den nichtehelichen Partner), so ist bei der Ermittlung der Leistungsfähigkeit die **üblicherweise gezahlte Vergütung** zugrunde zu legen (BGH NJW 1980, 1686, 1688 = FamRZ

1980, 665, 668; OLG Bamberg FamRZ 1995, 436 = NJW-RR 1995, 325; OLG Schleswig SchlHAnz 1957, 30). Soweit zur Begründung auf § 850h Abs 2 ZPO verwiesen worden ist (BGH NJW 1980, 1686, 1688), erscheint dies nicht notwendig, weil die Anrechnung der üblichen Vergütung bereits aus der Erwerbsobliegenheit des Unterhaltspflichtigen ergeben dürfte (Rn 118 ff, 344 ff), nach der sich der Unterhalt anhand des erzielbaren Einkommens bemisst (zur Korrektur einer ungünstigen Steuerklassenwahl vgl BGH FamRZ 2004, 443 sowie Rn 25).

b) Erwerbsobliegenheit

aa) Zumutbare Erwerbstätigkeit

118 Die wichtigste Obliegenheit des Unterhaltspflichtigen besteht im Einsatz seiner Arbeitskraft: Der Schuldner muss, um seiner Unterhaltspflicht nachkommen zu können, eine ihm mögliche, in der Regel vollschichtige (vgl BGH FamRZ 2015, 236 Rn 14; FamRZ 2014, 637; FamRZ 2014, 1992 Rn 19; OLG Hamm FamRZ 1998, 1612) **Erwerbstätigkeit ausüben** (RG Recht 1907 Nr 3823; BGH NJW 1985, 732 = FamRZ 1985, 158; NJW 1994, 1002 = FamRZ 1994, 372; Wendl/Klinkhammer[9] § 2 Rn 244 mwNw). Von dem erzielbaren Einkommen sind fiktive Steuern, berufsbedingte Aufwendungen usw abzuziehen (Rn 115).

119 Der Unterhaltsschuldner schuldet Bemühungen zum Erwerb von Einkünften nur bis zur Grenze der **Zumutbarkeit** (BGH FamRZ 2009, 314 Rn 20 ff; vgl BVerfG FamRZ 2014, 1977; NJW 2012, 2420; FamRZ 2007, 273 f, FamRZ 2006, 469 f und FamRZ 2003, 661 f). Hierfür kommt es auf dessen Fähigkeiten, Ausbildung, Berufserfahrung, Alter, Gesundheit, Lebensstellung und sonstige persönliche Umstände an (s BGH NJW 1994, 1002 = FamRZ 1994, 372 zu einem zeitweilig kranken Unterhaltsschuldner). An die Erwerbsobliegenheit eines Unterhaltspflichtigen sind grundsätzlich geringere Anforderungen zu stellen als an die eines Unterhaltsberechtigten (dazu § 1602 Rn 109 ff): Die wirtschaftliche Eigenverantwortung des Anspruchsberechtigten (§ 1602 Rn 5) erfordert größere Anstrengungen als die Pflicht, einem anderen Unterhalt zu gewähren (§ 1602 Rn 4). Das gilt aber nicht für die gesteigerte Unterhaltspflicht von Eltern gegenüber ihren Kindern gem Abs 2 (Rn 369 ff).

120 Ein arbeitsloser Unterhaltspflichtiger muss sich um **Arbeit bemühen**. Dazu reicht die Meldung als Arbeitsuchender beim Arbeitsamt nicht aus, weil die meisten freien Stellen anders als durch Vermittlung des Arbeitsamtes besetzt werden (BGH FamRZ 2000, 1358 [zu § 1603 Abs 2]; Niepmann/Schwamb[12] Rn 711 ff; Wendl/Dose[9] § 1 Rn 782; Wönne FF 2013, 476 ff; van Els DAVorm 1988, 955 und 1989, 389). Der Arbeitslose muss sich auch auf dem freien Arbeitsmarkt intensiv um eine Arbeitsstelle bemühen, etwa durch Bewerbungen auf Stellenanzeigen, durch Aufgabe von Stellengesuchen und durch Vorsprache bei möglichen Arbeitgebern (BGH FamRZ 2014, 637 Rn 17 [zu § 1603 Abs 2]; NJW 1994, 1002 = FamRZ 1994, 372; KG NJW-RR 2015, 902, 903; OLG Düsseldorf FamRZ 1980, 1008; OLG Zweibrücken FamRZ 1983, 1039; OLG Schleswig FamRZ 1985, 69). Erforderlich ist gegebenenfalls auch, dass sich der Unterhaltspflichtige unter Ausnutzung sämtlicher Hilfsangebote intensiv um die Erlernung und Verbesserung der deutschen Sprache bemüht (BGH FamRZ 2014, 637 Rn 13 f; OLG Hamm FamRZ 2002, 1427, 1428 mwNw; OLG Celle FamRZ 1999, 1165 zu einem Aussiedler, der nach 5-jährigem Aufenthalt in Deutschland – angeblich – keine deutsche Sprachkenntnisse erworben hatte). Aus der Bewilligung einer **Rente wegen voller Erwerbsminderung** folgt noch keine vollständige Unfähigkeit zur Erwerbstätigkeit im Geringverdienerbereich (BGH FamRZ 2017, 109). Bezieht der Unterhaltspflichtige eine Rente wegen voller Erwerbsminderung gemäß § 43 Abs 2 S 1 Nr 1 SGB VI, so setzt dies grundsätzlich voraus, dass er wegen Krankheit oder Behinderung auf nicht absehbare Zeit außerstande ist, unter den üblichen Bedingungen des allgemeinen Arbeitsmarktes mindestens drei Stunden täglich erwerbstätig zu sein (§ 43 Abs 2 S 2 SGB VI). Eine vollständige Unfähigkeit für sämtliche Tätigkeiten, etwa im Geringverdienerbereich, ergibt sich daraus indessen noch nicht. Das stimmt mit der vom Gesetz für Renten wegen voller Erwerbsminderung in voller Höhe vorgesehenen Hinzuverdienstgrenze nach § 96a Abs 2 Nr 2 SGB VI (entsprechend der Geringverdienertätigkeit nach § 8 Abs 1 Nr 1 SGB IV; derzeit 450 €) überein (BGH FamRZ 2017, 109 Rn 22).

Dem Unterhaltspflichtigen ist – anders als bei der gesteigerten Erwerbsobliegenheit 121 (Rn 369) – nicht in jedem Fall ein **Berufs- oder Ortswechsel** zuzumuten, um eine einträgliche Beschäftigung ausüben zu können (Wendl/Klinkhammer[9] § 2 Rn 539; **s aber** KG FamRZ 1984, 592 zum Ehegattenunterhalt: Ortswechsel von Italien nach Deutschland). Maßgeblich sind die Umstände des Einzelfalls, insbesondere das Alter des Unterhaltspflichtigen und die schutzwürdigen Bindungen an seinem bisherigen Wohnort. In jedem Fall sind bei unterstellter Obliegenheit zum Berufs- oder Ortswechsel die hiermit verbundenen Kosten und Mehrbelastungen in die Einkommens- und Unterhaltsberechnung einzustellen (vgl BVerfG FamRZ 2006, 469; FamRZ 2007, 273 [jeweils zu Abs 2]).

Fiktive Einkünfte können dem Unterhaltsschuldner wegen Verletzung der Erwerbs- 122 obliegenheit nur angerechnet werden, wenn er bei hinreichenden Bemühungen voraussichtlich einen Arbeitsplatz gefunden hätte: Es muss eine **reale Beschäftigungschance** bestanden haben. Die **Darlegungs- und Beweislast** trägt hierfür – wie allgemein für fehlende Leistungsfähigkeit – der Unterhaltspflichtige (BGH FamRZ 2014, 637 Rn 11 ff; FamRZ 2013, 1378 Rn 18; FamRZ 2011, 1041 Rn 30; FamRZ 2009, 314 Rn 28; FamRZ 2003, 1471 mwNw; BVerfG FamRZ 2014, 1977 Rn 17 mwNw zur verfassungsgerichtlichen Rechtsprechung; Wendl/Dose[9] § 1 Rn 737, 782 f). Hierfür ist außer den persönlichen Eigenschaften des Bewerbers die Arbeitsmarktlage von Bedeutung (etwa BGH NJW 1994, 1002 = FamRZ 1994, 372). Für gesunde Arbeitnehmer im mittleren Erwerbsalter kann auch in Zeiten hoher Arbeitslosigkeit regelmäßig kein Erfahrungssatz dahin gebildet werden, dass sie nicht in eine vollschichtige Tätigkeit zu vermitteln seien (BGH FamRZ 2014, 637 Rn 13 mwNw). Da der Unterhaltspflichtige die Beweislast für seine fehlende Leistungsfähigkeit trägt, reicht es für die Anrechnung fiktiver Einkünfte aus, dass der Erfolg zumutbarer Bemühungen um einen Arbeitsplatz nicht auszuschließen ist (vgl BGH FamRZ 2014, 637 Rn 17).

Im Grundsatz besteht eine Erwerbsobliegenheit **in allen Unterhaltsverhältnissen**, 123 gleichviel, ob es sich um Minderjährigenunterhalt, Volljährigenunterhalt, Elternunterhalt oder Enkelunterhalt handelt. Auch das zum Elternunterhalt verpflichtete Kind trifft folglich jedenfalls grundsätzlich eine Erwerbsobliegenheit (Scholz, in: FS Schwab 911, 912; Wendl/Wönne[9] § 2 Rn 949; **aA** wohl OLG Köln FamRZ 2002, 572, 573). Allerdings ist bei der Frage, in welchem Umfang dem Unterhaltspflichtigen die Erzielung von Erwerbseinkünften zuzumuten ist, je nach Art des Unterhaltsverhältnisses zu unterscheiden (Wendl/Wönne[9] § 2 Rn 949; Niepmann/Schwamb[12] Rn 710; vgl auch BGH FamRZ 2008, 2104 Rn 33). Dementsprechend ist eine **gestufte Zumutbarkeitsbetrachtung** durchzuführen. Je stärker das Unterhaltsverhältnis von Gesetzes wegen ausgeprägt ist, umso strengere Anforderungen gelten für die Erwerbsobliegenheit des Unterhaltspflichtigen. An erster Stelle steht die gesteigerte Unterhaltspflicht gegenüber Minderjährigen und privilegiert Volljährigen iSv Abs 2 S 2 (arg § 1603 Abs 2, § 1609 Nr 1 BGB). An zweiter Stelle stehen kinderbetreuende Eltern (arg § 1609 Nr 2 BGB), und zwar Ehegatten wie auch nichteheliche Eltern, an dritter Stelle weitere (also nicht kinderbetreuende) Ehegatten (arg § 1609 Nr 3 BGB). Bei den Kindern, die nicht unter §§ 1603 Abs 2, 1609 Nr 1 BGB fallen (§ 1609 Nr 4 BGB), ist zu differenzieren zwischen in der Berufsausbildung befindlichen Kindern und solchen, die bereits eine eigene Lebensstellung erlangt haben (vgl BGH FamRZ 2012, 530; FamRZ 2012, 1553; arg § 33 Abs 2 S 1 Nr 2b SGB II). Letztere sind eher den auf hinterer Rangstufe befindlichen Ansprüchen von Enkeln gegenüber Großeltern (§ 1609 Nr 5 BGB) und Eltern gegen ihre Kinder (§ 1609 Nr 6 BGB) gleichzuachten. Den drei letztgenannten Gruppen ist gemeinsam, dass die Inanspruchnahme auf Unterhalt regelmäßig auf einer unvorhergesehenen Entwicklung beruht, auf die sich der Unterhaltspflichtige nicht ohne Weiteres einzustellen brauchte. Dies mag dazu führen, dass das Kind etwa gegenüber seinen pflegebedürftigen Eltern nicht darauf verwiesen werden kann, erstmals eine Vollzeitstelle anzutreten. Die Frage stellt sich in der Praxis meistens nicht, weil Elternunterhalt regelmäßig aufgrund übergegangenen Rechts vom Sozialhilfeträger geltend gemacht wird und aufgrund fiktiven Einkommens ermittelte Unterhaltsansprüche nicht kraft Gesetzes übergehen (vgl Wendl/Klinkhammer[9] § 8 Rn 95 mwNw).

bb) Zurechnung fiktiver Einkünfte

124 Soweit dem Unterhaltspflichtigen eine Erwerbstätigkeit zumutbar ist und eine reale Beschäftigungschance besteht, ist er nicht zur Unterhaltsgewährung außerstande im Sinne von Abs 1 und damit (nicht nur fiktiv) leistungsfähig (vgl Rn 4, 110, 114). In welchem Umfang er leistungsfähig ist, hängt davon ab, in welcher Höhe er Einkommen erzielen kann. Die Zurechnung fiktiver Einkünfte hat sich an dem Einkommen zu orientieren, das der Unterhaltspflichtige zumutbar („bei gutem Willen“) erzielen kann.

125 Dem Unterhaltspflichtigen kann nur Einkommen in einer **Höhe** zugerechnet werden, welche von ihm realistischerweise zu erzielen ist. Bei der Schätzung des erzielbaren (fiktiven) Einkommens ist auf seine persönlichen Umstände und seine Ausbildungs- und Erwerbsbiografie Rücksicht zu nehmen. Eine Gerichtsentscheidung bedarf insoweit der näheren Begründung, insbesondere zu erzielbaren (Mindest-)Löhnen und zum zeitlichen Umfang einer Tätigkeit (vgl BGH FamRZ 2014, 637 Rn 9; FamRZ 2009, 314 mwNw; BVerfG FamRZ 2014, 1977 Rn 22; FamRZ 2010, 793, 794). Seit dem **1. 1. 2015** gilt in Deutschland ein allgemeiner **Mindestlohn**, der sich ab 1. 1. 2017 auf brutto 8, 84 € (zuvor 8, 50 €) pro Stunde beläuft (§ 1 Abs 1 MiLoG; vgl dazu und zu weiteren branchenbezogenen Mindestlöhnen Botur, in: Büte/Poppen/Menne, Unterhaltsrecht[3] § 1603 Rn 27).

cc) Ausbildung

126 Die **Schul- und Berufsausbildung** einschließlich des Studiums eines Unterhaltspflichtigen hat gegenüber dessen unterhaltsrechtlicher Obliegenheit, eine Erwerbstätigkeit auszuüben, grundsätzlich **Vorrang**: Die angemessene Vorbildung zu einem Beruf gehört zum eigenen angemessenen Unterhalt des Unterhaltspflichtigen, der nach § 1603 Abs 1 BGB nicht gefährdet werden darf (vgl BGHZ 189, 284 = FamRZ 2011, 1041;

NJW 1994, 1002 = FamRZ 1994, 372). Ein Recht auf Ausbildung besteht aber nicht, wenn diese **unangemessen** ist. Für die Angemessenheit ist neben der Begabung und Neigung des Auszubildenden zu berücksichtigen, welchen und wie vielen Personen er unterhaltspflichtig ist. Das Recht auf Ausbildung wird erheblich eingeschränkt, wenn den Unterhaltsschuldner die gesteigerte Erwerbsobliegenheit nach Abs 2 trifft (Rn 369 ff). Einer Erstausbildung ist regelmäßig auch gegenüber der gesteigerten Unterhaltspflicht aus § 1603 Abs 2 Satz 1 BGB der Vorrang einzuräumen. Denn die Erlangung einer angemessenen Vorbildung zu einem Beruf gehört zum eigenen Lebensbedarf des Unterhaltspflichtigen, den dieser grundsätzlich vorrangig befriedigen darf (BGHZ 189, 284 = FamRZ 2011, 1041 Rn 36; FamRZ 1994, 372 Rn 19; dazu MENNE FF 2011, 388; vgl auch – weitgehend, aber im Einzelfall wohl vertretbar – OLG Brandenburg NZFam 2017, 316: Umschulung eines Bauingenieurs zum Lokführer beim Unterhalt der privilegiert volljährigen Tochter).

Für die Angemessenheit der Ausbildung sind allerdings alle Umstände des Einzel- 127
falles zu berücksichtigen, insbesondere die Tatsache, warum der Unterhaltspflichtige gerade jetzt seine Erstausbildung durchführt und wie sich dies langfristig auf seine Leistungsfähigkeit für den Kindesunterhalt auswirkt (BGHZ 189, 284 = FamRZ 2011, 1041 Rn 36). Daher hat auch die **Dauer** der Ausbildung eine erhebliche Bedeutung. Im Konfliktfall ist eine kürzere Berufsausbildung in der Regel einer wesentlich länger dauernden vorzuziehen, auch wenn letztere (zB Studium) zu einem qualifizierteren Abschluss und zu einem besser bezahlten Beruf führt. Das gilt jedenfalls dann, wenn die Unterhaltspflicht bereits bei Beginn der Ausbildung besteht. Hingegen braucht der Unterhaltsschuldner eine bereits begonnene langdauernde Berufsausbildung im vorgerückten Stadium, etwa ein Studium in Examensnähe, nicht abzubrechen (BGH NJW 1983, 814 = FamRZ 1983, 140; OLG Hamm FamRZ 1992, 469 zur Aufgabe einer Nebentätigkeit in der Examensvorbereitungszeit; BRÜGGEMANN FamRZ 1988, 127, 129; zur mehrstufigen Ausbildung s OLG München FamRZ 2013, 793). Er muss jedoch alle Kräfte anspannen, um die Ausbildung möglichst bald abzuschließen (BRÜGGEMANN FamRZ 1988, 127, 129). Hat der Unterhaltspflichtige bereits eine Ausbildung abgeschlossen, so hat der Kindesunterhalt jedenfalls im Rahmen der gesteigerten Unterhaltspflicht nach § 1603 Abs 2 BGB Vorrang gegenüber dem Ausbildungsinteresse des Unterhaltspflichtigen (vgl OLG München FamRZ 2012, 795: Informatikstudium nach abgeschlossener Ausbildung zum Netzwerktechniker; anders – und wohl zu weitgehend – OLG Hamm FamRZ 2015, 936 für 38-jährigen Maurer, der sich in einer geförderten Umschulung befindet).

dd) Haushaltsführung

Die Obliegenheit zur Ausübung einer zumutbaren Erwerbstätigkeit entfällt nicht 128
ohne Weiteres dadurch, dass der Unterhaltspflichtige in einer (neuen) Ehe den Haushalt führt. Unterhaltsrechtlich entlastet die Haushaltsführung von der Pflicht, durch Geldleistung zum Unterhalt der Familie beizutragen (§ 1360 S 2 BGB), nur gegenüber dem Ehegatten und den im Haushalt betreuten Kindern (§ 1606 Abs 3 S 2 BGB), hingegen nicht gegenüber anderen unterhaltsberechtigten Verwandten. Die Barunterhaltspflicht gegenüber nicht im Haushalt lebenden Kindern und Eltern bleibt grundsätzlich bestehen.

Die Ehegatten müssen bei der Ausgestaltung des gemeinsamen Lebens ihre **Unter-** 129
haltspflichten gegenüber Dritten berücksichtigen. Zwar können die Ehepartner die Haushaltsführung gem § 1356 Abs 1 BGB frei regeln und sie einem von ihnen allein

überlassen. Beide Ehegatten haben gem § 1356 Abs 2 S 1 BGB aber auch das Recht, erwerbstätig zu sein. Bei der Wahl und Ausübung der Erwerbstätigkeit – und damit mittelbar auch bei der Regelung der Haushaltsführung – muss jeder Ehegatte gem **§ 1356 Abs 2 S 2 BGB** die gebotene Rücksicht auf die Belange des anderen nehmen. Zu den eine Rücksichtnahme erfordernden Belangen des Ehepartners gehören auch dessen Unterhaltspflichten.

130 Lebt im Haushalt **kein betreuungsbedürftiges Kind**, ist es den Ehegatten grundsätzlich zuzumuten, die Haushaltsführung so zu regeln, dass beide einer Erwerbstätigkeit nachgehen können. Dem Unterhaltspflichtigen ist **zumindest eine Teilzeitbeschäftigung** zumutbar: Einen Zweipersonenhaushalt zu führen, erfordert gegenüber der Selbstversorgung keine so erhebliche Mehrarbeit, dass dadurch die Erwerbsobliegenheit wesentlich gemindert wird (zur Erwerbsobliegenheit sogar bei Kinderbetreuung in der neuen Ehe gleich Rn 132 ff). Da der haushaltsführende Ehegatte in der Regel keine Barleistungen für den Familienunterhalt – und damit auch für seinen eigenen Unterhalt – erbringen muss (§ 1360 S 2 BGB) und sein Selbstbehalt durch den Ehepartner gesichert ist (Rn 99), kann er die Einkünfte aus einer Erwerbstätigkeit voll für den Unterhalt Dritter verwenden (vgl BGH FamRZ 2001, 1065; FamRZ 1996, 796; NJW 1982, 1590 = FamRZ 1982, 590; NJW 1986, 1869 = FamRZ 1986, 668; OLG Bremen FamRZ 1979, 623; Wendl/Klinkhammer[9] § 2 Rn 280, 284).

131 Aufgrund des durch die **Unterhaltsreform 2007** eingeführten Vorrangs minderjähriger und privilegiert volljähriger Kinder kann in diesem Bereich eine Konkurrenz des Familienunterhaltanspruchs des Ehegatten mit dem Kindesunterhalt nicht mehr auftreten (zum Rang des Anspruchs des haushaltsführenden zweiten Ehegatten im Rahmen des Kindesunterhalts nach der bis zum 31. 12. 2007 geltenden Rechtslage s BGH FamRZ 2007, 1081).

ee) Kindesbetreuung

α) Unterhaltspflicht gegenüber anderen minderjährigen Kindern

132 Die Pflicht, ein Kind zu betreuen (elterliche Personensorge, § 1626 Abs 1 BGB), entbindet nicht ohne Weiteres von der Erwerbsobliegenheit, um Unterhaltsansprüche anderer Verwandter erfüllen zu können. Wegen der **Gleichrangigkeit der Unterhaltspflicht gegenüber minderjährigen Kindern** gem § 1609 Nr 1 BGB besteht eine Erwerbsobliegenheit insbesondere, wenn der Unterhaltsschuldner, der ein aus der neuen Ehe stammendes Kind betreut, minderjährigen Kindern aus einer früheren Beziehung barunterhaltspflichtig ist: Der unterhaltspflichtige Elternteil muss seine Arbeitskraft möglichst gleichmäßig zum Unterhalt aller Kinder einsetzen. Er darf ein barunterhaltsberechtigtes Kind nicht dadurch benachteiligen, dass er sich ausschließlich der Betreuung eines bei ihm lebenden Kindes widmet.

133 Grundsätzlich obliegt es dem Kindern aus einer früheren Beziehung Unterhaltspflichtigen, **vollerwerbstätig** zu bleiben, um den Barunterhalt dieser Kinder zu sichern. Der neue Ehegatte ist gem **§ 1356 Abs 2 S 2 BGB** verpflichtet, dem Barunterhaltspflichtigen die Erwerbstätigkeit zu ermöglichen. Nur wenn der **neue Ehepartner** durch eine volle Erwerbstätigkeit **wesentlich höhere Einkünfte** erzielen und dadurch die neue Familie wirtschaftlich besser stellen kann, müssen die Barunterhalt beanspruchenden Kinder hinnehmen, dass der Unterhaltsschuldner die Kinder aus der neuen Ehe betreut (BGHZ 169, 200 = FamRZ 2006, 1827; BGHZ 75, 272 = NJW 1980, 340 = FamRZ 1980, 43; FamRZ 1981, 341; NJW 1982, 175 = FamRZ 1982, 25; FamRZ

1987, 252 = NJW-RR 1987, 514; OLG Köln FamRZ 1999, 1011; OLG München FamRZ 1999, 1076; Wendl/Klinkhammer[9] § 2 Rn 296 ff). Den Barunterhaltspflichtigen trifft dann aber die Obliegenheit, die Kinderbetreuung auf das unbedingt notwendige Maß zu beschränken und daneben eine **Teilerwerbstätigkeit** auszuüben (BGHZ 169, 200 = FamRZ 2006, 1827; BGHZ 75, 272 = NJW 1980, 340 = FamRZ 1980, 43). Wird der Barbedarf der neuen Familie durch die Erwerbstätigkeit des anderen Ehegatten voll gedeckt, kann der betreuende Ehegatte seine Nebeneinkünfte vollständig für den Unterhalt seiner Kinder aus einer früheren Beziehung verwenden (vgl Rn 132 ff).

Die Erwerbsobliegenheit neben der Kindesbetreuung beruht auf der Gleichrangigkeit der Kindesansprüche gem § 1609 Abs 1 BGB, nicht auf der gesteigerten Unterhaltspflicht gegenüber minderjährigen Kindern gem Abs 2. Geht die Gesamtbelastung des Unterhaltspflichtigen nicht über das normale Maß hinaus, kommt es deshalb nicht mit **§ 1603 Abs 2 S 3 BGB** darauf an, ob ein anderer unterhaltspflichtiger Verwandter vorhanden ist (vgl BGH FamRZ 2013, 1558; BGH NJW 1982, 1590 = FamRZ 1982, 590; OLG Stuttgart FamRZ 1994, 1403 = NJW-RR 1995, 776). Kann der Barunterhaltspflichtige durch die ihm neben der Kinderbetreuung obliegende Erwerbstätigkeit aber den Mindestunterhalt eines Kindes aus erster Ehe nicht sichern, während der das Kind betreuende frühere Ehegatte hinreichend verdient, um sich am Barunterhalt zu beteiligen, muss der Unterhaltspflichtige wegen Abs 2 S 3 auch gegenüber minderjährigen Kindern keine gesteigerten Bemühungen entfalten, um mehr Geld zu verdienen (OLG Schleswig FamRZ 1994, 1404; s auch BGH NJW 1985, 318; noch Rn 248). Dabei ist zu beachten, dass der Barunterhaltspflichtige in der Regel seine gesamten Einkünfte für den Unterhalt verwenden kann (Rn 133 aE). **134**

Die Hausmannrechtsprechung galt **vor dem Kindschaftsrechtsreformgesetz nicht** bei der Betreuung von Kindern aus einer neuen **nichtehelichen Lebensgemeinschaft** (BGH FamRZ 1995, 598 = NJW-RR 1995, 451: Mutter; OLG Düsseldorf FamRZ 1991, 592: Mutter; OLG Frankfurt FamRZ 1992, 979: Mutter; OLG Karlsruhe FamRZ 1996, 1238: Mutter; OLG Hamm FamRZ 1998, 1250: Mutter; OLG Köln NJW 1999, 725 = FamRZ 1999, 399 [LS]: Mutter): Gem §§ 1705 Abs 1 S 2, 1626 Abs 1 aF stand die elterliche Sorge allein der nichtehelichen Mutter zu, der nichteheliche Vater war dem Kind lediglich barunterhaltspflichtig. Damit stand fest, dass die Mutter das Kind allein betreuen musste und – auch mangels einer § 1356 BGB entsprechenden Vorschrift – vom Kindsvater nicht die Mitbetreuung verlangen konnte. Während der nichtehelichen Mutter eine Erwerbstätigkeit neben der Kinderbetreuung nicht oblag, war jede Betreuung des Kindes durch den nichtehelichen Vater und die damit verbundene Aufgabe des Arbeitsplatzes eine schuldhafte Obliegenheitsverletzung (s OLG München FamRZ 1999, 1526; so noch OLG Köln NJW 2000, 2117). **135**

Die **seit dem Kindschaftsrechtsreformgesetz** gegebene Möglichkeit nicht miteinander verheirateter Eltern, gem § 1626a BGB die gemeinsame Sorge für das Kind zu übernehmen, berechtigt und verpflichtet auch den Vater gem § 1626 BGB, das Kind zu betreuen. Der **BGH** wendet seine Hausmann-Rechtsprechung seitdem auch auf die nichteheliche Lebensgemeinschaft an, wenn der Unterhaltsschuldner ein aus der Beziehung stammendes Kind betreut (BGHZ 147, 19 = FamRZ 2001, 614; FamRZ 2015, 738 Rn 15 mwNw). Aus der gemeinsamen Sorge folgt zwar keine dem § 1356 BGB entsprechende Pflicht der Lebenspartner, einander eine Erwerbstätigkeit zur Sicherung der Unterhaltsansprüche von Kindern aus früheren Beziehungen zu ermöglichen. **136**

Die zunehmender Verrechtlichung nichtehelicher Lebensgemeinschaften mit Kindern lässt aber aufgrund der gemeinsamen Elternschaft sowie aus der Unterhaltsverpflichtung aus § 1615l BGB ähnliche Rücksichtnahmepflichten erwachsen, zumal auch § 1356 BGB keinen unmittelbaren Bezug zum Kind eines Ehegatten aus anderer Beziehung und der daraus erwachsenen Unterhaltspflicht aufweist (vgl Wendl/Klinkhammer[9] § 2 Rn 298; **aA** noch Staudinger/Engler/Kaiser [2000] Rn 164).

137 Betreut ein Lebenspartner das außerhalb der Ehe geborene Kind, muss er in jedem Fall seinen **Unterhaltsanspruch aus § 1615l BGB** einsetzen, um seinen übrigen Kindern Barunterhalt zu zahlen (OLG Hamm NJW 1999, 3642). Dieser Unterhaltsanspruch besteht auch, wenn die Eltern zusammenleben (§ 1615l Rn 47; vgl auch BGH FamRZ 1980, 665: Anspruch auf ein angemessenes Entgelt für die Haushaltsführung).

138 Diese sogenannte Hausmannrechtsprechung des Bundesgerichtshofs (sogenannt, obwohl sie die Kindesbetreuung und nicht die Haushaltsführung betrifft und nicht nur Männer, sondern auch Frauen erfasst) verstößt nicht gegen den verfassungsrechtlichen Schutz der Ehe und Familie und das Elternrecht aus **Art 6 Abs 1 und Abs 2 S 1 GG** (BVerfGE 68, 256 = NJW 1985, 1211 = FamRZ 1985, 143). Die (Neben-)Erwerbsobliegenheit des Hausmannes ist im Regelfall tragbar, weil das von ihm betreute Kind auch von seiner Mutter, der neuen Ehefrau, Bar- oder Betreuungsunterhalt verlangen kann.

139 Die Nebenerwerbsobliegenheit des unterhaltspflichtigen Elternteils ist indessen bei Betreuung von Kleinkindern begrenzt. Einem zum Minderjährigenunterhalt verpflichteten Elternteil, der sich nach Geburt eines weiteren Kindes dessen Betreuung widmet, kann im Fall einer zu respektierenden Rollenwahl jedenfalls für die ersten beiden Lebensjahre des von ihm betreuten Kindes unterhaltsrechtlich nicht vorgeworfen werden, dass er von der Möglichkeit Gebrauch macht, die Bezugsdauer des Elterngelds zu verdoppeln, und deswegen keine für den Kindesunterhalt ausreichenden Einkünfte hat (BGH FamRZ 2015, 738 Rn 18 ff; so bereits – für die Bezugsdauer des Erziehungsgelds – BGH FamRZ 2006, 1010, 1014; eingehend zum Verhältnis zur Bestimmung der Erwerbsobliegenheit bei § 1570, § 1615l vgl § 1602 Rn 15 ff).

β) Unterhaltspflicht gegenüber volljährigen Kindern

140 Schuldet der ein minderjähriges Kind Betreuende **volljährigen Kindern oder sonstigen Verwandten** Unterhalt, kann ihn ebenfalls die Obliegenheit treffen, neben der Kinderbetreuung eine Erwerbstätigkeit auszuüben. Zwar ist die Hausmannrechtsprechung (Rn 132 ff) auf die Unterhaltspflicht gegenüber volljährigen Kindern nicht ohne Weiteres anwendbar, weil sie auf der Gleichrangigkeit von Betreuungs- und Barunterhaltspflicht beruht (BGH NJW 1987, 1549 = FamRZ 1987, 472). Der Vorrang der minderjährigen vor den volljährigen Kindern gem § 1609 Abs 1 BGB heißt jedoch nicht, dass sich der Elternteil der Unterhaltspflicht gegenüber seinen volljährigen Kindern vollständig entziehen kann. Ihm obliegt die Aufnahme einer Erwerbstätigkeit, soweit ihm diese neben der Kindesbetreuung **zugemutet** werden kann (vgl OLG Köln NJW-RR 1986, 627).

ff) Altersgrenze

141 Ob dem Unterhaltsschuldner eine Erwerbstätigkeit zumutbar ist, hängt auch von seinem Alter ab: Arbeitskraft und Anpassungsfähigkeit eines Menschen lassen im

vorgerückten Lebensalter nach. Da der Alterungsprozess bei jedem Menschen unterschiedlich verläuft, ist im Einzelfall zu prüfen, welche Erwerbstätigkeit dem älteren Unterhaltspflichtigen unter Berücksichtigung seiner Ausbildung, seiner bisherigen Berufstätigkeit, seiner Gesundheit, seiner geistigen Beweglichkeit und seiner Lebensverhältnisse zugemutet werden kann.

Eine vom Unterhaltspflichtigen nach **Erreichen der Regelaltersgrenze** für die gesetzliche Rente ausgeübte Erwerbstätigkeit ist – entsprechend der Lage für den Unterhaltsberechtigten (vgl § 1602 Rn 142 sowie für den Ehegatten § 1571; offenbar teilweise **aA** STAUDINGER/VERSCHRAEGEN [2014] § 1571 Rn 10 f) regelmäßig überobligatorisch (BGHZ 188, 50 = FamRZ 2011, 454 Rn 19 ff [zum Ehegatten- und Kindesunterhalt]; FamRZ 2013, 191). Nach § 35 S 2 SGB VI wird die Regelaltersgrenze für den Bezug der Altersrente mit **Vollendung des 67. Lebensjahres** erreicht. Entsprechendes gilt nach § 51 BBG für Beamte (vgl auch § 25 BeamtStG) und Richter (§ 48 Abs 3 DRiG). Dem entsprechen auch sozialgesetzliche Regelungen, die ab dieser Altersgrenze eine generelle Bedürftigkeit anerkennen (§ 41 SGB XII; vgl §§ 7 Abs 1 S 1 Nr 1, 7a SGB II). Für die Geburtsjahrgänge von 1947 bis 1963 gilt eine Übergangsregelung (stufenweise Erhöhung der Altersgrenze von 65 auf 67 Jahre). Diese Regelaltersgrenze beruht auf der allgemeinen Lebenserfahrung, dass die meisten Menschen, die sie überschritten haben, nicht mehr voll arbeitsfähig sind, weil ihre körperlichen und geistigen Kräfte nachlassen (RGZ 104, 58; BGHZ 188, 50 = FamRZ 2011, 454 Rn 19 ff; BGHZ 12, 321 = NJW 1954, 1284). Mit der Vollendung des 67. Lebensjahres ist das Berufsleben nach heutiger sozialer Anschauung erfüllt. Durch die aufgeführten gesetzlichen Bestimmungen legt die Rechtsordnung den Rahmen für die Erwerbsbiografie des Einzelnen fest. Solange die gesetzlichen Regelungen dabei nicht offensichtlich auf berufsbezogenen Besonderheiten beruhen (vgl etwa BGH FamRZ 2004, 254: Strahlflugzeugführer) oder ansonsten von der wirklichen Erwerbsfähigkeit des Einzelnen abweichen (vgl BGH FamRZ 1999, 708, 710: Vorgezogene Altersrente für Frauen), können sie als Maßstab auch für das Unterhaltsrecht herangezogen werden (BGHZ 188, 50 = FamRZ 2011, 454 Rn 20). 142

Freiberufler (zB Ärzte, Anwälte) und andere **selbständig Erwerbstätige** üben ihren Beruf zwar häufig über das 67. Lebensjahr hinaus aus. Unterhaltsrechtlich kann von ihnen aber nicht mehr erwartet werden als von anderen Berufstätigen. Auch für sie besteht daher ab Vollendung des 67. Lebensjahres grundsätzlich keine Erwerbsobliegenheit mehr (BGHZ 188, 50 = FamRZ 2011, 454 Rn 19 ff). 143

Erzielt der Unterhaltspflichtige Einkünfte aus einer – überobligationsmäßigen – **Erwerbstätigkeit nach Vollendung des 67. Lebensjahres**, so richtet sich die Anrechnung des Einkommens – vergleichbar mit § 1577 Abs 2 S 2 BGB – nach den Umständen des Einzelfalls und hat der Überobligationsmäßigkeit Rechnung zu tragen (BGHZ 188, 50 = FamRZ 2011, 454 Rn 17, 24; FamRZ 2013, 191; teilweise **aA** STAUDINGER/ENGLER/KAISER [2000] Rn 173: grundsätzlich volle Berücksichtigung). Auch im Fall einer berufstypischen Fortsetzung der Tätigkeit ist eine regelmäßige volle Anrechnung der erzielten Einkünfte nicht gerechtfertigt, vielmehr ist auch hier eine einzelfallbezogene Betrachtung anzustellen, die der Überobligationsmäßigkeit der Tätigkeit angemessen Rechnung trägt (BGHZ 188, 50 = FamRZ 2011, 454 Rn 24, 27 f; FamRZ 2013, 191). 144

145 In einigen Berufen ist die **Altersgrenze** wegen der besonderen Anforderungen, die die Berufsausübung an die Leistungsfähigkeit stellt, **durch Gesetz oder Tarifvertrag vorgezogen**, etwa bei Polizeivollzugsbeamten auf die Vollendung des 62. Lebensjahres (§ 5 BPolBG – mit stufenweise Übergangsregelung von 60 auf 62 Jahre) und bei Berufssoldaten je nach Dienstgrad und Verwendung auf die Vollendung des 41. bis 65. Lebensjahr (§ 45 SoldatenG). Erreicht der Unterhaltsschuldner diese Altersgrenze, befreit ihn das nicht ohne Weiteres von der unterhaltsrechtlichen Erwerbsobliegenheit. Vielmehr muss nach allgemeinen Maßstäben geprüft werden, ob dem Unterhaltspflichtigen die Aufnahme einer anderen Tätigkeit zugemutet werden kann (vgl BGH FamRZ 2004, 254). Dasselbe gilt für Beamte auf Zeit, insbesondere Wahlbeamte, die nach Ablauf ihrer Amtszeit in den Ruhestand treten.

146 Viele Erwerbstätige können die Altersgrenze **freiwillig vorverlegen**. So können sich Beamte und Richter ab Vollendung des 63. Lebensjahres (§ 54 Abs 3 BBG; § 48 Abs 5 DRiG) und, wenn sie schwerbehindert sind, ab Vollendung des 62. Lebensjahres in den Ruhestand versetzen lassen (§ 52 Abs 1 und 2 BBG, § 48 Abs 4 DRiG, jeweils mit stufenweise Übergangsregelung von 60 auf 62 Jahre). In der gesetzlichen Rentenversicherung können nach Erfüllung der Wartezeiten Schwerbehinderte und Bergleute ab Vollendung des 62. Lebensjahres (§§ 37, 40 SGB VI) und langjährig Versicherte ab Vollendung des 63. Lebensjahres (§ 36 S 2 SGB VI) vorzeitig, besonders langjährig Versicherte ab Vollendung des 65. Lebensjahres (§ 38 SGB VI) reguläre Altersrente beanspruchen. Unterhaltsrechtlich ist zu prüfen, ob dem Unterhaltsschuldner zuzumuten ist, von der vorzeitigen Inanspruchnahme der Altersbezüge abzusehen oder sie durch eine Nebentätigkeit aufzubessern, sodass er seiner Unterhaltspflicht weiterhin (unvermindert) nachkommen kann. In der Regel besteht die Erwerbsobliegenheit bis zum Erreichen der Regelaltersgrenze (BGH FamRZ 2012, 1483 Rn 28). Lässt sich die Entscheidung nicht mehr revidieren, so kommt es darauf an, ob der Unterhaltsschuldner leichtfertig gehandelt hat (vgl Rn 110 ff; vgl BGH FamRZ 2012, 1483 Rn 28 f; FamRZ 1999, 708 [unterhaltsberechtigter Ehegatte]; OLG Koblenz FamRZ 2012, 790 juris Rn 19 mwNw [insoweit in FamRZ nicht abgedruckt]; FamRZ 2004, 1573; OLG Saarbrücken FamRZ 2011, 1567 [LS]; FamRZ 2011, 647 [LS]; OLG Celle FamRZ 1994, 517; OLG Düsseldorf FamRZ 1986, 814, 816; KG FamRZ 1981, 1173). Dasselbe gilt, wenn der Unterhaltsschuldner nach dem **Altersteilzeitgesetz 1996** (vom 23. 7. 1996, BGBl I 1078) in Teilzeit arbeitet oder für die Hälfte des Ausgleichszeitraumes (von fünf Jahren, § 2 Abs 3 ATzG) voll weiterarbeitet, um die restliche Zeit vollständig freigestellt zu werden. Der arbeitsmarktpolitische Zweck der Altersteilzeitarbeit ist für das Unterhaltsrecht unbeachtlich (**aA** Müller DAVorm 1987, 583, 587); die Vereinbarung von Altersteilzeit verstößt regelmäßig gegen die unterhaltsrechtliche Erwerbsobliegenheit (BGH FamRZ 2012, 1483 Rn 28; OLG Hamm NJW 1999, 2976 = FamRZ 1999, 1078; FamRZ 1999, 1079; Kleffmann FuR 2000, 145, 146).

147 Ein Beamter oder Richter, der wegen **Dienstunfähigkeit** in den Ruhestand versetzt wird (§ 47 Abs 2 BBG, § 46 DRiG), und ein gesetzlich Versicherter, dem eine Rente wegen **voller Erwerbsminderung** bewilligt wird (§ 43 Abs 2 SGB VI), ist in der Regel nicht mehr in der Lage, eine Erwerbstätigkeit auszuüben (BGH NJW 1984, 2358 = FamRZ 1984, 662; OLG Hamm FamRZ 1999, 42). Nach § 43 Abs 2 S 2 SGB VI besteht eine volle Erwerbsminderung aber bereits, wenn der Unterhaltspflichtige wegen Krankheit oder Behinderung auf nicht absehbare Zeit außerstande ist, unter den üblichen Bedingungen des allgemeinen Arbeitsmarktes mindestens **drei Stunden**

täglich erwerbstätig zu sein. Das schließt nicht aus, dass dem Unterhaltspflichtigen eine geringfügige Tätigkeit noch möglich ist, was vor allem bei gesteigerter Unterhaltspflicht nach Abs 2 beachtlich sein kann.

Erfüllt der Unterhaltspflichtige die Voraussetzungen einer Rente wegen voller Erwerbsminderung, so ergibt sich daraus mithin lediglich, dass er nicht drei Stunden oder mehr arbeitstäglich erwerbstätig sein kann und dass er einer Vermittlung durch die Agentur für Arbeit nicht zur Verfügung steht. Eine vollständige Unfähigkeit für sämtliche Tätigkeiten, etwa im Geringverdienerbereich, ergibt sich daraus indessen noch nicht. Das stimmt mit der vom Gesetz für Renten wegen voller Erwerbsminderung in voller Höhe vorgesehenen Hinzuverdienstgrenze nach § 96a Abs 2 Nr 2 SGB VI (entsprechend der Geringverdienertätigkeit nach § 8 Abs 1 Nr 1 SGB IV; derzeit 450 Euro) überein (BGH FamRZ 2017, 109 Rn 23; vgl KG NZFam 2015, 766).

Bei einer **Berufsunfähigkeit** nach früherem Rentenrecht (nunmehr – allenfalls – teilweise Erwerbsminderung, vgl auch §§ 15 ff SGB VI) gilt dies erst recht, weil hier noch eine Beschäftigung in einem anderen Beruf möglich ist.

c) Kreditaufnahme

Eine **Kreditaufnahme** steigert die Leistungsfähigkeit nicht ohne Weiteres, da das Vermögen des Unterhaltsschuldners durch dessen Pflicht gemindert wird, das Darlehen verzinst zurückzuzahlen (s Rn 193 ff). Anders kann es sein, wenn der Kredit durch Sachwerte gesichert ist (Rn 303) oder wenn absehbar ist, dass der Unterhaltsschuldner mit Hilfe des geliehenen Geldes oder unabhängig davon in Zukunft höhere Einnahmen erzielen wird, die die Rückzahlung des Darlehens samt Zinsen ohne Einschränkungen ermöglicht. Nur in solchen Ausnahmefällen kann es dem Unterhaltsschuldner obliegen, durch Aufnahme eines Kredits Mittel für den Unterhalt zu beschaffen und einzusetzen (BGH NJW 1982, 1641 = FamRZ 1982, 678; NJW 1983, 814 = FamRZ 1983, 140; vgl auch Rn 8). Eine Obliegenheit zur überbrückenden Fremdfinanzierung kann etwa bei bevorstehender Veräußerung einer Immobilie (vgl BGH FamRZ 2013, 1720 Rn 19 f mwNw [Vermögenseinsatz im Rahmen der Verfahrenskostenhilfe]; näher Rn 299 ff Vermögenseinsatz). 148

Eine Obliegenheit zur Kreditaufnahme kann zur **Überbrückung vorübergehender Einkommenseinbußen**, insbesondere bei einem Arbeitsplatz- oder Berufswechsel bestehen (Rn 147, 371): Führt der Unterhaltsschuldner freiwillig eine Verschlechterung seiner Einkünfte herbei, indem er seinen bisherigen Beruf aufgibt, um sich selbständig zu machen oder eine andere, zunächst schlechter bezahlte abhängige Beschäftigung aufzunehmen, muss er die Erfüllung seiner Unterhaltspflicht notfalls dadurch sicherstellen, dass er sich Geld leiht (BGH NJW 1982, 1050 = FamRZ 1982, 365; FamRZ 1987, 372 = NJW-RR 1987, 770; FamRZ 1988, 145 = NJW-RR 1988, 514; OLG Hamm FamRZ 1996, 959; Wendl/Dose[9] § 1 Rn 741 mwNw). Die Obliegenheit lässt sich aus dem Zusammenhang mit der früheren Tätigkeit rechtfertigen. Diese wird der Unterhaltsschuldner nur aufgeben dürfen, wenn wie für seinen eigenen Unterhalt auch etwa für den Unterhalt seiner Kinder jedenfalls vorübergehend gesorgt ist. Durch die Aufnahme des Kredits kann der Unterhaltsschuldner die weitergehende Obliegenheit abwenden, von dem geplanten Arbeitsplatz- oder Berufswechsel abzusehen oder einen besser bezahlten Beruf anzunehmen (Erwerbsobliegenheit, Rn 118 ff). Die Aufnahme eines Kredits kann einem selbständigen Unterhaltsschuldner auch dann 149 obliegen, wenn vorübergehende Einkommensverluste saisonbedingt sind oder auf der allgemeinen wirtschaftlichen Entwicklung beruhen.

150 Muss der Unterhaltsschuldner einen einmaligen **außergewöhnlich hohen Bedarf** des Berechtigten im Sinne des § 1613 Abs 2 BGB befriedigen, für den die laufenden Einkünfte nicht ausreichen, bleibt ihm ebenfalls häufig nichts anderes übrig, als einen Kredit aufzunehmen. Die Kreditaufnahme ist aber nur zumutbar, wenn der Unterhaltsschuldner den Kredit samt Zinsen aus seinen laufenden Einnahmen tilgen kann.

151 Soweit dem Unterhaltsschuldner nicht zumutbar ist, Vermögensgegenstände zu veräußern (Rn 179 ff), kann es ihm obliegen, diese durch Aufnahme eines **Realkredits** zu verwerten (BGH NJW 1982, 1641 = FamRZ 1982, 678; NJW 1983, 814 = FamRZ 1983, 140; vgl BGH FamRZ 2013, 1720 Rn 19 f mwNw [Vermögenseinsatz im Rahmen der Verfahrenskostenhilfe]; näher Rn 303 ff). Auch diese Obliegenheit ist begrenzt durch die Möglichkeit, Zins- und Tilgungszahlungen für das Darlehen aufzubringen (vgl BGH FamRZ 1966, 28): Dem Unterhaltsschuldner ist es grundsätzlich nicht zuzumuten, sich ohne Aussicht auf Rückzahlung zu verschulden, um Unterhalt zahlen zu können (BGH NJW 1982, 1641 = FamRZ 1982, 678).

3. Verschuldete Leistungsunfähigkeit

a) Grundsatz

152 Ob ein Fall der verschuldeten Leistungsunfähigkeit vorliegt, bedarf zunächst der **Abgrenzung** von der bloßen Verletzung der Erwerbsobliegenheit bei bestehender Möglichkeit des Unterhaltsschuldners zur Erzielung von Einkommen (dazu näher Rn 112 ff). **Leistungsunfähigkeit** liegt vor, wenn es dem Unterhaltsschuldner aufgrund von in der Vergangenheit liegender Umstände aktuell, dh während des laufenden Unterhaltszeitraums, nicht möglich ist, das frühere Einkommen zu erzielen, so etwa wegen Aufgabe einer gut bezahlten Arbeitsstelle (vgl BGH FamRZ 2008, 872), vorgezogener Altersteilzeit (BGH FamRZ 2012, 1483 Rn 29 f) oder wegen Strafhaft (vgl BGH FamRZ 2015, 1473 Rn 42; FamRZ 2002, 813 mwNw).

153 Nach der ständigen Rechtsprechung ist es dem Unterhaltsschuldner nach Treu und Glauben (§ 242 BGB) **verwehrt**, sich auf seine Leistungsunfähigkeit zu berufen, wenn er diese durch **verantwortungsloses, zumindest leichtfertiges Verhalten** herbeigeführt hat (vgl BGH FamRZ 2008, 872; FamRZ 2012, 1483; FamRZ 2015, 1473 Rn 42 mwNw; FamRZ 2000, 815; BGH NJW 1985, 732 = FamRZ 1985, 158 mwNw; FamRZ 1987, 372 = NJW-RR 1987, 770; NJW 1988, 2239 = FamRZ 1988, 597; FamRZ 1989, 159 = NJW-RR 1989, 322; FamRZ 1993, 1055 = NJW 1993, 1974; FamRZ 1994, 240 = NJW 1994, 258; NJW 1994, 1002 = FamRZ 1994, 372; Erman/Hammermann[14] Rn 81 sowie Wendl/Klinkhammer[9] § 2 Rn 243; Born FamRZ 1995, 523, 524). Die Grenzen müssen eng gezogen werden, weil der Unterhaltspflichtige nicht schlechter gestellt werden darf als der Unterhaltsberechtigte, dem nur ein sittliches Verschulden schadet (§ 1611 Abs 1 BGB). Nur wenn das leichtfertige Verhalten ein erhebliches Gewicht hat und dem Unterhaltsschuldner in hohem Maße vorwerfbar ist, kann es ihm verwehrt werden, sich auf seine Leistungsunfähigkeit zu berufen (BGH NJW 1985, 732 = FamRZ 1985, 158; FamRZ 2000, 815, 817). Bei der Feststellung des unterhaltsbezogenen Fehlverhaltens sind alle objektiven und subjektiven Umstände des Einzelfalles gegeneinander abzuwägen (BGH FamRZ 1993,

1055 = NJW 1993, 1974; NJW 1994, 258 = FamRZ 1994, 240 mit Anm RAISER FamRZ 1994, 817; vgl WENDL/KLINKHAMMER[9] § 2 Rn 243 mwNw).

Ist es dem Unterhaltsschuldner verwehrt, sich auf seine tatsächlich bestehende Leistungsunfähigkeit zu berufen, wird sein **bisheriges Einkommen als fortbestehend fingiert**. Das stellt den Unterhaltsgläubiger im Abänderungsverfahren besser als bei Fällen einer Verletzung der bloßen Erwerbsobliegenheit des Schuldners (vgl BGH FamRZ 2008, 872), in denen der Unterhaltsschuldner wegen der Arbeitsmarktlage nur eine Beschäftigung aufnehmen kann, die schlechter entlohnt wird als seine bisherige Tätigkeit. Diese Besserstellung besteht aber in aller Regel nur rechnerisch: Soweit der Unterhaltspflichtige tatsächlich nicht leisten kann, führt seine Unterhaltspflicht nur zu einer **Anhäufung von Rückständen**. Zuweilen mögen diese aber zu späteren Zeiten noch vollstreckt werden können. 154

Führt der Unterhaltspflichtige seine Leistungsunfähigkeit schuldhaft herbei, macht er sich gem § 823 Abs 2 iVm § 170 StGB und § 826 BGB **schadensersatzpflichtig** (RGZ 74, 224, 229; zu § 170b StGB aF, s auch BGHSt 14, 165 = NJW 1960, 1021 und BGHZ 28, 359, 365 = NJW 1959, 382). Diese Schadensersatzansprüche treten praktisch neben dem Fortbestehen der Unterhaltspflicht zurück. 155

b) Einzelfälle

aa) Strafhaft

Wer sich in Strafhaft oder in Untersuchungshaft befindet, ist **weitgehend nicht leistungsfähig** (teilweise **aA** STAUDINGER/ENGLER/KAISER [2000] Rn 192: vollständige Leistungsunfähigkeit). Von dem Arbeitsentgelt, das der Gefangene beanspruchen kann, werden Hausgeld, Überbrückungsgeld und Eigengeld gebildet. Für Unterhaltszwecke steht regelmäßig nur das **Eigengeld** zur Verfügung (BGH FamRZ 2015, 1473 Rn 13 ff mwNw; vgl WENDL/DOSE[9] § 1 Rn 732 f). 156

Der Strafgefangene darf 3/7 des Arbeitsentgelts als sog **Hausgeld** (vgl § 47 Abs 1 StVollzG) verwenden. Dieser nach überwiegender Meinung unpfändbare (vgl BGH NJW 2013, 3312 Rn 14 mwNw) Teil seiner Einkünfte steht grundsätzlich zu seiner freien Verfügung und ist jedenfalls dann, wenn der Gefangene über keine anderen finanziellen Mittel als das Arbeitsentgelt verfügt, nicht für den Unterhalt einzusetzen. Auch wenn ein Strafgefangener keine Aufwendungen für Unterkunft, Verpflegung und Bekleidung hat, übersteigt das Hausgeld nicht das Minimum, das ihm für andere notwendige Ausgaben des täglichen Lebens zu belassen ist. Dies gilt auch in Fällen gesteigerter Unterhaltspflicht nach Abs 2 (BGH FamRZ 2015, 1473 Rn 14 ff, Rn 29; FamRZ 2002, 813, 815; FamRZ 1982, 913 f FamRZ 1982, 792, 793). 157

Aus den weiteren 4/7 der Bezüge wird zum einen das sog **Überbrückungsgeld** gebildet, das den notwendigen Unterhalt des Gefangenen und seiner Unterhaltsberechtigten für die ersten vier Wochen nach der Haftentlassung sichern soll (vgl § 51 Abs 1 StVollzG). Es ist unpfändbar, wird erst bei der Entlassung ausbezahlt und steht damit während der Haft nicht zur Verfügung, sodass damit eine Unterhaltsschuld nicht beglichen werden kann. Unterhaltsrechtlich muss es daher als Einkommen des Berechtigten in dem Monat angesehen werden, in den der Zeitpunkt der Entlassung fällt und in dem es in der angesammelten Höhe ausbezahlt wird (BGH FamRZ 2015, 1473 Rn 16; FamRZ 1982, 792, 794). 158

159 Der nicht für den Aufbau des Überbrückungsgeldes benötigte Teil der 4/7 des Arbeitsentgelts stellt bei Gefangenen, von denen kein Haftkostenbeitrag (§ 50 StVollzG) erhoben wird, das sog **Eigengeld** dar (§ 52 StVollzG). Dieses wird einem Eigengeldkonto gutgeschrieben. Der Anspruch des Strafgefangenen auf Auszahlung des gutgeschriebenen Eigengeldes ist – vom Ausnahmefall abgesehen, dass das Überbrückungsgeld noch nicht vollständig gebildet ist – in vollem Umfang pfändbar, die Pfändungsfreigrenzen des § 850c ZPO sind nicht anwendbar (BGH NJW 2013, 3312 Rn 8 ff mwNw; FamRZ 2004, 1717 ff; BGHZ 160, 112 = NJW 2004, 3714, 3715 f). Das Eigengeld ist grundsätzlich für den Unterhalt einzusetzendes Einkommen, weil andernfalls das vom Strafgefangenen erzielte Arbeitsentgelt mit allen seinen Teilen für Unterhaltszwecke ausscheiden würde, obwohl die gesetzgeberische Intention darauf abzielt, dass das Einkommen insoweit auch den Unterhaltsberechtigten des Strafgefangenen zugute kommen soll (ausführlich BGH FamRZ 2015, 1473 Rn 17 f mwNw).

160 Etwas anderes gilt für das sog **Sondergeld**, welches aus Einzahlungen gebildet wird, die Dritte für den Strafgefangenen erbringen. Dieses ist vom Gesetz dem Hausgeld (Rn 157) gleichgestellt und wie dieses für den Unterhalt nicht einzusetzen (BGH FamRZ 2015, 1473 Rn 19 f). Im Übrigen handelt es sich regelmäßig um eine freiwillige Leistung Dritter an den Häftling, auf die dieser keinen rechtlichen Anspruch hat und die der Zuwendende erbringt, um den Strafgefangenen zusätzlich zu unterstützen, ohne ihn von seinen Unterhaltspflichten entlasten zu wollen. Hier gelten die allgemeinen Grundsätze entsprechend (vgl Rn 107 f).

161 Hat der Strafgefangene einsetzbares Einkommen im Sinne der vorstehenden Grundsätze, so ist sein **Selbstbehalt** allerdings durch das in der Haftanstalt gewährte Wohnen, die Verpflegung und Kleidung gewahrt. Auf den in der Düsseldorfer Tabelle ausgewiesenen Selbstbehaltssätze kommt es insoweit nicht an (BGH FamRZ 2015, 1473 Rn 24 mwNw auch zur **aA**). Auch einem Strafgefangenen muss jedoch nach dem BGH grundsätzlich ein **Bargeldbetrag** verbleiben, um ihm in einem Mindestmaß die Befriedigung solcher Bedürfnisse zu ermöglichen, die über die auf Existenzsicherung ausgerichtete Versorgung durch die Justizvollzugsanstalten hinausgehen. Für die Bemessung dieses Betrags bietet sich der Rückgriff auf den Taschengeldsatz an, der einem Strafgefangenen zusteht, wenn er ohne Verschulden kein Arbeitsentgelt und keine Ausbildungsbeihilfe erhält. Denn das **Taschengeld** soll dem Strafgefangenen in entsprechender Anwendung des Rechtsgedankens der Sozialhilfe eine solche finanzielle Mindestausstattung verschaffen. Das Taschengeld wird allerdings vor allem bereits durch das Hausgeld gebildet (BGH FamRZ 2015, 1473 Rn 26 ff).

162 Soweit der Unterhaltspflichtige demnach leistungsunfähig ist, besteht während der Verbüßung der Strafhaft kein Unterhaltsanspruch. In zeitlicher Hinsicht obliegt es dem Unterhaltspflichtigen allerdings, einen möglichen Reststrafenerlass zu erwirken (vgl OLG Koblenz NJW 1997, 1588 = FamRZ 1998, 44).

163 Auf seine Leistungsunfähigkeit infolge der Straftat kann sich der Unterhaltsschuldner nach Treu und Glauben ausnahmsweise **überhaupt nicht berufen**, wenn er sich gerade deshalb in Strafhaft befindet, weil er seine Unterhaltspflicht gegenüber dem Berechtigten verletzt hat (§ 170 StGB), oder wenn gerade die bestrafte vorsätzliche Tat dazu geführt hat, dass der Unterhaltsberechtigte – etwa durch Schädigung seines Vermögens, durch eine Körperverletzung oder durch die Tötung eines vorrangig

Unterhaltspflichtigen – (vermehrt) unterhaltsbedürftig geworden ist (BGH FamRZ 2002, 813, 814; NJW 1982, 1812 = FamRZ 1982, 792; NJW 1982, 2491 = FamRZ 1982, 913; OLG Koblenz NJW 1997, 1588 = FamRZ 1998, 44). Da der Unterhaltsverpflichtete nicht schlechter behandelt werden darf als der Unterhaltsberechtigte nach § 1611 BGB (vgl auch § 1579 Nr 4 BGB), muss es sich um eine schwere vorsätzliche Verfehlung handeln. Ein Sexualdelikt des unterhaltspflichtigen Vaters gegen die Schwester des unterhaltsberechtigten Kindes (vgl § 1579 Nr 3 BGB) reicht hierfür ebenfalls aus (näher Wendl/Klinkhammer[9] § 2 Rn 243; **aA** BGH FamRZ 2002, 813, 814 f; NJW 1982, 2491 = FamRZ 1982, 913; OLG Zweibrücken FamRZ 1990, 553 und OLG Koblenz NJW 1997, 1588 = FamRZ 1998, 44: fiktive Leistungsfähigkeit nur gegenüber der sexuell missbrauchten [Adoptiv-]Tochter, nicht aber gegenüber ihren Geschwistern).

bb) Verlust des Arbeitsplatzes

Gibt ein Unterhaltsschuldner seinen Arbeitsplatz auf, verstößt er dadurch nur aus- 164
nahmsweise gegen Treu und Glauben. Auf den Verlust der Leistungsfähigkeit kann sich der Unterhaltsschuldner gem § 242 BGB nur dann nicht berufen, wenn er den Arbeitsplatz aufgegeben hat, **um sich der Unterhaltspflicht zu entziehen** (BGH NJW 1985, 732 = FamRZ 1985, 158, dies im konkreten Fall einer Eigenkündigung ablehnend; FamRZ 2003, 1471; FamRZ 2000, 815; FamRZ 2002, 813; FamRZ 1994, 240; FamRZ 1987, 372; OLG Stuttgart FamRZ 2007, 1908 [VKH]; OLG Schleswig NJW-RR 2007, 152; OLG Hamm FamRZ 1999, 1528; Göppinger/Wax/Macco[9] Rn 352 f; Erman/Hammermann[14] Rn 96; Born FamRZ 1995, 523, 524; vgl auch BGH FamRZ 2008, 872), oder die Aufgabe des Arbeitsplatzes mit Blick auf die Unterhaltspflicht **in hohem Maße verantwortungslos, zumindest leichtfertig** war (anders OLG Hamm NJW 2013, 3377 Rn 24, das lediglich eine frühere Verletzung der Erwerbsobliegenheit für erforderlich hält und sich hierfür – zu Unrecht – auf BGH FamRZ 2008, 872 beruft).

Bei **unfreiwilligem Arbeitsplatzverlust** kann sich der Unterhaltsschuldner nach dem 165
BGH auf die eigene Leistungsunfähigkeit nicht berufen, wenn er seine Leistungsunfähigkeit durch unterhaltsbezogene Mutwilligkeit herbeigeführt hat. Dies setzt voraus, dass er die Möglichkeit des Eintritts der Leistungsunfähigkeit als Folge seines Verhaltens erkennt und im Bewusstsein dieser Möglichkeit, wenn auch im Vertrauen auf den Nichteintritt jener Folge handelt (BGH FamRZ 2000, 815 [Diebstahl gegenüber Arbeitgeber, im konkreten Fall verneint]).

Unterhaltsrechtlich leichtfertig ist es etwa, wenn der Unterhaltspflichtige sein Ar- 166
beitsverhältnis aus Arbeitsunlust oder wegen Konflikten am Arbeitsplatz durch **Eigenkündigung** selbst beendet (vgl BGH FamRZ 2003, 1471; OLG Hamm FamRZ 1997, 357) oder einen sicheren Arbeitsplatz mit gutem Einkommen aufgibt, um ohne Aussicht auf Arbeit in eine strukturschwache Region zu ziehen (OLG Dresden FamRZ 1998, 979: Rückkehr in die neuen Bundesländer) oder einen schlechter bezahlten Arbeitsplatz anzunehmen (OLG Celle FamRZ 1983, 717 zum Ehegattenunterhalt; OLG Stuttgart NJWE-FER 1999, 322). Hingegen geht es zu weit, eine unterhaltsrechtliche Leichtfertigkeit auch dann zu bejahen, wenn der Unterhaltsschuldner eine gut dotierte Stellung zugunsten einer schlechter bezahlten an seinem neuen Wohnort aufgibt, obwohl das neue Einkommen mehr als den Mindestunterhalt der Kinder sichert (**so aber** KG FamRZ 1997, 627).

Gefährdet die Aufhebung des Arbeitsverhältnisses den Unterhalt, darf der Unter- 167 haltsschuldner einem **Aufhebungsvertrag** nicht zustimmen (OLG Hamm FamRZ 1999, 1528; OLG Hamm FamRZ 1997, 1417 [LS]), es sei denn, der Aufhebungsvertrag greift einer berechtigten Kündigung des Arbeitsverhältnisses, etwa wegen Betriebsstillegung, vor (vgl OLG Schleswig FamRZ 1984, 1093 gegen die Beachtlichkeit einer Eigenkündigung des Arbeitnehmers, mit der er lediglich einer Kündigung des Arbeitgebers zuvorgekommen war).

168 Gibt der Unterhaltsschuldner ein gesichertes und gut bezahltes Arbeitsverhältnis auf, **um eine selbständige Erwerbstätigkeit auszuüben**, so kann ihm das unterhaltsrechtlich grundsätzlich auch dann nicht zum Vorwurf gemacht werden, wenn er mit wirtschaftlichen Anfangsschwierigkeiten und (vorübergehenden) Einkommenseinbußen rechnen muss (BGH FamRZ 1987, 372, 374 = NJW-RR 1987, 770 unter II 2c; FamRZ 1988, 145, 147 = NJW-RR 1988, 514; OLG Frankfurt FamRZ 1990, 786 = NJW-RR 1990, 1477; OLG Karlsruhe FamRZ 1993, 836; OLG Hamm FamRZ 1997, 310; **s aber** OLG Hamburg FamRZ 1982, 412; OLG Hamm FamRZ 1996, 959; BGB-RGRK/Mutschler Rn 7; für eine noch strengere Handhabung gegenüber dem Barunterhaltspflichtigen Schwab, Brühler Schriften, Bd 7 [1992] 47, 52). Der BGH hat jedoch die Obliegenheit des Unterhaltspflichtigen herausgebildet, für die Übergangszeit den angemessenen Unterhalt der Kinder dadurch zu gewährleisten, dass der Pflichtige **Rücklagen bildet oder einen Kredit aufnimmt** (BGH FamRZ 1987, 372, 374; FamRZ 1981, 539; siehe auch NJW 1982, 1050 = FamRZ 1982, 365 zum Ehegattenunterhalt; FamRZ 1993, 1055 = NJW 1993, 1974; OLG Hamm FamRZ 1996, 959). Ist der Mindestunterhalt gewahrt, besteht eine Obliegenheit zur Rücklagenbildung oder Kreditaufnahme folgerichtig nicht (s OLG Frankfurt FamRZ 1990, 786; OLG Zweibrücken FamRZ 1994, 1488 = NJW-RR 1995, 69; OLG Hamm FamRZ 1997, 310).

169 Dem Unterhaltsschuldner ist es grundsätzlich nicht verwehrt, eine Erwerbstätigkeit aufzugeben, **um eine Berufsausbildung oder ein Studium aufzunehmen**: Die angemessene Ausbildung hat Vorrang vor den Unterhaltsansprüchen Verwandter (Rn 126 f). Erhebliche Einschränkungen bestehen aber bei der gesteigerten Unterhaltspflicht gegenüber minderjährigen Kindern gem Abs 2 (Rn 369 ff).

170 Ebensowenig ist es unterhaltsrechtlich verantwortungslos, wenn ein Elternteil seine Berufstätigkeit einschränkt, **um das unterhaltsberechtigte Kind betreuen zu können**. Etwa kann es dem Vater nicht als verantwortungsloses Verhalten vorgeworfen werden, wenn er eine Schichtarbeit aufgibt oder eine halbe Stelle übernimmt, um im Sorgerechtsverfahren bessere Chancen zu haben oder die ihm erstinstanzlich zugesprochene elterliche Sorge besser ausüben zu können, und eine Rückkehr zu seiner bisherigen Berufstätigkeit nach der Scheidung und Rückkehr der Kinder zu der Mutter nicht möglich ist (s OLG Frankfurt FamRZ 1987, 1144 = NJW-RR 1988, 1223: Schichtarbeit; KG FamRZ 1990, 293 = NJW-RR 1990, 1030: Halbtagesstelle). Das gilt auch, wenn die Eltern nach ihrer endgültigen Trennung gem § 1671 nF die gemeinsame elterliche Sorge beibehalten: Dem Elternteil, der das Kind zunächst dauernd betreut, ist es nicht verwehrt, seine Erwerbstätigkeit einzuschränken, um die Betreuung zu ermöglichen; siedelt das Kind später zum anderen Elternteil über, muss es die betreuungsbedingten Einkommenseinbußen des Unterhaltsschuldners hinnehmen (vgl BVerfG NJW 1996, 915 = FamRZ 1996, 343 zur vorläufigen Übertragung des Aufenthaltsbestimmungsrechts). Anders ist es, soweit den Barunterhaltspflichtigen eine Erwerbsobliegenheit trifft (Rn 118 ff und Rn 369 ff, zur Erwerbsobliegenheit bei Betreuung von Kindern aus einer neuen Beziehung oben Rn 132 ff).

171 **Kündigt** der **Arbeitgeber** das Arbeitsverhältnis, ist dem Unterhaltspflichtigen die Berufung auf seine Leistungsunfähigkeit verwehrt, wenn er die Kündigung durch ein gegenüber dem Unterhaltsberechtigten verantwortungsloses oder leichtfertiges Verhalten herbeigeführt hat (BGH FamRZ 1993, 1055 = NJW 1993, 1974: Schrottdiebstahl; NJW 1994, 258 = FamRZ 1994, 240 m **abl** Anm Raiser FamRZ 1994, 817: Alkoholgenuss; OLG Schleswig NJW-RR 2007, 152). Verspricht eine **Kündigungsschutzklage** Erfolg, muss sich der unterhaltspflichtige Arbeitnehmer gegen die Kündigung wehren; andernfalls kann er sich nicht darauf berufen, wegen des Arbeitsplatzverlustes keinen Unterhalt zahlen zu können (OLG Hamm FamRZ 1987, 1265; OLG Hamm FamRZ 1996, 1017 = NJW-RR 1996, 963; OLG Hamburg FamRZ 1998, 619, das die Möglichkeit einer vor dem Arbeitsgericht erstrittenen Abfindung für den Verlust des Arbeitsplatzes hervorhebt; **einschränkend** BGH NJW 1994, 1002 = FamRZ 1994, 372; OLG Dresden FamRZ 1997, 836).

172 Die Rechtsprechung verwehrt es dem Unterhaltsschuldner nur in engen Ausnahmefällen, sich auf die durch die Arbeitgeberkündigung eingetretene Leistungsunfähigkeit zu berufen. Zudem sind die von ihr angelegten Maßstäbe nicht in sich stimmig: So soll eine **Straftat gegen den Arbeitgeber** nicht ausreichen, um die Berufung auf die Leistungsunfähigkeit auszuschließen (BGH FamRZ 1993, 1055 = NJW 1993, 1974: Schrottdiebstahl; OLG Düsseldorf FamRZ 1994, 1049 = NJW-RR 1994, 326: Diebstahl; **aA** OLG Bamberg FamRZ 1988, 974 = NJW-RR 1988, 1096 zur Veruntreuung von Firmengeldern durch einen Gesellschafter-Geschäftsführer; OLG Karlsruhe FamRZ 1999, 1015 [LS]: Diebstahl durch einen Arbeitnehmer im Werkschutz). Während eine **verhaltensbedingte Kündigung** wegen zweimaligen Arbeitsantritts in alkoholisiertem Zustand auch dann nicht unterhaltsrechtlich leichtfertig sein soll, wenn der Arbeitgeber den Unterhaltsschuldner nach dem ersten Vorfall abgemahnt hatte (BGH NJW 1994, 258 = FamRZ 1994, 240 m **abl** Anm Raiser FamRZ 1994, 817; **krit** zur Entscheidung der Vorinstanz [OLG Frankfurt FamRZ 1993, 203] Kalthoener/Büttner NJW 1993, 1826, 1830; zur Kündigung bei Alkoholismus Rn 175), hat die Rechtsprechung es dem Unterhaltsschuldner verwehrt, sich auf die Leistungsunfähigkeit zu berufen, wenn ihm vom Arbeitgeber wegen Bummelei oder mehrmaligen unentschuldigten Fernbleibens von der Arbeit gekündigt worden ist (OLG Schleswig NJW-RR 2007, 152; OLG Hamm FamRZ 1987, 1265; OLG Karlsruhe NJW-RR 1992, 1412). Ebenso soll der Unterhaltsschuldner unterhaltsrechtlich leichtfertig handeln, der die Kündigung dadurch veranlasst hat, dass er sich trotz tatsächlich nicht bestehender Arbeitsunfähigkeit mehrfach vom Arzt hat krank schreiben lassen (OLG Hamm FamRZ 1998, 979 [Kaufhausdetektiv] mAnm Born und Anm Struck FamRZ 1998, 1610). Hingegen ist streitig, ob die **Trunkenheitsfahrt** eines Berufskraftfahrers mit der Folge des Führerscheinverlustes unterhaltsrechtlich als Verstoß gegen Treu und Glauben angesehen werden kann (verneinend OLG Köln FamRZ 1980, 362; bejahend OLG Bamberg FamRZ 1987, 699 = NJW-RR 1987, 744).

173 Die Differenzierungen der Rechtsprechung sind von Engler/Kaiser (Staudinger/Engler/Kaiser [2000] Rn 204) in Zweifel gezogen worden: Die Einschränkung, nur der unterhaltsrechtlich verantwortungslose, zumindest leichtfertige Verlust des Arbeitsplatzes rechtfertige es, das bisherige Einkommen als fortbestehend zu fingieren, helfe praktisch nur dem Unterhaltsschuldner, der seinen Arbeitsplatz ungewollt, wenn auch aufgrund eigenen zurechenbaren Verhaltens verloren hat (Rn 164). Gebe der Barunterhaltspflichtige seinen Arbeitsplatz aufgrund eigener Entscheidung auf, um sich beruflich zu verändern, erkenne die Rechtsprechung damit verbundene Einkommensverluste hingegen nur dann als die Leistungsfähigkeit mindernd an,

wenn die Aussicht besteht, dass der Unterhaltsschuldner (nach Studium oder Startschwierigkeiten in einer selbständigen Existenz) einmal mehr verdienen wird und er den Unterhalt in der Zeit geminderter Einkünfte mit Rücklagen oder Krediten sicherstellt (Rn 168 f, 332 ff; s auch die Kritik von SCHWAB, Brühler Schriften zum Familienrecht, Bd 7 [1992] 47, 52; BORN FamRZ 1995, 523, 525 f; RAISER FamRZ 1994, 817). Eine Gleichbehandlung der Fälle könne nur dadurch erreicht werden, dass man dem Unterhaltsschuldner den Verlust des Arbeitsplatzes durch Kündigung des Arbeitgebers immer dann vorwerfe, **wenn ihm verhaltensbedingt gekündigt** worden sei: Die verhaltensbedingte Kündigung setze in aller Regel eine **Abmahnung** voraus, die den Arbeitnehmer davor warnt, ein wiederholtes Fehlverhalten könne zur Kündigung führen. Verstoße der Arbeitnehmer gleichwohl erneut gegen seine Pflichten aus dem Arbeitsvertrag, sei ihm unterhaltsrechtlich ein stärkerer Vorwurf zu machen als demjenigen, der selbst kündige, um ein schlechter bezahltes Arbeitsverhältnis anzunehmen oder um sich selbständig zu machen oder zu studieren.

cc) Vorzeitiger Ruhestand

174 Wer sich **vor Erreichen der Regelaltersgrenze vorgezogene Altersrente** gewähren lässt (Rn 141 ff) und dadurch seine Leistungsfähigkeit mindert, verstößt regelmäßig gegen seine unterhaltsrechtliche Erwerbsobliegenheit (BGH FamRZ 2012, 1483 Rn 28; vgl auch BGH FamRZ 2004, 254). Ob er auch unterhaltsrechtlich verantwortungslos oder leichtfertig handelt, ist nach Lage des Einzelfalls zu beurteilen (vgl etwa BGH FamRZ 1984, 662: Pensionseinkünfte reichen zur Sicherung des bisherigen Lebensstandards vom Standpunkt eines vernünftigen Betrachters aus [Ehegattenunterhalt]). Ein genereller Rechtssatz des Inhalts, dass das Recht der Eltern, sich im Alter zur Ruhe zu setzen, dem Anspruch ihrer volljährigen Kinder auf Ausbildungsunterhalt vorgehe, ist nicht berechtigt, denn immerhin haben die Eltern sich durch ihr Lebensalter nicht gehindert gesehen, ein Kind zu bekommen. Es gibt keinen Grund, den 60-jährigen oder 63-jährigen Kindesvater noch vor Erreichen der gesetzlichen Altersgrenze vom Unterhalt für volljährige Kinder zu entlasten und diese etwa auf die öffentliche Ausbildungsförderung zu verweisen (**aA** STAUDINGER/ENGLER/KAISER [2000] Rn 205 mwNw; bereits mit Einschränkung hinsichtlich der Altersteilzeit nach dem Altersteilzeitgesetz). Das gilt erst recht für die gesteigerte Unterhaltspflicht der Eltern gegenüber ihren minderjährigen Kindern gem Abs 2 (Rn 369 ff).

dd) Alkohol-, Drogen-, Tablettensucht

175 Beruht die Leistungsunfähigkeit auf einer Alkohol-, Drogen- oder Tablettensucht des Unterhaltsschuldners (allgemein zur Darlegung krankheitsbedingter Erwerbsminderung BGH FamRZ 2013, 1558 Rn 13 mwNw), ist sie unterhaltsrechtlich zu berücksichtigen: Die Sucht ist eine **Krankheit**, die die Fähigkeit ausschließt oder zumindest beeinträchtigt, einer geregelten Erwerbstätigkeit nachzugehen (vgl BGH FamRZ 1984, 353, 356 sowie FamRZ 2015, 1017 [zur zivilrechtlichen Unterbringung]; OLG Koblenz FamRZ 2015, 1973; OLG Düsseldorf FamRZ 1987, 1262; vgl auch § 1602 Rn 117). Das Abgleiten in die Sucht hat in aller Regel keinerlei Bezug zu den Unterhaltspflichten, sodass sich daraus ein unterhaltsrechtlich erheblicher Schuldvorwurf selten herleiten lassen wird (OLG Düsseldorf FamRZ 1985, 310; OLG Frankfurt FamRZ 1985, 1043). Deswegen ist insbesondere der Arbeitsplatzverlust aufgrund einer **Kündigung** wegen Alkoholismus in aller Regel nicht leichtfertig (OLG Hamm FamRZ 1996, 1017 = NJW-RR 1996, 963; OLG Celle FamRZ 1998, 1614; für einen strengeren Maßstab unter Berücksichtigung der Lebensführungsschuld FOERSTE FamRZ 1999, 1245, 1251).

176 Ein suchtkranker Unterhaltspflichtiger ist aufgrund seiner Erwerbsobliegenheit (Rn 118 ff) gehalten, seine **Sucht mit allen Kräften zu bekämpfen** und sich der notwendigen Entziehungsbehandlung zu unterziehen. Unterlässt er es in mutwilliger Weise, sich rechtzeitig einer erfolgversprechenden Behandlung zur Wiederherstellung seiner Arbeitsfähigkeit zu unterziehen, ist ihm (unter Berücksichtigung der erforderlichen Dauer einer Therapie und anschließender Arbeitsuche) ein fiktives Einkommen zuzurechnen (vgl BGH FamRZ 1981, 1042, 1044 f; FamRZ 1988, 378, jeweils zu § 1579 Nr 4; zum Verhältnis von § 1579 Nr 4 und § 1603 s Rn 163, 176). Für die Mutwilligkeit kommt es darauf an, ob der Unterhaltspflichtige zu einer Zeit, als seine Einsicht und die Fähigkeit, danach zu handeln, dies noch zuließen, eine ihm angeratene Entziehungskur unterlassen hat und sich der Möglichkeit bewusst war, er werde infolgedessen außerstande sein, eine Berufstätigkeit aufzunehmen (BGH FamRZ 1981, 1042, 1045; FamRZ 1988, 375, 378). Diese Voraussetzung wird allerdings oftmals fehlen (vgl OLG Düsseldorf FamRZ 1985, 310; OLG Frankfurt FamRZ 1985, 1043; DAVorm 1987, 677; OLG Hamburg FamRZ 1998, 182; vgl auch BGH NJW 1988, 1147 = FamRZ 1988, 375 zum Ehegattenunterhalt). Schließlich ist in jedem Fall zu prüfen, inwiefern verbleibende persönliche Defizite eine reale Beschäftigungschance ausschließen (vgl OLG Koblenz FamRZ 2015, 1973).

ee) Verschwendung, Leichtsinn

177 Wer sein Vermögen verloren hat und dadurch leistungsunfähig geworden ist, kann sich **auf die Leistungsunfähigkeit nicht berufen**, wenn der Verlust auf Verschwendung, Leichtsinn, Fehlspekulation oder Glücksspiel beruht und mit Blick auf die Unterhaltspflichten leichtfertig war (vgl OLG Brandenburg FamRZ 2011, 1798 [LS] juris Rn 36). Das trifft insbesondere in den Fällen zu, in denen der Unterhaltsschuldner in der Absicht gehandelt hat, sich der Unterhaltspflicht zu entziehen (RGZ 74, 224, 229).

ff) Eingehung sonstiger Verpflichtungen

178 Verpflichtungen des Unterhaltsschuldners gegenüber Dritten mindern dessen Leistungsfähigkeit (Rn 193 ff). Das gilt grundsätzlich auch dann, wenn der Unterhaltspflichtige seine Leistungsunfähigkeit verschuldet hat. Auch wenn er über seine Verhältnisse gelebt hat, mindern die dadurch entstandenen Schulden seine Leistungsfähigkeit (Hoppenz FamRZ 1987, 324, 326). Der Unterhaltspflichtige darf seine Leistungsunfähigkeit jedoch nicht **arglistig** herbeiführen. Verbindlichkeiten, die er in der Absicht begründet hat, seine Unterhaltspflicht zu mindern oder auszuschließen, bleiben deshalb unberücksichtigt.

179 Der Unterhaltspflichtige kann sich gem § 242 BGB ferner nicht auf solche Verbindlichkeiten berufen, die er **unterhaltsbezogen leichtfertig, für luxuriöse Zwecke oder ohne verständigen Grund** eingegangen ist (BGH NJW 1982, 380 = FamRZ 1982, 157; NJW 1982, 1999 = FamRZ 1982, 898; NJW 1984, 1237 = FamRZ 1984, 358; FamRZ 1996, 160 = NJW-RR 1996, 321; vgl auch BGH FamRZ 2014, 538 Rn 47 [Reitpferd beim Elternunterhalt]; OLG Hamm FamRZ 1992, 1178; FamRZ 1996, 959; Hoppenz NJW 1984, 2327 und FamRZ 1987, 324, 325). Dabei ist jedoch zu bedenken, dass dem Unterhaltsschuldner treuwidriges Verhalten in der Regel nur zur Last gelegt werden kann, wenn er seine Unterhaltspflicht kannte oder mit dieser rechnen musste (Erman/Hammermann[14] Rn 114a mwNw; Gernhuber/Coester-Waltjen[6] § 45 III 4). Dies findet dadurch Berücksichtigung, dass das Verhalten des Unterhaltsschuldners unterhaltsbezogen leichtfertig sein muss (s Rn 152 f).

180 Auch **Prozesskosten** (näher Rn 211 ff) mindern die Leistungsfähigkeit nur dann nicht, wenn die Rechtsverfolgung oder Rechtsverteidigung im Hinblick auf die Unterhaltspflicht mutwillig, verantwortungslos oder leichtfertig war (vgl OLG Köln FamRZ 2013, 1406 [Kosten des Scheidungsverfahrens]). Das wird nur selten der Fall sein (Hoppenz FamRZ 1987, 324, 326) und scheidet aus, wenn das Gericht dem Unterhaltsschuldner Prozesskostenhilfe gewährt hat (OLG Karlsruhe FamRZ 1988, 202). Auf den Ausgang des Rechtsstreits kommt es nicht an.

181 Hat der Unterhaltspflichtige ein **Eigenheim** oder eine Eigentumswohnung gekauft und ist dieses nach seinen Lebensverhältnissen oder Einkommensverhältnissen zu groß oder zu aufwendig, kann der Erwerb des Hauses im Einzelfall leichtfertig sein: Eltern müssen im Allgemeinen auf die Unterhaltsbedürftigkeit ihrer Kinder bis zum voraussichtlichen Ende der Ausbildungszeit Rücksicht nehmen, bevor sie eine ihre Leistungsfähigkeit erschöpfende Schuldenlast übernehmen (vgl BGH FamRZ 2014, 923; BGH NJW 1982, 380 = FamRZ 1982, 157; OLG Bamberg FamRZ 1988, 1087: Minderung der Leistungsfähigkeit zu berücksichtigen, wenn der Unterhaltsschuldner bei Begründung der Verbindlichkeit nicht damit rechnen konnte, dass er einem volljährigen Kind wegen dessen späterer Ausbildung noch unterhaltspflichtig sein werde).

4. Einkünfte aus überobligatorischer Tätigkeit

182 Der Grundsatz, dass unterhaltsrechtlich alles Einkommen des Unterhaltspflichtigen zu berücksichtigen ist (BGH FamRZ 2004, 186; vgl Rn 10), erfährt bei **Einkünften aus überobligatorischer Tätigkeit** (auch als Einkommen aus unzumutbarer oder überobligationsmäßiger Tätigkeit bezeichnet) Einschränkungen.

a) Allgemeines

183 Nach der Rechtsprechung des **BGH** ist eine Tätigkeit dann überobligatorisch, wenn für sie keine Erwerbsobliegenheit besteht und deshalb derjenige, der sie ausübt, unterhaltsrechtlich nicht daran gehindert ist, sie jederzeit zu beenden (BGH FamRZ 2013, 1558 Rn 12 mwNw; Wendl/Gerhardt[9] § 1 Rn 801). Auch beim Verwandtenunterhalt ist danach das Einkommen des Unterhaltspflichtigen **nur eingeschränkt zu berücksichtigen**, wenn es auf einer überobligatorischen Tätigkeit beruht und eine vollständige Heranziehung des Einkommens zu Unterhaltszwecken gegen Treu und Glauben nach § 242 BGB verstieße (BGH FamRZ 2013, 1558 Rn 12; FamRZ 2011, 454 Rn 53; FamRZ 2006, 846; FamRZ 1991, 182, 183 f).

184 Die Tätigkeit eines Unterhaltspflichtigen kann als ganz oder teilweise überobligatorisch bewertet werden, wenn die Ausübung der Erwerbstätigkeit mit an sich unzumutbaren **gesundheitlichen Belastungen** verbunden ist (BGH FamRZ 2013, 1558 Rn 12; vgl OLG Hamm FamRZ 1994, 1034; AG Flensburg FamRZ 2008, 1626). Auch mit der Berufsausübung verbundene **besondere Belastungen** können eine nur eingeschränkte Berücksichtigung des Einkommens oder bestimmter Einkommensbestandteile gebieten (BGH FamRZ 2012, 1201: Auslandsverwendungszuschlag von Berufssoldaten bei Tätigkeit in Krisengebieten – Ehegattenunterhalt; vgl auch OLG Frankfurt NJW 2013, 1686; OLG Dresden FamRZ 2014, 1307 [LSe]: Kosovo-Einsatz eines Kriminalpolizisten). Aus neben der Erwerbstätigkeit erbrachten **Betreuungsleistungen für das unterhaltsberechtigte Kind** (oder ein gleichrangiges anderes Kind) kann sich ergeben, dass die Erwerbstätigkeit teilweise überobligatorisch ist (BGH FamRZ 1991, 182, 183 f; vgl BGH FamRZ 2015, 738 sowie

BGH FamRZ 2006, 846; FamRZ 2012, 1040 Rn 18 ff – Ehegattenunterhalt). Nach **Erreichen der Regelaltersgrenze** erzieltes Erwerbseinkommen des Unterhaltsschuldners beruht regelmäßig auf überobligatorischer Tätigkeit (BGH FamRZ 2011, 454; vgl BGH FamRZ 2013, 191 Rn 15; FamRZ 2012, 1483 – Ehegattenunterhalt).

Der **Umfang der Anrechnung** des Einkommens aus überobligatorischer Tätigkeit **185**
bestimmt sich nach **Treu und Glauben** (§ 242 BGB) nach den Umständen des Einzelfalls (vgl BGH FamRZ 2013, 191 Rn 15 mwNw).

Eine regelmäßige **vollständige Anrechnung** des Einkommens aus einer gemessen an **186**
Abs 1 überobligatorischen Erwerbstätigkeit ist nur angezeigt, wenn die gesteigerte Unterhaltspflicht nach Abs 2 eingreift (näher dazu Rn 369 ff). Im Mangelfall ist auch das Einkommen aus einer nach dem Maßstab des Abs 1 unzumutbaren Erwerbstätigkeit für den Kindesunterhalt einzusetzen, wenn anderenfalls der Mindestunterhalt nach § 1612a Abs 1 BGB (s § 1612a Rn 40) gefährdet wäre. In diesem Fall reicht allerdings schon die Erwerbsobliegenheit weiter als beim nicht privilegierten Volljährigenunterhalt und beim Ehegattenunterhalt (BGH FamRZ 2011, 454 Rn 54; vgl BGH FamRZ 2009, 314 und OLG Dresden NJW-RR 2003, 364), sodass es sich nach dem gemäß Abs 2 anzuwendenden Maßstab der gesteigerten Unterhaltspflicht (Rn 369) oftmals schon nicht um überobligatorische Tätigkeit handeln wird. Im Übrigen wird eine vollständige Anrechnung dann in Frage kommen, wenn es sich um regelmäßige berufstypische (Mehr-)Arbeit (s Rn 189) handelt.

Eine **teilweise Anrechnung** wird insbesondere danach zu bestimmen sein, in welchem **187**
Umfang die vom Unterhaltspflichtigen geleistete Erwerbstätigkeit überobligatorisch ist. Für eine Anrechnung spricht, dass es sich um berufstypische Arbeit (etwa Tätigkeit eines Freiberuflers jenseits der Regelaltersgrenze) handelt. Der **BGH** hat hier außerdem auf die Besonderheiten des jeweiligen Unterhaltsverhältnisses abgestellt und dem Unterhalt für minderjährige oder privilegiert volljährige Kinder (auch außerhalb von Mangelfällen) Vorrang eingeräumt (BGH FamRZ 2013, 1558 Rn 17).

Im Einzelfall mag sogar eine **Anrechnung ausgeschlossen** sein. Das kann der Fall sein, **188**
wenn das überobligatorisch erzielte Einkommen zu einer Einstufung des Unterhaltsbedarfs des Kindes in eine gegenüber der bisherigen Festsetzung höhere Einkommensgruppe der Düsseldorfer Tabelle und die Berücksichtigung der überobligatorischen Tätigkeit mithin (etwa zusammen mit anderen Einkünften) zu einer Erhöhung des Lebensstandards führen würde (vgl BGH FamRZ 2013, 1558 Rn 16; FamRZ 2011, 454 Rn 54).

b) Einzelne Einkünfte

Überstundenvergütungen sind in voller Höhe zu berücksichtigen, wenn die Über- **189**
stunden nur gelegentlich oder in geringem Umfang anfallen oder wenn sie im Beruf des Unterhaltsschuldners üblich sind (BGH FamRZ 2004, 186, 187 – Elternunterhalt; NJW 1980, 2251 = FamRZ 1980, 984; FamRZ 1981, 26, 28; NJW 1983, 2321 = FamRZ 1983, 886; OLG Köln FamRZ 1984, 1108, 1109; Unterhaltsleitlinien der Oberlandesgerichte Nr 1.3). In diesen Fällen wird es sich regelmäßig schon nicht um eine überobligatorische Tätigkeit handeln. Übersteigt die Belastung mit Überstunden das normale Maß hingegen erheblich, kann nach Berücksichtigung der Umstände des Einzelfalles von einer vollen Anrechnung abgesehen werden (s BGH NJW 1980, 2251 = FamRZ 1980, 984; AG Dieburg

FamRZ 1998, 1587 gegen die Berücksichtigung von Einnahmen aus einer arbeitsschutzrechtlich unzulässigen Mehrarbeit eines Berufskraftfahrers).

190 Ähnlich wie Überstundenvergütungen sind Einkünfte aus **Schichtarbeit** (OLG Hamburg DAVorm 1992, 1121) und aus dem meist „berufstypischen" **Bereitschaftsdienst** (OLG Hamburg FamRZ 1986, 1212) sowie für zusätzliche Einkünfte anzusehen und zu behandeln, die durch **Verzicht auf Urlaub** erzielt werden (OLG Köln FamRZ 1984, 1108).

191 Der **Auslandsverwendungszuschlag**, den ein in Afghanistan eingesetzter Berufssoldat bezieht, ist nicht in voller Höhe zum unterhaltsrechtlich maßgebenden Einkommen zu rechnen. In welchem Umfang der Zuschlag für den Unterhalt heranzuziehen ist, ist unter Würdigung der Umstände des Einzelfalls zu entscheiden (BGH FamRZ 2012, 1201 Rn 24; OLG Schleswig FamRZ 2005, 369; OLG Frankfurt NJW 2013, 1686; OLG Dresden FamRZ 2014, 1307 [LSe]: Kosovo-Einsatz eines Kriminalpolizisten). Eine **Härtezulage bei Auslandseinsatz** („Hardship Allowance", China) ist im Einzelfall – allerdings vorwiegend wegen Mehraufwendungen im Aufenthaltsland (zu Spesen etc s Rn 18; vgl auch BGH FamRZ 2014, 1536 Rn 30) – nur zur Hälfte angerechnet worden (OLG Hamm FamRZ 2009, 2009; Wendl/Dose[9] § 1 Rn 80 f).

192 Einkünfte aus überobligatorischen **Nebentätigkeiten** (zur Nebentätigkeitsobliegenheit vgl BGH FamRZ 2015, 738 mwNw [verlängertes Elterngeld]; FamRZ 2014, 637 Rn 18 und FamRZ 2014, 1992 Rn 23; FamRZ 2011, 1041 Rn 30 f; FamRZ 2009, 314) steigern die Leistungsfähigkeit im Rahmen der oben (Rn 183 ff) genannten Grundsätze (vgl BGH FamRZ 2013, 191 Rn 16). Dementsprechend ist in Einzelfällen eine volle Anrechnung angenommen worden (BGH FamRZ 2004, 795 [neben der Haushaltsführung ausgeübte geringfügige Tätigkeit des zum Elternunterhalt verpflichteten verheirateten Kindes]; FamRZ 2004, 366; vgl dazu Rn 99, 271 ff; BGH NJW 1982, 1986 = FamRZ 1983, 152 mwNw [Nebeneinkommen des Musik-Hochschullehrers aus Kompositionen beim Ehegattenunterhalt]; OLG Köln FamRZ 1999, 113 = NJW-RR 1998, 1300 [Oberarzt im Habilitationsverfahren]).

V. Berücksichtigung sonstiger Verpflichtungen (Schulden) und Kosten

1. Allgemeines

193 Dass bei Ermittlung der Leistungsfähigkeit des Unterhaltsschuldners seine sonstigen Verpflichtungen zu berücksichtigen sind, dient zunächst dem **Schutz der sonstigen Gläubiger** (Mot IV 686). Ihre Forderungen müssen berücksichtigt werden, weil der Unterhalt in Mangelfällen anderenfalls auf ihre Kosten geleistet würde. Außerdem soll der **Unterhaltsschuldner** davor geschützt werden, seinen eigenen Unterhalt dadurch zu gefährden, dass er seine sonstigen Verpflichtungen nicht erfüllen kann (Mot IV 686). Soweit sich Leistungsfähigkeit und Bedarfsermittlung bei vom Unterhaltspflichtigen abgeleiteter Lebensstellung (etwa bei der Bemessung des Minderjährigenunterhalts nach der Düsseldorfer Tabelle) überschneiden, sind – berücksichtigungsfähige – Schulden (ebenso wie die sonstigen Grundsätze der Einkommensermittlung) bereits bei der Bedarfsermittlung nach §§ 1610, 1612a BGB zu berücksichtigen (s § 1610 Rn 337; Wendl/Gerhardt[9] § 1 Rn 1080).

194 Die weit gefasste Vorschrift, die alle Verpflichtungen ohne Rücksicht auf Art, Höhe,

Entstehungsgrund und Entstehungszeitpunkt einbezieht, **muss eingeschränkt werden**. Ansonsten stünde es im Belieben des Unterhaltspflichtigen, seine Unterhaltspflicht durch Schuldenmachen zu mindern oder auszuschließen. Schon der Gesetzgeber hat eine Auslegung, nach der alle Schulden ohne Weiteres die Leistungsfähigkeit des Unterhaltspflichtigen mindern, als „Missverständnis" angesehen (Jakobs/Schubert FamR 2 S 252; Mot IV 686). Leider hat er im Gesetz nicht zum Ausdruck gebracht, auf welche Weise die Einschränkung erfolgen soll.

2. Verpflichtungen

a) Begriff

Verpflichtungen sind Verbindlichkeiten (Schulden) jeder Art, deren Erfüllung **erzwungen** werden kann (vgl § 241 Abs 1 S 1 BGB). Die Leistungsfähigkeit wird von vornherein nicht gemindert durch Forderungen, die **nicht einklagbar** sind (unvollkommene Verbindlichkeiten, Naturalobligationen), zB aus Spiel oder Wette (§ 762 BGB), auf Ehemäklerlohn (§ 656 BGB), oder bei denen der Schuldner die **Erfüllung verweigern** kann, zB bei Verjährung (§ 214 Abs 1 BGB) und Forderungen aus Schenkungsversprechen im Falle des Notbedarfs (§ 519 BGB). Nicht – entsprechend – anwendbar ist § 534 BGB (**aA** Göppinger/Wax/Macco[9] Rn 400). Hat der Unterhaltspflichtige einen Schaden verursacht, ohne für diesen gem §§ 827, 828 BGB verantwortlich zu sein, wäre eine Schadensersatzpflicht aus § 829 BGB unbillig; sie entsteht deshalb nicht, soweit durch sie Unterhaltsansprüche Verwandter herabgesetzt würden. 195

Verpflichtungen gegenüber Dritten mindern die Leistungsfähigkeit **nicht nur dann, wenn sie fällig sind**, sondern gegebenenfalls auch schon vorher. So müssen viertel- oder halbjährliche Rückzahlungsraten auch in den Zwischenmonaten berücksichtigt werden. Hohe Tilgungsbeträge, die in absehbarer Zeit zu zahlen sind, können wie Einkommen allgemein auf das ganze Jahr (gegebenenfalls auch auf einen längeren Zeitraum) verteilt werden. Nicht zu berücksichtigen sind hingegen Schulden, bei denen der Beginn der Rückzahlung und die Höhe der Rückzahlungsraten ungewiss ist (etwa bei BAföG-Darlehen; BGH NJW 1986, 720 = FamRZ 1986, 148) oder deren Rückzahlung weder angemahnt noch dringlich ist (etwa bei Verwandtendarlehen; BGH NJW 1986, 720). 196

b) Berücksichtigungsfähigkeit

aa) Grundsätzlicher Gleichrang von Unterhalts- und sonstigen Verpflichtungen

Grundsätzlich mindern **sämtliche Verpflichtungen** des Unterhaltsschuldners dessen Leistungsfähigkeit, soweit sich nicht aus dem Zweck des Gesetzes oder nach allgemeinen Rechtsvorschriften Ausnahmen ergeben. Obwohl Unterhaltsansprüche in vieler Hinsicht bevorzugt behandelt werden (zB §§ 519 Abs 1, 528 Abs 1, 679, 829, 844 Abs 2 BGB; §§ 850b Abs 1 Nr 2, 850c Abs 2, 850d ZPO; § 170 StGB), kommt ihnen **kein allgemeiner Vorrang** vor anderen Forderungen zu (BGH FamRZ 2014, 923 Rn 25; BGHZ 200, 157 = FamRZ 2014, 538 Rn 42; BGH FamRZ 2013, 1558 Rn 19; BGHZ 175, 67 = FamRZ 2008, 497 Rn 10 ff; BGHZ 162, 234 = FamRZ 2005, 608 Rn 16; NJW 1984, 2351 = FamRZ 1984, 657; FamRZ 1986, 257 = NJW-RR 1986, 428). Auch wenn eine Verbindlichkeit des Unterhaltsschuldners bei der Bemessung seiner Leistungsfähigkeit nicht berücksichtigt wird, bedeutet dies in der Vollstreckung keinen Vorrang des Unterhaltsan- 197 spruchs; Unterhaltsanspruch und Drittverpflichtung konkurrieren vielmehr miteinander.

198 Ein Vorrang von Unterhaltsansprüchen vor anderen Forderungen folgt auch weder aus § **850c ZPO**, der die Pfändungsfreigrenzen bei der Vollstreckung wegen sonstiger Forderungen erhöht, wenn der Schuldner einem Verwandten Unterhalt gewährt, noch aus § **850d ZPO**, der bei einer Vollstreckung wegen Unterhaltsansprüchen die Zugriffsmöglichkeit auf das Arbeitseinkommen des Schuldners über die Pfändungsfreigrenzen der § 850a ff ZPO hinaus erweitert (BGH NJW 1984, 2351 = FamRZ 1984, 657; **aA** OLG Hamm FamRZ 1981, 968; OLG Köln FamRZ 1982, 1105).

199 Der Gläubiger einer sonstigen Verbindlichkeit ist zwar insoweit **nicht schutzbedürftig**, als er in den unpfändbaren Teil des Arbeitseinkommens ohnehin nicht vollstrecken kann. Das allein rechtfertigt es aber nicht, den nicht beitreibbaren Teil seiner Forderung bei der Ermittlung der Leistungsfähigkeit des Unterhaltsschuldners in Mangelfällen von vornherein unberücksichtigt zu lassen (BGH NJW 1984, 2351 = FamRZ 1984, 657; OLG Karlsruhe FamRZ 1981, 548; zu § 850d ZPO zuletzt BGH [VII. ZS] FamRZ 2015, 1830 mwNw). Denn für die Berücksichtigung sonstiger Verbindlichkeiten kommt es in erster Linie darauf an, ob der Verpflichtete durch die Unterhaltsgewährung daran gehindert wird, diese Verbindlichkeiten zu erfüllen, und dadurch seinen eigenen Unterhalt gefährdet (Rn 126 ff). Hierfür lässt sich aus den Pfändungsvorschriften nichts herleiten. Allerdings hat der BGH im Fall gesteigerter Unterhaltspflicht nach Abs 2 eine Obliegenheit zur Einleitung eines **Verbraucherinsolvenzverfahrens** angenommen (BGHZ 162, 234 = FamRZ 2005, 608; dazu unten Rn 217 ff), das es dem Unterhaltsberechtigten ermöglicht, für den laufenden Unterhalt auf den Differenzbetrag zwischen den Pfändungsfreigrenzen des § 850c ZPO und dem dem Schuldner zu belassenden Unterhalt iSv § 850d Abs 1 S 2 ZPO zuzugreifen (BGHZ 162, 234 = FamRZ 2005, 608 Rn 26).

200 Ein **Rangverhältnis** besteht gem § 1609 BGB nur beim **Zusammentreffen mehrerer Unterhaltspflichten** desselben Schuldners (vgl BGHZ 192, 45 = FamRZ 2012, 281 Rn 37; BGH FamRZ 2012, 288 Rn 34 – jeweils zu § 1581): Die vorrangig Berechtigten müssen ohne Rücksicht auf die Nachrangigen voll befriedigt werden. Beim Elternunterhalt ist der vom Unterhaltspflichtigen geschuldete Kindesunterhalt abzuziehen, nicht hingegen der bei persönlicher Betreuung durch die Eltern nicht zu monetarisierende Betreuungsunterhalt (BGH FamRZ 2017, 711 Rn 9). Auch der vorrangige Unterhalt nach § 1615l Abs 2 S 2 BGB ist abzuziehen (BGHZ 209, 243 = FamRZ 2016, 887 Rn 25 ff). Gegenüber den nachrangig Berechtigten besteht dann eine Leistungspflicht nur, soweit noch Mittel übrig bleiben (§ 1609 Rn 21 ff). Diese Sonderregelung geht der allgemeinen Regel des § 1603 Abs 1 BGB über die Berücksichtigung sonstiger Verbindlichkeiten vor (zur Feststellung der Rangfolge im Vollstreckungsverfahren s BGH [VII. ZS] FamRZ 2012, 1799). Für Unterhaltsverpflichtungen gegenüber gleichrangig Berechtigten gilt hingegen § 1603 Abs 2 BGB: Ihre Ansprüche begrenzen sich wechselseitig; der Unterhalt ist in Mangelfällen verhältnismäßig auf die einzelnen Unterhaltsgläubiger zu verteilen (§ 1609 Rn 25 f). Im Rahmen der Bestimmung des angemessenen Lebensbedarfs nach § 1610 BGB können andere Unterhaltspflichten schon herangezogen werden, indem etwa bei der Einstufung in der Düsseldorfer Tabelle auf weitere Unterhaltspflichten Rücksicht genommen wird (vgl § 1610 Rn 272 ff) oder beim Ehegattenunterhalt der Unterhalt (auch) gegenüber Volljährigen die Unterhalts-

quote beeinflusst, wenn er im Rahmen von § 1578 Abs 1 BGB vorweg abgezogen wird (vgl – auch zur Kritik – STAUDINGER/VERSCHRAEGEN [2014] § 1578 Rn 199 ff).

bb) Interessenabwägung

Nach der Rechtsprechung des Bundesgerichtshofs hat die Abgrenzung zwischen berücksichtigungswürdigen und anderen Verbindlichkeiten **nach billigem Ermessen** im Rahmen einer umfassenden Interessenabwägung im Einzelfall zu erfolgen. Danach bedarf es eines Ausgleichs der Belange von Unterhaltsgläubiger, Unterhaltsschuldner und Drittgläubiger. Ob eine Verbindlichkeit im Einzelfall zu berücksichtigen ist, kann nach dem BGH (BGH FamRZ 2013, 1558 Rn 19 mwNw; BGH FamRZ 2013, 616 Rn 19 mwNw; BOTUR, in: BÜTE/POPPEN/MENNE, Unterhaltsrecht[3] § 1603 Rn 52) nur im Rahmen einer umfassenden Interessenabwägung nach billigem Ermessen entschieden werden. Insoweit sind insbesondere der Zweck der Verbindlichkeiten, der Zeitpunkt und die Art ihrer Entstehung, die Dringlichkeit der beiderseitigen Bedürfnisse, die Kenntnis des Unterhaltsschuldners von Grund und Höhe der Unterhaltsschuld und seine Möglichkeiten von Bedeutung, die Leistungsfähigkeit ganz oder teilweise wiederherzustellen (BGH FamRZ 2013, 1558 Rn 19; FamRZ 2013, 616 Rn 19 FamRZ 2013, 868 Rn 29; grundlegend BGH FamRZ 1982, 157, 158 f). 201

Die in der Vorbearbeitung von ENGLER/KAISER hiergegen erhobenen **Bedenken** (STAUDINGER/ENGLER/KAISER [2000] Rn 103), dass im Verwandtenunterhaltsrecht – anders als beim nachehelichen Unterhalt (§ 1581 BGB) – eine Billigkeitsentscheidung nicht vorgesehen sei, vermögen nicht zu überzeugen. Vielmehr ist bereits einleitend (Rn 194) darauf hingewiesen worden, dass der Gesetzgeber eine Auslegung, nach der alle Schulden ohne Weiteres die Leistungsfähigkeit des Unterhaltspflichtigen mindern, als „Missverständnis" angesehen hat (JAKOBS/SCHUBERT FamR 2 S 252; Mot IV 686). Die von ENGLER/KAISER befürwortete Beschränkung der Nichtberücksichtigung auf **mutwilliges, verantwortungsloses und grob leichtfertiges Schuldenmachen** erscheint dagegen, auch wenn sie nicht selten dieselben Ergebnisse wie die Abgrenzung des BGH zeitigen dürfte, als zu eng (vgl allerdings auch WENDL/GERHARDT[9] § 1 Rn 1084, 1087). 202

Der Bundesgerichtshof hat im Rahmen der oben beschriebenen Interessenabwägung einzelne **Leitlinien** herausgestellt: Demnach sind **in Kenntnis der Unterhaltsverpflichtung** eingegangene Schulden des Unterhaltspflichtigen nur dann zu berücksichtigen, wenn sie unausweichlich notwendige und nicht durch anderweitige Mittel finanzierbare Anschaffungen oder Dienstleistungen betreffen (BGH FamRZ 2013, 1558 Rn 19; FamRZ 1994, 824, 825; BOTUR, in: BÜTE/POPPEN/MENNE, Unterhaltsrecht[3] § 1603 Rn 53). Demgegenüber sind dem Unterhaltspflichtigen bei schwächer ausgestalteten Unterhaltsansprüchen, vor allem beim Elternunterhalt, mehr Freiheiten in der Lebensgestaltung zuzugestehen als beim Minderjährigen- oder Ehegattenunterhalt (vgl BGHZ 154, 247 = FamRZ 2003, 1179 zum Elternunterhalt; BOTUR, in: BÜTE/POPPEN/MENNE, Unterhaltsrecht[3] § 1603 Rn 53). Auch die Unterhaltsansprüche von Enkeln gegen die Großeltern und von volljährigen Kindern mit eigener Lebensstellung gegen die Eltern sind vom BGH als schwächer ausgestaltete Unterhaltspflichten angesehen worden (BGH FamRZ 2006, 142; FamRZ 2006, 1099; FamRZ 2007, 375 – Enkelunterhalt; BGH FamRZ 2012, 530; FamRZ 2012, 1553 – Volljährigenunterhalt). In diesen Unterhaltsverhältnissen werden vor Entstehung der Unterhaltspflicht eingegangene Verbindlichkeiten, wenn sie in Unkenntnis von der aktuellen oder bevorstehenden Verpflichtung zum Verwand- 203 tenunterhalt eingegangen worden sind, grundsätzlich in vollem Umfang berücksichtigt. Auch beim Kindesunterhalt können in Unkenntnis der (bevorstehenden) Unterhaltspflicht eingegangene Verbindlichkeiten die Leistungsfähigkeit mindern. Dann kann dem Unterhaltspflichtigen auch nicht ohne Weiteres vorgehalten werden, die eingegangene Verpflichtung sei vermeidbar gewesen (BGH FamRZ 2013, 1558 Rn 24 – Dispositionskredit wegen Kontoüberziehung von 7500 €).

204 Berücksichtigungsfähige Verbindlichkeiten mindern die Leistungsfähigkeit des Unterhaltspflichtigen grundsätzlich auch dann, wenn dieser durch die Schuldentilgung außerstande gerät, den **notwendigen Unterhalt** oder den **Mindestunterhalt** des Berechtigten zu gewähren (BGH NJW 1984, 2351 = FamRZ 1984, 657; FamRZ 1986, 254 = NJW-RR 1986, 428; FamRZ 1990, 266 = NJW-RR 1989, 900). Allerdings ist es bei der gesteigerten Unterhaltspflicht gegenüber minderjährigen Kindern gem Abs 2 (dazu Rn 332 ff) dann besonders zu prüfen, ob dem Elternteil zuzumuten ist, etwa den Kredit zu strecken oder die Durchführung des Verbraucherinsolvenzverfahrens zu beantragen (Rn 217). Der BGH betont in diesem Zusammenhang, dass bei Minderjährigen wegen ihres Alters von vornherein die Möglichkeit ausscheidet, durch eigene Anstrengungen zur Deckung ihres notwendigen Lebensbedarfs beizutragen (BGH FamRZ 2014, 923 Rn 26 mwNw). Näher zu den Obliegenheiten bei gesteigerter Unterhaltspflicht s Rn 369 ff.

205 **Konsumkredite**, die der Unterhaltsschuldner zur Deckung seines laufenden Lebensbedarfs eingegangen ist, wie Wohnungsmiete, Forderungen aus Strom-, Gas- und Wasserlieferungen, Versicherungsbeiträge, Forderungen für notwendige Instandsetzungsarbeiten, sind in der Regel bei der Bemessung des eigenen angemessenen Lebensbedarfs zu berücksichtigen und können nicht nochmals abgesetzt werden (BGH FamRZ 2013, 1558 Rn 21; FamRZ 2009, 314 Rn 30 f). Das gilt grundsätzlich auch für Kredite zur Beschaffung von Hausrat (BGH FamRZ 2013, 1558 Rn 21; Hoppenz FamRZ 1987, 324, 325). Im Einzelfall können diese dennoch berücksichtigungsfähig sein, wenn sie schon vor Absehbarkeit der Unterhaltspflicht entstanden sind (BGH FamRZ 2013, 1558 Rn 24) und wenn Zins- und Tilgungsraten aus dem Selbstbehalt nicht erbracht werden können.

206 Bei **Immobilienkrediten** für ein selbstgenutztes Hausgrundstück oder eine entsprechende Eigentumswohnung ist – auch beim Minderjährigenunterhalt – zu berücksichtigen, dass der Unterhaltspflichtige die Verbindlichkeiten eingegangen ist, um seiner Familie ein Eigenheim zu bieten und er jedenfalls ein Anwachsen der Verschuldung durch Zinsen, das Folge des Nichtbedienens der Darlehen wäre, grundsätzlich nicht hinzunehmen braucht (BGH FamRZ 2014, 923 Rn 27). Da sich die Frage nur stellt, wenn die Kreditraten den dem Unterhaltspflichtigen zugute kommenden Wohnwert übersteigen (BGH FamRZ 2017, 519 Rn 33 f – Elternunterhalt; FamRZ 2013, 1563; Botur, in: Büte/Poppen/Menne, Unterhaltsrecht[3] § 1603 Rn 54; zur Bemessung des Wohnwerts s Rn 65), wird der Unterhaltspflichtige jedenfalls bei gesteigerter Unterhaltspflicht nach Abs 2 regelmäßig gehalten sein, die Immobilie zu veräußern. In diesem Fall ist zu prüfen, ob er die Kredite bis zur Veräußerung tilgungsfrei stellen kann (BGH FamRZ 2014, 923 Rn 27). Abgesehen von Übergangszeiträumen darf der Unterhaltspflichtige jedenfalls nicht auf Kosten des Mindestunterhalts seines minderjährigen Kindes Vermögensbildung betreiben (Botur, in: Büte/Poppen/Menne, Unterhaltsrecht[3] § 1603 Rn 54 mwNw).

c) Art der Berücksichtigung

207 „Berücksichtigung" bedeutet nicht, dass die Verbindlichkeiten sofort und in vollem Umfang von dem Einkommen und Vermögen des Unterhaltspflichtigen abzusetzen sind. Auch vereinbarte Zins- und Tilgungsraten sind nicht ohne Weiteres vorweg abzuziehen. Vielmehr muss bei der Bemessung der Leistungsfähigkeit auf die sonstigen Schulden des Unterhaltsschuldners in der Weise **Rücksicht genommen** werden, dass der Schuldner seiner Unterhaltspflicht soweit wie möglich und zumutbar nachkommen kann. Zur Obliegenheit des Unterhaltspflichtigen, seine Verbindlichkeiten zu mindern und einen Tilgungsplan aufzustellen (vgl BGH FamRZ 2014, 923 Rn 27; Botur, in: Büte/Poppen/Menne, Unterhaltsrecht[3] § 1603 Rn 56).

d) Einzelfälle

aa) Vermögensbildung

208 Der Satz, dass der Unterhaltspflichtige zu Lasten des Unterhaltsanspruchs eines Unterhaltsberechtigten eine Vermögensbildung, etwa durch Kauf einer Eigentumswohnung aus Steuergründen und zur Vermietung, **weder beginnen noch fortsetzen** (so etwa Staudinger/Engler/Kaiser [2000] Rn 111 mwNw; Niepmann/Schwamb[12] Rn 1041), trifft zwar im Grundsatz nach wie vor zu, hat aber gewichtige Einschränkungen erfahren. Der Bundesgerichtshof hat, differenziert nach den einzelnen Unterhaltsverhältnissen, vor allem zum Zwecke der **zusätzlichen Altersvorsorge** eine Vermögensbildung zugelassen. Eine solche hat er beim Elternunterhalt mit 5 % (zuletzt BGH FamRZ 2017, 519 Rn 33 f) und beim Ehegatten- und Kindesunterhalt grundsätzlich mit 4 % des Bruttoeinkommens als angemessen und berücksichtigungsfähig angesehen (BGHZ 163, 84 = FamRZ 2005, 1817, 1821). Dagegen ist im Rahmen der gesteigerten Unterhaltspflicht nach Abs 2 eine Vermögensbildung zur zusätzlichen Altersvorsorge grundsätzlich nicht zu berücksichtigen (BGH FamRZ 2013, 616 Rn 19 mwNw).

209 **Vermögenswirksame Leistungen** vermindern das unterhaltsrechtlich erhebliche Einkommen grundsätzlich nicht (BGH NJW 1980, 2251 = FamRZ 1980, 984; FamRZ 1992, 797; OLG Düsseldorf FamRZ 1994, 1049 = NJW-RR 1994, 326; OLG Hamburg FamRZ 1997, 574; Mayer/Mayer FamRZ 1993, 258, 259). Zum Ausgleich dafür begründet die vom Arbeitgeber ausbezahlte staatliche Arbeitnehmersparzulage zu den vermögenswirksamen Leistungen kein unterhaltspflichtiges Einkommen. Im Ergebnis ist damit, soweit über die anzuerkennende zusätzliche Altersvorsorge (Rn 30) hinausgehend, der vom Lohn abgezogene Arbeitnehmeranteil der vermögenswirksamen Leistungen mit seinem Nettobetrag dem unterhaltsrelevanten Einkommen zuzuschlagen.

210 Schulden, dic durch den Kauf oder Bau eines **Eigenheims** oder einer **Eigentumswohnung** entstanden sind, mindern die Leistungsfähigkeit des Unterhaltsschuldners, wenn das Bewohnen der eigenen vier Wände eine sinnvolle Alternative zum Mieten einer Wohnung ist (BGH NJW 1982, 380 = FamRZ 1982, 157; NJW 1984, 1237 = FamRZ 1984, 358). Das bedarf der Konkretisierung dahingehend, dass bei den Wohnwert übersteigenden Hauslasten stets zu prüfen ist, ob den Unterhaltsschuldner eine Obliegenheit zur Veräußerung (oder Vermietung) trifft. Eine solche kommt vor allem dann in Betracht, wenn das Eigenheim nach den Lebensverhältnissen des Unterhaltspflichtigen zu groß oder zu aufwendig ist. Trifft den Unterhaltspflichtigen keine Veräußerungsobliegenheit, so ist zu prüfen, in welchem Umfang die Tilgung berücksichtigungsfähig ist, weil es sich nur insoweit um Vermögensbildung handelt (Rn 206; vgl Wendl/Gerhardt[9] § 1 Rn 1089 ff).

bb) Verfahrenskosten

211 Pflichten zur Zahlung von Prozesskosten sind als sonstige Verpflichtungen bei der Ermittlung der Leistungsfähigkeit **grundsätzlich zu berücksichtigen** (Wendl/Dose[9] § 1 Rn 147 mwNw; Hoppenz FamRZ 1987, 324, 326). Der Unterhaltspflichtige kann nicht ohne Weiteres darauf verwiesen werden, die Prozesskosten aus dem ihm für seinen eigenen Unterhalt verbleibenden Selbstbehalt zu decken (**so aber** Wendl/Staudigl/Gerhardt[5] § 1 Rn 537): Die Prozesskosten gehören nicht zu den allgemeinen Lebenshaltungskosten, zu deren Befriedigung der dem Unterhaltsschuldner verbleibende Selbstbehalt dient (OLG Karlsruhe FamRZ FamRZ 1988, 202). Das gilt auch für Ratenzahlungen im Rahmen der Prozess-/Verfahrenskostenhilfe (vgl – einschränkend für den Kindesunterhalt – OLG Köln FamRZ 2013, 1406; AG Rotenburg/Wümme DAVorm 1996, 630). Zwar werden bei der Bemessung der Raten gesetzliche Unterhaltspflichten berücksichtigt (Anl 1 zu § 114 ZPO). Daraus folgt aber noch nicht ohne Weiteres, dass der Unterhaltspflichtige die Raten aus seinem Selbstbehalt zahlen muss (OLG Karlsruhe aaO; **aA** OLG Köln FamRZ 2013, 1406; OLG Koblenz FamRZ 1991, 438; juris-PK/Viefhues Rn 135). Die Prozesskostenschuld kann aber im Rahmen eines vernünftigen **Tilgungsplans** berücksichtigt werden, der auch den Interessen des Unterhaltsberechtigten Rechnung trägt (BGH NJW 1982, 822 = FamRZ 1982, 250).

212 Ob der Prozess eine persönliche Angelegenheit betrifft, ist nach hM zwar für eine Prozesskostenvorschusspflicht von Bedeutung (§ 1610 Rn 205), nicht aber für die Leistungsfähigkeit. Auch auf die **Notwendigkeit der Prozessführung** kommt es **nicht** an (Hoppenz FamRZ 1987, 324, 326; **aA** Niepmann/Schwamb[13] Rn 1057). Unberücksichtigt bleiben Prozesskosten nur, wenn die Rechtsverfolgung oder Rechtsverteidigung im Hinblick auf die Unterhaltspflicht mutwillig, verantwortungslos oder leichtfertig war.

213 Ob auch Kosten, die in einem das **konkrete Unterhaltsverhältnis** betreffenden früheren Verfahren oder in dem aktuellen Verfahren (etwa als Verfahrenskostenhilferaten) entstanden sind, berücksichtigt werden müssen, ist umstritten. Zum Teil wird darauf abgestellt, dass die Kosten auch in diesem Fall die Leistungsfähigkeit des Unterhaltspflichtigen schmälern und unterhaltsbezogene Leichtfertigkeit häufig nicht vorliegen wird (Hoppenz FamRZ 1987, 324, 326 – zum Ehegattenunterhalt; OLG Karlsruhe FamRZ 1988, 202; NJW-RR 1998, 578). Dagegen wird angeführt, der Unterhaltsgläubiger dürfe nicht auf diesem Wege indirekt zur Finanzierung des Verfahrens mit herangezogen werden (OLG Köln FamRZ 1983, 750; Niepmann/Schwamb[13] Rn 1057). Allerdings erscheint das Argument der verdeckten Finanzierung (dagegen etwa Hoppenz FamRZ 1987, 324, 326; OLG Karlsruhe FamRZ 1988, 202; NJW-RR 1998, 578) – wie in weiteren Fällen, etwa der sog verdeckten Schwiegerkindhaftung (vgl Rn 276) – nicht ohne Weiteres überzeugend. Dennoch ist der Abzug nicht gerechtfertigt. Denn es ist zu beachten, dass der Unterhaltspflichtige durch die Nichtzahlung des geschuldeten Unterhalts seine Leistungspflicht verletzt. Aus der eigenen Pflichtverletzung darf er aber keine Vorteile ziehen können. Anderenfalls müsste er folgerichtig dem Unterhaltsberechtigten den im verminderten Unterhaltsanspruch liegenden Nachteil sogar als Verzugsschaden nach §§ 286, 288 BGB ersetzen (vgl Vorbem 105 ff). Die Prozess-/Verfahrenskosten, die in dem betreffenden Unterhaltsverhältnis entstanden sind, sind daher grundsätzlich nicht abziehbar (**aA** noch Staudinger/Engler/Kaiser [2000] Rn 117). Der Unterhaltspflichtige mag allenfalls dann entlastet sein, wenn seine Nichtleistung unverschuldet war, etwa wegen vom Unterhaltsberechtigten unzurei-

chend erteilten Informationen über seine Bedürftigkeit. Diese Frage ist aber jedenfalls bei geltend gemachten Kosten aus einem vorausgegangenen Verfahren schon im Rahmen der darin ergangenen Kostenentscheidung abschließend entschieden (vgl § 243 S 2 Nr 2–4 FamFG).

cc) Geldstrafe, Geldbuße, Verwarnungsgeld

Die Abzugsfähigkeit von Geldstrafen und Geldbußen lässt sich nicht grundsätzlich verneinen. Vielmehr ist hierüber aufgrund der Umstände des Einzelfalls zu entscheiden (BGH FamRZ 2013, 1554 Rn 33; Niepmann/Schwamb[12] Rn 1056; vgl auch BGH FamRZ 2011, 554 zur Berücksichtigung bei der Prozesskostenhilfe). Dass der Unterhaltsschuldner die Geldstrafe nicht auf die Unterhaltsberechtigten abwälzen dürfe, rechtfertigt noch keine generelle Nichtberücksichtigung (anders noch Staudinger/Engler/Kaiser [2000] Rn 122). Dass dies selbst dann gelte, wenn er durch deren Begleichung seinen eigenen notwendigen Bedarf gefährde und dass er in diesem Fall gehalten sei, notfalls eine Ersatzfreiheitsstrafe zu verbüßen, erscheint nicht vertretbar (zur Leistungsfähigkeit sowie zur mutwillig herbeigeführten Leistungsunfähigkeit bei Strafhaft s Rn 156). 214

3. Schuldenminderung und -tilgung, Verbraucherinsolvenz

Die Leistungsfähigkeit des Unterhaltsschuldners wird durch Verpflichtungen gegenüber Dritten grundsätzlich herabgesetzt (Rn 193 ff). In **Mangelfällen** obliegt es dem Schuldner aber, alles ihm Zumutbare zu tun, um seine Belastungen zu mindern. Von Rücktritts- und Kündigungsrechten muss er Gebrauch machen, soweit ihm dies ohne größere Opfer möglich ist. Eine auf Abzahlung gekaufte Sache, auf die er nicht unbedingt angewiesen ist, muss er zurückgeben oder verkaufen. Bei seinen Gläubigern muss er sich um einen Erlass oder eine Herabsetzung der Schulden oder um günstigere Rückzahlungsbedingungen bemühen. Auch eine Umschuldung kommt in Betracht. Das gilt etwa gegenüber volljährigen Kindern, die sich noch in der Ausbildung befinden (OLG Rostock FamRZ 2009, 1922). 215

Hat der Unterhaltspflichtige ein **Eigenheim** oder eine Eigentumswohnung gekauft und ist dieses nach seinen Einkommensverhältnissen oder Lebensverhältnissen zu groß oder zu aufwendig – zB nach Auszug der Kinder, Trennung der Eheleute oder durch wirtschaftliche Einbußen –, und kann er wegen der Kreditverbindlichkeiten nur eingeschränkt Unterhalt zahlen, so ist es ihm grundsätzlich zuzumuten, sein Haus durch Vermietung oder Verkauf zu verwerten und eine seinen Verhältnissen angemessene, preisgünstigere Wohnung anzumieten oder zu kaufen. Bei Trennung der Eheleute ist ihm allerdings eine Übergangsfrist zuzubilligen. 216

Der Bundesgerichtshof (BGHZ 162, 234 = FamRZ 2005, 608) hat im Rahmen der gesteigerten Unterhaltspflicht nach Abs 2 eine **Obliegenheit** des Unterhaltspflichtigen angenommen, eine **Verbraucherinsolvenz** einzuleiten. Die Obliegenheit setzt voraus, dass das Verbraucherinsolvenzverfahren zulässig und geeignet ist, den laufenden Unterhalt seiner minderjährigen Kinder dadurch sicherzustellen, dass ihm Vorrang vor sonstigen Verbindlichkeiten eingeräumt wird. Aufgrund der vom Gesetzgeber mit den §§ 304 ff InsO vorgesehenen Möglichkeit einer Verbraucherinsolvenz mit Restschuldbefreiung gilt insoweit eine Ausnahme von der grundsätzlichen Gleichwertigkeit sämtlicher Schulden und ist vom Unterhaltsschuldner zu verlangen, dass er dem Unterhalt seiner minderjährigen Kinder Vorrang vor weiteren Schulden 217 einräumt. Denn Unterhaltsschuldner ist damit möglich, den ohne Berücksichtigung von Drittschulden bemessenen laufenden Unterhalt zu zahlen und nach Ablauf von sechs Jahren seit Eröffnung des Insolvenzverfahrens Befreiung von seinen Schulden zu erlangen (§§ 286 ff InsO). Aus den Vorschriften über die Insolvenzmasse (§§ 35 ff, 40 InsO) und dem Vollstreckungsverbot des § 89 Abs 1 und 2 InsO folgt nämlich, dass dem Schuldner während der Dauer des Insolvenzverfahrens der nach § 850c ZPO pfändungsfreie Teil seines Einkommens verbleibt (BGHZ 162, 234 = FamRZ 2005, 608 Rn 16 mwNw – auch zu den Voraussetzungen der Verbraucherinsolvenz; BGH [9. ZS] WM 2016, 792; WM 2016, 753 – jeweils zur Feststellung, dass der Anspruch auf unerlaubter Handlung beruht; vgl auch OLG Brandenburg FamRZ 2014, 1786).

218 Eine **Ausnahme** gilt, wenn der Unterhaltsschuldner Umstände vorträgt und ggf beweist, die die Einleitung der Verbraucherinsolvenz im Einzelfall als ihm unzumutbar darstellen (BGHZ 162, 234 = FamRZ 2005, 608 Rn 19). Es sind vor allem die voraussichtliche Dauer der (gesteigerten) Unterhaltspflicht sowie die mit dem Insolvenzverfahren verbundenen Belastungen abzuwägen. Geht es nur um eine **vorübergehende Leistungsunfähigkeit**, etwa bis zur – absehbaren – Veräußerung eines Hausgrundstücks, wäre die Belastung durch das Insolvenzverfahren unverhältnismäßig und besteht folglich keine Antragsobliegenheit (BGH FamRZ 2014, 923 Rn 23). Wenn sich aus der Insolvenzeröffnung **keine pfändungsrechtlichen Vorteile** für den Unterhaltsberechtigten ergeben, besteht ebenfalls keine Antragsobliegenheit (vgl BGH FamRZ 2015, 1473 Rn 33 – Eigengeld des Strafgefangenen; vgl auch OLG Hamm NJW-RR 2007, 866).

219 Durch die Insolvenzeröffnung werden **rückständige Unterhaltsforderungen** zu Insolvenzforderungen und können – mit Ausnahme von Forderungen aus Delikt, § 302 Nr 1 InsO – nicht mehr selbstständig geltend gemacht werden (vgl BGH FamRZ 2008, 137 Rn 23; näher juris-PK/Viefhues Rn 855 ff). Hinsichtlich des **laufenden Unterhalts** gilt: Als **Folge der Einleitung des Insolvenzverfahrens** sind unterhaltsrechtlich nicht mehr die – mit den erheblichen Verbindlichkeiten belasteten – vollen Erwerbseinkünfte des Unterhaltsschuldners zu berücksichtigen, sondern nur noch die ihm in der Insolvenz für den eigenen Unterhalt und für die Ansprüche anderer Unterhaltsberechtigter nach Ermessen der Gläubigerversammlung bzw des Insolvenzverwalters gewährten Beträge (§ 100 InsO; BGH FamRZ 2008, 137 Rn 24 mwNw). Bezieht der Unterhaltsschuldner ein Arbeitseinkommen aus abhängiger Beschäftigung, ergibt sich der unpfändbare und somit nach § 36 Abs 1 InsO nicht in die Insolvenzmasse fallende Teil seines Einkommens aus § 850c ZPO. Werden Unterhaltsansprüche vollstreckt, ist zudem die Einschränkung in § 850d ZPO zu beachten, die dem Schuldner nur seinen eigenen notwendigen Unterhalt und den Unterhalt vorrangiger Unterhaltsberechtigter belässt (BGH FamRZ 2008, 137 Rn 25 – zu Einkommen aus selbstständiger Tätigkeit Rn 26). Erfüllt der Unterhaltspflichtige die Obliegenheit zur Stellung eines Insolvenzantrags nicht, führt dies regelmäßig zur Nichtberücksichtigung der Schulden gegenüber dem Kindesunterhalt, beginnend mit der (hypothetischen) Eröffnung des Insolvenzverfahrens (vgl OLG Brandenburg FamRZ 2009, 2098 juris Rn 40).

220 **Außerhalb der gesteigerten Unterhaltspflicht** nach Abs 2 besteht **keine Obliegenheit zur Einleitung des Insolvenzverfahrens**. Dies hat der BGH für die Verpflichtung zum Trennungsunterhalt und nachehelichen Unterhalt entschieden und hierbei darauf verwiesen, dass die Obliegenheit zur Beantragung einer Verbraucherinsolvenz allein aus der gesteigerten Unterhaltspflicht zu rechtfertigen ist (BGHZ 175, 67 = FamRZ 2008, 497 – Rn 15 ff; BGH FamRZ 2010, 1311 Rn 30). Daher scheidet eine Obliegenheit beim Unterhalt von – nicht nach Abs 2 privilegierten – Volljährigen, erst recht beim Enkelunterhalt und beim Elternunterhalt aus.

4. Sonstige (private) Kosten, insbesondere Umgangskosten

Ausnahmsweise können auch **Umgangskosten**, auch wenn es sich um private Auf- 221
wendungen handelt, vom unterhaltspflichtigen Einkommen abzugsfähig sein. Der BGH geht allerdings von der Regel aus, dass der Unterhaltsschuldner die Umgangskosten im Normalfall aus dem ihm belassenen Selbstbehalt bestreiten kann (vgl Wendl/Klinkhammer[9] § 2 Rn 271 mwNw).

Nach dem Bundesverfassungsgericht darf das Unterhaltsrecht dem Unterhaltspflich- 222
tigen nicht die Möglichkeit nehmen, sein Umgangsrecht zur Erhaltung der Eltern-Kind-Beziehung unter Berücksichtigung des Kindeswohls auszuüben (BVerfG FamRZ 2003, 1371, 1377). Das macht eine Berücksichtigung von Umgangskosten im **Mangelfall** unumgänglich.

Der Bundesgerichtshof hat im Unterschied zu seiner früheren Rechtsprechung, nach 223
der Umgangskosten jedenfalls in der Regel unberücksichtigt blieben (BGH FamRZ 1995, 215; FamRZ 2002, 1099), vor allem im Hinblick auf § 1612b Abs 5 aF (dazu Vorbem 45 zu §§ 1601 ff) angemessene Umgangskosten des barunterhaltspflichtigen Elternteils mit seinem Kind für anerkennungsfähig erklärt, wenn diese nicht anderweitig abgedeckt sind (BGH FamRZ 2005, 706 m Anm Luthin; FamRZ 2003, 445, 449). Das gilt vor allem, wenn der Unterhaltspflichtige die Kosten nicht aus einem ihm verbleibenden Kindergeldanteil decken kann. Die Umgangskosten können nach dem BGH auf zweierlei Weise berücksichtigt werden, durch maßvolle Erhöhung des Selbstbehalts (vgl Rn 236; OLG Schleswig MDR 2014, 477) oder durch entsprechende Minderung des unterhaltsrelevanten Einkommens.

Nach der durch die Unterhaltsreform 2007 geänderten Systematik ist auch auf den 224
Mindestunterhalt regelmäßig das hälftige Kindergeld anzurechnen. Damit wird das Kindergeld zwar – vordergründig – abweichend von § 1612b Abs 5 aF beim zu zahlenden Unterhalt berücksichtigt. Es ist allerdings zu beachten, dass die Anrechnung nach § 1612b Abs 1 nF bedarfsdeckend erfolgt. Das hat zur Folge, dass die Leistungsfähigkeit des Unterhaltspflichtigen nicht mehr aufgrund der ungekürzten Tabellenbeträge festzustellen ist, sondern anhand der Zahlbeträge. Während nach bisheriger Rechnung dem Unterhaltspflichtigen also noch über den Selbstbehalt hinaus das hälftige Kindergeld verblieb, ist das nun nicht mehr der Fall. Im Ergebnis bleibt das Kindergeld also entsprechend der Regelung in § 1612b Abs 5 aF unberücksichtigt (OLG Braunschweig FamRZ 2012, 795; OLG Brandenburg 3. 11. 2014 – 3 UF 55/14 – juris Rn 31). Die Rechtsprechung des BGH gilt also fort und greift ein, wenn der Unterhaltspflichtige nur den Mindestunterhalt (abzüglich des hälftigen Kindergelds) zu zahlen hat und die Umgangskosten aus seinem (notwendigen) Selbstbehalt aufbringen müsste (näher dazu Wendl/Klinkhammer[9] § 2 Rn 272 mit Berechnungsbeispiel).

Die Umgangskosten müssen sich im angemessenen Rahmen halten. Im Einzelfall 225 können aber auch höhere Fahrtkosten des Unterhaltspflichtigen anerkennungsfähig sein, wenn die Mutter mit dem Kind vom vormaligen Wohnort der Familie umgezogen ist (OLG Jena FamRZ 2010, 2079 [Ls] mit Anm VIEFHUES jurisPR-FamR 21/2010 Anm 1).

226 Handelt es sich um einen **umfangreichen Umgang**, der sich etwa einer dauernden Mitbetreuung annähert, sind auch außerhalb des Mangelfalls (erhöhte) Umgangskosten zu berücksichtigen (BGH FamRZ 2014, 917; FamRZ 2015, 236). Danach kann die wirtschaftliche Belastung des Unterhaltspflichtigen insbesondere mit zusätzlichen Fahrtkosten und den Kosten für das Vorhalten von Wohnraum Anlass dafür geben, den Barunterhaltsbedarf unter Herabstufung um eine oder mehrere Einkommensgruppen der Düsseldorfer Tabelle zu bestimmen oder auf eine nach den maßgebenden unterhaltsrechtlichen Leitlinien ansonsten gebotene Hochstufung in eine höhere Einkommensgruppe zu verzichten (BGH FamRZ 2014, 917 Rn 37). Außerdem kann vom Unterhaltspflichtigen erbrachter Naturalunterhalt, der den betreuenden Elternteil entlastet, als teilweise Erfüllung zu berücksichtigen sein (BGH FamRZ 2014, 917 Rn 38 f). Die Anrechnung erfasst solche Umgangskosten, die der Unterhaltspflichtige anstelle des betreuenden Elternteils aufwendet und die auf Seiten des betreuenden Elternteils zugleich zu einer Ersparnis führen.

227 Nach dem Bundesgerichtshof können vergleichbare Kosten auch in anderen Unterhaltsverhältnissen die Leistungsfähigkeit schmälern. Danach können beim **Elternunterhalt** angemessene Aufwendungen, die dem Unterhaltspflichtigen für Besuche eines unterhaltsberechtigten Elternteils im Heim entstehen, grundsätzlich die Leistungsfähigkeit mindern. Der BGH hat die Besuche als sittliche Verpflichtung angesehen, die auch dem Unterhaltsberechtigten zugute kommen und vergleichbar dem Umgang mit minderjährigen Kindern unter den Schutz von Art 6 Abs 1 GG fallen (BGH FamRZ 2013, 868 Rn 30; vgl dagegen BGHZ 200, 157 = FamRZ 2014, 538 Rn 47 zur Pferdehaltung durch den Elternunterhaltsschuldner).

VI. Angemessener und notwendiger Selbstbehalt

1. Angemessener Unterhalt (angemessener Selbstbehalt; Abs 1); notwendiger Selbstbehalt (Abs 2)

a) Selbstbehalt, Eigenbedarf (Übersicht)

228 Der angemessene Unterhalt, der dem Unterhaltspflichtigen verbleiben muss, wird treffend als **„Selbstbehalt"** bezeichnet – auch als „angemessener" oder „großer Selbstbehalt" in Abgrenzung vom „notwendigen" oder „kleinen Selbstbehalt" bei der gesteigerten Unterhaltspflicht nach Abs 2 (vgl WENDL/KLINKHAMMER[9] § 2 Rn 380). Nach der Legaldefinition des Begriffs „angemessener Unterhalt" in § 1610 Abs 1 BGB bemisst sich der Selbstbehalt nach der Lebensstellung des Unterhaltspflichtigen und umfasst seinen gesamten Lebensbedarf **(„Eigenbedarf")**.

229 **Untergrenze** des dem Unterhaltspflichtigen zu belassenden Selbstbehalts ist das **materielle Existenzminimum** (unten Rn 241 ff). Dieses ist nicht nur durch das Sozial- und Steuerrecht geschützt (bzw bereitzustellen), sondern auch vom Unterhaltsrecht zu respektieren. Der in der Statuierung gesetzlicher Unterhaltspflichten liegende staatliche Eingriff in die allgemeine Handlungsfreiheit des Unterhaltspflichtigen

muss dem Verhältnismäßigkeitsgrundsatz entsprechen (BVerfGE 57, 361, 388 = FamRZ 1981, 745 mAnm Bosch; BVerfGE 80, 286, 293 = FamRZ 1989, 941, unter Hinweis auf BVerfGE 35, 202, 221; FamRZ 2011, 437, 440; zuletzt: BVerfG FamRZ 2012, 1283; vgl Rn 1). Nach der Rechtsprechung des Bundesverfassungsgerichts darf der Unterhaltspflichtige nicht das eigene Existenzminimum angreifen müssen, um seinen Angehörigen Unterhalt zahlen zu können. Wird die Grenze des Zumutbaren eines Unterhaltsanspruchs überschritten, ist nach dem BVerfG die Beschränkung der Dispositionsfreiheit des Verpflichteten im finanziellen Bereich als Folge der Unterhaltsansprüche des Bedürftigen nicht mehr Bestandteil der verfassungsmäßigen Ordnung und kann vor dem Grundrecht des Art 2 Abs 1 GG nicht bestehen (BVerfG FamRZ 2012, 1283 Rn 11 mwNw; FamRZ 2003, 661; näher dazu V Lipp FamRZ 2012, 1, 3 f).

Bei der Bemessung der Untergrenze ist das von der Verfassung garantierte Existenzminimum zu beachten, was allerdings die Zurechnung fiktiven Einkommens nicht ausschließt (BVerfG FamRZ 2014, 1977 Rn 17 mwNw). Dieser – grundsätzlich pauschaliert bemessene – **notwendige Selbstbehalt** gilt nur bei gesteigerter Unterhaltspflicht nach **Abs 2**. Für weitere Unterhaltspflichten, bei denen die Opfergrenze der sog **angemessene Selbstbehalt** nach Abs 1 ist, stellt sich die Frage, ob hier eine **individuelle oder pauschalierte Bemessung** geboten und ob zwischen den einzelnen Unterhaltsverhältnissen (Volljährigen-, Eltern-, Enkelunterhalt) zu differenzieren ist. Nach der Rechtsprechung des Bundesgerichtshofs ist trotz zuweilen anderslautender Formulierungen grundsätzlich keine individuelle, sondern eine pauschalierte Bemessung sachgerecht. Diese ist allerdings je nach „Qualität" des einzelnen Unterhaltsverhältnisses als **gestufte Bemessung** vorzunehmen (vgl V Lipp FamRZ 2012, 1, 4 f; unten Rn 266 ff). Denn Abs 1 unterfallen sehr verschiedene Unterhaltsbeziehungen, die von der gesetzlichen Regelung etwa hinsichtlich des Rangs (zB Elternunterhalt), aber auch der biografischen Erwartung (zB Unterhalt des Volljährigen mit eigener Lebensstellung; vgl V Lipp FamRZ 2012, 1, 6) stärker oder schwächer ausgestaltet sind. Die Oberlandesgerichte haben dementsprechend gestufte Richtsätze erstellt, die in der **Düsseldorfer Tabelle** und den **Leitlinien** der Oberlandesgerichte niedergelegt sind (vgl Vorbem 87 ff zu §§ 1601 ff). 230

Bei der Bemessung des Selbstbehalts ergeben sich zusätzliche Schwierigkeiten, wenn auf Seiten des Unterhaltsschuldners **weitere Unterhaltspflichten** bestehen. Wenn etwa der zum Elternunterhalt Verpflichtete noch unterhaltsbedürftige Kinder hat, wenn er verheiratet ist und einem Ehegatten gegenüber unterhaltsverpflichtet ist oder einem nichtehelichen Elternteil Unterhalt nach § 1615l Abs 2 S 2 BGB schuldet, sind diese Verpflichtungen jedenfalls dann zu berücksichtigen, wenn sie dem in Rede stehenden Unterhaltsanspruch vor- oder gleichrangig sind. Der Bundesgerichtshof hat für den verheirateten Elternunterhaltsschuldner einen sog **Familienselbstbehalt** entwickelt (unten Rn 271 ff). Ist der Unterhalt im Einzelfall durch einen dem Unterhaltspflichtigen seitens seines Ehegatten gewährten **auskömmlichen Familienunterhalts** vollständig gedeckt, wird das gesamte Einkommen für den Unterhalt frei (vgl Rn 99; BGHZ 196, 21 = FamRZ 2013, 363 Rn 49; FamRZ 2004, 366 jeweils für das Taschengeld beim Elternunterhalt; FamRZ 2004, 795 mwNw für Einkommen aus Nebentätigkeit beim Elternunterhalt). 231

Auch **nachrangige Unterhaltspflichten** können in gewissem Umfang Einfluss auf den Unterhalt vorrangiger Berechtigter haben. So kann der Ehegattenunterhalt bei der

Einstufung minderjähriger Kinder in der Düsseldorfer Tabelle oder der Volljährigenunterhalt studierender Kinder bei der Bemessung des Ehegattenunterhalts zu berücksichtigen sein. Im Rahmen der wechselbezüglichen Abhängigkeit kann der Elternunterhalt mittelbar Einfluss („Ausstrahlungswirkung“) auf den Familienunterhalt des Ehegatten haben (vgl Staudinger/Engler/Kaiser [2000] Rn 130 mwNw).

b) Lebensstellung: Pauschalierte Bemessung mit gestuften Selbstbehaltssätzen

232 Die Lebensstellung des Verpflichteten wird – ebenso wie die des Bedürftigen (§ 1610 Rn 241 ff) – in erster Linie durch seine **wirtschaftlichen Verhältnisse** bestimmt. Dabei kann der Selbstbehalt naheliegenderweise nicht mit dem gegenwärtigen Einkommen des Unterhaltspflichtigen festgelegt werden. Es liegt in der Natur der Sache, dass der Unterhaltspflichtige durch die Unterhaltszahlungen auch solche Mittel einbüßt, die er anderenfalls für den eigenen Konsum verwenden würde. Er haftet nicht nur mit dem Einkommen, das er zuvor für die Vermögensbildung oder für Luxusausgaben verwendet hat (vgl Klinkhammer FamRZ 2003, 1793, 1797). Zu der Frage, ob der Selbstbehalt **individuell oder pauschaliert** festzusetzen ist, hat sich in der Rechtsprechung eine pauschalierte Festsetzung durchgesetzt und wird auch durchweg praktiziert. Diese ist zur Bewältigung der Unterhaltsfestsetzung als Massenphänomen besser geeignet, gewährleistet eine größere Anwendungsgleichheit und begünstigt zudem die Akzeptanz der Betroffenen. Eine **Differenzierung** wird nach der Art des jeweiligen Unterhaltsverhältnisses durchgeführt **(typisierende Selbstbehaltsbemessung)**, beim Minderjährigenunterhalt zudem danach, ob der Unterhaltsschuldner **erwerbstätig** ist oder nicht.

233 Die Selbstbehaltssätze werden demnach von der Unterhaltspraxis (Übersicht über die Beträge nach OLG-Bezirken bei Höbbel FamRZ 2017, 854) in folgender **Reihenfolge** gestuft: Minderjährigenunterhalt und Unterhalt privilegierter Volljähriger (nicht erwerbstätig/erwerbstätig) – Ehegattenunterhalt, Unterhalt des nichtehelichen Elternteils – Unterhalt (nicht privilegierter) Volljähriger ohne eigene Lebensstellung – Elternunterhalt, Enkelunterhalt und Unterhalt Volljähriger mit eigener Lebensstellung (zum Volljährigenunterhalt BGH FamRZ 2012, 530; FamRZ 2012, 1553; OLG Köln FamRZ 2010, 1739; insoweit in den Anmerkungen der Düsseldorfer Tabelle – 2018 – und – zB – den Süddeutschen Leitlinien nicht gesondert ausgewiesen; wie der BGH: Kölner LL Nr 21. 3. 1; vgl auch V Lipp FamRZ 2012, 1, 6).

234 Für eine über die genannte Differenzierung hinausgehende **individuelle Bemessung** des Selbstbehalts könnten allerdings einzelne vom Bundesgerichtshof verwendete argumentative Ansätze sprechen (allgemein zweifelnd gegenüber pauschalierten Festbeträgen V Lipp FamRZ 2012, 1, 6). So hat der BGH in seiner Grundsatzentscheidung zum **Elternunterhalt** (BGHZ 152, 217 = FamRZ 2002, 1698, 1700 f) formuliert, dass der angemessene Eigenbedarf nicht losgelöst von dem im Einzelfall vorhandenen Einkommen bestimmt werden könne und sich nicht an einer festen Größe ausrichte, sondern entsprechend den Umständen des Einzelfalles veränderlich sei. Der Unterhaltsverpflichtete brauche eine spürbare und dauerhafte Senkung seines berufs- und einkommenstypischen Unterhaltsniveaus jedenfalls insoweit nicht hinzunehmen, als er nicht einen nach den Verhältnissen unangemessenen Aufwand betreibe oder ein Leben im Luxus führe. Diese auf Schwab (in: Schwab/Henrich, Familiäre Solidarität [1997] S 39, 52) zurückgehende Formulierung könnte dahin verstanden werden, dass der Unterhaltspflichtige, soweit er sein Einkommen im konkreten Fall ohne Luxus

vollständig für sich verbraucht, keinen Unterhalt zahlen muss (vgl Klinkhammer FamRZ 2003, 1793, 1797). Letztlich hat der BGH das Argument aber nicht umgesetzt, sondern vielmehr auch beim Elternunterhalt einer pauschalierten Bemessung des Selbstbehalts (- erhöhter – Sockelbetrag kombiniert mit „50 %-Methode“) den Vorzug gegeben. Diese ist allerdings insoweit individueller Natur, als sie keinen starren Selbstbehaltssatz vorsieht, sondern nur eine Einkommensquote für einsetzbar hält. Damit wird eine Unterhaltshaftung mit mehr als der Hälfte des Einkommens ausgeschlossen und dem Unterhaltsschuldner zudem und vor allem mit steigendem Einkommen ein (linear) steigender Selbstbehalt belassen.

Bei der Bemessung des sogenannten **Familienselbstbehalts** hat der BGH in seiner diesbezüglichen Grundsatzentscheidung (BGHZ 186, 350 = FamRZ 2010, 1535 Rn 39 ff) den Begriff des „individuellen Familienbedarfs“ verwendet. Auch bei dieser Methode handelt es sich indessen um einen Rechenvorgang und dementsprechend – wie bei der Haftung des alleinstehenden Unterhaltspflichtigen (Rn 270) – um eine jedenfalls im Wesentlichen pauschalierte Bemessung. 235

Das bedeutet aber nicht, dass bei der Selbstbehaltsbemessung keine **Rücksicht auf die individuellen Verhältnisse** des Unterhaltsschuldners zu nehmen wäre (so etwa V Lipp FamRZ 2012, 1, 5 f, der allerdings – insoweit inkonsequent – nur die Berücksichtigung eines im Einzelfall höheren Selbstbehalts fordert). Da die pauschalierte Bemessung der Vereinfachung und Anwendungsgleichheit dient, findet sie ihre Grenze dort, wo der Sachverhalt in wesentlicher Hinsicht vom Regelfall abweicht. Sie entbindet daher nicht von der Verantwortung, die individuellen Umstände zu berücksichtigen. Soweit **individuelle Verhältnisse** in die Selbstbehaltsbemessung einfließen, geschieht dies insbesondere durch **Erhöhung des Selbstbehalts**, etwa durch Anerkennung von Mehrbedarf (zB für erhöhte Wohnkosten, Krankheitskosten, Umgangskosten ua), Berücksichtigung von Schulden oder durch im Einzelfall großzügigere Abzüge vom Einkommen. Im – selteneren – Einzelfall kann aber auch die **Herabsetzung des Selbstbehalts** geboten sein, etwa wegen mit dem Zusammenleben verbundener Synergieeffekte (Rn 256) oder wegen anderweitig gedeckten Existenzminimums (Strafhaft Rn 156 ff, 262). 236

Die in der **Düsseldorfer Tabelle** enthaltenen **Bedarfskontrollbeträge** (§ 1610 Rn 309 mwNw) geben nicht den Eigenbedarf an, sondern sollen eine angemessene Verteilung des Einkommens zwischen dem Unterhaltspflichtigen und den unterhaltsberechtigten Kindern gewährleisten (Anm 6 zur Tabelle). 237

2. Die einzelnen Selbstbehaltssätze

a) Notwendiger Selbstbehalt (Abs 2)

Die Verpflichtung der Eltern, minderjährige Kinder zu unterhalten, endet nach dem Wortlaut des Abs 2 erst bei **Erschöpfung** aller verfügbaren Mittel (RGZ 57, 69, 73). Schon das Reichsgericht hat hierfür eine – sehr enge – Grenze gezogen: Die Unterhaltspflicht der Eltern ende erst, wenn und soweit die Unterhaltszahlungen die eigene Fortexistenz unmöglich machten. Hingegen seien Eltern nicht befugt, die Mittel für ihren eigenen auch nur notdürftigen Unterhalt vorweg zu entnehmen; sie müssten sich auf das Unentbehrlichste beschränken (RG JW 1903 Beilage 29). Der „notdürftige Unterhalt“ stimmt in etwa mit dem notwendigen Selbstbehalt nach 238 heutiger Sichtweise überein. Abweichend von der früheren Sichtweise der BGB-Verfasser und des Reichsgerichts hat sich nunmehr indessen die Ansicht durchgesetzt, dass der Unterhaltspflichtige sein materielles (sozialrechtliches) Existenzminimum nicht für den Unterhalt angreifen muss, auch nicht im Rahmen der gesteigerten Unterhaltspflicht nach Abs 2.

239 Die in der Vergangenheit gegebene Begründung für diese gegenüber den Vorstellungen der BGB-Verfasser geänderte Opfergrenze ist unterschiedlich: Meist sind die für den notwendigen Eigenbedarf benötigten Mittel als nicht verfügbar angesehen worden (so etwa SCHOLZ FamRZ 1993, 125, 132 unter Bezug auf BGH FamRZ 1989, 170, 171), was allerdings auf eine petitio principii hinauslief und der Bedeutung des Begriffs der verfügbaren Mittel widersprach. Teilweise sind Pfändungsfreigrenzen und die Sozialhilfesätze zum Vergleich herangezogen worden. Der Bundesgerichtshof hat der Begrenzung durch den notwendigen Selbstbehalt „nahezu gewohnheitsrechtlicher Charakter" zugemessen (BGH NJW 1984, 1614).

240 Inzwischen ist es gesicherte Rechtsprechung, dass das Unterhaltsrecht als staatlicher Grundrechtseingriff in die Rechte des Unterhaltspflichtigen das **Übermaßverbot** beachten muss und dass dieses im Gegensatz zu den ursprünglichen Vorstellungen der BGB-Verfasser verletzt ist, wenn der Unterhaltspflichtige, um Unterhalt leisten zu können, sein eigenes materielles Existenzminimum angreifen muss (Rn 1). Die Qualität dieser Rechtsänderung soll hier nicht diskutiert werden. Am ehesten ließe sie sich wohl als verfassungsrechtlich überformte Rechtsfortbildung charakterisieren. Dass es sich um **geltendes Recht** handelt, ist in Anbetracht der entsprechenden langjährig praktizierten allgemeinen Rechtsüberzeugung, die den modernen Sozialstaat „flankierend" einbezieht, wohl nicht zu bezweifeln.

aa) Verfassungsrechtliche Anforderungen: Sozialrechtliches Existenzminimum

241 Aufgrund der Anforderungen des Bundesverfassungsgerichts wie auch des Bundesgerichtshofs ist **Untergrenze** des dem Unterhaltspflichtigen zu belassenden Selbstbehalts das **materielle Existenzminimum** (oben Rn 229). Das **BVerfG** hat die Anforderungen an die zur Bemessung des sozialrechtlichen Existenzminimums anzuwendende Methode in seiner Grundsatzentscheidung vom 9. 2. 2010 (FamRZ 2010, 429; dazu KLINKHAMMER FamRZ 2010, 845) näher definiert. An dem so ermittelten Existenzminimum muss sich auch das Unterhaltsrecht orientieren (vgl BGH NJW 1984, 1614; NJW 1989, 524 = FamRZ 1989, 170; NJW 1991, 697 = FamRZ 1991, 182; BGHZ 111, 194, 198 = FamRZ 1990, 849, 850; FamRZ 1996, 1272, 1273; FamRZ 2006, 1010; BGHZ 166, 351 = FamRZ 2006, 683 Rn 16; FamRZ 2006, 1010; BGH FamRZ 2008, 594, 598; FamRZ 2009, 311 Rn 20; FamRZ 2009, 314 Rn 35; näher SCHOLZ FamRZ 2004, 751, 757 ff; V LIPP FamRZ 2012, 1, 2 f; KLINKHAMMER FamRZ 2007, 85, 86).

242 Die nach der Grundsatzentscheidung des BVerfG vom 9. 2. 2010 erlassene gesetzliche Neuregelung, insbesondere das **Regelbedarfsermittlungsgesetz** (RBEG, fortgeschrieben durch Regelbedarfsstufen-Fortschreibungsverordnungen – RBSV, zuletzt RBSFV 2016, BGBl I 2015, 1788), hat einer erneuten verfassungsgerichtlichen Prüfung standgehalten (BVerfG FamRZ 2014, 1765 m krit Anm SCHÜRMANN).

243 **Referenzsystem** für das Existenzminimum ist das **Sozialhilferecht** (als das „unterste soziale Netz", vgl 10. Existenzminimumbericht BT-Drucks 18/3893, 2), das auch als

Referenzsystem für das SGB II (Grundsicherung für Arbeitsuchende) dient. Das sozialrechtliche Existenzminimum besteht aus dem **notwendigen Lebensunterhalt nach dem SGB XII**. Nach § 27a Abs 1 S 1 SGB XII umfasst der notwendige Lebensunterhalt insbesondere Ernährung, Unterkunft, Kleidung, Körperpflege, Hausrat, Heizung und persönliche Bedürfnisse des täglichen Lebens. Dazu gehören in vertretbarem Umfang auch die Beziehungen zur Umwelt und die Teilnahme am kulturellen Leben (§ 27a Abs 1 S 2 SGB XII). Die regelmäßigen Leistungen setzen sich aus dem monatlichen Regelbedarf (§ 27a Abs 2 SGB XII) und den Kosten für Unterkunft und Heizung (einschließlich der Warmwasserbereitung) zusammen. Eine weitere Komponente des sozialhilferechtlichen Mindestbedarfs sind die Aufwendungen für Kranken- und Pflegeversicherung (10. Existenzminimumbericht BT-Drucks 18/3893, 3; näher zur Regelsatzbemessung Wendl/Klinkhammer[9] § 8 Rn 48 ff).

Der seit **1. 1. 2016** gültige Regelbedarf beträgt für einen alleinstehenden Erwachsenen (Regelbedarfsstufe 1 nach § 8 RBEG) **404 €**. Der 10. Existenzminimumbericht legt zudem Bruttokaltmieten für Alleinstehende (bei einer Wohnfläche von 30 m²) von durchschnittlich **255 €**/Monat (2016; BT-Drucks 18/3893, 4: „Orientierung an einem unteren Wert" unter Verweis auf einen ergänzenden Wohngeldanspruch) und Heiz- und Warmwasserkosten von **60 €** zugrunde. In der Summe beliefe sich dies auf **719 €**. Das entspricht nicht in vollem Umfang dem 10. Existenzminimumbericht, nach dem das sächliche Existenzminimum aufgrund eines monatlichen Regelbedarf eines alleinstehenden Erwachsenen von 406 € für **2016** jährlich 8652 € = monatlich **721 €** beträgt (BT-Drucks 18/3893, 8). 244

bb) Bemessung des notwendigen Selbstbehalts

Bei der Bemessung des notwendigen Selbstbehalts ist an die dargestellten Sozialhilfesätze anzuknüpfen. Der Selbstbehalt soll dabei die im Einzelfall zustehende **Sozialhilfe maßvoll übersteigen** (BGH FamRZ 1984, 1000; NJW 1989, 523 = FamRZ 1989, 272; Scholz FamRZ 1993, 125, 132; Künkel DAVorm 1990, 89, 96; Büttner FamRZ 1990, 459, 460 und 463). Dies rechtfertigt sich aus der rechtspraktischen Erwägung, dass nicht in jedem Einzelfall der konkrete Sozialhilfebedarf des Unterhaltspflichtigen ermittelt werden, sondern zur Bewältigung des Massenphänomens Unterhalt ein gewisser Spielraum verbleiben soll, der einen im Einzelfall auftretenden, nicht von den – knapp kalkulierten – Leistungen abgedeckten Bedarf erfasst, der mitunter auch durch andere sozialrechtlichen Leistungen oder Vergünstigungen nicht abgedeckt ist. Da aber stets auch die vom Gesetz mit Abs 2 besonders geschützten Interessen der minderjährigen Kinder an der Sicherung ihres Mindestunterhalts im Auge zu behalten sind, darf die Differenz zum Sozialhilfebedarf nicht zu groß ausfallen. 245

Dem **erwerbstätigen Unterhaltspflichtigen** wird traditionsgemäß ein höherer Selbstbehalt zugebilligt, was im Ursprung ebenfalls auf das Sozialrecht zurückzuführen ist. Der sozial- und steuerrechtliche Mehrbedarf für Erwerbstätige sollte ursprünglich solche Kosten erfassen, die sich – im Gegensatz zu den Werbungskosten – nicht eindeutig von Privatausgaben abgrenzen ließen (näher Klinkhammer FamRZ 2007, 85, 88 mwNw zur Rechtsprechung des BVerfG). Inzwischen hat sich die Begründung hingegen dahin verlagert, dass der dem erwerbstätigen Unterhaltsschuldner zugebilligte Mehrbetrag als **Erwerbsanreiz** angesehen wird (vgl BGHZ 184, 13 = FamRZ 2010, 357 Rn 38 mwNw; so schon Scholz FamRZ 1993, 125, 132; Büttner FamRZ 1990, 459, 460). Ein 246

Mehrbetrag mit dieser Funktion kann allerdings nicht Bestandteil des Existenzminimums sein (Klinkhammer FamRZ 2007, 85, 87 ff).

247 Der **BGH** hat die Differenzierung zwischen Erwerbstätigen und Nichterwerbstätigen gebilligt (BGH FamRZ 2008, 594 Rn 26; FamRZ 2010, 802). In anderen Zusammenhängen hat er die Anerkennung eines Erwerbsanreizes abgelehnt (BGH FamRZ 2013, 1366 Rn 87 – Leistungsfähigkeit nach § 1581; BGHZ 184, 13 = FamRZ 2010, 357 Rn 38; FamRZ 2010, 629 Rn 33 – Mindestbedarf des unterhaltsberechtigten Ehegatten; FamRZ 2010, 444 Rn 18 – Mindestbedarf beim Unterhaltsanspruch nach § 1615l). Ob und in welchem Umfang dem Unterhaltspflichtigen ein Erwerbsanreiz zuzubilligen ist, bedarf in Anbetracht seiner gesteigerten Unterhaltspflicht der kritischen Überprüfung.

248 Die zum Stand **1. 1. 2018** gültigen Selbstbehaltssätze nach der **Düsseldorfer Tabelle** betragen **880 €** für den nichterwerbstätigen und **1.080 €** für den erwerbstätigen Unterhaltsschuldner (Übersicht über die Entwicklung der Selbstbehalte unter Rn 287). Darin sind jeweils **Wohnkosten** (Warmmiete) von **380 €** enthalten (Anm A. 5 zur Düsseldorfer Tabelle 2018). Da erhöhte Wohnkosten regelmäßig zu berücksichtigen sind (unten Rn 255), sind diese ein im wesentlichen variabler Betrag (zum Fall geringerer Wohnkosten s Rn 256 ff). Die **Leitlinien** der Oberlandesgerichte folgen dem im Wesentlichen.

249 Die Ermittlung des Selbstbehaltssatzes ist den **Empfehlungen der Unterhaltskommission des Deutschen Familiengerichtstags** (FamRZ 2013, 101) gefolgt. Diese fordern zunächst eine Erhöhung des Regelbedarfs um 10 % für solche Bedarfspositionen, die ein Hilfeempfänger durch anderweitige Leistungsansprüche oder Vergünstigungen (zB Befreiung von Rundfunkgebühren) abdecken kann. Ferner sei ein Betrag von 30 € für angemessene Versicherungen im Sinne von § 6 Abs 1 ALG II-VO zu berücksichtigen (welcher sozialrechtlich vom Einkommen abzuziehen wäre), ohne Rücksicht darauf, ob diese Versicherungen bestehen oder nicht. Für den Zusatzbetrag für Erwerbstätige wird der Höchstbetrag nach § 11b Abs 3 SGB II angeführt (FamRZ 2013, 101), wobei allerdings dessen Erhöhung im Fall der Unterhaltspflicht gegenüber minderjährigen Kindern (§ 11b Abs 3 Satz 3 SGB II) außer Betracht gelassen worden ist.

250 Das erscheint **bedenklich**: Während der Zuschlag von 10 % auf den Regelbedarf vertretbar erscheint, ist der pauschale Abzug von **Versicherungskosten** (etwa Hausratversicherung) mit der gesteigerten Unterhaltspflicht kaum zu vereinbaren. Diese Kosten gehören **nicht zum Existenzminimum** des Unterhaltspflichtigen, erst recht nicht, wenn dieser keine solchen Versicherungen abgeschlossen hat (vgl dazu BSG NZS 2017, 314 mAnm Weselski). Die angeführte (Durchführungs-)Vorschrift der ALG II-VO (§ 6 Abs 1 ALG II-VO) enthält schließlich selbst die Einschränkung, dass die Versicherungen nach Grund und Höhe angemessen sein müssen. Das ist aber aus Sicht des Unterhaltsrechts im Hinblick auf das nicht gedeckte Existenzminimum des Kindes und der damit verbundenen gesteigerten Unterhaltspflicht kaum der Fall. Der BGH hat daher den Abzug von Beiträgen zur zusätzlichen Altersvorsorge abgelehnt (BGH FamRZ 2013, 616 Rn 19 mwNw; dazu s Rn 30), ungeachtet dessen, dass diese im Rahmen der Grundsicherung für Arbeitsuchende nach § 11b Abs 1 Nr 4 SGB II absetzbar sind.

251 Ferner wird durch die Begründung der Unterhaltskommission der Eindruck er-

weckt, dass der **Erwerbsfreibetrag** nach § 11b Abs 3 SGB II zum Existenzminimum gehöre. Das ist – wie ausgeführt – schon deswegen nicht der Fall, weil Referenzsystem des Existenzminimums nicht die Grundsicherung für Arbeitsuchende, sondern das Sozialhilferecht ist, der Erwerbsfreibetrag aber vor allem schon begrifflich nicht zu den das Existenzminimum sichernden Leistungen (bzw Vergünstigungen) gehören kann. Er soll dem erwerbstätigen Hilfeempfänger abgesehen von pauschalen Werbungskosten, die im Unterhaltsrecht anders erfasst werden (Rn 32), schlicht einen **Erwerbsanreiz** bieten, was – vor allem in Anbetracht der Höhe – nicht auf die Anforderungen an die gesteigerte Unterhaltspflicht nach Abs 2 übertragen werden kann (näher Klinkhammer FamRZ 2007, 85, 87 ff; Botur, in: Büte/Poppen/Menne, Unterhaltsrecht[3] § 1603 Rn 65 verweist teilweise noch auf die Begründung nach dem früheren Sozialhilferecht; vgl auch Wendl/Klinkhammer[9] § 2 Rn 389).

Der Erwerbsanreiz ist dementsprechend auch im **Zwangsvollstreckungsrecht** vom VII. Zivilsenat, vom IX(a). Zivilsenat und vom XII. Zivilsenat des BGH folgerichtig nicht als Teil des Existenzminimums angesehen worden (BGH – VII. Zivilsenat – FamRZ 2008, 877 Rn 13; FamRZ 2011, 208 Rn 9; BGH – IXa. Zivilsenat – BGHZ 156, 30 = FamRZ 2003, 1743 Rn 6 ff; BGH – XII. Zivilsenat – BGHZ 162, 234 = FamRZ 2005, 608 Rn 26). 252

Schließlich bedarf die **Berechnung** der näheren Betrachtung: 253

Methode DFGT, FamRZ 2013, 101:	Stand **2016**	ohne Vers-Kost	Selbstbehalte
Regelsatz	404	404	
Erhöhung um 10 %	40	40	
Versicherungsbeiträge	30		
Wohnkosten	380	380	
SB Nichterwerbstätige	***854***	***824***	***880***
Erwerbsanreiz	*200*	*200*	
SB Erwerbstätige	***1054***	***1024***	***1080***

Daran zeigt sich, dass die **Selbstbehaltssätze** bereits ohne Rücksicht auf die Höhe des Erwerbsfreibetrags **überhöht** sein dürften. Zudem entfernt sich der Selbstbehalt mit steigendem **Erwerbsfreibetrag** zunehmend von der im Fall der gesteigerten Unterhaltspflicht vom Gesetz (in seiner heutigen Anwendung; s Rn 1, 240) allein gewährleisteten **eigenen Existenzsicherung des Unterhaltspflichtigen**.

cc) Anwendung des notwendigen Selbstbehaltssatzes, Abweichungen, Schuldner im Ausland

Für den Selbstbehalt kommt es zwar aufgrund der Pauschalierung nach dem sozialrechtlichen Existenzminimum grundsätzlich nicht auf die individuellen Verhältnisse des Unterhaltspflichtigen an (vgl BGH NJW 1989, 523 = FamRZ 1989, 272). Von den Richtwerten ist aber abzuweichen, wenn besondere Umstände des Einzelfalls dies erfordern (s BGH NJW 1984, 1614). 254

Abweichungen kommen insbesondere in Betracht bei **hohen Wohnkosten**, die den in den Selbstbehalt einkalkulierten Satz (Stand 2016: 380 €) übersteigen (OLG Bamberg FamRZ 1993, 66). 255

Entsprechendes gilt auch bei im Einzelfall **niedrigeren (Wohn-)Kosten**, sofern diese 256 sich als **Synergieeffekte** bei **Zusammenleben mit einem Partner** darstellen. Dadurch erspart der Unterhaltspflichtige Kosten, ohne dass damit eine Einbuße an Wohnqualität verbunden ist (BGH FamRZ 2008, 594, 598; FamRZ 2009, 314 Rn 35; OLG Hamm FamRZ 2000, 311 mNw; OLG Jena FamRZ 2010, 2079 [Ls]). Die Synergieeffekte betreffen außer den Wohnkosten auch den Regelbedarf. Die Ersparnis kann auf etwa 10 % des Selbstbehalts festgelegt werden (vgl BGH FamRZ 2013, 616 Rn 23; BGHZ 186, 350 = FamRZ 2010, 1535 Rn 45; Botur, in: Büte/Poppen/Menne, Unterhaltsrecht[3] § 1603 Rn 69 f).

257 Etwas anderes gilt bei aus **anderen Gründen** unterdurchschnittlich niedrigen Wohnkosten. Hier gilt der Grundsatz, dass die Verwendung des Einkommens im Rahmen des notwendigen Selbstbehalts der freien Disposition des Unterhaltspflichtigen unterliegt (BGH FamRZ 2006, 1664, 1666; FamRZ 2009, 314 Rn 34; OLG Düsseldorf FamRZ 1999, 1020; OLG Frankfurt FamRZ 1999, 1522; **aA** OLG München FamRZ 1989, 1326; OLG Zweibrücken FamRZ 1985, 289; OLG Dresden FamRZ 1999, 1522 = NJW-RR 1999, 1164 mNw; OLG Köln ZFE 2010, 29). Dem Unterhaltspflichtigen muss die Entscheidung zustehen, ob er an den Wohnkosten spart, damit er ansonsten mehr für den Lebensunterhalt zur Verfügung hat. Das gilt auch, wenn er in einer bloßen Wohngemeinschaft wohnt (Botur, in: Büte/Poppen/Menne, Unterhaltsrecht[3] § 1603 Rn 68 f). Demnach ist der Selbstbehalt auch nicht deswegen herabzusetzen, weil der Unterhaltspflichtige auf dem Land lebt und deswegen geringere Wohnkosten hat (**aA** noch Staudinger/Engler/Kaiser [2000] Rn 132 unter Bezugnahme auf OLG München FamRZ 1989, 1326; OLG Düsseldorf FamRZ 1990, 1028; Kalthoener/Büttner NJW 1990, 1640).

258 Wird dem Unterhaltspflichtigen von seinen Eltern eine **Wohnung unentgeltlich überlassen**, ist nach den für freiwillige Leistungen Dritter geltenden Grundsätzen zu entscheiden (Rn 107 f). Dass die Eltern – ungeachtet einer Verpflichtung des betreuenden Elternteils – gegenüber dem Enkel unterhaltspflichtige Verwandte nach Abs 2 Satz 3 sind, spricht dafür, die Leistung voll anzurechnen bzw den Selbstbehalt um die Wohnkosten zu reduzieren (so OLG Koblenz FamRZ 2002, 1215, 1216).

259 Ob der Unterhaltspflichtige **erwerbstätig** oder **nicht erwerbstätig** ist, kann im Einzelfall zweifelhaft sein. Durchläuft der Unterhaltspflichtige eine **Umschulung**, so steht ihm jedenfalls dann der Erwerbstätigenselbstbehalt zu, wenn diese seine ganze Arbeitskraft in Anspruch nimmt (OLG Hamm FamRZ 2005, 2015; FamRZ 1999, 1015, 1016; OLG Koblenz FamRZ 2002, 1215; OLG Dresden FamRZ 2006, 1703; Wendl/Klinkhammer[9] § 2 Rn 388; **aA** OLG Dresden FamRZ 1999, 1015; vgl auch LSG NRW FamRZ 2001, 1739).

260 Bei Einkünften aus **teilschichtiger Tätigkeit** kann jedenfalls bei unter halbschichtigem Umfang nur ein Zwischenbetrag festgesetzt werden (BGH FamRZ 2008, 594, 597; Botur, in: Büte/Poppen/Menne, Unterhaltsrecht[3] § 1603 Rn 66; Wendl/Klinkhammer[9] § 2 Rn 389 mwNw).

261 Ein kurzfristiger Bezug von **Krankengeld** von wenigen Monaten führt noch nicht zur Anwendung des Nichterwerbstätigen-Selbstbehalts. Jedoch rechtfertigt ein längerfristiger Bezug den Ansatz des Erwerbstätigen-Selbstbehalts nicht mehr (BGH FamRZ 2009, 307 Rn 24; Botur, in: Büte/Poppen/Menne, Unterhaltsrecht[3] § 1603 Rn 66).

262 Die Anwendung des Selbstbehalts ist auch dann nicht gerechtfertigt, wenn das Existenzminimum **auf andere Weise gesichert** ist als durch den in der Düsseldorfer

Tabelle ausgewiesenen Geldbetrag. So ist der eigene Unterhalt eines **Strafgefangenen** bereits überwiegend durch Naturalleistungen gedeckt, weil ihm in der Haftanstalt Wohnen und Verpflegung, Bekleidung und Gesundheitsfürsorge kostenlos zur Verfügung gestellt werden (BGH FamRZ 2015, 1473 Rn 25; Wendl/Dose[9] § 1 Rn 733). Die für eine Teilhabe am sozialen Leben in Freiheit erforderlichen und im Selbstbehalt ebenso wie in den Sozialhilfesätzen enthaltenen Beträge muss (bzw kann) er im Vollzug ebenfalls nicht aufbringen. Auch einem Strafgefangenen muss jedoch grundsätzlich ein Bargeldbetrag verbleiben, um ihm in einem Mindestmaß die Befriedigung solcher Bedürfnisse zu ermöglichen, die über die auf Existenzsicherung ausgerichtete Versorgung durch die Justizvollzugsanstalten hinausgehen (BGH FamRZ 2015, 1473 Rn 25 f; zur Bemessung des für den Unterhalt einsetzbaren Einkommens s Rn 156 ff).

Lebt der Unterhaltspflichtige im **Ausland**, kann eine Anpassung des Selbstbehalts erforderlich sein. Die in der Düsseldorfer Tabelle ausgewiesenen Selbstbehaltsbeträge sind pauschaliert bemessen. Eine Anpassung des Selbstbehalts ist erforderlich, wenn der Unterhaltspflichtige, der sich im Ausland aufhält, einem von den Annahmen der Tabelle wesentlich abweichenden Preisniveau ausgesetzt ist (BGH FamRZ 2014, 1536 Rn 43 – Schweiz). Bei der Bemessung des Unterhalts kann zur Ermittlung des Kaufkraftunterschieds etwa die vom Statistischen Amt der Europäischen Union (Eurostat) ermittelten „vergleichenden Preisniveaus des Endverbrauchs der privaten Haushalte einschließlich indirekter Steuern" angewendet werden (BGH FamRZ FamRZ 2014, 1536 Rn 34 ff; E Unger FPR 2013, 19; vgl auch BGHZ 203, 372 = FamRZ 2015, 479; § 1610 Rn 344 ff). Bei lediglich geringfügigen Abweichungen ist eine Umrechnung nicht durchzuführen (BGH FamRZ 2013, 1375 Rn 29 – Niederlande). 263

b) Angemessener Selbstbehalt (Abs 1)

Der angemessene Selbstbehalt nach Abs 1 bestimmt sich nach der **Lebensstellung des Unterhaltspflichtigen**. Da dieser eine selbständige Lebensstellung hat, müsste sein Selbstbehalt an sich gegenüber allen Unterhaltsgläubigern gleich sein. Dennoch unterscheidet die Unterhaltspraxis im Rahmen **typisierender Selbstbehaltsbemessung** nach einzelnen Unterhaltsarten (vgl Rn 265 ff). Die Differenzierung bewegt sich in Anbetracht des unbestimmten Rechtsbegriffs „angemessener Unterhalt" im Rahmen zulässiger Gesetzesauslegung, muss sich aber auf tragfähige Kriterien stützen (vgl V Lipp FamRZ 2012, 1, 5 f). Diese können sich vor allem aus der Natur des jeweiligen Unterhaltsverhältnisses, dessen gesetzlicher Ausgestaltung und Einordnung im Rahmen der Gesamtrechtsordnung ergeben (zB Rang, Obliegenheiten, sozialrechtliche „Flankierung" des Unterhalts, Lebenssituation der Beteiligten). 264

Der **Bundesgerichtshof** hat daher etwa für den in den vergangenen Jahren an Bedeutung gewinnenden Elternunterhalt schon früh gegenüber dem Unterhalt Volljähriger die Notwendigkeit einer Erhöhung des Selbstbehalts gesehen (BGH FamRZ 1992, 795, 797). Den Ansatz hat er in seiner Grundsatzentscheidung vom **23. 10. 2002** (BGHZ 152, 217 = FamRZ 2002, 1698, 1700 f) weiterentwickelt (vgl auch Staudinger/Engler/Kaiser [2000] Rn 136). Daran haben sich weitere Differenzierungen zum Enkelunterhalt und Unterhalt Volljähriger mit selbstständiger Lebensstellung angeschlossen, die zu der anschließenden Differenzierung (typisierende Selbstbehaltsbemessung) geführt haben. 265

aa) Volljährigenunterhalt bei Ausbildung

266 Der in der Düsseldorfer Tabelle ausgewiesene angemessene Selbstbehalt beträgt derzeit 1300 € und enthält einen Wohnkostenanteil von 480 € (Stand 1. 1. 2018). Er liegt über dem notwendigen Selbstbehalt und auch über dem Ehegattenselbstbehalt (zur Entwicklung vgl Wendl/Klinkhammer[9] § 2 Rn 546 ff). Nachdem der Selbstbehalt für Elternunterhalt, Enkelunterhalt und Volljährigenunterhalt bei selbständiger Lebensstellung mit erhöhten Beträgen angenommen wird, gilt dieser Selbstbehaltssatz im Wesentlichen nur noch für volljährige Kinder, die noch keine eigene Lebensstellung erlangt haben, sich in der Regel also noch in der Ausbildung befinden. Der Richtsatz gilt nach der Düsseldorfer Tabelle und den Leitlinien der Oberlandesgerichte sowohl für den **erwerbstätigen** als auch den **nicht erwerbstätigen** Unterhaltsschuldner (näher Wendl/Klinkhammer[9] § 2 Rn 546 ff).

267 Wie beim notwendigen Selbstbehalt kann auch beim angemessenen Selbstbehalt eine **Anpassung im Einzelfall** erforderlich sein (BGHZ 198, 242 = FamRZ 2013, 1958 Rn 32 zum Unterhalt nach § 1615l; Beispiele bei Wendl/Klinkhammer[9] § 2 Rn 546 ff).

bb) Elternunterhalt

268 Der **Elternunterhalt** ist im Hinblick auf den angemessenen Selbstbehalt des Unterhaltsschuldners nicht zu vergleichen mit dem **Unterhalt Volljähriger** (Rn 266). Die Unterhaltsbedürftigkeit volljähriger Kinder während der Berufsausbildung entspricht dem regelmäßigen Lebensplan. Die Unterhaltsbelastung der Eltern wird zwar – einkommensabhängig – durch staatliche Ausbildungsförderung gemildert bzw abgefangen (vgl § 11 Abs 2 BAföG). Dadurch wird der Grundsatz der vorrangigen Verantwortlichkeit der Eltern aber nicht in Frage gestellt (vgl § 37 BAföG; dazu § 1602 Rn 81 ff; Vorbem 184 zu §§ 1601 ff). Dagegen beruht die **Unterhaltsbedürftigkeit von Eltern** in den meisten Fällen auf deren **Pflegebedürftigkeit**. Das Risiko der Pflegebedürftigkeit verwirklicht sich regelmäßig erst in fortgeschrittenem Alter und hat sich in den vergangenen Jahrzehnten durch die verlängerte Lebenserwartung erhöht. Das Bewusstsein für eine entsprechende Risikovorsorge ist noch recht jung. Die Pflegeversicherung (SGB XI) wurde erst 1994 eingeführt (vgl Stolleis, Geschichte des Sozialrechts in Deutschland 302 ff). Diese ist indessen lediglich als Teilkaskoversicherung konzipiert und deckt das Pflegefallrisiko demzufolge nicht annähernd vollständig ab (vgl Klinkhammer FPR 2003, 640). Vor allem aus diesen Gesichtspunkten rechtfertigt sich, dass unterhaltspflichtigen Kindern bei der Inanspruchnahme auf Elternunterhalt ein höherer Selbstbehalt belassen wird (zu weiteren Aspekten vgl Klinkhammer FamRZ 2003, 1793, 1797 f).

269 Die Erhöhung des Selbstbehalts gegenüber dem Volljährigenunterhalt um einen (konstanten) Zuschlag (vgl BGH FamRZ 1992, 795, 797) genügt noch nicht, denn dadurch würde nicht ausgeschlossen, dass der Unterhaltspflichtige unter Umständen sogar mehr als die Hälfte seines Einkommens für den Elternunterhalt einsetzen müsste (vgl den Fall des BGH FamRZ 2004, 186, für den die Vorinstanz noch mit der Erhöhung des Volljährigen-Selbstbehalts gerechnet hatte). Nach der vom **BGH** in seiner Grundsatzentscheidung (BGHZ 152, 217 = FamRZ 2002, 1698, 1700 f) gebilligte Methode **(„50-%-Methode")** trägt dem Rechnung und wird nunmehr allgemein praktiziert.

270 Demnach ist die Leistungsfähigkeit für einen **Alleinstehenden** wie folgt zu ermitteln:

Beispiel: Die 83-jährige F ist stationär pflegebedürftig und hat einen ungedeckten Unterhaltsbedarf von mtl 800 €. Ihr Sohn S erzielt ein bereinigtes Einkommen von 2800 €.

(Ungedeckter) Bedarf der F		800 €
Leistungsfähigkeit des S:		
Einkommen	2.800 €	
abzüglich Selbstbehalt nach DT 2018 (Sockel)	– 1.800 €	
Differenz	1.000 €	
Davon einsetzbar (50 %)	500 €	500 €

S schuldet demnach monatlichen Unterhalt in Höhe von 500 €. Das Ergebnis mag auch verdeutlichen, dass der Elternunterhalt (anders als der BGH zuweilen formuliert hat, vgl BGHZ 152, 217 = FamRZ 2002, 1698, 1700 f) durchaus zu einer spürbaren und dauerhaften Senkung des berufs- und einkommenstypischen Unterhaltsniveaus des Unterhaltsschuldners führen kann.

Schwierigkeiten bereitet die Bemessung des Selbstbehalts bei **Verheirateten**. Einigkeit besteht insoweit, dass der dem Ehegatten nach § 1360 BGB geschuldete Familienunterhalt abgezogen werden muss. Da die Unterhaltsansprüche sich indessen wechselseitig beeinflussen, können etwa für den Unterhalt eines haushaltsführenden Ehegatten nicht pauschal 50 % des vom Unterhaltspflichtigen erzielten Einkommens reserviert werden. Vielmehr muss sich der Ehegatte ungeachtet des Vorrangs seines Unterhaltsanspruchs damit abfinden, dass das Familieneinkommen aufgrund der Pflicht des anderen Ehegatten zum Elternunterhalt geschmälert wird und die Familie in gewissem Maß zu Einschränkungen zwingt. Überdies ist die mit dem Zusammenleben verbundene **Haushaltsersparnis** (vgl Rn 256) zu berücksichtigen. **271**

Der **BGH** hat in seiner Entscheidung vom **8. 7. 2010** in Anlehnung an obergerichtliche Rechtsprechung und Literatur eine Methode entwickelt (BGHZ 186, 350 = FamRZ 2010, 1535 Rn 39 ff), die den genannten Gesichtspunkten Rechnung trägt, und hat für den Fall, dass der verheirateten Unterhaltspflichtige über ein **höheres Einkommen** verfügt als sein Ehegatte, die folgenden Leitsätze aufgestellt (vgl Dose FamRZ 2013, 993, 998 f). Verfügt der Unterhaltspflichtige über höhere Einkünfte als sein Ehegatte, ist die Leistungsfähigkeit zur Zahlung von Elternunterhalt in der Regel wie folgt zu ermitteln: Von dem Familieneinkommen wird der Familienselbstbehalt in Abzug gebracht. Das verbleibende Einkommen wird um die Haushaltsersparnis vermindert. Die Hälfte des sich ergebenden Betrages kommt zuzüglich des Familienselbstbehalts dem Familienunterhalt zugute. Zu dem so bemessenen individuellen Familienbedarf hat der Unterhaltspflichtige entsprechend dem Verhältnis der Einkünfte der Ehegatten beizutragen. Für den Elternunterhalt kann der Unterhaltspflichtige die Differenz zwischen seinem Einkommen und seinem Anteil am Familienunterhalt einsetzen. **272**

273 Der BGH (BGHZ 186, 350 = FamRZ 2010, 1535 Rn 36) hat folgende Beispielrechnung aufgestellt:

Einkommen des Unterhaltspflichtigen	3.000,00 €
Einkommen der unterhaltsberechtigten Ehefrau	1.000,00 €
Familieneinkommen	4.000,00 €
abzüglich Familienselbstbehalt (Stand: DT 2010)	– 2.450,00 €
	1.550,00 €
abzüglich 10 % Haushaltsersparnis	– 155,00 €
	1.395,00 €
davon $1/2$	697,50 €
+ Familienselbstbehalt	2.450,00 €
individueller Familienbedarf	3.147,50 €
Anteil des Unterhaltspflichtigen (75 %)	2.360,63 €
Einkommen des Unterhaltspflichtigen	3.000,00 €
abzüglich	2.360,63 €
für den Elternunterhalt einsetzbar	639,37 €

274 Die Berechnung gewährleistet, dass Einkommen des seinerseits nicht unterhaltspflichtigen Ehegatten nur den – auf den Ehegatten bezogenen – Familienbedarf deckt und nicht für den Elternunterhalt einzusetzen ist. Soweit gegen die Berechnung der **Haushaltsersparnis** entsprechend der sozialrechtlichen Ermittlung eingewandt worden ist, dass diese sich auf 20 % und nicht auf nur 10 % richte (so Günther FamFR 2010, 433, 434 f), beruht dies auf einem – wohl auf der Ermittlung des für den Ehegatten in der Düsseldorfer Tabelle ausgewiesenen Betrags beruhenden – Missverständnis. Denn die Quote von 10 % entspricht der des Sozialrechts. Die auf beide Ehegatten und das Gesamteinkommen bezogene Quote beträgt dann aber folgerichtig ebenfalls 10 % (die Prozentsätze sind nicht zu addieren; vgl Dose FamRZ 2013, 993, 998 f; Gutdeutsch FamRZ 2011, 77). Mit 20 % wäre nur zu rechnen, wenn man die Ersparnis für beide nur aus dem (Mindest-)Bedarf eines Ehegatten herausrechnen wollte.

275 Die Anwendung dieses pauschalierten Satzes (Familienselbstbehalt) auf **nichteheliche Lebensgemeinschaften** hat der BGH abgelehnt. Ein Unterhaltsanspruch des kinderbetreuenden Partners nach § 1615l BGB ist dagegen als sonstige Verpflichtung des Elternunterhaltsschuldners zu berücksichtigen (BGHZ 209, 243 = FamRZ 2016, 887 Rn 23).

276 Der BGH wendet die bei Ehegatten für den besser verdienenden Unterhaltspflichtige entwickelte Methode auch für den anderen Fall an, in dem der Unterhaltspflichtige über das **niedrigere Einkommen** als sein Ehegatte verfügt (BGHZ 200, 157 = FamRZ 2014, 93; FamRZ 2014, 1543). Dies bedeutet **keine verdeckte Schwiegerkindhaftung**. Nach dem BGH stellt die Ermittlung des individuellen Familienbedarfs vielmehr sicher, dass derElternunterhalt nur aus dem Einkommen des Unterhaltspflichtigen gespeist werde. Eine verdeckte Haftung des besserverdienenden Schwiegerkindes sei damit ausgeschlossen. Dem unterhaltspflichtigen Kind verbleibe der Anteil, den es zum Familienbedarf beizutragen habe. Nur sein darüber hinausgehendes Einkommen sei für denElternunterhalt einzusetzen. Damit sei auch gewährleistet, dass sein Ehegatte bei Inanspruchnahme aufElternunterhalt keine weiteren Leistungen erbringen müs-

se, um den Lebensstandard der Familie aufrechtzuerhalten (BGHZ 200, 157 = FamRZ 2014, 93 Rn 27). Daraus ergibt sich, dass der Elternunterhalt – abgesehen von dem zur freien Verfügung geleisteten Taschengeld – nie aus dem Einkommen des Schwiegerkindes zu zahlen ist und der von diesem geschuldete Familienunterhalt zweckentsprechend nur dazu dient, den Ehegatten zu unterhalten. Dass dadurch gleichzeitig dessen eigenes Einkommen teilweise für den Elternunterhalt frei wird, ist die Folge davon, dass seine Lebensverhältnisse günstiger sind als die eines Alleinstehenden (Rn 99, 102; vgl Dose FamRZ 2013, 993, 999 f; Botur, in: Büte/Poppen/Menne, Unterhaltsrecht[3] § 1603 Rn 73b; teilweise **aA** Wohlgemuth FamRZ 2011, 341, 343 f).

Der vom Unterhaltspflichtigen geschuldete **Kindesunterhalt** (Barunterhalt) ist abzuziehen, nicht hingegen der – nicht zu monetarisierende – Betreuungsunterhalt (BGH FamRZ 2017, 711 Rn 9; vgl Rn 200; zur Berechnung des Bedarfs beim Kindesunterhalt s § 1610 Rn 261 f). Zum Einsatz des vom Unterhaltspflichtigen selbst erhaltenen (Bar-)Unterhalts und des Taschengelds wird auf Rn 98 ff verwiesen. 277

cc) Enkelunterhalt, Volljährigenunterhalt bei eigener Lebensstellung

Für den Fall, dass Großeltern unmittelbar oder im Wege der Ersatzhaftung nach § 1607 Abs 2 BGB ihren Enkeln gegenüber unterhaltspflichtig sind **(Enkelunterhalt)**, hat der BGH hinsichtlich des erhöhten Selbstbehalts die gleichen Grundsätze wie beim Elternunterhalt angewendet (BGH FamRZ 2006, 26, 28). Die Selbstbehaltsbeträge, die ein Unterhaltsverpflichteter gegenüber einem minderjährigen oder einem volljährigen Kind verteidigen könne, lägen andere Lebensverhältnisse zugrunde als beim Enkelunterhalt. Eltern müssten regelmäßig damit rechnen, ihren Kindern auch über die Vollendung des 18. Lebensjahres hinaus zu Unterhaltsleistungen verpflichtet zu sein, bis diese ihre Berufsausbildung abgeschlossen haben und wirtschaftlich selbständig sind. Mit einer solchen, der natürlichen Generationenfolge entsprechenden Entwicklung könne indessen weder die Inanspruchnahme auf Elternunterhalt noch der Fall gleichgestellt werden, dass Enkel von ihren Großeltern Unterhalt verlangen, weil die – gemäß § 1606 Abs 2 BGB vorrangig haftenden – Eltern mangels Leistungsfähigkeit oder deswegen ausfielen oder weil die Rechtsverfolgung gegen sie im Sinne von § 1607 Abs 1 und 2 BGB im Inland ausgeschlossen oder wesentlich erschwert sei (BGH FamRZ 2006, 26, 28; FamRZ 2006, 1099; FamRZ 2007, 375). 278

Das gilt auch für den Enkelunterhalt Minderjähriger. Die gesteigerte Unterhaltspflicht nach Abs 2 gilt nicht für die Großeltern (BGH FamRZ 2007, 375; Rn 349). 279

Ob für den Fall, dass der Großelternteil verheiratet ist (ohne dass der Ehegatte selbst Großelternteil des unterhaltsbedürftigen Enkels ist), auch die Grundsätze zum Familienselbstbehalt anwendbar sind, ist bislang noch nicht entschieden, dürfte aber schon deshalb naheliegen, weil der BGH zu der weiteren Fallgruppe, dem Unterhalt für Volljährige mit selbständiger Lebensstellung (Rn 281), bereits auf seine Rechtsprechung zum Elternunterhalt zurückgegriffen hat (BGH FamRZ 2012, 1553 Rn 17 f). 280

Weiterer Anwendungsfall des erhöhten Selbstbehalts ist der Unterhaltsanspruch des **volljährigen Kindes mit eigener Lebensstellung** gegen seine Eltern. Der BGH hat auch für diesen Fall entschieden, dass es nicht zu beanstanden sei, einem Elternteil gegenüber dem Unterhaltsanspruch seines erwachsenen Kindes, das seine bereits 281 erlangte wirtschaftliche Selbstständigkeit wieder verloren habe, einen ebenso erhöhten angemessenen Selbstbehalt zu belassen, wie ihn die unterhaltsrechtlichen Tabellen und Leitlinien für den Elternunterhalt vorsehen (BGH FamRZ 2012, 530; FamRZ 2012, 1553).

282 Das gilt ebenfalls für den sogenannten **Familienselbstbehalt** (BGH FamRZ 2012, 1553 Rn 17 f).

283 Die Gleichsetzung dieser Fallgruppe mit dem Elternunterhalt findet ihre Rechtfertigung, wenn man die hauptsächlichen Fallgruppen des diesbezüglichen Unterhaltsanspruchs betrachtet. Zum einen handelt es sich bei den Unterhaltsbedürftigen um die Volljährigen, die etwa ohne Schulabschluss oder aufgrund von Alkohol- und Drogenproblemen keinen Zugang zum Arbeitsmarkt finden. Für diese macht bereits das Sozialrecht im Hinblick auf den Unterhaltsrückgriff deutliche Einschränkungen (vgl § 33 Abs 2 Nr 2 SGB II). Zum anderen sind die vorübergehend oder dauerhaft voll Erwerbsgeminderten betroffen, die entweder Hilfe zum Lebensunterhalt oder Grundsicherung für Erwerbsgeminderte erhalten. Auch hier ist der Rückgriff des Sozialleistungsträgers weitgehend ausgeschlossen (§ 94 Abs 1 Satz 3, Abs 2 SGB XII). Wenn auch in begrenztem Umfang ein Rückgriff der Sozialleistungsträger auf die Eltern zugelassen ist und die Sozialleistungen weiterhin grundsätzlich subsidiär sind, sind diese Regelungen Ausdruck der Auffassung des Gesetzgebers, dass die Sicherung des Lebensbedarfs in diesen Fällen in stärkerem Maße als Aufgabe der staatlichen Gemeinschaft gesehen wird. Unter Berücksichtigung der von den Eltern regelmäßig zu erwartenden Dauer ihrer Unterhaltspflicht geht der BGH folgerichtig davon aus, dass die Eltern regelmäßig nicht mehr mit ihrer Inanspruchnahme rechnen müssen. Das führt wohlgemerkt nicht zum Entfallen ihrer Unterhaltspflicht, rechtfertigt aber großzügigere Maßstäbe bei der Bemessung des Selbstbehalts (so bereits Staudinger/Engler/Kaiser [2000] Rn 134 mwNw). Zum Teil steht weniger der Vertrauensschutzaspekt im Vordergrund, sondern eher das im Unterhaltsrecht stets zu beachtende Übermaßverbot. Das zeigt sich etwa bei behinderten oder pflegebedürftigen Kindern (§ 94 Abs 2 SGB XII), für die anderenfalls (wie in der Vergangenheit) neben dem von den den Eltern aufzubringenden hohen Maß persönlicher Fürsorge zudem lebenslange Unterhaltspflichten begründet wären.

284 Der regelmäßige Maßstab (Rn 266) findet hingegen Anwendung, wenn das Kind – etwa aufgrund der Geburt eines eigenen Kindes – nach einiger Zeit noch in unterhaltsrechtlich zulässiger Weise eine Erstausbildung absolviert (vgl BGH FamRZ 2011, 1560 sowie FamRZ 2013, 1375; § 1610 Rn 84 ff).

dd) Unterhalt nach § 1615l

285 Nach § 1615l Abs 3 Satz 1 BGB bestimmt sich auch der angemessene Selbstbehalt des zum Betreuungsunterhalt an den nichtehelichen Elternteil Verpflichteten nach den Vorschriften über den Verwandtenunterhalt. Auf diesen ist mithin mangels gesteigerter Unterhaltspflicht (Abs 2) Abs 1 anwendbar.

286 Die Unterhaltspraxis bestimmt diesen entsprechend dem sogenannten **Ehegattenselbstbehalt**. Dies findet seine Rechtfertigung darin, dass die Unterhaltspflicht des nicht Verheirateten mangels rechtlicher Sonderverbindung grundsätzlich nicht weiter reichen kann als die des Ehegatten. Der Ehegattenselbstbehalt bestimmt sich

aufgrund der Rechtsprechung des BGH (BGHZ 166, 351 = FamRZ 2006, 683) nach einem Zwischenbetrag zwischen dem angemessenen Selbstbehalt nach Abs 1 und dem notwendigen Selbstbehalt (vgl BGHZ 210, 124 = FamRZ 2016, 1142 Rn 26). Notwendige Konsequenz daraus ist, dass bei einem höheren Bedarf der Unterhaltsberechtigten nach §§ 1615l Abs 3 Satz 1, 1610 Abs 1 BGB der Unterhaltssanspruch nach § 1603 Abs 1 BGB entsprechend dem **Halbteilungsgrundsatz** zu begrenzen ist, da die Unterhaltshaftung des nichtehelichen Elternteils nicht weiter reichen kann als die des ansonsten in gleicher Lage befindlichen Ehegatten (§ 1609 Rn 41; § 1615l Rn 34; vgl BGHZ 210, 124 = FamRZ 2016, 1142 Rn 24; ERMAN/HAMMERMANN[14] § 1615l Rn 26).

3. Entwicklung der Selbstbehaltssätze seit 2002

Die Selbstbehaltssätze der Düsseldorfer Tabelle haben in den vergangenen Jahren folgende Entwicklung genommen: 287

	1. 1. 2002	**1. 7. 2005**	**1. 7. 2007**	**1. 1. 2011**	**1. 1. 2013**	**1. 1. 2015**
Notw SB						
– erwerbstätig	840	*890*	*900*	*950*	*1000*	*1080*
– nicht erwerbstätig	730	*770*	770	770	*800*	*880*
Angem SB						
– § 1615l (erwt/nicht erwt)	1000	*935/995*	*1000*	*1050*	*1100*	*1200*
– VolljU (grds)	1000	*1100*	1100	*1150*	*1200*	*1300*
– ElternU (ua) **+50 %** Mehreink	1250	*1400*	1400	*1500*	*1600*	*1800*

Beim Selbstbehalt gegenüber dem Unterhalt nach § 1615l BGB ist in der *Düsseldorfer Tabelle 2005* vorübergehend nach erwerbstätigem und nichterwerbstätigen Unterhaltspflichtigen unterschieden worden, was auch in den Leitlinien der Oberlandesgerichte teilweise so gehandhabt wird (vgl SOYKA FamRZ 2005, 1287, 1289 und FamRZ 2007, 1362, 1363 mwNw; BGH FamRZ 2009, 307 Rn 27). 288

Bis 2007 war der Düsseldorfer Tabelle für das Beitrittsgebiet eine **Berliner Vortabelle** vorgeschaltet worden, die den dort geringeren Sozialhilfesätzen Rechnung trug (dazu VOSSENKÄMPER FamRZ 2005, 1290 und FamRZ 2008, 201). Seit der Unterhaltsreform 2007 bedarf es dieser Unterscheidung nicht mehr (vgl KLINKHAMMER FamRZ 2008, 193, 199). 289

4. Gefährdung

Der im ersten Entwurf zum BGB enthaltene Ausdruck „Beeinträchtigung“ (E I § 1482) wurde bei der zweiten Lesung durch das Wort „Gefährdung“ ersetzt, um auch Fälle zu erfassen, in denen die Erfüllung der Unterhaltspflicht eine **zukünftige Beeinträchtigung** des eigenen Unterhalts befürchten lässt (Prot IV 481): Leistungsunfähig ist der Unterhaltsschuldner nicht nur dann, wenn Unterhaltszahlungen an Dritte den eigenen Unterhalt gegenwärtig beeinträchtigen, sondern auch, wenn die 290

Gefahr besteht, dass durch die Unterhaltsgewährung der eigene Unterhalt künftig beeinträchtigt wird.

291 Eine lediglich fernliegende Möglichkeit, dass sich die Verhältnisse ungünstig verändern werden, ist nicht zu berücksichtigen (RG JW 1904, 295). Der Selbstbehalt ist so bemessen, dass der Unterhaltsschuldner den Unterhalt aus seinem Einkommen bestreiten kann. Soweit ein zusätzlicher Vorsorgebedarf anzuerkennen ist (Rn 30; vgl BGH FamRZ 2013, 616 Rn 20), ist dieser vom Einkommen schon vorweg abgezogen. Wenn der Unterhalt aus dem Einkommen aufzubringen ist, braucht daher regelmäßig nicht geprüft zu werden, ob der eigene Unterhalt des Unterhaltspflichtigen in Zukunft gefährdet sein könnte.

292 Bereits feststehende bevorstehende Einkommensverminderungen sind allerdings bei der Unterhaltsfestsetzung zu berücksichtigen. Soweit dies (noch) nicht möglich ist, bleibt der Unterhaltspflichtige bei **wesentlicher Veränderung der Verhältnisse** auf eine Abänderung nach §§ 238, 239 FamFG verwiesen. Das Gleiche gilt für eine nicht titulierte Unterhaltsvereinbarung, die der Abänderung nach § 313 BGB unterliegt.

293 Die künftige Entwicklung ist hingegen in den Blick zu nehmen, wenn sich die Leistungsfähigkeit – mangels ausreichenden Einkommens – erst aus dem Vermögen des Unterhaltspflichtigen ergibt und sich die Frage stellt, ob das Vermögen wegen seines Vorsorgezwecks geschützt bleibt. Dazu wird auf Rn 299 ff verwiesen.

VII. Vermögenseinsatz

294 Ein Unterhaltspflichtiger muss, wenn sein Einkommen zur Zahlung des Unterhalts nicht ausreicht, grundsätzlich auch den **Stamm des Vermögens** einsetzen. Zumal das Gesetz eine allgemeine Billigkeitsgrenze (vgl zum nachehelichen Unterhalt § 1577 Abs 3 BGB und § 1581 Abs 2 BGB) im Bereich des Verwandtenunterhalts nicht enthält, ist auch hinsichtlich des einsetzbaren Vermögens allein auf Abs 1 abzustellen, wonach nicht unterhaltspflichtig ist, wer bei Berücksichtigung seiner sonstigen Verpflichtungen außer Stande ist, ohne Gefährdung seines eigenen angemessenen Unterhalts den Unterhalt zu gewähren. Hierzu außer Stande ist jedoch nicht, wer über verwertbares Vermögen verfügt (BGHZ 169, 59, 67 f = FamRZ 2006, 1511, 1513; BGHZ 75, 272 = NJW 1980, 340 = FamRZ 1980, 43; BGH FamRZ 2013, 203 Rn 33; FamRZ 2013, 1554; FamRZ 1986, 48 = NJW-RR 1986, 66; NJW 1989, 524 = FamRZ 1989, 170).

295 Die Obliegenheit zur Verwertung des Vermögensstamms ist grundsätzlich erst zu prüfen, wenn das Einkommen des Unterhaltspflichtigen zur Unterhaltsbestreitung nicht ausreicht. Eine Obliegenheit begründet für sich genommen keine einklagbare Pflicht (MünchKomm/Ernst[7] Einl §§ 241 ff Rn 14 ff; Staudinger/Olzen [2014] § 241 Rn 124 ff jeweils mwNw). Die **Verletzung der Obliegenheit** hat dementsprechend lediglich zur Folge, dass der Unterhaltspflichtige so zu behandeln ist, als hätte er die Obliegenheit erfüllt. Dem Unterhaltspflichtigen ist folglich ein **fiktiver Erlös** aus der Vermögensverwertung (oder -nutzung) zuzurechnen (BGH FamRZ 2013, 278 Rn 21 mwNw; Wendl/Dose[9] § 1 Rn 632 ff).

296 Eine **weitergehende Rechtsfolge** lässt sich §§ 1601, 1603 BGB hingegen nicht entnehmen. So begründet der Unterhaltsanspruch keinen Anspruch auf Rückforderung einer Schenkung oder Geltendmachung eines Pflichtteilsanspruchs (BGH FamRZ 2013, 278). Auch kann sich der Anspruch nicht unmittelbar auf eine bestimmte Form der Vermögensverwertung richten (vgl BVerfG FamRZ 2005, 1051 mAnm KLINKHAMMER – Annahme eines Darlehensangebots seitens des Unterhaltsberechtigten bzw Sozialhilfeträgers).

Beim Vermögenseinsatz ist zu unterscheiden zwischen der Vermögensnutzung (vor 297
allem Kapitalerträge, Mieteinnahmen und Wohnvorteil; zum Wohnvorteil Rn 62 ff) und der Verwertung des Vermögensstamms. Bei der Vermögensnutzung (Rn 298; allgemein Rn 58 ff) handelt es sich um laufendes (ggf fiktives) Einkommen. Die Verwertung des Vermögensstamms ist in Betracht zu ziehen, wenn das laufende Einkommen zur Bestreitung des Unterhalts nicht ausreicht.

1. Nutzungsobliegenheit

Bei der Ermittlung der Leistungsfähigkeit sind nicht nur die tatsächlich erzielten 298
Einkünfte aus Vermögen zu berücksichtigen (Rn 58 ff; WENDL/DOSE[9] § 1 Rn 600 ff), sondern auch Einkünfte, die der Unterhaltsschuldner bei einer sinnvollen Nutzung seines Vermögens ziehen könnte. Bei nicht ausreichenden tatsächlichen Einkünften muss er sein Vermögen so ertragreich wie möglich und zumutbar nutzen (Nutzungsobliegenheit). So obliegt es dem Unterhaltsschuldner, eine Eigentumswohnung, die er nicht selbst bewohnt, zu vermieten (vgl BGH FamRZ 2014, 923 [nicht angemessene selbst genutzte Immobilie beim Minderjährigenunterhalt]; OLG Brandenburg NZFam 2015, 513 juris Rn 25 [fiktive Mieteinnahmen wegen verschuldeter Mieterkündigung]; OLG Brandenburg 27. 11. 2014 – 9 UF 140/13 juris Rn 19 [nicht realisierte Steuererstattung; dazu WENDL/GERHARDT[9] § 1 Rn 1012]; KG FamRZ 2014, 1031 [LS, nicht realisierter Pflichtteilsanspruch]; OLG Jena NJW-RR 2006, 507; OLG Karlsruhe FamRZ 1998, 1617 [LS]). Bei der Prüfung, ob und welche Nutzung des Vermögens dem Pflichtigen zumutbar ist, müssen die Belange des Unterhaltspflichtigen und des Unterhaltsberechtigten unter Berücksichtigung aller Umstände des Einzelfalls angemessen gegeneinander abgewogen werden. Dabei gelten jedenfalls bei gesteigerter Unterhaltspflicht im wesentlichen die gleichen Maßstäbe wie für die Nutzungsobliegenheit des Unterhaltsberechtigten (§ 1602 Rn 123 f mNw).

2. Substanzverwertung

Genügt die Nutzung des Vermögens (zusammen mit dem sonstigen Einkommen) 299
nicht, um den geschuldeten Unterhalt zu zahlen, obliegt es dem Unterhaltsschuldner – nicht nur bei der gesteigerten Unterhaltspflicht nach Abs 2 –, auch den Stamm seines Vermögens anzugreifen (**Verwertungsobliegenheit**, BGHZ 169, 59, 67 f = FamRZ 2006, 1511, 1513; BGHZ 75, 272 = NJW 1980, 340 = FamRZ 1980, 43; BGH FamRZ 2013, 203 Rn 33; FamRZ 2013, 1554; FamRZ 1998, 367, 369; FamRZ 1986, 48 = NJW-RR 1986, 66; NJW 1989, 524 = FamRZ 1989, 170; FA-FamR[10]/GERHARDT § 6 Rn 276 ff).

a) Verwertbare Vermögensgegenstände (Zweckbestimmung)

Verwertbare **Vermögensgegenstände** sind insbesondere Grundstücke, Barvermögen, 300
Wertpapiere, Forderungen, Beteiligungen (vgl GÖPPINGER/WAX/STROHAL[9] Rn 578 ff). Die Zweckbestimmung ist für die Frage der grundsätzlichen Einsetzbarkeit zunächst unbeachtlich (zur Privilegierung des Altersvorsorgevermögens und der selbstgenutzten Immobilie s Rn 337).

301 Zu beachten sind allerdings **rechtliche Hindernisse**, die einer Verwertung entgegenstehen. Ein Nießbrauch kann für den Unterhalt nicht verwertet werden, weil er nicht übertragbar ist (§ 1059 S 1 BGB). Er kann aber – abgesehen von dem Recht der Nutzziehung durch Vermietung oder Verpachtung – einem anderen zur Ausübung überlassen werden (§ 1059 S 2 BGB). Ein dingliches Wohnrecht kann für den Unterhalt nicht eingesetzt werden, weil es weder übertragbar ist noch Dritten zur Ausübung entgeltlich überlassen werden darf. Besteht der Vermögenswert in einer **Gesellschaftsbeteiligung**, muss dem Unterhaltspflichtigen eine rechtzeitige Verwertung möglich sein. Bei **Miteigentum** ist zunächst eine Auseinandersetzung notwendig, was allerdings die grundsätzliche Verwertbarkeit nicht in Frage stellt (vgl BGH FamRZ 1984, 662; zum Erbanteil vgl BGH FamRZ 1980, 43; zur Teilungsversteigerung s BGH FamRZ 2014, 285). Dabei ist allerdings stets zu berücksichtigen, dass Leistungsfähigkeit und Bedürftigkeit **zeitlich kongruent** sein müssen (Büttner NDV 1999, 292, 293; vgl Rn 7; § 1601 Rn 5).

302 Widerspricht der Ehegatte des Unterhaltsschuldners in Fällen des **§ 1365 BGB** der Veräußerung, so ist zu prüfen, ob der Unterhaltspflichtige gemäß § 1365 Abs 2 BGB die Zustimmung erwirken kann (vgl – im Einzelfall verneinend – LG Heidelberg FamRZ 1998, 164; Schibel NJW 1998, 3449, 3453; Büttner NDV 1999, 292).

b) Art und Weise der Verwertung (Veräußerung, Beleihung)

303 Zur Verwertung des Vermögensstammes muss der Unterhaltsschuldner die Vermögensgegenstände, etwa Grundstücke, **veräußern** oder als **Sicherheit für ein Darlehen** einsetzen, das er aufnimmt, um Unterhalt zahlen zu können (BGHZ 75, 272 = NJW 1980, 340 = FamRZ 1980, 43; NJW 1982, 1641 = FamRZ 1982, 678; FamRZ 1986, 48 = NJW-RR 1986, 66 [Veräußerung eines Ferienhauses]; OLG Dresden FamRZ 1999, 396; Göppinger/Wax/Strohal[9] Rn 572; Büttner NDV 1999, 292).

304 Erweist sich der Verkauf eines Hauses oder einer Eigentumswohnung als schwierig, ist der Unterhaltsschuldner gehalten, Haus oder Wohnung zu vermieten (BGH FamRZ 2014, 923 Rn 17 ff; FamRZ 1984, 358; FamRZ 1988, 145; Wendl/Dose[9] § 1 Rn 635; s Rn 298).

3. Zumutbarkeit, Vermögensfreigrenzen

305 Die Pflicht, das Vermögen zu verwerten, gilt nicht uneingeschränkt. Einschränkungen der Obliegenheit zum Einsatz des Vermögensstammes ergeben sich daraus, dass nach dem Gesetz auch die sonstigen Verpflichtungen des Unterhaltsschuldners zu berücksichtigen sind und er seinen eigenen angemessenen Unterhalt nicht zu gefährden braucht. Daraus folgt, dass eine Verwertung des Vermögensstammes nicht verlangt werden kann, wenn sie den Unterhaltsschuldner von fortlaufenden Einkünften abschneiden würde, die er zur Erfüllung weiterer Unterhaltsansprüche oder anderer berücksichtigungswürdiger Verbindlichkeiten oder zur Bestreitung seines eigenen Unterhalts benötigt (BGHZ 169, 59, 67 f = FamRZ 2006, 1511, 1513). Insbesondere muss auch im Hinblick auf das Vermögen der eigene angemessene Unterhalt des Verpflichteten nach Abs 1 (beim Minderjährigenunterhalt der notwendige Selbstbehalt) gewahrt bleiben.

306 Daraus folgt (nur), dass das Vermögen nicht für den Unterhalt einzusetzen ist, wenn

es wegen eines unzureichenden Einkommens zur Auffüllung des monatlichen Einkommens bis zum **Selbstbehalt** benötigt wird. Soweit das Vermögen in zulässiger Weise zur **Altersvorsorge** vorgesehen ist, ist es ebenfalls nicht für den Unterhalt einzusetzen, soweit es mit Blick auf den in der Zukunft zu wahrenden Selbstbehalt benötigt wird (vgl BGH FamRZ 2013, 203 Rn 37). Schließlich dient das **selbstgenutzte Familienheim** auch dem künftigen eigenen Unterhalt des Unterhaltspflichtigen. Hier gelten zudem besondere Regeln bezüglich der Vermögensverwertung (vgl auch BGH FamRZ 2017, 519 Rn 33 f – Abzug von Hauslasten beim Elternunterhalt).

a) Gefährdung des Selbstbehalts

Die Obliegenheit zur Verwertung des Vermögensstammes ist dadurch **eingeschränkt**, 307 dass der **eigene angemessene Unterhalt des Unterhaltspflichtigen** nicht gefährdet werden darf. Soweit der Unterhaltspflichtige die Einkünfte aus seinem Vermögen, die durch dessen Verwertung entfallen würden, für seinen eigenen Unterhalt und für berücksichtigungswürdige Verbindlichkeiten benötigt, ist er nicht verpflichtet, den Stamm seines Vermögens anzugreifen (BGHZ 169, 59, 67 f = FamRZ 2006, 1511, 1513; BGHZ 75, 272 = NJW 1980, 340 = FamRZ 1980, 43; FamRZ 1986, 48 = NJW-RR 1986, 66; NJW 1989, 524 = FamRZ 1989, 170; Göppinger/Wax/Strohal[9] Rn 574 mwNw).

Eine Verwertung des Vermögensstamms kann daher nicht verlangt werden, wenn sie 308 den Unterhaltsschuldner von fortlaufenden Einkünften abschneiden würde, die er zur Erfüllung weiterer Unterhaltsansprüche oder anderer berücksichtigungswürdiger Verbindlichkeiten oder zur Bestreitung seines eigenen Unterhalts benötigt. Zum eigenen angemessenen Unterhalt gehört grundsätzlich auch eine angemessene Altersvorsorge, die allein durch die gesetzliche Rente und Beamtenversorgung in Zukunft nicht mehr gewährleistet sein wird (BGH FamRZ 2017, 519; FamRZ 2004, 1179, 1182; FamRZ 2004, 792 f; FamRZ 2013, 363 Rn 35; Wendl/Wönne[9] § 2 Rn 949 – jeweils zum Elternunterhalt; zu den Besonderheiten bei gesteigerter Unterhaltspflicht s Rn 365 ff sowie den Fall des BGH FamRZ 2014, 923).

Gegebenenfalls wird der Unterhaltspflichtige gehalten sein, sein **Vermögen umzuschichten**. 309

Erfolgt die Verwertung durch **Beleihung** einer Immobilie oder eines anderen Ver- 310 mögensgegenstands, setzt dies voraus, dass der Unterhaltsschuldner die monatlichen Kreditraten ohne Gefährdung seines Selbstbehalts aufbringen kann (zur Veräußerung landwirtschaftlich genutzter Grundstücke s Wendl/Dose[9] § 1 Rn 627 mwNw).

aa) Vorsorgevermögen

Der angemessene Unterhalt des Unterhaltspflichtigen muss für seine gesamte vo- 311 raussichtliche Lebensdauer gesichert bleiben (BGH NJW 1989, 524 = FamRZ 1989, 170; OLG Hamm FamRZ 1997, 1537; OLG Bamberg FamRZ 1999, 1019). Vermögen, das zur **Sicherung der Altersversorgung** dient, ist dem Unterhaltsschuldner – in weiterem Umfang als dem Unterhaltsberechtigten (§ 1602 Rn 127 f) – zu belassen (s Rn 308). Nur so können Unterhaltsschuldner, die zur Alterssicherung Vermögen einsetzen, den sozialversicherungspflichtig beschäftigten Unterhaltsschuldnern gleichgestellt werden, deren Versorgungsanrechte in der gesetzlichen Rentenversicherung dem Zugriff der Unterhaltsgläubiger entzogen sind. Allerdings ist es unterhaltsrechtlich nicht hinnehmbar, dass der Unterhaltsschuldner seine Altersversorgung ausschließlich durch Einkünfte aus seinem Vermögen sicherstellt (und der Stamm des Vermögens damit letztlich den Erben erhalten bleibt; vgl Wendl/Dose[9] § 1 Rn 608). Vielmehr muss er sein Vermögen so einsetzen, dass es bis zu seinem voraussichtlichen Lebensende verbraucht ist (vgl BGH FamRZ 2013, 203 Rn 37).

312 Für den nicht erwerbstätigen **Ehegatten** des Unterhaltspflichtigen ist grundsätzlich keine zusätzliche Altersvorsorge zu berücksichtigen (BGHZ 205, 165 = FamRZ 2015, 1172 – auch zu möglichen Ausnahmen; vgl auch BGHZ 196, 21 = FamRZ 2013, 363 Rn 26). Der BGH hat dies damit begründet, dass es dem erwerbstätigen Ehegatten im Rahmen des Familienunterhalts obliege, für dessen Alter vorzusorgen. Dabei partizipiere der Unterhaltspflichtige nicht nur an der primären Altersversorgung, sondern auch an der sekundären. So wie die Ehegatten in einer Hausfrauenehe während der aktiven Zeit des erwerbstätigen Ehegatten von dessen Einkommen lebten, lebten sie nach Renteneintritt von dessen Rente nebst Zusatzversorgung (BGHZ 205, 165 = FamRZ 2015, 1172 Rn 35). In der Tat würden die Ehegatten durch eine auch für den nicht erwerbstätigen Ehegatten angesparte Zusatzversorgung ihren Lebensstandard gegenüber der Zeit vor dem Renteneintritt durch ein Zusatzeinkommen anheben, was nicht zu Lasten des Unterhalts gehen darf.

313 Keine Voraussetzung der Vermögensverwertung ist, dass das Vermögen ausreicht, um den Bedarf des Unterhaltsberechtigten für dessen voraussichtliche Lebensdauer zu decken (**aA** OLG Hamm FamRZ 1997, 1537 – zum Ehegattenunterhalt).

314 Mit dem Erreichen der Regelaltersgrenze durch den Unterhaltsschuldner ist der Versorgungsfall eingetreten und ein weiteres Ansparen im Rahmen der Leistungsfähigkeit grundsätzlich nicht mehr als Einkommensabzug zu berücksichtigen (zum Ausnahmefall des vorzeitigen Rentenbezugs s BGHZ 186, 350 = FamRZ 2010, 1535 Rn 26). Verwertbares Vermögen des Unterhaltspflichtigen muss daher, soweit es ein Einkommen oberhalb des angemessenen Selbstbehalts ergibt, für den Unterhalt eingesetzt werden. Die Höhe kann in der Weise ermittelt werden, dass das angesparte Vorsorgevermögen in eine an der statistischen Lebenserwartung des Unterhaltspflichtigen orientierte Monatsrente umgerechnet und dessen Leistungsfähigkeit aufgrund des so ermittelten (Gesamt-)Einkommens nach den für den Einkommenseinsatz geltenden Grundsätzen bemessen wird (BGH FamRZ 2013, 203 Rn 37 – Elternunterhalt).

316 Man könnte zwar einwenden, dass bis zum Renteneintritt zuviel Schonvermögen belassen werde, wenn der Unterhaltspflichtige daraus später Beiträge für den Unterhalt aufbringen kann. Das liegt aber bei der gesetzlichen Rente nicht anders, wenn das später erzielte Renteneinkommen eine unterhaltsrechtliche Leistungsfähigkeit begründet. Schließlich lässt sich für den Unterhaltspflichtigen in Anbetracht der Unsicherheiten seiner späteren Erwerbsbiografie ohnedies nicht sicher voraussagen, ob später eine Leistungsfähigkeit bestehen wird oder nicht. Der pauschale Abzug von 4 % bzw 5 % des Bruttoeinkommens ist mithin gerechtfertigt, steht aber gleichzeitig einer erneuten Beurteilung der Leistungsfähigkeit nach Renteneintritt des Unterhaltspflichtigen nicht entgegen (vgl auch BGH FamRZ 2015, 1694 – zur Abänderung beim Ehegattenunterhalt).

317 Ein zusätzlicher Betrag für die (ergänzende) **Pflegevorsorge** ist dagegen grundsätzlich nicht anzuerkennen. Das liegt darin begründet, dass sich der Pflegefall des

Unterhaltsschuldners – wie der des Unterhaltsberechtigten – als außergewöhnliche Entwicklung nicht (jedenfalls nicht der Altersvorsorge vergleichbar) prognostizieren lässt. Zwar sind Beiträge für die sozialen oder privaten Pflegeversicherung anzuerkennen und vom Einkommen abzuziehen. Das beruht aber darauf, dass es sich um eine Pflichtversicherung handelt und der Unterhaltspflichtige diese nicht abwenden kann. Wäre auch ein zusätzliches Schonvermögen für eine etwaige spätere Pflegebedürftigkeit des Unterhaltsschuldners zu berücksichtigen, so würde dies dazu führen, dass ganz wesentliche Vermögensbeträge für ein Risiko reserviert werden müssten, dessen Eintritt nicht einmal überwiegend wahrscheinlich wäre und sich überdies nicht quantifizieren ließe. Steht demgegenüber eine ihrer Natur nach in den meisten Fällen nur vorübergehende Unterhaltspflicht, so wäre nicht einzusehen, dass das freie Ansparen einer zusätzlichen Pflegevorsorge den Unterhaltspflichtigen von seiner Leistungspflicht entbinden sollte. Insbesondere gegenüber dem Minderjährigenunterhalt und dem Ausbildungsunterhalt Volljähriger erscheint ein zusätzliches Schonvermögen mit dem Zweck der Pflegevorsorge daher nicht gerechtfertigt. Dass der Unterhaltspflichtige eine übliche und angemessene Pflegezusatzversicherung unterhält und diese im Einzelfall – ohnedies abhängig von der vertraglichen Ausgestaltung – nicht einsatzfähig ist, wird dadurch allerdings nicht ausgeschlossen.

Eine Ausnahme gilt, wenn bereits ein besonderer Bedarf des Unterhaltspflichtigen etwa aufgrund einer unfallbedingten Querschnittslähmung auch für die Zukunft schon absehbar ist (BGH FamRZ 1989, 170 = NJW 1989, 524 – Minderjährigenunterhalt). Der Fall unterscheidet sich vom Regelfall dadurch, dass sich das Risiko für einen künftig erhöhten eigenen Bedarf bereits verwirklicht hat. 318

bb) Selbstgenutzte Wohnimmobilie

Die Verwertung eines den Verhältnissen des Unterhaltsschuldners angemessenen **Familienwohnheims** kann der Berechtigte außerhalb der gesteigerten Unterhaltspflicht regelmäßig nicht verlangen (BGH FamRZ 1986, 48 = NJW-RR 1986, 66; zur Anrechenbarkeit des Wohnvorteils s Rn 62). Auch die selbstgenutzte Immobilie dient der Befriedigung des Unterhaltsbedarfs des Schuldners selbst und gegebenenfalls weiterer Familienangehöriger und erspart zugleich Mietaufwendungen. Insofern besteht demnach keine Verwertungspflicht, wenn es sich um ein den jeweiligen Verhältnissen angemessenes Wohneigentum handelt (BGHZ 154, 247 = FamRZ 2003, 1179, 1181). 319

Der Unterhaltspflichtige hat zwar im Alter keine Mietkosten zu bestreiten und kann seinen Lebensstandard dann mit geringeren Einkünften aus Einkommen und Vermögen sichern (vgl BGHZ 169, 59, 75 = FamRZ 2006, 1511, 1515 – Elternunterhalt). Diese Betrachtung ist indessen erst nach dem Renteneintritt anzustellen (s Rn 314 sowie BGH FamRZ 2013, 203 Rn 38 – Elternunterhalt). 320

Die Frage, ob die Wohnimmobilie zum allgemeinen Vorsorgevermögen zählt, hat der BGH verneint (BGH FamRZ 2013, 1554 Rn 39). Dies führt dazu, dass der Unterhaltspflichtige als Eigentümer eines selbstgenutzten Familienwohnheims besser steht, als wenn er sein Altersvorsorgevermögen in anderer Anlageform bildet (Wertpapiere, Unternehmensbeteiligungen, Lebensversicherungen etc). Insoweit bleibt auch abweichend von allgemeinen Grundsätzen selbst im ungewöhnlichen Fall einer 321 bis zum Lebensende fortwährenden Unterhaltspflicht beim Tod des Unterhaltspflichtigen noch ein beträchtlicher Vermögensteil für die Erben übrig (vgl als Gegenbeispiel die Entscheidung der Vorinstanz zu BVerfG FamRZ 2005, 1051). Diese Besserstellung ist dadurch zu rechtfertigen, dass dem Unterhaltspflichtigen jedenfalls im Rahmen der allgemeinen, nicht gesteigerten Unterhaltspflicht nach Abs 1 auch im Rentenalter regelmäßig nicht zuzumuten ist, sein selbstgenutztes Familienwohnheim zu veräußern, um daraus seinen eigenen und den Bedarf des Unterhaltsberechtigten zu bestreiten. Für den Unterhalt ist dann allerdings der Wohnvorteil zu berücksichtigen.

cc) Vermögensfreigrenzen und Notgroschen

322 Dem Unterhaltspflichtigen muss das Vermögen verbleiben, das er zur Bestreitung seines eigenen Unterhalts (und vorrangiger Unterhaltsansprüche, Verpflichtungen) benötigt. Bei anerkennungsfähiger Altersvorsorge gilt dies auch für seinen künftigen Unterhalt.

323 Die **Höhe des freizustellenden Altersvorsorgevermögens** entspricht dem für diese zu billigenden Einkommensabzug. Sie beträgt nach der Rechtsprechung des BGH beim Elternunterhalt 5% des durchschnittlichen Bruttoeinkommens. Beim Ehegattenunterhalt hat der BGH einen zusätzlichen Betrag von 4% des Bruttoeinkommens gebilligt. Der jeweilige Abzug ist – mangels anderslautender Anhaltspunkte bezogen auf das gesamte bisherige Berufsleben des Unterhaltspflichtigen und einschließlich Verzinsung zu berechnen.

Rn 324 ist frei.

325 Der **BGH** billigt dem Unterhaltspflichtigen zudem wie dem Unterhaltsberechtigten (§ 1602 Rn 128) einen sogenannten **Notgroschen** zu (BGH FamRZ 2013, 1554 Rn 36 ff; BGHZ 205, 165= FamRZ 2015, 1172 Rn 29; FamRZ 2004, 370; so bereits Staudinger/Engler/Kaiser [2000] Rn 180 mwNw). Dem Unterhaltsberechtigten sei eine gewisse Vermögensreserve als sogenannter Notgroschen für Fälle plötzlich auftretenden (Sonder-)Bedarfs zu belassen. Für die Mindesthöhe hatte der BGH in einer früheren Entscheidung auf den Schonbetrag nach § 88 Abs 1 Nr 1 BSHG in Verbindung mit der betreffenden Durchführungsverordnung verwiesen (BGH FamRZ 2004, 370, 371).

326 Für den **Unterhaltspflichtigen** kann nach dem BGH im Grundsatz nichts anderes gelten (BGH FamRZ 2013, 1554 Rn 37, auch für das Folgende). Auch bei ihm könne sich aus den Wechselfällen des Lebens ein unerwarteter Bedarf ergeben, den er aus seinem laufenden Einkommen nicht zu befriedigen vermag. Hinsichtlich der Höhe eines Notgroschens sei aufseiten des Unterhaltspflichtigen aber grundsätzlich ein großzügigerer Maßstab als beim Unterhaltsberechtigten anzulegen, der fremde Hilfe zur Deckung seines Lebensbedarfs in Anspruch nehme. Deshalb stelle der sozialhilferechtliche Schonbetrag die untere Grenze dar. Die Höhe eines Betrages für Notfälle lasse sich nicht pauschal festlegen. Vielmehr hänge es von den Umständen des Einzelfalls, wie den Einkommensverhältnissen und sonstigen Unterhaltsverpflichtungen, ab, in welchem Umfang hierfür Mittel zu belassen seien. Im zum Elternunterhalt entschiedenen Einzelfall eines alleinstehenden, kinderlosen Unterhaltspflichtigen, der über ein Erwerbseinkommen unterhalb des Selbstbehalts verfügte, erscheine jedenfalls ein Betrag von 10 000 € ausreichend.

b) Nachteilige Verwertungsfolgen

327 Allgemein braucht der Unterhaltsschuldner den Stamm seines Vermögens nicht zu verwerten, wenn dies für ihn mit einem **wirtschaftlich nicht mehr vertretbaren Nachteil** verbunden wäre (BGH FamRZ 1986, 48). Ein wirtschaftlicher Nachteil in diesem Sinne kann aber nicht schon darin liegen, dass dem Unterhaltsschuldner das Vermögen wegen der gebotenen Verwertung und der Verwendung des Erlöses für den Unterhalt verloren geht. Als wirtschaftlicher Nachteil wäre dagegen anzusehen, dass das Vermögen deutlich unter Wert veräußert werden müsste. Ob dies der Fall ist und ob der Nachteil nicht mehr zu vertreten ist, ist im Einzelfall anhand der Gesamtumstände und zu beurteilen.

328 In diesem Rahmen steht etwa die Aussicht auf künftige Preissteigerungen dem Verkauf eines Baugrundstücks nicht entgegen (BGHZ 75, 272 = NJW 1980, 340 = FamRZ 1980, 43). Auch dass bei vorzeitiger Auflösung einer Kapital-Lebensversicherung nicht der volle Überschussanteil zufließt (vgl BGHZ 164, 297 = NJW 2005, 3559; BGH NJW 2013, 3580), macht die Verwertung als solche nicht unzumutbar (vgl Wendl/Dose[9] § 1 Rn 629).

c) Weitere Zumutbarkeitsgesichtspunkte

329 Nach einer Andeutung des BGH in einer zum Elternunterhalt ergangenen Entscheidung (BGH FamRZ 2004, 1184, 1186) soll grundsätzlich zudem davon auszugehen sein, dass Vermögen, welches angemessene Erträge abwirft, nicht verwertet werden müsse (unter Bezugnahme auf Schibel NJW 1998, 3449, 3452, der auf die Anrechenbarkeit der Erträge als Einkommen verweist). Dass das Vermögen angemessene Erträge abwirft, kann für sich genommen aber nicht ausschlaggebend sein. Dies widerspräche dem aus Abs 1 herzuleitenden Grundsatz, dass der Wegfall von Erträgen die Verwertung nur hindert, wenn diese für den eigenen angemessenen Unterhalt des Unterhaltspflichtigen notwendig sind (vgl Rn 308, 311). Nur insoweit steht der Wegfall des Kapitals als Ertragsquelle einer Verwertung entgegen. Der für die allgemeine Vermögensverwaltung geltende Grundsatz der möglichst rentierlichen Kapitalanlage hat für den Vermögenseinsatz beim Verwandtenunterhalt allenfalls dann Bedeutung, wenn die Verwertung unwirtschaftlich ist und sich daraus die Unzumutbarkeit (Unverhältnismäßigkeit) der Vermögensverwertung ergibt (vgl Rn 327 f).

330 Bei den genannten Zumutbarkeitskriterien handelt es sich nicht um eine abschließende Aufzählung. Zudem kann sich eine Unzumutbarkeit der Vermögensverwertung oder -umschichtung im Einzelfall aus der Kumulation mehrerer Kriterien ergeben, die für sich genommen noch nicht zur Unzumutbarkeit führen. Ferner ist stets die Besonderheit des jeweiligen Unterhaltsverhältnisses zu beachten, welches niedrigere oder höhere Anforderungen an die Verwertungsobliegenheit stellen kann.

d) Besonderheiten der einzelnen Unterhaltsverhältnisse

331 Die beim Unterhalt aus Einkommen je nach den unterschiedlichen Anforderungen an die Obliegenheiten des Unterhaltsschuldners vorzunehmende Differenzierung gilt im Grundsatz beim Unterhalt aus Vermögen ebenfalls. Strengere Anforderungen gelten dementsprechend für den Vermögenseinsatz in den Fällen der gesteigerten Unterhaltspflicht nach Abs 2.

aa) Unterhalt Minderjähriger und privilegierter Volljähriger

332 Hinsichtlich des eigenen Unterhalts des Unterhaltspflichtigen **(Selbstbehalt)** gelten die allgemeinen Grundsätze (Rn 299) mit der Besonderheit, dass nicht auf den angemessenen, sondern auf den notwendigen Selbstbehalt (Rn 238 ff) abzustellen ist.

333 Hinsichtlich der **Altersvorsorge** können in Anbetracht der gesteigerten Unterhaltspflicht die zu Abs 1 zu errechnenden Schonbeträge nicht gelten. Diese sind beim Elternunterhalt und Ehegattenunterhalt (entsprechend gültig beim nicht privilegierten Volljährigenunterhalt) aus dem für die zusätzliche Altersvorsorge zugelassenen Einkommensabzug hergeleitet worden. Da beim strengeren Maßstäben unterliegenden und naturgemäß nur für eine absehbare Zeit zu leistenden Minderjährigenunterhalt ein solcher Abzug nicht anzuerkennen ist (BGH FamRZ 2013, 278; vgl Rn 30), ist ein entsprechender Schonbetrag hier nicht gerechtfertigt.

334 Bei der **selbstgenutzten Wohnimmobilie** ist ein strengerer Maßstab anzulegen, was sich bereits in der Zurechnung des vollen (statt des angemessenen Wohnwerts) niederschlägt (BGH FamRZ 2014, 932 Rn 19; vgl auch BGH FamRZ 1986, 48). Dementsprechend ist etwa der Unterhaltspflichtige, der allein in einem Einfamilienhaus verblieben ist, zur Sicherung des Mindestunterhalts gehalten, das für ihn zu groß gewordene Hausgrundstück in der Form einzusetzen, dass er es ganz oder teilweise vermietet oder aber veräußert (vgl OLG Brandenburg FamRZ 2013, 1139; OLG Köln FamRZ 2006, 809; KG FamRZ 2004, 1745; Wendl/Dose[9] § 1 Rn 620; vgl auch OLG Frankfurt NJW 2015, 3105 – zum Einsatz des aus einer Veräußerung der Familienimmobilie verbliebenen Erlöses).

335 Ein sog **Notgroschen** muss grundsätzlich auch dem nach Abs 2 gesteigert Unterhaltspflichtigen belassen werden (OLG Jena NJW-RR 2015, 1475, 1477; vgl auch OLG Karlsruhe FamRZ 2012, 1573; KG Berlin 27. 1. 2016 – 13 UF 234/14 – juris Rn 43 mwNw – jeweils zum Vermögenseinsatz des unterhaltsberechtigten volljährigen Kindes).

bb) Sonstiger Verwandtenunterhalt (Volljährigenunterhalt, Elternunterhalt, Enkelunterhalt)

336 Auch jenseits der gesteigerten Unterhaltspflicht Abs 2 kann den barunterhaltspflichtige Elternteil die Obliegenheit treffen, seinen Vermögensstamm für den Kindesunterhalt einzusetzen, wenn dies der Billigkeit entspricht (BGH FamRZ 1986, 48). Bei der Gefährdung des Selbstbehalts ist auf den höheren Selbstbehalt (Rn 264 ff) abzustellen.

337 Beim Elternunterhalt ist dem Unterhaltsschuldner die angemessene **selbstgenutzte Wohnimmobilie** neben der zusätzlichen Altersvorsorge zu belassen (BGH FamRZ 2013, 1554 Rn 39; vgl Engels FF 2013, 56). Ob auch eine nicht mehr angemessene, weil zu große Immobilie verwertet werden muss, dürfte insoweit von Zumutbarkeitsgesichtspunkten abhängen. Hier könnten die bei der Wohnwertbemessung großzügigeren Maßstäbe ebenfalls Anwendung finden (vgl BGH FamRZ 2003, 1179, 1180 f; BGH FamRZ 2014, 923 Rn 19; FamRZ 2014, 538).

338 Bei der Berechnung des angemessenen Betrages der **zusätzlichen Altersvorsorge** ist mit dem Vermögen zu rechnen, das der Unterhaltspflichtige innerhalb seiner bisherigen Berufstätigkeit mit dem Abzug von 5 % des Bruttoeinkommens ansparen konnte, wobei die Anlageform keine Rolle spielt (BGHZ 169, 59 = FamRZ 2006, 1511,

1516; FamRZ 2013, 1554 Rn 27 ff mwNw). Ferner ist die Verzinsung des angesparten Kapitals während der Ansparphase zu berücksichtigen (BGH FamRZ 2013, 1554 Rn 27 ff mwNw: Verzinsung mit 4 %). Für den nicht erwerbstätigen Ehegatten des Unterhaltspflichtigen ist grundsätzlich keine zusätzliche Altersvorsorge zu berücksichtigen (BGHZ 205, 165 = FamRZ 2015, 1172 – auch zu möglichen Ausnahmen).

Im Rahmen des nicht privilegierten Volljährigenunterhalts sind die angesparten Beträge mit 4 % des Bruttoeinkommens zu bemessen (vgl Rn 30). **339**

Hinsichtlich des Notgroschens (BGH FamRZ 2013, 1554 Rn 35 ff; BGHZ 205, 165= FamRZ 2015, 1172 Rn 29, 43) wird auf Rn 325, 335 verwiesen. **340**

Beispiel (Elternunterhalt): Der 50-jährige alleinstehende Unterhaltspflichtige S wird auf Elternunterhalt in Anspruch genommen. Sein monatliches bereinigtes Nettoeinkommen liegt (einschließlich Wohnvorteil und abzüglich 5 % zusätzlicher Altersvorsorge vom Bruttoeinkommen) bei 1800 €. S ist Eigentümer einer lastenfreien Eigentumswohnung (55 qm) im Wert von 150 000 €. Außerdem verfügt er über eine Lebensversicherung im Wert von 80 000 € (Rückkaufswert mit Überschussanteilen). **341**

Die zusätzliche Altersvorsorge ist bei einer angenommenen Dauer des bisherigen Berufslebens von 30 Jahren und einem durchschnittlichen Bruttoeinkommen von 2500 € wie folgt zu berechnen: 5 % x 2500 € x 30 (Jahre) x 12 (Monate) = 45 000 €. Zuzüglich Verzinsung von (überschlägig) 25 000 € ergibt sich eine angemessene zusätzliche Altersvorsorge von 70 000 €.

Leistungsfähigkeit aus Einkommen: 1800 € ./. 1800 € (Mindestselbstbehalt nach Düsseldorfer Tabelle – Stand 2018) = 0

Leistungsfähigkeit aus Vermögen:

Eigentumswohnung: Diese ist als angemessene selbstgenutzte Immobilie nicht einsetzbar.

Lebensversicherung: 80 000 € ./. 70 000 € (angemessene zusätzliche Altersvorsorge) = 10 000 € ./. 10 000 € (Notgroschen) = 0.

S ist demnach mangels Leistungsfähigkeit gemäß § 1603 Abs 1 BGB nicht zum Elternunterhalt verpflichtet.

cc) Unterhalt nach § 1615l

Beim Vermögenseinsatz im Rahmen des Unterhalts nach § 1615l BGB wird in der Rechtsprechung auf die Kriterien des Ehegattenunterhalts zurückgegriffen (vgl OLG Hamm FamRZ 2011, 1600; näher Wendl/Dose[9] § 1 Rn 422). **342**

Wegen der Einzelheiten wird auf die Kommentierung zu § 1615l BGB verwiesen. **343**

VIII. Gesteigerte Unterhaltspflicht, Abs 2 („alle verfügbaren Mittel", „gleichmäßig")

1. Allgemeines

344 Gegenüber minderjährigen **Kindern** trifft die Eltern gem § 1603 Abs 2 S 1 BGB eine gesteigerte Unterhaltspflicht (durch das *Gesetz zur Bekämpfung von Kinderehen* vom 17. 7. 2017 [BGBl I 2429] ist das zusätzliche Merkmal „unverheirateten" mit Wirkung ab 22. 7. 2017 gestrichen worden): **Eltern**, die nach Abs 1 leistungsunfähig sind, sind nach Abs 2 S 1 verpflichtet, alle verfügbaren Mittel gleichmäßig zu ihrem und zum Unterhalt der Kinder zu verwenden. Obwohl es sich bei der Unterhaltspflicht der Eltern gegenüber ihren minderjährigen Kindern um den wichtigsten Fall der verwandtschaftlichen Unterhaltspflicht handelt, regelt das Gesetz sie als Ausnahme von der „normalen" Unterhaltspflicht als **„gesteigerte" Unterhaltspflicht**. Das Kindesunterhaltsgesetz vom 6. 4. 1998 (BGBl I 666) hat mit Abs 2 S 2 den minderjährigen Kindern die volljährigen Kinder bis zur Vollendung des 21. Lebensjahres gleichgestellt, die sich in der allgemeinen Schulausbildung befinden und im Haushalt eines Elternteils leben (Rn 351).

345 An die Stelle des Selbsterhaltungsgrundsatzes nach Abs 1 (Rn 1) tritt im Verhältnis der Eltern zu ihren minderjährigen Kindern der **Grundsatz der gleichmäßigen Teilung**. Er beruht auf der besonderen Verantwortung der Eltern für ihre Kinder (Mot IV 686; Art 6 Abs 2 GG; BGH NJW 1980, 934 = FamRZ 1980, 555; NJW 1980, 2414 = FamRZ 1980, 1113). Das Gesetz selbst sieht anders als nach Abs 1 **keine Untergrenze** der Haftung (Selbstbehalt) vor. Das kam in der Redaktorenvorlage (Planck) zum E I (§ 291 Abs 2 TE-FamR) noch deutlicher zum Ausdruck, nach dem Eltern nicht „den standesmäßigen oder auch nur den nothdürftigen Unterhalt für sich vorwegnehmen" durften. Die 1. Kommission gab insoweit lediglich der beantragten „weniger scharfen Fassung" den Vorzug, welche aber sachlich vom Entwurf nicht abzuweichen bezweckte (Jakobs/Schubert, Familienrecht II S 252).

346 Uneingeschränkt gilt der Teilungsgrundsatz allerdings nur, wenn ein unterhaltspflichtiger Elternteil mit seinem Kind zusammenlebt, weil dann aus einem Topf gewirtschaftet wird, § 1360a BGB (Büttner FamRZ 1990, 459, 460; zum Verhältnis zwischen Ehegatten vgl BGHZ 201, 124 = FamRZ 2016, 1142 Rn 19). Bei getrennten Elternteilen ist an dessen Stelle der am Existenzminimum orientierte **notwendige Selbstbehalt** getreten.

347 Der **BGH** hat verschiedentlich betont, dass die gesteigerte Unterhaltspflicht auf der besonderen Verantwortung der Eltern nicht nur für den notwendigen, sondern auch für den **angemessenen Unterhalt** der Kinder beruhe (BGH FamRZ 2014, 923 Rn 19 – zum Wohnwert; FamRZ 2013, 616 Rn 18; FamRZ 2003, 1171, 1173; FamRZ 2000, 1538; ebenso noch Wendl/Klinkhammer[9] § 2 Rn 366). Dabei ist allerdings zu berücksichtigen, dass der Unterhaltsbedarf der Kinder sich von der Lebensstellung der Eltern ableitet (§ 1610 Rn 256). Ist aber der barunterhaltspflichtige Elternteil nach dem Maßstab des Abs 1 nicht leistungsfähig (nur dann kommt Abs 2 zur Anwendung), so wird auch der Bedarf des Kindes, der sich vom Einkommen des Elternteils ableitet, nicht über den **Mindestunterhalt** hinausgehen. Daher sollte bei zutreffender Bedarfsbemessung keine Diskrepanz zwischen angemessenem Unterhalt und Mindestunterhalt entste-

hen. Die gesteigerte Unterhaltspflicht greift also im Ergebnis nur ein, wenn ohne sie der Mindestunterhalt des Kindes nicht gewahrt wäre (so auch – allerdings ohne nähere Begründung – BGH FamRZ 2012, 1048 Rn 14). Das steht mit dem Abs 2 zugrunde liegenden Gedanken der gleichmäßigen Verteilung der verfügbaren Mittel zwischen Unterhaltspflichtigem und Unterhaltsberechtigtem im Einklang.

Besteht die gesteigerte Unterhaltspflicht gegenüber mehreren Kindern, so sind die **348**
verfügbaren Mittel nach Abzug des notwendigen Selbstbehalts unter den Kindern im Verhältnis der einzelnen Bedarfsbeträge aufzuteilen (**Mangelfallberechnung**; näher Wendl/Klinkhammer[9] § 2 Rn 384 ff).

Beispiel (Anmerkung C der Düsseldorfer Tabelle 2018):

Bereinigtes Nettoeinkommen des Unterhaltspflichtigen (M): 1350 €. Unterhalt für drei unterhaltsberechtigte Kinder im Alter von 18 Jahren (K1), 7 Jahren (K2) und 5 Jahren (K3), Schüler, die bei der nicht unterhaltsberechtigten, den Kindern nicht barunterhaltspflichtigen Ehefrau und Mutter (F) leben. F bezieht das Kindergeld.

Notwendiger Eigenbedarf (Selbstbehalt) des M: 1080 €

Verteilungsmasse:

1350 € – 1080 € = 270 €

Summe der Einsatzbeträge der Unterhaltsberechtigten:

333 € (527 – 194) (K 1) + 302 € (399 – 97) (K 2) + 248 € (348 – 100) (K 3) = 883 €

Unterhalt:

K 1: 333 x 270 : 883 =	101, 82 €
K 2: 289 x 270 : 883 =	92, 34 €
K 3. 237 x 270 : 883 =	75, 84 €

Die gesteigerte Unterhaltspflicht hat gegenüber dem Regelfall nach Abs 1 vor allem **349**
folgende **Konsequenzen**:

- Beschränkung des Eigenbedarfs auf den notwendigen Selbstbehalt,
- Gesteigerte Ausnutzung der Arbeitskraft (Obliegenheit bezüglich Nebentätigkeit, Überstunden),
- Ggf Obliegenheit zu Berufswechsel, Ortswechsel; Verzicht auf eigene Aus- und Fortbildungswünsche,
- Weitergehender Einsatz bestimmter Leistungen (zB Elterngeld, Pflegegeld, Schmerzensgeld),

– Erschwerter Abzug von Schulden, keine Abziehbarkeit zusätzlicher Altersvorsorgeaufwendungen,

– Verstärkter Einsatz des Vermögens (bis auf Notgroschen kein Vermögensselbstbehalt).

350 Die gesteigerte Unterhaltspflicht besteht nach Abs 2 S 3 **nicht**, wenn ein anderer unterhaltspflichtiger Verwandter Unterhalt leisten (Rn 379) oder das Kind seinen Unterhalt selbst aus dem Stamm seines Vermögens bestreiten kann (Rn 384).

2. „Kinder", Haushaltsgemeinschaft, allgemeine Schulausbildung Volljähriger

351 Kinder sind die ehelichen und nichtehelichen Abkömmlinge ersten Grades (§ 1602 Rn 143) sowie angenommene Kinder und Kinder in Adoptionspflege (§ 1601 Rn 10 ff). **Minderjährig** sind Kinder bis zur Vollendung des 18. Lebensjahres (§ 2 BGB; s § 1602 Rn 153). Zum Merkmal **unverheiratet** vgl § 1602 Rn 155 ff.

352 Durch das Kindesunterhaltsgesetz vom 6. 4. 1998 (BGBl I 666) ist ein zweiter Satz in § 1603 Abs 2 BGB eingefügt worden, der die gesteigerte Unterhaltspflicht auf **volljährige** Kinder erweitert, soweit diese (1) zwar das 18. Lebensjahr, aber noch nicht das 21. Lebensjahr vollendet haben, (2) unverheiratet sind, (3) im Haushalt der Eltern oder eines Elternteils leben und (4) sich in der allgemeinen Schulausbildung befinden (zur gesteigerten Unterhaltspflicht gegenüber volljährigen Schülern SCHUMACHER/GRÜN FamRZ 1998, 778, 786). Die Altersgrenze von 21 Jahren entspricht §§ 18 Abs 4, 41 Abs 1 59 Abs 1 S 1 Nr 3 SGB VIII.

353 Die **allgemeine Schulausbildung** umfasst nicht nur die gesetzliche Schulpflicht, sondern auch deren Weiterführung zu den Regelabschlüssen mittlere Reife und Abitur. Auch ein Kind, das zunächst die Schule abgebrochen hatte und nach Abbruch einer Ausbildung den Hauptschulabschluss nachholt, befindet sich noch in der allgemeinen Schulausbildung. Wird die Schulausbildung zunächst mit dem Hauptschulabschluss beendet und nimmt das Kind später die Schulausbildung mit dem Ziel des Realschulabschlusses wieder auf, so handelt es sich trotz der Unterbrechung um die allgemeine Schulausbildung (BGH FamRZ 2001, 1068, 1070; OLG Brandenburg FamRZ 2008, 177).

354 Die allgemeine Schulausbildung ist einerseits von der Berufsausbildung, andererseits vom Hochschulstudium abzugrenzen. Zu ihr gehören danach alle Bildungsgänge, die einen anerkannten Schulabschluss ermöglichen, der seinerseits die Grundlage für eine spezielle Berufsausbildung oder ein Studium bildet. Nicht ausreichend ist dagegen der Besuch einer Schule, die neben allgemeinen Ausbildungsinhalten bereits eine Ausbildung vermittelt, die auf ein konkretes Berufsfeld bezogen ist.

355 Der BGH (FamRZ 2001, 1068, 1070; FamRZ 2002, 815) orientiert die Begriffsbestimmung an **§ 2 Abs 1 Nr 1 BAföG**. Danach hat die allgemeine Schulausbildung folgende Voraussetzungen (vgl auch WENDL/KLINKHAMMER[9] § 2 Rn 584):

– **Ausbildungsziel**: Ziel des Schulbesuchs muss der **Erwerb eines allgemeinen Schulabschlusses** als Zugangsvoraussetzung für die Aufnahme einer Berufsausbildung oder den Besuch einer Hochschule oder Fachhochschule sein, also jedenfalls der Hauptschulabschluss, der Realschulabschluss, die fachgebundene oder die allgemeine Hochschulreife. Diese Voraussetzung ist beim Besuch der Hauptschule, der Gesamtschule, der Realschule, der Sekundarschule, des Gymnasiums und der Fachoberschule immer erfüllt.

- **Zeitliche Beanspruchung**: Die Schulausbildung muss in **Vollzeit** durchgeführt werden, das heißt die Zeit und die Arbeitskraft des Kindes voll oder zumindest überwiegend in Anspruch nehmen. Eine Erwerbstätigkeit, durch die der Schüler seinen Lebensunterhalt verdienen könnte, darf neben der Schulausbildung nicht möglich sein. Dieses Erfordernis ist jedenfalls erfüllt, wenn die Unterrichtszeit 20 Wochenstunden beträgt, also unter Berücksichtigung der Vor- und Nacharbeit sowie eventueller Fahrtzeiten die Arbeitskraft des Kindes im Wesentlichen ausfüllt.

- **Organisationsstruktur der Schule**: Das Kind muss an einem **kontrollierten Unterricht** teilnehmen, die Schule muss in einer Weise organisiert sein, dass eine Stetigkeit und Regelmäßigkeit der Ausbildung wie beim herkömmlichen Schulbesuch gewährleistet ist. Die Teilnahme am Unterricht darf nicht der Entscheidung des Schülers überlassen sein.

Nicht erfasst ist demnach der Besuch einer **Berufsschule**, da diese schon zu einem Beruf ausbildet und keine allgemeine Schulausbildung vermittelt (vgl OLG Dresden OLG-NL 2005, 90; OLG Jena OLG-NL 2005, 110; OLG Koblenz FamRZ 2000, 687 [LS]; OLG Bamberg FamRZ 2000, 312). Nach Auffassung des OLG Stuttgart (NJW-RR 2013, 131 = FamRZ 2013, 796) zählt auch der Besuch des **Berufskollegs** für Praktikantinnen und Praktikanten und der Fachschule für Sozialpädagogik in Baden-Württemberg nicht zur allgemeinen Schulausbildung. Anders liegt es, wenn der Besuch eines Berufskollegs das Ziel hat, den Hauptschulabschluss nachzuholen (OLG Naumburg FamRZ 2009, 1226 [LS]) oder auf einer Fachoberschule bzw Höheren Berufsfachschule die allgemeine Fachhochschulreife erworben werden soll (vgl BGH FamRZ 2002, 815; OLG Köln FamRZ 2003, 179; OLG Bremen FamRZ 1999, 879 [LS] und OLG Hamm FamRZ 1999, 1528; zu Abgrenzungsschwierigkeiten vgl Wendl/Klinkhammer[9] § 2 Rn 584 ff). 356

Das OLG Köln (NJW 2012, 2364 = FamRZ 2012, 1576) hat das **Berufsorientierungsjahr** als „allgemeine Schulausbildung" im Sinne von § 1603 Abs 2 Satz 2 BGB angesehen und dies damit begründet, dass die Ausbildung nicht bereits auf eine bestimmte Berufstätigkeit vorbereitet, sondern dass dem Absolventen nach Durchlaufen der Ausbildung und Erwerb des durch sie vermittelten Hauptschulabschlusses noch mehrere Berufsfelder offen stehen. Nach Auffassung des OLG Hamm (FamRZ 2015, 939) ist dagegen eine **berufsvorbereitende Maßnahme nach §§ 51, 53 SGB III**, die nicht der Vorbereitung auf einen Schulabschluss dient, keine allgemeine Schulausbildung. 357

Die Gleichstellung der Unterhaltspflicht gegenüber minderjährigen Kindern und gegenüber **volljährigen Schülern** ist nur scheinbar vollständig, zwischen beiden bestehen erhebliche **Unterschiede**: Während der Elternteil, der ein minderjähriges Kind in seinem Haushalt betreut, seine Unterhaltsverpflichtung durch die Erziehung und Pflege des Kindes erbringt, § 1606 Abs 3 S 2 BGB, entfällt diese Möglichkeit mit 358

Volljährigkeit des Kindes. § 1606 Abs 3 S 2 BGB ist ausdrücklich auf „minderjährige“ Kinder beschränkt und erfasst – anders als § 1609 Abs 1 BGB – nicht alle „Kinder im Sinne des § 1603 Abs 2“. Deswegen entsteht mit Volljährigkeit des Kindes für beide Elternteile eine Barunterhaltspflicht und haften gem § 1606 Abs 3 S 1 BGB beide für den Barunterhalt anteilig nach ihren Erwerbs- und Vermögensverhältnissen (BGH FamRZ 2002, 815; s § 1606 Rn 15 und § 1610 Rn 259 ff).

359 Auf volljährige **behinderte Kinder** ist Abs 2 S 2 **nicht** entsprechend anwendbar (vgl BGH NJW 1984, 1813 = FamRZ 1984, 683; FamRZ 1986, 48 = NJW-RR 1986, 66; BT-Drucks 13/7338, 21; Botur, in: Büte/Poppen/Menne, Unterhaltsrecht[3] § 1603 Rn 81; **aA** AG Pankow-Weißensee FamRZ 2005, 2016 m **abl** Anm Menne FamRZ 2006, 504).

360 Das volljährige Kind muss in **Haushaltsgemeinschaft** mit wenigstens einem Elternteil leben. Dafür schaden eine vorübergehende Abwesenheit und ein auswärtiger Schulbesuch nicht, wenn das Kind regelmäßig (etwa an den Wochenenden) in den elterlichen Haushalt zurückkehrt (nähere Einzelheiten bei Wendl/Klinkhammer[9] § 2 Rn 583; zum Internatsaufenthalt s OLG Brandenburg FamRZ 2005, 2094 mwNw; vgl auch KG Berlin 27. 1. 2016 – 13 UF 234/14 – juris – Einräumung eines dinglichen Wohnrechts an das Kind).

361 Ob die Vorschrift über den Wortlaut hinaus auch anwendbar ist, wenn das Kind im Haushalt der **Großeltern** oder anderer naher Verwandter lebt, ist zweifelhaft. In der Rechtsprechung ist zum Teil eine analoge Anwendung befürwortet worden (OLG Dresden FamRZ 2002, 695 – das Kind wurde seit frühester Kindheit von den Großeltern versorgt; dem für diesen Fall folgend Wendl/Klinkhammer[9] § 2 Rn 582; ebenso Erman/Hammermann[14] Rn 151; **aA** OLG Stuttgart FamRZ 2006, 1706; OLG Hamm FamRZ 2006, 641 für den Fall, dass das Kind erst nach Eintritt der Volljährigkeit zu den Großeltern gezogen ist; Niepmann/Schwamb[12] Rn 178; zurückhaltend Botur, in: Büte/Poppen/Menne, Unterhaltsrecht[3] § 1603 Rn 80).

362 Für eine **entsprechende Anwendung** spricht, dass das Merkmal der Haushaltsgemeinschaft ersichtlich solche Kinder vom Schutz der gesteigerten Unterhaltspflicht (und dem damit verbundenen höheren Rang nach § 1609 Nr 1 BGB) ausnehmen will, die sich aus dem der Minderjährigkeit vergleichbaren Obhutsverhältnis gelöst haben und – trotz ihrer noch andauernden allgemeinen Schulausbildung – einen eigenständigen, regelmäßig dann auch kostenaufwendigeren Haushalt gegründet haben. Dass es Fälle gibt, bei denen das Kind in einem anderen Haushalt lebt, sich dort aber in einem dem elterlichen Verhältnis entsprechenden Obhutsverhältnis befindet, dürfte vom Gesetzgeber nicht bedacht worden sein. Die Gesetzesbegründung zum KindUG hat den erfassten Personenkreis allein nach der Lebensstellung von Schülern abgegrenzt (vgl BT-Drucks 13/7338, 21; vgl auch FamRefK/Häussermann § 1603 BGB Rn 6 sowie zur Frage des Bestehens der ehelichen Lebensgemeinschaft trotz getrennter Haushalte BGHZ 210, 124 = FamRZ 2016, 1142 Rn 14 mwNw). Ein entgegenstehender gesetzgeberischer Wille ist daher nicht ersichtlich. Vielmehr steht die Schutzbedürftigkeit und Schutzwürdigkeit der betreffenden Kinder derjenigen von im Haushalt der Eltern lebenden Kindern gleich. Schließlich fehlt auch ein Grund, die Eltern von der gesteigerten Unterhaltspflicht nur deswegen zu entlasten, weil ihr Kind von Großeltern oder anderen Verwandten betreut wird. Ob die Verwandten eine Ersatzhaftung trifft, wird vorrangig von Abs 2 Satz 3 geregelt.

3. Verfügbare Mittel

Die Formulierung **„alle** verfügbaren Mittel" bedeutet zunächst eine **Erweiterung** gegenüber den nach Abs 1 einzusetzenden Mitteln, bei denen Verbindlichkeiten gegenüber Dritten die Leistungsfähigkeit grundsätzlich mindern (Rn 193 ff) und dem Unterhaltspflichtigen der angemessene Selbstbehalt belassen werden muss (Rn 228 ff). Andererseits enthält diese Formulierung auch eine **Begrenzung** auf die **„verfügbaren"** Mittel. Welche Mittel verfügbar sind, ergibt sich aus dem Zweck des Abs 2, den Unterhalt minderjähriger Kinder soweit wie möglich zu sichern. Ausgenommen sind nur die Mittel, die die Eltern zur Erhaltung ihrer Leistungsfähigkeit für die Dauer der gesteigerten Unterhaltspflicht benötigen. Im Übrigen sind die einzusetzenden Mittel unter Berücksichtigung der Umstände des Einzelfalls nach Treu und Glauben zu bestimmen. 363

Über die schon nach Abs 1 die Leistungsfähigkeit begründenden Einkünfte (Rn 10 ff) hinaus sind gegenüber minderjährigen Kindern insbesondere folgende Einkünfte verfügbar: 364

- Teil des pfändungsfreien Betrags im Rahmen der Verpflichtung zur **Einleitung einer Verbraucherinsolvenz** (Rn 217),
- Einkünfte aus **überobligatorischer Erwerbstätigkeit**, zB nach Erreichen der Regelaltersgrenze (Rn 141), auch aus einer nach Maßstab des Abs 1 noch unzumutbaren **Nebentätigkeit** (Rn 116, 192) und entsprechender **Mehrarbeit**, zB aus den üblichen Rahmen übersteigenden Überstunden (Rn 189), was aber auch im Rahmen von Abs 2 nicht zu überspannten Anforderungen an den Unterhaltspflichtigen führen darf (vgl Rn 192 und Rn 369 ff),
- **Elterngeld**, das bei der Ermittlung der Leistungsfähigkeit gem § 11 S 1 BEEG grundsätzlich nicht berücksichtigt werden darf, muss nach § 11 S 4 BEEG sowohl für den Unterhalt des Kindes, für dessen Erziehung es gewährt wird, als auch für den Unterhalt anderer minderjähriger Kinder eingesetzt werden (Rn 77 mNw; ebenso für das zuvor gewährte Erziehungsgeld 9 S 2 BErzGG). Auch **Pflegegeld** ist bei Eingreifen der gesteigerten Unterhaltspflicht einzusetzen (§ 13 Abs 6 SGB XI; Rn 85),
- **Unterhaltszahlungen**, die die Eltern erhalten haben, sind für den Unterhalt der Kinder in gesteigertem Maße mitzuverwenden (BGH FamRZ 1980, 555; OLG Nürnberg FamRZ 1998, 981; zur eingeschränkten praktischen Relevanz im absoluten Mangelfall s GUTDEUTSCH NJW 2009, 945; vgl noch oben Rn 193 ff),
- **Schmerzensgeld**, soweit man es nicht schon bei der Unterhaltspflicht gem Abs 1 berücksichtigt (Rn 105 f mwNw),
- **Taschengeld** (Rn 103 f),
- zum Einsatz **freiwilliger Zuwendungen Dritter** vgl Rn 108,
- zur Bemessung des **Wohnvorteils** vgl Rn 334.

4. Abzüge

365 Den gegenüber minderjährigen Kindern unterhaltspflichtigen Eltern sind nach Abs 2 bei den **berufsbedingten Aufwendungen** (Rn 32 ff) stärkere Einschränkungen zuzumuten als im Rahmen des Abs 1, zB bei den Fahrten zur Arbeitsstelle und bei der Beschaffung von Arbeitskleidung und Arbeitsmitteln. **Abschreibungen** (Rn 47 ff) können gestreckt oder zeitweilig ausgesetzt werden.

366 Eine **zusätzliche Altersvorsorge** ist bei nicht gewahrtem Mindestunterhalt nicht abziehbar (Rn 30).

5. Verbindlichkeiten

367 Bei Verbindlichkeiten der Eltern kommt bei gesteigerter Unterhaltspflicht nach Abs 2 dem Unterhaltsinteresse der Kinder im Rahmen der gebotenen Interessenabwägung (Rn 201) höheres Gewicht zu (weitergehend noch Staudinger/Engler/Kaiser [2000] Rn 225: Verbindlichkeiten sind grundsätzlich nicht zu berücksichtigen, die Unterhaltsansprüche der Kinder gehen vor). Die Tilgung einer Darlehensschuld muss daher bei nicht gewahrtem Mindestunterhalt grundsätzlich zurückgestellt werden (BGH FamRZ 2014, 923 Rn 24), notfalls trifft den Unterhaltsschuldner eine Obliegenheit zur Einleitung eines Verbraucherinsolvenzverfahrens (Rn 217). Der Unterhaltsschuldner darf aber verhindern, dass seine Schulden wachsen, weshalb tatsächlich entrichtete Kreditzinsen auch zu Lasten der unterhaltsberechtigten Kinder zu berücksichtigen sind (näher oben Rn 204).

368 Nach dem BGH fällt bei einer **umfassenden Interessenabwägung** und nach **Billigkeitsgrundsätzen** zugunsten minderjähriger Kinder ins Gewicht, dass sie nicht durch eigene Anstrengungen zur Deckung ihres Lebensbedarfs beitragen können (BGH FamRZ 2014, 923 Rn 24; FamRZ 2013, 616 Rn 20; NJW-RR 1995, 129; FamRZ 1986, 254, 256 f; NJW 1984, 2351 = FamRZ 1984, 657; NJW 1991, 697 = FamRZ 1991, 182; FamRZ 1992, 797). Im Ergebnis dürften Tilgungsleistungen die Leistungsfähigkeit nur in Ausnahmefällen mindern (vgl BGH FamRZ 2014, 923 Rn 26 f).

6. Erhöhte Obliegenheit zur Ausschöpfung der Leistungsfähigkeit

a) Erhöhte Erwerbsobliegenheit

369 Für die Eltern besteht eine Obliegenheit zur gesteigerten Ausnutzung ihrer Arbeitskraft (zu den allgemeinen Anforderungen und zur gestuften Bemessung je nach Unterhaltsverhältnis Rn 110 ff). Die Eltern sind verpflichtet, **alle zumutbaren Erwerbsmöglichkeiten auszuschöpfen** (BGH FamRZ 2013, 278 Rn 20; FamRZ 2009, 314 Rn 20; FamRZ 1994, 372; Wendl/Klinkhammer[9] § 2 Rn 366 ff). Auch bei der gesteigerten Unterhaltspflicht ist indessen der Grundsatz der **Verhältnismäßigkeit** zu beachten (BGHZ 189, 284 = FamRZ 2011, 1041 Rn 29 ff; FamRZ 2009, 314 Rn 20; BVerfG FamRZ 2007, 273 f; FamRZ 2006, 469 f; FamRZ 2003, 661). Die Anforderungen dürfen nicht dazu führen, dass eine Tätigkeit trotz der Funktion des Mindestunterhalts, das Existenzminimum des Kindes zu sichern, unzumutbar erscheint (BGHZ 189, 284 = FamRZ 2011, 1041 Rn 29 ff; FamRZ 2009, 314 Rn 20, 28). Mit anderen Worten dürfen die Anforderungen an den Unterhaltspflichtigen nicht überspannt werden. Eine sich im Einzelfall daraus ergebende Sozialleistungsbedürftigkeit der Kinder ist hinzunehmen. Ob der **Umfang der Bewer-**

bungen den Anforderungen an die gesteigerte Unterhaltspflicht genügt, ist im Einzelfall zu beurteilen (vgl OLG Stuttgart FamRZ 2015, 935 – Einzelhandelskauffrau; näher dazu WENDL/DOSE[9] § 1 Rn 784; BOTUR, in: BÜTE/POPPEN/MENNE, Unterhaltsrecht[3] § 1603 Rn 12). Zur Bedeutung für den Nachweis des Fehlens einer realen Beschäftigungschance s Rn 122.

Die **Zumutbarkeitsgrenze** für Art und Umfang der vom Unterhaltspflichtigen auszuübenden Tätigkeiten ist weiter zu ziehen als bei der allgemeinen Erwerbsobliegenheit nach Abs 1 (dazu Rn 110 ff). Der gesteigert Unterhaltspflichtige muss sich **besonders intensiv um eine Erwerbstätigkeit bemühen**. Es sind ihm auch Gelegenheitsarbeiten sowie berufsfremde Tätigkeiten oder Arbeiten unterhalb seiner gewohnten Lebensstellung zuzumuten (BGH FamRZ 2013, 278 Rn 20; FamRZ 1994, 372). Die Eltern müssen grundsätzlich **auf eigene Aus- und Fortbildungswünsche verzichten**. Dies gilt, wenn der Unterhaltspflichtige bereits über eine Berufsausbildung verfügt und ihm die Erwerbsmöglichkeiten in dem erlernten Beruf, wenn auch möglicherweise nach einem zumutbaren Ortswechsel (Rn 371), eine ausreichende Lebensgrundlage bieten. Dann muss er in der Regel die angestrebte zusätzliche Ausbildung so lange verschieben, bis die Kinder nicht mehr unterhaltsbedürftig sind (BGH FamRZ 1994, 372 [374 f] = R 473d; OLG Hamm FamRZ 1998, 979). Im Ausnahmefall müssen Kinder hinnehmen, dass der unterhaltspflichtige Elternteil eine **Erstausbildung** absolviert (Rn 126 f). Zu **weiteren Hinderungsgründen** s Rn 132 ff (Betreuung eines weiteren Kindes), Rn 141 (Erwerbstätigkeit jenseits der Regelaltersgrenze), Rn 128 f (Haushaltsführung). 370

Die Eltern sind in zumutbaren Grenzen sowohl zu einem **Ortswechsel** als auch zu einem **Berufswechsel** gehalten (BGH FamRZ 1994, 372). Derartige Anstrengungen sind aber nur zumutbar, wenn sie Erfolg versprechen, also an anderem Ort oder in einem anderen Beruf bessere Arbeitschancen bestehen (BGHZ 189, 284 = FamRZ 2011, 1041 Rn 29 ff; FamRZ 2009, 314; BVerfG NJW 2010, 1658). 371

Die Eltern müssen notfalls **Überstunden** leisten, wenn das Existenzminimum (Mindestunterhalt) ihrer minderjährigen Kinder nicht gesichert ist. Im Rahmen der gesteigerten Unterhaltspflicht ist dann vom Unterhaltsschuldner auch zu verlangen, dass er neben einer vollschichtigen Erwerbstätigkeit eine ihm mögliche und zumutbare **Nebentätigkeit** ausübt (BGH FamRZ 2014, 637; FamRZ 2014, 1992; vgl BVerfG NJW 2012, 2420 Rn 24 f mwNw). Das gilt auch dann, wenn schon das Einkommen aus hauptberuflicher Tätigkeit nur fiktiv zugerechnet worden ist. Denn die Nebentätigkeitsobliegenheit trifft den seine Erwerbsobliegenheit verletzenden ebenso wie den diese erfüllenden Unterhaltsschuldner (BGH FamRZ 2014, 1992 Rn 19; FamRZ 2014, 637). Allerdings wird den Eltern nicht jeder zeitlich mögliche Einsatz abverlangt werden können, sondern nur ein Einsatz, der ihnen nach dem Grundsatz der Verhältnismäßigkeit zugemutet werden kann. Zu berücksichtigen sind der Gesundheitszustand des Unterhaltsschuldners (BVerfG FamRZ 2010, 626) sowie die körperliche und zeitliche Belastung durch seinen Hauptberuf (BVerfG FamRZ 2003, 661; BGH FamRZ 2009, 314 – erhebliche Überstunden im Hauptberuf; OLG Celle FamRZ 2002, 694). Für den Umfang der Tätigkeit sind die bestehenden Arbeitnehmerschutzvorschriften zu beachten, was **Arbeitszeit** und **Urlaubsanspruch** betrifft (näher BGH FamRZ 2009, 314 Rn 22; BGHZ 189, 284 = FamRZ 2011, 1041 Rn 29 ff). Nebentätigkeiten bedürfen in der Regel der Genehmigung des Arbeitgebers, auf deren Erteilung allerdings vielfach ein Rechts- 372 anspruch bestehen wird (Wendl/Klinkhammer[9] § 2 Rn 370). Bei Arbeitslosen oder Umschülern sind die gesetzlichen Anrechnungsvorschriften bezüglich Arbeitslosengeld oder Unterhaltsgeld zu beachten (vgl Schürmann FPR 2005, 448).

373 Bei der Bemessung des zeitlichen Umfangs einer gebotenen Nebentätigkeit ist ferner zu beachten, dass dem Unterhaltsschuldner damit nicht die Möglichkeit genommen werden darf, mit dem (unterhaltsberechtigten) Kind **Umgang** zu pflegen (vgl BVerfG FamRZ 2007, 273; BGH FamRZ 2014, 1992). Auch können seitens des Unterhaltspflichtigen erbrachte **Betreuungsleistungen** die Erwerbsobliegenheit einschränken (s BGH FamRZ 2013, 1558 Rn 14; FamRZ 2015, 236 Rn 14). Zur Berücksichtigung von Umgangskosten s Rn 221 ff.

374 Als (fiktives) Einkommen dürfen dem Unterhaltsschuldner nur solche Einkünfte zugerechnet werden, die von ihm **realistischerweise erzielt werden können** (BVerfG NJW 2010, 1658; vgl BGH FamRZ 2009, 314; allgemein zur realistischen Beschäftigungschance s Rn 122). Hier ist auf die Umstände des Einzelfalls abzustellen und sollten sich typische Nebenbeschäftigungen (etwa das Austragen von Tageszeitungen, die Übernahme von zeitlich flexiblen Kurierdiensten oÄ) wie auch die dabei erzielbaren Netto-Löhne nennen lassen (vgl etwa BGH FamRZ 2014, 1992 Rn 23 – Schlagzeugunterricht eines Berufsmusikers). Die **Darlegungs- und Beweislast** liegt – wie im Allgemeinen – auch für die Unzumutbarkeit einer Nebentätigkeit auf Seiten des Unterhaltsschuldners (BGH FamRZ 2014, 1992 Rn 22 f; FamRZ 2014, 637; FamRZ 2009, 314 Rn 28; FamRZ 1998, 357, 359; BVerfG FamRZ 2003, 661; BVerfG FamRZ 1985, 143; vgl auch Rn 122). Neben einer vollschichtigen Tätigkeit wird es allerdings in der Regel nicht möglich sein, ein Einkommen aus einer die gesetzlichen Freigrenzen ausschöpfenden Nebentätigkeit („400-EUR-Job"; vgl dazu BGH FamRZ 2012, 517 – Ehegattenunterhalt) zu erzielen, sodass bei ungelernten Arbeitskräften eine (teilweise) Leistungsunfähigkeit akzeptiert werden muss (Wendl/Klinkhammer[9] § 2 Rn 370). Zur Bemessung fiktiver Einkünfte s Rn 124 f.

b) Vermögensverwertung

375 Die Obliegenheit, den **Stamm des Vermögens** zu verwerten, ist im Fall des Abs 2 ebenfalls verstärkt. So gibt es – anders als bei Abs 1, aber ebenso wie beim Unterhaltsberechtigten (§ 1602 Rn 125) – **keine allgemeine Zumutbarkeitsgrenze** für die Verwertung. Eine Grenze ist aber dann zu ziehen, wenn sich die Verwertung auch für die Kinder nachteilig auswirkt, etwa bei der Veräußerung des Familienheims. Auch sollte den Eltern im Interesse der Kinder ein Notgroschen verbleiben.

376 Zu den Einzelheiten hinsichtlich der Obliegenheit zur Vermögensverwertung wird auf Rn 332 ff verwiesen.

7. Ausschluss der gesteigerten Unterhaltspflicht, Abs 2 Satz 3

a) Grundsatz

377 Die gesteigerte Unterhaltspflicht der Eltern tritt gem Abs 2 S 3 nicht ein, wenn ein anderer unterhaltspflichtiger Verwandter vorhanden ist oder das Kind seinen Unterhalt aus dem Stamme seines Vermögens selbst bestreiten kann. Der barunterhaltspflichtige Elternteil haftet in diesem Fall lediglich gem Abs 1, dh nicht bis zur

Grenze des notwendigen Selbstbehalts (Rn 238 ff), sondern **nur bis zur Grenze des angemessenen Selbstbehalts** (Rn 264 ff).

Dass auch ein anderer leistungsfähiger Verwandter Barunterhalt schuldet, lässt lediglich die gesteigerte Unterhaltspflicht des vorrangig Unterhaltspflichtigen, nicht aber dessen allgemeine Unterhaltspflicht unter Wahrung seines angemessenen Selbstbehalts entfallen (BGH FamRZ 2008, 137). 378

b) Anderer unterhaltspflichtiger Verwandter

Anderer unterhaltspflichtiger Verwandter ist zunächst der – gleichrangig haftende (§ 1606 Abs 3 S 1 BGB) – **andere Elternteil**, soweit er nach Abs 1 leistungsfähig ist (BGH FamRZ 2013, 1558; NJW 1980, 934 = FamRZ 1980, 555; NJW 1991, 697 = FamRZ 1991, 182; NJW-RR 1998, 505 = FamRZ 1998, 286; vgl Botur, in: Büte/Poppen/Menne, Unterhaltsrecht[3] § 1603 Rn 97 ff; Wendl/Klinkhammer[9] § 2 Rn 416 ff). 379

Auch der **betreuende Elternteil** kommt als anderer unterhaltspflichtiger Verwandter in Betracht, wenn dieser in der Lage ist, unter Berücksichtigung seiner sonstigen Verpflichtungen neben der Betreuung des Kindes auch dessen Barunterhalt ohne Gefährdung des eigenen angemessenen Selbstbehaltes aufzubringen (BGH FamRZ 2013, 1558 Rn 26). Um die Regel der Gleichwertigkeit von Bar- und Betreuungsunterhalt (§ 1606 Abs 3 Satz 2 BGB) dabei nicht ins Leere laufen zu lassen, setzt die anteilige oder vollständige Haftung des betreuenden Elternteils für den Barunterhalt des minderjährigen Kindes nach dem **BGH** zusätzlich voraus, dass ohne die Beteiligung des betreuenden Elternteils am Barunterhalt ein **erhebliches finanzielles Ungleichgewicht** zwischen den Eltern entstehen würde (BGH FamRZ 2013, 1558 Rn 26; vgl BGHZ 189, 284 = FamRZ 2011, 1041 Rn 41 f; BGH FamRZ 2008, 137 Rn 41 f; vgl auch OLG Koblenz NZFam 2017, 573). 380

Hier gilt allerdings nicht der vom BGH genannte Richtwert des Dreifachen für eine Unterhaltsbeteiligung des betreuenden Elternteils (vgl § 1606 Rn 58). Denn dieser greift nur ein, wenn der grundsätzlich Barunterhaltspflichtige seinen angemessenen Selbstbehalt verteidigen kann (BGH FamRZ 2013, 1558 Rn 27). Verbliebe dem betreuenden Elternteil bei einer Beteiligung am Unterhalt nur eine geringe Einkommensdifferenz zum Barunterhaltspflichtigen, wird dieser sich regelmäßig nicht auf seinen angemessenen Selbstbehalt berufen können, sondern auf den notwendigen Selbstbehalt verwiesen sein (vgl Wendl/Klinkhammer[9] § 2 Rn 398 mit Rechenbeispiel). 381

Ist auch der **betreuende Elternteil leistungsunfähig** im Sinne des Abs 1, so kommt eine Mithaftung nur in Betracht, wenn der barunterhaltspflichtige auch unter Berücksichtigung des notwendigen Selbstbehalts den Kindesunterhalt nicht vollständig aufbringen kann. Zunächst haftet der nicht betreuende Elternteil bis zur Grenze seines notwendigen Selbstbehalts, sodann muss notfalls der betreuende Elternteil eintreten (§ 1607 Abs 1 BGB). 382

Als andere unterhaltspflichtige Verwandte kommen auch die – nachrangig haftenden (§ 1606 Abs 2 BGB) – **Großeltern** in Betracht (BGH FamRZ 2006, 26; Botur, in: Büte/Poppen/Menne, Unterhaltsrecht[3] § 1603 Rn 98; Soergel/Lettmaier[13] Rn 103; Palandt/Brudermüller[76] Rn 46). Sie müssen ihrem Enkel gem § 1607 Abs 1 BGB Unterhalt gewähren, wenn die Eltern mangels Leistungsfähigkeit nicht unterhaltspflichtig sind. 383

Die Haftung der Großeltern geht nach § 1603 Abs 2 S 3 BGB der gesteigerten Unterhaltspflicht der Eltern vor. Die Großeltern sind ihren Enkelkindern im Wege der Ersatzhaftung auch dann selbständig unterhaltspflichtig, wenn die Rechtsverfolgung gegen den barunterhaltspflichtigen Elternteil im Inland ausgeschlossen oder erheblich erschwert ist (§ 1607 Abs 2 S 1 BGB; zum Übergang des Unterhaltsanspruchs auf die Großeltern s § 1607 Rn 25).

c) Vermögen des Kindes

384 Nach **§ 1602 Abs 2 BGB** braucht ein minderjähriges Kind seinen Eltern gegenüber den Stamm seines Vermögens nicht für seinen Unterhalt einzusetzen (§ 1602 Rn 151). Diese Privilegierung besteht aber nach **§ 1603 Abs 2 S 3 BGB** nicht gegenüber der gesteigerten Unterhaltspflicht der Eltern. Wenn die Eltern durch die Unterhaltsgewährung ihren eigenen angemessenen Unterhalt gefährden würden, muss zunächst das Kind sein Vermögen für seinen Unterhalt einsetzen (wegen der Art und des Umfangs der Vermögensverwertung § 1602 Rn 125 ff).

IX. Darlegungs- und Beweislast

1. Leistungsfähigkeit nach Abs 1

385 Nach der bewusst gewählten Fassung des Gesetzes trägt der **Unterhaltspflichtige** die Darlegungs- und Beweislast für seine fehlende Leistungsfähigkeit (BGHZ 209, 243 = FamRZ 2016, 887 Rn 27; FamRZ 2014, 1992; FamRZ 2014, 637 Rn 18; BVerfG FamRZ 2014, 1977 Rn 18 mwNw; NJW 2012, 2420 Rn 24 f mwNw; Göppinger/Wax/van Els[9] Rn 1929; Baumgärtel/Aps, Beweislast[3] Rn 1). Zu **doppelrelevanten Tatsachen** s § 1610 Rn 337.

386 Für eine **Erhöhung des Selbstbehalts** (zB wegen erhöhter Wohnkosten) trägt der Unterhaltspflichtige die Darlegungs- und Beweislast (zu Ausnahmen vgl § 1610a Rn 17). Das gilt für Umstände, die eine **Herabsetzung des Selbstbehalts** nahelegen, jedenfalls dann, wenn diese im Wahrnehmungsbereich des Unterhaltspflichtigen liegen (BGH FamRZ 2008, 594 Rn 39 – Leistungsunfähigkeit des Partners bei Herabsetzung des Selbstbehalts wegen Synergieeffekten).

a) Einkünfte

387 Dazu muss der Unterhaltspflichtige zunächst seine Einkünfte vollständig darlegen und im Bestreitensfall beweisen. **Unregelmäßige Einkünfte** muss er für einen längeren Zeitraum darlegen, damit ein Durchschnittseinkommen errechnet werden kann. Bei unselbständiger Erwerbstätigkeit sind in der Regel die Einkünfte eines Jahres (Rn 20), bei selbständiger Erwerbstätigkeit die der letzten drei Jahre (Rn 41) anzugeben (§ 1605 Rn 29 mNw). Berufsbedingte Aufwendungen (Rn 32 ff) müssen konkret dargelegt werden. Abhängig Beschäftigte können den Nachweis der vom Einkommen abzuziehenden Steuern (Rn 21 ff) durch Vorlage ihrer Lohnsteuerkarte, gegebenenfalls ihres Einkommensteuerbescheides erbringen; bei Selbständigen genügt das nicht (Rn 55 ff).

388 Bedenken gegen die **Vollständigkeit** der Einkommensangaben muss der Unterhaltspflichtige ausräumen. Hat er früher Vermögen gehabt, muss er darlegen, wo es verblieben ist (Klauser MDR 1982, 529, 532 f). Zweifel gehen zu Lasten des Unterhaltsschuldners.

389 Beruft sich der Unterhaltsschuldner auf eine Beeinträchtigung seiner Leistungsfähigkeit durch **sonstige Verpflichtungen** (Rn 193 ff), muss er darlegen und beweisen, dass diese Verbindlichkeiten bestehen (vgl BGHZ 209, 243 = FamRZ 2016, 887 Rn 27 für konkurrierende Unterhaltspflichten). Nach der Rechtsprechung des Bundesgerichtshofs ist er außerdem für die Umstände darlegungs- und beweispflichtig, mit denen er die unterhaltsrechtliche Erheblichkeit der Verbindlichkeit begründet (BGH FamRZ 1990, 283, 287 = NJW-RR 1990, 323, 327; FamRZ 1992, 797; **aA** Staudinger/Engler/Kaiser [2000] Rn 255).

b) Erzielbare Einkünfte

390 Bei nicht ausreichenden tatsächlichen Einkünften muss der Unterhaltsschuldner darlegen und gegebenenfalls beweisen, dass er seiner **Obliegenheit** zur Erzielung von (weiteren) Einkünften (Rn 369 ff) nachgekommen ist (BGH FamRZ 2014, 637 Rn 13, 17; Kalthoener/Büttner NJW 1989, 801, 806). Ein arbeitsloser Unterhaltspflichtiger muss etwa im Einzelnen angeben, welche Bemühungen um eine neue Arbeitsstelle er unternommen hat und dass und aus welchem Grund er keine Arbeit gefunden hat (BGH FamRZ 2014, 637 Rn 13, 17; FamRZ 2000, 1358; NJW 1996, 517; OLG Hamburg FamRZ 1990, 784).

391 Der Unterhaltspflichtige trägt die Darlegungs- und Beweislast dafür, dass er keine Vollzeitstelle zu erlangen vermag. Das gilt in gleicher Weise für eine geringfügige Beschäftigung (sog Mini-Job; vgl BGH FamRZ 2012, 517). Entsprechendes gilt auch dann, wenn der Unterhaltspflichtige eine Rente wegen voller Erwerbsminderung bezieht (BGH FamRZ 2017, 109 Rn 24; Rn 120). Ist der Unterhaltsschuldner durch Aufgabe seines Arbeitsplatzes leistungsunfähig geworden, obliegt dem Berechtigten der Beweis für eine **unterhaltsrechtliche Leichtfertigkeit** (OLG Düsseldorf NJW-RR 1994, 1097; dazu Rn 152 ff).

2. Gesteigerte Unterhaltspflicht nach Abs 2

a) Verfügbare Mittel

392 Die Eltern tragen auch bei der gesteigerten Unterhaltspflicht nach Abs 2 die Darlegungs- und Beweislast dafür, dass die für den Unterhalt verfügbaren Mittel (Rn 363 f) nicht ausreichen. Für die Leistungsunfähigkeit bestehen im Einzelnen die gleichen Anforderungen an die Darlegungspflicht wie im Fall des Abs 1 (Rn 385 ff), allerdings unter Berücksichtigung der erhöhten Erwerbsobliegenheit (Rn 369 ff). Auch die Unzumutbarkeit einer Nebentätigkeit fällt in die Darlegungs- und Beweislast des Unterhaltsschuldners (BGH FamRZ 2014, 1992 Rn 23; näher Baumgärtel/Aps, Beweislast[3] Rn 18).

b) Anderer Verwandter

393 Beruft sich der barunterhaltspflichtige Elternteil gem Abs 2 S 3 HS 1 darauf, dass **ein anderer unterhaltspflichtiger Verwandter** sich am Barunterhalt beteiligen könne, sodass er selbst nur bis zur Grenze des angemessenen Selbstbehalts hafte (Rn 377 ff), so muss er neben seiner Leistungsunfähigkeit darlegen und beweisen, dass ein anderer – nach § 1601 BGB unterhaltspflichtiger – Verwandter vorhanden ist (Göppinger/Wax/van Els[9] Rn 1930). Die Darlegungs- und Beweislast für die Leistungsunfähigkeit des anderen Verwandten trägt das Kind (RGZ 57, 69, 72; BGH FamRZ 1982, 590; Göppinger/Wax/van Els[9] Rn 1930). Anders ist es, wenn sich der barunterhaltspflichtige Elternteil darauf beruft, dass der betreuende Elternteil zum Barunterhalt beitragen müsse

(Rn 379); in diesem Fall trägt der Barunterhaltspflichtige die Darlegungs- und Beweislast für die wirtschaftlichen Verhältnisse des betreuenden Elternteils (§ 1606 Rn 83 mNw).

c) Kindesvermögen

394 Beruft sich der Unterhaltsschuldner gem Abs 2 S 3 HS 2 darauf, dass das Kind seinen Unterhalt aus dem **Stamm seines Vermögens** bestreiten könne (Rn 384), so muss er seine Leistungsunfähigkeit und das Vorhandensein von Kindesvermögen darlegen und beweisen. Das Kind trifft die Darlegungs- und Beweislast dafür, dass es auch bei Berücksichtigung seines Vermögens bedürftig ist (§ 1602 Rn 179).

§ 1604
Einfluss des Güterstands

Lebt der Unterhaltspflichtige in Gütergemeinschaft, bestimmt sich seine Unterhaltspflicht Verwandten gegenüber so, als ob das Gesamtgut ihm gehörte. Haben beide in Gütergemeinschaft lebende Personen bedürftige Verwandte, ist der Unterhalt aus dem Gesamtgut so zu gewähren, als ob die Bedürftigen zu beiden Unterhaltspflichtigen in dem Verwandtschaftsverhältnis stünden, auf dem die Unterhaltspflicht des Verpflichteten beruht.

Materialien: E I § 1363 Abs 1, 2; II § 1499; III § 1582; Mot IV 376; Prot IV 242, 265; BT-Drucks II/224, 12, 55; II/3409, 21; Planck, in: Schubert, Vorlagen der Redaktoren, Familienrecht II 1291; Jakobs/Schubert §§ 1564–1921, 243, 298; Jakobs/Schubert §§ 1297–1563, 773.

Systematische Übersicht

Alphabetische Übersicht

I. Entstehungsgeschichte;

1. § 1604 BGB ist durch **Art 1 Nr 17 GleichberG** (Vorbem 45 zu §§ 1601 ff) mit 1
Wirkung vom 1. 7. 1958 neu gefasst worden. Der frühere Abs 1, der die Unterhaltspflicht einer im Güterstand der ehemännlichen Verwaltung und Nutznießung lebenden Frau regelte, ist wegen Wegfalls dieses Güterstandes gestrichen worden. In dem früheren Abs 2 (jetzt einziger Absatz) sind die ebenfalls weggefallenen Güterstände der Errungenschafts- und der Fahrnisgemeinschaft gestrichen worden. Zur Neuregelung der Gütergemeinschaft durch das GleichberG s Staudinger/Thiele (2017) Einl 21 ff zu § 1363 ff.

Durch das **Gesetz zur Änderung des Unterhaltsrechts vom 21. 12. 2007** (Vorbem 45 zu §§ 1601 ff) ist die Gesetzesfassung verallgemeinert und die eingetragene Lebenspartnerschaft einbezogen worden. Die vorherige Fassung war nur auf Ehegatten bezogen. Sie lautete:

Besteht zwischen Ehegatten Gütergemeinschaft, so bestimmt sich die Unterhaltspflicht des Mannes oder der Frau Verwandten gegenüber so, wie wenn das Gesamtgut dem unterhaltspflichtigen Ehegatten gehörte. Sind bedürftige Verwandte beider Ehegatten vorhanden, so ist der Unterhalt aus dem Gesamtgut so zu gewähren, wie wenn die

Bedürftigen zu beiden Ehegatten in dem Verwandtschaftsverhältnis ständen, auf dem die Unterhaltspflicht des verpflichteten Ehegatten beruht.

Bei der Änderung handelt es sich nach der Begründung des Gesetzentwurfs (BT-Drucks 16/1830, 22) lediglich um eine Anpassung des Unterhaltsrechts an das LPartG. Die durch § 6 LPartG geschaffene Möglichkeit, dass Lebenspartner durch Lebenspartnerschaftsvertrag Gütergemeinschaft vereinbaren können (§ 7 LPartG), werde damit im Unterhaltsrecht nachvollzogen.

2 **2.** Soweit ein vor dem 1. 7. 1958 vereinbarter Güterstand der **Errungenschafts- oder Fahrnisgemeinschaft** nach Art 8 Nr 7 GleichberG fortbesteht (Staudinger/Thiele [1994] Einl 80 ff zu § 1363 ff), gilt auch die frühere Fassung des § 1604 Abs 2 BGB weiter. Die Unterhaltspflicht der in diesen Güterständen lebenden Ehegatten bestimmt sich demnach so, wie wenn das Gesamtgut dem unterhaltspflichtigen Ehegatten gehörte.

II. Allgemeines

3 **1.** § 1604 BGB regelt die **Leistungsfähigkeit** (§ 1603 BGB) eines unterhaltspflichtigen Verwandten, der mit seinem Ehegatten oder Lebenspartner in **Gütergemeinschaft** (§§ 1415 ff BGB; § 7 S 2 LPartG) lebt. Da der Unterhaltspflichtige über seinen Anteil am Gesamtgut und an den zum Gesamtgut gehörenden Gegenständen nicht verfügen kann (§ 1419 Abs 1 BGB), bedarf es einer Regelung, wie weit das Gesamtgut bei der Bemessung seiner Leistungsfähigkeit zu berücksichtigen ist.

4 **2.** Dagegen regelt § 1604 BGB *nicht*, welche Vermögensmassen für die Erfüllung der Unterhaltspflicht eines in Gütergemeinschaft lebenden Ehegatten/Lebenspartners **haften**. Das ergibt sich vielmehr aus den Vorschriften über die Gütergemeinschaft (Rn 12 ff).

5 **3.** § 1604 BGB ist **entsprechend anwendbar** auf die Unterhaltspflicht zwischen *geschiedenen Ehegatten*, wenn der Unterhaltspflichtige mit einem neuen Ehegatten in Gütergemeinschaft lebt (§ 1583 BGB; bei Scheidung vor dem 1. 7. 1977: § 68 des durch Art 14 Nr 1 EheschlRG vom 4. 5. 1998 aufgehobenen EheG). Das gilt gemäß § 16 S 2 LPartG (der ua auf § 1583 BGB verweist) ebenfalls für den nachpartnerschaftlichen Unterhalt. Die Haftung mit dem Gesamtgut kann zu einer erheblichen Belastung des neuen Ehegatten/Lebenspartners führen. Wegen der Anwendbarkeit auf die **fortgesetzte Gütergemeinschaft** s Rn 22.

Leben Ehegatten/Lebenspartner getrennt, so hat ein Ehegatte/Lebenspartner nach den Voraussetzungen des § 1361 BGB (§ 12 LPartG) und in dem dort bestimmten Umfang auch dann Anspruch auf Trennungsunterhalt, wenn er mit dem anderen Ehegatten/Lebenspartner in Gütergemeinschaft lebt; soweit nach § 1420 BGB für den Trennungsunterhalt das Gesamtgut zu verwenden ist, kann der Unterhaltsberechtigte von dem Unterhaltsschuldner nicht Zahlung einer Geldrente (§ 1361 Abs 4 S 1 BGB), sondern nach § 1451 BGB Mitwirkung bei den Maßregeln verlangen, die zur ordnungsmäßigen Verwendung des Gesamtguts für den Unterhalt erforderlich sind (BGHZ 111, 248 = FamRZ 1990, 851). Es liegt also keiner der Fälle vor, die § 1604 BGB regelt; für eine Verweisung in § 1361 Abs 4 S 4 BGB (die Göppinger/Wax/Stro-

HAL[9] Rn 588 vermisst) besteht deshalb kein Anlass. An der in § 1604 BGB geregelten Unterhaltspflicht eines der Ehegatten bzw Lebenspartners gegenüber seinen Verwandten ändert sich nichts, wenn die Ehegatten bzw Lebenspartner getrennt leben.

4. Für die gesetzlichen Güterstände der **Zugewinngemeinschaft** (§§ 1363 ff BGB) und der **Gütertrennung** (§ 1414 BGB) bestehen keine Besonderheiten. Auf die Bemessung der Leistungsfähigkeit der in diesen Güterständen lebenden Ehegatten oder Lebenspartner hat das eheliche Güterrecht keinen Einfluss. 6

III. Gütergemeinschaft

1. Bei Gütergemeinschaft wird das Vermögen des Mannes und der Frau als **Gesamtgut** gemeinschaftliches Vermögen beider Ehegatten bzw Lebenspartner (§ 1416 Abs 1 BGB). Das gilt auch für das durch **Arbeitseinkommen** erworbene Vermögen. Die Einkünfte selbst fallen zwar, soweit sie unpfändbar sind (§§ 850 ff ZPO), in das Sondergut (Staudinger/Thiele [2007] § 1417 Rn 8), bei Wegfall der Unpfändbarkeit wird das durch diese Einkünfte erworbene Vermögen aber Gesamtgut (Staudinger/Thiele [2007] § 1417 Rn 13). Es ist also bei der Bemessung der Leistungsfähigkeit beider Ehegatten zu berücksichtigen. Nach **Aufhebung der Gütergemeinschaft**, die den Ehegatten/Lebenspartnern freisteht (Rn 19), gelten die allgemeinen Regeln. 7

2. Neben dem Gesamtgut kann jeder Ehegatte/Lebenspartner Sondergut und Vorbehaltsgut haben, das ihm allein gehört. **Sondergut** sind die Gegenstände, die nicht durch Rechtsgeschäft übertragen werden können (§ 1417 Abs 2 BGB). Die Nutzungen des Sondergutes fallen jedoch in das Gesamtgut, soweit sie übertragbar sind (§ 1417 Abs 3 S 2 BGB; s dort Rn 17). **Vorbehaltsgut** sind die Gegenstände, die durch Ehevertrag oder durch Bestimmung Dritter dazu erklärt sind, sowie ihre Surrogate (§ 1418 Abs 2 BGB). 8

IV. Unterhaltspflicht

1. Leistungsfähigkeit

Nach § 1604 S 1 BGB ist das **Gesamtgut** bei der Bemessung der Leistungsfähigkeit des Unterhaltspflichtigen **voll zu berücksichtigen**. Das gilt auch insoweit, als das Gesamtgut aus Einkünften und Vermögen des anderen – nicht unterhaltspflichtigen – Ehegatten/Lebenspartners stammt. Ohne Bedeutung ist dabei, ob das Gesamtgut von einem der Ehegatten/Lebenspartner (§§ 1422 ff BGB) oder von beiden gemeinschaftlich (§§ 1450 ff BGB) verwaltet wird. Zu berücksichtigen sind ferner das nicht zum Gesamtgut gehörende Vermögen des Unterhaltspflichtigen, also sein **Sondergut** und sein **Vorbehaltsgut**. Dagegen bleibt das Sondergut und das Vorbehaltsgut des anderen Ehegatten/Lebenspartners für die Bemessung der Leistungsfähigkeit auch dann außer Betracht, wenn es für die Haftung herangezogen werden kann (Rn 14). **Bemessungsgrundlage** für die Leistungsfähigkeit eines in Gütergemeinschaft lebenden Ehegatten/Lebenspartners ist also das Gesamtgut sowie das Sondergut und das Vorbehaltsgut des Unterhaltspflichtigen. 9

2. Eigenbedarf

10 Nach Auffassung von Engler (Staudinger/Engler [2000] Rn 10) muss bei der Bemessung der Leistungsfähigkeit des Unterhaltspflichtigen (§ 1603 Abs 1 BGB) der **Unterhaltsbedarf beider Ehegatten** berücksichtigt werden. Das folge daraus, dass das Gesamtgut beiden Ehegatten/Lebenspartnern gehöre (Rn 7) und aus ihm in erster Linie der Familienunterhalt bestritten werden solle (§ 1420; Staudinger/Thiele [2007] § 1420 Rn 2). Das widerspricht indessen sowohl dem Wortlaut der Vorschrift als auch der Rangfolge der Unterhaltsberechtigten nach § 1609 BGB (vgl Beck-OGK/Witt [Stand: 1. 9. 2015] Rn 28 f). Auch Engler hat (aaO) die vom Gesetz gerade zu vermeidende Konsequenz gesehen, dass sich der Vater eines erstehelichen Kindes seiner gesteigerten Unterhaltspflicht gegenüber diesem Kind anderenfalls dadurch entziehen könnte, dass er mit einer zweiten Ehefrau Gütergemeinschaft vereinbarte. Denn dann würde die Ehefrau gegenüber dem Kind entgegen § 1609 Nr 1, 2 BGB nicht nachrangig, sondern als vorrangig behandelt. Da die Unterhaltspflicht nach dem eindeutigen Wortlaut der Regelung so zu bestimmen ist, als ob das Gesamtgut dem Unterhaltspflichtigen gehöre, ist auch sein Eigenbedarf so zu bemessen, als wäre er durch das Gesamtgut als (alleiniges) Vermögen des Unterhaltspflichtigen zu decken. Wohlgemerkt betrifft § 1604 BGB nicht nur den – praktisch eher seltenen – Fall des Unterhalts aus Vermögen (vgl § 1603 Rn 294), sondern bezieht sich auf die Unterhaltssituation bei Gütergemeinschaft, bei welcher der laufende Unterhalt aus dem Gesamtgut als Vermögensmasse zu bestreiten ist. Der Unterhaltsbedarf des Kindes, der von der Vorschrift nicht geregelt wird (vgl Beck-OGK/Witt [Stand: 1. 9. 2015] Rn 20, 22), bestimmt sich dennoch nach den Verhältnissen des Unterhaltspflichtigen und mithin primär nach dessen Einkommen, für das der Güterstand ohne Bedeutung ist. Ist der Verwandtenunterhalt hingegen – etwa beim Elternunterhalt – gegenüber dem des Ehegatten-/Lebenspartner-Unterhalt nachrangig, ist der Bedarf des Ehegatten/Lebenspartners in die Berechnung einzubeziehen (Beck-OGK/Witt [Stand: 1. 9. 2015] Rn 30; vgl § 1603 Rn 231).

3. Rangordnung

11 Haben beide Ehegatten bedürftige Verwandte, so ist nach Satz 2 die Rangordnung der Unterhaltspflichten so zu bestimmen, als wenn beide Ehegatten **eine Person** wären und die Verwandtschaftsverhältnisse zu dieser Person beständen. Die Reihenfolge, in der den Bedürftigen Unterhalt zu gewähren ist, bestimmt sich nach § 1609 BGB. Das gilt aber nur für den aus dem Gesamtgut zu gewährenden Unterhalt. Jeder Ehegatte hat aus seinem Vorbehalts- und Sondergut seinen Verwandten Unterhalt ohne Rücksicht auf die Unterhaltspflicht des anderen Ehegatten zu gewähren.

V. Haftung

12 **1.** Die Unterhaltspflichten beider Ehegatten/Lebenspartner sind nach §§ 1437 Abs 1, 1459 Abs 1 BGB **Gesamtgutsverbindlichkeiten**, für die das Gesamtgut haftet (Staudinger/Thiele [2007] § 1437 Rn 2). Das gilt auch, soweit das Gesamtgut aus Einkünften des nicht unterhaltspflichtigen Ehegatten gespeist wird. Das pfändbare Erwerbseinkommen eines Ehegatten kann also zur Erfüllung der Unterhaltspflichten des anderen Ehegatten herangezogen werden.

2. Außerdem haftet der Unterhaltspflichtige mit seinem eigenen Vermögen, also mit seinem **Sondergut** und **Vorbehaltsgut**. 13

3. Schließlich haftet auch der **andere Ehegatte/Lebenspartner** persönlich als Gesamtschuldner mit seinem Sonder- und Vorbehaltsgut, wenn er das Gesamtgut allein oder gemeinschaftlich mit dem unterhaltspflichtigen Ehegatten verwaltet (§§ 1437 Abs 2, 1459 Abs 2 BGB). 14

4. Im **Innenverhältnis** zwischen den Eheleuten fallen die Unterhaltsverbindlichkeiten dem unterhaltspflichtigen Ehegatten insoweit zur Last, als sie durch die Berücksichtigung seines Vorbehalts- oder Sonderguts (Rn 9) begründet oder erweitert sind (§§ 1441 Nr 2; 1463 Nr 2 BGB; s Staudinger/Thiele [2007] § 1441 Rn 12). Im Übrigen findet ein Ausgleich nicht statt (§ 1441 Rn 2). 15

5. Zur **Zwangsvollstreckung** in das Gesamtgut ist nach § 120 Abs 1 FamFG iVm § 740 ZPO ein Titel gegen den das Gesamtgut verwaltenden Ehegatten bzw Lebenspartner, bei gemeinschaftlicher Verwaltung gegen beide Ehegatten/Lebenspartner erforderlich (Staudinger/Thiele [2007] Vorbem 11 ff zu §§ 1437–1440; § 1450 Rn 37). Zur Zwangsvollstreckung in das Sondergut, soweit sie zulässig ist (vgl § 851 Abs 1 ZPO), und in das Vorbehaltsgut ist ein Titel gegen den Ehegatten, dem dieses Gut gehört, erforderlich und genügend (Staudinger/Thiele [2007] § 1417 Rn 23; § 1418 Rn 58). Bei der gerichtlichen Geltendmachung von Unterhaltsansprüchen gegen einen in Gütergemeinschaft lebenden Schuldner sollte deshalb der Ehegatte bzw Lebenspartner des Schuldners ebenfalls als Antragsgegner in Anspruch genommen werden, falls nicht der Schuldner das Gesamtgut allein verwaltet. 16

VI. Stiefkinder

Besondere Bedeutung hat § 1604 BGB (iVm §§ 1437, 1459 BGB) für Kinder aus einer früheren Ehe und für nichteheliche Kinder eines Ehegatten bzw Lebenspartners. Denn das Gesamtgut ist auch insoweit, als es aus den Einkünften und Vermögen des **Stiefelternteils** stammt, Bemessungs- und Haftungsgrundlage für ihre Unterhaltsansprüche. Gegen den das Gesamtgut verwaltenden oder mitverwaltenden Stiefelternteil besteht sogar ein unmittelbarer Unterhaltsanspruch (Rn 14). Die Unterhaltspflicht wird also durch diese Bestimmungen über den Personenkreis des § 1601 BGB hinaus erweitert (§ 1601 Rn 25). 17

VII. Beendigung der Gütergemeinschaft

1. Die Gütergemeinschaft zwischen den Ehegatten endet mit der **Auflösung der Ehe** durch den Tod eines Ehegatten (s § 1482 BGB), durch Scheidung (§ 1564 BGB) oder durch Aufhebung der Ehe (§ 1313 BGB). Ferner können die Ehegatten bei Fortbestand der Ehe die Gütergemeinschaft durch **Ehevertrag** aufheben (§§ 1408 Abs 1, 1414 S 2 BGB), und jeder Ehegatte kann einen Antrag auf Aufhebung der Gütergemeinschaft stellen (§§ 1447, 1448, 1469 BGB); dieser Güterstand endet dann mit dem Abschluss des Vertrages oder mit der Rechtskraft des Aufhebungsurteils (§§ 1449, 1470 BGB). Entsprechendes gilt für die **eingetragene Lebenspartnerschaft**. 18

19 **2.** Heben die Ehegatten/Lebenspartner die Gütergemeinschaft durch **Ehevertrag/Lebenspartnerschaftsvertrag** auf, um eine Erweiterung der Unterhaltspflicht (Rn 17) auszuschließen, so ist das rechtlich nicht zu beanstanden (OLG Hamburg OLGE 30, 49; Gernhuber/Coester-Waltjen[6] § 45 Rn 27; Erman/Hammermann[14] Rn 2). Der Vertrag kann auch nicht nach dem AnfG angefochten werden (OLG Hamburg OLGE 6, 157). Das Gleiche gilt für die ehevertragliche **Änderung der Gesamtgutsverwaltung** (Staudinger/Thiele [2007] § 1421 Rn 14).

20 **3.** Die Haftung für die Unterhaltsschuld des anderen Ehegatten ist kein Grund für einen **Aufhebungsantrag** (§§ 1447, 1448 BGB). Einseitig kann sich daher der durch diese Haftung belastete Ehegatte daraus nicht lösen.

4. Rechtsfolgen

21 Nach Beendigung der Gütergemeinschaft kann § 1604 BGB keine Anwendung mehr finden. Die **Leistungsfähigkeit** des unterhaltspflichtigen Ehegatten bestimmt sich also von diesem Zeitpunkt an nur noch nach seinem eigenen Einkommen und Vermögen, wobei zu letzterem dann allerdings auch sein Anteil am ungeteilten Gesamtgut gehört. Ebenso entfällt auch die **Haftung** des anderen Ehegatten/Lebenspartner (Rn 12, 14) für die nach dem Ende der Gütergemeinschaft entstandenen Unterhaltspflichten (OLG Hamburg OLGE 7, 53; 30, 49). Dagegen bleibt seine Haftung für die *vorher entstandenen* Unterhaltspflichten bestehen. Bis zur Auseinandersetzung über das Gesamtgut (§§ 1471 ff BGB) sind die Rückstände aus dem Gesamtgut zu berichtigen (§ 1475 BGB). Ferner besteht auch die persönliche Haftung des das Gesamtgut verwaltenden oder mitverwaltenden Ehegatten/Lebenspartner (Rn 14) für die Rückstände fort, soweit sie nicht im Innenverhältnis dem Unterhaltspflichtigen allein zur Last fallen (§§ 1437 Abs 2 S 2; 1459 Abs 2 S 2 BGB; s Rn 15).

VIII. Fortgesetzte Gütergemeinschaft

22 Aufgrund eines Ehevertrages kann die Gütergemeinschaft nach dem Tode eines Ehegatten zwischen dem überlebenden Ehegatten und den gemeinschaftlichen Abkömmlingen fortgesetzt werden (§ 1483 Abs 1 BGB). Auf diese fortgesetzte Gütergemeinschaft findet § 1604 BGB seinem Wortlaut nach („zwischen Ehegatten") keine Anwendung. Auf die Unterhaltspflicht des **überlebenden Ehegatten** seinen Verwandten gegenüber ist § 1604 S 1 BGB jedoch **entsprechend anzuwenden**, weil das Gesamtgut wirtschaftlich dem überlebenden Ehegatten verbleibt (Staudinger/Thiele [2007] Vorbem 3 zu §§ 1483 ff). Dagegen muss bei der Bemessung der Leistungsfähigkeit der **Abkömmlinge** das Gesamtgut außer Betracht bleiben, weil sie weder dazu beisteuern (§ 1487 BGB) noch bis zur Auseinandersetzung einen Nutzen davon haben. Das Gesamtgut haftet auch nicht für die Verbindlichkeiten der Abkömmlinge (Staudinger/Thiele [2007] § 1488 Rn 10).

§ 1605
Auskunftspflicht

(1) Verwandte in gerader Linie sind einander verpflichtet, auf Verlangen über ihre Einkünfte und ihr Vermögen Auskunft zu erteilen, soweit dies zur Feststellung eines

Unterhaltsanspruchs oder einer Unterhaltsverpflichtung erforderlich ist. Über die Höhe der Einkünfte sind auf Verlangen Belege, insbesondere Bescheinigungen des Arbeitgebers, vorzulegen. Die §§ 260, 261 sind entsprechend anzuwenden.

(2) Vor Ablauf von zwei Jahren kann Auskunft erneut nur verlangt werden, wenn glaubhaft gemacht wird, dass der zur Auskunft Verpflichtete später wesentlich höhere Einkünfte oder weiteres Vermögen erworben hat.

Materialien: BT-Drucks 7/650, 172; 7/4361, 51.

Schrifttum

Baur, Auskunftsansprüche des Sozialhilfeträgers gegen Unterhaltspflichtige und ihre Erzwingung, FamRZ 1986, 1175
Born, Auskunftsansprüche im Unterhaltsrecht, NZFam 2016, 349
Berning, Vorlage von Unterlagen, die im Rahmen des Besteuerungsverfahrens anfallen, für Zwecke der Unterhaltsfestsetzung, DAVorm 1986, 197
Bömelburg, Offenbarungspflichten im Unterhaltsrecht, FF 2012, 331
Brüne, Informationspflichten im Unterhaltsrecht, FamRZ 1983, 657
Büte, Unterhaltsrechtlicher Auskunftsanspruch auch auf Offenlegung von Schulden?, FPR 2006, 462
Büttner, Durchsetzung von Auskunfts- und Rechnungslegungstiteln, FamRZ 1992, 629
ders, Ungefragte Information – Nutzen und Grenzen eines Rechtsinstituts, FF 2008, 15
Budde, Zur Auskunftsklage beim Unterhaltsanspruch volljähriger Kinder, FuR 2000, 11
van Els, Vorläufige Auskunft im Unterhaltsprozeß, FamRZ 1995, 650
Hoppenz, Die unterhaltsrechtliche Pflicht zu ungefragter Information, FamRZ 1989, 337
ders, Gegenseitige Auskunftspflicht mehrerer Unterhaltsgläubiger oder mehrerer Unterhaltsschuldner, FamRZ 2008, 733
Kentgens, Der Auskunftsanspruch im Familienrecht (1992)
Kleffmann, Der unterhaltsrechtliche Auskunfts- und Beleganspruch, FuR 1999, 403
Klingelhöffer, Contra Auskunftsanspruch? – Auskunftspflicht – Grenzen, Alternativen und Schwächen, AnwBl 2003, 484
Löhnig, Auskunftsansprüche im Familienrecht im Spiegel der aktuellen höchstrichterlichen Rechtsprechung, JA 2015, 641
Peschel-Gutzeit, Auskunftsansprüche pro und contra – Weshalb die Auskunftsansprüche im Familien- und Erbrecht unzulänglich sind, FF 2003, 194 = AnwBl 2003, 476
Rossmann, Auskunft im Unterhalts(stufen)verfahren, ZFE 2009, 444
Sauer, Kann das Auskunftsverlangen mangels ordnungsgemäßer Bevollmächtigung gemäß § 174 S 1 BGB zurückgewiesen werden?, FamRZ 2010, 617
Schürmann, Wie hoch ist das Einkommen? – Die Auskunft im Unterhaltsprozeß, FuR 2005, 49
Viefhues, Verfahrensrechtliche Auskunftspflichten nach dem FamFG, FPR 2010, 162
ders, Auskunftsansprüche zum Unterhalt, ZFE 2003, 203
Völlings/Kania, Stichtag für die Erteilung der Auskunft über die Vermögensverhältnisse im Unterhaltsrecht (§§ 1580, 1605 BGB), FamRZ 2007, 1215
Wellenhofer, Auskunftsanspruch zur Vorbereitung eines Unterhaltsregresses, JuS 2012, 253.

Systematische Übersicht

Alphabetische Übersicht

I. Allgemeines

1. Entstehungsgeschichte

1 § 1605 BGB regelte ursprünglich die Unterhaltspflicht eines minderjährigen Kindes, dessen Vermögen damals der elterlichen Nutznießung unterlag. Diese Bestimmung ist durch Art 1 Nr 18 GleichberG mit Wirkung vom 1. 7. 1958 ersatzlos gestrichen worden. In die freie Stelle hat dann Art 1 Nr 21 1. EheRG die jetzige Vorschrift eingefügt. Sie ist seit dem 1. 7. 1977 in Kraft (Art 12 Nr 13 1. EheRG). Schon vorher war ein aus § 242 BGB hergeleiteter unterhaltsrechtlicher Auskunftsanspruch in Rechtsprechung und Schrifttum fast allgemein anerkannt (BGHZ 85, 16, 27 = NJW 1983, 279 = FamRZ 1982, 1189; Mutschler FamRZ 1976, 219 mwNw).

Das **KindUG** hat § 1605 BGB nicht geändert. Es hat aber in § 643 ZPO dem Gericht die Befugnis eingeräumt, in Unterhaltsstreitigkeiten den Parteien aufzugeben, unter Vorlage entsprechender Belege Auskunft zu erteilen über ihre Einkünfte und, soweit es für die Bemessung des Unterhalts von Bedeutung ist, über ihr Vermögen und ihre persönlichen und wirtschaftlichen Verhältnisse. Seit dem 1. 9. 2009 ist die ähnliche Regelung in § 235 FamFG (**verfahrensrechtliche Auskunftspflicht** der Beteiligten) enthalten (näher Wendl/Schmitz[9] § 10 Rn 56 ff). Nach § 235 Abs 1 S 1 FamFG kann das Gericht anordnen, dass der Antragsteller und der Antragsgegner Auskunft über ihre Einkünfte, ihr Vermögen und ihre persönlichen und wirtschaftlichen Verhältnisse erteilen sowie bestimmte Belege vorlegen, soweit dies für die Bemessung des Unterhalts von Bedeutung ist. Die Aufforderung ist auf entsprechenden Antrag der Beteiligten obligatorisch, wenn der andere Beteiligte vor dem Verfahren seiner zivilrechtlichen Auskunftspflicht nicht nachgekommen ist (§ 235 Abs 2 FamFG). Die verfahrensrechtliche Auskunftspflicht ist nicht mit Zwangsmitteln durchsetzbar (§ 235 Abs 4 FamFG). Die Nichterfüllung hat aber zur Folge, dass das Gericht nach § 236 FamFG Auskunft und Belege von Dritten (vor allem Arbeitgeber, Sozialleistungsträger, Versicherungen, Finanzamt) einholen kann.

Nach § **117 Abs 2 S 2 ZPO** dürfen die im Rahmen der Verfahrenskostenhilfe eingereichte Erklärung der Partei über ihre persönlichen und wirtschaftlichen Verhältnisse sowie entsprechende Belege ohne Zustimmung der Partei nur dann zugänglich gemacht werden, wenn diese gegen den Antragsteller nach den Vorschriften des bürgerlichen Rechts einen Anspruch auf Auskunft über Einkünfte und Vermögen hat. Daraus folgt indessen kein subjektives Recht auf Akteneinsicht in die Erklärung über die persönlichen und wirtschaftlichen Verhältnisse des Antragstellers (BGH FamRZ 2015, 1176; OLG Frankfurt FamRZ 2016, 843; OLG Schleswig FamRZ 2015, 685; OLG Nürnberg FamRZ 2015, 684; vgl auch OLG Karlsruhe FamRZ 2015, 597).

2. Zweck der Vorschrift

Durch die Auskunft sollen die Beteiligten in die Lage versetzt werden, einen Unterhaltsrechtsstreit zu vermeiden oder in einem Rechtsstreit ihre Forderungen richtig zu bemessen und begründete Einwendungen vorzubringen (BT-Drucks 7/650, 172). Im Unterhaltsverfahren muss der Antragsteller allerdings ohnehin seine Bedürftigkeit (§ 1602 Rn 179) und der Antragsgegner seine fehlende Leistungsfähigkeit (§ 1603 Rn 385 ff) darlegen und beweisen. Legt der Antragsgegner etwa seine Leistungsunfähigkeit indessen erst im Verfahren dar, so sind dem Antragsteller bereits vermeidbare Kosten entstanden. Zwar ist die nicht erteilte Auskunft dann bei der Kostenentscheidung zu berücksichtigen (§ 243 Satz 1 Nr 2 FamFG). Das hilft dem Antragsteller aber bei Zahlungsunfähigkeit des Antragsgegners nichts. Überdies kommt dem Auskunftsanspruch auch zur Vorbereitung eines Abänderungsantrags nach §§ 238, 239 FamFG erhebliche Bedeutung zu, weil hier der Antragsteller eine wesentliche Änderung der Verhältnisse darlegen muss. Die Auskunft muss daher ihrem Zweck entsprechend jedenfalls grundsätzlich ohne Rücksicht auf die Darlegungs- und Beweislast erteilt werden (BGH 15. 11. 2017 – XII ZB 503/16; **aA** OLG Karlsruhe FamRZ 2009, 1497 [zu § 242] mwNw). 2

3. Rechtsnatur des Auskunftsanspruchs

Der Auskunftsanspruch ist zwar eng mit dem Unterhaltsanspruch verknüpft. Er setzt aber einen bestehenden Unterhaltsanspruch nicht voraus, weil er auch der Prüfung dient, ob ein Unterhaltsanspruch besteht (Mutschler FamRZ 1976, 219; Göppinger[5] Rn 343; MünchKomm/Born[6] Rn 1). Es handelt sich daher um einen **unselbständigen Hilfsanspruch** zum Unterhaltsanspruch (BGB-RGRK/Mutschler Rn 2; Gernhuber/Coester-Waltjen[6] § 45 IV 2 Rn 40 f) oder um einen **unterhaltsrechtlichen Nebenanspruch** (BGH NJW 1987, 2237 = FamRZ 1987, 1132). Der Auskunftsanspruch ist ebenso wie der Unterhaltsanspruch *vermögensrechtlicher Art,* weil er der Wahrung wirtschaftlicher Belange dient (BGH NJW 1982, 1651 = FamRZ 1982, 787). Zur Rechtsnatur als „verhaltener Anspruch" s Rn 14. 3

4. Übergang auf Dritte

Der Auskunftsanspruch kann wegen der engen Verknüpfung mit dem – unabtretbaren (Vorbem 88 zu §§ 1601 ff) – Unterhaltsanspruch **nicht abgetreten** werden (§ 399 BGB; s Göppinger[5] Rn 343). Bei einem **gesetzlichen Übergang** des Unterhaltsanspruchs auf einen anderen nach §§ 1607 Abs 2 S 2, Abs 3, § 1608 S 3 BGB geht der Auskunftsanspruch als Hilfsanspruch ebenfalls über (§§ 412, 401 BGB; s Staudinger/Busche [2017] § 401 Rn 28, 34; anders Gernhuber/Coester-Waltjen[6] § 45 IV 2 Rn 41 mwNw: eigener Auskunftsanspruch des Legalzessionars; insoweit offen gelassen von BGH NJW 1986, 1688 = 4

FamRZ 1986, 568). Nach der Auffassung des BGH (FamRZ 1991, 1117 [BAföG]; FamRZ 1986, 568 [Sozialhilfe]; FamRZ 1983, 674; vgl WENDL/DOSE[9] § 1 Rn 1154) geht der Auskunftsanspruch bei **sozialrechtlichem Anspruchsübergang** oder Anspruchsüberleitung durch Verwaltungsakt nicht nach § 401 BGB als Annex des Unterhaltsanspruchs über. Die Begründung mit der Höchstpersönlichkeit des Auskunftsanspruchs vermag allerdings ebensowenig zu überzeugen wie der Hinweis darauf, dass der Auskunftsanspruch keinen bestehenden Unterhaltsanspruch voraussetzt (BGH FamRZ 1986, 568; vgl Rn 3). Denn zum einen ist der Unterhaltsanspruch selbst nicht minder höchstpersönlich als der diesen lediglich vorbereitende Auskunftsanspruch. Zum anderen setzt bereits der Anspruchsübergang einen bestehenden Unterhaltsanspruch voraus. Mit der Klärung des Unterhaltsanspruchs durch das Auskunftsverlangen wird dann zugleich auch geklärt, ob und ggf inwiefern ein Anspruchsübergang erfolgt ist. Auch dass Sozialleistungsträger die Erteilung der Auskunft per Verwaltungsakt nach § 60 Abs 2 S 3 SGB II (zu § 117 SGB XII vgl LSG Rheinland-Pfalz FamRZ 2016, 1411; LSG Baden-Württemberg FamRZ 2016, 1411 [LS]) anordnen können, schließt – abgesehen vom abweichenden Inhalt der jeweiligen Auskunftspflicht – ein Bedürfnis für den zivilrechtlichen Auskunftsanspruch nicht aus. Denn dieser könnte im Wege des Stufenantrags verfolgt werden, während bei vorheriger Festsetzung durch Verwaltungsakt zwei Verfahren vor verschiedenen Gerichtsbarkeiten zu führen sind. Derzeit finden sich zum zivilrechtlichen Auskunftsanspruch in den einschlägigen Sozialgesetzen **spezialgesetzliche Regelungen**, die einen Übergang jeweils ausdrücklich vorsehen (§ 33 Abs 1 S 4 SGB II; 94 Abs 1 S 1 SGB XII; § 7 Abs 1 S 1 UVG; § 37 Abs 1 S 1 BAföG; zu zwischenzeitlichen „Rückschritten" in der Sozialgesetzgebung s etwa KLINKHAMMER FamRZ 2004, 1909, 1916).

Wenn mit dem Unterhaltsanspruch der Auskunftsanspruch auf den Sozialhilfeträger übergeht, tritt auch dieser Übergang nur in dem Umfang ein, in dem Sozialhilfe gewährt wird. Dem Unterhaltsberechtigten verbleibt daher ein eigener Auskunftsanspruch, der es ihm ermöglicht, die Berechtigung der ihm verbliebenen Unterhaltsansprüche zu prüfen (KG FamRZ 1997, 1405).

5. Entsprechende Anwendbarkeit, Anspruch gegen Dritte

5 **a)** § 1605 BGB findet **kraft Gesetzes** entsprechende Anwendung zwischen getrennt lebenden Ehegatten (§ 1361 Abs 4 S 4 BGB), zwischen geschiedenen Ehegatten (§ 1580 S 2 BGB; bei Scheidung vor dem 1. 7. 1977 s BGHZ 85, 16, 27 = NJW 1983, 279 = FamRZ 1982, 1189), zwischen Lebenspartnern bei Trennung (§ 12 LPartG) oder nach Aufhebung der Lebenspartnerschaft (§ 16 LPartG) und zwischen den Eltern eines nichtehelichen Kindes zur Feststellung eines Unterhaltsanspruchs der Mutter oder des das Kind betreuenden Vaters (§ 1615l Abs 3 S 1, Abs 4 S 2 BGB). Die Vorschrift ist ferner zur Feststellung von Ansprüchen auf Versorgungsausgleich entsprechend anwendbar (§ 4 Abs 4 VersAusglG; zuvor gemäß §§ 1587e Abs 1, 1580 S 2 BGB. Zu § 117 Abs 2 S 2 ZPO s Rn 1; zu weiterreichenden Befugnissen der Sozialbehörden vgl LSG Rheinland-Pfalz FamRZ 2016, 1411; LSG Baden-Württemberg FamRZ 2016, 1411 [LS] – jeweils Auskunftsanordnung gegenüber Schwiegerkindern beim Elternunterhalt).

6 **b)** ENGLER hat in der Vorbearbeitung eine entsprechende Anwendung auch zwischen Personen, die für den Unterhalt eines gemeinsamen Verwandten *anteilig haften* (§ 1606 Abs 3 BGB), so *zwischen Eltern* zur Feststellung ihrer Unterhalts-

pflicht gegenüber einem gemeinsamen Kind oder *zwischen Geschwistern* zur Feststellung ihrer Unterhaltspflicht gegenüber den Eltern, befürwortet (Staudinger/Engler [2000] Rn 6). Dafür dürfte es indessen in Anbetracht der bei Einfügung der Vorschrift bereits zu § 242 BGB etablierten Rechtsprechung (s Rn 1) und des auf Gläubiger und Schuldner des Unterhaltsanspruchs zugeschnittenen Regelungsbereichs an einer Grundlage fehlen (BGH FamRZ 2013, 1027 Rn 7). Der **BGH** leitet daher in ständiger Rechtsprechung einen **Auskunftsanspruch zwischen gleichrangig haftenden Unterhaltspflichtigen** aus **§ 242 BGB** ab. Dieser steht unter den Voraussetzungen, dass (1.) zwischen den Parteien eine rechtliche Verbindung besteht (ein rechtliches Interesse genügt nicht), (2.) der Anspruchsberechtigte zur Geltendmachung eines Anspruchs unverschuldet auf die Auskunft angewiesen ist und (3.) die Erteilung der Auskunft dem Verpflichteten zumutbar ist (BGH FamRZ 1988, 268). Diese Voraussetzungen sind bei einer anteiligen Haftung nach § 1606 Abs 3 BGB regelmäßig gegeben (vgl BGH FamRZ 2013, 1027 [Auskunft unter Eltern bezüglich Kindesunterhalt bzw familienrechtlichem Auskunftsanspruch]; dazu auch KG FamRZ 2009, 702; BGH FamRZ 2003, 1836 [Auskunft unter Geschwistern beim Elternunterhalt]). Der BGH hat eine Auskunftspflicht zwischen analog § 1606 Abs 3 BGB anteilig haftenden Ehemann und nichtehelichem Vater hingegen verneint (BGH FamRZ 1998, 541, 544). Das erscheint in Anbetracht der über § 1606 Abs 3 BGB hergestellten Gleichbehandlung mit gleichrangig haftenden Verwandten nicht konsequent. Der BGH hat darauf abgestellt, dass zwischen den Unterhaltsschuldnern anders als bei gleichrangig haftenden Eltern kein Treue- und Pflichtenverhältnis bestehe (BGH FamRZ 1998, 541, 544). Dieser Blickwinkel erscheint jedoch zu eng. Vielmehr dürfte es zur Begründung einer rechtlichen Verbindung bereits ausreichen, dass beide Unterhaltsschuldner gegenüber derselben Person gleichrangig zum Unterhalt verpflichtet sind. Zwar hat der Unterhaltsberechtigte gegen beide Schuldner Auskunftsansprüche. Dementsprechend trägt er im Rahmen der Bedürftigkeit die Darlegungs- und Beweislast für die Leistungs(un)fähigkeit gleichrangig haftender Unterhaltspflichtiger (vgl Rn 2; § 1606 Rn 12 ff). Dagegen würden dem einzelnen Unterhaltsschuldner Rechtsschutzlücken in Abänderungsverfahren entstehen, weil er keine Möglichkeit hätte, sich über die Leistungsfähigkeit des Mithaftenden zu informieren.

6. Pflicht zur ungefragten Offenbarung

Nachdem die Auskunftspflicht unter Verwandten gesetzlich geregelt ist, können weitergehende Auskunftspflichten, insbesondere eine Pflicht, ungefragt seine wirtschaftlichen Verhältnisse zu offenbaren, nicht mehr aus den familiären Bindungen hergeleitet werden (zur früheren Rechtslage s Mutschler FamRZ 1976, 219). Bevor Auskunft oder Unterhalt verlangt wird, kann auch einem Unterhaltspflichtigen nicht zugemutet werden, von sich aus zu offenbaren, dass er nach seinen wirtschaftlichen Verhältnissen zu Unterhaltszahlungen in der Lage ist. 7

Der **Bundesgerichtshof** bejaht eine Offenbarungspflicht nur in Ausnahmefällen, in denen das Schweigen über eine günstige, für den Unterhaltsanspruch ersichtlich grundlegende Änderung der wirtschaftlichen Verhältnisse **evident unredlich** erscheint; dazu reiche es nicht aus, dass die Änderung der Verhältnisse eine Abänderungsklage (nunmehr: Abänderungsantrag) begründen könnte (BGH NJW 1986, 2047 = FamRZ 1986, 794, 796; NJW 1986, 1751 = FamRZ 1986, 450, 453; ausführlich Wendl/Dose[9] § 1 Rn 1199 ff). Der BGH hat es auch bei laufenden Unterhaltszahlungen als Sache des 8

Schuldners angesehen, sich über den Fortbestand der Unterhaltspflicht zu informieren (**aA** Staudinger/Engler [2000] Rn 7 mwNw). Nur wenn der Gläubiger durch sein Verhalten Anlass dazu gegeben hat, dass der Schuldner auf den Fortbestand seiner Zahlungspflicht vertrauen durfte, kann danach die stillschweigende Entgegennahme weiterer Zahlungen gegen Treu und Glauben verstoßen. Entsprechendes gilt für den Unterhaltsschuldner in Fällen, in denen das Verschweigen einer grundlegenden Verbesserung seiner Leistungsfähigkeit evident unredlich ist (BGH NJW 1988, 1965 = FamRZ 1988, 270). Diese für eine vorangegangene **Verurteilung** (nunmehr: gerichtliche Verpflichtung) zum Unterhalt ergangene Rechtsprechung hat er BGH indessen bei **Vergleichen** und sonstigen Unterhaltsvereinbarungen modifiziert. Gehe es um die Durchführung einer Unterhaltsvereinbarung, erhöhe sich die Pflicht des Unterhaltsberechtigten zur Rücksichtnahme auf die Belange des anderen Teils (BGH FamRZ 1997, 483 unter Bezugnahme auf Hoppenz FamRZ 1989, 337, 339; vgl bereits BGHZ 30, 36, 39) dies gelte beim Unterhaltsschuldner entsprechend (BGH FamRZ 1997, 483 unter Verweis auf BGH FamRZ 1988, 270). In einer späteren Entscheidung hat der BGH darauf Bezug genommen, jedoch **offen gelassen**, ob dies **unabhängig von der Art des Unterhaltstitels** gelte (BGH FamRZ 2008, 1325 Rn 28 – zu § 1579; vgl Wendl/Dose[9] § 1 Rn 1199).

9 Engler hat diese Rechtsprechung in der Vorbearbeitung (Staudinger/Engler [2000] Rn 9) als „rechtspolitisch bedenklich" bezeichnet. Seiner Meinung nach ist zwischen einer Offenbarungspflicht gegenüber einem Unterhaltsberechtigten und einer solchen Pflicht gegenüber einem Unterhaltsleistenden wegen der verschiedenen Interessenlagen zu unterscheiden. Es sei auch nicht zwingend geboten, die Offenbarungspflicht des Unterhaltsberechtigten auf besondere Ausnahmefälle zu beschränken, sie ergebe sich vielmehr idR aus der laufenden Entgegennahme der Zahlungen. Ein Schuldner, der mit einem Wegfall der Unterhaltspflicht rechne, müsse sonst vor jeder Zahlung Auskunft verlangen und dabei die Änderung auch noch glaubhaft machen (§ 1605 Abs 2 BGB). Dies spreche dafür, dass Informationslücken, die durch den – vom anderen Teil nicht erkannten – Eintritt anspruchsverändernder Tatsachen entstanden sind, von dem Beteiligten zu schließen sind, der die Information geben kann (Staudinger/Engler [2000] Rn 9 mwNw). Dem ist hinsichtlich der **Unterscheidung zwischen Unterhaltsberechtigtem und Unterhaltspflichtigem** grundsätzlich zuzustimmen (ebenso Wendl/Dose[9] § 1 Rn 1200 mwNw). Zur Beantwortung der Frage, ob eine Informationspflicht besteht, ist indessen notwendig, die Besonderheiten in der jeweiligen Fallkonstellation zu beachten. So wird man im Grundsatz eine ungefragte Information etwa im Fall erwarten können, dass ein volljähriges Kind seine Ausbildung endgültig abbricht. Demgegenüber erscheint es unbillig, dem Unterhaltspflichtigen abzuverlangen, jede Änderung seiner Einkommensverhältnisse ungefragt anzuzeigen, was einer dem Gesetz unbekannten laufenden Berichtspflicht nahekäme. Anders wird es sich wiederum im Fall verhalten, dass der zum Minderjährigenunterhalt Verpflichtete, der wegen unverschuldeter Arbeitslosigkeit leistungsunfähig war, eine neue Arbeitsstelle erlangt. Vom Unterhaltsschuldner wird in dieser Situation ebenfalls eine ungefragte Information zu verlangen sein. Eine Gleichsetzung der Obliegenheiten dürfte also in Fällen der gesteigerten Unterhaltspflicht nach § 1603 Abs 2 BGB gerechtfertigt sein, wenn es sich gleichzeitig um wesentliche Änderungen handelt. Ansonsten sind an den Unterhaltsberechtigten, der laufende Unterhaltszahlungen erhält, höhere Anforderungen zu stellen als an den Unterhaltspflichtigen (vgl auch § 1602 Rn 4, § 1603 Rn 5). Ob das Schweigen als evident unredlich erscheint, ist letztlich aber unter Beachtung der Besonderheiten des jeweiligen **Einzelfalls** zu

beurteilen. Nach der Andeutung des BGH (FamRZ 2008, 1325 Rn 28) dürfte dabei der **Art des Unterhaltstitels** (gerichtliche Festsetzung oder Vereinbarung) letztlich keine entscheidende Bedeutung (mehr) zukommen (MünchKomm/Born[7] Rn 17; vgl Wendl/Dose[9] § 1 Rn 1199). In jedem Fall hat der Unterhaltsberechtigte seine Verhältnisse wahrheitsgemäß und vollständig darzulegen, wenn er den Unterhaltsanspruch – gerichtlich oder außergerichtlich – geltend macht (BGH NJW 1999, 2804 = FamRZ 2000, 153).

Aus einer Verletzung der Pflicht zur ungefragten Information können sich unter- 10
schiedliche **Rechtsfolgen** ergeben. Ein Verstoß des Unterhaltsschuldners kann zur Schadensersatzpflicht nach § 826 BGB führen, die eine rückwirkende (erhöhte) Unterhaltszahlung beinhaltet (denkbar ist hier auch eine Anwendung des § 1613 II Nr 2b; BGH FamRZ 1986, 450 = NJW 1986, 1751; FamRZ 1986, 794 = NJW 1986, 2047). Ein Verstoß des Unterhaltsgläubigers kann einen Anspruch nach § 826 BGB auf Rückzahlung zu Unrecht vereinnahmter Unterhaltszahlungen begründen, ferner eine Verwirkung nach § 1611 BGB (OLG Jena FamRZ 2009, 1416; OLG Koblenz FamRZ 1999, 402; vgl BGH FamRZ 1997, 483 – zu § 1579), die Anfechtbarkeit eines Unterhaltsvergleichs nach § 123 BGB (BGH NJW 1999, 2804 = FamRZ 2000, 153) oder die verschärfte Bereicherungshaftung nach §§ 819 Abs 1, 818 Abs 4 BGB. In Fällen des § 826 BGB greift ggf auch die Zeitschranke des § 238 Abs 3 FamFG nicht ein (Wendl/Dose[9] § 1 Rn 1202 mwNw).

II. Voraussetzungen des Anspruchs

1. Verwandte in gerader Linie

a) § 1605 BGB beschränkt den **Kreis der Auskunftspflichtigen** auf Verwandte in 11
gerader Linie (§ 1589 S 1 BGB) und knüpft damit an die Unterhaltspflicht nach § 1601 BGB an (§ 1601 Rn 7). Mehrere gleichrangig haftende Unterhaltsschuldner haben ggf gegeneinander Auskunftsansprüche aus § 242 BGB (Rn 6). Andere Personen, zB Verschwägerte, sind auch dann nicht auskunftspflichtig, wenn ihre wirtschaftlichen Verhältnisse für das Bestehen oder die Bemessung des Unterhaltsanspruches von Bedeutung sind (BGH FamRZ 2003, 1836).

b) Der Auskunftsanspruch besteht auch **nicht gegenüber Dritten**, denen die wirt- 12
schaftlichen Verhältnisse des Unterhaltspflichtigen bekannt sind, wie Ehegatten, Arbeitgeber, Banken, Steuerberater, Finanzämter, Sozialversicherungsträger (OLG Karlsruhe FamRZ 1993, 1481; BGB-RGRK/Mutschler Rn 5). Umgekehrt könnten auch Dritte, insbesondere Gerichte und Behörden, aus § 1605 BGB kein Auskunftsrecht herleiten. Wegen der Auskunftsrechte der Behörden s Rn 4, wegen des Auskunftsverlangens des Gerichts im Unterhaltsrechtsstreit s Rn 1.

c) Der Anspruch besteht in doppelter Hinsicht **wechselseitig**. Einmal sind aus- 13
kunftsberechtigt – wie beim Unterhaltsanspruch (§ 1601 Rn 7) – sowohl die Kinder gegenüber Eltern und Voreltern als auch die Eltern und Voreltern gegenüber den Kindern. Außerdem kann die Auskunft sowohl zur Feststellung eines Unterhaltsanspruchs als auch einer Unterhaltsverpflichtung verlangt werden. Die beiderseitigen Auskunftsansprüche stehen aber nicht in einem Gegenseitigkeits- oder Abhängigkeitsverhältnis, deshalb besteht **kein Leistungsverweigerungsrecht** nach § 322 BGB (KG FamRZ 2009, 702; OLG Bamberg FamRZ 1985, 610). Wegen der Hilfsnatur des Aus-

kunftsanspruchs kann gegen ihn ebenso wie gegen den Unterhaltsanspruch auch **kein Zurückbehaltungsrecht** nach § 273 BGB geltend gemacht werden (KG FamRZ 2009, 702; OLG Brandenburg FamRZ 2002, 1270; OLG Schleswig OLGR 2001, 373 [zu § 242]; OLG Bamberg FamRZ 1985, 610; OLG Köln FamRZ 1987, 714; OLG Hamm FamRZ 1996, 49, 50; Rasch, in: Ehinger/Griesche/Rasch[7] Kap I Rn 9 f; Staudinger/Bittner [2014] § 273 Rn 84, 92; **aA** MünchKomm/Krüger[7] § 273 Rn 50 mwNw; näher Vorbem 119 zu §§ 1601 ff).

2. Auskunftsverlangen

14 **a)** Die Auskunft muss auf Verlangen erteilt werden. Gernhuber/Coester-Waltjen bezeichnen das Auskunftsrecht deshalb als **„verhaltenen Anspruch"**, der erst durch den Gläubiger „aktualisiert" werden müsse und der vorher zwar latent existiere, aber weder fällig noch erfüllbar sei (§ 45 IV 2; ebenso BGH NJW 1986, 1751, 1753 = FamRZ 1986, 450, 453; BGB-RGRK/Mutschler Rn 2). Dagegen ist nichts einzuwenden. Die Bedeutung dieses Begriffes ist aber umstritten (Gernhuber, Die Erfüllung und ihre Surrogate [2. Aufl 1994] § 3 I 7); darunter werden auch Ansprüche verstanden, bei denen der Schuldner die Leistung nicht vorzeitig bewirken, der Gläubiger sie aber vorzeitig verlangen kann (Staudinger/Bittner [2014] § 271 Rn 7). Letzteres trifft für den Auskunftsanspruch nicht zu, weil vor dem Verlangen noch kein, zumindest kein „aktualisierter" Anspruch besteht.

15 **b)** Das Verlangen ist eine **geschäftsähnliche Willensäußerung**, weil das Gesetz daran die Rechtsfolge der Auskunftspflicht knüpft (vgl BGHZ 47, 352, 357 = NJW 1967, 1800, 1802; Staudinger/Dilcher[12] Einl 18 zu §§ 104–185). Auf sie finden die allgemeinen Vorschriften über Willenserklärungen entsprechende Anwendung (BGHZ 47, 352, 357). Das Verlangen setzt deshalb *Geschäftsfähigkeit* voraus, wobei beschränkte Geschäftsfähigkeit genügt, weil der Erklärende dadurch lediglich einen rechtlichen Vorteil erlangt (§ 107 BGB).

16 **c)** Eine **Form** ist für das Verlangen nicht vorgeschrieben, es kann mündlich oder schriftlich geäußert werden. Auch eine *inhaltliche Konkretisierung* des Verlangens auf bestimmte Einkunfts- oder Vermögensarten ist nicht erforderlich. Es genügt, wenn der Wunsch, über alle Einkünfte und Vermögensgegenstände informiert zu werden, die für einen Unterhaltsanspruch wesentlich sind, hinreichend deutlich zum Ausdruck kommt. Allerdings sollte angegeben werden, für welchen Zeitraum oder Zeitpunkt die Auskunft verlangt wird (s Rn 28 f). Das Auskunftsverlangen kann aber auch auf bestimmte Einzelpositionen beschränkt werden, etwa wenn dem Berechtigten die sonstigen wirtschaftlichen Verhältnisse des Auskunftspflichtigen bekannt sind und er ihn veranlassen will, sich gerade zu diesen Positionen konkret zu äußern (OLG Hamm FamRZ 1979, 1012). Dann braucht allerdings auch nur hierüber Auskunft gegeben zu werden.

3. Erforderlichkeit der Auskunft

17 **a)** Die Auskunft braucht nur erteilt zu werden, soweit dies zur Feststellung eines Unterhaltsanspruchs oder einer Unterhaltsverpflichtung **erforderlich** ist. Die Erforderlichkeit ist vom Standpunkt des Auskunftsbegehrenden aus zu beurteilen. Sie ist auch dann gegeben, wenn nach den wirtschaftlichen Verhältnissen eine Unterhaltspflicht nicht besteht, der Auskunftsbegehrende das aber nicht wissen kann. Dagegen

ist die Auskunft nicht erforderlich, wenn aus Gründen, die nicht Gegenstand des Auskunftsverlangens sind, keine Unterhaltspflicht besteht. Der unterhaltsrechtliche Auskunftsanspruch ist deshalb nur gegeben, wenn diejenigen Voraussetzungen des Unterhaltsanspruchs, die von den wirtschaftlichen Verhältnissen des Anspruchsgegners unabhängig sind, vorliegen (BGH 15. 11. 2017 – XII ZB 503/16; BGHZ 85, 16, 29 = NJW 1983, 279, 281 = FamRZ 1982, 1189, 1192; BGH NJW 1983, 2243 = FamRZ 1983, 996; NJW 1983, 2318, 2320 = FamRZ 1983, 352, 354). Insoweit gilt für den Auskunftsanspruch dieselbe **Darlegungs- und Beweislast** wie für den Unterhaltsanspruch (BGH 15. 11. 2017 – XII ZB 503/16; BGHZ 85, 16, 29 = FamRZ 1982, 1189). Das gilt allerdings nur für die Voraussetzungen, die von den wirtschaftlichen Verhältnissen der Parteien unabhängig sind. Wer Auskunft zur Feststellung einer Unterhaltspflicht verlangt, muss also nicht bereits zur Begründung des Auskunftsanspruchs seine Bedürftigkeit (§ 1602 BGB) darlegen und beweisen (BGHZ 85, 16, 29 = FamRZ 1982, 1189; anders noch STAUDINGER/ENGLER [2000] Rn 17). Freilich ist er auf Verlangen des anderen Teils seinerseits zur Auskunft verpflichtet (zum – hier nicht gegebenen – Zurückbehaltungsrecht s Rn 13).

b) Eine Auskunft ist **nicht erforderlich** und kann deshalb nicht verlangt werden, 18
wenn feststeht, dass sie die Unterhaltspflicht *unter keinem Gesichtspunkt beeinflussen* kann (BGH st Rspr, zul BGH 15. 11. 2017 – XII ZB 503/16; FamRZ 2013, 1027 [zur Auskunft unter Eltern nach § 242]; NJW 1994, 2618 = FamRZ 1994, 558; FamRZ 1982, 996; OLG Bamberg FamRZ 1998, 741; MünchKomm/BORN[6] Rn 4). Das ist der Fall,

- wenn ein **vorrangig haftender** leistungsfähiger Verwandter oder Ehegatte (§§ 1606, 1608 BGB) vorhanden ist (BGB-RGRK/MUTSCHLER Rn 11),

- wenn die Inanspruchnahme des Verpflichteten unabhängig von seiner Leistungsfähigkeit **grob unbillig** wäre, was aber nur gelten kann, wenn die Verwirkung unabhängig von den wirtschaftlichen Verhältnissen des Unterhaltspflichtigen feststeht (§ 1611 Abs 1 S 2 BGB; vgl KG FamRZ 2014, 1707 – zu § 1579), das gilt erst recht bei einer Herabsetzung des Unterhalts nach § 1611 Abs 1 S 1 BGB, weil dabei auch die wirtschaftlichen Verhältnisse bedeutsam sind (BGB-RGRK/MUTSCHLER Rn 11),

- wenn nach § 1612 Abs 2 BGB **Naturalunterhalt** zu gewähren ist (OLG Hamburg FamRZ 1982, 628),

- wenn über das Einkommen des Unterhaltspflichtigen so viel feststeht, dass der Bedarf des Berechtigten **voll gedeckt** werden kann (vgl BGH FamRZ 2013, 1027 [zu § 242]; NJW 1994, 2618 = FamRZ 1994, 1169; NJW 1983, 1429 = FamRZ 1983, 473; OLG Zweibrücken FamRZ 1998, 490 = DAVorm 1998, 247; OLG Düsseldorf FamRZ 1998, 1191); das ist etwa der Fall, wenn im Einzelfall der Unterhaltsbedarf konkret zu ermitteln ist und der Unterhaltspflichtige sich für **„unbegrenzt leistungsfähig"** erklärt (dh den Einwand mangelnder Leistungsfähigkeit nicht erhebt; vgl aber BGH 15. 11. 2017 – XII ZB 503/16; BGH FamRZ 2011, 192; FamRZ 2012, 517 – jeweils zum Ehegattenunterhalt; vgl auch MünchKomm/BORN[6] Rn 4),

- wenn der die Auskunft Begehrende bereits über die Informationen verfügt oder sie sich ohne Schwierigkeiten selbst beschaffen kann (vgl OLG Köln FamRZ 2001, 1713 – zu einer bereits an den Sozialleistungsträger erteilten und dem Unterhaltsberechtigten bekannten Auskunft). Eines Rückgriffs auf das (prozessuale) Rechtsschutzbedürfnis bedarf es wegen der bereits fehlenden Erforderlichkeit nicht.

Keinesfalls entfällt die Erforderlichkeit der Auskunft dadurch, dass die Unterhaltszahlung durch einstweilige Anordnung geregelt ist (OLG Düsseldorf FamRZ 1981, 42).

19 **c)** Die Erforderlichkeit ist nicht nur Voraussetzung für das Bestehen der Auskunftspflicht, sondern sie bestimmt auch ihren **Umfang** („soweit") und den **Zeitraum**, über den Auskunft zu geben ist (Rn 28 f; OLG Düsseldorf FamRZ 1981, 893). Deshalb besteht keine Auskunftspflicht über Vermögensgegenstände, die für den Unterhaltsanspruch nicht relevant sind (BGH NJW 1982, 2771 = FamRZ 1982, 996 – im Einzelfall allerdings zweifelhaft [Pflichtteilsanspruch beim Ehegattenunterhalt]; Winkler von Mohrenfels FamRZ 1981, 521).

20 **d)** Die Auskunft muss zur Feststellung eines **Unterhaltsanspruchs** oder einer **Unterhaltsverpflichtung** erforderlich sein. Deshalb kann nach § 1605 BGB keine Auskunft zur Vorbereitung eines Amtshaftungsanspruchs gegen das Jugendamt verlangt werden (vgl OLG Stuttgart FamRZ 2015, 73). Ebenfalls kann nach § 1605 BGB keine Auskunft zwecks Erlangung von Sozialleistungen verlangt werden, so etwa die Mitteilung des Einkommens an oder für das Amt für Ausbildungsförderung (OLG Karlsruhe FamRZ 1979, 170). Eine solche Mitteilungspflicht der Eltern kann sich aber aus § 1618a BGB, im Übrigen können sich Auskunftsansprüche aus § 242 BGB ergeben.

III. Inhalt und Form der Auskunft

1. Allgemeines

21 **a)** Ein Auskunftsanspruch **gegen einen Unterhaltsberechtigten** kommt praktisch vor, wenn bereits Unterhalt gezahlt wird und der Schuldner sich vergewissern will, ob der Empfänger noch bedürftig ist, oder wenn der Unterhalt erstmals geltend gemacht wird und der Unterhaltspflichtige sichergehen will, dass der Unterhaltsberechtigte seine wirtschaftlichen Verhältnisse vollständig offenlegt. In diesen Fällen muss der Berechtigte alle Einkünfte und Vermögensgegenstände angeben, die seiner Bedürftigkeit (§ 1602 BGB) entgegenstehen könnten. Auskunft ist dann über alle Einkünfte und Vermögenswerte zu erteilen, die als im Sinne von § 1602 BGB die Bedürftigkeit mindernd in Betracht kommen. Die Auskunft ist nach dieser Maßgabe vollständig zu erteilen. Insbesondere ist der Auskunftspflichtige (wie der Unterhaltsberechtigte auch der Unterhaltspflichtige) nicht dazu berechtigt, über einzelne Einkünfte oder sonstige Positionen keine Auskunft zu erteilen, weil er etwa Einkünfte für überobligatorisch oder etwa ererbtes Vermögen nicht für einsetzbar hält (vgl OLG Köln 8. 11. 2002 – 4 UF 153/02 – juris [Ehegattenunterhalt]). Inwiefern die Umstände, über die die Auskunft zu erteilen ist, für den Unterhaltsanspruch relevant sind, bleibt der Beurteilung durch den Auskunftsgläubiger oder im Streitfall der des Familiengerichts überlassen. Die Auskunftspflicht beschränkt sich auch bei Abänderung einer bestehenden Regelung nicht auf eingetretene Veränderungen, vielmehr sind auch – soweit nicht bekannt – Einkünfte und Vermögenswerte mitzuteilen, die bei Begründung der Unterhaltspflicht bereits bestanden haben, weil auch sie für die gegenwärtige Unterhaltspflicht von Bedeutung sein können.

b) Bei einem Auskunftsanspruch **gegen einen** – möglicherweise – **Unterhaltspflichtigen** muss dieser alle Einkünfte und Vermögenswerte angeben, die für seine Leistungsfähigkeit (§ 1603 BGB) und – bei abgeleiteter Lebensstellung (s § 1610 Rn 337) – schon für die Bedarfsermittlung von Bedeutung sind (BGH FamRZ 2015, 127 Rn 14). Das sind grundsätzlich alle Einkünfte und verwertbaren Vermögensgegenstände (§ 1603 Rn 17 ff, 294 ff). Wird die Auskunft über einen Vermögensgegenstand mit der Begründung verweigert, dieser Gegenstand sei für die Leistungsfähigkeit nicht relevant, so ist über die Relevanz nicht bereits im Auskunftsverfahren zu entscheiden (anders noch STAUDINGER/ENGLER [2000] Rn 22; vgl Rn 17, 21). 22

c) **Geheimhaltungsinteressen** des Auskunftspflichtigen (zB Steuergeheimnis) und mittelbar betroffener Dritter (Familienangehöriger, Mitgesellschafter) stehen dem Auskunftsanspruch nicht entgegen (BGHZ 186, 13 = FamRZ 2011, 21 Rn 16; BGHZ 164, 63 = FamRZ 2005, 1986, 1987; BGH FamRZ 2014, 1542 Rn 13 [grundsätzlich kein Geheimhaltungsinteresse bei Lohnbescheinigungen]; BGH NJW 1982, 1645 = FamRZ 1982, 151; NJW 1982, 1642 = FamRZ 1982, 680; s auch Rn 42 ff). Auf schutzwürdige Interessen Dritter ist möglichst Rücksicht zu nehmen, sie können den Auskunftsanspruch aber nicht ausschließen (vgl BGHZ 186, 13 = FamRZ 2011, 21 Rn 16 f mwNw; BGH FamRZ 2012, 1555 Rn 14 mwNw; FamRZ 2005, 104 [jeweils zur Zulässigkeit der Schwärzung einzelner – nicht relevanter – Angaben, die sich auf Dritte beziehen]; BGB-RGRK/MUTSCHLER Rn 10 f; s auch GÖPPINGER/WAX/STROHAL[9] Rn 639 mwNw). Wenn die **Gefahr missbräuchlicher Verwendung** von Einzelangaben besteht, kann dies nach § 242 BGB im Einzelfall dazu führen, dass die zu schützenden Angaben einer zur Verschwiegenheit verpflichteten Vertrauensperson des Auskunftsberechtigten mitzuteilen sind (GERNHUBER/COESTER-WALTJEN[6] § 45 IV 3; BGB-RGRK/MUTSCHLER Rn 11; weitergehend ROLLAND § 1580 Rn 10; s auch BGHZ 10, 385 = NJW 1954, 70; s ferner unten Rn 44). 23

2. Einkünfte und Vermögen

a) **Einkünfte** sind alle Einnahmen mit möglicher Unterhaltsrelevanz, da insoweit das Prinzip gilt, dass alle Einkünfte anzurechnen sind (§ 1602 Rn 27; § 1603 Rn 10; WENDL/DOSE[9] § 1 Rn 22), ist mithin auch die Auskunftspflicht regelmäßig eine umfassende. Die Auskunft muss daher Angaben zu allen Einkünften enthalten, die auch nur möglicherweise nach §§ 1602, 1610 BGB (Unterhaltsberechtigter) oder § 1603 BGB (Unterhaltspflichtiger) zu berücksichtigen sind. 24

b) Zum **Vermögen** gehören alle Sachen und Rechte, auch Beteiligungen, die einen Wert verkörpern. Sie unterliegen der Auskunftspflicht aber nur, soweit sie unterhaltsrechtlich relevant sind (Rn 17). Da es auch hier aber nur auf die Möglichkeit der Unterhaltsrelevanz ankommt, ist grundsätzlich auch insoweit eine umfassende Auskunft zu erteilen. Der Unterhaltspflichtige kann die Auskunftserteilung zum Vermögen also nicht ohne Weiteres mit der Begründung verweigern, er schulde nur Unterhalt aus Einkommen, auch wenn dieses die vorrangige Quelle des Unterhalts ist (vgl § 1603 Rn 294). Das folgt schon aus dem Wortlaut des Abs 1 S 1, der dafür spricht, dass die Auskünfte gleichzeitig zu erteilen sind, und der für ein Stufenverhältnis zwischen Einkommens- und Vermögensauskunft keinen Anhalt gibt. 25

c) Die Auskunftspflicht erstreckt sich, wie der Wortlaut des § 1605 BGB klar ergibt, nur auf die **eigenen Einkünfte** und das **eigene Vermögen** des Auskunftspflich- 26 tigen. Daraus kann allerdings noch nicht der Schluss gezogen werden, dass über Einkünfte und Vermögen von Ehegatten, Eltern und Kindern keine Auskunft gegeben zu werden braucht und auch im Fall der **Wiederverheiratung** Einkünfte und Vermögen des neuen Ehegatten nicht mitzuteilen sind (so noch Staudinger/Engler [2000] Rn 26 unter Berufung auf BGH NJW 1983, 1554 = FamRZ 1983, 680). Denn zum Einkommen bzw Vermögen des Auskunftspflichtigen (idR hier des Unterhaltspflichtigen) zählen auch **Unterhaltsleistungen**, die ihm vom neuen Ehegatten zufließen, bzw ein entsprechender **Anspruch auf Familienunterhalt** (vgl § 1603 Rn 98 ff). Der BGH hat deshalb die Auskunftspflicht von gleichrangig zum Elternunterhalt verpflichteten Geschwistern nach § 242 BGB auch für Einkünfte ihrer Ehegatten angenommen, soweit die Auskünfte auch erforderlich sind, um den Anteil der Geschwister am Familienunterhalt bestimmen zu können (BGH FamRZ 2003, 1836, 1838 f). Er hat diese Rechtsprechung – erst recht – auch auf die Auskunft des Wiederverheirateten zum Kindesunterhalt übertragen und mit einem im Verhältnis des Unterhaltspflichtigen zu seinem Ehegatten nach § 1353 Abs 1 S 2 BGB begründet (BGHZ 186, 13 = FamRZ 2011, 21 Rn 14 f, 19 ff; vgl dazu Erbarth FamRZ 2015, 1944; ebenso OLG Hamm FamRZ 2011, 1302). Gleichzeitig hat er indessen unter Verweis auf eine Unvereinbarkeit mit dem in der Ehe herrschenden Vertrauen einen Anspruch auf **Vorlage von Belegen** verneint und auch den Auskunftsanspruch nach Abs 1 entsprechend begrenzt (BGHZ 186, 13 = FamRZ 2011, 21 Rn 23). Eine derartige Begrenzung des allgemeinen Auskunfts- und Beleganspruchs, der etwa auch aus § 242 BGB gewährt wird, erscheint indessen nicht zweifelsfrei (vgl Erbarth FamRZ 2015, 1944, 1949 mwNw). Auf den Anspruch auf **eidesstattliche Versicherung** trifft die Überlegung des BGH hingegen bei zusammenlebenden Ehegatten uneingeschränkt zu. Die im Drittinteresse zu erteilende Auskunft rechtfertigt schon die Geltendmachung eines derartigen Anspruchs bei bestehender Lebensgemeinschaft nicht, zumal diese nicht auf weitere Informationen zielt, sondern durch die (erhöhte) Strafbarkeitsdrohung zusätzlichen Druck auf den auskunftspflichtigen Ehegatten ausüben soll.

27 **d)** Die Auskunftspflicht erstreckt sich grundsätzlich **nicht** auf **persönliche Umstände**, die für die Bedürftigkeit oder Leistungsfähigkeit von Bedeutung sind, wie Heirat, Scheidung oder Geburt eines Kindes (BGB-RGRK/Mutschler Rn 6). § 1605 BGB ist auf diese Umstände nicht entsprechend anwendbar (**aA** Soergel/Häberle[12] Rn 4; Rolland § 1580 Rn 5). Eine Auskunftspflicht aus § 1605 BGB besteht auch **nicht** über **sonstige Umstände**, die für das Bestehen oder die Höhe eines Unterhaltsanspruchs relevant sind, wie die Bemühungen zur Erlangung eines Arbeitsplatzes, das Fortbestehen einer Beschränkung der Erwerbsfähigkeit (ähnlich OLG Düsseldorf FamRZ 1997, 361; **aA** OLG Schleswig FamRZ 1982, 1018), unterhaltsrechtliche Obliegenheitsverletzungen (OLG Bamberg NJW-RR 1986, 689 = FamRZ 1986, 685), den Verkauf einer Eigentumswohnung (OLG Düsseldorf FamRZ 1981, 893), den Verbleib früheren Vermögens oder den aus dessen Veräußerung erzielten Erlös (OLG Rostock FamRZ 2015, 422; OLG Karlsruhe FamRZ 1986, 271; s auch OLG Hamburg FamRZ 1985, 394; BGB-RGRK/Mutschler Rn 8; Soergel/Häberle Rn 4). Soweit sich jedoch die persönlichen oder sonstigen Umstände auf Einkünfte (vgl BGH FamRZ 2015, 127 Rn 21 [Vermietungsstatus und Rückstände von Mietobjekten im Hinblick auf mögliche Obliegenheiten]) und – zum Stichtag (vgl OLG Rostock FamRZ 2015, 422) – auf das Vermögen des Auskunftspflichtigen **auswirken**, muss hierüber Auskunft erteilt werden.

Allerdings dürfte sich eine von § 1605 BGB noch nicht abgedeckte Auskunftspflicht über persönliche Umstände, wenn sie unterhaltsrelevant sind, aus § **242 BGB** herleiten lassen (vgl OLG Bamberg FamRZ 1986, 492; Göppinger/Wax/Strohal[9] Rn 658 ff; Rasch, in: Ehinger/Griesche/Rasch[7] Kap I Rn 26; Brüne FamRZ 1983, 657 Fn 13; vgl auch BGH FamRZ 2015, 127 Rn 21; enger Staudinger/Engler [2000] Rn 27). Dazu müssen die Voraussetzungen des allgemeinen Auskunftsanspruchs (Rn 6) vorliegen. Der Anspruch richtet sich etwa gegenüber dem Ausbildungsunterhaltsgläubiger auf Auskunft zum Antritt und zum Fortschritt der Ausbildung (zB Lehrvertrag, Immatrikulation; vgl OLG Hamm FamRZ 1996, 49). Beim wegen Erkrankung zeitweilig leistungsunfähigen Unterhaltspflichtigen richtet sich der Anspruch auf Auskunft zum Fortbestehen der Erkrankung (weitere Beispiele bei Göppinger/Wax/Strohal[9] Rn 658 ff mwNw). Auch bei **laufenden Unterhaltszahlungen** erstreckt sich die Offenbarungspflicht des Berechtigten dementsprechend auf alle unterhaltsrelevanten Umstände (Rn 7).

3. Zeitliche Abgrenzung

a) Die Auskunft ist hinsichtlich der **Einkünfte** grundsätzlich für eine solche Zeitspanne zu erteilen, wie es **zur verlässlichen Ermittlung des Durchschnittseinkommens** – bezogen auf den jeweiligen Unterhaltszeitraum – erforderlich ist. Hinsichtlich des **Vermögens** ist die Auskunft bezogen auf den aktuellen Stand zu einem bestimmten Zeitpunkt („Stichtag") zu erteilen. 28

Soweit ein Unterhaltsanspruch für die **Vergangenheit** besteht (§ 1613 BGB), kann auch über die in dieser Zeit bezogenen Einkünfte Auskunft verlangt werden. Für eine frühere Zeit kann eine Auskunftspflicht ausnahmsweise dann bestehen, wenn die damaligen wirtschaftlichen Verhältnisse für die Lebensstellung des Bedürftigen (§§ 1610 Abs 1, 1578 Abs 1 BGB) oder für die Leistungsfähigkeit des Unterhaltsschuldners maßgebend sind (OLG Karlsruhe FamRZ 2014, 1031 [früheres Einkommen vor Beendigung eines Arbeitsverhältnisses als Indiz für erzielbares Einkommen]; OLG Düsseldorf FamRZ 1980, 260; s auch BGH FamRZ 1985, 471). In **Zukunft** anstehende Änderungen von Einkünften und Vermögen, die im Zeitpunkt der Auskunftserteilung bereits feststehen, sind mitzuteilen, zB bereits vereinbarte oder durch Erreichen einer höheren Altersstufe eintretende Lohn- oder Gehaltserhöhungen. Dagegen brauchen bloße Hoffnungen oder unverbindliche Inaussichtstellungen nicht angegeben zu werden (Mutschler FamRZ 1976, 219, 220).

b) Bei **schwankenden Einkünften** oder **Sonderzahlungen** in größeren Zeitabständen bedarf es der Angabe der Einkünfte in einem längeren Zeitraum, um die durchschnittlichen Verhältnisse zuverlässig beurteilen zu können (BGH NJW 1983, 1554 = FamRZ 1983, 680; OLG München FamRZ 1999, 453: Einkünfte aus Vermietung/Verpachtung oder Kapital). Einkünfte aus *unselbständiger Arbeit* werden idR über einen Zeitraum von **einem Jahr** – nicht unbedingt ein Kalenderjahr – darzulegen sein, weil dadurch Sonderzahlungen wie Weihnachts- und Urlaubsgeld, Spesen, Auslösungen, Prämien und jahreszeitlich bedingte Schwankungen im Allgemeinen erfasst werden (BGH NJW 1983, 2243 = FamRZ 1983, 996; OLG Karlsruhe NJW-RR 1986, 870; Göppinger/Wax/Strohal[9] Rn 645 ff). Bei *selbständiger Erwerbstätigkeit* ist regelmäßig die Angabe der in den letzten **drei Jahren** erworbenen Einkünfte erforderlich und ausreichend (BGH NJW 1985, 909 = FamRZ 1985, 357; NJW 1983, 1554 = FamRZ 1983, 680; NJW 1982, 1645 = FamRZ 1982, 151; NJW 1982, 1642 = FamRZ 1982, 680; OLG Karlsruhe FamRZ 1987, 297 = NJW-RR 1987, 1477; KG FamRZ 1997, 360; OLG Karlsruhe FamRZ 2007, 413; Göppinger/Wax/Strohal[9] 29

Rn 647). Dasselbe gilt für Gewinne aus einer *Kapitalbeteiligung* an einer GmbH (BGH NJW 1982, 1642 = FamRZ 1982, 680).

4. Vorlage eines Verzeichnisses

30 **a)** Die Auskunft ist nach Abs 1 S 3 iVm § 260 Abs 1 BGB durch Vorlage eines Verzeichnisses zu erteilen. Sie ist keine Willenserklärung, weil sie nicht auf Herbeiführung einer Rechtsfolge gerichtet ist (STAUDINGER/DILCHER[12] Vorbem 21 f zu §§ 116 ff), und auch keine geschäftsähnliche Handlung (so aber BGB-RGRK/MUTSCHLER Rn 5), weil sie keine unmittelbaren Rechtsfolgen auslöst (STAUDINGER/DILCHER[12] Einl 17 zu §§ 104 ff). Es handelt sich vielmehr um eine **tatsächliche Handlung**, die zwar eine gewisse Beurteilungsfähigkeit erfordert, aber **keine Geschäftsfähigkeit** voraussetzt. Soweit minderjährige Kinder tatsächlich nicht fähig sind, die verlangte Auskunft zu geben, müssen das die Eltern aufgrund ihrer Pflicht zur Vermögenssorge für sie tun (§ 1626 Abs 1 BGB).

31 **b)** Eine Auskunft nach § 260 Abs 1 BGB erfordert eine **eigene** und **schriftlich verkörperte** Erklärung des Schuldners, die jedoch nicht die gesetzliche Schriftform iSv § 126 BGB erfüllen, mithin nicht persönlich unterzeichnet werden muss und auch durch einen Boten, zB einen Rechtsanwalt, an den Gläubiger übermittelt werden darf (BGH FamRZ 2008, 600 mwNw auch zur seinerzeit **aA**; OLG Jena FamRZ 2013, 656; vgl auch KG FamRZ 2015, 1973: Bloße Einreichung von Belegen durch Rechtsanwalt). Die Auskunft muss als höchstpersönliche Erklärung vom Auskunftspflichtigen selbst stammen. Dieser kann aber in gewissem Umfang Hilfspersonen hinzuziehen (und muss dies ggf auch; vgl BGH FamRZ 2014, 1440 Rn 24 f – zum Auskunftsanspruch des Scheinvaters über den möglichen Erzeuger), etwa wenn er anderenfalls zu einer sachgerechten Auskunftserteilung nicht in der Lage ist (BGH FamRZ 2008, 600, 601 mwNw; FamRZ 2007, 714; FamRZ 2006, 33 f; FamRZ 2002, 666, 667). Die Auskunft kann von einem Boten übermittelt werden. Erforderlich ist dann allerdings, dass die Auskunft trotz der Übermittlung durch eine Hilfsperson weiterhin eine Erklärung des Schuldners bleibt. Da der Bote – im Gegensatz zum Stellvertreter – keine eigene Erklärung abgibt, sondern nur den Transport der bereits abgegebenen Erklärungen seines Auftraggebers oder die Weiterleitung einer von seinem Auftraggeber empfangenen, aber nicht an ihn gerichteten Erklärung übernimmt, steht der Übermittlung durch einen Boten auch nicht entgegen, dass es sich um eine höchstpersönliche Erklärung handelt (vgl STAUDINGER/SCHILKEN [2014] Vorbem 79 zu §§ 164 ff mwNw).

32 **c)** Das Verzeichnis muss **alle Angaben** über die Einkünfte und das Vermögen enthalten, über die Auskunft zu geben ist. Nach dem Zweck der Vorschrift (Rn 2) kann es nicht genügen, wenn jeweils nur die Endzahlen mitgeteilt werden. Die Angaben müssen vielmehr so **gegliedert** und **aufgeschlüsselt** werden, dass sie dem Berechtigten die Berechnung seines Unterhaltsanspruchs ohne übermäßigen Arbeitsaufwand ermöglichen (vgl BGH FamRZ 2015, 127 Rn 16; NJW 1983, 2243 = FamRZ 1983, 996; OLG Hamm FamRZ 1983, 1232; FamRZ 1992, 1190 = NJW-RR 1992, 1029; OLG Stuttgart FamRZ 1991, 84; OLG München FamRZ 1996, 738; FamRZ 1996, 307; KG FamRZ 1997, 360; WENDL/DOSE[9] § 1 Rn 1166, 1168; STAUDINGER/BITTNER [2014] § 260 Rn 35).

33 **d)** Bei **Einkünften aus unselbständiger Arbeit** sind die Bruttobezüge einschließlich aller Zulagen und Sonderzahlungen, wie Weihnachts- und Urlaubsgeld, Spesen,

Auslösungen, Aufwandsentschädigungen, Prämien, Sachbezüge usw, sowie die Abzüge, wie Lohnsteuer, Sozialversicherung und sonstige einbehaltene Beträge im Einzelnen anzugeben (BGH NJW 1983, 2243 = FamRZ 1983, 996; LG Wuppertal DAVorm 1997, 807). Die Vorlage einer Jahreseinkommensbescheinigung kann insoweit genügen, wenn sie alle erforderlichen Angaben enthält und nicht zu sehr verschlüsselt ist.

e) Auch bei den **Einkünften aus selbständiger Erwerbstätigkeit** bedarf es einer aufgeschlüsselten Darlegung der Einnahmen und der berufsbedingten Ausgaben. Dabei ist insbesondere bei einer größeren Zahl von Geschäftsvorfällen eine Zusammenfassung nach Einnahme- und Ausgabearten, wie sie sich aus den Abschlüssen einer Buchführung ergeben, zulässig und für die Übersichtlichkeit des Verzeichnisses geboten. Vor allem bei Einkünften aus Gewerbebetrieb liegt es nahe, Bilanzen nebst Gewinn- und Verlustrechnungen vorzulegen (s unten Rn 42 und § 1603 Rn 40). Diese Belege reichen jedoch als unterhaltsrechtliche Auskunft nicht aus, weil das für die Unterhaltspflicht relevante Einkommen teilweise anders berechnet wird als das steuerpflichtige Einkommen (BGH NJW 1985, 909 = FamRZ 1985, 357; NJW 1980, 2082 = FamRZ 1980, 770; vgl KG FamRZ 2015, 1973; s auch § 1602 Rn 30 und § 1603 Rn 40). 34

f) Beim Vermögen müssen die einzelnen Gegenstände so genau angegeben werden, dass beurteilt werden kann, ob ihre Verwertung zur Erfüllung der Unterhaltspflicht in Betracht kommt. Wertangaben sind nicht erforderlich. 35

g) Die Vorlage eines einzigen lückenlosen **Gesamtverzeichnisses** ist **nicht erforderlich**; das in § 260 Abs 1 BGB aufgestellte Erfordernis, die Auskunft in der Form eines Verzeichnisses zu erteilen, muss nicht nur durch die Vorlage eines einzigen lückenlosen Gesamtverzeichnisses erfüllt werden; vielmehr genügt auch eine Mehrheit von Teilauskünften, vorausgesetzt, dass sie nicht zusammenhanglos nebeneinander stehen, sondern nach dem erklärten Willen des Auskunftsschuldners in ihrer Summierung die Auskunft im geschuldeten Gesamtumfang darstellen (BGH FamRZ 2015, 127 Rn 17; BGH LM § 260 BGB Nr 14 = NJW 1962, 1499 [LS]; OLG Hamm FamRZ 1983, 1232). Einzelne Teilauskünfte müssen aber zu einer Gesamtauskunft quasi verklammert werden, indem der Auskunftsschuldner eindeutig zu erkennen gibt, mit welchen Einzelauskünften er den Auskunftsanspruch erfüllen will und dass weitere Einkünfte oder weiteres Vermögen nicht bestehen (vgl BGH FamRZ 2015, 127 Rn 18). Bloße Teilelemente einer noch unvollständigen Gesamtdarstellung lediglich Vorarbeiten dar, die den geschuldeten Auskunftsanspruch auch nicht teilweise erfüllen (BGH FamRZ 2015, 127 Rn 18). 36

h) Die **Leistungszeit** ergibt sich aus den Umständen des Einzelfalls (§ 271 Abs 1 BGB). Die Auskunft ist zu erteilen, sobald die Aufstellung und Vorlage des Verzeichnisses möglich ist (BGB-RGRK/Mutschler Rn 13: unverzüglich). Für die Zusammenstellung der erforderlichen Angaben müssten idR zwei Wochen genügen. Unterhaltssachen sind immer eilbedürftig, weil es um laufende Leistungen geht. Der Auskunftspflichtige kann sich nicht darauf berufen, dass die handels- und steuerrechtliche Bestandsaufnahme noch nicht abgeschlossen sei, er muss in diesem Fall die zur Feststellung der Unterhaltspflicht erforderlichen Angaben auf andere Weise zusammenstellen oder zusammenstellen lassen (OLG Düsseldorf DAVorm 1982, 689; OLG Koblenz FamRZ 1981, 992 [LS]; OLG Hamm FamRZ 1980, 455). 37

38 **i)** Mit der Vorlage des Verzeichnisses über Einkünfte und Vermögen ist die Auskunftspflicht **erfüllt** (§ 362 Abs 1 BGB), sodass ergänzende Angaben grundsätzlich nicht verlangt werden können (BGH LM Nr 3 und Nr 6 zu § 254 ZPO). Die Erfüllungswirkung tritt aber nur durch Vorlage eines formell ordnungsmäßigen Verzeichnisses ein, vor allem müssen die Angaben hinreichend aufgeschlüsselt sein (Rn 32 ff). Solange das nicht der Fall ist, kann eine **Ergänzung** verlangt werden (BGH NJW 1983, 2243 = FamRZ 1983, 996; RGZ 100, 150, 152; s auch Staudinger/Bittner [2014] § 259 Rn 32). Auch wenn Mängel in der Auskunft auf unverschuldeter Unkenntnis oder auf einem unverschuldeten Irrtum des Auskunftspflichtigen beruhen, ist ein Anspruch auf ergänzende Auskunft gegeben (BGHZ 89, 137, 139 = NJW 1984, 484 = FamRZ 1984, 144; LM Nr 1 zu § 260 BGB; Gernhuber/Coester-Waltjen § 45 IV 4). Zur **teilweisen Erfüllung** der Auskunftspflicht s BGH FamRZ 2015, 127; NJW 1962, 245 = FamRZ 1962, 21.

IV. Vorlegung von Belegen

1. Zweck der Vorschrift

39 Die Vorschrift des Abs 1 S 2, durch die eine Pflicht zur Vorlegung von Belegen begründet wird, ist durch den Rechtsausschuss des Bundestages in den Regierungsentwurf eingefügt worden (BT-Drucks 7/4361, 51). Sie soll die Wirksamkeit des Auskunftsanspruchs verstärken (s Rn 2). Daran wird die Erwartung geknüpft, dass Verwandte sich über Fragen einer Unterhaltsverpflichtung häufiger einigen, wenn alle zur Beurteilung einer solchen Pflicht vorhandenen Unterlagen beiden Seiten zugänglich sind.

2. Voraussetzungen

40 Da es sich bei dem Vorlegungsanspruch um einen **Zusatzanspruch** zum Auskunftsanspruch handelt, müssen zunächst die Voraussetzungen des Auskunftsanspruchs gegeben sein: Verwandtschaft (Rn 11) und Erforderlichkeit (Rn 17). Außerdem setzt der Vorlegungsanspruch ein besonderes **Verlangen** voraus. In diesem Verlangen (vgl Rn 14 ff) müssen die vorzulegenden Belege genau bezeichnet sein, dass die Vorlegungspflicht erfüllt und notfalls vollstreckt werden kann. Das Verlangen, „diejenigen Belege beizufügen, aus denen die Richtigkeit des Zahlenmaterials entnommen werden kann", reicht zur Begründung einer Vorlegungspflicht nicht aus (vgl BGH FamRZ 2015, 2142; NJW 1983, 1056 = FamRZ 1983, 454). Wenn der Unterhaltsberechtigte – abgesehen von Standardbelegen wie etwa Lohnbescheinigungen und Einkommensteuerbescheid – nicht wissen kann, welche Einkünfte der Unterhaltsschuldner hat, empfiehlt es sich, den Anspruch auf Belegvorlage im Stufenverhältnis (§§ 113 Abs 1 S 2 FamFG, 254 ZPO) nicht in einer Stufe mit dem Auskunftsanspruch, sondern erst nach Erledigung der Auskunftsstufe zu stellen.

3. Vorzulegende Belege

41 **a)** Für Einkünfte aus **unselbständiger Arbeit** ist der wichtigste – im Gesetz ausdrücklich erwähnte – Beleg eine **Bescheinigung des Arbeitgebers**. Die Bescheinigung muss alle Bruttobezüge und Abzüge im Einzelnen enthalten (s Rn 32) und Namen und Anschrift des Arbeitgebers erkennen lassen (OLG Stuttgart FamRZ 1978, 717; BGB-RGRK/Mutschler Rn 9). Eine Unterzeichnung ist nicht erforderlich (**aA** OLG Stuttgart

aaO; BGB-RGRK/Mutschler Rn 9; vgl zur Auskunft Rn 31) und bei der idR maschinellen Erstellung der Belege auch nicht üblich. Der Auskunftspflichtige kann und muss die Bescheinigung so vorlegen, wie er sie von seinem Arbeitgeber erhält (Rn 47). Nach § 108 Abs 1 S 1 GewO, der auf alle Arbeitnehmer Anwendung findet (§ 6 Abs 2 GewO) ist dem Arbeitnehmer bei Zahlung des Arbeitsentgelts eine Abrechnung in Textform (§ 126b BGB) zu erteilen. Die Abrechnung, die dem Arbeitnehmer in Textform zu erteilen ist, muss mindestens Angaben über Abrechnungszeitraum und Zusammensetzung des Arbeitsentgelts enthalten (§ 108 Abs 1 S 2 GewO). Hinsichtlich der Zusammensetzung sind insbesondere Angaben über Art und Höhe der Zuschläge, Zulagen, sonstige Vergütungen, Art und Höhe der Abzüge, Abschlagszahlungen sowie Vorschüsse erforderlich (§ 108 Abs 1 S 3 GewO; Staudinger/Richardi/Fischinger [2016] § 611 Rn 1673 f). Nach § 82 Abs 2 S 1 BetrVG kann ein Arbeitnehmer zudem verlangen, dass ihm die Berechnung und Zusammensetzung seines Arbeitsentgelts erläutert werden. Im Übrigen ist die Aushändigung von Verdienstbescheinigungen allgemein üblich, zumindest auf Verlangen ergibt sich eine Verpflichtung dazu aus der Fürsorgepflicht des Arbeitgebers. Werden Lohnbescheinigungen nur in **elektronischer Form** erteilt, so hat der Auskunftspflichtige einen Ausdruck vorzulegen (BGH FamRZ 2014, 1542 Rn 12).

Werden durch die Bescheinigung die tatsächlich bezogenen Einkünfte nicht ausreichend belegt, so kann die Vorlage des **Dienst- oder Arbeitsvertrages** verlangt werden (BGH NJW 1993, 3262 = FamRZ 1994, 28).

b) Die Einkünfte aus **selbständiger Erwerbstätigkeit** ergeben sich idR aus einer **42**
Vielzahl einzelner Einnahmen und Ausgaben. Hier kann nicht für jeden einzelnen Geschäftsvorfall die Vorlegung eines Belegs verlangt werden, sonst würde das Auskunftsverfahren in ein Kontrollverfahren umgestaltet. Deshalb besteht auch kein Anspruch auf Vorlegung von Geschäftsbüchern (OLG Schleswig FamRZ 1981, 53; BGB-RGRK/Mutschler Rn 9; Soergel/Häberle[12] Rn 4; **aA** Rolland § 1580 Rn 10). Vorzulegen sind vielmehr Belege über **Rechnungsabschlüsse**.

Bei einem Kaufmann sind das die jährlich aufzustellenden **Bilanzen** nebst **Gewinn- und Verlustrechnung** (§§ 242 ff HGB), die der Auskunftspflichtige deshalb nach einhelliger Auffassung in Rechtsprechung und Literatur vorlegen muss (BGH FamRZ 2014, 290 Rn 18; NJW 1982, 1642 = FamRZ 1982, 680 mwNw; KG FamRZ 2015, 1973). Das gilt auch dann, wenn der Auskunftspflichtige nicht Alleininhaber des Unternehmens, aber daran *beteiligt* ist und seine Einkünfte insoweit vom Gewinn des Unternehmens abhängen (BGH NJW 1982, 1642 = FamRZ 1982, 680). Bei Beteiligung an einer *GmbH* kann die Vorlegung nicht mit dem (allgemeinen) Hinweis auf die Belange der Gesellschaft oder eines anderen Gesellschafters verweigert werden, diese müssen regelmäßig hinter dem Interesse des Auskunftsberechtigten zurücktreten (BGH NJW 1982, 1642 = FamRZ 1982, 680; OLG Bremen OLG-Report 1999, 152). Bei Beteiligung an einer Publikumsgesellschaft ist (allein) die Vorlage des Bescheids des Finanzamts über die gesonderte und einheitliche Feststellung des Gewinns oder Verlusts gefordert worden (OLG Bamberg FamRZ 2006, 344).

Bei **Freiberuflern** (zB Ärzte, Rechtsanwälte, Architekten), die keine Bücher führen, kommt als Beleg eine von einem Steuerberater aufgestellte **Einnahmen-Überschuss-**

rechnung gemäß § 4 Abs 3 EStG in Betracht (KG NJW 1981, 2471; Herlan DAVorm 1997, 77, 79; s auch § 1603 Rn 40 f).

43 **c)** Auch der **Einkommensteuerbescheid** ist ein vorzulegender Beleg (BGH NJW 1983, 1554 = FamRZ 1983, 680; 1982, 1642 und 1645 = FamRZ 1982, 680 und 151 mwNw; zur Unterscheidung zwischen Vorlage und – nicht geschuldeter – Erstellung von Belegen s BGH FamRZ 2015, 2142). Zwar ist das unterhaltsrechtlich relevante Einkommen mit dem steuerpflichtigen nicht identisch (§ 1602 Rn 29). Aus dem Steuerbescheid ergibt sich jedoch ein Mindesteinkommen als Grundlage für die Unterhaltsbemessung. Außerdem muss idR auch eine Kopie der – eingereichten (OLG München FamRZ 1993, 202) – **Steuererklärung** vorgelegt werden, weil sich oft erst aus ihr erkennen lässt, welche steuerrechtlich anerkannten Absetzungen bei der Unterhaltsbemessung nicht berücksichtigt werden können (BGH NJW 1982, 1642 = FamRZ 1982, 680). Der Schutz, den das Recht einem Steuerpflichtigen gegen die Weitergabe seiner Angaben gewährt (Steuergeheimnis), steht der Vorlegungspflicht nicht entgegen (BGH NJW 1982, 1642 und 1645 = FamRZ 1982, 680 und 151 mwNw). Im Falle einer **Zusammenveranlagung** des Auskunftspflichtigen und seines Ehegatten besteht die Vorlegungspflicht ebenfalls, der Auskunftspflichtige darf aber solche Betragsangaben unkenntlich machen, die ausschließlich seinen Ehegatten betreffen oder in denen Werte für ihn und seinen Ehegatten zusammengefasst sind, ohne dass sein eigener Anteil daraus entnommen werden kann (BGH NJW 1983, 1554 = FamRZ 1983, 680).

44 **d)** Die Vorlegung von Belegen kann **verweigert** werden, wenn im Einzelfall aufgrund besonderer Umstände die Gefahr missbräuchlicher Verwendung besteht, oder soweit der Auskunftspflichtige ein schutzwürdiges Interesse an der Zurückhaltung einzelner Angaben hat oder die für die Unterhaltspflicht bedeutsamen Einkünfte auf andere Weise belegen kann (BGH NJW 1982, 1642 und 1645 = FamRZ 1982, 680 und 151; s auch oben Rn 23).

45 **e)** Auf **Belege über das Vermögen** erstreckt sich die Vorlegungspflicht nach dem eindeutigen Gesetzeswortlaut nicht (OLG Karlsruhe FamRZ 1986, 271; OLG Hamburg FamRZ 1985, 394; OLG Düsseldorf FamRZ 1981, 893 und 1980, 260, 263; Gernhuber/Coester-Waltjen § 45 IV 3). Deshalb brauchte ein Vermögensteuerbescheid nicht vorgelegt zu werden (OLG Düsseldorf FamRZ 1980, 260; 263; **aA** BGB-RGRK/Mutschler Rn 9). Dagegen müssen Einkünfte aus Vermögen (Zinsen, Dividenden, Mieten ua) belegt werden (BGB-RGRK/Mutschler Rn 9).

4. Vorlegung

46 **a)** Die Belege sind grundsätzlich im **Original** vorzulegen (KG FamRZ 1982, 614 [LS]; Wendl/Dose[9] § 1 Rn 1194; **aA** OLG Frankfurt FamRZ 1997, 1296, das eine Ablichtung genügen lässt, wenn sie nicht auf Manipulationen hindeutet). Ist das nicht möglich oder nicht zumutbar, wie bei der Steuererklärung oder bei der Bilanz und Gewinn- und Verlustrechnung (s § 257 HGB), so ist eine **beglaubigte Abschrift** oder **Fotokopie** vorzulegen (BGH FamRZ 2014, 1542; OLG Schleswig SchlHAnz 1980, 71). In der Praxis üblich ist die Überlassung von Kopien, weil diese regelmäßig ausreichen und zudem beim Gläubiger verbleiben können. Bestehen keine Zweifel an der Echtheit, so wird sich der Gläubiger sich mit dieser üblichen Form in der Regel nach Treu und Glauben zufrieden geben können. Verlangt der Auskunftsgläubiger dennoch die Vorlage

von Originalbelegen, so wird dies nur dann gerechtfertigt sein, wenn ein besonderer Grund hierfür dargetan wird. Originalbelege sind dann lediglich *vorzulegen*, nicht zu überlassen. Bei wichtigen Dokumenten kann das bedeuten, dass dem Auskunftsberechtigten Einsicht zu gewähren ist. In anderen Fällen müssen die Urkunden zumindest auf Wunsch des Auskunftspflichtigen zurückgegeben werden.

b) In der Vorbearbeitung ist die Frage aufgeworfen worden, ob die Vorlegungspflicht auch eine **Pflicht zur Beschaffung** von Belegen einschließt (STAUDINGER/ENGLER [2000] Rn 47). Die Frage ist indessen unzweifelhaft zu bejahen (vgl BGH FamRZ 2014, 1542 Rn 12). In vielen Fällen werden Belege ohnedies vom Auskunftsschuldner erst beschafft werden müssen. So muss er sich etwa über Zinseinkünfte entsprechende Kontoauszüge beschaffen. Der Auskunftsschuldner kann sich daher auch nicht mit dem Vortrag verteidigen, ihm lägen Lohnbescheinigungen nicht mehr vor (vgl BGH FamRZ 2014, 1542 Rn 12). **47**

V. Eidesstattliche Versicherung

1. Allgemeine Voraussetzungen

Besteht der Verdacht, dass das Verzeichnis über die Einkünfte und das Vermögen (Rn 30 ff) nicht mit der erforderlichen Sorgfalt aufgestellt worden ist, so hat der Auskunftspflichtige auf Verlangen des Auskunftsberechtigten die Vollständigkeit des Verzeichnisses und damit die Richtigkeit der darin enthaltenen Angaben an Eides Statt zu versichern (Abs 1 S 3 iVm § 260 Abs 2 BGB). Es handelt sich um einen selbständigen Anspruch, der das Bestehen der Auskunftspflicht, die Erteilung der Auskunft (BGHZ 10, 385 = NJW 1954, 70) und das Verlangen des Gläubigers auf Abgabe der Versicherung voraussetzt. Wenn der Schuldner freiwillig eine Auskunft erteilt hat, kann er sich gegenüber dem Anspruch auf Abgabe einer eidesstattlichen Versicherung darauf berufen, dass er zur Auskunft nicht verpflichtet war. **48**

2. Verletzung der Sorgfaltspflicht

Die Verletzung der Sorgfaltspflicht setzt ein **schuldhaftes Verhalten** des Auskunftspflichtigen voraus. Die objektive Feststellung, dass das Verzeichnis in einzelnen Punkten unvollständig oder unrichtig ist, begründet nicht ohne Weiteres den Verdacht mangelnder Sorgfalt. Der in solchen Fällen zunächst gegebene Verdachtsgrund ist entkräftet, wenn den Umständen nach anzunehmen ist, dass die mangelhafte Auskunft auf unverschuldeter Unkenntnis oder auf einem entschuldbaren Irrtum des Auskunftspflichtigen beruht (BGHZ 89, 137 = NJW 1984, 484 = FamRZ 1984, 144). Der Berechtigte muss dann zunächst eine **Ergänzung** der Auskunft verlangen (Rn 38). Solange die Auskunftspflicht nicht vollständig erfüllt ist, kann eine eidesstattliche Versicherung über die Vollständigkeit der Angaben nicht verlangt werden (BGH NJW 1993, 3262 = FamRZ 1994, 28; NJW 1983, 2243 = FamRZ 1983, 996). Bei *teilweiser Erfüllung* kann sich die eidesstattliche Versicherung nur auf die Teilangaben erstrecken (BGH NJW 1962, 245 = FamRZ 1962, 21). **49**

3. Grund zu der Annahme

Der Anspruch auf Abgabe einer eidesstattlichen Versicherung erfordert nicht die **50**

Feststellung einer Sorgfaltspflichtverletzung. Vielmehr müssen Umstände vorliegen, die die *Annahme* einer Verletzung der Sorgfaltspflicht, also den **Verdacht** begründen (jurisPK-BGB/Toussaint § 259 Rn 15 f; § 260 Rn 15). Ein solcher Verdacht kann sich sowohl aus dem Inhalt der Auskunft (vgl OLG Hamm FamRZ 1985, 967; OLG Karlsruhe FamRZ 1990, 756 = NJW-RR 1990, 712) als auch aus dem Gesamtverhalten des Auskunftspflichtigen ergeben (BGH LM Nr 8 zu § 259; OLG Düsseldorf FamRZ 1979, 808), nicht aber aus einer Auskunftsverweigerung aus Rechtsgründen (OLG Düsseldorf FamRZ 1982, 281).

51 4. **In Angelegenheiten von geringer Bedeutung** ist der Anspruch auf eidesstattliche Versicherung ausgeschlossen (§§ 260 Abs 3, 259 Abs 3 BGB; jurisPK-BGB/Toussaint § 259 Rn 17). Unterhaltssachen werden nur selten von geringer Bedeutung sein. Der Ausschluss besteht aber auch dann, wenn nur Verdacht auf eine geringfügige Unvollständigkeit besteht.

52 5. Wegen der **Abgabe** der eidesstattlichen Versicherung s § 261 BGB und nach einer gerichtlichen Verpflichtung (Verurteilung) s §§ 120 Abs 1 FamFG, 889 ZPO.

VI. Erneute Auskunft

1. Fristablauf

53 Eine erneute Auskunft kann nach Abs 2 grundsätzlich erst **nach Ablauf von zwei Jahren** verlangt werden. Dem liegt die Annahme zugrunde, dass sich innerhalb dieser Frist idR Lebenshaltungskosten einerseits und Lohn- und Gehaltsentwicklung andererseits nicht so wesentlich ändern, wie es für eine Abänderungsklage nach § 323 ZPO (nunmehr §§ 238, 239 FamFG) vorausgesetzt wird (BT-Drucks 7/650, 172). Einer Erweiterung des Auskunftsbegehrens in einem Auskunftsverfahren steht die Sperrfrist auch dann nicht entgegen, wenn die zunächst verlangte Auskunft vorher erteilt worden war (OLG Karlsruhe FamRZ 1987, 297). Anders stellt es sich dar, wenn die Auskunftsstufe prozessual erledigt ist (OLG Düsseldorf FamRZ 1997, 1281; 4. 7. 2005 – II-2 UF 249/04 – juris Rn 10; MünchKomm/Born[6] Rn 12; s Rn 55; vgl auch OLG Dresden FamRZ 2005, 1195).

Der **Beginn** dieser Frist ist umstritten. Vom BGH ist die Frage bislang offen gelassen worden (vgl BGH FamRZ 2014, 290 Rn 14).

54 **a)** In der Vorbearbeitung ist unter Berufung auf den Wortlaut des Gesetzes („Auskunft erneut") die Auffassung vertreten worden, es sei von der **früheren Auskunft** auszugehen (Staudinger/Engler [2000] Rn 54; ebenso im Ausgangspunkt OLG Hamm FamRZ 2005, 1585; KG KGR 2004, 192; Hoppenz/Hülsmann, Familiensachen[9] § 1605 BGB Rn 26). Dabei solle nicht an den Zeitpunkt der letzten Auskunftserteilung oder einer Verurteilung zur Auskunftserteilung angeknüpft werden. Da für die Fristbemessung die mögliche Änderung der Verhältnisse maßgebend gewesen sei, beginne die Frist bei Einkommensauskünften mit Ablauf des Zeitraums, über den Auskunft erteilt worden ist, und bei Vermögenseinkünften mit dem der Auskunft zugrundeliegenden Stichtag. Sei die frühere Auskunft aufgrund der Schlussabrechnung über ein Geschäftsjahr erteilt worden, könne eine neue Auskunft nach Ablauf zweier weiterer Geschäftsjahre verlangt werden (Staudinger/Engler [2000] Rn 54).

b) Nach bislang **hM** kommt es für den Fristbeginn darauf an, ob nach der Auskunft ein **Beschluss** (Urteil) **über den Unterhalt** ergangen oder ein **Unterhaltsvergleich** geschlossen ist. Die Frist soll dann erst mit dem Tag der letzten mündlichen Verhandlung (OLG Karlsruhe NZFam 2016, 424; OLG München FamRZ 2010, 816 mwNw; OLG Hamburg FamRZ 1984, 1142 [einschränkend FamRZ 1992, 284]; OLG Düsseldorf NJW 1993, 1079 = FamRZ 1993, 591; Wendl/Dose[9] § 1 Rn 1172; MünchKomm/Born[7] Rn 10; Erman/Hammermann[15] Rn 20a; Palandt/Brudermüller[76] Rn 11) oder dem Tag des Vergleichsabschlusses (OLG Düsseldorf 4. 7. 2005 – II-2 UF 249/04 – juris Rn 10; OLG Hamm MDR 2002, 96; OLG Stuttgart FamRZ 1978, 717; OLG Hamburg FamRZ 1983, 211 mwNw; OLG Bamberg FamRZ 1990, 755; OLG Karlsruhe FamRZ 1991, 1470) beginnen. Dem ist abweichend von der Vorbearbeitung (Staudinger/Engler [2000] Rn 55) **zuzustimmen**. Der Auskunftsanspruch ist als Hilfsanspruch an die Festlegung des Hauptanspruchs geknüpft, welcher mit der immer auf den aktuellen Verhältnissen beruhenden Unterhaltsfestsetzung für die Zukunft eine gewisse Rechtsbeständigkeit erlangen soll. Das Argument, die Sperrfrist müsste auch dann bestehen, wenn über den Unterhalt entschieden worden ist, ohne dass vorher eine Auskunft erteilt worden war, obwohl die Auskunft in diesem Fall nicht *erneut* verlangt werde (Staudinger/Engler [2000] Rn 55), überzeugt nicht. Auch in diesem Fall beruht die gerichtliche Entscheidung in jedem Fall auf bei Schluss der mündlichen Verhandlung hinreichend festgestellten Tatsachen. Auch einen Vergleich schließen die Parteien des Unterhaltsrechtsverhältnisses nur dann ab, wenn die Tatsachengrundlage hinreichend geklärt (oder aber – in Ausnahmefällen – bewusst nicht geklärt) worden ist. Nach dem Sinn und Zweck der Regelung muss die Frist nach Abs 2 auch in diesem Fall Anwendung finden. Denn es kann keinen Unterschied machen, ob der Schuldner freiwillig alle maßgeblichen Tatsachen offenbart (oder diese etwa vom Gericht im Rahmen der verfahrensrechtlichen Auskunftsverpflichtung aufgeklärt werden) oder der Gläubiger zunächst ein Auskunftsverlangen stellt. Der Unterhaltsgläubiger kann also auch im ersten Fall nicht sogleich nach Abschluss des Verfahrens Auskunft verlangen, sondern muss, wenn nicht die Voraussetzungen eines vorzeitigen Auskunftsverlangens (Rn 56) vorliegen, die Zweijahresfrist nach Abs 2 abwarten. Entsprechendes gilt auch für das Auskunftsverlangen des Unterhaltsschuldners. 55

Auf die Auskunft selbst ist demnach nur in solchen Fällen abzustellen, in denen es bei der isolierten Auskunft bleibt, ohne dass danach eine Entscheidung zum Unterhalt ergeht oder eine diesbezügliche Vereinbarung geschlossen wird.

2. Vorzeitige erneute Auskunft

Vor Ablauf der Zweijahresfrist kann erneut Auskunft verlangt werden, wenn glaubhaft gemacht wird, dass der Auskunftspflichtige später **wesentlich höhere Einkünfte** oder **weiteres Vermögen** erworben hat. Weiteres Vermögen kann einen vorzeitigen Auskunftsanspruch nur begründen, wenn es für die Unterhaltspflicht von Bedeutung ist. Als Maßstab können hier entsprechend dem – meistens – die Unterhaltsabänderung vorbereitenden weiteren Auskunftsanspruch die Grundsätze zur Abänderung nach §§ 238, 239 FamFG herangezogen werden. Es muss allerdings noch keine konkrete Größenordnung feststehen, weil diese zunächst ja gerade durch die Auskunft geklärt werden muss. Es genügt, wenn eine Abänderung aufgrund der glaubhaft gemachten Tatsachen nicht unwahrscheinlich ist (vgl OLG Hamm FamRZ 1991, 594 [Wegfall von Kreditverbindlichkeiten]; vgl auch BGH FamRZ 2014, 290 [Selbständiger in der An- 56 fangsphase]; dazu auch OLG Karlsruhe OLGR 2000, 284: keine Zeitschranke bei „atypischer" [unstetiger] Einkommensentwicklung in einem Mangelfall; OLG Köln FamRZ 2003, 1960 [Fiktives Einkommen im Mangelfall]; OLG Brandenburg NJW-RR 2003, 147 [Wiederverheiratung des Unterhaltsschuldners]). Zur **Glaubhaftmachung** muss der Auskunftsberechtigte Tatsachen darlegen, aus denen sich eine überwiegende Wahrscheinlichkeit für höhere Einkünfte oder weiteres Vermögen ergibt.

VII. Schadensersatz wegen Verletzung der Auskunftspflicht

1. Verzögerung der Auskunft

57 Eine verspätete Auskunftserteilung kann einen Schadensersatzanspruch **wegen Verzuges** nach § 280 Abs 1, 2 begründen (BGH NJW 1985, 486, 488 = FamRZ 1985, 155, 158; NJW 1984, 868 = FamRZ 1984, 163 mwNw; OLG Karlsruhe FamRZ 1979, 170 mwNw; **aA** OLG Hamm FamRZ 1986, 1111; OLG Frankfurt FamRZ 1985, 732). Die Verzugsregeln finden auch auf den Auskunftsanspruch Anwendung. Voraussetzung ist außer dem Auskunftsverlangen, durch das der Anspruch wirksam wird (Rn 14), eine **Mahnung** nach Fälligkeit (§ 286 Abs 1 BGB; zur Fälligkeit s Rn 37) oder eine ausdrückliche und endgültige Auskunftsverweigerung (vgl Vorbem 107 zu §§ 1601 ff). Verzug tritt nicht ein, solange der Schuldner die Auskunft ohne sein Verschulden nicht erteilen kann (§ 287 BGB).

58 Beim **Schaden** kommt es darauf an, ob die Auskunftspflicht gegenüber dem Unterhaltsberechtigten oder dem Unterhaltspflichtigen besteht.

a) Der **Unterhaltsberechtigte** kann dadurch geschädigt werden, dass er den ihm zustehenden Unterhalt nicht rechtzeitig verlangt und dadurch Ansprüche für die Vergangenheit nach § 1613 Abs 1 BGB verliert (s Rn 57). Ein Anspruch auf Schadensersatz aus § 826 BGB kann bestehen, wenn der Unterhaltsgläubiger eine mit dem Schuldner außergerichtlich vereinbarte Herabsetzung des in einem Prozessvergleich geregelten Unterhalts weiter hinnimmt, weil er nicht weiß, dass der Grund für die Kürzung (oder den gänzlichen Wegfall) wieder entfallen ist (BGH NJW 1988, 1965; LG Stuttgart DAVorm 1993, 848). Die Ersatzpflicht kann aber nach § 254 Abs 1 BGB oder wegen fehlenden Zurechnungszusammenhangs **ausgeschlossen** sein, wenn der Berechtigte die verspätete Geltendmachung des Unterhaltsanspruchs selbst verschuldet hat, etwa weil er keine Stufenklage erhoben hat (Giessler FamRZ 1984, 954, 957; OLG Köln FamRZ 1996, 50; OLG Bamberg FamRZ 1990, 1235, 1238 = NJW-RR 1990, 903, 905; OLG Hamm FamRZ 1986, 1111; OLG Frankfurt FamRZ 1985, 732).

59 **b)** Der Schaden des **Unterhaltspflichtigen** kann darin bestehen, dass er weiterhin Unterhalt zahlt oder zahlen muss, obwohl die Bedürftigkeit des Berechtigten weggefallen oder gemindert ist. Dem Anspruch auf Rückzahlung zuviel gezahlten Unterhalts steht ein *Unterhaltsbeschluss* nicht grundsätzlich entgegen. Eine Berufung auf die Rechtskraft des Unterhaltsbeschlusses (-urteils) kann deshalb wegen Verstoßes gegen die guten Sitten unbeachtlich sein, wenn der Unterhaltsberechtigte die rechtzeitige Erhebung eines Abänderungsantrags durch verzögerte Auskunftserteilung verhindert hat.

2. Unrichtige Auskunft

60 Ist die Auskunft unvollständig oder falsch, so kann ein Schadensersatzanspruch nach § 280 BGB wegen **Pflichtverletzung** (früher: positiver Forderungsverletzung) durch Schlechterfüllung bestehen (vgl MünchKomm/Ernst[7] § 280 Rn 100 ff). Der Anspruch setzt voraus, dass der Auskunftspflichtige die Unrichtigkeit verschuldet, zumindest also fahrlässig herbeigeführt hat. Hat er die Auskunft **vorsätzlich falsch** erteilt, so haftet er außerdem nach § 823 Abs 2 iVm § 263 Abs 1 StGB und nach § 826 BGB.

VIII. Hinweise für das gerichtliche Verfahren

61 **1.** Gerichtliche Auskunftsverfahren zur Feststellung der durch Verwandtschaft und durch Ehe begründeten gesetzlichen Unterhaltspflicht sind **Familiensachen** (§ 23a Abs 1 S 1 Nr 1 GVG; BGH FamRZ 1985, 367; OLG Koblenz FamRZ 1981, 922; s auch BGHZ 71, 264, 274 = NJW 1978, 1531 = FamRZ 1978, 675). Das Verfahren ist **Unterhaltssache** nach § 231 Abs 1 Nr 1 FamFG und demzufolge nach § 112 Nr FamFG **Familienstreitsache**, auf die nach § 113 Abs 1 S 2 FamFG die ZPO-Vorschriften für das Verfahren vor den Landgerichten Anwendung finden. Die Auskunftsverfahren sind für sich allein keine Folgesachen (§ 137 FamFG), weil die Entscheidung über die Auskunftspflicht unabhängig von der Scheidung zu treffen ist. Auch wenn im Wege des Stufenantrags zugleich der Unterhaltsanspruch für den Fall der Scheidung geltend gemacht wird (Rn 64), ist über den Auskunftsanspruch grundsätzlich vorweg – durch Teilbeschluss – zu entscheiden (BGH NJW 1982, 1645 = FamRZ 1982, 151; OLG Düsseldorf FamRZ 1980, 261; s auch OLG Hamm FamRZ 1981, 482; Wendl/Schmitz[9] § 10 Rn 358 ff).

62 **2.** § 232 Abs 1 Nr 2 FamFG legt für Verfahren, die die gesetzliche Unterhaltspflicht eines Elternteils oder beider Elternteile gegenüber einem minderjährigen Kind betreffen, die ausschließliche **Zuständigkeit** des Gerichts fest, bei dem das Kind oder der Elternteil, der es gesetzlich vertritt, seinen allgemeinen Gerichtsstand hat. Diese Bestimmung gilt auch für den Antrag auf Auskunftserteilung.

63 **3.** Das Recht eines Elternteils, Unterhaltsansprüche des Kindes gegen den anderen Elternteil – im Wege der **Verfahrensstandschaft** – im eigenen Namen geltend zu machen (§ 1629 Abs 2 S 2, Abs 3 BGB), erstreckt sich auch auf den Auskunftsanspruch.

64 **4.** Der **Antrag** muss nach § 113 Abs 1 S 2 FamFG, § 253 Abs 2 Nr 2 ZPO bestimmt gefasst sein. Dasselbe gilt für die **Beschlussformel**, die einen vollstreckungsfähigen Inhalt haben muss (BGH NJW 1983, 2243 = FamRZ 1983, 996; Büttner FamRZ 1992, 629), der allerdings in Grenzen durch Auslegung des Titels ermittelt werden kann (OLG München FamRZ 1992, 1207; FamRZ 1999, 944 = FuR 1999, 493). Dazu gehört bei einem Auskunftsantrag die Angabe des Zeitraums, in dem die mitzuteilenden Einkünfte bezogen worden sind, und des Zeitpunkts, in dem das Vermögen vorhanden war (OLG Frankfurt FamRZ 1984, 271; OLG Karlsruhe FamRZ 1983, 631; s auch OLG Hamm FamRZ 1983, 1232). Sollen auch Belege vorgelegt werden, so muss dies besonders beantragt und tituliert werden (OLG Hamm FamRZ 1979, 1012; OLG Düsseldorf FamRZ 1978, 717). Die vorzulegenden Belege müssen genau bezeichnet sein (BGH NJW 1983, 1056 = FamRZ 1983, 454; OLG Rostock FamRZ 2015, 422; s auch Rn 40).

65 **5.** Im Wege eines **Stufenantrags** nach §§ 113 Abs 1 S 2, 254 ZPO können mit dem Auskunftsanspruch zugleich der Anspruch auf Abgabe der eidesstattlichen Versicherung und der Unterhaltsanspruch geltend gemacht werden (näher WENDL/SCHMITZ[9] § 10 Rn 358 ff). Dazu reicht die Ankündigung, dass nach Erteilung der Auskunft ein Zahlungsantrag geklagt werde, nicht aus (OLG Celle NJW-RR 1995, 411; OLG Düsseldorf FamRZ 1986, 488). Die Erhebung eines Stufenantrags hat den Vorteil, dass damit auch der Unterhaltsanspruch, der zunächst noch nicht beziffert zu werden braucht (§ 254 ZPO), rechtshängig wird und durch Zeitablauf nicht mehr entfallen kann (§ 1613 Abs 1 BGB; BGH FamRZ 1990, 283, 285 = NJW-RR 1990, 323, 325). Ein Stufenantrag kann auch in Verbindung mit einem Abänderungsantrag erhoben werden (BGH NJW 1985, 195 = FamRZ 1984, 1211; OLG Köln FamRZ 1983, 1047; FamRZ 1996, 50; OLG Hamburg FamRZ 1983, 626).

66 **6.** Der **Wert** des Auskunftsanspruchs (§ 3 ZPO) bestimmt sich nach dem wirtschaftlichen Interesse, das der Kläger an der Auskunft hat. Er beträgt in der Regel einen Bruchteil (1/4 bis 1/10) des Wertes des Leistungsanspruchs, dessen Geltendmachung die Auskunft vorbereiten soll (BGH MDR 2016, 348; ZEV 2015, 413; FamRZ 1993, 1189; NJW 1997, 1016).

Bei einer Verurteilung richtet sich der **Beschwerdewert** nach dem Interesse des Verurteilten, die Auskunft nicht erteilen zu müssen (BGHZ 128, 85, 87 [GSZ] mwNw = NJW 1995, 664 = FamRZ 1995, 349, 993; BGH FamRZ 2015, 838 [Verdienstausfall]; FamRZ 2014, 27). Besondere Umstände, die den Beschwerdewert erhöhen können, sind ein im Einzelfall bestehendes Geheimhaltungsinteresse des Auskunftsschuldners (vgl BGH FamRZ 2014, 1696 mwNw). Im Einzelfall kann der Auskunftsschuldner auch ein besonderes Verteidigungsinteresse gegen eine unberechtigte Vollstreckung bestehen, wenn die Verpflichtung zur Auskunft nicht vollstreckbaren Inhalt hat (BGH FamRZ 2015, 2142; FamRZ 2016, 1448 mwNw [Belegvorlage betreffend Zugewinnausgleich]). Das allgemeine Interesse des Unterhaltsschuldners an der Verteidigung gegen die unberechtigte Inanspruchnahme (BGH FamRZ 2016, 116; FamRZ 2015, 2142) wie auch am Schutz seines informationellen Selbstbestimmungsrechts ist grundsätzlich nicht geeignet, den Wert des Beschwerdegegenstandes einer Berufung gegen ein Auskunftsurteil über den Aufwand an Zeit und Kosten für die Erteilung der Auskunft hinaus zu erhöhen (BGH FamRZ 2014, 1542).

67 **7.** Die **Kosten** eines Verfahrens, das die gesetzliche Unterhaltspflicht betrifft, können abweichend von den Vorschriften der §§ 91 bis 93a, 269 Abs 3 ZPO der in Anspruch genommenen Partei nach billigem Ermessen ganz oder teilweise auferlegt werden, wenn sie zu dem Verfahren dadurch Anlass gegeben hat, dass sie ihrer Verpflichtung, über ihr Einkommen und ihr Vermögen Auskunft zu geben, nicht oder nicht vollständig nachgekommen ist **(§ 243 Satz 1 Nr 2 FamFG)**. Schon die Vorgängernorm des § 93d ZPO sollte den Auskunftspflichtigen zu einer freiwilligen außergerichtlichen Erfüllung der Auskunftspflicht anhalten und den Beteiligten in geeigneten Fällen den umständlichen, zeitraubenden Weg einer Stufenklage ersparen soll (BT-Drucks 13/7338, 33). Die in Anspruch genommene Partei wird meist der Unterhaltsschuldner, kann aber auch – insbesondere im Falle eines Abänderungsantrags (§§ 238, 239 FamFG) – der Unterhaltsgläubiger sein (FamRefK/HOFFMANN § 93d ZPO Rn 5; zum Umfang der Auskunftspflicht OLG Köln FamRZ 2000, 622).

8. Der Auskunftsanspruch kann nicht im Wege einer **einstweiligen Anordnung** nach § 246 Abs 1 FamFG geregelt werden (**aA** zur früheren Gesetzeslage noch Staudinger/Engler [2000] Rn 68). Nach § 246 Abs 1 FamFG kann allerdings Leistung eines **Kostenvorschusses** für einen Auskunftsantrag durch einstweilige Anordnung geregelt werden. 68

9. Die **Zwangsvollstreckung** zur Erwirkung der Auskunft erfolgt nach §§ 120 Abs 1, 888 Abs 1 ZPO dadurch, dass der Schuldner durch Zwangsgeld oder durch Zwangshaft zur Vorlage des Verzeichnisses (Rn 30) angehalten wird (KG FamRZ 2015, 1973; Wendl/Dose[9] § 1 Rn 1191). Dem folgt auch die Verpflichtung zur Vorlegung von Belegen (OLG Jena FamRZ 2012, 656, OLG München FamRZ 1996, 307; Wendl/Dose[9] § 1 Rn 1193; **aA** Staudinger/Engler [2000] Rn 69 mN: entsprechende Anwendung des § 883 Abs 1 ZPO; vgl auch Wendl/Dose[9] § 1 Rn 1193). Zur Abgabe der eidesstattlichen Versicherung kann der Schuldner gemäß §§ 889 Abs 2, 888 Abs 1 BGB durch Zwangsgeld oder durch Zwangshaft angehalten werden. 69

§ 1606
Rangverhältnisse mehrerer Pflichtiger

(1) Die Abkömmlinge sind vor den Verwandten der aufsteigenden Linie unterhaltspflichtig.

(2) Unter den Abkömmlingen und unter den Verwandten der aufsteigenden Linie haften die näheren vor den entfernteren.

(3) Mehrere gleich nahe Verwandte haften anteilig nach ihren Erwerbs- und Vermögensverhältnissen. Der Elternteil, der ein minderjähriges Kind betreut, erfüllt seine Verpflichtung, zum Unterhalt des Kindes beizutragen, in der Regel durch die Pflege und die Erziehung des Kindes.

Materialien: E I §§ 1485, 1486 S 1; II § 1501; III § 1584; Jakobs/Schubert §§ 1564–1921 255; Planck, in: Schubert, Vorlagen der Redaktoren, Familienrecht II 312; Mot IV 689; Prot IV 482, 485; VI 297; BT-Drucks II/224, 12, 55; II/3409, 21, 40; V/2370, 4, 39.

Schrifttum

H Bausch, Der Begriff des „Abkömmlings“ in Gesetz und rechtsgeschäftlicher Praxis, FamRZ 1980, 413
EM Bausch/Gutdeutsch/Seiler, Die unterhaltsrechtliche Abrechnung des Wechselmodells, FamRZ 2012, 258
Beitzke, Neugestaltung der elterlichen Unterhaltspflicht, in: FS Hedemann (1958) 1
ders, Die Unterhaltspflicht gegenüber ehelichen Kindern nach dem Gleichberechtigungsgesetz, JR 1959, 45
Born, Lässt sich die Barunterhaltspflicht bei wechselnder Betreuung durch die Eltern gerecht unter den Eltern verteilen?, FPR 2008, 88
ders, Umfangreicher Aufenthalt beim anderen Elternteil – keine Auswirkungen auf den Barunterhalt?, NJW 2007, 1859
Bosch, Wechselmodell und Unterhalt, FF 2015, 92
Büttner, Vermögenseinsatz im Elternunterhalt bei „rechtlichen Hindernissen“ sowie bei anteiliger Haftung mehrerer Kinder für den Elternunterhalt, NDV 1999, 292

Deisenhofer/Göhlich, Lehrlingsvergütung und Kindesunterhalt, FamRZ 1985, 1103
dies, Nochmals: Lehrlingsvergütung und Kindesunterhalt, FamRZ 1986, 424
Derleder/Derleder, Persönliche Betreuung und Barunterhaltspflicht gegenüber Kindern, NJW 1978, 1129
Ehlert, Zur Anteilsermittlung nach § 1606 Abs 3 S 1 BGB, FamRZ 1980, 648
Finke, Rechtliche Grundlagen und Ausgestaltung der Kindesbetreuung durch Eltern und Dritte, NZFam 2014, 865
Graba, Kindesbetreuung und Kindesunterhalt, FamRZ 1990, 454
Gerhardt, Die Kontrollrechnung beim Unterhalt Volljähriger, FamRZ 2006, 740
Giessler, Erlöschen der elterlichen Prozessführungsbefugnis und Übergang zum familienrechtlichen Ausgleichsanspruch, FamRZ 1994, 800
Götz, Der familienrechtliche Ausgleichsanspruch – Ein häufig vernachlässigter „Notnagel", FF 2013, 225
Günther, Die Inanspruchnahme der Großeltern auf Enkelunterhalt, FPR 2006, 347
Gutdeutsch, Das Zusammenspiel von Ehegatten- und Kindesunterhalt, NJW 2009, 945
ders, Unterhaltsrechtlicher Ausgleich bei Mitbetreuung des Kindes, FamRB 2012, 250
Hoppenz, Kindesunterhalt als verdeckter familienrechtlicher Ausgleich, FamRZ 1985, 437
Horndasch, Fallgestaltungen im Kindesunterhaltsrecht – Gleichwertigkeitsregel, Wechselmodell und Geschwistertrennung, ZFE 2007, 329
Kaiser, Gemeinsame elterliche Sorge und Wechselmodell, FPR 2008, 143
Klein, Das Gleichwertigkeitsprinzip des § 1606 Abs 3 Satz 2 BGB und seine Ausnahmen, ZKJ 2011, 356
Klinkhammer, Die Rangfolge der Unterhaltsansprüche in der gesetzlichen Entwicklung, FamRZ 2007, 1205
Langheim, Die Barunterhaltspflicht des betreuenden Elternteils, FamRZ 2015, 632
dies, Der familienrechtliche Ausgleichsanspruch, FamRZ 2013, 1529
Liceni-Kierstein, Der Anspruch auf familienrechtlichen Ausgleich – eine Rückgriffsmöglichkeit für ausgebliebene Unterhaltszahlungen, FamRB 2016, 197
Luthin, Zum Verhältnis zwischen Barunterhalt und Betreuungsunterhalt bei minderjährigen Kindern, FF 2002, 94
Obermann, Der besser verdienende Kinderbetreuer im Unterhaltsrecht, NZFam 2016, 481
Maass, Keine Barunterhaltspflicht im echten Wechselmodell, FamRZ 2016, 603
ders, Die Unterhaltsrente im Wechselmodell – ein systemwidriges Danaergeschenk?, FamRZ 2017, 673
De Maiziere, BGB-Familienrecht – Verteilung der Unterhaltspflichten zwischen sorgeberechtigtem und nichtsorgeberechtigtem Elternteil gegenüber einem minderjährigen Kind, JA 1980, 671
Norpoth, Der Obhutswechsel während des laufenden Kindesunterhaltsprozesses – ein gelöstes Problem?, FamRZ 2007, 514
Peschel-Gutzeit, Zur anteiligen Haftung von Eltern für den Unterhalt eines volljährigen Kindes, wenn ein Elternteil Familienunterhalt schuldet, FPR 2009, 246
Roth, Der familienrechtliche Ausgleichsanspruch, FamRZ 1995, 793
Roth-Stielow, Betreuung volljähriger Kinder und Unterhaltsanspruch, NJW 1982, 425
Scheiwe, Kindesunterhalt und Wechselmodell, FF 2013, 280
Scheiwe/Wersig (Hrsg), Einer zahlt und eine betreut? Kindesunterhaltsrecht im Wandel (2010)
Scholz, Die Beteiligung des betreuenden Elternteils am Barunterhalt, FamRZ 2006, 1728
Schwamb, Herbeiführung paritätischer Betreuung (Wechselmodell) durch gerichtliche Umgangsregelung, NZFam 2017, 253
Seiler, Wechselmodell – unterhaltsrechtliche Fragen, FamRZ 2015, 1845
Soyka, Verteilung der Haftung unter mehreren Unterhaltspflichtigen, Zuständigkeitsprobleme bei Inanspruchnahme mehrerer Kinder auf Elternunterhalt und Verwirkung von Unterhaltsansprüchen, FPR 2003, 631
ders, Auswirkungen der Unterhaltsreform auf den Kindesunterhalt, FuR 2008, 157
Spangenberg, Die Verteilung der Unterhalts-

last bei Kindern einschließlich der Umgangskosten, NZFam 2017, 436
ders, Unterhaltspflicht des mitbetreuenden Elternteils, NZFam 2015, 529
STROHAL, Unterhaltsrechtliche Fragen bei Wechsel des Kindes, DAVorm 1997, 251
SÜNDERHAUF, Rolle rückwärts im Kindesunterhalt, NZFam 2014, 585
WEBER, Unterhalt beim Wechselmodell, NZFam 2016, 829
WOHLGEMUTH, Das Wechselmodell, FamRZ 2017, 676
dies, Unterhalt und familienrechtlicher Ausgleichsanspruch beim Wechsel des Kindes zum barunterhaltspflichtigen Elternteil, FamRZ 2009, 1873
dies, Erwerbsobliegenheit und anteilige Haftung für den Volljährigenunterhalt, FamRZ 2009, 410
dies, Quotenhaftung der Eltern beim Volljährigenunterhalt, FamRZ 2001, 321
dies, Aufteilung des Kindergelds beim Wechselmodell, FamRZ 2015, 808
dies, Die Berechnung des Kindesunterhalts beim Wechselmodell bei Barunterhaltspflicht beider Eltern, FPR 2013, 143
VIEFHUES, Kindesunterhalt und Wechselmodell, FPR 2006, 287
VOLKER, Der familienrechtliche Ausgleichsanspruch, FuR 2013, 550
ZWIRLEIN, Der familienrechtliche Ausgleichsanspruch – eine überschießende Rechtsschöpfung, FamRZ 2015, 896.

Systematische Übersicht

Alphabetische Übersicht

I. Allgemeines

1. Entstehungsgeschichte und Reformforderungen

1 Die ursprüngliche Fassung des § 1606 BGB ist viermal geändert worden.

a) Zunächst wurde durch **Art 1 Nr 19 GleichberG** mit Wirkung ab 1. 7. 1958 die vorrangige Unterhaltspflicht des Vaters vor der Mutter in eine anteilige Haftung beider Eltern entsprechend ihren Erwerbs- und Vermögensverhältnissen umgewandelt. Zugleich wurde durch Verweisung auf § 1360 BGB (Familienunterhalt) bestimmt, dass die Mutter ihre Unterhaltspflicht in der Regel durch die Führung des Haushalts erfüllt. Zur Rechtslage in der Zeit vom 1. 4. 1953 (Art 117 Abs 1 GG) bis zum Inkrafttreten des GleichberG s Staudinger/Gotthardt[10/11] Rn 20.

b) Eine neue Fassung hat § 1606 BGB durch **Art 1 Nr 11 NEhelG** mit Wirkung ab 1. 7. 1970 erhalten. Abgesehen davon, dass durch dieses Gesetz die Unterhaltspflicht gegenüber nichtehelichen Kindern in die Regelung des § 1606 BGB einbezogen wurde, brachte die Neufassung folgende Änderungen:

- Die Rangfolge der Unterhaltspflicht von Abkömmlingen bestimmt sich nicht mehr nach der gesetzlichen Erbfolge (Haftung nach Stämmen, § 1924 Abs 3 BGB), sondern nach dem Grad der Verwandtschaft.
- Der Anteil der Haftung gleichrangiger Abkömmlinge richtet sich nicht mehr nach dem Verhältnis der Erbteile, sondern nach den Erwerbs- und Vermögensverhältnissen.
- Mehrere gleich nahe Verwandte der aufsteigenden Linie haften nicht mehr zu gleichen Teilen, sondern ebenfalls anteilig nach ihren Erwerbs- und Vermögensverhältnissen.
- Die Verweisung auf § 1360 BGB wurde durch die Bestimmung des Abs 3 S 2 ersetzt, die sagte, dass die Mutter ihre Verpflichtung, zum Unterhalt eines minderjährigen unverheirateten Kindes beizutragen, in der Regel durch die Pflege und Erziehung des Kindes erfüllt.

c) **Art 1 Nr 4 KindUG** erstreckte – entsprechend der bisherigen gerichtlichen Praxis – die Bestimmung des Abs 3 S 2, deren Fassung auf dem überholten Leitbild der Hausfrauenehe beruht hatte (Staudinger/Kappe/Engler [1997] Rn 17), in der Weise auf beide Elternteile, dass der Begriff „Die Mutter“ durch den Begriff „Der Elternteil, der ein minderjähriges unverheiratetes Kind betreut“ ersetzt wurde (BT-Drucks 13/7338, 21).

d) Durch das Gesetz zur Bekämpfung von Kinderehen vom 17. 7. 2017 (BGBl I 2429) ist in Abs 3 S 2 das Merkmal „unverheiratetes“ (mit Wirkung vom 22. 7. 2017) gestrichen worden.

e) Abs 3 S 2 und die ihm zugrunde liegende traditionelle Betreuung im Residenzmodell („Eine(r) betreut, der andere zahlt“) ist zum Gegenstand der **rechts-**

politischen Kritik geworden, die sich an der (vermeintlichen) Diskrepanz der Bemessung des Kindesunterhalts zwischen „Wechselmodell" und „erweitertem Umgang" und einer angeblich zu weitgehenden Unterhaltsbefreiung der Mütter entzündet hat. Dazu sind Reformforderungen erhoben worden (etwa Vorstand des DFGT FamRZ 2016, 105). Das BMJV hatte zu dem Thema in der 18. Legislaturperiode eine Arbeitsgruppe „Kindesunterhalt nach Trennung und Scheidung" eingerichtet, die sich neben § 1606 Abs 3 BGB mit dem notwendigen Selbstbehalt nach § 1603 Abs 2 BGB befasst hat. Näher dazu Rn 29 f.

2. Systematik und ergänzende Bestimmungen

§ 1606 Abs 1 und 2 BGB stellt eine **Rangfolge der Unterhaltspflichtigen** für den Fall auf, dass eine bedürftige Person mehrere Verwandte in gerader Linie hat. Bei dieser Regelung bleibt ein Verwandter, der nicht leistungsfähig ist (§ 1603 Abs 1 BGB), von vornherein unberücksichtigt (RGZ 52, 193). § 1606 Abs 1 und 2 BGB regeln also den Fall, dass sämtliche Verwandten – voll oder wenigstens teilweise – leistungsfähig sind und mithin jeder für sich genommen, wenn keine anderen Verwandten vorhanden wären, allein unterhaltspflichtig wäre. Bei (teilweiser) Leistungsunfähigkeit kommt § 1607 Abs 1 BGB zur Anwendung, § 1606 Abs 3 BGB regelt die **anteilige Haftung** ranggleicher Verwandter. 2

Die Vorrangregelung der Absätze 1 und 2 wird durch folgende andere Bestimmungen **ergänzt**: 3

- § **1608 BGB** regelt das **Rangverhältnis der Unterhaltspflicht des Ehegatten** des Bedürftigen und seiner Verwandten. Nach Scheidung der Ehe kommt § 1584 BGB zur Anwendung (vorrangige Haftung des Ehegatten, sofern dieser leistungsfähig ist, was in § 1608 BGB und § 1584 BGB ausdrücklich klargestellt ist).

- **Eingetragene Lebenspartner** (im nach dem Gesetz zur Einführung des Rechts auf Eheschließung für Personen gleichen Geschlechts [„Ehe für alle", BT-Drucks 18/6665, 18/12989] verbliebenen Anwendungsbereich des LPartG) haften wie Ehegatten (§ 1608 S 4 BGB sowie § 16 LPartG, § 1584 BGB nach Aufhebung der Lebenspartnerschaft).

- Nach § **1615l Abs 3 S 2 BGB** geht die Verpflichtung des Vaters, der **Mutter seines nichtehelichen Kindes** für bestimmte Zeiten Unterhalt zu gewähren, der Unterhaltspflicht der Verwandten der Mutter vor. Entsprechendes gilt für den – praktisch seltenen – Fall, dass die Mutter unterhaltspflichtig ist (§ 1615l Abs 4).

- Nach § **1751 Abs 4 S 1** ist der **Annehmende** dem Kind während der Adoptionspflege vor den Verwandten des Kindes zum Unterhalt verpflichtet (s § 1601 Rn 22). Bei der Annahme eines Kindes des Ehegatten bleibt dessen gleichrangige Haftung jedoch bestehen (§ 1751 Abs 4 S 2 BGB).

- Nach § **1770 Abs 3 BGB** ist bei der Annahme eines Volljährigen der **Annehmende** dem Angenommenen und dessen Abkömmlingen vor den leiblichen Verwandten des Angenommenen zum Unterhalt verpflichtet (s § 1601 Rn 23).

4 § 1606 Abs 3 BGB regelt die Aufteilung der Unterhaltspflicht zwischen mehreren gleichrangigen Unterhaltspflichtigen. Da diese nicht Gesamtschuldner, sondern Teilschuldner sind, bestimmt Abs 3 S 1 die Bemessung der Haftungsanteile. Abs 3 S 2 misst der Betreuung, die ebenfalls Unterhaltsbestandteil ist (vgl § 1610 Rn 34), beim Minderjährigenunterhalt Erfüllungswirkung bei. Damit wird zum einen klargestellt, dass es sich in Abgrenzung zu § 1612 Abs 1 S 1 BGB um eine schuldgemäße Leistung nach § 362 Abs 1 BGB handelt, der befreiende Wirkung zukommt. Zum anderen entspricht die Regelung der Qualifizierung der Betreuung als Unterhalt, die in der Fassung von 1958 („§ 1360 ist sinngemäß anzuwenden"; vgl Rn 1) enthalten war.

Aus der auf Minderjährige beschränkten Regelung folgt im Umkehrschluss, dass bei Volljährigen Betreuungsleistungen keine Erfüllungswirkung haben können (BGH FamRZ 2002, 815 für privilegierte Volljährige iSv § 1603 Abs 2 S 2; **aA** Johannsen/Henrich/Graba[5] Rn 9; Graba FamRZ 1990, 454; näher Rn 36).

5 Zwischen § 1606 BGB und § 1603 BGB können sich Überschneidungen ergeben. § 1606 BGB setzt voraus, dass (weitere) Verwandte leistungsfähig sind. Die Vorschriften überschneiden sich also nicht, wenn sämtliche Verwandte im Sinne von § 1603 Abs 1 BGB leistungsfähig sind und nach § 1606 Abs 3 S 1 BGB anteilig haften. Probleme ergeben sich beim Minderjährigenunterhalt und beim Unterhalt privilegierter Volljähriger im Fall, dass ein Elternteil im Sinne von § 1603 Abs 1 BGB nicht (vollständig) leistungsfähig ist, ihn aber die gesteigerte Unterhaltspflicht nach § 1603 Abs 2 BGB trifft, und der andere – leistungsfähige Elternteil – seine Unterhaltspflicht durch Betreuung des Kindes nach § 1606 Abs 3 S 2 BGB erfüllt (iE Rn 56 ff; vgl § 1603 Rn 380 f).

3. Entsprechende Anwendung

6 Die Regelung findet entsprechende Anwendung auf die Haftung mehrerer **unterhaltspflichtiger Väter** (Elternteile) auf Betreuungsunterhalt für die Mütter (anderen Elternteile) nach § 1570 BGB oder § 1361 BGB und § 1615l BGB (BGH FamRZ 2007, 1303; FamRZ 1998, 541; FamRZ 2005, 357). Die Unterhaltsschuldner haften hier entsprechend Abs 3 S 1 anteilig. Bei der Bemessung der Haftungsanteile ist neben den Einkommens- und Vermögensverhältnissen der Unterhaltsschuldner auch die unterschiedliche Betreuungsbedürftigkeit der Kinder zu berücksichtigen, die auch zur alleinigen Haftung eines Vaters führen kann (BGH FamRZ 1998, 541, 544).

II. Rangfolge (Abs 1, 2 „Abkömmlinge – auf-, absteigende Linie – Grad")

7 **1.** § 1606 BGB stellt für die **Reihenfolge**, in der die Verwandten einer bedürftigen Person unterhaltspflichtig sind, zwei Regeln auf: Vorrang der Abkömmlinge vor den Verwandten der aufsteigenden Linie (Abs 1) und in beiden Gruppen Vorrang der näheren vor den entfernteren Verwandten (Abs 2). Hiervon gibt es einzelne **Ausnahmen**: Nach § 1751 Abs 4 BGB haften im Fall der Adoptionspflege die (künftigen) Adoptiveltern vor (allen) Verwandten, außer bei der Stiefkindadoption. Das Gleiche gilt gemäß § 1770 Abs 3 BGB nach der Adoption im Fall der Volljährigenadoption.

Abkömmlinge (Deszendenten; zum Begriff s Staudinger/Rauscher [2011] Einl 4 zu

§§ 1589 ff; BAUSCH FamRZ 1980, 413, 416 ff) sind die ehelichen und nichtehelichen Kinder, Enkel und Urenkel, auch adoptierte Kinder und deren Nachkommen. Der Vorrang ihrer Unterhaltspflicht gegenüber derjenigen der Aszendenten kann nur von Bedeutung sein, wenn der Bedürftige sowohl ein leistungsfähiges Kind als auch einen leistungsfähigen Elternteil hat. Er beruht auf Billigkeitserwägungen. „Es widerstreitet dem Gefühl, dass Aszendenten gezwungen werden sollen, sich in ihrem Alter einzuschränken, obgleich wohlhabende Abkömmlinge des Bedürftigen zur Gewährung des Unterhalts an diesen im Stande sind" (Mot IV 690). Diese gesetzliche Grundentscheidung ist de lege ferenda von ENGLER in der Vorbearbeitung (STAUDINGER/ENGLER [2000] Rn 4) angezweifelt worden, der eine anteilige Haftung für angemessener gehalten hat.

Für die **Nähe der Verwandtschaft** ist deren Grad maßgebend, der sich nach der Zahl der sie vermittelnden Geburten bestimmt (§ 1589 S 3 BGB).

2. Die **Bedeutung der Rangfolge** besteht darin, dass ein Verwandter trotz eigener Leistungsfähigkeit nicht unterhaltspflichtig ist, wenn ein anderer leistungsfähiger Verwandter der vorrangigen Gruppe oder eines geringeren Grades vorhanden ist. Das Nichtvorhandensein eines vorrangigen Unterhaltspflichtigen ist also eine (weitere) Voraussetzung des Unterhaltsanspruchs. Stirbt eines von mehreren Kindern eines bedürftigen Elternteils, so treten nicht etwa dessen Kinder in die Unterhaltspflicht ein (so war es bis 1970), vielmehr erhöht sich die Unterhaltspflicht der anderen Kinder. Daraus können sich Unbilligkeiten ergeben, etwa wenn die Enkel bedeutendes Vermögen geerbt haben; dies muss aber angesichts des klaren Gesetzeswortlauts hingenommen werden. Erst wenn alle vorrangigen Verwandten (einzeln oder gemeinsam) den Unterhalt nicht erbringen können (§ 1603 BGB), wird der nachrangige Verwandte unterhaltspflichtig (Rn 2). Können die vorrangigen Verwandten den Unterhalt nur teilweise erbringen, so beschränkt sich die Unterhaltspflicht des Nachrangigen auf den Rest (§ 1607 Rn 4 f). 8

3. Ob **Unterhalt in Geld oder Naturalunterhalt** geschuldet wird (§ 1612 BGB), ist für die Rangfolge ohne Bedeutung (BGB-RGRK/MUTSCHLER Rn 5). Die Berechtigung eines vorrangigen Verwandten zur Gewährung von Naturalunterhalt kann also keinesfalls eine Barunterhaltspflicht eines nachrangigen Verwandten begründen. 9

4. Die **Beschränkung oder der Wegfall der Unterhaltspflicht** wegen schuldhaften Verhaltens des Unterhaltsberechtigten gegenüber dem vorrangig Unterhaltspflichtigen (§ 1611 Abs 1 BGB) begründet keine Unterhaltspflicht des nachrangigen und keine – erweiterte – Unterhaltspflicht des gleichrangigen Verwandten (§ 1611 Abs 3 BGB). 10

5. Die Rangfolge kann **rechtsgeschäftlich** zu Lasten eines nachrangig Verpflichteten nur mit dessen Einwilligung **abgeändert** werden (BGB-RGRK/MUTSCHLER Rn 5). Auch wenn der nachrangige Unterhaltspflichtige eingewilligt hat, darf diese jedenfalls nicht zu einem gemäß § 1614 BGB unzulässigen Unterhaltsverzicht führen (vgl § 1614 Rn 8 ff). 11

III. Gleich nahe Verwandte (Abs 3)

1. Gleicher Rang

12 Die Unterhaltspflichten gleich naher Verwandter derselben Linie (Abs 1) haben **gleichen Rang**. Das gilt insbesondere für die Haftung von Eltern gegenüber ihren (ehelichen und nichtehelichen) Kindern. Die Bestimmung des – durch das KindUG aufgehobenen – § 1615 f Abs 1 S 1 BGB, nach der der Vater eines nichtehelichen Kindes mindestens den Regelunterhalt zu zahlen hatte, war keine Ausnahme von der Gleichrangigkeit. Sie regelte nicht das Rangverhältnis zur Unterhaltspflicht der Mutter, sondern den Umfang der anteiligen Haftung des Vaters (Staudinger/Engler [2000] Rn 9 mwNw).

13 Die **Art der Unterhaltsgewährung** – in Geld (§ 1612 Abs 1 S 1 BGB) oder in anderer Art (Naturalunterhalt, § 1612 Abs 2) oder durch Pflege und Erziehung (§ 1606 Abs 3 S 2 BGB) – hat auf die Gleichrangigkeit der Haftung keinen Einfluss (BGH NJW 1983, 2082 = FamRZ 1983, 689). Gewährt ein getrennt lebender oder geschiedener Elternteil dem bei ihm lebenden Kind – wie regelmäßig – Unterhalt in Natur, so erlischt dadurch die Unterhaltspflicht des anderen Elternteils nicht. Etwas anderes gilt nur, wenn die Leistung nach der Bestimmung des Leistenden den barunterhaltspflichtigen Elternteil befreien soll. Ist das nicht der Fall, handelt es sich insoweit um eine freiwillige Leistung Dritter (bzw nicht Unterhaltspflichtiger), die den Unterhaltsschuldner nicht befreit und insbesondere (unter den Voraussetzungen des § 1613 BGB) die Nachforderung des Unterhalts nicht hindert (vgl BGH FamRZ 2017, 437 Rn 45).

14 Schließlich ist es für die Gleichrangigkeit ohne Bedeutung, wem die **elterliche Sorge** zusteht. Sie wirkt sich nur auf die Art, nicht aber auf den Rang der Unterhaltspflicht beider Eltern aus (BGB-RGRK/Mutschler Rn 8).

2. Anteilige Haftung

15 Gleich nahe Verwandte haften nach Absatz 3 Satz 1 anteilig nach ihren Erwerbs- und Vermögensverhältnissen. Es besteht also **keine gesamtschuldnerische Haftung**, bei der jeder Verpflichtete den vollen Betrag schuldet und nur im Innenverhältnis Ausgleich verlangen kann (§§ 421, 426 BGB). Vielmehr schuldet jeder Verwandte nur einen Teil des Unterhalts (BGH FamRZ 2017, 437 Rn 45; BGH NJW-RR 1986, 293 = FamRZ 1986, 153; Wendl/Klinkhammer[9] § 2 Rn 439).

Die anteilige Haftung gilt nach dem eindeutigen Gesetzeswortlaut auch für die **Unterhaltspflicht der Eltern** gegenüber ihren Kindern. Das ist heute einhellige Meinung (Gernhuber/Coester-Waltjen § 46 II 6; Göppinger/Wax/Kodal Rn 1513; MünchKomm/Köhler[3] Rn 4; BGH NJW-RR 1986, 293 = FamRZ 1986, 153; NJW 1980, 2306 = FamRZ 1980, 994; **aA** noch Beitzke JR 1959, 45 und in: FS Hedemann 1, 22, 23; teilw abw Schrade FamRZ 1957, 342, 348). Die rechtspolitischen Bedenken, die vor allem Beitzke (Familienrecht[25] § 24 I 4 a) gegen eine Teilhaftung geltend gemacht hat, haben sich nicht bestätigt (Gernhuber/Coester-Waltjen aaO).

16 In der Praxis werden allerdings auf anderem Wege mitunter Ergebnisse erzielt, die

in der Sache einer gesamtschuldnerischen Haftung nahe kommen. So wird dem in Anspruch genommenen Unterhaltspflichtigen etwa verwehrt, sich auf die Haftung eines weiteren Unterhaltspflichtigen aus fiktivem Einkommen zu berufen, wenn und soweit das Kind damit auf einen **nicht realisierbaren Unterhaltsanspruch** verwiesen wird und somit Gefahr läuft, nicht den vollen ihm zustehenden Unterhalt zu erhalten. In diesen Fällen legt der Rechtsgedanke des § 1607 Abs 2 BGB eine volle Haftung des in Anspruch genommenen Elternteils nahe, der wegen des Anteils des anderen Elternteils auf einen Rückgriff gegen diesen verwiesen ist (vgl BGH FamRZ 2017, 437 Rn 28 mwNw; OLG Koblenz FamRZ 2015, 1505; KG NJW-RR 2010, 879, 880; OLG Köln FamRZ 2010, 382; OLG Frankfurt FamRZ 1993, 231; Palandt/Brudermüller[76] Rn 17; Soergel/Lettmaier[13] Rn 14; Wendl/Klinkhammer[9] § 2 Rn 567; näher § 1607 Rn 11 ff).

Zur früheren Rechtslage und den dazu vertretenen Meinungen siehe Staudinger/Gotthardt[10/11] Rn 20.

3. Bemessung der Anteile

a) Die Höhe der Anteile bestimmt sich nach der **Leistungsfähigkeit** der Unterhaltsschuldner (BT-Drucks V/2370, 39). Für ihre Bemessung ist nicht das Verhältnis der Gesamtbeträge der Einkünfte und Vermögenswerte der Schuldner maßgebend (so noch OLG Düsseldorf FamRZ 1982, 1101). Vielmehr muss zunächst bei jedem Unterhaltsschuldner ermittelt werden, welchen Betrag er bei Berücksichtigung seiner sonstigen Verpflichtungen – auch vorrangiger Unterhaltspflichten (§ 1603 Rn 200) – ohne Gefährdung seines eigenen angemessenen Unterhalts leisten kann (§ 1603 Abs 1 BGB). Nach dem Verhältnis der Beträge des danach **verfügbaren Einkommens**, bei dem der **angemessene Eigenbedarf vorweg abgezogen** ist, sind dann die Anteile zu berechnen (BGH FamRZ 2017, 437 Rn 41 ff; FamRZ 2011, 454 Rn 34 f mwNw). Das gilt jedenfalls grundsätzlich auch beim Minderjährigenunterhalt, zumal die gesteigerte Unterhaltspflicht und der notwendige Selbstbehalt nur im Fall der Leistungsunfähigkeit gemäß § 1603 Abs 1 BGB eingreifen (vgl Berechnungsbeispiel bei Wendl/Klinkhammer[9] § 2 Rn 397 ff zur Mithaftung des betreuenden Elternteils). Besonderheiten gelten, wenn der angemessene Selbstbehalt, wie etwa beim Elternunterhalt, als variabler Betrag bemessen wird. 17

b) Die anteilige Mithaftung gleichrangiger Unterhaltspflichtiger gilt in allen Fällen des Verwandtenunterhalts. Beim Unterhalt nach § 1615l Abs 2 S 2 BGB kann kein Gleichrang mehrerer Verpflichteter bestehen, sodass entweder der Kindesunterhalt (Minderjähriger und privilegierter Volljähriger) oder der Unterhalt des nichtehelichen Elternteils (gegenüber nicht privilegierten Volljährigen) nach § 1609 BGB vorrangig ist (zur anteiligen Haftung bei gleichzeitig geschuldetem Ehegattenunterhalt s Rn 6). 18

Beim **Minderjährigenunterhalt** ist der betreuende Elternteil nach Abs 3 S 2 in der Regel vom Barunterhalt befreit (Rn 24). Ausnahmsweise haften die Eltern auch beim Minderjährigenunterhalt anteilig, und zwar in folgenden Fällen: 19

– bei Fremdunterbringung des Kindes,

– beim Wechselmodell (Rn 49 ff),

– bei Gefährdung des angemessenen Selbstbehalts des Barunterhaltspflichtigen (Rn 56; § 1603 Rn 377 ff),

– bei erheblichem Ungleichgewicht der Einkünfte zugunsten des betreuenden Elternteils (Rn 54 f),

– für Mehrbedarf oder Sonderbedarf des Kindes (§ 1610 Rn 313 ff).

20 Beim **Volljährigenunterhalt** haften die Eltern stets anteilig nach ihrem jeweils verfügbaren Einkommen (vgl Rn 4). Bei privilegierten Volljährigen gelten die Grundsätze zum Minderjährigenunterhalt. Treffen privilegierte mit nicht privilegierten Volljährigen zusammen, so ist der Unterhalt der vom Gesetz privilegierten Kinder vor der Ermittlung der Haftungsquote vorweg vom Einkommen des oder der Unterhaltspflichtigen abzuziehen.

21 Auch beim **Elternunterhalt** greift die anteilige Haftung (vgl BGHZ 206, 177 = FamRZ 2015, 1467). Sie gilt für mehrere unterhaltspflichtige Geschwister (BGH FamRZ 2003, 860; FamRZ 2004, 186). Vorrangige Unterhaltspflichten sind vorweg vom Einkommen des jeweils Verpflichteten abzuziehen (vgl BGH FamRZ 2017, 711 Rn 10 ff zur Bemessung des Kindesunterhalts).

4. Haftungsquoten und Ehegattenunterhalt

22 Schwierigkeiten können sich bei der Bemessung des zwischen den Elternteilen geschuldeten **Ehegattenunterhalts** ergeben, wenn die Unterhaltsansprüche wechselseitig voneinander abhängig sind. Schulden etwa beide Elternteile ihrem volljährigen, auswärts studierenden Kind Unterhalt, so hat der Kindesunterhalt als sonstige Verbindlichkeit Einfluss auf den Ehegattenunterhalt (vgl BGH FamRZ 2016, 199) und dieser – als Einkommen (§ 1602 Rn 149; § 1603 Rn 98 ff) oder als Verbindlichkeit (§ 1603 Rn 200) – wiederum Einfluss auf das für den Kindesunterhalt verfügbare Einkommen.

23 Der **BGH** hat in der einvernehmlichen Unterhaltszahlung durch den besser verdienenden Elternteil eine stillschweigende Freistellung des anderen Elternteil vom Kindesunterhalt angesehen. Das hatte zur Folge, dass dieser den rechnerisch von ihm geschuldeten Kindesunterhalt nicht als Abzugsposten gelten machen konnte und er folglich einen geringeren Ehegattenunterhaltsanspruch hatte (BGH FamRZ 2008, 2104, 2106). Auch der andere Weg, dh zunächst die Bemessung des Kindesunterhalts und der Quoten und erst anschließend die Bestimmung des Ehegattenunterhalts, ist denkbar und vom BGH (FamRZ 2005, 1817) gebilligt worden (näher zu dem Fragenkreis Gutdeutsch FamRZ 2014, 1969; FamRZ 2009, 1022 und NJW 2009, 945).

IV. Befreiung des betreuenden Elternteils (Abs 3 S 2)

24 Der Elternteil, der ein minderjähriges Kind (zum früheren zusätzlichen Merkmal „unverheiratet“ s Rn 1) betreut, erfüllt nach Abs 3 S 2 seine Verpflichtung, zum Unterhalt des Kindes beizutragen, in der Regel durch die Pflege und die Erziehung des Kindes. Die Regelung steht im Einklang mit der Vorstellung des Gesetzgebers, dass die Betreuung des Kindes regelmäßig von einem Elternteil und kostenfrei zu leisten ist.

Dies rechtfertigt eine Befreiung vom – regelmäßig auf den sächlichen Bedarf bezogenen (vgl § 1610 Rn 33 ff) – Barunterhalt.

1. Pflege und Erziehung

Mit den Begriffen Pflege und Erziehung sind **alle Dienstleistungen** gemeint, die ein Elternteil, der das Kind persönlich betreut, für die Person des Kindes erbringt (Graba FamRZ 1990, 454; Göppinger/Wax/Kodal[9] Rn 1644). Dazu gehören die körperliche Pflege, das An- und Ausziehen, das Besorgen, Waschen und Instandhalten der Kleidung, das Einkaufen und die Zubereitung des Essens, das Vorlesen, Erzählen und Spielen, die Überwachung der Schularbeiten, die geistige und seelische Betreuung und anderes mehr. Kennzeichnend ist einmal die Leistung von Diensten für das Kind, also eine körperliche oder geistige Tätigkeit, und zum andern, dass die Dienste in der Regel in Ausübung der elterlichen Personensorge (§§ 1626, 1631 Abs 1 BGB) erbracht werden. Die Betreuung muss nicht durchweg in Person des Elternteils erfolgen, sondern kann auch auf andere (Erzieher, Lehrer, Verwandte, Nachbarn, Freunde) delegiert werden (s Rn 32; vgl Wendl/Klinkhammer[9] § 2 Rn 411). Nicht zum Betreuungsunterhalt, sondern zum sächlichen Bedarf gehören die Gewährung des Wohnraums für das Kind und die Geldaufwendungen für Lebensmittel, Kleidung und sonstigen sächlichen Lebensbedarf (s § 1610 Rn 306 f). 25

Der Betreuungsunterhalt ist nicht gleichzusetzen mit dem **Naturalunterhalt**, der nach § 1612 Abs 1 S 2 BGB anstelle des Barunterhalts gewährt werden kann. Pflege und Erziehung der Kinder sind zwar auch Naturalleistungen, sie werden aber aufgrund der elterlichen Sorgepflicht als Dienstleistungen geschuldet und ergänzen den allgemeinen Lebensbedarf. Betreuungsunterhalt und Naturalunterhalt iS von § 1612 BGB (auch des Abs 2) sind also begrifflich zu unterscheiden (Scholz FamRZ 1994, 1314; MünchKomm/Köhler[3] § 1612 Rn 2; Göppinger/Wax/Kodal[9] Rn 1645; OLG Hamm FamRZ 1990, 196, 198 = NJW-RR 1990, 72). Der BGH hat allerdings den Betreuungsunterhalt zuweilen als Naturalunterhalt bezeichnet (zB BGH FamRZ 2010, 1050 Rn 36; FamRZ 2004, 1559, 1560; NJW 1980, 2306 = FamRZ 1980, 994; NJW 1984, 1460 = FamRZ 1985, 466). Das kann zu Missverständnissen führen (näher dazu § 1610 Rn 33 ff). 26

2. Betreuung durch einen Elternteil

a) Die gesetzliche Bestimmung bezieht sich jetzt auf den Elternteil, der das (minderjährige) Kind betreut. Vor der Neufassung durch das KindUG hatte Abs 3 S 2 nur die Mutter genannt; es bestand aber Einigkeit darüber, dass die Bestimmung bei verfassungskonformer (Art 3 Abs 2 GG) Auslegung auch auf die Fälle anzuwenden war, in denen der Vater die Pflege und Erziehung des Kindes wahrnahm (BGH NJW 1985, 1460 = FamRZ 1985, 466; Staudinger/Kappe/Engler [1997] Rn 17). 27

b) Die Befreiung von der Barunterhaltspflicht setzt die **Betreuung** durch einen Elternteil – evtl mit Hilfe Dritter (s Rn 32) – voraus. Dem steht nicht entgegen, dass der Barunterhaltspflichtige ebenfalls an der Betreuung des Kindes beteiligt ist, auch wenn dies über den lange üblichen zweiwöchentlichen Umgang für ein Wochenende hinausgeht. Nach dem BGH genügt hier, dass das **Schwergewicht der Betreuung** bei einem Elternteil liegt. Dieser wird nach Abs 3 S 2 vom Barunterhalt befreit (BGH FamRZ 2014, 917; FamRZ 2015, 236 Rn 20; FamRZ 2007, 707; FamRZ 2006, 1015). Wie es sich 28 auf die Barunterhaltspflicht auswirkt, wenn **beide Eltern** das Kind gleichwertig betreuen, ist im Gesetz nicht geregelt; beide können ja nicht von der Barunterhaltspflicht befreit sein, weil anderenfalls keiner von ihnen für den sächlichen Unterhaltsbedarf verantwortlich wäre (BGH FamRZ 2017, 437 Rn 21; FamRZ 2015, 236; **aA** Maass FamRZ 2016, 603, 605 f; FamRZ 2016, 1428 ff, der in jeder Vereinbarung des Wechselmodells zugleich eine Bestimmung der Eltern sehen will, dass jeder Teil durch die während seiner Betreuungszeit geleisteten Naturalunterhalt von seiner Unterhaltspflicht frei wird; vgl dazu BGH FamRZ 2017, 437 Rn 22).

29 Der **BGH** (BGH FamRZ 2014, 917) differenziert zwischen dem sogenannten „strengen" oder paritätischen **Wechselmodell** (auch: „geteilte Betreuung" oder „Doppelresidenz"), bei dem eine Befreiung eines Elternteils vom Barunterhalt nach Abs 3 S 2 nicht stattfindet (BGH FamRZ 2017, 437 Rn 20 f mwNw; dazu Rn 49 ff), und dem **erweiterten Umgang**. Für Letzteren verbleibt es bei der Befreiung nach Abs 3 S 2 zugunsten des hauptsächlich Betreuenden (BGH FamRZ 2014, 917; FamRZ 2015, 236 Rn 20; FamRZ 2007, 707; FamRZ 2006, 1015; OLG Frankfurt FamRZ 2017, 889; Koch/Schürmann[13] § 4 Rn 156; MünchKomm/Born[7] Rn 36). Mit der Betreuung verbundene zusätzliche Belastungen und Leistungen des Barunterhaltspflichtigen finden Berücksichtigung entweder durch Herabstufung in der Düsseldorfer Tabelle oder durch Anrechnung als teilweise Erfüllung (BGH FamRZ 2014, 917). In dem Zusammenhang ist eine weitere Rechtsprechung zu sehen, die den Bedarf bei Doppelverdienern auch im Fall des Residenzmodells aus dem zusammengerechten Einkommen ermittelt (BGH FamRZ 2017, 711 Rn 11; vgl bereits BGH FamRZ 2017, 437 Rn 25). Eine verständig durchgeführte Unterhaltsberechnung führt zu befriedigenden Ergebnissen, die insbesondere – entgegen den Erwartungen mancher Barunterhaltspflichtiger – zwischen erweitertem Umgang und Wechselmodell nicht weit voneinander abweichen (vgl Wendl/Klinkhammer[9] § 2 Rn 450). Überdies besteht aber – vom BGH bisher nicht hervorgehoben – auch in Fällen des erweiterten Umgangs die Möglichkeit der **wertenden Veränderung der rechnerischen Aufteilungsquote** nach den beiderseitigen Einkommen (vgl Rn 55; Wendl/Klinkhammer[9] § 2 Rn 432, 436 f), zumal Abs 3 S 2 Ausnahmen zulässt und wie Abs 3 S 1 keineswegs eine starre Festschreibung auf die rechnerische Quote enthält, sondern den Gerichten den zur sachgerechten Beurteilung des Einzelfalls erforderlichen Spielraum belässt.

30 Die – vorwiegend rechtspolitisch motivierte – **Kritik** an der Rechtsprechung des BGH beanstandet dessen ungeachtet die **Nichtberücksichtigung des erhöhten Betreuungsanteils beim erweiterten Umgang**. Zum Teil wird eine gestufte Bemessung gefordert (vgl Sünderhauf NZFam 2014, 585, 587 f: 10 %/33 %/50 %, alternativ: Bemessung nach 10 %-Schritten). Die Kritik räumt den Betreuungsanteilen überragende Bedeutung ein und vernachlässigt, dass die Mit-Betreuung durch beide Elternteile nur eines von mehreren möglichen Kriterien für die Bemessung der Haftungsanteile darstellt. Wichtiger erscheinen die vom Gesetz an zentraler Stelle aufgeführten Einkommens- und Vermögensverhältnisse der Eltern, die weitaus größeren Einfluss auf die Unterhaltsbemessung haben. Zudem führt die Bemessung des Unterhalts nach dem zusammengerechneten Einkommen zu Ergebnissen, welche die Unterhaltsentlastung des betreuenden Elternteils, wenn dieser Einkommen erzielt, als weitgehend nur scheinbar offenbaren. Hinzu käme bei gesetzlich gestaffelten Betreuungsquoten ein erhebliches Streitpotenzial. Ob es zur besseren Erfassung des erweiterten Umgangs einer gesetzlichen Änderung bedarf, erscheint daher zumindest fraglich. Für das Wechselmodell als paritätische Aufteilung der Betreuung im Sinne des BGH dürfte ein Gesetzgebungsbedarf im materiellen Unterhaltsrecht erst recht nicht zu sehen sein.

c) Die vorübergehende Betreuung des Kindes durch den anderen Elternteil während der Ausübung des (herkömmlichen) **Umgangsrechts** (§ 1684 Abs 1 BGB; vgl allerdings BGH FamRZ 2017, 532) steht der Anwendung des Satzes 2 nicht entgegen (zur Berücksichtigung von Umgangskosten s § 1603 Rn 221 ff). Bei einem längeren Aufenthalt des Kindes bei dem nichtsorgeberechtigten Elternteil kommt eine Anrechnung der von ihm erbrachten Naturalleistung auf seine Barunterhaltspflicht in Betracht (BGH FamRZ 2014, 917; auch zur Herabstufung in der Düsseldorfer Tabelle). Zum erweiterten Umgang s Rn 30. 31

d) Durch die Kindesbetreuung wird die Unterhaltspflicht in der Regel auch dann erfüllt, wenn der betreuende Elternteil bei der Pflege und Erziehung des Kindes die **Hilfe dritter Personen** (Verwandte, Freunde, Nachbarn, Tagesmutter) in Anspruch nimmt (BGH NJW 1981, 1559 = FamRZ 1981, 543; Göppinger/Wax/Kodal[9] Rn 1654). Soweit durch die Hilfeleistungen *Kosten* entstehen, ist nach der Rechtsprechung des BGH (FamRZ 2017, 437 Rn 37; FamRZ 2009, 962 Rn 17 ff) zu unterscheiden zwischen der allgemeinen Betreuung und einem Mehrbedarf: Bedient sich der betreuende Elternteil der Hilfe zu seiner eigenen Entlastung, etwa um eine Erwerbstätigkeit ausüben zu können, so muss er die Kosten tragen; sind dagegen für die Drittbetreuung erzieherische Gründe maßgebend (zB Musikunterricht, Nachhilfestunden), so gehören die Kosten zum Barunterhalt (näher BGH 4. 10. 2017 – XII ZB 55/17; vgl § 1610 Rn 32). Für den Besuch eines **Kindergartens** sprechen pädagogische Gründe (BGH FamRZ 2009, 962 Rn 17 ff), ebenfalls für den Besuch eines **Kinderhorts** (FamRZ 2017, 437 Rn 37; **aA** noch Staudinger/Engler [2000] Rn 20). Zwar sind nach zutreffender Auffassung sämtliche Kosten, die zur Betreuung und Erziehung des Kindes aufgewandt werden, zunächst Bedarf des Kindes (näher § 1610 Rn 32 ff). Die entscheidende Frage geht in diesen Fällen aber dahin, was von der Unterhaltsbefreiung eines Elternteils nach Abs 3 S 2 abgedeckt ist. Denn das Gesetz setzt voraus, dass jedenfalls die überwiegende Betreuung von einem Elternteil persönlich und kostenfrei erbracht wird (vgl § 1610 Rn 32 f). Der BGH hat zur Abgrenzung der persönlich und grundsätzlich kostenfrei zu leistenden Betreuung vom Mehrbedarf etwa auf die Üblichkeit der Fremdbetreuung abgehoben (BGH FamRZ 2017, 437 Rn 34 – Wechselmodell). Wird die Betreuung eines Kindes durch Dritte allein infolge der Berufstätigkeit des betreuenden Elternteils erforderlich, stellen die Betreuungskosten keinen Mehrbedarf des Kindes dar, sondern gehören zur allgemeinen Betreuung, die vom betreuenden Elternteil im Gegenzug zur Barunterhaltspflicht des anderen allein zu leisten ist. Dafür entstehende Betreuungskosten können mithin lediglich als berufsbedingte Aufwendungen des betreuenden Elternteils Berücksichtigung finden (BGH 4. 10. 2017 – XII ZB 55/17 – Tagesmutter, die die Kinder im Haushalt der Mutter betreut). 32

Sind die Kosten als **Mehrbedarf** des Kindes anzuerkennen, hat sich der (hauptsächlich) betreuende Elternteil daran grundsätzlich ebenfalls zu beteiligen (BGH FamRZ 2013, 1563; FamRZ 2009, 962; FamRZ 1998, 286, 289; FamRZ 1983, 689; Göppinger/Wax/Kodal[9] Rn 1648).

e) Bei einem **Heimaufenthalt** des Kindes können die Eltern ihre Unterhaltspflicht 33 nicht mehr durch Betreuungsleistungen erfüllen, sie sind vielmehr beide anteilig barunterhaltspflichtig nach Abs 3 S 1 (vgl BGH FamRZ 2007, 377; OLG Bremen FamRZ 2012, 316; OLG Düsseldorf DAVorm 1980, 153; WENDL/KLINKHAMMER[9] § 2 Rn 418; zur Bedarfsermittlung bei Fremdbetreuung s § 1610 Rn 33 f). Dasselbe gilt bei einer dauernden **Betreuung durch Großeltern** (KG FamRZ 1984, 1131 und FamRZ 1989, 778; OLG Hamm FamRZ 1990, 307 und FamRZ 1991, 104) oder **durch Pflegeeltern**. Besucht das Kind eine Zeit lang die Schule im **Ausland** (vgl OLG Brandenburg NJOZ 2016, 485 mwNw), so wird es auf die Dauer ankommen. Bei einem mehrwöchigen Schüleraustausch liegt noch keine Abweichung von Abs 3 S 2 vor, bei einem Auslandsschuljahr ist hingegen nach Abs 3 Satz 1 aufzuteilen (was für durch den Auslandsaufenthalt verursachten Mehrbedarf, zB Internatskosten, ohnedies gilt). Eine sog *Restbetreuung* des Kindes durch den sorgepflichtigen Elternteil reicht bei Fremdunterbringung zur Erfüllung der Unterhaltspflicht nicht aus, sie kann aber je nach individueller Belastung bei der Aufteilung der Barunterhaltspflicht zu berücksichtigen sein (WENDL/KLINKHAMMER[9] § 2 Rn 432 mwNw; teilweise noch **aA** STAUDINGER/ENGLER [2000] Rn 21).

Unterhält das Kind ausnahmsweise trotz seiner Minderjährigkeit bereits einen **eigenen Hausstand** (vgl OLG Koblenz FamRZ 2013, 1140), so scheidet eine Anwendung des Abs 3 S 2 regelmäßig aus. In diesem Fall haften beide Eltern nach Abs 3 S 1 anteilig (zur Bemessung des Bedarfs in diesem Fall s § 1610 Rn 330).

34 Die **Kosten**, die durch eine Heim- oder Internatsunterbringung des Kindes entstehen, gehören zum Lebensbedarf des Kindes (§ 1610 BGB) und sind von beiden Eltern anteilig nach ihren Erwerbs- und Vermögensverhältnissen zu tragen (vgl § 1610 Rn 33 ff; zum Fall der Uneinigkeit der Eltern s § 1610 Rn 281 ff).

3. Alter des Kindes und Umfang der Betreuung

35 **a)** Die Anrechnung der Betreuung als Erfüllung der Unterhaltspflicht gilt bis zur **Vollendung des 18. Lebensjahres** (bis zum 21. 7. 2017 zudem bis zur *Heirat*, s Rn 1) des Kindes unabhängig von dem in dem jeweiligen Alter erforderlichen Umfang der Betreuung. Zwar wird der zeitliche Aufwand für die Kindesbetreuung mit zunehmendem Alter im allgemeinen geringer, aber auf der anderen Seite werden die für die Erziehung des Kindes zu treffenden Entscheidungen schwieriger. Auch bei älteren Kindern können Schul- oder Berufsausbildung oder allgemeine Entwicklungsschwierigkeiten Pflege- und Fürsorgeleistungen erforderlich machen, die das bei jüngeren Kindern notwendige Maß überschreiten. Die vollständige Erfüllung der anteiligen Unterhaltspflicht durch die Kindesbetreuung gilt deshalb grundsätzlich für **jede Altersstufe** des minderjährigen Kindes (BGH NJW 1994, 1530, 1532 = FamRZ 1994, 696, 698 f; vgl auch zu teils abweichenden Ansätzen in der früheren Rechtsprechung DERLEDER/DERLEDER NJW 1978, 1129, 1132).

36 **b)** **Nach Vollendung des 18. Lebensjahres** des Kindes ist Abs 3 S 2 auch dann nicht mehr anwendbar, wenn das Kind weiterhin bei einem Elternteil lebt und von diesem noch gewisse Betreuungsleistungen erfährt (BGH FamRZ 2002, 815; NJW 1994, 1530 = FamRZ 1994, 696; vgl auch Rn 4). Mit dem Eintritt der Volljährigkeit endet die elterliche Sorge (§ 1626 BGB) und damit das Recht und die Pflicht zur Pflege und Erziehung des Kindes (§ 1631 Abs 1 BGB). Das gilt auch, wenn das volljährige Kind **behindert** oder **pflegebedürftig** ist (vgl § 1603 Rn 359; ERMAN/HAMMERMANN[15] Rn 18; WENDL/KLINK-

Hammer[9] § 2 Rn 472; **aA** noch Göppinger/Kindermann[5] Rn 1242 Fn 13; MünchKomm/Köhler[3] Rn 14).

Auf **privilegierte Volljährige**, also noch nicht 21 Jahre alte Kinder, die sich in der allgemeinen Schulausbildung befinden (§ 1603 Abs 2 S 2 BGB), bezieht sich Abs 3 S 2 nicht. Anders als in § 1609 BGB, wo in Abs 1 und 2 jeweils von „Kindern im Sinne des § 1603 Abs 2" die Rede ist, spricht das Gesetz in § 1606 Abs 3 S 2 BGB vom minderjährigen Kind; das KindUG hat hier bewusst davon abgesehen, auch die volljährigen Schüler einzubeziehen. Kinder im Sinne des § 1603 Abs 2 S 2 BGB bedürften typischerweise ebensowenig (noch) der Pflege und Erziehung wie andere volljährige Kinder, sodass eine Gleichstellung auch im Rahmen des § 1606 Abs 3 S 2 BGB auf einer reinen Fiktion beruhen würde, und es bestehe dafür auch aus rechtssystematischen Gründen kein Bedürfnis. Beide Eltern seien somit grundsätzlich barunterhaltspflichtig (BT-Drucks 13/7338, 22; vgl BGH FamRZ 2002, 815).

c) Die Ausübung einer **Erwerbstätigkeit** durch den betreuenden Elternteil steht der Anerkennung der Kindesbetreuung als Erfüllung der Unterhaltspflicht nicht entgegen. Die Freistellung von der Barunterhaltspflicht ist keine Entschädigung für entgangenes Erwerbseinkommen, sondern eine Anerkennung der mit der Pflege und Erziehung für das Kind erbrachten Leistung. Sie setzt nicht voraus, dass der Elternteil sich ausschließlich der Kindesbetreuung widmet. Auch die Angemessenheit der Betreuung kann für die Unterhaltspflicht nicht maßgebend sein, eine etwaige Vernachlässigung muss vielmehr im Verfahren über die elterliche Sorge (§§ 1666, 1671 ff BGB) überprüft werden (Derleder/Derleder NJW 1978, 1129, 1133). Ein Elternteil erfüllt seine Unterhaltspflicht durch Betreuung des bei ihm lebenden Kindes mithin auch dann, wenn er erwerbstätig ist (vgl Rn 29, 32; Wendl/Klinkhammer[9] § 2 Rn 411). 37

4. „Gleichwertigkeit"

Der Betreuungsunterhalt und der Barunterhalt werden von der hM im Regelfall als **gleichwertig** angesehen (BGH FamRZ 2013, 1558 Rn 26; BGHZ 189, 284 = FamRZ 2011, 1041 Rn 41; FamRZ 2009, 762 Rn 55; BGHZ 70, 151, 155 = NJW 1978, 753 = FamRZ 1978, 177, 179; BGH NJW 1980, 2306 = FamRZ 1980, 994; Wendl/Klinkhammer[9] § 2 Rn 20 ff). Auf den – schwer zu berechnenden – wirtschaftlichen Wert der Betreuungsleistungen kommt es zwar für einen Schadensersatzanspruch an, der den Kindern bei Tötung der Mutter nach § 844 Abs 2 BGB zusteht (BGH FamRZ 1985, 466; Staudinger/Röthel [2014] § 844 Rn 190 ff). Für die Bemessung des Anteils jedes Elternteils an der Unterhaltspflicht gegenüber ihrem Kind ist jedoch der Wert der Kindesbetreuung ohne Bedeutung. Eine Gleichwertigkeit der Anteile ist bei beiderseitiger Barunterhaltspflicht nicht vorgeschrieben, insoweit kommt es vielmehr auf die Leistungsfähigkeit jedes Unterhaltsschuldners an (Abs 3 S 1). Eine Gleichwertigkeit ist deshalb auch im Verhältnis zwischen Barunterhalt und Betreuungsunterhalt nicht erforderlich. Anderenfalls würde der Wert der Betreuung von der Höhe des von dem anderen Elternteil geschuldeten Barunterhalts abhängen. Eine **„Monetarisierung"** der elterlichen Fürsorgeleistungen soll durch Abs 3 S 2 gerade vermieden werden (vgl BGH FamRZ 2017, 711 Rn 9 mwNw; NJW 1988, 2371, 2373 = FamRZ 1988, 159, 161; NJW 1983, 2082 = FamRZ 1983, 689; NJW 1980, 2306 = FamRZ 1980, 994). Diese Bestimmung stellt die Kindesbetreuung dem Barunterhalt **rechtlich** gleich. Daraus folgt nicht, dass beide 38

Unterhaltsarten auch **wirtschaftlich** gleich bewertet werden oder gleichwertig sein müssen. Denn die hauptsächliche Bedeutung des Abs 3 S 2 besteht darin, dass der hauptsächlich betreuende Elternteil vom Barunterhalt frei wird (vgl BGH FamRZ 2015, 236 Rn 16 ff). Damit ist nicht gesagt, dass die Betreuungsleistung dem Barunterhalt wertmäßig entspricht. Sie kann vielmehr (etwa bei einem 17-jährigen Auszubildenden) darunter, aber auch darüber liegen (etwa bei Betreuung eines behinderten Kindes). Entscheidend ist, dass die geleistete Betreuung von ihrem Aufwand her eine Befreiung vom Barunterhalt rechtfertigt. Betreut ein Elternteil das Kind hauptsächlich, so hat es nach der pauschalierenden gesetzlichen Regelung in § 1606 Abs 3 S 2 BGB bei der grundsätzlichen Befreiung zu verbleiben. Das schließt indessen unter den besonderen Umständen des Einzelfalls (etwa beim erweiterten Umgang, vgl Rn 29) eine wertende Veränderung und eine teilweise Mithaftung des hauptsächlich Betreuenden nicht aus.

39 In bestimmten Fallkonstellationen, so bei der **Drittbetreuung**, ist es dennoch unumgänglich, die **Betreuungsleistungen in Geld** zu veranschlagen. Das Problem stellt sich noch nicht, wenn für die Betreuung konkrete Kosten (zB Internat oder Heim; vgl BGH FamRZ 2007, 377 Rn 14) anfallen, die von den Eltern als Mehrbedarf anteilig getragen werden müssen. Eine Bewertung ist hingegen notwendig, wenn die Betreuungsleistungen unentgeltlich erbracht werden, ohne den oder die Unterhaltsschuldner zu entlasten. Nach einer Entscheidung des **BGH** (FamRZ 2006, 1597; ebenso BGH FamRZ 2013, 278 Rn 19; FamRZ 2013, 109 Rn 25; FamRZ 2009, 762 Rn 55) schuldet ein Elternteil nach dem Tod des anderen Elternteils seinem auswärts (bei den Großeltern) untergebrachten minderjährigen Kind neben dem Barunterhalt auch Betreuungsunterhalt. Der Betreuungsunterhalt sei grundsätzlich pauschal in Höhe des Barunterhalts zu bemessen. Für einen davon abweichenden Betreuungsbedarf trage derjenige die Darlegungs- und Beweislast, der sich darauf beruft.

Die Entscheidung ist im Hinblick auf die Koppelung von Bar- und Betreuungsunterhalt als Fiktion kritisiert worden (Born FamRZ 2006, 1600, 1601, der ihr letztlich wohl dennoch folgt). In der Tat erscheint der Bewertungsmechanismus fraglich. Insgesamt kann die Entscheidung dennoch als lehrreich empfohlen werden. Denn dass das minderjährige Kind einen Betreuungsbedarf hat, liegt auf der Hand und wird vom Gesetz vorausgesetzt (vgl § 1610 Rn 33 ff). Die Entscheidung verdeutlicht dementsprechend, dass der Betreuungsbedarf eigenständiger Unterhaltsbestandteil ist. Dieser ist auch ohne Weiteres einklagbar; im Gegensatz dazu ist nur die persönliche Betreuungsleistung durch einen Elternteil gerichtlich nicht durchsetzbar. Der Betreuungsunterhalt wird zudem anders als im Regelfall nicht durch einen Elternteil (oder – beim Wechselmodell – durch beide Elternteile) erfüllt (vgl BGH FamRZ 2015, 236 Rn 16 ff; FamRZ 2017, 437). Da die Großeltern wegen des vorhandenen und leistungsfähigen Elternteils weder bar- noch betreuungsunterhaltspflichtig sind, haftet der verbliebene Elternteil (im Rahmen seiner Leistungsfähigkeit) für Bar- und Betreuungsunterhalt allein. Die Betreuung durch die Großeltern ist freiwillige Leistung Dritter und befreit den Elternteil grundsätzlich nicht. Hinsichtlich der mithin hier notwendigen geldmäßigen Bewertung ist die Frage nicht unberechtigt, ob der Wert der Betreuung mit dem Alter des Kindes und dem Einkommen des Elternteils steigt (vgl Wendl/Klinkhammer[9] § 2 Rn 422). Eine Bewertung mit üblichen Betreuungskosten (für Tageseltern, Pflegeeltern, Heimkosten?) erscheint indessen jedenfalls nicht weniger problematisch (vgl BFHE 234, 310 = NJW 2011, 3390 Rn 20: „schwer lösbare

Aufgabe"), sodass die Berechnung des BGH zumindest den Vorzug der Einfachheit auf ihrer Seite hat (in der Sache noch **aA** STAUDINGER/ENGLER [2000] Rn 27; OLG Karlsruhe FamRZ 1993, 1353).

5. Kindergeld und Einkünfte des Kindes

a) Kindergeld

Nach §§ 1612b, 1612c BGB sind das Kindergeld und regelmäßig wiederkehrende kindbezogene Leistungen, soweit sie den Anspruch auf Kindergeld ausschließen, beim vom barunterhaltspflichtigen Elternteil zu leistenden Unterhalt im Wege der bedarfsdeckenden Anrechnung (vgl § 1612b Rn 60 ff) zu berücksichtigen. Zu den Einzelheiten der Ausgestaltung des zivilrechtlichen Kindergeldausgleichs und zur Gesetzesentwicklung wird auf die Kommentierung zu § 1612b BGB verwiesen. **40**

Zwischen § 1612b BGB und § 1606 BGB besteht insoweit eine Verbindung, als § 1612b Abs 1 Satz 1 Nr 1 BGB zur Abgrenzung von hälftiger und voller Anrechnung des Kindergelds auf Abs 3 S 2 verweist (s dazu § 1612b Rn 73 ff). Der das Kind hauptsächlich betreuende Elternteil, der regelmäßig auch das Kindergeld bezieht, kann mithin das halbe Kindergeld behalten, ohne dass dieses auf den Kindes- (oder Ehegatten-) Unterhalt Anrechnung findet (BGH FamRZ 2017, 711 Rn 15). Er ist aber verpflichtet, es für persönliche Bedürfnisse des Kindes zu verwenden (§ 1612b Rn 84 ff). **41**

b) Einkünfte des Kindes

Eigene Einkünfte des Kindes (zB Waisengeld, Ausbildungsvergütung) mindern dessen Bedürftigkeit und sind deshalb nach Abzug der für ihren Erwerb notwendigen Aufwendungen in voller Höhe auf den Unterhaltsanspruch des Kindes anzurechnen (BGH FamRZ 2006, 1597; § 1602 Rn 149 ff). Sind beide Eltern barunterhaltspflichtig, so kommt die Minderung beiden Elternteilen im Verhältnis ihrer Haftungsanteile zugute (BGH NJW 1981, 168, 170 = FamRZ 1980, 1109, 1111). **42**

Nach der Rechtsprechung des **Bundesgerichtshofs** sind die Einkünfte des Kindes auch dann auf die Unterhaltspflicht beider Eltern anteilig anzurechnen, wenn ein Elternteil seine Unterhaltspflicht durch Betreuung des Kindes erfüllt, auf die Barunterhaltspflicht demnach **nur zur Hälfte** (BGH FamRZ 2009, 762 Rn 55 – Halbwaisenrente; FamRZ 2000, 420 – Ausbildungsvergütung; NJW 1981, 2462 = FamRZ 1981, 541; NJW-RR 1986, 748; NJW 1988, 2371, 2373 = FamRZ 1988, 159, 162; ebenso GÖPPINGER/WAX/STROHAL[9] Rn 365; WENDL/KLINKHAMMER[9] § 2 Rn 118; DEISENHOFER/GÖHLICH FamRZ 1985, 1103, 1105; kritisch HAMPEL FamRZ 1981, 1209, 1210). **43**

Hiergegen bestehen jedoch **Bedenken** (vgl auch § 1610 Rn 158 f). Durch die Einkünfte des Kindes wird nur der Barbedarf gemindert, der Betreuungsbedarf bleibt unberührt. Eine Beteiligung des betreuenden Elternteils an den Einkünften des Kindes wäre eine Entschädigung für die Betreuung. Für Dienstleistungen und Zeitverlust bei Ausübung der elterlichen Sorge kann jedoch kein Ersatz verlangt werden (STAUDINGER/HEILMANN [2015] § 1648 Rn 8 ff). Für eine teilweise Anrechnung der Kindeseinkünfte auf den Betreuungsunterhalt fehlt mithin eine überzeugende Begründung (vgl etwa – gegenläufig – BGH FamRZ 2017, 711 Rn 9; OLG Stuttgart FamRZ 1981, 993, 995; KG **44**

FamRZ 1985, 419, 421; OLG Düsseldorf FamRZ 1985, 1165; Göppinger[5] Rn 1018, Göppinger/Kindermann[5] Rn 1242 Fn 9).

45 Mutschler (BGB-RGRK § 1602 Rn 31, § 1606 Rn 25) und Hoppenz (FamRZ 1985, 437) haben die nur hälftige Anrechnung darauf gestützt, dass es in Wahrheit um einen Ausgleich der durch das Kindeseinkommen eintretenden finanziellen Entlastung zwischen den Eltern geht. Die Anerkennung eines „Entlastungsausgleichsanspruchs" (Hoppenz) des betreuenden Elternteils gegen den barzahlenden Elternteil haben sie zur gerechten Verteilung der Unterhaltslast im Innenverhältnis für geboten gehalten. Das läuft jedoch auf eine Vergütung der Betreuungsleistungen eines Elternteils durch den anderen Elternteil hinaus, die dem geltenden Recht fremd sein dürfte (vgl auch BGH FamRZ 2017, 711 Rn 9). Dieser Ansicht kann daher nicht gefolgt werden. Anders stellt sich die Sachlage dar, wenn das Kind unentgeltlich von den – nicht betreuungsunterhaltspflichtigen – Großeltern betreut wird (Rn 39).

6. Wechselmodell und weitere Sonderfälle

a) Kinder im gemeinsamen Haushalt der Eltern

46 Die Regelung des Abs 3 S 2 geht davon aus, dass die Eltern getrennt leben und das Kind von einem Elternteil allein gepflegt und erzogen wird. Bei einem Zusammenleben der Eltern und Kinder in einem gemeinsamen Haushalt ist das nicht gegeben. In dieser Konstellation wird auch regelmäßig keine Veranlassung bestehen, den Kindesunterhalt gegen einen Elternteil geltend zu machen. Dennoch muss der Kindesunterhalt in bestimmten Fällen bemessen werden, vor allem dann, wenn er beim Unterhalt von anderen Verwandten, häufig beim Elternunterhalt, als vorrangiger Unterhalt abzuziehen ist. Der BGH ermittelt in diesen Fällen – wie nunmehr allgemein (s § 1610 Rn 259 ff) – den Unterhalt nach dem zusammengerechneten Einkommen beider Eltern (BGH FamRZ 2017, 711 Rn 14). Der Betreuungsunterhalt wird dabei nicht monetarisiert. Vielmehr kann sich daraus ergeben, dass sich eine neben der Kinderbetreuung ausgeübte Erwerbstätigkeit als teilweise überobligatorisch erweist und das Einkommen in Bezug auf den nachrangigen Verwandtenunterhalt daher nur eingeschränkt anzurechnen ist (BGH FamRZ 2017, 711 Rn 19; § 1603 Rn 183 ff). Hieran wird auch deutlich, dass Abs 3 S 2 nur ein Befreiungstatbestand im Verhältnis der unterhaltspflichtigen Eltern ist.

47 Bei einem Zusammenleben verheirateter Eltern ist der Lebensbedarf ehelicher Kinder außerdem durch den **Familienunterhalt** zu befriedigen (§ 1360a BGB), zu dem beide Eltern durch ihre Arbeit und mit ihrem Vermögen beitragen müssen (§ 1360 BGB). Die Beitragspflicht zum Familienunterhalt geht sogar etwas weiter als die Unterhaltspflicht gegenüber dem Kind: Während der haushaltsführende Ehegatte regelmäßig lediglich von der Pflicht zur Erwerbstätigkeit, nicht aber von der Beitragspflicht aus seinem Vermögen freigestellt ist (§ 1360 S 2 BGB), braucht der kindesbetreuende Elternteil in der Regel auch seine Vermögenserträgnisse nicht für den Kindesunterhalt zu verwenden. Durch die Bestimmungen über den Familienunterhalt erlangt das Kind zwar keinen eigenen Anspruch (Staudinger/Hübner/Voppel [2000] § 1360 Rn 53); es hat daneben aber den eigenen Anspruch aus § 1601 BGB (vgl § 1601 Rn 16; BGHZ 210, 124 = FamRZ 2016, 1142 Rn 21).

48 Bei einem Zusammenleben nicht miteinander verheirateter Eltern sind die Bestimmungen über den Familienunterhalt nicht anwendbar. Hier werden die Eltern ihre Unterhaltspflicht gegenüber ihren Kindern in der Regel durch Absprache oder tatsächliche Handhabung regeln. Auch dann kommt Abs 3 S 2, der nicht auf die elterliche Sorge, sondern auf die Ausübung der Betreuung abstellt, nicht zur Anwendung.

b) Wechselmodell

Praktizieren die Elternteil ein **Wechselmodell**, so ist Abs 3 S 2 nicht anwendbar. Im Fall des Wechselmodells haben grundsätzlich beide Elternteile für den Barunterhalt des Kindes einzustehen. Der Unterhaltsbedarf bemisst sich nach dem beiderseitigen Einkommen der Eltern und umfasst außerdem die infolge des Wechselmodells entstehenden Mehrkosten (BGH FamRZ 2017, 437 Rn 20; FamRZ 2015, 236 mwNw; § 1610 Rn 261 f, 276). 49

Nach dem Verständnis des **BGH** liegt ein Wechselmodell nur bei **paritätischer Betreuung** vor (vgl Rn 29). Für die Frage, ob ein Elternteil die Hauptverantwortung für ein Kind trägt und damit seine Unterhaltspflicht nach Abs 3 S 2 bereits durch Erziehung und Pflege erfüllt, kommt der zeitlichen Komponente der von ihm übernommenen Betreuung eine Indizwirkung zu, ohne dass sich allerdings die Beurteilung allein hierauf zu beschränken braucht (BGH FamRZ 2015, 236 Rn 20; FamRZ 2014, 917; vgl auch – teils mit anderem Ansatz – Weber NZFam 2016, 829 ff mwNw). 50

Ist ein Wechselmodell nicht gegeben, so sind vom Barunterhaltspflichtigen im Rahmen eines erweiterten Umgangs gemachte Aufwendungen, soweit sie den anderen Elternteil entlasten, als **teilweise Erfüllung** des Unterhalts anzusehen und der Barunterhalt entsprechend zu reduzieren (BGH FamRZ 2014, 917; Rn 29). Fallen durch den erweiterten Umgang – in angemessenem Rahmen – Mehrkosten an, die den anderen Elternteil nicht entlasten, so kann dies eine **Herabstufung** des Barunterhalts in eine niedrigere Einkommensgruppe der Düsseldorfer Tabelle rechtfertigen (BGH FamRZ 2014, 917; § 1610 Rn 306 ff). 51

Wird dagegen ein Wechselmodell praktiziert, so kann der von beiden Elternteilen geleisteten **Betreuung** keine Erfüllungswirkung hinsichtlich des Barunterhalts zukommen. Anderenfalls bliebe der sächliche Bedarf des Kindes ungedeckt (Rn 28). Den von den Eltern geleisteten **Naturalunterhalt** kommt zwar im Regelfall Erfüllungswirkung zu. Diese Leistungen können indessen nicht etwa vereinfachend so verrechnet werden, dass Barunterhalt nicht mehr zu leisten ist (so Maass FamRZ 2016, 603, 605 f; FamRZ 2016, 1428 ff, der eine entsprechende Vereinbarung unterstellt). Denn dadurch würde die gesetzliche Wertung vernachlässigt, dass die Eltern nach Abs 3 S 1 entsprechend ihren Einkommens- und Vermögensverhältnissen und daher in den meisten Fällen mit unterschiedlichen Haftungsquoten für den Kindesunterhalt aufzukommen haben. Außerdem würde dies voraussetzen, dass beide Eltern stets gleichwertige Leistungen erbringen. Schließlich kann ein Elternteil trotz Erfüllung seiner Erwerbsobliegenheit etwa ganz oder teilweise leistungsunfähig sein (vgl näher BGH FamRZ 2017, 437 Rn 22). 52

Der Unterhalt ist mithin im Wechselmodell prinzipiell nicht anders zu ermitteln als beim Residenzmodell, zu prüfen sind also: Bedarf – Bedürftigkeit – Leistungsfähigkeit/Haftungsquoten – teilweise Erfüllung (vgl § 1601 Rn 5; zum Kindergeldausgleich vgl 53

BGH FamRZ 2017, 437 Rn 47 ff; § 1612b Rn 76; vgl auch Koch/Schürmann[13] § 4 Rn 156 mit Beispiel).

c) Hohe Einkünfte des betreuenden Elternteils

54 Eine Ausnahme von dem Regelfall des Abs 3 S 2 liegt vor, wenn die wirtschaftlichen Verhältnisse des betreuenden Elternteils so günstig sind, dass die alleinige Barunterhaltspflicht des anderen Elternteils **unbillig** wäre oder – so der BGH – zu einem **erheblichen finanziellen Ungleichgewicht** zwischen den Eltern führen würde (BGH FamRZ 2013, 1558 Rn 26; FamRZ 2002, 742; NJW 1980, 2306 = FamRZ 1980, 994; NJW 1981, 923 = FamRZ 1981, 347; NJW 1981, 1559 = FamRZ 1981, 534; NJW 1984, 303 = FamRZ 1984, 39; NJW 1991, 697 = FamRZ 1991, 182; NJW-RR 1998, 505). Dazu reicht es nicht aus, dass der betreuende Elternteil aus einer Erwerbstätigkeit oder aus seinem Vermögen Einkünfte hat, die seinen eigenen Lebensbedarf übersteigen (BGH NJW 1980, 2306 = FamRZ 1980, 994). Sie müssen vielmehr erheblich höher sein als die des anderen Elternteils (BGH FamRZ 2013, 1558 Rn 27; NJW 1984, 303 = FamRZ 1984, 39: das **Dreifache**). Ohnedies muss der betreuende Elternteil zu dem Barunterhalt beitragen, wenn aufgrund seiner Einkünfte der Lebensbedarf des Kindes (§ 1610 BGB) gestiegen ist (vgl BGH FamRZ 2017, 711; § 1610 Rn 262).

55 Wird bei der Quotenberechnung das vergleichbare Einkommen der Eltern dadurch bestimmt, dass von den unterhaltsrelevanten Einkünften beider Elternteile gleichermaßen der angemessene Selbstbehalt als Sockelbetrag abgezogen wird, müssen die auf diese Weise ermittelten Haftungsanteile in aller Regel zugunsten des betreuenden Elternteils **wertend verändert** werden, um der Gleichwertigkeitsregel des § 1606 Abs 3 S 2 BGB Geltung zu verschaffen (BGH FamRZ 2013, 1558 Rn 27). Der BGH hat es (unter Hinweis auf Gutdeutsch FamRZ 2006, 1724, 1727 und Scholz FamRZ 2006, 1728, 1730) als ebenfalls denkbar angesehen, dem betreuenden Elternteil bereits bei der Bestimmung des vergleichbaren Einkommens im Rahmen der Quotenberechnung einen höheren Sockelbetrag zu gewähren. Auch bei erheblich günstigeren Einkommensverhältnissen des betreuenden Elternteils könne die Würdigung somit zu dem Ergebnis führen, dass der nicht betreuende Elternteil im erhöhten Maße und gegebenenfalls auch allein zur Aufbringung des Barunterhalts heranzuziehen ist (BGH FamRZ 2013, 1558 Rn 30).

Zum Verhältnis zu § 1603 Abs 2 S 3 BGB s Rn 56.

d) Beschränkte Leistungsfähigkeit

56 Ist der Elternteil, der das Kind nicht betreut, auch unter Berücksichtigung seiner gesteigerten Unterhaltspflicht (§ 1603 Abs 2 BGB) **leistungsunfähig**, so ist er nicht unterhaltspflichtig. In diesem Fall kommt im Verhältnis zwischen den Eltern der § 1606 BGB, der eine Unterhaltspflicht mehrerer Verwandter voraussetzt, überhaupt nicht zur Anwendung. Der betreuende Elternteil muss deshalb bei Leistungsunfähigkeit des anderen Elternteils neben der Pflege und Erziehung des Kindes auch den Barunterhalt tragen. Die Betreuung befreit ihn im Verhältnis zu nachrangig haftenden Verwandten nicht vom Barunterhalt (OLG Jena FamRZ 2009, 1498). Ist er selber leistungsunfähig, so sind die Großeltern barunterhaltspflichtig (Rn 5).

57 Die **gesteigerte Unterhaltspflicht** nach § 1603 Abs 2 BGB entfällt, wenn ein anderer unterhaltspflichtiger Verwandter vorhanden ist (§ 1603 Abs 2 S 3 BGB), der auch

der andere Elternteil sein kann (§ 1603 Rn 248). Diese Bestimmung geht dem § 1606 Abs 3 S 2 BGB, der nur für den Regelfall gilt, vor. Auch der betreuende Elternteil kommt als anderer unterhaltspflichtiger Verwandter in Betracht, wenn dieser in der Lage ist, unter Berücksichtigung seiner sonstigen Verpflichtungen neben der Betreuung des Kindes auch dessen Barunterhalt ohne Gefährdung des eigenen angemessenen Selbstbehaltes aufzubringen. Um die Regel der Gleichwertigkeit von Bar- und Betreuungsunterhalt (Abs 3 S 2) dabei nicht ins Leere laufen zu lassen, steht nach dem **BGH** die anteilige oder vollständige Haftung des betreuenden Elternteils für den Barunterhalt des minderjährigen Kindes unter der unter der **zusätzlichen Voraussetzung**, dass ohne die Beteiligung des betreuenden Elternteils am Barunterhalt ein erhebliches **finanzielles Ungleichgewicht** zwischen den Eltern entstehen würde (BGH FamRZ 2013, 1558 Rn 26; BGHZ 189, 284 = FamRZ 2011, 1041 Rn 41 f; FamRZ 2008, 137 Rn 41 f).

Kommt es mithin dazu, dass der Barunterhaltspflichtige bei Beachtung seines angemessenen Selbstbehalts nicht den vollen Barunterhalt aufbringen kann, so haftet er in jedem Fall vorrangig mit dem Teil seines Einkommens, der den angemessenen Selbstbehalt übersteigt. Im Übrigen haftet der Barunterhaltspflichtige bis zum notwendigen Selbstbehalt aber auch dann allein, wenn sich dadurch kein finanzielles Ungleichgewicht zwischen den Eltern ergibt (vgl BGH FamRZ 2013, 1558 Rn 30; FamRZ 1991, 182; FamRZ 1983, 689; Wendl/Klinkhammer[9] § 2 Rn 398 mit Berechnungsbeispielen Rn 398, 405 ff). Hier gilt nicht der vom BGH genannte Richtwert des Dreifachen (Rn 54). Denn dieser greift nur ein, wenn der grundsätzlich Barunterhaltspflichtige seinen angemessenen Selbstbehalt verteidigen kann (BGH FamRZ 2013, 1558 Rn 27). In diesem Fall kommt eine Unterhaltsbeteiligung des betreuenden Elternteils folglich nur gemäß Rn 54 f in Betracht. 58

Kann in Mangelfällen der betreuende Elternteil den Barunterhalt ebenfalls nicht ohne Gefährdung seines eigenen angemessenen Unterhalts leisten, so haftet mangels finanziellen Ungleichgewichts bis zum notwendigen Selbstbehalt der Barunterhaltspflichtige und nur für den danach noch offenen Betrag auch der betreuende Elternteil (vgl § 1603 Rn 381 f). 59

e) Behindertes Kind

Eine Krankheit oder Behinderung des Kindes kann sowohl vermehrte Pflegeleistungen als auch höhere Baraufwendungen (zB Behandlungskosten) erforderlich machen. Dabei stehen erhöhter Betreuungsbedarf und erhöhter Barbedarf in keiner festen Wechselbeziehung, es kommt vielmehr auf die Art der Behinderung und die Umstände des Einzelfalles an. 60

Ein **erhöhter Betreuungsbedarf** allein ändert nichts daran, dass der betreuende Elternteil mit der Pflege und Erziehung des Kindes seine Unterhaltspflicht erfüllt. Die vermehrten Pflegeleistungen können auch nicht durch eine Erhöhung des Barunterhalts ausgeglichen werden (BGH NJW 1983, 2082 = FamRZ 1983, 689), weil das eine Vergütung der Pflegeleistungen eines Elternteils durch den anderen Elternteil wäre, die dem geltenden Recht fremd ist (Rn 44 f). 61

Dagegen kann ein **erhöhter Barbedarf** des behinderten Kindes dazu führen, dass sich der betreuende Elternteil an dem Barunterhalt beteiligen muss. Die Bestimmung 62 des Abs 3 S 2 geht von dem Regelfall aus, dass sich Bar- und Betreuungsbedarf im Rahmen des Üblichen halten (BGH NJW 1983, 2082 = FamRZ 1983, 689). Über die von Abs 3 S 2 vorausgesetzte Betreuung geht es jedoch hinaus, wenn für die Betreuung ein eigener zusätzlicher Barbedarf entsteht, zumal der Betreuungsaufwand in den Tabellensätzen der Düsseldorfer Tabelle, die den sächlichen Bedarf abdecken (vgl § 1610 Rn 34, 306), nicht enthalten ist. In diesem Fall richtet sich die Bemessung der **Anteile beider Eltern** an der Barunterhaltspflicht gemäß Abs 3 S 1 vorwiegend nach ihren Erwerbs- und Vermögensverhältnissen (Rn 13). Dabei müssen aber auch die Betreuungsleistungen berücksichtigt werden. Das geschieht am besten in der Weise, dass zunächst entsprechend der Regelung des Abs 3 S 2 der übliche Barbedarf eines gesunden Kindes (Tabellensatz) mit den für ein gesundes Kind erforderlichen Betreuungsleistungen des anderen Elternteils aufgewogen wird, sodass nur noch der durch die Krankheit bedingte finanzielle Mehrbedarf unter den Eltern aufzuteilen ist (BGH NJW 1983, 2082 = FamRZ 1983, 689). Dabei muss wiederum der krankheitsbedingte Mehrbedarf an Betreuung und die damit verbundene Mehrbelastung des betreuenden Elternteils angemessen berücksichtigt werden.

f) Ersatzhaftung, Ausfallhaftung, Vorschusspflicht

63 Wenn die Rechtsverfolgung gegen den barunterhaltspflichtigen Elternteil im Inland ausgeschlossen oder erheblich erschwert ist, muss nach § 1607 Abs 2 BGB der betreuende Elternteil im Rahmen seiner Leistungsfähigkeit dem Kinde Unterhalt gewähren **(Ersatzhaftung)**. Soweit er das tut, geht der Anspruch des Kindes gegen den anderen Elternteil auf ihn über (§ 1607 Abs 2 S 2 BGB).

64 Auch wenn aus anderen Gründen Zahlungen des barunterhaltspflichtigen Elternteils nicht oder nicht rechtzeitig zu erlangen sind, kann das Kind nicht ohne Nahrung und Kleidung bleiben. Aus der elterlichen Sorge (§§ 1626 Abs 1 BGB) ergibt sich dann eine Verpflichtung des betreuenden Elternteils, das für die Versorgung des Kindes notwendige Geld zu beschaffen. Dabei kann die Geltendmachung eines Anspruchs nach dem **Unterhaltsvorschussgesetz** in Betracht kommen (Vorbem 181 zu §§ 1601 ff). Ist der betreuende Elternteil ohne Einkommen und Vermögen, muss er für das Kind **Sozialleistungen** in Anspruch nehmen (Sozialgeld nach dem SGB II oder Hilfe zum Lebensunterhalt nach dem SGB XII). Hat er eigene Mittel, muss er notfalls daraus an das Kind vorschussweise Unterhalt leisten, wie es in der alltäglichen Praxis bei säumigen Unterhaltsschuldnern auch regelmäßig geschieht. Wegen des Ausgleichs zwischen den Eltern s Rn 67 ff; zu sonstigen Folgen der Unterhaltspflichtverletzung s Vorbem 141 ff zu §§ 1601 ff.

65 In anderen Fällen wird dem in Anspruch genommenen Unterhaltspflichtigen die Berufung auf die Haftung eines weiteren Unterhaltspflichtigen aus **fiktivem Einkommen** verwehrt, wenn und soweit das Kind damit auf einen **nicht realisierbaren Unterhaltsanspruch** verwiesen würde und somit Gefahr liefe, nicht den vollen Unterhalt zu erhalten (näher Rn 16).

g) Vereinbarungen der Eltern

65a Die Eltern können die gesetzliche Verteilung der Unterhaltspflicht (Abs 3 S 1 und 2) nicht durch Vereinbarung ändern, weil jede Minderung der Unterhaltspflicht eines Elternteils das Kind benachteiligt. Auch durch Vereinbarung mit dem Kind ist eine Änderung für die Zukunft nicht möglich, weil darin ein unzulässiger Verzicht auf künftige Unterhaltsansprüche (§ 1614 Abs 1 BGB) liegen würde. Die Eltern können sich jedoch im Verhältnis zueinander über die zu leistenden Unterhaltsbeiträge verständigen und dabei grundsätzlich auch einen von ihnen von einer Unterhaltspflicht freistellen. Eine solche **Freistellungsvereinbarung** lässt die Ansprüche des Kindes unberührt (§ 1614 Rn 16 mwNw). Sie ist als Erfüllungsübernahme (§ 329 BGB) anzusehen und berechtigt den freigestellten Elternteil, von dem anderen Elternteil zu verlangen, dass er die Unterhaltsansprüche des Kindes befriedigt (BGH FamRZ 2009, 127 Rn 13; FamRZ 2008, 2104, 2107; BGH NJW 1986, 1167 = FamRZ 1986, 444; OLG Stuttgart FamRZ 1992, 716 = NJW-RR 1993, 133; OLG Hamm FamRZ 1999, 163; s auch Vorbem 135 zu §§ 1601 ff).

Aus einer von den Eltern vereinbarten Begrenzung des Kindesunterhalts, die schon **66** mangels Beteiligung der betroffenen Kinder für diese keine Wirkung entfaltet, kann auf ein – konkludentes – Freistellungsversprechen der die Kinder betreuenden Mutter zugunsten des Vaters (über die Differenz zum gesetzlichen Unterhalt) nicht allein deswegen geschlossen werden, weil es der Mutter bewusst war, dass der gesetzliche Unterhalt durch die Vereinbarung nicht ausgeschöpft wird (BGH FamRZ 2009, 768 Rn 16 ff).

V. Ausgleich zwischen den Eltern

Hat der betreuende Elternteil Barunterhalt geleistet, obwohl er dazu nach Abs 3 S 2 **67** nicht verpflichtet war, oder hat ein Elternteil mehr gezahlt, als er nach Abs 3 S 1 zahlen musste, so kann er unter bestimmten Voraussetzungen von dem anderen Elternteil Ersatz verlangen.

1. Anspruchsübergang

Im Falle der **Ersatzhaftung** nach § 1607 Abs 2 S 1 BGB geht der Unterhaltsanspruch **68** des Kindes auf den Leistenden über (§ 1607 Abs 2 S 2 BGB; vgl auch BGH FamRZ 2017, 437 Rn 27 ff; Näheres § 1607 Rn 25 ff).

2. Geschäftsführung ohne Auftrag

Liegen die Voraussetzungen für einen Anspruchsübergang (Rn 68) nicht vor, so **69** kommt ein Ersatzanspruch aus §§ 677, 683, 670 BGB in Betracht (näher Vorbem 122 zu §§ 1601 ff).

Im Verhältnis der Eltern wird der Anspruch verdrängt durch den familienrechtli- **70** chen Ausgleichsanspruch (Rn 73). Freilich kann gefragt werden, ob der familienrechtliche Ausgleichsanspruch eine Modifikation des Aufwendungsersatzanspruchs aus Geschäftsführung ohne Auftrag oder eines Bereicherungsanspruchs (Rückgriffskondiktion) darstellt, oder ob ihm insoweit eigenständige Bedeutung zukommt. Diese Frage (näher dazu Roth FamRZ 1994, 793; vgl auch Langheim FamRZ 2013, 1529, 1530) wird hier vorerst offen gelassen und der familienrechtliche Ausgleichsanspruch in Anbetracht der dazu ergangenen näher ausdifferenzierten Rechtsprechung als vorrangig angesehen (vgl Wendl/Klinkhammer[9] § 2 Rn 772 mwNw). Die Frage mag bei hier auftretenden Problemen erneut aufgeworfen werden.

3. Ungerechtfertigte Bereicherung

71 Auch ein Anspruch aus § 812 BGB kann gegeben sein, wenn durch die Zahlung eines Elternteils der Unterhaltsanspruch des Kindes gegen den anderen Elternteil wegfällt (näher Vorbem 166 zu §§ 1601 ff). Das ist nur dann der Fall, wenn die Zahlung nach § 267 BGB in der erkennbaren Absicht erfolgt, die Schuld des anderen Elternteils zu tilgen (vgl BGH FamRZ 2017, 437 Rn 44; Hoppenz FamRZ 1985, 437, 439 Fn 30; Giessler FamRZ 1994, 800, 805).

72 Im Verhältnis zum familienrechtlichen Ausgleichsanspruch (Rn 73) gilt für den Bereicherungsanspruch das zum Anspruch aus Geschäftsführung ohne Auftrag (Rn 70) Ausgeführte ebenfalls.

4. Familienrechtlicher Ausgleichsanspruch

73 Der Bundesgerichtshof hat im Wege der Rechtsfortbildung einen *familienrechtlichen Ausgleichsanspruch* entwickelt, der neben den schuldrechtlichen Ersatzansprüchen bestehen kann (BGH FamRZ 2017, 611 Rn 11; FamRZ 2016, 1053; BGHZ 31, 329, 332 = FamRZ 1960, 194; BGHZ 50, 266, 267 = FamRZ 1968, 450; BGH NJW 1981, 2348 = FamRZ 1981, 761; NJW 1984, 2158 = FamRZ 1984, 775; NJW 1988, 1720 und 2375 = FamRZ 1988, 607, 609 und 834; NJW 1989, 2816 = FamRZ 1989, 850; NJW 1994, 2234 = FamRZ 1994, 1102). In der Literatur wird dieser Anspruch überwiegend **anerkannt** (Soergel/Lettmaier[13] Rn 35; Gernhuber/Coester-Waltjen § 46 II 7; Liceni-Kierstein FamRB 2016, 197; Hoppenz FamRZ 1985, 437, 439; Wendl/Klinkhammer[9] § 2 Rn 767 ff; **ablehnend** Zwirlein FamRZ 2015, 896; Holzhauer, in: FS Wolf 223, 233 ff; Roth FamRZ 1994, 793). Keine große sachliche Differenz besteht zur alternativ vertretenen Legitimation des Rückgriffsanspruchs aus einer Analogie zu § 1607 Abs 2 Satz 2 BGB. In bestimmten Fällen ergeben sich schon nach der Rechtsprechung des BGH Überschneidungen (vgl § 1607 Rn 22 für den Fall der Unterhaltsbemessung nach fiktivem Einkommen). Demgegenüber erscheinen methodische Bedenken gegen die angeblich naturrechtliche Herleitung des Anspruchs (Zwirlein FamRZ 2015, 896, 901) überzogen und lassen außer Acht, dass der Gesetzgeber etwa beim Kindergeldausgleich unter den Eltern den von der Rechtsprechung entwickelten Anspruch für § 1612b sogar als – wenn auch ungeschriebenes – Tatbestandsmerkmal zugrunde gelegt hat (vgl § 1612b Rn 41 ff, 55 ff).

Der familienrechtliche Ausgleichsanspruch ist insbesondere für den Fall anerkannt, dass ein Elternteil für den Unterhalt eines gemeinsamen Kindes aufgekommen ist und dadurch dessen Unterhaltsanspruch erfüllt hat, obwohl (auch) der andere Elternteil ganz oder teilweise unterhaltspflichtig war. Der Anspruch beruht nach dem **BGH** auf der Unterhaltspflicht beider Eltern gegenüber ihrem Kind und ergibt sich aus der Notwendigkeit, die Unterhaltslast im Verhältnis zwischen ihnen entsprechend ihrem Leistungsvermögen gerecht zu verteilen (BGH FamRZ 2017, 611; FamRZ 2016, 1053; FamRZ 1994, 1102, 1103; FamRZ 1989, 850, 851 mwNw).

74 Der Ausgleichsanspruch ist gegeben, wenn ein Elternteil mit einer Unterhaltszahlung an das Kind eine dem anderen Elternteil obliegende Verpflichtung **erfüllt** hat (BGH FamRZ 2017, 611 Rn 11, 20; NJW 1984, 2158 = FamRZ 1984, 775; OLG Köln FamRZ 1985, 1168). Die **Absicht** des den Unterhalt Leistenden, vom anderen Elternteil Ersatz zu verlangen, hat der BGH (BGHZ 50, 266, 270 = FamRZ 1968, 450) nach § 1360b BGB (nur)

für den Fall nicht getrennter Ehegatten als Voraussetzung des Anspruchs angesehen. Dies lässt sich über diesen Fall hinaus schon auf getrenntlebende Ehegatten nicht erweitern (vgl auch die Abgrenzung in BGH FamRZ 1989, 850 unter 4. a). Der Barunterhaltspflichtige ist durch **§ 1613 BGB** bereits hinreichend geschützt, gleichviel ob dieser nun den Unterhaltsanspruch für die Vergangenheit ausschließt oder die Vorschrift auf den familienrechtlichen Ausgleichsanspruch entsprechend angewendet wird (vgl BGH FamRZ 2013, 1027, 1028; FamRZ 1984, 775; FamRZ 1989, 850; LANGHEIM FamRZ 2013, 1529, 1533 mwNw). Die vom anderen Elternteil als gesetzlichem Vertreter des Kindes ausgesprochene Zahlungs- oder Auskunftsaufforderung dokumentiert überdies regelmäßig, dass dieser, wenn nicht der Kindesunterhalt weiterverfolgt wird (vgl § 1602 Rn 41), jedenfalls Regress gegen den Zahlungspflichtigen nehmen will (vgl BGH FamRZ 2017, 611 Rn 11, 20; ausführlich LICENI-KIERSTEIN FamRB 2016, 197, 201).

Eine Leistung „anstelle des anderen Elternteils" ist vom BGH verneint worden, **75** wenn ein Elternteil eine ihm durch **rechtskräftige Entscheidung** auferlegte Unterhaltspflicht erfüllt (BGH FamRZ 1994, 1102 m krit Anm SCHOLZ FamRZ 1994, 1312; NJW 1981, 2348 = FamRZ 1981, 761). Der BGH hat den nach dem Titel Verpflichteten vielmehr auf die Durchführung eines Abänderungsverfahrens verwiesen (BGH FamRZ 1994, 1102; näher dazu LANGHEIM FamRZ 2013, 1529, 1531 f).

In einer neueren Entscheidung hat der BGH jedenfalls die vorherige Abänderung eines **gerichtlichen Vergleichs** nicht für erforderlich gehalten (BGH FamRZ 2017, 611). In Abgrenzung zu den genannten Entscheidungen hat er festgehalten, dass ein familienrechtlicher Ausgleichsanspruch gegen den anderen Elternteil auf – teilweise – Erstattung des an ein gemeinsames Kind gezahlten Unterhalts nicht ohne Weiteres dadurch ausgeschlossen wird, dass der Elternteil mit der Unterhaltszahlung eine Verpflichtung aus einem gerichtlichen Vergleich erfüllt (BGH FamRZ 2017, 611 Rn 16 ff).

Der familienrechtliche Ausgleichsanspruch ist vom Anspruch auf Kindesunterhalt **76** danach abzugrenzen, ob ein Elternteil auch die über seine Verpflichtung hinausgehende **Leistung als Erfüllung** des – insoweit gegen den anderen Elternteil gerichteten Anspruchs – gelten lassen will. Das ist in der Regel nicht der Fall, sodass insoweit der Unterhaltsanspruch des Kindes zunächst bestehen bleibt und im Verfahren weiter verfolgt werden kann. Die freiwillige Leistung Dritter (nicht Unterhaltspflichtiger) beseitigt die Bedürftigkeit des unterhaltsberechtigten Kindes noch nicht (vgl § 1602 Rn 41). Lässt der Leistende die Leistung hingegen als Erfüllung der den anderen Elternteil treffenden Unterhaltspflicht gelten, so erlischt der Kindesunterhalt und kann nicht weiterverfolgt werden (vgl zur Abgrenzung BGH FamRZ 2017, 437 Rn 44 zum Wechselmodell; zum Verfahren vgl Rn 87). Die entsprechende Tilgungsbestimmung kann in diesem Fall auch noch nachträglich erklärt werden (vgl MünchKomm/FETZER[7] § 362 Rn 11; MünchKomm/KRÜGER[7] § 267 Rn 12 mwNw), zumal die Leistung des Naturalunterhalts zuvor nicht auf einen anderen Anspruch anrechenbar war, sondern offenkundig im Bewusstsein der fehlenden Rechtspflicht erfolgt ist. Anders liegt der Fall, dass der an sich nicht unterhaltspflichtige Elternteil im Wege der Ersatzhaftung nach § 1607 Abs 2 S 1 BGB in Anspruch genommen wird. In diesem Fall geht der Unterhaltsanspruch nach § 1607 Abs 2 S 2 BGB durch die Zahlung kraft Gesetzes auf den ersatzweise in Anspruch Genommenen über (näher § 1607 Rn 11 ff). Da der familienrechtliche Ausgleichsanspruch zum Unterhaltsanspruch in einem Alternativverhältnis steht (entweder hat das Kind noch den Unterhaltsanspruch oder der in Vorlage tretende Elternteil hat einen Ausgleichsanspruch), besteht für eine Pflicht des Kindes zur Abtretung keine Grundlage und Notwendigkeit (so aber Soergel/Lettmaier[13] Rn 39 mwNw).

77 Der Ausgleichsanspruch **verjährt** ebenso wie der Anspruch auf rückständigen Barunterhalt (BGHZ 31, 329, 334 = FamRZ 1960, 194). Damit unterliegt er grundsätzlich der Regelverjährung von drei Jahren nach § 195 BGB (vgl Vorbem 95 ff zu §§ 1601 ff). Zu weiteren Besonderheiten s Liceni-Kierstein FamRB 2016, 197, 201 f. Das zwischen den Eltern gemäß § 1606 Abs 3 BGB bestehende besondere Rechtsverhältnis reicht danach grundsätzlich aus, einen **Auskunftsanspruch** zu begründen (BGH FamRZ 1988, 268, 269). Leistet ein Elternteil aus freien Stücken den vollen Ausbildungsunterhalt für sein volljähriges Kind, so ist er, solange der andere Elternteil vom Kind nicht auf (zusätzlichen) Unterhalt in Anspruch genommen wird oder er gegenüber dem anderen Elternteil einen familienrechtlichen Ausgleichsanspruch verfolgt, diesem gegenüber nicht zur Auskunft über seine Einkünfte verpflichtet (vgl BGH FamRZ 2013, 1027).

78 Weitere Anwendungsfelder des familienrechtlichen Ausgleichsanspruchs mit Bezug zum Verwandtenunterhalt sind:

- allgemeiner Kindergeldausgleich nach § 1612b Abs 1 BGB (familienrechtlicher Ausgleichsanspruch als ungeschriebenes Tatbestandsmerkmal; näher § 1612b Rn 43 f, 55 ff),
- isolierter Kindergeldausgleich im Fall des Wechselmodells (BGH FamRZ 2016, 1053),
- Ausgleich des vom Barunterhaltspflichtigen bezogenen Kindergelds (BGH FamRZ 2017, 437 Rn 48 ff).

Die Grundsätze über den familienrechtlichen Ausgleichsanspruch sind **nicht anzuwenden** auf die Aufteilung eines steuerrechtlichen Ausbildungsfreibetrages oder Pauschbetrages für ein körperbehindertes Kind zwischen den Eltern (BGH NJW 1988, 1720 = FamRZ 1988, 607; vgl auch BGH FamRZ 1996, 725; OLG Oldenburg FamRZ 2012, 1876; OLG Düsseldorf FamRZ 2014, 1742).

VI. Hinweise für das gerichtliche Verfahren

1. Unterhaltsantrag gegen mehrere Unterhaltsschuldner

79 Mehrere anteilig haftende Unterhaltsschuldner können nach § 113 Abs 1 S 2 FamFG, § 60 ZPO als **Streitgenossen** gemeinsam gerichtlich in Anspruch genommen werden, weil die Einzelansprüche auf einem im wesentlichen gleichartigen tatsächlichen und rechtlichen Grund beruhen (BGH NJW 1986, 3209 = FamRZ 1986, 660; BayObLG FamRZ 1999, 1666 = MDR 1999, 807). Geht ein minderjähriges oder privilegiert volljähriges Kind gegen beide Eltern gemeinsam vor, so ist (abgesehen vom Gerichtsstand der Ehesache) – wie allgemein – das Gericht örtlich zuständig, bei dem das Kind seinen gewöhnlichen Aufenthalt (im Inland) hat (§ 232 Abs 1 Nr 2

FamFG). Ein Kind kann die Eltern, wenn es gegen beide vorgeht, wahlweise am allgemeinen Gerichtsstand des einen oder anderen Elternteils in Anspruch nehmen (§ 232 Abs 3 S 2 Nr 2 FamFG). In anderen Fällen – wenn etwa mehrere Personen als Streitgenossen auf Zahlung von Elternunterhalt in Anspruch genommen werden sollen, die in verschiedenen Gerichtsbezirken leben – ist zur Bestimmung des Gerichtsstandes (§ 36 Abs 1 Nr 3 ZPO) das im Rechtszug nächst höhere Gericht berufen (Schürmann FamRZ 2015, 1338, 1353 mwNw).

In dem **Antrag** sind nach §§ 113 Abs 1 S 2 FamFG, 253 Abs 2 Nr 2 ZPO die Beträge, die von jedem Beklagten verlangt werden, zahlenmäßig zu bestimmen (allgemein Wendl/Schmitz[9] § 10 Rn 55b ff). Das ist für den Antragsteller mit einem Risiko verbunden, weil für die Aufteilung des geschuldeten Gesamtbetrages die gerichtlichen Feststellungen über die Leistungsfähigkeit der Beklagten und die Berechnungsweise des Gerichts maßgebend sind. Der BGH hat mehreren zusammenlebenden Familienangehörigen bei der gemeinsamen Geltendmachung ihrer Unterhaltsansprüche gegen denselben Schuldner „aus praktischen Gründen“ die Möglichkeit zugestanden, sich mit einer vom Antrag abweichenden Aufteilung des Gesamtbetrages durch das Gericht einverstanden zu erklären, sofern bei mehreren Berechtigten die Gesamthöhe nicht überschritten wird (BGH NJW 1981, 2462 = FamRZ 1981, 541; s auch NJW 1972, 1716). Entsprechendes wird bei einer Klage eines Unterhaltsberechtigten gegen mehrere Unterhaltsschuldner gelten müssen. In einem Unterhaltsverfahren gegen mehrere Teilschuldner sollte deshalb **hilfsweise** beantragt werden, den Gesamtbetrag anders aufzuteilen, wenn das Gericht dies für angemessen hält. Zumindest wird das Gericht, wenn es von der beantragten Aufteilung abweichen will, nach § 139 ZPO den Kläger darauf hinweisen und auf sachdienliche Anträge hinwirken müssen (s auch Göppinger/Wax/van Els[9] Rn 2062). 80

2. Beweislast

a) Rangverschiedene Unterhaltsschuldner

Ist streitig – was selten vorkommen wird –, ob ein vorrangig haftender Verwandter oder Ehegatte vorhanden ist, so muss nach herrschender Meinung der Beklagte das **Vorhandensein** beweisen (Baumgärtel/Aps, Beweislast[3] § 1606 Rn 1 mwNw; Göppinger/Wax/van Els[9] Rn 1949 mwNw; Rosenberg, Beweislast[5] 371, 379; **aA** Staudinger/Engler [2000] Rn 65 mit der – allerdings unzutreffenden – Begründung, dass § 1601 für sich genommen keine Anspruchsgrundlage sei; dazu § 1601 Rn 1, 4). 81

Nimmt der Antragsteller einen nachrangigen Verwandten in Anspruch, weil er den Vorrangigen nicht für leistungsfähig hält, so trifft ihn nach allgemeiner Meinung die Beweislast für dessen **Leistungsunfähigkeit** (Rn 2) oder **teilweise Leistungsunfähigkeit** (RGZ 57, 69, 76; OLG Frankfurt FamRZ 1984, 395; Baumgärtel/Aps, Beweislast[3] § 1606 Rn 2). 82

b) Gleichrangige Unterhaltsschuldner

Bei einer **anteiligen Unterhaltspflicht** nach Abs 3 S 1 muss der Antragsteller als Anspruchsvoraussetzung die für die Bemessung des Anteils maßgebenden Tatsachen darlegen und im Streitfall beweisen (BGH FamRZ 2017, 370 Rn 39 – auch zur Beweislast im Abänderungsverfahren; OLG Frankfurt FamRZ 1987, 839 = NJW-RR 1987, 903; Wendl/Klinkhammer[9] § 2 Rn 578; Klauser MDR 1982, 529, 534). Da sich die Höhe der Anteile aus einer Gegenüberstellung der Leistungsfähigkeit aller Unterhaltsschuld- 83 ner ergibt, muss der Antragsteller hiernach die Einkommens- und Vermögensverhältnisse aller Schuldner darlegen und beweisen, die er aufgrund seines Auskunftsrechts nach § 1605 Abs 1 BGB feststellen kann. Nimmt der Antragsteller nur einen Elternteil in Anspruch, so muss er darlegen und beweisen, dass der andere leistungsunfähig ist (vgl § 1605 Rn 6). Dazu kann es allerdings genügen, dass dieser allein aufgrund fiktiven Einkommens haften würde (vgl Rn 16, 65).

84 Wird ein minderjähriges Kind von einem Elternteil betreut, so trägt der auf **Barunterhalt** in Anspruch genommene andere Elternteil die Darlegungs- und Beweislast dafür, dass die wirtschaftlichen Verhältnisse des betreuenden Elternteils dessen Heranziehung zum Barunterhalt – als Ausnahme von dem Regelfall des Abs 3 S 2 (Rn 54) – rechtfertigen (BGH NJW 1981, 923 = FamRZ 1981, 437; Baumgärtel/Aps, Beweislast[3] § 1606 Rn 4; **aA** Klauser MDR 1982, 529, 534). Ihm steht ein Auskunftsanspruch gegen den anderen Elternteil zu (§ 1605 Rn 6; OLG Köln FamRZ 1992, 469).

85 Schuldet ein Elternteil nach dem Tod des anderen Elternteils seinem auswärts untergebrachten minderjährigen Kind neben dem Barunterhalt auch Betreuungsunterhalt, so ist der Betreuungsunterhalt grundsätzlich pauschal in Höhe des Barunterhalts zu bemessen. Für einen davon abweichenden Betreuungsbedarf trägt derjenige die Darlegungs- und Beweislast, der sich darauf beruft (BGH FamRZ 2006, 1597).

3. Ausgleichsansprüche

86 Ausgleichsansprüche zwischen Eltern (Rn 67 ff) sind nach § 23b Abs 1 Nr 5 GVG **Familiensachen**, weil sie die gesetzliche Unterhaltspflicht gegenüber dem Kind „betreffen“ (BGH NJW 1978, 2297 = FamRZ 1978, 770; OLG Düsseldorf FamRZ 1986, 180). Für diese Ansprüche gilt auch der Hilfsgerichtsstand des § 23a ZPO – nunmehr § 232 Abs 3 S 2 Nr 3 FamFG – (BGHZ 106, 300 = NJW 1989, 1356 = FamRZ 1989, 603).

87 Zu weiteren Verfahrensfragen im Zusammenhang mit dem familienrechtlichen Ausgleichsanspruch in seinem Hauptanwendungsfall des „vorfinanzierten“ Kindesunterhalts (etwa verbunden mit dem Obhutswechsel) wird auf die Beiträge von Liceni-Kierstein FamRB 2016, 197, Giessler FamRZ 1994, 800 und Norpoth FamRZ 2007, 514 (vgl auch OLG Nürnberg FamRZ 2013, 796) verwiesen. Tritt während des Unterhaltsverfahrens die **Volljährigkeit des Kindes** ein, so besteht unter anderem die Möglichkeit, dass der bisherige Verfahrensstandschafter den Antrag umstellt und den in seiner Person entstandenen familienrechtlichen Ausgleichsanspruch geltend macht (BGH FamRZ 2013, 1378 – auch zu weiteren prozessualen Optionen).

§ 1607
Ersatzhaftung und gesetzlicher Forderungsübergang

(1) Soweit ein Verwandter aufgrund des § 1603 nicht unterhaltspflichtig ist, hat der nach ihm haftende Verwandte den Unterhalt zu gewähren.

(2) Das Gleiche gilt, wenn die Rechtsverfolgung gegen einen Verwandten im Inland ausgeschlossen oder erheblich erschwert ist. Der Anspruch gegen einen solchen

Verwandten geht, soweit ein anderer nach Absatz 1 verpflichteter Verwandter den Unterhalt gewährt, auf diesen über.

(3) Der Unterhaltsanspruch eines Kindes gegen einen Elternteil geht, soweit unter den Voraussetzungen des Absatzes 2 Satz 1 anstelle des Elternteils ein anderer, nicht unterhaltspflichtiger Verwandter oder der Ehegatte des anderen Elternteils Unterhalt leistet, auf diesen über. Satz 1 gilt entsprechend, wenn dem Kind ein Dritter als Vater Unterhalt gewährt.

(4) Der Übergang des Unterhaltsanspruchs kann nicht zum Nachteil des Unterhaltsberechtigten geltend gemacht werden.

Materialien: E I § 1487; II § 1502; III § 1585; Mot IV 694; Prot IV 489; JAKOBS/SCHUBERT §§ 1564–1921 256 ff; PLANCK, in: SCHUBERT, Vorlagen der Redaktoren, Familienrecht II 319. KindUG v 6. 4. 1998 Art 1 Nr 5; BT-Drucks 13/7338, 21.

Schrifttum

BRÜGGEMANN, Rechtsnachfolge in Unterhaltsansprüche, DAVorm 1993, 217
FORSCHNER, Zum Regress des „überobligatorisch" leistenden Scheinvaters, FamRZ 2013, 1700
FRANK, Zur Verpflichtung der Mutter, die Identität des Vaters preiszugeben, FamRZ 2017, 161
GRZIWOTZ, Recht auf unbekannten Geschlechtsverkehr? oder: Der doppelt betrogene Scheinvater, FF 2016, 48
HEGMANN, Die Beschränkung der Ersatzansprüche Dritter durch § 1613 BGB, FamRZ 1973, 435
HEIDERHOFF, Die Vaterschaftsklärung und ihre Folgen – von der Vaterschaftsanfechtung zur Vaterschaftsbeendigung?, FamRZ 2010, 8
HOLZHAUER, Der Unterhaltsregreß, in: FS Ernst Wolf (1985) 223
LUDYGA, Die unterhaltsrechtliche Ersatzhaftung von Großeltern, JAmt 2007, 235
MUCKEL, Auskunftsanspruch des Scheinvaters gegen die Mutter über sexuelle Beziehungen, JA 2015, 951
KROPHOLLER, Die Stellung des Unterhaltszweitschuldners, FamRZ 1965, 413
WELLENHOFER, Zur Reform des Scheinvaterregresses, FamRZ 2016, 1717
WENDELMUTH, Der Auskunftsanspruch des Scheinvaters im neuen Gewand, FF 2017, 16.

Systematische Übersicht

Alphabetische Übersicht

I. Inhalt und Entwicklung

1 Die Vorschrift ergänzt den § 1606 BGB. Sie regelt das **Haftungsverhältnis mehrerer unterhaltspflichtiger Verwandter** in den Fällen, in denen der nächste Verwandte ganz oder teilweise **leistungsunfähig** (Abs 1) oder **schwer zu belangen** (Abs 2) ist. Damit soll sichergestellt werden, dass dem Bedürftigen auch in diesen Fällen Unterhalt gewährt wird. Im Falle des Absatzes 2 wird außerdem ein **Übergang des Unterhaltsanspruchs** auf den Unterhaltsgewährenden begründet (Abs 2 S 2). Das KindUG hat im Abs 2 S 2 durch Einfügen der Worte „nach Absatz 1 verpflichteter“ klargestellt, dass die Vorschrift nur für denjenigen Verwandten gilt, der aufgrund seiner Ersatzhaftung Unterhalt leistet (BT-Drucks 13/7338, 21; s unten Rn 24).

Der gleichfalls durch das KindUG eingefügte Abs 3, der für Zahlungen bestimmter anderer Personen einen **Forderungsübergang** vorsieht, übernimmt die zuvor nur für den Unterhaltsanspruch eines nichtehelichen Kindes gegen seinen Vater geltende Regelung des früheren § 1615b BGB. Da der Zweck dieser Norm, die Bereitschaft anderer Verwandter oder des Ehegatten zur Unterstützung von Mutter und Kind zu fördern, bei ehelichen Kindern gleichermaßen gelte, sei Abs 3 auf die Unterhaltsansprüche aller Kinder anwendbar. Die Neuregelung erfasst Unterhaltsansprüche gegenüber beiden Eltern (BT-Drucks 13/7338, 21).

Das früher in Abs 2 S 3 enthaltene **Benachteiligungsverbot**, das auch der frühere § 1615b Abs 1 S 2 BGB ausgesprochen hatte, wurde durch das KindUG unverändert als neuer Abs 4 an das Ende der Vorschrift gestellt; für alle dort genannten Fälle der Legalzession gilt, dass die Regressforderungen der Zessionare die laufenden Unterhaltsansprüche des Kindes nicht beeinträchtigen dürfen, falls die Leistungsfähigkeit des Unterhaltspflichtigen beschränkt ist (s unten Rn 55 ff).

2 Abs 2 und 4 finden auf das Haftungsverhältnis des **Ehegatten** oder des **Lebenspartners** des Bedürftigen (auch nach der Scheidung bzw Aufhebung) zu dessen Verwandten **entsprechende Anwendung** (§§ 1608 S 3, 1584 S 3 BGB). Aufgrund der Verweisung in § 1615l Abs 3 S 1 BGB kommt eine entsprechende Anwendung auch für den Unterhalt nach **§ 1615l Abs 2 S 2 BGB** in Betracht (vgl NK-BGB/Schilling[3] § 1615l Rn 33 mwNw; § 1615l Rn 89). Steht ein rechtlicher Vater nach § 1592 BGB aber noch nicht fest, so mangelt es bereits an einem Anspruchsgegner für den vorrangigen Anspruch, sodass es einer (unmittelbaren oder analogen) Anwendung des Abs 2 S 1 nicht bedarf und die Verwandten der Mutter unmittelbar haften (übersehen von OLG Brandenburg FamRZ 2004, 560, 561; vgl dazu § 1602 Rn 13). Eine andere Frage ist es, ob die Mutter nicht eine Obliegenheit trifft, frühzeitig für eine Vaterschaftsfeststellung zu sorgen. Zum Unterhaltsrückgriff der Verwandten gegen den später festgestellten rechtlichen Vater s Rn 43 ff.

3 Hinsichtlich des Unterhaltsregresses des Scheinvaters sollte in der 18. Legislaturperiode ein Gesetzesvorhaben Änderungen herbeiführen. Hintergrund war die bishe-

rige Rechtsprechung des **BGH**, nach der die Mutter nach Anfechtung der (ehelichen) Vaterschaft grundsätzlich verpflichtet war, ihrem (geschiedenen) Ehemann **Auskunft** darüber zu erteilen, wer ihr während der Empfängniszeit beigewohnt hat (BGHZ 196, 207 = FamRZ 2013, 939 Rn 29 ff; BGHZ 191, 259 = FamRZ 2012, 200; BGH FamRZ 2014, 1440), um diesem (als Scheinvater) die Möglichkeit zu geben, seinen Regressanspruch nach Abs 3 geltend zu machen (vgl auch Vorbem 168 zu §§ 1601 ff). Das **BVerfG** hat diese Rechtsprechung für verfassungswidrig gehalten. Nach Auffassung des BVerfG überschreitet die gerichtliche Verpflichtung einer Mutter, zur Durchsetzung eines Regressanspruchs des Scheinvaters Auskunft über die Person des mutmaßlichen Vaters des Kindes zu erteilen, die verfassungsrechtlichen Grenzen richterlicher Rechtsfortbildung, weil es hierfür an einer hinreichend deutlichen Grundlage im geschriebenen Recht fehle (BVerfG FamRZ 2015, 729 mAnm Scherpe; krit Neuner JZ 2016, 435; FamRZ 2017, 1805). Um dies zu beheben, war ein Gesetzentwurf der Bundesregierung eingebracht worden („Entwurf eines Gesetzes zur Reform des Scheinvaterregresses, zur Rückbenennung und zur Änderung des Internationalen Familienrechtsverfahrensgesetzes" BT-Drucks 18/10343). Dieser hatte neben der ausdrücklichen gesetzlichen Verankerung eines Auskunftsanspruchs (in § 1607 Abs 4 E) eine Einschränkung des Rückgriffsanspruchs durch ein Leistungsverweigerungsrecht (in § 1613 Abs 3 E) vorgesehen, das den Regress wegen einer anderenfalls „unangemessenen monetären Rückabwicklung des Familienlebens für viele Jahre" (BT-Drucks 18/10343, 2) auf die Zeit von zwei Jahren vor Anhängigmachung des Vaterschaftsanfechtungsantrags beschränken sollte. Das Gesetzesvorhaben ist indessen (wohl am Widerstand gegen den Auskunftsanspruch) vorerst gescheitert.

II. Mangelnde Leistungsfähigkeit, Abs 1

1. Leistungsunfähigkeit und begrenzte Leistungsfähigkeit

4 Gegen einen (völlig) **leistungsunfähigen** Verwandten kommt ein Unterhaltsanspruch nicht zur Entstehung (§ 1603 BGB). Er gilt in Ansehung der Unterhaltsverpflichtung als nicht vorhanden (E I § 1587 Abs 1; RGZ 52, 193). Im Fall einer vollständigen Leistungsunfähigkeit enthält daher Abs 1 lediglich eine Klarstellung (Mot IV 694), denn eine Rangordnung setzt mehrere Pflichtige voraus. Wer nicht haftet, kann nicht in ein Rangverhältnis eingereiht werden (§ 1606 Rn 2).

Abs 1 greift auch bei **beschränkter Leistungsfähigkeit** („soweit") des unterhaltspflichtigen Verwandten ein, und zwar ebenfalls lediglich klarstellend (offenbar **aA** Staudinger/Engler [2000] Rn 3), weil ein Anspruch dann *insoweit* nicht entsteht (§ 1603 Rn 6). Den verbleibenden Restbedarf muss dann der nachrangige Verwandte gewähren. Für die Begrenzung der Leistungspflicht ist die Gefährdung des eigenen angemessenen Unterhalts maßgebend (§ 1603 Rn 4). Bis zu dieser Grenze muss der vorrangig Verpflichtete den Unterhalt leisten. Das gilt auch dann, wenn der nachrangige Verwandte nach seinen wirtschaftlichen Verhältnissen einen höheren Anteil als den verbleibenden Rest tragen könnte. Eine Aufteilung der Unterhaltspflicht nach den Erwerbs- und Vermögensverhältnissen (§ 1606 Abs 3 S 1 BGB) gibt es unter rangverschiedenen Schuldnern nicht.

5 Der **Begriff** der **Leistungsfähigkeit** entspricht § 1603 BGB. Leistungsfähig ist also, wer nach seinen Erwerbs- und Vermögensverhältnissen unter Berücksichtigung sei-

ner sonstigen Verpflichtungen imstande ist, ohne Gefährdung seines eigenen angemessenen Unterhalts einem anderen Unterhalt zu gewähren (§ 1603 Rn 4). Ein Unterhaltspflichtiger ist nicht schon dann leistungsunfähig, wenn er die für die Unterhaltsgewährung erforderlichen Geldmittel tatsächlich nicht hat. Zur Unterhaltsgewährung außerstande ist er erst, wenn er sich die notwendigen Mittel auch nicht verschaffen kann (§ 1603 Rn 117). Hier von *fiktiver Leistungsfähigkeit* zu sprechen, ist – wie auch zu § 1603 BGB – missverständlich (vgl § 1603 Rn 10, 110). Freilich hat der BGH im Fall gleichrangig haftender Elternteile den Rechtsgedanken des Abs 2 S 1 herangezogen, um in bestimmten Konstellationen eine zunächst alleinige Haftung eines Elternteils zu begründen, der dann gegen den anderen, nur aus fiktivem Einkommen haftenden Elternteil Rückgriff nehmen kann (BGH FamRZ 2017, 437 Rn 27 ff; vgl Rn 22 f).

2. Gleichrangige Unterhaltspflichtige

6 Die Begründung einer Unterhaltspflicht des nachrangig haftenden Verwandten setzt voraus, dass kein anderer vorrangig haftender (also dem Leistungsunfähigen oder beschränkt Leistungsfähigen gleichstehender) Verwandter den Unterhalt leisten kann. Bei vollständiger oder teilweiser Leistungsunfähigkeit eines Verwandten erhöhen sich zunächst die Anteile der gleichrangigen Unterhaltspflichtigen. Das folgt bereits daraus, dass sich die Anteile gleich naher Verwandter **nach ihrer Leistungsfähigkeit bemessen** (§ 1606 Abs 3 S 1 BGB). Einer entsprechenden Anwendung des § 1607 Abs 1 BGB auf gleichrangige Unterhaltspflichtige (so noch Soergel/Häberle Rn 1; BGB-RGRK/Mutschler Rn 2) bedarf es daher nicht (Göppinger/Wenz[5] Rn 1239 aE; Holzhauer, in: FS Wolf 223, 228). Anders war es bis 1970, solange die Anteile nach den Erbteilen bemessen wurden (§ 1606 Rn 1). Eine Unterhaltspflicht des nachrangig haftenden Verwandten entsteht erst dann, wenn alle in der Rangfolge Vorgehenden zusammen den Unterhalt nicht oder nicht voll erbringen können.

7 Dies gilt auch für die Unterhaltspflicht der **Großeltern** gegenüber ihrem minderjährigen unverheirateten Enkelkind. Sie entsteht erst, wenn und soweit beide Eltern neben der Betreuung des Kindes den erforderlichen Barunterhalt nicht ohne Gefährdung ihres eigenen angemessenen Unterhalts leisten können (§ 1606 Rn 56). Die Haftung der Großeltern geht der gesteigerten Unterhaltspflicht der Eltern vor (§ 1603 Abs 2 S 3 BGB).

3. Unterhaltspflicht des nachrangig haftenden Verwandten

8 **a)** Welcher Verwandte nach dem Leistungsunfähigen oder beschränkt Leistungsfähigen haftet, ergibt sich aus § 1606 Abs 1 und 2 BGB: nach den Kindern die Enkelkinder, nach ihnen die Eltern und danach die Großeltern. § 1607 Abs 1 BGB verweist auf die **eigene Unterhaltspflicht** des nachrangig haftenden Verwandten. Anspruchsgrundlage hierfür ist § 1601 BGB. Durch die Gewährung des (Rest-)Unterhalts erfüllt er also eine eigene Verbindlichkeit und nicht eine Schuld des Leistungsunfähigen oder beschränkt Leistungsfähigen, gegen den über die Grenze seiner Leistungsfähigkeit hinaus kein Anspruch entstanden ist (Mot IV 694). Die häufig gebrauchte Bezeichnung „Ersatzhaftung“ passt für die Fälle des Abs 1 eigentlich nicht, es handelt sich vielmehr um eine Primärhaftung (Holzhauer, in: FS Wolf 223, 228). Deshalb kommt ein Rückgriff gegen den leistungsunfähigen oder

beschränkt leistungsfähigen Verwandten unter keinem rechtlichen Gesichtspunkt in Betracht, auch dann nicht, wenn dieser später wieder leistungsfähig wird (vgl § 1603 Rn 7; § 1601 Rn 5; GERNHUBER/COESTER-WALTJEN § 45 V 5).

b) Die Unterhaltspflicht des nachrangig haftenden Verwandten besteht nur für den **Zeitraum**, in dem der vorrangig Haftende ganz oder teilweise leistungsunfähig ist. Für vorher entstandene Unterhaltsschulden haftet der nachrangig Verpflichtete mithin auch dann nicht, wenn sie von dem vorrangig Verpflichteten nicht mehr beigetrieben werden können. Wird der vorrangig Verpflichtete wieder leistungsfähig, so wird er von diesem Zeitpunkt an für die Zukunft – nicht für Rückstände aus der Zeit seiner Leistungsunfähigkeit – unterhaltspflichtig (MünchKomm/BORN[7] Rn 6). Zugleich erlischt die Unterhaltspflicht des nachrangig haftenden Verwandten. Leistet dieser in Unkenntnis der eingetretenen Veränderung den Unterhalt weiter, so steht ihm ein Bereicherungsanspruch gegen den vorrangig Verpflichteten zu (Vorbem 166 zu §§ 1601 ff). 9

c) Der Anspruch gegen den nachrangig Verpflichteten beruht auf § 1601 BGB. Für den **Inhalt** der Unterhaltspflicht des nachrangig Verpflichteten sind dessen Beziehungen zu dem Unterhaltsberechtigten maßgebend. Großeltern haften demnach im Rahmen von § 1603 Abs 1 BGB nicht etwa bis zu dem für vorrangig haftende Eltern geltenden Selbstbehalt. Ihnen ist nach der Rechtsprechung des BGH zumindest der Selbstbehalt zuzubilligen, den auch erwachsene Kinder gegenüber ihren Eltern beim Elternunterhalt verteidigen können (BGH FamRZ 2007, 375, 376; FamRZ 2006, 26, 28). Lebt das Kind bei den Großeltern, deren Lebensstellung von der im Regelfall maßgebenden Lebensstellung der Eltern (§ 1610 Rn 10) abweicht, so ist das Maß des Unterhalts am Lebenszuschnitt der Eltern auszurichten (§ 1610 Rn 256 f mit Beispiel). 10

III. Ausschluss oder Erschwerung der Rechtsverfolgung, Abs 2 S 1

1. Ersatzhaftung

Abs 2 S 1 begründet eine Unterhaltspflicht des nachrangig haftenden Verwandten, wenn die Rechtsverfolgung gegen den vorrangig Haftenden im Inland ausgeschlossen oder erheblich erschwert ist *(Ersatzhaftung)*. Die Ersatzhaftung ist eine **eigene Verbindlichkeit** des nachrangig Haftenden. Im Unterschied zur „Ersatzhaftung“ nach Abs 1 (Rn 4 ff) tritt sie *neben* die Schuld des vorrangig haftenden Verwandten, sodass dem Bedürftigen zunächst zwei Ansprüche zustehen. Die Verpflichtungen bilden aber keine Gesamtschuld (§ 421 BGB), weil sie nicht gleichstufig sind (KROPHOLLER FamRZ 1965, 413, 419; vgl STAUDINGER/LOOSCHELDERS [2017] § 421 Rn 27; **aA** HOLZHAUER, in: FS Wolf 223, 228). 11

Soweit der Erstverpflichtete trotz schwerer Belangbarkeit – etwa keine inländischen Einkünfte (Rn 19) – zur Erfüllung seiner Unterhaltspflicht bereit und in der Lage ist, entfällt die Ersatzhaftung. Verweigert der Berechtigte die Annahme einer vom Erstverpflichteten in gehöriger Form angebotenen Unterhaltsleistung, so kann er den Ersatzverpflichteten nicht in Anspruch nehmen (RG JW 1901, 481; RG SeuffBl 72, 149, 151). Wegen der Beweislast s Rn 61 f. 12

2. Gleichrangig haftende Verwandte

13 Die Ersatzhaftung trifft zunächst den oder die **gleich nahen Verwandten**, weil deren Haftung nach § 1606 Abs 1 und 2 BGB der Haftung der entfernteren Verwandten vorgeht (s Rn 6). Ist die Rechtsverfolgung gegen einen von mehreren gleichrangig haftenden Verwandten ausgeschlossen oder erheblich erschwert, so haften für dessen nach § 1606 Abs 3 S 1 BGB zu bemessenden Anteil die anderen als Ersatzschuldner (Holzhauer, in: FS Wolf 223, 229). Dieser Anteil kommt zu den eigenen Anteilen, für die sie als Primärschuldner haften, hinzu (BGH NJW 1971, 2069 = FamRZ 1971, 571, 573: Eltern). Bei mehreren Ersatzverpflichteten bemessen sich ihre Anteile an der Ersatzschuld wiederum gemäß § 1606 Abs 3 S 1 BGB nach ihren Erwerbs- und Vermögensverhältnissen (MünchKomm/Born[7] Rn 5; Johannsen/Henrich/Graba/Maier[6] Rn 1). Einer Aufgliederung zwischen Primär- und Ersatzhaftung bedarf es bei der Geltendmachung der Unterhaltsansprüche durch den Bedürftigen nicht, weil sie für Inhalt und Höhe der Ansprüche ohne Bedeutung ist. Erst bei der Geltendmachung des Rückgriffsanspruchs nach Abs 2 S 2 muss die Höhe der Ersatzhaftung dargelegt werden.

3. Rechtsverfolgung im Inland

14 **a)** Unter **Rechtsverfolgung** ist nach dem Zweck der Bestimmung, den Lebensbedarf des Bedürftigen rasch zu befriedigen (Mot IV 695; Kropholler FamRZ 1965, 413, 416), die Erlangung des Unterhalts mit Hilfe des Gerichts zu verstehen. Dazu gehört nicht nur die Geltendmachung des Anspruchs in einem gerichtlichen Verfahren, sondern auch seine Durchsetzung im Wege der Zwangsvollstreckung (Gernhuber/Coester-Waltjen § 45 V 4; Göppinger/Wax/Kodal[9] Rn 1667; zum Begriff „Rechtsverfolgung" s auch §§ 204 Abs 1, 767 Abs 2, 773 Abs 1 Nr 2, 775 Abs 1 Nr 2).

15 **b)** Die Rechtsverfolgung muss im **Inland** ausgeschlossen oder wesentlich erschwert sein. Unter Inland ist das Gebiet der Bundesrepublik Deutschland zu verstehen. Die frühere Ansicht, Inland bedeute den Geltungsbereich des BGB (Göppinger/Kindermann[5] Rn 1236; BGB-RGRK/Mutschler Rn 5; Soergel/Häberle Rn 2), kommt zwar zu demselben Ergebnis, für den Ausschluss oder die Erschwernis der Rechtsverfolgung ist aber nicht das materielle Recht, sondern das Prozessrecht maßgebend. Deshalb war auch für die Zeit vor der Wiedervereinigung an den Geltungsbereich der ZPO anzuknüpfen (Staudinger/Kappe/Engler [1997] Rn 13).

16 Die Möglichkeit einer einfachen und **erfolgversprechenden Rechtsverfolgung im Ausland** schließt eine Ersatzhaftung nicht aus. Zwar mag zu bezweifeln sein, ob diese Regelung angesichts der auf dem Gebiet des Unterhaltsrechts bestehenden internationalen Abkommen (s Vorbem 255 ff zu §§ 1601 ff) noch zeitgemäß ist (so bereits Kropholler FamRZ 1965, 413, 416; Staudinger/Engler [2000] Rn 14 mwNw). Insoweit ist aber vom unveränderten Wortlaut der Vorschrift auszugehen, die nur zwischen In- und Ausland unterscheidet und eine Ausnahme, wenn der Anspruch aufgrund der bestehenden internationalen Abkommen oder des Europarechts im Ausland ähnlich effizient wie im Inland verfolgt werden kann, wohl nicht zulässt (**aA** AG Leverkusen FamRZ 2003, 627 mAnm Henrich). Dadurch wird indessen nicht ausgeschlossen, dass im Einzelfall ein Rechtsmissbrauch eingewendet werden kann (vgl auch Rn 12).

4. Ausschluss der Rechtsverfolgung

Es kommt heute nur noch selten vor, dass die Geltendmachung von Unterhaltsansprüchen im Inland aus **verfahrensrechtlichen Gründen** ausgeschlossen ist. Seit der Einführung eines besonderen Gerichtsstandes in Unterhaltssachen (§ 23a ZPO) durch das Ausführungsgesetz zum Haager Unterhaltsvollstreckungsübereinkommen von 1958 vom 18. 7. 1961 (BGBl I 1033) ist die **Zuständigkeit** eines inländischen Gerichts – nunmehr nach **Art 3 EuUntVO** (Vorbem 261 zu §§ 1601 ff) – auch dann gegeben, wenn der Unterhaltspflichtige im Ausland wohnt. 17

Ausgeschlossen ist die Rechtsverfolgung gegen Personen, die nach §§ 18 bis 20 GVG **Exterritorialität** (Immunität) genießen. Das traf in Berlin kraft Besatzungsrechts nach der Erklärung der Alliierten Kommandantur vom 5. 5. 1955 (SaBl 1955, 586) auf die alliierten Streitkräfte einschließlich deren Vertreter, deren Familienangehörigen und nichtdeutschen Angestellten zu. Dagegen unterlagen in der Bundesrepublik nach dem NATO-Truppenstatut vom 19. 6. 1951 (BGBl II 1990) und dem Zusatzabkommen vom 3. 8. 1959 (BGBl 1961 II 1218; geänd 1973 II 1022) die Mitglieder ausländischer Truppen in Unterhaltssachen der deutschen Gerichtsbarkeit (Sennekamp NJW 1983, 2731, 2733). 18

Ausgeschlossen oder zumindest erheblich erschwert ist die Rechtsverfolgung etwa, wenn der Unterhaltsberechtigte keinen Unterhalt erlangen kann, weil der Unterhaltspflichtige **kein vollstreckungsfähiges Vermögen** – im Inland – besitzt oder von dem Berechtigten nicht erwartet werden kann, die Zwangsvollstreckung in auch ihm dienende Vermögenswerte (etwa ein von ihm mitbewohntes Haus) zu betreiben (vgl BGH FamRZ 2006, 26, 30 mwNw). Dass ein – auf der Zurechnung fiktiven Einkommens beruhender – Vollstreckungstitel vorliegt, schließt dies nicht aus (BGH FamRZ 2006, 26, 30). 19

Ein **unbekannter Aufenthalt** des Unterhaltspflichtigen steht dem Erkenntnisverfahren nicht entgegen. Der Unterhaltsantrag kann, wenn er auf Minderjährigenunterhalt oder gleichgestellten Unterhalt privilegierter Volljähriger gerichtet ist, (abgesehen vom Gerichtsstand der Ehesache) nach § 232 Abs 1 Nr 2 FamFG am Gericht erhoben werden, bei dem das Kind oder sein handlungsbefugter Elternteil seinen gewöhnlichen Aufenthalt hat. Im Übrigen gilt § 232 Abs 3 S 2 Nr 3 FamFG. Ähnliches gilt für den übrigen Verwandtenunterhalt (vor allem Elternunterhalt) und Unterhalt aus § 1615l Abs 2 S 2 BGB; schließlich greift ersatzweise § 232 Abs 3 Satz 1 FamFG iVm § 16 ZPO (Gericht des letzten gewöhnlichen Aufenthalts; vgl Prütting/Helms/Bömelburg[3] § 232 Rn 14). Die Zustellungen können nach §§ 113 Abs 1 S 2 FamFG, 185 Nr 1 ZPO durch öffentliche Bekanntmachung (öffentliche Zustellung) erfolgen. Die Durchführung der Zwangsvollstreckung ist jedoch ausgeschlossen, falls pfändbares Vermögen des Schuldners nicht bekannt ist (BGH FamRZ 2006, 26, 30; NJW 1971, 2069 = FamRZ 1971, 571, 573; zur Beweislast s Rn 61 f). 20

5. Erhebliche Erschwerung der Rechtsverfolgung

Die Rechtsverfolgung ist **erschwert**, wenn die Durchsetzung des Unterhaltsanspruchs durch entgegenstehende Hindernisse hinausgezögert wird. Die Erschwerung ist **erheblich**, wenn dadurch die Existenz des Unterhaltsberechtigten gefährdet wird 21

(BGH NJW 1971, 2069 = FamRZ 1971, 571, 573). Wenn und solange der notdürftige Bedarf des Berechtigten gedeckt ist, wird eine Erschwerung der Rechtsverfolgung nicht als erheblich anzusehen sein. Eine **lange Verfahrensdauer** ist unerheblich, solange der Berechtigte Unterhalt im Wege einer einstweiligen Anordnung (§ 246 ff FamFG) erlangen kann.

22 Die voraussichtliche **Erfolglosigkeit der Zwangsvollstreckung** (vgl § 773 Abs 1 Nr 4, § 2 AnfG) reicht zur Begründung der Ersatzhaftung, wenn sich etwa die Leistungsfähigkeit lediglich aus der Zurechnung fiktiver Einkünfte ergibt (BGH FamRZ 2006, 26, 30 mwNw; OLG Karlsruhe FamRZ 1991, 971, 973 = NJW-RR 1991, 903; Roth FamRZ 1994, 793, 795 Fn 18; zu fiktiven Einkünften näher Rn 23). Bei der Geltendmachung der Ersatzhaftung braucht der Unterhaltsberechtigte die Leistungsunfähigkeit des vorrangig Verpflichteten nicht darzulegen und zu beweisen. Vielmehr genügt der Vortrag, die Rechtsverfolgung gegen den vorrangig Verpflichteten sei im Falle seiner Leistungsfähigkeit erheblich erschwert. Denn die Haftung des nachrangig Verpflichteten gegenüber dem Unterhaltsberechtigten ist in beiden Fällen gleich (s Rn 11). Der BGH hat teils anders formuliert und es als Voraussetzung angesehen, dass der in Anspruch genommene Verwandte „an sich leistungsfähig" sei (BGH FamRZ 2006, 26, 30). Da Voraussetzung der Ersatzhaftung aber nur ist, dass die Rechtsverfolgung wesentlich erschwert ist, ist die Leistungsfähigkeit des näheren Verwandten iSv § 1603 BGB als solche für die Ersatzhaftung nach Abs 2 S 1 unerheblich.

23 Der **BGH** hat erwogen, dass der in Anspruch genommene Unterhaltspflichtige sich nicht zum Nachteil des Kindes auf die Haftung eines weiteren Unterhaltspflichtigen aus **fiktivem Einkommen** berufen kann, wenn und soweit das Kind damit auf einen nicht realisierbaren Unterhaltsanspruch verwiesen wird und somit Gefahr läuft, nicht den vollen ihm zustehenden Unterhalt zu erhalten. In diesen Fällen lege der Rechtsgedanke des Abs 2 (S 1) eine volle Haftung des in Anspruch genommenen Elternteils nahe, der wegen des Anteils des anderen Elternteils auf einen Rückgriff gegen diesen verwiesen sei (BGH FamRZ 2017, 437 Rn 28 mwNw; vgl auch BGH FamRZ 2006, 26, 30; FamRZ 2007, 374; OLG Köln FamRZ 2010, 382; OLG Koblenz NJW-RR 2009, 1153; OLG Hamm NJW-RR 2006, 509; Wendl/Klinkhammer[9] § 2 Rn 799). Das gilt allerdings nicht, wenn der teils aus fiktivem Einkommen haftende Elternteil tatsächlich Naturalunterhalt gewährt und jedenfalls einen Unterhalt in Höhe seines Haftungsanteils an das Kind erbringt (BGH FamRZ 2017, 437 Rn 28).

6. Dauer der Ersatzhaftung

24 Die Ersatzhaftung besteht nur für den **Zeitraum**, in dem die Rechtsverfolgung gegen den Erstverpflichteten im Inland ausgeschlossen oder erheblich erschwert ist (Mot IV 695). Für Rückstände aus der Zeit vorher haftet der Ersatzverpflichtete auch dann nicht, wenn sie gegen den Erstverpflichteten nicht mehr vollstreckt werden können (vgl Rn 9). Wird die Rechtsverfolgung gegen den Erstverpflichteten wieder ohne erhebliche Erschwerung möglich, so entfällt die Ersatzhaftung. Das gilt – anders als im Falle des Abs 1 bei Leistungsunfähigkeit des Erstschuldners (Rn 9) – auch für Rückstände aus der Zeit, in der die Ersatzhaftung bestand. Denn die Verpflichtung des Erstschuldners hat während dieser Zeit fortbestanden (Rn 11), und zur Sicherstellung des Unterhalts des Bedürftigen (Rn 1) bedarf es der Inanspruchnahme des Ersatzverpflichteten nicht mehr. Auf der anderen Seite sollte dem

Ersatzverpflichteten die Vergünstigung des Anspruchsübergangs (Abs 2 S 2) weitergewährt werden, wenn er in Unkenntnis des Wegfalls der Voraussetzungen für die Ersatzhaftung den Unterhalt weiterhin leistet.

IV. Übergang des Unterhaltsanspruchs auf nachrangig unterhaltspflichtige Verwandte, Abs 2 S 2

1. Entstehungsgeschichte

Der 1. Entwurf zum BGB hatte die Frage, ob und inwieweit dem Ersatzverpflichteten ein Rückgriffsanspruch zustehen sollte, bewusst offen gelassen; ihre Entscheidung sollte der Wissenschaft und Praxis überlassen werden (E I § 1487; Mot IV 695). Die 2. Kommission hielt jedoch die in Betracht kommenden Ansprüche aus Geschäftsführung ohne Auftrag und aus ungerechtfertigter Bereicherung für zu unsicher. Sie empfahl daher, die Möglichkeit des Rückgriffs wenigstens insoweit zu gewähren, als der Berechtigte selbst einen Anspruch gegen den zunächst Verpflichteten gehabt habe. Dabei sei ein gesetzlicher Anspruchsübergang einem Abtretungsanspruch vorzuziehen. Ein allgemeiner Anspruch auf Ersatz der gewährten Leistungen gehe zu weit und sei auch unbillig, weil der Unterhaltspflichtige erst dann, wenn er etwas von seiner konkreten Unterhaltspflicht wisse, sein Leben danach einrichten könne (Prot IV 489; KROPHOLLER FamRZ 1965, 413, 416). Der Kommissionsvorschlag auf Übergang des Unterhaltsanspruchs ist dann Gesetz geworden. 25

2. Unterhaltsgewährung durch anderen Verwandten

Wenn der Anspruchsübergang nach der ursprünglichen Fassung des Abs 2 S 2 nur allgemein voraussetzte, dass anstelle des schwer zu belangenden Unterhaltspflichtigen „ein anderer Verwandter" den Unterhalt gewährte, war damit nicht irgendein anderer Verwandter gemeint, der dem Wortlaut nach nicht einmal unterhaltspflichtig zu sein brauchte (zB der Bruder des Bedürftigen). Vielmehr war aus dem Zusammenhang dieser Bestimmung mit Abs 2 S 1 und Abs 1 zu folgern, dass der Anspruch nur auf den Verwandten übergeht, der **aufgrund seiner Ersatzhaftung** den Unterhalt leistet (BGB-RGRK/MUTSCHLER Rn 6; MünchKomm/KÖHLER[3] Rn 6; HOLZHAUER, in: FS Wolf 223, 229). Dies hat das KindUG durch Einfügen des Zusatzes „nach Absatz 1 verpflichteter" klargestellt (BT-Drucks 13/7338, 21). 26

Die Bestimmung gilt auch für **Eltern**. Der Anspruch geht auf den Elternteil über, der Kindesunterhalt anstelle des schwer zu belangenden anderen Elternteils leistet. Bei bestehender Ehe soll sich nach der Rechtsprechung des BGH eine Einschränkung aus dem Grundgedanken des § 1360b BGB ergeben (vgl BGH NJW 1989, 2816 = FamRZ 1989, 850 zum familienrechtlichen Ausgleichsanspruch). Danach gelte § 1607 Abs 2 S 2 BGB nur, wenn der leistende Elternteil die Absicht hatte, von dem anderen Ersatz zu verlangen (BGHZ 50, 266, 270 = NJW 1968, 1780 = FamRZ 1968, 450 – zum familienrechtlichen Ausgleichsanspruch). Es besteht indessen kein hinreichender Grund, dem den Unterhalt leistenden Elternteil den gesetzlichen Ersatzanspruch zu versagen (kritisch bereits HOLZHAUER, in: FS Wolf 223, 230 ff; STAUDINGER/ENGLER [2000] Rn 26). Die Lage ist vergleichbar dem familienrechtlichen Ausgleichsanspruch (§ 1606 Rn 74). Im Übrigen wird in einem solchen Fall der leistende Elternteil regelmäßig die Absicht haben, Ersatz zu verlangen (vgl § 1606 Rn 74). 27

28 Für Unterhaltsleistungen an Stelle des **Vaters eines nichtehelichen Kindes** enthielt der frühere § 1615b BGB eine Sonderregelung. Das KindUG hat diese Bestimmung aufgehoben und in § 1607 Abs 3 BGB durch eine teils weiter, teils enger gefasste allgemeine Regelung des Forderungsübergangs auf einen nicht unterhaltspflichtigen Dritten, der anstelle eines Elternteils Unterhalt leistet, ersetzt (s dazu unten Rn 43 ff). Eine entsprechende Anwendung auf den Ehegattenunterhalt hat der BGH in der Vergangenheit abgelehnt (BGHZ 43, 1 – für den Fall der Unterhaltsgewährung bei nichtiger Ehe).

3. Anspruchsübergang

29 Der Anspruch des Unterhaltsberechtigten geht mit der Leistung durch den Ersatzverpflichteten unmittelbar kraft Gesetzes auf diesen über **(cessio legis)**. Der Unterhaltsanspruch erlischt zwar grundsätzlich durch Erfüllung (§§ 267, 362 BGB). Hier geht er aber statt zu erlöschen auf den Leistenden über. Zweck dieser Bestimmung ist, dem Ersatzverpflichteten einen Rückgriffsanspruch zu gewähren (Rn 25).

30 Bei **teilweiser Unterhaltsgewährung** durch den Ersatzverpflichteten geht der Anspruch nur in Höhe der gewährten Leistungen über. Wird der weitere Unterhalt durch einen anderen Ersatzverpflichteten gewährt (s Rn 11), so geht der Anspruch insoweit auf diesen über, der Unterhaltsanspruch wird also in mehrere rechtlich selbständige und voneinander unabhängige Forderungen zerlegt. Soweit der Unterhaltsanspruch auch vom Ersatzverpflichteten nicht erfüllt wird, verbleibt er beim Berechtigten und geht nach Abs 4 dem übergegangenen Teil vor (s Rn 55 f).

4. Der übergegangene Anspruch

a) Rechtsnatur

31 Der Gesetzgeber hat sich bewusst (Rn 25) für eine Legalzession entschieden. Dementsprechend hat der **Bundesgerichtshof** mehrfach ausgesprochen, dass die Rechtsnachfolge auf der Gläubigerseite den Charakter des Anspruchs als Unterhaltsanspruch nicht ändere (BGH FamRZ 2017, 900 Rn 13 ff zur Legalzession nach Abs 3; BGH VersR 1979, 375; NJW 1981, 1564 = DAVorm 1981, 377; FamRZ 1981, 657; NJW 1981, 2464 = FamRZ 1981, 758; NJW 1982, 515 = FamRZ 1982, 50; teilweise **aA** GERNHUBER/COESTER-WALTJEN[6] § 45 V Rn 57 mwNw; zu früher vertretenen abweichenden Ansätzen STAUDINGER/ENGLER [2000] Rn 29).

32 Auf die allgemeine dogmatische Einordnung des übergegangenen Anspruchs kommt es für die Rechtsanwendung nicht an. Entscheidend ist vielmehr, ob die zahlreichen materiellrechtlichen und prozessualen **Sondervorschriften** für Unterhaltsansprüche ihrem Sinn und Zweck nach auch für den übergegangenen Anspruch gelten. Das muss bei jeder Vorschrift gesondert geprüft werden.

b) Entsprechende Anwendung der Abtretungsvorschriften

33 Der Anspruchsübergang nach Abs 2 S 2 ist eine „Übertragung einer Forderung kraft Gesetzes" (Rn 29), auf die nach **§ 412 BGB** die Vorschriften der §§ 399 bis 404, 406 bis 410 BGB entsprechende Anwendung finden. Von Bedeutung sind insbesondere folgende Vorschriften:

– Nach **§ 401 Abs 1 BGB** gehen bestimmte Nebenrechte auf den neuen Gläubiger über. Die Vorschrift gilt entsprechend für Hilfsrechte, die der Durchsetzung der Forderung dienen. Deshalb geht der **Auskunftsanspruch** gegen den Erstverpflichteten nach § 1605 BGB ebenfalls über (§ 1605 Rn 4 mwNw, auch zur teils anderslautenden – aber zu § 1607 Abs 2 S 2 ausdrücklich offenlassenden – BGH NJW 1986, 1688 = FamRZ 1986, 568 – Rechtsprechung des BGH zum Anspruchsübergang im Sozialrecht).

- Nach § **401 Abs 2 BGB** kann auch der neue Gläubiger ein mit der Forderung für den Fall der Zwangsvollstreckung verbundenes Vorzugsrecht geltend machen. Das gilt für das **Pfändungsvorrecht** nach § 850d ZPO. Näheres dazu s Rn 37.

- Nach § **402 BGB** ist der Unterhaltsberechtigte verpflichtet, dem den Unterhalt gewährenden Verwandten die zur Geltendmachung des übergegangenen Anspruchs nötige **Auskunft** zu erteilen und ihm die zum Beweise des Anspruchs dienenden in seinem Besitz befindlichen **Urkunden** auszuliefern.

- Nach § **403 BGB** hat der Unterhaltsberechtigte dem neuen Gläubiger auf Verlangen eine öffentlich beglaubigte **Urkunde über den Anspruchsübergang** – zB den Empfang des Unterhalts – auszustellen, deren Kosten aber der neue Gläubiger zu tragen und vorzuschießen hat.

- Nach § **404 BGB** kann der Verpflichtete dem Rechtsnachfolger die **Einwendungen** entgegensetzen, die er zur Zeit des Anspruchsübergangs gegenüber dem Unterhaltsberechtigten hatte.

c) Verjährung

Zu den Einwendungen iSv § 404 BGB gehört die **Einrede der Verjährung** (§ 222 34
Abs 1 BGB; vgl Vorbem 95 ff zu §§ 1601 ff). Ansprüche auf laufenden Unterhalt unterliegen nach § 195 BGB der regelmäßigen Verjährung von drei Jahren (BGH FamRZ 2017, 900 Rn 11 mwNw). Nach § 199 Abs 1 BGB beginnt die regelmäßige Verjährungsfrist mit dem Schluss des Jahres, in dem der Anspruch entstanden ist und der Gläubiger von den anspruchsbegründenden Umständen und der Person des Schuldners Kenntnis erlangt hat oder ohne grobe Fahrlässigkeit hätte erlangen müssen (BGH FamRZ 2017, 900 Rn 12). Im Sinne des § 199 Abs 1 Nr 1 BGB ist ein Anspruch in dem Zeitpunkt „entstanden", in dem der Berechtigte den Anspruch erstmals geltend machen und notfalls Klage erheben kann, um die Hemmung der Verjährung zu erreichen (BGH FamRZ 2017, 900 Rn 13; NZG 2010, 1436, 1439 und NJW-RR 2000, 647, 648 mwNw).

Zur **Hemmung** der Verjährung von Ansprüchen zwischen Eltern und Kindern s 35
Vorbem 98 zu §§ 1601 ff.

d) Anwendbarkeit des § 1613

Nach § 1613 Abs 1 BGB kann der Berechtigte Unterhalt für die Vergangenheit nur 35a
von der Zeit an fordern, zu welcher der Verpflichtete in Verzug gekommen oder der Unterhaltsanspruch rechtshängig geworden ist. Diese Bestimmung **gilt auch für den übergegangenen Anspruch**, weil der Verpflichtete durch den Rechtsübergang nicht schlechter gestellt werden darf (Erman/Hammermann[14] Rn 17 mwNw). Dies entspricht der Auffassung des BGH, der auf den übergegangenen Anspruch grundsätzlich die Regelungen zum Unterhalt anwendet (zu anderen Tatbeständen der Legalzession vgl BGHZ

197, 326 = FamRZ 2013, 1202 Rn 16; BGHZ 74, 121, 125 = NJW 1979, 456 = FamRZ 1979, 1475; BGH NJW 1988, 2604 = FamRZ 1988, 387 sowie § 1606 Rn 74). Es genügt überdies, dass die Voraussetzungen des § 1613 BGB durch den Unterhaltsberechtigten begründet worden sind, wie es zu Beginn des Unterhaltszeitraums regelmäßig geschieht. Eine zweimalige Inverzugsetzung oder gerichtliche Geltendmachung, zunächst durch den Unterhaltsberechtigten und sodann durch den Ersatzverpflichteten, ist nicht erforderlich.

Dagegen früher erhobene **Bedenken**, dass bei einer Zulassung der Einwendung aus § 1613 BGB der Anspruchsübergang für den Berechtigten in den meisten Fällen bedeutungslos wäre, weil es dem Ersatzverpflichteten in der Regel nicht möglich sein werde, den Unterhaltspflichtigen in Verzug zu setzen (vgl Staudinger/Engler [2000] Rn 32 mwNw), dürften jedenfalls aufgrund der aktuellen Fassung der Norm nicht mehr veranlasst sein. Denn nach § 1613 Abs 2 Nr 2b BGB kann der Berechtigte für die Vergangenheit ohne die Einschränkung des § 1613 Abs 1 BGB Erfüllung für den Zeitraum verlangen, in dem er aus tatsächlichen Gründen, die in den Verantwortungsbereich des Unterhaltspflichtigen fallen, an der Geltendmachung des Unterhaltsanspruchs gehindert war.

36 Für die **uneingeschränkte Anwendung** des § 1613 Abs 1 BGB auf den nach § 1607 Abs 2 S 2 BGB übergegangenen Anspruch spricht zudem die Entstehungsgeschichte (Rn 23). In den Protokollen heißt es ausdrücklich, dass „ein Anspruch des Berechtigten gegen den Verpflichteten für die Vergangenheit nur nach Maßgabe des § 1492 BGB *[jetzt § 1613 Abs 1]* begründet sei und dem Leistenden ein Ersatzanspruch lediglich insoweit zustehe, als der Berechtigte einen Anspruch gehabt habe“ (Prot IV 490).

e) Weitergeltung des Pfändungsvorrechts

37 Nach §§ 120 Abs 1 FamFG, 850d Abs 1 ZPO kann das Arbeitseinkommen des Schuldners wegen der gesetzlichen Unterhaltsansprüche eines Verwandten über die in § 850c ZPO festgesetzten Grenzen hinaus gepfändet werden. Der BGH nimmt in anderen Fällen der Legalzession den Fortbestand dieses Vorrechts nach §§ 412, 401 Abs 2 BGB auch für den übergegangenen Anspruch an (BGHZ 202, 293 = FamRZ 2014, 1918; BGH FamRZ 2015, 657 – zu § 7 UVG; BGH NZFam 2015, 23 Rn 5 mwNw; BGH NJW 1986, 1688 = FamRZ 1986, 568; Zöller/Stöber, ZPO[31] § 850d Rn 4 mwNw; zum früheren Streitstand Staudinger/Engler [2000] Rn 34).

38 Das muss auch für den Übergang des Unterhaltsanspruchs nach § 1607 Abs 2 S 2 BGB gelten (Zöller/Stöber, ZPO[31] § 850d Rn 4). Denn es sprechen keine Gründe dafür, den Ersatzverpflichteten schlechter zu stellen als öffentliche Leistungsträger. § 850d ZPO dient zwar in erster Linie der Sicherstellung der Lebensbedürfnisse des Unterhaltsberechtigten, zu deren Befriedigung sich der Schuldner mehr als bei der Vollstreckung wegen anderer Forderungen einschränken muss. Der Anwendungsbereich des § 850d ZPO geht aber über diesen Zweck hinaus, indem er in Abs 1 S 4 auch Rückstände aus dem letzten Jahr vor dem Pfändungsantrag und – wenn sich der Schuldner seiner Zahlungspflicht absichtlich entzogen hat – sogar darüber hinaus einbezieht, die der Berechtigte zur Deckung seines laufenden Lebensbedarfs nicht benötigt. Der Schuldner soll demnach wegen der Unterhaltsbeträge, die er vor der Pfändung nicht gezahlt hat, nicht besser gestellt werden als wegen des laufenden

Unterhalts. Das trifft auch bei einem Anspruchsübergang nach § 1607 Abs 2 BGB zu. Der Ersatzverpflichtete hat nur deshalb einspringen müssen, weil der Erstschuldner schwer zu belangen war. Bei dem übergegangenen Anspruch handelt es sich im Zeitpunkt der Zwangsvollstreckung stets um Rückstände, weil der Ersatzverpflichtete den Anspruch erst nach der Gewährung des laufenden Unterhalts geltend machen kann. Ihm ist daher das Pfändungsvorrecht im Rahmen des § 850d Abs 1 S 4 ZPO ebenso einzuräumen wie dem Unterhaltsberechtigten. Der Schuldner ist sowohl durch die in dieser Bestimmung enthaltene Begrenzung als auch durch § 1613 BGB (s Rn 32 f) hinreichend geschützt.

Allerdings muss das Pfändungsvorrecht des übergegangenen Anspruchs in der **Rangordnung des § 850d Abs 2 ZPO** hinter die laufenden Unterhaltsansprüche anderer Berechtigter zurücktreten, weil der wichtigste Zweck des Vorrechts die Sicherstellung des laufenden Unterhaltsbedarfs ist (s § 850d Abs 1 S 2 ZPO). Diese Wirkung tritt schon dadurch ein, dass es sich bei den übergegangenen Ansprüchen um Rückstände handelt (Rn 35). Denn auch der rangbessere Gläubiger kann nicht verlangen, dass er wegen der Rückstände vor den laufenden Ansprüchen rangschlechterer Gläubiger befriedigt wird (Zöller/Stöber, ZPO[31] § 850d Rn 16 f). Wegen des Rangvorrechts nach § 1607 Abs 4 BGB s Rn 55 ff. 39

f) Anwendbarkeit anderer Sondervorschriften für Unterhaltsansprüche

Unterhaltsansprüche – auch Ansprüche auf rückständigen Unterhalt – sind nach § 850b Abs 1 Nr 2 ZPO **unpfändbar** und damit nach § 400 BGB **nicht abtretbar** (BGHZ 31, 210, 217, 218 = FamRZ 1960, 110, 112, 113). Zweck des Pfändungsschutzes ist es, Dritten den Zugriff auf die Forderung zu verwehren, um dem Unterhaltsberechtigten die Lebensgrundlage zu erhalten. Diese Fürsorge ist nicht mehr erforderlich, wenn der Berechtigte von einem anderen unterhalten wird und die Forderung auf diesen übergeht. Der **Pfändungsschutz entfällt** deshalb mit dem Anspruchsübergang, und die **Forderung wird abtretbar** (BGH NJW 1982, 515 = FamRZ 1982, 50; vgl BGHZ 197, 326 = FamRZ 2013, 1202 Rn 25; Erman/Hammermann[15] Rn 18). Auch die Rückabtretung des übergegangenen Anspruchs an den Unterhaltsberechtigten ist zulässig (vgl Schenker DAVorm 1986, 465, 469). Hat der **Stiefvater** anstelle des schwer zu belangenden Vaters dem Kinde Unterhalt gewährt, so kann das Kind bei der Geltendmachung seines laufenden Unterhaltsanspruchs gegen den Vater zugleich den Anspruch auf die Rückstände nach Abtretung durch den Stiefvater gerichtlich geltend machen. Dabei kommen auch insoweit die Vorschriften des § 1629 Abs 2 und 3 BGB über die Geltendmachung von Unterhaltsansprüchen zur Anwendung (BGH NJW 1982, 515 = FamRZ 1982, 50). 40

Ob aus den gleichen Gründen eine **Aufrechnung**, die gemäß § 394 BGB gegen unpfändbare Forderungen ausgeschlossen ist, gegen den übergegangenen Anspruch zulässig ist, ist allerdings fraglich (vgl BGHZ 197, 326 = FamRZ 2013, 1202 Rn 25, der dies etwa für die Legalzession nach § 33 SGB II oder § 94 SGB XII verneint). Danach ist die Frage, ob ein Aufrechnungsverbot im Rahmen des § 406 BGB zugunsten des Neugläubigers auch noch nach der Abtretung bzw nach einem gesetzlichen Übergang der Hauptforderung gilt, nach dem Zweck des Aufrechnungsverbots zu entscheiden (BGHZ 197, 326 = FamRZ 2013, 1202 Rn 16; BGHZ 35, 317, 327 = NJW 1961, 1966, 1968; BGHZ 95, 109, 117 = NJW 1985, 2820, 2822). Hier dürften mehr Gründe dafür sprechen, dass der Legalzessionar im Fall des § 1607 Abs 2 S 2 BGB mit dem Träger der Sozialhilfe oder der 41

Grundsicherung für Arbeitsuchende gleichzubehandeln ist (aA noch STAUDINGER/ENGLER [2000] Rn 38 mwNw).

Eine **Verpfändung** des Anspruchs, die nach § 1274 Abs 2 BGB bei unübertragbaren Rechten ausgeschlossen ist, ist dagegen entsprechend der Abtretung nach Anspruchsübergang zulässig (ERMAN/HAMMERMANN[14] Rn 17). Ein **Verzicht** auf den übergegangenen Anspruch ist insoweit ohne Weiteres möglich, als es sich um Unterhalt für die Vergangenheit und die Gegenwart handelt, für den das Verzichtsverbot des § 1614 Abs 1 BGB nicht gilt. Der Ersatzverpflichtete kann aber auch auf Ansprüche, die durch Weitergewährung des Unterhalts künftig auf ihn übergehen, verzichten, denn dem Zweck des § 1614 BGB – Sicherstellung des Lebensbedarfs des Berechtigten und Schutz der öffentlichen Sozialhilfe – wird durch die Gewährung des Unterhalts genügt (FRISINGER NJW 1972, 75).

5. Andere Ersatzansprüche

42 Soweit der Unterhaltsanspruch übergegangen ist, stehen dem Ersatzverpflichteten **keine schuldrechtlichen Ersatzansprüche** gegen den ersthaftenden Unterhaltsschuldner zu (heute hM: GERNHUBER/COESTER-WALTJEN § 45 V 4; KROPHOLLER FamRZ 1965, 413, 418). Ansprüche aus **Geschäftsführung ohne Auftrag** (§ 677 BGB) scheiden ebenso aus wie **Bereicherungsansprüche** (§ 812 BGB), weil mit § 1607 Abs 2 S 2 BGB eine speziellere gesetzliche Grundlage besteht. Ein **Ausgleichsanspruch nach § 426 BGB** kommt schon deswegen nicht in Betracht, weil zwischen der Erstverpflichtung und der Ersatzverpflichtung kein Gesamtschuldverhältnis iS der §§ 421 ff BGB besteht (Rn 11).

V. Übergang des Unterhaltsanspruchs auf nicht (mehr) unterhaltspflichtige Personen, Abs 3

43 Abs 3 sieht einen Forderungsübergang für bestimmte Fälle vor, in denen eine nicht (Abs 3 S 1) oder später rückwirkend nicht mehr (Abs 3 S 2) unterhaltspflichtige Person dem Kind Unterhalt leistet. Zu – vorerst gescheiterten – Reformbestrebungen im Hinblick auf die Reichweite des Anspruchs s Rn 3, 54. Von der Regelung des Abs 2 S 2 unterscheidet sich die Bestimmung in mehrfacher Hinsicht.

1. Der kraft Gesetzes übergehende Unterhaltsanspruch

44 Während sich die Abs 1 und 2 auf alle Unterhaltsansprüche unter Verwandten beziehen, gilt Abs 3 nur für den Unterhaltsanspruch **eines Kindes gegen einen Elternteil**. Da jetzt auch Ansprüche gegen die Mutter erfasst sind, geht die Vorschrift über die Regelung des durch das KindUG aufgehobenen § 1615b Abs 1 S 1 und Abs 2 BGB hinaus, wo bestimmt war, dass der Unterhaltsanspruch eines nichtehelichen Kindes gegen seinen Vater, soweit an dessen Stelle ein anderer unterhaltspflichtiger Verwandter, der Ehemann der Mutter oder der Scheinvater („ein anderer als Vater") dem Kind Unterhalt gewährte, auf diesen überging (STAUDINGER/EICHENHOFER [1997] Rn 18 ff). Zuvor hatte der durch das NEhelG aufgehobene § 1709 Abs 2 aF bestimmt, dass der Unterhaltsanspruch des Kindes gegen den Vater auf die Mutter oder die mütterlichen Verwandten überging, soweit die Mutter oder ein unterhalts-

pflichtiger mütterlicher Verwandter dem Kind Unterhalt gewährte (STAUDINGER/GÖPPINGER[10/11] § 1709 Rn 54 ff).

2. Der Erwerber der übergegangenen Forderung

45 Abs 3 sieht den Übergang der nicht vom unterhaltspflichtigen Elternteil erfüllten Forderung auf eine Person vor, die dem Kind nicht kraft Gesetzes zum Unterhalt verpflichtet ist; insoweit unterscheidet sich die Bestimmung von Abs 2 S 2 (s oben Rn 11). Sie soll „die Bereitschaft anderer Verwandter zur Unterstützung von Mutter und Kind fördern" (BT-Drucks 13/7338, 21).

Erwerber der Forderung kann sein:

46 **a)** ein nicht unterhaltspflichtiger Verwandter, also insbesondere Geschwister des Kindes oder eines seiner Elternteile,

47 **b)** der Ehegatte des unterhaltspflichtigen Elternteils, also der Stiefvater oder die Stiefmutter des Kindes. Beim Ehemann der Mutter kommt es nicht darauf an, ob er annimmt, er sei selbst der Vater,

48 **c)** ein Dritter, der dem Kind „als Vater" Unterhalt gewährt. Zu dieser Kategorie gehört ein nicht mit der Mutter verheirateter Mann nicht nur, wenn er die Vaterschaft anerkannt hat (§ 1592 Nr 2 BGB), wenn seine Vaterschaft nach § 1600d BGB gerichtlich festgestellt ist (§ 1592 Nr 3 BGB) oder wenn er nach §§ 1593, 1599 Abs 2 BGB als Vater gilt, solange nicht rechtskräftig festgestellt ist, dass er nicht der Vater ist (§§ 1599 Abs 1, 1600d BGB). Ein Mann leistet auch dann „als Vater", wenn er ohne Anerkennung oder gerichtliche Feststellung Unterhalt leistet, weil er irrtümlich annimmt, er sei der Vater (PALANDT/BRUDERMÜLLER[76] Rn 16). Die Einbeziehung dieser Fälle in die Regelung des Abs 3 S 2 ergibt sich schon daraus, dass das KindUG – wie aus der knappen Begründung des RegE (BT-Drucks 13/7338, 21) entnommen werden kann – den Kreis der Rückgriffsberechtigten offenbar nicht einschränken wollte (vgl STAUDINGER/EICHENHOFER [1997] § 1615b Rn 27 ff).

3. Ausschluss oder Erschwerung der Rechtsverfolgung gegen den unterhaltspflichtigen Elternteil

49 Der Übergang der Unterhaltsforderung auf eine Person, die anstelle des Elternteils Unterhalt leistet, findet nur statt, wenn dies „unter den Voraussetzungen des Absatzes 2 Satz 1" geschieht, wenn also die Rechtsverfolgung gegen den Elternteil im Inland ausgeschlossen oder erheblich erschwert ist (s oben Rn 14 ff). Ein Verwandter oder Stiefelternteil, der dem Kind freiwillig Unterhalt leistet, hat also nur dann die Möglichkeit, sich bei dem unterhaltspflichtigen Elternteil schadlos zu halten, wenn die Rechtsverfolgung gegen diesen ausgeschlossen oder erheblich erschwert war. Insoweit könnte die Begründung im RegE des KindUG missverstanden werden, wenn sie ohne Einschränkung sagt, Abs 2 sehe „bei Zahlungen auf freiwilliger Basis" einen Forderungsübergang vor (BT-Drucks 13/7338, 21).

50 Ob die Rechtsverfolgung gegen den „Vater" auch dann unmöglich ist, wenn die Vaterschaft eines nicht mit der Mutter verheirateten Mannes nicht anerkannt oder

gerichtlich festgestellt ist (§§ 1594 Abs 1, 1600d Abs 4 BGB), spielt keine Rolle. Denn in diesem Fall ist – abgesehen von den Fällen einer ausnahmsweisen Inzidentfeststellung (dazu Rn 52) – schon kein vorrangiger Anspruchsgegner vorhanden. In diesem Fall haften auch entfernte Verwandte nach Abs 2 S 1 ersatzweise nur nach der Mutter. Über die erhebliche Erschwerung der Rechtsverfolgung im Inland s oben Rn 19 ff.

4. Rechtsfolgen des Anspruchsübergangs, Auskunftsanspruch

51 Der übergegangene Anspruch der den Unterhalt ohne Rechtspflicht Leistenden entspricht dem nach Abs 2 S 2 übergegangenen Anspruch. So verhält es sich auch beim **Regress des Scheinvaters**, der gemäß § 1613 Abs 2 Nr 2a BGB rückwirkend ab der Geburt geltend gemacht werden kann. Dass der Unterhalt Leistende von seiner leiblichen Nichtvaterschaft weiß, steht dem Regressanspruch nicht entgegen (LG Bielefeld FamRZ 2006, 1149). Das ergibt sich schon daraus, dass er bis zur Rechtskraft der Vaterschaftsanfechtung gesetzlich zum Unterhalt verpflichtet ist (vgl § 1601 Rn 7 ff; § 1602 Rn 45).

52 Beim **Scheinvaterregress** nach Abs 3 S 2 ist Verfahrensgegenstand der – auf den Scheinvater übergegangene – gesetzliche Unterhaltsanspruch (§ 1601 BGB) des Kindes gegen seinen mutmaßlichen Erzeuger. Dieser kann aber unabhängig von der tatsächlichen Abstammung von vornherein nicht entstehen, wenn und solange ein anderer Mann aufgrund von § 1592 Nr 1 oder Nr 2 BGB als Vater des Kindes und damit als Unterhaltspflichtiger anzusehen ist. Erst nach rechtskräftiger Anfechtung der Vaterschaft steht rückwirkend auf den Zeitpunkt der Geburt des Kindes mit Wirkung für und gegen jeden (§ 184 Abs 2 FamFG) fest, dass das Kind nicht von dem Scheinvater abstammt. Gleichzeitig steht damit – ebenfalls rückwirkend auf den Zeitpunkt der Geburt – fest, dass der Scheinvater dem Kind gesetzlichen Kindesunterhalt nicht geschuldet und somit als „Dritter" im Sinne von § 1607 Abs 3 Satz 2 BGB geleistet hat (BGH FamRZ 2017, 900 Rn 14; vgl BGH FamRZ 2012, 437 Rn 16 ff).

53 Die **Verjährungsfrist** für gesetzliche Unterhaltsansprüche gegen den mutmaßlichen Erzeuger des Kindes kann deshalb frühestens am Schluss des Jahres beginnen, in dem die Entscheidung über die erfolgreiche Anfechtung der Vaterschaft rechtskräftig geworden ist (BGH FamRZ 2017, 900 Rn 14; vgl auch BGHZ 48, 361, 367 = FamRZ 1968, 76, 77 f zu § 1593 aF BGB). Für das Entstehen des Anspruchs ist zwar grundsätzlich auch die **Rechtsausübungssperre des § 1600d Abs 4 BGB** zu beachten. Anders liegt es jedoch, wenn von der Rechtsprechung ausnahmsweise eine inzidente Feststellung der Vaterschaft des Anspruchsgegners zugelassen wird (vgl § 1601 Rn 10). In diesen Fällen, in denen die Rechtsausübungssperre durch den Scheinvater im Regressverfahren durchbrochen werden kann, vermag § 1600d Abs 4 BGB indessen auch den Beginn der Verjährungsfrist in objektiver Hinsicht nicht zu beeinflussen. Denn soweit im Verhältnis zwischen dem Scheinvater und dem mutmaßlichen Erzeuger eine inzidente Feststellung der Vaterschaft als Klärung der Vorfrage der Unterhaltspflicht zulässig ist, kann § 1600d Abs 4 BGB kein rechtliches Hindernis für die gerichtliche Durchsetzung des übergegangenen Unterhaltsanspruchs darstellen. Es bleibt in diesen Fällen deshalb dabei, dass für den Beginn der Verjährung in objektiver Hinsicht nur auf die Rechtskraft der Entscheidung im Vaterschaftsanfech-

tungsverfahren abzustellen ist (BGH FamRZ 2017, 900 Rn 19; auch zur Kenntniserlangung durch den Gläubiger Rn 20).

Die zivilgerichtliche Rechtsprechung hatte bei Unkenntnis des Scheinvaters von der Person des Erzeugers dem Scheinvater einen **Auskunftsanspruch** gegen die Mutter eingeräumt (zuletzt BGH FamRZ 2014, 1440 Rn 13 mwNw). Hinsichtlich dieser auf § 242 BGB gestützten Rechtsprechung hat das **BVerfG** indessen entschieden, dass die gerichtliche Verpflichtung einer Mutter, zur Durchsetzung eines Regressanspruchs des Scheinvaters (§ 1607 Abs 3 BGB) Auskunft über die Person des mutmaßlichen Vaters des Kindes zu erteilen, die verfassungsrechtlichen Grenzen richterlicher Rechtsfortbildung überschreite, weil es hierfür an einer hinreichend deutlichen Grundlage im geschriebenen Recht fehle (BVerfGE 138, 377 = FamRZ 2015, 729; krit Neuner JZ 2016, 435). Dementsprechend fehlt es zur Zeit an einer gesetzlichen Anspruchsgrundlage für den Auskunftsanspruch. Der Scheinvater ist mithin darauf angewiesen, sich die notwendige Kenntnis anderweit zu verschaffen, um den gesetzlichen Regressanspruch geltend machen zu können. Ob dieser im Rahmen einer Novellierung unverändert bleibt oder seine Reichweite eingeschränkt wird (s Rn 3), ist eine andere, namentlich rechtspolitische Frage. 54

VI. Benachteiligungsverbot, Abs 4

1. Grundsatz

Die dem Schutz des Unterhaltsberechtigten dienende Bestimmung, dass der Anspruchsübergang nicht zu seinem Nachteil geltend gemacht werden kann (Abs 4), entspricht einem allgemeinen Rechtsgrundsatz bei Legalzessionen (zB §§ 268 Abs 3 S 2, 426 Abs 2 S 2, 774 Abs 1 S 2, 1164 Abs 1 S 2, 1176 BGB, § 86 Abs 1 S 2 VVG, § 7 Abs 3 S 2 UVG). Dieser Grundsatz wird aus dem im gemeinen Recht geltenden Satz **„nemo subrogat contra se"** hergeleitet (RGZ 82, 133, 135 f; Herpers AcP 166 [1966] 454; Staudinger/Bittner [2014] § 268 Rn 21 ff, § 255 Rn 39; Staudinger/Horn [2013] § 774 Rn 26). Er besagt, dass niemand einen anderen an die eigene Stelle treten lässt mit Wirkung gegen sich selbst (Liebs, Lateinische Rechtsregeln und Rechtssprichwörter[2] 134; Wacke JA 1980, 721; Zeising WM 2010, 2204). Der Unterhaltsgläubiger soll also nicht schlechter gestellt werden als er stünde, wenn der Schuldner selbst geleistet hätte. 55

2. Vorrangige Ansprüche

Eine Benachteiligung des Unterhaltsberechtigten kann eintreten, wenn der übergegangene Anspruch, der sonst erloschen wäre, mit einem eigenen Anspruch konkurriert und der Schuldner nicht in der Lage ist, beide Ansprüche zu erfüllen. In diesem Fall hat der Anspruch des Unterhaltsberechtigten **Vorrang** gegenüber dem übergegangenen Anspruch. Der Vorrang besteht aber nur für Unterhaltsansprüche, nicht für andere Forderungen des Unterhaltsberechtigten, denn das Benachteiligungsverbot dient der Sicherstellung seines Lebensbedarfs (vgl Herpers AcP 166 [1966] 454, 456 f; RGZ 136, 40, 43 f zu § 774; Staudinger/Bittner [2014] § 268 Rn 26). 56

Vorrangig ist der Restanspruch, der dem Unterhaltsberechtigten bei **teilweiser Erfüllung** seines Unterhaltsanspruchs durch den Ersatzverpflichteten verbleibt. Der Vorrang besteht ferner für Unterhaltsansprüche in der Zeit **nach Wegfall der Ersatz-**

verpflichtung (s Rn 22). Ist die **Rechtsverfolgung** gegen den Erstverpflichteten wieder ohne erhebliche Erschwerung möglich – und nur dann ist das Benachteiligungsverbot von Bedeutung –, so gehen die laufenden Unterhaltsansprüche des Berechtigten den Ersatzansprüchen des Dritten im Range vor. Der Vorrang greift insbesondere dann ein, wenn der Regresspflichtige hinsichtlich der aktuell bestehenden Unterhaltsansprüche nur eingeschränkt leistungsfähig ist (vgl KG FamRZ 2000, 441; OLG Koblenz FamRZ 1977, 68 zu § 1615b; s aber Rn 57 ff). Nach der weiten Fassung des Gesetzes werden schließlich auch Ansprüche auf **rückständigen Unterhalt** aus der Zeit vor Eintritt der Ersatzhaftung als vorrangig zu behandeln sein.

Das Rangvorrecht des Unterhaltsberechtigten besteht auch gegenüber etwaigen Ansprüchen des Ersatzverpflichteten aus **Geschäftsführung ohne Auftrag** und aus **ungerechtfertigter Bereicherung**, falls solche Ansprüche – entgegen der hM (s Rn 42) – bestehen sollten (vgl Göppinger/Wax/Kodal Rn 1602; MünchKomm/Richter[3] § 1584 Rn 6).

Die Vorschrift ist auf den **familienrechtlichen Ausgleichsanspruch** (§ 1606 Rn 73 f) entsprechend anwendbar (KG FamRZ 2000, 441; BGB-RGRK/Mutschler § 1606 Rn 28).

3. Durchführung des Benachteiligungsverbots

57 a) **Im Verhältnis zwischen Unterhaltsberechtigtem und Unterhaltsverpflichtetem** folgt aus dem Benachteiligungsverbot, dass der übergegangene Anspruch nicht als eine sonstige Verpflichtung des Schuldners iS von § 1603 Abs 1 BGB berücksichtigt werden darf (Gernhuber/Coester-Waltjen § 45 V 4; Erman/Hammermann[14] Rn 33). Der Unterhaltsschuldner kann sich also nicht darauf berufen, dass er wegen seiner Regresspflicht in seiner Leistungsfähigkeit beeinträchtigt sei.

58 **b)** Nach Auffassung von Engler (Staudinger/Engler [2000] Rn 51 f) muss das Benachteiligungsverbot auch im **Verhältnis zwischen Legalzessionar und Unterhaltsschuldner** berücksichtigt werden. Es stehe allerdings der gerichtlichen Geltendmachung des übergegangenen Anspruchs nicht entgegen. Denn der Unterhaltsberechtigte werde erst benachteiligt, wenn die Leistungsfähigkeit des Schuldners durch Zugriff auf seine Einkünfte oder sein Vermögen gemindert werde. Bei der Bestimmung des Abs 4 handele es sich also um ein **„Durchsetzungsvorrecht“**. Durch eine Verurteilung des Schuldners zur Zahlung an den Zessionar erleide der Unterhaltsberechtigte keinen unmittelbaren Nachteil. Die Erfüllung des Unterhaltsanspruchs werde aber durch die Erlangung eines Titels über die Ersatzforderung und damit einer jederzeitigen Zugriffsmöglichkeit auf die Einkünfte und das Vermögen des Schuldners gefährdet. Die Durchführung des Benachteiligungsverbots könne erst im Vollstreckungsverfahren sichergestellt werden, wenn die Möglichkeit bestehe, dass der Schuldner in der Lage ist, sowohl den laufenden Unterhalt des Kindes zu zahlen, als auch den auf den Dritten übergegangenen Anspruch zu befriedigen (Staudinger/Engler [2000] Rn 51 mwNw; vgl OLG Koblenz FamRZ 1977, 68). Wenn aber die Leistungsunfähigkeit des Verpflichteten deutlich zutage trete, sei die Schutzklausel des § 1607 Abs 4 BGB schon im Erkenntnisverfahren anzuwenden (ebenso KG FamRZ 2000, 441, 442).

59 Der **BGH** hat sich dem zur gleich gelagerten Frage in § 7 Abs 3 S 2 UVG angeschlossen. Er ist einen Schritt weitergegangen und hat eine Titulierung selbst durch

fehlende Leistungsfähigkeit des Unterhaltsschuldners nicht gehindert gesehen (BGH FamRZ 2006, 1664). Er hat dies damit begründet, dass andernfalls die berechtigten Interessen des Legalzessionars in einer Weise beeinträchtigt würden, die der Schutz des Unterhaltsberechtigten nicht gebiete. Der Legalzessionar müsse nach Beendigung der Unterhaltsverpflichtung seine Ansprüche erneut gerichtlich geltend machen und würde Gefahr laufen, dass inzwischen Verjährung eingetreten ist (BGH FamRZ 2006, 1664, 1666; zur Verjährung beim Scheinvaterregress vgl allerdings BGH FamRZ 2017, 900 sowie Rn 53). Dementsprechend hat das Benachteiligungsverbot nach der Rechtsprechung des BGH keinen Einfluss auf das Erkenntnisverfahren und ist erst in der **Zwangsvollstreckung** zu beachten (dazu vgl BGHZ 202, 293 = FamRZ 2014, 1918; FamRZ 2015, 657 mwNw).

Im Falle der **Insolvenz des Unterhaltsschuldners** ist die Geltendmachung familienrechtlicher Unterhaltsansprüche gegen den Schuldner durch § 40 InsO eingeschränkt. Diese Bestimmung gilt aber nur für Ansprüche „für die Zeit nach der Eröffnung" des Insolvenzverfahrens; der Unterhaltsgläubiger kann sie nur außerhalb des Insolvenzverfahrens geltend machen (vgl Vorbem 250 ff zu §§ 1601 ff). Die bis zur Eröffnung fällig gewordenen Ansprüche sind dagegen Insolvenzforderungen; sie sind beim Insolvenzverwalter anzumelden, in die Tabelle einzusetzen und zu prüfen. Dies gilt auch für Ansprüche, die nach § 1607 Abs 2 S 2 und Abs 3 BGB auf einen Dritten übergegangen sind. 60

Das Benachteiligungsverbot des Abs 4 steht der Geltendmachung eines übergegangenen Anspruchs als Insolvenzforderung nicht entgegen, weil der Anspruch des Unterhaltsgläubigers für die Zeit nach der Eröffnung des Insolvenzverfahrens, dem durch Abs 4 Vorrang vor dem übergegangenen Anspruch eingeräumt wird, wegen der Bestimmung des § 40 InsO mit dem übergegangenen Anspruch nicht konkurriert (vgl zur Rechtslage vor der Reform des Konkursrechts Staudinger/Kappe/Engler [1997] § 1607 Rn 44).

VII. Hinweise für das gerichtliche Verfahren

1. Antrag gegen den nachrangig haftenden Verwandten, Beweislast

Die Darlegungs- und Beweislast für die **Voraussetzungen der Ersatzhaftung** trifft wie in allen anderen Fällen auch den Unterhaltsberechtigten, der den subsidiär Haftenden in Anspruch nimmt (vgl BGH FamRZ 2006, 26, 30; Göppinger/Wax/Kodal[9] Rn 1667, kritisch hinsichtlich der vom BGH im Fall gestellten Anforderungen). 61

Bei gerichtlicher Inanspruchnahme des nachrangig haftenden Verwandten gem **Abs 1** muss der Antragsteller darlegen und im Bestreitensfall beweisen, dass der Vorrangige ganz oder teilweise leistungsunfähig ist (§ 1606 Rn 82 f mwNw). Ebenso muss im Falle der Ersatzhaftung nach **Abs 2 S 1** der Kläger die Hindernisse, die die Rechtsverfolgung im Inland ausschließen oder erheblich erschweren, darlegen und beweisen (Göppinger/Wax/van Els Rn 1949; Baumgärtel/Aps, Beweislast[3] § 1607 Rn 2). Dagegen braucht der Antragsteller in diesem Fall die Leistungsfähigkeit des Erstverpflichteten nicht darzulegen und nicht zu beweisen, weil der Antragsgegner bei Leistungsunfähigkeit des rangnäheren Verwandten nach Abs 1 haftet (oben Rn 22). 62

Macht der Ersatzverpflichtete geltend, der Erstschuldner erfülle trotz schwerer Belangbarkeit seine Unterhaltspflicht oder habe die Erfüllung in gehöriger Weise angeboten, so ist das ein vom Antragsgegner zu beweisender Einwand (RG JW 1901, 481; vgl auch Baumgärtel/Aps, Beweislast[3] § 1607 Rn 3; **aA** Staudinger/Engler [2000] Rn 54).

63 Beruft sich der Schuldner des Unterhaltsanspruchs im Unterhaltsverfahren gegen den erstrangig Haftenden auf den **Anspruchsübergang auf einen Dritten** und eine demzufolge fehlende Aktivlegitimation des Antragstellers (vgl OLG Nürnberg FamRZ 2015, 135), so muss er vor allem darlegen und beweisen, dass der Dritte zum Zweck der Tilgung des Unterhaltsanspruchs gezahlt hat, was bei freiwilliger Leistung im Zweifel nicht der Fall ist (vgl § 1602 Rn 42; § 1606 Rn 76).

2. Rechtsstreit über den übergegangenen Anspruch

64 Rechtsstreitigkeiten über übergegangene Unterhaltsansprüche „betreffen" die gesetzliche Unterhaltspflicht und sind als **Unterhaltssachen** iSv § 111 Nr 8 FamFG **Familiensachen** (und nach § 112 Nr 1 FamFG Familienstreitsachen; Vorbem 190 ff zu §§ 1601 ff). Demgemäß ist der besondere Gerichtsstand für Unterhaltssachen nach Art 3 EuUntVO auch für den übergegangenen Anspruch gegeben (vgl Vorbem 261 zu §§ 1601 ff; Kropholler FamRZ 1965, 413, 416 f; Hegmann FamRZ 1973, 435, 437).

65 Der Ersatzverpflichtete kann als Rechtsnachfolger einen vom Unterhaltsberechtigten gegen den vorrangig Haftenden erstrittenen Titel analog § 727 ZPO auf sich umschreiben lassen (vgl BGHZ 207, 15 = FamRZ 2015, 2150 – zu § 7 UVG).

§ 1608
Haftung des Ehegatten oder Lebenspartners

Der Ehegatte des Bedürftigen haftet vor dessen Verwandten. Soweit jedoch der Ehegatte bei Berücksichtigung seiner sonstigen Verpflichtungen außerstande ist, ohne Gefährdung seines angemessenen Unterhalts den Unterhalt zu gewähren, haften die Verwandten vor dem Ehegatten. § 1607 Abs 2 und 4 gilt entsprechend. Der Lebenspartner des Bedürftigen haftet in gleicher Weise wie ein Ehegatte.

Materialien: E I § 1484; II § 1503; III § 1586; Mot IV 689; Prot IV 485; Jakobs/Schubert §§ 1564–1921 256 ff; Planck, in: Schubert, Vorlagen der Redaktoren, Familienrecht II 319; BT-Drucks III/530, 25; 13/7338, 21.

Schrifttum

Bosch, Elterliche Unterhaltspflicht nach Heirat des ehelichen oder außerehelichen studierenden Kindes, FamRZ 1967, 159

Knorn, Der Unterhaltsanspruch des verheirateten Studenten gegen den Ehegatten und die Eltern, FamRZ 1966, 603.

Systematische Übersicht

Alphabetische Übersicht

I. Allgemeines

1. Inhalt der Bestimmung

1 § 1608 BGB regelt das Rangverhältnis zwischen der Unterhaltspflicht des Ehegatten oder Lebenspartners (seit 2001; im Folgenden auch beide als Ehegatten bezeichnet) und der Verwandtenunterhaltspflicht. Er ergänzt damit die Vorrangregelung des § 1606 BGB (s dort Rn 3). Der Ehegatte des Bedürftigen haftet, soweit er hierzu imstande ist, vor allen Verwandten. Das wird aus dem nahen Verhältnis zwischen den Ehegatten, der Enge der ehelichen Bindung (§ 1353 BGB) hergeleitet (Mot IV 689).

2. Entstehungsgeschichte

2 § 1608 BGB hatte ursprünglich einen zweiten Absatz, nach dem Abs 1 auch für einen geschiedenen unterhaltspflichtigen Ehegatten und in einem besonderen Eheaufhebungsfall galt. Dieser Absatz ist durch § 84 EheG v 6. 7. 1938 (RGBl I 807) aufgehoben worden, nachdem die Vorrangregelung für den geschiedenen unterhaltspflichtigen Ehegatten in das EheG übernommen worden war (§ 71 EheG 1938).

In Satz 2 ist durch Art 1 Nr 41 FamRÄndG v 11. 8. 1961 (BGBl I 1221) der frühere Ausdruck „standesmäßigen" durch das Wort „angemessenen" (Unterhalt) ersetzt worden.

Art 1 Nr 6 KindUG v 6. 4. 1998 (BGBl I 666) hat – ohne inhaltliche Änderung – den Wortlaut des Satzes 3 an die Änderung des § 1607 BGB (vgl § 1607 Rn 1) angepasst.

Satz 4 ist durch Art 2 Nr 9 G v 16. 2. 2001 (Gesetz zur Beendigung der Diskriminierung gleichgeschlechtlicher Gemeinschaften – Lebenspartnerschaften, BGBl I 266) mWv 1. 8. 2001 angefügt worden.

3. Geltungsbereich

3 **a)** Die Bestimmung kommt nur bei **bestehender Ehe** bzw **Lebenspartnerschaft** zur Anwendung. Das Rangverhältnis zwischen den Unterhaltspflichten des früheren Ehegatten/Lebenspartners und der Verwandten des Berechtigten ergibt sich nach Scheidung/Aufhebung aus § 1584 bzw § 16 S 2 LPartG, nach Aufhebung der Ehe aus § 1318 Abs 2 BGB.

4 **b)** Auf den Partner in einer **eheähnlichen Gemeinschaft** kann § 1608 BGB nicht entsprechend angewandt werden, weil dieser nicht gesetzlich unterhaltspflichtig ist (OLG Celle NJW 1993, 2880; zweifelnd OLG Hamm FamRZ 1981, 493 mAnm Bosch; zu den Unterschieden vgl auch BGH FamRZ 2010, 444 Rn 16 mwNw). Dass die Eheschließung etwa unterbleibt, um den Unterhaltsanspruch gegen die Verwandten (meist die Eltern) nicht zu verlieren, ändert daran nichts, führt insbesondere nicht – vergleichbar § 1579 Nr 2 BGB – zur Verwirkung des Verwandtenunterhalts (zu abweichenden früheren Ansätzen s Staudinger/Engler [2000] Rn 4; vgl auch § 1602 Rn 14). Durch das eheähnliche Zusammenleben mit einem leistungsfähigen Partner kann aber die Unterhaltsbedürftigkeit teilweise oder ganz entfallen (§ 1602 Rn 46).

II. Vorrangige Haftung des Ehegatten, Satz 1, oder Lebenspartners, Satz 4

1. Unterhaltspflicht des Ehegatten

Bei der Unterhaltspflicht der Ehegatten ist zu unterscheiden, ob sie zusammen oder 5
getrennt leben.

a) Zusammenlebende Ehegatten/Lebenspartner sind nach § 1360 BGB/§ 5 LPartG verpflichtet, zum **Familienunterhalt** beizutragen. Der Familienunterhalt umfasst alles, was zur gemeinsamen Lebensführung der Familie – einschließlich der gemeinsamen unterhaltsberechtigten Kinder – und zur Befriedigung der persönlichen Bedürfnisse der Familienangehörigen erforderlich ist (§ 1360a Abs 1 BGB/§ 5 S 2 LPartG). Die Beiträge der Ehegatten/Lebenspartner können in Geld, Sachleistungen – zB Überlassung der Wohnung – oder Dienstleistungen – zB Haushaltsführung, Kinderbetreuung, Hilfe im Geschäft des anderen Ehegatten – bestehen. Art und Umfang des von jedem Ehegatten/Lebenspartner geschuldeten Beitrags richten sich nach der Gestaltung der ehelichen/partnerschaftlichen Lebensverhältnisse und den darüber getroffenen Vereinbarungen (§ 1356 BGB). Die Beitragspflicht zusammenlebender Ehegatten ist zwar grundsätzlich nicht durch einen Selbstbehalt begrenzt (vgl allerdings BGHZ 210, 124 = FamRZ 2016, 1142). In Konkurrenzfällen bemisst der BGH aber den Anspruch wie den Anspruch auf nachehelichen Unterhalt und zieht als Orientierungshilfe § 1578 BGB heran (BGHZ 196, 21 = FamRZ 2013, 363 Rn 33 mwNw; BGHZ 186, 350 = FamRZ 2010, 1535 Rn 30). Das dürfte insbesondere in Anbetracht des S 2 für die Konkurrenz der Verpflichteten ähnlich gelten. Ist der Ehegatte in diesem Rahmen leistungsfähig, so besteht für den Anspruch auf Verwandtenunterhalt kein Raum (Rn 7).

b) Leben die Ehegatten/Lebenspartner getrennt, so schulden sie einander nach 6
§ 1361/§ 12 LPartG den nach ihren Lebensverhältnissen und Erwerbs- und Vermögensverhältnissen angemessenen Unterhalt. Auch dieser Anspruch wird im Wesentlichen entsprechend dem nachehelichen Unterhalt bemessen (Wendl/Bömelburg[9] § 4 Rn 60).

2. Vorrang

a) Bedeutung

Vorrangige Haftung des Ehegatten/Lebenspartners bedeutet, dass ein Unterhalts- 7
anspruch gegen Verwandte nicht besteht (s § 1606 Rn 5), soweit der Ehegatte/Lebenspartner des Bedürftigen den Unterhalt ohne Gefährdung seines eigenen angemessenen Unterhalts gewähren kann (S 2). Anders als beim Ehegattenunterhalt erlischt die Unterhaltspflicht nicht per se durch die Eheschließung (vgl § 1586 Abs 1 BGB), sondern nur abhängig von der Leistungsfähigkeit des Ehegatten (vgl OLG Koblenz FamRZ 2007, 653; Liceni-Kierstein, in: Rahm/Künkel, Familien- und Familienverfahrensrecht [74. Lieferung 02 2017] B. Kindesunterhalt Rn 747).

b) Unterhaltspflicht der Eltern

Die Unterhaltspflicht der Eltern endet also grundsätzlich mit der Eheschließung des 8
Kindes (MünchKomm/Born[7] Rn 3: Das Kind liegt den Eltern nicht mehr „auf der Tasche"). Das gilt auch dann, wenn die Eltern dem Kinde einen höheren Unterhalt gewähren

könnten, als ihn der Ehegatte/Lebenspartner leisten kann. Denn die Lebensstellung des Bedürftigen, von der das Maß des Unterhalts abhängt (§ 1610 Abs 1 BGB), bestimmt sich zwar bei wirtschaftlich abhängigen Kindern nach der Lebensstellung der Eltern. Dagegen sind nach der Eheschließung die ehelichen Lebensverhältnisse maßgebend (vgl auch § 1603 Rn 100 f).

c) Ausbildungsunterhalt

9 Auch einen Ausbildungsunterhalt nach § 1610 Abs 2 BGB brauchen die Eltern nach der Eheschließung des Kindes grundsätzlich nicht mehr zu leisten. Zwar sind die Kosten für die Ausbildung eines Ehegatten in § 1360a Abs 1 BGB nicht ausdrücklich als Bestandteil des Familienunterhalts erwähnt. Ob diese dennoch Bestandteil des Familienunterhalts/Partnerschaftsunterhalts sein kann (vgl Staudinger/Voppel [2012] § 1360a Rn 27; MünchKomm/Weber-Monecke[7] § 1360a Rn 8), spielt aber für den Vorrang nach § 1608 BGB keine Rolle. Denn unzweifelhaft decken der Ehegatten- wie Verwandtenunterhalt jedenfalls prinzipiell den gesamten Lebensbedarf ab. Ist das Kind also verheiratet oder verpartnert und ist der Ehegatte/Lebenspartner leistungsfähig, so scheidet ein Anspruch auf Verwandtenunterhalt aus. Anders kann es sein, wenn sich der Ehegatte selbst noch in der Ausbildung befindet und deshalb nicht leistungsfähig ist (OLG Hamburg FamRZ 1989, 95; vgl auch OLG Koblenz FamRZ 2007, 653).

III. Vorrangige Haftung der Verwandten, Satz 2

1. Bedeutung der Bestimmung

10 An die Stelle der vorrangigen Haftung des Ehegatten des Bedürftigen tritt nach S 2 eine vorrangige Haftung der Verwandten, soweit der Ehegatte durch die Gewährung des Unterhalts seinen eigenen angemessenen Unterhalt gefährden würde. Diese Pflichten des Ehegatten treten aber – ähnlich wie die gesteigerte Unterhaltspflicht der Eltern gegenüber ihren unverheirateten minderjährigen Kindern (§ 1603 Abs 2 BGB) – zurück, wenn ein unterhaltspflichtiger Verwandter vorhanden ist. Der Ehegatte braucht dann nur so viel zu leisten, wie er ohne Gefährdung seines eigenen angemessenen Unterhalts gewähren kann (anders nur RG JW 1904, 176: nicht haftbar). Den restlichen Unterhalt des Bedürftigen muss der Verwandte zahlen. Soweit leistungsfähige Verwandte nicht vorhanden sind oder den (restlichen) Unterhalt nicht voll erbringen können, bleibt die Unterhaltspflicht des Ehegatten bestehen.

2. Verhältnis zum Familienunterhalt

11 Die Vorrangregelung des Satzes 2 geht von einer unmittelbaren Unterhaltspflicht eines Ehegatten gegenüber dem anderen aus, wie sie vor Einführung des Familienunterhalts durch das GleichberG auch allgemein bestand und beim Trennungsunterhalt heute noch besteht. Beim Familienunterhalt ist jedoch der Unterhalt des Ehegatten Teil eines Gesamtbedarfs, zu dem beide Ehegatten Beiträge leisten müssen (Rn 5). Deshalb muss für die Feststellung des eigenen Unterhalts des leistungspflichtigen Ehegatten und des Unterhaltsbedarfs des anderen Ehegatten der Gesamtbedarf der Familie in die Lebensbedürfnisse der einzelnen Familienmitglieder, zu denen auch die gemeinsamen unterhaltsberechtigten Kinder gehören, aufgeteilt werden (vgl Rn 5). Bei kinderlosen Ehen kann dazu der **finanzielle Gesamtbedarf** – nur insoweit kommt eine Unterhaltspflicht der Verwandten in Betracht – grund-

sätzlich halbiert werden. Sind Kinder vorhanden, ist auch ihr Bedarf anteilig zu berücksichtigen (s auch Rn 13).

3. Gefährdung des eigenen angemessenen Unterhalts

Wegen der Gefährdung des eigenen angemessenen Unterhalts und der Berücksichtigung sonstiger Verpflichtungen wird zunächst auf die Erläuterungen zu der gleichlautenden Bestimmung des § 1603 Abs 1 BGB (dort Rn 126 ff, 98 ff) verwiesen. 12

Zu beachten ist, dass für die **Angemessenheit** des Unterhalts von Ehegatten ihre gemeinsamen Lebensverhältnisse und ihre gemeinsamen Erwerbs- und Vermögensverhältnisse maßgebend sind (§§ 1360a Abs 1, 1361 Abs 1 BGB). Die geringere Leistungsfähigkeit eines Ehegatten wirkt sich damit auf die Angemessenheit des Unterhalts beider Ehegatten aus (vgl Klinkhammer FamRZ 2010, 1777, 1782). Dem unterhaltspflichtigen Ehegatten muss aber für seinen eigenen angemessenen Unterhalt so viel verbleiben, wie ihm nach § 1603 Abs 1 BGB gegenüber einem unterhaltsberechtigten Verwandten zusteht. Ihm ist also der sog **Ehegattenselbstbehalt** zu belassen (BGHZ 210, 124 = FamRZ 2016, 1142; MünchKomm/Born[7] Rn 7; anders noch Staudinger/Engler [2000] Rn 12 mwNw: „großer Selbstbehalt"). Ist bei der Aufteilung des Familienunterhalts unter den Familienangehörigen (Rn 11) der auf ihn entfallende Betrag geringer, so tritt die vorrangige Haftung der Verwandten des anderen Ehegatten ein.

Inwieweit als **sonstige Verpflichtungen** iS von § 1608 S 2 BGB **Unterhaltspflichten** gegenüber Verwandten zu berücksichtigen sind, richtet sich zunächst nach § 1609 BGB. Da der Ehegatte zusammen mit den unverheirateten minderjährigen Kindern allen anderen Bedürftigen vorgeht, werden Unterhaltspflichten gegenüber volljährigen oder verheirateten Kindern und anderen Verwandten bei der Feststellung der Leistungsfähigkeit des unterhaltspflichtigen Ehegatten nicht angerechnet. Dagegen müssen die Unterhaltspflichten gegenüber den gleichrangigen unverheirateten minderjährigen und privilegiert volljährigen Kindern berücksichtigt werden (Münch Komm/Born[7] Rn 8). 13

4. Haftung der Verwandten

Welcher Verwandte unterhaltspflichtig ist, ergibt sich aus §§ 1606 und 1607 BGB. 14 Der Verwandte erfüllt durch die Gewährung des Unterhalts nach S 2 eine **eigene Verbindlichkeit**, ein Ersatzanspruch gegen den Ehegatten des Bedürftigen steht ihm daher nicht zu (§ 1607 Rn 6).

Die vorrangige Unterhaltspflicht des Verwandten besteht in dem **Umfang**, in dem 15 der Ehegatte durch Gewährung des Unterhalts seinen eigenen angemessenen Unterhalt gefährden würde. Auszugehen ist also von der Unterhaltspflicht des Ehegatten/Lebenspartner (Palandt/Brudermüller Rn 3; MünchKomm/Köhler Rn 9). Deshalb ist die **Erwerbsobliegenheit** des Bedürftigen im Verhältnis zu den Verwandten mindestens ebenso streng wie gegenüber den Ehegatten (BGB-RGRK/Mutschler Rn 4). Sie kann strenger sein, wenn der Bedürftige durch die Aufgaben, die er seinem Ehegatten gegenüber übernommen hat (§ 1356 BGB), nicht ausgelastet ist.

16 Auch bei einer **Herabsetzung des Unterhaltsanspruchs** gegen den Ehegatten **aus Billigkeitsgründen** nach § 1361 Abs 3 BGB (12 S 2 LPartG) besteht kein weitergehender Anspruch gegen den Verwandten. Bei Leistungsfähigkeit des Ehegatten ergibt sich das aus dem in § 1608 BGB zum Ausdruck gelangten Rechtsgrundsatz, dass Verwandte zu Unterhaltsleistungen nicht herangezogen werden sollen, solange der Ehegatte leistungsfähig ist (BGHZ 41, 104, 113 = NJW 1964, 1129). Aber auch bei Leistungsunfähigkeit des Ehegatten geht die Haftung des Verwandten nicht weiter als die des leistungsunfähigen Ehegatten. Der Bedürftige darf aus der Leistungsunfähigkeit seines Ehegatten keinen Vorteil erlangen. Einer entsprechenden Anwendung des § 1611 Abs 3 BGB, aus der dieses Ergebnis meist hergeleitet wird (Beckmann FamRZ 1983, 863, 865; MünchKomm/Köhler[3] § 1611 Rn 13; **aA** Göppinger/Kindermann[5] Rn 1238), bedarf es dazu nicht. Es folgt vielmehr aus der Begrenzung der Haftung der Verwandten auf den ehelichen Unterhaltsanspruch.

IV. Ausschluss oder Erschwerung der Rechtsverfolgung, S 3

17 Nach den gemäß S 3 entsprechend anzuwendenden Vorschriften des § 1607 Abs 2 BGB und 4 haften die Verwandten auch dann vor dem Ehegatten, wenn, was selten vorkommen wird, die Rechtsverfolgung gegen den Ehegatten im Inland ausgeschlossen oder erheblich erschwert ist. Soweit der Verwandte den Unterhalt gewährt, geht der Anspruch des Berechtigten gegen seinen Ehegatten auf den Verwandten über (§ 1607 Abs 2 S 2 BGB). Der Übergang darf aber nicht zum Nachteil des Unterhaltsberechtigten geltend gemacht werden (§ 1607 Abs 4 BGB). Insoweit bestehen im Falle des § 1608 S 3 BGB keine Besonderheiten, sodass auf die Erläuterungen zu § 1607 Abs 2 BGB verwiesen werden kann.

V. Hinweise für das gerichtliche Verfahren, Beweislast

1. Unterhaltsantrag gegen den Ehegatten/Lebenspartner

18 Will ein Ehegatte eine Begrenzung seiner Unterhaltspflicht gemäß S 2 geltend machen, so muss er darlegen und beweisen, dass er durch die Gewährung des Unterhalts seinen eigenen angemessenen Unterhalt gefährden würde und dass ein nach § 1601 BGB unterhaltspflichtiger Verwandter des bedürftigen Ehegatten vorhanden ist. Die Darlegungs- und Beweislast für fehlende oder eingeschränkte Leistungsfähigkeit des Verwandten obliegt dem unterhaltsberechtigten Ehegatten (RGZ 57, 69, 76 zu § 1603 Abs 2; RGZ 67, 57, 60; OLG Zweibrücken FamRZ 1987, 590; OLG Köln FamRZ 1990, 54; Baumgärtel/Laumen/Pruskowski, Handbuch der Beweislast § 1608 Rn 2; s auch § 1606 Rn 81 f mwNw).

2. Unterhaltsantrag eines Ehegatten gegen seinen Verwandten

19 Verlangt ein Ehegatte von seinem Verwandten Unterhalt gemäß S 2, so muss er darlegen und beweisen, dass der andere Ehegatte außerstande ist, ohne Gefährdung seines angemessenen Unterhalts den Unterhalt zu gewähren (§ 1606 Rn 82 mwNw; OLG Hamm FamRZ 1996, 116; OLG Oldenburg FamRZ 1991, 1090 = NJW-RR 1992, 261; Baumgärtel/Laumen/Pruskowski, Handbuch der Beweislast § 1608 Rn 1). Verlangt er Unterhalt gemäß S 3, so obliegt ihm die Darlegungs- und Beweislast, dass die Rechtsverfolgung gegen den anderen Ehegatten im Inland ausgeschlossen oder wesentlich erschwert ist

(§ 1607 Rn 62 mwNw). Sache des Verwandten ist es dann, darzutun und zu beweisen, dass er ebenfalls den Unterhalt ohne Gefährdung seines eigenen angemessenen Unterhalts nicht leisten kann (§ 1603 Rn 2, 385 f).

3. Rechtsstreit über den übergegangenen Anspruch

Insoweit wird auf die Erläuterungen zu § 1607 Abs 2 S 2 BGB verwiesen (dort Rn 64 f). Streitigkeiten über übergegangene Unterhaltsansprüche gegen den Ehegatten sind als Unterhaltssachen iSv § 111 Nr 8 FamFG (§ 112 Nr 1 FamFG: Familienstreitsachen; Vorbem 190 ff zu §§ 1601 ff). **20**

§ 1609
Rangfolge mehrerer Unterhaltsberechtigter

Sind mehrere Unterhaltsberechtigte vorhanden und ist der Unterhaltspflichtige außerstande, allen Unterhalt zu gewähren, gilt folgende Rangfolge:

1. **minderjährige Kinder und Kinder im Sinne des § 1603 Abs 2 Satz 2,**

2. **Elternteile, die wegen der Betreuung eines Kindes unterhaltsberechtigt sind oder im Fall einer Scheidung wären, sowie Ehegatten und geschiedene Ehegatten bei einer Ehe von langer Dauer; bei der Feststellung einer Ehe von langer Dauer sind auch Nachteile im Sinne des § 1578b Abs 1 Satz 2 und 3 zu berücksichtigen,**

3. **Ehegatten und geschiedene Ehegatten, die nicht unter Nummer 2 fallen,**

4. **Kinder, die nicht unter Nummer 1 fallen,**

5. **Enkelkinder und weitere Abkömmlinge,**

6. **Eltern,**

7. **weitere Verwandte der aufsteigenden Linie; unter ihnen gehen die Näheren den Entfernteren vor.**

Materialien: E I § 1483; II § 1504; III § 1587; Mot IV 688; Prot IV 485, 530; VI 291; Jakobs/Schubert §§ 1564–1921 253; Planck, in: Schubert, Vorlagen der Redaktoren, Familienrecht II 305; BT-Drucks V/2370, 4, 40; KindUG vom 6. 4. 1998 Art 1 Nr 7; BT-Drucks 13/7338, 22; BT-Drucks 16/1830, 22; BT-Drucks 16/6980, 10.

Schrifttum

Brühl, Verfassungswidrige Benachteiligung volljähriger Kinder, FamRZ 1982, 985

Büttner, Zur Mangelverteilung im Unterhaltsrecht, NJW 1987, 1855

Christian, Die Berechnung und Geltendmachung des Mangels im Unterhaltsrecht, DAVorm 1984, 523

Gutdeutsch, Unterhaltsberechnung in Mangelfällen, FamRB 2009, 14
ders, Rangverhältnisse und Mangelfall, FuR 2008, 157
Deisenhofer, Der Unterhalt des minderjährigen Kindes beim Mangelfall, FamRZ 1987, 885
Duderstadt, Unterhaltsrechtliche Mangelfälle, FamRZ 1987, 548
Frenz, Die neuere Rechtsprechung zum Ehegatten- und Kindesunterhalt im Lichte des Verfassungsrechts, NJW 1993, 1103
Gerhardt, Zum Rangverhältnis von Unterhaltsansprüchen von Kindern und Ehegatten, FamRZ 2005, 1158
Graba, Zur Unterhaltsberechnung im Mangelfall, FamRZ 1989, 232
Hohloch, Der unterhaltsrechtliche Rang minderjähriger und ihnen gleichstehender Kinder, FPR 2005, 486
Klinkhammer, Die Rangfolge der Unterhaltsansprüche in der gesetzlichen Entwicklung, FamRZ 2007, 1205
ders, Berechnungen zur Unterhaltsreform 2007, FF 2007, 13
Oelkers/Kraeft, Der Mangelfall im Spiegel der Leitlinien der Oberlandesgerichte – eine kritische Bestandsaufnahme, FamRZ 1999, 1476
Peschel-Gutzeit, Das Rangverhältnis im Unterhaltsrecht – Ein gerechtes System?, FPR 2002, 169
Roth-Stielow, Verfassungswidrige Unterhaltsbenachteiligung volljähriger Kinder, ZBlJugR 1982, 331
Reinken, Rechtsprechung und Diskussionsstand zur Mangelfallberechnung nach neuem Recht, FPR 2009, 111
ders, Die Rangfolgenregelung nach neuem Recht mit Berechnungsbeispielen für den Mangelfall, FPR 2008, 9
Schürmann, Kinder – Eltern – Rang, Die neue Rangordnung nach dem Unterhaltsrechtsänderungsgesetz, FamRZ 2008, 313
Spangenberg, Rangverhältnisse und Solidarität im Unterhaltsrecht, ZKJ 2011, 55
Willutzki, Die neue Rangfolge im Unterhaltsrecht – ein Beitrag pro Reform, FPR 2005, 505.

Systematische Übersicht

Alphabetische Übersicht

I. Entstehungsgeschichte

Die ursprüngliche Fassung des **§ 1609 Abs 2 S 2 BGB** ist durch § 22 der 1. DVO zum Ehegesetz vom 27. 7. 1938 (RGBl I 923) dahin geändert worden, dass die Unterhaltsansprüche nach Aufhebung der Ehe den Ansprüchen des geschiedenen Ehegatten gleichgestellt wurden. § 22 der 1. DVO EheG ist zwar durch Art 9 Abschn I Abs 2 Nr 11 FamRÄndG vom 11. 8. 1961 (BGBl I 1221) aufgehoben worden, die Änderung blieb aber in Kraft (Massfeller StAZ 1961, 301, 304). 1

Abs 1 wurde durch Art 1 Nr 12 NEhelG mit Wirkung ab 1. 7. 1970 neu gefasst. Die 2 nichtehelichen Kinder, die nunmehr unterhaltsrechtlich den ehelichen Kindern gleichgestellt waren (§ 1601 Rn 5), wurden in die Regelung der Rangverhältnisse einbezogen. Dabei wurde die frühere Anknüpfung der Rangfolge an die gesetzliche Erbfolge durch eine neue selbständige Rangordnung ersetzt. Mittelbar ist die Bestimmung ferner dadurch geändert worden, dass der Eintritt der Volljährigkeit durch Art 1 Nr 1 VolljkG v 31. 7. 1974 (BGBl I 1713) mit Wirkung ab 1. 1. 1975 vom 21. auf das 18. Lebensjahr herabgesetzt worden ist (§ 2 BGB).

Das KindUG erweiterte den Kreis der bei der Rangfolge bevorzugten minderjährigen Kinder um die Kinder im Sinne des neuen § 1603 Abs 2 S 2 BGB, also um volljährige unverheiratete Kinder bis zur Vollendung des 21. Lebensjahres, solange sie im Haushalt der Eltern oder eines Elternteils leben und sich in der allgemeinen Schulausbildung befinden.

3 Eine grundlegende Änderung erfuhr die Regelung durch das **Unterhaltsrechtsänderungsgesetz vom 21. 12. 2007** (BGBl I 3189; Vorbem 45 zu §§ 1601 ff). Das bisherige Rangsystem, das sich aus dem Gefüge der damaligen §§ 1582, 1609, 1615l Abs 3 S 2, 3 BGB und § 16 Abs 2 LPartG ergab, ist aufgelöst worden. Es war nicht widerspruchsfrei. Besonders misslich war, dass es zwischen Ehegatten- und Kindesunterhalt zu relativen Rangverhältnissen führte (BGHZ 104, 158 = FamRZ 1988, 705; BGHZ 162, 384 = FamRZ 2005, 1154). Statt dessen ist die Rangordnung nunmehr explizit in Rangstufen von 1 bis 7 niedergelegt worden und befindet sich mit § 1609 BGB in einer einzigen Norm. In diese ist erstmals der Unterhalt des nicht verheirateten Elternteils nach § 1615l Abs 2 S 2, Abs 4 BGB einbezogen worden, und zwar gleichgestellt mit kinderbetreuenden Ehegatten und Ehegatten nach Ehe von langer Dauer in der vorderen Rangstufe Nr 2 (zu den Hintergründen Klinkhammer FamRZ 2007, 1205, 1209, 1211). Nicht einbezogen wurde lediglich der Unterhalt von Lebenspartnern, für den aber § 1609 BGB kraft ausdrücklicher Bestimmung in §§ 5 S 2, 12 S 2, 16 S 2 LPartG jeweils entsprechend gilt.

Kernstück der Reform war indessen der **Vorrang der Kinder**, soweit diese minderjährig oder privilegierte Volljährige sind Insbesondere minderjährige Kinder werden zudem durch den in ihrem Interesse dem betreuenden Elternteil eingeräumten 2. Rang des Betreuungsunterhalts mittelbar begünstigt (vgl zur früheren Rechtslage noch mit deutlich anderer Gewichtung BGH FamRZ 2007, 1081 und dazu Klinkhammer FamRZ 2007, 1205, 1210).

4 Die **rechtspolitische Kritik** an der zum 1. 1. 2008 in Kraft getretenen Neuregelung setzt an der geänderten Unterhaltsverteilung zwischen Ehegatten- und Kindesunterhalt (Schwab FamRZ 2005, 1417, 1422) oder an deren steuerlichen Folgen an (so Borth FamRZ 2006, 813, 817; Kirchhof FamRZ 2007, 241, 246; MünchKomm/Born[7] Rn 13 f; vgl hierzu auch Klinkhammer FF 2007, 13). Auch wird auf Nachteile im Rahmen der Zwangsvollstreckung hingewiesen (juris-PK/Viefhues Rn 23; vgl allgemein auch Hohloch FPR 2005, 486, 489 ff). Die neue Rangregelung genießt demgegenüber jedenfalls den Vorzug, schwere gesetzliche Widersprüche der Vergangenheit (Rn 3) beseitigt zu haben und ein im Wesentlichen an der **Schutzbedürftigkeit der Unterhaltsberechtigten** orientiertes System einigermaßen konsequent durchzuhalten. Schließlich trägt sie im Kontrast zu den noch sehr dem Leitbild der Hausfrauenehe verhafteten Vorstellungen der Eherechtsreform 1977 (vgl dazu Klinkhammer FamRZ 2007, 1205, 1208 f mwNw) der gesell-

schaftlichen Entwicklung Rechnung. Dabei vernachlässigt sie die Gesichtspunkte der nachehelichen Solidarität als Nachwirkung der Ehe und des Vertrauensschutzes (lange Ehedauer, ehebedingte Nachteile) nicht, auch wenn die Neuregelung in diesem Punkt als typische Kompromissregelung gesetzgebungstechnisch fragwürdig ist (s Rn 34 ff).

Die durch das Unterhaltsrechtsänderungsgesetz vom 21. 12. 2007 (BGBl I 3189) ge- 5
genüber dem bis 31. 12. 2007 geltenden Recht herbeigeführte **Änderung der Rangfolge** bezieht sich nur auf die in § 1609 Nr 1 bis 3 BGB aufgeführten Unterhaltsberechtigten. Die in § 1609 Nr 4 bis 7 BGB enthaltene weitere Rangfolge entspricht der früheren Rechtslage (vgl BT-Drucks 16/1830, 24).

Fassung von § 1609 BGB und § 1582 BGB vor Inkrafttreten des Unterhaltsrechtsänderungsgesetzes vom 21. 12. 2007:

§ 1609 Rangverhältnisse mehrerer Bedürftiger

(1) Sind mehrere Bedürftige vorhanden und ist der Unterhaltspflichtige außerstande, allen Unterhalt zu gewähren, so gehen die Kinder im Sinne des § 1603 Abs 2 den anderen Kindern, die Kinder den übrigen Abkömmlingen, die Abkömmlinge den Verwandten der aufsteigenden Linie und unter den Verwandten der aufsteigenden Linie die näheren den entfernteren vor.

(2) Der Ehegatte steht den Kindern im Sinne des § 1603 Abs 2 gleich; er geht anderen Kindern und den übrigen Verwandten vor. Ist die Ehe geschieden oder aufgehoben, so geht der unterhaltsberechtigte Ehegatte den anderen Kindern im Sinne des Satzes 1 sowie den übrigen Verwandten des Unterhaltspflichtigen vor.

§ 1582 Rangverhältnisse mehrerer Unterhaltsbedürftiger

(1) Bei Ermittlung des Unterhalts des geschiedenen Ehegatten geht im Falle des § 1581 der geschiedene Ehegatte einem neuen Ehegatten vor, wenn dieser nicht bei entsprechender Anwendung der §§ 1569 bis 1574, § 1576 und des § 1577 Abs 1 unterhaltsberechtigt wäre. Hätte der neue Ehegatte nach diesen Vorschriften einen Unterhaltsanspruch, geht ihm der geschiedene Ehegatte gleichwohl vor, wenn er nach § 1570 oder nach § 1576 unterhaltsberechtigt ist oder die Ehe mit dem geschiedenen Ehegatten von langer Dauer war. Der Ehedauer steht die Zeit gleich, in der ein Ehegatte wegen der Pflege oder Erziehung eines gemeinschaftlichen Kindes nach § 1570 unterhaltsberechtigt war.

(2) § 1609 bleibt im Übrigen unberührt.

Durch das *Gesetz zur Bekämpfung von Kinderehen* vom 17. 7. 2017 (BGBl I 2429) ist 6
in Nr 1 das Merkmal „unverheiratete“ gestrichen worden.

II. Regelungsinhalt und ergänzende Vorschriften

Während §§ 1606 bis 1608 BGB das Rangverhältnis mehrerer Unterhaltspflichtiger 7
regeln, die einem Bedürftigen gegenüberstehen, regelt § 1609 BGB den Fall, dass

mehrere Bedürftige von einem Pflichtigen unterhalten werden müssen. Die Bestimmung legt für sämtliche **Verwandten, Ehegatten, geschiedene Ehegatten** und **kinderbetreuende Elternteile** eine Rangfolge fest, nach der der Unterhalt zu gewähren ist, wenn der Pflichtige nicht alle Ansprüche erfüllen kann. Der Rang hat als grundsätzliche gesetzliche Wertung überdies sozusagen Folgewirkungen, wenn es um die Ausfüllung offener Gesetzestatbestände geht. So ist die jeweilige Rangstufe auch bei der gestuften Festlegung der **Selbstbehalte** im Rahmen von § 1603 Abs 1 BGB als wesentliches Argument herangezogen worden (vgl § 1603 Rn 232 f).

8 § 1609 BGB enthält seit dem Unterhaltsrechtsänderungsgesetz vom 21. 12. 2007 die **zentrale Rangregelung** für alle Arten von Unterhaltsansprüchen (BT-Drucks 16/1830, 21). Die Vorschrift hat damit eine über ihren systematischen Standort, den Verwandtenunterhalt, deutlich hinausgehende Reichweite. § 1582 BGB ist als Rangregelung obsolet und enthält in seiner seit 1. 1. 2008 geltenden Fassung nur noch eine – für Ehegatten überflüssige – Verweisung auf § 1609 BGB.

Auch für **eingetragene Lebenspartner** gilt § 1609 BGB im Wege der Gesetzesanalogie nach den §§ 5 S 2, 12 S 2, 16 S 2 LPartG jeweils entsprechend. Zwar ist damit noch nicht gesagt, mit welcher Personengruppe gemäß § 1609 BGB die Lebenspartner gleichstehen (das moniert Soergel/Lettmaier[13] Rn 10 mwNw). Spätestens aus der zusätzlichen Verweisung auf § 1582 BGB, der insoweit möglicherweise noch eine materielle Bedeutung hat, ergibt sich aber, dass die Lebenspartner den Ehegatten gleichgestellt sind (vgl Erman/Kaiser[15] § 16 LPartG Rn 12). Nach Einführung der „Ehe für alle" wird sich die in diesem Punkt noch umständliche Regelung (abgesehen von den fortbestehenden, weil nicht in eine Ehe umgewandelten Lebenspartnerschaften) erübrigen.

III. Allgemeine Voraussetzungen

1. Mehrere Unterhaltsberechtigte

a) Unterhaltsberechtigung

9 § 1609 BGB setzt das Vorhandensein mehrerer Bedürftiger – das sind Personen, die außerstande sind, sich selbst zu unterhalten (§ 1602 Abs 1 BGB) – und die Unfähigkeit des Verpflichteten voraus, allen Unterhalt zu gewähren. Daraus folgt, dass nur solche Bedürftige berücksichtigt werden können, denen der Verpflichtete **Unterhalt zu gewähren hat**. Eine nachrangige Unterhaltspflicht (§§ 1606 Abs 1 und 2, 1608 BGB) kommt nur in Betracht, soweit sie sich aktualisiert hat, weil der Erstschuldner nicht leistungsfähig oder schwer zu belangen ist (§ 1607 Abs 1 und 2 BGB). Der **Anspruchsübergang** bei einer Ersatzhaftung nach § 1607 Abs 2 BGB ist dabei nur von Bedeutung, wenn der Anspruch realisierbar ist und dadurch die Leistungsfähigkeit des Verpflichteten verbessert wird.

Der Nachrang gemäß §§ 1606, 1608 BGB korrespondiert dann allerdings in der Regel mit einem Nachrang des betreffenden Gläubigers nach § 1609 BGB. Haftet etwa ein Großvater ersatzweise auf Enkelunterhalt, ist er aber nach Scheidung seiner Ehe nicht hinreichend leistungsfähig, um gleichzeitig Enkelunterhalt und Ehegattenunterhalt aufzubringen, so geht nach § 1609 Nr 2/Nr 3 und Nr 5 BGB der Ehegattenunterhalt dem Enkelunterhalt vor.

10 Die Frage, ob der Anspruch auch nach **Legalzession** Übergang (etwa nach § 1607 Abs 2 S 2 BGB) am Vor- oder Gleichrang teilnimmt, stellt sich nicht. Denn der Anspruch entsteht in der Person des (ursprünglichen) Unterhaltsgläubigers. Hierbei sind sämtliche Faktoren zu berücksichtigen, mithin auch eine nach § 1609 BGB nur eingeschränkte Haftung des Unterhaltsschuldners. Damit steht die Höhe des Anspruchs vor dem Forderungsübergang aber endgültig fest und können sich Rangfragen allenfalls noch in der Vollstreckung stellen (dazu vgl Vorbem 234 ff zu §§ 1601 ff).

b) Weitere Voraussetzungen des Unterhaltsanspruchs

11 Der Rang der Unterhaltsansprüche wird erheblich, der Unterhaltsschuldner zur Erfüllung aller Ansprüche außerstande ist. Hierfür kommt es auf das **Bestehen des jeweiligen Unterhaltsanspruchs** an. Nicht entscheidend ist dagegen die **Geltendmachung** des Anspruchs oder seine freiwillige Erfüllung (BGHZ 162, 384 = FamRZ 2005, 1154, 1155 f; Palandt/Brudermüller[76] Rn 4; vgl auch BGH NJW 1980, 934 = FamRZ 1980, 555; NJW 1992, 1624 = FamRZ 1992, 797; **aA** noch Staudinger/Engler [2000] Rn 6 mwNw; ihm folgend Soergel/Lettmaier[13] Rn 4; jurisPK/Viefhues Rn 74 mwNw; OLG Rostock FamRZ 2017, 891 [LS]; OLG Brandenburg NZFam 2017, 316). Denn für den Rang des Unterhalts ist allein das Vorliegen der Voraussetzungen für das Entstehen des Anspruchs entscheidend. Daran ändert sich also nichts, auch wenn der Anspruch nach § 1613 BGB oder § 1585b Abs 2 BGB nicht mehr geltend gemacht werden kann (BGHZ 162, 384 = FamRZ 2005, 1154, 1156).

12 Etwas anderes gilt, wenn der Unterhaltsberechtigte auf den Unterhalt in zulässiger Weise **verzichtet** hat. Dann mangelt es schon wegen des insoweit fehlenden Unterhaltsanspruchs an einer Konkurrenz mit (anderen) Unterhaltsberechtigten (vgl BGHZ 162, 384 = FamRZ 2005, 1154, 1155 mwNw). In der Praxis mag es allerdings nicht selten vorkommen, dass Unterhaltsverpflichtungen gegenüber anderen Verwandten oder geschiedenen Ehegatten gezielt eingewandt werden, um den im Verfahren geltend gemachten Unterhalt zu schmälern. In diesen Fällen mag die fehlende Geltendmachung/Zahlung ein Indiz dafür darstellen, dass insoweit keine Unterhaltsbedürftigkeit besteht. Oftmals wird es sich zudem um nachrangige Gläubiger (zB die Eltern des Unterhaltsschuldners) handeln, deren Berücksichtigung – von eheprägenden Zahlungen etwa für (nicht privilegierte) volljährige Kinder abgesehen – schon wegen des Nachrangs des Anspruchs ausscheiden. Dass konkurrierende Unterhaltspflichten bestehen, fällt in jedem Fall in die **Darlegungs- und Beweislast** des Unterhaltsschuldners (dazu Rn 54), sodass verbleibende Zweifel zu seinen Lasten gehen.

c) Voller Unterhalt – keine Aufteilung des Anspruchs

13 Der Unterhaltsrang gilt stets für den **vollen Unterhalt** des jeweiligen Berechtigten (BGHZ 192, 45 = FamRZ 2012, 281 Rn 49; FamRZ 2014, 1183 – jeweils zur Ehegattenkonkurrenz; vgl BGH FamRZ 2014, 923 Rn 19; FamRZ 2013, 616 Rn 18; FamRZ 2005, 347, FamRZ 2003, 1171, 1173; FamRZ 2000, 1538 – jeweils zur gesteigerten Unterhaltspflicht beim Kindesunterhalt – vordergründig anders insoweit BGH FamRZ 2012, 1048 Rn 14).

14 Demgegenüber finden sich in Rechtsprechung und Literatur Ansätze für eine **Aufteilung von Unterhaltsansprüchen**, die nur einen Teil des Anspruchs am höheren Rang teilhaben lassen wollen.

So wird zum **Kindesunterhalt** nach Nr 1 vertreten, dass dort abweichend von § 1610 BGB nur der **Mindestunterhalt** gemäß § 1612a Abs 1 BGB (vgl § 1612a Rn 41) als Einsatzbetrag einzustellen sei (BORTH FamRZ 2006, 813, 817; MünchKomm/BORN[7] Rn 16), was zur Konsequenz hat, dass die Differenz zum Bedarf nach einer höheren Einkommensgruppe der Düsseldorfer Tabelle in den unteren Rang (Nr 4) fallen würde.

Auch wird innerhalb eines Unterhaltsanspruchs zwischen **Regelbedarf und Mehrbedarf** differenziert, wobei nur der Regelbedarf in die Mangelverteilung mit Gleichrangigen falle (OLG Stuttgart FamRZ 2012, 1573 [LS] – juris; OLG Schleswig SchlHA 2012, 316).

Schließlich erscheint auch beim **Ehegattenunterhalt** eine Aufteilung nach Anspruchsgrundlagen denkbar, wenn neben dem in jedem Fall vorrangigen Anspruch auf Betreuungsunterhalt nach § 1570 BGB auch ein solcher auf Aufstockungsunterhalt nach § 1573 Abs 2 BGB besteht (vgl BGH FamRZ 2010, 1050 Rn 41 ff mwNw).

15 Die Aufteilung des **Kindesunterhalts** in Einzelteile ist vom Gesetz nicht vorgesehen und dementsprechend auch nicht zulässig. Der Unterhaltsanspruch ist ein einheitlicher Anspruch und lässt – im Unterschied zum Ehegattenunterhalt – eine Aufteilung in Einzelansprüche von vornherein nicht zu. Im **Ergebnis** erscheint es im Mangelfall von Kindesunterhalt und Ehegattenunterhalt dennoch zutreffend, den vorrangigen Kindesunterhalt nur in Höhe des Mindestunterhalts zu veranschlagen.

Der Grund hierfür liegt allerdings nicht in der von der Entwurfsbegründung zum Unterhaltsänderungsgesetz vom 21. 12. 2007 aufgeführten abschließenden „Gesamtschau" (BT-Drucks, 16/1830, 24). Diese Begründung wird vielmehr zu Recht kritisiert, weil das Gesetz für eine die Anspruchsprüfung abschließende freie Angemessenheitsbetrachtung keinen Anhalt bietet und die strenge Rangfolgeregelung eine derartige Korrektur auch nicht zulässt (BORTH FamRZ 2006, 813, 817; MünchKomm/BORN[7] Rn 15; **aA** wohl SOERGEL/LETTMAIER[13] Rn 7). Bei der Begründung des Gesetzentwurfs handelt es sich indessen lediglich um eine im Gesetzgebungsverfahren geäußerte Auffassung zur Anwendung des bestehenden Rechts. Hiervon allein kann keine Bindungswirkung ausgehen (vgl allgemein MUSCHELER, in: FS: Hollerbach S 99, 126 mwNw aus der Rechtsprechung des BGH). Insbesondere ermächtigt sie das Familiengericht nicht zu einer gesonderten, nach abschließender Beurteilung aller Voraussetzungen und Einwendungen durchzuführenden freien Angemessenheitsprüfung (**aA** wohl SüdL 2017 Nr 24. 4 und weitere). Für eine solche Vorgehensweise würde es mangels Rückbindung an das Gesetz an jeglichen Kriterien fehlen. Auch die in der Gesetzesbegründung in Bezug genommene Rechtsprechung des BGH kann hierfür nicht als Beleg dienen, da sie sich mit § 1581 BGB (BGH FamRZ 1998, 806, 811) und § 1603 BGB (BGH FamRZ 2005, 347, 351) jeweils auf die Leistungsfähigkeit des Unterhaltsschuldners bezog.

Die Angemessenheitsbetrachtung kann (und muss) stattdessen in zulässiger Weise bereits bei der Bedarfsbemessung ansetzen, für die der Gesetzgeber durch die Verwendung des unbestimmten Rechtsbegriffs der Angemessenheit § 1610 Abs 1 BGB auch bewusst Raum gelassen hat (vgl Vorbem 79 zu §§ 1601 ff). Im Rahmen der Bemessung des angemessenen Lebensbedarfs von Kindern, die ihre Lebensstellung von den Eltern ableiten, ist anerkannt, dass neben dem Einkommen des Unterhaltspflichtigen die Anzahl der weiteren Unterhaltsberechtigten zu berücksichtigen ist, worunter auch nachrangige Unterhaltsberechtigte fallen (vgl § 1610 Rn 272 ff, 309). Dementsprechend wird in Konkurrenzfällen, bevor etwa ein (geschiedener) Ehegatten mit seinem Unterhalt ganz oder teilweise ausfällt, der Kindesunterhalt innerhalb der Düsseldorfer Tabelle zunächst herabzustufen sein, sodass der Bedarf regelmäßig der Einkommensgruppe 1 der Düsseldorfer Tabelle zu entnehmen sein wird (näher Scholz FamRZ 2007, 2021, 2028 f; Reinken FPR 2008, 9, 11; Klinkhammer FamRZ 2008, 193, 198; Palandt/Brudermüller[76] Rn 30; juris-PK/Viefhues Rn 4 ff; vgl etwa Anm A. 6 der Düsseldorfer Tabelle 2017 und BGHZ 178, 79 = FamRZ 2008, 2189 Rn 18 ff; FamRZ 1998, 367, 369; OLG Düsseldorf NJW 2008, 3005, 3006; OLG Köln FamRZ 2008, 2119; iE auch Soergel/Lettmaier[13] Rn 7). § 1610 BGB und § 1609 Nr 1 BGB fallen dann im Hinblick auf die Höhe des Unterhalts nicht auseinander, sondern stimmen überein (Maurer FamRZ 2008, 2157, 2165).

Die Aufteilung des Kindesunterhalts in **Regelbedarf** und **Mehrbedarf** hat dement- **16**
sprechend auf die Rangstufe ebenfalls keinen Einfluss. Bei bestimmten Kostenpositionen (zB Kindergartenkosten) ist indessen zu fragen, ob diese notwendigerweise anfallen (vgl § 1610 Rn 317).

Setzt sich der Anspruch auf **Ehegattenunterhalt** aus Betreuungsunterhalt nach § 1570 **17**
BGB und einem weiteren Unterhaltstatbestand (vor allem Aufstockungsunterhalt nach § 1573 Abs 2 BGB) zusammen, so unterfällt nach dem **BGH** der Gesamtanspruch dem Rang des § 1609 Nr 2 BGB (BGH FamRZ 2014, 1987 Rn 23 mwNw; ebenso Menne, in: Büte/Poppen/Menne, Unterhaltsrecht[3] § 1609 Rn 13; Göppinger/Wax/Kodal[9] Rn 1711; Menne/Grundmann, Das neue Unterhaltsrecht S 98). Für eine Differenzierung nach Anspruchsgrundlagen (Betreuungsunterhaltsanteil nach Nr 2 und Aufstockungsunterhaltsanteil nach Nr 3; so Johannsen/Henrich/Graba/Maier[6] Rn 3; Maurer FamRZ 2008, 2157, 2165; Soergel/Lettmaier[13] Rn 17, allerdings mit unzutreffendem Hinweis auf BGHZ 183, 197 = FamRZ 2010, 111 = NJW 2010, 365, 370) findet sich nach dem BGH im Gesetzeswortlaut kein Anhaltspunkt. Die Formulierung in Nr 2 „Elternteile, die wegen der Betreuung eines Kindes unterhaltsberechtigt sind“ stelle allein auf die Person des Unterhaltsberechtigten ab. Daraus könne geschlossen werden, dass ohne Rücksicht darauf, ob der Unterhaltsanspruch des betreuenden Elternteils allein auf der Kinderbetreuung oder zusätzlich auf einem anderen Unterhaltstatbestand beruhe, der Gesamtunterhaltsanspruch so lange in den zweiten Rang falle, wie noch Betreuungsunterhalt verlangt werden könne. Eine andere Beurteilung hält der BGH im Hinblick auf im Lauf der Zeit zu erwartende Verschiebungen zwischen den Teilansprüchen auch für wenig praktikabel. Trotz der beim Ehegattenunterhalt gegebenen Möglichkeit der Differenzierung nach Anspruchsgrundlagen erscheint auch in diesem Zusammenhang eine Aufteilung des Anspruchs im Rahmen der Rangeinstufung dem BGH folgend nicht geboten. Da auch sonstige zwingende Wertungsgesichtspunkte nicht entgegenstehen dürften, lässt sich die gesetzliche Rangfolge mit Kodal als eine solche zwischen Personen und nicht zwischen Teilansprüchen charakterisieren (Göppinger/Wax/Kodal[9] Rn 1711) und erweist sich wegen ihrer größeren Klarheit und Eindeutigkeit als ihrer Vorgängerregelung überlegen.

2. Leistungsunfähigkeit

Grundsätzlich hat der Pflichtige auch bei mehreren ihm gegenüber unterhaltsbe- **18** rechtigten Bedürftigen allen Unterhalt zu leisten. Nur wenn er hierzu außerstande ist, kommt es zu der in § 1609 BGB bestimmten Rangordnung unter den Ansprüchen der Bedürftigen. **Außerstande**, allen Bedürftigen Unterhalt zu gewähren, ist der Unterhaltspflichtige dann, wenn er durch alle Leistungen zusammen seinen eigenen angemessenen Unterhalt gefährden würde, dh wenn die Summe aller Ansprüche so hoch ist, dass dem Pflichtigen nach Abzug des gesamten Unterhalts weniger bliebe als der angemessene Selbstbehalt nach § 1603 Abs 1 BGB. Insoweit wird auf die Erläuterungen zu dieser Bestimmung verwiesen. Es muss sich also um einen sog **Mangelfall** (vgl Wendl/Klinkhammer[9] § 2 Rn 262 ff; Büttner NJW 1987, 1855, 1858) handeln. Die **gesteigerte Unterhaltspflicht** gegenüber minderjährigen unverheirateten Kindern und privilegierten Volljährigen (§ 1603 Abs 2 BGB) ist in diesem Zusammenhang ohne Bedeutung, da alle insoweit Berechtigten zur ersten Rangstufe des § 1609 BGB gehören. Durch den geringeren notwendigen Selbstbehalt wird allerdings die **Verteilungsmasse** (= das über dem jeweiligen Selbstbehalt liegende Einkommen) vergrößert.

19 Mangelnde Leistungsfähigkeit ist gegeben, wenn die volle Unterhaltszahlung bei einem der Ansprüche zur Unterschreitung des Selbstbehalts des Unterhaltsschuldners führt **(Mangelfall)**. Nicht ausreichend ist die Unterschreitung des **Bedarfskontrollbetrags**, der nur der ausgewogenen **Bedarfs**bemessung dient (Rn 15; **aA** Erman/Hammermann[14] Rn 3).

20 Aufgrund der Vorgaben des **BVerfG** in seiner Entscheidung vom 25. 1. 2011 (BVerfGE 128, 193 = FamRZ 2011, 437) muss im Bereich des Ehegattenunterhalts wiederum zwischen **absolutem** und **relativem Mangelfall** unterschieden werden (Wendl/Gutdeutsch[9] § 5 Rn 1). Ein absoluter Mangelfall liegt beim Ehegattenunterhalt vor, wenn dem Unterhaltsschuldner aufgrund der Zahlung sämtlichen Unterhalts weniger als der sog **Ehegattenselbstbehalt** (grundlegend BGHZ 166, 351 = FamRZ 2006, 683; vgl auch BGHZ 210, 124 = FamRZ 2016, 1142 Rn 26) verbliebe. Der Ehegattenselbstbehalt wird in der Düsseldorfer Tabelle (Anm B. IV) und in den Leitlinien (Nr 21. 4) – nicht durchweg einheitlich (teils wird hier zwischen Erwerbstätigen und Nichterwerbstätigen unterschieden) – ausgewiesen und beläuft sich auf einen Zwischenbetrag zwischen dem notwendigen und dem angemessenen Selbstbehalt (vgl § 1603 Rn 286). Im Übrigen erzielte der BGH im Fall der Ehegattenkonkurrenz die Wahrung des Halbteilungsgrundsatzes im jeweiligen Verhältnis bereits im Rahmen der Bedarfsermittlung (sog **Dreiteilungs- oder Drittelmethode**). Diese Methode ist vom **BVerfG** indes für verfassungswidrig erklärt worden (BVerfGE 128, 193 = FamRZ 2011, 437; näher dazu Staudinger/Verschraegen [2014] § 1581 Rn 11 ff). Daher bedarf es nunmehr wiederum der gesonderten – variablen – Selbstbehaltsbemessung im Rahmen von § 1581 BGB, um im jeweiligen Verhältnis gleichrangiger Ehegatten den Halbteilungsgrundsatz zu wahren. Im relativen Mangelfall findet eine Kürzung beim Berechtigten und beim Verpflichteten statt, wenn und soweit dem Unterhaltspflichtigen durch den rechnerischen Unterhalt weniger Mittel verbleiben als dem Unterhaltsberechtigten (grundlegend BGHZ 192, 45 = FamRZ 2012, 281; vgl Wendl/Gutdeutsch[9] § 5 Rn 1).

IV. Bedeutung der Rangordnung

1. Vorrang

Vorrang bedeutet, dass der Unterhaltspflichtige aus den Mitteln, die er ohne Gefährdung seines eigenen angemessenen Unterhalts aufbringen kann, zunächst die bevorrechtigten Bedürftigen **voll befriedigen** muss. Der vorrangige Unterhalt ist in vollem Umfang (Rn 13) als sonstige Verpflichtung des Unterhaltspflichtigen von dessen Einkommen abzuziehen (BGHZ 209, 243 = FamRZ 2016, 887 Rn 23: Unterhalt nach § 1615l [= Nr 2] gegenüber Elternunterhalt [= Nr 6]). Nur soweit dann noch verfügbare Mittel übrig bleiben, können nachrangig Berechtigte Unterhalt von dem Pflichtigen beanspruchen (BGH NJW 1980, 934 = FamRZ 1980, 555; vgl Soergel/Lettmaier[13] Rn 8). Wegen ihres weiteren Unterhaltsbedarfs müssen sie sich an einen nachrangig Unterhaltspflichtigen (§ 1606 Abs 1 und 2 BGB) wenden, falls ein solcher vorhanden ist (vgl auch § 1607 Rn 4 ff). 21

Der **nachrangige Unterhaltsanspruch** ist bei der Ermittlung des vorrangigen folglich **keine sonstige Verpflichtung** (BGH FamRZ 2014, 1183 – zur Konkurrenz von – geschiedenen – Ehegatten nach Nr 2 und 3). Der unterhaltsrechtliche Vorrang des geschiedenen Ehegatten wirkt sich bei der Billigkeitsabwägung nach § 1581 BGB vielmehr in Höhe des vollen Unterhaltsbedarfs nach den ehelichen Lebensverhältnissen aus, da die Rangvorschriften des § 1609 BGB selbst Ausdruck einer gesetzlichen Billigkeitswertung sind (BGHZ 192, 45 = FamRZ 2012, 281 Rn 49; FamRZ 2014, 1183 Rn 21 mwNw). 22

Diese starre Regelung kann insbesondere im Verhältnis zwischen minderjährigen unverheirateten sowie privilegiert volljährigen Kindern (1. Stufe) und volljährigen noch in Ausbildung befindlichen Kindern (4. Stufe) zu Härten führen. Sie kann aber durch die Rechtsprechung **nicht aus Billigkeitsgründen abgeändert** werden, weil sie auf einer generellen Wertung der familienrechtlichen Beziehungen zu dem Unterhaltsverpflichteten beruht (BGH FamRZ 1984, 378; FamRZ 1986, 669, 672 = NJW-RR 1986, 866, 867 f; vgl Rn 15). 23

Vereinbarungen über die Rangfolge sind nur insoweit zulässig, als der zurücktretende Berechtigte zustimmt, das Verzichtsverbot des § 1614 Abs 1 BGB beachtet wird und der Verzicht nicht zu Lasten Dritter, wie des Sozialhilfeträgers geht (vgl BGHZ 178, 322 = FamRZ 2009, 198). Dementsprechend sind die Grenzen für Vereinbarungen eng gesteckt (vgl Schürmann FamRZ 2008, 313, 319; Koch/Wellenhofer[13] § 6 Rn 24 f mwNw). 24

2. Gleicher Rang

In welcher Weise die für Unterhaltsleistungen zur Verfügung stehenden Mittel unter Bedürftigen zu verteilen sind, die derselben Rangstufe angehören, ist in § 1609 BGB nicht geregelt (anders § 1606 Abs 3 S 1 BGB bei gleichrangig Verpflichteten). Insoweit gilt die allgemeine Regel des § 1603 Abs 1 BGB, dass bei Feststellung der Leistungsfähigkeit des Unterhaltspflichtigen gegenüber jedem einzelnen Bedürftigen seine sonstigen Verpflichtungen berücksichtigt werden müssen. Die einzelnen Ansprüche beschränken sich also gegenseitig, sodass sie **verhältnismäßig gekürzt** werden müssen (vgl Soergel/Lettmaier[13] Rn 9). 25

26 Die Kürzung erfolgt grundsätzlich **proportional zu dem Unterhaltsbedarf** der einzelnen Bedürftigen. Zunächst ist also zu prüfen, welcher Unterhaltsanspruch jedem Berechtigten bei voller Leistungsfähigkeit des Verpflichteten zustehen würde; sodann ist jeder Anspruch in dem Verhältnis zu kürzen, in dem die verfügbaren Mittel zu der Summe aller Ansprüche stehen (§ 1603 Rn 348 mit Berechnungsbeispiel lt. Düsseldorfer Tabelle). Zur Berechnung bei der Ehegattenkonkurrenz (im 2. oder 3. Rang) s Rn 38.

V. Rangordnung im Einzelnen

1. Minderjährige Kinder und privilegierte Volljährige (Nr 1)

27 In den **1. Rang** fallen minderjährige Kinder und Kinder im Sinne des § 1603 Abs 2 S 2 BGB (privilegierte Volljährige). Zu den Voraussetzungen der Stellung als privilegierter Volljähriger s § 1603 Rn 351 ff. Nicht erfasst sind – wie bei § 1603 Abs 2 S 2 BGB – volljährige behinderte Kinder, wenn die gesetzlichen Voraussetzungen bei ihnen nicht ausnahmsweise vorliegen (§ 1603 Rn 359). Adoptierte Kinder sind nach § 1754 BGB gleichgestellt. Bei der Adoptionspflege fehlt es indessen an einer § 1754 Abs 4 S 1 BGB, der für die Rangfolge der Verpflichteten gilt (§ 1606 Rn 3), entsprechenden Regelung auch für die Konkurrenz der Berechtigten. Der BGH hat schon für das frühere Recht einen Gleichrang mit leiblichen Kindern jedenfalls dann angenommen, wenn es später zur Adoption gekommen ist (BGH FamRZ 1984, 378). Das gilt auch für die seit 1. 1. 2008 geltende Fassung.

28 Für die Berücksichtigung spielt es keine Rolle, ob das Kind im Haushalt des Barunterhaltspflichtigen lebt oder nicht. In jedem Fall ist der von diesem bereitzustellende Unterhalt nach der Düsseldorfer Tabelle zu ermitteln. Eine **Monetarisierung der Betreuung**, die von den Eltern oder einem Elternteil geleistet wird, ist dabei nicht zulässig (BGH FamRZ 2017, 711 Rn 9 mwNw; OLG Saarbrücken JAmt 2012, 170).

29 Bei der vorrangigen Berechtigung **Minderjähriger** ist nach der neueren Rechtsprechung des BGH zu berücksichtigen, dass sich auch deren Unterhaltsbedarf nach dem zusammengerechneten Einkommen der Elternteil bemisst (BGH FamRZ 2017, 437 Rn 24; FamRZ 2017, 711 zum Verhältnis Minderjährigenunterhalt [= Nr 1] zum Elternunterhalt [Nr 6]). Haftet der Elternteil hingegen wegen Mithaftung des anderen Elternteils oder aufgrund einer Kontrollberechnung nach seinem alleinigen Einkommen (vgl BGH FamRZ 2017, 711 Rn 13) gemäß § 1606 Abs 3 S 1 BGB nicht auf den vollen Bedarf, sondern nur beschränkt, so ist nur der **Haftungsanteil** als sonstige Verpflichtung abzuziehen.

30 Fallen **minderjährige Kinder** mit **privilegiert Volljährigen** zusammen, können sich Berechnungsschwierigkeiten ergeben, da bei den privilegiert Volljährigen zugleich die Mithaftung des die minderjährigen Geschwister betreuenden Elternteils zu berücksichtigen ist (näher dazu Wendl/Klinkhammer[9] § 2 Rn 598 f mwNw und Berechnungsbeispielen).

2. Betreuende Elternteile, Ehegatten und geschiedene Ehegatten bei Ehe von langer Ehedauer, Lebenspartner (Nr 2)

In den **2. Rang** fallen Elternteile, die wegen der Betreuung eines Kindes unterhaltsberechtigt sind oder im Fall einer Scheidung wären, sowie Ehegatten und geschiedene Ehegatten bei einer Ehe von langer Dauer; bei der Feststellung einer Ehe von langer Dauer sind auch Nachteile im Sinne des § 1578b Abs 1 S 2 und 3 BGB zu berücksichtigen. 31

Bei den hier zusammengefassten Unterhaltsberechtigten handelt es sich um eine heterogene Gruppe. Diese spiegelt den politischen Streit um die Unterhaltsreform 2007 und den hierbei geschlossenen Kompromiss wider, der an entscheidender Stelle durch das BVerfG (BVerfGE 118, 45 = FamRZ 2007, 965) beeinflusst worden ist (vgl Klinkhammer FamRZ 2007, 1205, 1209 ff). Im Rang 2 findet sich der Unterhalt nach § 1570 BGB (ggf verbunden mit weiteren Teilansprüchen, vgl Rn 17), der Betreuungsunterhalt des nichtehelichen Elternteils nach § 1615l Abs 2 S 2, Abs 4 BGB, aber auch der Ehegattenunterhalt aus allen anderen Gründen nach langer Ehedauer. Es kann als durchaus originelle Schöpfung des Gesetzgebers angesehen werden, dass die Ehedauer im Sinne des Gesetzes durch das Vorhandensein oder das Fehlen ehebedingter Nachteile beeinflusst wird. Es gilt also: „Je nachteiliger, desto länger", aber eben auch: „Je weniger nachteilig, desto kürzer" (vgl BGHZ 177, 356 = FamRZ 2008, 1911 Rn 65).

a) Berechtigte der Rangstufe 2

Betreuende Elternteile sind solche, die gemäß §§ 1570, 1615l Abs 2 S 2, Abs 4 BGB unterhaltsberechtigt sind. Es spielt dabei keine Rolle, ob Ehegatten (analog auch hier Lebenspartner) zusammenleben oder getrennt/Geschieden sind. Auch beim Anspruch aus § 1615l Abs 2 S 2 BGB kommt es nicht darauf an, ob die Eltern zusammenleben oder nicht (vgl BGHZ 209, 243 = FamRZ 2016, 887). Erfasst sind demnach auch die Ansprüche aus §§ 1360, 1361 BGB. Auch eine notwendige Betreuung Volljähriger (vgl BGH FamRZ 2010, 802) kann genügen (Schürmann FamRZ 2008, 313, 318; Palandt/Brudermüller[76] Rn 17; Johannsen/Henrich/Graba/Maier[6] Rn 4; **aA** Erman/Hammermann[14] Rn 20a). Beruht der Unterhalt neben der Betreuung teilweise auf anderer Anspruchsgrundlage, ist er insgesamt und nicht nur mit dem Betreuungsteil vorrangig (Rn 17). Auch **Lebenspartner**, die gemeinschaftliche (etwa adoptierte) Kinder betreuen (vgl auch BGHZ 203, 350 = FamRZ 2015, 240: gemeinschaftliche Elternschaft von Lebenspartnern aufgrund anzuerkennenden Auslandsrechts), sind der Nr 2 zuzuordnen. 32

Bei mit dem Unterhaltspflichtigen zusammenlebenden, nach **§ 1360 BGB** unterhaltsberechtigten Ehegatten ist die einschränkende Voraussetzung zu beachten, dass diese (hypothetisch) auch **„im Fall einer Scheidung"** unterhaltsberechtigt sein müssen. Das bedeutet, dass diese abweichend von der internen Aufteilung nach § 1356 BGB so zu behandeln sind, als träfe sie wie ihre Unterhaltskonkurrenten eine Erwerbsobliegenheit (BGHZ 192, 45 = FamRZ 2012, 281 Rn 49; BGHZ 183, 197 = FamRZ 2010, 111 Rn 46 ff; FamRZ 2014, 1183 Rn 46; **aA** Schürmann FamRZ 2014, 1281, 1283). Hintergrund dieser Regelung ist, dass der Gesetzgeber die geschiedene Ehe und die neue Ehe hinsichtlich der Erwerbsobliegenheit gleich behandeln will. Das geht auf die Vorgängerregelung in § 1582 aF zurück. Durch die freie Wahl der Hausfrauenehe sollte der Anspruch der Geschiedenen nicht geschmälert werden können. Die nun- 33 mehrige Formulierung zeigt, dass dieser Gerechtigkeitsgedanke unter dem neuen Recht weiterhin gültig ist. Dementsprechend können **elternbezogene Gründe** bei der Ehegattenkonkurrenz nicht ausschlaggebend sein, weil es anderenfalls entgegen der Gesetzesintention in der Hand der Ehegatten der späteren Ehe läge, durch ihre freie Disposition den Unterhalt des Geschiedenen zu schmälern (vgl BGHZ 183, 197 = FamRZ 2010, 111 Rn 46 ff). Das gilt erst recht für den Fall, dass das von der zweiten Ehefrau betreute Kind kein gemeinschaftliches Kind ist (vgl Brückner jurisPR-FamR 3/2010 Anm 1 mwNw), und findet seine Begründung darin, dass der Unterhaltspflichtige für deren Betreuung zweifelsfrei nicht verantwortlich wäre. Etwas anderes würde in diesem Fall allerdings gelten, wenn der Unterhaltspflichtige die Stiefkinder adoptieren würde.

Bei **Konkurrenz mit nachrangigen Verwandten** spielt die – auf Fälle der Ehegattenkonkurrenz zugeschnittene (und auf § 1615l BGB übertragbare) – Erweiterung der Obliegenheiten indessen keine Rolle. So können elternbezogene Gründe im Rahmen von § 1615l Abs 2 S 2 BGB gegenüber dem Anspruch auf Elternunterhalt angeführt werden (BGHZ 209, 243 = FamRZ 2016, 887 Rn 25 f). Ehegatten könnten hier mit ihrem Unterhaltsanspruch ohnedies nur in den Rang 3 fallen, der dem übrigen Verwandtenunterhalt immer noch vorrangig ist. Grenze für die Berücksichtigung elternbezogener Gründe ist in diesen Fällen allein der **Rechtsmissbrauch** (BGHZ 209, 243 = FamRZ 2016, 887 Rn 25 f; vgl auch OLG Jena FamRZ 2013, 890 [LSe] zum Verhältnis des Ehegatten zum Kindesunterhalt nach Nr 4). Anders wäre die Lage, wenn etwa im Fall des BGH (BGHZ 209, 243 = FamRZ 2016, 887) die Konkurrenz zum Unterhalt der geschiedenen Ehefrau in Rede stünde. Dann blieben elternbezogene Gründe auch für den Anspruch nach § 1615l Abs 2 S 2 BGB aus den oben aufgeführten Erwägungen unberücksichtigt.

34 Was unter **langer Dauer** zu verstehen ist, wird vom Gesetz nicht definiert. Als Dauer der Ehe gilt die Zeit von der **Eheschließung** bis zur **Zustellung des Scheidungsantrags** (BGHZ 179, 43 = FamRZ 2009, 406 Rn 35 mwNw; FamRZ 2013, 864 Rn 35), so viel ist noch gesichert.

Gänzlich offen bleibt aber, was als **lange Ehedauer** anzusehen ist. Eine feste Zeitgrenze (landläufig etwa von 15 Jahren) hat sich hierzu auch schon zum früheren Recht (§ 1582 Abs 1 S 2 aF wie auch §§ 1573 Abs 5, 1578 Abs 1 S 2 aF) nicht herausgebildet (vgl NK-BGB/Schürmann³ § 1578b Rn 24) und ist vom Gesetzgeber bewusst nicht aufgenommen worden (BT-Drucks 16/1830, 24). Hinzu kommt, dass für die Dauer nach der ausdrücklichen Gesetzesbestimmung auch das Vorliegen oder Nichtvorliegen **ehebedingter Nachteile** zu berücksichtigen ist (Rn 31). Über die vom Gesetz als Kriterien verwendete Ehedauer (als Zeitbegriff) und ehebedingte Nachteile hinaus werden schließlich für die Beurteilung oder Gewichtung der Ehedauer weitere (allgemeine) **Billigkeitserwägungen** angeführt. So hält die Begründung des Gesetzentwurfs zum Unterhaltsrechtsänderungsgesetz vom 21. 12. 2007 (BT-Drucks 16/1830, 24) einen ganzen Strauß von Billigkeitsaspekten bereit, die sich auf die Ehedauer auswirken sollen. Die Gesichtspunkte reichen vom Alter der Ehegatten bei Eheschließung/Scheidung über die Dauer der Betreuung bis hin zur Art der konkurrierenden Unterhaltsverhältnisse (!), worunter offenbar auch nachrangige Unterhaltsansprüche fallen sollen. Ausgangspunkt dieses „Aktes wertender Erkenntnis" sei dabei der Zweck der Regelung, **Vertrauensschutz** zu gewährleisten.

Der Vertrauensschutz wird wiederum mit dem schillernden Begriff der „wirtschaftlichen Verflechtung“ verknüpft, welche über den Vertrauensschutz bezüglich getätigter Dispositionen (= ehebedingte Nachteile, insbesondere Berufsabstinenz aufgrund der ehelichen Rollenverteilung) offensichtlich hinausgeht (vgl auch SCHÜRMANN FamRZ 2008, 313, 318). Insoweit erscheint die gesetzliche Zielsetzung diffus (und bezüglich der Einbeziehung konkurrierender Unterhaltsansprüche in die Billigkeitsbetrachtung teils widersprüchlich; vgl dazu BGH FamRZ 2014, 1183 Rn 21). Das beeinträchtigt neben der ohnedies fragwürdigen Vermischung zeitlicher und qualitativer Kriterien die Anwendungssicherheit in dem Recht der Rangfolge beträchtlich. Nicht recht verständlich ist auch, dass das Merkmal der Kinderbetreuungsdauer, das zuvor in § 1582 Abs 1 S 3 aF (s Rn 5) noch ausdrücklich erwähnt war, im Gesetzestext nicht mehr aufgeführt, in der Begründung des Gesetzentwurfs aber gleichwohl als Kriterium benannt wird (vgl dazu PALANDT/BRUDERMÜLLER[76] Rn 19 mwNw; SOERGEL/LETTMAIER[13] Rn 21; OLG Braunschweig FamRZ 2009, 997). Die Kinderbetreuung ist dabei wohlgemerkt nicht notwendigerweise mit ehebedingten Nachteilen verbunden. Vom Begriff her dürfte es schwerfallen, eine nach Rechtskraft der Scheidung geleistete Betreuung der Ehedauer zuzuschlagen, es sei denn, man folgt der Auffassung SCHÜRMANNS, dass es sich bei der Regelung „trotz des dem Wortlaut innewohnenden Zeitmoments“ (…) „um eine allgemeine, vom Zeitablauf unabhängige, Billigkeitsklausel“ handelt (SCHÜRMANN FamRZ 2008, 313, 318).

Der **BGH** hat in einem Fall, für den er im Ausgangspunkt wie zum früheren Recht 35
von einer langen Ehedauer ausgegangen ist, den Rang nach Nr 2 – wie die Begrenzung des nachehelichen Unterhalts nach § 1578b BGB – unter der **zusätzlichen Voraussetzung ehebedingter Nachteile** gesehen (BGHZ 177, 356 = FamRZ 2008, 1911 Rn 66). Der im entschiedenen Fall in Rede stehende Anspruch auf Aufstockungsunterhalt nach § 1573 Abs 2 BGB bemesse sich nach den ehelichen Lebensverhältnissen und wolle somit nicht nur ehebedingte Nachteile ausgleichen. Dieser Unterhaltsanspruch stehe deswegen nur dann im zweiten Rang, wenn solche ehebedingten Nachteile positiv festgestellt werden könnten (BGHZ 177, 356 = FamRZ 2008, 1911 Rn 66).

Die an dieser Rechtsprechung geübte **Kritik** hält dagegen die Annahme einer langen 36
Ehedauer aufgrund umfassender Billigkeitsbetrachtung auch für möglich, wenn keine ehebedingten Nachteile vorliegen (PALANDT/BRUDERMÜLLER[76] Rn 20; MENNE, in: BÜTE/POPPEN/MENNE, Unterhaltsrecht[3] § 1609 Rn 17; zuvor bereits ähnlich SCHÜRMANN FamRZ 2008, 313, 318 [dazu oben Rn 34]; REINKEN FPR 2008, 9, 10). Demnach wäre, kurz gefasst, der 2. Rang neben dem Betreuungsunterhalt auch dem weiteren Ehegattenunterhalt einzuräumen, wenn dessen **Einstufung in den 3. Rang unbillig** erscheint. Solches würde, wie gesehen (Rn 34), mit den in der Begründung des Gesetzentwurfs geäußerten Anwendungsvorstellungen durchaus übereinstimmen. Ob diese Vorstellungen auch an der Bindungswirkung teilhaben (dazu bereits Rn 15), ist freilich eine andere Frage. Im Hinblick auf die Rechtsprechung des BGH ist zu vermerken, dass der BGH nach der zitierten Entscheidung im Bereich der Unterhaltsbegrenzung und -befristung nach § 1578b BGB, den er parallel sieht, die **nacheheliche Solidarität** als Billigkeitskriterium inzwischen stärker betont hat (vgl BGH FamRZ 2013, 1291 Rn 23 f; FamRZ 2014, 823 Rn 21 f). Das könnte sich ungeachtet des Fehlens ehebedingter Nachteile möglicherweise als selbständiger Anwendungsfall der langen Ehedauer auf

§ 1609 Nr 2 BGB übertragen lassen (vgl BGH FamRZ 2014, 1183 Rn 20; Menne, in: Büte/Poppen/Menne, Unterhaltsrecht[3] § 1609 Rn 17).

37 **Beispiele** (lange Dauer: ja/nein):

- BGHZ 177, 356 = FamRZ 2008, 1911: etwa 15 Jahre, kinderlose Ehe, bei (unterstelltem) Fehlen ehebedingter Nachteile: nein;
- BGH FamRZ 2014, 1183: 31 Jahre (wohl) mit ehebedingten Nachteilen: ja;
- OLG Hamm FamRZ 2015, 1397: 24 Jahre mit ehebedingtem Nachteil: ja;
- OLG Hamm FamRZ 2014, 1027: 28½ Jahre, auch ohne ehebedingte Nachteile bei Krankheitsunterhalt (gegen konkurrierenden Aufstockungsunterhalt): ja;
- OLG Braunschweig FamRZ 2009, 997: 12 Jahre (16, 5 Jahre mit teilweiser Anrechnung von Kinderbetreuung unter Geltung des früheren Rechts) und offenbar mit ehebedingtem Nachteil: ja;
- OLG Stuttgart FamRZ 2016, 907: 14½ Jahre und keine ehebedingten Nachteile (inzidente Prüfung auf Einwand des nach § 1615l BGB in Anspruch genommenen nichtehelichen Vaters, das Kind war während der Ehe geboren): nein;
- OLG Hamm FamRZ 2013, 1811: weniger als 5 Jahre, kinderlose Ehe ohne ehebedingte Nachteile: nein.

b) Auflösung der Ehegattenkonkurrenz (Nr 2, 3; § 1581; auch § 1615l)

38 Treffen mehrere Ansprüche auf Ehegattenunterhalt (§§ 1570 ff, 1361, 1360 BGB) aufeinander, so ist nach neuer, durch das BVerfG vorgegebener Rechtsprechung (Rn 20) zu differenzieren:

Ist der Anspruch des geschiedenen Ehegatten aus der früheren Ehe vorrangig (Nr 2), so geht dieser dem Anspruch des späteren Ehegatten (Nr 3) in vollem Umfang vor (Rn 13; BGH FamRZ 2012, 525 Rn 54; OLG Karlsruhe FamRZ 2012, 134; OLG Nürnberg NJOZ 2012, 1050).

39 Sind die Ansprüche hingegen gleichrangig (beide in Nr 2 oder beide in Nr 3) oder ist der Anspruch des späteren Ehegatten (Nr 2) dem des früheren (Nr 3) vorrangig, so sind beide Ansprüche grundsätzlich gleichmäßig zu kürzen. Da vorweg aber die Frage der Leistungsfähigkeit zu klären ist und es sich um einen relativen Mangelfall handelt (Rn 20), ist zunächst § 1581 BGB anzuwenden.

Der **BGH** hat ausgehend von der Korrektur seiner Rechtsprechung durch das BVerfG (Rn 20) in seiner grundlegenden Entscheidung vom **7. 12. 2011** (BGHZ 192, 45 = FamRZ 2012, 281) dazu folgende Grundsätze aufgestellt:

- Im Rahmen der Leistungsfähigkeit des Unterhaltspflichtigen nach § 1581 BGB ist der Halbteilungsgrundsatz zu beachten, was zu einem relativen Mangelfall führen kann, wenn dem Unterhaltspflichtigen für den eigenen Unterhalt weniger verbleibt, als der Unterhaltsberechtigte mit dem Unterhalt zur Verfügung hat. Sonstige Verpflichtungen gegenüber anderen Unterhaltsberechtigten, die nicht bereits den Bedarf des Unterhaltsberechtigten beeinflusst haben, sind entsprechend ihrem Rang zu berücksichtigen. Damit hat er an seine frühere Rechtsprechung (BGHZ 109, 72 = FamRZ 1990, 260) angeknüpft.

- Sind ein geschiedener und ein neuer Ehegatte nach § 1609 BGB gleichrangig, ist im Rahmen der Leistungsfähigkeit des Unterhaltspflichtigen eine Billigkeitsabwägung in Form einer **Dreiteilung** des gesamten unterhaltsrelevanten Einkommens „revisionsrechtlich nicht zu beanstanden". Das schließt eine Berücksichtigung weiterer individueller Billigkeitserwägungen nicht aus.

- Synergieeffekte durch das Zusammenleben des Unterhaltspflichtigen in einer neuen Ehe sind zu berücksichtigen. Der Vorteil des Zusammenwohnens ist für die Ehegatten der neuen Ehe mit 10% ihres Gesamtbedarfs in Ansatz zu bringen (BGHZ 192, 45 = FamRZ 2012, 281 Rn 46 mwNw). Im Rahmen der Leistungsfähigkeitsprüfung ist ein Erwerbstätigenbonus nicht zu berücksichtigen (BGH FamRZ 2013, 1366 Rn 87).

Diese Rechtsprechung, mit der die Drittelmethode bei gleichrangigen Unterhaltsberechtigten entsprechend den Vorgaben des BVerfG auf die Leistungsfähigkeitsebene verlagert worden ist (vgl auch die Entscheidung vom selben Datum, FamRZ 2012, 288) hat der BGH in weiteren Entscheidungen (BGH FamRZ 2012, 525; FamRZ 2014, 1183; vgl auch BGH FamRZ 2014, 912) fortgeführt.

Der **Vorrang des zweiten Ehegatten** setzt sich wegen der Eigenheiten der Bedarfs- **40**
ermittlung und der hier zugunsten des früheren Ehegatten eingreifenden Priorität nicht in gleicher Weise durch wie der Vorrang des früheren Ehegatten (BGHZ 192, 45 = FamRZ 2012, 281 Rn 48). Wegen des relativen Mangelfalls fällt der geschiedene Ehegatte auch nicht mit dem gesamten Anspruch aus. Gleichwohl muss der Vorrang des zweiten Ehegatten als gesetzliche Wertung im Rahmen der Billigkeitsabwägung nach § 1581 BGB in geeigneter Form berücksichtigt werden (vgl BGH FamRZ 2014, 912 Rn 45; vgl auch OLG Düsseldorf FamRZ 2011, 1953). Wegen der Einzelheiten wird auf die Kommentierung zu § 1581 BGB (Staudinger/Verschraegen [2014] § 1581 Rn 11 ff) Bezug genommen.

Konkurrieren Unterhaltsansprüche von (geschiedenen) Ehegatten mit dem Unter- **41**
halt nach **§ 1615l BGB**, so verhält es sich prinzipiell nicht anders (vgl Rn 39 f). Besonderheiten bestehen hingegen bei der Bemessung des – nicht abgeleiteten – Bedarfs nach §§ 1615l, 1610 BGB (vgl § 1610 Rn 287 ff). Bei der Bemessung des Selbstbehalts nach § 1603 Abs 1 BGB ist darauf zu achten, dass der Unterhaltspflichtige – im Ergebnis wie bei § 1581 BGB – nicht mehr als die Hälfte seines Einkommens für den Unterhalt hergeben muss (vgl § 1603 Rn 285 f; § 1615l Rn 34). Eine Auswirkung des nach der Scheidung entstandenen Anspruchs auf den Bedarf des geschiedenen Ehegatten (so Soergel/Lettmaier[13] Rn 26) findet hingegen wegen des Stichtagsprinzips nicht statt (BGHZ 192, 45 = FamRZ 2012, 281 Rn 26; zum während bestehender Ehe entstandenen Anspruch aus § 1615l s NK-BGB/Schilling[3] § 1615l Rn 23 mwNw). Letztendlich wird auch bei Konkurrenz von gleichrangigen Ehegatten und kinder-

betreuendem Elternteil die Unterhaltskürzung mithilfe der **Drittelmethode** zu ermitteln sein (BGHZ 192, 45 = FamRZ 2012, 281 Rn 42).

3. Übrige Ehegatten, geschiedene Ehegatten, Lebenspartner (Nr 3)

42 In den **3. Rang** fallen Ehegatten und geschiedene Ehegatten, die nicht unter Nr 2 fallen. Darunter fallen sämtliche Anspruchsgrundlagen, soweit sie nicht mit einem Anspruch auf Betreuungsunterhalt verbunden sind oder eine Ehe von „langer Dauer" vorliegt (anderenfalls fallen die Ansprüche in Nr 2). Entsprechendes gilt für Lebenspartner. Der Unterhalt nach § 1615l Abs 2 S 2, Abs 4 BGB ist reiner Betreuungsunterhalt und kann schon deswegen allein in Nr 2 fallen.

43 Die Konkurrenz zwischen Ehegatten, die jeweils in Nr 3 fallen, ist ebenso aufzulösen wie bei Gleichrangigen der Nr 2 (s Rn 39). Der Unterhalt nach § 1615l BGB ist den Berechtigten der Rangstufe 3 stets und in vollem Umfang vorrangig. Nachrangige Ansprüche sind dann auch nicht als sonstige Verpflichtungen zu berücksichtigen (BGH FamRZ 2014, 1183). Umgekehrt geht der Unterhalt der nach Nr 3 Berechtigten sämtlichen weiteren Verwandten (außer Nr 1) vor.

4. Übrige Kinder (Nr 4)

44 In den **4. Rang** fallen Kinder, die nicht unter Nummer 1 fallen. Es handelt sich mithin um die volljährigen Kinder, die nicht unter § 1603 Abs 2 S 2 BGB fallen. Da es nur auf die Art des Unterhalts (Kindesunterhalt) ankommt, spielt es für den Rang auch keine Rolle, wenn das Kind bereits eine selbständige Lebensstellung erlangt hat (vgl § 1610 Rn 294). Meistens wird es in diesen Fällen allerdings schon an der Unterhaltsbedürftigkeit fehlen (vgl § 1602 Rn 79, 110).

45 Der gemäß Nr 4 nachrangig Berechtigte kann sich – im Unterschied zu den Fällen der Ehegattenkonkurrenz (Rn 33) – gegenüber seinem verheirateten Vater nicht darauf berufen, dass dessen nach § 1360 BGB unterhaltsberechtigte zweite Ehefrau eine Erwerbsobliegenheit treffe (vgl Rn 33; OLG Jena FamRZ 2013, 890 [LSe]).

5. Enkel und weitere Deszendenten (Nr 5)

46 In den **5. Rang** fallen Enkelkinder und weitere Abkömmlinge.

47 Der BGH hatte sich mit dem Enkelunterhalt in mehreren Entscheidungen zu befassen (BGH FamRZ 2006, 26; FamRZ 2006, 1099; FamRZ 2007, 375), in denen es allerdings mehr um Fragen der Ersatzhaftung nach § 1607 BGB und den festzulegenden Selbstbehalt ging. Aufgrund der unteren Rangstufe wird es auch selten dazu kommen, dass der Rang von Enkeln sich gegenüber Nachrangigen der Nr 6 oder 7 durchsetzt.

6. Eltern (Nr 6)

48 In den **6. Rang** fallen die Eltern.

49 Der regelmäßige Nachrang des Elternunterhalts führt dazu, dass der Unterhalt sämtlicher vorrangigen Unterhaltsberechtigten als sonstige Verpflichtungen abgezogen werden müssen (vgl BGH FamRZ 2017, 711: Verhältnis zum Kindesunterhalt; BGHZ 209, 243 = FamRZ 2016, 887: Verhältnis zum Unterhalt aus § 1615l). Eine andere Frage ist es, inwiefern der Ehegattenunterhalt von einem Anspruch auf Elternunterhalt trotz des Nachrangs beeinflusst werden oder ob dieser beim Berechtigten eine Leistungsfähigkeit für den Elternunterhalt begründen kann. Der BGH löst diese Konkurrenz bei bestehender Ehe des zum Elternunterhalt Verpflichteten einheitlich dadurch auf, dass er einen sogenannten Familienselbstbehalt veranschlagt (vgl § 1603 Rn 271 ff; Rn 99). Entsteht der Anspruch auf Elternunterhalt hingegen erst nach Scheidung der Ehe, dürfte er sich aufgrund der Vorgaben des Stichtagsprinzips (vgl Rn 20) nicht mehr auf den Ehegattenunterhalt auswirken. Der Unterhaltspflichtige wird dann nur insoweit Elternunterhalt zahlen müssen, als ihm nach Abzug des Ehegattenunterhalts dafür noch einsetzbares Einkommen verbleibt. Einer daran anschließenden Reduzierung des Ehegattenunterhalts nach § 1581 BGB steht entgegen, dass der Elternunterhalt wegen des Nachrangs nicht als sonstige Verpflichtung anzusehen wäre.

7. Weitere Aszendenten (Nr 7)

Schließlich fallen in den **7. Rang** die weiteren Verwandten der aufsteigenden Linie; unter ihnen gehen die Näheren den Entfernteren vor. 50

Sind also in einem Fall die **Großeltern** und die **Urgroßeltern** des Unterhaltspflichtigen bedürftig und reicht dessen Einkommen nicht aus, um alle Ansprüche zu befriedigen, so gehen die Großeltern vor und die Urgroßeltern aufgrund ihres schlechteren Rangs leer aus. 51

VI. Weitere Folgen der Rangregelung

Besteht ein (auch rechtskräftiger) **Titel über den Unterhalt**, so wird die rein materiellrechtlich zu beurteilende Rangfolge davon nicht berührt (BGH FamRZ 1992, 797; Palandt/Brudermüller[76] Rn 5). Denn es kann nicht zum Nachteil des vor- oder gleichrangigen Unterhaltsberechtigten gereichen, dass der Unterhaltspflichtige die Möglichkeiten einer **Abänderung** nach §§ 238, 239 FamFG nicht nutzt. 52

Beispiel: M ist nach Scheidung seiner 5 Jahre dauernden Ehe mit der stets voll berufstätigen und zuletzt erkrankten E durch Gerichtsbeschluss zur Zahlung von Krankheitsunterhalt in Höhe von mtl 1500 € verpflichtet worden. Nach der Scheidung wird er Vater eines Kindes. Gegenüber dem Anspruch auf Kindesunterhalt (Nr 1) und dem Anspruch aus § 1615l Abs 2 S 2 (Nr 2) BGB kann M nun nicht einwenden, dass er aufgrund der titulierten Zahlungsverpflichtung nur eingeschränkt leistungsfähig sei. Da der Unterhalt der E mangels langer Ehedauer in Nr 3 fällt und damit nachrangig ist, ist er nicht als sonstige Verpflichtung zu berücksichtigen. 53

VII. Beweislast

Der Unterhaltspflichtige muss darlegen und falls bestritten beweisen, dass er den von ihm verlangten Unterhalt nicht oder nicht voll erbringen kann, weil er an andere 54 vor- oder gleichrangige Berechtigte Unterhalt leisten muss (BGHZ 192, 45 = FamRZ 2012, 281 Rn 39; BGB-RGRK/MUTSCHLER Rn 11; BAUMGÄRTEL/APS, Beweislast[3] § 1609 Rn 1). Das folgt aus der Fassung des § 1603 Abs 1 BGB, nach der der Unterhaltspflichtige seine fehlende Leistungsfähigkeit darzutun hat (§ 1603 Rn 2; WENDL/DOSE[9] § 1 Rn 721 ff); die Vorrangregelung des § 1609 BGB betrifft die Leistungsfähigkeit des Unterhaltspflichtigen, indem sie die Berücksichtigung vorrangiger Unterhaltspflichten als sonstige Verpflichtungen vorgibt und bei gleichrangigen Unterhaltspflichten eine anteilige Kürzung gebietet.

55 In die Beweislast des Schuldners fallen daher auch Grund und Höhe des vor- oder gleichrangigen Unterhaltsanspruchs (vgl BGHZ 209, 243 = FamRZ 2016, 887 Rn 26).

VIII. Rangfolge in der Vollstreckung

56 In der Zwangsvollstreckung sind nach §§ **120 FamFG, 850d Abs 2 ZPO** Unterhaltsansprüche, die kraft Gesetzes einem Verwandten, dem Ehegatten, einem früheren Ehegatten, dem Lebenspartner, einem früheren Lebenspartner oder nach §§ 1615l, 1615n BGB einem Elternteil zustehen, in der Reihenfolge nach § 1609 und § 16 LPartG zu berücksichtigen, wobei mehrere gleich nahe Berechtigte untereinander den gleichen Rang haben.

57 Die Bevorrechtigung des Gläubigers gemäß § 850d Abs 2 ZPO in Verbindung mit § 1609 BGB gegenüber anderen Unterhaltsberechtigten muss sich nicht aus dem Titel ergeben. Die Rangfolge mehrerer Unterhaltsberechtigter hat das **Vollstreckungsorgan** bei der Bemessung des dem Schuldner pfandfrei zu belassenden Einkommensanteils nach § 850d Abs 1 S 2 ZPO selbständig zu prüfen und festzulegen (BGH FamRZ 2012, 1799 Rn 12).

58 Der am Vollstreckungsverfahren nicht beteiligte vorrangige Unterhaltsgläubiger kann den nach § 7 Abs 3 S 2 UVG bestehenden Vorrang seines Unterhaltsanspruchs im Vollstreckungsverfahren mit der Vollstreckungserinnerung nach § 766 Abs 1 ZPO geltend machen. Nach Abschluss des Vollstreckungsverfahrens kann ihm gegen die pfändende Unterhaltskasse ein Bereicherungsanspruch auf Auskehrung des Erlöses in Höhe der ihm zustehenden Unterhaltsforderung zustehen (BGHZ 202, 293 = FamRZ 2014, 1918). Im Anwendungsbereich des § 7 UVG werden die Vorschriften der § 850d Abs 2 ZPO, § 1609 BGB zum Rangverhältnis der Unterhaltsansprüche durch die speziellere Vorschrift des § 7 Abs 3 Satz 2 UVG verdrängt (BGH NZFam 2015, 23).

§ 1610
Maß des Unterhalts

(1) Das Maß des zu gewährenden Unterhalts bestimmt sich nach der Lebensstellung des Bedürftigen (angemessener Unterhalt).

(2) Der Unterhalt umfasst den gesamten Lebensbedarf einschließlich der Kosten einer angemessenen Vorbildung zu einem Beruf, bei einer der Erziehung bedürftigen Person auch die Kosten der Erziehung.

Materialien: E I § 1488 Abs 1, 2; II § 1505; III § 1588; JAKOBS/SCHUBERT §§ 1564–1921 258; PLANCK, in: SCHUBERT, Vorlagen der Redaktoren, Familienrecht II 322; Mot IV 696; Prot IV 491; BT-Drucks III/530, 25; 7/2093; 7/4361, 51; 13/7338, 22.

Schrifttum

AFFELDT, Kindesunterhalt und gemeinsame elterliche Sorge, FPR 1998, 186
BENKELBERG, Zur Bemessung des Kindesunterhalts bei überdurchschnittlichem Einkommen des Unterhaltsverpflichteten, MDR 2000, 276
v BIEBERSTEIN, Vergleichende Überlegungen zu Unterhaltsansprüchen für Ausbildungskosten, in: BOSCH (Hrsg), Neue Entwicklungen im Familienrecht (1990) 63
BILETZKI, Der Anspruch auf Finanzierung einer weiteren Ausbildung nach §§ 1601, 1610 II BGB, FamRZ 1996, 777
BISSMAIER, Obliegenheiten beim Ausbildungsunterhalt, FamRB 2005, 336
BORN, Ausbildungsunterhalt: Pflicht der Eltern zur Finanzierung einer weiteren Ausbildung, FamRZ 2017, 785
ders, Ausbildungsunterhalt – Neue Chancen für Spätentwickler?, NJW 2013, 2717
ders, Bescheidenheit oder Luxus? – Die Bestimmung des Bedarfs bei gehobenen Lebensverhältnissen, FamRZ 2013, 1613
BORTH, Ausbildungsunterhalt – Pflichten des Unterhaltsberechtigten, FPR 2008, 341
BREITHAUPT, Das Prokrustesbett der Kinderbedarfssätze der Düsseldorfer Tabelle, Streit 2008, 147
BRESS-BRANDMAIER/GÜHLSTORF, Einwendungen gegen den unterhaltsrechtlichen Bedarf bei Gewährung von Sozialhilfe in stationären Pflegeeinrichtungen, ZfF 2008, 158
CASPARY, Der Anspruch auf Prozesskostenvorschuss, NJW 2005, 2577
CHRISTIAN, Die Geltendmachung von Unterhaltsansprüchen vor und nach Eintritt der Volljährigkeit, ZBlJugR 1983, 465
CHRISTL, Revisible Erfahrungssätze in Unterhaltstabellen, NJW 1984, 267
DIEDERICHSEN, Der BGH und der Elternunterhalt, FF 2003, 8
ders, Die Sandwich-Generation: Zwischen Kindesunterhalt und Elternunterhalt, zwischen den Zwängen von Sozialrecht und Familienrecht, FF Sonderheft 2000, 7
DIWELL, Der Anspruch auf Individualunterhalt des minderjährigen Kindes und Unterhalt für die Vergangenheit nach dem Kindesunterhaltsgesetz, FPR 1998, 159
DRESCHER, Ausbildungsfinanzierung durch die Eltern (1985)
DUDERSTADT, Zum Prozeßkostenvorschuß minderjähriger und volljähriger Kinder, FamRZ 1995, 1305
EHINGER, Elternunterhalt – Gesetzliche Voraussetzungen und Beschränkungen der Inanspruchnahme durch Rechtsprechung und Gesetzgebung, NJW 2008, 2465
ESCHENBRUCH/LOY, Die Sättigungsgrenze beim Ehegattenunterhalt, FamRZ 1994, 665
EWERS, Die Düsseldorfer Tabelle und das neue Kindesunterhaltsrecht, DAVorm 1999, 801
FEST, Unterhaltsrechtliche Schwierigkeiten während der Ausbildung, JuS 2007, 918
GERNHUBER, Der Richter und das Unterhaltsrecht, FamRZ 1983, 1069
GÜNTHER, Unterhaltsansprüche der Eltern und ihre Berechnung – zugleich ein Beitrag zum Familienunterhalt, FuR 1995, 1
GÖTSCHE, Ausbildungsunterhalt behinderter Kinder, FPR 2008, 345
GÖTZ, Unterhalt für volljährige Kinder (2007)
dies, Ausbildungsunterhalt nach Kinderbetreuung, FamRZ 2012, 1610
dies, Immer noch mehr Bedarf? – Die Berechtigung von Zusatzbedarf beim Ausbildungsunterhalt, FF 2008, 352
dies/BRUDERMÜLLER, Gesetzliche Befristung des Unterhalts?, FPR 2008, 352
GRABA, Mehrbedarf und Sonderbedarf des minderjährigen Kindes, FamFR 2012, 337
ders, Ist die Düsseldorfer Tabelle gesetzwidrig?, FamRZ 2003, 129
ders, Betreuungsunterhalt aufgrund des erweiterten Unterhaltsbegriffs, NJW 2016, 833
GUTDEUTSCH, Differenzbedarf und Bedarfser-

höhung wegen Zusammenlebens bei minderjährigen Kindern – interessante Korrekturen im Ergebnis, FamRZ 2014, 1969
GUTDEUTSCH/ZIEROTH, Verbrauchergeldparität und Unterhalt – Bedarfskorrektur bei Auslandsberührung –, FamRZ 1993, 1152
HEISTERMANN, Das Spannungsverhältnis von Prozesskostenvorschussanspruch und Verfahrenskostenhilfe, FPR 2009, 403
HÖBBEL, Plädoyer für die Abschaffung der Unterhaltsrechtlichen Leitlinien, FamRZ 2017, 854
KEMPER, Masterstudium und Unterhaltsberechtigung, NZFam 2015, 250
KLINKHAMMER, Die Düsseldorfer Tabelle nach der Unterhaltsrechtsreform (Stand 1. 1. 2008), FamRZ 2008, 193
ders, Das Hartz-IV-Urteil des BVerfG v 9. 2. 2010 – Konsequenzen für das Unterhaltsrecht?, FamRZ 2010, 845
ders, Pflegeversicherung, Grundsicherung und Elternunterhalt, FPR 2003, 640
KNOPS, Der familienrechtliche Prozeßkostenvorschuß, NJW 1993, 1237
KO KNOPS, Rückforderung von Prozeßkostenvorschuss, FPR 2003, 195
KNOPS/KNOPS, Die Bestimmung der „persönlichen Angelegenheiten" beim familienrechtlichen Prozeßkostenvorschuß, FamRZ 1997, 208
KÖHLER, Geschichte der Düsseldorfer Tabelle, in: FS Rebmann (1989) 569
ders, Unterhaltsrecht am Scheideweg?, FamRZ 1990, 922
KRUMM, „Das Studium zahlen meine Eltern" – der Ausbildungsunterhalt für das nach der Schule erstmals studierende Kind, NZFam 2014, 54
KUHNIGK, Die Bedarfsberechnung beim Kindesunterhalt durch Verdoppelung der Tabellenbeträge, FamRZ 2002, 924
LICENI-KIERSTEIN, Bachelor- und Masterstudium – einheitlicher Ausbildungsgang oder Doppellstudium?, FamRZ 2011, 526
LUTHIN, Zum Sonderbedarf beim Kindesunterhalt, FamRB 2006, 218
MAURER, Kindergartenbeiträge: Ein Massenphänomen ohne unterhaltsrechtliche Bedeutung?, FamRZ 2006, 663
MEHRLE, Zum Bedarf der Unterhaltsberechtigten nach §§ 1610, 1615l BGB, FamRZ 2010, 510
MIESEN, Der Unterhaltsanspruch des volljährigen Kindes gegen getrennt lebende oder geschiedene Eltern, FamRZ 1991, 125
GUDRUN MÖLLER, Ausbildungsunterhalt auch für die Dauer eines berufsvorbereitenden Praktikums? FPR 2008, 347
MORITZ, Dauer und Höhe des zivilrechtlichen Unterhaltsanspruchs Auszubildender, JZ 1980, 16
CHRISTIAN MÜLLER, Der Bedarf des Elternteils, FPR 2003, 611
MUNTE, Konkretisierung unbestimmter Rechtsbegriffe mit Hilfe von Fuzzylogik am Beispiel von § 1610 BGB (2000)
MUTSCHLER, Auswirkungen regional verschiedener Lebenshaltungskosten auf den Unterhaltsbedarf, DAVorm 1995, 27
NEUMANN, Studiengebühren und Studentenunterhalt, FamRB 2007, 53
OLZEN, Die Rückforderung von Prozeßkostenvorschüssen unter Ehegatten, JR 1990, 1
OTTO, „Brauchbares Instrument in Unterhaltssachen" – Zum fünfzigjährigen Jubiläum der Düsseldorfer Tabelle, FamRZ 2012, 837
PAULUS, Der Anspruch auf Finanzierung einer Ausbildung im Unterhaltsrecht und im Sozialrecht (1984)
PFEIL, Grenzen der elterlichen Finanzierungspflicht für ein Studium des Kindes, NZFam 2016, 222
PULS, Zur Bemessung des Ausbildungsunterhalts und Anrechnung von BAföG-Leistungen, ZBlJugR 1980, 598
REETZ, Kindesunterhalt in der notariellen Praxis, notar 2008, 108
REINKEN, Ausbildung in einem Beruf, FPR 2008, 334
RONALD RICHTER, Die neue soziale Pflegeversicherung, FF 2016, 479
ROESSINK, Zivilprozessuale Fragen des Ausbildungsunterhalts für Kinder, FPR 2008, 367
RUDOLPH, Zur Höhe des „notwendigen Unterhalts" bei der Pfändung, Rpfleger 1996, 490
SCHÄUBLE, Haushaltsführungskosten als Mehrbedarf des Kindes, FamRZ 2010, 513
DOROTHEE SCHMIDT, Die Verpflichtung zum

Ausbildungsunterhalt im Eltern-Kind-Verhältnis (2003)
SCHOLZ, Die Düsseldorfer Tabelle (Stand 1. 7. 1999), FamRZ 1999, 1177
ders, Die Düsseldorfer Tabelle (Stand 1. 7. 1992), FamRZ 1993, 125
ders, Die Düsseldorfer Tabelle, in: 100 Jahre Oberlandesgericht Düsseldorf – Festschrift (2006) 265
ders, Unterhalt für Telefonsex?, FamRZ 2003, 1900
SCHÜRMANN, Unterhaltsrechtliche Leitlinien – Bestandsaufnahme und Entwicklungsmöglichkeiten, FamRZ 2005, 490
SCHULTE, Kann die Düsseldorfer Tabelle durch eine stufenlose Quotenberechnung von Ehegatten- und Kindesunterhalt ersetzt werden?, FamRZ 1991, 639
SCHWAB, Der Unterhaltsanspruch der Kinder gegen die Eltern auf Ausbildungsfinanzierung und sein Verhältnis zur öffentlichen Ausbildungsförderung, FamRZ 1971, 1
ders, Vater will nicht zahlen, in: FS Jauch (1990) 201
HOLDT SCHWENZER, Ausbildungsunterhalt für volljähriger Kinder, in: FS Hahne (2012) 343
SCHWOLOW, Anspruch des Kindes auf Prozeßkostenvorschuß, FuR 1998, 297
SEILER, Unterhaltsansprüche der Eltern gegen das Kind, FF 2014, 136
SOYKA, Auswirkungen der Unterhaltsreform auf den Kindesunterhalt, FuR 2008, 157
SPANGENBERG, Unterhaltsbedarf jenseits von Tabelle und Quote, NZFam 2016, 625
STRAUSS, Leitlinien der Oberlandesgerichte zur Bemessung des Unterhalts, NDV 1993, 141
STROHAL, Angemessene Ausbildung, FPR 2008, 331
THIERSCHMANN, Unterhaltsansprüche Volljähriger gegen ihre Eltern (1986)
TÖBBENS, Das unterhaltsrechtliche Problem der Kaufkraftbereinigung bei grenzüberschreitenden Sachverhalten, FamRZ 2016, 597
E UNGER/M UNGER, Unterhalt bei im Ausland lebenden Gläubigern oder Unterhaltsschuldnern nach dem Wegfall der Statistik zur Verbrauchergeldparität, FPR 2013, 19
VOSSENKÄMPER, Unterhaltsrechtliche Aspekte (nicht nur) für das Beitrittsgebiet, FuR 1995, 43
WALDEYER/WALDEYER-GELLMANN, Kindesunterhalt und Studienbeiträge, NJW 2007, 2957
WALTER, Grundsätze des Unterhaltsrechts in der Ausgestaltung durch die Rechtsprechung, NJW 1984, 257
WICHMANN, Steuerrecht und Kindesunterhalt – Zum Jahressteuergesetz 1996, FamRZ 1995, 1241
WOHLGEMUTH, Die Berechnung des Kindesunterhalts beim Wechselmodell bei Barunterhaltspflicht beider Eltern, FPR 2013, 157.

Systematische Übersicht

Alphabetische Übersicht

I. Allgemeines

1. Textgeschichte

1 Die ursprüngliche Fassung des § 1610 BGB ist viermal geändert worden. Zunächst wurden durch Art 1 Nr 41 FamRÄndG v 11. 8. 1961 (BGBl I 1221) in **Abs 1** die Worte „standesmäßiger Unterhalt" durch die Worte „angemessener Unterhalt" ersetzt (ebenso in §§ 1603 Abs 1 und 1608 BGB). S noch Rn 6.

2 Durch Art 1 Nr 6a VolljkG v 31. 7. 1974 (BGBl I 1713) ist **Abs 2** neu gefasst: Die Herabsetzung des Volljährigkeitsalters um drei Jahre auf die Vollendung des 18. Lebensjahres ließ viele Auszubildende, Berufsschüler, Gymnasiasten und Studenten volljährig werden. Um klarzustellen, dass Ausbildungskosten auch nach Erlangung der Volljährigkeit zum Lebensbedarf der Kinder gehören, wurde die jetzige – umständliche – Fassung gewählt.

3 Schließlich wurde durch Art 1 Nr 22 1. EheRG v 14. 6. 1976 (BGBl I 1421) mit **Abs 3** eine Regelung angefügt, die den Mindestbedarf minderjähriger, im Haushalt eines Elternteils lebender Kinder dem Regelbedarf nichtehelicher Kinder anglich (s Staudinger/Kappe/Engler [1997] § 1610 Rn 190 ff). Diese Bestimmung wurde durch Art 1 Nr 8 des Kindesunterhaltsgesetzes vom 6. 4. 1998 (BGBl I 666) **aufgehoben**, da der Entwurf in § 1612a BGB auch den ehelichen Kindern die Möglichkeit einräumen wollte, den Regelunterhalt geltend zu machen (BT-Drucks 13/7338, 22; s zur Entwicklung der Vorschrift § 1612a Rn 1 ff, s auch Rn 250). Durch das Unterhaltsrechtsänderungsgesetz vom 21. 12. 2007 (BGBl I 3189) ist der Mindestbedarf wieder eingeführt worden. Er findet sich nunmehr allerdings unter der nicht ganz treffenden Bezeichnung **„Mindestunterhalt"** in § 1612a Abs 1 BGB geregelt (zur Systematik s § 1612a Rn 25).

2. Inhalt und Systematik

4 Die Vorschrift regelt das **Maß**, also den Umfang des Unterhalts. Der im Gesetz unterschiedlich verwendete Begriff des Unterhalts ist hier als **Unterhaltsbedarf** zu verstehen. Mit Unterhalt ist hier nicht – wie in anderen Zusammenhängen – der Betrag gemeint, den der Unterhaltspflichtige zu gewähren hat. Vielmehr handelt es sich um die **Gesamtheit der Bedürfnisse des Unterhaltsberechtigten**, unabhängig von der Frage, ob ihm zu deren Befriedigung eigene Mittel zur Verfügung stehen. Ist die Höhe des Unterhalts zu bestimmen, steht die Ermittlung des Unterhaltsbedarfs nach § 1610 BGB an erster Stelle, erst anschließend sind die Bedürftigkeit (§ 1602 BGB) und die Leistungsfähigkeit (§ 1603 BGB) zu prüfen (vgl § 1601 Rn 5).

Abs 2 führt einzelne Elemente des Unterhalts auf und enthält die Klarstellung, dass der gesamte Lebensbedarf geschuldet ist. Die **Art** der Unterhaltsgewährung (zB durch Barunterhalt oder Naturalunterhalt) regelt § 1612 BGB.

Abs 1 enthält eine – allerdings unvollständige – Legaldefinition des Begriffs **„angemessener Unterhalt“**. Sie stellt insoweit klar, dass Anknüpfungspunkt für die Bemessung des Unterhalts die **Lebensstellung des Bedürftigen** ist. Was angemessen ist und welche Bedürfnisse vom Unterhaltspflichtigen zu befriedigen sind, ist nicht näher bestimmt. Abs 2 legt als Gegenstand und Umfang des Unterhalts den **gesamten Lebensbedarf** einschließlich der Erziehungs- und Ausbildungskosten fest.

Der Umfang des Unterhalts wird damit anhand dessen festgelegt, was der Unter- 5
haltsgläubiger braucht, um sein Leben führen zu können. Gedanklicher Ausgangspunkt ist der **Lebensbedarf iS des Abs 2** (vgl Köhler, in: FS Rebmann [1989] 569; Scholz 100 Jahre OLG Düsseldorf 265). Vereinfacht ausgedrückt, regelt Abs 2 das „Ob“ und Abs 1 das „Wie“ der Bedarfsbefriedigung. Im ersten Entwurf des BGB (E I § 1488) war die Reihenfolge der Absätze 1 und 2 folgerichtig umgekehrt. Daran orientiert sich auch diese Kommentierung.

Auch wenn die Grundbedürfnisse, zu essen und zu trinken, zu wohnen, zu schlafen 6
und sich einzukleiden, für alle Menschen gleich sind, können sie auf unterschiedlichem Niveau befriedigt werden, was mit der sozialen Stellung und den finanziellen Möglichkeiten zusammenhängt. Maßgeblich ist hier die **Lebensstellung des Bedürftigen iS des Abs 1**: Wie hoch der Bedarf des Einzelnen für die Befriedigung seiner Grundbedürfnisse und sonstiger Bedürfnisse ist und wie viel Geld er dafür ausgibt, hängt von seiner Stellung im Leben ab. Untere Grenze des Lebensbedarfs ist in jedem Fall das **Existenzminimum** im Sinne der überlebensnotwendigen Güter und Leistungen, wovon im Sozialstaat auch ein Mindestmaß an Teilhabe am sozialen und kulturellen Leben umfasst ist.

Das Maß des Unterhaltes wird gewissermaßen nivelliert, wenn der Unterhaltsbe- 7
rechtigte wegen **Krankheit oder Pflegebedürftigkeit** besondere Unterstützung benötigt und sich die hierfür erforderlichen Kosten auch für sozialhilfebedürftige Personen auf hohem Niveau bewegen. Der Unterhaltsbedarf bemisst sich insoweit unabhängig von der vormaligen Lebensstellung des Unterhaltsgläubigers, was vor allem beim **Elternunterhalt** relevant wird, vereinzelt aber auch beim Ehegattenunterhalt (vgl BGH FamRZ 2016, 1142 zum Familienunterhalt). Das durchschnittliche monatliche Heimentgelt betrug im Jahr 2013 bei Pflegestufe III ca 3.017 € (Pflegevergütung, Wohnen und Verpflegung, ohne Investitionskosten und Zusatzleistungen; Statistisches Bundesamt Pflegestatistik 2013 Deutschlandergebnisse S 17 f, 25). Die durchschnittliche Altersrente (Zahlbetrag, Stand: 31. 12. 2014) betrug demgegenüber im Jahr 2014 905 € (Statistik der Deutschen Rentenversicherung Rentenbestand am 31. 12. 2014 S 55). Der Höchstsatz der Pflegeversicherung, die bewusst nur als Teilkaskoversicherung konzipiert ist, beträgt aktuell (Stand: 2016) 1612 € (Pflegestufe III, abgesehen von Härtefällen). Selbst bei durchschnittlicher Rente verbleibt also ein – quasi programmierter – monatlicher Fehlbetrag von mindestens 500 €, der Barbetrag (Taschengeld) kommt noch hinzu. Das kann indessen nicht dazu führen, dass die Heim- und Pflegekosten unterhaltsrechtlich mit der Begründung als nicht angemessen anzusehen wären, die geleistete Pflege gehe kostenmäßig über die bisherige Lebensstellung der Eltern hinaus (so aber Diederichsen FF Sonderheft 2000, 7, 13; FF 2003, 8, 10; ihm folgend Eschenbruch/Hilbig-Lugani[6] Kap 2 Rn 1223). Denn bei den Pflegekosten handelt es sich um einen unabweisbaren Mehrbedarf, der nach den konkreten notwendigen Kosten zu berechnen ist. Auch wenn eine wesentliche Ursache der Unterhaltsbedürftigkeit hier in der Kos-

tenentwicklung im Gesundheitswesen liegen mag, lässt sich die Pflege dem einzelnen Unterhaltsberechtigten nicht mit der Begründung vorenthalten, sie entspräche nicht seinem vormaligen Lebensstandard. Dass der Unterhalt im Sozialhilferegress geltend gemacht wird, rechtfertigt keinen Unterschied. In diesem Fall verbessert sich die Lage des Unterhaltspflichtigen allerdings durch spezielle sozialrechtliche Schutzvorschriften (vgl Vorbem 171 zu §§ 1601 ff). Das sachlich geeignete unterhaltsrechtliche Korrektiv gegen eine übermäßige Unterhaltsbelastung bildet dagegen die Leistungsfähigkeit des Unterhaltspflichtigen. Eine Beschränkung des Unterhaltsbedarfs auf Beträge unterhalb des notwendigen Lebensbedarfs wäre dagegen systemwidrig (zutreffend Schnitzler/Günther MAH Familienrecht[4] § 11 Rn 11; vgl näher Klinkhammer FamRZ 2003, 1793). Der BGH hat den Bedarf dementsprechend nach den notwendigen Heim- und Pflegekosten bemessen (BGH FamRZ 2013, 203; FamRZ 2003, 860 zum Elternunterhalt; FamRZ 2003, 1468 zum Volljährigenunterhalt und FamRZ 2016, 1142 zum Familienunterhalt des Ehegatten; vgl auch BGH FamRZ 2007, 377 zur Heimunterbringung beim Minderjährigenunterhalt).

II. Unterhaltsbestandteile: Gesamter Lebensbedarf, Abs 2

1. Bedarf, Grundsätze

a) Definition

8 Das Gesetz regelt nicht, was – außer der klarstellend hervorgehobenen Erziehung und der Vorbildung zu einem Beruf – zum **Lebensbedarf** eines Menschen gehört. Es deutet durch das Attribut **„gesamten“** aber darauf hin, dass der Begriff weit auszulegen ist. Der Bedarf kann als die **Gesamtheit der Bedürfnisse eines Menschen zur Lebensführung** verstanden werden (zu weitgehend allerdings OLG Nürnberg FamRZ 2016, 563 – mit Anm Götz FamRZ 2016, 519 mwNw: Anspruch auf Herausgabe von Impfpass und kinderärztlichem Untersuchungsheft analog §§ 1601, 1610 Abs 2).

9 **Anhaltspunkte** für die **einzelnen Bestandteile** des Lebensbedarfs bietet das **Sozialhilferecht. § 27 Abs 1 SGB XII** führt („insbesondere“) verschiedene notwendige Lebensbedürfnisse auf, nämlich Ernährung, Unterkunft, Kleidung, Körperpflege, Hausrat, Heizung und die persönlichen Bedürfnisse des täglichen Lebens, darunter in vertretbarem Umfang soziale Kontakte und eine Teilnahme am kulturellen Leben. Die Sozialhilfe soll es dem Empfänger gem § 1 SGB XII ermöglichen, ein menschenwürdiges Leben zu führen. Zur Bemessung des Existenzminimums hat das BVerfG in seiner Entscheidung vom 9. 2. 2010 (FamRZ 2010, 429) verfassungsrechtliche Richtlinien vorgegeben (vgl dazu Klinkhammer FamRZ 2010, 845).

10 Da die Zwecke des Sozialrechts und des Unterhaltsrechts insoweit übereinstimmen (vgl Scholz FamRZ 2004, 751), darf die bürgerlichrechtliche Unterhaltspflicht jedenfalls nach heutigem Erkenntnisstand nicht hinter dem das **Existenzminimum** sichernden sozialhilferechtlichen Bedarf zurückstehen (näher Rn 19 ff, 250).

11 Zum Lebensbedarf gehören als Grundbedürfnisse – neben Ernährung, Kleidung und Wohnung – daher auch die materiellen und geistigen Bedürfnisse, die ein **Leben in Würde** erlauben, zB die Teilnahme am gesellschaftlichen und kulturellen Leben und die Gestaltung der Freizeit (vgl BVerfG FamRZ 2010, 429). Was ein menschenwürdiges Leben ausmacht, hängt nicht von den individuellen Interessen des Einzelnen ab,

sondern ist anhand eines **objektiven Maßstabes** zu bestimmen, für den auch die allgemeinen Lebensverhältnisse (Lebensstandard) im Lebensbereich des Unterhaltsberechtigten maßgeblich sind. In Zeiten des Wohlstandes ist der Lebensbedarf aller Menschen größer als in Notzeiten.

b) Von der Lebensstellung abhängige Unterhaltsbestandteile

Der gesamte Lebensbedarf ist hinsichtlich der elementaren Bedürfnisse zunächst für 12 jeden Menschen gleich. Die **Lebensstellung** des Unterhaltsberechtigten legt demgegenüber nach Abs 1 vorwiegend den **Standard** fest, auf dem der Bedarf zu befriedigen ist. Darüber hinaus kann aber die **Lebensstellung** auch Einfluss auf die Art des unterhaltsrechtlich zu berücksichtigenden Bedarfs haben. So zieht die Rechtsprechung zur Bestimmung des angemessenen Lebensbedarfs **biografische Gesichtspunkte** zur Beantwortung der Frage heran, ob einzelne Bedarfsarten in die Unterhaltspflicht einbezogen oder von ihr ausgenommen sind.

Beispiele: 13

Einbezogen:

- Grundsätzlich dient der Unterhalt allein der Erhaltung der Lebensgrundlagen auf dem gegenwärtigen Stand. Dagegen wird durch den **Ausbildungsunterhalt** bezweckt, die Lebensstellung der unterhaltsberechtigten Kinder zu verändern, namentlich zu verselbstständigen (ähnlich § 1575 BGB). Der Ausbildungsunterhalt steht folglich nur Kindern zu, die noch keine eigenständige Lebensstellung erlangt haben.

Ausgenommen:

- Einen Anspruch auf **Prozesskostenvorschuss** haben nach hM nur Unterhaltsberechtigte ohne selbstständige Lebensstellung, nicht aber unterhaltsberechtigte Eltern oder Volljährige mit abgeschlossener Berufsausbildung (BGH FamRZ 2005, 883; Rn 192 ff).

- Volljährige Kinder mit eigener Lebensstellung haben keinen Anspruch auf **Ausbildungsunterhalt**, auch wenn sie bislang ohne Berufsausbildung sind (s Rn 84 ff; **aA** – ohne Problematisierung – OLG Koblenz FamRZ 2015, 181, 182).

- Der Verwandtenunterhalt gibt keinen Anspruch auf Beiträge zur **Altersvorsorge** (Rn 237 ff). Während etwa ein geschiedener Ehegatte nach § 1578 Abs 1 S 2, Abs 3 BGB Anspruch auf die Kosten der Altersvorsorge hat (auch insoweit vom Ehegatten abgeleitete Lebensstellung), sind diese – etwa bei Leistungsunfähigkeit des unterhaltspflichtigen Ehegatten und (Ersatz-) Haftung der Eltern nach § 1608 BGB – schon nicht Bestandteil des Unterhaltsbedarfs. Auch ein Student hat keinen Anspruch auf Beiträge zur Altersvorsorge, wohl aber zur Krankenversi-erung (Rn 237 ff).

larfskategorien

le Aufstellung gibt einen Überblick über die hauptsächlichen **Bedarfs-** 14

– Sächlicher Bedarf – Betreuungs- (Pflege-), Erziehungs-/Ausbildungsbedarf

– Gegenwärtiger Bedarf – Vorsorgebedarf

– Regelbedarf – Mehrbedarf – Sonderbedarf

15 Die erste Unterscheidung bezieht sich auf die einzelnen Bedarfsarten. Sie spiegelt sich in den steuerlichen Freibeträgen für Kinder nach § 32 Abs 6 EStG wider (vgl die dem zugrunde liegende Rechtsprechung des BVerfGE 99, 246 = FamRZ 1999, 291; BVerfGE 99, 273 = NJW 1999, 564; BVerfGE 87, 153 = FamRZ 1993, 285). Hier können sich auch Überschneidungen ergeben. Beispiel: Die Anschaffung von Schulbüchern befriedigt den Ausbildungsbedarf, ist aber sächlicher Bedarf.

16 Die zweite Unterscheidung unterstreicht den zeitlichen Bezug des Unterhalts, der grundsätzlich nur zur Deckung gegenwärtiger Bedürfnisse vorgesehen ist (vgl auch Rn 237 ff und § 1613 Rn 1 ff).

17 Die dritte Unterscheidung betrifft die Festlegung der laufenden Unterhaltsrente. Das zeigt sich am Beispiel von Mehrkosten für eine ärztliche Behandlung, die nicht von der Krankenversicherung abgedeckt sind (vgl KG FamRZ 2017, 1309; OLG Frankfurt FamRZ 2011, 570: jeweils zur kieferorthopädischen Behandlung). Diese sind in den Beträgen der Düsseldorfer Tabelle (Regelbedarf, vgl auch § 28 SGB XII) nicht enthalten. Sie können neben dem Regelbedarf entweder regelmäßig (dann Mehrbedarf) oder einmalig (dann Sonderbedarf) anfallen.

2. Grundbedarf: Sächliches Existenzminimum und Wohnbedarf

18 Der **elementare Lebensbedarf** (Grundbedarf) eines Menschen umfasst **Ernährung, Unterkunft, Kleidung, Körperpflege, Hausrat, Heizung und persönliche Bedürfnisse des täglichen Lebens** (vgl § 27 Abs 1 S 1 SGB XII). Welche Mittel zur Befriedigung dieser Bedürfnisse erforderlich sind, bestimmt sich nach der Lebensstellung des Bedürftigen (Abs 1).

19 Das **Existenzminimum** war nach früher herrschender Auffassung durch § 1610 BGB allerdings nicht gewährleistet. Eine Bemessung des Bedarfs auf Beträge unterhalb des Existenzminimums war demnach nicht ausgeschlossen. Selbst bei minderjährigen Kindern war ein das Existenzminimum deckender Mindestbedarf vom Gesetzgeber bewusst nicht vorgesehen worden (dazu vgl BGH FamRZ 2002, 536, 538 f mAnm Büttner). Noch das Kindesunterhaltsgesetz von 1998 hat die seinerzeit streitige Frage, ob die Bedarfsbeträge existenzsichernd ausgeformt werden müssen, mit der systematisch fragwürdigen Begründung verneint, dass dies nur eine scheinbare Garantie sei, weil in vielen Fällen ein existenzsichernder Anspruch an der mangelnden Leistungsfähigkeit der Unterhaltspflichtigen scheitere (vgl Schumacher/Grün FamRZ 1998, 778). Das BVerfG hatte zwar den Schutzauftrag an den Gesetzgeber, das Existenzminimum des Kindes sicherzustellen, auch im Rahmen des Unterhaltsrechts hervorgehoben (BVerfG FamRZ 2003, 1370, 1374). Dieses Gebot betraf hingegen nur den nach § 1612b Abs 5 aF bei nicht gedecktem Existenzminimum heranzuziehenden Kindergeldanteil des zum Barunterhalt Verpflichteten. Die Bedarfsbemessung unterhalb des Existenzminimums hat das BVerfG hingegen nicht in Frage gestellt.

Der Bedarf einer geschiedenen nichtehelichen Mutter wurde vom BGH ebenfalls unterhalb des Existenzminimums bemessen, indem er auf die Lebensverhältnisse der geschiedenen Ehe und den sich daraus ergebenden Quotenbedarf abgestellt hat, der zu einem unterhalb des Existenzminimums liegenden Betrag führen konnte (BGH FamRZ 2007, 1303; vgl auch BGH FamRZ 1997, 806, 808 mwNw). 20

Diese **Sichtweise** kann inzwischen als **überholt** gelten. Dass der **Kindesbedarf** – ohne Rücksicht auf die Leistungsfähigkeit – das Existenzminimum abdecken muss, ist seit dem Unterhaltsrechtsänderungsgesetz vom 21. 12. 2007 in § 1612a Abs 1 BGB ausdrücklich anerkannt (s § 1612a Rn 8 ff). Der BGH hatte einen Mindestbedarf in Höhe des Existenzminimums bereits zuvor beim Elternunterhalt anerkannt (BGH FamRZ 2003, 860, 861). Inzwischen hat er auch seine Rechtsprechung zu § 1615l BGB, für den § 1610 BGB anwendbar ist, geändert und erkennt nunmehr einen Mindestbedarf in Höhe des Existenzminimums an (BGH FamRZ 2010, 357; BGH FamRZ 2010, 444; vgl Rn 250). Die neue Sichtweise gilt für den Ehegattenunterhalt ebenfalls. Der Ehegattenunterhalt kann insoweit nicht anders behandelt werden als der Unterhalt nach § 1615l BGB (BGH FamRZ 2010, 357 Rn 33; s Staudinger/Verschraegen [2014] § 1578 Rn 21 ff). Der BGH hat den Mindestbedarf des Unterhaltsberechtigten an dem – vom Sozialhilferecht abgeleiteten – notwendigen Selbstbehalt des Unterhaltspflichtigen nach Anm A. 5 der Düsseldorfer Tabelle orientiert (BGH FamRZ 2010, 357 Rn 34, 38; vgl Klinkhammer FamRZ 2010, 845, 848; näher dazu § 1603 Rn 238 ff). 21

Der **Wohnbedarf** (im Sozialrecht: Kosten der Unterkunft, § 29 SGB XII) besteht aus der Netto-Kaltmiete und den Nebenkosten nach § 556 BGB. Gegebenenfalls werden Kosten für Wasser, Strom, Heizung gesondert erfasst. 22

Der **Wohnbedarf** bemisst sich nach den **Mietaufwendungen**, die für eine angemessene Wohnung erforderlich sind (BGH FamRZ 1994, 303; OLG Brandenburg FamRZ 2006, 1781; Göppinger/Wax/Strohal Rn 317). Auch der Wohnbedarf minderjähriger Kinder, die bei einem Elternteil leben, ist Bestandteil ihres Unterhaltsbedarfs, er wird durch die Sätze der Düsseldorfer Tabelle mit abgedeckt (vgl BGH FamRZ 1992, 423, 424; Wendl/Klinkhammer § 2 Rn 214 mwNw). 23

Die Wohnkosten müssen **angemessen** sein. Das ist nicht der Fall, wenn dem Bedürftigen eine kostengünstigere Wohnung zur Verfügung stünde (vgl OLG Brandenburg FamRZ 2006, 1781). Von einem unterhaltsberechtigten volljährigen Kind ist im Einzelfall im Zusammenhang mit der Wohnungswahl generell kostenbewusstes Verhalten zu verlangen, indem es sich etwa eine Wohnung am Studienort nimmt, um hohe Fahrtkosten zu vermeiden (BGH FamRZ 2009, 762). 24

Wird der **Mindestbedarf** nach dem pauschalen Satz der Düsseldorfer Tabelle bemessen, so stellt sich die Frage, ob gegenüber dem Tabellenwert **günstigere Wohnkosten** abzuziehen sind. Das dürfte aus den für Unterhaltspflichtige geltenden Erwägungen abzulehnen sein (vgl § 1603 Rn 256 ff; zutreffend OLG Brandenburg 11. 3. 2004 – 10 UF 176/03 – juris Rn 75). 25

Zur Anrechnung des **Wohngelds** s BGH FamRZ 2003, 860 und § 1602 Rn 64. 26

Ob dem Kind bei **mietfreiem Wohnen** ein Wohnvorteil zuzurechnen ist, wird davon 27 abhängig gemacht, von wem es den Wohnvorteil erhält (vgl AG München FamRZ 2009, 1596: keine Bedarfsminderung bei Überlassung durch den betreuenden Elternteil; OLG Koblenz FamRZ 2009, 891: bedarfsmindernde Anrechnung bei Überlassung durch den Unterhaltspflichtigen; zur **konkreten Unterhaltsbemessung** OLG Zweibrücken FamRZ 2008, 1655). Das ist im Ergebnis richtig. Bei systematischer Betrachtung hat das Kind allerdings in jedem Fall einen bestimmten Wohnbedarf. Wie sich die Wohnungsgewährung an das Kind auswirkt, ist mithin erst Frage der Bedarfsdeckung. Entweder kann die Wohnungsgewährung die Bedürftigkeit nach § 1602 BGB mindern oder eine (teilweise) Erfüllung des Unterhaltsanspruchs darstellen. Bei Wohnungsgewährung durch die das Kind betreuende Mutter findet eine Anrechnung nach § 1602 BGB regelmäßig nicht statt, weil es sich insoweit um eine Drittleistung handelt, die den Unterhaltspflichtigen nicht entlasten soll (vgl § 1602 Rn 41 ff). Bei Wohnungsgewährung durch den barunterhaltspflichtigen Vater tritt in Höhe der angemessenen Wohnkosten Erfüllung nach § 362 BGB ein (vgl auch BGH FamRZ 2017, 437). Wenn die Praxis in diesen Fällen eine Kürzung des Tabellensatzes um 20 % durchführt, handelt es sich somit um eine vereinfachte Form der Anrechnung als Erfüllung.

28 Im **Sozialrecht** werden die Wohnkosten neben den pauschalierten Regelsätzen erfasst (§§ 35 SGB XII, 22 SGB II) und bestehen aus folgenden Positionen:

Kostenposition	Form der Leistung
Kaltmiete, Nebenkosten (ohne Heizkosten)	Zahlung in konkreter Höhe, soweit angemessen
Heizkosten	Zahlung in tatsächlicher (angemessener) Höhe Ausn: Warmwasserkosten (vgl BSG NZS 2009, 53) Kosten für Heizungsstrom, jeweils im Regelsatz enthalten
Strom-, Wasserkosten	Im Regelsatz enthalten
Beschaffungskosten etc	§ 35 Abs 2 S 5 SGB XII: Wohnungsbeschaffungskosten, Mietkautionen und Umzugskosten können bei vorheriger Zustimmung übernommen werden (vgl BSG 6. 5. 2010 – B 14 AS 7/09 R); **Mietkautionen** sollen als **Darlehen** erbracht werden. Eine Zustimmung soll erteilt werden, wenn der Umzug durch den Träger der Sozialhilfe veranlasst wird oder aus anderen Gründen notwendig ist und wenn ohne die Zustimmung eine Unterkunft in einem angemessenen Zeitraum nicht gefunden werden kann.

29 In der **Düsseldorfer Tabelle** ist beim notwendigen Eigenbedarf des Unterhaltspflichtigen ein Wohnkostenanteil für die Warmmiete ausgewiesen (Anm A. 5; z Zt 380 € – Düsseldorfer Tabelle 2018). Es sind jedoch zudem die persönlichen und örtlichen Besonderheiten zu beachten (zur Verwendung des Mindestbedarfs s Rn 25).

30 Zum Wohnbedarf können im Einzelfall auch Anschaffungskosten für eine angemessene **Wohnungseinrichtung** (BGH NJW 1969, 919 = FamRZ 1969, 205; OLG Koblenz FamRZ

1982, 424) und der zur Haushaltsführung erforderliche **Hausrat** gehören (Göppinger/Wax/Strohal Rn 319). Ein Student, der am Studienort nur ein Leerzimmer mieten kann, benötigt zum Leben einige Möbel (Bett, Tisch, Stuhl, Schrank) und Haushaltsgeräte (vgl AG Köln FamRZ 1983, 829).

3. Erziehungskosten („Kosten der Erziehung“) und Betreuungskosten

Nach der ausdrücklichen Regelung in Abs 2 umfasst der Lebensbedarf bei einer der 31 Erziehung bedürftigen Person auch die **Kosten der Erziehung**. Danach gehören diese Kosten zum Lebensbedarf des Erziehungsbedürftigen und nicht zu dem des erziehenden Elternteils. Die Erwähnung der Erziehungskosten dient der Klarstellung (vgl Rn 2). Zur Erziehung gehören immer (und zuvörderst) auch die elterliche Erziehung und die Erziehung in der Schule (Schulpflicht). Dass diese in der Unterhaltspraxis regelmäßig keine Bedeutung haben, liegt daran, dass sie kostenfrei sind. Die Betreuung und Erziehung entlastet den betreuenden Elternteil nach § 1606 Abs 3 S 2 BGB vom Barunterhalt. Betreuungs- und Erziehungskosten werden unterhaltsrechtlich erst relevant, wenn sie über die vom betreuenden Elternteil zu leistende Betreuung hinausgehen. Sie können insbesondere als Kindergarten-, Internats- oder Nachhilfekosten entstehen (zu Jugendhilfekosten s § 1602 Rn 97 ff) und stellen dann Mehrbedarf (in Einzelfällen auch Sonderbedarf) dar.

Nach dem **BGH** (FamRZ 2009, 962; BGH FamRZ 2017, 437 Rn 37) sind Kindergartenbei- 32 träge und vergleichbare Aufwendungen für die Betreuung eines Kindes in einer kindgerechten Einrichtung in den Unterhaltsbeträgen, die in den Unterhaltstabellen ausgewiesen sind, unabhängig von der sich im Einzelfall ergebenden Höhe des Unterhalts nicht enthalten (teilweise noch anders BGH FamRZ 2007, 882, 886 und FamRZ 2008, 1152, 1154). Auch Hortkosten sind demnach Bedarf des Kindes (BGH FamRZ 2017, 437 Rn 37; **aA** noch OLG Düsseldorf FamRZ 2017, 113). Das stimmt damit überein, dass die Düsseldorfer Tabelle wie der Mindestunterhalt, auf dem sie aufbaut, nur den sächlichen Bedarf (vgl oben Rn 14) abzudecken bestimmt ist. Betreuungs- und Erziehungskosten sind darin nicht einkalkuliert (BGH FamRZ 2009, 962 Rn 25 ff; vgl dazu die Stellungnahme des DIJuF FamRB 2009, 227). Wird die Betreuung eines Kindes durch Dritte dagegen allein infolge der Berufstätigkeit des betreuenden Elternteils erforderlich, stellen die Betreuungskosten nach dem BGH keinen Mehrbedarf des Kindes dar, sondern gehören zur **allgemeinen Betreuung**, die vom betreuenden Elternteil im Gegenzug zur Barunterhaltspflicht des anderen allein zu leisten ist. Dafür entstehende Betreuungskosten können mithin lediglich als berufsbedingte Aufwendungen des betreuenden Elternteils Berücksichtigung finden (BGH 4. 10. 2017 – XII ZB 55/17 – Tagesmutter; vgl § 1606 Rn 32).

Der BGH hat für die Art der Kosten gefordert, dass diese in erster Linie **erziehe-** 33 **rischen Zwecken** und nicht zur Ermöglichung der Erwerbstätigkeit des betreuenden Elternteils dienen (BGH 4. 10. 2017 – XII ZB 55/17; FamRZ 2009, 962 Rn 14 mwNw; BGH FamRZ 2008, 1152, 1153 f; vgl – teilweise noch **aA** – Staudinger/Engler/Kaiser [2000] Rn 72 mwNw). Zwar sind die Kosten auch im anderen Fall **Betreuungskosten**, die vom sächlichen Bedarf der Düsseldorfer Tabelle ebenfalls nicht abgedeckt sind (anders noch OLG Düsseldorf NJW-RR 2005, 1529; OLG Hamm FamRZ 2007, 77; s Rn 34). Abgesehen von der Frage, ob dem betreuenden Elternteil die Befugnis zustand, die kostenverursachende Maßnahme zu veranlassen (Rn 281 ff), geht das Gesetz davon aus, dass die allgemeine Betreuung vom nicht barunterhaltspflichtigen Elternteil unentgeltlich geleistet wird. Ohnedies wäre je nach dem verbleibenden Umfang der (Rest-)Betreuung zu prüfen, ob – neben der ohnehin gebotenen Beteiligung am Mehrbedarf (vgl BGH FamRZ 1983, 689, 690 und § 1606 Rn 19) – auch bei der Beteiligung am Regelbedarf eine Abweichung vom Regelfall des § 1606 Abs 3 S 2 BGB vorliegt (§ 1606 Rn 19, 29 ff; vgl Wendl/Klinkhammer[9] § 2 Rn 452 ff; Niepmann/Schwamb[13] Rn 355 und OLG Brandenburg FamRZ 2016, 246 zur Internatsunterbringung). Sind die Betreuungskosten grundsätzlich berechtigt, kann eine Unterhaltsverantwortung des nicht betreuenden Elternteils etwa mit der Begründung bestritten werden, dass die Kosten im Einzelfall nicht angemessen gewesen sind (näher Rn 281 ff). Für einen grundsätzlich berechtigten und angemessenen Betreuungsbedarf als Mehrbedarf haften die Eltern anteilig nach § 1606 Abs 3 Satz 1 BGB (vgl § 1606 Rn 18, 33, 62).

34 Ebenso wie die Erziehung gehört auch die Betreuung zum Unterhaltsbedarf. Auch der für eine der Betreuung bedürftige Person anfallende **Betreuungsaufwand** stellt mithin unterhaltsrechtlichen Bedarf dar (BGH FamRZ 2006, 1597, 1599 [Fremdbetreuung bei Halbwaisen]; FamRZ 1988, 159, 161 [nur hälftige Anrechnung von Kindergeld und Ausbildungsvergütung s Rn 157]; FamRZ 1983, 689, 690 [Mehrbedarf eines behinderten minderjährigen Kindes]; FamRZ 1985, 917, 919 [Mehrbedarf eines behinderten volljährigen Kindes]; FamRZ 2007, 377; OLG Oldenburg NJW 2017, 1249 [jeweils Kindesunterhalt bei Vollzeitpflege; vgl § 1602 Rn 97 ff]; zur Entwicklung s BGH FamRZ 1988, 159, 161; Wendl/Klinkhammer[9] § 2 Rn 19; ausführlich Graba NJW 2016, 833; Graba NZFam 2017, 312; anders noch BGH FamRZ 1994, 1102, 1103, wonach die von den Eltern geschuldete Betreuung nicht auf dem Unterhaltsanspruch beruhe; dazu Vorbem 2 zu §§ 1601 ff). Dies gilt etwa für minderjährige Kinder, die nach § 1606 Abs 3 S 2 BGB generell betreuungsbedürftig sind, aber auch für betreuungsbedürftige volljährige Kinder oder Eltern. Auch die Kosten einer **rechtlichen Betreuung** nach §§ 1896 ff BGB begründen einen entsprechenden Betreuungsbedarf (vgl OLG Schleswig FGPrax 2005, 159; Wendl/Klinkhammer[9] § 2 Rn 405; zum Rückgriff der Staatskasse auf Unterhaltspflichtige s MünchKomm/Wagenitz[6] § 1836e Rn 24). Das kann beim Elternunterhalt, im Einzelfall auch beim Volljährigenunterhalt relevant werden.

Beispiel: Ein 80-jähriger Mann leidet an Altersdemenz und bedarf aufgrund seiner Erkrankung und damit verbundener Weglauftendenz der besonderen Aufsicht. Die für die tatsächliche Betreuung erforderlichen Kosten sind Unterhaltsbedarf im Sinne von § 1610 BGB. Ebenso verhält es sich bei den Kosten einer rechtlichen Betreuung.

35 **Erziehungsbedürftig** sind alle **minderjährigen unverheirateten Kinder**. Die elterliche Sorge umfasst gem §§ 1631, 1800 BGB das Recht und die Pflicht, die Kinder zu erziehen. Mit der Eheschließung des Kindes (§ 1633 BGB) und mit Eintritt der Volljährigkeit (§ 2) endet rechtlich die Erziehungsbedürftigkeit, mag sie auch tatsächlich noch fortbestehen. Etwa sind die Kosten für den Klavierunterricht des Kindes ab Vollendung des 18. Lebensjahres keine Erziehungskosten mehr. Sie können aber Ausbildungskosten sein (Rn 156 f), wie überhaupt Erziehung und Ausbildung nicht scharf voneinander zu trennen sind.

36 Unter **Erziehung** sind alle Maßnahmen zu verstehen, durch die die Entwicklung des Kindes zu einem selbständigen und verantwortungsbewussten Menschen gefördert werden soll. Sie obliegt idR den Eltern oder einem Elternteil. Diese können für ihre

Erziehungstätigkeit keine Vergütung beanspruchen, sodass insoweit Kosten nicht entstehen. Hingegen kann einem Vormund für die Ausübung der Personensorge gem §§ 1800, 1631 ff BGB berufsmäßiger Führung der Vormundschaft eine Vergütung bewilligt werden, § 1836 Abs 1 S 2, Abs 2 BGB; diese gehört dann zu den Erziehungskosten. Erziehungskosten sind auch der Ersatz, der den Eltern gem § 1648 BGB ausnahmsweise für Erziehungsaufwendungen zusteht, und die Aufwandsentschädigung des Vormundes gem § 1835a BGB.

Erziehungskosten entstehen ferner 37

- durch die Anschaffung von Sachen, die der Erziehung dienen, zB von Spielzeug, Büchern, Musikinstrumenten, Sportgeräten,
- durch den Besuch einer **Kindertagesstätte** (Kindergarten; BGH FamRZ 2009, 962 mwNw) oder **Hort** (BGH FamRZ 2017, 437 Rn 39 f; OLG Naumburg NJW 2012, 623: nur bei pädagogischer Zweckrichtung; **aA** OLG Düsseldorf FamRZ 2017, 113; OLG Koblenz FamRZ 2017, 1403),
- durch Dienste dritter Personen oder Einrichtungen, etwa durch **Musikunterricht, Nachhilfeunterricht** (OLG Düsseldorf NJW-RR 2005, 1529 [Englisch-Nachhilfe], OLG Hamm FamRZ 2007, 77 [Klassenfahrt und Nachhilfeunterricht]; OLG Zweibrücken FamRZ 1994, 770; abw für Sonderbedarf iS des § 1613 Abs 2, wenn der Unterricht nur vorübergehend wegen Schulschwierigkeiten erforderlich wird, OLG Köln NJW 1999, 295 = FamRZ 1999, 531 [LS]), Schwimm- und Sportunterricht, Tanzstunden, Erwerb eines Führerscheins,
- durch Besuch von **Privatschulen** (BGH FamRZ 1983, 48; OLG Koblenz FamRZ 2005, 1006: OLG Karlsruhe FamRZ 2008, 1209; OLG Naumburg FamRZ 2009, 1074) und **Internaten**,
- durch **Förderunterricht** bei einem privaten Lehrinstitut zur Therapie einer Lese-Rechtschreib-Schwäche (BGH FamRZ 2013, 1563; vgl auch OLG Koblenz FamRZ 2005, 1006: Privatschulbesuch bei Behinderung/Lernstörung; OLG Hamburg FamRZ 1986, 1033),
- durch den Besuch von Theater, Konzerten und anderen Bildungsveranstaltungen,
- durch **Schüleraustausch, Klassenfahrten** und Bildungsreisen, wobei unterschiedlich beurteilt wird, ob diese Mehr- bzw Sonderbedarf darstellen oder vom Regelbedarf der Düsseldorfer Tabelle abgedeckt sind (dazu Rn 313 ff; vgl OLG Hamm NJW 2011, 1087 = FamRZ 2011, 1067 [LS]: Kosten eines Schüleraustauschs mit China im Einzelfall keine notwendigen Aufwendungen; Englandaustausch und Klassenfahrt zum Biggesee kein Sonderbedarf, weil nicht überraschend aufgetreten; vgl auch OLG Hamm FamRZ 2007, 77; FamRZ 2005, 302; FamRZ 2003, 1585; FamRZ 2001, 444 [LSe]; KG FamRZ 2003, 1584; OLG Zweibrücken FamRZ 2001, 444; OLG Köln NJW 1999, 295 = FamRZ 1999, 531 [LS]; AG Halle FamRZ 2004, 1670 [LS]; zur Übernahme im Sozialrecht BSG NZS 2009, 681; s § 1613 Rn 87). Zum Sonderbedarf vgl § 1613 Rn 87;
- durch **Auslandsschulbesuch** (OLG Dresden OLGR 2006, 357; KG FuR 2003, 178: im Ergebnis jeweils verneint).

38 Über die **pädagogische Angemessenheit** der Erziehungsmaßnahmen bestimmen die **sorgeberechtigten** Eltern kraft ihres Erziehungsrechts (§§ 1626, 1631 Abs 1; Art 6 Abs 2 GG). Steht die elterliche Sorge einem Elternteil allein zu, so kann der gem § 1606 Abs 3 S 2 BGB allein barunterhaltspflichtige Elternteil grundsätzlich nicht einwenden, bestimmte kostenverursachende Erziehungsmaßnahmen (zB der Besuch eines Internats oder die Aufnahme von Reitstunden) seien nicht erforderlich. Der BGH hat dies damit begründet, der Barunterhaltspflichtige dürfe durch die Weigerung, Unterhalt zu zahlen, nicht mittelbar Einfluss auf die Erziehung durch den allein Sorgeberechtigten nehmen (BGH NJW 1983, 393 = FamRZ 1983, 48 [Privatschulkosten]; NJW 1983, 1429 = FamRZ 1983, 473). Er hat zugleich aber eine Grenze dort gezogen, wo der kostenverursachenden Erziehungsmaßnahme eine sachliche Begründung fehlt (BGH FamRZ 1983, 48). Der BGH hat in diesem Fall (vergleichbar mit dem Studium an einem auswärtigen Studienort oder bei Mehrkosten durch Internatsunterbringung) eine Interessenabwägung durchgeführt. Für die Erstattungsfähigkeit der Kosten verlangt der BGH so **gewichtige Gründe**, dass es gerechtfertigt erscheint, die dadurch verursachten Mehrkosten zu Lasten des Unterhaltspflichtigen als **angemessene Bildungskosten** anzuerkennen (BGH FamRZ 2013, 1563 Rn 10; FamRZ 1983, 48, 49; vgl OLG Naumburg FamRZ 2009, 1074; OLG München FF 2008, 509; OLG Naumburg FamRZ 2009, 297; OLG Koblenz FamRZ 2005, 1006; vgl auch OLG Hamm FamRZ 1997, 960, 961; OLG Braunschweig FamRZ 1995, 1010).

39 Die **Angemessenheit** der Kosten ist sogar vorrangig zu prüfen (vgl Liceni-Kierstein, in: Rahm/Künkel Rn 1268 f; Wendl/Klinkhammer[9] § 2 Rn 452). Denn das Maß des zu gewährenden Unterhalts bemisst sich nach der Lebensstellung des Kindes (Abs 1), und diese leitet sich von der Lebensstellung der Eltern ab (Rn 256 ff). Bei kostenverursachenden Erziehungsmaßnahmen müssen mithin auch die wirtschaftlichen Verhältnisse des zahlungspflichtigen Elternteils berücksichtigt werden: Der sorgeberechtigte Elternteil kann den Umfang des laufenden Lebensbedarfes demzufolge nicht völlig frei bestimmen, sondern muss bei den ins Auge gefassten Erziehungsmaßnahmen die wirtschaftlichen Gegebenheiten des Barunterhaltspflichtigen berücksichtigen (BGH FamRZ 1983, 48). Bei kostspieligen Erziehungsmaßnahmen ist daher Rücksicht auf die wirtschaftlichen Verhältnisse der Eltern zu nehmen und gegebenenfalls zu prüfen, ob das Erziehungsziel nicht auf sparsamere Weise erreicht werden kann.

40 Bei Gewährung **öffentlicher Erziehungshilfe** (Vorbem 184 ff zu §§ 1601 ff) werden die Eltern an den Kosten nur in Form von Kostenbeiträgen beteiligt, die nach Einkommen gestaffelt sind und nur einen Teil der Kosten abdecken (vgl § 94 Abs 5 SGB VIII sowie die dazu erlassene Kostenbeitragsverordnung des BMFSFJ – zuletzt geändert durch VO vom 5. 12. 2013 – BGBl I 4040; s § 1602 Rn 97 ff).

41 Die **Betreuung** eines Kindes durch Dritte, allein um dem betreuenden Elternteil eine Berufstätigkeit zu ermöglichen, dient nicht (primär) der Förderung des Kindes (BGH 4. 12. 2017 – XII ZB 55/17). Die Betreuungskosten sind deshalb keine Erziehungskosten (vgl KG FuR 2003, 178; OLG Hamm FamRZ 1989, 534; BFH FamRZ 2016, 1359 [LS]; Wendl/Klinkhammer[9] § 2 Rn 451), sie dienen vielmehr der Deckung des Betreuungsbedarfs des Kindes. Für diesen gelten aber insoweit andere Regeln als für Erziehungskosten, als dass vom Gesetz die Betreuungsleistung als kostenlose Leistung eines Elternteils vorausgesetzt wird und eine Befreiung des (überwiegend) betreuenden Elternteils vom Barunterhalt nur noch eingeschränkt gerechtfertigt erscheint (vgl § 1606 Rn 32; näher GRABA NJW 2016, 833).

42 Kosten, die durch den persönlichen Umgang des mit dem Kind nicht dauernd zusammenlebenden Elternteils entstehen **(Umgangskosten)**, sind keine Erziehungskosten. Sie dienen jedenfalls nicht vorwiegend der Befriedigung des Unterhaltsbedarfs des Kindes, sondern der persönlichen Kontaktpflege zwischen Elternteil und Kind. Umgangskosten sind daher grundsätzlich vom Umgangsberechtigten zu tragen (vgl BGH FamRZ 2005, 706 mAnm LUTHIN; FamRZ 2003, 445, 449; FamRZ 2002, 1099; NJW 1995, 717 = FamRZ 1995, 215, 539 m krit Anm WEYCHARDT; vgl § 1603 Rn 221 ff). Modifikationen gelten beim sog erweiterten Umgang (vgl § 1606 Rn 29 ff, 49 f – auch zum Wechselmodell) sowie bei gefährdeter Leistungsfähigkeit (vgl § 1603 Rn 221 ff).

4. Ausbildungsunterhalt von Kindern („Kosten einer angemessenen Vorbildung zu einem Beruf")

43 Nach Abs 2 gehören zum Lebensbedarf die **Kosten einer angemessenen Vorbildung zu einem Beruf** (Ausbildungsunterhalt). Zum Hintergrund der gesetzlichen Regelung s Rn 2, zur Systematik s Rn 4 ff.

a) Entstehung, Zweck und Systematik

44 § 1610 Abs 2 BGB lautete ursprünglich: „Der Unterhalt umfasst den gesamten Lebensbedarf, bei einer der Erziehung bedürftigen Person auch die Kosten der Erziehung und der Vorbildung zu einem Beruf". Dabei wurde bewusst offen gelassen, was im Einzelnen zu diesen Kosten gehört, insbesondere ob die Kosten für ein Universitätsstudium dazu zu rechnen sind. Hierüber sollte in jedem Einzelfall unter Berücksichtigung der konkreten Verhältnisse entschieden werden (Mot IV 696). Obwohl nach dem Gesetzeswortlaut Ausbildungskosten zum Lebensbedarf nur von erziehungsbedürftigen Personen gehören sollten, war allgemein anerkannt, dass auch volljährigen Kindern Ausbildungsunterhalt zustehen kann (DRONSCH JZ 1962, 346, 347 Fn 23). Teilweise wurde der Anspruch daraus hergeleitet, dass der Lebensbedarf eines nicht mehr erziehungsbedürftigen Kindes auch Mittel umfasse, die es ihm ermöglichen, eine angemessene und sichere Lebensstellung zu erlangen (RG Recht 1909 Nr 3790: volles Hochschulstudium des Sohnes eines dem gebildeten höheren Bürgerstand angehörigen Vaters; RG JW 1910, 477; s auch BGH FamRZ 1962, 153; weitergehend für die Erziehungsbedürftigkeit des jungen, wenn auch volljährigen Menschen bis zur Beendigung seiner Berufsausbildung SCHWAB FamRZ 1971, 1, 6, 7). Verschiedentlich wurde die Ansicht vertreten, eine Unterhaltspflicht bestehe jedenfalls dann über die Minderjährigkeit hinaus, wenn die Eltern einer länger dauernden Berufsausbildung zugestimmt hätten (RG LZ 1921, 3067; OLG Dresden OLGRspr 5, 184; LG Augsburg FamRZ 1963, 448).

45 Nach dem jetzigen Gesetzeswortlaut gehören die Ausbildungskosten zum Lebensbedarf jedes Bedürftigen. Danach könnten sogar bedürftige Eltern von ihren Kindern Ausbildungsunterhalt verlangen, zB eine Mutter nach dem Tod ihres Ehemannes. Insofern ist eine einschränkende Auslegung erforderlich (Rn 48 f). Für den Anspruch auf Ausbildungsunterhalt besteht keine feste Altersgrenze. Der Anspruch endet vielmehr, wenn das Kind eine eigene Lebensstellung erlangt hat (BGH FamRZ 2017, 1132 – Rn 15 mwNw). Bei Kindern, die eine eigene Lebensstellung erlangt und geraume Zeit innegehabt haben (Rn 287 ff), gehören die Kosten einer (weiteren)

Ausbildung daher nicht mehr zum unterhaltsrechtlichen Lebensbedarf. Wird ein solches Kind – aus anderen Gründen – bedürftig, kann es zwar Unterhalt, nicht aber Ausbildungsunterhalt verlangen (OLG Hamm FamRZ 1995, 1007).

46 **Zweck des Ausbildungsunterhalts** ist es, dem Kind durch die Ausbildung eine eigenständige Lebensstellung zu verschaffen, die es ihm ermöglicht, seinen Lebensunterhalt selbst zu bestreiten (wirtschaftliche Selbständigkeit). Damit unterscheidet sich der Ausbildungsunterhalt von anderen Unterhaltsarten, die lediglich der Bewahrung der Lebensstellung dienen (vgl Rn 12 f). Das **Niveau der Ausbildung** ist mit Hilfe des Begriffs der Angemessenheit zu bestimmen.

47 Der unbestimmte Rechtsbegriff der Angemessenheit erlaubt – und erfordert – eine Abwägung der Belange des Unterhaltsberechtigten mit denen des Unterhaltspflichtigen. Er lässt einen abschließenden Kriterienkatalog nicht zu (Strohal FPR 2008, 331). Die wesentliche systematische Bedeutung des Ausbildungsunterhalts besteht darin, dass das Kind während der Ausbildung nicht zu einer Erwerbstätigkeit verpflichtet ist. Der Anspruch richtet sich dementsprechend neben spezifischen Ausbildungskosten hauptsächlich auf die Finanzierung des allgemeinen Lebensbedarfs. Der Ausbildungsunterhalt steht damit § 1602 BGB systematisch näher als § 1610 BGB (vgl Drescher S 9 ff).

b) Anspruchsberechtigte und -verpflichtete

48 Der Kreis der anspruchsberechtigten Verwandten ist dem Wortlaut der Vorschrift nach nicht begrenzt. Für den Ausbildungsunterhalt besteht auch **keine Altersgrenze** (dazu – de lege ferenda – kritisch Götz, Unterhalt für volljährige Kinder S 95 ff und ebenso Götz/Brudermüller FPR 2008, 352).

Dennoch gilt Abs 2 nicht für den gesamten Verwandtenunterhalt. Seinem Sinn und Zweck nach dient der Ausbildungsunterhalt nämlich nur dem erstmaligen Erwerb einer eigenständigen Lebensstellung durch Abschluss einer Schul- und Berufsausbildung und ist Abs 2 dementsprechend **einschränkend auszulegen**. Angemessen im Sinne von Abs 2 ist demnach nur die Ausbildung **Minderjähriger und Volljähriger ohne eigene Lebensstellung**. Das wird auch durch die Entstehungsgeschichte verdeutlicht. Nach der ursprünglichen Fassung stand der Anspruch nur „einer der Erziehung bedürftigen Person" zu. Erst wegen der Herabsetzung des Volljährigkeitsalters von 21 auf 18 Jahre entschloss sich der Gesetzgeber, das personale Kriterium der Erziehungsbedürftigkeit zu streichen und durch das Merkmal der Angemessenheit zu ersetzen (Rn 2; Drescher S 31), um damit klarzustellen, dass der Anspruch auch Volljährigen zustehen kann (so bereits für die frühere Gesetzesfassung RG JW 1910, 477).

49 **Keinen Anspruch** auf Ausbildungsunterhalt haben Eltern gegen ihre Kinder. Auch volljährige Kinder mit selbständiger Lebensstellung können keinen Ausbildungsunterhalt verlangen. Entscheidend ist, ob das Kind bereits eine selbständige Lebensstellung erlangt hat (OLG Hamm FamRZ 1995, 1007; OLG Stuttgart FamRZ 1996, 181; zu weitgehend etwa OLG München FamRZ 2007, 911: 38-jährige Studentin – zum Prozesskostenvorschuss). Eine solche kann im Einzelfall bestehen, ohne dass das Kind eine Ausbildung durchlaufen hat (Rn 84 ff, 98 ff). Wird ein solches Kind bedürftig, kann es zwar grundsätzlich noch Unterhalt, nicht aber Ausbildungsunterhalt verlangen.

Die Verpflichtung zum Ausbildungsunterhalt steht im engen Zusammenhang mit der **Erziehungspflicht** der Eltern nach §§ 1626 Abs 2, 1631a BGB. Sie setzt aber deren Bestehen nicht voraus. Der Anspruch auf Ausbildungsunterhalt besteht daher auch gegen einen Unterhaltspflichtigen, der nicht sorgeberechtigt und -verpflichtet ist. Der Anspruch kann sich auch gegen die **Großeltern** richten (Jakobs/Schubert, Familienrecht 2 S 259; Planck, Vorentwurf Familienrecht 2 S 323; **aA** Schwab FamRZ 1971, 1, 2), ist dann allerdings regelmäßig im Rahmen von Sozialleistungen (§§ 36, 37 BAföG; vgl auch §§ 33 Abs 2 S 1 Nr 2 SGB II, 94 Abs 1 S 3 SGB XII) nicht – vorrangig – zu berücksichtigen. 50

c) Ausbildung („Vorbildung zu einem Beruf")

aa) Ausbildung, Beruf

Der Anspruch richtet sich auf eine Unterhaltsgewährung bis zur Erlangung einer Ausbildung. Unter **Ausbildung** sind alle Maßnahmen zum Erwerb der zu einer Berufsausübung notwendigen Kenntnisse und Fähigkeiten zu verstehen. Dazu gehören insbesondere die allgemeine **Schulausbildung** und die Ausbildung zu einem bestimmten Beruf **(Berufsbildung, Studium)**. Unter **Beruf** ist unterhaltsrechtlich eine auf Dauer angelegte Tätigkeit zu verstehen, deren Ertrag es dem Berufsausübenden **ermöglicht, sich selbst zu unterhalten** (Mot IV 681; vgl BGH FamRZ 1990, 149; Strohal FPR 2008, 331, 332 mwNw). 51

Gesetzliche Anhaltspunkte für eine nähere Bestimmung der (Berufs-) **Ausbildung** finden sich etwa in den Schulgesetzen der Länder, dem BAföG oder dem BBiG (zB § 1 Abs 1 BBiG: *Berufsbildung im Sinne dieses Gesetzes sind die Berufsausbildungsvorbereitung, die Berufsausbildung, die berufliche Fortbildung und die berufliche Umschulung)*. Nicht jede öffentlich geförderte Berufsbildung fällt jedoch in den Verantwortungsbereich der nach bürgerlichem Recht Unterhaltspflichtigen. Zur Festlegung des Ausbildungsunterhalts bedarf es vielmehr jeweils einer spezifisch unterhaltsrechtlichen Betrachtung. 52

bb) Allgemeine Schulausbildung

Die **allgemeine Schulausbildung** ist Kernbereich des Ausbildungsunterhalts und wird dementsprechend von den Unterhaltspflichtigen als Grund der Unterhaltsbedürftigkeit in aller Regel nicht in Zweifel gezogen (vgl BGHZ 188, 50 = FamRZ 2011, 454 Rn 51; OLG Köln FamRZ 2013, 795 [LS] – juris). Als Voraussetzung der Ausbildung zu einem bestimmten Beruf ist die allgemeine Schulausbildung von den Eltern regelmäßig durch Unterhaltsleistungen zu finanzieren. Auch volljährigen Kindern ist für die allgemeine Schulausbildung Unterhalt zu gewähren. Der hohe Stellenwert der diesbezüglichen Unterhaltspflicht wird durch die gesteigerte Unterhaltspflicht nach § 1603 Abs 2 S 2 BGB unterstrichen (s § 1603 Rn 344 ff). 53

Die allgemeine Schulausbildung umfasst die gesetzliche Schulpflicht, darüber hinaus aber auch deren Weiterführung zu den Regelabschlüssen mittlere Reife und Abitur. Auch ein Kind, das zunächst die Schule abgebrochen hatte und nach Abbruch einer Ausbildung den Hauptschulabschluss nachholt, befindet sich noch in der allgemeinen Schulausbildung. Mit der allgemeinen Schulausbildung ist in der Regel eine Vollzeittätigkeit (Schulbesuch, Nacharbeit, Hausaufgaben, Prüfungsvorbereitung) verbunden, sodass eine Erwerbsobliegenheit des Kindes ausscheidet (vgl § 1602 Rn 113). Dementsprechend setzt eine allgemeine Schulausbildung – unter anderem 54 (näher § 1603 Rn 353 ff) – voraus, dass die Schulausbildung die Zeit und die Arbeitskraft des Kindes voll oder zum überwiegenden Teil in Anspruch nimmt, was der BGH jedenfalls bei einer Unterrichtszeit von 20 Wochenstunden bejaht hat (BGH FamRZ 2001, 1068, 1070; vgl auch KG FamRZ 2014, 1645, das allerdings Art der Ausbildung und Obliegenheit zur zielstrebigen Durchführung miteinander vermengt; zu Letzterer Rn 82 ff).

55 Die allgemeine Schulausbildung kann in allen staatlich zugelassenen Schulen absolviert werden (BGH FamRZ 1983, 48). Wird die Schulausbildung zunächst mit dem Hauptschulabschluss beendet und nimmt das Kind später die Schulausbildung mit dem Ziel des Realschulabschlusses wieder auf, so handelt es sich trotz der Unterbrechung um die allgemeine Schulausbildung (BGH FamRZ 2001, 1068, 1070; OLG Brandenburg FamRZ 2008, 177; zu den persönlichen Voraussetzungen s Rn 73 ff).

56 Die allgemeine Schulausbildung birgt in der Regel nur dann Konfliktstoff, wenn Ausbildungsstörungen, etwa ein vorausgegangener Schulabbruch oder mehrmalige Nichtversetzung, vorliegen und keine Schulpflicht mehr besteht. Zu Ausbildungsstörungen s Rn 98 ff. Zum Fall, dass ein volljähriges Kind nach Abschluss einer Lehre die allgemeine Schulausbildung wieder aufnimmt, um das (Fach-)Abitur nachzuholen und sodann zu studieren (vgl zuletzt OLG Hamm FamRZ 2012, 1401 [LS] juris), s Rn 143 ff.

cc) Vorbereitende Maßnahmen zur Berufsausbildung

57 Auch **vorbereitende Maßnahmen**, die noch nicht zur konkreten Berufsausbildung gehören, können Bestandteil der Ausbildung im unterhaltsrechtlichen Sinne sein (s Rn 51; vgl Möller FPR 2008, 347). Die vorbereitende Maßnahme muss in einem **sachlichen Zusammenhang** mit dem angestrebten Berufsabschluss stehen. Das ist immer der Fall, wenn das Praktikum notwendige Voraussetzung für die Ausbildungsaufnahme ist (vgl OLG Frankfurt FamRZ 2007, 1839 LS). Aber auch darüber hinaus ist die Vorbereitungsmaßnahme der Ausbildung zuzurechnen, wenn sie im sachlichen Zusammenhang mit der angestrebten Berufsausbildung steht und als dieser nützlich anzusehen ist. Davon abzugrenzen ist die lediglich zur **Überbrückung** von Wartezeiten dienende Maßnahme.

58 In der Praxis geht es vor allem um schulische oder berufsvorbereitende Maßnahmen des sog **Übergangssystems** (vgl Bildungsbericht 2016 S 102, 105, 113 ff). Dessen Bildungsangebote sind dadurch gekennzeichnet, dass sie zu keinem anerkannten Ausbildungsabschluss führen, sondern im besten Fall zur Verbesserung der individuellen Kompetenzen für die Aufnahme einer Ausbildung. Im Jahr 2015 befanden sich rund 28 % der Neuzugänge des beruflichen Ausbildungssystems im Übergangssystem (Bildungsbericht 2016 S 102). Die Maßnahmen können auch mit der Nachholung des (Haupt-)Schulabschlusses verbunden sein, wie etwa bei einem **berufsqualifizierenden Lehrgang** („BQL").

59 Von der Rechtsprechung ist anerkannt worden, dass die Ableistung des **Berufsgrundschuljahres** Teil der Ausbildung ist, für die Unterhalt geschuldet wird (OLG Brandenburg FamRZ 2006, 560; OLG Hamm FamRZ 2004, 1131; KG NJW-RR 2010, 879: Berufsqualifizierender Lehrgang). Auch ein **berufsvorbereitendes Praktikum** ist grundsätzlich als Ausbildung anzuerkennen, wenn es im sachlichen Zusammenhang mit der angestrebten Ausbildung steht (OLG Rostock FuR 2007, 546 = FamRZ 2008, 86 LS mwNw d Red:

Berufsvorbereitendes Praktikum an einem Volkstheater vor Aufnahme eines Studiums der Schauspielkunst; OLG Koblenz OLGR 2002, 246).

Die Ableistung eines **freiwilligen sozialen – oder ökologischen – Jahres** nach dem **Jugendfreiwilligendienstgesetz (JFDG)** stellt für sich genommen noch keine Ausbildung dar (BFH FamRZ 2015, 578; weitergehend OLG Celle FamRZ 2012, 995). Das freiwillige soziale Jahr wird nach § 3 Abs 1 JFDG ganztägig als überwiegend praktische Hilfstätigkeit, die an Lernzielen orientiert ist (entsprechend auch das freiwillige ökologische Jahr, § 4 Abs 1 JFDG), in gemeinwohlorientierten Einrichtungen geleistet, insbesondere der Wohlfahrtspflege, Kinder- und Jugendhilfe, Gesundheitspflege, Kultur und Denkmalpflege oder des Sports. Die Dienste sind in der Regel für mindestens sechs bis zwölf Monate zu leisten (§ 5 Abs 1 JFDG). 60

In der Rechtsprechung ist ein **sachlicher Zusammenhang** mit der angestrebten Ausbildung anerkannt worden, wenn das Kind von den dort gesammelten beruflichen Erfahrungen im Rahmen der angestrebten Ausbildung profitieren kann (OLG Hamm FamRZ 2015, 1200; AG Neuss FamRZ 2013, 1141 [LS]; zur Bedürftigkeit s Rn 161). Anders liegt es, wenn die Maßnahme keinen sachlichen Zusammenhang mit der angestrebten Ausbildung aufweist und nur der Überbrückung bis zum Ausbildungsbeginn dient (s Rn 57).

Unter Umständen können auch mehrere berufsvorbereitende Maßnahmen in die Unterhaltspflicht der Eltern fallen (vgl OLG Hamm FamRZ 2004, 1131; OLG Koblenz FamRZ 2011, 1800 [LS]; zu Ausbildungsstörungen s Rn 98 ff). 61

Fehlt es hingegen an einem sachlichen Zusammenhang zwischen Vorbereitungsmaßnahme und angestrebtem Beruf und haben sich die Eltern auch nicht mit der Maßnahme einverstanden erklärt (vgl OLG Stuttgart FamRZ 2007, 1533), so handelt es sich nicht um eine Ausbildung iS des Abs 2. Auch wenn also eine bestimmte Maßnahme für ein bestimmtes Berufsfeld anzuerkennen wäre, so handelt es sich dennoch nicht um eine Berufsvorbereitung, wenn sie **lediglich der Überbrückung** dient (vgl KG NJW-RR 2010, 879: Praktikum als Möbelhelfer für eine spätere Ausbildung als Maler; OLG Naumburg FamRZ 2008, 86: Freiwilliges soziales Jahr nur zur Überbrückung einer Wartezeit; OLG München FamRZ 2002, 1425 [LS] juris; OLG Schleswig OLGR 2008, 196; Botur, in: Büte/Poppen/Menne, Unterhaltsrecht[3] § 1603 Rn 40; Wendl/Klinkhammer[9] § 2 Rn 55, 489). Dass das freiwillige soziale Jahr der Vermittlung verschiedener Kompetenzen und der Verbesserung der Arbeitsmarktchancen dienen soll, reicht noch nicht aus, um es für sich genommen als Berufsausbildung anerkennen zu können (**aA** OLG Celle FamRZ 2012, 995; vgl BGH FamRZ 2013, 1214 zur VKH-Versagung trotz Divergenz; vgl auch Liceni-Kierstein FamRB 2012, 236; zum Parkstudium s Rn 66). Die Nichtanerkennung des freiwilligen sozialen Jahres als Ausbildung schließt es nicht aus, dass eine später angetretene Ausbildung unterhaltsrechtlich anerkennungsfähig ist (vgl BGH FamRZ 2011, 1560). 62

dd) Studium

Die Gesetzesverfasser des BGB vermieden noch bewusst die Festlegung, ob die Kosten für ein Universitätsstudium zum Unterhalt zu rechnen sind (Jakobs/Schubert Familienrecht 2 S 259; Planck, in: Schubert, Vorentwürfe FamR 2 S 323: „Es kommt darauf an, ob im konkreten Falle mit Rücksicht auf die Standes- und sonstigen Verhältnisse ein derartiges Studium den Verhältnissen entspricht oder nicht.“). Dagegen ist es heute allgemein anerkannt, dass 63 ein Studium grundsätzlich zur von den Eltern zu finanzierenden Ausbildung gehört. Wenngleich die wirtschaftlichen Verhältnisse der Eltern etwa bei einer Zweitausbildung (Rn 80 f, 131 f) als ergänzendes Kriterium heranzuziehen sind, scheitert die Verpflichtung zur Ausbildungsfinanzierung nicht daran, dass die Eltern selbst keine Akademiker und nicht vermögend sind. Im Rahmen von § 1602 BGB ist allerdings der Anspruch auf staatliche Ausbildungsförderung zu berücksichtigen. Daneben ist das alleinige Korrektiv in diesen Fällen aber nur die Leistungsfähigkeit nach § 1603 BGB.

64 Das Studium teilt sich nach der Studienreform (sogenannter Bologna-Prozess; vgl dazu Liceni-Kierstein FamRZ 2011, 526; Kemper NZFam 2015, 250; Wendl/Klinkhammer[9] § 2 Rn 82) in den meisten Fächern in die **Bachelor**-Ebene, die **Master**-Ebene und die **Doktorat**sebene auf. Nach einem Vollzeitstudium von drei bis vier Jahren (§ 19 Abs 2 S 2 HRG) kann der Grad eines Bachelors erworben werden, nach ein bis zwei weiteren Jahren der Grad eines Masters (§ 19 Abs 3 S 2 HRG). Bei aufeinanderfolgenden (konsekutiven) Studiengängen beträgt die Gesamtregelstudienzeit fünf Jahre (§ 19 Abs 4 HRG). Auch nach der Studienreform ist es in vielen Bundesländern bei den Staatsexamina, die etwa Juristen abzulegen haben, und bei der ärztlichen Prüfung geblieben.

65 Der **Bachelorabschluss** ist bereits ein vollwertiger (berufsqualifizierender) Studienabschluss (§ 19 Abs 2 HRG). Der Bachelor soll zu einer mehr praxisbezogenen beruflichen Tätigkeit befähigen. Dennoch wird der Abschluss in vielen Bereichen von den Arbeitgebern als nicht ausreichend angesehen und übereinstimmend mit der früheren Praxis ein **Masterabschluss** vorausgesetzt. Dementsprechend gehen an Universitäten etwa 80 % (insgesamt 2/3) der Bachelor-Absolventen zu einem Masterstudium über, sodass der Masterabschluss als neuer Regelabschluss angesehen wird (vgl Bildungsbericht 2016 S 9 f, 119, 130 ff; Kemper NZFam 2015, 250). Da die Magister- bzw Diplomprüfungen vor der Studienreform unterhaltsrechtlich als Abschluss der Ausbildung anerkannt waren, sind die Eltern grundsätzlich verpflichtet, dem Kind den an deren Stelle getretenen Masterabschluss zu ermöglichen (OLG Celle FamRZ 2010, 1456; OLG Brandenburg FamRZ 2011, 1067; OLG Koblenz FamRZ 2015, 1813; OVG Hamburg FamRZ 2006, 1615; AG Frankfurt aM NJW-RR 2012, 709; Liceni-Kierstein FamRZ 2011, 526). Das auf der Bachelorprüfung aufbauende **konsekutive Masterstudium** ist dann wie der Bildungsgang Abitur-Lehre-Studium (vgl Rn 143 ff) keine Zweitausbildung, sondern Teil einer einheitlichen mehrstufigen Ausbildung (BFHE 251, 10 = NJW 2015, 3807; OVG Hamburg FamRZ 2006, 1615; wohl auch OLG Celle FamRZ 2010, 1456). Der Entschluss zum Masterstudium kann demzufolge erst nach bestandenem Bachelorexamen gefasst werden. Notwendig ist allerdings ein sachlicher sowie zeitlicher Zusammenhang zwischen Bachelor- und Masterstudium. Übt das Kind nach bestandener Bachelor-Prüfung eine berufliche Tätigkeit aus, die nicht nur der Überbrückung der Zeit bis zum Beginn des nächsten Studienabschnitts dient, endet grundsätzlich die Unterhaltspflicht der Eltern. Nimmt es später entweder mit großem zeitlichen Abstand erneut das Studium als **weiterbildendes Masterstudium** auf, wird ein Wiederaufleben der Unterhaltspflicht nur in Ausnahmefällen in Betracht kommen (vgl Rn 126; Wendl/Klinkhammer[9] § 2 Rn 82; vgl zur Abgrenzung auch Kemper NZFam 2015, 250, 252). Nimmt das Kind an das Bachelorstudium anschließend ein **Masterstudium in einem anderen Fach** auf, bedarf es des sachlichen Zusammenhangs. Dieser wird allerdings im Zweifel anzunehmen sein, wenn das konkrete Masterstudium nach

den Zulassungsregeln der Hochschule mit dem vorhandenen Bachelorabschluss aufgenommen werden darf (vgl Kemper NZFam 2015, 250, 251 f mwNw).

Entsprechend der unterhaltsrechtlichen Betrachtung besteht auch im Steuerrecht während des im zeitlichen und sachlichen Zusammenhang mit dem Bachelorstudium stehenden Masterstudiums ein Anspruch auf Kindergeld (BFHE 251, 10 = NJW 2015, 3807 mwNw; **aA** noch BMF-Schreiben vom 7. 12. 2011 zu § 32 Abs 4 EStG BStBl I 2011, 1243 Rn 19, geändert durch BMF-Schreiben vom 6. 2. 2016 zu § 32 Abs 4 EStG BStBl I 2016, 226 Rn 19; vgl § 1612b Rn 7).

Die Eltern sind nicht verpflichtet, dem Kind ein sogenanntes **Parkstudium** zu finanzieren, das nicht der Vorbereitung auf den erstrebten Beruf, sondern der Überbrückung der Wartezeit dient (BVerwG FamRZ 1990, 327 = NJW-RR 1990, 327; OLG Karlsruhe FamRZ 2001, 851; OLG München DAVorm 1979, 595; OLG Koblenz NJW 1991, 300 = FamRZ 1991, 108; vgl OLG Hamm NJW-RR 2017, 196: Studium an der Bethel School of Supernational Ministry ist bloß ein Praktikum; vgl Rn 62). 66

Zu Neigung, Eignung und Leistungswille s Rn 73 ff; zu Studiendauer/zusätzlichem dritten Fach beim Lehramtsstudium OLG Koblenz FamRZ 2015, 1813; zu gestuften Ausbildungsgängen s Rn 122 ff.

ee) Befugnis zur Ausbildungswahl

Für das **minderjährige Kind** wird die Ausbildungswahl durch die personensorgeberechtigten Eltern getroffen (§§ 1626, 1629, 1631 Abs 1 BGB). Nach § 1631a S 1 BGB nehmen die Eltern in Angelegenheiten der Ausbildung und des Berufes insbesondere auf Eignung und Neigung des Kindes Rücksicht. Außerdem berücksichtigen die Eltern bei der Pflege und Erziehung die wachsende Fähigkeit und das wachsende Bedürfnis des Kindes zu selbständigem verantwortungsbewusstem Handeln. Sie besprechen mit dem Kind, soweit es nach dessen Entwicklungsstand angezeigt ist, Fragen der elterlichen Sorge und streben Einvernehmen an (§ 1626 Abs 2 BGB). Bei gemeinsamer elterlicher Sorge treffen die Eltern die Entscheidung im Einvernehmen, soweit es sich um Angelegenheiten von erheblicher Bedeutung handelt (etwa bei der Schulwahl). Werden sie sich nicht einig, so hat das Familiengericht nach § 1628 BGB einem Elternteil die Entscheidung zu übertragen. Bei weniger bedeutsamen Angelegenheiten wird die Entscheidung nach § 1687 BGB vom betreuenden Elternteil allein getroffen werden. Zum Problem, dass der allein sorgeberechtigte Elternteil Entscheidungen trifft, mit denen der barunterhaltspflichtige Elternteil nicht einverstanden ist, s Rn 38 f und Rn 281 ff. 67

Das **volljährige Kind** trifft seine Ausbildungsentscheidungen selbst und in eigener Verantwortung. Hierzu muss es den Rat der Eltern grundsätzlich nicht in Anspruch nehmen. Soweit hervorgehoben worden ist, dass die Entscheidung über die Berufswahl vom Volljährigen gemeinsam mit den Eltern getroffen werde (BGH FamRZ 2000, 420; Wendl/Klinkhammer[9] § 2 Rn 72), ist dies inzwischen überholt (Krumm NZFam 2014, 54). Ob die Ausbildung zu finanzieren ist, entscheidet sich dann nach deren Angemessenheit (Rn 69 ff). Zum Bestimmungsrecht der Eltern hinsichtlich der Art der Unterhaltsgewährung s die Erläuterungen zu § 1612 BGB. 68

d) Angemessenheit der Ausbildung („einer angemessenen Vorbildung zu einem Beruf")

aa) Grundsatz

69 Der Ausdruck **„angemessen"** ist zwar nur beschränkt aussagekräftig, weil aus ihm nicht hervorgeht, woran die Vorbildung gemessen werden soll. Er bietet dem Gesetzesanwender aber den im Hinblick auf die Vielgestaltigkeit der Fälle zur Verwirklichung der Einzelfallgerechtigkeit notwendigen Spielraum (Vorbem 79 ff zu §§ 1601 ff).

70 Nach der in gefestigter Rechtsprechung des BGH verwendeten Umschreibung ist angemessen eine Berufsausbildung, die der **Begabung**, den **Fähigkeiten**, dem **Leistungswillen** und den beachtenswerten **Neigungen** des Kindes **am besten entspricht** und sich dabei in den Grenzen ihrer **wirtschaftlichen Leistungsfähigkeit** hält (BGH FamRZ 2017, 1132 Rn 16; FamRZ 2017, 799 Rn 12; FamRZ 2013, 1375; FamRZ 2006, 1100; FamRZ 2001, 757; FamRZ 2000, 420; FamRZ 1995, 416; FamRZ 1992, 170; FamRZ 1989, 853).

71 Hat das Kind eine angemessene Ausbildung abgeschlossen, können die Eltern darüber hinaus grundsätzlich nicht für die Kosten einer **zweiten oder weiteren Ausbildung** herangezogen werden, wenn sie ihre Unterhaltspflicht durch Finanzierung einer begabungsgerechten abgeschlossenen Berufsausbildung in rechter Weise erfüllt haben. Dahinter steht der Gedanke, dass die Unterhaltspflicht der Eltern auch von der Frage mitbestimmt wird, inwieweit sie damit rechnen müssen, dass ihr Kind nach einem Schulabschluss und einer zu Ende geführten, in sich geschlossenen Berufsausbildung noch eine berufsqualifizierende Ausbildung – gegebenenfalls über weitere Ausbildungsstufen hinweg – anstrebt (BGH FamRZ 2006, 1100).

72 Das Unterhaltsverhältnis zwischen Eltern und Kindern ist auch im Hinblick auf die Ausbildung von **gegenseitiger Rücksichtnahme** geprägt. Einerseits müssen die Eltern leichtere Verzögerungen oder ein zeitweiliges Versagen hinnehmen, andererseits muss das Kind seine Ausbildung mit Fleiß und Zielstrebigkeit angehen und in angemessener und üblicher Zeit zu absolvieren (BGH FamRZ 2013, 1375 Rn 14 mwNw).

bb) Eignung, Neigungen, Leistungswille des Kindes

73 Der Anspruch auf Ausbildungsunterhalt setzt voraus, dass die Ausbildung den **Fähigkeiten, der Begabung und den Neigungen des Kindes** entspricht und ein entsprechender **Leistungswille** vorhanden ist (Ausbildungsvoraussetzungen des Kindes).

Die Merkmale **Begabung, Fähigkeiten** und **Fertigkeiten** (vgl BGHZ 69, 190, 192 = FamRZ 1977, 629) lassen sich – übereinstimmend mit § 1631a S 1 BGB – zum Merkmal der Eignung zusammenfassen (Drescher S 42 f). Auch § 1 BAföG formuliert: Auf individuelle Ausbildungsförderung besteht für eine der **Neigung, Eignung und Leistung** entsprechende Ausbildung ein Rechtsanspruch nach Maßgabe dieses Gesetzes, (...).

74 **Eignung**: Eine Ausbildung, die mit Begabung und Fähigkeiten des Kindes, wie sie bislang hervorgetreten sind (Eignung), nicht zu vereinbaren ist, muss nicht durch Unterhalt finanziert werden. In Anbetracht der Bandbreite von Begabungen eines Menschen reicht es aus, dass sich der angestrebte Beruf in dem Rahmen bestehender Begabungen hält (vgl Drescher S 14 ff; 47 f). Eine **optimale Ausnutzung der Begabung**

wird dabei vom Unterhaltspflichtigen nicht geschuldet (BGHZ 69, 190 = FamRZ 1977, 629). Die Eignung des Kindes muss sich auf die Ausbildung und den mit ihr angestrebten Beruf beziehen. Die Beurteilung erfordert eine **Prognose**. Diese ist nicht nur zum Zeitpunkt des Ausbildungsbeginns anzustellen, sondern muss auch **während der gesamten Ausbildungsphase** positiv sein (DRESCHER S 43; zu Ausbildungsstörungen s 98 ff). Eine Eignung bei Ausbildungsbeginn ist in der **Regel** vorhanden, wenn der Unterhaltsberechtigte die für die Ausbildung erforderliche **Qualifikation** besitzt. Nur bei offensichtlicher, auf Tatsachen gestützter Ungeeignetheit des Kindes für die gewählte Ausbildung entfällt der Unterhaltsanspruch (PFEIL NZFam 2016, 222, 223; WENDL/KLINKHAMMER[9] § 2 Rn 74, 79). Für den Ausbildungsunterhalt besteht grundsätzlich **keine Altersobergrenze** (BGH FamRZ 2013, 1375 Rn 16; vgl Rn 94).

Die **Feststellung der Eignung** kann neben dem bisherigen Ausbildungsverlauf und 75
etwaigen abgebrochenen Vorausbildungen (vgl MünchKomm/BORN Rn 223; WENDL/KLINKHAMMER[9] § 2 Rn 74, 79) auf den Schulnoten, insbesondere der Abschluss- und Versetzungszeugnisse, beruhen (vgl OLG Stuttgart NJW 1979, 1166). Ein **mäßiger Schulabschluss** schließt für sich genommen den Antritt einer der erworbenen Qualifikation entsprechenden Ausbildung nicht aus (BGH FamRZ 2013, 1375). Für die Beurteilung der Eignung können außerdem Anleihen bei der öffentlichen Ausbildungsförderung gemacht werden (zu den prinzipiellen Unterschieden von staatlicher Ausbildungsförderung und Ausbildungsunterhalt s BGHZ 69, 190 = FamRZ 1977, 629). Nach dem **BAföG** wird die Ausbildung nur gefördert, wenn die Leistungen des Auszubildenden erwarten lassen, dass er das angestrebte Ausbildungsziel erreicht (§ 9 Abs 1 BAföG). Dies setzt u.a. voraus, dass er die den jeweiligen Ausbildungs- und Prüfungsordnungen entsprechenden Studienfortschritte erkennen lässt (§ 9 Abs 2 BAföG). Wenn auch nicht jede staatlich geförderte Ausbildung zugleich durch Ausbildungsunterhalt zu finanzieren ist, können die Voraussetzungen dennoch als Mindeststandard auch für den Ausbildungsunterhalt herangezogen werden.

Neigung: Die Ausbildung muss den Neigungen des Kindes entsprechen. Das heißt, 76
dass sie dem Antrieb und der Motivation des Kindes, seinen Interessen, entspricht. Neigung und geäußerter Wunsch des Kindes müssen sich allerdings nicht notwendig decken (BT-Drucks 8/2788, 49; DRESCHER S 52). Nur flüchtige oder vorübergehende Wünsche des Kindes sind unbeachtlich (BGHZ 69, 190 = FamRZ 1977, 629).

Die Frage der Neigung stellt sich meist erst dann, wenn das Kind bereits eine (Erst-)Ausbildung absolviert hat und sich für eine weitere Ausbildung darauf beruft, dass die – von den Eltern gewünschte – erste Ausbildung seinen Neigungen nicht entsprach (dazu unten Rn 117 ff).

Leistungswille: Der Leistungswille wird vom BGH als eigenständige Voraussetzung 77
für die Ausbildungsfinanzierung genannt (BGHZ 69, 190 = FamRZ 1977, 629). Das unterhaltsberechtigte Kind muss demnach die von der Ausbildung geforderten Leistungen auch tatsächlich erbringen wollen. Der Leistungswille wird hauptsächlich bei den das Kind im Gegenseitigkeitsverhältnis treffenden Obliegenheiten thematisiert und steht außerdem im engen Zusammenhang mit dem Kriterium der Neigung.

Dass dem Kind der Leistungswille fehlt, lässt sich vor Beginn der Ausbildung nur selten feststellen (zu besonderen Fallgestaltungen vgl etwa OLG Schleswig MDR 2008, 510, das aus der erheblichen Verzögerung des Ausbildungsantritts bei bekanntem Berufsfeld auf die mangelnde Entschlusskraft und Zielstrebigkeit schließt). Während der Ausbildung ist für den Leistungswillen auf die absolvierten Ausbildungsabschnitte und Prüfungsergebnisse abzustellen. Das unterhaltsberechtigte Kind hat bei fortgeschrittener Ausbildung auf Verlangen des unterhaltspflichtigen Elternteils Nachweise zu erbringen (vgl § 9 Abs 2, 48 BAföG; unten Rn 109). In gewissem Umfang hat der Unterhaltspflichtige allerdings Ausbildungsstörungen als leichtes und vorübergehendes Versagen hinzunehmen (s Rn 98 ff).

78 **„Am besten entspricht"** eine Ausbildung den Fähigkeiten des Kindes nicht erst dann, wenn es seine optimale Qualifikation erreicht hat. Eine in diesem Sinne **optimale Ausbildung** ist von den Eltern **nicht geschuldet** (BGHZ 69, 190 = FamRZ 1977, 629). Eine Zweitausbildung ist nur in Ausnahmefällen anzuerkennen (vgl Rn 131 ff).

cc) Sozialer Status und wirtschaftliche Leistungsfähigkeit der Eltern

79 Der **soziale Status** (früher: der Stand) der Eltern hat für sich genommen, dh ohne Rücksicht auf die mit ihm verbundene finanzielle Leistungsfähigkeit, keinen Einfluss auf die Beurteilung der Angemessenheit der Ausbildung.

80 Hingegen wird die **wirtschaftliche Leistungsfähigkeit** der Eltern vom BGH regelmäßig als Kriterium der Angemessenheit einer Ausbildung angeführt (vgl etwa BGH FamRZ 2017, 1132 Rn 16; FamRZ 2006, 1100, 1101; vgl Wendl/Klinkhammer[9] § 2 Rn 69, 73). Das ist mit dem Argument kritisiert worden, dass die Leistungsfähigkeit im Rahmen von § 1603 BGB ausreichend und abschließend berücksichtigt werde (Drescher S 57 ff, 125). Eine Begrenzung der Verpflichtung zum Ausbildungsunterhalt nach § 1603 BGB macht indessen eine umfassende Interessenabwägung im Rahmen der Angemessenheit nach § 1610 BGB nicht entbehrlich. Wie die Rechtsprechung zeigt, ist die wirtschaftliche Leistungsfähigkeit insbesondere bei Ausbildungsstörungen, einem Ausbildungswechsel oder der gestuften Ausbildung sinnvoll heranzuziehen (vgl etwa BGH FamRZ 2006, 1100 mAnm Luthin). Da die Angemessenheit sich an der Lebensstellung des Kindes orientiert und diese wiederum eine von den Eltern **abgeleitete Lebensstellung** ist, findet der Gedanke durchaus schon im Rahmen der Bedarfsbemessung Platz. Dass die wirtschaftliche Leistungsfähigkeit der Eltern damit – wie auch in anderen Zusammenhängen (etwa die Bedarfsbemessung nach der Düsseldorfer Tabelle) für die Unterhaltsbemessung doppelt relevant ist (vgl Rn 337), ist kein Hinderungsgrund.

81 Die wirtschaftliche Leistungsfähigkeit der Eltern eignet sich allerdings nur als **ergänzendes Kriterium**. Sie kann daher auf der einen Seite fehlende Voraussetzungen der Eignung, Neigung oder des Leistungswillens nicht ersetzen. So müssen Eltern ihrem Kind eine Ausbildung, für die es nicht geeignet ist, nicht allein deswegen finanzieren, weil sie vermögend sind (vgl OLG Stuttgart NJW 1979, 1166: Studium „ins Blaue"). Auf der anderen Seite kann der Anspruch auf Ausbildungsunterhalt nicht allein an der eingeschränkten wirtschaftlichen Leistungsfähigkeit der Eltern scheitern. Fehlt es an der Leistungsfähigkeit der Eltern, so führt dies allein zum – ggf teilweisen – Ausschluss des Anspruchs aufgrund von § 1603 BGB.

e) Gegenseitigkeitsprinzip: Rücksichtnahme und Obliegenheiten

82 Das Unterhaltsverhältnis umfasst als gesetzliches Schuldverhältnis die aus § 242

BGB folgende **Verpflichtung zur gegenseitigen Rücksichtnahme** (vgl BGH FamRZ 2006, 1100, 1101). Darauf beruht das sogenannte **Gegenseitigkeitsprinzip** (vgl BGH FamRZ 2013, 1375; FamRZ 2011, 1560 Rn 15; FamRZ 2001, 757, 758; FamRZ 1998, 671, 672), das in verschiedenen Zusammenhängen herangezogen wird. Zunehmend wird hier auch die Pflicht zwischen Eltern und Kindern zu Beistand und Rücksicht nach § 1618a BGB angeführt (OLG Brandenburg FamRZ 2011, 1067; OLG Frankfurt NZFam 2015, 634; vgl STAUDINGER/HILBIG-LUGANI [2015] § 1618a Rn 65 f).

Nach dem Gegenseitigkeitsprinzip steht der Verpflichtung des Unterhaltsschuldners, eine Berufsausbildung zu ermöglichen, auf Seiten des Unterhaltsberechtigten die Obliegenheit gegenüber, sie mit Fleiß und der gebotenen **Zielstrebigkeit in angemessener und üblicher Zeit** zu beenden, was im engen Zusammenhang mit der Bedürftigkeit nach § 1602 BGB steht (zur Systematik Rn 44 ff). Zwar muss der Verpflichtete nach Treu und Glauben (§ 242 BGB) Verzögerungen der Ausbildungszeit hinnehmen, die auf ein **vorübergehendes leichteres Versagen des Kindes** zurückzuführen sind. Verletzt dieses aber nachhaltig seine Obliegenheit, die Ausbildung planvoll und zielstrebig aufzunehmen und durchzuführen, büßt es seinen Unterhaltsanspruch ein und muss sich darauf verweisen lassen, seinen Lebensunterhalt durch Erwerbstätigkeit selbst zu verdienen (BGH FamRZ 2013, 1375 Rn 14 mwNw; FamRZ 2001, 757, 758 mwNw). 83

Aus dem Gegenseitigkeitsverhältnis folgt nicht nur die Obliegenheit des Kindes, die gewählte Ausbildung zügig durchzuführen. Die Rücksichtnahme auf die Belange der mit der Unterhaltszahlung belasteten Eltern erfordert es vielmehr auch, dass sich das Kind nach dem Abgang von der Schule innerhalb einer **angemessenen Orientierungsphase** für die Aufnahme einer seinen Fähigkeiten und Neigungen entsprechenden Ausbildung entscheidet (BGH FamRZ 2013, 1375 Rn 15; FamRZ 2011, 1560 Rn 6; FamRZ 2001, 757, 758; FamRZ 1998, 671, 672).

aa) Zeitpunkt der Ausbildungsaufnahme

Voraussetzung des Ausbildungsunterhalts ist, dass das Kind die **Ausbildung zügig aufnimmt** (BGH FamRZ 2013, 1375 Rn 15 mwNw; vgl Rn 81). Dagegen besteht für den Ausbildungsunterhalt **keine Altersobergrenze** (BGH FamRZ 2013, 1375 Rn 16). Jedenfalls bis zur Vollendung des 25. Lebensjahres wird der – nachvollziehbar begründete – Antritt einer Erstausbildung nicht verspätet sein (BGH FamRZ 2013, 1375 Rn 24 unter Hinweis auf § 2 Abs 2 Nr 2 BKGG). Daraus folgt aber nicht, dass ab Vollendung des 25. Lebensjahres kein Ausbildungsunterhalt mehr geschuldet wäre (offenbar **aA** KRUMM NZFam 2014, 54, 56). Eine zeitliche Begrenzung kann sich erst im Zusammenhang mit anderen Faktoren, hauptsächlich daraus ergeben, dass das Kind im Lauf der Zeit, ggf auch ohne abgeschlossene Ausbildung, eine eigenständige Lebensstellung erlangt hat. Je älter das Kind indessen bei Schulabgang ist und je eigenständiger es seine Lebensverhältnisse gestaltet, desto mehr tritt an die Stelle der Elternverantwortung die Eigenverantwortung für seinen Berufs- und Lebensweg. Selbst wenn das Kind bisher noch keine Berufsausbildung erfahren hat, kann eine lange Verzögerung dazu führen, dass sein Ausbildungsanspruch entfällt und es sich daher seinen Lebensunterhalt – dauerhaft – mit ungelernten Tätigkeiten „oder aufgrund sonstiger Begabung und Fertigkeiten“ verdienen muss (BGH FamRZ 2013, 1375 Rn 15). Ein weiterer Anspruch auf Ausbildungsunterhalt ist dann ausgeschlossen (vgl WENDL/KLINKHAMMER[9] § 2 Rn 74). Bei einer 38-jährigen Studentin wird die Lebensstellung auch bei krankheitsbedingten Verzögerungen erfahrungsgemäß verselbständigt sein und ein 84

Anspruch auf Ausbildungsunterhalt nicht mehr bestehen (Fall des OLG München FamRZ 2007, 911, das im Rahmen der PKH-Bedürftigkeit zu Unrecht einen – einsetzbaren – Anspruch der Tochter annimmt).

85 Tritt das Kind nach dem Schulabschluss keine Berufsausbildung an, kann eine besonders lange Verzögerung bis zum späteren Antritt einer Ausbildung dazu führen, dass der Ausbildungsanspruch des Kindes entfällt und es sich daher seinen Lebensunterhalt mit ungelernten Tätigkeiten oder aufgrund sonstiger Begabungen und Fertigkeiten verdienen muss (BGH FamRZ 2013, 1375 Rn 15; FamRZ 2006, 1100; FamRZ 1998, 671, 672; OLG Celle JAmt 2004, 265; OLG Jena FamRZ 2013, 890 [obiter]; vgl auch OLG Frankfurt NJW 2009, 235 – „Schulverweigerer"; AG Hattingen NJW 2014, 2371: 24-jähriger, der nach drei Jahren ungelernter Tätigkeit eine handwerkliche Ausbildung beginnt).

Das Kind hat dann auch ohne Ausbildung eine selbständige Lebensstellung erlangt (vgl Rn 82; zur Einordnung Rn 48), und die Eltern können sich darauf einstellen, dass sie keine weitere Ausbildungsfinanzierung mehr erwartet (Näheres bei Rn 98 ff unter Ausbildungsstörungen).

86 **Im Zweifel** bleibt es aber dabei, dass jedes Kind Anspruch auf eine von den Eltern zu finanzierende Berufsausbildung als Erstausbildung hat. Der Ausbildungsanspruch ist daher nur dann zu versagen, wenn das Kind nachhaltig während eines längeren Zeitraums seine *Ausbildungsobliegenheit* verletzt hat und den Eltern deshalb weiterer Unterhalt *nicht mehr zugemutet* werden kann (vgl BGH FamRZ 2013, 1375 Rn 24; Wendl/Klinkhammer[9] § 2 Rn 78). Nach **Treu und Glauben** sind die Eltern als Unterhaltsschuldner dagegen gehalten, insbesondere solche Verzögerungen in der Ausbildung des Kindes hinzunehmen, die auf ein **leichteres, nur vorübergehendes Versagen** des Kindes zurückzuführen sind (BGH FamRZ 2013, 1375; FamRZ 2006, 1100, 1102).

87 Anerkannt sind überdies **Übergangszeiten** (Wartezeiten) zwischen den verschiedenen Ausbildungsabschnitten (Rn 84 ff). Auch ist dem Kind eine **Orientierungsphase** zuzubilligen (BGH FamRZ 2013, 1375; vgl Rn 89 ff), gleichviel, ob es während dieser Zeit bereits eine (andere) Ausbildung durchläuft und abbricht (dazu Rn 105) oder sich aus anderen Gründen dafür Zeit lässt. Zum Unterhalt für die Übergangszeit s Rn 93, 97.

88 Auch die **Betreuung eines eigenen Kindes** kann es rechtfertigen, dass die Ausbildung erst mit zeitlichem Abstand zum Schulabschluss aufgenommen wird (BGH FamRZ 2013, 1375; FamRZ 2011, 1560; OLG Celle FamRZ 2016, 830 [VKH]: 9 Jahre nach Betreuung von zwei Kindern; OLG Jena FamRZ 2015, 1812 [LS] juris: 7 Jahre nach Betreuung von vier Kindern; vgl Wendl/Klinkhammer[9] § 2 Rn 77 mit weiteren Beispielen; unten Rn 101; zur Bedürftigkeit aufgrund der Kindesbetreuung s § 1602 Rn 13 ff). Zur Konkurrenz mit dem Ehegattenunterhalt und Unterhalt nach § 1615l BGB s § 1608 Rn 5 ff, § 1615l Rn 89.

bb) Orientierungsphase und Wartezeiten

89 Jedem jungen Menschen ist grundsätzlich zuzubilligen, dass er sich über seine Fähigkeiten irrt oder falsche Vorstellungen von dem gewählten Beruf hat. Ein dadurch bedingter **Ausbildungswechsel** wird um so eher zu akzeptieren sein, je früher er stattfindet. Dies folgt aus dem Gedanken, dass die schutzwürdigen Belange des

Unterhaltspflichtigen es gebieten, sich möglichst frühzeitig darauf einrichten zu können, wie lange die Unterhaltslast dauern wird (BGH FamRZ 2001, 757, 759).

Die **Orientierungsphase** dient dazu, einem in der Frage der Berufswahl unsicheren jungen Menschen die Entscheidung für einen Beruf zu erleichtern (BGH FamRZ 2001, 757, 758). Sie hat rechtliche Wirkung vor allem darin, dass eine Ausbildungsverzögerung sowie ein späterer Ausbildungswechsel von den Eltern hinzunehmen sind und das Kind noch keine selbständige Lebensstellung erlangt. Die Zubilligung der Orientierungsphase steht im Zusammenhang mit dem Gegenseitigkeitsverhältnis (Rn 82 ff) und den Ausbildungsstörungen (Rn 98 ff). Aus einer dem Kind zuzubilligenden Orientierungsphase folgt noch nicht, dass Ausbildungsunterhalt auch für entstehende Wartezeiten geleistet werden muss (Krumm NZFam 2014, 54, 56; unrichtig OLG Naumburg MDR 2010, 753; missverständlich OLG Naumburg OLGR 2009, 495). 90

Wie die Orientierungsphase zu bemessen ist, muss von Fall zu Fall beurteilt werden. 91 Ob die Aufnahme der Ausbildung im Einzelfall verspätet erfolgt ist, wird in der Rechtsprechung nicht allein aufgrund der Dauer der Unterbrechung, sondern unter Berücksichtigung weiterer Kriterien beurteilt. Maßgebende Kriterien sind dabei **Alter, Entwicklungsstand** und die **gesamten Lebensumstände des Auszubildenden** (BGH FamRZ 1998, 671, 672). Im Einzelfall kann eine – über das Normalmaß in Scheidungsfällen hinausgehende – schwierige Familiengeschichte eine Verlängerung der Orientierungsphase rechtfertigen (KG NJW-RR 2010, 879; vgl BGH FamRZ 2001, 757, 759). Unter Umständen sind auch **schwierige häusliche Verhältnisse** zu berücksichtigen (s BGH FamRZ 2000, 420; FamRZ 2001, 1601; OLG Brandenburg FamRZ 2017, 1406).

Einzelfälle: Von der Rechtsprechung sind selbst mehrjährige Verzögerungen bis zum 92 Antritt der Ausbildung gebilligt worden, wenn hierfür besondere Gründe vorlagen.

Beispiele (Ausbildungsunterhalt **Ja/Nein**):

- Drei Jahre zwischen Erwerb der mittleren Reife und Ausbildungsantritt bei notenschwachem Schulabschluss und zwischenzeitlichen Praktika sowie ungelernten Tätigkeiten: **Ja** (BGH FamRZ 2013, 1375)

- Bei Erwerb der mittleren Reife und anschließend abgebrochener Schulausbildung sowie Zivildienst und Erwerbstätigkeit holt der Sohn auf dem Abendgymnasium das Abitur nach und beginnt als 27-jähriger das Studium der Sozialwissenschaften mit dem Berufsziel „Journalist": **Nein** (BGH FamRZ 1998, 671)

- Ein Jahr zwischen Abitur und Ausbildungsaufnahme: **Ja** (BGH FamRZ 2001, 757, 758 f)

- Abbruch einer Heilpraktikerausbildung nach anderthalb Jahren zum Zwecke der Aufnahme eines Medizinstudiums, weil die Heilpraktikerberuf nur eingeschränkte Arbeitsmöglichkeiten bietet: **Ja** (BGH FamRZ 2001, 757, 758 f)

- Vier Jahre zwischen Schulabbruch (Nichtbestehen des Abiturs) und Aufnahme der Ausbildung (nach einem Ausbildungswechsel), wenn der Unterhaltsberechtigte zwischenzeitlich ein Jahr krank war und während eines weiteren Jahres seinen Realschulabschluss nachgeholt hat: **Ja** (OLG Jena NJW-RR 2009, 651 = FamRZ 2009, 1075 LS).

- Ein Jahr zwischen Studienbeginn und Ausbildungswechsel: **Ja** (OLG Brandenburg 4. 3. 2008 – 10 UF 132/07 – juris)
- Ein Jahr zwischen Oberschulreife und Besuch des Fachgymnasiums nach dem Abbruch von drei Ausbildungen als Gärtnerin: **Ja** (OLG Brandenburg 23. 6. 2009 – 10 UF 133/08 – juris)
- Abbruch einer viermonatigen Ausbildung zur Erzieherin, dann zwei sozialarbeitsbezogene Praktika von drei bzw von neunzehn Monaten und erst dann, 26 Monate nach Erreichen der Hochschulreife, Aufnahme des Studiums mit dem Studienfach Sozialarbeit: **Ja** (OLG Koblenz OLGR 2002, 246)
- Verzögerung von mehr als 3 Jahren zwischen der Kündigung des ersten Ausbildungsverhältnisses und dem Beginn der jetzigen Ausbildung bei zwischenzeitlich ungelernter Tätigkeit im Ausbildungsbetrieb: **Ja** (OLG Hamburg MDR 2010, 752)
- Abbruch zweier Ausbildungen, wenn das Kind bei Erstausbildung noch minderjährig war und die zweite Ausbildungsabbruch zu keiner Verzögerung der Gesamtausbildung geführt hat: **Ja** (OLG Jena OLG-NL 2005, 110)
- Besuch einer Schule für Erwachsenenbildung mit dem Ziel der Vorbereitung auf die allgemeine Hochschulreife 40 Monate nach dem Realschulabschluss: **Nein** (AG Frankfurt FamRZ 2004, 218 LS)
- Insgesamt fünf Jahre (davon vier Semester Studium Informations-/Elektrotechnik, Meldung als arbeitssuchend, diverse Fortbildungen, ehrenamtliche Arbeit in einem Kinderhort) bis zum Besuch einer berufsbildenden Schule – Sozialassistent: **Nein** (OLG Schleswig MDR 2008, 510)

93 Bei der Frage der Zubilligung von **Wartezeiten** hat anders als bei derjenigen bezüglich der Orientierungsphase kein Ausbildungswechsel stattgefunden. Die Ausbildung ist dem Kind aber zunächst aus bestimmten Gründen nicht zugänglich. Wartezeiten sind von der Rechtsprechung etwa gebilligt worden für die Zeit zwischen Abitur und Studium (OLG Hamm NJW-RR 2006, 509 – Leitsatz: in der Regel keine Erwerbsobliegenheit; **aA** OLG Zweibrücken NJW-RR 1994, 1225; zur Datierung des Ausbildungsendes s Rn 112 ff und WENDL/KLINKHAMMER[9] § 2 Rn 461). Das Kind benötigt ferner die Zeit etwa, um sich auf Ausbildungsstellen zu bewerben oder eine Wohnung am Ausbildungsort zu besorgen. Zudem ist dem Kind eine gewisse Zeit zur Erholung zuzubilligen. Liegt insbesondere bei längeren Wartezeiten eine Rechtfertigung für eine Untätigkeit nicht vor, so greift allerdings für die Zeit bis zur Aufnahme der Ausbildung die allgemeine **Erwerbsobliegenheit** und fehlt es an der Bedürftigkeit nach § 1602 BGB (KG NJW-RR 2010, 879; OLG Naumburg OLGR 2009, 495; WENDL/KLINKHAMMER[9] § 2 Rn 48; vgl OLG Karlsruhe FamRZ 2012, 1648: gewisse Erholungszeit, aber nicht zwei Monate zwischen freiwilligem sozialen Jahr und Studienbeginn; wohl unrichtig OLG Naumburg MDR 2010, 753: 10 Monate zwischen Studienabbruch und Ausbildungsaufnahme).

cc) Allgemeine Ausbildungsdauer

Für den Ausbildungsunterhalt besteht grundsätzlich **keine Altersobergrenze** (BGH FamRZ 2013, 1375 Rn 16). Jedenfalls bis zur Vollendung des 25. Lebensjahres wird der – nachvollziehbar begründete – Antritt einer Erstausbildung regelmäßig nicht verspätet sein (BGH FamRZ 2013, 1375 Rn 24 unter Hinweis auf § 2 Abs 2 Nr 2 BKGG). Daraus folgt aber noch nicht, dass ab Vollendung des 25. Lebensjahres kein Ausbildungsunterhalt mehr geschuldet sei (offenbar **aA** KRUMM NZFam 2014, 54, 56). Eine zeitliche Begrenzung kann sich aber im Zusammenhang mit anderen Faktoren ergeben, hauptsächlich daraus, dass das Kind im Lauf der Zeit, ggf auch ohne abgeschlossene Ausbildung, durch die von ihm gewählte Lebensführung eine eigenständige Lebensstellung erlangt. Diese schließt einen (weiteren) Anspruch auf Ausbildungsunterhalt aus (vgl Rn 83; WENDL/KLINKHAMMER[9] § 2 Rn 74). 94

Fällt die Ausbildung als solche in die Unterhaltspflicht der Eltern, so dauert diese grundsätzlich **bis zum Ausbildungsabschluss**, einschließlich der Prüfungszeit. Erst dann hat das Kind durch den erlernten Beruf eine selbständige Lebensstellung erlangt. Ausbildungsunterhalt muss also bei einem Hochschulstudium grundsätzlich für die gesamte Studiendauer bis zum Regelabschluss gezahlt werden (BGH FamRZ 1998, 671, 672; FamRZ 1990, 149, 150; OLG Brandenburg 5. 6. 2007 – 10 UF 6/07 – juris Rn 56). Die Regelstudienzeit nach § 10 Abs 2 Hochschulrahmengesetz und Förderungshöchstdauer nach § 15a BAföG geben einen Maßstab, stellen aber noch keine fixe Obergrenze für den Unterhaltsanspruch dar. Eine Überschreitung um ein bis zwei Semester dürfte hinzunehmen sein (vgl OLG Brandenburg 5. 6. 2007 – 10 UF 6/07 – juris Rn 56; NIEPMANN/SCHWAMB[13] Rn 365; WENDL/KLINKHAMMER[9] § 2 Rn 84 f; zu Ausbildungsstörungen s Rn 98 ff). Wegen der insoweit nicht übereinstimmenden Regelungsziele vermag umgekehrt eine nach öffentlichem Recht bewilligte Ausbildungsförderung die unterhaltsrechtliche Angemessenheit einer Ausbildung für sich genommen nicht zu begründen. 95

Eine vom Kind während der Ausbildung vorgenommene **Erweiterung des Ausbildungsprogramms** und eine daraus folgende Verlängerung der Ausbildung sind gesondert auf ihre Angemessenheit zu überprüfen. Diese ist zu bejahen, wenn es sich um eine naheliegende, die Berufsaussichten verbessernde Maßnahme handelt und die Verlängerung der Ausbildung die Eltern nicht übermäßig belastet (bejaht von OLG Koblenz FamRZ 2015, 1813 für ein zusätzliches drittes Fach beim Lehramtsstudium). 96

In der Rechtsprechung ist auch für eine **Übergangszeit nach Ablegung der Abschlussprüfung** als Bewerbungszeit Unterhalt zuerkannt worden (OLG Hamm FamRZ 1986, 128; FamRZ 1990, 904). Weil nach Abschluss der Ausbildung eine Erwerbsobliegenheit besteht, handelt es sich hier nicht mehr um Ausbildungsunterhalt im eigentlichen Sinne, sondern um Unterhalt wegen Arbeitslosigkeit. Eine fortwährende Unterhaltspflicht hängt demzufolge von den allgemeinen Kriterien der Bedürftigkeit ab, sodass das Kind insbesondere seiner Bewerbungsobliegenheit genügt haben muss (vgl § 1602 Rn 109 ff), ferner auch seiner Obliegenheit, eine Wartezeit bis zum Antritt einer Stelle ggf durch ungelernte (Aushilfs-)Tätigkeiten zu überbrücken (vgl Rn 93, 116). 97

dd) Ausbildungsstörungen: Verzögerung, Prüfungsversagen, Ausbildungsabbruch und -wechsel

Das Kind trifft die **Obliegenheit, seine Ausbildung mit Fleiß und Zielstrebigkeit zu** 98

absolvieren. Das Kind muss eine einmal eingeschlagene Ausbildung, die den Anforderungen an eine angemessene Ausbildung (Rn 69 ff) entspricht, auch zu Ende führen (BGH NJW 1984, 1961 = FamRZ 1984, 777; NJW 1987, 1557 = FamRZ 1987, 470; NJW 1998, 1555 = FamRZ 1998, 671; OLG Frankfurt FamRZ 1994, 1611). Nur insoweit ist es „ausbildungsbedürftig". Den Eltern stehen insoweit in gewissem Umfang **Kontrollrechte** zu. Das Kind muss ihnen gemäß § 242 BGB auf Verlangen Informationen etwa zum Studienverlauf geben. Die Eltern haben einen Anspruch auf Vorlage von Zeugnissen über Zwischenprüfungen und Leistungsnachweisen, die zur Überprüfung erforderlich sind, ob das Kind seine Ausbildungsobliegenheit erfüllt (BGH FamRZ 1987, 470, 471 f; FamRZ 1995, 416, 417; Wendl/Klinkhammer[9] § 2 Rn 90; s Rn 109 f).

99 Auftretende Ausbildungsstörungen sind dennoch in gewissem Umfang von den Eltern zu tolerieren. Der BGH benutzt in ständiger Rechtsprechung die Formel, dass ein **leichteres vorübergehendes Versagen** des Kindes von den Eltern hinzunehmen ist (BGH FamRZ 2006, 1100, 1103; NJW 1987, 1557 = FamRZ 1987, 470; NJW 1993, 2238 = FamRZ 1993, 1057; NJW 1998, 1555 = FamRZ 1998, 671; FamRZ 2000, 420, 421 = NJW-RR 2000, 593; s Rn 80 f).

100 Der Auszubildende büßt seinen Anspruch auf Ausbildungsunterhalt erst ein, wenn er seine **Ausbildungsobliegenheit nachhaltig verletzt** (zB durch **Bummelstudium**). In diesem Fall muss er sich darauf verweisen lassen, seinen Unterhalt durch Erwerbstätigkeit selbst zu verdienen (BGH NJW 1987, 1557 = FamRZ 1987, 470; NJW 1998, 1555 = FamRZ 1998, 671). Bei Verletzung der Obliegenheit entfällt der Anspruch auf Ausbildungsunterhalt von selbst, ohne dass es eines der besonderen Verwirkungsgründe des § 1611 BGB bedarf (BGH NJW 1998, 1555 = FamRZ 1998, 671; s Rn 80 f).

101 **Ausbildungsverzögerung**: Bei einem **verzögerten Ausbildungsabschluss** sind die näheren Gründe zu berücksichtigen. Ergibt sich daraus, dass die Verzögerung auf sinnvollen Maßnahmen beruht oder aber wegen einer besonderen Belastung des Kindes durch die Trennung und Scheidung der Eltern eingetreten ist, haben die Eltern dies grundsätzlich hinzunehmen (BGH FamRZ 2001, 757, 758; zum verzögerten Ausbildungsantritt s Rn 82 ff; zum erweiterten Ausbildungsprogramm s Rn 94). Das gilt erst recht, wenn die zu der Verzögerung führenden Maßnahmen während der Minderjährigkeit durchgeführt worden sind, für die die Eltern mit verantwortlich sind (BGH FamRZ 2001, 757, 758). **Verzögerungen der allgemeinen Schulausbildung** sind im Allgemeinen von den Eltern hinzunehmen. Sie beruhen etwa auf notwendigen Wiederholungen aufgrund schulischen Versagens oder Erkrankungen. Auch sonstige Gründe, wie etwa zwischenzeitliche Auslandsaufenthalte – zumal sie häufig noch während der Minderjährigkeit stattfinden werden – hindern in der Regel die Fortsetzung der allgemeinen Schulausbildung nicht (BGH FamRZ 2001, 757, 759: ein Jahr USA, ein halbes Jahr Frankreich, Abitur mit 21 Jahren).

Für die Gründe der Verzögerung ist grundsätzlich das unterhaltsberechtigte Kind darlegungs- und beweisbelastet (vgl Wendl/Klinkhammer[9] § 2 Rn 85).

102 **Beispiele**: Eine **nachhaltige Verletzung der Ausbildungsobliegenheit** ist von der Rechtsprechung etwa **bejaht** worden,

- wenn das minderjährige Kind die Schule mehr als ein Jahr nicht besucht hat (OLG Frankfurt NJW 2009, 235 bei wirtschaftlich beengten Verhältnissen),
- wenn das volljährige Kind ein begonnenes Ausbildungsverhältnis kündigt und auch den anschließend angekündigten Schulbesuch (Berufsvorbereitungsjahr) nicht beginnt (OLG Celle JAmt 2004, 265).

Eine nachhaltige Verletzung der Ausbildungsobliegenheit ist dagegen **verneint** worden

- bei einem Schulschwänzer vor Beendigung der Schulpflicht (OLG Frankfurt NJW 2015, 3105; vgl auch OLG Düsseldorf FamRZ 2010, 2082),
- im Fall des Nichtbestehens von vier Grundkursen bei ansonsten regelmäßigen Studienleistungen (OLG Thüringen NJW-RR 2016, 973),
- bei krankheitsbedingten Einschränkungen – ADHS mit reaktiv depressivem Syndrom (KG JAmt 2015, 410),
- trotz erheblicher unentschuldigter Fehlzeiten, wenn der Unterhaltsberechtigte zur Behebung das Angebot des schulpsychologischen Dienstes in Anspruch genommen hat und sich seine Fehlzeiten verringert haben (OLG Hamburg FamRZ 2012, 383),
- bei bloßer Verletzung der Informationsobliegenheit (OLG Hamm FamRZ 2013, 1407 – zugleich zu § 1611),
- wenn zwischen Schulabbruch (Nichtbestehen des Abiturs) und der Aufnahme der Ausbildung (nach dem Ausbildungswechsel) vier Jahre liegen, wenn der Unterhaltsberechtigte zwischenzeitlich ein Jahr krank war und während eines weiteren Jahres seinen Realschulabschluss nachgeholt hat (OLG Jena NJW-RR 2009, 651),
- bei mehrmaligem Sitzenbleiben im Rahmen der allgemeinen Schulausbildung bis zum Realschulabschluss könne nicht in jedem Fall davon ausgegangen werden, dass der Anspruch auf Zahlung von Ausbildungsunterhalt entfällt (OLG Köln OLGR 2005, 40 = FamRZ 2005, 2016 LS),
- Überschreitung der üblichen Studiendauer um zwei Semester wegen einer Knieoperation (OLG Brandenburg 8. 12. 2009 – 10 UF 17/05 – juris).

Prüfungsversagen: Im Rahmen der Ausbildungsfinanzierung muss von den Eltern in Kauf genommen werden, dass die Ausbildung mit Schwierigkeiten verbunden ist und es uU der Wiederholung von Ausbildungsabschnitten oder Prüfungen bedarf (OLG Düsseldorf FamRZ 1981, 298; AG Hainichen FamRZ 2002, 484; vgl auch KG JAmt 2015, 410; OLG Jena NJW-RR 2009, 651). 103

Hat das Kind die Abschlussprüfung erstmals nicht bestanden, bleiben die Eltern daher regelmäßig auch für die Zeit bis zur Wiederholung der Prüfung unterhaltspflichtig. 104

105 **Ausbildungsabbruch/-wechsel**: Das Kind hat eine einmal eingeschlagene angemessene Ausbildung mit Fleiß und Zielstrebigkeit durchzuführen (Rn 80 ff). Gleichzeitig muss einem in der Berufswahl unsicheren jungen Menschen aber die Entscheidung für einen Beruf erleichtert und ihm hierfür eine Orientierungsphase (Rn 87 ff) eingeräumt werden. Hinzu kommt, dass ein leichtes vorübergehendes Versagen noch nicht zum Verlust des Anspruchs auf Ausbildungsunterhalt führt. Ob ein Ausbildungswechsel zulässig ist, ist demnach unter Abwägung der schutzwürdigen Interessen des Kindes mit denen der Eltern zu entscheiden.

106 Ein Wechsel der Ausbildung ist unbedenklich, wenn er einerseits **auf sachlichen Gründen beruht** und andererseits unter Berücksichtigung der Gesamtumstände aus der Sicht des Unterhaltspflichtigen **wirtschaftlich zumutbar ist**. Für die Annahme eines hinreichenden Grundes kann etwa der Umstand sprechen, dass zwischen der abgebrochenen und der angestrebten Ausbildung ein sachlicher Zusammenhang besteht. Jedem jungen Menschen ist grundsätzlich zuzubilligen, dass er sich über seine Fähigkeiten irrt oder falsche Vorstellungen über den gewählten Beruf hat. Dabei wird ein Ausbildungswechsel um so eher zu akzeptieren sein, je früher er stattfindet. Dies folgt aus dem Gedanken, dass die schutzwürdigen Belange des Unterhaltspflichtigen es gebieten, sich möglichst frühzeitig darauf einrichten zu können, wie lange die Unterhaltslast dauern wird. Diese Belange erfordern es grundsätzlich auch, dass das Kind sich über seine geänderten Ausbildungspläne mit dem Unterhaltspflichtigen zu verständigen versucht (BGH FamRZ 2001, 757, 759). Ein Ausbildungswechsel ist zulässig, wenn sich hinsichtlich der Voraussetzungen für die angemessene Ausbildung wesentliche Änderungen ergeben haben oder Fehleinschätzungen offenkundig geworden sind. Ein Ausbildungswechsel ist immer zulässig, wenn auch eine Zweitausbildung (Rn 131 ff) zulässig wäre. Darüber hinaus ist der Ausbildungswechsel zulässig, wenn das Kind sich in der ihm zuzubilligenden Orientierungsphase zu einem Wechsel entschließt (Rn 87 ff).

107 **Beispiele** (Ausbildungsunterhalt **Ja/Nein**):

- Abgebrochene Heilpraktiker-Ausbildung und Aufnahme eines Medizinstudiums: **Ja** (BGH FamRZ 2001, 757),
- Abbruch von zwei Berufsausbildungen (Altenpflegerin, Tankstelle) nach zunächst fehlendem Schulabschluss, dann weiterführende Schulausbildung an Berufsschule mit Hauptschulabschluss und anschließend Ausbildung zur Verkäuferin: **Ja** (OLG Jena FamRZ 2005, 1585),
- Abbruch von zwei Berufsausbildungen wegen jeweiliger Schwangerschaft und anschließender Kinderbetreuung: **Ja** (OLG Celle FamRZ 2016, 830).

Weitere Beispiele bei Rn 90 und Rn 133 ff.

108 Die Eltern haben grundsätzlich keinen Anspruch auf **Rückzahlung von Ausbildungsunterhalt**, der für die Zeit der abgebrochenen Ausbildung gezahlt worden ist. Ein solcher Anspruch besteht nur, wenn die Voraussetzungen für den Unterhaltsanspruch von vornherein nicht vorlagen (vgl Vorbem 157 ff zu §§ 1601 ff).

ee) Informationsobliegenheiten

109 Bisweilen werden im Zusammenhang mit Obliegenheiten des Unterhaltsberechtigten auch Informationspflichten thematisiert (vgl Bissmaier FamRB 2005, 336 f). Hierbei wird es sich in der Sache oft um die (prozessuale) Darlegungslast für die Erfüllung der Ausbildungsobliegenheit (Rn 81) gehen. Eine entsprechende materiellrechtliche Informationsobliegenheit besteht aber auch schon aufgrund des Unterhaltsverhältnisses. So kann der auf Ausbildungsunterhalt in Anspruch Genommene die Information über die eingeschlagene Ausbildung sowie die Vorlage von Nachweisen (zB Schul- oder Studienbescheinigungen) verlangen (s Rn 98). Kommt der Unterhaltsberechtigte dem Auskunftsverlangen nicht nach, so gerät der Unterhaltspflichtige nicht in Verzug (vgl Vorbem 118 f zu §§ 1601 ff; § 1605 Rn 13; nach **aA** – OLG Koblenz FamRZ 2015, 1813; OLG Brandenburg FamRZ 2011, 1067 – steht ihm ein Zurückbehaltungsrecht zu).

110 In bestimmten Fällen kann bei längeren Ausbildungsverzögerungen oder Ausbildungswechseln wegen mangelnder Information der Unterhaltspflichtigen durch das unterhaltsberechtigte Kind die Angemessenheit einer weiteren Ausbildung auch aus Vertrauensschutzgesichtspunkten in Frage stehen, weil die Eltern darauf vertrauen durften, nicht mehr aus Ausbildungsunterhalt in Anspruch genommen zu werden (vgl BGH FamRZ 2017, 1132 – Zeitablauf und mangelnde Information des Unterhaltsschuldners; vgl Rn 145; Rn 117 ff dort auch zum Anspruch in Abitur-Lehre-Studium-Fall).

Schließlich kann eine wider Treu und Glauben vorenthaltene Information (etwa über den zeitweiligen Wegfall von Unterhaltsvoraussetzungen) eine Verwirkung nach § 1611 BGB auslösen (vgl § 1611 Rn 26).

ff) Beratungs- und sonstige Rücksichtnahmepflichten

111 Ähnlich wie bei den Informationsobliegenheiten (Rn 109 f) verhält es sich auch bei Beratungs- und sonstigen Rücksichtnahmepflichten. Diese werden insbesondere im Zusammenhang mit der Gegenseitigkeit (s Rn 82 ff) und der Angemessenheit einer kostspieligen (vgl KG MDR 2013, 602 – Auslandsstudium; dazu Rn 155) oder mehrstufigen Ausbildung (vgl OLG Köln FamRZ 1999, 1451) oder im Rahmen der Verwirkung nach § 1611 BGB (vgl KG NJW 2016, 2345) zu prüfen sein.

gg) Ausbildungsabschluss und Übergangsunterhalt

112 Die Ausbildung ist abgeschlossen, wenn ein **qualifizierter Berufsabschluss** im angestrebtem Beruf erreicht worden ist (zur Einheitlichkeit der Ausbildung bei gestuftem Ausbildungsgang oder Zweitausbildung s Rn 117 ff). Entscheidend ist, ob eine die erworbene Ausbildung einen anerkannten Berufsabschluss bildet. So stellt zB die bei einer staatlichen Ausbildungsstätte absolvierte berufliche Ausbildung zur Kinderpflegerin eine qualifizierte Berufsausbildung dar (AG Eisenach FamRZ 2009, 2014 LS).

113 Eine Ausbildung ist daher noch nicht beendet, wenn der Berechtigte bislang nur eine Vorstufe absolviert hat, so etwa nach einem **Berufsgrundschuljahr**, das eine berufliche Grundbildung für eine spätere Berufsausbildung vermitteln soll und daher als angemessene Ausbildung nicht ausreicht (s Rn 57 ff; Wendl/Klinkhammer[9] § 2 Rn 77 mwNw).

114 Unter Umständen ist der erstmalige Berufsabschluss noch nicht ausreichend und

bestehen im Hinblick auf die Arbeitsplatzsituation Nachteile, wenn etwa eine höhere Qualifikation nicht erworben worden ist. Dazu vgl Rn 126 ff.

115 Abgrenzungsschwierigkeiten ergeben sich, wenn eine abgeschlossene Berufsausbildung sich im Nachhinein **als unbrauchbar erweist** oder nur unzureichende Verdienstmöglichkeiten eröffnet (vgl OLG Brandenburg FamRZ 2009, 1226: Entlassener Bundeswehroffizier – Oberfähnrich –, der bei der Arbeitsverwaltung als ausbildungslos geführt wird; zur Abgrenzung BGH FamRZ 1992, 170: Zeitsoldat für zwei Jahre). Hier ist jedoch zu beachten, dass das Arbeitsplatz- oder Berufsunfähigkeits-Risiko im Hinblick auf die Berufswahl nach einer von vornherein angestrebten und für sich genommen angemessenen Ausbildung beim Unterhaltsberechtigten liegt. Sobald der erlernte Beruf ihm die Unterhaltssicherung ermöglicht, hat der Unterhaltsberechtigte eine eigenständige Lebensstellung erlangt, sodass der Zweck des Ausbildungsunterhalts erreicht ist. Der Unterhaltspflichtige schuldet daher im Allgemeinen auch keinen weiteren Ausbildungsunterhalt, wenn der Unterhaltsberechtigte später berufsunfähig geworden ist (s Rn 140 ff). Eine weitergehende Unterhaltsverpflichtung käme in diesem Fall nur noch nach allgemeinen Kriterien in Betracht, richtet sich dann aber nicht mehr auf die Finanzierung einer Ausbildung (vgl Rn 45; § 1602 Rn 10, 109 ff).

116 Unter Umständen können die Eltern für eine gewisse Zeit auch noch nach dem Ausbildungsabschluss zum **Übergangs-Unterhalt** verpflichtet sein, wenn das Kind nicht sogleich eine Arbeitsstelle zu finden vermag (OLG Hamm FamRZ 1990, 904; Wendl/Klinkhammer[9] § 2 Rn 85), wobei das Kind hier aber jedenfalls – vergleichbar mit der Wartezeit vor Ausbildungsbeginn (vgl Rn 93, 97) – zur Überbrückung erwerbsverpflichtet ist (vgl OLG Karlsruhe FamRZ 2012, 1648; **aA** OLG Hamm FamRZ 1990, 904).

f) Einheitlichkeit der Ausbildung: Erst- und Zweitausbildung

aa) Grundsatz: Nur eine Ausbildung

117 Zweck des Ausbildungsunterhalts ist es, dem Kind mit der Ausbildung eine eigenständige Lebensstellung zu verschaffen, die es ihm ermöglicht, sich selbst zu unterhalten. Das Niveau der Ausbildung ist mit Hilfe des unbestimmten Rechtsbegriffs der Angemessenheit im Einzelfall zu bestimmen.

118 Dem wird es regelmäßig gerecht, wenn die Eltern dem Kind **eine angemessene Ausbildung** finanziert haben. Eltern, die ihrem Kind für eine Berufsausbildung Unterhalt gewährt haben, sind dann grundsätzlich nicht mehr verpflichtet, Kosten einer weiteren Ausbildung zu tragen (BGH FamRZ 2006, 1100, 1101). Haben sie während dieser Zeit Unterhalt geleistet und hat das Kind einen vollwertigen Berufsabschluss erworben, so haben die Eltern grundsätzlich ihre Unterhaltspflicht in rechter Weise erfüllt. Das gilt darüber hinaus auch dann, wenn die Eltern für die (erste) Ausbildung nicht unterhaltspflichtig waren, weil das Kind etwa eine auskömmliche Ausbildungsvergütung bezogen hat und nicht gemäß § 1602 BGB bedürftig war.

119 Der aufgezeigte Grundsatz der **Einheitlichkeit der Ausbildung** bedarf jedoch in Anbetracht der zunehmenden Strukturverschiebungen im Ausbildungssektor (vgl etwa den Bildungsbericht 2006 S 80 ff; 2016 S 102 ff) und differenzierter Berufsanforderungen der näheren Ausgestaltung, was nicht zuletzt durch die von der Rechtsprechung des BGH zugelassenen Ausnahmen verdeutlicht wird (vgl Wendl/Klinkhammer[9] § 2 Rn 70).

Der BGH hat **Ausnahmen** zunächst nur unter besonderen Umständen angenommen, etwa wenn der **Beruf** aus gesundheitlichen oder sonstigen, bei Ausbildungsbeginn nicht vorhersehbaren Gründen **nicht ausgeübt werden kann**. Ferner komme eine fortdauernde Unterhaltspflicht in Betracht, wenn die weitere Ausbildung **zweifelsfrei als eine bloße in engem sachlichen und zeitlichen Zusammenhang stehende Weiterbildung** zu dem bisherigen Ausbildungsweg anzusehen ist und von vornherein angestrebt war (gestufte Ausbildung) oder während der ersten Ausbildung eine **besondere, die Weiterbildung erfordernde Begabung deutlich wurde** (BGH FamRZ 2006, 1100, 1101; FamRZ 1995, 416 f; BGHZ 69, 190, 194 = FamRZ 1977, 629 f). 120

Die Voraussetzungen für eine Weiterbildung hat der BGH für die sogenannten **Abitur-Lehre-Studium-Fälle** unter Hinweis auf ein geändertes Ausbildungsverhalten der Abiturienten gelockert (BGHZ 107, 376 = FamRZ 1989, 853 mit ausführlicher Begründung). In diesen Fällen kommt es nicht darauf an, ob der Entschluss zu einem späteren Studium von vornherein gefasst war. Es genügt vielmehr der enge sachliche und zeitliche Zusammenhang, wobei der **Studienentschluss auch erst nach Abschluss der Lehre** gefasst werden kann (BGH FamRZ 2006, 1100, 1101; BGHZ 107, 376, 381 ff = FamRZ 1989, 853, 854 f; BGH FamRZ 2001, 1601 f; näher dazu Rn 142 ff). Eine Ausdehnung dieser Lockerung auf die Fallgruppe **Lehre-(Fach-)Abitur-Studium** hat der BGH selbst bei Unterstellung eines auch hier geänderten Ausbildungsverhaltens verneint, weil die Eltern nicht damit zu rechnen bräuchten, nach dem Abschluss der Lehre zu weiterem Ausbildungsunterhalt herangezogen zu werden (BGH FamRZ 2006, 1100, 1102; vgl OLG Hamm FamRZ 2012, 1401 [LS] juris). Eine Verpflichtung zum Ausbildungsunterhalt besteht dann nur aus besonderen Gründen (näher dazu Rn 149 ff). 121

bb) Unterscheidung von gestufter Erstausbildung (Weiterbildung) und Zweitausbildung

Der BGH hält in seiner Rechtsprechung trotz zuweilen fließender Grenzen an der Unterscheidung zwischen – gestufter – Erstausbildung auf der einen sowie Erst- und Zweitausbildung auf der anderen Seite fest (vgl BGH FamRZ 2006, 1100, 1101; für eine generelle Gleichstellung von Weiterbildung und weiterer Ausbildung dagegen Drescher S 123 ff; Zweifel an der Abgrenzbarkeit auch bei Wendl/Scholz[7] § 2 Rn 79). Der BGH hat allerdings dennoch **ergänzende Abwägungskriterien** angeführt (BGH FamRZ 2006, 1100 mwNw), was deutlich macht, dass auch bei einer Zweitausbildung die Entscheidung über den weiteren Ausbildungsunterhalt nach Angemessenheit im Einzelfall zu treffen ist. Dabei wird etwa das **Alter des Kindes** zu berücksichtigen sein. Je älter ein Kind bei Aufnahme einer Ausbildung ist und je eigenständiger es seine Lebensverhältnisse gestaltet, desto mehr tritt die Elternverantwortung für seinen Berufs- und Lebensweg zurück. Die hinsichtlich der Angemessenheit der weiteren Ausbildung zu stellenden Anforderungen bedürfen deshalb mit zunehmendem Alter des Kindes der besonders sorgfältigen Prüfung (BGH FamRZ 2000, 420, 421 f). Ferner ist die **Belastung der Eltern** durch weiteren Ausbildungsunterhalt zu berücksichtigen. Eine Unterhaltsgewährung für eine weitere Ausbildung ist eher zumutbar, wenn die Eltern **durch die Erstausbildung nicht oder nicht in vollem Umfang belastet** worden sind, weil das Kind etwa nicht bedürftig war (BGH FamRZ 2006, 1100). Allein daraus, dass die erste Ausbildung ohne Unterhalt der Eltern abgeschlossen worden ist, kann aber kein Anspruch auf Ausbildungsunterhalt für eine weitere Ausbildung hergeleitet werden (BGH FamRZ 1981, 437; FamRZ 2006, 1100). Eine fortbestehende Pflicht zum Ausbildungsunterhalt kann bereits aus **Vertrauensschutzgesichtspunkten** entfallen, 122 wenn Eltern mit einer Fortsetzung der Ausbildung nicht mehr zu rechnen brauchten (BGH FamRZ 2017, 1132 – Zeitablauf und mangelnde Information des Unterhaltsschuldners; vgl Rn 145).

123 Eine **Zweitausbildung** ist eine Ausbildung, die nach Erreichen eines vollwertigen (angemessenen) berufsqualifizierenden Ausbildungsabschlusses aufgenommen wird. Ob ein Berufsabschluss vollwertig ist, kann im Einzelfall fraglich sein und hängt von den spezifischen Anforderungen des angestrebten Berufs ab.

124 Um eine bloße **Weiterbildung** handelt es sich, wenn innerhalb desselben Ausbildungsganges eine höhere Qualifikation angestrebt wird. Eine Weiterbildung zielt grundsätzlich darauf ab, bereits erworbene Kenntnisse und Fähigkeiten auszubauen und zu vertiefen, um dadurch bessere Aufstiegs- oder Erwerbschancen zu erlangen (BGH FamRZ 1992, 1407, 1408; OLG Hamm, FamRZ 1984, 924, 925). Aus der Qualifizierung als Weiterbildung folgt aber noch nicht, dass die weitere Ausbildung stets zu finanzieren wäre. Vielmehr ist auch hier eine Angemessenheitsbetrachtung anzustellen (Rn 126 ff).

125 Die Frage stellt sich auch beim **Übergang vom Bachelor- zum Master-Studium**. Der Bachelorabschluss stellt zwar einen berufsqualifizierenden Abschluss dar. Dennoch ist jedenfalls das sog konsekutive Masterstudium als Teil einer einheitlichen, gestuften Ausbildung anzusehen (näher s Rn 64 f).

cc) Unterhalt für eine Weiterbildung

126 Die Weiterbildung ist dadurch charakterisiert, dass das Kind zwar einen berufsqualifizierenden Abschluss erworben hat, die bereits erworbenen Kenntnisse und Fähigkeiten aber ausbauen und vertiefen will, um dadurch bessere Aufstiegs- oder Erwerbschancen zu erlangen (Rn 122). Eine Weiterbildung ist von den Eltern nicht stets zu finanzieren, sondern setzt eine Angemessenheitsprüfung voraus.

127 Nach einem **Bachelorabschluss** (s Rn 64 f, 125) kann im Einzelfall ein weiterer Unterhalt für das Master-Studium trotz Einheitlichkeit der Ausbildung ausscheiden. Das ist etwa der Fall, wenn das Kind nach dem Bachelorabschluss zunächst den Beruf aufnimmt und sich erst später zu einer Fortsetzung des Studiums entschließt (Wendl/Klinkhammer[9] § 2 Rn 82). Dann ist die Bachelorabschluss bereits als angemessene Vorbildung anzusehen und besteht eine weitere Pflicht zur Ausbildungsfinanzierung nur aus besonderen Gründen (zB Begabungsfehleinschätzung).

128 Für eine **Promotion** wird nur in besonderen Fällen Ausbildungsunterhalt geschuldet (OLG Hamm FamRZ 1990, 904, 905 mwNw, vgl OVG Sachsen FamRZ 2010, 1457 = NJW 2010, 2903). Der Anspruch wird regelmäßig nur begründet sein, wenn die Promotion notwendige Voraussetzung einer vollwertigen Berufsausübung ist (vgl auch Staudinger/Engler/Kaiser [2000] Rn 98 mwNw).

130 Auch die Vorbereitung auf eine **Meisterprüfung** wird von den Eltern im Allgemeinen nicht durch Ausbildungsunterhalt zu finanzieren sein. Nach früherer Rechtslage (§ 49 Abs 1 HwO idF 24. 9. 1998 – gültig bis 31. 12. 2003) setzte diese eine mehrjährige Praxis voraus, was nach der heutigen Fassung nur noch erforderlich ist, wenn der Prüfling aus einem anderen Beruf kommt (§ 49 Abs 2 HwO). Das hat aber nichts

daran geändert, dass – ähnlich der Promotion – eine Finanzierung durch die Eltern, die sich auch auf die mitunter erheblichen Ausbildungskosten erstrecken würde, in der Regel nicht mehr erwartet werden kann (**aA** bei deutlicher Fehleinschätzung der Begabung OLG Stuttgart FamRZ 1996, 1435).

dd) Unterhalt für eine Zweitausbildung

131 Trotz abgeschlossener Berufsausbildung sind die Eltern unter Umständen ausnahmsweise zu einer weiteren Ausbildungsfinanzierung verpflichtet.

132 Im Anschluss werden die Fälle dargestellt, die von der Rechtsprechung als Ausnahmen anerkannt sind. Sie werden hier zu Fallgruppen zusammengefasst, auch soweit es sich nur um scheinbare Ausnahmen handelt (zur systematischen Kritik s Drescher S 102 ff). Um nur scheinbare Ausnahmen handelt es sich etwa dann, wenn die kindbezogenen Voraussetzungen der Eignung und Neigung (Rn 73 ff) sich erst nachträglich eingestellt oder sich während der Ausbildung verändert haben. Dann handelt es sich bei der ersten Ausbildung mitunter noch nicht um eine angemessene und haben die Eltern ihre Pflicht zur Ausbildungsfinanzierung noch nicht in rechter Weise erfüllt.

(1) Von vornherein geplante stufenweise Ausbildung

133 Die weitere Ausbildung ist zu finanzieren, wenn sie zweifelsfrei als eine in **engem sachlichen und zeitlichen Zusammenhang stehende Weiterbildung** zu dem bisherigen Ausbildungsweg anzusehen und **von vornherein angestrebt** war (BGH FamRZ 1991, 320, 321; FamRZ 1995, 416 f mwNw; BGHZ 69, 190, 194 = FamRZ 1977, 629 f; OLG Celle FamRZ 2007, 929; OLG Koblenz FamRZ 2001, 1164). Die Ausbildung ist dann schon aufgrund des anfänglichen Plans eine einheitliche, und mit der Lehre ist nur ein Teil der auf einen bestimmten Beruf bezogenen Ausbildung abgeschlossen.

134 Das Erfordernis, dass die weitere Ausbildung **von vornherein angestrebt** sein muss, beruht auf dem Gedanken, dass die Unterhaltspflicht der Eltern von der Frage mitbestimmt wird, inwieweit sie damit rechnen müssen, dass ihr Kind nach einem Schulabschluss und einer zu Ende geführten, in sich geschlossenen Berufsausbildung noch eine berufsqualifizierende Ausbildung – gegebenenfalls über weitere Ausbildungsstufen hinweg – anstrebt. Denn die Belange der Unterhaltspflichtigen dürfen insoweit nicht unberücksichtigt bleiben. Die Eltern müssen sich in ihrer eigenen Lebensplanung in etwa darauf einstellen können, wie lange sie mit einer Unterhaltslast zu rechnen haben. Das Ausbildungsunterhaltsverhältnis zwischen Eltern und Kindern ist auch insoweit von gegenseitiger Rücksichtnahme geprägt, als einerseits die Eltern leichtere Verzögerungen oder ein zeitweiliges Versagen hinnehmen müssen, andererseits das Kind seine Ausbildung mit Fleiß und Zielstrebigkeit anzugehen hat (BGH FamRZ 2006, 1100, 1101).

135 Um keine Weiterbildung (= angemessene Zweitausbildung) handelt es sich bei von vornherein geplanter Ausbildung zu zwei verschiedenen Berufen (BGH FamRZ 1991, 1044).

(2) Drängen in eine inadäquate Ausbildung

136 Eine Zweitausbildung ist ebenfalls durch Unterhalt zu finanzieren, wenn die **Eltern** das Kind in einen unbefriedigenden, seinen Begabungen nicht hinreichend Rech-

nung tragenden Beruf **gedrängt** und eine dem Kind besser entsprechende Ausbildung zunächst verweigert haben (BGH FamRZ 1991, 322 f; FamRZ 1980, 1115 f; FamRZ 2006, 1100, 1102). Das kann auch gelten, wenn der Unterhaltspflichtige aus rechtlichen (fehlendes Sorgerecht) oder tatsächlichen Gründen (Kontaktverweigerung durch das Kind) keinen Einfluss auf die Ausbildungswahl hatte (vgl AG Landau/Pfalz FamRZ 2008, 178). Entscheidend ist auch in diesem Fall, dass das Kind noch keine angemessene Ausbildung durchlaufen hat (Drescher S 103).

137 In gewissem Umfang besteht eine Übereinstimmung mit den Fällen der Begabungsfehleinschätzung (Rn 138 f).

(3) Begabungsfehleinschätzung (Spätentwickler)

138 Eine Zweitausbildung ist ausnahmsweise dann von den Eltern zu finanzieren, wenn die erste Ausbildung auf einer **deutlichen Fehleinschätzung der Begabung des Kindes** beruhte (BGH FamRZ 2006, 1100, 1102; FamRZ 1993, 1057, 1058 f), wobei jedenfalls bei Minderjährigen auf eine Fehleinschätzung seitens der Eltern abzustellen ist (BGH FamRZ 1992, 1407, 1408 f). Zwar ist die Frage der beruflichen Eignung eines Kindes grundsätzlich aus der Sicht bei Beginn der Ausbildung und den zu dieser Zeit zutage getretenen persönlichen Anlagen und Neigungen zu beantworten (BGH FamRZ 1981, 437, 438), sodass eine einmal aufgenommene Ausbildung im Zweifel auch der Eignung (und den Neigungen) des Kindes entspricht. Um eine unangemessene Benachteiligung von sogenannten Spätentwicklern zu vermeiden, gilt dies aber nicht, wenn sich später herausgestellt hat, dass die zunächst getroffene Entscheidung auf einer deutlichen Fehleinschätzung der Begabung des Kindes beruht (BGH FamRZ 2006, 1100; BGH FamRZ 1991, 322; BGH FamRZ 2000, 420; zur Abgrenzung vgl BGH FamRZ 2017, 799 Rn 21 f).

139 Diese Fallgruppe dürfte sich allerdings besser einordnen lassen, wenn man beim maßgeblichen Kriterium der Eignung eine fortlaufende Prognose auch nach Beginn der Ausbildung zulässt. Dann handelt es sich nur um eine scheinbare Ausnahme von der Einheitlichkeit der Ausbildung, weil die erste Ausbildung noch keine angemessene im Sinne des Abs 2 war (in diesem Sinne Drescher S 102 ff; 129).

(4) Notwendiger Berufswechsel (Berufsunfähigkeit, Arbeitslosigkeit)

140 Eine weitere Ausbildung ist ferner zu finanzieren, wenn der erlernte Beruf aus **gesundheitlichen oder sonstigen, bei Ausbildungsbeginn nicht vorhersehbaren Gründen nicht ausgeübt werden** kann (BGH FamRZ 2006, 1100, 1101). Hierbei ist aber zu beachten, dass die Hinderungsgründe **im engen zeitlichen Zusammenhang mit der Ausbildung** aufgetreten sein müssen.

141 Kein Ausbildungsunterhalt ist mehr geschuldet, wenn das Kind bereits eine nachhaltig gesicherte berufliche Stellung hatte und erst später berufsunfähig wird (zur ähnlichen Abgrenzung beim Ehegattenunterhalt wegen Arbeitslosigkeit vgl § 1573 Abs 4 BGB). Dann hat das Kind eine eigenständige Lebensstellung erlangt und die Eltern haben ihre Pflicht zum Ausbildungsunterhalt erfüllt (Wendl/Klinkhammer[9] § 2 Rn 92, 75). Zwar kann das Kind im Fall der Erwerbsunfähigkeit wiederum Unterhalt verlangen. Im Fall bloßer Berufsunfähigkeit muss es aber auch durch ungelernte Erwerbstätigkeit seinen Lebensunterhalt bestreiten und kann sich nicht darauf berufen, dass es zur Bestreitung seines angemessenen Lebensunterhalts zunächst eine weitere Ausbildung durchlaufen müsse.

ee) Studium nach Berufsabschluss

142 Eigenständige Bedeutung haben die Fälle erlangt, in denen das Kind nach abgeschlossener Ausbildung (Lehre) ein Studium absolvieren will, um einen höher qualifizierten Beruf zu erlangen (zum Bachelor-/Masterstudium Rn 64 f, 125).

(1) Abitur-Lehre-Studium

143 Der BGH hat in einer Grundsatzentscheidung aus dem Jahr 1989 seine Rechtsprechung zu von vornherein geplanter gestufter Ausbildung (Rn 133 ff) modifiziert (BGHZ 107, 376 = FamRZ 1989, 853). Nimmt ein Abiturient zunächst eine praktische Ausbildung auf und schließt daran ein Hochschulstudium an, das mit der praktischen Ausbildung in einem **engen sachlichen und zeitlichen Zusammenhang** steht, so gehören danach die Kosten des Studiums regelmäßig zu den von den Eltern zu tragenden Ausbildungskosten. Die Abfolge Abitur-Lehre-Studium ist ein üblicher **eigener durchgängiger Bildungsweg**, der den Studienberechtigten neben der herkömmlichen Ausbildung (Abitur-Studium) offen steht (BGHZ 107, 376 = FamRZ 1989, 853; krit SCHWAB, in: FS Jauch 201, 210). Voraussetzung ist, dass den Eltern dieser Ausbildungsgang, durch den die Gesamtdauer der Ausbildung regelmäßig verlängert wird, wirtschaftlich zugemutet werden kann (BGH FamRZ 2017, 799).

144 Der **sachliche Zusammenhang** ist gewahrt, wenn praktische Ausbildung und Studium derselben Berufssparte angehören oder jedenfalls so zusammenhängen, dass das Studium eine fachliche Ergänzung, Weiterführung oder Vertiefung der praktischen Ausbildung bedeutet oder diese eine sinnvolle Vorbereitung auf das Studium darstellt (BGHZ 107, 376 = FamRZ 1989, 853; vgl BGH FamRZ 2017, 1132 Rn 13; FamRZ 2017, 799 Rn 12). Trotz verschiedener Berufssparten kann jedoch ein enger sachlicher Zusammenhang etwa zwischen Banklehre und dem Lehramtsstudium bestehen. Insoweit ist ausreichend, wenn praktische Ausbildung und Studium so zusammenhängen, dass das eine für das andere eine fachliche Ergänzung, Weiterführung oder Vertiefung bedeutet oder dass die praktische Ausbildung eine sinnvolle und nützliche Vorbereitung auf das Studium darstellt (BGH FamRZ 2017, 799 Rn 25 mwNw).

145 Trotz Bestehens eines sachlichen Zusammenhangs kann in besonderen Fallkonstellationen eine fortbestehende Pflicht zum Ausbildungsunterhalt entfallen, wenn die **Eltern** aus anderen Gründen **nicht mehr mit einer Fortsetzung der Ausbildung zu rechnen brauchten**. So hat der BGH (übereinstimmend mit dem OLG Frankfurt FamRZ 2017, 376 als Vorinstanz) den Anspruch in einem Abitur-Lehre-Studium-Fall trotz Vorliegens der allgemeinen Voraussetzungen verneint, wenn die unterhaltsberechtigte Tochter den Vater auf Nachfrage nicht informierte und nach Abschluss der Lehre zunächst zwei Jahre im erlernten Beruf gearbeitet hat (BGH FamRZ 2017, 1132; vgl LICENI-KIERSTEIN FamRB 2016, 335; vgl WENDL/KLINKHAMMER[9] § 2 Rn 103). Hier ist vorwiegend der zeitliche Zusammenhang angesprochen (vgl Rn 148).

Besteht ein enger sachlicher Zusammenhang, so kommt es auch darauf an, ob und inwieweit die Eltern die Unterhaltspflicht **wirtschaftlich zumutbar** ist (BGH FamRZ 2017, 799 Rn 27 mwNw; vgl Rn 80 f). Zu berücksichtigen kann in diesem Zusammenhang auch sein, ob und in welchem Umfang die Eltern das Kind bereits während der Lehre finanziell unterstützen mussten (BGH FamRZ 2017, 799 Rn 27 mwNw).

146 **Beispiele** aus der Praxis für einen angenommenen sachlichen Zusammenhang (auch Lehre-Abitur-Studium-Fälle):

- Anästhesietechnische Assistentin – Medizinstudium (BGH FamRZ 2017, 1132 – Rn 16),
- Bauzeichnerlehre – Architekturstudium (BGHZ 107, 376 = FamRZ 1989, 853),
- Maurerlehre – Architekturstudium (BGH FamRZ 2006, 1100),
- landwirtschaftliche Lehre – Agrarwirtschaftsstudium (BGH FamRZ 1990, 149 = NJW-RR 1990, 377),
- Banklehre – Betriebswirtschaftsstudium (OLG Bremen FamRZ 1989, 892 mwNw),
- Banklehre – Jurastudium (BGH FamRZ 1992, 170),
- Banklehre – Lehramtsstudium für berufsbildende Schulen (BGH FamRZ 2017, 799: nicht ausgeschlossen),
- kaufmännische Lehre – Studium der Anglistik, Germanistik und Soziologie mit dem Berufsziel Fremdsprachenassistentin (BGH NJW 1994, 416),
- Ausbildung zur Industriekauffrau – Jurastudium (OVG Lüneburg FamRZ 1994, 1622),
- verschiedene Praktika – Studium Industrial-Design (OLG Bamberg FamRZ 1994, 1054),
- Ausbildung zur Diätassistentin – Studium der Lebensmittel-, Ernährungs- und Hauswirtschaftswissenschaften mit dem Ziel der Befähigung zum Lehramt in einer Berufsschule (OLG Brandenburg 4. 3. 2008 – 10 UF 132/07 – juris),
- Ausbildung zum IT-Systemkaufmann – Studium der Medieninformatik (OLG Brandenburg FuR 2007, 570),
- Gestaltungstechnische Assistentin für Grafik-Design – Pädagogikstudium mit Schwerpunkt Kunst (OLG Köln FamRZ 2003, 1409).

147 Der sachliche Zusammenhang wurde in folgenden Fällen **verneint**:

- industriekaufmännische Ausbildung – Medizinstudium (BGH FamRZ 1991, 1044),
- speditionskaufmännische Ausbildung – Jurastudium (BGH FamRZ 1992, 1407),
- industriekaufmännische Ausbildung – Maschinenbaustudium (BGH FamRZ 1993, 1057),

- Fotografenausbildung – Studium der Philosophie, Geschichte und Kunstgeschichte (OLG Schleswig OLGR 2000, 294),
- Studium zum Wirtschaftsingenieur mit Schwerpunkt Elektrotechnik nach Ausbildung zum Einzelhandelskaufmann und Weiterbildung zum Handelsassistenten im Möbelhandel (OLG Celle NJW 2013, 2688).

Der **zeitliche Zusammenhang** erfordert, dass der Auszubildende das Studium nach Abschluss der Lehre mit der erforderlichen Zielstrebigkeit aufnimmt. Übt er im Anschluss an die Lehre den erlernten Beruf aus, obwohl er mit dem Studium beginnen könnte, wird der Zusammenhang und damit die Einheitlichkeit des Ausbildungsganges aufgehoben (BGHZ 107, 376 = FamRZ 1989, 853; OLG Hamm FamRZ 1994, 259: zweieinhalbjährige Berufstätigkeit; OLG Karlsruhe FamRZ 1994, 260: zweijährige Berufstätigkeit). Allerdings kennt die Rechtsprechung bei der Anwendung dieses Grundsatzes keine feste Zeitgrenze: Der BGH hat es genügen lassen, dass die Tochter sich während der Berufsausübung von Mitte Januar bis Ende September 1986 zum Studium entschloss und dieses im Wintersemester 1986/87 aufnahm (BGHZ 107, 376 = FamRZ 1989, 853). In einem anderen Fall hat er einen Zeitraum von 16 Monaten zwischen Abschluss der Lehre und Aufnahme des Studiums als unschädlich angesehen, sofern die Verzögerung auf zwangsläufige, dem Kind nicht anzulastende Umstände oder auf ein leichtes, nur vorübergehendes Versagen des Kindes zurückzuführen ist (BGH FamRZ 1990, 149; im Einzelfall noch weitergehend BGH FamRZ 2006, 1100; **strenger** OLG Stuttgart FamRZ 1991, 1472 als Vorinstanz zu BGH FamRZ 1992, 1407; zweifelhaft – aber ohne vollständigen Sachverhalt – OLG Brandenburg FamRZ 2008, 87, weil hier erfolglose Bewerbungen für eine „Arbeitsstelle“ mit einer fortgesetzten Berufstätigkeit gleichgesetzt werden; vgl auch Staudinger/Engler/Kaiser [2000] Rn 108: eigene Lebensstellung, wenn das Kind nach Abschluss der Ausbildung mit der Berufstätigkeit beginnt, ohne einen Willen zum Studium erkennen zu lassen). Im Einzelfall kann trotz zeitlichen und sachlichen Zusammenhangs ein berechtigtes Vertrauen der Eltern entstanden sein, dass das Kind durch die Berufsausbildung eine eigenständige Lebensstellung erlangt hat (vgl Rn 146). 148

Für den zeitlichen Zusammenhang hat der BGH in einer neueren Entscheidung auf die Regelungen in § 11 Abs 3 S 1 Nr 4 BAföG (elternunabhängige Förderung nach dreijähriger Ausbildung und anschließend dreijähriger Tätigkeit im erlernten Beruf) hingewiesen (BGH FamRZ 2017, 1132 Rn 16), ferner auf Anhaltspunkte in der steuerrechtlichen Kinderförderung (BGH FamRZ 2017, 1132 Rn 18). Allgemein gilt, dass die Elternverantwortung dem **Grundsatz** nach immer mehr zurücktritt, je älter ein Kind bei Aufnahme einer (weiteren) Ausbildung ist und je eigenständiger es seine Lebensverhältnisse gestaltet, was insbesondere bei der in den Abitur-Lehre-Studium-Fällen verlängerten Ausbildungsdauer gilt (BGH FamRZ 2017, 1132 Rn 16f mwNw).

(2) Lehre-(Fach-)Abitur-Studium

Der **BGH** hält die Rechtsprechung zum Ausbildungsunterhalt in den sogenannten Abitur-Lehre-Studium-Fällen für nicht auf solche Ausbildungsabläufe übertragbar, in denen nach einem Realschulabschluss zunächst eine Lehre, dann die Fachoberschule und später die Fachhochschule besucht wird. In solchen Fällen sei nur dann von einer einheitlichen, von den Eltern zu finanzierenden Berufsausbildung auszugehen, wenn schon bei Beginn der praktischen Ausbildung erkennbar eine Wei- 149 terbildung einschließlich des späteren Studiums angestrebt wurde (BGH FamRZ 2006, 1100; FamRZ 1991, 320, 321 und FamRZ 1995, 416, 417 f).

150 An der unterschiedlichen Behandlung ist **Kritik** geübt worden (Drescher S 130 f). Ein Kind mit Maximalprogramm werde dem Kind vorgezogen, das bescheidener Stufe um Stufe absolviert. Drescher will daher auf die gleiche Begabung und den angestrebten Beruf abstellen und sämtliche Ausbildungswege dorthin im Prinzip gleich behandeln (ebenfalls kritisch zur BGH-Rechtsprechung AG Obernburg FamRZ 2009, 1075; AG Erfurt 22. 11. 2007 – 36 F 401/07 – juris; MünchKomm/Born Rn 263).

In der Tat hat der BGH in der Sache auch für die andere Fallgestaltung eine Finanzierungspflicht angenommen (vgl BGH FamRZ 2006, 1100: Realschulabschluss-Maurerlehre-Fachoberschule-Zivildienst-abgebrochene Polizeiausbildung-Architekturstudium) und hierfür die Begabungsfehleinschätzung recht weit ausgedehnt (strenger noch BGHZ 69, 190 = FamRZ 1977, 629). Die Differenzierung des BGH erscheint dennoch weiterhin sachgerecht. Denn die Lebens- und Ausbildungsplanung als biografisches Element darf nicht vernachlässigt werden. Ebenso wie in anderen Zusammenhängen, wie etwa des Erlangens einer selbständigen Lebensstellung wegen unterbliebener Ausbildung, dürfen die unterhaltspflichtigen Eltern sich darauf verlassen, dass eine spätere erstmalige oder zusätzliche Ausbildung von ihnen nicht mehr finanziert werden muss. Eine mit den Abitur-Lehre-Studium-Fällen vergleichbare generelle Vermutung, dass nach der Lehre der (Fach-)Hochschulabschluss erworben wird, erscheint trotz der auch in diesem Bereich bestehenden Durchlässigkeit zwischen den Ausbildungsgängen nicht gerechtfertigt.

151 Auch in Lehre-Abitur-Studium Fällen ist – bei Vorliegen der weiteren Voraussetzungen (zB Begabungsfehleinschätzung) – grundsätzlich ein **sachlicher Zusammenhang** erforderlich (BGH FamRZ 2006, 1100; OLG Celle NJW 2013, 2688; weitere Beispiele bei Rn 146). Eine Ausnahme wird dann zu machen sein, wenn ein den Eltern bekannter und von ihnen gebilligter Plan einer stufenweisen Ausbildung sich von vornherein auf sachlich nicht zusammenhängende Berufe bezog.

g) Mehrbedarf in der Ausbildung, Ausbildungsaufwand

152 Die in der Düsseldorfer Tabelle (Anm A. 7) ausgewiesenen Bedarfssätze für Kinder in der Ausbildung unterscheiden danach, ob das Kind im Haushalt eines Elternteils lebt (Bedarf nach der 4. Altersstufe) oder einen eigenen Haushalt unterhält (einheitlicher Regelbedarf von derzeit 735 €, Stand 2016).

In den Tabellen und Leitlinien der Oberlandesgerichte finden sich unterschiedliche Richtlinien zum sogenannten ausbildungsbedingten Mehrbedarf. Die Düsseldorfer Tabelle (Anm A. 8) und eine Anzahl der Leitlinien (jeweils Nr 10. 2. 3) sehen vor, dass ein Betrag von 90 € als ausbildungsbedingter Mehrbedarf von der Ausbildungsvergütung abzuziehen ist (dazu Wendl/Dose[9] § 1 Rn 127; Übersicht bei Wendl/Klinkhammer[9] § 2 Rn 115; vgl auch BGH FamRZ 2006, 99, 100). Ein ausbildungsbedingter (Mehr-)Bedarf, besser: Ausbildungsaufwand, fällt allerdings unabhängig davon an, ob das Kind eine Ausbildungsvergütung erhält oder nicht. Allerdings genießen Studenten mit dem Semesterticket, Mensaessen etc diverse Vergünstigungen. Zu fragen ist also danach, ob und inwiefern die Bedarfssätze den Ausbildungsaufwand abdecken und – bei nicht abgedecktem Mehrbedarf – inwiefern das Kind seinen Bedarf anderweitig decken kann. Allgemeine Werbungskosten wie etwa Fahrtkosten sind in jedem Fall abzuziehen (s Rn 156).

Einen von den Sätzen der Düsseldorfer Tabelle nicht abgedeckten Mehrbedarf stellen nach wohl einhelliger Meinung **Studiengebühren** an öffentlichen Hochschulen dar (OLG Brandenburg FamRZ 2014, 847; OLG Hamm FamRZ 2014, 563; KG MDR 2013, 602; Düsseldorfer Tabelle Anm A. 9; zum Verhältnis von Studiengebühren und Ausbildungsfreibetrag im Steuerrecht vgl BFH 17. 12. 2009 – VI R 63/08). Zur Frage, ob das Kind die Studiengebühren vorfinanzieren muss, s Rn 162. 153

Dagegen werden **Semesterbeiträge** (zu deren Zusammensetzung s Liceni-Kierstein FamRB 2013, 134) in der obergerichtlichen Rechtsprechung als vom Regelbedarf für (auswärts wohnende) Studierende abgedeckt gesehen (OLG Hamm FamRZ 2014, 222; OLG Düsseldorf FamRZ 2012, 1654 [LS]; zustimmend Liceni-Kierstein FamRB 2013, 134). 154

Weitere Bedarfsposten (Beispiele aus der Rechtsprechung): 155

- Kosten eines **juristischen Repetitoriums** (OLG Hamm FamRZ 2014, 222: als Mehrbedarf anerkannt, wenn die besuchte Universität kein eigenes Repetitorium anbietet)
- Mehrkosten für **Studium an ausländischer Privatuniversität** (OLG Düsseldorf FamRZ 2014, 564: verneint wegen unangemessener Höhe und Möglichkeit des Besuchs einer staatlichen Universität)
- **Studium an ausländischer Universität** (OLG Hamm FamRZ 2014, 563: anerkannt bei nachvollziehbaren Gründen – „European Studies" eines bereits während der Schulzeit ausgebildeten Fremdsprachenkorrespondenten)
- **Mehrkosten eines Auslandsschuljahrs**, das nicht auf die Schulzeit angerechnet wird und mit dem der Barunterhaltspflichtige nicht einverstanden war (abgelehnt von OLG Dresden OLGR 2006, 357)
- Kosten einer **Privatschule**, die aufgrund einer **Lernstörung** besucht wird (anerkannt von OLG Koblenz FamRZ 2005, 1006)
- **Schüleraustausch mit China** (verneint von OLG Hamm NJW 2011, 1087)
- **Mehrkosten für Internat in Schottland** (im Fall abgelehnt von KG FuR 2003, 178)
- **Kosten einer Klassenfahrt** (vgl OLG Hamm NJW 2011, 1087; FamRZ 2007, 77; FamRZ 2001, 444 [LS]; vgl aber § 1613 Rn 87)
- **Nachhilfekosten** (OLG Hamm FamRZ 2007, 77; OLG Schleswig FamRZ 2002, 990)
- **Fahrtkosten** (BGH FamRZ 2009, 762: Obliegenheit eines Studenten, zum Zweck der Kostenersparnis an den Studienort zu ziehen).

h) Bedürftigkeit: Ausbildungsvergütung und Ausbildungsförderung

Eine **Ausbildungsvergütung** mindert die Bedürftigkeit des Unterhaltsberechtigten 156

(BGH FamRZ 1988, 159; FamRZ 1981, 541). Sie ist als eigenes Einkommen des Unterhaltsberechtigten ab dem Monat anzurechnen, in dem sie gezahlt wird (vgl OLG Hamm FamRZ 2013, 1812 mwNw; Wendl/Klinkhammer[9] § 2 Rn 107, 112; Nickel FamRZ 2006, 887; **aA** AG Weiden FamRZ 2006, 565; Niepmann/Schwamb[13] Rn 561). Das Einkommen ist um Ausbildungsaufwand (Rn 152), so etwa um entstehende Fahrtkosten, zu bereinigen (OLG Celle FamRZ 2016, 830, 831; Wendl/Klinkhammer[9] § 2 Rn 112).

157 Die Düsseldorfer Tabelle und die Leitlinien der Oberlandesgerichte gewähren einen **pauschalen Ausbildungsmehraufwand** von derzeit 90 € (Rn 152; näher Wendl/Dose[9] § 1 Rn 127; Niepmann/Schwamb[13] Rn 559 f).

158 Bei **Minderjährigen** wird die – bereinigte – Ausbildungsvergütung nach gängiger Praxis nur zur Hälfte auf den Barunterhalt angerechnet (BGH FamRZ 1988, 159, 161 f; FamRZ 1981, 541, 543; Wendl/Klinkhammer[9] § 2 Rn 119; vgl auch BGH FamRZ 2006, 1597, 1599 zur Halbwaisenrente). Die nur teilweise Anrechnung entspricht der in § 1612b Abs 1 BGB geregelten Kindergeldanrechnung (vgl auch BGH FamRZ 2009, 1300) und ist vom BGH aus der sog Gleichwertigkeitsregel in § 1606 Abs 3 S 2 BGB hergeleitet worden (BGH FamRZ 1988, 159, 161 f).

159 Die nur eingeschränkte Anrechnung bleibt allerdings nicht frei von **Bedenken**. Denn ein monetärer Bedarf entsteht für den Betreuungsunterhalt grundsätzlich nicht. Vielmehr geht das Gesetz davon aus, dass die Betreuung, solange sie von den Eltern geleistet wird, gegenleistungsfrei ist. Etwas anderes gilt nur dann, wenn der Betreuungsbedarf einen Geldbedarf begründet, indem ein solcher etwa in Form von Kosten einer Kindertagesstätte oder eines Internats entsteht. Das Fehlen einer § 1612b Abs 1 BGB vergleichbaren Anrechnungsregel spricht demnach eher gegen eine nur anteilige Anrechnung der Ausbildungsvergütung auf den Barunterhalt. Die Hinweise in BT-Drucks 16/1830, 29 nehmen – abgesehen davon, dass die Frage nicht Gegenstand der Unterhaltsreform 2007 war – nur auf die Ausbildungsvergütung im Allgemeinen, nicht aber auf deren hälftige Anrechnung bei Minderjährigen Bezug. Ob es als unbillig empfunden werden kann, wenn etwa eine auskömmliche Ausbildungsvergütung den barunterhaltspflichtigen Elternteil vollständig entlastet, während der betreuende Elternteil das Kind bis zur Volljährigkeit weiterhin betreut, ist durchaus fraglich. Allein daraus ließe sich aber nicht begründen, dass die in dem Betreuungsunterhalt liegende unentgeltliche Leistung durch Erzielung eigenen Einkommens seitens des Kindes in eine entgeltliche umschlagen sollte. Im Fall einer auskömmlichen Ausbildungsvergütung bleibt der betreuende Elternteil darauf beschränkt, dass er vom Kind Beiträge für Kost und Logis verlangen kann, die sonst vom Barunterhalt abgedeckt werden. Das Kind kann sich in diesem Fall nicht auf eine Unterhaltspflicht des betreuenden Elternteils berufen, weil dieser durch die Betreuung nach § 1606 Abs 3 S 2 BGB befreit wird. Auch in anderen Zusammenhängen hat der BGH schließlich eine Monetarisierung der Betreuung abgelehnt (so zuletzt BGH FamRZ 2017, 711 Rn 9).

160 Das Kind ist gehalten, Ausbildungsförderung in Anspruch zu nehmen, soweit diese nicht subsidiär ist. Zu BaFöG-Leistungen s § 1602 Rn 66; zur Berufsausbildungsbeihilfe s § 1602 Rn 90 ff.

161 Personen, die ein **freiwilliges soziales Jahr** (oder freiwilliges ökologisches Jahr) absolvieren (zu den Voraussetzungen einer Anerkennung Rn 57 ff), erhalten vom Träger der Einrichtung ein Taschengeld sowie unentgeltliche Unterkunft und Verpflegung bzw Geldersatzleistungen (vgl §§ 2 Abs 1, 11 Abs 1 S 2 Nr 6 JFDG).

Ob das Kind gehalten ist, für seine Ausbildung **Darlehen** aufzunehmen, wird unterschiedlich beurteilt. Die Inanspruchnahme von **BAföG**-Darlehen wird allerdings wegen der Zinsfreiheit und der Möglichkeit des teilweisen Erlasses im Allgemeinen für zumutbar gehalten wird (vgl § 1602 Rn 85, 135). Die Aufnahme eines verzinslichen **Studien- oder Bildungskredits** (etwa der KfW-Bank) wird dagegen auch bei zinsgünstigen Angeboten in der Regel nicht geschuldet sein (OLG Bremen FamRZ 2013, 1050; OLG Köln 2. 10. 2015 – 10 WF 87/15 – juris; vgl auch Wendl/Dose[9] § 1 Rn 675). 162

Zur Obliegenheit des Unterhaltsberechtigten zur **Vermögensverwertung** (vgl OLG Zweibrücken FamRZ 2016, 726; OLG Jena NJW-RR 2016, 973; KG NJW 2016, 2345) wird auf § 1602 Rn 125 ff verwiesen. 163

5. Bedarf bei Wehr- und Zivildienst, Strafhaft; freiwilligem sozialem Jahr

Die Situationen bei Wehrdienst, Strafhaft und freiwilligem sozialen Jahr werden dadurch charakterisiert, dass es sich regelmäßig um vorübergehende Lebensphasen handelt und die Lebensstellung weniger durch individuelle Merkmale als durch die standardisierten Vorgaben der jeweiligen Einrichtung vorgegeben werden. 164

Die allgemeine Wehrpflicht ist wie der ersatzweise Zivildienst zur Zeit „ausgesetzt" (Gesetz zur Änderung wehrrechtlicher Vorschriften vom 28. 4. 2011, BGBl I 678) und wird voraussichtlich – in Friedenszeiten – nicht wieder aufgenommen (näher Wendl/Klinkhammer[9] § 2 Rn 486 ff). An die Stelle der Wehrpflicht ist ein freiwilliger Wehrdienst für Frauen und Männer getreten, der nach § 58b SG aus sechs Monaten Probezeit und bis zu 17 Monaten anschließendem zusätzlichen Wehrdienst besteht. 165

Im Hinblick auf den Bedarf des Wehrdienst- oder Zivildienstleistenden begründete die Dienstleistung noch **keine eigene Lebensstellung** des Soldaten oder des Zivildienstleistenden. Die von den Eltern abgeleitete Lebensstellung dauerte fort (BGH NJW 1990, 713 = FamRZ 1990, 394 mNw der – uneinheitlichen – Rspr der Oberlandesgerichte: Wehrdienstleistender; NJW 1994, 938 = FamRZ 1994, 303: Zivildienstleistender; Wendl/Klinkhammer[7] § 2 Rn 346 ff; teilweise **aA** Staudinger/Engler/Kaiser [2000] Rn 122 mwNw). Ein ergänzender Unterhaltsanspruch gegen gut verdienende oder vermögende Eltern stand dem Dienstleistenden aber nur zu, wenn im Einzelfall ein besonderer Unterhaltsbedarf besteht, den der Dienstpflichtige aus den ihm vom Bund zufließenden Mitteln nicht befriedigen kann (BGH NJW 1990, 713 = FamRZ 1990, 394; Wendl/Klinkhammer[7] § 2 Rn 347 f). Ein **ergänzender Unterhaltsanspruch war allerdings auf Ausnahmefälle beschränkt**: Die Entschädigung des Dienstleistenden, der gehindert ist, seinen Unterhalt zu verdienen oder seine Berufsausbildung zu betreiben, oblag dem Staat und nicht den Eltern. Der Staat hatte den Bedarf der Dienstleistenden auskömmlich geregelt und dabei auch Sonderbedürfnisse berücksichtigt. Auch gut situierte Eltern mussten einem Dienstleistenden, der bei Dienstbeginn eine eigene höhere Lebensstellung innehatte, allein deswegen keinen ergänzenden Unterhalt zahlen. Die Lebensstellung war hier, auch wenn sie weiterhin von den Eltern abgeleitet ist, um den – biografischen – Aspekt zu ergänzen, dass mit dem Wehr- und 166

Zivildienst (ebenso wie mit einer Strafhaft) eine für die Dienstpflichtigen unabhängig von ihrer sozialen Stellung gleichförmige Lebensgestaltung verbunden war.

Beispiel: Ein Sohn vermögender Eltern hatte als Wehrdienstleistender keinen Anspruch auf einen täglichen Restaurantbesuch, auch wenn dies den Verhältnissen vor Antritt des Dienstes entsprochen haben mochte. Wenn er aber im Einvernehmen mit den Eltern eine kostspielige Wohnung angemietet hatte, deren Kosten nicht durch die staatliche Mietbeihilfe abgedeckt wurden, mussten die Eltern auch während des Wehrdienstes Unterhalt in Höhe des dadurch verursachten (Mehr-)Bedarfs leisten.

167 Eine **Strafhaft** des Unterhaltsberechtigten kann regelmäßig nicht zu einem Unterhaltsanspruch führen. Denn der Bedarf des strafgefangenen Kindes oder Erwachsenen ist im Vollzug durch Unterbringung, Verpflegung und Kleidung in der Regel gedeckt (vgl AG Stuttgart FamRZ 1996, 955; zum Selbstbehalt des in Strafhaft befindlichen Unterhaltspflichtigen s § 1603 Rn 156 ff und BGH FamRZ 2015, 1473). Eine Bedarfslücke aufgrund einer zuvor besseren Lebensstellung des Häftlings wird aufgrund der **Situationsabhängigkeit** der Bedarfsermittlung (BGH FamRZ 2013, 203 Rn 17 mwNw – Elternunterhalt; näher Rn 176 ff) regelmäßig nicht entstehen. Denn mit Antritt der Strafhaft ist der Bedarf nicht mehr nach der früheren, sondern nach der aktuellen Lebenssituation zu bestimmen. Eine Ausnahme gilt etwa dann, wenn der Unterhaltsberechtigte sich unter unwürdigen Bedingungen in ausländischer Haft befindet und wegen unzureichender Versorgung mit Nahrung, Kleidung und medizinischer Behandlung weiterer Mittel bedarf, um sein Existenzminimum zu decken (OLG Hamm FamRZ 2007, 165 – Kindesunterhalt bei Inhaftierung des 32-jährigen Sohnes in Ecuador). Dabei handelt es sich allerdings nur um eine scheinbare Ausnahme, weil das Existenzminimum des Unterhaltsberechtigten Untergrenze seines angemessenen Bedarfs ist.

Ob ein **Jugendlicher** sich auf einen wegen der von den Eltern abgeleiteten besseren Lebensstellung erhöhten Bedarf berufen kann (vgl Rn 166; BGH FamRZ 1990, 394 – zum Wehrdienstleistenenden – ohne eigene Lebensstellung), ist bislang höchstrichterlich noch nicht entschieden worden, dürfte aber naheliegen (vgl AG Stuttgart FamRZ 1996, 955, 956), nicht zuletzt mit Blick darauf, dass das Problem durch die Sonderregelung in § 1611 Abs 2 BGB (Ausschluss der Verwirkung beim Minderjährigenunterhalt) abschließend geregelt sein dürfte.

168 Ein **freiwilliges soziales oder ökologisches Jahr** (nunmehr Jugendfreiwilligendienst nach dem Gesetz zur Förderung von Jugendfreiwilligendiensten – JFDG – vom 16. 5. 2008, BGBl I 842) steht schon wegen seiner Freiwilligkeit dem (ehemaligen) allgemeinen Wehr- oder Ersatzdienst nicht gleich. Wenn die soziale Tätigkeit nicht als Voraussetzung für eine andere Ausbildung (zB zum Altenpfleger) gefordert wird, kann es unterhaltsrechtlich nicht als Ausbildung anerkannt werden (s Rn 57 ff). Schon deshalb kann das volljährige Kind während dieses Jahres in der Regel keinen Unterhalt verlangen. Zudem ist sein Bedarf wie (ehemals) beim Zivildienstleistenden in der Regel durch Unterkunft und Verpflegung, Taschengeld und Sozialversicherung gedeckt (s Rn 161).

6. Krankheit und Behinderung, Pflegebedürftigkeit und Alter – Elternunterhalt

a) Krankheitsvorsorge und Krankenbehandlung

Zum Lebensbedarf zählen die notwendigen Aufwendungen für eine Krankenbehandlung des Bedürftigen. Sie umfasst die ärztliche und zahnärztliche Behandlung, die Versorgung mit Arznei-, Verband-, Heil- und Hilfsmitteln, die Krankenhausbehandlung und die häusliche Krankenpflege (vgl § 27 SGB V), und – soweit erforderlich – den Transport des Kranken zum Arzt und zum Krankenhaus und seine Begleitung durch Dritte. Ist zur Heilung der Krankheit, zur Stabilisierung des Gesundheitszustandes oder zur Linderung der Krankheitsbeschwerden eine Kur erforderlich, steigern auch **Kurkosten** den Unterhaltsbedarf (Göppinger/Wax/Strohal[9] Rn 414; s auch BGH FamRZ 1969, 205). Bedarf der Kranke einer besonderen Ernährung durch **Diätkost** oder Schonkost, sind die dadurch entstehenden – konkret darzulegenden – Mehrkosten im Rahmen des Lebensbedarfes zu berücksichtigen (Niepmann/Schwamb[13] Rn 404, 1026; s auch OLG Schleswig DAVorm 1997, 130 = SchlHAnz 1996, 321; OLG Karlsruhe FamRZ 1998, 1435). 169

Bedürftige, die **gesetzlich krankenversichert** sind (einschließlich des Ehegatten und der Kinder von Mitgliedern, § 10 SGB V; dazu Straub FamRZ 1992, 1267), müssen vorrangig Versicherungsleistungen in Anspruch nehmen: Soweit sie einen gesetzlichen Anspruch auf Krankenbehandlung haben, besteht – mangels Bedürftigkeit nach § 1602 BGB – kein Unterhaltsanspruch gegen ihre Verwandten (vgl OLG Düsseldorf FamRZ 1994, 396). **Versicherungsbeiträge** gehören, soweit sie anfallen (nicht bei Familienmitversicherung gem § 10 SGB V; vgl Niepmann/Schwamb[13] Rn 393), zum Unterhaltsbedarf (vgl OLG Koblenz FamRZ 2010, 1457). 170

Bei einer **Begrenzung der Versicherungsleistungen** – zB bei kieferorthopädischer Behandlung, Zahnersatz, Kontaktlinsen, Brillen, Arzneimitteln (§§ 29 ff SGB V) – gehören die Mehrkosten zum Unterhaltsbedarf. Auch Kosten für Medikamente und Naturheilverfahren, die die Krankenkasse nicht anerkennt, können zum Mehrbedarf gehören (vgl OLG Frankfurt FamRZ 2011, 570; OLG Schleswig DAVorm 1997, 130). Kosten, die bei einer Krankenhausbehandlung durch **Wahlleistungen** entstehen, zB durch die Unterbringung in einem Ein- oder Zweibettzimmer, können allenfalls von Unterhaltsberechtigten in einer gehobenen Lebensstellung geltend gemacht werden. Nimmt ein Kassenpatient einen zur kassenärztlichen Versorgung nicht zugelassenen Arzt in Anspruch, kann er die Arztkosten grundsätzlich nicht als Unterhalt geltend machen – er hat bei ambulanter Behandlung lediglich freie Arztwahl unter den Kassenärzten (§ 76 SGB V). 171

Ist der Unterhaltsgläubiger **beihilfeberechtigt** (§ 1 Beihilfevorschriften) oder berücksichtigungsfähiger Angehöriger eines Beihilfeberechtigten (Ehegatte, Kind, Mutter eines nichtehelichen Kindes, § 3 BhV), muss er zunächst die Beihilfe in Anspruch nehmen. 172

Ist der Unterhaltsberechtigte nicht gesetzlich krankenversichert, erhöhen seine monatlichen Beiträge für die **private Krankenversicherung** (ohne Tagegeldversicherung) seinen Lebensbedarf – bei Beihilfeberechtigung hinsichtlich der durch die Beihilfe nicht gedeckten Quote (OLG Köln FamRZ 2015, 1812; OLG Koblenz FamRZ 2010, 1457; OLG 173

Hamm FamRZ 1990, 541; PALANDT/BRUDERMÜLLER[76] § 1612 Rn 11; s § 1578 Abs 2 für den Geschiedenenunterhalt). Anders als bei der Altersvorsorge (Rn 16, 237 ff) handelt es sich bei der Krankenversicherung um einen gegenwärtigen Bedarf, da sie ein jederzeit bestehendes Risiko absichert (NIEPMANN/SCHWAMB[13] Rn 398 mwNw).

174 Wird der Unterhalt nach der **Düsseldorfer Tabelle** bemessen, sind die Beiträge, die der Unterhaltsgläubiger selbst für die gesetzliche oder private Krankenversicherung entrichtet, **zusätzlich** zu den dort ausgeworfenen Sätzen zu leisten: Die Richtwerte der Düsseldorfer Tabelle gehen von dem Regelfall aus, dass eine Pflichtversicherung besteht, die unterhaltsbedürftigen Kinder beim Unterhaltsschuldner mitversichert sind und die Versicherungsbeiträge vom Einkommen des Unterhaltsschuldners abgezogen werden (s Düsseldorfer Tabelle [Rn 305] Anm A. 9; BGH NJW 1983, 1552 = FamRZ 1983, 676; KG FamRZ 1988, 760; OLG Karlsruhe FamRZ 1989, 533; OLG Hamm FamRZ 1990, 541; vgl WENDL/KLINKHAMMER[9] § 2 Rn 327, 512).

175 Ist der Unterhaltsgläubiger weder gesetzlich noch privat krankenversichert, erhöhen die tatsächlich entstehenden Krankheitskosten seinen Unterhaltsbedarf. Der Unterhaltsschuldner kann dem Berechtigten nicht entgegenhalten, dass er versäumt habe, eine Versicherung abzuschließen: Es besteht **keine unterhaltsrechtliche Obliegenheit zum Abschluss einer Krankenversicherung** (vgl aber BGHZ 206, 25 = FamRZ 2015, 1594 Rn 31 zur Pflegeversicherung [im Einzelfall Obliegenheitsverletzung verneint]). Die Obliegenheitsverletzung als solche rechtfertigt die Zurechnung einer fiktiven Versicherungsleistung ohnedies nur, wenn der Unterhaltsberechtigte den Abschluss der Versicherung nachholen und dadurch die weitere Bedürftigkeit entsprechend verhindern bzw reduzieren kann. Das ist etwa im Bereich der Pflegeversicherung nicht mehr möglich, wenn eine Person bereits pflegebedürftig geworden ist (vgl § 23 Abs 5 SGB XI für private Pflegeversicherung). Ist eine Versicherungsleistung hingegen wegen des nach eingetretenem Versicherungsrisiko nicht mehr nachholbaren Abschlusses eines entsprechenden Vertrages nicht zu erzielen, so stellt sich nur die Frage, ob der Unterhaltsberechtigte seine Bedürftigkeit im Sinne von § 1611 BGB schuldhaft herbeigeführt hat (vgl § 1602 Rn 10, 12; § 1611 Rn 9 ff).

b) Pflegebedürftigkeit und Alter, Bedarf beim Elternunterhalt

176 Wird ein alter Mensch pflegebedürftig, so erhöht sich sein unterhaltsrechtlicher Lebensbedarf regelmäßig in erheblichem Umfang. Schon Kinder und Jugendliche können pflegebedürftig werden oder aufgrund einer Behinderung spezieller Hilfe bedürfen. In all diesen Fällen bestimmen die aufgrund der Pflegebedürftigkeit oder Behinderung notwendigen Aufwendungen den Lebensbedarf des Unterhaltsberechtigten (vgl BGH FamRZ 2013, 203; FamRZ 2015, 2138 – jeweils zur Heimunterbringung beim Elternunterhalt). **Pflegeleistungen** gehören zu seinem Lebensbedarf (zu den zum 1. 1. 2017 geänderten Kriterien der Pflegebedürftigkeit s RICHTER FF 2016, 479). Bei minderjährigen unverheirateten Kindern ist die Pflege als Bestandteil der Unterhaltspflicht in § 1606 Abs 3 S 2 BGB ausdrücklich erwähnt (vgl BGH NJW 1988, 2371 = FamRZ 1988, 159). Auch bei behinderten und alten Menschen kann der Unterhalt (teilweise) durch Pflege geleistet werden (vgl § 1612 Abs 1 S 2 BGB).

177 Sofern sich im einzelnen Unterhaltsverhältnis der Bedarf wegen abgeleiteter Lebensstellung zunächst (auch) noch nach den Verhältnissen des Unterhaltspflichtigen richtet, tritt bei Pflegebedürftigkeit oder aufgrund einer Behinderung wegen des

unabweisbaren konkreten Bedarfs eine Entkoppelung des Lebensbedarfs von den Lebensverhältnissen des Unterhaltspflichtigen ein (vgl BGH FamRZ 2016, 1142 Rn 18 – zum Familienunterhalt des Ehegatten; BGH FamRZ 2010, 1418 Rn 12; FamRZ 1986, 48 – jeweils zum Volljährigenunterhalt). Die wirtschaftlichen Verhältnisse des Unterhaltspflichtigen sind dann nur noch bei der Leistungsfähigkeit von Bedeutung, wobei hinsichtlich des Selbstbehalts nach den einzelnen Unterhaltsverhältnissen zu differenzieren ist (vgl § 1603 Rn 232 ff).

Neben dem **Elementarbedarf** (insbesondere Unterkunft, Verpflegung, Kleidung, 178 Barbedarf bzw Taschengeld) ist auch ein alters-, krankheits-, behinderungs- oder pflegebedingter **Mehrbedarf** zu berücksichtigen, schließlich auch die Kosten einer **rechtlichen Betreuung** als ein rechtlicher Mehrbedarf (vgl § 1908i Abs 1, 1836c BGB; MAH Familienrecht[4]/GÜNTHER § 11 Rn 6 mwNw).

Im praktisch wichtigsten Fall des **Elternunterhalts bei stationärer Heimpflege** be- 179 stimmt sich der Unterhaltsbedarf des Elternteils nach der Rechtsprechung des BGH regelmäßig durch seine Unterbringung im Heim und deckt sich mit den dort anfallenden Kosten, soweit diese notwendig sind (BGH FamRZ 2013, 203 Rn 15 mwNw). Im Hinblick auf die Notwendigkeit der Kosten können sozialhilferechtliche Kriterien zwar einen Anhalt für die Angemessenheit bieten. Wegen der bestehenden Bandbreite von der Sozialhilfe anerkannter **Pflegekosten** und Kosten der **Unterkunft und Verpflegung** (sogenannte Hotelkosten) sowie der unterschiedlichen **Investitionskosten** können sozialrechtlich und unterhaltsrechtlich anzuerkennende Kosten aber voneinander abweichen (BGH FamRZ 2013, 203 Rn 16; BGHZ 206, 25 = FamRZ 2015, 1594 Rn 25). Zudem ist der **Barbetrag** nach § 35 Abs 2 Satz 1 SGB XII (Taschengeld) nach dem BGH auch unterhaltsrechtlich als Bedarf anzuerkennen, der zur Begründung ausführt, ein in einem Heim lebender Unterhaltsberechtigter sei darauf angewiesen, für seine persönlichen, von den Leistungen der Einrichtung nicht erfassten Bedürfnisse über Barmittel verfügen zu können, weil er andernfalls nicht in der Lage wäre, diese Bedürfnisse zu finanzieren (BGHZ 206, 25 = FamRZ 2015, 1594 Rn 26; BGH FamRZ 2013, 1554 Rn 16 mwNw).

Wird ein noch **im eigenen Haushalt lebender Elternteil** unterhaltsbedürftig, so be- 180 stimmt sich der Elementarbedarf (Regelbedarf) nach seiner Lebensstellung. Die Lebensstellung des Elternteils leitet sich nach dem BGH – anders als bei volljährigen, noch in einer Berufsausbildung befindlichen Kindern – nicht von derjenigen des Unterhaltspflichtigen ab, sondern ist eigenständig. Sie beurteilt sich in erster Linie nach den Einkommens- und Vermögensverhältnissen des betreffenden Elternteils. Die Lebensstellung ist dabei **situationsabhängig**. Deswegen kommt es etwa bei einem verarmten erwachsenen Bedürftigen nicht auf die Lebensstellung an, die er innehatte, bevor er bedürftig wurde (vgl STAUDINGER/ENGLER/KAISER [2000] Rn 38 mwNw auch zur **aA**).

Der **BGH** hat dementsprechend ausgesprochen, dass ein an der früher besseren 181 Lebensstellung des Elternteils orientierter höherer Standard grundsätzlich nicht mehr angemessen im Sinne von Abs 1 ist. Denn der angemessene Lebensbedarf der Eltern richtet sich nach deren konkreter (aktueller) Lebenssituation (BGH FamRZ 2013, 203 Rn 17; FamRZ 2003, 860, 861). Ebenso hat der BGH zum angemessenen Bedarf beim Krankheits- und Altersunterhalt von Ehegatten entschieden. Auch dieser richtet sich – in Abgrenzung zum Bedarf nach den ehelichen Lebensverhältnissen – allein nach der Lebensstellung des Unterhaltsberechtigten (vgl BGH FamRZ 2010, 629 Rn 28 f mwNw und FamRZ 2010, 1633 Rn 32 f). Ist der Elternteil im Alter sozialhilfebedürftig geworden, so beschränkt sich sein angemessener Lebensbedarf auf das **Existenzminimum**. Dass das unterhaltspflichtige Kind selbst in besseren Verhältnissen lebt, hat auf den Unterhaltsbedarf des Elternteils keinen Einfluss (BGH FamRZ 2013, 203 Rn 17; MAH Familienrecht[4]/Günther § 11 Rn 8). Denn die Lebensstellung der Eltern ist eine selbständige und leitet sich nicht von derjenigen ihrer Kinder ab (BGH FamRZ 2013, 203 Rn 17).

182 Der **BGH** gesteht dem Unterhaltsberechtigten allerdings einen **Entscheidungsspielraum bei der Heimauswahl** zu. Der sozialhilfebedürftige Unterhaltsberechtigte sei nicht darauf beschränkt, die Kosten der Heimunterbringung zum einzigen Auswahlkriterium zu erheben. Habe er die Wahl zwischen mehreren Heimen im **unteren Preissegment**, stehe ihm insoweit ein Entscheidungsspielraum zu. Außerhalb dieses Preissegments habe der Unterhaltsberechtigte demgegenüber besondere Gründe vorzutragen, aus denen sich ergebe, dass die Wahl des Heims aus dem unteren Preissegment nicht zumutbar gewesen sei (BGH FamRZ 2015, 2138 Rn 20 f).

183 Für den Elementarbedarf kann nach dem BGH das Existenzminimum entsprechend den in der Düsseldorfer Tabelle und den Leitlinien ausgewiesenen Selbstbehaltssätzen abgestellt werden (BGH FamRZ 2003, 860, 861), die dem **Mindestbedarf** der Unterhaltsberechtigten in anderen Unterhaltsverhältnissen entsprechen. Während der BGH in einer früheren Entscheidung zum Elternunterhalt eine Bemessung nach dem Selbstbehalt für Erwerbstätige gebilligt hat (BGH FamRZ 2003, 860, 861; ebenso Staudinger/Engler/Kaiser [2000] Rn 169), hat er in neueren Entscheidungen hervorgehoben, dass das Existenzminimum nur nach dem Selbstbehalt für nicht Erwerbstätige bemessen werden könne (BGHZ 184, 13 = FamRZ 2010, 357 Rn 38; FamRZ 2010, 444 Rn 18 jeweils zu § 1615l und FamRZ 2010, 629 Rn 32 zu § 1578b; BGH FamRZ 2013, 1366 Rn 87 – Leistungsfähigkeit nach § 1581). Die letztgenannten Entscheidungen erscheinen konsequent. Denn der mit dem erhöhten Selbstbehalt für Erwerbstätige gewährte **Erwerbsanreiz** ist nicht Bestandteil des Existenzminimums (vgl § 1603 Rn 246 ff). Der ihm zugrunde liegende Motivationsaspekt dürfte ohnedies nicht einschlägig sein, wenn es gilt, dass der Unterhaltsberechtigte seinen eigenen Unterhalt durch eigene Erwerbstätigkeit deckt.

184 Der Anspruch auf Elternunterhalt richtet sich nur auf die **Deckung des gegenwärtigen Bedarfs**. Er umfasst **keine Altersvorsorge**. Es besteht auch **kein Anspruch auf Prozess- bzw Verfahrenskostenvorschuss** (MAH Familienrecht[4]/Günther § 11 Rn 7 mwNw). Ebenso verhält es sich beim volljährigen Kind mit eigener Lebensstellung (vgl Wendl/Wönne[9] § 2 Rn 931 und – zu § 1615l – Wendl/Bömelburg[9] § 7 Rn 111 mwNw). Dass auch das noch in der Ausbildung befindliche Kind noch keinen Anspruch auf (ergänzende) Altersvorsorge hat, ergibt sich daraus, dass der Unterhalt nur dazu bestimmt ist, den gegenwärtigen, nicht aber einen künftigen Bedarf abzudecken. Darin unterscheidet sich der Altersvorsorge- vom Krankenvorsorgebedarf, der während der laufenden Unterhaltspflicht regelmäßig auftretende Kosten der Krankenbehandlung abdecken soll. Dass der Altersvorsorgeunterhalt nicht geschuldet ist, ergibt sich aus einem Umkehrschluss aus der gesetzlichen Regelung zum Ehegattenunterhalt, der die Verpflichtung zum Altersvorsorgeunterhalt ausdrücklich bestimmt

(§§ 1361 Abs 1 S 2, 1578 Abs 3 BGB; zur Abzugsfähigkeit entsprechender Aufwendungen vom Einkommen des Berechtigten s BGH FamRZ 2008, 963 Rn 22 und § 1602 Rn 31; § 1603 Rn 28 ff).

Zur **Pflegevorsorge** und ggf anrechenbarem fiktivem Pflegegeld s Rn 175 **185**

Die unterhaltsrechtliche **Bedürftigkeit** wird neben allgemeinen Einkünften (und **186**
Vermögen) durch Leistungen der Pflegeversicherung vermindert, ggf auch durch Leistungen nach den Pflegegesetzen der Länder (insbes Pflegewohngeld; zB nach § 14 APG NRW). Soweit die Pflege durch das **Pflegegeld** aus der Pflegeversicherung (§§ 37, 43 SGB XI) abgedeckt ist, hat der Unterhaltsgläubiger keinen Anspruch gegen den Unterhaltspflichtigen; ein Unterhaltsanspruch besteht nur für von der Versicherung nicht getragene Pflegeleistungen. Soweit die Pflegeversicherung nicht eintritt, muss die **Sozialhilfe** einspringen. Das Pflegegeld aus § 64a SGB XII ist nachrangig (§ 1602 Rn 68 ff; zu Pflegegeld nach SGB XI s § 1602 Rn 60 ff), der Unterhaltsanspruch des Pflegebedürftigen aus § 1601 BGB geht nach § 94 Abs 1 S 1 SGB XII bis zur Höhe der vom Sozialhilfeträger geleisteten Aufwendungen auf diesen über. Der Unterhaltsanspruch ist durch die Leistungsfähigkeit des Unterhaltspflichtigen nach § 1603 Abs 1 BGB begrenzt. Der Anspruchsübergang auf den Sozialhilfeträger ist gem § 94 Abs 3 S 1 Nr 2 SGB XII zudem ausgeschlossen, wenn dieser für den Unterhaltspflichtigen eine unbillige Härte bedeuten würde (vgl BGHZ 206, 25 = FamRZ 2015, 1594; s auch Vorbem 171 zu §§ 1601 ff).

c) Behinderung

Ähnliche Regeln wie bei der Pflegebedürftigkeit gelten im Fall der Behinderung. **187**
Die hier bestehenden Besonderheiten der Eingliederung wirken sich vornehmlich bei der Bedürftigkeit aus. Da die Leistungen zur Rehabilitation und Teilhabe nach dem SGB IX und der Eingliederungshilfe (vgl §§ 53 ff SGB XII; § 35a SGB VIII) grundsätzlich als nicht subsidiär ausgestaltet sind (vgl § 94 Abs 2 SGB XII), kommt dem Unterhaltsanspruch des behinderten Kindes in der familiengerichtlichen Praxis eine eher geringe Bedeutung zu.

Das behinderte volljährige Kind hat regelmäßig die Wahl, seinen Bedarf entweder **188**
abstrakt unter Anwendung der Tabellensätze (ggf zzgl eines Mehrbedarfs) oder konkret (tatsächlich bestehender Bedarf) zu berechnen (OLG Brandenburg FamRZ 2008, 174; OLG Koblenz FamRZ 2015, 1811; Wendl/Klinkhammer[9] § 2 Rn 534; vgl auch OLG Brandenburg FamRZ 2012, 1399: Mehrbedarf wegen Fehlsichtigkeit).

Hat das behinderte Kind eine eigenständige Lebensstellung erreicht, kann es den **189**
Mindestbedarf für Erwachsene geltend machen. Bei einem 41-jährigen ist eine eigenständige Lebensstellung regelmäßig erreicht (**aA** OLG Koblenz FamRZ 2015, 1811). Ebenso bei einem 34-jährigen Kind. Dass dieses geistig behindert ist, steht dem nicht entgegen (iE ebenso OLG Hamm FamRZ 2004, 1061, das allerdings eine selbständige Lebensstellung verneint).

Der Bedarf bleibt indessen entsprechend dem Elternunterhalt (Rn 181 f) auf das **190**
Existenzminimum beschränkt (vgl OLG Brandenburg FPR 2004, 474). Eine Bemessung nach den Eigenbedarfssätzen eines Ehegatten (so OLG Brandenburg FamRZ 2008, 174) ist nicht gerechtfertigt.

191 Der Anspruchsübergang auf den Sozialhilfeträger unterliegt beim Kindesunterhalt gemäß § 94 Abs 2 SGB XII weitergehenden Einschränkungen (vgl Vorbem 171 zu §§ 1601 ff).

7. Prozess-/Verfahrenskostenvorschuss

a) Entwicklung, Rechtsgrundlage, Bedeutung beim Verwandtenunterhalt

192 Die **Verfasser des BGB** wollten an der damals herrschenden Meinung festhalten, dass Prozesskosten nicht zu den Alimenten gehören, da das Armenrecht die Geltendmachung und Verteidigung von Rechten, wenn sie nicht von vornherein aussichtslos erscheine, bei Unvermögen auch ohne Aufwendung von Kosten ermögliche (Jakobs/Schubert, Familienrecht 2 S 259; Planck, Vorentwurf Familienrecht 2 S 324; Olzen JR 1990, 1, 3). In einem Strafverfahren sei der Unbemittelte bei notwendiger Verteidigung durch die Bestellung eines Verteidigers von Amts wegen geschützt (Mot IV 697). Eine Pflicht, Prozesskosten zu tragen, enthielten nur §§ 1387 Nr 1 aF, 1654 aF für die Verwaltung und Nutznießung des Vermögens der Ehefrau durch den Ehemann und des Vermögen des Kindes durch den Vater; in diesen Fällen hat die Rechtsprechung auch eine Vorschusspflicht bejaht (RGZ 47, 72). **Später** ist – zunächst vereinzelt – eine dem Armenrecht vorgehende allgemeine Kostenvorschusspflicht der Eltern für lebensnotwendige Prozesse der Kinder aus der Unterhaltspflicht (Palandt/Lauterbach [3. Aufl 1940] § 1610 Anm 3; OLG Köln JW 1941, 937 und OLG Danzig JW 1942, 1025, beide mit **abl** Anm Gaedeke; krit auch Lent JW 1941, 2257, 2260) oder aus der Sorgepflicht der Eltern hergeleitet worden (Beitzke JR 1954, 128; Arnold FamRZ 1956, 5). Die Frage blieb aber umstritten (Nw bei Donau NJW 1953, 1780).

193 Das Gleichberechtigungsgesetz vom 18. 6. 1957 (BGBl I 609) hat mit **§§ 1360a Abs 4, 1361 Abs 4 S 4 BGB** eine **Kostenvorschusspflicht zwischen Ehegatten** für Rechtsstreitigkeiten in persönlichen Angelegenheiten und zur Verteidigung in Strafverfahren eingeführt. Diese Pflicht wird als Ausfluss der Unterhaltspflicht angesehen (BGHZ 110, 247, 248 = NJW 1990, 1476 = FamRZ 1990, 491; Olzen JR 1990, 1, 7; **aA** Künkel FamRZ 1964, 550 und FamRZ 1967, 192). Zwischen geschiedenen Ehegatten besteht keine Verfahrens-/Prozesskostenvorschusspflicht (BGH FamRZ 2017, 1052; FamRZ 2010, 189; FamRZ 2005, 883; BGHZ 89, 33, 37 = NJW 1984, 291 = FamRZ 1984, 148 m krit Anm Herpers 465).

194 Die herrschende Meinung bejahte fortan überwiegend eine Kostenvorschusspflicht auch der **Eltern gegenüber ihren Kindern** für Rechtsstreitigkeiten in persönlichen Angelegenheiten (BGH NJW 1964, 2151 = FamRZ 1964, 558, 560; BGHZ 57, 229, 234 = NJW 1972, 199 = FamRZ 1972, 33; OLG Oldenburg FamRZ 1982, 384; OLG Köln FamRZ 1994, 1409; OLG Celle NdsRpfl 1985, 283; OLG Karlsruhe FamRZ 1996, 1100; OLG Nürnberg FamRZ 1996, 814 = NJW-RR 1996, 1090; OLG Hamm NJW-RR 1998, 1376 [5. ZS]; FamRZ 2000, 255 [8. ZS]; Palandt/Diederichsen Rn 13 f). Teilweise wurde die Kostenvorschusspflicht nur gegenüber minderjährigen unverheirateten Kindern bejaht (OLG Hamburg FamRZ 1990, 1140; OLG Hamm FamRZ 1995, 1008 [10. ZS]; FamRZ 1996, 1021 [13. ZS]; NJW 1999, 798 [13. ZS: auch gegenüber volljährigen privilegierten Kindern]; OLG Stuttgart FamRZ 1988, 758; OLG Düsseldorf FamRZ 1986, 698; FamRZ 1992, 1320; nicht für die Ehelichkeitsanfechtungsklage gegenüber dem Scheinvater OLG Hamburg NJW-RR 1996, 1 mwNw; **aA** OLG Koblenz FamRZ 1997, 679). Umgekehrt dehnten manche die Vorschusspflicht unter den Voraussetzungen des § 1360a Abs 4 BGB auch auf die Pflichten der **Kinder gegenüber ihren Eltern** oder **allgemein zwischen Verwandten** aus (BSG NJW 1970, 352 m **abl** Anm Lange 830; OLG

Koblenz FamRZ 1997, 681 = NJW-RR 1997, 263: Großeltern gegenüber Enkelkind; BGB-RGRK/Mutschler Rn 19, 20; Kalthoener/Büttner NJW 1989, 801, 803 mwNw; **aA** OLG München FamRZ 1993, 821).

Inzwischen entspricht es gesicherter Rechtsprechung, dass der Anspruch Bestandteil der Unterhaltspflicht ist. Dass diese allerdings vom Gesetz differenziert ausgestaltet ist, zeigt sich daran, dass er zwischen Ehegatten nur während der Ehe besteht, nicht aber nach der Scheidung. Auch soweit er analog § 1360a Abs 4 BGB auf den Verwandtenunterhalt entsprechend angewendet wird (**aA** insoweit Staudinger/Engler/Kaiser [2000] Rn 137 mwNw: Analogie nicht erforderlich), ist auf die besondere Natur des Anspruchs Rücksicht zu nehmen, die einer unterschiedslosen Anwendung auf alle Unterhaltsverhältnisse entgegensteht. 195

Für den **BGH** folgt dieser Anspruch nicht schon aus § 1610 Abs 2 BGB, sondern aus einer **analogen Anwendung von § 1360a Abs 4 BGB** (BGH FamRZ 2005, 883; **aA** noch Staudinger/Engler/Kaiser [2000] Rn 137 mwNw). Dass der Anspruch auf Verwandtenunterhalt gemäß Abs 2 nach dem gesamten Lebensbedarf zu bemessen ist, ist für sich genommen noch nicht ausreichend, weil auch der Anspruch auf nachehelichen Ehegattenunterhalt nach § 1578 BGB grundsätzlich den gesamten Lebensbedarf umfasst. Gleichwohl schuldet ein geschiedener Ehegatte nach der Rechtsprechung des BGH seinem früheren Ehegatten keinen Prozesskostenvorschuss (BGHZ 89, 33, 35 ff). Obwohl auch der Anspruch auf Familienunterhalt nach § 1360a Abs 1 BGB den gesamten Lebensbedarf umfasst, ist dem Ehegatten in § 1360a Abs 4 BGB ausdrücklich ein über diesen allgemeinen Lebensbedarf hinausgehender Anspruch auf Zahlung eines Prozesskostenvorschusses zugebilligt worden. Nach dem Gesetzeswortlaut ist diese Regelung allerdings auf den Familienunterhalt (und durch die Bezugnahme in § 1361 Abs 4 S 4 BGB auf den Trennungsunterhalt) beschränkt. Für den nachehelichen Unterhalt ist § 1360a Abs 4 BGB nach der Rechtsprechung des BGH auch nicht entsprechend anwendbar, weil diese unterhaltsrechtliche Beziehung nicht in gleichem Umfang Ausdruck einer besonderen Verantwortung des Verpflichteten für den Berechtigten ist, die derjenigen von Ehegatten vergleichbar sei (BGHZ 89, 33, 39 f; BGH FamRZ 2017, 1052). 196

Der BGH hält die **Lebenssituationen** Minderjähriger und in der Ausbildung befindlicher Volljähriger mit derjenigen von Ehegatten für vergleichbar (BGH FamRZ 2005, 883) und demnach auch die Zwecke der entsprechenden Unterhaltsansprüche. Der Rang des Anspruchs ist für den BGH mithin kein entscheidendes Differenzierungskriterium. So kann beispielsweise ein Student Anspruchsinhaber sein, während die ihm nach § 1609 BGB vorrangige nichteheliche Mutter oder die geschiedene Ehefrau keinen Prozesskostenvorschuss verlangen können. 197

Praktische Bedeutung erlangt der Verfahrens-/Prozesskostenvorschuss unter Verwandten nicht nur durch unmittelbare Geltendmachung vor dem Familiengericht (zumeist im Wege der einstweiligen Anordnung gem § 246 FamFG; dazu Dose, Einstweiliger Rechtsschutz in Familiensachen[3] Rn 23 ff). Häufig erlangt die Frage des Vorschussanspruchs als einsetzbarem Vermögensbestandteil – mittelbar – Bedeutung im Rahmen der Verfahrens-/Prozesskostenhilfe, nicht zuletzt auch bei Streitigkeiten im Verwaltungs- und Sozialrecht (vgl Rn 207). 198

b) Berechtigte

199 Der Kreis der zum Prozesskostenvorschuss **persönlich Berechtigten** war im Bereich des Verwandtenunterhalts lange Zeit ungewiss (s Rn 192 ff).

Seit langem gesicherter Bestand ist die Verpflichtung von **Eltern gegenüber minderjährigen Kindern** zum Prozesskostenvorschuss für Rechtsstreitigkeiten in persönlichen Angelegenheiten (BGH NJW 1964, 2151 = FamRZ 1964, 558, 560; BGHZ 57, 229, 234 = NJW 1972, 199 = FamRZ 1972, 33; OLG Oldenburg FamRZ 1982, 384; OLG Köln FamRZ 1994, 1409; OLG Celle NdsRpfl 1985, 283; OLG Karlsruhe FamRZ 1996, 1100; OLG Nürnberg FamRZ 1996, 814 = NJW-RR 1996, 1090; OLG Hamm NJW-RR 1998, 1376 [5. ZS]; FamRZ 2000, 255 [8. ZS]). Einer besonderen Begründung für **nichteheliche Kinder** (so noch MünchKomm/Born[7] Rn 159 mwNw: Anspruch aus § 1615a) bedarf es spätestens seit 1998 nicht mehr (vgl § 1615a Rn 1 ff, 29 ff).

200 Im Übrigen herrschte Streit darüber, nach welchen Kriterien die Verpflichtung zum Prozesskostenvorschuss zu begrenzen ist. Teilweise wurde die Kostenvorschusspflicht nur gegenüber minderjährigen unverheirateten Kindern bejaht (OLG Hamburg FamRZ 1990, 1140; OLG Hamm FamRZ 1995, 1008 [10. ZS]; FamRZ 1996, 1021 [13. ZS]; NJW 1999, 798 [13. ZS: auch gegenüber volljährigen privilegierten Kindern]; OLG Stuttgart FamRZ 1988, 758; OLG Düsseldorf FamRZ 1986, 698; FamRZ 1992, 1320; nicht für die Ehelichkeitsanfechtungsklage gegenüber dem Scheinvater OLG Hamburg NJW-RR 1996, 1 mwNw; **aA** OLG Koblenz FamRZ 1997, 679). Umgekehrt ist vereinzelt die Vorschusspflicht unter den Voraussetzungen des § 1360a Abs 4 BGB auch auf die Pflichten der **Kinder gegenüber ihren Eltern** ausgedehnt worden (BSG NJW 1970, 352 m **abl** Anm Lange 830).

201 Nach der neueren Rechtsprechung des **BGH** (BGH FamRZ 2005, 883, 885) gehören zum Kreis der Berechtigten auch volljährige Kinder, die (noch) **keine eigenständige Lebensstellung** innehaben (so bereits OLG Celle OLGR 1994, 223; OLG Nürnberg FamRZ 1996, 814; OLG Zweibrücken FamRZ 1996, 891; OLG Braunschweig OLGR 1999, 307; OLG Hamm FamRZ 2000, 255; OLG Köln FamRZ 2000, 757; OLG Bremen OLGR 2001, 321; KG KGR 2002, 184; OLG München FamRZ 2002, 1219).

Diese Voraussetzung trifft neben minderjährigen Kindern regelmäßig auch auf Volljährige zu, die sich noch in der Ausbildung befinden (BGH FamRZ 2005, 883, 885; vgl OVG Sachsen FamRZ 2010, 1457 = NJW 2010, 2903). Zu weitgehend verweist allerdings das OLG München (FamRZ 2007, 911) eine 38-jährige Studentin im Rahmen eines PKH-Verfahrens darauf, ihre Eltern auf Prozesskostenvorschuss in Anspruch zu nehmen. Dass ein 38-jähriger noch keine eigene Lebensstellung hat, ist so ungewöhnlich, dass – abgesehen von der ohnehin nur summarischen Prüfung im PKH-Verfahren – eine Inanspruchnahme der Eltern jedenfalls nicht mehr der Billigkeit entsprechen dürfte.

202 Der Anspruch steht auch **Enkeln gegen die Großeltern** zu (OLG Düsseldorf FamRZ 1990, 537 – Urgroßmutter; OLG Koblenz FamRZ 1997, 681; **aA** Niepmann/Schwamb[13] Rn 443 mit Hinweis auf § 94 Abs 1 SGB XII; Zöller/Lorenz[31] § 246 FamFG Rn 20 unter Berufung auf die fehlende gesteigerte Unterhaltsverantwortung). Denn der Bedarf als Inhalt der Unterhaltspflicht ist ein einheitlicher. Das gilt auch dann, wenn Verwandte unterschiedlicher Grade (und Rangstufen) in Anspruch genommen werden. Eine Begrenzung des Anspruchs gegen Großeltern kann sich hier somit nicht schon hinsichtlich des Unter-

haltsbedarfs, sondern erst aus deren eingeschränkter Leistungsfähigkeit (vgl § 1603 Rn 278 ff) sowie der allgemeinen Voraussetzung der Billigkeit ergeben.

Keinen Anspruch auf Prozesskostenvorschuss haben demnach **Eltern** (Großeltern; **aA** BSG NJW 1970, 352 m **abl** Anm LANGE 830; offenbar auch NIEPMANN/SCHWAMB[13] Rn 442), ebenso **volljährige Kinder** (Enkel), die sich nicht (mehr) in der Ausbildung befinden. Der Anspruch aus **§ 1615l BGB** begründet demnach ebenfalls keine Verpflichtung zum Prozesskostenvorschuss (**aA** OLG München FamRZ 2002, 1219; AG Koblenz FamRZ 2007, 1753; vgl § 1615l Rn 72; näher STAUDINGER/VOPPEL [2012] § 1360a Rn 64a ff mwNw; WENDL/KLINKHAMMER[9] § 6 Rn 21 ff). **203**

Die im Hinblick auf den Elternunterhalt vertretene **aA** des BSG (BSG NJW 1970, 352) ist vereinzelt geblieben. Zum Volljährigenunterhalt wird zum Teil eine engere Begrenzung des Anspruchs auf Fälle der gesteigerten Unterhaltspflicht (§ 1603 Abs 2 BGB) befürwortet (vgl ZÖLLER/LORENZ[31] § 246 FamFG Rn 20). Zum Unterhalt nach § 1615l BGB dürfte der Vorschussanspruch nach dem Ansatz des BGH zum Volljährigenunterhalt (BGH FamRZ 2005, 883, 885) ausscheiden (vgl NK-BGB/SCHILLING[3] § 1615l Rn 50). Vereinzelt wird in § 1610 BGB weiterhin die Grundlage für einen Vorschussanspruch des nichtehelichen Elternteils gesehen (MünchKomm/BORN[7] § 1615l Rn 59; differenzierend nach individueller Situation des Elternteils CASPARY NJW 2005, 2577, 2578). Da der Anspruch sich erst aus einer entsprechenden Anwendung des § 1360a Abs 4 BGB ergibt, lässt sich eine Besserstellung des nichtehelichen Elternteils gegenüber dem geschiedenen, dem der Kostenvorschussanspruch nicht zusteht (zuletzt BGH FamRZ 2017, 1052), schwerlich rechtfertigen (NK-BGB/SCHILLING[3] § 1615l Rn 50; anders noch SCHILLING FamRZ 2006, 1, 10). Wegen der Besonderheit des Prozesskostenvorschusses kann dieser auch nicht als Bestandteil des allgemeinen Lebensbedarfs angesehen werden (Rn 196). **204**

c) Persönliche Angelegenheit

Aus der analogen Anwendung von § 1360a Abs 4 BGB folgt, dass die Reichweite des Anspruchs im Verwandtenunterhalt nicht weiter sein kann als beim Ehegattenunterhalt. Der Anspruch ist demnach auf **persönliche Angelegenheiten** zu beschränken. Es liefe dem Grundsatz der vorrangigen Haftung des leistungsfähigen Ehegatten aus § 1608 BGB zuwider, wenn die Unterhaltspflicht der Verwandten weiter reichte als die des Ehegatten (BGHZ 41, 104 = NJW 1964, 1129 = FamRZ 1964, 197; ebenso OLG Köln FamRZ 1986, 1031). Andererseits ist die Vorschussanspruch auch nicht auf lebenswichtige Prozesse beschränkt (BGH NJW 1964, 2151 = FamRZ 1964, 558; SOERGEL/HÄBERLE[12]; Rn 10; BGB-RGRK/MUTSCHLER Rn 26; **aA** noch OLG Köln FamRZ 1994, 1409; OLG Karlsruhe FamRZ 1989, 534; MünchKomm/KÖHLER[3] Rn 15). Abgesehen davon, dass dieser Begriff zu unbestimmt ist, um im Einzelfall ein brauchbares Unterscheidungsmerkmal abgeben zu können (BGH NJW 1964, 2151 = FamRZ 1964, 558), kann innerhalb des Lebensbedarfs grundsätzlich nicht nach Wichtigkeit unterschieden werden. **205**

Der Begriff der persönlichen Angelegenheiten (näher dazu MünchKomm/WEBER-MONECKE[7] § 1360a Rn 26 ff; STAUDINGER/VOPPEL [2012] § 1360a Rn 67 mwNw; DOSE, Einstweiliger Rechtsschutz in Familiensachen[3] Rn 50 f; WENDL/KLINKHAMMER[9] § 6 Rn 33 f; CASPARY NJW 2005, 2577, 2578) ist weit: Darunter fallen nicht nur Rechtsstreitigkeiten um immaterielle Rechte, die die Person unmittelbar betreffen (Personenstand, allgemeines Persönlichkeitsrecht, Schutz des persönlichen Bereichs), sondern auch vermögensrechtliche **206**

Streitigkeiten, die eine „genügend enge Verbindung zur Person" des Unterhaltsberechtigten haben, insbesondere Streitigkeiten um Unterhaltsansprüche (BGHZ 31, 384 = NJW 1960, 765 = FamRZ 1960, 130; BGHZ 41, 104 = NJW 1964, 1129 = FamRZ 1964, 197; Soergel/Häberle Rn 10; Johannsen/Henrich/Graba[6] Rn 12; **krit** MünchKomm/Köhler[3] Rn 15; BGB-RGRK/Mutschler Rn 22).

207 **Beispiele** für persönliche Angelegenheiten (außer Familienrecht) aus der neueren Rechtsprechung (seit 2010) in Bezug auf Verwandtenunterhalt:

Verwaltungsrecht:

- Sächs OVG Beschluss vom 9. 5. 2016 – 4 B 92/16 (juris): Eingliederungshilfe nach SGB VIII für Schulassistenz während der Unterrichtszeit,
- Sächs OVG FamRZ 2016, 1939: Eingliederungshilfe nach SGB VIII (offen gelassen für Folgenbeseitigungsanspruch),
- OVG Münster NZFam 2014, 575: Rechtsstreit um Schulordnungsmaßnahme,
- VG Berlin Beschluss vom 8. 1. 2013 – 3 L 295. 12, 3 K 296. 12 (juris); OVG Berlin-Brandenburg FamRZ 2012, 390: jeweils Rechtsstreit um Zulassung zu einem Hochschulstudium,
- OVG Berlin-Brandenburg NVwZ-RR 2013, 207 mwNw: Erteilung eines Visums (unzutreffende Annahme der Anwendbarkeit deutschen Unterhaltsrechts; vgl Vorbem 257 zu §§ 1601 ff; Staudinger/Mankowski [2016] Art 4 HUP Rn 32 mwNw),
- OVG Münster Beschluss vom 9. 12. 2010 – 12 E 1457/10 (juris): Klage auf Bewilligung von Wohngeld,
- BayVGH Beschluss vom 29. 3. 2010 – 12 C 09 3144 (juris): Klage auf Ausbildungsförderung.

Zivilrecht:

- LG Koblenz FamRZ 2013, 139: Verteidigung des volljährigen (offenbar noch in der Ausbildung befindlichen) Kindes gegen eine Räumungsklage.

d) Erfolgsaussicht, Bedürftigkeit, Leistungsfähigkeit, Billigkeit

208 Die beabsichtigte Rechtsverfolgung muss **hinreichende Aussicht auf Erfolg** bieten. Insoweit müssen die gleichen Anforderungen gestellt werden wie an die Bewilligung von Prozess-/Verfahrenskostenhilfe nach § 114 ZPO (Wendl/Klinkhammer[9] § 6 Rn 29 mwNw).

209 Der Anspruch setzt voraus, dass der Anspruchsteller nicht selbst in der Lage ist, die Kosten des Rechtsstreits zu tragen **(Bedürftigkeit)**. So ist ein Anspruch ausgeschlossen, wenn ein nicht unerhebliches eigenes Einkommen zur Verfügung steht, mag auch der Verpflichtete über ein weit höheres Einkommen verfügen (Staudinger/Voppel [2012] § 1360a Rn 74; Wendl/Klinkhammer[9] § 6 Rn 29). Da der Anspruch aber

im Wesentlichen auf in der Ausbildung befindliche Kinder beschränkt ist, wird eine Bedürftigkeit in der Regel bestehen. Bedürftigkeit im Sinne des Abs 4 erfordert ohnedies anders als im Rahmen der §§ 114, 115 Abs 4 ZPO keine erhebliche Beeinträchtigung des notwendigen Unterhalts, sondern besteht bereits bei einer Gefährdung des eigenen angemessenen Unterhalts (OLG Hamburg NJW 1960, 1768; MünchKomm/WEBER-MONECKE[7] § 1360a Rn 23).

Der Unterhaltspflichtige muss seinerseits **leistungsfähig** sein (BGH FamRZ 2009, 1483). 210
Nach der Rechtsprechung des BGH (BGH FamRZ 2004, 1633, 1635 f) kann der Prozesskostenvorschuss jedoch auch in **Raten** zu entrichten sein. Zugleich kann dem Unterhaltsberechtigten Prozesskostenhilfe bzw Verfahrenskostenhilfe gegen Raten in Höhe der Zahlungen auf den Kostenvorschuss bewilligt werden (vgl OLG Celle FamRZ 2014, 783). Richtet sich das Verfahren, das der Berechtigte zu führen beabsichtigt, gegen den Verpflichteten, kommt ein Kostenvorschuss ohnehin nur in Betracht, wenn der Schuldner seine eigenen Kosten aufbringen und zusätzlich diejenigen des Gegners tragen kann. Eine weitergehende Belastung, als sie § 113 Abs 1 S 2 FamFG, § 115 ZPO vorsehen, ist ausgeschlossen, da dies nicht der Billigkeit entsprechen würde (WENDL/KLINKHAMMER[9] § 2 Rn 30 mwNw).

Beim minderjährigen Kind gilt auch für den Kostenvorschuss der notwendige Selbst- 211
behalt nach Anm A 5 Abs 1 der Düsseldorfer Tabelle (BGH FamRZ 2004, 1633; WENDL/KLINKHAMMER[9] § 6 Rn 31; **aA** wohl MünchKomm/WEBER-MONECKE[7] § 1360a Rn 24). Wenn der Unterhaltspflichtige im Verfahren mit dem Unterhaltsberechtigten allerdings selbst ratenfreie Verfahrenskostenhilfe beanspruchen kann, entfällt seine Leistungsfähigkeit für den Verfahrenskostenvorschussanspruch. Prozesskostenvorschuss als Kindesunterhalt richtet sich grundsätzlich **gegen beide Elternteile**. § 1606 Abs 3 S 2 BGB greift nicht ein (OLG Koblenz FamRZ 2001, 632; PRÜTTING/HELMS/BÖMELBURG[3] § 246 Rn 21).

Die Zubilligung des Kostenvorschusses muss der **Billigkeit** entsprechen (vgl WENDL/ 212
KLINKHAMMER[9] § 6 Rn 36). Dieser Voraussetzung kommt beim Verwandtenunterhalt allerdings geringere Bedeutung als beim Ehegattenunterhalt zu.

In Einzelfällen kann ein Anspruch auf Verfahrens-/Prozesskostenvorschuss trotz 213
Vorliegens der übrigen Voraussetzungen auch beim Verwandtenunterhalt (Kindesunterhalt) unbillig sein. So ist bei Anfechtung der Vaterschaft die Heranziehung des Scheinvaters, der etwa nach § 1592 Nr 1 BGB als Ehemann der Mutter (noch) als Vater gilt, in der Regel unbillig, wenn die Anfechtung zweifelsfrei begründet ist. Zwar haftet der Scheinvater bis zur rechtskräftigen Feststellung der Nichtehelichkeit auf Unterhalt. Dies reicht allerdings allein für die Anwendung des § 1360a Abs 4 BGB nicht aus (OLG Karlsruhe FamRZ 2008, 2042; OLG Koblenz FamRZ 1999, 241; OLG Bremen OLGR 1998, 334; OLG Hamburg FamRZ 1996, 224; STAUDINGER/RAUSCHER [2011] § 1599 Rn 70; WENDL/KLINKHAMMER[9] § 6 Rn 36; **aA** noch OLG Karlsruhe FamRZ 1996, 872 mit kritischer Anm GOTTWALD FamRZ 1996, 873).

e) Inhalt des Anspruchs

Der Kostenvorschussanspruch ist ein Unterhaltsanspruch, welcher der Sache nach 214
auf einen Sonderbedarf gerichtet ist. Entgegen seiner Bezeichnung ist er grundsätz-

lich weder abzurechnen noch zurückzuzahlen (zur Rückforderung nach Bereicherungsrecht s Rn 218).

215 Der Anspruch richtet sich auf sämtliche Prozess- bzw Verfahrenskosten, die der Unterhaltsberechtigte aufzubringen hat. Die Kosten müssen kostenrechtlich erhoben oder ihrerseits vorschussfähig sein. Ein Vorschussanspruch für Kosten der gerichtlichen Beweisaufnahme entsteht erst, wenn seitens des Gerichts ein entsprechender Vorschuss angeordnet worden ist (BGH Beschluss FamRZ 2017, 1052).

215a Zum **Prozesskostenvorschuss in Raten** (BGH FamRZ 2004, 1633; OLG Celle FamRZ 2014, 783) s Rn 210.

216 Auch wenn es sich bei dem Prozesskostenvorschuss um einen Sonderbedarf iSv § 1613 Abs 2 BGB handelt (§ 1613 Rn 88), kann **Zahlung für die Vergangenheit nicht** verlangt werden (BGHZ 94, 316, 319 = NJW 1985, 2263 = FamRZ 1985, 802; NJW 1985, 2265 = FamRZ 1985, 902; OLG Bamberg FamRZ 1986, 484; KG FamRZ 1987, 956; OLG Köln FamRZ 1991, 842 = NJW-RR 1992, 5 [alle zu § 1360a Abs 4]; Wendl/Klinkhammer[9] § 6 Rn 31). Das folgt aus dem Zweck des Prozesskostenvorschusses, dem Berechtigten die Verwirklichung seines Rechtsschutzes zu ermöglichen: Hat der Berechtigte den Rechtsschutz erlangt, ist der Zweck des Prozesskostenvorschusses erfüllt. Schuldet er Prozesskosten, handelt es sich um Verbindlichkeiten, deren Erfüllung ebensowenig wie die Erfüllung sonstiger Verbindlichkeiten zum Lebensbedarf gehört (§ 1602 Rn 150; unten Rn 233 f). Nach Beendigung des Rechtsstreits (oder einer Instanz) kann der Berechtigte deshalb einen Vorschuss (für diese Instanz) nicht mehr verlangen.

217 Dagegen bleibt nach **§ 1613 Abs 1 BGB** ein rechtzeitig erhobener Anspruch bestehen, wenn der Unterhaltspflichtige in Verzug gekommen oder der Anspruch rechtshängig geworden ist (OLG Düsseldorf FamRZ 1981, 295, 296; OLG Bamberg FamRZ 1986, 484; KG FamRZ 1987, 956; offen gelassen BGH NJW 1985, 2265 = FamRZ 1985, 902; OLG Köln FamRZ 1991, 842 = NJW-RR 1992, 5 [sonst Schadensersatzanspruch]; **aA** Knops FamRZ 1991, 843: gerichtliche Geltendmachung erforderlich). Zwar kann auch hier der Zweck der Vorschussleistung mit dem Abschluss des Prozesses nicht mehr erreicht werden; der Schuldner darf durch seine Säumnis aber keinen Vorteil erlangen (BGHZ 94, 316 = NJW 1985, 2263 = FamRZ 1985, 802).

f) Rückzahlungspflicht, Anrechnung im Kostenfestsetzungsverfahren

218 Grundsätzlich besteht unter Verwandten ebenso wie bei sonstigen Unterhaltsleistungen keine Rückzahlungspflicht (BGH FamRZ 1986, 40). Der Vorschuss ist allerdings nach Bereicherungsrecht zu erstatten, wenn seine Voraussetzungen von vornherein nicht vorgelegen haben (BGHZ 110, 247 = FamRZ 1990, 491 – Zahlung aufgrund einstweiliger Anordnung; allgemein zum Bereicherungsanspruch vgl Vorbem 157 zu §§ 1601 ff).

219 Nach der Rechtsprechung des **BGH** kommt eine Rückzahlung des Vorschusses mangels einer speziellen gesetzlichen Regelung aufgrund des den §§ 1360 ff BGB zugrundeliegenden Rechtsgedankens unter Berücksichtigung des Vorschusscharakters der Leistung in Betracht (BGHZ 56, 96 f = NJW 1971, 1262; BGHZ 94, 316, 318 = FamRZ 1985, 802). Hiernach kann der Vorschuss zurückgefordert werden, wenn die Voraussetzungen, unter denen er verlangt werden konnte, nicht mehr bestehen, insbesondere weil sich die wirtschaftlichen Verhältnisse des Empfängers wesentlich gebessert haben; ferner, wenn die Rückzahlung aus anderen Gründen der Billigkeit entspricht (BGHZ 56, 96, 97 = NJW 1971, 1262; BGHZ 94, 316, 318 = FamRZ 1985, 802). Ein Prozesskostenvorschuss ist zurückzuzahlen, soweit dem Empfänger die Kosten vom Prozessgegner erstattet werden und der Unterhaltsberechtigte im Ergebnis mehr erhalten hat, als er selber an Prozess-/Verfahrenskosten aufzubringen hatte.

Ist das bevorschusste **Verfahren zwischen Unterhaltsberechtigtem und Unterhaltspflichtigen** geführt worden, ist fraglich, ob und inwiefern der Vorschuss im **Kostenfestsetzungsverfahren** auf einen prozessualen Kostenerstattungsanspruch angerechnet kann. Nach dem BGH ist der geleistete Vorschuss, sofern dies unstreitig oder für den Rechtspfleger unschwer feststellbar ist (vgl BGH NJW 2014, 2287), (nur) insoweit anzurechnen, als der Vorschuss und ein bestehender Kostenerstattungsanspruch zusammen über die dem Vorschussempfänger entstandenen Kosten hinausgehen (BGH FamRZ 2010, 452 Rn 19 ff; vgl Dose, Einstweiliger Rechtsschutz in Familiensachen[3] Rn 67; Niepmann/Schwamb[13] Rn 435). Das entspricht dem allgemeinen Grundsatz, dass der Unterhaltsberechtigte durch die Vorschusszahlung keinen Gewinn erzielen soll, indem er mehr erhält, als er an Kosten aufwenden muss (Rn 218). 220

Eine **Aufrechnung** gegen den Anspruch auf Prozesskostenvorschuss mit einem Kostenerstattungsanspruch ist grundsätzlich ausgeschlossen (BGHZ 94, 316 = FamRZ 1985, 802). 221

g) Verhältnis zur Prozess- bzw Verfahrenskostenhilfe

Die staatliche Prozess-/Verfahrenskostenhilfe gem §§ 114 ff ZPO ist gegenüber dem unterhaltsrechtlichen Anspruch auf Prozesskostenvorschuss **nachrangig** (subsidiär; vgl BGH FamRZ 2011, 872 Rn 19; FamRZ 2010, 189; FamRZ 2005, 883, 884; BGH NJW-RR 2015, 703; OVG Sachsen FamRZ 2016, 1939 mwNw; Heistermann FPR 2009, 403). Der Gesetzgeber ist bei Einführung des § 1360a Abs 4 BGB von einem Vorrang des Vorschussanspruchs unter Eheleuten vor der Prozesskostenhilfe ausgegangen, weil § 1360a Abs 4 BGB sonst leerliefe. 222

Der von Engler/Kaiser in der Vorbearbeitung 2000 (Rn 142 ff) im Anschluss an Kappe (12. Aufl Rn 102 ff) vertretenen Auffassung, dass die Prozesskostenhilfe in bestimmten Fällen gegenüber dem Anspruch auf Prozesskostenvorschuss nicht nachrangig sei und ein Nachrang insbesondere nicht §§ 114, 115 ZPO zu entnehmen sei, ist nicht zu folgen. Nach § 115 Abs 3 ZPO hat die Partei ihr Vermögen einzusetzen, soweit dies zumutbar ist. Zum Vermögen zählt auch ein Anspruch auf Prozesskostenvorschuss. Dass die Einkommens- und Vermögensverhältnisse des getrennt lebenden oder geschiedenen Ehegatten nicht anzugeben sind, beruht darauf, dass dieser nicht zur Bedarfsgemeinschaft gehört und sein Einkommen daher nicht einzubeziehen ist. Darauf, dass im Prozesskostenhilferecht anders als im Sozialhilferecht ein Anspruchsübergang nicht stattfindet, kann schon deswegen nicht abgestellt werden, weil die Prozesskostenhilfe anders als die Sozialhilfe nicht zur Überbrückung einer akuten Notlage zeitnah geleistet werden muss. Vielmehr besteht die Möglichkeit, den unterhaltsrechtlichen Vorschussanspruch im Wege der einstweiligen Anordnung geltend zu machen (vgl § 246 FamFG; dazu Vorbem 197 f zu §§ 1601 ff; OLG Frankfurt NJW-RR 2015, 326; Prütting/Helms/Bömelburg, FamFG [3. Aufl] § 246 Rn 1 ff) und dadurch die Zahlung zu beschleunigen. 223

224 Wird dem Unterhaltsberechtigten Prozess- oder Verfahrenskostenhilfe hingegen bewilligt, entfällt für einen Prozesskostenvorschussanspruch insoweit die Bedürftigkeit iSv § 1602 BGB, sofern nicht ausnahmsweise die Voraussetzungen der Rückforderung gegeben sind.

225 Einen **Prozesskostenvorschuss gegen den Sozialleistungsträger** hat der BGH im Beschluss vom 2. 4. 2008 angenommen (XII ZB 266/03 – FamRZ 2008, 1159) und hat damit eine Kontroverse beendet. Danach ist der Leistungsberechtigte für die gerichtliche Geltendmachung vom Sozialhilfeträger rückübertragener Unterhaltsansprüche grundsätzlich nicht bedürftig im Sinne von § 114 ZPO, da ihm ein Anspruch auf Prozesskostenvorschuss gegen den Sozialhilfeträger zusteht.

226 Bei Geltendmachung des Kindesunterhalts im Wege der Verfahrensstandschaft sind die Verhältnisse des Verfahrensstandschafters maßgeblich (BGH FamRZ 2005, 1164). Dieser kann indessen auch den Anspruch auf Prozesskostenvorschuss gegen den anderen Elternteil ebenfalls in Verfahrensstandschaft geltend machen. Ob und wie dies im Rahmen der Verfahrenskostenhilfe berücksichtigt werden kann, ist – soweit ersichtlich – derzeit noch nicht entschieden und dürfte nach der vom BGH vorgenommenen Abgrenzung zur Partei kraft Amtes (BGH FamRZ 2005, 1164, 1166 f) eher ausscheiden.

8. Weitere Bedarfsbestandteile (Taschengeld, Freizeit, Haustiere, Hobbys, Kommunikation, Kultur und Unterhaltung etc)

227 Alle Bedürfnisse des Menschen in seiner jeweiligen Lebenssituation gehören zu seinem Lebensbedarf (Rn 8 ff). Das **Existenzminimum** mit seinen einzelnen Bestandteilen ergibt mithin den Mindestbedarf (Rn 11, 45 und 165) und gibt zudem vor, welche Bestandteile zum Bedarf gehören. Einzelheiten ergeben sich aus dem Regelbedarf-Ermittlungsgesetz (RBEG), das in §§ 5, 6 für die einzelnen Bestandteile des Existenzminimums Einzelbeträge ausweist. Die Abteilungen verweisen auf die entsprechenden Statistiken des Statistischen Bundesamts (vgl BGH FamRZ 2017, 437 Rn 39 f – Musik- und Tanzunterricht).

228 Über das Existenzminimum hinausgehende Bedarfsbestandteile können sich aus der Lebensstellung des Unterhaltsberechtigten ergeben. Einem minderjährigen Kind vermögender Eltern kann unter Umständen etwa weiterer Bedarf zustehen, der sich aus der von den Eltern abgeleiteten Lebensstellung ergibt (vgl Rn 12 ff).

229 Im Allgemeinen ist das **Taschengeld** Bestandteil des Verwandtenunterhalts (vgl BGHZ 206, 25 = FamRZ 2015, 1594 Rn 26 mwNw). Beim Kindesunterhalt wird zum Teil ein entsprechender Bedarf ab einem gewissen Alter zwar bejaht, ein Rechtsanspruch auf Taschengeld aber verneint (MünchKomm/Born[7] Rn 59; Born FamRZ 2013, 1613, 1614). Dem kann – nur – insoweit zugestimmt werden, als es den sorgeberechtigten Eltern überlassen bleiben muss, in welcher Form sie – zumal im Rahmen des Familienunterhalts nach § 1360 BGB – dem Kind Unterhalt gewähren, sofern dieser auskömmlich ist (vgl etwa Rn 334; zur Uneinigkeit der Eltern s Rn 281 ff). Gewähren sie den Unterhalt im Einzelfall in auskömmlicher Form, aber ohne Taschengeld, so gehört das Taschengeld schon nicht zum Unterhaltsbedarf (vgl auch Rn 12 ff).

Zum Unterhalt gehören auch Freizeitbedürfnisse, insbesondere für Hobbys, zB **Reitsport** (OLG Frankfurt NJW-RR 2015, 260; OLG Naumburg FamRZ 2008, 177 LS; KG FamRZ 1979, 67). 230

Auch **Kosten der Tierhaltung** sind in der Rechtsprechung anerkannt worden, und zwar für einen dem minderjährigen Kind überlassenen **Hund** (OLG Bremen FamRZ 2011, 43; vgl Clausius AnwZert FamR 5/2011 Anm 2) und für ein nach Trennung der Eltern geschenktes **Pferd** (OLG Karlsruhe FamRZ 2005, 233; vgl auch BGHZ 200, 157 = FamRZ 2014, 538 Rn 47 zur Pferdehaltung durch den Elternunterhaltsschuldner). 231

9. Einzelfälle aus der Rechtsprechung

- Auslandsaufenthalt des Kindes in Florida (Kaufkraftanpassung) – OLG Karlsruhe NJW-RR 2015, 1411, 232
- Auslandsstudium (Mehrbedarf) – OLG Hamm FamRZ 2014, 563,
- Babyausstattung als Bedarf des Kindes – OLG Celle FamRZ 2009, 704,
- Behinderungsbedingter Mehrbedarf – OLG Koblenz FamRZ 2015, 1811 (im Einzelfall verneint),
- Eigener Haushalt des Minderjährigen – OLG Koblenz FamRZ 2013, 1140,
- Fahrtkosten für Fahrten zur Schule und zum Kindergarten (als Mehrbedarf des Kindes) – BGH FamRZ 2017, 437 Rn 32,
- Förderunterricht bei Lese- und Rechtschreibschwäche (Mehrbedarf) – BGH FamRZ 2013, 1563,
- Hortkosten (als Bedarf des Kindes) – BGH FamRZ 2017, 437 Rn 37,
- Hundehaltung als Mehrbedarf des Kindes – OLG Bremen FamRZ 2011, 43,
- Kinderfrau – abgelehnt von OLG Düsseldorf FamRZ 2017, 113; vgl Rn 33,
- Kindergartenkosten (als Bedarf des Kindes) – BGH FamRZ 2017, 437 Rn 37; BGH FamRZ 2009, 962,
- Klassenfahrt ins Ausland – AG Warendorf FamRZ 2015, 332,
- Klavierunterricht eines Schülers im Hinblick auf angestrebte Ausbildung zum Konzertpianisten – BGH FamRZ 2001, 1603,
- Krankenversicherung für minderjähriges Kind – OLG Köln FamRZ 2015, 1812; OLG Naumburg NJW-RR 2007, 728,
- Musikschule/Tanzunterricht – BGH FamRZ 2017, 437 Rn 39 f,

- Persönliche Unterlagen (Herausgabe von Impfpass, Untersuchungsheft) – OLG Nürnberg FamRZ 2016, 563 (zweifelhaft s Rn 8),
- Privatgymnasium – OLG Brandenburg FamRZ 2012, 1399 (im Fall verneint),
- Privatuniversität (Mehrkosten) – OLG Düsseldorf FamRZ 2014, 564,
- Promotion – OVG Sachsen FamRZ 2010, 1457 = NJW 2010, 2903 (verneint),
- Reitsport – OLG Naumburg FamRZ 2008, 177 (LS); OLG Frankfurt 2014, 1787,
- Semesterbeiträge (Semesterticket, AStA-Beitrag, Sozialbeitrag) – OLG Düsseldorf FamRZ 2012, 1564 (kein Mehrbedarf),
- Studiengebühren – OLG Brandenburg FamRZ 2014, 847 (vgl auch OLG Köln FamRB 2017, 5).

10. Kein Lebensbedarf

a) Schulden

233 Mittel, die der Unterhaltsberechtigte benötigt, um **Schulden zu begleichen**, gehören nicht zu dessen Lebensbedarf (Göppinger/Wax/Strohal[9] Rn 280 ff; Staudinger/Engelmann [1. Aufl] § 1610 Anm 2 mwNw; s auch § 1602 Rn 142 ff mwNw): Das Risiko, dass ein Schuldner zahlungsunfähig wird, tragen nicht dessen Verwandte, sondern die Gläubiger. Der von Verwandten zu zahlende Unterhalt soll den Bedürftigen nicht von seiner Schuldenlast befreien, sondern ihm ein Leben trotz Schulden ermöglichen. Das gilt unabhängig vom Entstehungsgrund und Entstehungszeitpunkt der Schulden (str, s § 1602 Rn 142 ff; dazu, dass gem § 1603 Abs 1 Schulden bei der Feststellung der Leistungsfähigkeit eines Unterhaltspflichtigen zu berücksichtigen sind, § 1603 Rn 193 ff). Das gilt auch, wenn der Unterhaltsberechtigte ein auskömmliches Einkommen hat, dieses aber durch Schulden gemindert wird und dann zur Lebensführung nicht mehr ausreicht (s § 1602 Rn 145 f).

234 Nicht zum Lebensbedarf gehört insbesondere die Erfüllung von **Schadensersatzpflichten** (Göppinger/Wax/Strohal[9] Rn 281). Anderenfalls müssten die Verwandten des Schädigers für dessen Verhalten einstehen; eine „Sippenhaftung" gibt es aber nicht. Das zeigen insbesondere § 832 BGB, der Eltern nicht per se für ein Fehlverhalten ihrer Kinder, sondern nur bei der Missachtung eigener Aufsichtspflichten haften lässt, und §§ 827–829 BGB, die von einer eigenständigen Schadensersatzpflicht minderjähriger Kinder ausgehen. Ebensowenig sind bei der Bemessung des Lebensbedarfs **Unterhaltspflichten** des Bedürftigen (Göppinger/Wax/Strohal[9] Rn 282; s § 1602 Rn 149 ff) und Pflichten zur Zahlung von **Prozesskosten** zu berücksichtigen (oben Rn 192; § 1602 Rn 150 f).

b) Ausstattung, Aussteuer

235 Mittel, die der Unterhaltsberechtigte benötigt, um seine **wirtschaftliche Selbständigkeit** zu erlangen – zB zur Einrichtung oder Übernahme einer Arzt- oder Rechtsanwaltspraxis, zum Kauf eines Betriebes, zur Stellung einer Kaution oder zur Überbrückung einer Geschäftskrise –, gehören nicht zum Lebensbedarf (OLG München

NJW 1950, 602; BGB-RGRK/Mutschler Rn 25; Göppinger/Wax/Strohal Rn 348). Bei diesen Mitteln handelt es sich um **Ausstattungen** im Sinne des § 1624 BGB, auf die kein Rechtsanspruch besteht (Staudinger/Hilbig-Lugani [2015] § 1624 Rn 1, 3).

Mittel zur Gründung eines **eigenen Haushalts** gehören nach hM ebenfalls nicht zum Lebensbedarf (Gernhuber/Coester-Waltjen § 56 II 1; OLG Köln FamRZ 1983, 830). Das gilt aber nicht uneingeschränkt. Zwar ist der früher bestehende **Aussteueranspruch** der Töchter gegen den Vater im Falle ihrer Verheiratung aus § 1620 aF durch das Gleichberechtigungsgesetz aufgehoben worden. Auch aus § 1610 Abs 2 BGB kann ein Anspruch auf eine angemessene Aussteuer nicht hergeleitet werden (Staudinger/Hilbig-Lugani [2015] § 1624 Rn 3 mNw). Im Einzelfall können aber Mittel zur Beschaffung von Einrichtungs- und Hausratsgegenständen zum Wohnbedarf gehören (Rn 30). 236

c) Versicherungsbeiträge

Versicherungsbeiträge gehören grundsätzlich **nicht** zum Lebensbedarf des Unterhaltsberechtigten: Eine Versicherung soll vor *künftigen* Gefahren oder Risiken schützen, die der Versicherer durch Leistungen nach Eintritt des Versicherungsfalls abdeckt. Dagegen soll der Unterhalt eine *in der Gegenwart* bestehende Bedürftigkeit des Unterhaltsgläubigers ausgleichen (§ 1602 Rn 20). 237

Weil die Berufs- und Erwerbsunfähigkeitsversicherung ebenso wie die **Altersversicherung** lediglich vor künftigen Risiken schützt, gehören die dafür aufgewandten Kosten **nicht** zum Lebensbedarf iSv § 1610 Abs 2 BGB (RGZ 152, 356, 359; BGB-RGRK/Mutschler Rn 25; **aA** MünchKomm/Köhler[3] Rn 13: s Rn 13). Die §§ 1361 Abs 1 S 2, 1578 Abs 3 BGB, die die Kosten einer angemessenen Altersversicherung zwischen Ehegatten während der Rechtshängigkeit eines Scheidungsverfahrens und nach Ehescheidung zum Unterhalt zählen, können auf Unterhaltsansprüche zwischen Verwandten nicht übertragen werden: Die Erweiterung der Unterhaltspflicht beruht auf der auf Lebenszeit geschlossenen Ehe, § 1353 Abs 1 S 1 BGB. Ebensowenig gehören Altersrücklagen zum Lebensbedarf eines unterhaltsberechtigten Verwandten (dazu, dass dem Unterhaltsschuldner die zum Aufbau einer Altersversorgung erforderlichen Mittel verbleiben müssen, § 1603 Rn 28 ff). 238

Nicht zum Lebensbedarf gehören ferner die Beiträge für eine Privathaftpflichtversicherung, Kaskoversicherung, Hausratversicherung und Rechtsschutzversicherung, da auch insoweit nur Schutz vor künftigen Risiken erkauft wird. Kosten für eine Unfallversicherung fallen schon deswegen nicht unter Abs 2, weil eine solche Versicherung neben der Krankenversicherung nicht erforderlich ist: Die Heilungskosten werden auch bei einem Unfall von der Krankenversicherung erstattet. 239

Ausnahmen bestehen für die Krankenversicherung: Die dafür zu zahlenden Beiträge gehören zum gegenwärtigen Lebensbedarf (Rn 169 ff). Umfasst der Lebensbedarf des Berechtigten ausnahmsweise ein Kraftfahrzeug, so gehören dazu auch die Kosten der vorgeschriebenen Haftpflichtversicherung (§ 1 PflVersG). Entsprechendes kann bei einer Berufs- oder Betriebshaftpflicht gelten. 240

III. Unterhaltsmaß: Lebensstellung des Bedürftigen, Abs 1

1. Grundsätze

241 Während Abs 2 festlegt, welche Bedürfnisse durch den Unterhalt zu befriedigen sind, bestimmt sich nach Abs 1, in welcher Höhe, also auf welchem Niveau der Unterhalt zu gewähren ist. Beide Merkmale können in Wechselbeziehung stehen (vgl Rn 4 ff, 12 ff).

242 Der Lebensbedarf des Unterhaltsgläubigers (Abs 2) bemisst sich gem Abs 1 nach dessen Lebensstellung: Das Gesetz geht davon aus, dass Unterhaltsansprüche je nach der Stellung, die der Bedürftige im Leben hat, unterschiedlich hoch sein können. Was unter Lebensstellung zu verstehen ist, regelt das Gesetz nicht (mehr). Der frühere Klammerzusatz „standesmäßiger Unterhalt" deutete auf die Zugehörigkeit zu einer Personengruppe (zB Bürgerstand, Adelsstand, Berufsstand, Bildungsstand), deren Lebensbedürfnisse sich von denen anderer Gruppen unterschieden. Nachdem das Merkmal „standesmäßig" durch „angemessen" ersetzt worden ist und es keine Standesvorrechte mehr gibt, kommt es auf die (wechselnde) **individuelle Lebensstellung** des Unterhaltsgläubigers an (Göppinger/Wax/Strohal[9] Rn 210). Die Praxis greift allerdings auf Pauschalierungen, vor allem auf die Düsseldorfer Tabelle zurück, um die Bewältigung des Massenphänomens Unterhalt zu erleichtern (Rn 295 ff).

243 Der Bedarf des Unterhaltsberechtigten lässt sich am zuverlässigsten nach **individuellen Kriterien** bestimmen, die ausschließlich auf die konkreten – oder typisierten – Bedürfnisse des Unterhaltsberechtigten selbst abstellen **(selbständige Lebensstellung)**. Die am ehesten quantifizierbare Bedarfsbestimmung in diesem Sinne bietet das **Existenzminimum**. Beispiele für die absolute Bedarfsbestimmung sind nach geltendem Recht der Unterhalt nach § 1615l BGB (§ 1615l Rn 67), der Elternunterhalt (Rn 176, 287 ff) oder der Unterhalt volljähriger Kinder, die sich nicht (mehr) in der Ausbildung befinden (Rn 287 ff). Man könnte die hier zur Anwendung kommende Art der Bedarfsbestimmung auch als absolute Methode bezeichnen. Davon unterscheiden sich Fälle, in denen der Bedarf nicht nach absoluten, sondern nach relativen Kriterien zu bestimmen ist (**abgeleitete Lebensstellung** oder relative Methode). Nach der relativen Methode knüpfen Lebensstellung und Lebensbedarf des Unterhaltsberechtigten (auch) an die Stellung des Unterhaltspflichtigen an. Beispiele für die relative Bedarfsbestimmung sind der Unterhalt minderjähriger Kinder (Rn 256 ff), mit Ausnahme des Mindestunterhalts, der mit dem Existenzminimum wiederum an absoluten Kriterien anknüpft, und der Ehegattenunterhalt (vgl Klinkhammer FF 2009, 140; zur wiederum absoluten Bestimmung im Fall der Pflegebedürftigkeit des Ehegatten – beim Familienunterhalt – BGHZ 210, 124 = FamRZ 2016, 2122).

244 Maßgebend ist die Lebensstellung **des Bedürftigen**, die bei der abgeleiteten Lebensstellung minderjähriger Kinder (Rn 256) wiederum an die Verhältnisse des Unterhaltspflichtigen anknüpft. Ein Unterhaltsberechtigter mit selbständiger Lebensstellung, der bis zum Eintritt seiner Bedürftigkeit in normalen Lebensverhältnissen gelebt hat, kann dagegen nicht deshalb mehr Unterhalt verlangen, weil der Unterhaltspflichtige in einer gehobenen Lebensstellung lebt; so kann etwa der Arbeiter nicht höheren Elternunterhalt verlangen, weil sein Sohn Großindustrieller ist (**aA**

Dölle § 86 VII 1 a). Aus der Eigenständigkeit der Lebensstellung folgt aber auch, dass der Bedarf durchaus höher sein kann als der (Eigen-)Bedarf des Unterhaltspflichtigen (**aA** noch Staudinger/Engler/Kaiser [2000] Rn 8: Verstoß gegen den Gleichbehandlungsgrundsatz). Das gebotene Korrektiv ergibt sich in diesen Fällen aus der Leistungsfähigkeit des Unterhaltspflichtigen. Hier ist auch der Gleichbehandlungsgrundsatz zu berücksichtigen. Das bedeutet etwa, dass der Selbstbehalt des Unterhaltsschuldners so zu bemessen ist, dass dieser für den Unterhalt nicht mehr als die Hälfte seines Einkommens aufbringen muss. Allerdings ist der Bedarf auch bei eigenständiger Lebensstellung **situationsbezogen** (Rn 180 f) zu ermitteln. Zum Beispiel kann ein verarmter Unternehmer von seinen Kindern Unterhalt auf der Grundlage des früher innegehabten Lebensstandards selbst dann nicht verlangen, wenn diese hierfür unzweifelhaft leistungsfähig wären.

Zu unterscheiden ist zwischen der abgeleiteten Lebenstellung minderjähriger Kinder und volljähriger Kinder in der Ausbildung (Rn 256) einerseits und der selbständigen Lebensstellung Erwachsener (volljährige Kinder, Eltern bei Unterhaltsansprüchen gegen ihre Kinder, Unterhalt nach § 1615l Abs 2 BGB) andererseits (Rn 287 ff). **245**

Im **Grundsatz** bewegt sich der angemessene Unterhalt als **objektivierte Bedarfsbestimmung** zwischen „dürftiger Lebensführung“ und „übertriebenem Aufwand“. Dadurch wird die unterhaltsrechtlich nicht gebotene Teilhabe am Luxus verhindert wie auch eine Korrektur einer nach den individuellen Verhältnissen angemessenen Vermögensbildung (vgl Göppinger/Wax/Strohal[9] Rn 219). **246**

2. Angemessener Unterhalt

a) Legaldefinition

Durch einen Klammerzusatz wird der nach der Lebensstellung des Bedürftigen bemessene Unterhalt in Abs 1 als „angemessener Unterhalt“ bezeichnet. Als Definition ist dies indessen unvollständig. Insbesondere ist die Angemessenheit nicht im Sinne einer übergreifenden Legaldefinition durch die Lebensstellung **des Bedürftigen** definiert (missverständlich insoweit Staudinger/Engler/Kaiser [2000] § 1610 Rn 39 f). Soweit das Gesetz in anderen Vorschriften (zB §§ 1603 Abs 1, 1578b Abs 1 S 1, 1581, aber auch §§ 519 Abs 1, 528 Abs 1, 1963 BGB) auf den angemessenen Unterhalt verweist, kommt es auf die Stellung der jeweils angesprochenen Person an. Abs 1 ist für eine Erweiterung schon deswegen nicht geeignet, weil er keine nähere Bestimmung zur Angemessenheit trifft. Durch die Verwendung des unbestimmten Rechtsbegriffs hat der Gesetzgeber die Rechtsetzung den Gerichten überantwortet. Diese haben den Auftrag im Rahmen der anerkannten Methodik einzelfallbezogen wahrzunehmen und hierbei insbesondere den jeweiligen Regelungszusammenhang und dessen besondere Wertungen in den Blick zu nehmen. **247**

Der angemessene Unterhalt iSv § 1603 Abs 1 BGB kann demnach nicht mit dem des Abs 1 gleichgesetzt werden, weil die Lebensstellungen von Unterhaltspflichtigem und Unterhaltsberechtigtem grundlegend verschieden sind. Das zeigt sich auch bei der unterschiedlichen Bemessung der Selbstbehalte gegenüber Volljährigen (§ 1603 Rn 266 ff), aber auch etwa an der unterschiedlichen Behandlung von Schulden und Vorsorgeaufwendungen (Rn 233 ff) und des Erwerbsanreizes (Rn 183; § 1603 Rn 246). **248**

Ein Rückgriff auf Abs 1 ist daher nur sinnvoll, wenn sich die andere Norm ebenfalls auf den Unterhaltsberechtigten bezieht, wie etwa § 1578b Abs 1 Satz 1 BGB (in Abgrenzung zu § 1578 Abs 1; vgl STAUDINGER/VERSCHRAEGEN [2014] § 1578b Rn 74). Aber auch hier besteht jedenfalls nach der Rechtsprechung des BGH ein wesentlicher Unterschied, wie das nachfolgende Beispiel zeigt.

249 **Beispiel**: Die geschiedene F kann in ihrem erlernten Beruf aufgrund ehebedingter Nachteile (längere Berufspause) monatlich nur noch 1700 € netto verdienen, während sie ohne ehebedingte Nachteile 2200 € erzielen könnte. Ihr angemessener Bedarf gemäß § 1578b Abs 1 Satz 1 BGB beträgt nach der BGH-Rechtsprechung 2200 €, sodass sie selbst bei voller Herabsetzung nach § 1578b Abs 1 Satz 1 BGB von ihrem geschiedenen Ehemann M noch Ehegattenunterhalt von 500 € verlangen kann. Ist M aber nicht leistungsfähig und verlangt F Elternunterhalt von ihrem (leistungsfähigen) Sohn S (§§ 1607 Abs 1, 1609 BGB), so beträgt ihr – situationsbezogen zu bestimmender – angemessener Bedarf nach Abs 1 nur 1700 €. Da dieser durch eigene Erwerbstätigkeit gedeckt werden kann, hat F mangels Bedürftigkeit (§ 1602 BGB) keinen Anspruch gegen S auf Elternunterhalt. Der Unterschied liegt darin, dass der ehebedingte Nachteil beim Elternunterhalt nicht gesondert zu berücksichtigen ist und der Unterhaltsbedarf (Rn 287 ff) unter Einbeziehung der Entwicklung in der Ehe zu bestimmen ist. Zur Bedarfsbemessung für den Unterhalt nach § 1615l Abs 2 BGB s Rn 293.

b) Existenzminimum (Mindestunterhalt) als Untergrenze

250 Untergrenze des angemessenen Unterhalts im Sinne des Abs 1 ist das **Existenzminimum** als lebensnotwendiger Bedarf eines Menschen (zu weiteren Maßstäben wie dem notdürftigen Unterhalt und dem notwendigen Unterhalt s STAUDINGER/ENGLER/KAISER [2000] Rn 42 ff). Die früher herrschende Auffassung, dass § 1610 BGB nicht das Existenzminimum gewährleiste, kann inzwischen als überwunden angesehen werden (Rn 19 ff). Der Mindestbedarf ist als „Mindestunterhalt" für minderjährige – haushaltsangehörige – Kinder von § 1612a BGB (vgl – auch zur Rechtsentwicklung – § 1612a Rn 8 ff, 41) ausdrücklich festgelegt. Systematisch handelt es sich um eine Regelung, die – wie nach früherer Rechtslage – folgerichtig ihren Platz in § 1610 BGB hätte finden müssen.

251 Das Existenzminimum orientiert sich am sozialhilferechtlichen Regelbedarf zuzüglich der notwendigen Wohnkosten (Rn 23 ff; 227). Zur Behandlung Volljähriger, die noch im Haushalt der Eltern leben s Rn 320 (4. Altersgruppe der Düsseldorfer Tabelle).

252 Zum Unterschied von der Bemessung des angemessenen eigenen Unterhalts des **Unterhaltspflichtigen** (Rn 247; § 1602 Rn 4).

c) „Sättigungsgrenze" als Obergrenze?

253 Es besteht keine absolute „Sättigungsgrenze" des Lebensbedarfs bei gehobener und hoher Lebensstellung des Unterhaltsgläubigers (BGH NJW 1980, 1686, 1689 = FamRZ 1980, 665, 669; NJW 1983, 1429 = FamRZ 1983, 473; OLG Schleswig FamRZ 2012, 990; BGH FamRZ 2010, 1367 Rn 28 – Ehegattenunterhalt; MünchKomm/BORN[7] Rn 148; WENDL/KLINKHAMMER[9] § 2 Rn 226).

254 Einigkeit besteht aber darüber, dass der Lebensbedarf bei guten und sehr guten

wirtschaftlichen Verhältnissen **im Einzelfall zu begrenzen** ist. Befriedigung des gesamten – auch eines gehobenen – Lebensbedarfs heißt bei minderjährigen Kindern nicht, dass sie unbeschränkt am **Luxus** des Barunterhaltspflichtigen teilhaben (BGH FamRZ 2001, 1603; NJW 1983, 1429 = FamRZ 1983, 473; FamRZ 1987, 58 = NJW-RR 1986, 1061; NJW 1969, 919 = FamRZ 1969, 205; OLG Düsseldorf FamRZ 1998, 1191; KG FamRZ 1998, 1386, 1387; Göppinger/Wax/Strohal[9] Rn 213, 277). Eine Begrenzung ergibt sich bei minderjährigen Kindern auch aus ihrem „Kindsein" (Rn 256), bei volljährigen Kindern in der Berufsausbildung aus ihrer Ausbildungssituation (vgl Rn 325 ff, 332) und bei anderen Unterhaltsberechtigten aus der Situationsbezogenheit ihrer eigenständigen Lebensstellung (Rn 176 ff, 167).

Außerhalb pauschalierter Bedarfsermittlung, wenn etwa das Einkommen der Eltern 255
oberhalb des höchsten in der Düsseldorfer Tabelle ausgewiesenen Einkommens liegt, ist eine **konkrete Bedarfsermittlung** erforderlich (vgl BGH FamRZ 2001, 1603, 1604 – Minderjährigenunterhalt; BGH FamRZ 2011, 192 – Ehegattenunterhalt). Dazu näher Rn 331 ff.

3. Lebensstellung Minderjähriger und Volljähriger in Ausbildung

a) Ableitung von den Eltern

Kinder haben keine selbständige Lebensstellung, solange sie in ihren persönlichen 256
und wirtschaftlichen Angelegenheiten nicht selbständig entscheiden können, sondern ihre Lebensgestaltung von den Eltern bestimmt wird: Kinder nehmen an der Lebensgestaltung ihrer Eltern teil, ihre Lebensstellung wird **von der Lebensstellung der Eltern abgeleitet** (BGH FamRZ 2017, 437 Rn 23 ff; FamRZ 2017, 711 Rn 11; FamRZ 2002, 536, 537; FamRZ 2001, 1603, 1604; NJW 2000, 954 = FamRZ 2000, 358 mAnm Deisenhofer; FamRZ 1996, 160; FamRZ NJW 1980, 1686, 1689 = FamRZ 1980, 665, 669; NJW 1983, 1429 = FamRZ 1983, 473, 474; MünchKomm/Born[7] Rn 10; Wendl/Klinkhammer[9] § 2 Rn 200). Daran ändert sich nichts, wenn die Eltern außerstande sind, ohne Gefährdung des eigenen notwendigen Lebensbedarfs (§ 1603 Rn 240 ff) Unterhalt zu leisten, und deswegen gem § 1607 BGB ein Verwandter nachrangig haftet (OLG Köln FamRZ 2005, 58; OLG Karlsruhe FamRZ 2001, 782; Göppinger/Wax/Strohal[9] Rn 230; Palandt/Brudermüller § 1607 Rn 8).

Beispiel: Der siebzehnjährige S besucht das Gymnasium. Sein Vater V ist krank- 257
heitsbedingt nicht erwerbsfähig. Die Mutter M betreut die neugeborene Tochter T und ist seit deren Geburt ebenfalls nicht erwerbstätig. Die Großeltern mütterlicherseits sind dagegen vermögend und erzielen monatliche Einkünfte von über 10 000 €. Die Großeltern väterlicherseits sind verstorben. Der Bedarf des S bestimmt sich nach der Lebensstellung der Eltern und bemisst sich – falls nicht etwa höheres Renteneinkommen (vgl § 1603 Rn 76) bezogen wird (zum Elterngeld vgl § 1603 Rn 87) – nach Einkommensgruppe 1/Altersstufe 3 der Düsseldorfer Tabelle (2018) auf 467 € und abzüglich 97 € (hälftiges Kindergeld für ein erstes Kind; § 1612b Abs 1 Nr 1 BGB) auf 370 €. Dass die Großeltern vermögend sind, wirkt sich nicht bedarfssteigernd aus, weil S seine Lebensstellung nicht von diesen, sondern ausschließlich von seinen Eltern ableitet.

Das Maß des den Kindern zu gewährenden Unterhalts hängt nicht nur von der 258
Lebensstellung der Eltern ab, sondern ist maßgeblich auch durch das **„Kindsein"**

geprägt (BGH FamRZ 1987, 58; NJW 1969, 919 = FamRZ 1969, 205; NJW 1983, 1429 = FamRZ 1983, 473; NJW 1984, 303 = FamRZ 1984, 39; MünchKomm/Born[7] Rn 150; näher Wendl/Klinkhammer[9] § 2 Rn 202).

(1) Maßgebliches Einkommen

259 Die Bemessung des Unterhalts hängt mithin wesentlich von den wirtschaftlichen Verhältnissen der Eltern ab und richtet sich daher grundsätzlich nach deren Einkommen (Göppinger/Wax/Strohal[9] Rn 223 ff; Wendl/Klinkhammer[9] § 2 Rn 205). Zur Einkommensermittlung s § 1603 Rn 10 ff.

260 Leitet sich die Lebensstellung von beiden Elternteilen ab, ist für die einkommensabhängige Bemessung des Bedarfs folgerichtig auf das **Einkommen beider Eltern** abzustellen. Das gilt nicht nur für den Fall zusammenlebender Eltern, sondern auch im Fall der Trennung und auch dann, wenn ein Elternteil das Kind betreut und daher vom Barunterhalt nach § 1606 Abs 3 S 2 BGB befreit ist (dazu vgl allerdings Wendl/Klinkhammer[9] § 2 Rn 206).

261 Aus dem zusammengerechneten Einkommen haben der BGH und die herrschende Praxis den Unterhalt nur aus dem zusammengerechneten Einkommen berechnet, wenn es sich um den Unterhalt **volljähriger Kinder** (BGHZ = FamRZ 2008, 99) gehandelt hat oder wenn Minderjährigenunterhalt im **Wechselmodell** (BGH FamRZ 2017, 437; FamRZ 2015, 236) oder bei **Fremdbetreuung** (Wendl/Klinkhammer[9] § 2 Rn 215) zu zahlen ist.

262 Im Regelfall der Betreuung des minderjährigen Kindes im **Residenzmodell** (zur Abgrenzung des BGH s BGH FamRZ 2014, 917) hat der BGH in der Vergangenheit übereinstimmend mit der ganz herrschenden Praxis regelmäßig nur das *Einkommen des Barunterhaltspflichtigen* für bedarfsbestimmend gehalten (BGH FamRZ 2014, 1536 Rn 37; FamRZ 2007, 707, 708 f; FamRZ 2003, 1471, 1472 f). Diese Bedarfsermittlung ist allerdings verkürzend. Denn das aufgrund der Einkommenserzielung durch beide Elternteile höhere Familieneinkommen kommt nicht nur den Eltern, sondern auch den Kindern zugute und erhöht daher auch den Bedarf der Kinder (Scholz FamRZ 2006, 1728, 1729; Born FamRZ 2013, 1613, 1615; Wendl/Klinkhammer[9] § 2 Rn 206; Gutdeutsch FamRZ 2014, 1969). Das hat der **BGH** nunmehr in zwei neueren Entscheidungen klargestellt (BGH FamRZ 2017, 437 Rn 25 – Wechselmodell; FamRZ 2017, 711 Rn 11 – Abzug des Kindesunterhalts beim Elternunterhalt). Der Bedarf des minderjährigen Kindes ist daher **stets nach dem zusammengerechneten Einkommen beider Eltern** zu berechnen. Im Ergebnis wird sich vielfach keine Diskrepanz zur herkömmlichen Ermittlung ergeben. Unterschiede ergeben sich jedoch beim Ehegattenunterhalt (Gutdeutsch FamRZ 2014, 1969, 1970) oder beim Vorwegabzug zur Beurteilung der Leistungsfähigkeit im Rahmen des Elternunterhalts (BGH FamRZ 2017, 711; ausführlich Wendl/Klinkhammer[9] § 2 Rn 206; zur Diskussion vgl auch Rn 311).

263 Dass ein Elternteil vom Barunterhalt nach § 1606 Abs 3 S 2 BGB freigestellt ist, spielt mithin entsprechend der unterhaltsrechtlichen Systematik (Rn 4; § 1601 Rn 5) für die – vorgelagerte – Bedarfsermittlung keine Rolle (**aA** Maass FamRZ 2017, 713), sondern erst für die Befreiung des Elternteils von der Barunterhaltspflicht und ggf eine Ersatzhaftung auf den durch die Zahlung des primär Barunterhaltspflich-

tigen noch nicht gedeckten restlichen Bedarf (= Rangfolge der Unterhaltspflichtigen; vgl Wendl/Klinkhammer[9] § 2 Rn 206).

Die Lebensstellung der Eltern wird nicht nur durch ihre tatsächlichen Einkünfte, sondern auch durch die Erwerbsmöglichkeiten bestimmt. Auch diese bestimmen die Lebensstellung der Eltern, von der das Kind seine Lebensstellung ableitet (BGH FamRZ 2017, 437 Rn 27; FamRZ 2000, 1358, 1359 jeweils mwNw). Ist mithin dem arbeitsfähigen Schuldner wegen unzureichender Bemühungen um eine Arbeitsstelle ein **fiktives Einkommen** zuzurechnen, ist danach schon der Unterhaltsbedarf (nicht erst die Leistungsfähigkeit) zu bemessen. Daher ist auch fiktives Einkommen des barunterhaltspflichtiger Elternteile für die Eingruppierung in das System der Düsseldorfer Tabelle maßgebend, auch wenn der Bedarf über dem Mindestunterhalt nach § 1612a Abs 1 BGB (= 1. Einkommensgruppe der Düsseldorfer Tabelle) liegt (näher Wendl/Klinkhammer[9] § 2 Rn 207 mwNw; teilweise **aA** Staudinger/Engler/Kaiser [2000] Rn 11). 264

Beim Kindesunterhalt kommt es mithin nur auf das im Unterhaltszeitraum erzielte oder erzielbare Einkommen an. Ob die Eltern jemals mit dem Kind zusammen gelebt und wovon sie ihren Unterhalt bestritten haben, ist nicht ausschlaggebend. 265

Beispiel (Wendl/Klinkhammer[9] § 2 Rn 207): Das Kind eines Studenten, das aus einer flüchtigen Beziehung hervorgegangen ist, kann nicht auf den Mindestunterhalt verwiesen werden, wenn sich der Vater nach bestandenem Examen weigert, einer Erwerbstätigkeit nachzugehen. Vielmehr ist der Bedarf nach dem Einkommen zu ermitteln, dass der Vater aufgrund des von ihm erzielten Studienabschlusses realistischerweise erzielen kann.

Der BGH hat zwar für bestimmte Fallgestaltungen darauf verwiesen, *lediglich gedachte wirtschaftliche Verhältnisse,* die keine Grundlage in der tatsächlichen Einkommenssituation des Pflichtigen haben, könnten dessen Lebensstellung nicht prägen. Die Höhe des Bedarfs des Kindes dürfe daher nicht lediglich aus fiktivem Einkommen hergeleitet werden (BGH FamRZ 1997, 281, 283: erstmalige Vermögensverwertung; vgl BGH FamRZ 2000, 1358, 1359; FamRZ 2003, 1471, 1473). Dies dürfte indessen bereits darin begründet liegen, dass eine entsprechende Obliegenheit des Unterhaltspflichtigen zu verneinen war. Dementsprechend kann auch die **gesteigerte Unterhaltspflicht** nach § 1603 Abs 2 BGB nicht zu einer Bedarfseinstufung oberhalb der Einkommensgruppe 1 der Düsseldorfer Tabelle führen. Diese greift bei zutreffender Bemessung erst dann ein, wenn der Mindestunterhalt nicht gewährleistet ist (s § 1603 Rn 347). 266

Für die Bemessung des Kindesunterhalts gilt **kein Stichtagsprinzip** wie beim Ehegattenunterhalt (s dazu BGHZ 192, 45 = FamRZ 2012, 281). Vielmehr nimmt das Kind an der Entwicklung des Einkommens der Eltern in positiver wie – soweit nicht mit einer Obliegenheitsverletzung verbunden – auch in negativer Hinsicht teil (Wendl/Klinkhammer[9] § 2 Rn 210). Kinder profitieren daher anders als geschiedene Ehegatten etwa vom Splittingvorteil des Unterhaltspflichtigen aus dessen neuer Ehe (BGHZ 178, 79 = FamRZ 2008, 2189; FamRZ 2010, 1318; FamRZ 2013, 1563 Rn 15). 267

(2) Weitere Umstände: Alter, Ort, weitere Unterhaltsberechtigte

268 Neben dem Elterneinkommen hängt die Bedarfsbemessung von weiteren Umständen ab. Zunächst kommt es auf das **Alter des Kindes** an. In § 1612a Abs 1 S 2 Nr 1 bis 3 BGB sind **drei Altersstufen** vorgesehen:

1. für die Zeit bis zur Vollendung des sechsten Lebensjahrs (**0 bis 5 Jahre**),
2. für die Zeit vom siebten bis zur Vollendung des zwölften Lebensjahrs (**6 bis 11 Jahre**),
3. für die Zeit vom 13. Lebensjahr an (**12 bis 17 Jahre**).

In Einzelfällen ist der Bedarf des Minderjährigen auch nach dem festen Bedarfssatz für Studenten (dazu Rn 325 ff) bemessen worden (OLG Koblenz FamRZ 2013, 1140: minderjähriges Kind mit eigenem Hausstand).

269 Die Gesetzesbegründung zum Unterhaltsrechtsänderungsgesetz 2007 verweist hier auf einen statistisch belegten, mit zunehmendem Alter steigenden Unterhaltsbedarf von Kindern (BT-Drucks 16/1830, 28; näher – auch zur abweichenden Abstufung im Steuer- und Sozialrecht – Klinkhammer FamRZ 2008, 193, 196; FamRZ 2010, 845, 846 f).

270 Für den Unterhalt **ab 18 Jahren** fehlt eine gesetzliche Festlegung des Mindestunterhalts (in § 1612a BGB). Die Düsseldorfer Tabelle sieht insoweit eine **4. Altersstufe** vor, die für haushaltsangehörige Kinder gilt (zum Bedarf Volljähriger mit eigenem Hausstand s Rn 325 ff).

271 Der **Ort**, an dem das Kind seinen gewöhnlichen Aufenthalt hat, kann ebenfalls Einfluss auf den Bedarf nehmen. Das kann insbesondere der Fall sein, wenn sich das Kind im **Ausland** aufhält und die dortigen Lebenshaltungskosten von den hiesigen abweichen (dazu Rn 344 ff).

272 Für die Bedarfsbemessung ist auch von Bedeutung, wie viele **weitere Unterhaltsberechtigte** vorhanden sind. Dementsprechend ist etwa bei Anwendung der Düsseldorfer Tabelle darauf zu achten, wie viele Unterhaltspflichten bestehen. Da diese auf den Fall zugeschnitten ist, dass zwei Unterhaltsberechtigte vorhanden sind, kann der Unterhalt etwa bei drei Unterhaltsberechtigten der nächst niedrigeren, bei einem Unterhaltsberechtigten der nächst höheren Einkommensgruppe zu entnehmen sein (vgl Anm A. 1 zur Düsseldorfer Tabelle 2018; Nr 11. 2 SüdLL).

273 Auf den **Rang** der weiteren Unterhaltsberechtigten kommt es nach herrschender Praxis im Rahmen der Bedarfsbemessung nicht an (vgl Anm A. 1 zur Düsseldorfer Tabelle 2018). Das ist vom BGH gebilligt worden (vgl BGHZ 178, 79 = FamRZ 2008, 2189 Rn 18 ff; FamRZ 1998, 367, 369 – Unterstützung eines nachrangigen Elternteils beim Volljährigenunterhalt). Die beim Rang getroffene gesetzgeberische Wertung ist demzufolge erst berührt, wenn der Unterhaltspflichtige für den Unterhalt der vorrangigen Berechtigten nicht mehr iSv § 1603 BGB leistungsfähig ist. Erst in diesem Fall fällt der nachrangige Berechtigte mit seinem Unterhaltsanspruch ganz oder teilweise aus (vgl Klinkhammer, in: FS Hahne 289, 301 f).

274 Dass das **BVerfG** (BVerfGE 128, 193 = FamRZ 2011, 437) für den nachehelichen Unterhalt eine Berücksichtigung weiterer Unterhaltspflichten für gesetzwidrig erklärt hat, hängt mit den Besonderheiten des Ehegattenunterhalts zusammen und lässt sich auf den Verwandtenunterhalt schon deswegen nicht übertragen, weil hierfür das vom BVerfG im Rahmen von § 1578 Abs 1 BGB absolut gesetzte Stichtagsprinzip keine Anwendung findet (vgl Rn 266).

(3) Einfluss des Zusammen- oder Getrenntlebens der Eltern

275 Lebt ein minderjähriges eheliches Kind **mit seinen – verheirateten – Eltern zusammen**, wird sein Lebensbedarf aus dem **Familienunterhalt** befriedigt, der sich nach den ehelichen Lebensverhältnissen bemisst, §§ 1360 S 1, 1360a Abs 1 BGB. Hierbei wird es sich der Sache nach aber ebenfalls um den Anspruch auf Verwandtenunterhalt nach § 1601 BGB handeln, der insbesondere auch am Vorrang nach § 1609 Nr 1 BGB teilhat (vgl BGH FamRZ 2016, 1142 Rn 17, 21; **aA** Staudinger/Engler/Kaiser [2000] Rn 16: kein eigener Unterhaltsanspruch des Kindes mangels Bedürftigkeit). Die Besonderheit dürfte lediglich darin bestehen, dass der Anspruch auf Kindesunterhalt – auch – von den Ehegatten im eigenen Namen geltend gemacht werden kann (vgl § 1629 Abs 3 BGB).

276 **Trennen sich die Eltern**, teilen sie sich aber in die Betreuung des minderjährigen Kindes im Sinne eines **Wechselmodells** (aufgrund ihres gemeinsamen Sorgerechts), richtet sich der Unterhaltsbedarf nach den **Einkünften beider Elternteile** – erhöht um den trennungsbedingten Mehrbedarf (Rn 260). Den sich daraus ergebenden Bedarf müssen die Eltern anteilig nach ihren Einkommens- und Vermögensverhältnissen tragen, § 1606 Abs 3 S 1 BGB (§ 1606 Rn 15 ff).

277 Leben die Eltern dauernd getrennt und betreut ein Elternteil das minderjährige Kind im wesentlichen alleine, ist der Kindesunterhalt im Ausgangspunkt ebenfalls nach dem **Einkommen beider Elternteile** zu bemessen (Rn 262). Die Frage der **Haftung des betreuenden Elternteils** auf den Barunterhalt, wenn dieser ein höheres Einkommen als der andere Elternteil bezieht, ist im Rahmen von § 1606 Abs 3 BGB zu beantworten (s § 1606 Rn 54 ff; vgl auch Staudinger/Engler/Kaiser [2000] Rn 20 mwNw).

278 Bei **Betreuung durch Dritte** (Heim, Internat, Pflegeeltern, Großeltern) erhöht sich zwar sein Barbedarf um die konkreten Betreuungskosten. Das ändert aber nichts an seiner Lebensstellung: Für die Bemessung des Unterhaltsbedarfs des Kindes ist weiterhin die **Lebensstellung der Eltern** maßgebend (Rn 257 f). Die Lebensstellung des Kindes bemisst sich auch hier also nach den **Gesamteinkünften** beider Eltern (Rn 259 ff).

279 Der **BGH** hat hingegen im Fall einer **Halbwaisen**, die von ihren Großeltern betreut wurde, den Barbedarf pauschal verdoppelt. Er hat hierfür auf die Gleichwertigkeit von Bar- und Betreuungsunterhalt und § 1606 Abs 3 S 2 BGB sowie auf Gründe der Praktikabilität verwiesen (BGH FamRZ 2006, 1597, 1598 f mwNw auch zur **aA**). Diese Entscheidung ist im Schrifttum kritisiert worden (Born FamRZ 2006, 1600 f; zustimmend Bissmaier FamRB 2006, 329). In einer neueren Entscheidung hat der BGH die Monetarisierung des Betreuungsunterhalts dagegen abgelehnt (BGH FamRZ 2017, 711 Rn 9). Hier handelte es sich um einen Fall des Elternunterhalts, für den der vorrangige

Kindesunterhalt inzident zu prüfen war und die Betreuung seitens der Eltern geleistet wurde. Demnach wird weiterhin danach zu differenzieren sein, ob die **Betreuung durch einen Elternteil** (oder beide Elternteile) geleistet wird. Ist das der Fall, dann ist die Betreuung – wie vom Gesetz vorausgesetzt – grundsätzlich kostenlos (vgl Rn 33 f, 41; BGH FamRZ 2017, 437 Rn 34). Anderes gilt aber für die **Betreuung durch Dritte**, zu denen auch die Großeltern zählen (sofern diese nicht nach § 1607 BGB ersatzweise selbst unterhaltsverpflichtet sind). Leisten die Großeltern die Betreuung nicht, um die Eltern zu entlasten, so handelt es sich um freiwillige Leistungen Dritter, die letztlich mit dem BGH in Geld zu veranschlagen sind. Ob dabei eine Koppelung an den Barbedarf angezeigt ist, ist allerdings fraglich, weil der Betreuungsbedarf im Gegensatz zum Barbedarf mit steigendem Alter nicht steigt, sondern sinkt (näher dazu § 1606 Rn 39).

280 Die Lebensstellung des Kindes ist für die Höhe des Unterhaltsanspruchs nicht maßgeblich, wenn von vornherein ein konkreter Kindesbedarf feststeht, wie bei der Unterbringung in einem **Heim** in Höhe der Unterbringungskosten (BGH FamRZ 2007, 377, 378; vgl auch BGH FamRZ 2010, 1418; FamRZ 1986, 48 = NJW-RR 1986, 66; NJW 2000, 1201). Insoweit ist der Unterhalt indessen regelmäßig – zunächst – durch Leistungen der Jugendhilfe gedeckt (vgl § 1602 Rn 97 ff). Bei einer Versorgung des Kindes durch **Pflegeeltern** im Rahmen der Jugendhilfe gilt Ähnliches (vgl auch OLG Düsseldorf FamRZ 2007, 1039 für volljähriges Kind). Die Lebensstellung des Kindes ist daher nur insoweit von Bedeutung, als der sonstige Bedarf (zB Kleidung, Taschengeld) unterschiedlich bemessen werden kann und hier ein Spielraum besteht.

b) Uneinigkeit der Eltern

281 Nicht selten stellt sich das Problem, dass der barunterhaltspflichtige Elternteil mit einer kostenauslösenden und zu einem unterhaltsrechtlichen (Mehr-)Bedarf führenden Maßnahme nicht einverstanden ist. Dies steht meist vor dem Hintergrund, dass der Barunterhaltspflichtige nicht (mit-)sorgeberechtigt ist und der sorgeberechtigte Elternteil über kostenträchtige Maßnahmen mithin allein entscheiden konnte. Beispiele sind etwa der Wechsel des Kindes an ein Internat oder eine Privatschule (BGH FamRZ 1983, 48), die Durchführung einer kieferorthopädischen Behandlung (OLG Frankfurt FamRZ 2011, 570) oder einer Schönheitsoperation und die Anschaffung eines Pferdes. Auch im alltäglichen Leben kommt es nicht selten zu Differenzen zwischen den Eltern, zB bei Nachhilfekosten oder Kosten einer Klassenfahrt (vgl auch AG Wiesbaden FamRZ 2008, 1019 zum Umzug ins Ausland – iE zweifelhaft).

282 Mitunter können ähnliche Probleme selbst beim Volljährigenunterhalt relevant werden, wenn die Eltern sich etwa über eine anderweitige Form der Unterhaltsgewährung nach § 1612 Abs 2 BGB nicht einig sind (vgl OLG Karlsruhe FamRZ 2015, 1507 und § 1612 Rn 54).

283 Zunächst stellt sich die Frage, wer die **elterliche Sorge** für das minderjährige Kind innehat. Sind die Eltern **gemeinsam sorgeberechtigt**, kommt es nach § 1687 Abs 1 BGB darauf an, ob es sich bei der betreffenden (kostenauslösenden) Maßnahme um eine solche mit erheblicher Bedeutung für das Kind handelt oder um eine Angelegenheit des täglichen Lebens (Alltagssorge; dazu § 1687 Abs 1 S 2–4 BGB). Im ersten Fall bedarf es des gegenseitigen Einvernehmens der Eltern (§ 1687 Abs 1 Satz 1 BGB). Liegt ein solches vor, ist die entsprechende Unterhaltspflicht ggf beider Eltern nicht zweifelhaft. Fehlt es hingegen daran, kann ein Eltern das Kind mangels Vertretungsmacht nicht wirksam vertreten (§ 1629 Abs 1 S 2 BGB). Von ihm getragene Kosten sind dann grundsätzlich kein angemessener Unterhaltsbedarf des Kindes. Etwas anderes kann gelten, wenn sich die Zustimmungsverweigerung des mitsorgeberechtigten Elternteils als rechtsmissbräuchlich erweist (zu evtl Ersatzansprüchen vgl auch Vorbem 162 ff zu §§ 1601 ff).

Ist ein Elternteil **allein sorgeberechtigt** (oder ist ihm die Entscheidung einer Ange- 284
legenheit nach § 1628 BGB vom Familiengericht übertragen worden), so bestimmt er grundsätzlich über die Art und Kosten der einzelnen Maßnahme allein. Dazu gehört auch in gewissem Umfang die Entscheidung über die Angemessenheit der Kosten. Der BGH hat dies damit begründet, dass der Unterhaltspflichtige im Allgemeinen nicht durch eine Verweigerung des Finanzierungsbeitrags indirekt Einfluss auf den Inhalt von kostenverursachenden Sorgerechtsmaßnahmen nehmen kann (BGH FamRZ 1983, 48, 49). Auch in diesem Fall verbleibt es allerdings beim allgemeinen Grundsatz, dass der Unterhaltspflichtige nur für den angemessenen Lebensbedarf einzustehen hat. Nach dem BGH versagt „nach allgemeinen Rechtsregeln" die Bindungswirkung dort, wo der kostenverursachenden Maßnahme **eine sachliche Begründung fehlt**. Darüber hinaus bedürfe es einer besonderen Prüfung der konkreten Umstände des Einzelfalles, wenn der Inhaber der elterlichen Sorge mit seiner Entscheidung einen nicht unerheblichen Mehrbedarf im Vergleich zu anderen denkbaren Lösungen des zugrunde liegenden Schulauswahlproblems verursacht. Für den Fall des Besuchs einer Privatschule ist nach dem BGH etwa abzuwägen, ob für den Besuch einer teureren Bildungseinrichtung, wie sie eine Privatschule im Vergleich zu einer von Schulgeld freigestellten staatlichen Schule regelmäßig darstellt, so gewichtige Gründe vorliegen, dass es gerechtfertigt erscheint, die dadurch verursachten Mehrkosten zu Lasten des Unterhaltspflichtigen als angemessene Bildungskosten anzuerkennen (BGH FamRZ 1983, 48, 49; Rn 38; Niepmann/Schwamb[13] Rn 352).

Demnach muss auch eine vom allein sorgeberechtigten Elternteil berechtigterweise 285
ergriffenen Maßnahme sich jedenfalls im Grundsatz im Rahmen der Angemessenheit nach Abs 1 halten (vgl OLG Frankfurt FamRZ 2011, 570, 571 – verneint bei fehlender Notwendigkeit einer bestimmten kieferorthopädischen Maßnahme). Handelt es sich um eine unangemessene Maßnahme und wird das Kind ausnahmsweise selbst verpflichtet, so kommt ein Anspruch des Kindes gegen den sorgeberechtigten Elternteil nach § 1664 BGB (vgl Staudinger/Heilmann [2015] § 1664 Rn 6) in Betracht.

In vielen Fällen wird sich der allein sorgeberechtigte Elternteil, sofern er hinrei- 286
chend leistungsfähig ist, an den Kosten ohnedies beteiligen müssen, wenn und weil es sich hierbei um einen den Regelbedarf übersteigenden **Mehrbedarf** oder Sonderbedarf handelt (vgl Rn 313 ff, § 1606 Rn 19).

4. Erwachsene mit selbständiger Lebensstellung (Volljährigenunterhalt, Elternunterhalt und Unterhalt nach § 1615l Abs 2 S 2)

Der Begriff **„Lebensstellung"** hat unterhaltsrechtlich die Funktion, dem Bedürftigen 287
durch die Bemessung des Unterhalts zu ermöglichen, in Notzeiten sein Leben so weiterzuführen, wie es seiner Stellung entsprach. Das ist in zweierlei Hinsicht **einzuschränken**:

288 Die Lebensstellung des Unterhaltsgläubigers wird nicht, auch nicht ergänzend, durch dessen gesellschaftliche Position bzw dessen berufliche und soziale Stellung (s aber BGH NJW 1981, 1559 = FamRZ 1981, 543; MünchKomm/KÖHLER[3] Rn 8) oder durch dessen Herkunft, Ausbildung, Bildung geprägt. Vielmehr ist die Lebensstellung **situationsbezogen** und hängt von den **aktuellen wirtschaftlichen Verhältnissen** des Bedürftigen ab (Rn 180 f, 244). Das gesellschaftliche Ansehen und die frühere Ausübung einer einträglichen Tätigkeit garantieren allein keine Fortdauer des gehobenen Lebensstandards. Auch die Herkunft einer Person ist nach Erlangung einer wirtschaftlichen Selbständigkeit für die Unterhaltsbemessung nicht mehr von Bedeutung.

289 Der Unterhaltsberechtigte kann insbesondere nicht erwarten, aufwendige Lebensgewohnheiten fortzuführen, nachdem er außerstande ist, sich selbst zu unterhalten. Eine einmal erlangte gehobene Stellung kann er nicht auf Kosten seiner Verwandten beibehalten (Beispiel Rn 244). Das gilt erst recht, wenn der Unterhaltsberechtigte über seine Verhältnisse gelebt hat. Nach dem **Grundsatz der wirtschaftlichen Eigenverantwortung** (§ 1602 Rn 5) muss einem Bedürftigen zugemutet werden, in Notzeiten seinen Lebensbedarf durch Änderung seiner bisherigen Lebensweise einzuschränken. Dem Unterhaltsbedürftigen muss allerdings in jedem Fall das **Existenzminimum** als Mindestbedarf (Rn 250 ff) verbleiben. Zum Bedarf bei Behinderung s Rn 187, bei Pflegebedürftigkeit s Rn 176.

290 Der Unterhaltsbedarf hat Rücksicht auf **Sinn und Zweck des jeweiligen Unterhaltsanspruchs** zu nehmen. Dieser kann durchaus darauf ausgerichtet sein, dem Unterhaltsberechtigten auch einen das Existenzminimum übersteigenden Unterhalt zuzubilligen.

Beispiel: Die 35-jährige F erzielt als Flugbegleiterin ein monatliches Nettoeinkommen von 3500 €. Später ist sie nicht mehr in der Lage, diese Tätigkeit auszuüben. Die Höhe ihres angemessenen Unterhaltsbedarfs hängt nun davon ab, worin die Ursache für ihre Bedürftigkeit liegt und gegen wen sich der Unterhaltsanspruch richtet.

a) Liegt die Ursache darin, dass sie Mutter eines (nichtehelichen) Kindes geworden ist, so bestimmt sich ihr Unterhaltsbedarf (§ 1615l Abs 3 S 1 BGB iVm § 1610 BGB) nach ihrer vorherigen Lebensstellung. Der Unterhaltsbedarf ist dann nach dem von ihr – hypothetisch – ohne die Kinderbetreuung erzielbaren Einkommen zu bemessen und beträgt 3500 €. Auf den Bedarf sind nach § 1602 BGB von ihr bezogene Lohnfortzahlung, Elterngeld usw anzurechnen. Ist der Vater des Kindes (etwa ein Flugkapitän) hinreichend leistungsfähig, ist mithin durch den Unterhalt der gehabte Lebensstandard herzustellen.

b) Liegt die Ursache hingegen darin, dass F nicht mehr flugtauglich ist und wegen Insolvenz ihrer Airline auch keinen adäquate andere Tätigkeit mehr finden kann, so bemisst sich der Unterhaltsbedarf nicht mehr nach der früheren Lebensstellung, sondern situationsbezogen nach den aktuellen Verhältnissen und mindert sich unter Umständen bis auf das Existenzminimum. Nimmt die F ihre Eltern auf Unterhalt in Anspruch, so richtet sich ihre Lebensstellung (ihr Unterhaltsbedarf) nicht mehr nach ihrer früheren Stellung, sondern nach den aktuellen Möglichkeiten und mindert sich dementsprechend nach § 1602 BGB auch durch unqualifizierte Tätigkeiten, soweit sie ihr aktuell möglich und zumutbar sind.

c) Ist in Alt a der Vater des Kindes unbekannt oder leistungsunfähig und besteht ein Unterhaltsanspruch nach § 1615l BGB nicht, so bemisst sich ein Anspruch nach § 1601 BGB gegen die Eltern der F (vgl §§ 1607, 1615l Abs 3 S 2 BGB) wie unter b dargestellt (vgl § 1602 Rn 13 ff). Diese haften als Großeltern auch auf Unterhalt für den Enkel.

291 Ein **Unterhaltsberechtigter mit eigenem Haushalt** hat mithin (zB beim **Elternunterhalt**) als Mindestbedarf einen am Sozialhilferecht orientierten Regelbedarf einschließlich der Wohnkosten (näher Rn 176 ff).

292 Befindet sich der Unterhaltsberechtigte in einem Heim (Alten-/Pflegeheim), so bestimmt sich sein Unterhaltsbedarf nach den notwendigen Heim- und Pflegekosten einschließlich eines Barbetrags (Taschengeld). Näher dazu Rn 182.

293 Der Unterhaltsbedarf eines **betreuenden Elternteils** (§ 1615l Abs 2 S 2 BGB) richtet sich danach, welche Einkünfte er ohne die Geburt und die Betreuung des gemeinsamen Kindes hätte. Sie ist deshalb nicht auf den Zeitpunkt der Geburt des Kindes festgeschrieben, sodass sich später ein höherer Bedarf ergeben kann (BGHZ 205, 342 = FamRZ 2015, 1369; vgl Rn 289; näher § 1615l Rn 66 ff).

294 Begehrt ein **Volljähriger mit eigener Lebensstellung** (Kindes-)Unterhalt, so richtet sich sein – situationsabhängiger – Bedarf nach dem Existenzminimum eines Erwachsenen. Ihm lediglich den sog Studentenbedarf nach der Düsseldorfer Tabelle zuzubilligen, setzt voraus, dass er noch keine eigenständige Lebensstellung erlangt hat. Näher Rn 187 ff.

IV. Bemessung des Bedarfs nach der Düsseldorfer Tabelle

1. Allgemeines

295 Der Unterhalt ist in der Regel in Form einer Geldrente zu gewähren, § 1612 Abs 1 S 1 BGB. Um die Höhe der Rente festzulegen, muss der für den Lebensbedarf **aufzuwendende Geldbetrag** ermittelt werden. Anders als im Sozialrecht, in dem die Bedarfsbeträge aufrund der Entscheidung des BVerfG vom 9. 2. 2010 (FamRZ 2010, 429; dazu Klinkhammer FamRZ 2010, 845) vom Gesetzgeber allgemein festzulegen sind (Regelbedarfermittlungsgesetz – RBEG; vgl Rn 227; Wendl/Klinkhammer[9] § 8 Rn 48 ff), ist im privaten Unterhaltsrecht der erforderliche Geldbetrag nach Maßgabe der Lebensstellung des Bedürftigen (Abs 1) im Einzelfall zu ermitteln. Eine Ausnahme bildet der Mindestunterhalt (Mindestbedarf) von Minderjährigen nach § 1612a BGB (vgl Rn 250; § 1612a Rn 41).

296 Die individuelle Berechnung des Bedarfs bereitet erhebliche Schwierigkeiten und kann zu unterschiedlichen Wertungen der einzelnen Gerichte und damit zu Rechtsunsicherheit führen (Vorbem 87 ff zu §§ 1601 ff). Die Rechtsprechung hat daher für bestimmte Regelfälle **Richtwerte** entwickelt, die – vorbehaltlich einer Überprüfung im Einzelfall – allgemein gelten sollen (pauschalierte oder typisierte Bedarfsberech-

nung). Durchgesetzt hat sich vor allem die **Düsseldorfer Tabelle**, die den Unterhaltsanspruch von Kindern regelt (Rn 162). Sie wurde früher (bis 2007) ergänzt durch die Berliner Vortabelle für die neuen Bundesländer (vgl Vorbem 87 ff zu §§ 1601 ff; KLINKHAMMER FamRZ 2008, 193).

297 Gegen diese „Richterordnung" bestehen **keine verfassungsrechtlichen Bedenken** (KÖHLER, in: FS Rebmann 569, 589; CHRISTL NJW 1984, 267). Der Bundesgerichtshof billigt die Verwendung der in der Praxis gebräuchlichen Unterhaltstabellen und Leitlinien (s noch Vorbem 87 ff zu §§ 1601 ff) in ständiger Rechtsprechung, sofern sie den anzuwendenden Rechtsgrundsätzen entsprechen und die Ergebnisse angemessen sind (BGHZ 178, 79 = FamRZ 2008, 2189 Rn 17, 19 f; FamRZ 1986, 151 = NJW-RR 1986, 426; NJW 2000, 954 = FamRZ 2000, 358). Auch das BVerfG zieht die Düsseldorfer Tabelle heran (vgl etwa BVerfG FamRZ 2012, 1283 Rn 18; FamRZ 2001, 1685). Die Anwendung der Düsseldorfer Tabelle durch das Familiengericht kann ohnedies nur dann zu Problemen führen, wenn diese gesetzliche Wertungen nicht widerspiegelt oder wenn das Gericht der Tabelle oder den Leitlinien zu Unrecht Gesetzesqualität zumisst (vgl BGHZ 166, 351 = FamRZ 2006, 683, 686 zur Anwendung „außerbezirklicher Leitlinien") und die stets gebotene Einzelfallbetrachtung unterlässt. In der Düsseldorfer Tabelle selbst ist dies durch eine entsprechende Anmerkung, die an sich etwas Selbstverständliches aussagt, dennoch aber wohl hilfreich ist, auch ausdrücklich klargestellt (näher Rn 299 ff). Ansatzpunkt für verfassungsrechtliche Bedenken wäre dann wohl auch eher die Verwendung von Generalklauseln und unbestimmten Rechtsbegriffen durch den Gesetzgeber (vgl Vorbem 79 ff zu §§ 1601 ff). Ein die Notwendigkeit einer näher bestimmten Regelung gerichteter Gesetzesvorbehalt ist vom BVerfG für das Unterhaltsrecht bislang nicht erwogen worden. Seine Entscheidung zur Auskunft beim Scheinvaterregress (BVerfGE 138, 377 = FamRZ 2015, 729) bezieht sich auf eine anders gelagerte Konstellation und erscheint ohnedies bedenklich (vgl etwa NEUNER JZ 2016, 435, 436 ff).

298 Eine **konkrete Bedarfsberechnung** ist notwendig, wenn das Einkommen des Unterhaltspflichtigen über den höchsten in der Düsseldorfer Tabelle berücksichtigten Betrag (ab 1. 1. 2018: 5500 €; bis dahin: 5100 €) liegt. Außerdem ist sie bei allen Ansprüchen wegen Sonderbedarfs im Sinne des § 1613 Abs 2 BGB notwendig. Macht der Unterhaltsgläubiger einen regelmäßigen besonderen Bedarf geltend, etwa ein behinderter oder alter Mensch wegen Pflegebedürftigkeit und Unterbringung in einem Heim, ist es in der Regel ebenfalls erforderlich, den Bedarf konkret darzulegen (GÖPPINGER/WAX/STROHAL[9] Rn 219; s noch Rn 331 ff).

2. Düsseldorfer Tabelle

a) Grundlagen

299 Die Düsseldorfer Tabelle wird von allen Oberlandesgerichten des Bundesgebietes, zT mit gewissen Modifikationen, zur Bemessung des Unterhalts minderjähriger verwendet und von diesen in die eigenen Leitlinien integriert (vgl HÖBBEL FamRZ 2017, 854). Auch für – haushaltsangehörige – volljährige Kinder sowie für Studenten wird die Düsseldorfer Tabelle inzwischen bundesweit angewendet. Seit dem Inkrafttreten des Unterhaltsrechtsänderungsgesetzes 2007 (Vorbem 45 zu §§ 1601 ff) am 1. 1. 2008 gilt sie auch für das Beitrittsgebiet, nachdem die zwischen Ost und West unterschiedliche Bedarfsbemessung entfallen ist (KLINKHAMMER FamRZ 2008, 193; WENDL/KLINKHAMMER[9] § 2 Rn 315).

Die Düsseldorfer Tabelle wird seit dem 1. 1. 1979 vom **OLG Düsseldorf** herausgegeben. Sie beruht nebst Anmerkungen auf Koordinierungsgesprächen, die unter Beteiligung **aller Oberlandesgerichte** und der **Unterhaltskommission des Deutschen Familiengerichtstages** stattgefunden haben. 300

Die Tabellen der Jahre 1962 bis 1977 stammen vom damals zuständigen **LG Düsseldorf** (vgl Scholz, 100 Jahre Oberlandesgericht Düsseldorf 265, 268 ff). Die Düsseldorfer Tabelle hat derzeit den Stand vom 1. 1. 2018 und beruht auf dem am 1. 1. 2008 in Kraft getretenen Unterhaltsrechtsänderungsgesetz (vgl Klinkhammer FamRZ 2008, 193; Soyka FamRZ 2011, 73). Sie baut mit den Beträgen der Einkommensgruppe 1 auf dem gesetzlichen Mindestunterhalt nach § 1612a Abs 1 BGB in seiner ab 26. 11. 2015 geltenden Fassung auf (vgl § 1612a Rn 19 f). 301

Im **Beitrittsgebiet** galten bis zum 31. 12. 2007 die Berliner Tabelle als Vortabelle der Düsseldorfer Tabelle sowie die Leitlinien der ostdeutschen Oberlandesgerichte. Die Berliner Tabelle beruhte auf den niedrigeren Regelbeträgen Ost und enthielt zwei zusätzliche Einkommensgruppen unterhalb der Einkommensgruppe 1 der Düsseldorfer Tabelle (s Rn 298). 302

Die Düsseldorfer Tabelle ist **keine eigenständige Rechtsquelle**. Sie ist vielmehr ein Hilfsmittel und soll für das Massenphänomen Kindesunterhalt die gleichmäßige Bemessung des angemessenen Unterhalts im Sinne des § 1610 BGB erleichtern (s Rn 295 f). Die in der Tabelle ausgewiesenen Richtsätze sind Erfahrungswerte, die den Lebensbedarf des Kindes – ausgerichtet an den Lebensverhältnissen der Eltern und an seinem Alter – auf der Grundlage durchschnittlicher Lebenshaltungskosten typisieren, um so eine gleichmäßige Behandlung gleicher Lebenssachverhalte zu erreichen (BGH FamRZ 2014, 917 Rn 37 mwNw; FamRZ 2014, 1536 Rn 39 mwNw; FamRZ 2000, 358; NJW 1984, 1458 = FamRZ 1984, 374; FamRZ 1990, 981 = NJW-RR 1990, 580; NJW 1990, 2886 = FamRZ 1990, 1085 mAnm Scholz und Anm Dieckmann FamRZ 1990, 1335). Die Düsseldorfer Tabelle ist daher – wie die Leitlinien – eine **Richtlinie ohne normative Kraft**, insbesondere kein Gewohnheitsrecht (Scholz FamRZ 1993, 125, 127; Wendl/Klinkhammer[9] § 2 Rn 317 mwNw). Darauf weisen die Tabelle (Anm A 1) und die meisten Leitlinien in ihren Vorbemerkungen hin. Der Richter, der sich der Düsseldorfer Tabelle anschließt, braucht seine Entscheidung nicht besonders zu begründen (BGH FamRZ 1982, 365), muss aber das Ergebnis der pauschalen Unterhaltsbemessung daraufhin überprüfen, ob es im Einzelfall angemessen ist. 303

Da die **Richtsätze** der Tabelle nur eine Empfehlung darstellen, bleibt es dem Berechtigten wie dem Pflichtigen unbenommen, im Einzelnen vorzutragen, dass die Tabellensätze auf den zu beurteilenden Sachverhalt nicht passen. So kommt zB die Zubilligung – regelmäßigen – Mehrbedarfs oder – unregelmäßigen – Sonderbedarfs (Rn 313, § 1613 Rn 81) in Betracht. Die **erste Einkommensstufe** der Düsseldorfer Tabelle war bis 2017 bis zu Einkommen von 1500 € anzuwenden. Dieser Betrag ist **ab 1. 1. 2018** auf **1.900 €** erhöht worden. Damit sind zugleich alle weiteren, im gleichbleibenden Intervall von 400 € steigenden Gruppen um jeweils 400 € erhöht worden. Das führt im praktischen Effekt dazu, dass sich der Kindesunterhalt in den meisten Fällen vom 1. 1. 2018 an reduziert hat. Dabei handelt es sich allerdings nur um einen vordergründigen Effekt, weil anderenfalls bei dem Leitbild der Tabelle mit zwei Unterhaltsberechtigten schon zur Wahrung eines angemessenen Verhältnisses von 304

Kindesunterhalt und (verbleibendem) Einkommen des Elternteils eine Herabstufung veranlasst gewesen wäre (vgl Rn 309) oder sogar der notwendige Selbstbehalt des Unterhaltspflichtigen nicht gewahrt wäre (näher § 1603 Rn 347, § 1609 Rn 14f).

305 **Düsseldorfer Tabelle (Stand 1. 1. 2018)**:

A. Kindesunterhalt

	Nettoeinkommen des Barunterhaltspflichtigen (Anm 3, 4)	Altersstufen in Jahren (§ 1612a Abs 1 BGB)				Prozentsatz	Bedarfskontrollbetrag (Anm 6)
		0–5	6–11	12–17	ab 18		
Alle Beträge in Euro							
1.	bis 1.900	348	399	467	527	100	880/1.080
2.	1.901 – 2.300	366	419	491	554	105	1.300
3.	2.301 – 2.700	383	439	514	580	110	1.400
4.	2.701 – 3.100	401	459	538	607	115	1.500
5.	3.101 – 3.500	418	479	561	633	120	1.600
6.	3.501 – 3.900	446	511	598	675	128	1.700
7.	3.901 – 4.300	474	543	636	717	136	1.800
8.	4.301 – 4.700	502	575	673	759	144	1.900
9.	4.701 – 5.100	529	607	710	802	152	2.000
10.	5.101 – 5.500	557	639	748	844	160	2.100
	ab 5.501	nach den Umständen des Falles					

Anmerkungen:

1. Die Tabelle hat keine Gesetzeskraft, sondern stellt eine Richtlinie dar. Sie weist den monatlichen Unterhaltsbedarf aus, bezogen auf zwei Unterhaltsberechtigte, ohne Rücksicht auf den Rang. Der Bedarf ist nicht identisch mit dem Zahlbetrag; dieser ergibt sich unter Berücksichtigung der nachfolgenden Anmerkungen.

   Bei einer größeren/Geringeren Anzahl Unterhaltsberechtigter können **Ab- oder Zuschläge** durch Einstufung in niedrigere/Höhere Gruppen angemessen sein. Anmerkung 6 ist zu beachten. Zur Deckung des notwendigen Mindestbedarfs aller Beteiligten – einschließlich des Ehegatten – ist gegebenenfalls eine Herabstufung bis in die unterste Tabellengruppe vorzunehmen. Reicht das verfügbare Einkommen auch dann nicht aus, setzt sich der Vorrang der Kinder im Sinne von Anm 5 Abs 1 durch. Gegebt zwischen den erstrangigen Unterhaltsberechtigten eine Mangelberechnung nach Abschnitt C.

2. Die Richtsätze der 1. Einkommensgruppe entsprechen dem Mindestbedarf **gemäß der Verordnung zur Festlegung des Mindestunterhalts minderjähriger Kinder nach § 1612a Absatz 1 BGB vom 3. 12. 2015 (BGBl I 2015, 2188)**. Der Prozentsatz drückt die Steigerung des Richtsatzes der jeweiligen Einkommensgruppe gegenüber dem Mindestbedarf (= 1. Einkommensgruppe) aus. Die durch Multiplikation des gerundeten Mindestbedarfs mit dem Prozentsatz errechneten Beträge sind entsprechend § 1612a Absatz 2 Satz 2 BGB aufgerundet.

3. **Berufsbedingte Aufwendungen**, die sich von den privaten Lebenshaltungskosten nach objektiven Merkmalen eindeutig abgrenzen lassen, sind vom Einkommen abzuziehen, wobei bei entsprechenden Anhaltspunkten eine Pauschale von 5 % des Nettoeinkommens – mindestens 50 EUR, bei geringfügiger Teilzeitarbeit auch weniger, und höchstens 150 EUR monatlich – geschätzt werden kann. Übersteigen die berufsbedingten Aufwendungen die Pauschale, sind sie insgesamt nachzuweisen.

4. Berücksichtigungsfähige **Schulden** sind in der Regel vom Einkommen abzuziehen.

5. Der **notwendige Eigenbedarf (Selbstbehalt)**
gegenüber minderjährigen unverheirateten Kindern,
gegenüber volljährigen unverheirateten Kindern bis zur Vollendung des 21. Lebensjahres, die im Haushalt der Eltern oder eines Elternteils leben und sich in der allgemeinen Schulausbildung befinden,
beträgt beim nicht erwerbstätigen Unterhaltspflichtigen monatlich 880 EUR, beim erwerbstätigen Unter- haltspflichtigen monatlich 1080 EUR. Hierin sind bis 380 EUR für Unterkunft einschließlich umlagefähiger Nebenkosten und Heizung (Warmmiete) enthalten. Der Selbstbehalt soll erhöht werden, wenn die Wohnkosten (Warmmiete) den ausgewiesenen Betrag überschreiten und nicht unangemessen sind.

Der **angemessene Eigenbedarf**, insbesondere gegenüber anderen volljährigen Kindern, beträgt in der Regel mindestens monatlich 1300 EUR. Darin ist eine Warmmiete bis 480 EUR enthalten.

6. Der **Bedarfskontrollbetrag** des Unterhaltspflichtigen ab Gruppe 2 ist nicht identisch mit dem Eigenbedarf. Er soll eine ausgewogene Verteilung des Einkommens zwischen dem Unterhaltspflichtigen und den unter- haltsberechtigten Kindern gewährleisten. Wird er unter Berücksichtigung anderer Unterhaltspflichten unter- schritten, ist der Tabellenbetrag der nächst niedrigeren Gruppe, deren Bedarfskontrollbetrag nicht unter- schritten wird, anzusetzen.

7. Bei **volljährigen Kindern**, die noch im Haushalt der Eltern oder eines Elternteils wohnen, bemisst sich der Unterhalt nach der 4. Altersstufe der Tabelle.

Der angemessene Gesamtunterhaltsbedarf eines **Studierenden**, der nicht bei seinen Eltern oder einem Elternteil wohnt, beträgt in der Regel monatlich **735** EUR. Hierin sind bis **300** EUR für Unterkunft einschließlich umlagefähiger Nebenkosten und Heizung (Warmmiete) enthalten. Dieser Bedarfssatz kann auch für ein Kind mit eigenem Haushalt angesetzt werden.

8. Die **Ausbildungsvergütung** eines in der Berufsausbildung stehenden Kindes, das im Haushalt der Eltern oder eines Elternteils wohnt, ist vor ihrer Anrechnung in der Regel um einen ausbildungsbedingten Mehrbedarf von monatlich 90 EUR zu kürzen.

9. In den Bedarfsbeträgen (Anmerkungen 1 und 7) sind **Beiträge Pflegeversicherung sowie Studiengebühren** nicht enthalten.

10. Das auf das jeweilige Kind entfallende **Kindergeld** ist nach § 1612b BGB auf den Tabellenunterhalt (Bedarf) anzurechnen.

B. Ehegattenunterhalt (...)

C. Mangelfälle

Reicht das Einkommen zur Deckung des Bedarfs des Unterhaltspflichtigen und der gleichrangigen Unterhaltsberechtigten nicht aus (sog Mangelfälle), ist die nach Abzug des notwendigen Eigenbedarfs (Selbstbehalts) des Unterhaltspflichtigen verbleibende Verteilungsmasse auf die Unterhaltsberechtigten im Verhältnis ihrer jeweiligen Einsatzbeträge gleichmäßig zu verteilen.

Der Einsatzbetrag für den **Kindesunterhalt** entspricht dem Zahlbetrag des Unterhaltspflichtigen. Dies ist der nach Anrechnung des Kindergeldes oder von Einkünften auf den Unterhaltsbedarf verbleibende Restbedarf.

Beispiel: Bereinigtes Nettoeinkommen des Unterhaltspflichtigen (M): 1350 EUR. Unterhalt für drei unterhaltsberechtigte Kinder im Alter von 18 Jahren (K1), 7 Jahren (K2) und 5 Jahren (K3), Schüler, die bei der nicht unterhaltsberechtigten, den Kindern nicht barunterhaltspflichtigen Ehefrau und Mutter (F) leben. F bezieht das Kindergeld.

Notwendiger Eigenbedarf des M:	1080 EUR
Verteilungsmasse: 1350 EUR – 1080 EUR =	270 EUR

Summe der Einsatzbeträge der Unterhaltsberechtigten:

333 EUR (527 – 194) (K 1) + 302 EUR (399 – 97) (K 2) + 248 EUR (348 – 100) (K 3) = 883 EUR

Unterhalt:

K 1:	**333 x 270 : 883 =**	**101, 82 EUR**
K 2:	**302 x 270 : 883 =**	**92, 34 EUR**
K 3:	**248 x 270 : 883 =**	**75, 84 EUR**

D. Verwandtenunterhalt und Unterhalt nach § 1615l BGB

I. **Angemessener Selbstbehalt gegenüber den Eltern**: mindestens monatlich 1800 EUR (einschließlich 480 EUR Warmmiete) zuzüglich der Hälfte des darüber hinausgehenden Einkommens, bei Vorteilen des Zusammenlebens in der Regel 45 % des darüber hinausgehenden Einkommens. Der angemessene Unterhalt des mit dem Unterhaltspflichtigen zusammenlebenden Ehegatten bemisst sich nach den ehelichen Lebens- verhältnissen (Halbteilungsgrundsatz), beträgt jedoch mindestens 1440 EUR (einschließlich 380 EUR Warmmiete).

II. **Bedarf der Mutter und des Vaters eines nichtehelichen Kindes** (§ 1615l BGB): nach der Lebensstellung des betreuenden Elternteils, in der Regel mindestens 880 EUR.

Angemessener Selbstbehalt gegenüber der Mutter und dem Vater eines nichtehelichen Kindes (§§ 1615l, 1603 Abs 1 BGB): unabhängig davon, ob erwerbstätig oder nicht erwerbstätig: 1200 EUR.

Hierin sind bis 430 EUR für Unterkunft einschließlich umlagefähiger Nebenkosten und Heizung (Warmmiete) enthalten.

E. Übergangsregelung (...)

Anhang: Tabelle Zahlbeträge (...)

Düsseldorfer Tabelle (Stand 1. 1. 2017, gültig bis 31. 12. 2017):

A. Kindesunterhalt

	Nettoeinkommen des Barunterhaltspflichtigen (Anm 3, 4)	Altersstufen in Jahren (§ 1612a Abs 1 BGB)				Prozentsatz	Bedarfskontrollbetrag (Anm 6)
		0–5	6–11	12–17	ab 18		
Alle Beträge in Euro							
1.	bis 1.500	342	393	460	527	100	
2.	1.501 – 1.900	360	413	483	554	105	1.180
3.	1.901 – 2.300	377	433	506	580	110	1.280
4.	2.301 – 2.700	394	452	529	607	115	1.380
5.	2.701 – 3.100	411	472	552	633	120	1.480
6.	3.101 – 3.500	438	504	589	675	128	1.580
7.	3.501 – 3.900	466	535	626	717	136	1.680
8.	3.901 – 4.300	493	566	663	759	144	1.780
9.	4.301 – 4.700	520	598	700	802	152	1.880
10.	4.701 – 5.100	548	629	736	844	160	1.980
	ab 5.101	nach den Umständen des Falles					

b) Bedarfssätze

Die Bedarfssätze der Düsseldorfer Tabelle weisen den **sächlichen Bedarf** (Barunter- 306
haltsbedarf) aus. Da die Beträge auf dem Mindestunterhalt nach § 1612a Abs 1 BGB aufbauen, entsprechen sie ihrer Zusammensetzung **(Struktur)** nach dem sächlichen Existenzminimum (BGH FamRZ 2009, 962 Rn 17 ff; 25; FamRZ 2017, 437 Rn 37, 39). Das setzt sich in den höheren Einkommensgruppen fort. Sind bestimmte Bedarfsposten, vor allem des Betreuungsbedarfs, nicht in dem Mindestunterhalt enthalten, so gilt dies folglich auch für die Bedarfsbeträge der höheren Einkommensgruppen (BGH

FamRZ 2009, 962 Rn 17 ff; 25; vgl BGH FamRZ 2017, 437 Rn 39). Nicht enthalten sind daher **Kosten einer Kindertagesstätte** (BGH FamRZ 2009, 962) und eines **Horts** (BGH FamRZ 2017, 437 Rn 37; anders noch OLG Düsseldorf FamRZ 2017, 113; OLG Koblenz FamRZ 2017, 1403), jeweils einschließlich der Fahrtkosten. Ebenfalls nicht enthalten sind Beiträge zur **Kranken- und Pflegeversicherung**.

307 In den Sätzen der Tabelle sind grundsätzlich **alle Lebenshaltungskosten**, insbesondere die Kosten für Nahrung, Wohnung, Kleidung, Körperpflege, Schulausbildung, Unterrichtsmaterial, Ferien, musische und sportliche Interessen sowie Taschengeld pauschal enthalten (BGH FamRZ 1983, 473; WENDL/KLINKHAMMER[9] § 2 Rn 326). Allerdings wurden die einzelnen Bedarfsbestandteile in der neueren Gesetzesentwicklung mit größerer Genauigkeit erfasst (vgl etwa § 6 RBEG). Ein vom BGH entschiedenes Beispiel sind etwa die Kosten für Musikschule und Tanzunterricht, die in der Rubrik *Freizeit, Unterhaltung, Kultur* enthalten sind (vgl BGH FamRZ 2017, 437 Rn 38 f). Hier kann es im Einzelfall zweifelhaft sein, ob die Kosten von den Bedarfssätzen der Düsseldorfer Tabelle abgedeckt sind, was im Verfahren als Mehrbedarf vom Unterhaltsberechtigten darzulegen ist (zum Mehrbedarf s Rn 313 ff; zur Ableitung des Mindestunterhalts s § 1612a Rn 41).

308 Die Bedarfssätze sind gestaffelt nach **Alter des Kindes** (§ 1612a Abs 1 Satz 3 BGB; Rn 268) und **Einkommen der Eltern** (näher Rn 259 f, 262 f). Geht es nur um die Ermittlung des vom nicht betreuenden Elternteil zu zahlenden Kindesunterhalts, so lässt sich der Bedarf zur Vereinfachung allein aus dem Einkommen des Barunterhaltspflichtigen ermitteln (vgl WENDL/KLINKHAMMER[9] § 2 Rn 206). Denn der zu zahlende Unterhalt ist auch bei der Bemessung nach dem zusammengerechneten Einkommen immer auf den Betrag begrenzt, den der einzelne Barunterhaltspflichtige allein aufgrund des von ihm erzielten Einkommens zu zahlen hätte (vgl BGH FamRZ 2017, 437 Rn 25; WENDL/KLINKHAMMER[9] § 2 Rn 206). Bei mehreren Barunterhaltspflichtigen (zB bei Volljährigen, fremdbetreuten Kindern oder beim Wechselmodell, Rn 260) ist der Bedarf stets nach dem zusammengerechneten Einkommen der Eltern zu ermitteln.

309 Die Düsseldorfer Tabelle legt als Regelfall die Verpflichtung des Unterhaltsschuldners gegenüber **zwei Unterhaltsberechtigten** zugrunde (vgl KOCH/SCHÜRMANN[13] § 4 Rn 300). Bei einer größeren/geringeren Anzahl Unterhaltsberechtigter können Ab- oder Zuschläge durch Einstufung in niedrigere/höhere Gruppen angemessen sein (**Umgruppierung** oder **Umstufung**; Anm A. 1). Die Tabelle verweist zum Zweck einer ausgewogenen Verteilung des Einkommens auf den Unterhaltsschuldner und alle – auch nachrangigen – Unterhaltsberechtigten auf die in der letzten Spalte ausgewiesenen **Bedarfskontrollbeträge** (Anm 1, 6; vgl BGHZ 175, 182 = FamRZ 2008, 968 Rn 48; BGHZ 178, 79 = FamRZ 2008, 2189 Rn 20 mwNw; FamRZ 2014, 1536 Rn 39 mwNw; näher WENDL/KLINKHAMMER[9] § 2 Rn 351 f mit Berechnungsbeispiel; vgl auch KOCH/SCHÜRMANN[13] § 4 Rn 302).

310 Die Bestimmung des Kindesunterhalts **nach dem zusammengerechneten Einkommen** (BGH FamRZ 2017, 437 Rn 25; FamRZ 2017, 711 Rn 11; Rn 261) lässt sich am folgenden Beispiel erläutern:

M und V sind die nichtehelichen Eltern der Kinder S (11 Jahre) und **T** (5 Jahre). **M** ist verheiratet und daher nicht unterhaltsberechtigt. Einkommen des **V**: 3200 €; Einkommen der **M**: 2100 €.

Zusammengerechnetes Einkommen von **V** und **M**: 5300 €

Bedarf **S**: Einkommensgruppe (Ekgr) 10 (keine Umstufung bei Unterhalt aus dem zusammengerechnetem Einkommen), Altersgruppe (Agr) 2 DT 2018: 639 € ./. hälftiges Kindergeld (§ 1612b Abs 1 S 1 Nr 1 BGB – BGH FamRZ 2017, 437 Rn 47 ff) von 97 € = **542 €**

Bedarf **T**: Ekgr 10, Agr 1 DT 2018: 557 € ./. 1/2 KiG 97 € = **460 €**

Eine Quotenberechnung ist nicht durchzuführen, da die **M** – jedenfalls primär – nach § 1606 Abs 3 S 2 BGB nicht auf den Barunterhalt haftet; eine ausnahmsweise Mithaftung (vgl BGH FamRZ 2013, 1558) kommt nicht in Betracht. Eine sekundäre Haftung nach § 1603 Abs 2 Satz 3 ist erst nach vollständiger Ermittlung der Leistungsfähigkeit des **V** zu prüfen.

Kontrollberechnung nach alleinigem Einkommen des **V** (Leistungsfähigkeit des **V**):

Bedarf **S**: Ekgr 5 (keine Umstufung), Agr 2 DT 2018: 479 € ./. 1/2 KiG 97 € = **382 €**

Bedarf **T**: Ekgr 5, Agr 1 DT 2018: 418 € ./. 1/2 KiG 97 € = **321 €**

V schuldet daher nur Unterhalt in Höhe der zuletzt genannten Beträge.

Das Beispiel zeigt, dass der zu zahlende Unterhalt im Normalfall auch bei von beiden Eltern erzieltem Einkommen letztlich nach dem alleinigen Einkommen des jeweiligen Barunterhaltspflichtigen ermittelt werden kann. In der Sache handelt es sich um eine abgekürzte, sogleich nach der Leistungsfähigkeit vorgenommene Unterhaltsbemessung (BGH FamRZ 2017, 437 Rn 25; zu Konsequenzen beim Elternunterhalt s BGH FamRZ 2017, 711; zum Ehegattenunterhalt s Gutdeutsch FamRZ 2014, 1969). 311

Die neue Rechtsprechung des BGH zur Ermittlung des Bedarfs aus dem zusammengerechneten Einkommen der Eltern (s auch Rn 262 f) hat in der Literatur Zustimmung (vgl etwa Hauss FamRB 2017, 167; zu BGH FamRZ 2017, 437 – Wechselmodell – Schwamb NZFam 2017, 253), aber auch Kritik (etwa Maass FamRZ 2017, 713) erfahren. Die Betrachtung des BGH beruht indessen auf gesicherter Grundlage, weil für den Bedarf der Lebensstandard des Kindes realitätsgerecht abzubilden ist, was bei einer am Einkommen orientierten Bedarfsermittlung vom Gesamteinkommen abhängt. Dass das Kind bei einem Doppelverdiener-Elternpaar in den Genuss eines höheren Lebensstandards kommt als im Fall eines Alleinverdiener-Elternteils, dürfte kaum ernstlich zu bestreiten sein. Diese bei wirtschaftlicher Betrachtung naheliegende Aussage gilt aber auch dann, wenn sich die Eltern getrennt haben. Zwar entsteht durch die Elterntrennung ein Mehrbedarf, der etwa beim Wechselmodell besonders deutlich wird. Dadurch wird indessen der Grundsatz nicht in Frage gestellt (vgl auch Hauss FamRB 2017, 167, 168, der für den Fall zusammenlebender Eltern einen Zuschlag vorschlägt). 312

c) Mehrbedarf, Sonderbedarf

Mehrbedarf ist derjenige Teil des Lebensbedarfs nach Abs 2, der das Übliche regelmäßig derart übersteigt, dass er mit Regelsätzen nicht erfasst werden kann, aber 313 kalkulierbar ist und deshalb bei der Bemessung des laufenden Unterhalts berücksichtigt werden kann (WENDL/KLINKHAMMER[9] § 2 Rn 232). Den Gegensatz bildet der Sonderbedarf. Hierbei handelt es sich um einen unregelmäßig auftretenden, außergewöhnlich hohen Bedarf ist (§ 1613 Abs 2 BGB), der nicht auf Dauer besteht und daher zu einem einmaligen, jedenfalls aber zeitlich begrenzten Ausgleich neben dem regelmäßig geschuldeten Barunterhalt führen kann. Auch der Sonderbedarf ist Bedarf nach Abs 2 (näher zum Sonderbedarf § 1613 Rn 79 ff; allgemein zum Mehrbedarf für Betreuung und Erziehung s Rn 32).

314 Ein Grund für das Entstehen von Mehrbedarf kann darin liegen, dass die Art des Bedarfs nicht in den Bedarfssätzen berücksichtigt ist (zB Kindergartenkosten, BGH FamRZ 2009, 962, Hortkosten, BGH FamRZ 2017, 437 Rn 37, oder Kosten einer Lese-Rechtschreibschwäche-Therapie, BGH FamRZ 2013, 1563). Unter Umständen ist der Bedarf zwar dem Grunde nach berücksichtigt, übersteigt aber die in den Bedarfssatz einkalkulierte Höhe (zB Musikschulkosten, vgl BGH FamRZ 2017, 437 Rn 38 f).

315 Ein nicht anderweitig gedeckter Mehrbedarf ist zusätzlich zum Regelbedarf als laufender Unterhalt zu zahlen, wenn es sich um vorhersehbare, regelmäßig anfallende Mehraufwendungen handelt und die kostenverursachenden Mehraufwendungen im Interesse des Kindes zu Lasten des Unterhaltsschuldners berechtigt sind. Der Gesamtunterhaltsanspruch besteht dann aus der Summe von Regelbedarf und regelmäßigem Mehrbedarf, abzüglich etwaiger Einsparungen. Ist der Kindesunterhalt oberhalb des Mindestunterhalts festgesetzt, so kann ein gewisser Teil des von der Tabelle erfassten sächlichen Mehrbedarfs schon aus dem regelmäßigen Unterhalt bestritten werden (WENDL/KLINKHAMMER[9] § 2 Rn 234; unrichtig insoweit OLG Düsseldorf NJW-RR 2005, 1592, nach dem Nachhilfekosten teilweise dem Regelbedarf zu entnehmen seien).

316 Am Mehrbedarf muss sich grundsätzlich auch der Elternteil beteiligen, der ein minderjähriges Kind betreut und dadurch normalerweise nach § 1606 Abs 3 S 2 BGB seine Unterhaltspflicht erfüllen würde, wenn er über Einkünfte verfügt, insbesondere wenn er erwerbstätig ist oder ihn eine Erwerbsobliegenheit trifft (BGH FamRZ 2013, 1563; FamRZ 2009, 962; FamRZ 2008, 1152; WENDL/KLINKHAMMER[9] § 2 Rn 235).

317 Im **Mangelfall** ist der Mehrbedarf in der Rechtsprechung als **gegenüber dem Regelbedarf nachrangig** betrachtet worden (OLG Stuttgart FamRZ 2012, 1573 [LS] – juris; OLG Schleswig SchlHA 2012, 316). Das ist etwa mit der Folge verbunden worden, dass die Mangelfallquote bei mehreren unterhaltsberechtigten Kindern nur aufgrund des Regelbedarfs berechnet worden ist (OLG Stuttgart FamRZ 2012, 1573 [LS] – juris; zustimmend LICENI-KIERSTEIN FamRB 2012, 272). Dafür mag zwar sprechen, dass vorrangig das Existenzminimum des Kindes zu decken ist und etwa Kindergartenkosten (OLG Stuttgart FamRZ 2012, 1573 [LS] – juris) nicht dazu zählen (zur Reichweite der gesteigerten Unterhaltspflicht s § 1603 Rn 344 ff). Gleichwohl begegnet aber die Aufteilung Bedenken: Denn der Rang des jeweiligen Unterhaltsanspruchs erstreckt sich stets auf den vollen Bedarf (vgl § 1609 Rn 12 ff). In den betreffenden Fällen ist zudem immer die Frage zu stellen, ob ein Mehrbedarf wirklich begründet ist. In Bezug auf Kindergartenkosten wird unter den Umständen des unterhaltsrechtlichen Mangelfalls der Kindergartenbesuch wegen einkommensgebundener Ermittlung der Beiträge oftmals kostenfrei sein oder greifen (nicht subsidiäre) Sozialleistungen ein, die die Eltern auch unterhaltsrechtlich entlasten.

Einzelfälle zum **Mehrbedarf** (zum Ausbildungsmehrbedarf s Rn 152 ff): 318

- Förderunterricht bei Lese-Rechtschreibschwäche (BGH FamRZ 2013, 1563; vgl auch OLG Brandenburg FamFR 2013, 485: Dyskalkulie),
- Heimunterbringung (BGH FamRZ 2007, 377),
- Kinderfrau (abgelehnt von OLG Düsseldorf FamRZ 2017, 113; vgl Rn 33),
- Krankheitsbedingter Mehrbedarf (BGH FamRZ 1983, 689),
- Psychotherapeutische Behandlung (OLG Düsseldorf FamRZ 2001, 444),
- Reitsport (vgl Rn 230, 232),
- Reit- und Klavierunterricht teilweise (OLG Hamm FamRZ 2013, 139),
- Wechselmodell – Fahrtkosten, Wohnungskosten etc (BGH FamRZ 2017, 437).

Hinsichtlich **Einzelfällen** zum **Sonderbedarf** s § 1613 Rn 85 ff. 319

d) Bedarf von Volljährigen

(1) Volljährige haushaltsangehörige Kinder

320 Der Bedarf von volljährigen Kindern, die noch im Haushalt der Eltern oder eines Elternteils wohnen, bemisst sich nach der **4. Altersstufe** der Düsseldorfer Tabelle ebenfalls einkommensabhängig (Anm A. 7 Abs 1 der Düsseldorfer Tabelle). Im Unterschied zu den Altersstufen 1 bis 3 ist der Basisbetrag hier gesetzlich nicht vorgegeben. Die Beträge sind dadurch ermittelt worden, dass dem jeweiligen Betrag der 3. Altersstufe die Differenz zwischen 2. und 3. Altersstufe hinzuaddiert worden ist (Abweichungen ergeben sich aus Rundungen, vgl § 1612a Rn 60). Vgl Rn 321.

321 Früher wandten nicht alle Oberlandesgerichte die 4. Altersstufe der Düsseldorfer Tabelle an. Einzelne Oberlandesgerichte entnahmen bei 18–20-jährigen Schülern den Unterhalt unverändert der 3. Altersstufe (vgl Schürmann FamRZ 2005, 490, 497 mwNw). In der Folgezeit ist die 4. Altersstufe von allen Oberlandesgerichten einheitlich angewendet worden. Eine Besonderheit bildeten lediglich die Oberlandesgerichte Frankfurt und Jena, die bei einem Kind mit eigenem Einkommen einen Mindestbedarf von 610 € veranschlagen (Nr 13. 1. 1 der Frankfurter und Jenaer Leitlinien 2017).

Die **Düsseldorfer Tabelle 2018** hat sich von der hergebrachten Ermittlung abgewandt und von einer dem Minderjährigenunterhalt entsprechenden Steigerung der Bedarfsbeträge abgesehen. Es dürfte dagegen der allgemeinen Lebenserfahrung entsprechen, dass der Lebensbedarf Volljähriger generell über dem von Minderjährigen liegt, auch wenn beide noch im Haushalt der Eltern leben. Das „Einfrieren" des Bedarfs Volljähriger erscheint demnach nicht recht nachvollziehbar, zumal auch das Sozialrecht (vgl § 8 RBEG) für erwachsene Kinder höhere Bedarfssätze festlegt. Schließlich hat das Bundesverfassungsgericht in seiner Grundsatzentscheidung vom 9. 2. 2010 (BVerfGE 125, 175 = FamRZ 2010, 429) zu den Hartz IV-Gesetzen eine differenzierte Bedarfsstufung bei Minderjährigen gefordert und dürfte dabei mit einiger Selbstverständlichkeit davon ausgegangen sein, dass der Regelbedarf von 18-jährigen generell höher liegt als der von Minderjährigen.

322 Der Bedarf wird aus dem **zusammengerechneten Einkommen** der Eltern ermittelt (BGHZ 164, 375 = FamRZ 2006, 99, 100; zur grundsätzlich entsprechenden Methode beim Minderjährigenunterhalt s Rn 259 ff, 310). Nach weit überwiegender Praxis findet bei der Bedarfsbestimmung aus dem zusammengerechneten Einkommen **keine Umstufung** (Umgruppierung) wegen über- oder unterdurchschnittlicher Unterhaltslast statt (zur früher abweichenden Praxis des Oberlandesgerichts Frankfurt vgl Schürmann FamRZ 2005, 490, 497).

323 Der Unterhalt ist auf den Betrag begrenzt, den der einzelne Unterhaltspflichtige aufgrund seines Einkommens nach der Düsseldorfer Tabelle zu zahlen hätte. Denn der Unterhaltspflichtige schuldet höchstens den Unterhalt, den er bei alleiniger Unterhaltspflicht zahlen müsste. Dies macht eine **Kontrollberechnung** erforderlich (BGHZ 164, 375 = FamRZ 2006, 99, 100; Wendl/Klinkhammer[9] § 2 Rn 523 mwNw), die methodisch eine Begrenzung des Unterhaltsanspruchs wegen eingeschränkter Leistungsfähigkeit des Unterhaltsschuldners darstellt (vgl BGH FamRZ 2017, 437 Rn 25).

324 Wegen der Berechnung der Unterhaltsquote wird auf § 1606 Rn 15 ff verwiesen.

(2) Studenten und andere Kinder mit eigenem Haushalt

325 Der angemessene Gesamtunterhaltsbedarf eines Studierenden, der nicht bei seinen Eltern oder einem Elternteil wohnt, beträgt seit 1. 1. 2016 nach der Düsseldorfer Tabelle (Anm A. 7 Abs 2) in der Regel monatlich **735 EUR**. Hierin sind bis 300 EUR für Unterkunft einschließlich umlagefähiger Nebenkosten und Heizung (Warmmiete) enthalten.

326 Bis zur Düsseldorfer Tabelle 2015 wurde der Bedarf noch mit 670 € veranschlagt. Der Richtsatz von 670 EUR stimmte mit dem Höchstsatz der Leistungen nach dem BAföG überein, der allerdings anders strukturiert ist (Wendl/Klinkhammer[9] § 2 Rn 228, 511; § 8 Rn 279 ff).

327 Der Bedarfssatz deckt grundsätzlich den gesamten Bedarf des studierenden Kindes ab. Nicht abgedeckt sind Kosten der Kranken- und Pflegeversicherung. Auch nicht erfasst sind Studiengebühren (Anm A. 9; zum Mehrbedarf beim Ausbildungsunterhalt s Rn 152 ff).

328 Besonderheit des Studentenbedarfs ist, dass es sich um einen festen Betrag handelt, der nicht am Einkommen der Eltern orientiert ist. Er liegt indessen deutlich unterhalb des höchsten Tabellenbetrags der Altersstufe 4 (Einkommensgruppe 10) von 844 €. In diesem Fall wäre es widersprüchlich, wenn der Bedarf des Studenten mit eigenem Haushalt unter dem des haushaltsangehörigen volljährigen Schülers liegen würde. Berücksichtigt man, dass das Wohnen im eigenen Haushalt vielmehr mit Mehrkosten verbunden ist, wird man in diesem Fall (Einkommen der Eltern nach Einkommensgruppe 10) einen Zuschlag zum Bedarfssatz nach Altersstufe 4 vornehmen müssen (vgl Wendl/Klinkhammer[9] § 2 Rn 228; Klinkhammer FamRZ 2008, 193, 197).

Nach Anm A. 7 Abs 2 zur Düsseldorfer Tabelle kann der Bedarfssatz von 735 € auch für ein – nicht studierendes – **Kind mit eigenem Haushalt** angesetzt werden. Das bedarf allerdings einer Einschränkung. Denn diese Bedarfsbemessung erscheint nur sachgerecht für Kinder ohne eigene Lebensstellung. Haben diese hingegen eine eigene Lebensstellung erlangt, stehen sie hinsichtlich des am Existenzminimum orientierten Mindestbedarfs wie andere Erwachsene (vgl Rn 187 ff, 294). 329

Der feste Bedarfssatz für Studenten ist auch auf ein minderjähriges Kind mit eigenem Hausstand angewendet worden (OLG Koblenz FamRZ 2013, 1140). 330

e) Konkrete Bedarfsermittlung bei besonders günstigen Verhältnissen

Übersteigt das maßgebende Elterneinkommen den in den Tabellen ausgewiesenen Höchstsatz, können die für die oberste Einkommensgruppe geltenden Bedarfssätze nicht verhältnismäßig fortgeschrieben werden, sondern muss der **Bedarf konkret ermittelt** werden (BGH NJW 2000, 954 = FamRZ 2000, 358 m **abl** Anm DEISENHOFER = MDR 2000, 275 mAnm BENKELBERG in einem Fall, in dem der Vater nur geringfügig mehr als nach der höchsten Einkommensgruppe der Düsseldorfer Tabelle verdiente; OLG Düsseldorf FamRZ 1998, 1191; OLG Frankfurt FamRZ 1993, 98; s auch WENDL/KLINKHAMMER[9] § 2 Rn 226 ff): Zum einen ist es bei erheblich überdurchschnittlichen Lebensverhältnissen der Eltern schwierig, eine angemessene Lebensstellung der Kinder pauschalierend festzulegen. Zum anderen besteht bei deutlich über dem Durchschnitt liegenden Zahlungen des Barunterhaltspflichtigen die Gefahr, dass der Kindesunterhalt nicht dem laufenden Lebensbedarf des Kindes zugute kommt, sondern zur Vermögensbildung des Kindes verwendet wird oder aber dem betreuenden Elternteil zufließt (BGH NJW 2000, 954 = FamRZ 2000, 358). 331

Unterhalt bedeutet **keine Teilhabe am Luxus** (Rn 246; BGH FamRZ 1987, 58; FamRZ 1983, 473; BORN FamRZ 2013, 1613, 1615). Zumal es auf der anderen Seite auch keine allgemeingültige Obergrenze für den Bedarf (sog **Sättigungsgrenze**) gibt, verweist die Düsseldorfer Tabelle auf eine Bemessung des Unterhaltsbedarfs „nach den Umständen des Falles". Dem Erfordernis der **konkreten Bedarfsermittlung** entspricht die **Darlegungslast** des Unterhaltsberechtigten. 332

Die Anforderungen an diese Darlegungslast dürfen nach dem BGH allerdings nicht dazu führen, dass der Kindesunterhalt auch bei einem das höchste von der Düsseldorfer Tabelle ausgewiesene Einkommen übersteigenden Elterneinkommen faktisch auf den für die höchste Einkommensgruppe geltenden Richtsatz festgeschrieben wird. Auch bei höherem Elterneinkommen muss sichergestellt bleiben, dass Kinder in einer ihrem Alter entsprechenden Weise an einer Lebensführung teilhaben, die der besonders günstigen wirtschaftlichen Situation ihrer Eltern entspricht, an die sie sich vielfach im Zusammenleben mit ihren Eltern gewöhnt haben werden und die ihnen auch nach einer Trennung der Eltern grundsätzlich erhalten bleiben soll. Wie dieser Lebensstil im Einzelnen beschaffen ist, welche Bedürfnisse des Kindes auf seiner Grundlage zu befriedigen sind und welche Wünsche des Kindes als bloße Teilhabe am Luxus nicht erfüllt werden müssen, könne nicht allgemein gesagt, sondern nur im Einzelfall unter Würdigung der besonderen Verhältnisse der Betroffenen festgestellt werden (BGH FamRZ 2000, 358, 359).

An die Darlegung der Gesamtumstände und Bedürfnisse dürfen nach dem BGH 333

keine übertriebenen Anforderungen gestellt werden („Checkliste" der in Betracht kommenden Bedarfspositionen – beim Ehegattenunterhalt – bei Born FamRZ 2013, 1613, 1618). Insbesondere werde dem Unterhaltsberechtigten im Regelfall nicht angesonnen werden können, seine gesamten – auch elementaren – Aufwendungen in allen Einzelheiten spezifiziert darzulegen. Er dürfe sich vielmehr regelmäßig darauf beschränken, besondere oder besonders kostenintensive Bedürfnisse zu belegen und darzutun, welche Mittel zu deren Deckung notwendig sind. Im Übrigen sei das Gericht, das einen derartigen erhöhten Bedarf zu beurteilen hat, nicht gehindert, den zur Deckung erforderlichen Betrag unter Heranziehung des Mehrbetrags zu berechnen, der sich aus der Gegenüberstellung solcher besonderer Bedürfnisse mit bereits von den Richtwerten der Düsseldorfer Tabelle erfassten Grundbedürfnissen ergibt, und unter Zuhilfenahme allgemeinen Erfahrungswissens nach Maßgabe des **§ 287 ZPO** (iVm § 113 Abs 1 S 2 FamFG) zu bestimmen (BGH FamRZ 2000, 358, 359; OLG Düsseldorf FamRZ 2017, 113).

334 Als Anhaltspunkt für die Unterhaltsbemessung kommt zunächst der während des **früheren Zusammenlebens** von Eltern und Kind innegehabte Lebensstandard in Betracht, der beispielhaft anhand von bestimmten regelmäßigen Ausgabenpositionen dargelegt werden kann. **Absprachen der Eltern** sind zu berücksichtigen (vgl OLG Frankfurt NZFam 2014, 31; Born FamRZ 2013, 1613, 1616), denn diesen steht es im Rahmen ihrer Erziehungskompetenz in gewissen Grenzen (vgl § 1614 BGB) offen, über die Angemessenheit des Unterhalts zu disponieren. Entschließen sich etwa vermögende Eltern, ihrem studierenden Kind keinen wesentlich höheren Lebensstandard zur Verfügung zu stellen, als dessen Kommilitonen innehaben, so ist dies grundsätzlich auch unterhaltsrechtlich hinzunehmen (vgl Rn 246; Born FamRZ 2013, 1613, 1615 f).

335 In der **Praxis der Oberlandesgerichte** werden nicht selten die Grundbedürfnisse des Kindes mit dem höchsten Bedarfssatz der Düsseldorfer Tabelle als weitgehend abgedeckt angesehen und zusätzliche Bedürfnisse auf besondere Darlegung hin anerkannt (vgl etwa OLG Düsseldorf FamRZ 2017, 113; OLG Brandenburg FamRZ 2012, 1399; s auch Rn 313 ff zum – ebenfalls konkret darzulegenden – Mehrbedarf). Ein den höchsten Bedarfssatz der Düsseldorfer Tabelle übersteigender Bedarf ist durch Ermittlung der konkreten Kostenposition (zB Wohnkosten), abzüglich des im Tabellenbetrag kalkulatorisch enthaltenen Betrags zu ermitteln (vgl BGH FamRZ 2017, 437 Rn 35; OLG Düsseldorf FamRZ 2017, 113, 114 f; wNw bei Born FamRZ 2013, 1613, 1616).

V. Darlegungs- und Beweislast

336 Die Darlegungs- und Beweislast für den **Unterhaltsbedarf** trägt, da es sich um eine anspruchsbegründende Tatsache handelt, der Unterhaltsberechtigte als Anspruchsteller (vgl BGH FamRZ 2015, 2138; FamRZ 2013, 203 – jeweils Elternunterhalt; BGH FamRZ 2001, 1603). Dagegen ist die Aussage, dass derjenige, der Unterhalt verlangt, die Umstände darlegen und beweisen muss, aus denen sich die *Höhe seines Anspruchs* ergibt (so noch Staudinger/Engler/Kaiser [2000] Rn 170 mwNw), zu weit gefasst. Denn damit wäre auch die Leistungsfähigkeit umfasst, die ebenfalls für die Höhe des Unterhaltsanspruchs maßgeblich ist (zur diesbezüglichen Darlegungs- und Beweislast s § 1603 Rn 385 ff; vgl § 1602 Rn 179 ff).

337 Bei sog **doppelrelevanten Tatsachen** handelt es sich um solche Tatsachen, die für mehrere Anspruchsmerkmale oder den Anspruch ausschließende Merkmale relevant sind. So ist das Einkommen des unterhaltspflichtigen Elternteils erheblich für die Bemessung des aus der Düsseldorfer Tabelle zu entnehmenden Unterhaltsbedarfs (anspruchsbegründende Tatsache) und zugleich für die Leistungsfähigkeit des Elternteils (Leistungsunfähigkeit als anspruchsausschließende Tatsache). In diesem Fall ist nach der Prüfungsreihenfolge vorzugehen. Das heißt, dass die Beweislast zum Nachteil des Unterhaltspflichtigen erst greifen kann, wenn der Unterhaltsberechtigte seinen Bedarf und seine Bedürftigkeit vorgetragen und im Bestreitensfall bewiesen hat. Das unterhaltsberechtigte Kind muss daher zunächst vom unterhaltspflichtigen Elternteil nach § 1605 BGB **Auskunft** über dessen Einkommens- und Vermögendverhältnisse verlangen.

Minderjährige Kinder brauchen ihren **Mindestbedarf** nach **§ 1612a Abs 1 S 2, 3 BGB** 338
(„Mindestunterhalt“, s § 1612a Rn 41) nicht darzulegen (BGH FamRZ 2015, 236 Rn 13; FamRZ 2013, 1558 Rn 13). Ein Bedarf in Höhe des darin festgelegten Existenzminimums besteht in jedem Fall und kann vom Unterhaltspflichtigen auch nicht widerlegt werden (vgl BGH FamRZ 2003, 444 – zu den früheren Regelbeträgen). Die anderslautende Rechtsprechung des BGH zum früheren Recht (vgl BGHZ 150, 12 = FamRZ 2002, 536) ist damit überholt.

Unter bestimmten Umständen nimmt der BGH eine **Obliegenheit des Unterhaltspflichtigen zum substantiierten Bestreiten** bestimmter Positionen des Unterhaltsbedarfs an (vgl BGH FamRZ 2015, 2138; FamRZ 2013, 203 Rn 20 ff – Notwendigkeit und Angemessenheit von Heimkosten). 339

Eine detaillierte Aufzählung aller Beträge, die der Berechtigte für Ernährung, Kleidung, Wohnung und den sonstigen Bedarf benötigt, ist im Einzelfall kaum möglich. Deshalb genügt in der Regel eine Anlehnung an **Erfahrungswerte**, die den Unterhaltstabellen und Richtwerten (Rn 162 ff) zugrundeliegen (BGH NJW 1983, 1429 = FamRZ 1983, 473; zust Rühl/Gressmann Rn 60 Fn 78). 340

Macht der Unterhaltsberechtigte einen **höheren Bedarf** geltend, als es den Sätzen der Düsseldorfer Tabelle entspricht, muss er konkret darlegen, worauf der Mehrbedarf beruht (BGH FamRZ 2001, 1603). Insoweit ist er auch beweispflichtig für Umstände, aus denen sich eine gehobene Lebensstellung ergibt. Welche Umstände das sind, hängt von der Auslegung des Begriffs Lebensstellung ab (Rn 7 ff, 36 ff; zur Darlegung des konkreten Bedarfs bei besonders günstigen wirtschaftlichen Verhältnissen s Rn 331 ff). 341

Umgekehrt muss der Unterhaltspflichtige, der den Tabellenrichtwert für zu hoch hält, die Abweichungen vom Erfahrungswert substantiiert begründen. Die Richtwerte können jedoch die Beweislast nicht ändern. Der Unterhaltsberechtigte bleibt daher beweispflichtig dafür, dass bedarfsmindernde Umstände nicht bestehen (**aA** Baumgärtel/Laumen/Pruskowski Rn 2). 342

Im **Abänderungsverfahren** ist zu beachten, dass die Voraussetzungen der Abänderung grundsätzlich in die Darlegungs- und Beweislast des Antragstellers fallen. Ist die Abänderung als solche eröffnet, so nähert sich die Darlegungs- und Beweislast derjenigen im Erstverfahren an. Begehrt etwa der früher allein barunterhaltspflichtige Elternteil nach Eintritt der Volljährigkeit des Kindes unter Hinweis auf die 343 nunmehrige Mithaftung des früheren Betreuungselternteils Herabsetzung des zur Zeit der Minderjährigkeit titulierten Kindesunterhalts, muss grundsätzlich das volljährig gewordene Kind die gemäß § 1606 Abs 3 S 1 BGB auf seine Eltern entfallenden jeweiligen Haftungsanteile im Abänderungsverfahren darlegen und beweisen (BGH FamRZ 2017, 370 Rn 39).

VI. Auslandsbezüge

344 Lebt der Unterhaltsberechtigte im Ausland, so ist der Bedarf nach den Verhältnissen am jeweiligen Aufenthaltsort zu ermitteln. Bei erheblichen Abweichungen der Verbraucherpreise ist ein **Kaufkraftausgleich** durchzuführen (vgl BGH FamRZ 2013, 1375 Rn 29: bezüglich der Leistungsfähigkeit des Unterhaltsschuldners verneint für die Niederlande; ausführlich Wendl/Dose[9] § 9 Rn 38 ff).

345 Bei der Bemessung des Unterhalts können zur Ermittlung des Kaufkraftunterschieds die vom Statistischen Amt der Europäischen Union (Eurostat) ermittelten „vergleichenden Preisniveaus des Endverbrauchs der privaten Haushalte einschließlich indirekter Steuern“ herangezogen werden (BGH FamRZ 2014, 1536 Rn 34 mAnm E Unger/M Unger; zum Verfahren der Umwertung instruktiv Többens FamRZ 2016, 597).

346 **Einzelfälle**:

- AG München FamRZ 2009, 1596: Unterhaltsberechtigtes Kind in Uganda;
- AG Ludwigslust FamRZ 2010, 737: Bedarf eines in Paraguay lebenden Kindes;
- OLG Karlsruhe FamRZ 2016, 237: Herabsetzung des Bedarfs eines in Miami/USA lebenden Kindes um 9 %.

§ 1610a
Deckungsvermutung bei schadensbedingten Mehraufwendungen

Werden für Aufwendungen infolge eines Körper- oder Gesundheitsschadens Sozialleistungen in Anspruch genommen, wird bei der Feststellung eines Unterhaltsanspruchs vermutet, dass die Kosten der Aufwendungen nicht geringer sind als die Höhe dieser Sozialleistungen.

Materialien: BT-Drucks 11/6153; 11/8173.

Schrifttum

Büttner, Wie ist Pflegegeld bei Unterhaltsansprüchen zu berücksichtigen?, FamRZ 2000, 596
Derleder/Derleder, Privater Unterhalt und staatliche Sozialleistungen, DAVorm 1984, 99
Diederichsen, Die Anwendung von § 1610a BGB, in: FS Gernhuber (1993) 597
Doering-Striening, Trennung und Scheidung – gibt es Bezüge zum sozialen Entschädigungsrecht?, FPR 2009, 447
Drerup, Die Beweislastregel des neuen § 1610a BGB, NJW 1991, 683
ders, Die Bewertung von Körper- und Gesund-

heitsschäden im Unterhaltsrecht – Zum neuen § 1610a BGB, ZfSH/SGB 1991, 337
HÜLSMANN, Zur unterhaltsrechtlichen Berechnung von Aufwendungen für Körper- oder Gesundheitsschäden nach §§ 1610a, 1578a BGB, FuR 1991, 218
KALTHOENER, Gesetz zur unterhaltsrechtlichen Berechnung von Aufwendungen für Körper- oder Gesundheitsschäden, NJW 1991, 1037
KÜNKEL, Der neue § 1610a BGB, FamRZ 1991, 1131
SCHOLLER/FUCHS, Die Berücksichtigung mehrbedarfsorientierter Sozialleistungen im Rahmen bürgerlichrechtlicher Unterhaltsansprüche, JZ 1984, 304
dies, Mehrbedarfsorientierte Sozialleistungen im Rahmen bürgerlichrechtlicher Unterhaltsansprüche (1985)
SCHWAGERL, Zum Charakter der Grundrente nach dem Bundesversorgungsgesetz, NJW 1982, 1978
WEYCHARDT, Konsequenzen aus dem neuen § 1610a BGB?, FamRZ 1991, 782.

Systematische Übersicht

Alphabetische Übersicht

I. Allgemeines

1. Grundlage und Anwendungsbereich

1 **§ 1610a BGB** ist durch Art 1 Nr 3 des Gesetzes zur unterhaltsrechtlichen Berechnung von Aufwendungen für Körper- oder Gesundheitsschäden vom 15. 1. 1991 (BGBl I 46), das am 23. 1. 1991 in Kraft getreten ist, in das BGB eingefügt worden. Er gilt nach Art 1 Nr 1 und 2 auch für **Trennungsunterhalt** (§ 1361 BGB) und **nachehelichen Unterhalt** (§ 1578a BGB) und ist auf Unterhaltsansprüche aus **früherem Eherecht** (§§ 58 ff des durch Art 14 Nr 1 EheschlRG vom 4. 5. 1998 aufgehobenen EheG) entsprechend anzuwenden (FamGb/Griesche Rn 8; **aA** OLG Hamm FamRZ 1991, 1198). Dagegen gilt die Bestimmung nicht für den **Familienunterhalt** (§§ 1360, 1360a BGB), weil in einer intakten Familie tatsächlich alle geeigneten Einkünfte zur Deckung des Lebensbedarfs verwandt werden (BT-Drucks 11/6153, 4; Künkel FamRZ 1991, 1131).

2 Die Vorschrift steht in engem Zusammenhang mit § 1602 BGB und § 1610 BGB stellt der Sache nach eine Verknüpfung her zwischen dem Unterhaltsberechtigten zufließenden Sozialleistungen (§ 1602 Rn 47 ff) und einem entsprechenden Mehrbedarf (§ 1610 Rn 169 ff). Da § 1610a BGB auch für den Unterhaltspflichtigen gilt (vgl etwa BGH FamRZ 1995, 537), besteht ein ähnlicher Zusammenhang mit § 1603 BGB.

2. Entstehungsgeschichte

3 Gegen die Entscheidungen des Bundesgerichtshofs und anderer Gerichte über die unterhaltsrechtliche Berücksichtigung der **Grundrente**, der **Schwerstbeschädigtenzulage**, der **Pflegezulage** und der **Kleiderzulage** nach dem Bundesversorgungsgesetz und des **Blindengeldes** (s § 1602 Rn 63 ff) haben die Verbände der Kriegsopfer und der Blinden wegen unzumutbarer Benachteiligung der Beschädigten protestiert und eine Gesetzesänderung gefordert (Drerup ZfSH/SGB 1991, 337). Sie fanden in der Literatur einige Unterstützung (Schwagerl NJW 1982, 1798; Derleder/Derleder DAVorm 1984, 99; Scholler/Fuchs JZ 1984, 304). Der Gesetzgeber hat dem Drängen nach-

gegeben, nachdem durch § 9 BErzGG vom 6. 12. 1985 (BGBl I 2154) das Erziehungsgeld von der unterhaltsrechtlichen Berücksichtigung grundsätzlich ausgenommen worden war (s § 1602 Rn 65 f) und nach einem Gesetzentwurf der Fraktionen der CDU/CSU, SPD und FDP vom 25. 6. 1986, der aber nicht Gesetz geworden ist, die Aufwandsentschädigungen der Abgeordneten bei der Feststellung ihrer unterhaltsrechtlichen Leistungsfähigkeit unberücksichtigt bleiben sollten (BT-Drucks 10/5734). Dabei hat er jedoch nicht, wie vielfach gefordert, die Sozialleistungen von der unterhaltsrechtlichen Berücksichtigung ausgenommen, sondern lediglich eine Beweiserleichterung für die Beschädigten geschaffen.

3. Zweck

Durch die Regelung sollte die **Heranziehung von Sozialleistungen**, die wegen Körper- 4
oder Gesundheitsschäden gewährt werden, für den allgemeinen Lebensunterhalt des Beschädigten und seiner Unterhaltsschuldner **eingeschränkt** werden. Dadurch sollten **Härten**, die sich aus der Rechtsprechung über die unterhaltsrechtliche Berücksichtigung von Einkünften für die Beschädigten ergeben, **gemildert** werden.

Zur **rechtspolitischen Kritik** an der Regelung s STAUDINGER/ENGLER (2000) Rn 4 f. 5

II. Schadensbedingte Mehraufwendungen

Unter **Körperschaden** versteht die hM die Beeinträchtigung der äußeren körperli- 6
chen Unversehrtheit, zB Verlust eines Gliedes, Versteifung eines Gelenks, Lähmung, unter **Gesundheitsschaden** die Störung der inneren Lebensvorgänge, gleichviel ob sie körperlicher, geistiger oder seelischer Natur sind (STAUDINGER/HAGER [2017] § 823 Rn B 5 ff mwNw). Es kann sich sowohl um zeitlich beschränkte wie um dauernde Schäden (Behinderungen) handeln (BT-Drucks 11/6153, 7). Die Beeinträchtigungen müssen so erheblich sein, dass zu ihrer Behebung oder Minderung besondere Aufwendungen erforderlich sind.

Aufwendungen sind freiwillige Vermögensopfer (STAUDINGER/MARTINEK/OMLOR [2017] 7
§ 670 Rn 5 mwNw), die der Beschädigte infolge seines Schadens bringt. Unterhaltsrechtlich gehören sie zum **gesamten Lebensbedarf** (§ 1610 Abs 2 BGB), der dadurch erhöht wird (Mehrbedarf). Daraus folgt, dass sich das Maß der Aufwendungen nach der **Lebensstellung** des Beschädigten bestimmt (§ 1610 Abs 1 BGB) und dass der Unterhaltsberechtigte nach dem Grundsatz der wirtschaftlichen Eigenverantwortung (§ 1602 Rn 5) und der Unterhaltspflichtige wegen seiner Verantwortung für den Berechtigten gehalten sind, die Kosten in einem **angemessenen Rahmen** zu halten.

Zum **Mehrbedarf** gehören: 8

- Heilungskosten und Pflegekosten (§ 1610 Rn 123 ff, 130 ff),
- Kosten für besondere Verpflegung und Diätkost (§ 1610 Rn 169),
- Kosten für Hilfsmittel, wie Körperersatzstücke, orthopädische und andere Hilfsmittel, Blindenführhunde (vgl Orthopädieverordnung v 4. 10. 1989, BGBl I 1834),

- Kosten für Arbeitsleistungen, die der Beschädigte ohne die Schädigung selbst verrichten würde, wie Haushaltsführung, Gartenarbeit, Pflege der Kleidung, Instandsetzungen in der Wohnung,
- Kosten durch außergewöhnlichen Verschleiß an Kleidung oder Wäsche (§ 15 BVG),
- Kosten durch vermehrte Inanspruchnahme von Verkehrsmitteln, wie Taxifahrten,
- Kosten für Sonderausstattungen und Änderungen am Kraftfahrzeug des Beschädigten (vgl § 27 OrthV),
- bei Blinden auch Kosten für Begleitung, Vorlesen, Bücher mit Blindenschrift, Uhr zum Tasten, Tonbandgerät, Kassetten (vgl OLG Schleswig NJW-RR 1992, 390).

Die Aufzählung ist nicht abschließend.

III. Inanspruchnahme von Sozialleistungen

1. Sozialleistungen

9 Unter **Sozialleistungen** sind aus sozialen Gründen gewährte **öffentliche Geldleistungen** zu verstehen (s § 1602 Rn 47). Nach der Legaldefinition in § 11 SGB I sind Sozialleistungen die im Sozialgesetzbuch vorgesehenen Dienst-, Sach- und Geldleistungen. Dazu gehören Leistungen der Sozialversicherung (§§ 21 ff SGB I), Versorgungsleistungen bei Gesundheitsschäden (§ 24 SGB I) und Sozialhilfeleistungen (§ 28 SGB I) (s dazu Diederichsen, in: FS Gernhuber 597, 600). Im Rahmen des § 1610a BGB umfasst der Begriff auch landesrechtliche Sozialleistungen, zB das landesrechtliche Blindengeld. Ob der einem Beamten wegen eines Dienstunfalls gewährte **Unfallausgleich** (§ 35 BeamtVG) eine Sozialleistung ist (so Diederichsen 601), ist zweifelhaft, denn er beruht auf dem Beamtenrecht. Insoweit wird jedoch § 1610a BGB entsprechend anzuwenden sein.

10 Auf **private Leistungen**, die zum Ausgleich für schadensbedingten Mehrbedarf gewährt werden, ist die Bestimmung wegen ihres Ausnahmecharakters nicht entsprechend anwendbar (Künkel FamRZ 1991, 1131; vgl auch BGH NJW 1995, 1486, 1487 = FamRZ 1995, 537; OLG Brandenburg FamRZ 2004, 484; **aA** wohl OLG Hamm FamRZ 2003, 1771). Der Ansicht von Diederichsen (601; ebenso Palandt/Brudermüller[76] Rn 3), die analoge Anwendung sei nach Art 3 Abs 1 GG geboten, kann nicht gefolgt werden. Denn die Leistungen, die der Beschädigte zum Ausgleich seiner Mehraufwendungen erhält, unterscheiden sich in ihrer Berechnung nach ihrem Rechtsgrund: Sozialleistungen werden grundsätzlich abstrakt, private Leistungen konkret berechnet (Gitter VersR 1976, 505). Beschädigte, die Leistungen aus einer privaten Kranken- oder Unfallversicherung oder Schadensersatz – auch Schmerzensgeld (s § 1602 Rn 36, § 124; § 1603 Rn 92) – von dem Schädiger oder dessen Versicherung erhalten, müssen unterhaltsrechtlich ihren Mehrbedarf darlegen und beweisen (**aA** Wendl/Dose[9] § 1 Rn 726, der § 1610a für anwendbar hält). Praktisch ist das nur von Bedeutung, wenn die Leistungen in Form einer Rente oder einer Kapitalabfindung gewährt werden, weil sie sonst in

der Regel nach dem tatsächlichen Bedarf im Einzelfall bemessen werden, den der Beschädigte gegenüber dem Dritten ohnehin darlegen und beweisen muss. Auch bei der Ermittlung des krankheitsbedingten Mehrbedarfs eines Behinderten, der keine schadensbedingten Leistungen bezieht, kann die Beweislast nicht umgekehrt werden (**aA** OLG Stuttgart FamRZ 1994, 1407, 1409 = NJW-RR 1994, 838, 840 = DAVorm 1994, 298).

2. Leistungszweck, Anrechnungsverbote

Soweit für die jeweiligen Sozialleistungen spezielle gesetzliche Anrechnungsverbote (§ 1602 Rn 49 ff) gelten, scheidet eine Anwendung des § 1610a BGB von vornherein aus, so etwa bei Leistungen nach dem ContStiftG (BGH FamRZ 2014, 1619 Rn 13). **11**

Die Sozialleistungen müssen **für schadensbedingte Aufwendungen** gewährt werden. Daher scheiden Dienst- und Sachleistungen sowie indirekte staatliche Hilfen – zB Steuervergünstigungen, Gebührenermäßigungen – aus (Künkel FamRZ 1991, 1131), weil der Beschädigte insoweit keine Aufwendungen tätigt (Rn 9). Auch Leistungen zum Ausgleich des **Verlustes oder der Minderung der Erwerbsfähigkeit** werden von der Bestimmung nicht erfasst. Hierzu gehören das Versorgungskrankengeld nach § 16 BVG, der Berufsschadenausgleich nach § 30 BVG (OLG Hamm NJW 1992, 515 = FamRZ 1992, 186) und die Ausgleichsrente nach § 32 BVG (BT-Drucks 11/6153, 7). **12**

Die Vermutung gilt nicht für Leistungen zum Ausgleich **immaterieller Nachteile**. Sozialleistungen, die ausschließlich diesem Zweck dienen, gibt es nicht. Dagegen dienen die **Grundrente** nach § 31 Abs 1 BVG und die **Schwerstbeschädigtenzulage** nach § 31 Abs 5 BVG *auch* dem Ausgleich immaterieller Schäden. Diese Leistungen sollen einerseits den Beschädigten – ideell – für den Verlust seiner körperlichen Integrität entschädigen und andererseits – materiell – die Mehraufwendungen ausgleichen, die ihm infolge der Schädigung in allen Lebenslagen gegenüber einem gesunden Menschen erwachsen (BGH NJW 1981, 1313 = FamRZ 1981, 338; NJW 1982, 41 = FamRZ 1981, 1165). Die Voraussetzungen des § 1610a BGB treffen nur insoweit zu, als die Mehraufwendungen ausgeglichen werden sollen. Die wirtschaftliche Ausgleichsfunktion der Rente und der Zulage überwiegt jedoch, und die immaterielle Ausgleichsfunktion ist betragsmäßig nicht abgegrenzt. Deshalb muss sich die Vermutung auf den gesamten Betrag erstrecken (Künkel FamRZ 1991, 1131, 1133; Botur, in: Büte/Poppen/Menne, Unterhaltsrecht[3] Rn 5). Das hat der Gesetzgeber auch beabsichtigt (BT-Drucks 11/6153, 7). **13**

Die Vermutung gilt nicht für die **Verletztenrente** aus der gesetzlichen Unfallversicherung nach (§§ 45 ff SGB VII, früher §§ 580 ff RVO; OLG Brandenburg NJW-RR 2009, 1371; OLG Schleswig FamRZ 1993, 712 = SchlHAnz 1992, 216; **aA** Brudermüller/Klattenhoff FuR 1993, 333; Diederichsen 599). Diese Rente dient nach ihrer Grundstruktur (Berechnung nach dem Jahresarbeitsverdienst und dem Grad der Minderung der Erwerbsfähigkeit) und nach ihrer ursprünglichen Zweckbestimmung dem Ausgleich schadensbedingter Erwerbsnachteile (**Einkommensersatzfunktion**; vgl Wendl/Dose[9] § 1 Rn 655; Botur, in: Büte/Poppen/Menne, Unterhaltsrecht[3] Rn 4) und nicht dem Ersatz von Mehraufwendungen. Zwar hat die Entwicklung im Arbeits- und Behindertenrecht dazu geführt, dass heute leichtere und mittelschwere Behinderungen in der Regel keine Erwerbseinbußen mehr herbeiführen, sodass die Rente für andere Zwecke verwandt werden kann (BVerfGE 34, 118, 133 = NJW 1973, 502; BAGE 43, 173 = **14**

NJW 1984, 83; BVerwGE 82, 330, 335 = NVwZ 1990, 264; BSG NZA 1993, 257 [alle mwNw]). Im Sozialversicherungsrecht wird sie insoweit als Erwerbsersatzeinkommen berücksichtigt, als sie den Betrag übersteigt, der bei gleichem Grad der Minderung der Erwerbsfähigkeit als Grundrente nach dem Bundesversorgungsgesetz gezahlt wird (§ 18a Abs 3 Nr 4 SGB IV; vgl auch § 93 Abs 2 Nr 3 SGB VI). Daraus folgt aber nicht, dass sie in Höhe der Grundrente für schadensbedingte Aufwendungen gezahlt wird (so aber BRUDERMÜLLER/KLATTENHOFF). Die nachträgliche ergebnisbedingte Zweckbestimmung der Verletztenrente hat ihre Grundstruktur nicht verändert. Der erwerbstätige Behinderte kann sie auch zur Steigerung seiner Lebensstellung verwenden.

3. Anwendungsfälle

15 Zu den Sozialleistungen zum Ausgleich schadensbedingter Aufwendungen gehören (vgl auch WENDL/DOSE[9] § 1 Rn 656):

- Grundrente nach § 31 Abs 1 BVG,
- Schwerstbeschädigtenzulage nach § 31 Abs 5 BVG,
- Pflegezulage nach § 35 BVG,
- Führbeihilfe nach § 14 BVG,
- Pauschbetrag für Kleidungs- und Wäscheverschleiß nach § 15 BVG (OLG Hamm FamRZ 1991, 1199, 1201 = NJW-RR 1992, 1352),
- Zuschüsse zur Ergänzung der Versorgung mit Hilfsmitteln nach § 11 Abs 3 BVG,
- Kostenerstattungen und Zuschüsse für Heil- und Krankenbehandlung und Badekur nach §§ 18 und 24 Abs 1 BVG,
- Beihilfen, die dem Beschädigten im Rahmen der Kriegsopferfürsorge gewährt werden (§§ 25 ff BVG),
- Leistungen, die in entsprechender Anwendung vorstehender Vorschriften des Bundesversorgungsgesetzes wegen Wehrdienst- oder Ersatzdienstbeschädigung, wegen Impfschadens oder wegen Gesundheitsschadens politischer Häftlinge oder von Opfern von Gewalttätern gewährt werden (§§ 80, 85 SVG, 47, 50 ZDG, 80 BSeuchenG, 4 HäftlingshilfeG, 1 OpferentschädigungG),
- Blindenhilfe nach § 67 BSHG,
- Blindengeld nach Landesblindengeldgesetzen (OLG Thüringen FamRZ 1999, 1673),
- Pflegegeld nach § 69 BSHG (OLG Hamm FamRZ 1994, 1193; OLG Hamburg FamRZ 1992, 444, 446 = NJW-RR 1992, 1351),

– Pflegegeld nach SGB XII (OLG Brandenburg FamRZ 2008, 174),

– Pflegegeld nach SGB XI (OLG Koblenz FamRZ 2005, 1482; OLG Saarbrücken OLGR 2005, 824; OLGR 2005, 826),

– Mehrbedarfszulage für Blinde und Behinderte nach § 24 BSHG,

– Rente für Schaden an Körper oder Gesundheit nach § 31 BEG.

Die Aufzählung ist nicht abschließend.

IV. Vermutung

1. Tatsachenvermutung

Die Bestimmung enthält die gesetzliche Vermutung einer Tatsache, nämlich der 16
Höhe der schadensbedingten Mehraufwendungen. Sie wird kraft Gesetzes aus der Höhe der Sozialleistung geschlossen. Es handelt sich also um eine **Tatsachenvermutung im Sinne des § 292 ZPO**, nicht um eine tatsächliche Vermutung, bei der aus der Lebenserfahrung auf bestimmte Tatsachen geschlossen wird. Die Tatsachenvermutung hat die Wirkung, dass die vermutete Tatsache keines Beweises bedarf und insoweit für eine richterliche Beweiswürdigung kein Raum ist; auch die Behauptungslast wird der begünstigten Partei abgenommen (Stein/Jonas/Leipold, ZPO § 292 Rn 13, 14; MünchKommZPO/Prütting § 292 Rn 17).

Nach **allgemeinen Beweisregeln** muss der Beschädigte sowohl als Unterhaltsberech- 17
tigter als auch als Unterhaltspflichtiger seinen gesamten Lebensbedarf einschließlich der Mehraufwendungen darlegen und im Bestreitensfall beweisen (s § 1602 Rn 179, § 1603 Rn 386). Aufgrund der Vermutung des § 1610a BGB braucht er nur noch die Art seines Körper- oder Gesundheitsschadens und den Bezug und die Höhe einer Sozialleistung für die Mehraufwendungen anzugeben und zu beweisen. Zweifelhaft könnte sein, ob nicht sogar diese Angabe entbehrlich ist, weil aufgrund der Vermutung die Sozialleistung verbraucht und damit unterhaltsrechtlich nicht mehr von Bedeutung ist. Die Darlegungs- und Beweislast für das Vorliegen des Vermutungstatbestandes liegt jedoch bei dem Vermutungsbegünstigten (Diederichsen, in: FS Gernhuber 597, 605). Außerdem muss dem Gegner der Beweis des Gegenteils ermöglicht werden (Rn 20). Dazu muss er die Art der Behinderung und die Höhe der Sozialleistung kennen.

2. Vermutete Tatsache

Die Vermutung geht dahin, dass der Mehrbedarf **„nicht geringer“** ist als die Höhe 18
der Sozialleistung. Will der Beschädigte einen höheren Bedarf geltend machen, so trägt er nach allgemeinen Regeln (Rn 1) die Darlegungs- und Beweislast für seinen gesamten Mehrbedarf.

Soweit für die Sozialleistung ein **konkreter Zweck** festgelegt ist (zB Pflegezulage, 19
Führbeihilfe, Kleidungs- und Wäscheverschleiß), erstreckt sich die Vermutung nur auf die Aufwendungen für diesen Zweck. Dagegen gilt die Vermutung für den

gesamten schadensbedingten Mehrbedarf, wenn die Sozialleistung wegen des Körper- oder Gesundheitsschadens allgemein ohne Festlegung einzelner Aufwendungen gewährt wird. Dasselbe gilt, soweit die Sozialleistung auch dem Ausgleich immaterieller Nachteile dient (s Rn 14).

3. Widerlegung der Vermutung

20 Nach § 292 ZPO ist der **Beweis des Gegenteils** der vermuteten Tatsache zulässig. Dazu reicht es nicht aus, dass eine überwiegende Wahrscheinlichkeit gegen die Vermutung spricht (so aber OLG Schleswig NJW-RR 1992, 390 = FamRZ 1992, 471; Niepmann/Schwamb[13] Rn 886), vielmehr muss der Gegner den **vollen Beweis** für die Unrichtigkeit der vermuteten Tatsache führen (BGHZ 16, 217, 227; Botur, in: Büte/Poppen/Menne, Unterhaltsrecht[3] Rn 7 mwNw; Stein/Jonas/Leipold, ZPO § 292 Rn 15; MünchKomm ZPO/Prütting § 292 Rn 18; Baumbach/Hartmann, ZPO § 292 Rn 9; Zöller/Greger, ZPO § 292 Rn 2). Bei Zahlung von Pflegegeld ist die Vermutung noch nicht notwendigerweise widerlegt, wenn und soweit das Pflegegeld nicht für eine Fremdbetreuung eingesetzt und damit nicht bestimmungsgemäß verwendet wird, wenn er stattdessen etwa freiwillige unentgeltliche Leistungen Dritter erhält (**aA** OLG Hamm FamRZ 2000, 114 [LS]; dazu kritisch Büttner FamRZ 2000, 596; vgl Botur, in: Büte/Poppen/Menne, Unterhaltsrecht[3] Rn 9).

21 Will der **Gegner des Beschädigten** geltend machen, dass die schadensbedingten Mehraufwendungen geringer sind als die Sozialleistung, muss er, wenn der Zweck dieser Leistung konkret bestimmt ist (Rn 19), zunächst **darlegen**, dass der Beschädigte für diesen Zweck keine oder geringere Aufwendungen erbringt oder erbringen muss. Fehlt es an einer konkreten Zweckbestimmung der Sozialleistung, muss er darlegen, welche Aufwendungen infolge des Schadens erforderlich sind und welche Kosten dadurch entstehen. Dabei ist er, wenn er die tatsächlichen Aufwendungen des Beschädigten nicht kennt, auf allgemeine Erfahrungen angewiesen (s Rn 9). Drerup (NJW 1991, 683) meint, der Gegner dürfe nur eine zweckwidrige Verwendung oder Thesaurierung der Sozialleistung darlegen und beweisen, weil sonst der Zweck der Vermutung nicht zu verwirklichen sei. Dem kann nicht gefolgt werden, denn durch das Gesetz sollte die Möglichkeit eines Gegenbeweises nicht eingeschränkt werden (FamGb/Griesche Rn 6). Im Übrigen ergibt sich aus Ersparnissen des Beschädigten nicht, dass sie aus der Sozialleistung herrühren (vgl auch Rn 20).

22 Der **Beschädigte** darf sich bei einem Bestreiten der Behauptungen seines Gegners nicht darauf beschränken, auf die Vermutung zu verweisen. Er muss vielmehr **substantiiert vortragen**, welche weiteren Mehraufwendungen er hat und welche höheren Kosten ihm dadurch entstehen. Ob sich das aus den Grundsätzen des Negativbeweises ergibt (so die amtliche Begründung [BT-Drucks 11/6153, 6]; Hülsmann FuR 1991, 218; Künkel FamRZ 1991, 1131, 1133; Kalthoener NJW 1991, 1037; OLG Hamm FamRZ 1991, 1198), ist streitig (dagegen Diederichsen, in: FS Gernhuber 597, 611). Eine Pflicht zum substantiierten Bestreiten besteht aber auch dann, wenn die darlegungspflichtige Partei außerhalb des von ihr darzulegenden Geschehensablaufs steht und keine Kenntnis der maßgebenden Tatsachen besitzt, während der Prozessgegner sie hat und ihm nähere Angaben zumutbar sind (BGH NJW 1987, 1201 = FamRZ 1987, 259; BGHZ 100, 190, 196 = NJW 1987, 2008; BGH NJW 1990, 3151 = ZZP 104, 203 mAnm Stürner; OLG Hamm FamRZ 1991, 1198). Dem Beschädigten können wie jedem Unterhaltsberechtigten und

Unterhaltspflichtigen Angaben über seinen Mehrbedarf in der Regel zugemutet werden. Die Beweislast bleibt trotz der Pflicht des Beschädigten zur Substantiierung bei seinem Gegner. Lassen sich geringere Kosten für erforderliche Mehraufwendungen nicht feststellen, muss der Betrag der Sozialleistung zugrunde gelegt werden.

23 Der Gegenbeweis kann auch durch **Antrag auf Partei- bzw Beteiligtenvernehmung** des Beschädigten angetreten werden, wenn er mit anderen Beweismitteln nicht vollständig geführt ist oder andere Beweismittel nicht vorgebracht sind (§§ 292 S 2, 445 Abs 1 ZPO). Dieses Beweismittel darf aber nicht dazu missbraucht werden, den Beschädigten zur Angabe von Tatsachen zu nötigen, die aufgrund der Vermutung sein Gegner vortragen muss (Rn 21). Eine Vernehmung des Beschädigten darüber, dass seine schadensbedingten Aufwendungen weniger kosten als die Höhe der Sozialleistung, ist als **Ausforschungsbeweis** unzulässig. Dagegen darf die beweispflichtige Partei Tatsachen behaupten, über die sie eine genaue Kenntnis nicht haben kann, die sie aber nach Lage der Dinge für wahrscheinlich oder für möglich hält, und darüber eine Beweisaufnahme – auch durch Parteivernehmung – erwirken (BGH NJW 1986, 246; NJW-RR 1988, 1529; 1991, 888, 890). Der Gegner des Beschädigten kann also dessen Vernehmung über **konkrete Tatsachen** beantragen, aus denen sich ein geringerer Mehrbedarf ergibt (Baumgärtel/Aps, Beweislast[3] Rn 2). Lehnt der Beschädigte ab, sich vernehmen zu lassen, oder gibt er auf Verlangen des Gerichts keine Erklärung ab, so muss das Gericht unter Berücksichtigung der gesamten Sachlage, insbesondere der für die Weigerung vorgebrachten Gründe, nach freier Überzeugung entscheiden, ob es die behauptete Tatsache als erwiesen ansehen will (§ 446 ZPO).

24 Bei der **Beweiswürdigung** kommt – ebenso wie früher dem Beschädigten – dem Gegner die **Beweiserleichterung des § 287 ZPO** zugute. Danach entscheidet das Gericht über die Höhe des Schadens unter Würdigung aller Umstände nach freier Überzeugung. Dabei kann nach dem Willen des Gesetzgebers auch der **ideelle Zweck der Sozialleistung** in billiger Weise berücksichtigt werden (BT-Drucks 11/6153, 6). Insoweit hat sich durch Einführung der Vermutung nichts geändert.

§ 1611
Beschränkung oder Wegfall der Verpflichtung

(1) Ist der Unterhaltsberechtigte durch sein sittliches Verschulden bedürftig geworden, hat er seine eigene Unterhaltspflicht gegenüber dem Unterhaltspflichtigen gröblich vernachlässigt oder sich vorsätzlich einer schweren Verfehlung gegen den Unterhaltspflichtigen oder einen nahen Angehörigen des Unterhaltspflichtigen schuldig gemacht, so braucht der Verpflichtete nur einen Beitrag zum Unterhalt in der Höhe zu leisten, die der Billigkeit entspricht. Die Verpflichtung fällt ganz weg, wenn die Inanspruchnahme des Verpflichteten grob unbillig wäre.

(2) Die Vorschriften des Absatzes 1 sind auf die Unterhaltspflicht von Eltern gegenüber ihren minderjährigen Kindern nicht anzuwenden.

(3) Der Bedürftige kann wegen einer nach diesen Vorschriften eintretenden Be-

schränkung seines Anspruchs nicht andere Unterhaltspflichtige in Anspruch nehmen.

Materialien: E I § 1490; II § 1506; III § 1589; Mot IV 699; Prot IV 494; VI 297; Jakobs/Schubert §§ 1564–1921, 260; Planck, in: Schubert, Vorlagen der Redaktoren, Familienrecht II, 328; BT-Drucks V/2370, 5, 40.

Schrifttum

Finger, Beschränkung und Ausschluß der Unterhaltspflicht nach § 1611 I BGB, FamRZ 1995, 969

Foerste, Alkoholismus und Unterhaltsrecht, FamRZ 1999, 1245

Griesche, Verwirkung eines Unterhaltsanspruchs aus § 1615l II 2 bis 5 BGB beim Zusammenleben in einer verfestigten Lebensgemeinschaft, FamFR 2011, 51

Jenak/Seifarth, Schwere Verfehlung mit schweren Folgen – Die Verwirkung des Verwandtenunterhalts nach § 1611 Abs 1 S 1, 3. Fall BGB, JR 2009, 89

Kofler, Die Verwirkung von Unterhaltsansprüchen, NJW 2011, 2470

Kotzur, Elterlicher Unterhalt als Mittel zur Beeinflussung Volljähriger?, in: FS Gernhuber (1993) 681, 686

M Lau/A Lau, Kinder psychisch kranker Eltern, FamRZ 2011, 862

Lüderitz, §§ 1611, 1618a BGB: Plädoyer für eine Kooperation zwischen Eltern und Kindern, in: FS Gaul (1997) 411

Meder, Die Verweigerung des Kontakts als schwere Verfehlung iS des § 1611 Abs 1 BGB, FuR 1995, 23

Menne, Verwirkung von Elternunterhaltsansprüchen bei gestörten Familienverhältnissen, FF 2014, 194

Peschel-Gutzeit, Verwirkung des Unterhaltsanspruchs nicht verheirateter Eltern, FPR 2005, 344

Schnitzler, Verwirkung und Verzicht, FPR 2013, 532

Seibl, Die Familie als soziales Sicherungssystem. Neues zur Verwirkung des Aszendentenunterhalts bei Kontaktverweigerung des Bedürftigen, NJW 2014, 1151

Thiemann, Auswirkungen von Entfremdungen, Kontaktverweigerungen und Umgangsvereitelungen auf den Kindes- und Ehegattenunterhalt (2000)

Viefhues, Verwirkung im Elternunterhalt, FamRZ 2014, 624

ders, Verwirkung von laufendem Unterhalt, FuR 2017, 556.

Systematische Übersicht

Alphabetische Übersicht

I. Allgemeines

1. Inhalt und Anwendungsbereich

§ 1611 BGB regelt die Beschränkung und den Wegfall des Unterhaltsanspruchs bei **schwerwiegendem Fehlverhalten** des Berechtigten. Es handelt sich also um eine **Verwirkung** im weiteren Sinn, nach der jemand durch pflichtwidriges Verhalten sein Recht verliert (s Staudinger/Looschelders/Olzen [2014] § 242 Rn 969). 1

Die Bestimmung gilt nur für die **Unterhaltspflicht unter Verwandten** (§ 1601 BGB), nicht für die eheliche Unterhaltspflicht. Eine Kürzung des Beitrags zum **Familienunterhalt** (§§ 1360, 1360a BGB) ist mit der ehelichen Lebensgemeinschaft nicht vereinbar. Die Verwirkung der Ansprüche auf ehelichen **Trennungsunterhalt** und auf **nachehelichen Unterhalt** ist in §§ 1361 Abs 3, 1579 BGB – bei Scheidung vor dem 1. 7. 1977 in §§ 65 f Ehegesetz – besonders geregelt. 2

2. Textgeschichte

Absätze 1 und 2 haben ihre jetzige Fassung durch Art 1 Nr 13 des **Nichtehelichengesetzes** vom 19. 8. 1969 erhalten (s Vorbem 44 zu §§ 1601 ff). Der Gesetzgeber hat die Einbeziehung der nichtehelichen Kinder in den Verwandtenunterhalt (§ 1615a aF) und damit auch in den Anwendungsbereich des § 1611 BGB zum Anlass genommen, die Verwirkungsgründe teilweise und die Verwirkungsfolgen ganz neu zu regeln. Im Einzelnen ist folgendes geändert worden: 3

- Während vorher wegen der **Verfehlungen des Unterhaltsberechtigten** auf die Gründe zur Entziehung des Pflichtteils (§§ 2333 ff BGB) verwiesen wurde, sind die Verwirkungsgründe jetzt in § 1611 BGB aufgeführt. 4

- Die frühere Geltung des § 1611 BGB für Unterhaltsansprüche von **Ehegatten** ist weggefallen.

- An die Stelle der früheren Beschränkung der Unterhaltspflicht auf den **notdürftigen Unterhalt** (s § 1610 Rn 250 mwNw), die als zu starr angesehen wurde (BT-Drucks V/2370, 40), ist eine nach Billigkeit zu bemessende **Beitragspflicht zum Unterhalt** getreten, die bei grober Unbilligkeit ganz entfallen kann.

- Unterhaltsansprüche **minderjähriger unverheirateter Kinder** sind von der Verwirkung ausgenommen worden. Durch das *Gesetz zur Bekämpfung von Kinderehen* vom 17. 7. 2017 (BGBl I 2429) wurde das Merkmal **„unverheiratet"** in Abs 2 gestrichen (dazu Schwab FamRZ 2017, 1369, 1371 f).

3. Abschließende Regelung

5 Die Regelung des § 1611 BGB ist als Sonderregelung grundsätzlich abschließend. Der Unterhaltsanspruch kann daher nicht aus **allgemeinen Billigkeitsgründen** (§ 242 BGB) beschränkt oder versagt werden (BGHZ 93, 123, 133 = NJW 1985, 806, 808 = FamRZ 1985, 273, 275; NJW 1988, 2371 = FamRZ 1988, 159; BGHZ 84, 280, 282 = NJW 1982, 1999; OLG Düsseldorf FamRZ 1995, 957; vgl BGH FamRZ 2010, 1888; **aA** LG Kiel FamRZ 1996, 47).

Die in § 1611 BGB aufgezählten Verwirkungsgründe beziehen sich auf die Familie und sind insoweit auch gegenüber **§ 94 Abs 3 S 1 Nr 2 SGB XII** abschließend. Eine Störung familiärer Beziehungen im Sinne des § 1611 BGB genügt nach dem BGH daher grundsätzlich nicht, um eine unbillige Härte im Sinne des § 94 Abs 3 S 1 Nr 2 SGB XII zu begründen und damit einen Anspruchsübergang auf den Träger der Sozialhilfe auszuschließen. Etwas anderes gilt nur dann, wenn der nach § 1611 BGB zu beurteilende Lebenssachverhalt aus Sicht des Sozialhilferechts auch soziale Belange erfasst, die einen Übergang des Anspruches nach öffentlich-rechtlichen Kriterien ausschließen (BGH FamRZ 2010, 1888 Rn 44 f; teilw noch anders BGH FamRZ 2004, 1097 mAnm Klinkhammer FamRZ 2004, 1283).

6 Unberührt bleibt bei Ansprüchen auf rückständigen Unterhalt die **Verwirkung durch Zeitablauf** (Verwirkung im engeren Sinn, s dazu Vorbem 100 ff zu §§ 1601 ff). Bei ihr handelt es sich nicht um eine Sanktion für ein Fehlverhalten des Unterhaltsberechtigten, sondern um einen Vertrauensschutz für den Unterhaltspflichtigen.

7 Unberührt bleibt ferner die Möglichkeit der Eltern, aus **erzieherischen Gründen** oder durch Bestimmung der **Art der Unterhaltsgewährung** (§ 1612 Abs 2 BGB) auf die Höhe des Unterhalts einzuwirken (Mot IV 702; BT-Drucks V/2370, 42).

II. Verwirkungsgründe

8 Die Unterhaltsansprüche können aus folgenden drei Gründen verwirkt werden:

- Herbeiführung der Bedürftigkeit durch sittliches Verschulden des Unterhaltsberechtigten,
- frühere gröbliche Vernachlässigung der eigenen Unterhaltspflicht des jetzt Unterhaltsberechtigten gegenüber dem jetzt Unterhaltspflichtigen,
- vorsätzliche schwere Verfehlungen des Unterhaltsberechtigten gegen den Unterhaltspflichtigen oder dessen nahen Angehörigen.

1. Bedürftigkeit durch sittliches Verschulden (Alt 1)

a) Selbstverschuldete Bedürftigkeit

9 Voraussetzung ist zunächst, dass der Unterhaltsberechtigte seine Bedürftigkeit durch sein eigenes Verhalten herbeigeführt hat. Die Bedürftigkeit muss eine **adäquate Folge** seines Fehlverhaltens sein (Göppinger[5] Rn 815; BGB-RGRK/Mutschler Rn 2; zur Adäquanz s Staudinger/Schiemann [2017] § 249 Rn 12 ff). Die Ursächlichkeit des Fehlverhaltens wird nicht dadurch ausgeschlossen, dass noch **andere Umstände** an dem

Eintritt der Bedürftigkeit mitgewirkt haben (vgl Staudinger/Schiemann [2017] § 249 Rn 35). Ist der Berechtigte durch Verschwendung seines Vermögens und krankheitsbedingten Verlust seiner Arbeitsfähigkeit bedürftig geworden, so kann die Verschwendung, wenn sie sittlich vorwerfbar ist, zur Herabsetzung oder zum Verlust seines Unterhaltsanspruchs führen. Das Gewicht der verschiedenen Ursachen für die Bedürftigkeit kann bei der nach Billigkeit zu bemessenden Höhe der Herabsetzung berücksichtigt werden (Wendl/Klinkhammer[9] § 2 Rn 603).

Zu beachten ist, dass **Bedürftigkeit** nicht Mittellosigkeit bedeutet (§ 1602 Rn 12). 10
Bedürftig ist nur, wer die für seinen Unterhalt notwendigen Mittel nicht hat und sich auch nicht auf zumutbare Weise beschaffen kann (§ 1602 Rn 7). Solange sich jemand durch eigene Erwerbstätigkeit selbst unterhalten kann, wird er durch Verschwendung seines Vermögens und grundlose Aufgabe seines Arbeitsplatzes nicht bedürftig. Dieses Verhalten kann aber von Bedeutung sein, wenn er **arbeitsunfähig** wird oder keinen Arbeitsplatz finden kann. Dann kommt es darauf an, ob er ohne das frühere Fehlverhalten imstande gewesen wäre, sich selbst zu unterhalten. Hat er seine Arbeitsunfähigkeit selbst herbeigeführt, zB durch Alkohol- oder Drogenmissbrauch, so kann auch das die Verwirkung begründen. Ähnlich verhält es sich bei der **Weggabe von Kapital** (vgl BGH FamRZ 1988, 159; KG NJW 2016, 2345). Hat der Unterhaltsberechtigte etwa die Möglichkeit, sich das Kapital wiederzubeschaffen (etwa nach § 528 BGB), so ist er (insoweit) nicht bedürftig. Scheidet die Wiederbeschaffung hingegen aus, kommt es auf die weiteren Voraussetzungen des § 1611 BGB an (vgl § 1602 Rn 12; BGH FamRZ 1988, 159; zur vergleichbaren Abgrenzung auf Seiten des Unterhaltspflichtigen s § 1603 Rn 152 f).

Wird ein Unterhaltsberechtigter, der durch eigenes Verschulden bedürftig geworden 11
war, wieder leistungsfähig und sodann unverschuldet **erneut bedürftig**, so kommt § 1611 BGB nicht zur Anwendung (RG JW 1910, 477). Zweifelhaft ist, ob das auch gilt, wenn bei fortbestehender selbstverschuldeter Bedürftigkeit ein unverschuldetes Ereignis eintritt, das die weitere Bedürftigkeit ebenfalls begründet. Das OLG Köln hat in einem Fall, in dem ein volljähriges Kind, das durch Bummelei und mehrfaches Versagen in der Ausbildung bedürftig geworden war, später an einer endogenen Psychose erkrankte, eine **Unterbrechung des Kausalzusammenhangs** angenommen und für die Folgezeit eine Verwirkung verneint (FamRZ 1990, 310 = NJW-RR 1990, 714; zust Palandt/Brudermüller[76] Rn 3; FamGb/Griesche Rn 5). Die Entscheidung des OLG Köln leuchtet im Ergebnis ein. Genau genommen hat das Kind indessen nur seinen Anspruch auf Ausbildungsunterhalt wegen Verletzung der Gegenseitigkeit eingebüßt, ohne dass hierfür die Verwirkungsvoraussetzungen vorliegen mussten (§ 1610 Rn 100; Wendl/Klinkhammer[9] § 2 Rn 601). Dementsprechend hat das Kind einen Unterhaltsanspruch jedenfalls aus anderen Gründen, also auch aus Krankheitsgründen, von vornherein nicht verwirkt. Demgegenüber wird die (volle) Unterhaltspflicht nicht wieder aufleben, wenn ein Berechtigter, der seinen Unterhaltsanspruch durch sittliches Verschulden allgemein verwirkt hat, später altersbedingt arbeitsunfähig wird.

Der **Verzicht auf nachehelichen Unterhalt** (§ 1585c BGB) kann eine Verwirkung der 12
Unterhaltsansprüche gegen Verwandte nicht begründen. Er kann zwar bewirken, dass bei Bedürftigkeit des Verzichtenden der nachrangig haftende Verwandte (§ 1584 BGB) unterhaltspflichtig wird, ist aber nicht ursächlich für den Eintritt

der Bedürftigkeit (Frey, Der Verzicht auf nachehelichen Unterhalt [1988] 68; **aA** OLG Köln FamRZ 1983, 643 und FamGb/Griesche Rn 2, die aber sittliches Verschulden verneinen). Ob dem Verzicht die Rechtswirkung gegenüber dem unterhaltspflichtigen Verwandten abgesprochen werden kann (so OLG Frankfurt FamRZ 1984, 395), ist zweifelhaft. Zu prüfen bleibt aber, ob er wegen Benachteiligung der Verwandten (oder des Sozialamts) sittenwidrig und deshalb nach § 138 Abs 1 BGB nichtig ist (vgl BGH FamRZ 2017, 884 mwNw; Wendl/Wönne[9] § 6 Rn 615 ff; BGHZ 86, 82, 86 = NJW 1983, 1851 = FamRZ 1983, 137, 139; BGH NJW 1992, 3164 = FamRZ 1992, 1403).

b) Sittliches Verschulden

13 Zur Verwirkung reicht die vorsätzliche oder fahrlässige Herbeiführung der Bedürftigkeit (vgl § 529 Abs 1 BGB) nicht aus. Erforderlich ist vielmehr ein **sittliches Verschulden**. Damit meinte der Gesetzgeber vorwerfbare Verstöße gegen die auf der Verwandtschaft beruhenden sittlichen Pflichten. Die Beschränkung des Unterhaltsanspruchs sollte der sittlichen Grundlage der Unterhaltspflicht entsprechen. Zugleich erweise sie sich als eine heilsame, im allgemeinen Interesse liegende Mahnung gegen Trägheit und Ausschweifungen. Eine Verarmung durch eigene Schuld reiche nicht aus, andererseits sei ein schweres sittliches Verschulden nicht erforderlich (Mot IV 700 f).

14 In Lehre und Rechtsprechung werden die sittlichen Pflichten nicht aus dem Verwandtschaftsverhältnis, sondern aus dem **allgemeinen Sittengesetz** abgeleitet. Nach der Rechtsprechung des Bundesgerichtshofs handelt es sich bei einem sittlichen Verschulden um eine Vorwerfbarkeit von erheblichem Gewicht; es liegt vor, wenn das Verhalten sittliche Missbilligung verdient (BGH FamRZ 1983, 803; NJW 1985, 732, 734; BGHZ 93, 123, 133 = NJW 1985, 806, 808 = FamRZ 1985, 273, 275; MünchKomm/Born[7] Rn 6).

15 Alle Definitionen sind sehr **allgemein und unbestimmt**, sodass für die Rechtsprechung ein weiter Entscheidungsspielraum bleibt. Es kommt hinzu, dass sittliche Gebote, die die freie Entfaltung der Persönlichkeit einengen (Art 2 Abs 1 GG), häufig in Frage gestellt werden und wandelbar sind. Deshalb sollte der Intention des Gesetzgebers folgend an die sich aus dem Verwandtschaftsverhältnis ergebenden **Pflicht zur Rücksichtnahme** angeknüpft werden, die zwischen Eltern und Kindern in § 1618a BGB normiert worden ist (BGH FamRZ 2010, 1888 Rn 32; FamRZ 2004, 1559, 1560; Finger FamRZ 1995, 969, 972). Danach verwirkt seinen Unterhaltsanspruch, wer durch sein Verhalten die schutzwürdigen Interessen seiner Verwandten in vorwerfbarer Weise verletzt. Wegen der Offenheit der Rücksichtnahmepflicht aus § 1618a BGB kommt es auf das Gewicht der Vorwerfbarkeit an und ist diesem nicht erst bei der Bemessung des Unterhaltsbeitrags Rechnung zu tragen (**aA** Staudinger/Engler [2000] Rn 15).

16 Einzelfälle, in denen sittliches Verschulden bejaht worden ist, sind **Alkoholsucht** (OLG Hamburg FamRZ 1984, 610; AG Altena FamRZ 1994, 1130 = DAVorm 1995, 265 mAnm van Els; AG Germersheim FamRZ 1990, 1387; verneint von OLG Karlsruhe FamRZ 2010, 2082 [LSe], juris Rn 107 f mwNw; im Einzelfall Ursächlichkeit verneint von OLG Celle FamRZ 2010, 817) und **Drogensucht** (KG FamRZ 2002, 1357; OLG Celle FamRZ 1990, 1142; AG Neuwied FamRZ 1999, 403; vgl auch OLG Frankfurt FamRZ 2011, 226; OLG Hamm FamRZ 2007, 165). Dabei ist jedoch zu beachten, dass die Sucht eine Krankheit ist und die Feststellung des Verschuldens einer sorgfältigen Prüfung bedarf (§ 1603 Rn 175; FamGb/Griesche Rn 3;

ausführlich zum Problem des Alkoholismus Foerste FamRZ 1999, 1245 mit umfassenden Literatur- und Rechtsprechungsnachweisen). Eine durch einen **Suizidversuch** herbeigeführte Bedürftigkeit führt nur unter besonderen Voraussetzungen zur Verwirkung des Unterhaltsanspruchs (OLG Brandenburg FamRZ 2008, 174).

Als Beispiele für sittliches Verschulden werden außerdem genannt: Arbeitsscheu, Verschwendung, Spielleidenschaft, verantwortungslose Spekulation, kriminelle Lebensführung (BGH FamRZ 1983, 803; BGB-RGRK/Mutschler Rn 2). Zur **Verschwendung** hat bereits das Reichsgericht darauf hingewiesen, dass verschwenderischen Ausgaben nicht ohne Weiteres der „Makel des Unsittlichen" anhaftet, es komme vielmehr auf die Art der Lebensführung und die Beweggründe für die Ausgaben an (RG LZ 1919, 1238). Die gegenleistungsfreie **Weggabe von Kapital** wird bei bestehender oder vorhersehbarer Unterhaltsbedürftigkeit in der Regel auch als sittliches Verschulden zu betrachten sein (vgl KG Berlin NJW 2016, 2345: Übertragung von 80 000 € auf die Mutter gegen Einräumung eines dinglichen Wohnungsrechts, das darin allerdings zugleich – wohl nicht vertretbar – auch eine schwere Verfehlung nach Alt 3 sieht). Die regelmäßig angemessene Verwirkungsfolge der Kapitalweggabe wird – vergleichbar mit der verschuldeten Leistungsunfähigkeit des Unterhaltspflichtigen – in Form der Zurechnung fiktiver Vermögenserträge oder einer fiktiven Verwertung bestehen (Rn 40).

2. Vernachlässigung der eigenen Unterhaltspflicht (Alt 2)

a) Allgemeines

17 Dieser Verwirkungsgrund entspricht der früheren Verweisung auf die Bestimmung des § 2333 Nr 4 BGB, nach der der Pflichtteil entzogen werden kann, wenn der Abkömmling die ihm dem Erblasser gegenüber gesetzlich obliegende Unterhaltspflicht böswillig verletzt. Den Formulierungsunterschieden zu der jetzigen Fassung kommt kaum praktische Bedeutung zu.

b) Eigene Unterhaltspflicht

18 Voraussetzung ist zunächst, dass der Unterhaltsberechtigte dem Unterhaltspflichtigen früher **selbst unterhaltspflichtig** war. Das kommt zwischen Eltern und ehelichen oder nichtehelichen Kindern vor: Ein Elternteil, der seinem Kind Unterhalt geschuldet hat, wird später selbst unterhaltsbedürftig. Seinem Kinde gegenüber war er unterhaltspflichtig, solange dieses bedürftig (§ 1602 BGB) und er leistungsfähig (§ 1603 BGB) war. Unerheblich ist, ob er für den Unterhalt voll oder anteilig haftete (§ 1606 Abs 3 BGB) und ob er Barunterhalt oder Naturalunterhalt (§ 1612 Abs 2 BGB) oder Betreuungsunterhalt (§ 1606 Abs 3 S 2 BGB) schuldete (BGH FamRZ 2010, 1888 Rn 32 sowie – begrifflich teilw missverständlich [vgl § 1606 Rn 26; § 1610 Rn 33 ff] – FamRZ 2004, 1559, 1560; OLG Frankfurt FamRZ 2016, 1855; **aA** MünchKomm/Born[7] Rn 14: nur Barunterhaltspflicht).

19 Streitig ist, ob die Verletzung einer **vertraglichen Unterhaltspflicht** ausreicht (bejahend Soergel/Häberle[12] Rn 4; verneinend Göppinger[5] Rn 808). Der Streit ist müßig. Ist in dem Vertrag die gesetzliche Unterhaltspflicht geregelt (s Vorbem 128 ff zu §§ 1601 ff), so liegt in der Vertragsverletzung zugleich eine Verletzung der gesetzlichen Unterhaltspflicht. Wenn durch den Vertrag eine Unterhaltspflicht gegenüber einem Nichtverwandten (zB Stiefkind, Pflegekind, Schwiegereltern) begründet worden ist (s Vorbem

137 ff zu §§ 1601 ff), kommt eine Unterhaltspflicht des Gläubigers gegenüber dem Schuldner von vornherein nicht in Betracht.

c) Vernachlässigung der Unterhaltspflicht

20 Weitere Voraussetzung ist, dass der Unterhaltsberechtigte seine eigene Unterhaltspflicht **vernachlässigt** hat. Die Vernachlässigung umfasst neben der Nichterfüllung auch die Schlechterfüllung (Finger FamRZ 1995, 969, 972). Wer unregelmäßig und häufig verspätet Unterhalt leistet, vernachlässigt seine Unterhaltspflicht auch dann, wenn er schließlich den gesamten geschuldeten Betrag nachzahlt (ebenso Soergel/Seibl[13] Rn 13). Dasselbe gilt, wenn Sozialleistungsträger in Vorlage treten müssen, auch wenn sie sich den Betrag nach Übergang des Unterhaltsanspruchs von dem Unterhaltsschuldner erstatten lassen.

d) Gröbliche Vernachlässigung

21 Die Vernachlässigung muss **gröblich** sein. Den Begriff „gröblich" enthalten auch § 1579 Nr 5 BGB (Ausschluss oder Begrenzung des nachehelichen Unterhalts) und früher § 1587c Nr 3 BGB (Ausschluss des Versorgungsausgleichs, nunmehr allgemeiner gefasst § 27 VersAusglG). Zu § 1587c BGB hat der Bundesgerichtshof ausgeführt, als gröblich könne eine Unterhaltspflichtverletzung erst bezeichnet werden, wenn über die Nichterfüllung der geschuldeten Unterhaltsleistung hinaus **weitere objektive Merkmale** vorliegen, die dem pflichtwidrigen Verhalten ein besonderes Gewicht verleihen, zB wenn der Unterhaltsberechtigte dadurch in ernsthafte Schwierigkeiten bei der Beschaffung seines Lebensbedarfs geraten ist (BGH NJW 1986, 1934 = FamRZ 1986, 658, 660; NJW-RR 1987, 578; FamRZ 1987, 49; FamRZ 1987, 918, 921 = NJW-RR 1987, 1092, 1094; vgl auch BGH FamRZ 2004, 1559, 1560: Alt 2 naheliegend, aber jedenfalls Alt 3; vgl Rn 25; OLG Koblenz OLGR 2000, 254). Da aber die Vernachlässigung der Unterhaltspflicht in § 1611 BGB auch die Schlechterfüllung umfasst (s oben Rn 20), kann hier eine (nachhaltige) Nichterfüllung allein eine gröbliche Pflichtverletzung sein.

22 Die Vernachlässigung muss von einem solchen **Gewicht** sein, dass es unbillig wäre, dem Unterhaltspflichtigen nunmehr im umgekehrten Verhältnis den vollen Unterhalt gewähren zu müssen. Dazu reichen gelegentliche Versäumnisse nicht aus. Von Bedeutung ist vor allem die **Dauer** der Vernachlässigung im Verhältnis zur Gesamtdauer der Unterhaltspflicht. Es kommt darauf an, ob der Unterhaltsberechtigte seiner eigenen Unterhaltspflicht *insgesamt* in ausreichendem Maße nachgekommen ist oder nicht. Gröblich ist die Vernachlässigung insbesondere dann, wenn das unterhaltsberechtigte Kind dadurch seinen Erziehungs- oder Ausbildungsbedarf oder seinen allgemeinen Lebensbedarf **einschränken** musste (Finger FamRZ 1995, 969, 972). Die Schwere der Vernachlässigung wird aber nicht dadurch gemildert, dass der andere Elternteil den fehlenden Unterhalt gewährt hat. Eine **vorsätzliche** Vernachlässigung ist nicht erforderlich (BGB-RGRK/Mutschler Rn 3; Soergel/Seibl[13] Rn 13). Es genügt, dass der Unterhaltspflichtige das Bestehen seiner Pflichten und die Folgen ihrer Vernachlässigung erkennen konnte.

3. Vorsätzliche schwere Verfehlung (Alt 3)

a) Allgemeines

23 Nach der ursprünglichen Fassung des § 1611 BGB waren die Verfehlungen, die zu

einer Herabsetzung des Unterhaltsanspruchs führten, durch Verweisung auf die Pflichtteilsentziehungsgründe (§ 2333 BGB) genau umrissen, nämlich Trachten nach dem Leben, vorsätzliche körperliche Misshandlung, Verbrechen oder schweres vorsätzliches Vergehen. Die Neufassung hat an die Stelle dieser erschöpfenden Aufzählung eine allgemeiner gehaltene Bestimmung gesetzt, die es ermöglichen sollte, dem Einzelfall besser gerecht zu werden (BT-Drucks V/2370, 41). Nunmehr müssen die Gerichte im Einzelfall entscheiden, ob Art und Schwere der Verfehlung eine Herabsetzung oder den Wegfall des Unterhalts rechtfertigen.

b) Schwere Verfehlung

24 Eine **Verfehlung** gegen einen anderen ist ein Verhalten, durch das der andere verletzt, geschädigt oder belästigt wird. Dazu gehören körperliche und gesundheitliche Verletzungen (vgl RGZ 158, 141, 143 [zu § 530]), Schädigung des Eigentums und des Vermögens (vgl BGH NJW 1974, 1085 = FamRZ 1974, 303 [zu § 2333]), herabsetzende oder beleidigende Äußerungen (vgl BGH NJW 1975, 1558 [zu § 66 EheG]), Denunziationen (vgl BGH NJW 1978, 213 = FamRZ 1977, 381 [zu § 530]), intime Beziehungen der Tochter zu dem Ehemann der unterhaltspflichtigen Mutter (OLG Köln FamRZ 1983, 463, 465). Die Mutter, die ihr später auf Unterhalt in Anspruch genommenes Kind im Kleinkindalter bei den Großeltern zurückgelassen und sich in der Folgezeit nicht mehr in nennenswertem Umfang um dieses gekümmert hat, hat nach dem BGH den Anspruch auf Elternunterhalt in vollem Umfang verwirkt (so BGH FamRZ 2004, 1559 – auch zu Alt 2; vgl zur Abgrenzung BGH FamRZ 2010, 1888; OLG Celle FamRZ 2015, 71; AG Warendorf FamRZ 2015, 1508). Auf die **Strafbarkeit** des Verhaltens kommt es nicht an (einschränkend BGB-RGRK/Mutschler Rn 4). Auch seelische Misshandlungen können ausreichen (anders zu § 2333: BGH NJW 1977, 339 = FamRZ 1977, 47). **Vorsatz** ist erforderlich.

25 Für die **Schwere der Verfehlung** kommt es auf das Gewicht der Schuld und das Ausmaß der Beeinträchtigung des anderen an. Eine schwere Verfehlung kann nach einer neueren Entscheidung des BGH zum Elternunterhalt regelmäßig nur bei einer tiefgreifenden Beeinträchtigung schutzwürdiger wirtschaftlicher Interessen oder persönlicher Belange des Pflichtigen angenommen werden (BGH FamRZ 2014, 541 Rn 14; ebenso schon BGH FamRZ 2004, 1559). Die Schwere einer Verfehlung kann nicht danach beurteilt werden, ob die Folgen für den Schädiger mehr oder weniger belastend sind. Dieser Belastung kann bei der Bemessung des Unterhaltsbeitrags Rechnung getragen werden. Dagegen ist für das Gewicht der Verfehlung von Bedeutung, ob der Unterhaltspflichtige Anlass zu dem zu missbilligenden Verhalten gegeben hat (BGH FamRZ 1991, 322 = NJW-RR 1991, 194; Meder FuR 1995, 23, 30; MünchKomm/Born[7] Rn 6). Bei der gebotenen Abwägung aller maßgebenden Umstände kann es geboten sein, einem Elternteil, auch wenn ihm bestimmte Vorwürfe gemacht werden können, die Pflichterfüllung in der Vergangenheit zugutezuhalten (LG Bielefeld FamRZ 1999, 399).

26 Schwere Verfehlungen sind unter anderem

- **Tötungsversuche**,
- erhebliche **körperliche Misshandlungen** von Eltern durch Kinder und von Kindern durch Eltern,

- **sexueller Missbrauch** von Kindern durch Eltern; ebenfalls die frühere Verletzung der elterlichen Pflicht zu Schutz und Beistand für ein zum Opfer einer innerfamiliären Vergewaltigung gewordenes Mädchen (OLG Karlsruhe FamRZ 2016, 1469),
- **Erschleichen unberechtigter Unterhaltsleistungen** in erheblichem Umfang, insbesondere durch Verschweigen regelmäßiger Einkünfte (KG FamRZ 2016, 379; OLG Hamm FamRZ 2013, 1407; OLG Jena FamRZ 2009, 1416; OLG Koblenz FamRZ 1999, 402), worin ein versuchter **Prozessbetrug** liegen kann (OLG Hamm FamRZ 1995, 958 = NJW-RR 1996, 198),
- grobe und fortdauernde **Beleidigungen** oder **Kränkungen** (OLG Karlsruhe FamRZ 2011, 1800; OLG Hamm FamRZ 1993, 468).

27 War der Unterhaltsberechtigte krankheitsbedingt verschuldensunfähig, so kann auch deliktisches Verhalten wie etwa das Einsteigen in die Wohnung der Eltern eine Verwirkung nicht begründen (BGH FamRZ 2010, 1418 Rn 16 ff). Auch reichen einmalige **leichte Körperverletzungen**, zB eine Ohrfeige, für eine Herabsetzung des Unterhalts nicht aus. Einmaliges Zerschneiden der Kleidung von Kindern, die Verursachung eines Waschzwangs und mehrfaches, nicht näher dargelegtes, Aussperren aus einer Wohnung stellen vor dem Hintergrund der psychischen Erkrankung einer Mutter ohne Hinzutreten besonderer Umstände keine schwere Verfehlung dar (BGH FamRZ 2010, 1888 Rn 37 f; OLG Hamm FamRZ 2010, 303 [Vorinstanz]; zur Problematik der Kinder psychisch kranker Eltern s aber auch LAU/LAU FamRZ 2011, 862). Dasselbe gilt für **Taktlosigkeiten, Kränkungen** und **Beleidigungen** geringeren Grades, etwa die briefliche Anrede „Sehr geehrter Herr Vater“, das Weglassen jeglicher Anrede und Höflichkeitsformen (AG Eschweiler FamRZ 1984, 1252) oder das Nichtgrüßen der Großeltern (OLG Köln FamRZ 1996, 1101 = NJW-RR 1996, 707). Sie können aber durch Wiederholungen zu einer schweren Verfehlung werden (GÖPPINGER[5] Rn 810). Umgekehrt können Verfehlungen, die bei Eintritt der Bedürftigkeit längere Zeit zurückliegen, als weniger schwer angesehen werden, denn die Zeit heilt Wunden.

28 Dagegen reicht eine **Kontaktverweigerung** durch einen Elternteil als solche noch nicht aus (BGH FamRZ 2014, 541; FamRZ 2011, 1560; **aA** – zu weitgehend – OLG Oldenburg FamRZ 2013, 1051 als Vorinstanz zu BGH FamRZ 2014, 541; iE ähnlich wie dieses aber OLG Celle NJW 2010, 3727). Ein **Kind**, das jeden persönlichen Kontakt zu dem unterhaltspflichtigen Elternteil ablehnt, verletzt die Pflicht zur Rücksicht, die Eltern und Kinder einander schuldig sind (§ 1618a BGB; s KNÖPFEL FamRZ 1985, 554, 561). Als schwere Verfehlung kann aber die **Kontaktverweigerung** allein nicht angesehen werden (BGH FamRZ 2010, 1418 Rn 16 ff; FamRZ 1991, 322 = NJW-RR 1991, 194; NJW 1995, 1215 = FamRZ 1995, 475). Persönliche Bindungen lassen sich nicht durch Versagen von Unterhalt erzwingen (EWERS FamRZ 1992, 719; s auch BREIHOLDT NJW 1993, 305). Anders kann es sein, wenn zu der Kontaktverweigerung weitere Umstände hinzutreten, durch die das Kind eine Herabwürdigung oder Verachtung des Elternteils in grober Weise zum Ausdruck bringt (OLG München FamRZ 1992, 595, 597; AG Königstein FamRZ 1992, 594). Dazu reicht aber die Verwendung einer **förmlichen Anrede** nicht aus (OLG Hamm FamRZ 1995, 1439). Dagegen kann das stillschweigende monatelange **Verschwinden** eines Kindes aus der elterlichen Wohnung, durch das die Eltern in Angst und Sorge versetzt wurden, eine schwere Verfehlung sein (AG Mainz FRES 4, 240; FamGb/GRIESCHE

Rn 8). Eine **schuldhafte Verfehlung** liegt nicht vor, wenn die vom volljährigen Kind gegenüber dem Vater zu Unrecht erhobenen Vorwürfe des sexuellen Missbrauchs auf eine tiefgreifende neurotische Persönlichkeitsstörung des Kindes mit Krankheitswert zurückzuführen sind (OLG Hamm FamRZ 1995, 958 = NJW-RR 1996, 198). Ein vom – später – unterhaltsberechtigten **Elternteil** ausgehender Kontaktabbruch stellt nach dem **BGH** (FamRZ 2014, 541; Rn 27) zwar regelmäßig eine Verfehlung dar. Sie führt aber nur ausnahmsweise bei Vorliegen weiterer Umstände, die das Verhalten des Unterhaltsberechtigten auch als schwere Verfehlung erscheinen lassen, zur Verwirkung des Elternunterhalts (BGH FamRZ 2014, 541 Rn 16).

Die **Verletzung elterlicher Pflichten** kann eine Verfehlung gegen das Kind sein. Das **29**
gilt nicht nur für die besonders geregelte Vernachlässigung der Unterhaltspflicht (Rn 16 ff), sondern auch für dauernde grobe Vernachlässigung und Verletzung der Aufsichtspflicht (AG Leipzig FamRZ 1997, 965; vgl BGH FamRZ 2004, 1559; Rn 25) und für die Verletzung der Pflicht zu Beistand und Rücksicht (§ 1618a BGB). Wegen der Schwere der Verfehlung kommt es auf die konkreten Beziehungen im Einzelfall und das Ausmaß ihrer Störung, insbesondere auf das Alter und die Fürsorgebedürftigkeit des Kindes an.

c) Betroffene, nahe Angehörige

Die Verfehlung muss sich **gegen den Unterhaltspflichtigen** oder einen **nahen Ange-** **30**
hörigen des Unterhaltspflichtigen gerichtet haben. Verfehlungen gegen dritte Personen reichen nicht aus. Selbst schwere Straftaten gegen andere führen nicht zur Verwirkung des Unterhaltsanspruchs, ebensowenig – anders als nach früherem Recht – ein **ehrloser** oder **unsittlicher Lebenswandel** (BT-Drucks V/2370, 41).

Der Begriff des **„nahen Angehörigen"** ist aus § 530 Abs 1 BGB entnommen. Es **31**
handelt sich um einen **unbestimmten Gesetzesbegriff**, der der Präzisierung bedarf (Vorbem 79 ff zu §§ 1601 ff). Die strafrechtliche Definition des Begriffs „Angehörige" (§ 11 Abs 1 Nr 1 StGB) gilt nur für das Strafgesetzbuch und ist auf die Verwirkung nicht ohne Weiteres anwendbar (**aA** FamGb/Griesche Rn 12), zumal § 1611 BGB die Verfehlung gegen einen *nahen* Angehörigen voraussetzt.

Bei der Auslegung dieses Begriffs ist von dem Zweck der Bestimmung auszugehen. **32**
Sie beruht auf der Unzumutbarkeit der Unterhaltsleistung für den Verpflichteten. Deshalb kommt es darauf an, in welchem Ausmaß dieser durch die gegen den Angehörigen gerichtete Verfehlung betroffen ist. Das hängt von dem **tatsächlichen persönlichen Verhältnis** des Unterhaltspflichtigen zu dem Verletzten ab (Finger FamRZ 1995, 969, 974; vgl Staudinger/Chiusi [2013] § 530 Rn 13 ff). Angehörige im Sinne von § 1611 Abs 1 BGB sind deshalb auch Personen, mit denen der Unterhaltspflichtige, ohne mit ihnen verheiratet, verwandt oder verschwägert zu sein, besonders eng verbunden ist, so der **nichteheliche Lebenspartner** (Soergel/Seibl[13] Rn 18; MünchKomm/Born[7] Rn 19; BGB-RGRK/Mutschler Rn 5; **aA** Göppinger[5] Rn 811; FamGb/Griesche Rn 12), der **Verlobte, Pflegekinder** und **Pflegeeltern** (s § 11 Abs 1 Nr 1 StGB). Bei **Ehegatten** endet die enge persönliche Bindung mit der Aufhebung der ehelichen Lebensgemeinschaft. Unter Verwandten und Verschwägerten wird in der Regel eine enge persönliche Bindung zwischen **Eltern und Kindern** sowie **Stiefeltern und Stiefkindern** bestehen. Im Übrigen kommt es auf die tatsächlich bestehenden Bindungen im Einzelfall an (Soergel/Seibl[13] Rn 18; BGB-RGRK/Mutschler Rn 5).

d) Verzeihung

33 Die Verwirkung endet mit der **Verzeihung der Verfehlung** durch den Unterhaltspflichtigen. Nach der früheren Fassung des § 1611 BGB ergab sich das aus § 2337 BGB, der von der Verweisung auf die Pflichtteilsentziehungsgründe umfasst wurde (RGZ 92, 1, 6). Heute wird diese Wirkung der Verzeihung aus der rechtsähnlichen Anwendung der §§ 532, 2337, 2343 BGB hergeleitet (SOERGEL/SEIBL[13] Rn 23; BGB-RGRK/MUTSCHLER Rn 8; FamGb/GRIESCHE Rn 10; **aA** zu § 1579 GERNHUBER/COESTER-WALTJEN § 30 VII 9).

34 **Verzeihung** ist die Kundgabe des Unterhaltspflichtigen, dass er die ihm durch die Verfehlung zugefügte Kränkung überwunden hat und nicht mehr als solche empfindet (BGHZ 91, 273, 278 = NJW 1984, 2089 = FamRZ 1984, 760, 1083 m zust Anm SEUTEMANN). Die Kundgabe kann ausdrücklich oder durch schlüssiges Verhalten erfolgen. Volle Geschäftsfähigkeit ist nicht erforderlich, der Verzeihende muss jedoch in der Lage sein, die Bedeutung der Verzeihung in ihrem moralischen Gehalt zu erkennen (STAUDINGER/OLSHAUSEN [2015] § 2337 Rn 5; STAUDINGER/CHIUSI [2013] § 532 Rn 3 f). Zur Abgrenzung zwischen Verzeihung und Versöhnung („vergeben, aber nicht vergessen") wird auf § 2337 Rn 20 ff verwiesen.

35 Eine Verzeihung ist nur bei Verwirkung des Unterhaltsanspruchs durch **schwere Verfehlung** möglich, nicht jedoch bei selbstverschuldeter Bedürftigkeit und Vernachlässigung der eigenen Unterhaltspflicht (**aA** MünchKomm/KÖHLER[3] Rn 10), denn hier fehlt es an einer zu überwindenden Kränkung. Dem Unterhaltspflichtigen bleibt es jedoch unbenommen, sich nicht auf die Verwirkung zu berufen und den Unterhalt in voller Höhe zu leisten. Zwar handelt es sich bei der Verwirkung um eine von Amts wegen zu berücksichtigenden Einwand, durch das Verhalten zeigt der Verpflichtete hingegen, dass es sich nicht um eine gewichtige Beeinträchtigung seiner Interessen handelt.

III. Verwirkungsfolgen

36 Voraussetzung einer Herabsetzung des Unterhalts ist, dass die Zahlung des vollen Unterhalts *unbillig* wäre; ein Unterhaltsausschluss kommt nur bei grober Unbilligkeit in Betracht. Die Unterhaltsbeschränkung muss der Schwere und Nachhaltigkeit der Verfehlung angemessen sein. Notwendig ist daher stets eine umfassende *Abwägung aller* maßgeblichen *Umstände,* die auch das eigene Verhalten des Unterhaltsverpflichteten gegenüber dem Kind und dem anderen Elternteil, bei dem es vielfach lange Zeit gelebt hat und zu dem es besondere Beziehungen unterhält, angemessen berücksichtigt (BGH FamRZ 2010, 1888 Rn 32; FamRZ 1995, 741; WENDL/KLINKHAMMER[9] § 2 Rn 607).

1. Unterhaltsbeitrag

37 Liegt einer der Verwirkungsgründe vor, so braucht der Unterhaltspflichtige nur noch einen **Beitrag zum Unterhalt** in der Höhe zu leisten, die der Billigkeit entspricht. Bei dieser Beitragspflicht handelt es sich um eine echte Unterhaltspflicht (vgl BGH NJW 1983, 2379, 2381 = FamRZ 1983, 258, 260 zu § 60 EheG), bei der der zu zahlende Betrag den angemessenen Lebensbedarf (§ 1610 Abs 1, 2 BGB) nicht voll deckt. Im Ergebnis führt die Verwirkung also zu einer **Herabsetzung des Unterhaltsanspruchs**.

Daraus folgt nicht, dass stets zunächst der Unterhaltsbetrag ermittelt werden muss, der ohne die Verwirkung geschuldet wäre (so aber FINGER FamRZ 1995, 969, 974; BGB-RGRK/MUTSCHLER Rn 6; FamGb/GRIESCHE Rn 13). Der **Billigkeitsunterhalt** kann vielmehr unabhängig von seinem Verhältnis zum angemessenen Unterhalt festgestellt werden; er muss nur niedriger sein. 38

Der Beitrag zum Unterhalt muss sich auf den **gesamten Lebensbedarf** – sowohl den laufenden (§ 1612 Abs 1 S 1 BGB) als auch den Sonderbedarf (§ 1613 Abs 2 Nr 1 BGB) – erstrecken. 39

2. Billigkeit

Das Gesetz gibt keine Umstände an, die bei der Billigkeitsabwägung zu berücksichtigen sind (anders in § 1579 BGB). Damit ist der Gesetzesanwendung ein **weiter Spielraum** überlassen (krit dazu BRÜHL FamRZ 1966, 541, 545). Streitfragen über die Abgrenzung haben sich aber bisher nicht ergeben. 40

Zu berücksichtigen sind insbesondere 41

- das **Gewicht der Verwirkungsgründe**, nämlich der Grad des sittlichen Verschuldens (OLG Celle FamRZ 1990, 1142, 1144), das Ausmaß der Vernachlässigung der eigenen Unterhaltspflicht, Art und Schwere der Verfehlung (BGH FamRZ 2004, 1559, 1560),
- das **Zusammentreffen mehrerer Verwirkungsgründe** (AG Germersheim FamRZ 1990, 1387; MünchKomm/KÖHLER[3] Rn 8),
- die durch sittliches Verschulden herbeigeführte **Bedürftigkeit** kann – vergleichbar mit der wie beim Unterhaltspflichtigen – nur in der Zurechnung fiktiven Einkommens (oder Vermögensverwertung) bestehen (iE zweifelhaft daher insoweit KG Berlin NJW 2016, 2345, vgl Rn 16),
- ein **Mitverschulden** oder **Erziehungsfehler** des Verpflichteten,
- der **Zeitablauf** seit dem zu missbilligenden Verhalten des Berechtigten,
- die **wirtschaftlichen Verhältnisse** des Verpflichteten (OLG Frankfurt FamRZ 1993, 1241), Umfang und Dauer seiner bisherigen und noch zu erbringenden Unterhaltsleistungen,
- die **Nachteile für den Unterhaltsberechtigten** (s Rn 25).

Bei einer **gehobenen Lebensstellung** des Berechtigten (Kind wohlhabender Eltern in der Ausbildung) kann der Unterhalt ohne Weiteres auf den allgemeinen Richtwert herabgesetzt werden. Unberücksichtigt bleiben muss aber auch eine **Belastung der öffentlichen Hand**, wenn der Unterhaltsberechtigte infolge der Herabsetzung Sozialleistungen in Anspruch nehmen muss (BT-Drucks V/2370, 41). 42

3. Anrechnung bestimmter Sozialleistungen

43 Im Fall der Verwirkung sind bestimmte Sozialleistungen mit grundsätzlichen Anrechnungsverboten – ausnahmsweise – dennoch anrechenbares Einkommen, was sich zu Gunsten des Unterhaltspflichtigen auswirkt. Zu nennen sind hier das **Elterngeld** (Sockelbetrag; dazu § 1602 Rn 51) und das **weitergeleitete Pflegegeld** (§ 1602 Rn 62).

4. Wegfall der Unterhaltspflicht

44 Die Unterhaltspflicht fällt ganz weg, wenn die Inanspruchnahme des Verpflichteten **grob unbillig** wäre. Die Fassung des Gesetzes deutet darauf hin, dass der völlige Wegfall die Ausnahme sein soll. Das war auch die Absicht des Gesetzgebers (BT-Drucks V/2370, 41). Deshalb müssen an die grobe Unbilligkeit strenge Anforderungen gestellt werden. Nach herrschender Meinung setzt sie voraus, dass selbst die Leistung eines geringfügigen Beitrags **der Gerechtigkeit in unerträglicher Weise widerspräche** (Soergel/Seibl[13] Rn 29; BGB-RGRK/Mutschler Rn 6; zum Begriff der groben Unbilligkeit vgl auch BGH FamRZ 1992, 787 = NJW-RR 1992, 900). Dagegen hat Engler (Staudinger/Engler [2000] Rn 43) eingewendet, dass Unerträglichkeit weitergehe als grobe Unbilligkeit. Hierüber müsse im Einzelfall aufgrund tatrichterlicher Würdigung entschieden werden. Fallgruppen, die Hinweise für die Rechtsanwendung geben könnten, hätten sich allerdings noch nicht ergeben. Zur Rechtsprechung des BGH wird auf Fälle verwiesen, in denen ein vollständiger Anspruchsausschluss angenommen (BGH FamRZ 2004, 1559) und eine auch nur teilweise Herabsetzung – allerdings schon wegen fehlenden Tatbestands – abgelehnt worden ist (BGH FamRZ 2014, 751; FamRZ 2010, 1888). Dazwischen liegt der Spielraum für den zu entscheidenden Einzelfall.

5. Beginn und Dauer

45 Die Beschränkung oder der Wegfall des Unterhaltsanspruchs **beginnt** in dem Zeitpunkt, in dem die Voraussetzungen der Verwirkung vorliegen und der Berechtigte bedürftig ist oder wird. Sie wirken grundsätzlich nur **für die Zukunft** und lassen vorher entstandene Ansprüche unberührt (BGH NJW 1984, 296 = FamRZ 1984, 34; Soergel/Seibl Rn 30). Bei einer Verwirkung wegen schwerer Verfehlung kann es jedoch billig sein, auch einen Anspruch auf rückständigen Unterhalt herabzusetzen oder entfallen zu lassen (BGH FamRZ 2004, 612, 614 – zu § 1579; noch offen gelassen von BGH NJW 1984, 296 = FamRZ 1984, 34; Soergel/Seibl Rn 30; vgl auch Göppinger JR 1984, 156).

46 Beschränkung und Wegfall sind grundsätzlich **endgültig** (vgl Soergel/Seibl Rn 30 f). Der volle Unterhaltsanspruch **lebt** jedoch **wieder auf**, wenn der Verpflichtete die Verfehlung **verzeiht** (Rn 33 ff) oder wenn bei selbstverschuldeter Bedürftigkeit **unverschuldete Ursachen** hinzutreten, denen die weitere Bedürftigkeit zuzurechnen ist (Rn 11). Die zu § 1579 BGB entwickelten Wiederauflebensgründe kommen hier nicht zur Anwendung, weil die Verwirkungstatbestände des § 1611 BGB in der Vergangenheit abgeschlossen sind (vgl BGH FamRZ 1987, 1238 = NJW-RR 1988, 70 mwNw; Häberle FamRZ 1986, 311, 316; Luthin FamRZ 1986, 1166, 1168). Eine einmal festgestellte vorsätzliche schwere Verfehlung wird durch weiteren Zeitablauf nicht zu einer einfachen Verfehlung.

Dagegen können sich die für die Billigkeitsentscheidung über die **Höhe des Unterhaltsbeitrages** maßgebenden Umstände (Rn 40 ff) nachträglich ändern, zB die wirtschaftlichen Verhältnisse des Verpflichteten, die Nachteile für den Berechtigten, Wegfall des Elterngeldes. In diesen Fällen muss der Beitrag neu bemessen werden. Ein einmal eingetretener Wegfall des Unterhaltsanspruchs sollte jedoch bestehen bleiben. 46a

IV. Minderjährigenprivileg, Absatz 2

1. Allgemeines

Die Vorschriften über die Verwirkung gelten nach Abs 2 nicht für die Unterhaltspflicht der **Eltern gegenüber ihren minderjährigen Kindern**. Durch das *Gesetz zur Bekämpfung von Kinderehen* vom 17. 7. 2017 (BGBl I 2429) wurde das Merkmal **„unverheiratet"** in Abs 2 gestrichen (Rn 4). 47

Das Minderjährigenprivileg beruht – ebenso wie die Privilegierung der Unterhaltsansprüche dieser Kinder nach § 1602 Abs 2 BGB und die gesteigerte Unterhaltspflicht der Eltern ihnen gegenüber nach § 1603 Abs 2 BGB – auf der **besonderen Verantwortung**, die Eltern gegenüber ihren minderjährigen Kindern haben (vgl § 1602 Rn 151; § 1603 Rn 344). Außerdem haben die Eltern, soweit ihnen die Personensorge zusteht, das Recht und die Pflicht, das Kind zu erziehen und zu beaufsichtigen (§ 1631 Abs 1 BGB). Diesen Verpflichtungen würde es nicht entsprechen, wenn infolge einer Fehlentwicklung des Kindes die Unterhaltspflicht der Eltern ganz oder teilweise entfallen könnte (BT-Drucks V/2370, 42). 48

2. Geltungsbereich

Der Ausschluss der Verwirkung gilt auch für Unterhaltsansprüche von **Kindern** gegen Elternteile, die **nicht sorgeberechtigt** sind. 49

Auf Unterhaltsansprüche gegen **Großeltern** ist Abs 2 auch dann nicht entsprechend anwendbar, wenn diese ihr Enkelkind von Anfang an erzogen haben (MünchKomm/Köhler Rn 12; BGB-RGRK/Mutschler Rn 9; **aA** Soergel/Häberle Rn 6). Den Großeltern dürfen daraus, dass sie die Erziehung der Enkel freiwillig übernehmen, keine Nachteile erwachsen. Sie trifft auch keine gesteigerte Unterhaltspflicht. 50

Das Minderjährigenprivileg des Abs 2 steht einer Kürzung einzelner Unterhaltsleistungen **aus erzieherischen Gründen** nicht entgegen; zB Taschengeldentzug, Versagung einer Reise (Soergel/Seibl[13] Rn 34; **aA** BGB-RGRK/Mutschler Rn 9). Ob und welche Maßnahmen zulässig sind, ist eine Frage des Erziehungsrechts (§ 1631 BGB). Jedenfalls stehen sie nur dem sorgeberechtigten Elternteil zu. 51

3. Minderjährige Kinder

Minderjährig sind Kinder bis zur Vollendung des 18. Lebensjahres (§ 2, s dazu § 1602 Rn 153). Nach dem Wortlaut des Abs 2 gilt die Nichtanwendung der Verwirkungsvorschriften nur für die Ansprüche der Kinder, die ihnen **während ihrer Minderjährigkeit** zustehen. Es wäre jedoch mit der besonderen Verantwortung der Eltern 52

(Rn 48) nicht vereinbar, wenn ihre Unterhaltspflicht gegenüber ihren volljährig gewordenen Kindern wegen deren Fehlverhaltens in einer Zeit, als sie noch minderjährig und damit schutzbedürftig waren, beschränkt würde oder wegfiele. Abs 2 ist daher dahin auszulegen, dass eine Verwirkung von Unterhaltsansprüchen der Kinder gegen ihre Eltern nicht aus einem Verhalten der Kinder während ihrer Minderjährigkeit hergeleitet werden kann (im Ergebnis ebenso BGH NJW 1988, 2371, 2374 = FamRZ 1988, 159, 163; FamRZ 1998, 367, 370; OLG Düsseldorf NJW 1979, 1893; OLG Hamburg FamRZ 1983, 523; OLG Köln FamRZ 1990, 310 = NJW-RR 1990, 714; BGB-RGRK/Mutschler Rn 9). Die meist hierfür angeführte Begründung mit einem Erziehungsversagen der Eltern reicht allerdings nicht aus, da sie für nichtsorgeberechtigte Elternteile nicht zutrifft.

53 Für **volljährige**, aber noch nicht 21 Jahre alte unverheiratete Kinder, die im Haushalt der Eltern oder eines Elternteils leben und sich in der allgemeinen **Schulausbildung** befinden und deshalb nach § 1603 Abs 2 S 2 BGB privilegiert sind, gilt § 1611 Abs 2 BGB nicht. Einer entsprechenden Anwendung der Vorschrift steht deren Ausnahmecharakter entgegen; einem im Einzelfall vorhandenen Schutzbedürfnis eines 18, aber noch nicht 21 Jahre alten Schülers kann durch die weit gefasste Billigkeitsregelung des Abs 1 S 1 (oben Rn 39) ausreichend Rechnung getragen werden (iE ebenso Palandt/Brudermüller[76] Rn 9).

V. Andere Unterhaltspflichtige, Absatz 3

1. Allgemeines

54 Nach Abs 3 kann der Bedürftige für den Ausfall, den er infolge der Verwirkung seines Unterhaltsanspruchs erleidet, **nicht andere Unterhaltspflichtige** in Anspruch nehmen. Das ergibt sich im Verwandtenunterhaltsrecht auch aus anderen Vorschriften. Nach § 1607 BGB ist der **nachrangig haftende Verwandte** (§ 1606 Abs 1, 2 BGB) nur unterhaltspflichtig, soweit der erstrangig haftende nicht leistungsfähig oder schwer zu belangen ist. Die Verwirkung des Primäranspruchs führt also nicht zu einer Zweit- oder Ersatzhaftung. Bei einer **gleichrangigen Haftung** mehrerer Verwandter bestimmen sich ihre Anteile nach ihren Erwerbs- und Vermögensverhältnissen (§ 1606 Abs 3 BGB) unabhängig davon, ob der Anspruch gegen einen von ihnen verwirkt ist. Diese Rechtslage wird durch § 1611 Abs 3 BGB noch einmal ausdrücklich klargestellt. Auf die **vorrangige Unterhaltspflicht** eines anderen Verwandten oder des Ehegatten (§§ 1608, 1584 BGB) kann sich die Verwirkung des Anspruchs gegen einen Nachverpflichteten nicht auswirken.

2. Keine Unterhaltspflicht des Betroffenen

55 Ist der von dem Fehlverhalten betroffene Verwandte **verstorben** oder wegen Leistungsunfähigkeit **nicht unterhaltspflichtig** (§ 1603 BGB), so haften die anderen Unterhaltspflichtigen unbeschränkt, denn ein nicht bestehender Anspruch kann nicht verwirkt werden (Soergel/Seibl[13] Rn 35; BGB-RGRK/Mutschler Rn 10). Anders ist es, wenn der Unterhaltsanspruch auch ihnen gegenüber verwirkt ist. Der Verwirkungsgrund der **selbstverschuldeten Bedürftigkeit** (Rn 9 ff) wirkt gegenüber allen Unterhaltspflichtigen. Die Verwirkung durch **vorsätzliche schwere Verfehlung** (Rn 23 ff) wirkt auch gegenüber einem anderen Unterhaltspflichtigen, wenn der unmittelbar

Betroffene sein naher Angehöriger ist. Dagegen kann sich die Verwirkung wegen **Vernachlässigung der eigenen Unterhaltspflicht** nur dann auf die Unterhaltspflicht eines anderen auswirken, wenn der Berechtigte auch ihm gegenüber seine Unterhaltspflicht vernachlässigt hat (zB Vater zahlt für alle Kinder keinen Unterhalt).

3. Entsprechende Anwendung

56 Nach herrschender Meinung ist Abs 3 bei einer Herabsetzung des ehelichen und des nachehelichen Unterhalts wegen grober Unbilligkeit (§§ 1361 Abs 3, 1579 BGB) insoweit **entsprechend anwendbar**, als der Herabsetzungsgrund dem Verwirkungsgrund des § 1611 Abs 1 BGB gleichzustellen ist (Beckmann FamRZ 1983, 863; Soergel/Seibl[13] Rn 36; **aA** noch Göppinger/Kindermann[5] Rn 289, 1238). Danach kann der Ehegatte, dessen ehelicher oder nachehelicher Unterhaltsanspruch versagt, herabgesetzt oder zeitlich begrenzt ist, für diesen Ausfall nicht seine Verwandten in Anspruch nehmen.

57 Soweit es sich um den **ehelichen Unterhaltsanspruch** handelt, ergibt sich dies bereits aus §§ 1608, 1607 BGB, wonach die Verwandten nur dann unterhaltspflichtig sind, wenn der Ehegatte leistungsunfähig oder schwer zu belangen ist (s Rn 54). Anders ist es beim **nachehelichen Unterhalt**, weil hier die Rangfolgebestimmung des § 1609 Nr 2 und 3 BGB eine Unterhaltspflicht des geschiedenen Ehegatten voraussetzt, die auch wegen grober Unbilligkeit entfallen sein kann. Insoweit sollte deshalb § 1611 Abs 3 BGB entsprechend angewendet werden, wenn nicht die Versagung des Unterhalts auf kurzer Ehedauer beruht.

VI. Hinweise zum gerichtlichen Verfahren

1. Darlegungs- und Beweislast

58 Die Darlegungs- und Beweislast für das **Vorliegen eines Verwirkungsgrundes** (Rn 8 ff) – eine rechtsvernichtende oder „rechtsschmälernde" Einwendung – trägt der Unterhaltspflichtige, zu dessen Gunsten sich die Verwirkung auswirkt (allgM). Der Antragsteller muss für die Verwirkung sprechende Umstände auch dann substantiiert bestreiten, wenn er den Unterhaltsanspruch als Legalzessionar verfolgt (OLG Frankfurt FamRZ 2016, 1855, 1856). Dagegen muss die **Verzeihung** einer Verfehlung durch den Unterhaltspflichtigen (Rn 33 f) von dem Berechtigten dargelegt und bewiesen werden (Palandt/Brudermüller[76] Rn 10; Baumgärtel/Aps, Beweislast[3] § 1611 Rn 3). Dasselbe gilt für das Vorliegen einer **unverschuldeten Bedürftigkeitsursache**, durch die die selbstverschuldete Bedürftigkeit verdrängt wird (s Rn 11).

59 Im Rahmen der **Billigkeitsprüfung** über die Höhe des Unterhaltsbeitrages oder den Wegfall der Unterhaltspflicht (Rn 40 f, 44) trägt nach herrschender Meinung jede Partei die Darlegungs- und Beweislast für die zu ihren Gunsten sprechenden Umstände (Baumgärtel/Aps Rn 2; Göppinger[5] Rn 1709; Soergel/Seibl[13] Rn 37). Nach Engler (Staudinger/Engler [2000] Rn 59 mwNw) ist dem nicht zu folgen. Eine Einschränkung des Unterhaltsanspruchs sei vielmehr nur insoweit möglich, als dies unter Berücksichtigung aller Umstände der Billigkeit entspricht. Das müsse der Unterhaltspflichtige darlegen und beweisen. Er trage deshalb auch die Beweislast dafür, dass gegen die Einschränkung sprechende Einzeltatsachen, zB ein eigenes Mitverschulden oder

Erziehungsfehler (Rn 41), nicht vorlägen. Da es sich hierbei um einen **Negativbeweis** handele, dürften die Anforderungen an die Beweisführung nicht überspannt werden. Dem ist nicht zu folgen. Allerdings kann der Unterhaltsberechtigte auch für negative Tatsachen die Darlegungs- und Beweislast tragen. Dies gilt allerdings nur, wenn diese für eine Anspruchskürzung oder einen Anspruchsausschluss sprechen (vgl BGH FamRZ 2014, 1276, Rn 29 mwNw zur entsprechenden Lage bei § 1578b).

2. Verwirkung eines titulierten Anspruchs

60 Streitig ist, ob die Verwirkung eines titulierten Unterhaltsanspruchs durch **Abänderungsantrag** nach § 238 FamFG (so OLG Bamberg NJW 1992, 1112 = FamRZ 1992, 717; zu § 1579 OLG Frankfurt FamRZ 1988, 62; KG FamRZ 1990, 187; Soergel/Häberle § 1579 Rn 37) oder durch **Vollstreckungsgegenantrag** nach § 767 ZPO (so noch MünchKomm/Köhler[3] Rn 16; zu § 66 EheG BGH FamRZ 1987, 259, 261; OLG Düsseldorf FamRZ 1981, 883) geltend zu machen ist (zur Abgrenzung beider Klagearten s Vorbem 220 zu §§ 1601 ff). Das **Abänderungsverfahren** erscheint hier besser geeignet, weil zu den Umständen, die für das Ausmaß der Einschränkung des Unterhaltsanspruchs maßgebend sind, auch die Leistungsfähigkeit des Verpflichteten und die Bedürftigkeit des Berechtigten gehören (Rn 40). Das Hinzukommen der Verwirkungsumstände steht der Anwendung des § 238 FamFG nicht entgegen. Außerdem ist die Einschränkung des Unterhaltsanspruchs nicht immer endgültig (Rn 46 f).

61 Änderungen der Umstände, die für die Höhe eines **titulierten Unterhaltsbeitrages** maßgebend waren (s Rn 47), sind ebenfalls durch Abänderungsklage geltend zu machen.

§ 1612
Art der Unterhaltsgewährung

(1) Der Unterhalt ist durch Entrichtung einer Geldrente zu gewähren. Der Verpflichtete kann verlangen, dass ihm die Gewährung des Unterhalts in anderer Art gestattet wird, wenn besondere Gründe es rechtfertigen.

(2) Haben Eltern einem unverheirateten Kind Unterhalt zu gewähren, können sie bestimmen, in welcher Art und für welche Zeit im Voraus der Unterhalt gewährt werden soll, sofern auf die Belange des Kindes die gebotene Rücksicht genommen wird. Ist das Kind minderjährig, kann ein Elternteil, dem die Sorge für die Person des Kindes nicht zusteht, eine Bestimmung nur für die Zeit treffen, in der das Kind in seinen Haushalt aufgenommen ist.

(3) Eine Geldrente ist monatlich im Voraus zu zahlen. Der Verpflichtete schuldet den vollen Monatsbetrag auch dann, wenn der Berechtigte im Laufe des Monats stirbt.

Materialien: E I § 1491; II § 1507; III § 1590; Mot IV 702; Prot IV 495; VI 297; Jakobs/Schubert §§ 1564–1921, 264; Planck, in: Schubert, Vorlagen der Redaktoren, Familienrecht II, 334; BT-Drucks II/3409, 21; V/2370, 5, 42; BT-Drucks 16/1830; Staudinger/BGB-Synopse 1896–2005 § 1612.

Schrifttum

Berkenbrock, „Unwirksamkeit" der Bestimmung der Art der Unterhaltsgewährung nach § 1612 II BGB im Falle des Bestreitens der Unterhaltspflicht?, FamRZ 1986, 1055
Bosch, Teil-Unmündigkeit trotz Volljährigkeit?, in: FS Schiedermair (1976) 51
Buchholz, Zum Unterhaltsbestimmungsrecht der Eltern gegenüber volljährigen Kindern, FamRZ 1995, 705
Erdrich, § 1612 BGB: Die Unterhaltsbestimmung durch die Eltern nach neuem Recht, FPR 2005, 490
Fehnemann, Elternrecht und elterliche Rechte nach Volljährigkeit des Kindes, ZBlJugR 1980, 605
Finger, § 1612 II BGB – Fremdbestimmung durch die Eltern und Selbstbestimmung des Kindes, ZBlJugR 1984, 454
Goetsche, Das elterliche Bestimmungsrecht nach der Unterhaltsrechtsreform, FamRB 2008, 81
Graba, Betreuungsunterhalt aufgrund des erweiterten Unterhaltsbegriffs, NJW 2016, 833
Huber, Bestimmungsrecht der Eltern beim Volljährigenunterhalt – „Kein Bock" auf zu Hause?, NZFam 2016, 289
Knorn, Die rechtswirksame Unterhaltsbestimmung nach § 1612 II BGB, FamRZ 1966, 392
Kotzur, Elterlicher Unterhalt als Mittel zur Beeinflussung Volljähriger?, in: FS Gernhuber (1993) 681
Kumme, Die Bestimmung der Unterhaltsgewährung durch die Eltern für ein volljähriges Kind – Konfliktsituationen zwischen Eltern und Kindern, ZBlJugR 1977, 417
Lipp, Das elterliche Unterhaltsbestimmungsrecht bei getrennt lebenden und geschiedenen Eltern, ZBlJugR 1984, 309
Löhnig, Die Auswirkungen des neuen § 284 III BGB im Familienrecht, NJW 2000, 3548
Maass, Keine Barunterhaltspflicht beim echten Wechselmodell, FamRZ 2016, 603
Moritz, Das „Bestimmungsrecht" der Eltern gegenüber volljährigen Unterhaltsberechtigten, RdJ 1977, 264
Pachtenfels, Eingrenzung des elterlichen Bestimmungsrechts auf Gewährung von Naturalunterhalt an volljährige unverheiratete Studierende – Auslegungstendenzen in der neueren Rechtsprechung, MDR 1986, 449
Roettig, Das Unterhaltsbestimmungsrecht der Eltern (1984)
Schmidt, Das Unterhaltsbestimmungsrecht der Eltern gemäß § 1612 Abs 2 BGB (2003)
dies, Das Unterhaltsbestimmungsrecht in der Reform des Unterhaltsrechts, ZKJ 2008, 159
Schroers, Zum „Recht" auf Ausbildungsunterhalt eines volljährigen Kindes durch Naturalunterhalt, Rpfleger 1996, 271
Schütz, Elterliches Einwirken auf volljährige Kinder durch Bestimmung von Naturalunterhalt, NJW 1992, 1086
Schwenzer, Das Unterhaltsbestimmungsrecht geschiedener Eltern gegenüber volljährigen Kindern, DRiZ 1985, 168
Schwerdtner, Verfassungsrechtliche Grenzen der Unterhaltsbestimmung durch Eltern, NJW 1977, 1268
ders, Das Wohl des Kindes im Wandel der Zeiten, NJW 1991, 2543
Seiler, Wechselmodell – unterhaltsrechtliche Fragen, FamRZ 2015, 1845
Spangenberg, Wechselmodell ohne Barunterhaltspflicht?, FamRZ 2016, 1426
Wawrzyniak, Das den Eltern in § 1612 Abs 2 eingeräumte Wahlrecht, ZBlJugR 1979, 383
Wiesner, Natural- oder Geldunterhalt für volljährige Kinder?, FamRZ 1977, 28
Wohlgemuth, Zum Vorschlag von Maaß, FamRZ 2016, 603, zur Unterhaltserstattung beim Wechselmodell, FamRZ 2016, 1427
dies, Unterhalt und familienrechtlicher Ausgleichsanspruch beim Wechsel des Kindes zum barunterhaltspflichtigen Elternteil, FamRZ 2009, 1873
dies, Verzug bei Unterhaltsforderungen, FF 2000, 185
Zenz, Die Gewährung von Unterhalt an „volljährige Kinder", ZRP 1977, 195.

Systematische Übersicht

Alphabetische Übersicht

I. Inhalt und Textgeschichte

1 § 1612 BGB regelt die **Art der Unterhaltsgewährung** (Geldrente, Naturalleistung), wobei das den Eltern in Abs 2 eingeräumte **Bestimmungsrecht** von besonderer Bedeutung und lange Zeit sehr umstritten war (s Rn 22 ff). Abs 3 regelt die Rentenzahlung (s Rn 74 ff). Die Vorschrift galt schon nach § 1615a aF auch für die Unterhaltspflicht gegenüber nichtehelichen Kindern (Staudinger/Eichenhofer [1997] § 1615a Rn 35). Doch sah der durch das NEhelG eingeführte, vom KindUG aufgehobene § 1615e BGB vor, dass der Vater dem Kind, wenn es nicht in seinen Haushalt aufgenommen ist, Unterhalt in Form des Barunterhalts als Regelunterhalt schuldet. In diesem Fall war gemäß § 1615 f Abs 1 S 3 BGB das Recht zur Bestimmung der Art der Unterhaltsgewährung (§ 1612 Abs 1 S 2 BGB) ausgeschlossen (s dazu unten Rn 12).

2 Die Vorschrift ist mehrmals geändert worden:

– Durch Art 1 Nr 20 GleichberG (Vorbem 44 zu §§ 1601 ff) wurde in Abs 3 die **Vor-**

auszahlungspflicht für die Rente, die vorher drei Monate betrug (Verweisung auf § 760), auf einen Monat herabgesetzt.

- Durch Art 1 Nr 14 NEhelG (Vorbem 44 zu §§ 1601 ff) wurde mit der Einfügung des Abs 2 Satz 3 (nunmehr: Satz 2) das **Bestimmungsrecht des nichtsorgeberechtigten Elternteils** eingeschränkt (s Rn 39 f).
- Durch Art 1 Nr 46 KindRG wurde in Abs 2 S 2 das Wort „Vormundschaftsgericht" durch das Wort **„Familiengericht"** ersetzt.
- Durch Art 1 Nr 9 KindUG wurde an Abs 2 S 1 der Nebensatz angefügt, der den Eltern eines unverheirateten Kindes gebietet, bei der Bestimmung der Art der Unterhaltsgewährung auf die Belange des Kindes die gebotene **Rücksicht** zu nehmen (s Rn 31).
- Durch das Unterhaltsrechtsänderungsgesetz vom 21. 12. 2007 (BGBl I 3189) wurde Abs 2 Satz 1 geändert und Abs 2 Satz 2, der ein **familiengerichtliches Verfahren zur Änderung der Unterhaltsbestimmung** vorsah, **gestrichen**.

Bis 31. 12. 2007 gültige Fassung:

§ 1612
Art der Unterhaltsgewährung

(1) Der Unterhalt ist durch Entrichtung einer Geldrente zu gewähren. Der Verpflichtete kann verlangen, dass ihm die Gewährung des Unterhalts in anderer Art gestattet wird, wenn besondere Gründe es rechtfertigen.

(2) Haben Eltern einem unverheirateten Kind Unterhalt zu gewähren, so können sie bestimmen, in welcher Art und für welche Zeit im Voraus der Unterhalt gewährt werden soll, wobei auf die Belange des Kindes die gebotene Rücksicht zu nehmen ist. Aus besonderen Gründen kann das Familiengericht auf Antrag des Kindes die Bestimmung der Eltern ändern. Ist das Kind minderjährig, so kann ein Elternteil, dem die Sorge für die Person des Kindes nicht zusteht, eine Bestimmung nur für die Zeit treffen, in der das Kind in seinen Haushalt aufgenommen ist.

(3) Eine Geldrente ist monatlich im Voraus zu zahlen. Der Verpflichtete schuldet den vollen Monatsbetrag auch dann, wenn der Berechtigte im Laufe des Monats stirbt.

Die **Erweiterung des Unterhaltsbegriffs** durch die Verwirklichung der **Gleichberechtigung** von Mann und Frau (Vorbem 2 zu §§ 1601 ff) und der inzwischen eingetretene **Wandel des Familienbildes** sind in § 1612 BGB auch heute noch nicht vollständig verwirklicht (zur Lage vor dem Unterhaltsrechtsänderungsgesetz vom 21. 12. 2007 vgl Staudinger/Engler [2000] Rn 3). **3**

II. Entrichtung einer Geldrente, Absatz 1 Satz 1

1. Grundsatz und Ausnahmen

4 Absatz 1 Satz 1 stellt den **Grundsatz** auf, dass der Unterhalt durch Entrichtung einer Geldrente zu gewähren ist. Damit muss sich der Unterhaltsberechtigte die für seinen Lebensbedarf erforderlichen Güter und Leistungen selbst beschaffen. Durch diese Regelung sollen die mit der Naturalversorgung verbundene Einschränkung der Freiheit und tatsächliche Bevormundung des Berechtigten sowie die sich daraus ergebenden Streitigkeiten vermieden werden (Mot IV 702 f; OLG Braunschweig SeuffA 61 Nr 159). Gleiche Regelungen bestehen für die Unterhaltspflicht zwischen getrenntlebenden und geschiedenen Ehegatten (§§ 1361 Abs 4, 1585 Abs 1 BGB, früherer § 62 Abs 1 EheG).

5 Von dem Grundsatz der Rentenzahlungspflicht bestehen zahlreiche **Ausnahmen**: Aus besonderen Gründen können Verpflichtete den Unterhalt **in anderer Art** gewähren (Abs 1 S 2). Eltern können die Art der Unterhaltsgewährung an ihre unverheirateten Kinder **bestimmen** (Abs 2). Der Unterhaltsanspruch wegen **Sonderbedarfs** (§ 1613 Abs 2 Nr 1 BGB) ist durch einmalige Zahlung zu erfüllen.

Die Vorschrift ist auf die Befriedigung des sächlichen Bedarfs (Bar- oder Naturalunterhalt) zugeschnitten. Der **Betreuungsunterhalt** (§ 1606 Abs 3 S 2 BGB) wird, soweit er durch die Eltern persönlich geleistet wird, nicht durch Geldzahlung gewährt (s § 1606 Rn 24 ff).

6 Dagegen kann der volljährige Berechtigte grundsätzlich **nicht verlangen**, dass ihm ganz oder teilweise **Unterhalt in Natur** statt in Geld gewährt wird (AG Moers FamRZ 1992, 103). Betreuungsbedürftige Eltern haben keinen Rechtsanspruch, von ihren Kindern aufgenommen und versorgt zu werden. Ein finanziell leistungsunfähiger Verwandter ist nicht zu ihm möglichen Sachleistungen (Wohnraumüberlassung, Früchte aus seinem Garten, gebrauchte Kleidung, Deputate) verpflichtet (**aA** Gernhuber/Coester-Waltjen § 45 VIII 3; Ewald LZ 1928, 474).

7 Nur in Ausnahmefällen, zB wenn **Geldzahlungen in das Ausland** nicht möglich sind (vgl RGZ 165, 219), mag nach Treu und Glauben (§ 242 BGB) eine Verpflichtung bestehen, den Unterhalt in anderer Weise zu leisten (näher zu möglichen Sachleistungen noch Staudinger/Engler [2000] Rn 7 mwNw).

8 Die Parteien können **vereinbaren**, dass der Unterhalt ganz oder teilweise in Natur statt in Geld gewährt wird (s Vorbem 128 ff zu §§ 1601 ff). Eine solche Vereinbarung kann auch stillschweigend getroffen werden (BGH FamRZ 1985, 584; OLG Schleswig SchlHAnz 1978, 98; Soergel/Seibl[13] Rn 8; Wendl/Klinkhammer[9] § 2 Rn 37).

2. Rentenzahlungspflicht

9 Die Pflicht zur Rentenzahlung ist eine **Geldschuld**, auf die die allgemeinen Bestimmungen des Schuldrechts anzuwenden sind, soweit nicht familienrechtliche Bestimmungen oder die familienrechtliche Natur des Unterhaltsanspruches entgegenstehen (Vorbem 105 ff zu §§ 1601 ff). Nach § 270 Abs 1 BGB hat der Unterhaltspflichtige Geld

auf seine Gefahr und seine Kosten an den Berechtigten an dessen Wohnsitz zu übermitteln, wobei jedoch **Erfüllungsort** (§ 269 BGB) der Wohnsitz des Pflichtigen ist (BGH NJW 1989, 1356 = FamRZ 1989, 603). Ob die Übermittlung durch **Barzahlung** oder durch **Überweisung** auf ein Bankkonto des Berechtigten oder auf sonstige Weise, zB durch **Scheckhingabe**, erfolgt, ist dem Verpflichteten freigestellt (STAUDINGER/BITTNER [2014] § 270 Rn 7). Allerdings setzt bargeldlose Zahlung das Einverständnis des Empfängers voraus (STAUDINGER/OLZEN [2016] Vorbem 22 ff zu §§ 362 ff mwNw). Im öffentlichen **Sozialrecht** sollen nach § 47 Abs 1 SGB I Geldleistungen kostenfrei auf ein Konto des Empfängers bei einem Geldinstitut oder, wenn der Empfänger es verlangt, kostenfrei an seinen Wohnsitz übermittelt werden.

Die Rente ist nach Abs 3 **monatlich im Voraus** zu zahlen (s Rn 75 ff). Wegen ihrer **Verjährung, Verwirkung, Verzinsung, Aufrechnung, Verpfändung** und **Zurückbehaltung** wird auf die Vorbem 95 ff zu §§ 1601 ff verwiesen. Der Berechtigte kann als Unterhalt nicht **bestimmte andere Maßnahmen** geltend machen, die bei dem Unterhaltspflichtigen erst zu Einnahmen führen sollen (BGH FamRZ 2013, 278 Rn 20: Geltendmachung eines Pflichtteilsanspruchs durch den Unterhaltspflichtigen; vgl § 1603 Rn 117). 10

III. Andere Art der Unterhaltsgewährung, Absatz 1 Satz 2

1. Geltungsbereich

Nach Abs 1 S 2 kann der Verpflichtete den Unterhalt in anderer Art gewähren, wenn besondere Gründe es rechtfertigen. Diese Bestimmung kommt wegen der Sonderregelung der Unterhaltsgewährung von Eltern an unverheiratete Kinder in Abs 2 nur für folgende Unterhaltspflichten zur Anwendung: 11

- Kinder gegenüber Eltern,
- Großeltern und Urgroßeltern gegenüber Enkeln und Urenkeln und umgekehrt,
- Eltern gegenüber verheirateten Kindern bei Leistungsunfähigkeit des Ehegatten (§ 1608 S 2 BGB).

Für den **Regelunterhalt**, den der Vater nach früherem Recht dem nichtehelichen Kind zu zahlen hatte, galt Abs 1 S 2 nicht (§ 1615 f Abs 1 S 3 aF), auch nicht für den herabgesetzten Regelunterhalt (§ 1615h Abs 1 S 3 aF). Das KindUG hat im neuen **§ 1612a BGB** das zuvor auf nichteheliche Kinder beschränkte Regelunterhaltssystem „in materiell- und verfahrensrechtlich weiterentwickelter Form allen Kindern, auch den ehelichen, zur Verfügung gestellt" (BT-Drucks 13/7338, 22). Dabei wurde die Übernahme des § 1615 f Abs 1 S 3 BGB als allgemeine Regelung erwogen, davon aber bewusst abgesehen, „weil anderenfalls insbesondere auch Kinder, die mit ihren Eltern zusammenleben, das Elternhaus verlassen und den Regelunterhalt geltend machen könnten, ohne dass die Eltern ihnen – zunächst einmal – entgegenhalten könnten, dass sich die Ausbildung vom Elternhaus aus durchführen ließe" (BT-Drucks 13/7338, 24). Die Anwendung des Abs 1 S 2 ist deshalb auch im Verhältnis des nicht mit der Mutter verheirateten Vaters zum Kind (Fälle des § 1615a BGB) nicht von vornherein ausgeschlossen. Die Bestimmung des § 1612a BGB, die den Anspruch 12 des minderjährigen Kindes gegen einen barunterhaltspflichtigen Elternteil regelt, steht ihr nicht entgegen.

2. Gestattung

13 Die **rechtliche Einordnung** der Gestattung andersartiger Unterhaltsgewährung ist streitig (vgl auch Soergel/Seibl[13] Rn 14 f). Nach herrschender Lehre hat der Verpflichtete einen einklagbaren Anspruch darauf, dass der Bedürftige sich mit der vorgeschlagenen Änderung einverstanden erklärt (Dölle § 86 X 1; Gernhuber/Coester-Waltjen § 45 VIII 2; auch noch Göppinger[5] Rn 404). Hiernach kommt die Änderung der Art der Unterhaltsgewährung durch einen Vertrag zwischen dem Verpflichteten und dem Berechtigten zustande **(Vertragstheorie)**. Nach anderer Meinung (MünchKomm/Köhler[3] Rn 11; FamGb/Griesche Rn 2) ist das Verlangen eine an den Berechtigten zu richtende empfangsbedürftige Willenserklärung, die zu ihrer Wirksamkeit nicht der Zustimmung des Berechtigten bedarf **(Erklärungstheorie)**. Nach einer weiteren Ansicht wird die Erlaubnis zu andersartiger Unterhaltsgewährung durch Gestaltungsurteil des Prozessgerichts erteilt (Dänzer-Vanotti DRiZ 1934, 20 – **Gestaltungstheorie**).

14 Der **Gesetzeswortlaut** spricht für die Vertragstheorie. Es wäre aber wenig sinnvoll, gegenüber einem Berechtigten, der eine Geldrente begehrt, zunächst einen Anspruch auf Zustimmung zu einer andersartigen Unterhaltsgewährung geltend machen zu müssen. Die Vertreter der Vertragstheorie lassen deshalb die **einredeweise Geltendmachung** dieses Anspruchs gegenüber dem Zahlungsanspruch zu. Dadurch sind die praktischen Unterschiede zwischen den Theorien gering.

15 Der Sache nach handelt es sich bei dieser Regelung um eine **Ersetzungsbefugnis** (facultas alternativa) des Schuldners (vgl dazu Gernhuber, Das Schuldverhältnis [1989] § 29; Staudinger/Bittner [2014] § 262 Rn 11 f). Der Verpflichtete darf aus besonderen Gründen anstelle der geschuldeten Geldleistung eine Naturalleistung erbringen. Die **Ausübung** dieser Befugnis erfordert neben einer gestaltenden Willenserklärung des Schuldners die Erfüllung der Schuld oder Annahmeverzug des Gläubigers (Gernhuber, Das Schuldverhältnis § 29 III 4 a). Der Verpflichtete muss deshalb erklären, in welcher anderen Art er den Unterhalt leisten will, und diese Leistung anbieten. Erst mit dem Bewirken der Naturalleistung oder dem Annahmeverzug des Berechtigten erlischt der Anspruch auf Geldunterhalt.

16 Über die Berechtigung zu andersartiger Unterhaltsgewährung entscheidet das **Prozessgericht** (KG JW 1934, 2999; allgM). Soweit die Gewährung des Unterhalts in anderer Art durch besondere Gründe gerechtfertigt ist, wird der Antrag auf Zahlung einer Unterhaltsrente abgewiesen. Für ein „Gestattungsverfahren" besteht kein Rechtsschutzbedürfnis.

3. Andere Art der Unterhaltsgewährung

17 Eine andere Art der Unterhaltsgewährung ist die Aufnahme und Versorgung des Berechtigten im Haushalt des Verpflichteten **(Naturalunterhalt)**. Sie kommt gegenüber Enkelkindern (gegenüber Kindern s Abs 2) oder gegenüber Eltern in Betracht, die sich nicht mehr selbst versorgen können oder wollen. Naturalunterhalt kann

auch **teilweise** gewährt werden, zB durch Überlassung von Wohnraum, Beköstigung am Tisch des Verpflichteten, Versorgung mit Essen in der Wohnung des Berechtigten oder durch einzelne Sachleistungen. Bei teilweiser Unterhaltsgewährung in Natur bleibt wegen des sonstigen Lebensbedarfs die Rentenzahlungspflicht bestehen (unrichtig daher OLG Oldenburg FamRZ 2010, 992, das einzelne dem bedürftigen Elternteil erbrachte Haushaltsleistungen zu Unrecht als Erfüllung des auf den Sozialleistungsträger übergegangenen Gesamtunterhalts ansieht).

Ob die Naturalleistungen durch den Verpflichteten selbst oder auf seine Kosten **durch Dritte** erfolgen, ist unerheblich. Bei einer **Heimunterbringung** ist die unmittelbare Zahlung der Unterbringungskosten durch den Unterhaltspflichtigen eine andere Art der Unterhaltsgewährung. **18**

Eine andere Art ist auch die Mitversicherung der unterhaltsberechtigten Kinder aus erster Ehe in einer **Familienversicherung** des wiederverheirateten Elternteils (OLG Düsseldorf FamRZ 1994, 396 mAnm van Els FamRZ 1994, 926; vgl OLG Köln FamRZ 2015, 1812). Dasselbe gilt für **Geldzahlungen**, die nicht durch eine monatliche Rente im Voraus geleistet werden, zB Zahlungen in einem anderen Zeitpunkt des Monatsabschnitts, wöchentliche oder dreimonatliche Zahlungen (BGB-RGRK/Mutschler Rn 23). Bei längeren Vorauszahlungen ist aber deren begrenzte Wirksamkeit nach § 1614 Abs 2 BGB zu beachten. Die Zahlung einer **Abfindung** kommt wegen des Verzichtsverbots des § 1614 Abs 1 BGB nicht in Betracht (FamRefK/Häussermann Rn 3; BT-Drucks 13/7338, 33). **19**

4. Besondere Gründe

Besondere Gründe für eine andere Art der Unterhaltsgewährung können gegeben sein, wenn der Berechtigte sich infolge **Krankheit** oder **Gebrechlichkeit** nicht selbst versorgen kann, oder wenn er wegen **Trunksucht** oder **Drogensucht** oder Neigung zu **Verschwendung** oder **leichtsinniger Lebensweise** nicht in der Lage ist, Monatsbeträge bedarfsgerecht aufzuteilen. Für den Verpflichteten können Gründe zur Gewährung von Naturalleistungen vorliegen, wenn er über Naturalien verfügen kann, während ihm die Aufbringung von Geldmitteln schwer fällt, zB wenn er von seiner Wohnung ein Zimmer für den Bedürftigen abgeben kann, oder wenn er als Landwirt Nahrungsmittel erzeugt. **20**

Die besonderen Gründe müssen eine Art der Unterhaltsgewährung **rechtfertigen**. Dazu müssen sie so gewichtig sein, dass dem Berechtigten eine mit der andersartigen Unterhaltsgewährung verbundene Einschränkung seiner Lebensführungsfreiheit **zugemutet** werden kann. Dass Naturalleistungen zweckmäßig oder für den Verpflichteten billiger sind, reicht allein nicht aus (Palandt/Brudermüller[76] Rn 5; allgM). Auch die Absicht des Verpflichteten, durch die Aufnahme des Bedürftigen in seinen Haushalt dessen Hilfe zu erlangen, kann die Aufnahme noch nicht rechtfertigen. Für den Berechtigten kann die Aufnahme in die Wohnung des Verpflichteten unzumutbar sein, wenn er sich von einem Angehörigen, mit dem er zusammenlebt, trennen müsste (OLG Braunschweig SeuffA 61 Nr 159). Im Einzelfall müssen die Interessen des Verpflichteten und des Berechtigten gegeneinander abgewogen werden (Soergel/Seibl[13] Rn 18; FamGb/Griesche Rn 3). **21**

IV. Bestimmungsrecht der Eltern, Absatz 2

1. Grundlage

22 Das Bestimmungsrecht der Eltern nach Absatz 2 ist eine **Ausnahme** von dem Grundsatz, dass der Unterhalt durch Entrichtung einer monatlich im Voraus zu zahlenden Rente zu gewähren ist (Abs 1 S 1, Abs 3 S 1). Solange und soweit die Eltern keine Bestimmung getroffen haben oder ihre Bestimmung unwirksam ist, bleibt es daher bei ihrer Rentenzahlungspflicht (Soergel/Seibl[13] Rn 20; Wendl/Klinkhammer[9] § 2 Rn 45). Durch Urteil kann eine andersartige Unterhaltsgewährung nicht bestimmt werden (KG JW 1934, 2999).

23 Der Gesetzgeber hat das Bestimmungsrecht gegenüber minderjährigen Kindern als **Ausfluss des Erziehungsrechts** angesehen (Mot IV 703). Gegenüber volljährigen Kindern sollte den Eltern mit dieser Regelung die Möglichkeit eingeräumt werden, sich durch die Naturalverpflegung im Hause eine **tatsächliche Bevormundung** über ein auf Abwege geratenes Kind und den nötigen **Einfluss auf die Handlungs- und Lebensweise** der unterhaltsbedürftigen Kinder zu sichern; die Kinder seien, „solange sie im Hausstand der Eltern unterhalten werden, den Eltern kindlichen Gehorsam schuldig" (Mot IV 704; s dazu Bosch, in: FS Schiedermair 51, 67).

24 Die Erstreckung des Bestimmungsrechts auf volljährige Kinder beruhte auf der **patriarchalischen Gesellschaftsstruktur** des 19. Jahrhunderts, nach der Kinder bis zu ihrer wirtschaftlichen Selbständigkeit oder bis zu ihrer Verheiratung in das Elternhaus gehörten (Moritz RdJ 1977, 264, 267; Fehnemann ZBlJugR 1980, 605, 610). Obwohl diese Gesellschaftsordnung seit langem überholt ist, haben sich aus dem Bestimmungsrecht der Eltern bis in die Sechzigerjahre des abgelaufenen Jahrhunderts erstaunlich wenige Konflikte ergeben und ist eine vormundschafts- oder familiengerichtliche Änderung der elterlichen Bestimmung (Abs 2 S 2) nur selten verlangt worden (Bosch 69; Fehnemann ZBlJugR 1980, 605, 610). Das änderte sich erst mit den Studentenprotesten von 1968 und der Herabsetzung des Volljährigkeitsalters im Jahre 1974. Seither wird über das Bestimmungsrecht der Eltern gegenüber ihren volljährigen Kindern heftig gestritten (s das Schrifttumsverzeichnis, ferner: Bosch FamRZ 1976, 460; 1977, 55 u 555; Fehnemann RdJ 1981, 487; Gernhuber FamRZ 1983, 1069, 1076; Köhler FamRZ 1991, 26; Miesen FamRZ 1991, 125, 132; Mutschler JR 1981, 203; Schwerdtner JZ 1981, 399) und ist eine Flut von Entscheidungen dazu ergangen (Nachw s Staudinger/Kappe[12] Fußnote zu Rn 24; ferner OLG Celle FamRZ 1994, 1194; OLG Düsseldorf FamRZ 1994, 460; 1996, 235; BayObLG NJW-RR 1995, 1093), die allerdings in den letzten Jahren wieder erheblich abgeebbt ist (s auch FamRefK/Häussermann Rn 4).

25 Seit einiger Zeit besteht Einigkeit darüber, dass bei Gewährung von Naturalunterhalt **keine Bevormundung** volljähriger Kinder mehr zulässig ist und **keine repressiven Erziehungsmaßnahmen** ihnen gegenüber ausgeübt werden dürfen, durch die ihr Recht auf freie Entfaltung ihrer Persönlichkeit (Art 2 Abs 1 GG) beeinträchtigt wird. Die Eltern müssen deshalb den bei ihnen wohnenden volljährigen Kindern auf Wunsch einen Wohnungsschlüssel aushändigen (KG NJW 1969, 2241 = FamRZ 1969, 610; Kumme ZBlJugR 1971, 417, 419), sie können ihnen nicht vorschreiben, wann sie zu Hause sein müssen, und ihnen den Umgang mit unerwünschten Partnern nicht verbieten (OLG Bremen FamRZ 1976, 702, 704; s auch OLG Köln FamRZ 1996, 963 = DAVorm 1996, 515).

Andererseits müssen die Kinder auf die Lebensgewohnheiten ihrer Eltern Rücksicht nehmen (§ 1618a BGB).

Nach einer Mindermeinung verbleiben den Eltern aufgrund ihres Bestimmungsrechts gegenüber volljährigen Kindern noch **gewisse erzieherische Befugnisse**, sie dürfen nicht zu einer bloßen Zahlstelle für die Ausbildung degradiert werden (Bosch, in: FS Schiedermair 51, 57 „Teil-Unmündigkeit"; ders FamRZ 1976, 460; 1977, 555; Schütz NJW 1992, 1086 „Erziehungsrestchen"). Das Bestimmungsrecht der Eltern soll auch den Zweck haben, ihnen durch die Leistung von Naturalunterhalt einen weitergehenden Einfluss auf die Lebensführung des volljährigen Kindes zu verschaffen, als dies bei Geldzahlung möglich ist (BGH NJW 1981, 574 = FamRZ 1981, 250, 252 mwNw; NJW 1985, 2590 = FamRZ 1985, 917; KG JW 1935, 1438; FamRZ 1982, 423; OLG Hamm FamRZ 1986, 384; Dölle § 86 X 2). 26

Zutreffend ist, dass den Kindern, solange sie Ausbildungsunterhalt von ihren Eltern erhalten, diesen gegenüber die **Verpflichtung** obliegt, die Ausbildung mit dem gehörigen Fleiß und der gebotenen Zielstrebigkeit zu betreiben, damit sie sie innerhalb angemessener und üblicher Dauer beenden können (§ 1610 Rn 43 ff mNw). Insoweit stehen den Eltern auch gewisse **Überwachungs- und Kontrollrechte** zu, bei einer nachhaltigen Verletzung der Ausbildungsobliegenheiten des Kindes können sie die Unterhaltszahlung einstellen (§ 1610 Rn 98 ff). Diese Elternrechte bestehen aber unabhängig von der Art der Unterhaltsgewährung, sie können allenfalls bei einem Zusammenleben besser ausgeübt werden. 27

Auch sonst bietet das Zusammenleben von Eltern und Kindern, das mit der Gewährung von Naturalunterhalt regelmäßig verbunden ist, den Eltern größere **Einwirkungsmöglichkeiten** auf die Lebensführung der Kinder, als bei einer räumlichen Trennung. Das darf aber nach Volljährigkeit der Kinder nur noch auf freiwilliger Grundlage durch Aussprache und Vorbild geschehen. Ob die Verschaffung dieses Einflusses heute noch als Zweck des Bestimmungsrechts angesehen werden kann (s Rn 26), ist jedoch zweifelhaft.

Nach heute herrschender Ansicht sind Grundlage des elterlichen Bestimmungsrechts die engen verwandtschaftlichen Beziehungen, die nach Volljährigkeit der Kinder fortbestehen, und die sich daraus ergebende **Pflicht zur gegenseitigen Rücksichtnahme** (§ 1618a BGB) (Gernhuber/Coester-Waltjen § 46 III 1 und FamRZ 1983, 1069, 1076; Thierschmann 149; Lipp ZBlJugR 1984, 309, 311; Finger ZBlJugR 1984, 454, 456; Schwerdtner NJW 1977, 1268; 1991, 2343; JZ 1981, 399; Fehnemann ZBlJugR 1980, 605, 611; Kotzur, in: FS Gernhuber 681, 684; BGB-RGRK/Mutschler Rn 20; Soergel/Seibl[13] Rn 30; FamGb/Griesche Rn 4). 28

Mehrfach ist eine **gesetzliche Änderung oder Abschaffung** des elterlichen Bestimmungsrechts gefordert worden. Brühl hat bereits im Jahre 1966 angeregt, § 1612 Abs 2 BGB als nicht mehr zeitgemäß zu streichen (FamRZ 1966, 541). Der 5. Deutsche Familiengerichtstag hat 1983 dem Gesetzgeber empfohlen, § 1612 Abs 2 S 1 BGB so zu ändern, dass bei volljährigen Kindern die Unterhaltsgewährung in anderer Weise nur bei Vorliegen besonderer Gründe gestattet wird (FamRZ 1983, 1199, 1202; krit dazu MünchKomm/Köhler Rn 39 a). Die Abteilung Familienrecht des 59. Deutschen Juristentages hat 1992 mit geringer Mehrheit die Abschaffung des Unterhaltsbestim- 29 mungsrechts der Eltern gegenüber volljährigen Kindern verlangt (FamRZ 1992, 1275). Durch Gesetz kann jedoch nur das Verfahren geändert werden. Die Probleme, die sich aus dem unterschiedlichen Verlauf der Ablösungsprozesse ergeben, können nur durch Entscheidung im Einzelfall gelöst werden (s auch FINGER ZBlJugR 1984, 454, 462).

30 **Rechtsvergleichend** ist das elterliche Bestimmungsrecht einmalig. Ausländische Rechtsordnungen sehen allenfalls vor, dass im Einzelfall der Richter die Leistung von Naturalunterhalt gestatten kann, oder sie berücksichtigen das Angebot von Naturalunterhalt gegenüber einem volljährigen Kind im Rahmen einer generellen Zumutbarkeitsprüfung (SCHWENZER, Verhandlungen des 59. Deutschen Juristentages I A 49 mNw).

31 Bei der **Beratung des KindUG** wurde die Abschaffung des Bestimmungsrechts der Eltern ausführlich erörtert, letztlich aber abgelehnt (näher dazu STAUDINGER/ENGLER [2000] Rn 31). Auf Veranlassung des **Rechtsausschusses des Deutschen Bundestags** erfolgte lediglich die gesetzliche Klarstellung, dass bei der in Abs 2 S 1 vorgesehenen Ausübung des Bestimmungsrechts **auf die Belange des Kindes die gebotene Rücksicht zu nehmen** sei; diese ausdrückliche Klarstellung erscheine insbesondere im Hinblick auf volljährige unverheiratete Kinder angebracht und komme insoweit dem Anliegen des Bundesrates entgegen (BT-Drucks 13/9596, 32). Hierauf wurde **an Abs 2 S 1 der letzte Nebensatz angefügt.**

Durch das **Unterhaltsrechtsänderungsgesetz vom 21. 12. 2007** (BGBl I 3189; Rn 2) wurde dieser Satz dahin umformuliert, dass die Bestimmung erfolgen kann, „sofern auf die Belange des Kindes die gebotene Rücksicht genommen wird". Das bringt zum Ausdruck, dass die Rücksichtnahme nunmehr Wirksamkeitsbedingung der elterlichen Bestimmung ist. Deren Wirksamkeit ist nunmehr **nicht mehr in einem besonderen Verfahren**, sondern **inzident** im jeweiligen Unterhaltsverfahren zu überprüfen. Mit der Aufhebung von § 1612 Abs 2 S 2 BGB ist das Abänderungsverfahren als gesondertes Verfahren abgeschafft und eine einheitliche Entscheidung des Familiengerichts ermöglicht. Nunmehr kann das Kind, das die elterliche Unterhaltsbestimmung nicht hinnehmen will, im Unterhaltsprozess den entsprechenden Einwand geltend machen. Das bisherige gesonderte Abänderungsverfahren erübrigt sich damit. Vielmehr wird innerhalb des Unterhaltsverfahren geklärt, ob die elterliche Unterhaltsbestimmung wirksam ist und das Gericht sie demzufolge seiner Entscheidung zugrunde zu legen hat (BT-Drucks 16/1830, 26).

2. Bestimmungsberechtigte

a) Eltern gegenüber unverheirateten Kindern

32 Das Bestimmungsrecht steht den **Eltern** eines unterhaltsberechtigten Kindes zu (WENDL/KLINKHAMMER[9] § 2 Rn 38), nicht den Großeltern oder anderen unterhaltspflichtigen Verwandten. Nach dem ersten Entwurf zum BGB sollten neben den Eltern alle **Erziehungsberechtigten** das Bestimmungsrecht haben (E I § 1491 Abs 4). Die zweite Kommission hat das im Interesse einer Gleichbehandlung aller unverheirateten Kinder geändert (Prot IV 495). Das Kind selbst hat kein Bestimmungsrecht. Ein volljähriges Kind kann nicht verlangen, dass ihm Naturalunterhalt im Haushalt der Eltern gewährt wird (AG Moers FamRZ 1992, 103).

Kinder sind alle ehelichen und nichtehelichen Abkömmlinge ersten Grades (§ 1601 Rn 7 ff), auch angenommene und in Adoptionspflege befindlichen Kinder (§ 1601 Rn 14 f). Das Bestimmungsrecht besteht trotz des gewandelten Grundlagenverständnisses (Rn 22 ff) auch gegenüber unverheirateten **volljährigen Kindern** (BGH NJW 1981, 574 = FamRZ 1981, 250; NJW 1983, 2198 und 2200, 2202 = FamRZ 1983, 369 und FamRZ 1983, 892, 894; BGHZ 104, 222 = NJW 1988, 1974 = FamRZ 1988, 831; einschränkend nur Moritz RdJ 1977, 264, 276). Es ist vom Gesetzgeber bei der Unterhaltsreform 2007 bewusst beibehalten worden (BT-Drucks 16/1830, 26). Verfassungsrechtliche Bedenken bestehen insoweit nicht (Schwerdtner NJW 1977, 1268; 1991, 2543; Schütz NJW 1992, 1086). Gegenüber **minderjährigen Kindern** ist das Bestimmungsrecht des Elternteils, dem die Personensorge nicht zusteht, durch Satz 3 eingeschränkt (s Rn 40). 33

Unverheiratet sind Kinder, solange sie keine Ehe geschlossen haben. Eine volljährige Tochter mit Kind steht einem verheirateten Kind nicht gleich (LG Lübeck FamRZ 1987, 1296). Nach herrschender Meinung gelten **geschiedene** und **verwitwete** Kinder als verheiratet im Sinne dieser Vorschrift, weil sie mit der Eheschließung aus dem Familienverband tatsächlich ausgeschieden seien und eine Einflussnahme der Eltern auf ihre Lebensführung nicht angemessen sei (OLG Köln FamRZ 1983, 643; Knorn FamRZ 1966, 392; MünchKomm/Born[7] Rn 30; Palandt/Brudermüller[76] Rn 13; Staudinger/Gotthardt[10/11] Rn 19). 34

Dem ist nach Engler (Staudinger/Engler [2000] Rn 35) nicht zu folgen. Dafür hat er auf den Wortlaut des Gesetzes verwiesen, der für den gegenwärtigen Familienstand der Kinder spreche, die nach Beendigung ihrer Ehe nicht mehr verheiratet sind (Dänzer-Vanotti DRiZ 1934, 20; s auch § 1602 Rn 156 f). Die verwandtschaftlichen Beziehungen des Kindes zu den Eltern bestünden nach der Eheschließung fort, aus ihnen werde ja auch die Unterhaltspflicht hergeleitet. 35

b) Bestimmungsrecht eines Elternteils

Bei der Frage, ob die Eltern die Bestimmung **gemeinsam** treffen müssen oder ob ein unterhaltspflichtiger Elternteil **allein** bestimmungsberechtigt ist, ist zwischen minderjährigen und volljährigen Kindern zu unterscheiden. 36

aa) Minderjährige Kinder

Bei minderjährigen Kindern konkurriert das Recht, die Gewährung von Naturalunterhalt zu bestimmen, mit dem zur Personensorge gehörenden Aufenthaltsbestimmungsrecht (§ 1631 Abs 1 BGB). Dabei hat die dem Wohl des Kindes dienende Personensorge Vorrang (RGZ 74, 76; BGH NJW 1985, 2590 = FamRZ 1985, 917; Lipp ZBlJugR 1983, 309, 312; Finger ZBlJugR 1984, 454, 456). 37

Steht die **Personensorge beiden Eltern** zu, so müssen sie bei einer Meinungsverschiedenheit über die Art der Unterhaltsgewährung versuchen, sich zu einigen (§ 1627 BGB). Können sie das nicht, kann das Familiengericht auf Antrag nach § 1628 BGB die Entscheidung einem von ihnen übertragen (BGH NJW 1983, 2200, 2202 = FamRZ 1983, 892; NJW 1984, 305 = FamRZ 1984, 37; Staudinger/Peschel-Gutzeit[12] § 1628 Rn 16). Solange die Personensorge nicht geregelt ist, kommt es darauf an, ob das Kind der Bestimmung des unterhaltspflichtigen Elternteils, den Unterhalt in Natur in seinem Haushalt entgegenzunehmen, Folge leisten kann. Ist das nicht der Fall, ist die Bestimmung unwirksam (BGH NJW 1992, 947 = FamRZ 1992, 426; **aA** OLG Karlsruhe FamRZ 1979, 38

957). Dabei dürfen keine hohen Anforderungen an das Kind gestellt werden, denn der Streit der Eltern darf nicht auf seinem Rücken ausgetragen werden.

bb) Sonderregelung nach Satz 2 (früher: Satz 3)

39 Nach **Abs 2 S 2** kann ein Elternteil, dem die Personensorge nicht zusteht, eine Bestimmung nur für die Zeit treffen, in der das Kind in seinen Haushalt aufgenommen ist. Diese im Jahre 1969 durch das Nichtehelichengesetz eingeführte Vorschrift (Rn 2) betraf vor allem die Väter nichtehelicher Kinder. Sie kommt auch zur Anwendung, wenn nach Scheidung oder Trennung der Eltern die Sorge für die Kinder einem Elternteil übertragen ist (§§ 1671, 1672 BGB) oder wenn einem Elternteil die Personensorge entzogen ist (§ 1666 BGB). Durch diese Vorschrift soll eine Kollision zwischen dem Aufenthaltsbestimmungsrecht des sorgeberechtigten Elternteils und dem Bestimmungsrecht des unterhaltspflichtigen anderen Elternteils vermieden werden (BT-Drucks V/2370, 42). Abs 2 S 2 findet – unabhängig vom Sorgerecht – keine Anwendung beim **Wechselmodell** (BGH FamRZ 2017, 437 Rn 45). Sie kann also insbesondere nicht dafür angeführt werden, dass ein Elternteil während der von ihm geleisteten Betreuung den gesamten Unterhalt für das Kind aufbringt. Die Bemessung der Unterhaltsbeteiligung hängt vielmehr im Wesentlichen vom beiderseitigen Einkommen der Eltern ab (§ 1606 Rn 52). Der von den Eltern geleistete Naturalunterhalt ist freilich als Erfüllung (oder Leistung an Erfüllungs Statt) anzurechnen (vgl BGH FamRZ 2017, 437 Rn 21, 44).

40 Der **nichtsorgeberechtigte Elternteil** kann für die Zeit der Zugehörigkeit des Kindes zu seinem Haushalt die Art der Unterhaltsgewährung allein bestimmen, etwa wenn er das Kind wegen Erkrankung des sorgeberechtigten Elternteils zu sich nimmt (BGH NJW 1994, 2234 = FamRZ 1994, 1102, 1314 mAnm Scholz; OLG Saarbrücken FamRZ 2010, 219). Die vorübergehende Naturalversorgung des Kindes in Ausübung des **Umgangsrechts** (§ 1684 BGB) berechtigt ihn aber nicht zu einer Kürzung der geschuldeten Unterhaltsrente, weil der dadurch eintretende Minderbedarf des Kindes nicht außergewöhnlich ist (BGH NJW 1984, 2826, 2828 = FamRZ 1984, 470, 472; OLG Hamm FamRZ 1994, 529; vgl § 1603 Rn 221 ff; § 1606 Rn 29, 51). Etwas anderes kann in den Fällen des **erweiterten Umgangs** gelten, hier können den anderen Elternteil entlastende Ausgaben als teilweise Erfüllung angerechnet werden (vgl BGH FamRZ 2014, 917; OLG Frankfurt FamRZ 2006, 439). Anderes kann auch dann gelten, wenn für das Kind wegen einer Behinderung Pflegegeld gezahlt wird, das über den Ausgleich tatsächlicher Aufwendungen hinaus auch ermöglichen soll, die Betreuung durch Pflegepersonen abzugelten (DIV-Gutachten DAVorm 1999, 584, 586 f). Für längere Dauer darf der nichtsorgeberechtigte Elternteil das Kind nur im Einverständnis mit dem sorgeberechtigten in seinen Haushalt aufnehmen. In diesem Fall kommt eine Anrechnung der erbrachten Naturalleistungen in Betracht (OLG Hamm FamRZ 1994, 529). Der Vater, der während einer längeren Krankheit der Mutter mit deren Zustimmung oder kraft einer einstweiligen Anordnung das Kind in seinen Haushalt aufnimmt **(Obhutswechsel)**, trifft dadurch konkludent die Bestimmung, dass er Unterhalt in Natur gewähren will. Ob er daran durch eine gerichtliche Entscheidung gehindert ist, die ihn zu einem früheren Zeitpunkt zur Zahlung von Barunterhalt an das Kind verpflichtet hatte (so BGH FamRZ 1994, 1102), ist fraglich (vgl Wendl/Klinkhammer[9] § 2 Rn 40 mwNw; § 1606 Rn 75). Hat ein nicht sorgeberechtigter Elternteil das Kind entführt und hält er es verborgen, so kann er daraus kein Recht herleiten (KG FamRZ 1985, 730). Im Übrigen steht dem nichtsorgeberechtigten unterhaltspflichtigen Elternteil weder

das Bestimmungsrecht noch eine Mitwirkung an dem Bestimmungsrecht des anderen Elternteils zu (OLG Saarbrücken FamRZ 2010, 219; OLG Brandenburg FamRZ 2004, 900).

cc) Volljährige Kinder

Nach einer Mindermeinung können die Eltern das Bestimmungsrecht gegenüber volljährigen Kindern regelmäßig nur **gemeinsam** oder zumindest einer nur **mit Zustimmung** des anderen ausüben (AK-BGB/Derleder Rn 2; OLG Hamm FamRZ 1980, 192; OLG Karlsruhe FamRZ 1982, 521, 523; OLG Köln FamRZ 1982, 838; LG Berlin FamRZ 1988, 977). Damit sollen die Belange beider Elternteile berücksichtigt und einander widersprechende Bestimmungen vermieden werden. 41

Nach der Rechtsprechung des Bundesgerichtshofs und weitaus überwiegender Meinung (BGHZ 104, 224, 227 = NJW 1988, 1974 = FamRZ 1988, 831; Palandt/Brudermüller[76] Rn 11; Gernhuber/Coester-Waltjen § 46 III 2; Wendl/Klinkhammer[9] § 2 Rn 41) kann dagegen jeder unterhaltspflichtige Elternteil **grundsätzlich allein** die Art der Unterhaltsgewährung bestimmen; er muss dabei jedoch die Interessen des anderen Elternteils berücksichtigen. 42

Der herrschenden Meinung ist **zuzustimmen**. Das Bestimmungsrecht setzt voraus, dass Eltern ihrem Kinde Unterhalt zu gewähren haben. Eltern haften für den Unterhalt ihrer volljährigen Kinder **anteilig** nach ihren Erwerbs- und Vermögensverhältnissen (§ 1606 Abs 3 S 1 BGB). Jeder Elternteil schuldet seinen Anteil (§ 1606 Rn 13) **allein** und unabhängig von dem anderen Elternteil. Da das Bestimmungsrecht die Kehrseite der Unterhaltspflicht ist (BGH NJW 1984, 305 = FamRZ 1984, 37, 39), muss er grundsätzlich auch das Recht haben, allein und ohne Mitwirkung des anderen Elternteils über die Art der Gewährung des von ihm zu leistenden Unterhalts zu bestimmen. 43

Allerdings ist dieser Grundsatz nicht durchführbar, wenn beide Eltern ihr Bestimmungsrecht ausüben und die **Bestimmungen unvereinbar** sind. Getrenntlebende Eltern können nicht beide bestimmen, dass der Unterhalt in Natur in ihrem Haushalt gewährt werden soll. Wie dieser Elternkonflikt zu lösen ist, ist streitig. 44

Nach der **„Einigungstheorie“** sind beide sich widersprechenden Bestimmungen unwirksam (Knorn FamRZ 1966, 392, 394; MünchKomm/Köhler[3] Rn 22; OLG Hamm FamRZ 1980, 192; LG Bielefeld FamRZ 1981, 74). Die Eltern müssen sich also einigen. Solange das nicht geschieht, kann das Kind von beiden Eltern Unterhalt in Geld verlangen. Das passt aber nicht, wenn das Kind tatsächlich bei einem Elternteil lebt. 45

Nach der **„Prioritätstheorie“** geht das zuerst ausgeübte Bestimmungsrecht dem des anderen Elternteils vor, die spätere Bestimmung ist wegen Undurchführbarkeit unwirksam (OLG Hamburg FamRZ 1982, 1112). Damit werden aber die bestehenden Verhältnisse festgeschrieben und dem anderen Elternteil die Möglichkeit genommen, seinerseits Naturalunterhalt zu gewähren. 46

Nach einer dritten Meinung **entscheidet das Kind** darüber, von welchem Elternteil es Naturalunterhalt entgegennimmt (BGB-RGRK/Mutschler Rn 9; s Lipp ZBlJugR 1984, 309, der den anderen Elternteil an der durch Sachleistungen eintretenden Ersparnis beteiligen will; LG 47

Berlin Rpfleger 1988, 363; **aA** KG FamRZ 1990, 791 = NJW-RR 1990, 643). Die Bestimmung des Elternteils, der den Naturalunterhalt tatsächlich gewährt, ist also wirksam, der andere Elternteil muss Geldunterhalt leisten.

48 Nach der **Rechtsprechung des Bundesgerichtshofs** muss jeder Elternteil bei seiner Bestimmung der Art der Unterhaltsgewährung schutzwürdige Belange des anderen Elternteils berücksichtigen (NJW 1984, 305 = FamRZ 1984, 37; BGHZ 104, 224, 227 = NJW 1988, 1974 = FamRZ 1988, 831; ebenso SOERGEL/SEIBL[13] Rn 31). Beanspruchen beide Elternteile die Gewährung von Naturalunterhalt, so sind ihre Interessen gegeneinander abzuwägen. Die Unterhaltsbestimmung hat nur Bestand, wenn die Gründe, die den Elternteil dazu veranlasst haben, so schwer wiegen, dass dem anderen Elternteil unter Berücksichtigung seiner entgegenstehenden Interessen zugemutet werden kann, seinerseits Geldunterhalt zu leisten. Hierüber muss im Unterhaltsprozess des Kindes entschieden werden, denn die Verfahren nach § 1612 Abs 2 S 2 BGB und nach § 1628 BGB dienen nicht der Lösung des Interessenkonflikts der Eltern untereinander. Dieser Rechtsprechung ist in den Fällen **zuzustimmen**, in denen die Bestimmungen beider Eltern nicht miteinander vereinbar sind.

49 Der Bundesgerichtshof verlangt bei der Ausübung des Bestimmungsrechts die Berücksichtigung schutzwürdiger Belange des anderen Elternteils auch dann, wenn dieser **nicht unterhaltspflichtig** ist (BGH NJW 1984, 305 = FamRZ 1984, 37; BGHZ 104, 224, 227 = NJW 1988, 1974 = FamRZ 1988, 831; ebenso OLG Hamm FamRZ 1988, 1089; FamRZ 1990, 1028 = NJW-RR 1990, 1229; LG Berlin FamRZ 1988, 977; NIEPMANN/SCHWAMB[13] Rn 239 ff; **aA** OLG Hamburg FamRZ 1982, 628, 630). Hiergegen bestehen **Bedenken**. Das Bestimmungsrecht betrifft die Unterhaltspflicht zwischen einem Elternteil und dem Kind. Der nicht unterhaltspflichtige andere Elternteil ist daran nicht beteiligt. Zwar werden seine Lebensverhältnisse berührt, wenn das bei ihm lebende Kind. zu dem unterhaltspflichtigen Elternteil ziehen soll. Er hat aber keinen Anspruch darauf, dass das Kind, nachdem es volljährig geworden ist, weiterhin bei ihm wohnen bleibt. Der allein unterhaltspflichtige Elternteil ist deshalb nicht verpflichtet, bei der Art der Unterhaltsgewährung die Interessen des anderen Elternteils zu berücksichtigen. Der Bundesgerichtshof hat eine Rechtsgrundlage für ein Gebot der Rücksichtnahme nicht dargelegt. Anders ist es, wenn die Eltern eine **Vereinbarung** über die Art der Unterhaltsgewährung getroffen haben (BGH NJW 1983, 2200 = FamRZ 1983, 892, 895). Im Übrigen werden die Interessen des nicht unterhaltspflichtigen Elternteils in der Praxis nur von Bedeutung sein, wenn sie mit denen des Kindes übereinstimmen.

3. Inhalt der Bestimmung

50 Die Eltern können die **Art der Unterhaltsgewährung** und die **Zeit der Vorausleistung** der Geldrente bestimmen. Da der Unterhalt grundsätzlich durch eine monatlich im Voraus zu zahlende Rente zu leisten ist (Abs 1 S 1, Abs 3 S 1), ist die elterliche Bestimmung nur von Bedeutung, soweit sie hiervon abweicht.

51 Eine andere Art des Unterhalts ist der **Naturalunterhalt** (s Rn 17 f). Dazu gehören die Gewährung von Wohnung und Verpflegung, die Ausstattung mit Kleidung und sonstigen Sachleistungen. Diese Leistungen können auch im Auftrag des Unterhaltspflichtigen **durch Dritte** erbracht werden (BGH NJW 1985, 1339 = FamRZ 1985, 584). Eine andere Art sind auch **Geldzahlungen**, die nicht in Form einer pauschal bestimmten Rente erfolgen, sondern nach dem jeweils auftretenden Bedarf bemessen werden. Die Bestimmung einer anderen **Zeit der Vorauszahlung** (s Rn 19) ist in der Praxis von geringer Bedeutung.

Nach herrschender Meinung muss die Bestimmung den **gesamten Lebensbedarf** 52
umfassen, wobei der Unterhalt teilweise in Natur und im Übrigen durch Überlassung von Geldbeträgen geleistet werden kann (BGH NJW 1983, 2198 = FamRZ 1983, 369; NJW 1984, 305 = FamRZ 1984, 37; FamRZ 1986, 426; FamRZ 1993, 417, 420 = NJW-RR 1993, 322, 324; OLG Köln OLGZ 1985, 182; BayObLGZ 1989, 75, 79; OLG Hamm FamRZ 1989, 1331; Mutschler JR 1981, 203; Soergel/Seibl[13] Rn 33; MünchKomm/Born[7] Rn 47; Palandt/Brudermüller[76] Rn 14). Das bedarf allerdings der **Modifikation**, wenn ein Elternteil den Unterhalt seines Kindes nur teilweise schuldet (§ 1606 Abs 3 S 1 BGB; vgl Staudinger/Engler [2000] Rn 60). Dieser darf zwar bei Ausübung seines Bestimmungsrechts den gesamten Unterhalt unter Vorbehalt des Rückgriffs gegen den anderen Elternteil übernehmen (BGHZ 104, 224, 227 = NJW 1988, 1974 = FamRZ 1988, 831), er muss es aber nicht. Das Kind wird nicht schlechter gestellt, wenn es von einem Elternteil Naturalunterhalt und von dem anderen Barunterhalt erhält (OLG Stuttgart FamRZ 1984, 308).

Die Eltern können auch bestimmen, dass der Gesamtunterhalt **teilweise** durch Sach- 53
leistungen gewährt wird. Die gegenteilige Ansicht geht auf eine Entscheidung des Kammergerichts aus dem Jahr 1934 zurück (JW 1934, 2999 = JFG 12, 73). Dort ist ausgeführt, die Bestimmung könne nach dem Zweck des Gesetzes nur dahin gehen, dass der Unterhalt ganz oder teilweise in natura im Haus gewährt werden soll, aber nicht dahin, dass statt der Geldleistungen einzelne Naturalleistungen erfolgen sollen (ebenso Schrade FamRZ 1957, 342, 346). Dem kann nach heutiger Auffassung vom Zweck des Bestimmungsrechts (Rn 25 ff) nicht mehr gefolgt werden. Die Eltern können vielmehr bestimmen, dass einzelne abgrenzbare Bedürfnisse durch Sachleistungen gedeckt werden, auch wenn sie dabei keinen Einfluss auf die Lebensführung des Kindes erlangen. So können Eltern ihren volljährigen Kindern neben einer monatlichen Rente eine Eigentumswohnung am Ausbildungsort überlassen (BayObLG NJW 1979, 1712 = FamRZ 1979, 952; OLG Hamburg FamRZ 1990, 1269, 1271; zur Berücksichtigung im Steuerrecht BFH NJW 2000, 758 u 760). Davon geht auch der Bundesgerichtshof aus (FamRZ 1986, 151 = NJW-RR 1986, 426; **aA** OLG Hamm FamRZ 1989, 1331, wonach nicht einmal das Angebot von Kost und Logis genügen soll). Er hat allerdings Geldleistungen neben der Aufnahme in den Haushalt des Unterhaltspflichtigen als Teil des Naturalunterhalts angesehen (BGH NJW 1981, 574, 576 = FamRZ 1981, 250, 252; NJW 1983, 2198 = FamRZ 1983, 369).

4. Ausübung des Bestimmungsrechts

Das Bestimmungsrecht ist ein **Gestaltungsrecht**, durch dessen Ausübung der An- 54
spruch auf Gewährung einer monatlichen Unterhaltsrente in einen Anspruch auf Gewährung von Unterhalt in der angegebenen Art umgewandelt wird. Es wird gegenüber volljährigen Kindern durch **empfangsbedürftige Willenserklärung** ausgeübt (BGH NJW 1983, 2198 = FamRZ 1983, 369; OLG Hamm FamRZ 1990, 1389; allgM).

Bei **minderjährigen Kindern** wird die Art der Unterhaltsgewährung in erster Linie 55 durch Ausübung der elterlichen Personensorge geregelt (Rn 37). Dem nicht oder nicht allein sorgeberechtigten Elternteil steht ein Bestimmungsrecht nach Satz 2 nicht zu, solange das Kind nicht in vollem Umfang in seinen Haushalt aufgenommen ist (s Rn 39; BGH FamRZ 2017, 437 Rn 21, 44).

56 Die Erklärung, durch die das Bestimmungsrecht gegenüber volljährigen Kindern ausgeübt wird, bedarf **keiner besonderen Form**. Sie muss **gegenüber dem Kind**, bei dessen Geschäftsunfähigkeit gegenüber seinem vertretungsberechtigten Betreuer (§ 1902 BGB) abgegeben werden. Eine Abgabe gegenüber dem Amt für Ausbildungsförderung reicht nicht aus (OLG Hamm FamRZ 1990, 1389). Die Erklärung kann auch in einem Unterhaltsverfahren abgegeben werden. Aus ihr muss sich der ernsthafte Wille ergeben, den Unterhalt in der angegebenen Art zu leisten (BayObLG NJW 1979, 1712 = FamRZ 1979, 952, 954; NJW-RR 1988, 1474; 1992, 1219; OLG Hamburg FamRZ 1982, 1112).

57 Eine **Vereinbarung der Eltern** über die Art der Unterhaltsgewährung an das Kind kann eine Bestimmung enthalten. Sie wird dem volljährigen Kind gegenüber wirksam, wenn sie ihm zugeht. Eine Bindung an die Vereinbarung besteht jedoch nur zwischen den Eltern. Dem Kind gegenüber kann sich jeder Elternteil von seiner Bestimmung ebenso lösen wie von einer einseitig getroffenen Bestimmung (**aA** BGH NJW 1983, 2200, 2202 = FamRZ 1983, 892, 895; einschränkend NJW 1985, 1339 = FamRZ 1985, 584; OLG Brandenburg FamRZ 2008, 1558). Die spätere abweichende Bestimmung kann jedoch unwirksam sein, wenn sie mit einer Bestimmung des anderen Elternteils nicht vereinbar ist (Rn 48).

58 Die Bestimmung kann auch durch **schlüssiges Verhalten** erfolgen (BGH NJW 1983, 2198 = FamRZ 1983, 369; NJW 1985, 1339 = FamRZ 1985, 584). Der wichtigste Fall ist die stillschweigende Weitergewährung von Naturalunterhalt nach Vollendung des 18. Lebensjahres des Kindes. Zieht das Kind dann später aus dem Elternhaus aus, ist zu prüfen, ob die Eltern durch (stillschweigendes) Einverständnis ihre frühere Bestimmung ändern, oder ob sie an der Weitergewährung von Naturalunterhalt festhalten (KG FamRZ 1982, 423).

59 Die Erklärung muss **hinreichend konkret** sein, damit das Kind die Art der Unterhaltsgewährung daraus erkennen kann (KG FamRZ 1982, 835, 837). Dabei sind die allgemeinen Auslegungsregeln (§§ 133, 157 BGB) anzuwenden (BGH NJW 1983, 2198 = FamRZ 1983, 369). Deshalb reicht die Bestimmung, den Unterhalt „wie früher" im elterlichen Haushalt zu leisten, auch gegenüber volljährigen Kindern aus. Dagegen hat der Bundesgerichtshof die Bestimmung, dass ein Teil des Unterhalts in Form von Betreuungsleistungen und Wohnungsgewährung durch die Mutter geleistet werde, als nicht hinreichend substantiiert angesehen (BGH FamRZ 1986, 151 = NJW-RR 1986, 426). Bestimmt ein alleinstehender berufstätiger Elternteil, dass der Unterhalt für sein volljähriges Kind in seinem Haushalt gewährt werden soll, so muss er darlegen, auf welche Weise er das Kind unterbringen und versorgen kann.

60 Die Eltern können eine einmal getroffene Bestimmung jederzeit **aufheben** oder **ändern**. Das Bestimmungsrecht wird durch eine erstmalige Festlegung der Art der Unterhaltsgewährung nicht „verbraucht" (BayObLG FamRZ 1979, 952, 954; OLG Frankfurt FamRZ 1980, 820; KG FamRZ 1982, 835, 837; OLG Hamburg FamRZ 1982, 1112; OLG

Zweibrücken FamRZ 1988, 204). Der Ansicht des OLG Köln, die Änderung müsse mit Treu und Glauben in Einklang stehen, anderenfalls sei sie unwirksam (FamRZ 1985, 829), kann nicht zugestimmt werden. Für die Wirksamkeit einer Änderung gelten dieselben Grundsätze wie für die Wirksamkeit einer erstmaligen Bestimmung (Rn 63 ff).

5. Voraussetzungen und Grenzen der Bestimmung

a) Änderungen zum 1. 1. 2008

§ 1612 Abs 2 BGB in der **alten Fassung** stellte keine sachlichen Voraussetzungen für die Ausübung des Bestimmungsrechts auf. Die Eltern konnten die Art der Unterhaltsgewährung grundsätzlich frei bestimmen. Abgesehen vom Ausnahmefall anfänglicher Unwirksamkeit blieb die Änderung der Unterhaltsbestimmung folglich dem gesonderten **Abänderungsverfahren nach Abs 2 S 2 aF** vorbehalten (vgl BGH FamRZ 1984, 37, 38; Näheres zum Abänderungsverfahren bei STAUDINGER/ENGLER [2000] Rn 84 ff). Ob ausnahmsweise auch eine Abänderung im Unterhaltsverfahren zulässig war, war umstritten (vgl BT-Drucks 16/1830, 25 mwNw). 61

Mit der **Aufhebung von § 1612 Abs 2 S 2 aF** durch das Unterhaltsrechtsänderungsgesetz vom 21. 12. 2007 (Rn 2) hat der Gesetzgeber das Abänderungsverfahren als gesondertes Verfahren abgeschafft und eine einheitliche Entscheidung des Familiengerichts ermöglicht. Das Kind, das die elterliche Unterhaltsbestimmung nicht hinnehmen will, kann im Unterhaltsverfahren den entsprechenden Einwand geltend machen. Nunmehr ist innerhalb des Unterhaltsprozesses zu klären, ob die elterliche Unterhaltsbestimmung wirksam ist und das Gericht sie demzufolge seiner Entscheidung zugrunde zu legen hat. Ob die elterliche Unterhaltsbestimmung wirksam ist, hängt davon ab, ob dabei entsprechend § 1612 Abs 2 S 1 BGB auf die Belange des Kindes die gebotene Rücksicht genommen worden ist. Eine Korrektur des Änderungsmaßstabs ist damit nicht verbunden: Die Erwägungen des bisherigen S 2, also die „besonderen Gründe", bei deren Vorliegen die elterliche Bestimmung geändert werden konnte, sind künftig im Rahmen der Prüfung anzustellen, ob auf die Belange des Kindes die gebotene Rücksicht genommen wurde. Durch die Neufassung von § 1612 Abs 2 S 1 BGB – „sofern" statt „wobei" wird festgelegt, dass die Unterhaltsbestimmung nur wirksam ist, wenn die „gebotene Rücksicht" genommen wurde. Sofern die gebotene Rücksicht genommen wurde, ist die Bestimmung wirksam; andernfalls nicht. Kommt das Gericht zu dem Ergebnis, dass die Bestimmung nicht wirksam ist, verbleibt es bei dem Grundsatz nach § 1612 Abs 1 S 1 BGB. Die Überprüfung einer dem Barunterhaltsanspruch entgegenstehenden Unterhaltsbestimmung damit lediglich eine „Vorfrage", über die vom Prozessgericht im Rahmen des Unterhaltsverfahrens abschließend zu entscheiden ist. 62

b) Voraussetzungen

Die Eltern, die einem unverheirateten minderjährigen oder volljährigen Kind zum Unterhalt verpflichtet sind, können nach Abs 2 S 1 Art und Weise der Unterhaltsgewährung nur bestimmen, **sofern** sie auf die **Belange des Kindes die gebotene Rücksicht** nehmen. Fehlt es daran oder leidet die Bestimmung an sonstigen Mängeln, ist sie unwirksam (WENDL/KLINKHAMMER[9] § 2 Rn 45). Im Unterhaltsverfahren ist die Wirksamkeit der Bestimmung daher eine Vorfrage, über die der Richter zu entscheiden hat. Ist die Bestimmung unwirksam, hat das Gericht entsprechend Abs 1 S 1 eine 63

Geldrente zuzusprechen. Eine wirksame Bestimmung bindet dagegen die Eltern und das Kind. Der Antrag auf Barunterhalt ist ggf abzuweisen (WENDL/KLINKHAMMER[9] § 2 Rn 45).

64 Schon nach dem bis zum 31. 12. 2007 geltenden Recht wurde die Unterhaltsbestimmung auch ohne Abänderung durch das Familiengericht als unwirksam angesehen, wenn sie an schwerwiegenden Mängeln litt. Daran hat die Neufassung des § 1612 Abs 2 BGB nichts geändert, zumal da die Bestimmung in diesen Fällen regelmäßig auf die Belange des Kindes nicht die gebotene Rücksicht nimmt. Eine Unterhaltsbestimmung ist danach unwirksam (vgl WENDL/KLINKHAMMER[9] § 2 Rn 47),

– wenn sie nicht den gesamten Lebensbedarf des Kindes umfasst (BGH FamRZ 1996, 417, 420; FamRZ 1988, 831);

– wenn sie **aus rechtlichen oder tatsächlichen Gründen undurchführbar** ist (RG JW 1901, 870; RGZ 57, 69, 77; BGH NJW 1981, 574 = FamRZ 1981, 250; NJW 1985, 1339 und 2590 = FamRZ 1985, 584 und 917; FamRZ 1988, 386 = NJW-RR 1988, 582; NJW 1992, 974 = FamRZ 1992, 426; FamRZ 1996, 798 = DAVorm 1996, 507; BayObLG FamRZ 1958, 141; FamRZ 1990, 905 = NJW-RR 1990, 901) insbesondere wenn sie mit der Aufenthaltsbestimmung des gesetzlichen Vertreters, zB des Betreuers eines volljährigen Kindes oder des Pflegers eines minderjährigen Kindes, nicht zu vereinbaren ist. Wenn das Aufenthaltsbestimmungsrecht des Betreuers oder des Pflegers in seinen Auswirkungen mit dem elterlichen Bestimmungsrecht kollidiert, haben die Befugnisse des Betreuers oder Pflegers den Vorrang (BGH FamRZ 1985, 917). Die von den Eltern gewählte Art der Unterhaltsgewährung kann auch rechtlich undurchführbar sein, wenn das Kind wegen der geltenden Zulassungsbeschränkung sein Studium nicht an dem Ort aufnehmen kann, an dem ihm Naturalunterhalt angeboten wird; in einem solchen Fall kann auch eine zunächst (zB während des Schulbesuchs) zulässige Unterhaltsbestimmung nachträglich unwirksam werden (BGH FamRZ 1996, 798); **tatsächlich unerreichbar** ist der Unterhalt, wenn bei gemeinsamer elterlicher Sorge der Vater seinen minderjährigen Kindern Unterhalt in Natur anbietet, obwohl sie sich bei der Mutter aufhalten. Hier sind die Kinder wegen des entgegenstehenden Willens der Mutter ohne eigenes Verschulden nicht in der Lage, der Unterhaltsbestimmung des Vaters Folge zu leisten; der Streit der Eltern kann zu einer Entscheidung des Familiengerichts nach § 1628 BGB führen, darf sich aber im Unterhaltsverfahren nicht zu Lasten des Kindes auswirken (BGH FamRZ 1992, 426; vgl – mit abweichender Begründung – GÖPPINGER/WAX/STROHAL[9] Rn 83 mwNw; vgl § 1610 Rn 281 ff). Bei einem volljährigen Kind kann die Unterhaltsbestimmung aus tatsächlichen Gründen dann undurchführbar sein oder nachträglich werden, wenn es sein Studium an einem anderen Ort aufnehmen muss und eine tägliche Rückkehr zum Wohnort der Eltern nicht möglich oder nicht zumutbar ist (BGH FamRZ 1996, 798; FamRZ 1988, 831; OLG Celle FamRZ 2001, 116; OLG Karlsruhe FamRZ 2004, 655);

– wenn sie die schutzwürdigen **Interessen des anderen Elternteils** missachtet (BGH FamRZ 1988, 831; vgl aber Rn 48 f). Zwar muss ein Elternteil zunächst auf die Belange des Kindes die gebotene Rücksicht nehmen, muss aber auch denjenigen des anderen Elternteils Rechnung tragen. In einem solchen Fall bedarf es einer Abwägung der gegenseitigen Interessen der Eltern. Die einseitige Bestimmung ist nur dann wirksam, wenn die Gründe des bestimmenden Elternteils die berechtigten Belange des Kindes wahren und zugleich dem anderen Elternteil unter Berücksichtigung seiner entgegenstehenden Interessen zugemutet werden kann, die beabsichtigte Art der Unterhaltsgewährung hinzunehmen. Bei dieser Abwägung spielen vor allem wirtschaftliche Interessen eine Rolle, aber auch Veränderungen der beiderseitigen Lebensverhältnisse durch die Art der Unterhaltsgewährung. Die Befürchtung, dass der Bestimmende einen familienrechtlichen Ausgleichsanspruch gegen den anderen Elternteil geltend machen werde, reicht allein noch nicht aus, um die einseitige Bestimmung als nicht gerechtfertigt zu beurteilen (BGH FamRZ 1988, 831);

– wenn sie **offensichtlich missbräuchlich** aus sachfremden Erwägungen getroffen worden (BGH FamRZ 1996, 798) oder sogar sittenwidrig ist (Knorn FamRZ 1966, 392; BGB-RGRK/Mutschler Rn 11).

65 Über die vorstehend aufgeführten Fälle der von vornherein unwirksamen Unterhaltsbestimmung hängt die Entscheidung, ob die Eltern die gebotene Rücksicht auf die Belange des Kindes genommen haben, von einer **umfassenden Interessenabwägung im Einzelfall** ab (OLG Karlsruhe FamRZ 2004, 655). Dabei ist auf Seiten der Eltern zu berücksichtigen, dass das vom Gesetzgeber bewusst beibehaltene Bestimmungsrecht sie vor einer wirtschaftlichen Überforderung durch längere Ausbildungszeiten und zunehmende Ausbildungskosten bewahren will (BT-Drucks 16/1830, 25). Deshalb kann dem volljährigen Kind, auf das die Vorschrift vorzugsweise zugeschnitten ist, zunächst ein Verbleiben im Elternhaus zugemutet werden, wenn nicht gewichtige Gründe entgegenstehen (Wendl/Klinkhammer[9] § 2 Rn 46).

66 Die **Belange des Kindes** können der elterlichen Bestimmung entgegenstehen, wenn der Ausbildungsbetrieb oder der Studienort vom Wohnort der Eltern nur schwer zu erreichen ist oder dem Kind wegen langer Fahrzeiten eine tägliche Rückkehr in das Elternhaus nicht zugemutet werden kann (vgl auch – zum umgekehrten Fall – BGH FamRZ 2009, 762). Im Allgemeinen wird das Bedürfnis des volljährigen Kindes, ein eigenes Leben, auch zusammen mit einem Freund oder einer Freundin, zu führen, jedenfalls bei einem Kind, das gerade volljährig geworden ist oder in seiner Berufsausbildung noch keine nennenswerten Fortschritte gemacht hat, noch nicht genügen.

67 Die **Interessen der Eltern** müssen jedoch hinter denen des Kindes zurücktreten, wenn sie dessen wohlverstandenen Belangen zuwider laufen (BayObLG FamRZ 2000, 976). So kann es sein, wenn das Kind bereits seit einiger Zeit volljährig ist, vor allem, wenn es schon einige Jahre einen eigenen Hausstand geführt hat und kraft der Unterhaltsbestimmung wieder in den elterlichen Haushalt zurückkehren soll (OLG Hamburg FamRZ 1983, 643; KG FamRZ 2006, 60). Dies ist ebenfalls einem seit langem volljährigen Kind, das an einer schweren Krankheit leidet und in einem funktionierenden sozialen Umfeld lebt, nicht zuzumuten (KG FamRZ 2000, 979). Die Unterhaltsbestimmung der Eltern nimmt auch dann nicht die gebotene Rücksicht auf die Belange des Kindes, wenn sie darauf angelegt ist, die familiäre Lebensgemeinschaft, die zwischen dem unterhaltsberechtigten volljährigen Kind sowie dessen Partner und dem gemeinsamen Kind der beiden besteht, auseinanderzureißen (OVG Lüneburg NJW 2015, 3596). Eine **tief greifende Entfremdung** zwischen dem bestimmenden Elternteil und dem Kind kann zur Unwirksamkeit der Bestimmung führen, jedenfalls dann, wenn

sie auch auf unangemessene Erziehungsmaßnahmen zurückzuführen ist (OLG Celle FamRZ 1997, 966; KG FamRZ 2003, 619; OLG Dresden NJW-RR 2005, 735). **Übliche familiäre Streitigkeiten** und unangemessene Äußerungen reichen jedoch in der Regel nicht aus (OLG Karlsruhe FamRZ 2015, 1507 mAnm Liceni-Kierstein FamRB 2015, 287; OLG Brandenburg FamRZ 2009, 236). Die Bestimmung kann dagegen unwirksam sein, wenn seit Jahren kein engerer Kontakt zu dem bestimmenden Elternteil besteht, zB weil das Kind nach der Scheidung von dem anderen Elternteil erzogen worden ist (BayObLG FamRZ 2000, 976). Auf die Belange des Kindes wird vielfach nicht die gebotene Rücksicht genommen, wenn es sich dem anderen Elternteil stärker verbunden fühlt und deshalb nach Volljährigkeit in dessen Wohnung umzieht und der Elternteil, bei dem es bisher gewohnt hat, dies zum Anlass nimmt, die Rückkehr in seinen Haushalt durch eine Bestimmung nach § 1612 Abs 2 S 1 BGB zu erzwingen (OLG Köln FuR 2001, 415; OLG Schleswig FuR 1998, 178).

68 Auch **sich widersprechende Bestimmungen der Eltern** können unwirksam sein (Wendl/Klinkhammer[9] § 2 Rn 46).

6. Wirkung der Bestimmung

69 Die Bestimmung wird mit **Zugang der Erklärung** an das Kind wirksam (§ 130 Abs 1 BGB). Soweit die Bestimmung reicht, entfällt von diesem Zeitpunkt an der Anspruch auf Entrichtung einer monatlichen Geldrente (BGH NJW 1985, 1339 = FamRZ 1985, 584). Zugleich entsteht ein Anspruch auf Unterhaltsgewährung in der angegebenen Art. Da die Wirkung kraft Gesetzes eintritt, kann dem Kind bei der Bestimmung von Naturalunterhalt **keine Übergangsfrist** zugebilligt werden, während deren die Rente weiterzuzahlen ist (so aber OLG Karlsruhe FamRZ 1982, 521, 523). Die Bestimmung ist jedoch unwirksam, solange das Kind den Naturalunterhalt nicht entgegennehmen kann. Die Bestimmung kann auch in **anderen rechtlichen Zusammenhängen** bedeutsam werden. So hat etwa im Rahmen der Anwendung von § 36 Abs 3 BAföG das Ausbildungsförderungsamt selbst umfassend zu prüfen, ob eine Unterhaltsbestimmung, die die Eltern des Auszubildenden gemäß § 1612 Abs 2 S 1 BGB getroffen haben, deshalb unwirksam ist, weil sie nicht die gebotene Rücksicht auf die Belange des Kindes nimmt (OVG Lüneburg NJW 2015, 3596).

70 Entsteht im Unterhaltsverfahren Streit über die Wirksamkeit der elterlichen Unterhaltsbestimmung, so kann diese im Wege des **Zwischenfeststellungsverfahrens** (§§ 113 Abs 1 S 2 FamFG, 256 Abs 2 ZPO) geklärt werden (Göppinger/Wax/Strohal[9] Rn 123; Soergel/Seibl[13] Rn 43). Eine während des Unterhaltsverfahrens erklärte wirksame Unterhaltsbestimmung hat zur Folge, dass ein Antrag auf Geldunterhalt für die Zeit ab Wirksamwerden der Bestimmung von Naturalunterhalt als unbegründet abgewiesen werden muss, falls nicht der Rechtsstreit insoweit für erledigt erklärt wird (§§ 113 Abs 1 S 2 FamFG, 91a ZPO). Gegen einen vollstreckbaren Titel auf Zahlung von Geldunterhalt kann nach einer wirksamen Bestimmung von Naturalunterhalt **Vollstreckungsgegenantrag** (§ 767 ZPO) erhoben werden (Soergel/Häberle[12] Rn 10).

71 Das Kind **verliert seinen Unterhaltsanspruch**, wenn es den angebotenen Naturalunterhalt nicht entgegennimmt (BGH NJW 1983, 2198 = FamRZ 1983, 369; Soergel/Seibl[13] Rn 40). Das folgt aus § 275 BGB, denn Wohnungsgewährung und Verpflegung sind für einen verflossenen Zeitraum nicht nachholbar. Nach **anderer Ansicht** soll § 1611 BGB analog anzuwenden sein oder das Kind einen Anspruch auf den Wert des (ersparten) Naturalunterhalts haben (vgl Göppinger/Wax/Strohal[9] Rn 119 f mwNw). Beiden Ansätzen fehlt es jedoch an einer Legitimierung aus dem Gesetz, das als abweichenden Anspruchsinhalt gerade nur den Naturalunterhalt festlegt. Anders liegt es bei Unterhaltsbestandteilen, die auch nach einer wirksamen Unterhaltsbestimmung in Geld zu erbringen sind (dazu Rn 72).

Nach der Rechtsprechung des Bundesgerichtshofs verliert das Kind, das den angebotenen Naturalunterhalt im elterlichen Haushalt nicht entgegennimmt, auch seine Ansprüche auf **Taschengeld** und auf **Geldleistungen für sonstige Bedürfnisse** wie Studienmittel, Kleidung, Besuch kultureller Veranstaltungen (BGH NJW 1981, 574, 576 = FamRZ 1981, 250, 252; NJW 1983, 2198 = FamRZ 1983, 369; zust Soergel/Häberle[12] Rn 11 f; FamGb/Griesche Rn 18; **aA** Thierschmann 159 f). Er sieht die Überlassung von Geldbeträgen an heranwachsende oder volljährige Kinder zu eigenverantwortlichen Verfügung als Teil des in Form von Naturalleistungen gewährten Unterhalts an, der nur zusammen mit diesen den ihm zugedachten Sinn erfülle. Dem kann **nicht zugestimmt** werden. Zweifelhaft ist schon, ob Geldleistungen an im Haushalt der Eltern lebende volljährige Kinder noch den Sinn haben, das Kind zur Eigenverantwortung zu erziehen. Selbst wenn die Eltern damit Einfluss auf die Entwicklung des Kindes ausüben wollen, kann das Scheitern dieser Absicht nicht zu einer Befreiung von ihrer Unterhaltspflicht führen. Nach § 275 BGB wird der Schuldner von der Verpflichtung zur Leistung nur frei, *soweit* die Leistung unmöglich wird. Geldleistungen sind auch an außerhalb des elterlichen Haushalts lebende Kinder möglich. Das OLG Köln hat – allerdings ohne Auseinandersetzung mit dem BGH – entschieden (FamRZ 1988, 1089), dass auch derjenige, der das Bestimmungsrecht ausübt, nicht in vollem Umfang von der Leistung befreit wird, sondern nach Überleitung jedenfalls die Beträge ersetzen muss, die er für das Kind bei Unterhaltsgewährung im eigenen Haushalt aufwenden müsste. **72**

Die Bestimmung der Eltern, dem Kind Naturalunterhalt in ihrem Haushalt zu leisten, schließt **Ansprüche Dritter**, die das Kind tatsächlich versorgt haben, aus Geschäftsführung ohne Auftrag und aus ungerechtfertigter Bereicherung (s Vorbem 164 ff zu §§ 1601 ff) aus (OLG Hamm NJW 1983, 2203 = FamRZ 1983, 416; Soergel/Häberle[12] Rn 12). Soweit der Unterhaltsanspruch nicht mehr besteht (Rn 71), kann er bei Bezug von **Sozialleistungen** nicht auf den Leistungsträger übergehen oder übergeleitet werden (BGH NJW 1981, 574 = FamRZ 1981, 250; NJW 1984, 305 = FamRZ 1984, 37 zu § 37 BAföG; OLG Bremen FamRZ 1986, 931 zu § 144 Abs 3 AFG). Deshalb wird Ausbildungsförderung nicht vorausgeleistet, soweit die Eltern bereit sind, Unterhalt entsprechend ihrer Bestimmung zu leisten (§ 36 Abs 3 Nr 1 BAföG; vgl Rn 69). **73**

V. Rentenzahlung, Absatz 3

1. Allgemeines

Die Unterhaltspflicht ist nach herrschender Meinung keine einheitliche Verpflichtung, die, einmal entstanden, bis zum Wegfall einer ihrer Voraussetzungen fortdauert. Sie entsteht vielmehr in jedem Zeitpunkt, in dem ihre Voraussetzungen vorliegen (Vorbem 93 ff zu §§ 1601 ff; **aA** Staudinger/Engler [2000] Rn 101). Mit seiner **74**

Entstehung wird der Anspruch **fällig** (§ 271 Abs 1 BGB). Geldunterhalt muss nach dem Zweck des Unterhalts, den Lebensbedarf des Berechtigten zu befriedigen, **im Voraus** geleistet werden, weil mit dem Geld zunächst die natürlichen Bedarfsgüter (Nahrung, Wohnung, Kleidung) beschafft werden müssen.

2. Monatliche Vorauszahlung, Satz 1

75 Nach Absatz 3 Satz 1 ist die Rente monatlich im Voraus zu zahlen. Das bedeutet zunächst, dass die Rente in **Monatsbeträgen** zu bemessen ist, wie das in § 1612a BGB angeordnet ist und allen Unterhaltstabellen und Richtwerten zugrunde liegt. Zum anderen wird damit die **Zeitdauer der Vorausleistung** festgelegt. Die Vorschrift ersetzt nicht die verzugsbegründende Mahnung (OLG Saarbrücken MDR 2010, 815 mwNw).

76 Unter „monatlich" ist der **Kalendermonat** zu verstehen, sodass die Rente **an jedem Monatsersten** zu zahlen ist (BGHZ 103, 267, 269 = NJW 1988, 2799 = FamRZ 1988, 604; FamRZ 1990, 269; vgl Göppinger/Wax/Strohal[9] Rn 57 mwNw; zu früheren abweichenden Ansichten s Staudinger/Engler [2000] Rn 102 mwNw). Das stimmt auch mit anderen Regelungen überein, insbesondere § 1613 Abs 1 S 2 BGB). Nach dem Wortlaut des Gesetzes wird der erste Monatsbetrag mit der Entstehung des Anspruchs fällig, bei Kindern, denen Barunterhalt zu leisten ist, also am Tage ihrer Geburt. Die Parteien können jedoch **vereinbaren**, dass für den restlichen Kalendermonat ein Teilbetrag und die weiteren Rentenbeträge jeweils am Monatsbeginn gezahlt werden. In der Praxis geschieht das meist **stillschweigend**. Im Übrigen beginnt eine *Voraus*zahlung im Zeitpunkt der Zahlung (oder der Verurteilung).

77 Die unterhaltspflichtigen Eltern können nach Abs 2 S 1 **andere Vorauszahlungszeiträume** bestimmen, anderen Unterhaltspflichtigen können nach Abs 1 S 2 andere Zeiträume gestattet werden. Bei einer Vorausleistung für einen längeren Zeitabschnitt trifft sie allerdings das Nachzahlungsrisiko des § 1614 Abs 2 BGB.

78 Durch eine Vorauszahlung soll der Lebensbedarf für den gesamten Zeitraum befriedigt werden. Deshalb müssen voraussichtlich eintretende **Änderungen der Verhältnisse**, die für die Bemessung des Unterhalts von Bedeutung sind, berücksichtigt werden. Steigt ein Kind im Vorauszahlungsmonat in eine **höhere Altersstufe** auf, so gebührt ihm von diesem Tage an der höhere Unterhalt. Wird es in dieser Zeit **volljährig**, so entfällt von diesem Tage an seine Privilegierung nach § 1602 Abs 2 BGB und die gesteigerte Unterhaltspflicht der Eltern nach § 1603 Abs 2 BGB (BGHZ 103, 267, 269 = NJW 1988, 2799 = FamRZ 1988, 604). Wird das Kind während des Vorauszahlungszeitraumes **erneut bedürftig**, weil es die Vorauszahlung vorzeitig verbraucht hat, so stehen ihm weitere Ansprüche nicht zu, weil sein Unterhaltsanspruch für diese Zeit erfüllt ist (§ 362 Abs 1 BGB). Anders ist es beim Auftreten eines unregelmäßigen außergewöhnlich hohen Bedarfs (**Sonderbedarf**, § 1613 Abs 2 Nr 1 BGB), denn dieser Bedarf wird von der Rente nicht umfasst. Wegen sonstiger nicht vorhersehbarer Änderungen der Verhältnisse während des Vorauszahlungszeitraumes wird auf die Erläuterungen zu Satz 2 verwiesen (Rn 82 f).

79 Für die **Rechtzeitigkeit** der Geldleistung ist der Zeitpunkt der Hingabe oder Absendung (Einzahlung bei der Post, Eingang des Überweisungsauftrags bei der Bank

des Überweisenden, Hingabe oder Absendung des gedeckten Schecks) maßgebend. Der Schuldner muss das zur Übermittlung des Geldes seinerseits Erforderliche getan haben. Für die Rechtzeitigkeit der Zahlung als Leistungshandlung des Schuldners ist, sofern keine andere Vereinbarung getroffen worden ist – anders als bei der Frage der Erfüllungswirkung – eine Gutschrift auf dem Gläubigerkonto nicht erforderlich (GÖPPINGER/WAX/STROHAL[9] Rn 58 mwNw; **aA** STAUDINGER/ENGLER [2000] Rn 107 mwNw: Zeitpunkt, in dem der Berechtigte über das Geld verfügen kann).

3. Teilzahlung

Reicht eine Zahlung des Verpflichteten zur Tilgung der fälligen Vorausleistung und der rückständigen Rentenbeträge nicht aus, so kann er bestimmen, welcher Teil seiner Unterhaltsschulden damit getilgt werden soll. Das ergibt sich aus § 366 Abs 1 BGB, der zwar mehrere Schuldverhältnisse voraussetzt, aber auf gleichartige Verpflichtungen aus einem einheitlichen Schuldverhältnis entsprechend anwendbar ist (MünchKomm/FETZER[7] § 366 Rn 2; BGHZ 91, 375, 379 = NJW 1984, 2404 [betr Mietzinsraten]). Eine Zahlung in Höhe des gerade fällig gewordenen Rentenbetrages enthält allerdings in der Regel die **stillschweigende Bestimmung**, dass damit diese Schuld getilgt werden soll (GÖPPINGER/WAX/STROHAL[9] Rn 50; GERNHUBER/COESTER-WALTJEN § 45 VIII 1; BGB-RGRK/MUTSCHLER Rn 23; OLG Hamburg DR 1940, 1185 m zust Anm HERSCHEL). Ohne eine solche Bestimmung wird nach § 366 Absatz 2 BGB die älteste Schuld getilgt. Wegen der Zinsen und Kosten siehe § 367 BGB. Dasselbe gilt bei Beitreibung von Teilbeträgen im Wege der Zwangsvollstreckung (GÖPPINGER/WAX/STROHAL[9] Rn 51). 80

Wird eine Zahlung für **mehrere Unterhaltsberechtigte** (zB Frau und Kinder) geleistet, die zur Tilgung aller Unterhaltsschulden nicht ausreicht, und bestimmt der Verpflichtete weder ausdrücklich noch stillschweigend die Höhe der auf die einzelnen Berechtigten entfallenden Beträge, so ist der gezahlte Betrag im Verhältnis der Höhe der fälligen Einzelansprüche aufzuteilen (anders GÖPPINGER/WAX/STROHAL[9] Rn 51: zunächst laufende Renten, dann einmalige Zahlungen, dann Rückstände). 81

4. Tod des Berechtigten, Satz 2

Mit dem Tode des Berechtigten **endet** naturgemäß sein Anspruch auf (weiteren) Unterhalt (vgl § 1615 Abs 1 BGB); ein Verstorbener hat keinen „Lebensbedarf" (**aA** anscheinend MünchKomm/KÖHLER[3] Rn 49). Stirbt der Berechtigte während des Vorauszahlungszeitraumes, so schuldet der Verpflichtete nach Absatz 3 Satz 2 trotzdem den **vollen Monatsbetrag**. Hat er ihn bereits gezahlt, so kann er ihn nicht teilweise von den Erben zurückfordern. Umgekehrt können die Erben nach § 1922 Abs 1 BGB den noch nicht gezahlten vollen Monatsbetrag verlangen (BGB-RGRK/MUTSCHLER Rn 24; **aA** MünchKomm/KÖHLER[3] Rn 49). 82

Bei einer Beendigung der Unterhaltspflicht aus anderen Gründen (Wegfall der Bedürftigkeit oder der Leistungsfähigkeit, Eheschließung des Kindes) ist Satz 2 **nicht entsprechend anwendbar** (BGHZ 103, 267, 269 = NJW 1988, 2799 = FamRZ 1988, 604; OLG Karlsruhe FamRZ 1980, 917; SOERGEL/SEIBL[13] Rn 7; BGB-RGRK/MUTSCHLER Rn 24; zu § 1361 Abs 4 S 3 s auch BGHZ 103, 62, 67 = NJW 1988, 1137 = FamRZ 1988, 370, 372 und LUTHIN FamRZ 1985, 262). Die Bestimmung des § 760 Abs 3 BGB, nach der dem Gläubiger der volle Vorauszahlungsbetrag gebührt, wenn er den Beginn der Vorauszahlungszeit 83 erlebt hat, ist seit der Neufassung des § 1612 Abs 3 BGB (Rn 2) nicht mehr anwendbar (Staudinger/Amann [1996] § 759 Rn 4).

§ 1612a
Mindestunterhalt minderjähriger Kinder; Verordnungsermächtigung

(1) Ein minderjähriges Kind kann von einem Elternteil, mit dem es nicht in einem Haushalt lebt, den Unterhalt als Prozentsatz des jeweiligen Mindestunterhalts verlangen. Der Mindestunterhalt richtet sich nach dem steuerfrei zu stellenden sächlichen Existenzminimum des minderjährigen Kindes. Er beträgt monatlich entsprechend dem Alter des Kindes

1. für die Zeit bis zur Vollendung des sechsten Lebensjahrs (erste Altersstufe) 87 Prozent,

2. für die Zeit vom siebten bis zur Vollendung des zwölften Lebensjahrs (zweite Altersstufe) 100 Prozent und

3. für die Zeit vom 13. Lebensjahr an (dritte Altersstufe) 117 Prozent

des steuerfrei zu stellenden sächlichen Existenzminimums des minderjährigen Kindes.

(2) Der Prozentsatz ist auf eine Dezimalstelle zu begrenzen; jede weitere sich ergebende Dezimalstelle wird nicht berücksichtigt. Der sich bei der Berechnung des Unterhalts ergebende Betrag ist auf volle Euro aufzurunden.

(3) Der Unterhalt einer höheren Altersstufe ist ab dem Beginn des Monats maßgebend, in dem das Kind das betreffende Lebensjahr vollendet.

(4) Das Bundesministerium der Justiz und für Verbraucherschutz hat den Mindestunterhalt erstmals zum 1. 1. 2016 und dann alle zwei Jahre durch Rechtsverordnung, die nicht der Zustimmung des Bundesrates bedarf, festzulegen.

Materialien: BT-Drucks V/2370, 48 f; V/4179, 10 f (zum Nichtehelichengesetz); BT-Drucks 7/4791; 7/5311, abgedruckt DAVorm 1976, 378 u 386 (zum Gesetz zur vereinfachten Abänderung von Unterhaltsrenten); BT-Drucks 13/7338; 13/9596 (zum Kindesunterhaltsgesetz); BT-Drucks 16/1830; 16/6980 (zum Unterhaltsrechtsänderungsgesetz vom 21. 12. 2007); BT-Drucks 18/5918; 18/6380 (zum Gesetz zur Änderung des Unterhaltsrechts und des Unterhaltsverfahrensrechts etc vom 20. 11. 2015).

Schrifttum

Borth, Der Entwurf eines Gesetzes zur Änderung des Unterhaltsrechts und des Unterhaltsverfahrensrechts, FamRZ 2015, 1154

ders, Gesetz zur Änderung des Unterhaltsrechts und des Unterhaltsverfahrensrechts sowie zur Änderung der Zivilprozessordnung und kostenrechtlicher Vorschriften, FamRZ 2015, 2013

Büte, Das vereinfachte Unterhaltsverfahren, FuR 2012, 585
Derleder/Lenze, Konflikte zwischen Pauschalerhöhung und Individualerhöhung des Kindesunterhalts nach Veränderung von Unterhaltstabellen, FamRZ 1989, 558
Ewers, Die Düsseldorfer Tabelle und das neue Kindesunterhaltsrecht, DAVorm 1999, 801
Finke, Die Wiederkehr des gesetzlich definierten Mindestbedarfs und die Abschaffung der Regelbetrag-VO – ein Fortschritt?, FPR 2005, 477
Gressmann/Rühl, Zum Regierungsentwurf eines Kindesunterhaltsgesetzes, DAVorm 1997, 161
Giers, Das vereinfachte Verfahren über den Unterhalt Minderjähriger nach dem FamFG, FamRB 2009, 247
Gutdeutsch, Differenzbedarf und Bedarfserhöhung wegen Zusammenlebens bei minderjährigen Kindern – interessante Korrekturen im Ergebnis, FamRZ 2014, 1969
Gutjahr, Die Übergangsregelungen zur Unterhaltsrechtsreform, NJW 2008, 1985
Heger, Die Änderung des § 1612b V BGB – Schlussstein oder Neubeginn?, FamRZ 2001, 1409
Klinkhammer, Die Düsseldorfer Tabelle nach der Unterhaltsrechtsreform, FamRZ 2008, 193
ders, Das Hartz-IV-Urteil des BVerfG v 9. 2. 2010 – Konsequenzen für das Unterhaltsrecht?, FamRZ 2010, 845
Knittel, Der Mindestunterhalt minderjähriger Kinder nach neuem Recht, JAmt 2007, 561
ders, Das neue Kindesunterhaltsrecht, DAVorm 1998, 177
Menne, Gesetzliche Änderungen im Kindesunterhaltsrecht und aktuelle Entwicklungen bei der Düsseldorfer Tabelle, NZFam 2016, 97
ders, Neufassung von § 1612a BGB und Erlass der Mindestunterhaltsverordnung zum 1. 1. 2016, FF 2016, 7
Peschel-Gutzeit, Stärkt die geplante Reform des Unterhaltsrechts das Kindeswohl?, FF 2005, 296
Scholz, Der Kindesunterhalt nach dem Gesetz zur Änderung des Unterhaltsrechts, FamRZ 2007, 2021
ders, Die Düsseldorfer Tabelle, 100 Jahre Oberlandesgericht Düsseldorf (2006) S 265
Schumacher/Grün, Das neue Unterhaltsrecht minderjähriger Kinder, FamRZ 1998, 778
Schumacher, Anpassung der Regelbeträge zum 1. 7. 1999, FamRZ 1999, 749
Soyka, Auswirkungen der Unterhaltsreform auf den Kindesunterhalt, FuR 2008, 157
Strauss, Probleme des Kindesunterhaltsgesetzes in der gerichtlichen Praxis, FamRZ 1998, 993
Többen, Gesetz zur Änderung des Unterhaltsrechts und des Unterhaltsverfahrensrechts, NJW 2016, 273
Vossenkämper, Der Kindesunterhalt nach neuem Recht ab 1. 1. 2008, FamRZ 2008, 201
ders, Zusammenstellung der Tabellenbedarfs-. Kindergeldabzugs und Unterhaltszahlbeträge ab 1. 1. 2010 und unverändert ab 1. 1. 2011 für die Kinder der 1. bis 4. Altersstufe, FamRZ 2011, 263
ders, Zusammenstellung der Tabellenbedarfs-, Kindergeldabzugs- und Unterhaltszahlbeträge ab 1. 1. 2017 für die Kinder der 1. bis 4. Altersstufe, FamRZ 2017, 273
ders, Die Umrechnung der Regelbetragstitel in Mindestunterhaltstitel nach § 36 Nr 3 lit a EGZPO, FamFR 2011, 73
Wagner, Zum Referentenentwurf eines Gesetzes zur Vereinheitlichung des Unterhaltsrechts minderjähriger Kinder (Kindesunterhaltsgesetz), FamRZ 1996, 705
ders, Zum Regierungsentwurf eines Gesetzes zur Vereinheitlichung des Unterhaltsrechts minderjähriger Kinder, FamRZ 1997, 1513
Weber, Das Gesetz zur Vereinfachung des Unterhaltsrechts minderjähriger Kinder, NJW 1998, 1992.

Systematische Übersicht

Alphabetische Übersicht

I. Allgemeines

1. Entstehungsgeschichte

a) Die Entwicklung bis zum Kindesunterhaltsgesetz von 1998

§ 1612a BGB knüpft an die Entwicklung an, die das NEhelG vom 19. 8. 1969 (BGBl I 1
1243) für den Unterhaltsanspruch eines nichtehelichen Kindes gegen seinen Vater in Gang gebracht hatte (s dazu § 1615a Rn 6 ff).

Durch die – vom KindUG mit Wirkung vom 1. 7. 1998 aufgehobenen – §§ 1615f bis 2
1615h BGB sollten die **Unterhaltsansprüche nichtehelicher Kinder** vereinheitlicht und vor allem die vormals bestehenden Unterschiede zwischen einzelnen Gerichtsbezirken in der Unterhaltsbemessung überwunden werden. Nach § 1615f Abs 1 BGB hatte der Vater dem Kind, wenn es nicht in seinen Haushalt aufgenommen war, bis zur Vollendung seines 18. Lebensjahrs mindestens den Regelunterhalt zu zahlen. Als **Regelunterhalt** war „der zum Unterhalt eines Kindes, das sich in der Pflege seiner Mutter befindet, bei einfacher Lebenshaltung im Regelfall erforderliche Betrag (Regelbedarf), vermindert um die nach § 1615g BGB anzurechnenden Beträge" definiert. Der **Regelbedarf** wurde nach § 1615f Abs 2 BGB von der Bundesregierung

mit Zustimmung des Bundesrates **durch Rechtsverordnung festgesetzt**; er konnte nach dem Alter des Kindes und nach den örtlichen Unterschieden in den Lebenshaltungskosten abgestuft werden.

§ 1615g BGB regelte die **Anrechnung von Kindergeld**, Kinderzuschlägen und ähnlichen regelmäßig wiederkehrenden Geldleistungen, die einem anderen als dem Vater zustehen, auf den Regelbedarf. Nach § 1615h BGB konnte der Vater, wenn der Regelunterhalt den von ihm nach den allgemeinen Vorschriften über den Individualunterhalt zu leistenden Betrag wesentlich überstieg, die **Herabsetzung** auf diesen Betrag verlangen.

3 Der **Dynamisierung** und **vereinfachten Anpassung** des Unterhaltsanspruchs dienten die Bestimmungen der §§ 642 ff ZPO aF. Begehrte das Kind im Weg der Klage nach § 642 ZPO aF oder in einer mit dem Kindschaftsprozess (heute Abstammungssache) verbundenen Unterhaltsklage nach § 643 ZPO aF den Regelunterhalt, so wurde der Vater zur Leistung des Regelunterhalts verurteilt; der Unterhaltsbetrag wurde in einem sich anschließenden besonderen Verfahren durch den Rechtspfleger festgesetzt. Das nichteheliche Kind konnte aber auch – wie das eheliche – Individualunterhalt einklagen. Über die Voraussetzungen des Anspruchs auf Regelunterhalt, den Regelbedarf als Maß des Regelunterhalts, anzurechnende Zu- und Abschläge und die verfahrensrechtliche Ausgestaltung im Einzelnen s STAUDINGER/EICHENHOFER (1997) § 1615 f Rn 13 ff, 21 ff, 27 ff und 31 ff, über die Anrechnung unterhaltsstützender Drittleistungen (Kindergeld, Kinderzuschläge uä) § 1615g Rn 10 ff.

4 Um auch **ehelichen Kindern** die Möglichkeit zu geben, die ihnen zustehenden Unterhaltsrenten auf einfachere Weise an die wirtschaftliche Entwicklung anzupassen, fügte das **Gesetz zur vereinfachten Abänderung von Unterhaltsrenten vom 29. 7. 1976** (BGBl I 2029) die Bestimmung des § 1612a (aF) in das BGB ein; sie ist am 1. 1. 1977 in Kraft getreten. Die Begründung des RegE weist darauf hin, dass das in der Zeit vor 1900 entstandene Unterhalts- und Verfahrensrecht auf der Annahme beruhe, dass sowohl der Unterhaltsbedarf des Berechtigten als auch das Einkommen des Unterhaltsverpflichteten über lange Zeit hinweg unverändert blieben; es habe dementsprechend die Abänderung einer in einem vollstreckbaren Titel festgelegten Unterhaltsrente nur in einem ordentlichen Klageverfahren nach § 323 ZPO unter engen Voraussetzungen zugelassen. Inzwischen hätten sich die allgemeinen wirtschaftlichen Verhältnisse wesentlich geändert; mit steigendem Bedarf des Berechtigten und wachsendem Einkommen des Verpflichteten erhöhten sich auch laufend die Unterhaltsansprüche. Dieser veränderten Lage müsse Rechnung getragen werden, und zwar sowohl im Interesse der Unterhaltsberechtigten als auch mit dem Ziel, eine übermäßige Belastung der Gerichte mit Abänderungsklagen zu vermeiden (BT-Drucks 7/4791, 7).

Das Abänderungsgesetz schuf die Möglichkeit der **Anpassung der Unterhaltsrenten** Minderjähriger in der Weise, dass der festgelegte Betrag um einen durch Rechtsverordnung bestimmten Vomhundertsatz erhöht oder herabgesetzt wird.

5 Es unterschied – anders als § 323 ZPO – zwischen der Anpassung des **materiellrechtlichen Anspruchs** und der Anpassung eines **vollstreckbaren Titels**. Das Verfahren zur Abänderung von Unterhaltstiteln war in den durch Art 2 Nr 3 des Gesetzes eingeführten §§ 641l ff ZPO geregelt. § 1612a aF enthielt die materiellrechtliche

Regelung. Sie galt sowohl für titulierte Ansprüche als auch für Ansprüche, die durch Vertrag oder auf andere Weise privatrechtlich festgelegt sind. Es handelt sich um einen gesetzlichen Anwendungsfall des Rechtsinstituts der **Änderung der Geschäftsgrundlage** (s STAUDINGER/SCHMIDT [1995] § 242 Rn 942 ff).

In der Praxis hatte das Abänderungsgesetz nicht die erhoffte **Bedeutung** erlangt (KEMPER ZBlJugR 1980, 637, 639; KLAUSER DAVorm 1982, 125, 132). Das wurde darauf zurückgeführt, dass Änderungen der individuellen Verhältnisse, die in dem Beurteilungszeitraum häufig ebenfalls eingetreten sind, nicht berücksichtigt werden konnten. Die Parteien orientierten sich eher an der **Düsseldorfer Tabelle** und deren Fortschreibungen, weil daraus die Höhe der Rente unter Berücksichtigung des jeweiligen Einkommens des Unterhaltspflichtigen und des Alters des Kindes abgelesen werden kann (kritisch zu der Pauschalerhöhung auch DERLEDER/LENZE FamRZ 1989, 558, 562).

Ziel des **KindUG vom 6. 4. 1998** (BGBl I 666) war es, das **Unterhaltsrecht für eheliche und nichteheliche Kinder zu vereinheitlichen**. Ferner sollten nach dem RegE die Vorteile des Regelunterhaltssystems, nämlich auf schnellem und verfahrensrechtlich vereinfachtem Weg Unterhalt zu erlangen, in weiterentwickelter Form allen Kindern zugutekommen. Alle Kinder sollten dynamisierte, individuell bemessene Unterhaltsrenten verlangen können (BT-Drucks 13/7338, 1, 18 f). 6

Der Begriff des **Regelunterhalts** wurde abgelöst durch den **Regelbetrag**, um nicht den Eindruck zu erwecken, die Regelbeträge seien bedarfsdeckend. Als Maßstab der Anpassung durch Verordnung war statt der „allgemeinen Entwicklung, insbesondere der Entwicklung der Verdienste und des Lebensbedarfs" nunmehr die **Steigerung der gesetzlichen Renten** § 1612a Abs 4 S 2 aF (bis 31. 12. 2000). Gleichzeitig wurde in §§ 645 ff ZPO das vereinfachte Verfahren über den Unterhalt Minderjähriger eingeführt, das eine Festsetzung des Unterhalts bis zum 1, 5-fachen des Regelbetrages ermöglichte.

Durch das Gesetz zur Ächtung der Gewalt in der Erziehung und zur Änderung des Kindesunterhaltsgesetzes vom 2. 11. 2000 (BGBl I 1479) wurde der Anpassungsmaßstab für die Regelbeträge geändert. Statt der Rentenentwicklung wurde der Kindesunterhalt nunmehr an die **Entwicklung des durchschnittlich verfügbaren Arbeitsentgelts** geknüpft. Nach Abs 4, 5 kam es auf die Bruttolohn- und -gehaltssumme je durchschnittlich beschäftigtem Arbeitnehmer und die Belastung bei Arbeitsentgelten an. 7

Die Änderung stand vor dem Hintergrund, dass in den vorausgegangenen Jahren Rentensteigerungen ausgeblieben waren, und sollte die regelmäßige Erhöhung des Kindesunterhalts sicherstellen. Sie führte indessen dazu, dass zum 1. 7. 2007 die Regelbeträge sogar gesenkt werden mussten (zur Entwicklung der Beträge s Rn 21).

b) Die Neuregelung durch das Unterhaltsrechtsänderungsgesetz von 2007

Die Regelbeträge, die bis zum 31. 12. 2007 nach § 1612a aF und der vom Bundesministerium der Justiz erlassenen Regelbetrag-VO dem Kindesunterhalt zugrunde lagen, waren nicht bedarfsdeckend ausgestaltet. Durch das **Unterhaltsrechtsänderungsgesetz vom 21. 12. 2007** (UÄndG 2007; BGBl I 3189) sind die Regelbeträge abge- 8 schafft und die Bedarfsbemessung auf eine neue Grundlage gestellt worden. Der Mindestunterhalt wird nunmehr so bemessen, dass er das (steuerliche) Existenzminimum des Kindes gewährleistet. Der Mindestunterhalt war allerdings zunächst in der Übergangsvorschrift des **§ 36 Nr 4 EGZPO** festgelegt, deren Beträge über den sich bei Inkrafttreten des UÄndG am 1. 1. 2008 aus § 1612a Abs 1 BGB ergebenden Mindestunterhalt hinausgingen (Rn 70).

9 Die bis zum 31. 12. 2007 gültige Regelbetrag-VO (zuletzt geändert zum 1. 7. 2007 gemäß Regelbetrag-VO vom 5. 6. 2007, BGBl I 1044, FamRZ 2007, 1068; s Rn 15) sah zwei Arten von Regelbeträgen vor, die Regelbeträge West (§ 1 Regelbetrag-VO) und Ost (§ 2 Regelbetrag-VO). Diese Unterscheidung ist zum 1. 1. 2008 weggefallen. Der Mindestunterhalt richtete sich sodann gemäß § 1612a Abs 1 S 2 BGB nach dem doppelten Freibetrag für das sächliche Existenzminimum eines Kindes (Kinderfreibetrag) nach § 32 Abs 6 S 1 EStG. Der steuerliche Kinderfreibetrag wird aufgrund des alle zwei Jahre zu erstellenden Existenzminimum-Berichts der Bundesregierung ermittelt und gilt einheitlich für das gesamte Bundesgebiet. Der Gesetzgeber ist mit der Vereinheitlichung der Bedarfssätze der Entwicklung im Sozialrecht gefolgt, das bereits seit dem 1. 7. 2006 nicht mehr zwischen Ost und West unterscheidet und bundesweit einheitliche Bedarfssätze vorsieht (vgl die Dokumentation FamRZ 2007, 1433; zum früheren Recht zuletzt FamRZ 2005, 1386 sowie zur Rechtslage seit dem 1. 1. 2011 Wendl/Klinkhammer[9] § 8 Rn 4, 47 ff).

10 Die Regelbeträge nach der Regelbetrag-VO nahmen von vornherein nicht für sich in Anspruch, das Existenzminimum minderjähriger Kinder abzudecken. Die Regelbeträge hatten vielmehr in erster Linie nur noch die Funktion einer bloßen Bemessungsgröße für dynamisierte Unterhaltstitel und für die Zulässigkeit des vereinfachten Verfahrens (zu den Hintergründen Schumacher/Grün FamRZ 1998, 778, 779). Um das Existenzminimum der Kinder sicherzustellen, wurde nach der bisherigen Regelung (§ 1612b Abs 5 BGB) das Kindergeld herangezogen, das unterhaltsrechtlich (ansonsten) nicht als Einkommen galt (s im Einzelnen Scholz FamRZ 2007, 2021, 2022; Heger FamRZ 2001, 1409). Der Barunterhaltspflichtige war danach verpflichtet, den ihm zustehenden Kindergeldanteil solange dem Unterhalt des Kindes zuzuführen, bis Kindergeldanteil und Unterhalt das sächliche Existenzminimum des Kindes abdeckten. Das unterhaltsrechtliche Existenzminimum wurde in § 1612b Abs 5 BGB mit 135 % des jeweiligen Regelbetrages festgelegt. Diese Regelung wurde vom BVerfG (FamRZ 2003, 1370 mAnm Luthin) vor allem wegen fehlender Normenklarheit beanstandet (vgl auch BGH FamRZ 2003, 445 und zur vorausgegangenen Kritik etwa Becker FamRZ 2001, 1266 und Luthin FamRZ 2001, 1269).

11 Die wesentlichen **Zielsetzungen des Gesetzes** waren die folgenden (BT-Drucks 16/1830, 14):

Mit der gesetzlichen Definition des Mindestunterhalts minderjähriger Kinder – und mit der vereinfachten Kindergeldverrechnung nach § 1612b BGB – sollte der Auftrag des Bundesverfassungsgerichts (BVerfG 108, 52 ff = FamRZ 2003, 1370) erfüllt werden, im Bereich des Kindesunterhalts mehr Normenklarheit zu schaffen.

Darüber hinaus bot die gesetzliche Definition des Existenzminimums in § 1612b Abs 5 BGB eine unzureichende Anknüpfung an die Lohnentwicklung. Nach der

Ansicht des Gesetzgebers (BT-Drucks 16/1830, 26f) gewährleistete § 1612b Abs 5 BGB aufgrund seiner Konstruktion keinen geeigneten Maßstab, das Existenzminimum des Kindes dauerhaft zuverlässig abzubilden. Denn die Regelbeträge, an die angeknüpft wurde, änderten sich entsprechend der Entwicklung des durchschnittlichen verfügbaren Arbeitsentgelts (§ 1612a Abs 4 BGB aF) und nicht nach dem existenzsichernden Bedarf eines Kindes. Diese Gefahr, die anlässlich der Novellierung von § 1612b Abs 5 BGB bereits gesehen worden sei (vgl BT-Drucks 14/3781, 8), habe sich inzwischen realisiert. Der aus § 1612b Abs 5 BGB abgeleitete Mindestbedarf habe zuletzt das steuerfrei zu stellende Existenzminimum eines Kindes nach dem Existenzminimumbericht deutlich überstiegen.

Die gesetzliche Definition des Mindestunterhalts unter Bezugnahme auf den steu- **12**
errechtlichen Kinderfreibetrag sollte der Harmonisierung des Unterhaltsrechts mit dem Steuer- und Sozialrecht dienen. Die im Unterhaltsrecht bewährten drei Altersgruppen sind (nach anfänglichen Überlegungen einer Gleichsetzung aller minderjährigen Kinder – wie im Steuerrecht) beibehalten worden. Der Mindestunterhalt entsprach damit im Wesentlichen dem steuerrechtlichen Existenzminimum eines Kindes, das an die Berechnung des steuerfrei zu stellenden sächlichen Existenzminimums im Existenzminimumbericht der Bundesregierung anknüpft. Der Mindestbedarf von Kindern könne als eine absolute Größe im Unterhaltsrecht grundsätzlich nicht anders bestimmt werden als im Steuer- und Sozialrecht. Nach der Anlehnung an den steuerlichen Kinderfreibetrag würden die Festsetzung von Regelbeträgen nach der bisherigen Regelbetrag-Verordnung und die Differenzierung der Höhe des Kindesunterhalts danach, ob das Kind in West- oder Ostdeutschland lebt, entbehrlich. Die Regelbetrag-Verordnung wurde dementsprechend aufgehoben. Mit der gesetzlichen Definition des Mindestunterhalts und der Vereinfachung der Kindergeldverrechnung sollte eine klare und verständliche Regelung geschaffen werden, wovon der Gesetzgeber sich eine Verbesserung der Akzeptanz bei der Zahlung des Mindestunterhalts an Kinder versprochen hat.

Die Bedarfsbeträge wurden im Gegensatz zum vorherigen Rechtszustand nicht **13**
mehr als bloße Rechengrößen ausgestaltet, sondern haben seit 1. 1. 2008 eine bedarfsdeckende Funktion. Das Existenzminimum ist nicht mehr an eine von der Lohnentwicklung abhängige Rechengröße und einen davon abgeleiteten Prozentsatz gekoppelt, sondern mit dem auf dem das sächliche Existenzminimum sichernden Kinderfreibetrag an eine spezifisch bedarfsbezogene Größe. Und schließlich hat das UÄndG 2007 die mit 135% des Regelbetrages jedenfalls seinerzeit zu hoch geratene Existenzminimums-Grenze nach unten korrigiert (BT-Drucks 16/1830, 27).

Die bis 31. 12. 2007 geltende Fassung des § 1612a BGB (neugefasst durch Bekannt- **14**
machung v 2. 1. 2002, BGBl I 42) hatte folgenden Inhalt:

§ 1612a Art der Unterhaltsgewährung bei minderjährigen Kindern

(1) Ein minderjähriges Kind kann von einem Elternteil, mit dem es nicht in einem Haushalt lebt, den Unterhalt als Vomhundertsatz des jeweiligen Regelbetrags nach der Regelbetrag-Verordnung verlangen.

(2) Der Vomhundertsatz ist auf eine Dezimalstelle zu begrenzen; jede weitere sich

ergebende Dezimalstelle wird nicht berücksichtigt. Der sich bei der Berechnung des Unterhalts ergebende Betrag ist auf volle Euro aufzurunden.

(3) Die Regelbeträge werden in der Regelbetrag-Verordnung nach dem Alter des Kindes für die Zeit bis zur Vollendung des sechsten Lebensjahrs (erste Altersstufe), die Zeit vom siebten bis zur Vollendung des zwölften Lebensjahrs (zweite Altersstufe) und für die Zeit vom 13. Lebensjahr an (dritte Altersstufe) festgesetzt. Der Regelbetrag einer höheren Altersstufe ist ab dem Beginn des Monats maßgebend, in dem das Kind das betreffende Lebensjahr vollendet.

(4) Die Regelbeträge ändern sich entsprechend der Entwicklung des durchschnittlich verfügbaren Arbeitsentgelts erstmals zum 1. 7. 1999 und danach zum 1. Juli jeden zweiten Jahres. Die neuen Regelbeträge ergeben sich, indem die zuletzt geltenden Regelbeträge mit den Faktoren aus den jeweils zwei der Veränderung vorausgegangenen Kalenderjahren für die Entwicklung

1. der Bruttolohn- und -gehaltssumme je durchschnittlich beschäftigten Arbeitnehmer und

2. der Belastung bei Arbeitsentgelten

vervielfältigt werden; das Ergebnis ist auf volle Euro aufzurunden. Das Bundesministerium der Justiz hat die Regelbetrag-Verordnung durch Rechtsverordnung, die nicht der Zustimmung des Bundesrates bedarf, rechtzeitig anzupassen.

(5) Die Faktoren im Sinne von Absatz 4 Satz 2 werden ermittelt, indem jeweils der für das Kalenderjahr, für das die Entwicklung festzustellen ist, maßgebende Wert durch den entsprechenden Wert für das diesem vorausgegangene Kalenderjahr geteilt wird. Der Berechnung sind

1. für das der Veränderung vorausgegangene Kalenderjahr die dem Statistischen Bundesamt zu Beginn des folgenden Kalenderjahrs vorliegenden Daten der Volkswirtschaftlichen Gesamtrechnung,

2. für das Kalenderjahr, in dem die jeweils letzte Veränderung vorgenommen wurde, die vom Statistischen Bundesamt endgültig festgestellten Daten der Volkswirtschaftlichen Gesamtrechnung, sowie

3. im Übrigen die der Bestimmung der bisherigen Regelbeträge zugrunde gelegten Daten der Volkswirtschaftlichen Gesamtrechnung zugrunde zu legen; sie ist auf zwei Dezimalstellen durchzuführen.

15 Die **Regelbetrag-VO** galt in ihrer letzten Fassung (5. VO zur Änderung der Regelbetrag-VO v 5. 6. 2007, BGBl I 1044) vom 1. 7. 2007 bis 31. 12. 2007 und hatte den folgenden Inhalt (§ 1: Regelbeträge West, § 2: Regelbeträge Ost):

§ 1 Festsetzung der Regelbeträge

Die Regelbeträge für den Unterhalt eines minderjährigen Kindes gegenüber dem Elternteil, mit dem es nicht in einem Haushalt lebt, betragen monatlich

1. in der ersten Altersstufe vom 1. 7. 2007 an 202 Euro,

2. in der zweiten Altersstufe vom 1. 7. 2007 an 245 Euro,

3. in der dritten Altersstufe vom 1. 7. 2007 an 288 Euro.

§ 2 Festsetzung der Regelbeträge für das in Artikel 3 des Einigungsvertrages genannte Gebiet

Die Regelbeträge für den Unterhalt eines minderjährigen Kindes gegenüber dem Elternteil, mit dem es nicht in einem Haushalt lebt, betragen in dem in Artikel 3 des Einigungsvertrages genannten Gebiet monatlich

1. in der ersten Altersstufe vom 1. 7. 2007 an 186 Euro,

2. in der zweiten Altersstufe vom 1. 7. 2007 an 226 Euro,

3. in der dritten Altersstufe vom 1. 7. 2007 an 267 Euro.

Rechtslage vom 1. 1. 2008 bis 31. 12. 2008: 16

Für die Zeit vom 1. 1. 2008 bis zum 31. 12. 2008 galt anstelle der in Abs 1 S 1, 2 definierten Beträge der in **§ 36 Nr 4 EGZPO** auf höhere Beträge festgelegte Mindestunterhalt. Es handelte sich dabei um eine gezielte Maßnahme, die ein Absinken der Zahlbeträge (West) aufgrund der geänderten Systematik unter das bisher in § 1612b Abs 5 BGB festgelegte Existenzminimum verhindern sollte (Klinkhammer FamRZ 2008, 193, 195). Nach der Begründung des Rechtsausschusses (BT-Drucks 16/6980, 10 f) sollte ein schonender Übergang vom bisherigen System der Regelbeträge nach der Regelbetrag-VO zu der neuen Bezugsgröße des Mindestunterhalts nach § 1612a BGB ermöglicht werden. Die Bestimmung sollte sicherstellen, dass das Unterhaltsniveau in keinem Fall absinkt. Zu diesem Zweck wurden die zuletzt geltenden Regelbeträge nach § 1 der Regelbetrag-VO als Untergrenze festgeschrieben.

§ 36 Nr 4 EGZPO lautet:

4. Der Mindestunterhalt minderjähriger Kinder im Sinne des § 1612a Abs 1 des Bürgerlichen Gesetzbuchs beträgt

a) für die Zeit bis zur Vollendung des sechsten Lebensjahrs (erste Altersstufe) 279 Euro,

b) für die Zeit vom siebten bis zur Vollendung des zwölften Lebensjahrs (zweite Altersstufe) 322 Euro,

c) für die Zeit vom 13. Lebensjahr an (dritte Altersstufe) 365 Euro

jeweils bis zu dem Zeitpunkt, in dem der Mindestunterhalt nach Maßgabe des § 1612a Abs 1 des Bürgerlichen Gesetzbuchs den hier festgelegten Betrag übersteigt.

Zum 1. 1. 2008 betrugen aufgrund des seinerzeit gültigen Kinderfreibetrags von 3648 € die Beträge nach Maßgabe des Abs 1 (aufgerundet): 1. Altersstufe: 265 €, 2. Altersstufe: 304 €, 3. Altersstufe: 365 €. Die Beträge der Übergangsregelung (279 €/322 €/365 €) überstiegen diese und verdrängten daher Abs 1 vollständig.

Aufgrund der Erhöhung des Kinderfreibetrags zum 1. 1. 2009 auf 3864 € betrugen die gemäß Abs 1 aus § 32 Abs 6 errechneten Beträge (aufgerundet): 281 €/322 €/ 377 €. Sie wurden von den Beträgen nach § 36 Nr 4 EGZPO nicht mehr überboten (nur bei der 2. Altersstufe blieben sie noch gleich hoch). Die Übergangsregelung ist somit seit dem 1. 1. 2009 in der Sache obsolet.

Dass die Erhöhung des Kinderfreibetrags zum 1. 1. 2009 keine nennenswerte Steigerung des Kindesunterhalts brachte, beruhte darauf, dass zum 1. 1. 2008 konsequenterweise eine Absenkung des Kindesunterhalts hätte erfolgen müssen, die mit § 36 Nr 4 EGZPO durch einen gezielte gesetzgeberische Maßnahme vermieden worden ist. Da somit erst ab dem 1. 1. 2009 das neue System vollständig umgesetzt ist, kam § 36 Nr 4 EGZPO der Sache nach einer vorgezogenen Erhöhung des – zuvor gegenüber § 1612b Abs 5 BGB abgesenkten – Existenzminimums Minderjähriger gleich (Klinkhammer FamRZ 2008, 193, 195).

17 Die **Verknüpfung des Mindestunterhalts mit dem Steuerrecht** führte allerdings dazu, dass steuerfiskalische Interessen den Kindesunterhalt mittelbar beeinflussten, aber auch dass mitunter steuerliche Fördermaßnahmen zu einem überhöhten unterhaltsrechtlichen Existenzminimum führen konnten. So ergab sich eine wesentliche Steigerung aus der deutlichen Erhöhung der Freibeträge zum 1. 1. 2010 (s Rn 21), die allerdings für eine längere Laufzeit kalkuliert war und daher einen Spielraum enthielt. Das warf die Frage auf, ob die Beträge nicht wenigstens zeitweilig über die Existenzsicherung hinausgehen (vgl Klinkhammer FamRZ 2010, 845). Zudem ergaben sich Probleme mit der rückwirkenden Erhöhung der Freibeträge, deren rückwirkende Übertragbarkeit auf das Unterhaltsrecht in Bezug auf den Schuldnerschutz fraglich erschien.

c) Neuregelung durch das Gesetz zur Änderung des Unterhaltsrechts und des Unterhaltsverfahrensrechts vom 20. 11. 2015

18 Die vorstehend aufgeführten Schwächen veranlassten den Gesetzgeber zu einer weiteren Neuregelung. Durch das Gesetz zur Änderung des Unterhaltsrechts und des Unterhaltsverfahrensrechts etc vom 20. 11. 2015 (BGBl I 2018) ist die Anknüpfung an das Einkommensteuerrecht aufgehoben worden. An ihre Stelle ist abermals eine Verordnungsermächtigung des Fachministeriums getreten.

19 Im Grundsatz habe sich das neue System zwar bewährt (BT-Drucks 18/5918, 15, auch für das Folgende). Die formale Anknüpfung an den Kinderfreibetrag habe jedoch in der Zwischenzeit bereits zu Divergenzen geführt. So habe für das Jahr 2014 der Existenzminimumbericht der Bundesregierung vom 7. 11. 2012 (BT-Drucks 17/11425) einen steuerfrei zu stellenden Betrag ausgewiesen, der um 6 Euro über dem geltenden

Mindestunterhalt lag. Zudem müsse eine „Rückwirkung" parallel zur Wirkungserstreckung im Steuerrecht auf das gesamte Steuerjahr im Unterhaltsrecht wegen dessen völlig anderer Struktur ausscheiden.

Um für die Zukunft solche Abweichungen zu vermeiden, solle der Mindestunterhalt nicht länger vom Kinderfreibetrag abhängen, der in seiner Entwicklung nicht allein an dem steuerfrei zu stellenden sächlichen Existenzminimum von minderjährigen Kindern ausgerichtet sei, sondern als Bezugsgröße auf das steuerfrei zu stellende sächliche Existenzminimum der minderjährigen Kinder unmittelbar abstellen (zur Gesetzesentwicklung vgl MENNE FF 2016, 7).

Um die Anbindung des Mindestunterhalts für minderjährige Kinder an den steuerlichen Freibetrag zu beenden, gleichwohl aber die sachlich gerechtfertigt bleibende Anbindung an das steuerfrei zu stellende sächliche Existenzminimum der Kinder aufrechtzuerhalten, sei eine Änderung in § 1612a Abs 1 BGB erforderlich. Für die Höhe des Mindestunterhalts sei nunmehr auf eine vom **Bundesministerium der Justiz und für Verbraucherschutz** zu erlassende **Rechtsverordnung (Mindestunterhaltsverordnung)**, ausgehend vom jeweils letzten Existenzminimumbericht der Bundesregierung, zu verweisen (BT-Drucks 18/5918, 2).

Das Gesetz ist am 26. 11. 2015 in Kraft getreten. Die vom 1. 1. 2008 bis 25. 11. 2015 **20**
geltende Fassung der Vorschrift lautet:

§ 1612a Mindestunterhalt minderjähriger Kinder

(1) Ein minderjähriges Kind kann von einem Elternteil, mit dem es nicht in einem Haushalt lebt, den Unterhalt als Prozentsatz des jeweiligen Mindestunterhalts verlangen. Der Mindestunterhalt richtet sich nach dem doppelten Freibetrag für das sächliche Existenzminimum eines Kindes (Kinderfreibetrag) nach § 32 Abs 6 Satz 1 des Einkommensteuergesetzes. Er beträgt monatlich entsprechend dem Alter des Kindes

1. für die Zeit bis zur Vollendung des sechsten Lebensjahrs (erste Altersstufe) 87 Prozent,

2. für die Zeit vom siebten bis zur Vollendung des zwölften Lebensjahrs (zweite Altersstufe) 100 Prozent und

3. für die Zeit vom 13. Lebensjahr an (dritte Altersstufe) 117 Prozenteines Zwölftels des doppelten Kinderfreibetrags.

(2) Der Prozentsatz ist auf eine Dezimalstelle zu begrenzen; jede weitere sich ergebende Dezimalstelle wird nicht berücksichtigt. Der sich bei der Berechnung des Unterhalts ergebende Betrag ist auf volle Euro aufzurunden.

(3) Der Unterhalt einer höheren Altersstufe ist ab dem Beginn des Monats maßgebend, in dem das Kind das betreffende Lebensjahr vollendet.

Der Mindestunterhalt bestimmte sich gemäß Abs 1 S 2 nach dem doppelten Freibetrag für das sächliche Existenzminimum eines Kindes (Kinderfreibetrag) gemäß § 32 Abs 6 S 1 EStG. Zur Verdeutlichung der **bisherigen Systematik** ist daher **§ 32 Abs 6 S 1, 2 EStG** (idF v 7. 12. 2011) einzubeziehen. Er lautet:

Bei der Veranlagung zur Einkommensteuer wird für jedes zu berücksichtigende Kind des Steuerpflichtigen ein Freibetrag von 2184 € für das sächliche Existenzminimum des Kindes (Kinderfreibetrag) sowie ein Freibetrag von 1320 € für den Betreuungs- und Erziehungs- oder Ausbildungsbedarf des Kindes vom Einkommen abgezogen. [2]*Bei Ehegatten, die nach den §§ 26, 26 b zusammen zur Einkommensteuer veranlagt werden, verdoppeln sich die Beträge nach Satz 1, wenn das Kind zu beiden Ehegatten in einem Kindschaftsverhältnis steht.*

Die **Verdoppelung** lag darin begründet, dass der Freibetrag nach dem Steuerrecht auf die Eltern hälftig aufgeteilt wird. Der sich aus dem doppelten Freibetrag ergebende Betrag lag zum Stand: 1. 1. 2015 bei 4368 €. Der sich daraus ergebende Monatsbetrag von 364 € stellte die Ausgangsgröße für den prozentual gestaffelten Mindestunterhalt der ersten drei Altersstufen nach Abs 1 S 2, 3 dar. Die Höhe des prozentualen Ab- bzw Aufschlags der 1. und 3. Altersstufe orientierte sich an der prozentualen Aufspreizung der Unterhaltsbeträge nach der früheren Regelbetrag-Verordnung (BT-Drucks 16/1830, 28).

Der aus § 32 Abs 6 EStG zu errechnende Betrag war der Betrag der 2. Altersstufe und wurde anhand der gesetzlichen Prozentsätze von 87 % und 117 % auf die weiteren Altersgruppen (1. und 3.) aufgespreizt.

Berechnung des Mindestunterhalts (Stand 1. 1. 2015):

1. Altersstufe: 2 x 2184 € (doppelter Kinderfreibetrag nach § 32 Abs 6 EStG) = 4368 € x 1/12 (Monatsbetrag) = 364 € x 87 % = 316, 68 €, aufgerundet nach Abs 2 S 2: **317 €**.

2. Altersstufe: 4368 € x 1/12 = **364 €**

3. Altersstufe: 4368 € x 1/12 = 364 € x 117 % = 425, 88 €, aufgerundet: **426 €**.

Der – in den Altersstufen 1 und 3 aufgerundete – Mindestunterhalt ist in den Altersstufen 1 bis 3 jeweils **Ausgangsgröße der Düsseldorfer Tabelle (Einkommensgruppe 1)**.

d) Entwicklung der Regelbeträge/des Mindestunterhalts seit dem 1. 7. 1998

21 Die folgende Übersicht stellt dar, wie sich die **Regelbeträge** bzw der **Mindestunterhalt** seit Inkrafttreten des Kindesunterhaltsgesetzes am 1. 7. 1998 entwickelt haben. Es handelt sich um die Bedarfssätze, aus denen die Zahlbeträge durch Abzug des (anteiligen) Kindergelds gemäß § 1612b BGB zu berechnen sind. Für die Zeit vom 1. 1. 2001 bis 31. 12. 2007 war Kindergeld nach § 1612b Abs 5 BGB nur eingeschränkt anzurechnen (in den meisten Fällen entfiel eine Kindergeldanrechnung).

Regelbetrag (West/Ost) bzw Mindestunterhalt	Altersstufe 1	2	3
1. 7. 1998	349 DM/314 DM	424 DM/380 DM	502 DM/451 DM
1. 7. 1999	355 DM/324 DM	431 DM/392 DM	510 DM/465 DM
1. 7. 2001	366 DM/340 DM	444 DM/411 DM	525 DM/487 DM
1. 1. 2002 (€)	188 €/174 €	228 €/211 €	269 €/249 €
1. 7. 2003	199 €/183 €	241 €/222 €	284 €/262 €
1. 7. 2005	204 €/188 €	247 €/228 €	291 €/269 €
1. 7. 2007	202 €/186 €	245 €/226 €	288 €/267 €
1. 1. 2008 (Mindestunterhalt)	279 €	322 €	365 €
1. 1. 2009	281 €	322 €	377 €
1. 1. 2010	317 €	364 €	426 €
1. 1. 2016	335 €	384 €	450 €
1. 1. 2017	342 €	393 €	460 €
1. 1. 2018	348 €	399 €	467 €
1. 1. 2019	353 €	406 €	475 €

Die nächste Änderung steht nach dem von Abs 4 vorgegebenen Zweijahresrhythmus zum **1. 1. 2020** an.

2. Sinn und Zweck

Die Vorschrift hat **zwei Funktionen**: 22

- Sie definiert den **Mindestunterhalt** minderjähriger Kinder und schreibt diesen als untersten Bedarfsbetrag fest.
- Sie lässt die **Dynamisierung** des Kindesunterhalts zu und regelt deren nähere Modalitäten (Altersstufen, Prozentsätze, Rundung).

Mit der Definition des **Mindestunterhalts** wollte der Gesetzgeber den Auftrag des 23
Bundesverfassungsgerichts (BVerfG FamRZ 2003, 1370) erfüllen, im Bereich des Kindesunterhalts mehr Normenklarheit zu schaffen und eine Harmonisierung des Unterhaltsrechts mit dem Steuer- und Sozialrecht erreichen. Der Mindestunterhalt solle im Wesentlichen dem steuerrechtlichen Existenzminimum eines Kindes entsprechen und an die Berechnung des steuerfrei zu stellenden sächlichen Existenzminimums im Existenzminimumbericht der Bundesregierung anknüpfen. Die Angleichung beruhe auf der Feststellung, dass der Mindestbedarf von Kindern eine absolute Größe sei, die im Unterhaltsrecht grundsätzlich nicht anders bestimmt werden könne als im Steuer- und Sozialrecht (BT-Drucks 16/1830, 14, 26 f).

24 Die **dynamisierte Titulierung** des Kindesunterhalts nach § 1612a BGB dient – übereinstimmend mit dem bis 2007 geltenden Recht – insbesondere dem Zweck, künftige Abänderungsverfahren bei Änderungen des Mindestunterhalts (früher: der Regelbeträge) oder beim Wechsel des Kindes in eine höhere Altersstufe zu vermeiden. Damit wird einerseits durch eine **Erleichterung der Rechtsverfolgung** den Interessen der Unterhaltsberechtigten Rechnung getragen, andererseits aber auch die **Entlastung der Rechtspflegeorgane** bezweckt. Der Mindestunterhalt dient insbesondere auch als Anknüpfung für das vereinfachte Verfahren nach §§ 249 ff FamFG (vgl BT-Drucks 16/1830, 27 sowie zur vorausgegangenen Rechtslage OLG Düsseldorf FamRZ 2002, 1046, 1047).

3. Systematik

25 Die dynamische Festsetzung des Unterhalts führt zu einer **automatischen Erhöhung** bei Erhöhung des gesetzlichen Mindestunterhalts, ohne dass geprüft wird, ob der Unterhaltspflichtige für den erhöhten Unterhalt ausreichend leistungsfähig ist. Um seine mangelnde Leistungsfähigkeit geltend zu machen, ist der Unterhaltspflichtige auf einen Abänderungsantrag verwiesen.

Die **Dynamisierung** ist außerdem eng mit dem **Verfahrensrecht** verknüpft. Indem das Gesetz eine dynamisierte Festsetzung des Unterhalts vorsieht, lockert es den prozessualen Bestimmtheitsgrundsatz. Im familiengerichtlichen Verfahren ist eine dementsprechende offene Antragsfassung zulässig. Daraus folgt zugleich, dass die Vollstreckungsorgane sich die zur betragsmäßigen Bestimmung der Unterhaltsforderung und zur Fortschreibung von Titeln nötigen Kenntnisse in eigener Verantwortung verschaffen müssen (zur Vollstreckung im Ausland Rn 74).

26 Die Dynamisierung nach Abs 1 findet ihre verfahrensrechtliche Entsprechung im **vereinfachten Verfahren** nach **§§ 249 ff FamFG** (zuvor §§ 645 ff ZPO). Sie geht aber darüber hinaus und gilt auch im streitigen Antragsverfahren nach §§ 231 ff FamFG (früher Unterhaltsklage) und für die Errichtung außerprozessualer Titel, vor allem für Jugendamtsurkunden nach §§ 59 Abs 1 S 1 Nr 3, 60 SGB VIII. Zwar verlangt § 60 S 1 SGB VIII, dass die Verpflichtung auf die Zahlung einer *bestimmten* Geldsumme gerichtet ist (vgl auch § 113 Abs 1 FamFG; § 253 Abs 2 Nr 2 ZPO). Hierbei handelt es sich aber lediglich um den nicht aktualisierten Gesetzeswortlaut. Insoweit greift also § 1612a BGB als **lex specialis** in das Verfahrensrecht ein.

27 Abs 1 S 1, 2 definiert den **Mindestunterhalt**. Die Bezeichnung als Mindest*unterhalt* ist allerdings wie die Einordnung in § 1612a BGB systematisch nicht folgerichtig. In der Sache handelt es sich vielmehr um den **Mindestbedarf** (ebenso KOCH/SCHÜRMANN[13] § 4 Rn 114). Auf den Mindestbedarf sind zB eigene Einkünfte des Kindes und auch das Kindergeld (§ 1612b BGB) anzurechnen. Seinen systematisch richtigen Platz hätte der Mindestunterhalt daher nicht in § 1612a BGB, sondern als Mindest*bedarf* in § 1610 BGB finden müssen (dementsprechend war die Definition auch von 1977 bis 1998 in § 1610 Abs 3 enthalten; zur Entwicklung s SCHOLZ, in: FS OLG Düsseldorf S 265 ff; SCHOLZ FamRZ 2007, 2021, 2022).

4. Anwendungsbereich

28 § 1612a BGB wird verwiesen in: § 72 AUG (Auslandsvollstreckung dynamisierter Titel, s Rn 74), § 2 UVG (Begrenzung von Unterhaltsvorschussleistungen auf den Mindestunterhalt); im FamFG: § 237 (Unterhalt bei Feststellung der Vaterschaft), § 244 (Vollstreckung nach Eintritt der Volljährigkeit, s Rn 32), § 245 (Auslandsvollstreckung dynamisierter Titel, s Rn 74), §§ 249, 251 (vereinfachtes Verfahren, s Rn 65); § 51 FamGKG (Streitwert); § 36 Nr 4 EGZPO (Übergangsvorschrift zur Unterhaltshöhe, s Rn 14, 70).

II. Inhalt

1. Persönliche Voraussetzungen (Minderjähriges Kind, Elternteil; Abs 1 S 1)

a) Minderjähriges Kind, Geltungsdauer der Unterhaltsfestsetzung

28a Minderjährig ist ein Kind bis zur Vollendung des achtzehnten Lebensjahres (§ 2 BGB).

29 Die Vorschrift findet **keine analoge Anwendung** auf sog privilegierte Volljährige (OLG Koblenz FamRZ 2004, 829; Palandt/Brudermüller[76] Rn 21; Koch/Schürmann[13] § 4 Rn 128; **aA** Erman/Hammermann[14] Rn 13; MünchKomm/Born[7] Rn 44 mwNw). Das Gesetz spricht hier, wie in § 1606 Abs 3 S 2 BGB, vom minderjährigen Kind und nicht, wie in § 1609 Nr 1 BGB, von „Kindern im Sinne des § 1603 Abs 2" (vgl OLG Hamm NJW 1999, 3274). Auch in der Begründung des RegE zum KindUG werden als Fälle, in denen eine Gleichstellung volljähriger Schüler mit Minderjährigen „geboten erscheint", nur § 1603 Abs 2 BGB und § 1609 Abs 1 BGB genannt (BT-Drucks 13/7338, 21; vgl FamRefK/Häussermann Rn 3). Mit dem Unterhaltsrechtsänderungsgesetz vom 21. 12. 2007 hat der Gesetzgeber daran festgehalten, dass § 1612a BGB nur für den Minderjährigenunterhalt gilt. Dementsprechend weist auch die Mindestunterhaltsverordnung (s Rn 42) nur Beträge für den Minderjährigenunterhalt aus. Das schließt – selbstredend – nicht aus, dass auch volljährige Kinder einen Mindestbedarf in Höhe des sächlichen Existenzminimums haben (§ 1610 Rn 19 ff).

30 Aus der Beschränkung auf minderjährige Kinder folgt nicht, dass der Unterhalt vom Gericht bis zum Eintritt der Volljährigkeit befristet werden darf. Das Kind hat vielmehr einen **Anspruch auf unbefristete Titulierung** (OLG Hamm FamRZ 2012, 993 mwNw). Ein während der Minderjährigkeit errichteter **Vollstreckungstitel** gilt dementsprechend auch für die Zeit nach Eintritt der Volljährigkeit fort (§ 244 FamFG; vgl OLG Hamm FamRZ 2015, 1998; OLG Brandenburg FamRZ 2009, 1692; s Rn 32).

31 Der Titel nimmt **nach Eintritt der Volljährigkeit** an Steigerungen des Mindestunterhalts nicht mehr teil (OLG Celle ZKJ 2013, 370; OLG Hamm FamRZ 2011, 1407 [LS] – juris – Rn 2). Mit Volljährigkeit reduziert sich regelmäßig der Unterhalt aufgrund der Mithaftung des bislang betreuenden Elternteils (§ 1606 Rn 20), jedenfalls aber wegen Anrechnung des vollen Kindergelds nach § 1612b BGB.

Um eine Reduzierung herbeizuführen, muss der Unterhaltspflichtige gegebenenfalls nach §§ 238, 239 FamFG die Abänderung des Titels beantragen.

Wenn das Kind **während des laufenden Verfahrens volljährig** wird, besteht für eine Dynamisierung in der Regel kein Bedürfnis mehr. Denn für die Zeit bis zum Eintritt Volljährigkeit lässt sich der Unterhalt abschließend berechnen. Für die Zeit ab Volljährigkeit greift § 1612a BGB nach Abs 1 S 1 nicht mehr ein. Das schließt indessen nicht aus, dass auch das volljährig gewordene Kind weiterhin einen Anspruch auf – unbefristete – dynamisierte Titulierung des Minderjährigenunterhalts hat (vgl BGH FamRZ 2006, 402, 404 zu Art 5 § 3 KindUG; ESCHENBRUCH/WOHLGEMUTH[5] Kap 3 Rn 274).

32 Auf dynamisierten Unterhalt lautende **Titel** (auf den Mindestunterhalt oder einen davon abweichenden Prozentsatz) sind nicht bis zum Eintritt der Volljährigkeit begrenzt, sondern gelten darüber hinaus fort (vgl OLG Hamm FamRZ 2015, 1998; OLG Hamm FamRZ 2011, 1407 LS). Insoweit entspricht § 1612a BGB der auf die Regelbeträge nach der Regelbetrag-VO Bezug nehmenden Vorgängervorschrift in der bis zum 31. 12. 2007 geltenden Fassung. Diese hatte insofern vom früheren Recht für den Regelunterhalt nichtehelicher Kinder, das eine Festsetzung des Regelunterhalts nur bis zur Volljährigkeit vorsah, bewusst Abstand genommen. Die seit dem 1. 7. 1998 geltende Regelung findet ihre Entsprechung im gleichzeitig eingeführten § 798a ZPO (zu dessen zeitlicher Geltung BGH – VII. ZS – FamRZ 2005, 2066):

> Soweit der Verpflichtete dem Kind nach Vollendung des achtzehnten Lebensjahres Unterhalt zu gewähren hat, kann gegen den in einem Urteil oder in einem Schuldtitel nach § 794 festgestellten Anspruch auf Unterhalt im Sinne des § 1612a des Bürgerlichen Gesetzbuchs nicht eingewendet werden, dass Minderjährigkeit nicht mehr besteht.

§ 798a ZPO ist zum 1. 9. 2009 außer Kraft getreten. Die inhaltlich unveränderte Regelung befindet sich seit 1. 9. 2009 in § 244 FamFG:

> Wenn der Verpflichtete dem Kind nach Vollendung des 18. Lebensjahres Unterhalt zu gewähren hat, kann gegen die Vollstreckung eines in einem Beschluss oder in einem sonstigen Titel nach § 794 der Zivilprozessordnung festgestellten Anspruchs auf Unterhalt nach Maßgabe des § 1612a des Bürgerlichen Gesetzbuchs nicht eingewandt werden, dass die Minderjährigkeit nicht mehr besteht.

Das OLG Hamm (9. FamS, FamRZ 2006, 48 m **abl** Anm STOLLENWERK FamRZ 2006, 873 und PÜTZ FamRZ 2006, 1558) wollte § 798a ZPO entnehmen, dass ein unbefristeter bezifferter Titel – anders als der dynamisierte – mit Volljährigkeit enden soll. Für den Unterhalt nach Eintritt der Volljährigkeit müsse ein neuer Titel beschafft werden. Dem ist nicht zu folgen (zutreffend OLG Hamm – 2. FamS – FamRZ 2007, 654 und OLG Hamm – 8. FamS – FamRZ 2012, 993; OLG Saarbrücken FamRZ 2007, 1829; AG Halberstadt FamRZ 2006, 1049). Soweit der Verweis auf Unterhalt „im Sinne von § 1612a" die Beschränkung auf dynamisierte Titel nahelegen könnte, weil es ansonsten einer Anwendung der Vorschrift nicht bedürfte, ist dies nicht ausschlaggebend. Denn betragsmäßig ausgewiesene (nicht dynamisierte) Titel bestanden schon nach dem bis 1998 geltenden Recht über die Volljährigkeit hinaus fort (Identität des Unterhaltsanspruchs). Will man demnach davon ausgehen, dass sich der Verweis in § 244 FamFG (§ 798a ZPO) auf dynamisierte Titel beschränkt, dann ist dies vor dem Hintergrund zu sehen, dass diese Titel nach früherer Rechtslage den Eintritt der Volljährigkeit nicht überdauerten. § 244 FamFG (§ 798a ZPO) ist dann so zu lesen, dass der Einwand der Volljährigkeit *auch* für den dynamisierten Kindesunterhalt ausgeschlossen ist.

Ist ein bestehender Titel hingegen **ausdrücklich auf die Zeit der Minderjährigkeit beschränkt** worden, endet er mit Eintritt der Volljährigkeit (OLG Brandenburg FamRZ 2004, 1888 zum Titel auf Regelunterhalt; zur – zeitlich befristeten – gesetzlichen Umwandlung nach Art 5 § 3 KindUG s OLG Stuttgart FamRZ 1999, 659). 33

Wird Minderjährigenunterhalt geltend gemacht, so kommt es nicht darauf an, wer den Unterhalt geltend macht. Denn Abs 1 S 1 knüpft lediglich an den Anspruchsgegenstand an, nicht an die Person des Gläubigers oder des **Verfahrensstandschafters**. Der Elternteil, dem nach § 1629 Abs 3 BGB die Geltendmachung des Kindesunterhalts im eigenen Namen vorbehalten ist, kann daher die Festsetzung des Unterhalts nach Abs 1 S 1 verlangen. Demzufolge kann bei einem **Gläubigerwechsel** auch ein anstelle des Unterhaltsberechtigten getretener neuer Gläubiger jedenfalls für künftigen Unterhalt eine dynamisierte Titulierung verlangen (BGH FamRZ 2006, 402, 404; OLG Celle OLGR 2009, 470 Unterhaltsvorschusskasse; WENDL/KLINKHAMMER[9] § 8 Rn 275 mwNw). 34

b) Elternteil

Die Vorschrift setzt voraus, dass der Unterhalt gegen einen Elternteil geltend gemacht wird. Sie findet daher beim Unterhaltsanspruch des Kindes gegen seine – unmittelbar oder im Wege der Ersatzhaftung nach § 1607 Abs 1 BGB unterhaltspflichtigen – **Großeltern** keine Anwendung. 35

2. Keine Haushaltsgemeinschaft mit dem Unterhaltspflichtigen (Abs 1 S 1)

Besteht zwischen dem Kind und dem unterhaltspflichtigen Elternteil eine Haushaltsgemeinschaft, findet § 1612a BGB – für die Zeit des Bestehens der Haushaltsgemeinschaft – keine Anwendung. Wenn dagegen keine Haushaltsgemeinschaft besteht, kommt es nicht darauf an, ob das Kind beim anderen Elternteil, bei einem Dritten oder in einem Heim lebt und betreut wird oder ob es allein lebt. In diesen Fällen findet die Vorschrift Anwendung. 36

Hintergrund der Regelung ist, dass das Kind bei bestehender Haushaltsgemeinschaft in der Regel keinen Anspruch auf Barunterhalt hat. Bei verheirateten Eltern besteht nur ein Anspruch auf Familienunterhalt nach §§ 1360, 1360a BGB (vgl § 1610 Rn 275). Bei unverheirateten Eltern wird der Unterhaltsanspruch im Zweifel aufgrund einer entsprechenden Unterhaltsbestimmung der Eltern nach § 1612 Abs 2 BGB durch Naturalleistungen zu erfüllen sein (OLG Hamm FamRZ 2007, 159; WENDL/KLINKHAMMER[9] § 2 Rn 18, 32).

Eine **Definition** der Haushaltsgemeinschaft enthält das Gesetz nicht. Nach der Begriffsbestimmung in § 36 SGB XII genügt das gemeinsame Leben in einer Wohnung (vgl WENDL/KLINKHAMMER[9] § 8 Rn 27 mwNw). Für eine § 1612a BGB ausschließende Haushaltsgemeinschaft genügt es nicht, dass zwischen dem Elternteil und Kind regelmäßige – auch umfangreiche – Umgangskontakte stattfinden. Die Grenzen dürften hier vielmehr entsprechend der Rechtsprechung des BGH zum **Wechselmo-** 37

dell zu ziehen sein, das eine etwa hälftige Beteiligung der Eltern voraussetzt (§ 1606 Rn 49 ff; zu anderen Betreuungsmodellen vgl auch OLG Frankfurt FamRZ 2006, 439).

3. Unterhalt (Abs 1 S 1)

38 Der Unterhaltsanspruch muss sich auf eine **Geldrente** richten. Das lässt die Art und Weise der Unterhaltsfestsetzung nach Abs 1 S 2 erkennen. Mit Unterhalt ist demzufolge nur der **Barunterhalt** gemeint. Hat das Kind nach § 1612 BGB aufgrund wirksamer Bestimmung durch die Eltern nur einen Anspruch auf Naturalunterhalt (und Taschengeld), so kann dieser Anspruch nicht nach § 1612a BGB bemessen werden.

39 Dagegen setzt die Vorschrift ihrem Wortlaut nach nicht voraus, dass der Elternteil **allein** barunterhaltspflichtig ist. Demnach ist die Dynamisierung auch dann möglich, wenn beide Elternteile – anteilig – zum Barunterhalt verpflichtet sind. Freilich ist der praktische Nutzen einer Dynamisierung bei beiderseitiger Unterhaltspflicht – vergleichbar mit der Lage in Mangelfällen – fraglich, weil schon relativ geringe Verschiebungen im Einkommensgefüge der Eltern zur Abänderung des Titels berechtigen können.

4. Mindestunterhalt (Abs 1 S 2)

40 Der Unterhalt des minderjährigen Kindes kann anstelle des aktuellen Festbetrags als Prozentsatz des Mindestunterhalts nach der aktuellen Altersstufe oder – was regelmäßig zu empfehlen ist – gestaffelt nach den jeweiligen Altersstufen geltend gemacht werden. Die Vorschrift findet ihre verfahrensrechtliche Entsprechung in der für das **vereinfachte Verfahren** geltenden Bestimmung des § 249 Abs 1 FamFG. Die Geltendmachung im vereinfachten Verfahren ist allerdings bis zum 1, 2-fachen des Mindestunterhalts begrenzt.

a) Definition

41 Nach Abs 1 S 2 (in der seit dem 26. 11. 2015 geltenden Fassung) richtet sich der Mindestunterhalt nach dem steuerfrei zu stellenden **sächlichen Existenzminimum** des minderjährigen Kindes. Dieses muss der jeweilige Rechtsanwender nicht selbst ermitteln. Denn nach Abs 4 hat das Bundesministerium der Justiz und für Verbraucherschutz den Mindestunterhalt durch Rechtsverordnung festzulegen. Diese war erstmals zum 1. 1. 2016 und ist seitdem alle zwei Jahre zu erlassen und bedarf nicht der Zustimmung des Bundesrats.

42 Die erstmals zum 1. 1. 2016 erlassene Verordnung zur Festlegung des Mindestunterhalts minderjähriger Kinder nach § 1612a Abs 1 BGB **(Mindestunterhaltsverordnung)** vom 3. 12. 2015 (BGBl I 2188; FamRZ 2016, 100) enthält folgende Beträge:

1. in der ersten Altersstufe (§ 1612a Abs 1 S 3 Nr 1 BGB) 335 Euro ab dem 1. 1. 2016 und 342 Euro ab dem 1. 1. 2017,

2. in der zweiten Altersstufe (§ 1612a Abs 1 S 3 Nr 2 BGB) 384 Euro ab dem 1. 1. 2016 und 393 Euro ab dem 1. 1. 2017,

3. in der dritten Altersstufe (§ 1612a Abs 1 S 3 Nr 3 BGB) 450 Euro ab dem 1. 1. 2016 und 460 Euro ab dem 1. 1. 2017.

Die Mindestunterhaltverordnung enthält mithin eine **gestufte Erhöhung** die auch das Folgejahr einbezieht (vgl MENNE FF 2016, 7 ff).

b) Bestandteile des Mindestunterhalts

Der Mindestunterhalt umfasst das **sächliche Existenzminimum** des Kindes (näher § 1610 Rn 19 ff, 250; KOCH/SCHÜRMANN[13] § 4 Rn 117 ff), was die Neuregelung erstmals ausdrücklich festlegt. 43

Kein Bestandteil des Mindestunterhalts sind der **Betreuungsbedarf**, der **Erziehungsbedarf** oder – bei volljährigen Kindern – ein an deren Stelle getretener spezieller **Ausbildungsbedarf** des Kindes. Das ergibt sich daraus, dass diese Bedarfe nicht Bestandteil des sächlichen Existenzminimums sind. Für sie ist entsprechend in § 32 Abs 6 EStG ein besonderer Freibetrag vorgesehen. Tritt in dieser Hinsicht ein besonderer Bedarf des Kindes auf (etwa in Form von Heimbetreuungskosten), kann der Unterhalt insoweit nicht dynamisiert festgesetzt werden. 44

Sonderbedarf ist dagegen seiner Art nach wie der Mindestunterhalt (meistens) ebenfalls ein sächlicher Bedarf. Er ist aber in den Mindestunterhalt nicht einkalkuliert und geht über den der Dynamisierung zugänglichen Regelbedarf hinaus. Das gilt auch für den (regelmäßig anfallenden) **Mehrbedarf**, der ebenfalls nicht in den Mindestunterhalt einkalkuliert ist (s § 1610 Rn 31 ff).

c) Wirkungen

Der Mindestunterhalt ist als Bedarfsgröße vom Gesetz verbindlich festgeschrieben. Macht das Kind den Mindestunterhalt geltend, so trifft es **keine Darlegungs- und Beweislast** für seinen Bedarf. Es muss insbesondere nicht darlegen, über welches Einkommen der Unterhaltspflichtige verfügt. Dem Unterhaltspflichtigen ist es verwehrt, einen im Einzelfall geringeren Bedarf des Kindes geltend zu machen. Der Unterhaltspflichtige kann sich danach allein auf mangelnde Leistungsfähigkeit berufen, für die er die Darlegungs- und Beweislast trägt (vgl BGH FamRZ 2002, 536, 540 zur früheren Rechtslage vor Abschaffung des Mindestbedarfs). Das gilt auch, wenn der Anspruch auf einen öffentlichen Träger (BGH FamRZ 2003, 444, 445) oder nach § 1607 Abs 2 BGB auf einen Dritten übergegangen ist. 45

Bei der **Mangelfallberechnung**, die nach der seit 2008 geltenden Rangfolge nur noch zwischen minderjährigen und privilegiert volljährigen Kindern erforderlich ist, sind die Einsatzbeträge – allerdings nach Abzug des gemäß § 1612b BGB anrechenbaren Kindergelds – aus dem Mindestunterhalt zu ermitteln (vgl WENDL/KLINKHAMMER[9] § 2 Rn 224; § 1609 Rn 15). 46

Ist der Mindestunterhalt nicht gewahrt, greift die **gesteigerte Unterhaltspflicht** des Unterhaltsschuldners aus § 1603 Abs 2 BGB (s § 1603 Rn 347), nach der die höhere Anforderungen an die Erwerbsobliegenheit, die Pflicht zur Streckung von Schulden und auch die regelmäßige Pflicht zur Verwertung des Vermögensstamms begründen kann. 47

5. Altersstufen (Abs 1 S 3, Abs 3)

48 Das Gesetz geht mit der Altersstaffelung von der statistisch belegten Tatsache aus, dass **ältere Kinder höhere Kosten verursachen als jüngere Kinder** (BT-Drucks 16/1830, 28, unter Hinweis auf MÜNNICH/KREBS, Ausgaben für Kinder in Deutschland – Berechnungen auf der Grundlage der Einkommens- und Verbrauchsstichprobe 1998, in: Statistisches Bundesamt [Hrsg], Wirtschaft und Statistik 12/2002, 1080 ff).

49 **Abweichende Regelungen** enthalten insoweit das **Steuerrecht** und das **Sozialrecht**. Der steuerrechtliche Kinderfreibetrag (§ 32 Abs 6 EStG) gilt einheitlich für alle Altersstufen und einschließlich volljähriger Kinder. Die sozialrechtliche Altersstaffelung ist aufgrund der Rechtsprechung des BVerfG (FamRZ 2010, 429; dazu KLINKHAMMER FamRZ 2010, 845) zum 1. 1. 2011 grundlegend geändert worden. Sie ist nunmehr in § 8 Regelbedarfs-Ermittlungsgesetz (RBEG; §§ 28 SGB XII, 23 SGB II) niedergelegt (näher WENDL/KLINKHAMMER[9] § 8 Rn 48 ff, Rn 203): Die erste Altersstufe (bis 5 Jahre) entspricht dabei Abs 1 Satz 3, während die zweite Altersstufe von 6 bis 13 Jahren (Abs 1 Satz 3: 6 bis 11 Jahre) und die dritte Altersstufe von 14 bis 17 Jahre (Abs 1 Satz 3: 12 bis 17 Jahre) reichen und damit von § 1612a BGB abweichen. Aus der mangelnden Abstimmung von Steuer-, Sozial- und Unterhaltsrecht resultiert die Ungereimtheit, dass das steuerliche Existenzminimum aus dem Sozialrecht und dessen Altersstaffelung abgeleitet wird, der steuerrechtliche Betrag aber sodann von § 1612a BGB nach der abweichenden Altersstaffelung des Unterhaltsrechts aufgespreizt wird (vgl SCHÜRMANN FF 2009, 190; KLINKHAMMER FamRZ 2010, 845, 846).

50 Der Unterhalt einer höheren Altersstufe ist nach **Abs 3** ab dem **Beginn des Monats** maßgebend, in dem das Kind das betreffende Lebensjahr vollendet. Das gilt nur für den von § 1612a BGB allein geregelten Wechsel der Altersstufen während der Minderjährigkeit. Beim **Wechsel zum Volljährigenunterhalt** ist demgegenüber taggenau auf die Vollendung des 18. Lebensjahres abzustellen. Das folgt im Gegenschluss aus Abs 3, der wie die Vorschrift im Allgemeinen nur für Minderjährige gilt.

6. Dynamisierung – Prozentsatz des Mindestunterhalts – (Abs 1 S 1, Abs 2 S 1)

51 Das Kind hat einen Anspruch auf Titulierung des Unterhalts in dynamisierter Form (Rn 56). Wenn der Unterhaltspflichtige einen statischen Titel errichten lässt, wird dadurch der Anspruch auf eine Titulierung nach § 1612a BGB noch nicht erfüllt (OLG Hamm FamRZ 2011, 1158). Mit einem statischen Unterhaltstitel erhält das Kind in der Regel weniger als den ihm zustehenden Unterhalt, weil es bei Erhöhungen einen Abänderungsantrag stellen müsste (die Senkung der Regelbeträge im Jahr 2007, vgl Rn 7, beruht auf Besonderheiten des früheren Rechts).

a) Ermittlung des Prozentsatzes

52 Minderjährigenunterhalt kann nicht nur als fester Betrag, sondern auch **als Prozentsatz des jeweiligen Mindestunterhalts** verlangt werden.

53 Da außer der Düsseldorfer Tabelle – abgesehen von Mangelfällen (Rn 54) – keine gebräuchliche Methode zur Ermittlung einer vom Mindestunterhalt abweichenden Unterhaltshöhe zur Verfügung steht, ist der Prozentsatz regelmäßig erst aus der

Düsseldorfer Tabelle (Spalte 7) abzulesen. Dabei ist zu beachten, dass die in der Düsseldorfer Tabelle ausgewiesenen (Bedarfs-)Beträge bereits nach Abs 2 S 2 aufgerundet sind. Es wäre also fehlerhaft, aus dem Bedarfsbetrag der Düsseldorfer Tabelle einen Prozentsatz rückzurechnen (so aber VOSSENKÄMPER FamRZ 2008, 201, 207). Denn so würde die Aufrundung in den Berechnungsvorgang einbezogen. Die Aufrundung ist jedoch nach Abs 2 S 2 ein gesonderter Schritt. Eine Einbeziehung der Aufrundung in die Ermittlung des Prozentsatzes würde das Ergebnis verfälschen und überdies ohne Not zu gebrochenen Prozentsätzen führen.

Zu gebrochenen Prozentsätzen kann es in Anpassungsfällen kommen, wenn dynamisierte Titel aus der Zeit vor Inkrafttreten der Unterhaltsrechtsreform 2007 am 1. 1. 2008 nach § 36 Nr 3 EGZPO von einem Prozentsatz des Regelbetrags in einen Prozentsatz des Mindestunterhalts umzurechnen sind (Rn 71). Außerdem kann sich in Mangelfällen ein gebrochener Prozentsatz unterhalb des Mindestunterhalts ergeben (vgl dazu OLG Hamm FamRZ 2004, 1587; nach KOCH/SCHÜRMANN[13] § 4 Rn 127 mwNw ist in diesem Fall eine Dynamisierung ausgeschlossen). 54

b) Wahlrecht des Gläubigers, Abänderung, Rückstände

Der Unterhaltsgläubiger hat die **zweifache Wahl**: Er kann den Unterhalt als Betrag oder in dynamisierter Form geltend machen. Daneben kann er (auch den betragsmäßigen) Unterhalt gestaffelt nach Altersstufen verlangen. Da es sich in jedem Fall um eine Geldleistung handelt (s Rn 38), sind die Regeln über die Wahlschuld (§§ 262 ff BGB) nicht anwendbar. Der Gläubiger kann insbesondere (abweichend von § 263 BGB) von einem zunächst betragsmäßig geltend gemachten zu einem dynamisierten Unterhalt übergehen. 55

Der Unterhaltsschuldner ist an die vom Unterhaltsgläubiger gewählte Form der Unterhaltstitulierung gebunden (Rn 51). Wird also der Unterhalt als Prozentsatz begehrt und erkennt der Schuldner nur den Betrag an, der sich aus der Umrechnung ergibt, liegt kein Anerkenntnis im Sinne der ZPO vor, denn statischer und dynamischer Unterhalt sind nicht gleichwertig (vgl OLG Naumburg FamRZ 2007, 738). Dementsprechend ist es nicht ausreichend, dass der Unterhaltspflichtige auf die Geltendmachung eines dynamischen Unterhalts einen betragsmäßigen (statischen) Titel errichten lässt (OLG Dresden FamRZ 2011, 1407 LS). Wenn demnach der Unterhaltsberechtigte seinen dynamisierten Anspruch weiterverfolgt, kann dies auch nicht als mutwillig im Sinne des Verfahrenskostenhilferechts angesehen werden (OLG Hamm FamRZ 2011, 1158). 56

Ein allein mit dem Ziel einer Dynamisierung erhobener Abänderungsantrag des Unterhaltsberechtigten dürfte indessen mangels einer Veränderung der Verhältnisse grundsätzlich nicht zulässig sein (vgl WENDL/KLINKHAMMER[9] § 2 Rn 358 mwNw). 57

Der Unterhaltsschuldner bleibt auch dann an die Wahl des Gläubigers gebunden, wenn er die Abänderung (Herabsetzung) des Unterhalts verlangt. Bei einem bestehenden Titel nach § 1612a BGB kann der Unterhaltsschuldner also keine Herabsetzung auf einen konkreten Euro-Betrag verlangen (OLG Naumburg FamRZ 2006, 1403). 58

Im Unterhaltsverfahren werden regelmäßig rückständige und künftig fällige Beträge 59 geltend gemacht. Das **OLG Brandenburg** (FamRZ 2008, 1279; FamRZ 2007, 71 [LSe]; FamRZ 2004, 396 [LSe]; vgl auch SCHAEL FPR 2002, 40, 42) hat für den zurückliegenden und den bis zur nächsten Gesetzes- (Verordnungs-) Änderung laufenden Unterhalt eine Bezifferung des Unterhalts und erst ab dem Inkrafttreten der nächsten Gesetzesänderung eine Dynamisierung zugelassen. Das erscheint zu weitgehend und außerdem unpraktikabel. Das Gesetz verlangt nach seinem Wortlaut keine Bezifferung von Rückständen. Die jeweiligen Beträge müssen wie der laufende Unterhalt vielmehr von den Vollstreckungsorganen ermittelt werden, die diesen Arbeitsaufwand für künftige Änderungen ohnedies zu leisten haben. Im Übrigen scheint es unpraktikabel, in einem laufenden Verfahren die ständige Aktualisierung der Rückstände zu verlangen, der jeweils durch Änderung der Anträge und deren Zustellung Rechnung zu tragen wäre. Schließlich kann für künftige Zeiträume jedenfalls nach der seit 2008 geltenden Rechtslage nicht prognostiziert werden, wann eine Änderung des Mindestunterhalts ansteht.

7. Berechnung, Rundungen (Abs 2 S 2)

60 Der sich bei der Berechnung des Unterhalts ergebende Betrag ist **auf volle Euro aufzurunden**. Zunächst ist der Unterhaltsbetrag durch Multiplikation des Prozentsatzes mit dem Mindestunterhalt zu berechnen.

61 Nach dem bis 25. 11. 2015 geltenden Recht (Rn 20) wurden ggf schon die Ausgangsbeträge der Düsseldorfer Tabelle (auf-)gerundet. Gleichzeitig wurden auch die Steigerungsbeträge aus dem aufgerundeten Betrag berechnet und sodann, soweit sie gebrochene Beträge waren, wiederum aufgerundet. Da Abs 1 noch keine Rundung vorschreibt, handelte es sich beim Mindestunterhalt hingegen um die ungerundeten Beträge (s Rn 20). Der Prozentsatz war also mit dem ungerundeten Betrag zu multiplizieren und erst das rechnerische Ergebnis nach Abs 2 S 2 aufzurunden (vgl KLINKHAMMER FamRZ 2008, 193, 199).

62 Das Problem hat sich indessen durch die zum 26. 11. 2015 in Kraft getretene Regelung erledigt. Aufgrund der in der Verordnung aufgeführten, auf ganze EURO lautenden Beträge sind diese mit dem Prozentsatz zu multiplizieren und ist das Ergebnis ggf aufzurunden. Diese Berechnungsweise hat allemal den praktischen Vorzug, dass die Düsseldorfer Tabelle auch hinsichtlich des Ausgangsbetrages als Hilfsmittel herangezogen werden kann.

8. Beweislast

63 Der Unterhaltsbedarf ist in Höhe des Mindestunterhalts gesetzlich festgeschrieben und bedarf daher keiner Darlegung durch den Unterhaltsberechtigten (Antragsteller). Der Mindestunterhalt kann vom Unterhaltspflichtigen (Antragsgegner) nicht widerlegt werden. Dem Unterhaltspflichtigen sind weitere Einwendungen aber nicht abgeschnitten, er kann sich etwa darauf berufen, dass der Bedarf durch eigene Einkünfte gedeckt (§ 1602 BGB) oder der Anspruch durch eine teilweise Erfüllung (§ 362 BGB, zB durch Wohnungsgewährung) erloschen ist. Wendet der Unterhaltspflichtige ein, dass er zur Zahlung des Mindestunterhalts nicht leistungsfähig sei, so trägt er hierfür die Darlegungs- und Beweislast (s § 1603 Rn 385 ff).

Für einen Unterhaltsbedarf oberhalb von 100% des Mindestunterhalts trägt der Unterhaltsberechtigte die Beweislast. Außerdem trägt er die Beweislast für jeden weiteren Unterhaltsbedarf, der nicht im Mindestunterhalt enthalten ist (s Rn 43 f und § 1610 Rn 341). 64

III. Verfahrensrecht

1. Vereinfachtes Verfahren

Entsprechend dem Ziel, ein für eheliche und nichteheliche Kinder einheitliches Recht zu schaffen, führte das Kindesunterhaltsgesetz ein vereinfachtes Verfahren zur Festsetzung des Unterhalts minderjähriger Kinder ein, das zunächst in §§ 645 ff ZPO und seit 1. 9. 2009 in §§ 249 ff FamFG geregelt ist. Das vereinfachte Verfahren ist zulässig unabhängig davon, ob das Kind einen bezifferten („statischen") Unterhalt oder die Festsetzung eines Prozentsatzes des Mindestunterhalts verlangt (vgl § 250 Abs 1 Nr 6 und § 251 Abs 1 Nr 1 Buchst b FamFG). Es ist nicht auf Ansprüche bis zur Höhe des Mindestunterhalts beschränkt, sondern ermöglicht die Festsetzung bis zum 1, 2-fachen des Mindestunterhalts. Es soll, wie es der Rechtsausschuss des Deutschen Bundestags ausdrückt, „in der Masse der Unterhaltsfälle anwendbar sein" (BT-Drucks 13/9596, 30). Insoweit enthält das **Gesetz zur Änderung des Unterhaltsrechts und des Unterhaltsverfahrensrechts** etc vom 20. 11. 2015 (BGBl I 2018) weitere Änderungen. 65

Im vereinfachten Verfahren, für das nach § 25 Nr 2 Buchst c RPflG der Rechtspfleger zuständig ist, kann auf Antrag der Unterhalt eines **minderjährigen Kindes**, das mit dem in Anspruch genommenen Elternteil **nicht in einem Haushalt lebt**, festgesetzt werden, soweit der Unterhalt vor Anrechnung der nach §§ 1612b, 1612c BGB zu berücksichtigenden Leistungen (Kindergeld uä) das **1, 2 fache des Mindestunterhalts** nicht übersteigt (§ 249 Abs 1 FamFG). Volljährige Kinder bis zu 21 Jahren, die sich in der allgemeinen Schulausbildung befinden (§ 1603 Abs 2 S 2 BGB), sind den minderjährigen Kindern nicht gleichgestellt (s oben Rn 29; Sonnenfeld DAVorm 1999, 169, 170). Antragsberechtigt ist das minderjährige Kind, aber auch ein Dritter, auf den der Anspruch (etwa nach §§ 33 SGB II, 94 SGB XII oder § 7 UVG) übergegangen ist (BT-Drucks 13/7338, 38; s dazu Sonnenfeld DAVorm 1999, 169, 171). 66

Nach § **249 Abs 2 ZPO** findet das vereinfachte Verfahren nicht statt, soweit über den Unterhaltsanspruch des Kindes ein Gericht entschieden hat, ein gerichtliches Verfahren anhängig ist oder ein zur Zwangsvollstreckung geeigneter Schuldtitel errichtet worden ist. Diese Regelung soll klarstellen, dass das vereinfachte Verfahren nur für die **Erstfestsetzung von Unterhalt** in Betracht kommt; es steht auch dann nicht zur Verfügung, wenn eine Unterhaltsklage (Unterhaltsantrag) abgewiesen worden ist (BT-Drucks 13/7338, 38). 67

Die Einzelheiten des Verfahrens sind in den §§ 250 bis 260 ZPO geregelt, und zwar im Unterabschnitt 2 des Abschnitts 9 des 2. Buchs (Verfahren in Familiensachen) des FamFG, der die Bestimmungen über den Unterhalt in Familiensachen enthält (näher Büte FuR 2012, 585; Giers FamRB 2009, 247; zur Einführung im Jahr 1998 s BT-Drucks 13/7338, 68

34 ff; 13/9596, 35 ff; SCHUMACHER/GRÜN FamRZ 1998, 778, 789 ff; SONNENFELD DAVorm 1999, 169 ff, GRESSMANN/RÜHL DAVorm 1997, 161, 173 ff; STRAUSS FamRZ 1998, 993, 994).

2. Antragsfassung, Tenorierung

69 Ein Antrag kann im Beispielfall eines am 5. 10. 2015 geborenen Kindes (K) und einer am 12. 11. 2017 ergangenen Aufforderung nach § 1613 Abs 1 BGB wie folgt gefasst werden:

Es wird beantragt, den Antragsgegner zu verpflichten, an das minderjährige Kind K monatlich im voraus fälligen Unterhalt in Höhe von 120 % des Mindestunterhalts nach § 1612a Abs 1 BGB zu zahlen, und zwar

vom 1. 11. 2017 bis 30. 9. 2021 nach der ersten Altersstufe gemäß § 1612a Abs 1 Satz 3 BGB,

vom 1. 10. 2021 bis zum 30. 9. 2027 nach der zweiten Altersstufe und

ab dem 1. 10. 2027 nach der dritten Altersstufe,

jeweils abzüglich des hälftigen Kindergelds für ein erstes Kind.

IV. Übergangsvorschriften

70 Zur Einführung des Mindestunterhalts **zum 1. 1. 2008** enthielt **§ 36 Nr 4 EGZPO** eine vorübergehend von der Anknüpfung an das Steuerrecht abweichende (höhere) Festsetzung, durch die ein Absinken des Kindesunterhalts verhindert werden sollte (vgl SCHOLZ FamRZ 2007, 2021, 2022 f; KLINKHAMMER FamRZ 2008, 193, 195). Der Mindestunterhalt minderjähriger Kinder betrug nach der Übergangsregelung für die Zeit bis zur Vollendung des sechsten Lebensjahrs (erste Altersstufe) 279 Euro, für die Zeit vom siebten bis zur Vollendung des zwölften Lebensjahrs (zweite Altersstufe) 322 Euro und für die Zeit vom 13. Lebensjahr an (dritte Altersstufe) 365 Euro, jeweils bis zu dem Zeitpunkt, in dem der Mindestunterhalt nach Maßgabe des § 1612a Abs 1 BGB den hier festgelegten Betrag übersteigt. Die Übergangsregelung ist durch die Anhebung des Kinderfreibetrags **zum 1. 1. 2010 gegenstandslos** geworden.

71 Die **Umstellung von Alttiteln über den Regelbetrag nach der Regelbetrag-VO zum 1. 1. 2008** ist in § 36 Nr 3 EGZPO geregelt (vgl auch für das Folgende KLINKHAMMER FamRZ 2008, 193, 198). Zum 1. 1. 2008 bestehende Unterhaltstitel, die den Kindesunterhalt in dynamisierter Form ausweisen sind nach § 36 Nr 3 EGZPO umzurechnen. Die Düsseldorfer Tabelle enthält zur Erleichterung der Umrechnung unter Anmerkung E Beispiele für die vier in § 36 Nr 3 S 4 lit a – d EGZPO aufgeführten Fallgestaltungen.

Die Umrechnung von Titeln, die eine hälftige oder geringere Anrechnung des Kindergelds ausweisen, vollzieht sich wie in den folgenden Beispielen:

Lautet der Titel auf 121 % des Regelbetrags (West) der 2. Altersstufe abzüglich des anrechenbaren Kindergeldes nach § 1612b V BGB, so vollzieht sich die Umrechnung in drei Schritten:

1. Zahlbetrag ermitteln:	297 – 43	= 254 €
2. Hälftiges Kindergeld addieren:	254 + 77	= 331 €
3. Verhältnis zum Mindestunterhalt (Stand 1. 1. 2008):	331 : 322	= **102,7%**
Kontrolle: 102, 7% Mindestunterhalt = aufgerundet 331 ./. 77 Kindergeld		= 254 €

Der Titel ist daher kraft Gesetzes auf 102, 7% des Mindestunterhalts der zweiten Altersstufe umgestellt.

Ein Titel über 100% des Regelbetrages der 1. Altersstufe mit eingeschränkter Kindergeldanrechnung ist wie folgt umzurechnen:

1. Zahlbetrag ermitteln:	202 – 6	= 196 €
2. Hälftiges Kindergeld addieren:	196 + 77	= 273 €
3. Verhältnis zum Mindestunterhalt (Stand 1. 1. 2008):	273 : 279	= **97,8%**
Kontrolle: 97, 8% Mindestunterhalt = aufgerundet 273 ./. 77 Kindergeld		= 196 €

Der Titel ist kraft Gesetzes auf 97, 8% des Mindestunterhalts der 1. Altersstufe umgestellt.

Die Umrechnung kann nach dem BGH (FamRZ 2012, 1048 Rn 19 mwNw auch zur **aA**) **für verschiedene Altersstufen zu unterschiedlichen Prozentsätzen** führen, auch wenn diese zur Zeit der Errichtung noch einheitlich waren. Denn die Umrechnung dynamisierter Titel über den Kindesunterhalt zum 1. 1. 2008 nach § 36 Nr 3 Satz 4 lit a EGZPO in einen Prozentsatz des Mindestunterhalts nach § 1612a BGB hat bei mehreren Kindern für jedes Kind (jede Altersstufe) gesondert zu erfolgen. Für jedes Kind (jede Altersstufe) ergibt sie bezogen auf den 1. 1. 2008 nur einen einheitlichen Prozentsatz, der sodann auch Anwendung findet, wenn das Kind in eine höhere Altersstufe wechselt. 72

Für die **Umstellung von Unterhaltstiteln aus der Zeit vor dem 1. 7. 1998** sah Art 5 § 3 KindUG ein vereinfachtes gerichtliches Verfahren vor. Die Regelung ist zum 1. 7. 2003 außer Kraft getreten (vgl Staudinger/Engler [2000] Rn 40 ff). Zu Unterhaltstiteln aus der DDR s Vorbem 56 ff zu § 1601. 73

V. Auslandsbezüge

Hat das **Kind** seinen gewöhnlichen Aufenthalt im **Ausland**, ist nach Art 3 des Haager Unterhaltsprotokolls 2007 (UnthProt; vgl Art 15 Verordnung [EG] Nr 4/2009 - EuUntVO) das deutsche Recht regelmäßig nicht anwendbar (Ausnahmen in Art 4 Abs 2–4 UnthProt). Zum Mindestunterhalt und zur zeitlichen Anwendbarkeit des UnthProt s OLG Celle JAmt 2012, 487 (FamRZ 2012, 1501 [LS]). Mangels Anwendbarkeit des deutschen Rechts entfällt auch eine Dynamisierung nach § 1612a BGB und bestimmt sich die Unterhaltshöhe nach dem ausländischen Sachstatut. 74

Lebt das **Kind** im **Inland**, der Unterhaltspflichtige hingegen im Ausland, so findet

§ 1612a BGB Anwendung und kann eine Dynamisierung durchgeführt werden (OLG Brandenburg FamRZ 2008, 1279).

§ 1612b
Deckung des Barbedarfs durch Kindergeld

(1) Das auf das Kind entfallende Kindergeld ist zur Deckung seines Barbedarfs zu verwenden:

1. zur Hälfte, wenn ein Elternteil seine Unterhaltspflicht durch Betreuung des Kindes erfüllt (§ 1606 Abs 3 Satz 2);

2. in allen anderen Fällen in voller Höhe.

In diesem Umfang mindert es den Barbedarf des Kindes.

(2) Ist das Kindergeld wegen der Berücksichtigung eines nicht gemeinschaftlichen Kindes erhöht, ist es im Umfang der Erhöhung nicht bedarfsmindernd zu berücksichtigen.

Materialien: KindUG Art 1 Nr 11; BT-Drucks 13/7338, 27 ff, 31; zum Gesetz zur Ächtung der Gewalt etc vom 2. 11. 2000: BT-Drucks 14/3781 (Ausschussempfehlungen); zum Unterhaltsrechtsänderungsgesetz vom 21. 12. 2007: BT-Drucks 16/1830 (Gesetzentwurf), 16/6980 (Ausschussempfehlungen).

Schrifttum

BECKER, Familienleistungsausgleich und Mangelfälle nach dem Kindesunterhaltsgesetz, FamRZ 1999, 65
ders, § 1612b V BGB n. F – ein Virus, FamRZ 2001, 1266
BILSDORFER, Permanente und aktuelle Baustellen im Kindergeldrecht, NJW 2011, 2913
DOSE, Ausgewählte Fragen der Unterhaltsrechtsreform – Kindergeldanrechnung, Erwerbsobliegenheit und Beschränkungsmöglichkeiten, FamRZ 2007, 1289
ders, Erste Rechtsprechung des BGH zum Unterhaltsrechtsreformgesetz, Teil 3: Kindergeld und Wohnvorteil, JAmt 2009, 57
EICHENHOFER, Internationales Recht und Internationales Recht der Familienleistungen, FamRZ 2005, 1869
FELIX, Kindergeldrecht (2005)
dies, Paradigmenwechsel im Kindergeldrecht, NJW 2012, 22
GERHARDT, Die neue Kindergeldverrechnung ab 1. 1. 2001, FamRZ 2001, 73
GUTJAHR, Ist die Neuregelung der Anrechnung des Kindergeldes auf den Unterhalt nach § 1612b V BGB verfassungswidrig?, FPR 2002, 45
HEGER, Die Änderung des § 1612b V BGB – Schlussstein oder Neubeginn?, FamRZ 2001, 1409
HUSSMANN, Die Rückforderung von Kindergeld, FPR 2003, 65
KAISER-PLESSOW, Funktion des Kindergelds, FPR 2003, 39
KÜNKEL, Ausgewählte Probleme des neuen Kindesunterhaltsgesetzes – Anrechnung kindbezogener Leistungen, Auskunft, Prozeßstandschaft –, FPR 1998, 167
LUTHIN, § 1612b V BGB n. F. – Ein Torso, FamRZ 2001, 1269

Rieck, Kindergeld und Auslandsunterhalt, NJW 2014, 1905
Ruetten, Das paritätische Wechselmodell und Streitfragen des Kindergeldes sowie anderer kindbezogener Leistungen, NZFam 2016, 337
Scholz, Existenzminimum und Kindergeldverrechnung – Zur Neufassung des § 1612b V BGB, FamRZ 2000, 1541
ders, Änderungen der Rechtsprechung und Gesetzesinitiativen beim Kindergeld, FPR 2006, 329
ders, Der Kindesunterhalt nach dem Gesetz zur Änderung des Unterhaltsrechts, FamRZ 2007, 2021
Schürmann, Kindergeld und Unterhalt, FamRZ 2003, 490
ders, Kindergeld – ein ständiger Unruhestifter im Familienrecht, FamRZ 2011, 1625
ders, Die Erhöhung von Kinderfreibetrag und Kindergeld – (keine) Probleme mit dem Übergang?, FamRZ 2015, 1454
Schumacher, Familienleistungsausgleich und Mangelfälle nach dem Kindesunterhaltsgesetz, FamRZ 1998, 699
Schumacher/Grün, Das neue Unterhaltsrecht minderjähriger Kinder, FamRZ 1998, 778
Schwarz, Aktuelles zum Kindergeld, FamRB 2010, 160
Soyka, Auswirkungen der Unterhaltsreform auf den Kindesunterhalt, FuR 2008, 157
Weychardt, Zum Verhältnis von Kindergeldanrechnung nach § 1612b BGB und Quotierung nach § 1606 III BGB, FamRZ 1999, 828
Wohlgemuth, Prozessuale und materiell-rechtliche Fragen im Zusammenhang mit dem Kindergeld, FPR 2003, 60
dies, Anrechnung von Kindergeld, das auf die Kindesbetreuung entfällt, FamRZ 2010, 1037.

Systematische Übersicht

Alphabetische Übersicht

I. Der öffentlichrechtliche Anspruch auf Kindergeld

In Deutschland wird für mehr als 16 Mio Kinder Kindergeld gezahlt. Das Auszahlungsvolumen betrug im Jahr 2015 über 39 Mrd Euro. Das Kindergeld wird von den Familienkassen festgesetzt und ausgezahlt (BT-Drucks 18/9441, 1).

1. Entwicklung

1 Von 1983 bis 1995 erhielten Eltern zum Ausgleich der mit dem Unterhalt und der Betreuung von Kindern verbundenen Belastungen Kindergeld nach den Kindergeldgesetzen und Kinderfreibeträge nach dem EStG (**Familienlastenausgleich**; näher zur neueren Entwicklung – auch zum Folgenden – BFHE 207, 471 = FamRZ 2005, 451 [LS] mwNw; zur historischen Entwicklung Kaiser-Plessow FPR 2003, 39). Das **Jahressteuergesetz 1996** ersetzte mit Wirkung vom 1. 1. 1996 den Familienlastenausgleich durch den **Familienleistungsausgleich**. Die Neuregelung sollte zum einen der Rechtsprechung des BVerfG Rechnung tragen. Danach fordert das GG, existenznotwendigen Aufwand für Kinder in angemessener, realitätsgerechter Höhe von der Einkommensteuer freizustellen. Zugleich sollte eine deutlich verbesserte Förderung der Familien mit Kindern erreicht und die besondere Leistung der Familie für die Gesellschaft anerkannt werden (BT-Drucks 13/1558, 139, 155). Während bis 1995 Kindergeld und Kinderfreibetrag nebeneinander (kumulativ) beansprucht werden konnten (sog dualer Familienlastenausgleich), ist dies ab 1996 nur noch alternativ möglich (§ 31 Satz 1 EStG; Familienleistungsausgleich). Die Freibeträge des § 32 Abs 6 EStG sind bei der Einkommensteuerveranlagung abzuziehen, wenn die bei der Einkommensteuerveranlagung von Amts wegen durchzuführende Vergleichsrechnung (sog Günstigerprüfung) ergibt, dass die gebotene steuerliche Freistellung des Existenzminimums des Kindes bei den Eltern nicht in vollem Umfang durch den während des Kalenderjahres bestehenden Kindergeldanspruch bewirkt wird (§ 31 Satz 4 EStG). Erweist sich der Kinderfreibetrag als günstiger, ist das Kindergeld mit der festgesetzten Einkommensteuer zu verrechnen (Rn 17 ff).

2. Rechtsgrundlagen und Zielsetzung

2 Seit der Neuregelung durch das Jahressteuergesetz 1996 wird das Kindergeld im

Regelfall nach dem **EStG (§§ 62 ff)** gewährt. Das **BKGG** hat daneben nur ausnahmsweise Bedeutung. Es gilt nur noch für die Leistung an im Inland nicht unbeschränkt steuerpflichtige Personen.

Im laufenden Kalenderjahr wird Kindergeld als Steuervergütung monatlich gezahlt (§ 31 S 3 EStG). Vorrangiges Ziel des Kindergelds ist die **steuerliche Freistellung des kindlichen Existenzminimums** einschließlich der Bedarfe für Betreuung und Erziehung oder Ausbildung (§ 31 S 1 EStG). Soweit das Kindergeld dafür nicht erforderlich ist, dient es der **Familienförderung** (§ 31 S 2 EStG).

Die gesetzliche Regelung beruht in erheblichem Umfang auf den **Vorgaben des BVerfG**. Die Sicherung des Existenzminimums besteht entsprechend den vom BVerfG aufgestellten Anforderungen nicht nur in der Gewährleistung des sächlichen Bedarfs (entsprechend dem Kinderfreibetrag nach § 32 Abs 6 EStG, seit 2010: 2184 €), sondern auch des Betreuungs-, Erziehungs- und Ausbildungsbedarfs (§ 32 Abs 6 EStG, seit 2010: 1320 €; vgl BVerfGE 99, 216 = FamRZ 1999, 285).

In der Praxis orientiert sich die Steuerverwaltung an der **Dienstanweisung zum Kindergeld nach dem Einkommensteuergesetz (DA-KG** – z Zt Stand 2016; veröffentlicht auf der Internetseite des Bundeszentralamtes für Steuern [www.bzst.de] sowie BStBl I 2016, 827; früher: Dienstanweisung zur Durchführung des Familienleistungsausgleichs – [DA-FamEStG]; vgl hierzu Schwarz FamRB 2010, 160).

3. Anspruchsvoraussetzungen und -Inhalt

Die Anspruchsvoraussetzungen des Anspruchs sind zu unterscheiden nach **elternbezogenen** (§ 62 EStG) und **kindbezogenen Voraussetzungen** (§§ 63, 32 EStG). Von den Anspruchsvoraussetzungen zu trennen ist die Frage der **Bezugsberechtigung** bei Zusammentreffen mehrerer Ansprüche (§ 64 EStG). 3

a) Anspruchsberechtigte

Anspruchsberechtigt ist nach § 62 EStG, wer 4

1. im Inland einen Wohnsitz oder seinen gewöhnlichen Aufenthalt hat oder

2. ohne Wohnsitz oder gewöhnlichen Aufenthalt im Inland

   a) nach § 1 Abs 2 EStG unbeschränkt einkommensteuerpflichtig ist oder

   b) nach § 1 Abs 3 EStG als unbeschränkt einkommensteuerpflichtig behandelt wird (zum Kindergeld nach BKGG s Rn 2).

Für **Ausländer** bestehen nach § 62 Abs 2 EStG Einschränkungen je nach Niederlassungs- und Aufenthaltsstatus (vgl BVerfG 6. 11. 2009 – 2 BvL 4/07 – HFR 2010, 174: geduldete Ausländer; Beschluss vom 9. 12. 2009 NVwZ 2010, 441; s auch BFH FamRZ 2010, 1342 LS, NJW 2011, 1248 mwNw).

b) Kinder, Einkommen des Kindes

Als **Kinder** werden § 63 Abs 1 S 1 EStG berücksichtigt: 5

1. Kinder im Sinne des § 32 Abs 1 EStG, dh
   - im ersten Grad mit dem Steuerpflichtigen verwandte Kinder; zu Adoptivkindern vgl auch § 32 Abs 2 S 1 EStG,
   - Pflegekinder (Personen, mit denen der Steuerpflichtige durch ein familienähnliches, auf längere Dauer berechnetes Band verbunden ist, sofern er sie nicht zu Erwerbszwecken in seinen Haushalt aufgenommen hat und das Obhuts- und Pflegeverhältnis zu den Eltern nicht mehr besteht); vgl auch § 32 Abs 2 S 2 EStG,
2. vom Berechtigten in seinen Haushalt aufgenommene Kinder seines Ehegatten,
3. vom Berechtigten in seinen Haushalt aufgenommene Enkel.

Die **Vollzeiterwerbstätigkeit eines Kindes** schließt seine Berücksichtigung als Kind, das sich in einer **Übergangszeit** befindet (§ 32 Abs 4 Satz 1 Nr 2 Buchst b EStG) oder auf einen Ausbildungsplatz wartet (§ 32 Abs 4 Satz 1 Nr 2 Buchst c EStG) nicht aus (BFHE 230, 61 = NJW 2010, 3471 unter Änderung seiner vorherigen Rechtsprechung, BFHE 251, 10 = 2015, 3807; anders noch BFHE 216, 74).

6 Ein **volljähriges Kind** wird nach §§ 63 Abs 1 S 2, 32 Abs 4 EStG berücksichtigt, wenn es

1. noch nicht das 21. Lebensjahr vollendet hat, nicht in einem Beschäftigungsverhältnis steht und bei einer Agentur für Arbeit im Inland als Arbeitsuchender gemeldet ist oder
2. noch nicht das 25. Lebensjahr vollendet hat und
   a) für einen Beruf ausgebildet wird oder
   b) sich in einer in bestimmten Fällen anerkannten Übergangszeit von höchstens vier Monaten befindet (nach Abschaffung der Wehrpflicht bedeutungslos),
   c) eine Berufsausbildung mangels Ausbildungsplatzes nicht beginnen oder fortsetzen kann oder
   d) ein freiwilliges soziales Jahr usw leistet oder
3. wegen körperlicher, geistiger oder seelischer Behinderung außerstande ist, sich selbst zu unterhalten; Voraussetzung ist, dass die Behinderung vor Vollendung des 25. Lebensjahres eingetreten ist.

7 Nach **Abschluss** einer erstmaligen **Berufsausbildung** und eines **Erststudiums** wird ein Kind nur berücksichtigt, wenn es keiner Erwerbstätigkeit nachgeht (§ 32 Abs 4 S 2 EStG), wobei eine Erwerbstätigkeit mit bis zu 20 Wochenstunden, ein Ausbildungs-

verhältnis oder ein geringfügiges Beschäftigungsverhältnis im Sinne des SGB IV unschädlich sind (§ 32 Abs 4 S 3 EStG). Diese Regelung gilt seit dem 1. 1. 2012 (vgl FELIX NJW 2012, 22, die verfassungsrechtliche Bedenken hat). Ein **Masterstudium** ist jedenfalls dann Teil einer einheitlichen Erstausbildung, wenn es zeitlich und inhaltlich auf den vorangegangenen Bachelorstudiengang abgestimmt ist und das – von den Eltern und dem Kind – bestimmte Berufsziel erst darüber erreicht werden kann (BFHE 251, 10 = 2015, 3807; **aA** noch BMF-Schreiben vom 7. 12. 2011 zu § 32 Abs 4 EStG BStBl I 2011, 1243 Rn 19, geändert durch BMF-Schreiben vom 6. 2. 2016 zu § 32 Abs 4 EStG BStBl I 2016, 226 Rn 19).

Nach der früheren, bis 2011 geltenden Rechtslage war bei **eigenem Einkommen** des Kindes noch zu unterscheiden: Bei **Volljährigen** durften Einkünfte und sonstige Bezüge nicht mehr als 8004 Euro im Kalenderjahr betragen (§ 63 Abs 1 S 2 EStG, § 32 Abs 4 S 2 EStG aF; zur Verfassungsmäßigkeit des Grundfreibetrags vgl BVerfG FamRZ 2010, 1534). Bei **Minderjährigen** stand eigenes Einkommen – unabhängig von seiner Höhe – dem Kindergeldanspruch nicht entgegen.

c) Bezugsberechtigung bei Zusammentreffen mehrerer Ansprüche; gerichtliche Bestimmung des Bezugsberechtigten

Treffen – wie regelmäßig – **Ansprüche mehrerer Berechtigter** zusammen, so wird nach § 64 Abs 1 EStG nur einem Berechtigten Kindergeld gezahlt. Bei getrenntlebenden Eltern wird das Kindergeld demjenigen gezahlt, der das Kind in seinen Haushalt aufgenommen hat **(Obhutsprinzip)**. Lebt das Kind nicht im Haushalt eines Berechtigten, ist entscheidend, wer den – höheren – Unterhalt zahlt, wobei vom (bisherigen) Bezieher weitergeleitetes Kindergeld außer Betracht bleibt (BFH NJW 2005, 3742 – zur Rechtslage bis 2007). Hält sich ein Kind in annähernd gleichem Umfang bei Vater und Mutter auf (**Wechselmodell**; zur Ermittlung der Voraussetzungen s BGH FamRZ 2014, 917 sowie BFHE 241, 264 = FamRZ 2013, 1578 LS), ist das Kindergeld demjenigen zu zahlen, den die Eltern untereinander bestimmt haben (BFH FamRZ 2005, 1173; BFH 19. 7. 2007 – III S 31/06 [PKH] – juris; OLG Celle NJW-RR 2012, 1351; vgl KLATT FPR 2006, 298; vgl auch Rn 76). 8

Fehlt es dennoch an einer eindeutigen gesetzlichen Zuweisung, entscheidet nach § 231 Abs 2 FamFG das **Familiengericht** über die Bezugsberechtigung (seit 1. 9. 2009; zuvor war das Vormundschaftsgericht zuständig). Zuständig ist der Rechtspfleger, § 25 Nr 2a RpflG, wenn kein Hauptsacheverfahren über den Unterhalt anhängig ist, anderenfalls der Richter. 9

Die gerichtliche Bestimmung ersetzt die Bestimmung durch die Eltern. Das Familiengericht kann daher – nur – angerufen werden, wenn die Eltern gleichrangig bezugsberechtigt sind und zur Festlegung der Person des Bezugsberechtigten eine Bestimmung der Eltern erforderlich ist (§ 64 Abs 2 S 2, 3; Abs 3 S 3, 4 EStG; zum Wechselmodell s Rn 8), aber eine solche nicht getroffen wurde (OLG München NJW-RR 2011, 1082 mwNw; vgl OLG Celle NJW-RR 2012, 1351). Das Familiengericht ist demnach nicht zuständig, wenn die Eltern darüber streiten, in wessen Haushalt sich das Kind aufhält oder aufgehalten hat. In diesem Fall ist die Voraussetzung der Haushaltsaufnahme von der Familienkasse festzustellen und im Finanzrechtsweg zu überprüfen (vgl auch BGH FamRZ 2014, 646 – zum Beschwerdewert).

Die Bestimmung des Bezugsberechtigten steht im Ermessen des Familiengerichts. Für sie ist auf das Wohl des Kindes und der Familie, nicht auf die Verwirklichung eines etwaigen zivilrechtlichen Ausgleichsanspruchs eines Elternteils abzustellen (OLG Stuttgart FamRZ 2010, 1476 = NJW-RR 2010, 1014; FamRZ 2009, 155; OLG München FamRZ 2006, 1567).

d) Kindergeld bei Haushaltswechsel

10 Wechseln die Kinder vom Haushalt des einen in den Haushalt des anderen Elternteils **(Obhutswechsel)**, so kann die Familienkasse die Kindergeldfestsetzung zu Gunsten des nunmehr betreuenden Elternteils nach § 70 Abs 2 EStG wegen veränderter Verhältnisse rückwirkend (ab Änderung der Verhältnisse) aufheben und das Kindergeld vom Empfänger nach § 37 Abs 2 AO zurückfordern. Dieser kann sich im Verwaltungsverfahren nicht darauf berufen, dass er das Kindergeld an den anderen Elternteil weitergeleitet habe, Unterhaltsvereinbarungen oder Unterhaltszahlungen sind nicht zu berücksichtigen (BFH 14. 10. 2003 – VIII R 35/02 – juris; 1. 7. 2003 – VIII R 80/00 – juris).

11 Nach ständiger Rechtsprechung des BFH ist der Leistungsempfänger nach § 37 Abs 2 AO zur Rückzahlung des Kindergeldes verpflichtet (zB BFH 1. 7. 2003 – VIII R 80/00, BFH/NV 2004, 23, und VIII R 94/01, BFH/NV 2004, 25). Macht der nachrangig Berechtigte allerdings geltend, er habe das zu Unrecht erhaltene Kindergeld an den vorrangig Berechtigten weiter geleitet, hat die Familienkasse nach DA-FamEStG 2013 64. 4 Abs 3 von einer Rückforderung abzusehen, wenn der Empfänger auf einem dafür vorgesehenen Formular den Erhalt des Kindergeldes bestätigt und erklärt, sein Anspruch auf Kindergeld sei erfüllt (BFH 26. 11. 2009 – III R 84/07 – HFR 2010, 830 Rn 19; vgl Hussmann, Die Rückforderung von Kindergeld, FPR 2003, 65).

12 Verweigert der andere Elternteil zu Unrecht die Bescheinigung, so steht dem Kindergeldbezieher insoweit ein Rückforderungsanspruch nach § 812 Abs 1 BGB (Leistungskondiktion) zu. Denn der Unterhaltsanspruch des Kindes ist ungeachtet der nachträglichen Aufhebung erfüllt. Die rückabzuwickelnde Leistung ist der durch die Verrechnung (rechtsgrundlos) durchgeführte familienrechtliche Ausgleich zwischen den Eltern (s Rn 42 ff, 55).

e) Höhe und Zahlungszeitraum

13 Das Kindergeld beträgt nach §§ 66 Abs 1 EStG, 6 BKGG seit dem 1. 1. 2017 (in *Klammern:* Erhöhung ab 1. 1. 2018)

– für das **1. und 2. Kind: 192 €** *(194 €)*

– für das **3. Kind: 198 €** *(200 €)*

– ab dem **4. Kind: 223 €** *(225 €)*.

Vom **1. 1. 2016 bis zum 31. 12. 2016** betrug das Kindergeld für das 1. und 2. Kind 190 €, für das 3. Kind 196 € und ab dem 4. Kind 221 €, vom **23. 7. 2015 bis zum 31. 12. 2015** für das 1. und 2. Kind 188 €, für das 3. Kind 194 € und ab dem 4. Kind 219 €, vom **1. 1. 2010 bis zum 22. 7. 2015** für das 1. und 2. Kind 164 €, für das 3. Kind 170 € und ab dem 4. Kind 195 € und vom **1. 1. 2009 bis zum 31. 12. 2009** für das 1. und

2. Kind 164 €, für das 3. Kind 170 € und ab dem 4. Kind 195 €. Vom **1. 1. 2002 bis zum 31. 12. 2008** betrug das Kindergeld für das 1. bis 3. Kind 154 € und ab dem 4. Kind 179 €. Zur **Entwicklung des Kindergelds** seit 1975 siehe die Übersicht FamRZ 2005, 1402.

Das Kindergeld wird nach §§ 66 Abs 2 EStG, 5 Abs 1 BKGG monatlich vom Beginn des Monats an gezahlt, in dem die Anspruchsvoraussetzungen erfüllt sind, bis zum Ende des Monats, in dem die Anspruchsvoraussetzungen wegfallen. **14**

4. Zuständigkeit und Antragsberechtigung

Zuständige Behörde für die Gewährung des Kindergelds ist die **Familienkasse**. In den meisten Fällen ist die Bundesagentur für Arbeit als Familienkasse zuständig (§§ 5 Abs 1 Nr 11 FVG; 6 Abs 2 Nr 6 AO; 7, 13 BKGG), bei Beamten und Arbeitnehmern von öffentlich-rechtlichen Verwaltungsträgern (oder deren Rechtsnachfolgern) ist nach § 72 Abs 1 EStG die jeweilige Körperschaft, Anstalt oder Stiftung als Familienkasse zuständig. Die zahlreichen Familienkassen für öffentlich-rechtlich Bedienstete sollen nach einem Gesetzentwurf der Bundesregierung (BT-Drucks 18/9441; vgl auch BT-Drucks 18/10045) bei der Bundesagentur für Arbeit bzw aufgrund einer Verordnungsermächtigung des Bundesfinanzministeriums beim Bundesverwaltungsamt zusammengeführt werden. **15**

Das Kindergeld ist nur **auf Antrag** zu gewähren. Antragsbefugt sind die nach EStG und BKGG anspruchsberechtigten Personen, außerdem jeder, der ein berechtigtes Interesse an der Leistung des Kindergelds hat (§§ 67 EStG, 9 BKGG). Antragsbefugt ist auch das Kind (BFH FamRZ 2009, 333: auf Festsetzung zugunsten des Kindergeldberechtigten). Stellt ein nach § 67 Satz 2 2. Alt EStG Antragsberechtigter den Antrag auf Kindergeld, so wird er dadurch allerdings nicht zum Kindergeldberechtigten. Die Anspruchsvoraussetzungen müssen vielmehr in der Person des (materiell) Kindergeldberechtigten gegeben sein (BFHE 228, 42 = FamRZ 2010, 557 LS Rn 13). **16**

Für Streitigkeiten sind im Regelfall die Finanzgerichte zuständig (§ 33 FGO; vgl Wendl/Klinkhammer[9] § 2 Rn 706). Soweit die Kindergeldberechtigung auf dem BKGG beruht, sind für Klagen gegen die Bescheide der Familienkassen die Sozialgerichte zuständig, § 15 BKGG.

5. Günstigerprüfung und Verrechnung im Rahmen der Einkommensteuerfestsetzung

Bei der jährlichen Einkommensteuerveranlagung werden das Kindergeld für den gesamten Veranlagungszeitraum einerseits und der Kinderfreibetrag für das sächliche Existenzminimum sowie der Freibetrag für Betreuungs- und Erziehungs- oder Ausbildungsbedarf andererseits einander gegenübergestellt (**Günstigerprüfung**; vgl Wendl/Klinkhammer[9] § 2 Rn 710 mwNw), um zu ermitteln, ob das Kindergeld eine ausreichende Freistellung des Kinderexistenzminimums bewirkt oder ob die Steuerentlastung durch die Kinderfreibeträge nach § 32 Abs 6 EStG weiterreicht. **17**

Bei **zusammen veranlagten Eltern** wird das volle Kindergeld mit den doppelten Freibeträgen verglichen, bei **getrennt veranlagten Eltern** das halbe Kindergeld mit ein- **18** fachen Freibeträgen. Dies folgt aus §§ 2 Abs 6 S 3, 31 S 4 EStG („im Umfang des Kinderfreibetrages"; Kinderfreibetrag ist hier nicht zu verstehen iS der Legaldefinition nach § 32 Abs 6 EStG, sondern als die Summe der Freibeträge nach § 32 Abs 6 EStG). Ergibt sich dabei eine Differenz zwischen der nach Abzug der Freibeträge ermittelten Einkommensteuer und dem Kindergeld zugunsten des Steuerpflichtigen, werden die Freibeträge gewährt (§ 31 S 4 EStG); das Kindergeld wird dann der Einkommensteuer hinzugerechnet (§ 2 Abs 6 S 3 EStG). Das dient dem Zweck, eine doppelte Begünstigung zu vermeiden (zur Günstigerprüfung bei Übertragung des Kinderfreibetrages BFH NJW 2004, 2471).

19 Ist eine Differenz zwischen Kinderfreibetrag und Kindergeld zugunsten des Steuerpflichtigen nicht festzustellen, verbleibt ihm das Kindergeld; die Freibeträge werden nicht gewährt (§ 31 S 2, 4 EStG). In diesem Fall erfüllt das Kindergeld seine vorrangige Aufgabe, die der Freistellung des Existenzminimums von der Steuer, nur teilweise. Soweit es darüber hinausgeht, ist es eine **Sozialleistung zur Förderung der Familie** (§ 31 S 2 EStG).

20 Diese Günstigerprüfung ist auch dann durchzuführen, wenn das Kindergeld nach § 64 Abs 2 S 1 EStG an den anderen Elternteil gezahlt wird, da der Steuerpflichtige am Kindergeld durch dessen bedarfsdeckenden Abzug vom Kindesunterhalt nach § 1612b Abs 1 BGB in der ab 1. 1. 2008 geltenden Fassung teilhat. Ob der Abzug sich tatsächlich zu seinen Gunsten auswirkt, was etwa bei eingeschränkter Leistungsfähigkeit nicht der Fall ist, ist unerheblich, denn es kommt allein darauf an, ob der Steuerpflichtige einen **Anspruch** auf das Kindergeld hat (EStR § 31 Abs 3; vgl auch Wendl/Klinkhammer[9] § 2 Rn 710). Das Kindergeld ist also auch dann zu verrechnen, wenn ein Antrag nicht gestellt oder aber das Kindergeld aus verfahrensrechtlichen Gründen versagt wurde (EStR § 31 Abs 2).

21 In welcher Höhe das Kindergeld gegenübergestellt wird, hängt – einen Anspruch vorausgesetzt – nur davon ab, ob eine Zusammenveranlagung (dann doppelte Freibeträge) oder eine Getrenntveranlagung (dann einfache Freibeträge) stattfindet (so Rn 18). Der halbe Kinderfreibetrag wurde in Anwendung dieser Regel in der Vergangenheit auch dann angesetzt, wenn der geschuldete Kindesunterhalt (nach der bis 2007 geltenden Rechtslage) nicht um das Kindergeld gemindert wurde, weil der Schuldner nicht in der Lage war, wenigstens gewisse Mindestbeträge (1998 bis 2000: Regelbetrag, seit 2001: 135 % des Regelbetrags) für sein minderjähriges Kind abzüglich des hälftigen Kindergeldes zu zahlen (§ 1612b Abs 5 BGB (aF); BFH NJW 2004, 2471). Das galt (und gilt) auch, wenn ein Elternteil vertraglich auf die Anrechnung des hälftigen Kindergeldes auf den Kindesunterhalt verzichtet hat (BFH FamRZ 2004, 1571).

22 Der Vergleich zwischen dem Kindergeld und den Freibeträgen ist **hinsichtlich jedes Kindes**, beginnend mit dem ältesten, gesondert durchzuführen (BFH NJOZ 2011, 951; EStR § 31 Abs 1 S 1). Dies ist wegen der Progression des Steuertarifs erforderlich, aber auch deshalb, weil ab dem dritten (bis 2008: ab dem vierten) Kind ein höheres Kindergeld gewährt wird, die Freibeträge dagegen unverändert bleiben (Wendl/Klinkhammer[9] § 2 Rn 710 mNw und Berechnungsbeispiel).

23 In die Günstigerrechnung floss nach **früherer Rechtslage** auch der zwischen den

Elternteilen bestehende **familienrechtliche Ausgleichsanspruch** mit ein (vgl BFH 25. 9. 2008 – III R 45/06 – juris). Die Hinzurechnung des Kindergelds erfolgte allerdings auch dann, wenn der Ausgleichsanspruch dem Barunterhaltspflichtigen deshalb nicht oder nicht in vollem Umfang zugutegekommen war, weil dieser Anspruch im Mangelfall nicht oder nur teilweise auf den Kindesunterhalt angerechnet werden konnte (BFH 30. 11. 2004 – VIII R 73/99, HFR 2005, 552; FG Berlin 25. 11. 2005 – 3 K 3165/01 – juris; zur Verfassungsmäßigkeit s BVerfG FamRZ 2009, 2065 sowie BVerfG 21. 9. 2005 – 1 BvL 11/01 ua – juris) und unabhängig davon, ob er den Ausgleichsanspruch geltend gemacht hatte (BFH 25. 9. 2008 – III R 45/06 – juris).

Da die Kindergeldanrechnung nach § 1612b Abs 1 BGB in der seit 1. 1. 2008 gel- **24**
tenden Fassung nunmehr bedarfsdeckend erfolgt, stellt sich dieses Problem schon deswegen nicht mehr, weil eine bedarfsmindernde Wirkung nach Abs 1 S 2 immer stattfindet. Wenn sich die Anrechnung nicht zu Gunsten des Barunterhaltspflichtigen auswirkt, ändert dies nichts daran, dass steuerrechtlich das Kindergeld zu verrechnen ist. Das steht im Einklang mit der gebotenen Steuerfreistellung des kindlichen Existenzminimums, weil der Steuerpflichtige insoweit (wegen der mangels Leistungsfähigkeit eingeschränkten Unterhaltspflicht) auch keine Belastung tragen muss. Die Neuregelung der Kindergeldanrechnung in § 1612b BGB sowie die aus ihr folgende Berechnung nachrangig geschuldeten Unterhalts verletzen Art 3 Abs 1 GG nicht (BVerfG Beschluss FamRZ 2011, 1477 Rn 32 ff).

II. Entwicklung des zivilrechtlichen Kindergeldausgleichs

1. Rechtslage bis 1998

Die Anrechnung des Kindergelds nach dem BKGG und (seit 1996) dem EStG auf **25**
den Kindesunterhalt war seit dem Nichtehelichengesetz bis zum 30. 6. 1998 nur für nichteheliche Kinder gesetzlich geregelt (zu der dem Nichtehelichengesetz vorangegangenen Gesetzeslage s Staudinger/Engler [2000] Rn 10 ff). Nach § 1612 f BGB (gültig bis 30. 6. 1998) hatte der Vater eines nichtehelichen Kindes bis zur Vollendung des achtzehnten Lebensjahres (mindestens) den Regelunterhalt zu zahlen (s § 1612a Rn 1 ff), vermindert um das nach § 1615g anzurechnende Kindergeld. Nach § 1615g Abs 1 BGB (bis 30. 6. 1998) war das auf das Kind entfallende Kindergeld auf den Regelbedarf zur Hälfte anzurechnen, wenn auch der Vater die Anspruchsvoraussetzungen erfüllte, ihm aber Kindergeld nicht gewährt wurde, weil ein anderer vorrangig berechtigt war.

Die Unterhaltspraxis wandte dieses Modell auf eheliche Kinder entsprechend an. **26**
Die Begründung hierfür war, dass das Kindergeld dazu bestimmt war, die gesamte Unterhaltslast beider Eltern zu erleichtern (BGHZ 70, 151, 154 = FamRZ 1978, 177 mit Anm Beitzke SGb 1978, 554; BGH FamRZ 1983, 49), wobei eine Analogie wegen der Unterschiede von Regelunterhalt nichtehelicher Kinder und Individualunterhalt ehelicher Kinder vom BGH abgelehnt wurde. Die hälftige Quote sollte der Gleichwertigkeit von Bar- und Betreuungsunterhalt nach § 1606 Abs 3 S 2 BGB Rechnung tragen (BGHZ 70, 151 = FamRZ 1978, 177; vgl Schumacher/Grün FamRZ 1998, 778, 783; MünchKomm/Köhler[3] § 1602 Rn 19a). Diese Begründung wurde in der Folgezeit trotz des Umstands beibehalten, dass das Kindergeld seit 1996 vorzugsweise eine Steuervergütung darstellt und die steuerrechtlichen Freibeträge nach § 32 Abs 6 EStG

zunächst allein das dem Barunterhalt zuzuordnende sächliche Existenzminimum berücksichtigten (Schumacher/Grün FamRZ 1998, 778, 783; der Betreuungsfreibetrag gilt erst seit 2000, der Erziehungs-/Ausbildungsfreibetrag seit 2002).

2. Einführung der Vorschrift durch das Kindesunterhaltsgesetz (KindUG)

27 § 1612b BGB wurde durch das KindUG vom 6. 4. 1998 (BGBl I 666) eingefügt und ist am 1. 7. 1998 in Kraft getreten. Er erhielt zunächst die folgende Fassung:

(1) Das auf das Kind entfallende Kindergeld ist zur Hälfte anzurechnen, wenn an den barunterhaltspflichtigen Elternteil Kindergeld nicht ausgezahlt wird, weil ein anderer vorrangig berechtigt ist.

(2) Sind beide Elternteile zum Barunterhalt verpflichtet, so erhöht sich der Unterhaltsanspruch gegen den das Kindergeld beziehenden Elternteil um die Hälfte des auf das Kind entfallenden Kindergeldes.

(3) Hat nur der barunterhaltspflichtige Elternteil Anspruch auf Kindergeld, wird es aber nicht an ihn ausgezahlt, ist es in voller Höhe anzurechnen.

(4) Ist das Kindergeld wegen Berücksichtigung eines nicht gemeinschaftlichen Kindes erhöht, ist es im Umfang der Erhöhung nicht anzurechnen.

(5) Eine Anrechnung des Kindergeldes unterbleibt, soweit der Unterhaltspflichtige außerstande ist, Unterhalt in Höhe des Regelbetrages nach der Regelbetrag-Verordnung zu leisten.

28 Ein Ziel des KindUG war es, dafür zu sorgen, dass bestimmte kindbezogene Leistungen (insbesondere das Kindergeld) „nach einem leicht überschaubaren neuen Grundkonzept" auf den Unterhaltsanspruch des Kindes gegenüber dem barunterhaltspflichtigen Elternteil angerechnet werden (BT-Drucks 13/7338, 2). Hierbei solle auch die unterschiedliche Anrechnungspraxis beim Regelunterhalt einerseits und beim Individualunterhalt andererseits beseitigt werden (BT-Drucks 13/7338, 27).

29 Das Gesetz ging von der Grundüberlegung aus, dass eine Anrechnung kindbezogener Leistungen im Verhältnis der Eltern des Kindes von vornherein nur gerechtfertigt erscheine, wenn beide Eltern grundsätzlich Anspruch auf eine solche Leistung hätten, diese aber nicht beiden Eltern zur Hälfte, sondern zur Verwaltungsvereinfachung in vollem Umfang nur einem Elternteil ausgezahlt werde. Wenn auf diese Weise ein Elternteil vorrangig anspruchsberechtigt sei („Vorrangprinzip"), müsse der andere einen Anspruch auf hälftige Teilhabe an der Leistung haben. **Zur vereinfachten Abwicklung** erscheine dann die **Verrechnung mit dem Kindesunterhalt** nach wie vor geboten. Gleiches habe zu gelten, wenn die (gemeinsame) Anspruchsberechtigung nicht zwischen beiden Eltern bestehe, sondern zwischen einem Elternteil und einer anderen Person, die an die Stelle des anderen Elternteils treten könne (zB dem Ehegatten des anderen Elternteils, Pflege- oder Großeltern, § 64 Abs 2 S 1 iVm § 63 Abs 1 EStG).

30 Kindbezogene Besoldungs- und Entgeltbestandteile, die dem Berechtigten nicht als

Brutto-, sondern als Nettobeträge zufließen, die also um Steuern und Sozialversicherungsbeiträge gemindert sind, hat das KindUG nicht in die Neuregelung einbezogen, weil durch die Anrechnung kindbezogener Bruttoleistungen die angestrebte Vereinfachung der Anrechnungsregeln vereitelt würde. Eine Anrechnung ist dagegen – in § 1612c BGB – für Kinderzuschläge aus der gesetzlichen Unfallversicherung und Kinderzuschüsse aus der gesetzlichen Rentenversicherung in Fällen vorgesehen, in denen beide Eltern im Grundsatz anspruchsberechtigt sind, aber einer der Elternteile vorrangig berechtigt ist; diese Leistungen (vgl § 65 Abs 1 EStG) werden anstelle des Kindergeldes gewährt.

Zum 1. 7. 1998 wurde die Anrechnung des Kindergelds vom Gesetz ausdrücklich für **jeglichen Kindesunterhalt** (also insbesondere auch für den Individualunterhalt ehelicher Kinder) festgeschrieben und zudem auf Fälle beiderseitiger Barunterhaltspflicht (also insbesondere den **Unterhalt volljähriger Kinder**) erstreckt. Bei beiderseitiger Barunterhaltspflicht wurde der Maßstab allerdings nach Abs 2 unabhängig von den Unterhaltsbeiträgen der beiden Elternteile auf eine hälftige Anrechnung festgeschrieben (dazu näher Schumacher/Grün FamRZ 1998, 778, 783). Zudem führte Abs 5 eine Einschränkung der Kindergeldanrechnung im sog **Mangelfall** ein, wenn und soweit der Barunterhaltspflichtige nicht in der Lage war, Unterhalt in Höhe des Regelbetrags nach der Regelbetrag-VO (s § 1612a Rn 14 f) zu leisten. 31

3. Änderung des Abs 5 durch das Gesetz vom 2. 11. 2000 (Mangelfälle)

Durch das *Gesetz zur Ächtung der Gewalt in der Erziehung und zur Änderung des Kindesunterhaltsrechts* vom 2. 11. 2000 (BGBl I 2000, 1479) wurde Abs 5 (Kindergeldanrechnung im Mangelfall) dahin geändert, dass anstelle der Regelbeträge nunmehr auf 135 % der Regelbeträge abgestellt wurde. Eine Anrechnung des Kindergelds unterblieb seither, soweit der Unterhaltspflichtige außerstande war, Unterhalt in Höhe von 135 % des Regelbetrags nach der Regelbetrag-VO zu zahlen. 32

Die Vorschrift ist vor dem Hintergrund zu sehen, dass die Regelbeträge zur Deckung des Existenzminimums nicht ausreichten. Sie verfolgte das Ziel, dass das Existenzminimum des Kindes nicht nur steuerrechtlich freigestellt werden, sondern auch Anknüpfungspunkt für die Verteilung bzw Verwendung des Kindergelds werden sollte (BT-Drucks 14/3781, 7). Der neu geregelte Abs 5 sollte zu einer geänderten Verwendung des Kindergeldes unter Übernahme des Barexistenzminimums als maßgeblicher Grenze führen, ohne dass dadurch nach den Vorstellungen des Gesetzgebers von der in § 1612b Abs 1 BGB angeordneten Halbteilung des Kindergeldes abgewichen wurde. Denn nach wie vor verbleibe es zunächst bei dieser Halbteilung des Kindergeldes, wie sie sich letztlich auch aus der in § 1606 Abs 3 S 2 BGB festgestellten grundsätzlichen Gleichwertigkeit von Bar- und Betreuungsunterhalt ergebe. Das Unterhaltsrecht folge damit auch dem Familienförderungsgesetz, wonach das Kindergeld gemäß § 31 EStG der steuerlichen Freistellung des Barexistenzminimums sowie des Betreuungsbedarfs des Kindes dienen soll. Der Barunterhalt Leistende werde jedoch so lange verpflichtet, die ihm zustehende Hälfte des Kindergeldes für den Unterhalt des Kindes zu verwenden, bis das Barexistenzminimum des Kindes gesichert sei (BT-Drucks 14/3781, 7 f; näher dazu Heger FamRZ 2001, 1409). 33

34 Die Vorschrift erforderte eine Berechnung des Unterhaltszahlbetrages in mehreren Schritten. Zur Erleichterung der Rechtsanwendung war der Düsseldorfer Tabelle (bis 2007) eine Kindergeldverrechnungstabelle beigefügt, die zu ihrem letzten gültigen Stand die folgenden Werte enthielt und weitgehend zu denselben Zahlbeträgen führte (s Klinkhammer FamRZ 2008, 193, 194):

Hälftiges Kindergeld für 1. bis 3. Kind 77 EUR

EkGruppe	0–5 Jahre	6–11 Jahre	12–17 Jahre
1 = 100%	202 – 6 = 196	245 – 0 = 245	288 – 0 = 288
2 = 107%	217 – 21 = 196	263 – 9 = 254	309 – 0 = 309
3 = 114%	231 – 35 = 196	280 – 26 = 254	329 – 17 = 312
4 = 121%	245 – 49 = 196	297 – 43 = 254	349 – 37 = 312
5 = 128%	259 – 63 = 196	314 – 60 = 254	369 – 57 = 312
6 = 135%	273 – 77 = 196	331 – 77 = 254	389 – 77 = 312

Hälftiges Kindergeld für das 4. Kind und jedes weitere Kind von je 89,50 EUR

EkGruppe	0–5 Jahre	6–11 Jahre	12–17 Jahre
1 = 100%	202 – 18,50 = 183,50	245 – 3,50 = 241,50	288 – 0 = 288
2 = 107%	217 – 33,50 = 183,50	263 – 21,50 = 241,50	309 – 9,50 = 299,50
3 = 114%	231 – 47,50 = 183,50	280 – 38,50 = 241,50	329 – 29,50 = 299,50
4 = 121%	245 – 61,50 = 183,50	297 – 55,50 = 241,50	349 – 49,50 = 299,50
5 = 128%	259 – 75,50 = 183,50	314 – 72,50 = 241,50	369 – 69,50 = 299,50
6 = 135%	273 – 89,50 = 183,50	331 – 89,50 = 241,50	389 – 89,50 = 299,50

35 Die Kindergeldanrechnung konnte demnach mit der Formel tituliert werden, dass auf den Unterhalt das jeweilige hälftige Kindergeld für ein erstes, zweites etc Kind anzurechnen ist, soweit dieses zusammen mit dem Unterhalt 135 % des Regelbetrages übersteigt (OLG Düsseldorf FamRZ 2002, 1046).

36 Die gesetzliche Regelung ist im Zusammenwirken mit dem Steuer- und Sozialrecht vom **BVerfG** in seiner **Entscheidung vom 9. 4. 2003** (FamRZ 2003, 1370 mAnm Luthin) zwar im Ergebnis als verfassungsgemäß bestätigt, aber dennoch deutlich kritisiert worden (vgl auch BFH NJW 2005, 1392 und dazu BVerfG FamRZ 2009, 2065). Nach dem BVerfG gebietet das Rechtsstaatsprinzip des Art 20 Abs 3 GG dem Gesetzgeber, bei der von ihm gewählten Ausgestaltung eines Familienleistungsausgleichs Normen zu schaffen, die auch in ihrem Zusammenwirken dem Grundsatz der Normenklarheit entsprechen. Dem genügten nach dem BVerfG die das Kindergeld betreffenden Regelungen in ihrer sozial-, steuer- und familienrechtlichen Verflechtung „immer weniger" (BVerfG FamRZ 2003, 1370, 1374). Im Mittelpunkt der Kritik des BVerfG stand dabei die Verknüpfung des Existenzminimums mit den Regelbeträgen, deren Fortschreibung keine Gewähr dafür bot, dass sie das Existenzminimum absicherten. Die Fragwürdigkeit der Fortschreibung der Regelbeträge nach der Lohnentwicklung wurde etwa deutlich, als sie zum 1. 7. 2007 zu einer Senkung der Regelbeträge führte (vgl Scholz FamRZ 2007, 2021, 2022; Soyka FamRZ 2007, 1362; Klinkhammer FamRZ 2008, 193, 195). Nach dem BVerfG (FamRZ 2003, 1372, 1375) müssen die Klarheit des Norminhalts und die Voraussehbarkeit der Ergebnisse der Normanwendung gerade auch im Hinblick auf das Zusammenwirken von Normen unterschiedlicher Rege-

lungsbereiche, hier des Kindergeld-, Unterhalts-, Steuer- und Sozialhilferechts, gesichert sein.

Die heutige gesetzliche Regelung ist im wesentlichen vor dem Hintergrund der oben genannten Entscheidung des **BVerfG** zu sehen, ergänzt durch die Entscheidung des **BGH vom 26. 10. 2005** (BGHZ 164, 375 = FamRZ 2006, 99; vgl SCHOLZ FamRZ 2007, 2021, 2022). 37

4. Neuregelung durch das Unterhaltsrechtsänderungsgesetz vom 21. 12. 2007 und Kritik

Das Unterhaltsrechtsänderungsgesetz vom 21. 12. 2007 ist von der bisherigen Systematik dadurch abgewichen, dass das Existenzminimum nicht mehr an die Regelbeträge, sondern mit dem Kinderfreibetrag nach § 32 Abs 6 EStG an eine bedarfsbezogen ermittelte Größe angeknüpft worden ist (s § 1612a Rn 8 ff). Dadurch ist auch die Notwendigkeit der ergänzenden Heranziehung des Kindergelds zur Aufstockung des Regelbeträge nach Abs 5 (aF) entfallen. Die Regelung soll die Forderung des BVerfG nach mehr **Klarheit im Zusammenspiel steuer- und unterhaltsrechtlicher Normen** verwirklichen (zur weiteren – für § 1612b nicht erheblichen – Änderung durch das Gesetz vom 20. 11. 2015 s § 1612a Rn 18). 38

Hinzu kommt, dass der BGH von der gesetzlichen Konzeption des KindUG bereits in seiner zum Volljährigenunterhalt ergangenen grundlegenden Entscheidung vom 26. 10. 2005 (BGHZ 164, 375 = FamRZ 2006, 99; entsprechend auch für privilegierte Volljährige: BGH FamRZ 2007, 542) abgewichen ist. Der BGH hat entschieden, dass das Kindergeld bei beiderseitiger Barunterhaltspflicht in voller Höhe **auf den Unterhaltsbedarf des volljährigen Kindes anzurechnen** ist (zu den Vorstellungen bei der Fassung des KindUG s SCHUMACHER/GRÜN FamRZ 1998, 778, 784). In welcher Höhe das Kindergeld einem Elternteil zugutekommt, ergibt sich demnach aus seiner Beteiligungsquote am Kindesunterhalt. Ist ein Elternteil für den Kindesunterhalt nicht leistungsfähig, so kommt ihm das Kindergeld nicht zugute. 39

Am Vorbild dieser Entscheidung hat das Unterhaltsrechtsänderungsgesetz vom 21. 12. 2007 die Neuregelung des § 1612b BGB orientiert und die **Methode auf die Kindergeldanrechnung bei Minderjährigen ausgedehnt** (BT-Drucks 16/1830, 29). Der steuer- bzw kindergeldrechtliche Grundsatz, dass es sich beim Kindergeld um eine staatliche Leistung für das Kind an die Eltern handelt (§ 62 Abs 1 EStG, § 1 BKGG), sollte durch die gesetzliche Neuregelung unverändert bleiben. § 1612b BGB treffe nur eine Entscheidung darüber, wie sich das Kindergeld unter Berücksichtigung seiner Zweckbestimmung unterhaltsrechtlich auswirke (BT-Drucks 16/1830, 29). Das Kindergeld wird nicht mehr – wie bis 2007 – auf den Unterhaltsanspruch angerechnet, sondern **mindert den Barbedarf** des Kindes.

Mit dem UÄndG wurde darüber hinaus erstmals auch ein **Anspruch des Kindes auf zweckentsprechende Verwendung des Kindergelds** in das Gesetz aufgenommen (BT-Drucks 16/1830, 29), dessen näherer Inhalt und Rechtsnatur nicht ausdrücklich geregelt sind (s Rn 82 ff). 40

Bei nur hälftiger Anrechnung des Kindergelds (vgl Rn 73 ff) bleibt der **auf den be-** 41

treuenden Elternteil entfallende Kindergeldanteil unterhaltsrechtlich unberücksichtigt (BGH FamRZ 2017, 711 Rn 15). Das wird vereinzelt kritisiert (vgl SCHÜRMANN FamRZ 2011, 1625). Die Kritik kann nur de lege ferenda ansetzen, weil es sich bei der Regelung um eine bewusste Entscheidung des Gesetzgebers handelt (BGH FamRZ 2009, 1300; BVerfG FamRZ 2011, 1477). Die auf den betreuenden Elternteil entfallende Kindergeldhälfte unterfällt daher der Regelung des § 1612b BGB nicht. Dass sie etwa zur Deckung eines Mehrbedarfs wegen Betreuungskosten (zB Kindergartenkosten, dazu Rn 66 Beispiel 1) zu verwenden wäre, hat der BGH nicht angenommen. Dies entspricht der Regelung im Steuerrecht, die zwischen dem Betreuungsfreibetrag (§ 32 Abs 6 EStG) und den Betreuungskosten (§ 9c EStG) unterscheidet. Nach § 9c Abs 1 EStG können Aufwendungen für Dienstleistungen zur Betreuung eines zum Haushalt des Steuerpflichtigen gehörenden Kindes in Höhe von 2/3 (höchstens 4000 €) wie Werbungskosten/Betriebsausgaben abgezogen werden. Daneben wird der unverminderte Freibetrag nach § 32 Abs 6 EStG gewährt.

III. Zweck und Systematik

42 Die Auszahlung des Kindergelds an nur einen der Berechtigten dient der **Verwaltungsvereinfachung**, ohne dass dadurch über die Verteilung des Kindergelds zwischen den Berechtigten entschieden ist. Nach dem (steuerrechtlichen) **Halbteilungsgrundsatz** soll das Kindergeld – ebenso wie die Freibeträge des § 32 Abs 6 EStG – grundsätzlich beiden Eltern zugutekommen, unabhängig davon, wer von ihnen Empfänger des Kindergeldes ist (BGHZ 70, 151, 154 = FamRZ 1978, 177). Im Normalfall wird das Kindergeld nach dem Obhutsprinzip dem betreuenden Elternteil ausgezahlt (§ 64 Abs 2 S 1 EStG). Die Auszahlung des gesamten Kindergelds an einen Elternteil macht somit einen **Ausgleich** (die teilweise Weiterleitung) des Kindergelds notwendig. Der Ausgleich wird nicht öffentlichrechtlich (steuer- oder sozialrechtlich), sondern zivilrechtlich (familienrechtlich) durchgeführt.

43 Der Elternteil, der zwar einen Anspruch auf Kindergeld hat, aber nach § 64 EStG nicht bezugsberechtigt ist, hat einen **Ausgleichsanspruch** gegen den Bezugsberechtigten. Dieser Anspruch ist gesetzlich – auch in § 1612b BGB – nicht ausdrücklich geregelt. Er wird aber von der Rechtsprechung seit langem anerkannt (BGHZ 70, 151, 154 = FamRZ 1978, 177). Der Anspruch ist ein **Unterfall des sog familienrechtlichen Ausgleichsanspruchs** (BGH FamRZ 1988, 834). Aufgabe des § 1612b BGB ist es – übereinstimmend mit der bis 2007 geltenden früheren Fassung – den familienrechtlichen Ausgleichsanspruch **in vereinfachter Form zu befriedigen** (vgl BGH FamRZ 1988, 834; WENDL/KLINKHAMMER[9] § 2 Rn 716).

44 Durch das Unterhaltsrechtsänderungsgesetz vom 21. 12. 2007 (Rn 38) hat sich die **Anrechnungsmethode verändert**, was vor allem beim Vorwegabzug gegenüber nachrangigen Unterhaltsberechtigten weitere materiellrechtliche Folgen hat. Bis 2007 wurde das Kindergeld noch auf den Unterhalts**anspruch angerechnet**. In der seit 1. 1. 2008 geltenden Fassung wird nach Abs 1 der familienrechtliche Ausgleichsanspruch nunmehr dadurch befriedigt, dass das Kindergeld bereits **zur Deckung des Barbedarfs** zu verwenden ist. Systematisch steht die bedarfsmindernde Berücksichtigung des Kindergelds nach dem seit 1. 1. 2008 geltenden Recht demnach der Bedürftigkeit nach § 1602 BGB näher.

Abs 1 enthält **keine Anspruchsgrundlage für den familienrechtlichen Ausgleichsanspruch**, sondern berücksichtigt den bereits auf anderer Grundlage bestehenden Anspruch, indem er dessen bedarfsmindernde Verwendung anordnet. Er schreibt indessen bei einseitiger Barunterhaltspflicht – familienrechtlich bindend (BT-Drucks 16/1830, 30) – die **Höhe des Ausgleichsanspruchs** auf das hälftige Kindergeld fest. 45

Dass die Vorschrift keine Anspruchsgrundlage für den Kindergeldausgleich ist und diesen auch nicht abschließend berücksichtigt, zeigt sich etwa am Fall, dass der barunterhaltspflichtige Elternteil das Kindergeld bezieht (dazu näher Rn 69). Ein weiteres Beispiel hierfür ist der Fall, dass ein Elternteil nicht kindergeldberechtigt ist (s Rn 55 f). Dann findet § 1612b BGB mangels Ausgleichsanspruchs keine Anwendung, obwohl allein dem Wortlaut nach seine Voraussetzungen erfüllt wären. 46

Die **Regelung** ist insoweit **systemfremd**, als sie **Ansprüche aus verschiedenen Personenverhältnissen** miteinander verknüpft (Ausgleichsanspruch: Elternteil gegen Elternteil, Unterhaltsanspruch: Kind gegen Elternteil). Sie dient der praktikablen Abwicklung des Massenphänomens Kindesunterhalt und Kindergeld. Ohne sie wäre eine kompliziertere Vorgehensweise notwendig. Denn dann müsste der Bezugsberechtigte das hälftige Kindergeld an den Barunterhaltspflichtigen auszahlen, damit dieser es zur Entlastung vom Barunterhalt zur Verfügung hat. Die gesetzliche Regelung führt dazu, dass der Kindergeldanteil des Barunterhaltspflichtigen – im Gegensatz zum Kindergeldanteil des betreuenden Elternteils – seinem gesetzlichen Zweck direkt zugeführt wird. Das rechtfertigt sich aber daraus, dass der Barunterhalt anders als der Betreuungsunterhalt in Geld zu veranschlagen ist. Die Methode wurde schon frühzeitig gebilligt und ist durch § 1612b BGB (früher § 1615g BGB) nunmehr umfassend gesetzlich geregelt. Der Heranziehung des Unterhaltsanspruchs entspricht wiederum der Anspruch des Kindes auf Verwendung der auf den Barunterhaltspflichtigen entfallenden Kindergeldhälfte für den Barunterhalt. Zur Rückabwicklung bei nachträglicher Änderung der Kindergeldfestsetzung s Rn 10. 47

Die Regelung verursacht demnach in der **praktischen Handhabung** trotz ihrer dogmatisch ungewöhnlichen Konstruktion keine nennenswerten Probleme. Denn regelmäßig wird der das Kind betreuende Elternteil das Kindergeld beziehen und dieses für die Haushaltsgemeinschaft verwenden. Verwendet er es zweckwidrig und vernachlässigt er das Kind, wird dies vorgreiflich Veranlassung für Maßnahmen auf dem Gebiet der elterlichen Sorge geben. 48

Nach den Vorstellungen des Gesetzgebers (BT-Drucks 16/1830, 30) ist das auf das jeweilige unterhaltsbedürftige Kind entfallende Kindergeld als zweckgebundene, existenzsichernde Leistung für dieses zu verwenden und mindert damit dessen individuellen Unterhaltsbedarf. Das Wort „verwenden“ soll zum Ausdruck bringen, dass das Kind **Anspruch auf die Auszahlung des Kindergelds** oder die Erbringung entsprechender Naturalleistungen gegenüber demjenigen hat, der das Kindergeld ausgezahlt erhält. Insoweit orientiert sich die Neuregelung an Ausführungen einer Entscheidung des Bundesgerichtshofs vom 26. 10. 2005 (FamRZ 2006, 99, 102), derzufolge dem Kind ein entsprechender unterhaltsrechtlicher Anspruch auf Auskehr des Kindergelds oder Verrechnung mit erbrachten Naturalleistungen zusteht (zum Anspruch auf Auszahlung s Rn 82). Die neue Kindergeldanrechnung in § 1612b BGB und 49 die aus ihr folgende Berechnung nachrangig geschuldeten Unterhalts verletzen nicht Art 3 Abs 1 GG (BVerfG FamRZ 2011, 1477 Rn 32 ff).

IV. Tatbestand

1. Kindergeld

50 **Kindergeld** ist die den Eltern (oder ersatzweise anderen Personen) nach §§ 62 ff EStG, §§ 1 ff BKGG zustehende Leistung. Für **weitere kindbezogene Leistungen** gilt § 1612b BGB nicht. **§ 1612c BGB** ordnet aber eine entsprechende Anwendung des § 1612b BGB auf andere Leistungen an, soweit diese den Anspruch auf Kindergeld ausschließen (vgl § 1612c Rn 1). Auch **Sozialleistungen** (zB Kinderzuschlag nach § 6a BKGG) oder **besondere Lohn- oder Bezügebestandteile** (zB Familienzuschlag nach § 39 BBesG) unterfallen trotz der Anknüpfung an Kinder **nicht** § 1612b BGB (s § 1612c Rn 4).

51 Auch wenn Abs 1 (wie § 1612c BGB) auf die **Leistung** abstellt, ist es für die Berücksichtigung nicht erforderlich, dass das Kindergeld tatsächlich ausgezahlt wird. Wie im Einkommensteuerrecht kommt es nur darauf an, dass ein **Anspruch auf Kindergeld** besteht. Wenn also etwa die das minderjährige Kind betreuende Mutter es unterlässt, einen Antrag auf das Kindergeld zu stellen, steht dies der bedarfsmindernden Berücksichtigung des hälftigen Kindergelds nicht im Wege. Das Kind hat in diesem Fall einen Anspruch gegen seine Mutter auf Auskehrung der auf den barunterhaltspflichtigen Vater entfallenden Kindergeldhälfte (Rn 92).

52 Unter Umständen unterfallen auch **einmalige Leistungen** je nach deren konkreter Ausgestaltung dem Kindergeldbegriff nach Abs 1. So fand Abs 1 auch auf den sog **Kinderbonus** nach §§ 66 Abs 1 S 2 EStG, 6 Abs 3 BKGG (Einmalbetrag von 100 € für 2009) Anwendung. Dass der Kinderbonus Bestandteil des gesetzlichen Kindergelds war, folgte aus seiner gesetzlichen Einordnung bei der Höhe des Kindergelds (vgl Stellungnahme der Ständigen Fachkonferenz des Deutschen Instituts für Jugendhilfe und Familienrecht FamRZ 2009, 932). Nach der Gesetzesbegründung (BT-Drucks 16/11740, 27) sollte dadurch gezielt und kurzfristig ein zusätzlicher gesamtwirtschaftlicher Nachfrageimpuls insbesondere für Familien mit geringerem Einkommen und mehreren Kindern zur Stärkung der Konjunktur geschaffen werden.

53 Mit seinen steuerrechtlichen Auswirkungen unterlag der Kinderbonus keinen Besonderheiten gegenüber dem regelmäßigen Kindergeld: Die Festsetzung und Zahlung des Einmalbetrages erfolgte nach der Gesetzesbegründung bewusst im Rahmen des steuerlichen Familienleistungsausgleichs (§ 31 EStG). Dies bedeutete, dass der Einmalbetrag in die im Rahmen der Einkommensteuerveranlagung durchzuführende Vergleichsberechnung, ob bei den Eltern die steuerliche Freistellung eines Einkommensbetrags in Höhe des Existenzminimums eines Kindes einschließlich der Bedarfe für Betreuung und Erziehung durch den Anspruch auf Kindergeld bewirkt wurde oder hierfür die Freibeträge für Kinder zu berücksichtigen waren, einbezogen wurde. Für den Einmalbetrag galten danach alle Vorschriften, die auch für das – monatlich gezahlte – steuerliche Kindergeld maßgebend sind (BT-Drucks 16/11740, 27). Daraus folgt, dass der Kinderbonus auch dem Ausgleich nach § 1612b BGB unterfiele (AG Offenburg FamRZ 2009, 2014 LS).

Praktische Schwierigkeiten bei der Minderung des Barbedarfs im Auszahlungsmonat konnten durch eine anderweitige Verrechnung behoben werden (vgl Stellungnahme der Ständigen Fachkonferenz des Deutschen Instituts für Jugendhilfe und Familienrecht FamRZ 2009, 932). Die Probleme waren praktisch aber wegen der nur einmaligen Gewährung und des zudem begrenzten Betrages kaum zum Tragen gekommen. Zu empfehlen war etwa eine Einigung der Eltern, dass von dem vollständigen Kinderbonus entsprechend der Zwecksetzung der Leistung („Nachfrageimpuls“) eine anderenfalls mangels bereiter Mittel aufgeschobene Anschaffung für das Kind getätigt wird und die Anrechnung unterbleibt. 54

2. Familienrechtlicher Ausgleichsanspruch

Wie oben (Rn 43 f) ausgeführt, setzt Abs 1 S 1 einen **familienrechtlichen Ausgleichsanspruch** des Barunterhaltspflichtigen gegen den betreuenden Elternteil voraus. Es handelt sich um ein **ungeschriebenes Tatbestandsmerkmal**. Die Voraussetzung war im (früheren) § 1615g Abs 1 S 2 BGB noch enthalten („Kindergeld ist jedoch nur dann anzurechnen, wenn auch der Vater die Anspruchsvoraussetzungen erfüllt, ihm aber Kindergeld nicht gewährt wird, weil ein anderer vorrangig berechtigt ist.“). An der Voraussetzung sollte durch das KindUG insoweit nichts geändert werden (vgl Schumacher/Grün FamRZ 1998, 778, 784). 55

Eine Kindergeldanrechnung nach Abs 1 findet etwa dann nicht statt, wenn der barunterhaltspflichtige Elternteil, weil er im Ausland lebt, selbst die Voraussetzungen der §§ 62 ff EStG, 1 ff BKGG nicht erfüllt und er daher – auch nach Auslandsrecht – nicht kindergeldberechtigt ist (Eichenhofer FamRZ 2005, 1869, 1877). Anders verhält es sich, wenn er im Ausland nur deswegen nicht kindergeldberechtigt ist, weil der betreuende Elternteil in Deutschland Kindergeld bezieht (BGHZ 160, 159 = FamRZ 2004, 1639; zu Auslandsfällen s Rn 110). Hintergrund dieser unterschiedlichen Behandlung ist jeweils der von § 1612b BGB – implizit – vorausgesetzte familienrechtliche Ausgleichsanspruch. Dieser Anspruch besteht nur, wenn beide Elternteile kindergeldberechtigt sind. 56

3. „Auf das Kind entfallend“ (Abs 1 S 1), Zählkindvorteil (Abs 2)

Auf den Bedarf anzurechnen ist nach Abs 1 S 1 das **auf das Kind entfallende** Kindergeld. Die **konkrete individuelle** Anknüpfung unterscheidet die Regelung von der bis zum 30. 6. 1998 gängigen Methode, bei der das Kindergeld mehrerer Kinder zusammengezogen und gleichmäßig verteilt wurde. 57

Das Kindergeldrecht staffelt das Kindergeld nach der Anzahl der Kinder und erhöht sich für das dritte und dann für das vierte Kind (§§ 66 EStG, 6 BKGG). Bei der Anzahl der Kinder ist jeweils auf einen anspruchsberechtigten Elternteil abzustellen, sodass unter Umständen für dasselbe gemeinsame Kind einem Elternteil höheres Kindergeld zustehen kann als dem anderen. Dieser **Zählkindvorteil** ist bei der Unterhaltsberechnung für die gemeinsamen Kinder nach Abs 2 (übereinstimmend mit der früheren Rechtslage nach Abs 4 aF) außer acht zu lassen.

Beispiel (Stand 2018): Hat ein Elternpaar drei gemeinsame Kinder (A, B und C), von denen die beiden älteren vom Vater (V) und das jüngere von der Mutter (M) betreut 58 werden, so sind bei den beiden älteren je 97 € (= 194 € : 2) vom Barbedarf abzuziehen, bei dem jüngsten 100 € (= 200 € : 2).

Abwandlung 1: Ist das älteste Kind (A) allein das Kind der M, so ist das für C erhöhte Kindergeld (Zählkindvorteil) nach Abs 2 nicht zu berücksichtigen. Demnach sind bei der Unterhaltsermittlung für alle drei Kinder je 97 € (194 € : 2) abzuziehen.

Abwandlung 2: Haben M und F (nach Abwandlung 1) ein weiteres gemeinsames Kleinkind D, so bleibt der Zählkindvorteil für C weiterhin unberücksichtigt. D (Kindergeld: 223 €) wird nach Abs 2 so behandelt, als wäre es nicht das 4., sondern das 3. Kind. Insoweit sind also 100 € abzuziehen (= 200 € : 2).

59 Der Zählkindvorteil ist kein Einkommen des begünstigten Elternteils (BGH FamRZ 2000, 1494 – zum früheren Recht; Wendl/Klinkhammer[9] § 2 Rn 732).

V. Verrechnung des Kindergelds mit dem Kindesunterhalt

1. Bedarfsdeckende Verwendung (Minderung des Barbedarfs; Abs 1 S 1, 2)

a) Bedeutung

60 Nach Abs 1 S 1 in der seit dem 1. 1. 2008 durch das UÄndG geänderten Gesetzesfassung ist das auf das Kind entfallende Kindergeld **zur Deckung seines Barbedarfs** zu verwenden, und zwar nach Abs 1 S 1 Nr 1 zur Hälfte, wenn ein Elternteil seine Unterhaltspflicht durch Betreuung des Kindes erfüllt (§ 1606 Abs 3 S 2 BGB). In diesem Umfang **mindert es den Barbedarf** des Kindes (Abs 1 S 2). Die bedarfsmindernde Wirkung stellt das (anteilige) Kindergeld damit im Gegensatz zur vorausgegangenen Rechtslage, nach der das Kindergeld „anzurechnen" war (Abs 1 aF), eigenem Einkommen des Kindes gleich (BGH FamRZ 2009, 1300 Rn 50 ff; FamRZ 2009, 1477 Rn 22 f; BVerfG FamRZ 2011, 1477 Rn 32 ff; Wendl/Klinkhammer[9] § 2 Rn 729). Zur auf den betreuenden Elternteil entfallenden Kindergeldhälfte s Rn 41, 102.

61 An die Stelle der bisherigen Anrechnung des Kindergelds auf den Barunterhaltsanspruch des Kindes sollte nach der Gesetzesbegründung zum UÄndG der bedarfsmindernde Vorwegabzug des Kindergelds treten (BT-Drucks 16/1830, 28). Es handelt sich um einen **bewussten Methodenwechsel** des Gesetzgebers. Die Entwurfsbegründung weist in diesem Zusammenhang darauf hin, dass nach Abs 1 nF von der zur Verteilung anstehenden Masse ein geringerer Anteil für den Kindesunterhalt erforderlich ist und ein entsprechend höherer Anteil für die nachrangigen Unterhaltsberechtigten, etwa für den betreuenden Elternteil zur Verfügung steht (BT-Drucks 16/1830, 29).

62 Aus der bedarfsmindernden Berücksichtigung folgt, dass der Unterhaltsanspruch von vornherein in der um das (hälftige) Kindergeld **geminderten Höhe entsteht** (BGH FamRZ 2009, 1477 Rn 23). Das hat etwa Folgen für die Bedarfsbemessung beim Ehegattenunterhalt (Rn 101) und für die den nachrangigen Unterhaltsberechtigten zur Verfügung stehende Verteilungsmasse (§ 1609 Rn 18). Auch wenn ein Elternteil – etwa wegen mangelnder Leistungsfähigkeit des anderen – **sowohl zum Barunterhalt als auch zum Betreuungsunterhalt** für das minderjährige Kind verpflichtet ist, kann er einem weiteren, wegen Volljährigkeit nachrangigen Kind nur den um die Kindergeldhälfte geminderten Barunterhalt entgegenhalten (vgl Wendl/Klinkhammer[9] § 2 Rn 721).

b) Bedarfsmindernde Wirkung

63 Für die bedarfsmindernde Wirkung im Sinne von Abs 1 S 2 kommt es nicht darauf an, dass dem Kind der Kindergeldanteil in Form von Bar- oder (regelmäßig) Naturalunterhalt tatsächlich zugute kommt. Wenn etwa die das Kind betreuende Mutter den hälftigen Kindergeldanteil nicht für Belange des Kindes verwendet oder das Kindergeld nicht beantragt hat, ändert dies nichts an der bedarfsmindernden Wirkung. Das Kind hat dann aufgrund Abs 1 einen entsprechenden Anspruch gegen seine Mutter auf Auskehrung des hälftigen Kindergelds (Rn 90 f).

64 Auch in dem Fall, dass der barunterhaltspflichtige Elternteil das Kindergeld bezieht, hat das (hälftige) Kindergeld bedarfsmindernde Wirkung. Der Gesetzeswortlaut sieht eine Ausnahme von der bedarfsmindernden Wirkung für diesen Fall nicht vor. Sie wäre auch nicht angebracht. Vielmehr hat das Kind auch in diesem Fall nach Abs 1 S 1 einen Auskehrungsanspruch hinsichtlich des auf den Barunterhalt entfallenden Kindergeldanteils. Der Anspruch richtet sich dann gegen den das Kindergeld beziehenden barunterhaltspflichtigen Elternteil (dazu Rn 90 f).

c) Anrechnung bei „geteilten Ansprüchen" und im Mangelfall

65 Im Einzelfall kann es von Bedeutung sein, auf **welchen Teil des Unterhaltsbedarfs** das Kindergeld anzurechnen ist. Das ist etwa fraglich, wenn Unterhalt nicht nur wegen des regelmäßigen Elementarbedarfs, sondern auch wegen eines Mehrbedarfs (zB Kindergartenkosten) zu leisten ist. Die Frage ist vorrangig nach dem Förderungszweck des Kindergelds zu beantworten.

66 **Beispiel**: K hat einen Bedarf nach der Düsseldorfer Tabelle (2018) von 342 €. Außerdem fallen **Kindergartenkosten** von 96 € an. M betreut das Kind und bezieht das Kindergeld von 194 €. V und M haben Einkommen von jeweils 1500 €.

Die Kindergartenkosten sind Mehrbedarf des Kindes, die neben dem nach der Düsseldorfer Tabelle geschuldeten Unterhalt grundsätzlich von beiden Elternteilen aufzubringen sind (BGH FamRZ 2009, 962). Würde man hier das hälftige Kindergeld vorrangig vom Mehrbedarf abziehen, so wäre dieser gedeckt und entfiele dadurch eine Beteiligung der M an den Kindergartenkosten (vgl § 1606 Rn 19; § 1610 Rn 313 ff). V würde im wirtschaftlichen Ergebnis den Haftungsanteil der M (48 €) mit seiner Kindergeldhälfte bezahlen. Der V hätte den vollen Tabellenbetrag zu zahlen und würde vom Kindergeld nur in Höhe seines Haftungsanteils beim Mehrbedarf (48 €) profitieren. Da aber das Kindergeld beiden Elternteilen gleichmäßig zugutekommen soll, ist dieses auf den – regelmäßigen – Elementarbedarf (Tabellenbetrag der Düsseldorfer Tabelle) anzurechnen.

67 Fraglich erscheint auch der Fall des **eingeschränkten Anspruchsübergangs nach § 94 Abs 2 SGB XII** (vgl Koch/Schürmann[13] § 7 Rn 82; Wendl/Klinkhammer[9] § 8 Rn 85 f). Nach dem BGH (FamRZ 2010, 1418) ist die Unterhaltspflicht in diesem Fall allerdings nicht davon abhängig, dass die Eltern auch das Kindergeld beziehen. Das beruht auf der Annahme, dass eine Kindergeldanrechnung auf den „Restunterhalt" im Umfang des

Anspruchsübergangs nach § 94 Abs 2 SGB XII nicht stattfindet, was mit der Sinn und Zweck der Vorschrift übereinstimmt. Sind die Eltern dagegen nach §§ 62, 63, 32 Abs 4 S 1 Nr 3 EStG (entsprechend § 2 Abs 2 S 1 Nr 3 BKGG) kindergeldberechtigt, so kann außerdem eine Abzweigung erfolgen (Rn 96 ff).

68 Im Gegensatz zur bis zum 31. 12. 2007 bestehenden Rechtslage besteht kein Bedürfnis mehr für eine Sonderregelung im **Mangelfall** (OLG München FamRZ 2010, 988). Da der Mindestunterhalt das Existenzminimum des Kindes abdeckt, bedarf es zu diesem Zweck keiner gesonderten Heranziehung des Kindergelds mehr. Wenn hier eine gesetzliche Klarstellung gefordert worden ist, dass im Mangelfall eine Kindergeldanrechnung unterbleibe (so Borth FamRZ 2006, 814, 820; MünchKomm/Born[5] § 1612b Fn 115), beruht dies auf einem Missverständnis. Vielmehr ist auch bei eingeschränkter Leistungsfähigkeit des Unterhaltspflichtigen zunächst der Bedarf um das (hälftige) Kindergeld zu bereinigen. Wenn der Unterhaltspflichtige dennoch nicht voll leistungsfähig ist, kommt ihm das Kindergeld zwar nicht zugute. Das ist aber vom Gesetz so gewollt und bedarf weder der Korrektur noch der besonderen Klarstellung.

d) Kindergeldbezug des Barunterhaltspflichtigen

69 Nicht selten bezieht nach der Trennung der Eltern der das Kind nicht betreuende Elternteil entsprechend der zwischen den Eltern früher bestehenden Handhabung zunächst noch weiter das Kindergeld. Ähnlich ist die Lage im Fall des **Obhutswechsels** (dazu Rn 10).

70 In diesem Fall schuldet der Barunterhaltspflichtige die **Auskehr** der auf den betreuenden Elternteil entfallenden Kindergeldhälfte. Der Anspruch ist **gesetzlich nicht geregelt**. Der vereinfachte Ausgleich auch des dem betreuenden Elternteils zustehenden Kindergeldanteils hätte in § 1612b BGB schon deswegen keinen Platz, weil er nicht mit Geldansprüchen gegen diesen verrechnet werden könnte. Es handelt sich auch insoweit um den **familienrechtlichen Ausgleichsanspruch**. Dieser kann – aus praktischen Erwägungen heraus – ebenfalls mit dem Kindesunterhalt geltend gemacht werden (BGH FamRZ 2017, 437 Rn 47 ff – hälftiger Ausgleich des Betreuungsanteils beim Wechselmodell). Die Methode entspricht dann quasi spiegelbildlich der Abwicklung beim Kindergeldbezug durch den betreuenden Elternteil, indem auch hier vorwiegend aus Praktikabilitätsgesichtspunkten Ansprüche aus verschiedenen Personenverhältnissen miteinander verknüpft werden (vgl Rn 46 f).

Das geltende Recht unterscheidet sich insofern nicht von dem bis 2007 bestehenden Rechtszustand. Sofern der Anspruch nach früherer Rechtslage auf Abs 2 (aF) gestützt wurde (Johannsen/Henrich/Graba[4] § 1612b Rn 6), bot die Vorschrift hierfür keine Grundlage. Denn Abs 2 aF betraf nur die beiderseitige Barunterhaltspflicht und war vom Gesetzgeber bewusst nicht als Ausgleichsnorm für weitergehendes Kindergeld konzipiert. Daran hat sich durch die Gesetzesänderung zum 1. 1. 2008 nichts geändert.

71 Auch wenn der Barunterhaltspflichtige das Kindergeld bezieht, mindert das hälftige Kindergeld den Barbedarf des Kindes, Abs 1 S 2. Abs 1 S 2 enthält insoweit keine Ausnahme. Ebenso wie beim Kindergeldbezug durch den betreuenden Elternteil besteht auch hier ein Auskehrungsanspruch gegen den Kindergeldbezieher (BT-Drucks 16/1830, 30; s Rn 82), allerdings ebenfalls nur auf den Kindergeldanteil, der für den Barunterhalt zu verwenden ist (unzutreffend insoweit VOSSENKÄMPER FamRZ 2008, 201, 208, der von einem Auskehrungsanspruch auf das gesamte Kindergeld ausgeht).

Zusammenfassend bestehen demnach in dem Fall, dass der Barunterhaltspflichtige das Kindergeld bezieht, hinsichtlich des Kindergeldausgleichs **drei verschiedene Ansprüche**, namentlich auf: 72

1. den um das anteilige Kindergeld geminderten Barunterhalt (Anspruch des Kindes aus § 1601 BGB),
2. den auf den Barbedarf angerechneten Kindergeldanteil (Anspruch des Kindes gegen den Kindergeldbezieher aus Abs 1 S 1; 1 und 2 ergeben zusammen den Tabellenbetrag nach der Düsseldorfer Tabelle; s Rn 71, 60 ff),
3. die für die Betreuung des Kindes gedachte Kindergeldhälfte (familienrechtlicher Ausgleichsanspruch des betreuenden Elternteils, der mit dem Unterhalt geltend gemacht werden kann; s Rn 70).

2. Hälftige Berücksichtigung, „wenn ein Elternteil seine Unterhaltspflicht durch Betreuung des Kindes erfüllt (§ 1606 Abs 3 Satz 2)", Abs 1 S 1 Nr 1

In welcher Höhe das Kindergeld den (Bar-)Bedarf mindert, hängt davon ab, ob ein Elternteil seine Unterhaltspflicht im Sinne von § 1606 Abs 3 S 2 BGB durch Betreuung des Kindes erfüllt. Ist das der Fall, so ist nach Abs 1 S 1 Nr 1 das Kindergeld zur Hälfte auf den Barbedarf anzurechnen. 73

Durch die Verweisung auf § 1606 Abs 3 S 2 BGB wird der Kreis der Kinder auf **minderjährige unverheiratete Kinder** eingeschränkt. Bei einem behinderten volljährigen Kind ist demzufolge das volle Kindergeld anzurechnen, auch wenn es ebenso wie ein minderjähriges Kind der Betreuung bedarf (vgl – zu § 1603 Abs 2 S 2 BGB – BGH FamRZ 1984, 683; FamRZ 2006, 99). 74

Betreuung im Sinne von § 1606 Abs 3 S 2 BGB findet nicht nur dann statt, wenn ein Elternteil das minderjährige Kind allein pflegt und erzieht. Er kann sehr wohl voll oder teilschichtig erwerbstätig sein und für die Betreuung die Hilfe Dritter in Anspruch nehmen, indem er zB das Kind zeitweise in die Obhut des anderen Elternteils, der Großeltern, einer Tagesmutter, eines Horts, einer Kindertagesstätte gibt oder die Versorgung des Kindes in anderer Weise sicherstellt. Es reicht aus, dass er die Hauptverantwortung für das Kind behält und sich persönlich um dessen Wohl und Wehe kümmert (WENDL/KLINKHAMMER[9] § 2 Rn 719). Nähere Einzelheiten bei § 1606 Rn 24 ff. 75

Im Fall des sog **Wechselmodells** (vgl § 1606 Rn 29 f, § 49 ff) ist das Kindergeld steuerrechtlich demjenigen zu zahlen, den die Eltern untereinander bestimmt haben (BGH FamRZ 2016, 1053 Rn 9; BFH 19. 7. 2007 – III S 31/06 [PKH] – juris; im Streitfall entscheidet das Familiengericht, s Rn 9; vgl KLATT FPR 2006, 298; näher Rn 8). Seinem Wortlaut nach ist Abs 1 S 1 Nr 1 „ein Elternteil" wie auch § 1606 Abs 3 S 2 BGB anscheinend nicht ohne Weiteres erfüllt, weil der Betreuungsunterhalt von beiden Elternteilen geleistet wird. Würde man hingegen das Kindergeld nach Abs 1 S 1 Nr 2 in voller Höhe 76 anrechnen, so würde das gesamte Kindergeld für den Barbedarf verwendet und die Zweckbestimmung des Kindergelds teilweise verfehlt, weil ein Anteil zur Entlastung von den Betreuungsaufgaben nicht zur Verfügung stünde (vgl BGH FamRZ 2016, 1053 Rn 23 ff). Dementsprechend ist das auf die Betreuung entfallende Kindergeld bei Betreuung durch die Elternteil auch sonst nicht als Einkommen der Eltern anzusehen (BGH FamRZ 2017, 711). Auch wenn beim Wechselmodell kein Elternteil seine Unterhaltspflicht allein durch die Betreuung erfüllt, ist somit Abs 1 S 1 Nr 1 und nicht Nr 2 anzuwenden (BGH FamRZ 2016, 1053 Rn 23 ff; FamRZ 2017, 437 Rn 47).

Die gesonderte Berücksichtigung von Bar- und Betreuungsanteil hat nicht zuletzt Auswirkungen auf die Unterhaltsquote, durch die bei voller Anrechnung auf den Barbedarf der besser verdienende Elternteil ohne sachlichen Grund begünstigt würde (vgl BGH FamRZ 2017, 437 Rn 47 ff; Bausch/Gutdeutsch/Seiler FamRZ 2012, 258, 259; ebenso Finke FamFR 2013, 488; Wohlgemuth FPR 2013, 157; Knittel JAmt 2014, 289; **aA** noch OLG Düsseldorf FamRZ 2014, 567 juris Rn 31 ff: keine Kindergeldanrechnung auf den nach dem beiderseitigen Einkommen ermittelten Bedarf des Kindes, sondern gesonderter Kindergeldausgleich; dies verkennt den Zweck des § 1612b, der gerade darin besteht, dass Ansprüche aus verschiedenen Verhältnissen miteinander verrechnet werden sollen, vgl Rn 47 ff; teilweise anders noch Wendl/Klinkhammer[8] § 2 Rn 447 ff).

77 Das Kindergeld deckt den Barbedarf des Kindes **zur Hälfte**. Es wird also für das 1. und 2. Kind in Höhe von je 96 €, für das 3. Kind in Höhe von 99 € und ab dem 4. Kind in Höhe von je 111, 50 € auf den Barbedarf angerechnet (vgl Rn 13). Der Barunterhaltspflichtige kann seinen Kindergeldanteil zB dazu verwenden, um die Kosten des Umgangs mit dem Kind ganz oder teilweise zu decken (s § 1603 Rn 221 ff). Zur unterhaltsrechtlichen Berücksichtigung der dem betreuenden Elternteil zustehenden Kindergeldhälfte s Rn 41, 102.

78 Im Folgenden sind die **Zahlbeträge** aufgeführt, wie sie sich aufgrund der Düsseldorfer Tabelle (Stand 1. 1. 2018; zu den Tabellenbeträgen s § 1610 Rn 305) ergeben (Anhang zur Düsseldorfer Tabelle; s auch Vossenkämper FamRZ 2011, 263):

1. und 2. Kind		0–5	6–11	12–17	ab 18	%
1.	bis 1.900	251	302	370	333	100
2.	1.901 – 2.300	269	322	394	360	105
3.	2.301 – 2.700	286	342	417	386	110
4.	2.701 – 3.100	304	362	441	413	115
5.	3.101 – 3.500	321	382	464	439	120
6.	3.501 – 3.900	349	414	501	481	128
7.	3.901 – 4.300	377	446	539	523	136
8.	4.301 – 4.700	405	478	576	565	144
9.	4.701 – 5.100	432	510	613	608	152
10.	5.101 – 5.500	460	542	651	650	160

3. Kind		0–5	6–11	12–17	ab 18	%
1.	bis 1.900	248	299	367	327	100
2.	1.901 – 2.300	266	319	391	354	105
3.	2.301 – 2.700	283	339	414	380	110
4.	2.701 – 3.100	301	359	438	407	115
5.	3.101 – 3.500	318	379	461	433	120
6.	3.501 – 3.900	346	411	498	475	128
7.	3.901 – 4.300	374	443	536	517	136
8.	4.301 – 4.700	402	475	573	559	144
9.	4.701 – 5.100	429	507	610	602	152
10.	5.101 – 5.500	457	539	648	644	160

Ab 4. Kind		0–5	6–11	12–17	ab 18	%
1.	bis 1.900	235, 50	286, 50	354, 50	302	100
2.	1.901 – 2.300	253, 50	306, 50	378, 50	329	105
3.	2.301 – 2.700	270, 50	326, 50	401, 50	355	110
4.	2.701 – 3.100	288.50	346, 50	425, 50	382	115
5.	3.101 – 3.500	305, 50	366, 50	448, 50	408	120
6.	3.501 – 3.900	333, 50	398, 50	485, 50	450	128
7.	3.901 – 4.300	361, 50	430, 50	523, 50	492	136
8.	4.301 – 4.700	389, 50	462, 50	560, 50	534	144
9.	4.701 – 5.100	416, 50	494, 50	597, 50	577	152
10.	5.101 – 5.500	444, 50	526, 50	635, 50	619	160

3. Volle Berücksichtigung „in allen anderen Fällen“ (Abs 1 S 1 Nr 2)

In „allen anderen Fällen“ ist das Kindergeld in voller Höhe auf den Barbedarf **79** anzurechnen. Dabei handelt es sich insbesondere um die Fälle, dass

- das minderjährige Kind von Dritten betreut wird, zB im Rahmen der Heimerziehung,
- das Kind volljährig ist.

Es kommt darauf an, dass es an einer vollen Betreuung im Sinne von § 1606 Abs 3 **80** S 2 BGB fehlt. Ob das Kind zu den privilegierten oder nicht privilegierten Volljährigen zählt, ist für die Kindergeldanrechnung unerheblich. Sie erfolgt in beiden Fällen im vollen Umfang (BGH FamRZ 2007, 542 – bereits zur früheren Rechtslage).

81 Hält sich ein Kind in annähernd gleichem Umfang bei Vater und Mutter auf **(Wechselmodell)**, findet Abs 1 S 1 Nr 2 keine Anwendung (s Rn 8, 76).

VI. Anspruch des Kindes auf Auskehr des Kindergelds („zu verwenden", Abs 1 S 1) und Abzweigung

82 Der Anspruch auf Auskehr des (hälftigen) Kindergelds ist durch das Unterhaltsrechtsänderungsgesetz vom 21. 12. 2007, wenn dies aus dem Gesetzestext auch nicht sogleich offenkundig wird, im Gesetz geregelt worden. Er entspricht weitgehend der steuerrechtlichen Abzweigung des Kindergelds nach § 74 EStG und ist auch vom BGH (BGHZ 164, 375 = FamRZ 2006, 99) in diesen Zusammenhang gestellt worden.

83 Die **praktische Relevanz** des Anspruchs ist allerdings jedenfalls beim Minderjährigenunterhalt eher gering (vgl auch Rn 84). Häufiger wird der Anspruch aber bei **Volljährigen mit eigenem Hausstand** zum Tragen kommen. Bei einer Heimunterbringung oder Wohnformen, die durch **Sozialleistungen** finanziert werden, genügt zur Erzielung einer zweckentsprechenden Verwendung des Kindergelds in der Regel die Möglichkeit der (öffentlichrechtlichen) Abzweigung.

1. Zweck und Systematik

84 Durch den Anspruch soll die zweckentsprechende Verwendung des zur Deckung des Barbedarfs gedachten Kindergelds sichergestellt werden. Zur Verwendung des auf den betreuenden Elternteil entfallenden Kindergeldanteils s Rn 4.

Nach der Gesetzesbegründung des Unterhaltsrechtsänderungsgesetzes vom 21. 12. 2007 (BT-Drucks 16/1830, 30) ist das individuelle, auf das jeweilige unterhaltsbedürftige Kind entfallende Kindergeld als zweckgebundene, existenzsichernde Leistung für dieses zu verwenden und mindert damit dessen individuellen Unterhaltsbedarf. Das Wort „verwenden" soll zum Ausdruck bringen, dass das Kind einen **Anspruch auf die Auszahlung des Kindergelds oder die Erbringung entsprechender Naturalleistungen** gegenüber demjenigen hat, der das Kindergeld ausgezahlt erhält. Insoweit sollte die Neuregelung die Rechtsprechung des Bundesgerichtshofs im Urteil vom 26. 10. 2005 (BGHZ 164, 375 = FamRZ 2006, 99, 102) nachzeichnen, derzufolge dem Kind ein entsprechender unterhaltsrechtlicher Anspruch auf Auskehr des Kindergelds oder Verrechnung mit erbrachten Naturalleistungen zusteht.

85 Die **Rechtsnatur des Auskehrungsanspruchs** ist allerdings fraglich. Sie hat vor allem Bedeutung für den Inhalt und die Vollstreckung des Anspruchs. Von der Qualifikation kann zB die Voraussetzung der Bedürftigkeit nach § 1602 BGB, die Anwendbarkeit des § 1612 BGB oder auch die Ersatzhaftung nach § 1603 Abs 2 S 3 BGB abhängen.

In Betracht kommt etwa, den Anspruch vergleichbar mit dem Kindergeldausgleich zwischen den Eltern als familienrechtlichen Ausgleichsanspruch zu qualifizieren. Es dürfte indessen mehr dafür sprechen, den Anspruch als **besonders geregelten Unter-**

haltsanspruch aufzufassen, der sich vom Anspruch nach § 1601 BGB nur dadurch unterscheidet, dass er sich – als gesetzlicher Ausnahmefall – **auf eine bestimmte Verwendung zufließender Leistungen** durch die Eltern richtet.

2. Bedürftigkeit und Leistungsfähigkeit als Voraussetzungen der Kindergeldauskehrung

Fraglich ist, ob der Anspruch des Kindes auf Auskehrung des Kindergelds auch **bei fehlendem Unterhaltsanspruch** besteht. Das kann etwa der Fall sein, wenn das Kind über Eigeneinkünfte verfügt, die seinen Unterhaltsbedarf decken, ohne dass diese aber den Anspruch auf Kindergeld ausschließen. 86

Es ist danach zu differenzieren, aus welchen Gründen der Unterhaltsanspruch scheitert. Mangelt es den Elternteilen an der **Leistungsfähigkeit**, so wird der Zweck des Kindergelds, den Unterhalt des Kindes zu decken, nicht erreicht. In diesem Fall bleibt es aber bei der Maßgabe, dass das Kindergeld dem Kind zugutekommen soll (vgl auch Borth FamRZ 2006, 813, 819; Wendl/Klinkhammer[9] § 2 Rn 733 f). Entsprechend dem Steuerrecht (§ 74 Abs 1 S 3 EStG) ist das Kindergeld daher für das Kind zu verwenden. Das Kind hat einen Anspruch auf Auskehrung. 87

Scheitert der Unterhaltsanspruch hingegen an der **mangelnden Bedürftigkeit** des Kindes (zB bei bedarfsdeckenden Einkünften eines Kindes), so erscheint fraglich, ob das Kindergeld dem Kind oder den Eltern zusteht. 88

Steuerrechtlich ist es in diesen Fällen zur Steuerfreistellung des kindlichen Existenzminimums nicht notwendig (§ 31 S 2 EStG). Auch sozialrechtlich ist es aus diesem Grund nicht als Einkommen des Kindes anzurechnen, denn selbst bei minderjährigen Kindern innerhalb der Bedarfsgemeinschaft ist es in diesem Fall nach §§ 11 Abs 1 S 4 SGB II, 82 Abs 1 S 3 SGB XII kein Einkommen des Kindes, sondern Einkommen der Eltern. Daher liegt es nahe, dass das Kindergeld auch unterhaltsrechtlich den Eltern zusteht (so bereits Scholz FamRZ 2007, 2021, 2027; Wendl/Klinkhammer[9] § 2 Rn 734). Das Kind hat dementsprechend keinen Anspruch auf Auskehrung des Kindergelds.

Beide Ergebnisse bestätigen die hier vertretene Sichtweise von der Rechtsnatur des Auskehrungsanspruchs als eines **besonders geregelten Unterhaltsanspruchs**. Im ersten Fall (fehlende Leistungsfähigkeit) mangelt es in Bezug auf das Kindergeld nicht an der Leistungsfähigkeit der Eltern, denn ihnen wird das Kindergeld ja gerade zur Verwendung für den Barunterhalt ihres Kindes ausgezahlt. Da es zweckgebunden ist, sind die Eltern in Höhe des Kindergelds leistungsfähig. Im zweiten Fall (fehlende Bedürftigkeit) entfällt der Auskehrungsanspruch ebenso wie der regelmäßige (Basis-)Unterhalt wegen fehlender Bedürftigkeit des Kindes nach § 1602 BGB (zur systematischen Einordnung s Rn 85). Dem entspricht es schließlich auch, dass eine Abzweigung nach § 74 EStG davon abhängig ist, dass der Kindergeldbezieher seiner gesetzlichen Unterhaltspflicht nicht nachkommt und darunter auch der Fall fehlender Leistungsfähigkeit fällt (zur **teilweisen Bedürftigkeit** vgl FG Münster 29. 10. 2009 – 8 V 2848/09 Kg – juris). 89

3. Passivlegitimation, Höhe, Inhalt

90 Der Anspruch richtet sich **gegen die Person, die das Kindergeld bezieht** (BT-Drucks 16/1830, 30) oder – da es auf die Antragstellung nicht entscheidend ankommt (vgl Rn 20, 51, 63) – die **bezugsberechtigt** ist.

91 Der von der Gesetzesbegründung angegebene Inhalt des Anspruchs ist nicht eindeutig. Dass der Anspruch sich **auf die Auszahlung des Kindergelds oder die Erbringung entsprechender Naturalleistungen** richtet, ist ebenso klärungsbedürftig wie die als Vorbild dienende Entscheidung des BGH, nach der der Anspruch sich „auf Auskehr des Kindergelds oder Verrechnung mit erbrachten Naturalleistungen" richtet. Ein Wahlrecht des Kindes als Gläubiger des Anspruchs dürfte damit kaum gemeint sein. Geht man – wie hier vertreten – davon aus, dass es sich bei dem Anspruch um einen **besonders geregelten Unterhaltsanspruch** handelt, richtet sich der Inhalt nach § 1612 BGB und unterliegt bei minderjährigen Kindern der Bestimmung durch die sorgeberechtigten Eltern.

92 Nach dem BGH (BGHZ 164, 375 = FamRZ 2006, 99) steht dem Kind unterhaltsrechtlich – im Fall des Volljährigenunterhalts – ein Anspruch auf Auskehr des Kindergelds zu, wenn der nicht (bar-)leistungsfähige Elternteil keine Naturalleistungen erbringt oder nur solche in einem Umfang, der die Höhe des vollen Kindergeldes nicht erreicht. Nach der Verallgemeinerung der Methode durch das UÄndG richtet sich der Anspruch der **Höhe** nach auf den Teil des Kindergelds, der nach Abs 1 S 1 für den Barbedarf zu verwenden ist. Auch hier lässt sich der Anspruch als **auf das Kindergeld gerichteter Unterhaltsanspruch** in die allgemeine unterhaltsrechtliche Methodik einordnen.

93 In welcher **Form** dieser besondere Unterhaltsanspruch zu erfüllen ist, richtet sich nach **§ 1612 BGB**. Das bedeutet insbesondere, dass etwa die das minderjährige Kind betreuende Mutter den Anspruch durch Naturalleistungen befriedigen kann und in der Regel auch befriedigen wird (zum Verhältnis von Unterhaltsbestimmungsrecht und Abzweigung s Just NJ 2010, 271).

Zu den Auswirkungen der Erfüllung des Anspruchs auf den Unterhalt s Rn 99.

4. Weitere Rechtsfolgen, Stellung in der Zwangsvollstreckung

94 Nicht ausgeschlossen wird der Anspruch aufgrund des **zweckwidrigen Verbrauchs** des Kindergelds durch den bezugsberechtigten Elternteil. Der Auskehrungsanspruch des Kindes bleibt davon unberührt. Die **Ersatzhaftung** des anderen Teils nach § 1603 Abs 2 S 3 BGB greift nicht ein, weil es in diesem Fall nicht an der Leistungsfähigkeit des anderen – vorrangig verpflichteten – Elternteils fehlt (Rn 87). Etwas anderes gilt auch dann nicht, wenn trotz bestehenden Anspruchs schon kein Antrag auf das Kindergeld gestellt wird. Wie für die steuerlichen Folgen des Kindergelds kommt es vielmehr nicht darauf an, ob der Antrag gestellt wird oder nicht (vgl Rn 20, 50, 62, 89).

95 Sieht man den Anspruch auf Auskehrung des Kindergelds als besonders geregelten Unterhaltsanspruch, so fällt er auch unter das **Vollstreckungsprivileg des § 850d ZPO**. Das liegt auch vom Zweck des Vollstreckungsprivilegs her betrachtet nahe. Denn dieses dient dazu, das Existenzminimum des Kindes in der Zwangsvollstreckung besser zu stellen, was allein durch den nach Abzug des hälftigen Kindergelds verbleibenden Zahlbetrag noch nicht abgedeckt wird.

Davon abgesehen kann der Anspruch auf Kindergeld nach **§ 76 EStG** nur wegen gesetzlicher Unterhaltsansprüche gepfändet werden. Allerdings weicht § 76 S 2 Nr 1 S 2 EStG von dem Verteilungsmechanismus des Abs 1 S 1 ab, indem er statt der individuellen Bemessung auf eine gleichmäßige Verteilung des Kindergelds auf alle zu berücksichtigenden Kinder abstellt (zur entsprechenden Anwendung von § 76 EStG im Rahmen von § 74 EStG s BFHE 230, 299 = FamRZ 2010, 1733 LS).

5. Abzweigung des Kindergelds

Nach **§ 74 Abs 1 EStG** kann das für ein Kind festgesetzte Kindergeld an das Kind ausgezahlt werden, wenn der Kindergeldberechtigte ihm gegenüber **seiner gesetzlichen Unterhaltspflicht nicht nachkommt**. Dies gilt auch, wenn der Kindergeldberechtigte **mangels Leistungsfähigkeit** nicht unterhaltspflichtig ist oder nur Unterhalt in Höhe eines Betrages zu leisten braucht, der geringer ist als das für die Auszahlung in Betracht kommende Kindergeld. Die Auszahlung kann nach § 74 Abs 1 S 4 EStG auch an die Person oder Stelle erfolgen, die dem Kind Unterhalt gewährt (BFH NJW 2009, 2557). 96

Eine **Verletzung der Unterhaltspflicht** liegt vor, wenn der Kindergeldberechtigte objektiv und dauerhaft für den wesentlichen Unterhalt des Kindes nicht aufkommt; die Pflichtverletzung muss nicht schuldhaft sein (BFH NJW 2011, 1391 Rn 11 mwNw). Zum Verhältnis zur Unterhaltsbestimmung nach § 1612 s Rn 92. 97

Die Abzweigung ist eine **Ermessensentscheidung** der Familienkasse. Beantragt allerdings das Kind die Auszahlung (Abzweigung) des Kindergeldes an sich, weil der Kindergeldberechtigte keinen laufenden Unterhalt zahlt, ist die Abzweigung an das Kind in der Regel die allein ermessensgerechte Entscheidung (BFH NJW 2011, 1391 Rn 12). Eine Ausnahme hiervon gilt, wenn der Kindergeldberechtigte rückwirkend zur Zahlung von Unterhalt an sein Kind verurteilt und deshalb rückwirkend Kindergeld beantragt. Dann ist der rückwirkend gezahlte Unterhalt bei der (Ermessens-)Entscheidung über den gleichzeitig gestellten Antrag des Kindes auf Abzweigung zu berücksichtigen (BFH NJW 2011, 1391 Rn 13). Die Familienkasse hat auch dann von einer Abzweigung abzusehen, wenn die Kindergeldberechtigten dem Kind erhebliche Pflegeleistungen erbringen (FG Baden-Württemberg EFG 2009, 1306). 98

Nach § 74 Abs 1 BGB ist ein **Antrag** der Person, der die Auszahlung zugute kommen soll, **nicht erforderlich** (Wendl, in: Herrmann/Heuer/Raupach, EStG/KStG [21. Aufl] 249. Lfg 12 2011 § 74 EStG Rn 14), er wird aber von der Finanzverwaltung dennoch verlangt (DA-FamEStG 2013 Nr 74. 1. 1. Abs 3). Erforderlich ist allerdings (außerdem) ein Antrag auf das Kindergeld (s Rn 16). 99

Auch wenn die Familienkasse eine entsprechende Auszahlungsanordnung somit von Amts wegen erlassen kann, wenn sie Kenntnis von der Unterhaltspflichtverletzung erhält, wird meist ein Antrag des Begünstigten (Kind, Dritter) vorliegen. Begünstigter kann auch ein Sozialleistungsträger sein, der für den Unterhalt des Kindes aufgekommen ist (zB der Jugendhilfeträger, vgl BFHE 230, 299 = FamRZ 2010, 1733 LS; BFHE 231, 39 = FamRZ 2011, 298 LS zu den Befugnissen des Jugendamtes bei Heimunterbringung des Kindes s WIESNER FPR 2003, 69).

Hat die Familienkasse das Kindergeld bereits an einen Elternteil ausgezahlt, so scheidet eine Abzweigung an den Sozialleistungsträger nach § 74 Abs 1 S 4 EStG aus. Das gilt auch dann, wenn der Abzweigungsantrag noch vor der Zahlung gestellt worden ist (BFHE 231, 520 = FamRZ 2011, 372 LS Rn 11).

100 Die Abzweigung des Kindergelds hat **keine Auswirkungen auf die Festlegung der Unterhaltshöhe**.

Beispiel: Die 20-jährige T unterhält als Studentin einen eigenen Haushalt. Vater V und Mutter M zahlen keinen Unterhalt. M bezieht das Kindergeld.

Unterhaltsbedarf nach Düsseldorfer Tabelle Stand 2018: 735 €. Davon ist nach Abs 1 S 1 Nr 2, S 2 das Kindergeld in voller Höhe (194 €) abzuziehen, der ungedeckte Unterhaltsbedarf beträgt also 735 ./. 194 = 541 € und ist von V und T entsprechend ihrer Leistungsfähigkeit anteilig zu tragen. Wenn das Kind sodann eine Abzweigung des Kindergelds erwirkt, hat dies keine Auswirkungen auf den Unterhalt, weil das Kindergeld bereits bedarfsmindernd berücksichtigt wurde. Ebenso verhält es sich, wenn K seinen Anspruch aus Abs 1 S 1 geltend macht (s Rn 70).

VII. Kindergeldanrechnung und Ehegattenunterhalt

101 Im Rahmen der Bedarfsermittlung beim Ehegattenunterhalt gemäß § 1578 Abs 1 Satz 1 BGB ist nach der seit dem 1. 1. 2008 geltenden Rechtslage bei der Unterhaltsbemessung nach Quoten sowohl der Volljährigenunterhalt (BGH FamRZ 2006, 99) als auch der vom Unterhaltspflichtigen geschuldete Minderjährigenunterhalt nicht mehr mit dem sog Tabellenbetrag, sondern mit dem sich nach Abzug des (hälftigen) Kindergelds gemäß § 1612b Abs 1 BGB ergebenden **Zahlbetrag** zu berücksichtigen (BGH FamRZ 2009, 1300; KLINKHAMMER FamRZ 2008, 193, 199 jeweils mwNw auch zur **aA**). § 1612b Abs 1 BGB verstößt auch mit dieser Wirkung nicht gegen Art 3 Abs 1 GG (BVerfG FamRZ 2011, 1490; BGH FamRZ 2009, 1300).

Das Gleiche gilt bei der Leistungsfähigkeit, wo ebenfalls das nach bedarfsmindernder Anrechnung des Kindergelds verbleibende Einkommen für den Unterhalt nachrangiger Unterhaltsberechtigter zur Verfügung steht (BGH FamRZ 2009, 1477; BT-Drucks 16/1830, 29).

102 Die **auf den Betreuungsunterhalt entfallende Hälfte des Kindergeldes** steht dem betreuenden Elternteil zu. Sie dient dazu, ihm die Betreuung zu erleichtern. Das Gesetz geht davon aus, dass diese Kindergeldhälfte damit letztlich dem Kind zugutekommt. Sie ist kein unterhaltsrechtliches Einkommen des betreuenden Elternteils und darf daher bei der Bemessung anderer Unterhaltspflichten, insbesondere des Ehegattenunterhalts, nicht berücksichtigt werden (BGH FamRZ 2017, 711 Rn 15; BVerfG FamRZ 2011, 1490; WENDL/KLINKHAMMER[9] § 2 Rn 720).

103 Bei **Kindergeldbezug des Barunterhaltspflichtigen** ergibt sich keine Abweichung bei

der Berechnung, weil der Kindesunterhalt auch hier nur der Zahlbetrag ist (vgl Rn 70 ff).

VIII. Verfahrensrecht

104 Das Kindergeld kann auf entsprechenden Antrag in einem Unterhaltstitel variabel („dynamisiert") ausgewiesen werden. Das dient – wie die dynamisierte Titulierung nach § 1612a BGB (s § 1612a Rn 69) – dem Zweck, spätere Abänderungsverfahren wegen Änderung der Kindergeldbeträge weitgehend zu vermeiden.

105 Vor der gesetzlichen Neuregelung zum 1. 1. 2008 war bei dynamisierten Titeln die zulässige Antragsfassung einer Unterhaltsklage oder eines Antrags im vereinfachten Verfahren vor allem im Hinblick auf die Regelung in Abs 5 aF (s Rn 32 ff) umstritten. Nach der zuletzt hM musste das abzuziehende Kindergeld nicht betragsmäßig festgelegt werden (vgl OLG Düsseldorf FamRZ 2002, 1046 unter Hinweis auf § 647 Abs 1 S 2 Nr 1 c ZPO; OLG Dresden FamFR 2011, 274 mwNw; davon ist auch der BGH ausgegangen BGH FamRZ 2008, 1428 [Tenor in juris]). Die Kindergeldanrechnung ist nach der geänderten Bezugsgröße in § 1612a BGB (bedarfsdeckender Mindestunterhalt statt Regelbeträge vgl § 1612a Rn 8 ff) zudem wesentlich vereinfacht worden, sodass die dynamisierte (variable) Kindergeldanrechnung nun nicht mehr zweifelhaft sein dürfte (vgl auch § 251 Abs 1 S 2 Nr 1c FamFG).

106 Formulierungsbeispiel: Der Antragsgegner wird verpflichtet, an den Antragsteller (zu Händen seiner gesetzlichen Vertreterin) ab 1. 5. 2013 einen monatlich im Voraus fälligen Unterhalt von 115% des Mindestunterhalts gemäß der dritten Altersstufe nach § 1612a Abs 1 BGB zu zahlen, abzüglich des hälftigen Kindergelds für ein erstes Kind (zur Dynamisierung im Mangelfall s OLG Brandenburg 19. 4. 2011 – 10 UF 89/10 – juris Tenor und Rn 44).

107 Nach § 655 ZPO konnten (bis 31. 12. 2007) auf wiederkehrende Unterhaltsleistungen gerichtete Vollstreckungstitel, in denen nach § 1612b oder § 1612c BGB zu berücksichtigende Leistungen festgelegt waren, im vereinfachten Verfahren durch Beschluss abgeändert werden, wenn sich ein für die Berechnung maßgebender Umstand geändert hatte. Das FamFG sieht eine solche Anpassung nicht mehr vor. Grund für die Streichung war, dass eine Titulierung zunehmend in dynamisierter Form erfolgt (Rn 104), was eine Anpassung entbehrlich macht. Im Übrigen ist es nach Ansicht des Gesetzgebers dem Unterhaltspflichtigen zuzumuten, eine Abänderung zu beantragen (BT-Drucks 16/6308, 261). Dabei dürfte eine Abänderung allerdings nicht selten an der Wesentlichkeitsgrenze nach §§ 238, 239 FamFG scheitern, für welche in der Praxis als Faustformel eine Veränderung um 10% verlangt wird. Diese Grenze beansprucht allerdings keine Allgemeingültigkeit und kann etwa in Mangelfällen nicht gelten (vgl Wendl/Schmitz[8] § 10 Rn 196 f mwNw). Meistens werden Kindergelderhöhungen allerdings mit der Erhöhung des Mindestunterhalts nach § 1612a Abs 1 BGB einhergehen.

108 **Alttitel aus der Zeit vor dem 1. 1. 2008** sind nach **§ 36 Nr 3a–d EGZPO** (je nach Art der Kindergeldberücksichtigung) umzurechnen, ohne dass es dazu eines Abänderungsverfahrens bedarf. An die Stelle des titulierten Prozentsatzes vom Regelbetrag tritt ein Prozentsatz vom Mindestunterhalt nach § 1612a Abs 1 BGB. Die Umrech-

nung erfolgt **ausschließlich zum 1. 1. 2008** mit den zum 31. 12. 2007 gültigen Beträgen (Regelbeträge und Kindergeld; vgl LG Gera JAmt 2010, 511). Der Auffassung des OLG Dresden (FamRZ 2011, 42 mwNw; ebenso Knittel FamRZ 2010, 1349), nach dem schon zum 1. 1. 2008 die Umrechnung für jede Altersstufe gesondert und mit unterschiedlichen Prozentsätzen durchzuführen ist, ist nicht zu folgen (vgl Wendl/Schmitz[8] § 10 Rn 293; Wendl/Klinkhammer[8] § 2 Rn 225; AG Kamenz FamRZ 2010, 819 als Vorinstanz zu OLG Dresden; näher Vossenkämper FamFR 2011, 73 mwNw).

Beispiel (ausführlich Wendl/Klinkhammer[9] § 2 Rn 225): Lautet der Titel auf 121 % des Regelbetrags (West) der 2. Altersstufe abzüglich des anrechenbaren Kindergeldes nach § 1612b V BGB, so vollzieht sich die Umrechnung in drei Schritten:

1. Zahlbetrag ermitteln:	297 – 43 = 254 €
2. Hälftiges Kindergeld (Stand 1. 1. 2008) addieren:	254 + 77 = 331 €
3. Verhältnis zum Mindestunterhalt:	331 : 322 = 102, 7 %

Kontrolle: 102, 7 % Mindestunterhalt = aufgerundet 331 ./. 77 Kindergeld = 254 €. Der Titel ist daher kraft Gesetzes auf 102, 7 % des Mindestunterhalts der zweiten Altersstufe umgestellt. **Spätere Änderungen** (nach dem 1. 1. 2008) sind auf der Grundlage des zum 1. 1. 2008 umgerechneten Titels zu berücksichtigen, nicht durch erneute Umrechnung oder durch Umrechnung des Alttitels auf den späteren Zeitpunkt der Änderung.

109 Zur **Bestimmung des Bezugsberechtigten** durch das Familiengericht s Rn 9.

IX. Auslandsbezüge

110 Kindergeld wird nach § 62 EStG grundsätzlich für alle Kinder gezahlt, deren **Eltern im Inland ihren gewöhnlichen Aufenthalt** haben, ohne dass es auf die Staatsangehörigkeit ankommt (vgl Rn 4). Ein Kindergeldanspruch nach deutschem Recht besteht wiederum nur, wenn das **Kind** seinen Wohnsitz oder gewöhnlichen Aufenthalt im Inland, in einem Mitgliedstaat der Europäischen Union oder in einem Staat, auf den das Abkommen über den Europäischen Wirtschaftsraum Anwendung findet, hat oder außerhalb dieser Räume im Haushalt eines unbeschränkt Steuerpflichtigen lebt (§ 63 Abs 1 S 3 EStG; vgl EuGH 5. 10. 1995, Rs C-321/93 „Martinez“ Slg 1995, I-2821).

111 **Internationale Bezüge des Kindergeldrechts** finden sich vorrangig in Bestimmungen des Europarechts geregelt (Art 76 VO 1408/71, Art 67 VO 883/2004; BVerfGE 110, 412; BFH DStRE 2008, 1133 – Niederlande), anderenfalls sind sie nach internationalem Steuer- und Sozialrecht zu bestimmen (zum internationalen Sozialrecht näher Eichenhofer FamRZ 2005, 1869).

112 Vorfrage des **zivilrechtlichen Kindergeldausgleichs** ist in Fällen mit Auslandsberührung, ob § 1612b BGB nach den **Regeln des internationalem Privatrechts** (IPR) anwendbar ist. Von ihrer systematischen Stellung im deutschen Recht her betrachtet, liegt es nahe, die Vorschrift dem Unterhaltsrecht zuzuordnen. Auch für den gesetzlich nicht ausdrücklich geregelten familienrechtlichen Ausgleichsanspruch, dessen Bestand § 1612b BGB implizit voraussetzt (s Rn 46, 55 f), dürfte eine unterhaltsrechtliche Qualifikation nahe liegen, auch wenn der Anspruch – etwa bei mangels Bedürftigkeit nicht bestehendem Unterhaltsanspruch – ausnahmsweise auch unabhängig vom Unterhalt bestehen kann (ebenso bereits WENDL/SCHOLZ[8] § 2 Rn 735). Demnach findet § 1612b BGB immer dann Anwendung, wenn auch deutsches Verwandtenunterhaltsrecht anwendbar ist. Die Anwendbarkeit des deutschen Verwandtenunterhaltsrechts hängt wiederum nach Art 3 Abs 1 Haager Unterhaltsprotokoll (HUP) grundsätzlich vom **gewöhnlichen Aufenthalt des Unterhaltsberechtigten** ab (vgl Vorbem 255 ff zu §§ 1601 ff).

Der Kindergeldausgleich kann vor allem in folgenden **Fallkonstellationen** fraglich werden: 113

- Der Barunterhaltspflichtige hat seinen gewöhnlichen Aufenthalt im Ausland, sodass er nach deutschem Recht nicht kindergeldberechtigt ist.
- Der betreuende Elternteil und das Kind haben ihren gewöhnlichen Aufenthalt im Ausland, sodass der betreuende Elternteil in Deutschland nicht kindergeldberechtigt ist.
- Ein Elternteil ist Ausländer mit gewöhnlichem Aufenthalt in Deutschland und hat nach seinem Heimatrecht Anspruch auf dem Kindergeld entsprechende Leistungen.

Hat der **Barunterhaltspflichtige seinen gewöhnlichen Aufenthalt im Ausland**, so hängt der Kindergeldausgleich nach Abs 1 (die Anwendung deutschen Unterhaltsrechts vorausgesetzt) davon ab, ob der Barunterhaltspflichtige ebenfalls kindergeldberechtigt ist. Ist er weder nach deutschem Recht noch nach Auslandsrecht kindergeldberechtigt, so findet eine Anrechnung nach Abs 1 nicht statt. Anders verhält es sich, wenn der barunterhaltspflichtige Elternteil im ausländischen Staat kindergeldberechtigt wäre, sein dort begründeter Kindergeldanspruch aber wegen der sich aus dem deutschen Recht ergebenden Kindergeldberechtigung des anderen Elternteils ruht. Dann ist das dem anderen Elternteil nach deutschem Recht gewährte Kindergeld auf die Unterhaltsschuld eines barunterhaltspflichtigen Elternteils zur Hälfte anzurechnen (BGHZ 160, 159 = FamRZ 2004, 1639 – Niederlande – mAnm EICHENHOFER FamRZ 2004, 1965). 114

Haben **der betreuende Elternteil und das Kind ihren Aufenthalt im Ausland**, so besteht grundsätzlich kein Anspruch auf deutsches Kindergeld. Auch findet in diesem Fall mangels gewöhnlichen Aufenthalts des Kindes im Inland deutsches Verwandtenunterhaltsrecht keine Anwendung (vgl zur steuerrechtlichen Seite BFH BFHE 238, 68 = DStRE 2012, 1393 – Norwegen; vgl auch – zur Behandlung des deutschen Kindergelds in Österreich – OGH 15. 11. 2006 – 9 Ob 121/06v: Aus dem Zweck des deutschen Kindergelds folgt auch im österreichischen Recht eine Anrechenbarkeit, die allerdings auch bei Volljährigen auf die Hälfte beschränkt ist, weil nach österreichischem Recht auch bei Volljährigen Betreuungsleistungen anerkannt werden). 115

Hat ein Elternteil als **Ausländer** nach seinem **Heimatrecht** Anspruch auf dem Kindergeld vergleichbare Leistungen, so wird nach § 65 Abs 1 S 1 Nr 2 EStG Kindergeld nicht gezahlt. Auf die nach Auslandsrecht bestehenden Ansprüche finden wiederum §§ 1612b, 1612c BGB Anwendung, wenn das Kind seinen gewöhnlichen Aufenthalt 116 in Deutschland hat (Art 3 Abs 1 Haager UnthProt v 23. 11. 2007; Art 15 EuUnthVO Nr 4/2009). § 65 Abs 2 EStG, der die Anrechnung von im Ausland gewährten, dem Kindergeld vergleichbaren Leistungen regelt, wird allerdings durch das Gemeinschaftsrecht verdrängt (BVerfGE 110, 412 = FPR 2004, 632; vgl die **Übersicht über vergleichbare Leistungen** im Sinne des § 65 Abs 1 S 1 Nr 2 EStG in FamRZ 2005, 1402 ff; vgl DAFamEStG Nr 65. 2: Kindergeld in Höhe des Unterschiedsbetrages bei niedrigeren ausländischen Leistungen).

§ 1612c
Anrechnung anderer kindbezogener Leistungen

§ 1612b gilt entsprechend für regelmäßig wiederkehrende kindbezogene Leistungen, soweit sie den Anspruch auf Kindergeld ausschließen.

Materialien: KindUG Art 1 Nr 11; BT-Drucks 13/7338, 27 ff, 31.

Alphabetische Übersicht

I. Sinn der Vorschrift

1 Die Neuregelung der Anrechnung kindbezogener Sozialleistungen auf den Unterhaltsanspruch erfasst neben dem Kindergeld, auf das sich § 1612b BGB bezieht, in § 1612c BGB auch **andere regelmäßig wiederkehrende Leistungen, soweit sie den Anspruch auf Kindergeld ausschließen**. Das Nichtehelichengesetz hatte in § 1615g Abs 1 S 1 BGB bestimmt, dass Kindergeld, Kinderzuschläge und ähnliche regelmäßig wiederkehrende Geldleistungen, die einem anderen als dem Vater des nichtehelichen Kindes zustehen, auf den Regelbedarf, der die Berechnungsgrundlage des

Regelunterhalts bildete, zur Hälfte anzurechnen waren; nach § 1615g Abs 1 S 2 BGB galt aber – nur für das Kindergeld – das „Vorrangprinzip“: Nur wenn auch der Vater die Anspruchsvoraussetzungen erfüllte, ihm aber das Kindergeld nicht gewährt wurde, weil ein anderer vorrangig berechtigt war, fand die Anrechnung statt (vgl § 1612b Rn 13).

Das **KindUG** hat die Anrechnung entsprechend dem Vorrangprinzip in **§ 1612b BGB** 2
für das **Kindergeld** angeordnet, weil hier die Anrechnung ohne praktische Schwierigkeiten – auch im vereinfachten Verfahren – durchzuführen ist und nicht erst aus einem Bruttobetrag nach Abzug von Steuern und Sozialabgaben errechnet werden muss. Die Anrechnung nach dem Vorrangprinzip führt auch nicht dazu, dass das Kindergeld unterhaltsrechtlich doppelt berücksichtigt wird, weil es weder zum Einkommen des barunterhaltspflichtigen Elternteils zählt noch als bedarfsmindernd beim Kind oder bei dem Elternteil, an den das Kindergeld ausgezahlt wird, anzusehen ist (BT-Drucks 13/7338, 28).

§ 1612c BGB erstreckt die Regelung der Anrechnung auf **andere** regelmäßig wieder- 3
kehrende kindbezogene **Leistungen**, (wenn und) **soweit sie den Anspruch auf Kindergeld ausschließen**. Kindergeld wird nach § 65 Abs 1 S 1 EStG und § 4 Abs 1 S 1 BKGG nicht gezahlt, wenn für das Kind eine der in diesen Bestimmungen aufgezählten Leistungen (s unten Rn 5) zu gewähren ist oder bei entsprechender Antragstellung zu gewähren wäre. Diese Leistungen müssen auch bei alleiniger Anspruchsberechtigung anrechenbar sein, weil sie das Kindergeld, das nach dem Prinzip der vorrangigen Anspruchsberechtigung anzurechnen ist, verdrängen; der in diesen Fällen vorgesehene Ausschluss des Kindergelds zur Vermeidung öffentlich-rechtlicher Doppelleistungen darf unterhaltsrechtlich keinem Elternteil zum Nachteil gereichen (BT-Drucks 13/7338, 31).

Kindbezogene Leistungen, für die das **Vorrangprinzip nicht gilt**, sind dagegen **von der** 4
Anrechnung ausgeschlossen. Die Regelung des § 1612b BGB erstreckt sich also nicht auf Leistungen, die zwei Personen anteilig (ohne vorrangige Berechtigung) zustehen. Eine Anrechnung scheidet insbesondere aus beim kindbezogenen Anteil des Orts- oder Sozialzuschlags (Familienzuschlag), wenn sowohl der barunterhaltspflichtige als auch der das Kind betreuende Elternteil im öffentlichen Dienst solche Leistungen beziehen (OLG Karlsruhe DAVorm 2000, 168).

Weil § 1612c BGB die Leistungen, auf die § 1612b BGB entsprechend anzuwenden ist, abschließend definiert, hat das KindUG von einer speziellen Regelung, wie sie § 4 der Regelunterhalts-Verordnung vom 27. 6. 1970 (BGBl I 1010) vorgesehen hatte, abgesehen (BT-Drucks 13/7338, 29).

II. Der Anwendungsbereich der Vorschrift

1. Kindergeldersetzende Leistungen

Inland: Als Leistungen, die den Anspruch auf Kindergeld ausschließen, auf die deshalb die Anrechnungsvorschriften des § 1612b BGB entsprechend anzuwenden sind, zählen § 65 Abs 1 S 1 EStG und § 4 Abs 1 S 1 BKGG übereinstimmend auf:

1. Kinderzulagen aus der gesetzlichen Unfallversicherung oder Kinderzuschüsse aus den gesetzlichen Rentenversicherungen (nur noch in Ausnahmefällen, vgl DA-KG 2016 Nr 28.2),
2. Leistungen für Kinder, die im Ausland gewährt werden und dem Kindergeld oder einer der unter Nummer 1 genannten Leistungen vergleichbar sind,
3. Leistungen für Kinder, die von einer zwischen- oder überstaatlichen Einrichtung gewährt werden und dem Kindergeld vergleichbar sind.

5 § 65 Abs 1 S 3 EStG und § 4 Abs 1 S 2 BKGG enthalten eine Sonderregelung für das Zusammentreffen der Kindergeldberechtigung mit einem Anspruch des Ehegatten des Berechtigten auf eine Kinderzulage nach EU-Recht. Über den Ausschluss oder die Beschränkung des Anspruchs auf Kindergeld in Fällen, in denen eine Rente mit Kinderzuschuss mit Arbeitslosengeld zusammentrifft, s DA-KG 2016 Nr A.28.

6 **Ausland**: Ob eine Leistung, die im Ausland gewährt wird (insbesondere für Kinder von Grenzgängern, die im Inland wohnen und an ihrem ausländischen Beschäftigungsort neben ihrem Arbeitseinkommen auch kindergeldähnliche Leistungen erhalten), dem Kindergeld oder einer in § 65 Abs 1 S 1 Nr 1 EStG genannten Leistungen nach **§ 65 Abs 1 S 1 Nr 2 EStG „vergleichbar"** ist, muss danach beurteilt werden, ob auch diese ausländische Leistung nach ihrem **Sinn und Zweck** dem Familienleistungsausgleich dient, ob die ausländische Leistung also dem Kindergeld **funktionsgleich** ist (Wendl, in: Hermann/Heuer/Raupach, EStG/KStG [21. Aufl, Stand: 09. 2010] § 65 EStG Rn 8; Schumacher/Grün FamRZ 1998, 778, 786). Eine Funktionsgleichheit ist gegeben, wenn es sich um eine gesetzliche Leistung handelt, die – wie das Kindergeld – den Unterhaltsbedarf decken soll. Die Vergleichbarkeit erfordert nicht, dass die Leistungen dem Kindergeld der Höhe nach entsprechen (Wendl, in: Hermann/Heuer/Raupach, EStG/KStG [21. Aufl, Stand: 09. 2010] § 65 EStG Rn 8; vgl den Fall des AG Wiesbaden FamRZ 2008, 1019: Inland Revenue – England). Die Regelung ist verfassungsgemäß (BVerfGE 110, 412; auch zu den verfassungsrechtlichen Grenzen); zum Teilkindergeld s Rn 8.

Ausländische Familienleistungen, die zwar auch zur Minderung eines familienbedingten Mehraufwandes bestimmt sind, aber eine spezielle Bedarfssituation ausgleichen sollen, sind keine dem deutschen Kindergeld vergleichbare Leistung (DIV-Gutachten DAVorm 2000, 145, 146 f). Entsprechendes gilt für kindergeldähnliche Leistungen, die dem Berechtigten von einer zwischen- oder überstaatlichen Einrichtung gewährt werden.

Ausführliche Übersicht über im **Ausland** gewährte vergleichbare Leistungen in BStBl I 2012 S 18 ff.

Als kindergeldersetzende Leistungen nach **§ 65 Abs 1 S 1 Nr 3 EStG** führt die **Dienstanweisung des Bundeszentralamtes für Steuern** (DA-KG 2016 Nr 28.4 Abs 3) beispielhaft auf:

– die Kinderzulagen nach Art 67 Abs 1 Buchst b des Statuts der Beamten der EG (dazu OLG Koblenz FamRZ 2017, 1403) sowie des Art 2 des Anhangs VII zum Statut,

nicht jedoch die Kinderzulagen zum Waisengeld nach Art 80 des Statuts sowie Art 21 des Anhangs VIII und die Waisen gezahlten anteiligen Hinterbliebenenbezüge mit Kinderzulagen nach Art 22 des Anhangs VIII zum Statut,

- die Unterhaltsberechtigtenzulagen nach Art 69 des Statuts der Beamten des Europäischen Patentamtes,
- die den zivilen NATO-Angestellten aufgrund von Art 29 der NATO-Sicherheits- und Personalvorschriften arbeitsvertraglich zustehenden Beihilfen für unterhaltsberechtigte Kinder (dependent children's allowances),
- die von den Vereinten Nationen geleisteten Zahlungen für Kinder (dependent child benefit, dependent child allowance),
- die von den koordinierten Organisationen (Europäische Organisation für Astronomische Forschung in der südlichen Hemisphäre, Europarat, Nordatlantikvertragsorganisation, Organisation für wirtschaftliche Zusammenarbeit und Entwicklung, Westeuropäische Union und Europäisches Zentrum für mittelfristige Wettervorhersage) geleisteten Zahlungen für Kinder (child allowance).

Einzelfälle: 7

- Zu kinderbezogenen Leistungen in Luxemburg: OLG Koblenz FamRZ 2015, 1618; OLG Saarbrücken FamRZ 2016, 1593 (iE str, in welchem Umfang die Anrechnung erfolgt; vgl OLG Koblenz FamRZ 2017, 1403).
- Zum luxemburgischen Kinderbonus: EuGH 24. 10. 2013 – C-177/12 – juris; dazu Fuchs NZS 2014, 121.

2. Teilkindergeld

Ist eine kindergeldersetzende Leistung niedriger als das volle Kindergeld, so wird 8
Kindergeld in Höhe des Unterschiedsbetrags gezahlt, wobei ein Unterschiedsbetrag unter 5 EUR nicht geleistet wird (§ 65 Abs 2 EStG, § 4 Abs 2 BKGG). Dem Berechtigten fließt also immer ein Betrag in Höhe des vollen Kindergeldes zu (s dazu Schumacher/Grün FamRZ 1998, 778, 785 f), und höchstens bis zu diesem Betrag sind die kindergeldersetzenden Leistungen auf den Unterhaltsanspruch des Kindes anzurechnen („fiktives Kindergeld"). Eine darüber hinausgehende Leistung wird als Bestandteil des Einkommens des Unterhaltspflichtigen berücksichtigt (FamRefK/Häussermann Rn 5).

3. Keine analoge Anwendung auf andere Leistungen/Gehaltsbestandteile

Da § 1612c BGB bewusst auf die entsprechende steuerrechtliche Norm des § 65 9
EStG (§ 4 BKKG) zugeschnitten, kommt eine entsprechende Anwendung auf andere Leistungen/Gehaltsbestandteile grundsätzlich nicht in Betracht. Daher ist etwa der kindbezogene Familienzuschlag nach § 40 Abs 2 BBesG unabhängig von der Frage, ob insoweit zwischen den Eltern ein familienrechtlicher Ausgleichsanspruch besteht, jedenfalls nicht gemäß § 1612c BGB durch Verrechnung mit dem Kindes-

unterhalt auszugleichen (vgl Auf dem Brinke FamRZ 2010, 375 mit rechtspolitischer Anregung sowie Wendl/Dose[9] § 1 Rn 74 und Schumacher/Grün FamRZ 1998, 778, 784).

§ 1613
Unterhalt für die Vergangenheit

(1) Für die Vergangenheit kann der Berechtigte Erfüllung oder Schadensersatz wegen Nichterfüllung nur von dem Zeitpunkt an fordern, zu welchem der Verpflichtete zum Zwecke der Geltendmachung des Unterhaltsanspruchs aufgefordert worden ist, über seine Einkünfte und sein Vermögen Auskunft zu erteilen, zu welchem der Verpflichtete in Verzug gekommen oder der Unterhaltsanspruch rechtshängig geworden ist. Der Unterhalt wird ab dem Ersten des Monats, in den die bezeichneten Ereignisse fallen, geschuldet, wenn der Unterhaltsanspruch dem Grunde nach zu diesem Zeitpunkt bestanden hat.

(2) Der Berechtigte kann für die Vergangenheit ohne die Einschränkung des Absatzes 1 Erfüllung verlangen

1. wegen eines unregelmäßigen außergewöhnlich hohen Bedarfs (Sonderbedarf); nach Ablauf eines Jahres seit seiner Entstehung kann dieser Anspruch nur geltend gemacht werden, wenn vorher der Verpflichtete in Verzug gekommen oder der Anspruch rechtshängig geworden ist;

2. für den Zeitraum, in dem er

a) aus rechtlichen Gründen oder

b) aus tatsächlichen Gründen, die in den Verantwortungsbereich des Unterhaltspflichtigen fallen,

an der Geltendmachung des Unterhaltsanspruchs gehindert war.

(3) In den Fällen des Absatzes 2 Nr. 2 kann Erfüllung nicht, nur in Teilbeträgen oder erst zu einem späteren Zeitpunkt verlangt werden, soweit die volle oder die sofortige Erfüllung für den Verpflichteten eine unbillige Härte bedeuten würde. Dies gilt auch, soweit ein Dritter vom Verpflichteten Ersatz verlangt, weil er anstelle des Verpflichteten Unterhalt gewährt hat.

Materialien: E I § 1492; II § 1508; III § 1591; Mot IV 705; Prot IV 496; BT-Drucks V/2370, 5, 42. BT-Drucks 13/7338, 31; 13/9596, 34; Jakobs/Schubert §§ 1564–1921, 265; Planck, in: Schubert, Vorlagen der Redaktoren, Familienrecht II, 341.

Schrifttum

Bentert, Unterhalt für die Vergangenheit – Verzug nur durch Mahnung?, FamRZ 1993, 890

Born, Mahnung und Verzug im Unterhaltsrecht, FPR 2013, 513

Büttner, Auswirkungen des Gesetzes zur Be-

schleunigung fälliger Zahlungen auf das Familienrecht, FamRZ 2000, 921
ders, Schuldrechtsmodernisierung und Familienrecht, insbesondere Verjährung, Verwirkung und Verzug, FamRZ 2002, 361
Brüggemann, Einige Bemerkungen zum Schuldnerverzug in der gesetzlichen Unterhaltspflicht, in: FS Bosch (1976) 89
Christian, Mahnung, Stundung, Verzicht und Verwirkung im Unterhaltsrecht, DAVorm 1986, 1, 115
Ewert, Der Rechtsgrundsatz „in praeteritum non vivitur" im deutschen und französischen Recht (Diss München 1975)
Giessler, Verzug mit der Unterhaltsschuld bei sog unbestimmter Mahnung, FamRZ 1984, 954
Graba, Geltendmachen von Unterhalt für die Vergangenheit und für die Zukunft, NZFam 2014, 6
Hegmann, Die Beschränkung der Ersatzansprüche Dritter durch § 1613 BGB, FamRZ 1973, 435
Keuter, Zulässigkeit von Unterhaltsnachforderungen für die Vergangenheit, FamRZ 2009, 1024
Krause, Verzug ohne Mahnung, FPR 2013, 522
Mertens, Unterhaltsrückforderung und Vertrauensschutz, FamRZ 1994, 601
Oelkers, Zur Geltendmachung von Unterhaltsrückständen, DAVorm 1994, 823
Reinken, Mehrbedarf und Sonderbedarf des Kindes, FamFR 2010, 25
Sauer, Kann das Auskunftsverlangen mangels ordnungsgemäßer Bevollmächtigung gemäß § 174 S 1 BGB zurückgewiesen werden?, FamRZ 2010, 617
Thamm, Unterhalt für die Vergangenheit (2003)
Schwab, „Kein Unterhalt für die Vergangenheit" – Zum Gesetzeszweck des § 1613 BGB, DAVorm 1989, 739
Vogel, Unterliegen die Kosten für eine Klassenreise der Bestimmung des Sonderbedarfs?, FamRZ 1991, 1134.

Systematische Übersicht

Alphabetische Übersicht

I. Zweck und Geschichte der Norm

1. Normzweck des Absatzes 1

1 Ursprünglich bestand die Vorschrift nur aus einem einzigen Absatz, der die Kernaussage des jetzigen Abs 1 S 1 enthielt: Für die Vergangenheit kann der Berechtigte Erfüllung oder Schadensersatz wegen Nichterfüllung nur von der Zeit an fordern, zu welcher der Verpflichtete in Verzug gekommen oder der Unterhaltsanspruch rechtshängig geworden ist.

2 Der Gesetzgeber hat den grundsätzlichen **Ausschluss der Nachforderung** von Unterhalt für die Vergangenheit daraus hergeleitet, dass die Befriedigung der Bedürfnisse des Berechtigten nicht nur Zweck der Unterhaltsleistung sei, sondern zum Inhalt der Leistung selbst gehöre. Eine Befriedigung von Bedürfnissen in der Vergangenheit sei der Natur der Sache nach nicht möglich (Mot IV 705). Das entspricht dem gemeinrechtlichen Grundsatz **„in praeteritum non vivitur"** (in der Vergangenheit wird nicht gelebt; zur Entstehung vgl Thamm, Unterhalt für die Vergangenheit [2003] S 27 ff, Laubach, Lateinische Spruchregeln zum Unterhaltsrecht [2004] S 151 ff; zur Entwicklung seit dem 19. Jahrhundert Thamm S 41 ff mit Nachweisen aus der Rechtsprechung).

3 Dieser Grundsatz trifft für **Naturalunterhalt** (§ 1610 Rn 33, § 1606 Rn 26) zu. Unterkunft und Ernährung können nicht nachträglich gewährt werden. Der Unterhalt ist jedoch grundsätzlich durch Entrichtung einer **Geldrente** zu gewähren (§ 1612 Abs 1 S 1 BGB). Sie soll dem Berechtigten die Beschaffung der Lebensgüter (Wohnung, Kleidung, Lebensmittel) ermöglichen, mit ihr kann der Lebensbedarf aber nicht unmittelbar befriedigt werden. Eine andere Verwendung des Geldes verfehlt zwar den Zweck der Leistung, berührt aber ihren Inhalt nicht. Deshalb steht der Gewährung einer Unterhaltsrente für die Vergangenheit die Rechtsnatur des Unterhaltsanspruchs nicht entgegen und ist schon nach dem Gesetzeswortlaut eine **Erfüllung** des Unterhaltsanspruchs für die Vergangenheit möglich (zu abweichenden Ansätzen s Staudinger/Engler [2000] Rn 3).

4 Die **Konzentration** des Unterhalts auf die Gegenwart und das Prinzip der **Selbsthilfe** reichen als Rechtfertigung für den grundsätzlichen Ausschluss des Unterhalts für die Vergangenheit nicht aus (s Staudinger/Engler [2000] Rn 4 mwNw).

5 Nach überwiegender Meinung, der zuzustimmen ist, ist Normzweck der Bestimmung der **Schutz des Unterhaltspflichtigen**. Er soll nicht mit rückständigen Unterhaltsforderungen belastet werden, auf die er sich vorher in seiner Lebensführung nicht

einzurichten brauchte (BGHZ 43, 1, 6 = NJW 1965, 581 = FamRZ 1965, 200, 202; BGHZ 74, 121, 125 = NJW 1979, 1456 = FamRZ 1979, 475; BGH NJW 1984, 2158 = FamRZ 1984, 775; NJW 1996, 1894, 1895; HEGMANN FamRZ 1973, 435, 437; KROPHOLLER FamRZ 1965, 413; KUNZ FamRZ 1977, 692, 694; auf den Schutz des Unterhaltspflichtigen gegen hohe Nachforderungen als Normzweck verweist auch der RegE des KindUG, BT-Drucks 13/7338, 31).

2. Ergänzung des Absatzes 1 durch das KindUG

Über die Fälle des Verzugs des Unterhaltspflichtigen und der Rechtshängigkeit des Unterhaltsanspruchs hinaus hat das KindUG bestimmt, dass Unterhalt für die Vergangenheit auch von dem Zeitpunkt an gefordert werden kann, zu welchem der Unterhaltspflichtige **aufgefordert** worden ist, über seine Einkünfte und sein Vermögen **Auskunft zu erteilen** (§ 1605 BGB). Insoweit bedürfe der Unterhaltspflichtige keines Schutzes vor uU hohen Nachforderungen (vgl oben Rn 5), weil er von dem genannten Zeitpunkt an damit rechnen müsse, auf Unterhalt in Anspruch genommen zu werden, und hierzu gegebenenfalls Rückstellungen bilden könne. Außerdem sei der Unterhaltsberechtigte bei der neuen Regelung nicht mehr gezwungen, „ins Blaue hinein“ zu hohe Unterhaltsbeträge einzufordern, um später nicht an der rückwirkenden Geltendmachung von Unterhalt gehindert zu sein. Erteile der Unterhaltspflichtige die gewünschte Auskunft, so bestehe die Möglichkeit, dass sich die Beteiligten über die Höhe des zu zahlenden Unterhaltsbetrags einigten, ohne die Gerichte in Anspruch zu nehmen (BT-Drucks 13/7338, 31). 6

Die Vorschrift trägt der **Ungewissheit** Rechnung, die für den Unterhaltsberechtigten wegen der ihm fehlenden Informationen besteht. Daraus folgt zugleich die inhaltliche Begrenzung des Anwendungsbereichs. Die Vorschrift greift daher nicht mehr ein, wenn der Unterhaltsberechtigte über alle Informationen verfügt und seinen Unterhalt beziffert hat (BGH FamRZ 2013, 109 Rn 42 mwNw, KEUTER FamRZ 2009, 1024, 1026) oder er keinen Auskunftsanspruch nach § 1605 BGB mehr hat (s Rn 28). In diesen Fällen muss der Unterhaltsberechtigte den Unterhaltspflichtigen in Verzug setzen oder den Anspruch rechtshängig machen. Freilich ist der zunächst im Wege des Stufenantrags geltend gemachte Anspruch bis zu einer Bezifferung in vollem Umfang rechtshängig. Der Unterhaltsberechtigte muss aber seinen Antrag nach Auskunftserteilung beziffern, weil dieser anderenfalls wegen Unbestimmtheit unzulässig wird.

Auf Vorschlag des Bundesrats wurden in Abs 1 S 1 die Wörter „zum Zwecke der Geltendmachung des Unterhaltsanspruchs“ eingefügt, weil nur ein auf diese Weise näher bestimmtes Auskunftsverlangen der Inverzugsetzung gleichgestellt werden könne, wenn es die Warnfunktion für den Verpflichteten bewirken solle (BT-Drucks 13/7338, 53). 7

Um Unterhaltsstreitigkeiten zu vereinfachen und die Gerichte zu entlasten, schlug der Bundesrat ferner vor, den Beginn der für eine zurückliegende Zeit bestehenden Unterhaltsverpflichtung auf den Ersten des Monats, in den die in Abs 1 S 1 bezeichneten Ereignisse fallen, oder auf den Beginn des darauf folgenden Monats festzulegen (BT-Drucks 13/7338, 53 f). Darauf wurde Abs 1 S 2 eingefügt (BT-Drucks 13/9596, 34). 8

3. Zweck und Bedeutung der Absätze 2 und 3

9 Als Ausnahme von der Regelung des Abs 1 hat das **NEhelG** als Abs 2 S 1 (aF) die Bestimmung eingefügt, dass der Berechtigte wegen eines als **Sonderbedarf** definierten „unregelmäßigen außergewöhnlich hohen Bedarfs" Erfüllung ohne die Beschränkung des Abs 1 verlangen kann. Bei einem Sonderbedarf werde der Berechtigte häufig zunächst den erforderlichen Betrag auslegen und anschließend von dem Verpflichteten Ersatz verlangen. Oftmals trete der Sonderbedarf auch plötzlich und unerwartet auf, sodass der Verpflichtete nicht vorher in Verzug gesetzt oder verklagt werden könne. Es erscheine ungerechtfertigt, wenn der Berechtigte hier seinen Unterhaltsanspruch verliere. Um schutzwürdige Interessen des Verpflichteten zu wahren, sei aber zu verhindern, dass der Anspruch unangemessen lange Zeit nach seiner Entstehung geltend gemacht werde. Deshalb wurde (in Abs 2 S 2 aF) vorgesehen, dass der Verpflichtete innerhalb eines Jahres nach Entstehung des Anspruchs in Verzug gesetzt oder verklagt werden müsse; diese Jahresfrist dürfte auch für den Berechtigten ausreichen (BT-Drucks V/2370, 42; s dazu BGH NJW 1983, 224 = FamRZ 1983, 29, 31).

10 Den Regelungsinhalt dieser Bestimmung hat das **KindUG** im neuen **Abs 2 Nr 1** übernommen. Es hat in **Abs 2 Nr 2** eine **weitere Ausnahme** vom Ausschluss der Nachforderung von Unterhalt für die Vergangenheit vorgesehen, und zwar für den Zeitraum, in dem der Berechtigte aus rechtlichen Gründen oder aus tatsächlichen Gründen, die in den Verantwortungsbereich des Unterhaltspflichtigen fallen, an der Geltendmachung des Unterhaltsanspruchs gehindert war.

11 Unter **Nr 2 Buchst a** fallen die im früheren – durch das KindUG aufgehobenen – § 1615d BGB erfassten Sachverhalte. Nach dieser Bestimmung konnte ein nichteheliches Kind von seinem Vater Unterhaltsbeträge, die fällig geworden sind, bevor die Vaterschaft anerkannt oder rechtskräftig festgestellt war, auch für die Vergangenheit verlangen. Insoweit wurde schon früher und wird jetzt der Umstand berücksichtigt, dass die Rechtswirkungen der Vaterschaft (einschließlich der Unterhaltspflicht) von einem nichtehelichen Kind nicht geltend gemacht werden können, bevor die Vaterschaft anerkannt oder rechtskräftig festgestellt ist (§§ 1594 Abs 1, 1600d Abs 4 BGB; vgl dazu – rechtspolitisch zweifelnd – Heiderhoff FamRZ 2010, 8, 12 f).

12 **Nr 2 Buchst b** lässt die Geltendmachung von Unterhaltsansprüchen auch für den zurückliegenden Zeitraum zu, in dem der Berechtigte **aus tatsächlichen Gründen**, die in den **Verantwortungsbereich des Verpflichteten** fallen, an der Geltendmachung des Unterhaltsanspruchs gehindert war. Als Beispiel nennt der Entwurf des KindUG den Fall, dass wegen eines Auslandsaufenthalts des Verpflichteten Unterhalt überhaupt nicht oder nur mit Verzögerung geltend gemacht werden kann (BT-Drucks 13/7338, 31).

13 **Abs 3** enthält eine **Billigkeitsregelung** für die von Abs 2 Nr 2 erfassten Fälle, wie sie der frühere § 1615i Abs 1 und 2 BGB enthalten hatte. Die Vorschrift ist hauptsächlich für die Fälle von Bedeutung, in denen der einem nichtehelichen Kind zum Unterhalt Verpflichtete erst nach einiger Zeit rechtswirksam festgestellt wird; in diesen, aber auch in anderen Fällen kann es geboten sein, aufgelaufene Unterhaltsansprüche zu stunden oder ganz oder teilweise zu erlassen, soweit die volle oder die

sofortige Tilgung der Rückstände für den Verpflichteten eine unbillige Härte bedeuten würde (BT-Drucks 13/7338, 32). Abs 3 S 2 sieht (wie der frühere § 1615i Abs 3 BGB) vor, dass dies auch gilt, soweit ein Dritter vom Verpflichteten Ersatz verlangt, weil er an Stelle des Verpflichteten Unterhalt gewährt hat. Zu einer insoweit in der 18. Legislaturperiode geplanten, aber gescheiterten Gesetzesinitiative vgl § 1607 Rn 3.

II. Anwendungsbereich

Die Vorschrift des § 1613 BGB ist auf **Familienunterhalt** und **Trennungsunterhalt** (vgl BGH FamRZ 2007, 193, 195 f) entsprechend anzuwenden (§§ 1360a Abs 3, 1361 Abs 4 S 4 BGB). Für den **nachehelichen Unterhalt** enthielt § 1585b BGB bis 2007 eine abweichende Regelung, wie sie § 1613 BGB in der vor dem 1. 7. 1998 geltenden Fassung enthalten hatte (dazu Staudinger/Engler [2000] Rn 14). Seit der am 1. 1. 2008 in Kraft getretenen Unterhaltsreform 2007 verweist § 1585b Abs 1 BGB hinsichtlich des Sonderbedarfs auf Abs 2 und § 1585b Abs 2 BGB im Übrigen auf Abs 1, begrenzt aber die Nachforderung regelmäßig (Ausnahme: Absichtliches Entziehen) auf ein Jahr vor Rechtshängigkeit des Zahlungsantrags (§ 1585 Abs 3 S 1 BGB). Die Verweisungen des § 1585 BGB gelten über §§ 20 Abs 3, 25 Abs 4 VersAusglG auch für den schuldrechtlichen **Versorgungsausgleich** und die Teilhabe an der Hinterbliebenenversorgung. 14

Für Unterhaltsansprüche **nichtehelicher Kinder** gegen ihren Vater gelten die allgemeinen Vorschriften über den Unterhalt zwischen Verwandten (§§ 1601 ff BGB). Auf sie ist insbesondere die Bestimmung des § 1613 Abs 2 Nr 2 Buchst a BGB zugeschnitten (vgl oben Rn 11). Das Kind kann also, wie es schon in dem durch das KindUG aufgehobenen § 1615d BGB bestimmt war, für die Zeit vor Anerkennung oder rechtskräftiger Feststellung der Vaterschaft auch nachträglich Unterhalt verlangen; für die Zeit nach der Vaterschaftsfeststellung ist es aber einem ehelichen Kind gleichgestellt (vgl Staudinger/Eichenhofer [1997] § 1615d Rn 6, 12 f). 15

Auf den Unterhaltsanspruch der **Mutter eines nichtehelichen Kindes** gegen dessen Vater (§ 1615l Abs 2 BGB) sind nach § 1615l Abs 3 S 1 BGB grundsätzlich die Vorschriften über die Unterhaltspflicht zwischen Verwandten entsprechend anzuwenden. Dies gilt auch für § 1613 BGB; aus § 1615l Abs 3 S 4 BGB kann nicht entnommen werden, dass durch die besondere Erwähnung des Abs 2 die entsprechende Anwendung der anderen Absätze des § 1613 ausgeschlossen wäre (BGHZ 198, 242 = FamRZ 2013, 1598 Rn 11 ff; s § 1615l Rn 78 ff). 16

Bei einem **Übergang des Unterhaltsanspruchs** auf einen nachrangig haftenden Verwandten gemäß § 1607 Abs 2 S 2 BGB findet § 1613 BGB auf den übergegangenen Anspruch Anwendung (s dazu § 1607 Rn 35 ff). Den Beschränkungen des § 1613 BGB unterliegen ferner Ersatzansprüche gegen den Unterhaltspflichtigen aus **Geschäftsführung ohne Auftrag** (§§ 683, 670 BGB) und aus **ungerechtfertigter Bereicherung** (§ 812 BGB) sowie **familienrechtliche Ausgleichsansprüche** (Vorbem 163 zu §§ 1601 ff; § 1606 Rn 74 mwNw; zu § 1613 Abs 2 BGB s ferner BGHZ 103, 160, 164 = NJW 1988, 2604 = FamRZ 1988, 387; OLG Frankfurt FamRZ 2011, 227; OLG Köln FamRZ 1985, 1168, 1169). Dagegen ist § 1613 BGB auf Bereicherungsansprüche gegen den Unterhaltsempfänger nicht entsprechend anwendbar (Mertens FamRZ 1994, 601). 17

18 Bei einer Überleitung oder einem Übergang des Unterhaltsanspruchs wegen Gewährung von **Sozialleistungen** findet § 1613 BGB auf den übergegangenen Anspruch ebenfalls Anwendung, denn der Rechtsnachfolger kann grundsätzlich keinen weitergehenden Anspruch erlangen als der Unterhaltsberechtigte (BGHZ 74, 121, 125 = NJW 1979, 1456 = FamRZ 1979, 475 [zu § 37 BAföG]). Bei Sozialleistungen bestehen jedoch etliche **Sondervorschriften**, die die Geltendmachung von Ansprüchen für die Vergangenheit in weiterem Umfang ermöglichen (unten Rn 64 ff).

19 Auf **vertraglich geregelte Unterhaltsansprüche** (Vorbem 132 zu §§ 1601 ff) findet § 1613 BGB keine Anwendung, weil hier der Unterhaltspflichtige seine Verpflichtung kennt und deshalb nicht schutzbedürftig ist (RGZ 164, 65, 69; BGHZ 105, 250, 254 = NJW 1989, 526 = FamRZ 1989, 150, 152 [zu § 1585b]; BGH FamRZ 2009, 2075). Bei einer vertraglichen Verpflichtung zur Zahlung des jeweiligen Regelunterhalts oder Tabellenunterhalts gilt das auch für spätere Erhöhungen (OLG Hamburg DAVorm 1998, 322; OLG Oldenburg FamRZ 1979, 627; OLG München FamRZ 1979, 1057; OLG Köln FamRZ 1983, 178, 181). Die Regelung des Kindesunterhalts in einer Vereinbarung der Eltern reicht aus (OLG München FamRZ 1979, 1057), auch dann, wenn das Kind aus der Vereinbarung keinen eigenen Anspruch erlangt.

20 Keine Anwendung findet § 1613 BGB auf **Schadensersatzansprüche** wegen Beeinträchtigung der Erwerbsfähigkeit oder Vermehrung der Bedürfnisse oder wegen Entziehung des Unterhaltsrechts nach §§ 843 Abs 1, 844 Abs 2 BGB und aus Gefährdungshaftung, denn diese Ansprüche sind keine Unterhaltsansprüche (RGZ 164, 65, 69).

21 Teilweise wird aus Gründen der „Waffengleichheit" § 1613 Abs 1 BGB auf die **Herabsetzung** einer laufenden Unterhaltsrente entsprechend angewandt (OLG Karlsruhe FamRZ 1983, 1156). Der Schutz des Vertrauens des Empfängers erfordere es, die rückwirkende Herabsetzung der Rente erst von dem Zeitpunkt an zuzulassen, in dem der Unterhaltsberechtigte mit einem teilweisen Verzicht in Verzug geraten sei (OLG Düsseldorf FamRZ 1985, 86; OLG Bamberg FamRZ 1988, 640). Dem kann **nicht zugestimmt** werden (BGH NJW 1990, 3274 = FamRZ 1990, 989; OLG Düsseldorf FamRZ 1995, 742; Mertens FamRZ 1994, 601). Falls das Vertrauen auf den Fortbestand einer Unterhaltspflicht überhaupt schutzbedürftig ist, kann der Schutz nicht darin bestehen, dass der Unterhaltspflichtige zur Zahlung einer nicht mehr geschuldeten Rente verpflichtet bleibt. War der Empfänger in gutem Glauben, so kann er sich gegenüber einem Rückzahlungsverlangen auf einen Wegfall der Bereicherung (§ 818 Abs 3 BGB) berufen. Die (seit 1. 9. 2009 geltende) **Sonderregelung** für durch gerichtliche Entscheidung **titulierte Unterhaltspflichten** in § 238 Abs 3 Satz 3 FamFG hat daran nichts geändert. Danach kann die Herabsetzung ab dem Zeitpunkt eines entsprechenden Auskunfts- oder Verzichtsverlangens verlangt werden. Hierbei handelt es sich aber um eine (rein) prozessrechtliche Regelung zum zeitlichen Umfang der Rechtskraft und eine Ausnahme vom Grundsatz, dass die Abänderung gerichtlicher Entscheidungen erst ab Rechtshängigkeit des Abänderungsantrags geltend gemacht werden kann. Das verdeutlicht auch die gesetzliche Regelung zur Abänderung von Vergleichen und Urkunden, die sich nach § 239 Abs 2 FamFG (allein) nach den Vorschriften des bürgerlichen Rechts richtet (vgl BGH FamRZ 2010, 1238 Rn 13 mwNw).

III. Ansprüche für die Vergangenheit, Absatz 1

1. Grundbegriffe

Nach Absatz 1 kann der Unterhaltsberechtigte Leistungen für die Vergangenheit **nur** fordern, wenn der Verpflichtete zum Zweck der Geltendmachung des Unterhaltsanspruchs aufgefordert worden ist, über seine Einkünfte und sein Vermögen Auskunft zu erteilen, wenn er in Verzug gekommen oder der Unterhaltsanspruch rechtshängig geworden ist. Liegen diese Voraussetzungen nicht vor, so steht ihm insoweit kein Anspruch auf Unterhalt oder Schadensersatz wegen Nichterfüllung zu. Der Unterhaltsanspruch entsteht zwar unabhängig von seiner Geltendmachung, wenn die persönlichen und sachlichen Voraussetzungen (Verwandtschaft, Bedürftigkeit, Leistungsfähigkeit) vorliegen (§§ 1601 ff BGB). Er **erlischt** aber wieder, wenn der Verpflichtete weder zur Auskunft aufgefordert noch in Verzug gesetzt oder verklagt wird (BGHZ 43, 1, 7 = NJW 1965, 581 = FamRZ 1965, 200). 22

Handelt es sich um einen **titulierten Anspruch**, bedarf es eines Vorgehens nach Abs 1 zur Erhaltung der rückständigen Forderung nicht, und zwar auch dann nicht, wenn der Titel nach § 1612a BGB dynamisiert ist und der Unterhalt sich erhöht hat (OLG Schleswig 29. 1. 2013 – 5 UF 148/12 – juris).

a) Vergangenheit

Vergangenheit ist die Zeit vor Gewährung oder Festlegung des Unterhalts. Zwar sind auch die Tage des laufenden Kalendermonats, die bei Eintritt des maßgebenden Ereignisses (Auskunftsverlangen, Verzug, Rechtshängigkeit) schon verstrichen sind, im allgemeinen Wortsinn „vergangen". Schon nach früherem Recht wurde aber vereinzelt die Auffassung vertreten, dass der Anspruch auf den Monatsbetrag einer Geldrente (§ 1612 Abs 1, 3 BGB) erst mit Beginn des folgenden Monats der Vergangenheit angehört (so OLG Hamm FamRZ 1980, 916; **aA** BGH FamRZ 1990, 283, 284 mwNwachw). Der durch das KindUG mit Wirkung vom 1. 7. 1998 eingefügte Abs 1 S 2 legt jetzt ausdrücklich fest, dass der Unterhalt schon **vom Ersten des Monats an, in den die bezeichneten Ereignisse fallen**, geschuldet wird (s oben Rn 8 und die Begründung in BT-Drucks 13/7338, 54 und 13/9596, 34). Dies gilt aber nur, wenn der Unterhaltsanspruch dem Grunde nach zu diesem Zeitpunkt bereits bestanden hat (Abs 1 S 2 letzter Satzteil; s dazu BT-Drucks 13/9596, 34; Rühl/Gressmann Rn 37). 23

b) Ansprüche

Absatz 1 gilt für Ansprüche auf Erfüllung und auf Schadensersatz wegen Nichterfüllung. Eine **Erfüllung** der Unterhaltsansprüche für die Vergangenheit ist möglich, wenn der Unterhalt in Geld zu leisten ist (Rn 3). In diesem Fall handelt es sich auch bei den Rückständen um Unterhaltsansprüche (Gernhuber/Coester-Waltjen § 45 X 3; **aA** Kropholler FamRZ 1965, 413, 415; Kunz FamRZ 1971, 692, 695). Für sie gelten deshalb die in den Vorbemerkungen im Einzelnen dargelegten **Sonderregeln für Unterhaltsansprüche** (Vorbem 95 ff zu §§ 1601 ff). 24

Ansprüche auf **Schadensersatz wegen Nichterfüllung** kommen in Betracht, wenn der Unterhalt in Natur zu leisten ist, weil diese Leistungen grundsätzlich nicht nachgeholt werden können (Rn 3). Der Schadensersatzanspruch setzt nach §§ 283 S 1, 280 Abs 1 S 2 BGB voraus, dass die Nichtgewährung der Naturalleistung auf einem 25

Verschulden des Unterhaltspflichtigen beruht, welches aber schon aufgrund Verzuges regelmäßig gegeben ist.

2. Auskunftsverlangen

26 Nach früherem Recht konnte der Berechtigte den Unterhaltspflichtigen dadurch in Verzug setzen (und damit die Rechtsfolge des § 1613 Abs 1 BGB auslösen), dass er ihn aufforderte, über seine Einkünfte und sein Vermögen **Auskunft** zu erteilen (§ 1605 Abs 1 BGB) und den danach geschuldeten Unterhalt zu leisten (BGH FamRZ 1990, 283, 285 = NJW-RR 1990, 323, 325; OLG Düsseldorf NJW 1993, 1079 = FamRZ 1993, 591; Giessler FamRZ 1984, 954, 956; FamGB/Griesche Rn 8; einschränkend KG FAmRZ 1994, 1344). Ebenso wie bei Erhebung einer Stufenklage der unbezifferte Zahlungsanspruch rechtshängig wird (Rn 61), reichte auch die Verbindung des außergerichtlichen Auskunftsverlangens mit einer unbezifferten Zahlungsaufforderung zur Mahnung aus **(Stufenmahnung)**. Das galt aber nur, wenn der Auskunftsanspruch fällig war (OLG Düsseldorf NJW 1993, 1079). Das Auskunftsverlangen allein begründete keinen Verzug hinsichtlich des Unterhaltsanspruches (BGH NJW 1984, 868 = FamRZ 1984, 163; NJW 1985, 486, 488 = FamRZ 1985, 155, 157; OLG Hamburg FamRZ 1994, 1428, 1430; OLG Oldenburg FamRZ 1982, 731). Eine verzögerte Auskunft konnte aber eine Schadensersatzpflicht begründen (§ 1605 Rn 57 mwNw).

27 Das KindUG hat als weiteren Fall (neben Verzug und Rechtshängigkeit), in dem der Berechtigte Unterhalt auch für die Vergangenheit verlangen kann, die **Aufforderung** des Verpflichteten **zur Auskunft** über seine Einkünfte und sein Vermögen vorgesehen (s dazu oben Rn 6 ff). Es muss aber für den Verpflichteten erkennbar sein, dass die Aufforderung **„zum Zwecke der Geltendmachung des Unterhaltsanspruchs"**, also nicht bloß allgemein – ohne Hinweis auf einen besonderen Anspruch – oder bezüglich eines anderen Anspruchs (zB Ehegattenunterhalt, Zugewinnausgleich oder Unterhalt eines anderen Berechtigten) erfolgt (BT-Drucks 13/7338, 56; 13/9596, 34; FamRefK/Häussermann Rn 3). Unzureichend ist auch der bloße Hinweis auf die Erwerbsobliegenheit (OLG Hamm FamRZ 2010, 383). Die Auskunft ermöglicht auch die spätere Nachforderung eines etwaigen Vorsorgeunterhalts (etwa Krankenvorsorge; vgl BGH FamRZ 2007, 193 für den Altersvorsorgebedarf beim Ehegattenunterhalt).

Der Unterhalt kann für die Zeit vom Ersten des Monats an, in dem das Auskunftverlangen dem Verpflichteten zugegangen ist (§ 130 Abs 1 BGB), verlangt werden (über die Feststellung des Zeitpunkts des Zugangs, wenn der Verpflichtete das Vorliegen des Berechtigten bestreitet, s BT-Drucks 13/7338, 40, 55, 48; Rühl/Gressmann Rn 96 u 245).

28 Die Auskunft muss vom **Berechtigten** geltend gemacht werden (vgl Rn 30 ff). Macht sie ein Dritter geltend, muss das Auskunftsverlangen dem Berechtigten als Vertreterhandeln zugerechnet werden können (vgl § 1629 BGB). Ungenügend ist daher etwa die Aufforderung durch das Jugendamt nach Beendigung seiner Beistandschaft (OLG Celle ZKJ 2013, 370).

Das Auskunftsverlangen muss den Voraussetzungen des § 1605 Abs 2 BGB entsprechen; der Berechtigte muss also, wenn er vor Ablauf von zwei Jahren erneut Auskunft verlangt, glaubhaft machen, dass der zur Auskunft Verpflichtete später wesentlich höhere Einkünfte oder weiteres Vermögen erworben hat.

Nach Erteilung der Auskunft entfällt ihrem Zweck entsprechend (Rn 6) die Rechtfertigung für die erleichterte Sicherung des rückständigen Unterhalts. Beziffert demnach der Unterhaltsberechtigte seine Forderung, kann er höhere als die von ihm für die Vergangenheit bezifferten Beträge nicht mehr fordern (offenbar **aA** für die Zeit bis zur Auskunftserteilung KEUTER FamRZ 2009, 1024, 1026). Unterbleibt eine Bezifferung trotz erschöpfend erteilter Auskunft, kann der Unterhaltsberechtigte im Gerichtsverfahren zur Bezifferung seines Anspruchs angehalten werden, weil sein Antrag andernfalls wegen Unbestimmtheit unzulässig wird (Rn 6).

3. Verzug; Mahnung

Für den Verzug gelten die Regeln der §§ 286 ff BGB. Danach kommt der Verpflichtete in Verzug, wenn er auf eine Mahnung des Berechtigten, die nach dem Eintritt der Fälligkeit erfolgt, nicht leistet (§ 286 Abs 1 S 1 BGB). Ist für die Leistung eine Zeit nach dem Kalender bestimmt, gerät er bei nicht rechtzeitiger Leistung auch ohne Mahnung in Verzug (§ 286 Abs 2 S 1 BGB). Das gilt jedoch nicht, solange die Leistung aus einem Grunde unterbleibt, den der Verpflichtete nicht zu vertreten hat (§ 286 Abs 4 BGB). Ein bloßes Auskunftsverlangen nach Abs 1 sichert lediglich den rückständigen Unterhalt, begründet aber noch keinen Verzug und somit auch keinen Anspruch auf Verzugszinsen (BGH FamRZ 2008, 1428 Rn 24; WENDL/GERHARDT[8] § 6 Rn 107; unrichtig OLG Hamm FamRZ 2010, 303 juris Rn 76 – in FamRZ insoweit nicht abgedruckt). 29

a) Berechtigung zur Mahnung

Die Mahnung ist eine **geschäftsähnliche Handlung**, auf die die Vorschriften über die Geschäftsfähigkeit, die Stellvertretung, die Auslegung und den Zugang entsprechend anzuwenden sind (BGH NJW 1987, 1546 = FamRZ 1987, 40 mwNw). Die Mahnung durch einen geschäftsunfähigen Berechtigten ist deshalb nichtig (§ 105 BGB). Dagegen kann ein 7 Jahre altes Kind gemäß §§ 106, 107 BGB selbst mahnen, weil ihm die Mahnung lediglich einen rechtlichen Vorteil bringt (hM, s KG FamRZ 1989, 537 mwNw; MünchKomm/ERNST § 286 Rn 46; PALANDT/GRÜNEBERG § 286 Rn 16; **aA** STAUDINGER/LÖWISCH/FELDMANN [2009] § 286 Rn 47). 30

Eine Mahnung durch den **nicht sorgeberechtigten Elternteil**, bei dem das Kind lebt, reicht nicht aus (OLG Bremen FamRZ 1995, 1515; OLG Hamm FamRZ 1990, 307; OLG Hamburg FamRZ 1983, 418, 420; OLG Düsseldorf FamRZ 2000, 442). Hat das Kind jedoch das 7. Lebensjahr vollendet, kann es den Elternteil bevollmächtigen (KG FamRZ 1989, 537). Eine Mahnung ohne Vertretungsmacht ist gemäß § 180 S 1 BGB grundsätzlich unzulässig (OLG Koblenz NJW-RR 1992, 1093). Sie kann zwar nach § 180 S 2 BGB zulässig sein, wenn der Verpflichtete die von dem Vertreter behauptete Vertretungsmacht nicht beanstandet oder mit dem Handeln des Vertreters einverstanden ist. Eine Zahlungsaufforderung durch den nicht sorgeberechtigten Elternteil enthält aber nicht ohne Weiteres die Behauptung, insoweit Vertretungsmacht zu haben (OLG Bremen FamRZ 1995, 1515; OLG Zweibrücken FamRZ 1992, 1464; **aA** OLG Frankfurt FamRZ 1986, 592; MünchKomm/SCHRAMM[6] § 180 Rn 7). Ein zahlungsunwilliger Verpflichteter wird auch in der Regel mit der Mahnung durch den nicht vertretungsberechtigten Elternteil nicht einverstanden sein (so aber OLG Karlsruhe FamRZ 1990, 659, 662). Auf jeden Fall hängt die Wirksamkeit einer solchen Mahnung von der Genehmigung des Berechtigten oder seines berechtigten Vertreters ab (§§ 180 S 2, 177 Abs 1 BGB). 31

32 Eine Mahnung durch den **Sozialleistungsträger**, die vor dem Anspruchsübergang ausgesprochen wurde, reicht zum Verzug ebenfalls nicht aus, weil nur der Gläubiger wirksam mahnen kann (BGH NJW 1988, 2239 = FamRZ 1988, 597). Dagegen wirkt eine vor Übergang des Anspruchs vom Unterhaltsberechtigten ausgesprochene Mahnung oder ein Auskunftsverlangen auch zugunsten des Sozialleistungsträgers (vgl BGH FamRZ 2011, 1386 Rn 19 f für die Überleitung durch Verwaltungsakt). Wegen der Einzelheiten wird auf Rn 63 ff verwiesen.

b) Form und Wirksamwerden

33 Eine besondere **Form** ist für die Mahnung nicht vorgeschrieben. Mündliche Zahlungsaufforderung reicht deshalb aus (BGH NJW 1987, 647 = FamRZ 1987, 270, 272). Sogar eine schlüssige Handlung soll genügen (BGH NJW 1987, 647), das ist aber bei dem Erfordernis, die geforderte Leistung genau zu bezeichnen (unten Rn 36), schwer vorstellbar.

34 Die Mahnung wird als empfangsbedürftige Erklärung mit dem **Zugang** wirksam (§ 130 Abs 1). In diesem Zeitpunkt tritt deshalb Verzug ein. Die früher umstrittene Frage, ob die Mahnung die Rechtsfolge des Abs 1 S 1 mit Wirkung vom Tag ihres Zugangs oder mit dem Ersten des laufenden oder des folgenden Monats (oder mit einem anderen Tag) auslöst (s Staudinger/Kappe/Engler [1997] Rn 24), beantwortet jetzt der durch das KindUG mit Wirkung vom 1. 7. 1998 eingefügte Abs 1 S 2 eindeutig: Der Unterhalt wird **vom Ersten des Monats an, in dem die Mahnung wirksam wird**, geschuldet (s oben Rn 8).

c) Inhalt der Mahnung

35 Mahnung ist an den Schuldner gerichtete Aufforderung des Gläubigers, die das **bestimmte Verlangen** zum Ausdruck bringt, die geschuldete Leistung **nunmehr unverzüglich zu bewirken**. Nicht erforderlich ist, dass dem Schuldner seine Unterhaltspflicht bereits bekannt ist („Erinnerung"), was allerdings meist der Fall sein wird. Es genügt vielmehr die erste Aufforderung nach Entstehung der Unterhaltspflicht. Die Aufforderung braucht weder eine Fristsetzung noch einen Hinweis auf Folgen der Nichtleistung zu enthalten (BGH NJW 1998, 2132, 2133; OLG Bamberg FamRZ 1988, 1083). Die Einleitung eines Strafverfahrens wegen Verletzung der Unterhaltspflicht ist keine Mahnung, weil es sich dabei nicht um eine Erklärung des Gläubigers gegenüber dem Schuldner handelt (BGH NJW 1987, 1549, 1551 = FamRZ 1987, 472, 475).

36 Die geforderte Leistung muss **genau bezeichnet** werden. Bei einer Geldforderung ist die Höhe anzugeben, zumindest muss dem Unterhaltspflichtigen nach dem Inhalt der Mahnung und den gesamten Umständen des Falles klar sein, welcher Betrag von ihm verlangt wird (BGH NJW 1982, 1983, 1985 = FamRZ 1982, 887, 890; FamRZ 1983, 51; NJW 1984, 868 = FamRZ 1984, 163; NJW 1985, 486, 488 = FamRZ 1985, 155, 157; OLG Frankfurt FamRZ 2000, 113). Eine Verweisung auf Unterhaltsrichtsätze oder den Mindestunterhalt reicht nicht aus (**aA** OLG Karlsruhe FamRZ 1980, 917; OLG Frankfurt FamRZ 1980, 1149; OLG Düsseldorf FamRZ 1982, 730). Auf der anderen Seite genügt auch nicht das Verlangen eines „ins Blaue hinein" gegriffenen Betrages, der keinen Bezug zum wirklich geschuldeten Unterhalt aufweist (OLG Frankfurt FamRZ 1987, 1144, 1145).

Bei **Gläubigermehrheit** und einem gemeinsamen Unterhaltsverlangen (zB Ehegatte und Kinder) genügt die Angabe des geforderten **Gesamtbetrages** nicht (OLG Hamm

FamRZ 1995, 106, 107; OLG Hamm NJW-RR 1997, 962; Wendl/Gerhardt[9] § 6 Rn 123; Münch Komm/Born[7] Rn 27; **aA** Staudinger/Engler [2000] Rn 36). Der Unterhaltsschuldner gerät dann nicht in Verzug. Den Gläubigern ist es dementsprechend bei bestimmter Mahnung verwehrt, den eigenen Anspruch für die rückwirkende Geltendmachung aus einem überhöht angemahnten Anspruch eines anderen Gläubigers „aufzuladen" (vgl OLG Hamm NJW-RR 1997, 962).

37 Wegen der Schwierigkeit der Berechnung des geschuldeten Unterhalts führt eine **Zuvielforderung** auch bei beträchtlicher Überhöhung nicht zur völligen Unwirksamkeit der Mahnung, solange eine sachliche Begründung erkennbar ist. Sie bewirkt vielmehr Verzug in Höhe des tatsächlich geschuldeten Betrages (BGH NJW 1983, 2318, 2320 = FamRZ 1983, 352, 355; FamRZ 1988, 478; vgl auch Staudinger/Löwisch/Feldmann [2009] § 286 Rn 36). Verlangt der Berechtigte **weniger** als ihm zusteht, so kommt der Verpflichtete nur mit dem geringeren Betrag in Verzug (BGH FamRZ 2004, 1177; BGH NJW 1982, 1983, 1985 = FamRZ 1982, 887, 890; FamRZ 1983, 51; FamRZ 1990, 283, 285 = NJW-RR 1990, 323, 325).

38 Die formlose Übersendung einer **Antragsschrift** oder eines **Verfahrenskostenhilfegesuchs** kann eine Mahnung sein (BGH FamRZ 2004, 1177; NJW 1983, 2200, 2202 = FamRZ 1983, 892, 894; NJW 1985, 1340, 1343 = FamRZ 1985, 371, 374; NJW 1987, 1549, 1551 = FamRZ 1987, 472, 475; FamRZ 1990, 283, 285 = NJW-RR 1990, 323, 325). Dasselbe gilt für die Zustellung eines Antrages auf Erlass einer **einstweiligen Anordnung** (vgl BGH NJW 1983, 2318, 2320 = FamRZ 1983, 352, 355; NJW 1988, 2239 = FamRZ 1988, 597).

d) Zeitpunkt der Mahnung

39 Nach § 286 Abs 1 BGB muss die Mahnung **nach dem Eintritt der Fälligkeit** erfolgen. Nach herrschender Meinung ist eine bereits vor der Entstehung eines Anspruchs ausgesprochene Mahnung wirkungslos und bleibt es auch nach Eintritt dieser Voraussetzungen (BGHZ 103, 62, 66 = NJW 1988, 1137 = FamRZ 1988, 370, 372; BGH NJW 1992, 1956 = FamRZ 1992, 920 mwNw; OLG Düsseldorf NJW 1993, 1079; **aA** Schmitz FamRZ 1988, 700; OLG Schleswig FamRZ 1989, 1092 [alle zu § 1585b Abs 2]).

40 Nach Staudinger/Engler (2000) Rn 36 soll dem wegen der Möglichkeit einer aufschiebend befristeten Mahnung nicht zu folgen sein. Zwar ist der Ausgangspunkt richtig, dass für die Wirksamkeit einer Mahnung auf deren Zugang abzustellen ist. Jedoch erfüllt das über den Zugang hinausgehende zeitliche Hinausschieben der Wirksamkeit einer Mahnung abgesehen von sonstigen Bedenken jedenfalls nicht mehr ihre Warnfunktion, welche die Nachforderung von Unterhaltsrückständen legitimiert.

41 Bei einer **Geldrente**, durch die der Unterhalt in der Regel zu gewähren ist (§ 1612 Abs 1 BGB), werden die einzelnen Monatsbeträge jeweils erst mit Beginn des Monats fällig (§ 1612 Abs 3 S 1 BGB). Trotzdem braucht nach heute einhelliger Ansicht eine einmal ausgesprochene Mahnung **nicht monatlich wiederholt** zu werden, um die Verzugsfolgen für den jeweils folgenden Monat auszulösen (**aA** noch Kropholler FamRZ 1965, 413, 414 Fn 8). Die Begründung ist unterschiedlich.

42 Der Bundesgerichtshof leitet die Entbehrlichkeit weiterer Mahnungen aus einer **Gleichstellung der Wirkung** von Verzug und Rechtshängigkeit in § 1613 Abs 1

BGB her. Da Unterhaltsansprüche vom Verfahrensrecht (§ 258 ZPO) als einheitliche Rechte auf wiederkehrende Leistungen behandelt werden, erscheine es gerechtfertigt, dass der einmal begründete Verzug sich auf die künftig fällig werdenden wiederkehrenden Unterhaltsforderungen erstreckt, solange die anspruchsbegründenden Voraussetzungen fortbestehen (BGHZ 103, 62, 65 = NJW 1988, 1137 = FamRZ 1988, 370; ebenso OLG Hamm FamRZ 1989, 1303).

43 Nach anderer Ansicht bedarf es keiner Wiederholung der Mahnung, weil der Verpflichtete wegen der späteren Monatsbeträge wegen der sog **Kalenderfälligkeit** (s dazu Rn 48 f) ohne Mahnung in Verzug kommt (so noch Staudinger/Engler [2000] Rn 43 mwNw; OLG Bamberg FamRZ 1990, 1235 = NJW-RR 1990, 903). Dagegen spricht, dass durch die Titulierung der Charakter der Unterhaltsschuld und deren Fälligkeit nicht verändert werden.

44 Eine vom gesetzlichen Vertreter eines Minderjährigen an den Schuldner gerichtete Mahnung (oder ein entsprechendes Auskunftsverlangen) wirkt auch über den Eintritt der Volljährigkeit hinaus. Eine **erneute Mahnung** ist erforderlich, wenn die frühere Mahnung ihre Wirkung verloren hat. Das ist der Fall, wenn die Unterhaltspflicht wegen Wegfalls der Bedürftigkeit oder der Leistungsfähigkeit endet und später erneut entsteht. Bei einer **Verwirkung** rückständiger Unterhaltsansprüche (Vorbem 100 ff zu §§ 1601 ff) können die nicht verwirkten Rückstände nur gefordert werden, wenn sie erneut angemahnt worden sind (OLG Hamburg FamRZ 1990, 1271; OLG Düsseldorf FamRZ 1999, 239; **aA** noch OLG Düsseldorf FamRZ 1989, 776, 778; unentschieden BGHZ 103, 62, 65 = NJW 1988, 1137 = FamRZ 1988, 370).

e) Rücknahme der Mahnung

45 Eine ausdrückliche Zurücknahme einer Mahnung wird nur selten vorkommen. Aus Erklärungen des Unterhaltsberechtigten kann sich aber ergeben, dass er an seinem Zahlungsverlangen nicht oder nicht in vollem Umfang festhält. So wird mit der **Rücknahme einer Klage** (bzw des Antrags) auch die Mahnung zurückgenommen, die nach § 286 Abs 1 S 2 BGB in der Erhebung der Klage lag (BGH NJW 1983, 2318, 2320 = FamRZ 1983, 352, 354). Wird in einer erneuten Zahlungsaufforderung ein geringerer Betrag oder ein späterer Zahlungsbeginn verlangt, so kann darin eine teilweise Rücknahme der früheren Mahnung gesehen werden.

46 Die Rücknahme oder teilweise Rücknahme einer Mahnung bewirkt, dass nach diesem Zeitpunkt entstehende Rückstände nicht oder nur noch in dem nunmehr angemahnten Umfang gefordert werden können. Dagegen entfallen nicht die bis dahin eingetretenen **Verzugsfolgen**. Soweit infolge der früheren Mahnung Unterhalt für die Vergangenheit gefordert werden konnte, bleibt dieser Anspruch für die Zeit bis zur Rücknahme bestehen (BGH NJW 1987, 1546 = FamRZ 1987, 40; NJW 1987, 647 = FamRZ 1987, 270, 272; FamRZ 1988, 478; OLG Hamm FamRZ 1989, 1303; 1990, 520; Staudinger/Löwisch/Feldmann [2009] § 286 Rn 54).

47 In der Rücknahme einer Mahnung liegt möglicherweise zugleich ein **Verzicht** auf die bis dahin aufgelaufenen Rückstände. Ein einseitiger Verzicht führt allerdings noch nicht zum Erlöschen des Anspruchs, dazu ist vielmehr ein **Erlassvertrag** erforderlich (§ 397 BGB; s § 1614 Rn 5). Der Anspruch auf die Rückstände kann ferner durch

Verwirkung erlöschen, wenn er längere Zeit – über 1 Jahr – nicht geltend gemacht wird (Vorbem 100 ff zu §§ 1601 ff).

f) Kalenderfälligkeit

Nach § 286 Abs 2 Nr 1 BGB kommt der Schuldner ohne Mahnung in Verzug, wenn für die Leistung eine Zeit nach dem Kalender bestimmt ist und er zu dieser Zeit nicht leistet. Eine kalendermäßige Fälligkeit wird nach ständiger Rechtsprechung bei Unterhaltsleistungen nicht ohne Weiteres angenommen, vielmehr kann der Schuldnerverzug grundsätzlich nur durch Mahnung begründet werden (BGH FamRZ 1990, 283; **aA** Staudinger/Engler [2000] § 1613 Rn 48). 48

Ausnahmen (Verzug ohne Mahnung) gelten in folgenden Fällen: Sind die Unterhaltsleistungen **vertraglich vereinbart** worden, kommt der Unterhaltsschuldner zum Zeitpunkt der vereinbarten Fälligkeit auch ohne Mahnung in Verzug (BGH FamRZ 1983, 352; FamRZ 1989, 150). Das gilt ebenfalls für **titulierte Unterhaltsansprüche** (BGH FamRZ 1983, 352). Gesetzlich geregelt ist der Verzugseintritt (ex nunc) nach einer endgültigen und ernsthaften **Erfüllungsverweigerung** (§ 286 Abs 2 Nr 3 BGB; Rn 54); zu den Fällen des § 286 Abs 2 Nr 4 BGB s Rn 54. 49

g) Verschulden

Nach § 286 Abs 4 BGB kommt der Schuldner nicht in Verzug, solange die Leistung wegen eines Umstandes unterbleibt, den er **nicht zu vertreten** hat. Vertreten muss er Vorsatz und Fahrlässigkeit (§ 276 Abs 1 S 1 BGB). Mittellosigkeit kann ihn jedoch nach § 276 Abs 1 S 1 2. Alt bei einer Geldschuld nicht von den Verzugsfolgen befreien (BGHZ 83, 293, 300; MünchKomm/Grundmann[6] § 276 Rn 180 mwNw). Ohnedies hat der Unterhaltsanspruch die Leistungsfähigkeit des Schuldners zur Voraussetzung (§ 1603 BGB). 50

Der Unterhaltspflichtige kommt daher durch eine Leistungsaufforderung nicht in Verzug, solange er die **Bedürftigkeit** des Berechtigten **nicht kennt** und auch bei Anwendung der erforderlichen Sorgfalt **nicht erkennen kann** (OLG Hamburg FamRZ 1997, 621). Zwar werden einem Unterhaltspflichtigen meist die wirtschaftlichen Verhältnisse seiner unterhaltsberechtigten Kinder oder Eltern bekannt sein. Anders kann es aber sein, wenn die Bedürftigkeit auf Umständen beruht, die im selbständigen Lebensbereich des Berechtigten liegen. So brauchen Eltern Ausbildungsunterhalt für ihre Kinder bei einer Verlängerung der Ausbildungszeit nicht zu leisten, solange ihnen der Grund der Verzögerung nicht mitgeteilt ist. Ebenso kann den Kindern die Verweigerung von Unterhaltszahlungen an ihre Eltern nicht vorgeworfen werden, solange diese ihre wirtschaftlichen Verhältnisse nicht dargelegt haben. 51

Dem steht nicht entgegen, dass der Unterhaltsanspruch kraft Gesetzes unabhängig von der Kenntnis der Beteiligten von den anspruchsbegründenden Tatsachen entsteht, und dass der Verpflichtete von dem Berechtigten gemäß § 1605 Abs 1 BGB Auskunft über seine Einkünfte und sein Vermögen verlangen kann (**aA** OLG Stuttgart FamRZ 1984, 1234). Die Darlegungslast für seine Bedürftigkeit trägt der Berechtigte (§ 1602 Rn 179 ff). Solange er ihr nicht nachkommt, handelt der Pflichtige nicht vorwerfbar, wenn er den geschuldeten Unterhalt nicht leistet. Dass dem Berechtigten dadurch nach § 1613 Abs 1 BGB Ansprüche für die Vergangenheit verloren gehen können, erscheint nicht unbillig. 52

53 Andererseits kann sich der Unterhaltspflichtige grundsätzlich nicht auf **Rechtsunkenntnis** über die Höhe des geschuldeten Unterhalts berufen. Zwar kann von ihm nicht erwartet werden, dass ihm die Regeln über Unterhaltsbemessung bekannt sind. Der Geltungsanspruch des Rechts erfordert es jedoch, dass er fachkundigen Rat einholt und das Risiko einer irrtümlichen Beurteilung selbst trägt. Der Ausschluss des Schuldnerverzuges wegen **unverschuldeten Rechtsirrtums** ist deshalb an strenge Voraussetzungen geknüpft (BGH NJW 1983, 2318, 2321 = FamRZ 1983, 352, 355; NJW 1985, 486, 488 = FamRZ 1985, 155, 158; Giessler FamRZ 1984, 954, 956; Staudinger/Löwisch/Feldmann [2009] § 286 Rn 155 ff). Auf gerichtliche Entscheidungen, Richtsätze und Lehrmeinungen darf sich der Pflichtige nicht verlassen, wenn eine abweichende Beurteilung möglich ist.

h) Erfüllungsverweigerung, Verzugseintritt aus besonderen Gründen

54 Durch eine **endgültige und eindeutige Verweigerung** von Unterhaltsleistungen gerät der Schuldner ohne Mahnung oder Kalenderfälligkeit in Verzug (§ 286 Abs 2 Nr 3 BGB; zur Rechtslage vor der Schuldrechtsreform BGH NJW 1983, 2318, 2320 = FamRZ 1983, 352, 354; NJW 1992, 1956 = FamRZ 1992, 920; vgl auch Staudinger/Löwisch [1995] § 284 Rn 67). Der Verzug **beginnt** im Zeitpunkt der Weigerung, auf die Zeit vorher wirkt sie nicht zurück (BGH NJW 1985, 486, 488 = FamRZ 1985, 155, 157). Die Weigerung kann schon vor Entstehung und Fälligkeit des Unterhaltsanspruchs oder eines höheren Anspruchs erklärt werden (vgl OLG Karlsruhe FamRZ 1990, 70; offen gelassen BGH NJW 1992, 1956 = FamRZ 1992, 920). In diesem Fall tritt Verzug mit der Entstehung des Anspruchs ein.

55 Die Ablehnung von Unterhaltsleistungen muss eindeutig und **abschließend** sein. Weder ein Schweigen auf eine Anfrage noch die Nichtleistung von Unterhalt machen die Mahnung entbehrlich (BGH NJW 1983, 2318, 2320 = FamRZ 1983, 252, 255; NJW 1992, 1956 = FamRZ 1992, 920). Eine abschließende Weigerung liegt regelmäßig auch in der **unvermittelten Einstellung** bis dahin regelmäßig erbrachter Zahlungen. Dass diese im Einzelfall auch auf Zahlungsschwierigkeiten oder Nachlässigkeit beruhen kann, ist – als Ausnahme – vom Schuldner darzulegen (**aA** noch Staudinger/Engler [2000] Rn 55).

56 Das **Verlassen der Familie** und die damit verbundene Einstellung der Unterhaltsleistungen bedeutet noch keine endgültige Erfüllungsverweigerung (FamGb/Griesche Rn 15; OLG München FamRZ 1997, 313; **aA** OLG Schleswig FamRZ 1985, 734). Anders ist es, wenn der Unterhaltspflichtige seinen Aufenthalt verheimlicht und ersichtlich ist, dass er sich seiner Unterhaltspflicht entziehen will (OLG Köln FamRZ 1999, 531 [LS]; Soergel/Häberle Rn 4; **aA** FamGb/Griesche Rn 15), in diesem Fall wird ohnedies auch Abs 2 Nr 2b eingreifen (s Rn 99).

57 Der Eintritt des Verzugs durch Leistungsverweigerung setzt nicht voraus, dass der Verpflichtete den **Grund und die Höhe** des gegen ihn bestehenden Unterhaltsanspruchs **kennt** (**aA** OLG Hamburg FamRZ 1989, 394, 396). Durch seine Weigerung verschließt er sich gegen die Erlangung dieser Kenntnis.

58 Eine Mahnung durch den Berechtigten kann ferner bei einer sog **Selbstmahnung** des Unterhaltspflichtigen für den Verzugseintritt entbehrlich sein. Eine solche liegt vor, wenn der Schuldner die alsbaldige Leistung vorbehaltlos ankündigt (vgl auch § 286 Abs 2 Nr 4 BGB; Palandt/Grüneberg[73] § 286 Rn 25 mwNw). Erklärt dieser sich zu

Zahlungen in bestimmter Höhe bereit, so gerät er insoweit auch ohne Mahnung in Verzug, wenn er die Zahlungen nicht leistet (Palandt/Brudermüller[73] Rn 4; OLG Zweibrücken FamRZ 1987, 1301 = NJW-RR 1988, 75; OLG Köln FamRZ 2000, 443). Dass der Schuldner sich auf eine Mediation einlässt, bei der der Unterhalt der Höhe nach erst noch geklärt werden muss, reicht für eine Selbstmahnung aber nicht aus (**aA** AG Itzehoe FamRZ 2004, 58, 59 – iE wegen nicht erteilter Auskunft richtig; Palandt/Brudermüller[73] Rn 4).

4. Rechtshängigkeit

59 Unterhalt für die Vergangenheit kann nach Abs 1 S 1 auch von dem Zeitpunkt an gefordert werden, in dem der Unterhaltsanspruch **rechtshängig geworden** ist. Die Rechtshängigkeit wird durch Zustellung des Unterhaltsantrags begründet (§§ 113 Abs 1 S 2 FamFG; 261 Abs 1 ZPO). Obwohl die Zustellung des Antrags der Mahnung gleichsteht (§ 286 Abs 1 S 2 BGB), bewirkt sie keinen Verzug, wenn der Schuldner die Verzögerung der Leistung **nicht zu vertreten** hat (§ 286 Abs 4 BGB). Bei fehlender Kenntnis des Pflichtigen von dem Bestand oder dem Umfang seiner Unterhaltspflicht (s Rn 51 ff) kann deshalb Unterhalt für die Vergangenheit jedenfalls ab Rechtshängigkeit verlangt werden. Außerdem ist die Rechtshängigkeit für die Aufrechterhaltung des Unterhaltsanspruchs von Bedeutung, wenn der Berechtigte den Pflichtigen nicht mahnen kann, weil er seinen Aufenthalt nicht kennt (Mot IV 706). Ein Antrag kann im Wege der **öffentlichen Zustellung** rechtshängig gemacht werden (§§ 113 Abs 1 S 2 FamFG, 185 ZPO).

60 Der Unterhaltsantrag wird durch **Zustellung der Antragsschrift** rechtshängig (§§ 113 Abs 1 S 2 FamFG, 253 Abs 1 ZPO). Ein im Laufe des Rechtsstreits erhobener Anspruch (zB **Klageerweiterung, Zusatzklage, Widerklage**) wird mit der Geltendmachung in der mündlichen Verhandlung oder durch Zustellung eines Schriftsatzes rechtshängig (§§ 113 Abs 1 S 2, 261 Abs 2 ZPO). Unter bestimmten Voraussetzungen tritt Rechtshängigkeit auch mit der **Zustellung eines Mahnbescheides** ein (§ 113 Abs 2 FamFG iVm §§ 696 Abs 3, 700 Abs 2 ZPO).

Durch einen **Antrag im vereinfachten Verfahren** nach §§ 249 ff FamFG wird zwar noch keine Rechtshängigkeit begründet (BGH FamRZ 2008, 1428 Rn 17 f), die Zustellung des Antrags steht aber der Zustellung der Klage oder des Mahnbescheids in ihrer verzugsbegründenden Wirkung nach § 286 Abs 1 S 2 BGB gleich (BGH FamRZ 2008, 1428 Rn 25).

61 Durch einen **Stufenantrag** (§§ 113 Abs 1 S 2 FamFG, 254 ZPO) auf Auskunft und auf Zahlung einer Unterhaltsrente in der sich aus der Auskunft ergebenden Höhe wird der zunächst noch unbezifferte Unterhaltsanspruch rechtshängig (BGH FamRZ 1990, 283, 285 = NJW-RR 1990, 323, 325; BGB-RGRK/Mutschler Rn 8), sodass der Anspruch für die Vergangenheit von diesem Zeitpunkt an geltend gemacht werden kann. Das gilt aber nicht für die **nachträgliche Erweiterung** des bereits (abschließend) bezifferten Klageantrages (vgl BGH FamRZ 2013, 109; OLG Koblenz FamRZ 1988, 286).

62 Soll durch die Zustellung der Klageschrift oder des Mahnbescheides eine **Frist gewahrt** oder die Verjährung unterbrochen werden, so tritt nach §§ 113 Abs 1 S 2 FamFG, 167 ZPO; §§ 113 Abs 2 FamFG, 693 Abs 2 ZPO diese Wirkung bereits mit

der Einreichung des Antrages ein. Diese Vorschriften **gelten nicht** für die Aufrechterhaltung von Unterhaltsansprüchen für die Vergangenheit, weil es sich dabei weder um eine Fristwahrung noch um eine Verjährungsunterbrechung handelt und der Normzweck des § 1613 Abs 1 BGB, den Unterhaltspflichtigen zu schützen (oben Rn 5), einer entsprechenden Anwendung entgegensteht (vgl BGH NJW 1981, 1613 zu § 847 Abs 1 S 2 aF; OLG Hamm FamRZ 1986, 386 zu § 1612 Abs 2; anders OLG Schleswig FamRZ 1988, 961 zu § 1585b Abs 3).

IV. Sozialrechtliche Vorschriften

63 Bei Übergang des Unterhaltsanspruchs wegen Gewährung **nachrangiger Sozialleistungen** (Vorbem 170 ff zu §§ 1601 ff; § 1602 Rn 69) bestehen für die Geltendmachung von Rückständen in folgenden Fällen Sondervorschriften.

1. Grundsicherung für Arbeitsuchende, Sozialhilfe

64 Wird trotz Bestehens eines Unterhaltsanspruchs Grundsicherung für Arbeitsuchende nach dem SGB II oder Sozialhilfe nach dem SGB XII gewährt, so geht der Unterhaltsanspruch unter bestimmten Voraussetzungen auf den oder die Sozialleistungsträger über (§§ 33 SGB II, 94 SGB XII; s dazu Vorbem 170 zu §§ 1601 ff). Für die Geltendmachung rückständiger Ansprüche durch den Sozialleistungsträger bestimmt **§ 33 Abs 3 S 1 SGB II** (in der Fassung vom 13. 5. 2011):

> **Für die Vergangenheit können die Träger der Leistungen nach diesem Buch außer unter den Voraussetzungen des bürgerlichen Rechts nur von der Zeit an den Anspruch geltend machen, zu welcher sie der oder dem Verpflichteten die Erbringung der Leistung schriftlich mitgeteilt haben.**

Für die Zeit **vor dem 1. 8. 2006** bestand diese Möglichkeit nicht (BGH FamRZ 2011, 1386; vgl Klinkhammer FamRZ 2004, 1909, 1916; FamRZ 2006, 1171, 1173).

Eine § 33 Abs 3 S 1 SGB II inhaltlich entsprechende Regelung ist in **§ 94 Abs 4 S 1 SGB XII** enthalten.

65 Die Mitteilung nach §§ 33 Abs 3 S 1 SGB II, 94 Abs 4 S 1 SGB XII **(Rechtswahrungsanzeige)** entspricht der früheren Rechtswahrungsanzeige. Durch sie wird eine selbständige, **neben der nach § 1613 BGB** bestehende Möglichkeit eröffnet, den Unterhaltspflichtigen für die Vergangenheit in Anspruch zu nehmen (BGH FamRZ 1983, 895; NJW 1985, 2589 = FamRZ 1985, 586; NJW 1986, 724 = FamRZ 1985, 793; FamRZ 1987, 1014 = NJW-RR 1987, 1220 [alle zu § 91 Abs 2 aF BSHG]). Eine vor dem Übergang ausgesprochene **Mahnung** durch den Unterhaltsberechtigten bleibt auch für den übergegangenen Anspruch wirksam. Dagegen kann der Sozialhilfeträger vor dem Übergang nicht wirksam mahnen, weil er noch nicht Gläubiger ist (s Rn 32 mwNw).

66 Die Mitteilung ist – ebenso wie die Rechtswahrungsanzeige nach früherer Rechtslage – kein Verwaltungsakt, sondern eine nach bürgerlich-rechtlichen Vorschriften zu beurteilende Erklärung (BGH NJW 1985, 2589 = FamRZ 1985, 586 [zu § 91 Abs 2 aF BSHG]; Wendl/Klinkhammer[9] § 8 Rn 82). Sie wirkt nicht wie nach früherer Rechtslage (§ 91 Abs 2 bzw Abs 3 BSHG bis 31. 7. 1996; dazu BGH FamRZ 1985, 793) unter be-

stimmten Voraussetzungen auf den Beginn der Hilfegewährung zurück, sondern **nur für die Zukunft** (vgl BGH FamRZ 2017, 711 Rn 22) und führt hinsichtlich der Möglichkeit der Geltendmachung rückständiger Ansprüche dieselben Rechtsfolgen herbei wie eine Mahnung. In der Mitteilung muss die **Höhe der gewährten Hilfe** nicht angegeben werden (BGH FamRZ 1985, 586; WENDL/KLINKHAMMER[8] § 8 Rn 82; **aA** STAUDINGER/ENGLER [2000] Rn 66). Sie braucht auch keine Zahlungsaufforderung zu enthalten. Der Sozialleistungsträger kann sich vorbehalten, ob, in welcher Höhe und auf welchem Wege er den Unterhaltspflichtigen in Anspruch nehmen will (BGH FamRZ 1988, 610 = NJW-RR 1988, 1410 [zu § 91 Abs 2 aF BSHG]).

Neben der Rechtswahrungsanzeige stehen dem Sozialleistungsträger – nach Übergang des Anspruchs – als Gläubiger auch die **zivilrechtlichen Möglichkeiten** zur Sicherung rückständiger Unterhaltsforderungen zur Verfügung. Insbesondere kann der Sozialleistungsträger den Unterhalt (dann auch für noch nicht übergegangene zukünftige Monatsbeträge, arg §§ 33 Abs 3 S 2 SGB II, 94 Abs 4 S 2 SGB XII) anmahnen. Ferner können die Sozialleistungsträger als Unterhaltsgläubiger kraft Legalzession auch den **zivilrechtlichen Auskunftsanspruch** geltend machen (§§ 33 Abs 1 S 4 SGB II, 94 Abs 1 S 1 SGB XII). 67

Durch die alleinige Geltendmachung der **öffentlichrechtlichen Auskunftspflicht** (§§ 60 SGB II, 117 SGB XII) können Unterhaltsansprüche für die Vergangenheit nicht gesichert werden. 68

2. Ausbildungsförderung

Werden Leistungen nach dem Bundesausbildungsförderungsgesetz (WENDL/KLINKHAMMER[9] § 8 Rn 279 ff) trotz vorrangiger Unterhaltspflicht der Eltern gewährt, so geht der Unterhaltsanspruch gem § 37 Abs 1 BAföG mit der Zahlung kraft Gesetzes auf das Land über (§ 1602 Rn 87). Die Geltendmachung rückständiger Unterhaltsansprüche ist in **§ 37 Abs 4 BAföG** geregelt, der durch das 6. Änderungsgesetz vom 16. 7. 1979 (BGBl I 1037) mit einer geringfügigen redaktionellen Ergänzung durch das 12. Änderungsgesetz vom 25. 5. 1990 (BGBl I 936) folgende Fassung erhalten hat: 69

> **Für die Vergangenheit können die Eltern des Auszubildenden nur von dem Zeitpunkt an in Anspruch genommen werden, in dem**
>
> **1. die Voraussetzungen des bürgerlichen Rechts vorgelegen haben oder**
>
> **2. sie bei dem Antrag auf Ausbildungsförderung mitgewirkt haben oder von ihm Kenntnis erhalten haben und darüber belehrt worden sind, unter welchen Voraussetzungen dieses Gesetz eine Inanspruchnahme von Eltern ermöglicht.**

Durch diese Fassung ist klargestellt, dass die Nummer 2 dem Träger der Ausbildungsförderung eine **weitere Möglichkeit** zur Geltendmachung rückständiger Unterhaltsansprüche eröffnet (BLANKE FamRZ 1979, 543). Andererseits sollte dem Schutz der Eltern vor für sie nicht vorhersehbarer Inanspruchnahme stärker Rechnung getragen werden (BT-Drucks 8/2868, 31). 70

71 Die **Mitwirkung bei dem Antrag** auf Ausbildungsförderung ist als eine eigene Tätigkeit der Eltern gegenüber dem Amt für Ausbildungsförderung zu verstehen, weil nur dadurch eine genaue Zeitbestimmung ermöglicht wird. Eine Beratung des Kindes und eine Hilfeleistung bei seinem Antrag genügt nicht (**aA** OLG Schleswig SchlHAnz 1984, 127). Die Eltern müssen nach §§ 24, 47 Abs 4 BAföG, 60 SGB I dem Amt für Ausbildungsförderung ihre Einkommens- und Vermögensverhältnisse darlegen. Dazu müssen sie nach § 46 Abs 3 BAföG ein Formblatt (Formblatt 3 zu Art 1 BAföGVwV) benutzen, das durch die BAföGVwV vom 5. 4. 2011 (GMBl 201) bestimmt ist. Dieses Formblatt enthält die Erklärung der Eltern, dass ihnen bekannt ist, dass das Amt für Ausbildungsförderung von ihnen Beiträge fordern kann, die ihrem Kind vorausgeleistet werden, wenn sie den von ihnen zu zahlenden Unterhaltsbetrag nicht leisten, und dass dies auch für die Vergangenheit möglich ist, soweit Leistungen rückwirkend erbracht werden. Nach dieser Erklärung erübrigt sich die in Nummer 2 vorgesehene Belehrung.

72 Aus dem Wortlaut des Gesetzes ergibt sich nicht eindeutig, ob die **Belehrung der Eltern** auch im Fall ihrer Mitwirkung erforderlich ist oder ob dieses Erfordernis nur in dem Fall gilt, dass sie von dem Antrag lediglich Kenntnis erhalten haben. Die Frage ist streitig (für Belehrung in beiden Fällen: OLG Schleswig SchlHAnz 1984, 127; für Beschränkung auf den Fall der Kenntniserlangung: ROTHE/BLANKE/HUMBORG, BAföG[5] § 37 Rn 14). Der zweiten Ansicht ist zumindest dann zu folgen, wenn – wie hier – die Mitwirkung als eine förmliche Mitwirkung angesehen wird.

73 Bei der 2. Alternative der Nummer 2 (Kenntnis und Belehrung) kommt es entscheidend auf den **Zeitpunkt der Belehrung** an, denn durch sie erfahren die Eltern zugleich von der Antragstellung. Die Belehrung erfolgt durch eine empfangsbedürftige Erklärung des Amtes für Ausbildungsförderung, die mit Zugang bei den Eltern wirksam wird (§ 130 Abs 1 S 1 BGB; zur Mitwirkung der Eltern s auch BGH FamRZ 2013, 1644).

3. Unterhaltsvorschuss

74 Wird an ein Kind, das bei einem alleinstehenden Elternteil lebt, nach dem Unterhaltsvorschussgesetz Unterhalt geleistet (vgl WENDL/KLINKHAMMER[8] § 8 Rn 262 ff), so gehen Unterhaltsansprüche des Kindes gegen den anderen Elternteil zusammen mit dem unterhaltsrechtlichen Auskunftsanspruch kraft Gesetzes auf das Land über (§ 7 Abs 1 S 1 UnterhVG). Für die Geltendmachung von Rückständen bestimmt **§ 7 Abs 2 UnterhVG**:

Für die Vergangenheit kann der in Absatz 1 bezeichnete Elternteil nur von dem Zeitpunkt an in Anspruch genommen werden, in dem

1. **die Voraussetzungen des § 1613 des Bürgerlichen Gesetzbuchs vorgelegen haben oder**
2. **der in Absatz 1 bezeichnete Elternteil von dem Antrag auf Unterhaltsleistung Kenntnis erhalten hat und er darüber belehrt worden ist, dass er für den geleisteten Unterhalt nach diesem Gesetz in Anspruch genommen werden kann.**

In ihrer früheren Fassung hatte diese Vorschrift inhaltlich mit § 91 Abs 3 S 1 BSHG übereingestimmt (Rn 64 ff; vgl auch OLG Stuttgart DAVorm 1992, 1361).

In § 7 Abs 4 S 3 UnterhVG ist vorgesehen, dass das Land „den auf ‚ihn' übergegangenen Unterhaltsanspruch im Einvernehmen mit dem Unterhaltsleistungsempfänger auf diesen zur gerichtlichen Geltendmachung rückübertragen und sich den geltend gemachten Unterhaltsanspruch abtreten lassen" kann. Diese Bestimmung sollte die gegenläufige überwiegende Rechtsprechung korrigieren, wie es in der Begründung heißt (BT-Drucks 13/7338, 46). 75

Auf eine vor dem 1. 7. 1998 erfolgte Rückabtretung nach § 7 Abs 1 S 1 UnterhVG übergegangener Unterhaltsansprüche ist die Regelung des § 91 Abs 4 S 1 BSHG entsprechend anzuwenden (BGH FamRZ 2000, 221 = DAVorm 2000, 53).

4. Jugendhilfe, Berufsausbildungsbeihilfe, Kriegsopferfürsorge

Bei Gewährung **öffentlicher Kinder- oder Jugendhilfe** haben sich seit 1. 10. 2005 die gesetzliche Systematik geändert. Ein Anspruchsübergang ist nicht mehr vorgesehen, vielmehr erfolgt ein Rückgriff nur noch im Wege des öffentlich-rechtlichen Kostenbeitrags nach §§ 91 ff SGB VIII (vgl BGH FamRZ 2007, 377 mAnm Doering-Striening FamRZ 2007, 380). Nach § 92 Abs 3 S 1 SGB VIII kann ein Kostenbeitrag ab dem Zeitpunkt erhoben werden, ab dem dem Pflichtigen die Gewährung der Leistung mitgeteilt und er über die Folgen für seine Unterhaltspflicht gegenüber dem jungen Menschen aufgeklärt wurde. Letztere Formulierung ist allerdings zumindest ungenau, weil die Leistungen der Kinder – und Jugendhilfe bedarfsdeckend sind und also die Unterhaltsbedürftigkeit entfällt (BGH FamRZ 2007, 377; zu scheinbaren Widersprüchen s Doering-Striening FamRZ 2007, 380, 381). Hinsichtlich der Anforderungen wird auf ähnliche Fragestellungen bei Ausbildungsförderung (Rn 69 ff) und Unterhaltsvorschuss (Rn 74 ff) verwiesen. 76

Bei der **Berufsausbildungsbeihilfe** und dem hier stattfindenden Anspruchsübergang bei Vorausleistung sieht § 72 Abs 2a SGB III für die Nachforderung rückständigen Unterhalts eine der Ausbildungsförderung (Rn 69 ff) entsprechende Regelung vor. 77

Im Rahmen der **Kriegsopferfürsorge** und den hier vorgesehenen Anspruchsübergang bestimmt § 27h Abs 3 BVG, dass der Träger der Kriegsopferfürsorge den übergegangenen Unterhalt für die Vergangenheit außer unter den Voraussetzungen des Bürgerlichen Rechts nur von der Zeit an fordern kann, zu welcher er dem Unterhaltspflichtigen die Gewährung der Hilfe schriftlich mitgeteilt hat. Hierzu wird auf die gleichlautende Regelung bei der Grundsicherung für Arbeitsuchende und der Sozialhilfe (s Rn 64 ff) verwiesen. 78

V. Jahresfrist für Sonderbedarf, Absatz 2 Nr 1

1. Anspruch wegen Sonderbedarfs

Abs 2 Nr 1 regelt die **Erfüllung** eines Unterhaltsanspruchs wegen Sonderbedarfs für die Vergangenheit. Diese Regelung setzt das Bestehen eines solchen Anspruchs 79 voraus, sie begründet ihn aber nicht. Es ist deshalb zunächst zu prüfen, ob und in welchem Umfang ein Unterhaltsanspruch wegen Sonderbedarfs besteht.

80 Da der Sonderbedarf zum **gesamten Lebensbedarf** gehört, wird er nach § 1610 Abs 2 BGB von dem zu gewährenden Unterhalt umfasst (BGH NJW 1983, 224 = FamRZ 1983, 29). Das gilt aber nach § 1610 Abs 1 BGB nur, soweit er der **Lebensstellung des Bedürftigen** entspricht (vgl OLG Hamm NJW 2011, 1087: Schüleraustausch mit China; OLG Köln FamRZ 1986, 163 zum Trennungsunterhalt; vgl auch – fraglich – AG Michelstadt FamRZ 2005, 1118: Wahlleistungsvereinbarung einer Chefarztbehandlung). Ein Unterhaltsanspruch wegen Sonderbedarfs setzt weiter voraus, dass der Berechtigte insoweit **bedürftig** und der Pflichtige insoweit **leistungsfähig** ist (§§ 1602, 1603 BGB; s BGH NJW 1982, 328, 330 = FamRZ 1982, 145, 147; KG FamRZ 1993, 561 = NJW-RR 1993, 1223; OLG München FamRZ 1996, 1411). Das gilt sowohl dann, wenn der Berechtigte seinen laufenden Bedarf mit eigenen Mitteln befriedigt und nur wegen des Sonderbedarfs Unterhalt verlangt, als auch dann, wenn Unterhalt wegen Sonderbedarfs neben einer Geldrente beansprucht wird. Der Anspruch auf eine Geldrente umfasst also nicht zugleich den Anspruch wegen Sonderbedarfs, vielmehr muss zunächst geprüft werden, ob der Sonderbedarf der Lebensstellung des Bedürftigen entspricht, ob der Bedürftige den Sonderbedarf aus seiner Unterhaltsrente decken kann und ob der Pflichtige zu weiteren Leistungen in der Lage ist. Eine Belastung des Unterhaltspflichtigen mit hohen Sonderbedarfskosten kann auch zu einer Einschränkung seiner Fähigkeit zu laufenden Zahlungen führen.

2. Sonderbedarf

81 Sonderbedarf ist nach der Legaldefinition in Satz 1 ein unregelmäßiger außergewöhnlich hoher Bedarf. Bei beiden Merkmalen „unregelmäßig“ und „außergewöhnlich hoch“ handelt es sich um unbestimmte Gesetzesbegriffe (s Vorbem 79 zu §§ 1601 ff), die unterschiedlich ausgelegt werden. Entscheidend kommt es auf die Abgrenzung von dem Bedarf an, der durch die Geldrente gedeckt wird, mithin darauf, welche Bedarfsbestandteile in die **Sätze der Düsseldorfer Tabelle** einkalkuliert sind (vgl BGH FamRZ 2009, 962). Sind sie einkalkuliert, so können sie nicht neben dem Regelbedarf geltend gemacht werden. Sind die betreffenden Kosten **nicht einkalkuliert**, so ist zu unterscheiden, ob sie regelmäßig und vorhersehbar anfallen, dann handelt es sich um Mehrbedarf, der Abs 1 unterfällt. Fallen sie unregelmäßig und nicht vorhersehbar an, so kann es sich bei entsprechender Höhe um Sonderbedarf handeln (vgl Wendl/Klinkhammer[9] § 6 Rn 1 ff).

82 **a)** **Unregelmäßig** ist nach herrschender Meinung ein Bedarf, der nicht mit Wahrscheinlichkeit vorauszusehen war und deshalb bei der Bemessung der Geldrente nicht berücksichtigt werden konnte (BGH FamRZ 2006, 612; BGH FamRZ 1982, 145; OLG Stuttgart FamRZ 1982, 1114; KG FamRZ 1987, 306; OLG Hamm NJW 1994, 2627 = FamRZ 1994, 1281; FamRZ 1991, 110; 1990, 556). Ob ein vorhersehbarer Bedarf in die Rente einbezogen wird, hängt weniger vom Überraschungsmoment als von seiner Höhe und dem Zeitraum bis zu seinem Eintritt ab (vgl BGH FamRZ 2006, 612; BGH FamRZ 2012, 514 – Ehegattenunterhalt; OLG Braunschweig FamRZ 1995, 1010; OLG Frankfurt FamRZ 1995, 631; OLG Hamm FamRZ 1993, 995; OLG Hamburg FamRZ 1991, 109 mAnm Henrich = NJW-RR 1992, 4; s auch OLG Karlsruhe FamRZ 1997, 967, 968; **aA** Soergel/Seibl[13] Rn 42). Andererseits ist ein plötzlich eintretender fortdauernder Mehrbedarf (zB infolge eines Unfalls) nicht als Sonderbedarf anzusehen, sondern durch eine Erhöhung der Rente zu berücksichtigen. Für die Unregelmäßigkeit kommt es deshalb darauf an, ob der Bedarf **vorübergehender Natur** ist. Dies ist nicht der Fall bei den Kosten eines dauernden Heimaufenthalts; sie treten regelmäßig auf (OLG Hamm FamRZ 1996, 1218). Ebenso verhält es sich bei einem Auslandsstudium (OLG Naumburg OLGR 2004, 78).

b) Ein Bedarf ist **außergewöhnlich hoch**, wenn der Berechtigte ihn nicht aus der Unterhaltsrente oder eigenen Mitteln decken kann (BGH NJW 1982, 328 = FamRZ 1982, 145; OLG Düsseldorf FamRZ 1982, 1068; vgl Rn 81). 83

Die Unterhaltsrente ist so zu bemessen, dass sie sämtliche voraussehbaren Bedürfnisse abdeckt und hinreichend Spielraum für eine vernünftige Planung voraussehbarer größerer Aufwendungen belässt (BGH NJW 1983, 2082, 2084 = FamRZ 1983, 689, 691). Auch für unvorhersehbare Bedürfnisse, mit denen bei den Wechselfällen des Lebens immer gerechnet werden muss, ist in dem angemessenen Unterhalt (§ 1610 Abs 1 BGB) ein gewisser Betrag enthalten. Im Zweifel sollte es damit sein Bewenden haben und **nur in Ausnahmefällen** eine gesonderte Ausgleichung zusätzlicher unvorhergesehener Ausgaben erfolgen (BGH NJW 1982, 328 = FamRZ 1982, 145; NJW 1984, 2826, 2828 = FamRZ 1984, 470, 472; KG FamRZ 1987, 306; vgl § 1610 Rn 313). 84

c) **Einzelfälle:** Die Säuglingserstausstattung stellt nach wohl überwiegender Auffassung Sonderbedarf dar (OLG Koblenz FamRZ 2009, 2098; Wendl/Scholz[8] § 6 Rn 15; vgl BVerfG FamRZ 1999, 1342). 85

Die Kosten einer **Konfirmation** oder **Erstkommunion** werden überwiegend **nicht** als Sonderbedarf angesehen (BGH FamRZ 2006, 612; OLG Stuttgart FamRZ 1982, 1114; KG FamRZ 1987, 306; OLG Hamm FamRZ 1989, 311; 1990, 556; 1991, 110, 857, 1352; 1993, 995; OLG Celle NJW-RR 1991, 201; OLG Karlsruhe FamRZ 1991, 1349; FamRZ 1991, 1351 = NJW-RR 1991, 1348; **aA** OLG Frankfurt FamRZ 1988, 100; OLG Köln NJW-RR 1988, 1476; FamRZ 1990, 89 = NJW-RR 1990, 1093; OLG Düsseldorf FamRZ 1990, 1144). Ähnliches gilt für die **Jugendweihe** (vgl OLG Brandenburg FamRZ 2006, 644). 86

Die Kosten einer **Klassenfahrt** gehören zu den Erziehungs- oder Ausbildungskosten des Kindes. Über die pädagogische Angemessenheit der Fahrt entscheidet bei minderjährigen Kindern der sorgeberechtigte Elternteil, der Unterhaltspflichtige ist grundsätzlich daran gebunden (s § 1610 Rn 281). Überwiegend werden die Kosten – zumindest teilweise – als Sonderbedarf angesehen (OLG Hamm NJW-RR 2004, 1446; OLG Braunschweig FamRZ 1995, 1010; OLG Schleswig SchlHAnz 1979, 222; OLG Hamburg FamRZ 1991, 109 = NJW-RR 1992, 4; OLG Hamm FamRZ 1992, 346; OLG Köln NJW 1999, 295; AG Charlottenburg FamRZ 1987, 1075; AG Grevenbroich FamRZ 1992, 346; **aA** OLG Hamm FamRZ 2007, 77; OLG Zweibrücken OLGR 2001, 58; OLG Hamm FamRZ 1993, 995; OLG Stuttgart DAVorm 1984, 485; OLG Thüringen FamRZ 1997, 448; AG Göttingen DAVorm 1989, 296). Die Einstufung als Sonderbedarf kann nicht verneint werden, weil die Kosten von der Düsseldorfer Tabelle abgedeckt seien. Denn es handelt sich um spezifischen Erziehungs-/Ausbildungsbedarf, der von der Düsseldorfer Tabelle (sächlicher Regelbedarf, vgl § 1610 Rn 306) nicht erfasst wird (§ 1610 Rn 306; anders zT noch Staudinger/Engler [2000] Rn 87). Besonders hohe Reisekosten, die durch Schüleraustausch entstehen, können Sonderbedarf sein (OLG Karlsruhe FamRZ 1988, 1091; vgl dagegen auch OLG Hamm NJW 2011, 1087). Sie können aber auch das Maß des geschuldeten Unter- 87 halts übersteigen (so OLG Schleswig NJW 2006, 1601: Kosten eines USA-Aufenthaltes für ein Schuljahr; OLG Naumburg FamRZ 2000, 444: Kosten eines sechsmonatigen Aufenthalts in Kanada; ähnlich OLG Dresden OLGR 2006, 357; vgl auch KG FuR 2003, 178).

88 Zuweilen wird die Verpflichtung zur **Zahlung von Prozesskosten** oder **Kosten einer Anwaltsberatung** als Sonderbedarf angesehen (OLG Schleswig FamRZ 1985, 481; OLG München FamRZ 1990, 312; Kleinwegener FamRZ 1992, 755). Das trifft jedoch nicht zu (BGH FamRZ 1990, 280, 282 = NJW-RR 1990, 194; AG Sinzig FamRZ 1990, 1268). Die Zahlung von Prozess- oder Anwaltskosten gehört nicht zum Lebensbedarf im Sinne von § 1610 Abs 2 BGB und kann deshalb kein Sonderbedarf sein. Anders ist es mit dem Anspruch auf **Prozesskostenvorschuss** (Verfahrenskostenvorschuss), soweit ein solcher besteht (s § 1610 Rn 199 ff). Insoweit handelt es sich um einen Sonderbedarf, denn der Vorschuss ist unabhängig von der Rente zu zahlen (Herpers FamRZ 1984, 465; OLG Stuttgart FamRZ 1988, 207). Trotzdem ist Absatz 2 nicht anwendbar, weil der Berechtigte keines Vorschusses mehr bedarf, wenn er die Verwirklichung seines Rechtsschutzes ohne ihn erlangt hat (§ 1610 Rn 196 mwNw).

89 **Sonderbedarf** können ferner sein:

- **Umzugskosten** (BGH NJW 1983, 224 = FamRZ 1983, 29; OLG Düsseldorf FamRZ 1982, 1068; OLG München FamRZ 1996, 1411; anders wenn Umzug nicht notwendig OLG Köln FamRZ 1986, 163; s auch OLG Karlsruhe NJW-RR 1998, 1226),
- Kosten einer **kieferorthopädischen Behandlung** (KG FamRZ 2017, 1309 [LS]; OLG Frankfurt FamRZ 2011, 570; OLG Köln JAmt 2010, 576; OLG Celle FamRZ 2008, 1884; OLG Düsseldorf FuR 2004, 307; OLG Düsseldorf FamRZ 1981, 76; OLG Karlsruhe FamRZ 1992, 1317 = NJW-RR 1993, 905; AG Bad Cannstatt DAVorm 1984, 487),
- Kosten einer **tiefenpsychologischen Einzelbehandlung** (OLG Saarbrücken FamRZ 1989, 1224) und einer **psychosomatischen Kur** (OLG Köln FamRZ 1984, 593; vgl auch OLG Düsseldorf FamRZ 2001, 444 [LS]),
- Anschaffung eines **Behindertenfahrzeuges** (OLG Karlsruhe FamRZ 1990, 88),
- Aufwendungen für spezielles Bettzeug wegen **Staubmilbenallergie** (OLG Karlsruhe FamRZ 1992, 850 = NJW-RR 1992, 838),
- Aufwendungen bei **Bulimie** nur bei konkret nachgewiesenen und notwendigen Mehrkosten (OLG Köln ZKJ 2009, 38),
- Kosten für ein **Schülerbetriebspraktikum in England**, wenn als Regelunterhalt nur das Existenzminimum gewährt wird (AG Velbert FamRZ 2006, 645),
- Kosten für überhöhte Telefonrechnungen wegen **Telefonsex** (AG Nordenham FamRZ 2003, 629); diese sind aber bereits deshalb kein Sonderbedarf, weil sie nicht zum angemessenen Unterhalt gehören (Scholz FamRZ 2003, 1900).

90 **Nicht** als **Sonderbedarf** wurden anerkannt:

- Kosten für **Urlaubsreisen** und **Ferienfreizeiten** (OLG Hamburg FamRZ 1990, 436 = NJW-RR 1989, 1353; OLG Hamm NJW 2011, 1087),

- Erwerb einer **Schultüte** bei Einschulung eines Kindes (**aA** BVerwG NJW 1993, 2192 zu § 22 BSHG),

- Kosten für **Nachhilfeunterricht** (OLG Zweibrücken FamRZ 1994, 770; OLG Düsseldorf NJW-RR 2005, 1529; **aA** OLG Koblenz OLGR 2003, 32; OLG Köln OLGR 2001, 80; OLG Köln NJW 1999, 295), soweit sie regelmäßig anfallen und vorhersehbar sind (anders für eine wegen Lernschwäche notwendige Anschaffung eines **Computers** OLG Hamm FamRZ 2004, 830: Sonderbedarf),

- Neueinrichtung eines **Kinderzimmers** (OLG Koblenz FamRZ 1982, 424; AG Würzburg FamRZ 1981, 79),

- Beitrag zum **Kindergarten** (vgl BGH FamRZ 2009, 962; OLG Stuttgart FamRZ 1999, 884; Büttner NJW 1999, 2315, 2317),

- Einrichtung einer **Wohnung** durch studierendes Kind (AG/OLG Köln FamRZ 1983, 829; s aber auch § 1610 Rn 30),

- Anschaffung eines **Klaviers** (AG Karlsruhe FamRZ 1988, 207), eines **Waldhorns** (OLG Karlsruhe FamRZ 1997, 967),

- Kosten einer **Namensänderung** (OLG Hamburg FamRZ 1992, 212),

- Kosten der **Fahrschule** und für den Erwerb der **Fahrerlaubnis** (KG ZFE 2004, 184),

- die erstmalig angefallene **Betreuervergütung** aufgrund einer vormundschaftsgerichtlichen Festsetzung für einen abgelaufenen Zeitraum der Betreuung (OLG Nürnberg FamRZ 1999, 1684 = MDR 1999, 616; anders OLG Koblenz FPR 2002, 310 – Ehegattenunterhalt; vgl auch LG Kleve FamRZ 2000, 1534).

3. Jahresfrist

Nach Absatz 2 Nr 1 HS 1 kann der Unterhaltsanspruch wegen Sonderbedarfs **für die Vergangenheit** „ohne die Einschränkung des Absatzes 1" geltend gemacht werden; mit der Neufassung sollte der Regelungsinhalt des früheren Abs 2 übernommen werden (BT-Drucks 13/7338, 31). Abs 2 Nr 1 HS 2 beschränkt – wie der frühere Abs 2 S 2 – die Möglichkeit, rückständigen Unterhalt wegen Sonderbedarfs zu verlangen, auf die Dauer eines Jahres. Innerhalb dieses Jahres muss der Verpflichtete in Verzug gekommen (oben Rn 29 ff) oder der Anspruch rechtshängig geworden sein (oben Rn 59 ff). Andernfalls erlischt der Anspruch (oben Rn 22). 91

An den mit der Neufassung des Abs 1 zusätzlich eingeführten **Fall des Auskunftsverlangens**, das für den laufenden Unterhalt gleichfalls die Geltendmachung von Rückständen rechtfertigt, hat das KindUG offenbar nicht gedacht. Nach dem eindeutigen Wortlaut des Abs 2 Nr 1 muss dieser Fall bei der Geltendmachung von Sonderbedarf außer Betracht bleiben. Es hätte auch keinen Sinn, wenn der Berech- 92 tigte, in dessen Person ein Anspruch wegen Sonderbedarfs entstanden ist, zunächst den Verpflichteten lediglich zur Auskunft über Einkünfte und Vermögen aufforderte, ohne innerhalb eines Jahres nach der Entstehung des Anspruchs Erfüllung zu verlangen.

93 Das Jahr beginnt mit der **Entstehung des Anspruchs**. Der Unterhaltsanspruch entsteht, wenn die persönlichen und sachlichen Voraussetzungen vorliegen. Soweit der Sonderbedarf durch Kosten für Sachen oder Dienstleistungen begründet wird (vgl Rn 85, 89), entsteht der Anspruch, sobald der Unterhaltsberechtigte mit diesen Kosten belastet wird, meist mit der Erteilung der Rechnung (OLG Karlsruhe FamRZ 1990, 88; 1992, 1317). Dagegen entsteht der Anspruch nicht erst, wenn sich herausstellt, dass ärztliche Behandlungskosten nicht durch die Krankenversicherung gedeckt sind (so aber OLG Schleswig FamRZ 1983, 394).

VI. Hinderung des Berechtigten an der Geltendmachung des Anspruchs, Absatz 2 Nr 2

1. Sinn der Bestimmung

94 Der vom KindUG eingefügte Abs 2 Nr 2 abstrahiert und erweitert den Gedanken, den zuvor § 1615d BGB ausgedrückt hatte. Diese Bestimmung hatte für Unterhaltsansprüche eines nichtehelichen Kindes gegen seinen Vater eine Ausnahme von der allgemeinen Regelung des § 1613 Abs 1 BGB vorgesehen. Der Vater ist dem Kind von der Geburt an unterhaltspflichtig. Der alsbaldigen Forderung von Unterhalt stand jedoch nach früherem Recht (§ 1600a S 2 aF) und steht nach geltendem Recht (§§ 1594 Abs 1, 1600d Abs 4 BGB) entgegen, dass vor Feststellung (Anerkennung oder gerichtlicher Feststellung) der Vaterschaft deren Rechtswirkungen nicht geltend gemacht werden können. Um zu vermeiden, dass der Vater, wenn seine Vaterschaft erst nach der Geburt des Kindes festgestellt werden konnte, daraus durch Freistellung von der Unterhaltspflicht einen Vorteil zöge, bestimmte § 1615d aF, dass das Kind von seinem Vater Unterhaltsbeträge, die fällig geworden sind, bevor die Vaterschaft anerkannt oder rechtskräftig festgestellt war, auch für die Vergangenheit verlangen konnte (s dazu § 1615a Rn 15 und STAUDINGER/EICHENHOFER [1997] § 1615d Rn 7 ff).

95 § 1613 Abs 2 Nr 2 BGB beschränkt sich nicht auf den Unterhaltsanspruch eines nichtehelichen Kindes gegen seinen Vater; die Bestimmung sagt vielmehr allgemein, dass der Berechtigte für die Vergangenheit ohne die Einschränkung des Abs 1 Erfüllung verlangen kann für den Zeitraum, in dem er entweder aus rechtlichen Gründen oder aus tatsächlichen Gründen, die in den Verantwortungsbereich des Unterhaltspflichtigen fallen, an der Geltendmachung des Unterhaltsanspruchs gehindert war. Sie gilt etwa auch für die ersatzweise Haftung von Verwandten im Fall der Leistungsunfähigkeit des primär Verpflichteten (BGH FamRZ 2004, 800: beschränkt auf die Zeit nach Inkrafttreten der Vorschrift).

2. Hinderung aus rechtlichen Gründen

96 Abs 2 Nr 2 **Buchst a** umfasst die Fälle, für die schon § 1615d aF eine Ausnahme vom grundsätzlichen Ausschluss der Geltendmachung rückständigen Unterhalts vorgese-

hen hatte. Ein Kind kann von einem Mann keinen Unterhalt verlangen, solange dessen Vaterschaft nicht feststeht, weil er nicht mit der Mutter verheiratet ist oder war (§§ 1592 Nr 1, 1593 BGB) und seine Vaterschaft weder von ihm anerkannt (§ 1592 Nr 2 BGB) noch nach § 1600d BGB gerichtlich festgestellt ist (§ 1592 Nr 3 BGB). Das ergibt sich aus §§ 1594 Abs 1 BGB, wonach die Rechtswirkungen der Anerkennung, also auch die Unterhaltspflicht des Vaters, erst von dem Zeitpunkt an geltend gemacht werden können, in dem die Anerkennung wirksam wird, und aus § 1600d Abs 4 BGB, der für den Fall der gerichtlichen Feststellung vorsieht, dass die Rechtswirkungen der Vaterschaft erst vom Zeitpunkt ihrer Feststellung an geltend gemacht werden können.

Sobald die Anerkennung wirksam oder die gerichtliche Feststellung rechtskräftig ist, **97** greift die Regel des § 1613 Abs 1 BGB ein, weil der Berechtigte nicht mehr an der Geltendmachung des Unterhaltsanspruchs rechtlich gehindert ist. Eine Verwirkung des Unterhalts nimmt das OLG Dresden (NJW-RR 2002, 1154; vgl auch OLG Karlsruhe FamRZ 2002, 1262; OLG Schleswig FamRZ 2008, 2057 [zu § 1615l]) in einer besonderen Fallkonstellation an (Zusammenleben des Kindes mit dem Vater, der seine Vaterschaft erst anerkennt, nachdem die Eltern sich – mehr als fünf Jahre nach der Geburt – getrennt haben und er zur Anerkennung aufgefordert worden ist). Eine Verwirkung des Unterhalts vor Entstehung des Anspruchs ist allerdings nicht möglich und lässt sich auch nicht mit dem Nichtbetreiben eines Vaterschaftsfeststellungsverfahrens durch das Kind begründen. Der Anspruch dürfte im Fall des OLG Dresden für die Zeit des Zusammenlebens mit dem Vater indessen daran scheitern, dass der Unterhaltsbedarf des Kindes im Einvernehmen mit der sorgeberechtigten Mutter befriedigt wurde und damit – ersatzlos (vgl § 1607 BGB) – entfallen ist (auch die Anteile von Mutter und Vater müssen nicht nachträglich aufgeklärt werden, arg § 1360b BGB). In besonderen Fällen ist Abs 3 anzuwenden.

Hatte der Vater die Vaterschaft schon vor der Geburt des Kindes anerkannt (§ 1594 **98** Abs 4 BGB), so liegt die Voraussetzung des Abs 2 Nr 2 Buchst a nicht vor, und es gilt die allgemeine Regelung des Abs 1.

3. Hinderung aus tatsächlichen Gründen

Die Bestimmung des Abs 2 Nr 2 **Buchst b** erweitert den Kreis der Fälle, in denen ein **99** Unterhaltsberechtigter Unterhalt für die Vergangenheit verlangen kann. Dies ist auch dann möglich, wenn der Berechtigte aus **tatsächlichen** Gründen, die in den **Verantwortungsbereich des Unterhaltspflichtigen** fallen, an der Geltendmachung des Unterhaltsanspruchs gehindert ist. Im Verantwortungsbereich des Verpflichteten liegt insbesondere der Fall, in dem er sich durch sein Verhalten der Geltendmachung des Anspruchs entzieht, indem er seinen Aufenthalt wechselt, etwa ins Ausland umzieht, ohne dem Berechtigten seinen neuen Aufenthaltsort bekanntzugeben (BT-Drucks 13/7338, 31). Auf ein **Verschulden** des Verpflichteten, insbesondere auf die Absicht, sich der Geltendmachung des Anspruchs zu entziehen, **kommt es nicht an**.

Ist der Aufenthalt des Verpflichteten dem Berechtigten bekannt, so ist er nicht an der Geltendmachung des Anspruchs gehindert; es gilt dann also die allgemeine Regelung des Abs 1 (BT-Drucks 13/7338).

100 Ein in den Verantwortungsbereich des Unterhaltsverpflichteten fallender Grund, der den Berechtigten an der Geltendmachung seines (höheren) Anspruchs hindert, kann auch darin gesehen werden, dass der Verpflichtete, der keinen oder nur geringen Unterhalt leistet, in evident unredlicher Weise eine **grundlegende Verbesserung seiner wirtschaftlichen Verhältnisse verschweigt** und den Berechtigten dadurch abhält, seinen (höheren) Anspruch geltend zu machen (so Büttner NJW 1999, 2315, 2321 kritisch gegen OLG Bremen FamRZ 2000, 256, das einen Anspruch auf Schadensersatz nach § 826 annimmt).

VII. Stundung und Erlass rückständiger Unterhaltsbeträge, Absatz 3

1. Gegenstand der Bestimmung

101 **Abs 3 S 1** knüpft an die frühere Regelung des § 1615i BGB an, der die Möglichkeit vorsah, auf Antrag des Vaters aus Billigkeitsgründen rückständige Unterhaltsbeträge zu stunden, zu erlassen oder zu ermäßigen (s wegen der Einzelheiten Staudinger/Eichenhofer [1997] § 1615i Rn 11 ff). Die Bestimmung gilt **nur in den Fällen des Abs 2 Nr 2**, also dann, wenn die Voraussetzungen, unter denen der Berechtigte Unterhalt für die Vergangenheit ohne die Einschränkungen des Abs 1 verlangen kann, deshalb gegeben sind, weil er entweder aus rechtlichen Gründen oder aus tatsächlichen Gründen, die im Verantwortungsbereich des Unterhaltsverpflichteten liegen, an der rechtzeitigen Geltendmachung gehindert war.

102 § 1615i aF hatte in Abs 1 die Stundung und in Abs 2 für Rückstände, die länger als ein Jahr vor Anerkennung oder Erhebung der Klage auf Feststellung der Vaterschaft fällig geworden waren, den Erlass durch Gestaltungsentscheidung des Gerichts ermöglicht. Dieses System hat das KindUG in § 1613 Abs 3 S 1 BGB aufgegeben. Nach dieser Bestimmung kann der Berechtigte, wenn die volle oder die sofortige Erfüllung für den Verpflichteten eine unbillige Härte bedeuten würde, den rückständigen Unterhalt nicht, nur in Teilbeträgen oder erst zu einem späteren Zeitpunkt verlangen. Die Begründung des RegE des KindUG sagt das mit der Bemerkung, dass Stundung und Erlass nicht mehr als Gestaltungsrechte des Gerichts, sondern als materiellrechtliche Einwendungen ausgestaltet seien (BT-Drucks 13/7338, 32).

103 Hat ein **Dritter**, insbesondere ein anderer Verwandter oder der Ehegatte des anderen Elternteils, **an Stelle des Verpflichteten Unterhalt geleistet** (§ 1607 Abs 3 S 1 u 2 BGB) und ist deshalb der Unterhaltsanspruch auf ihn übergegangen, so kann sich der Verpflichtete nach **Abs 3 S 2** auch ihm gegenüber auf die Bestimmung des Abs 3 S 1 berufen, also Stundung oder Erlass eines Teils oder der ganzen rückständigen Forderung verlangen, soweit die volle oder die sofortige Erfüllung für ihn eine unbillige Härte bedeuten würde (vgl OLG Schleswig FamRZ 2007, 2102, 2103 f; zu weitgehend OLG Oldenburg FamRZ 2006, 1561, das allein deswegen einen vollständigen Ausschluss des Anspruchs annimmt, weil der Vater von der Vaterschaft des Dritten ausging; vgl dagegen BGH FamRZ 1981, 763; OLG Dresden JAmt 2004, 337 sowie OLG Karlsruhe 12. 9. 2005 – 16 UF 153/05 – juris).

Auch diese Regelung hatte mit bestimmten Modifikationen für den Fall, dass ein Dritter an Stelle des Vaters eines nichtehelichen Kindes diesem Unterhalt gewährt hatte, das frühere Recht in § 1615i Abs 3 BGB vorgesehen (s dazu BGH FamRZ 1981,

763 und Staudinger/Eichenhofer [1997] § 1615i Rn 24 f). Dass in diesem Fall – wie es der aufgehobene § 1615i Abs 3 S 2 BGB ausdrücklich bestimmt hatte – bei der Billigkeitsentscheidung auch die Bedürfnisse und die wirtschaftlichen Verhältnisse des Dritten zu berücksichtigen sind, ist selbstverständlich; das KindUG hat deshalb zu Recht von der Aufnahme dieses Satzes in § 1613 Abs 3 BGB abgesehen (BT-Drucks 13/7338, 32).

Verfassungsrechtliche Bedenken, wie sie gegenüber der früheren Regelung erwogen worden waren (Staudinger/Eichenhofer [1997] § 1615i Rn 11 f), dürften gegen Abs 3 nicht bestehen. § 1613 BGB will die Interessen des Gläubigers und des Schuldners eines Anspruchs auf rückständigen Unterhalt gerecht ausgleichen. Der Grundsatz, dass Unterhalt nicht für die Vergangenheit verlangt werden kann, ist in Abs 1 S 1 und Abs 2 unter bestimmten Voraussetzungen eingeschränkt. Abs 2 Nr 2 berücksichtigt das Interesse des Unterhaltsberechtigten, der an der Geltendmachung des Anspruchs für einen zurückliegenden Zeitraum aus bestimmten, nicht in seiner Person liegenden Gründen gehindert war, indem ihm gestattet wird, auch für die Vergangenheit Unterhalt zu verlangen. Wenn Abs 3 diese Ausnahme von dem Grundsatz „in praeteritum non vivitur" für die Fälle einschränkt, in denen die sofortige Belastung mit dem vollen aufgelaufenen Rückstand eine unbillige Härte für den Verpflichteten bedeuten würde, kann hierin keine willkürliche Ungleichbehandlung (Art 3 Abs 1 GG) gesehen werden; auch die Eigentumsgarantie (Art 14 Abs 1 GG) ist nicht berührt, zumal es nicht mehr – wie in § 1615i aF – um einen richterlichen Gestaltungsakt geht, sondern um eine gesetzliche Regelung, die das Gericht bei seiner Entscheidung wie alle anderen Tatbestandselemente zu beachten hat. 104

2. Einschränkung des Anspruchs auf rückständigen Unterhalt

Die Konstruktion des Abs 3 S 1 ist ebenso ungewöhnlich wie die Wortfassung. Es geht um Unterhalt, den der Berechtigte ohne die Einschränkung des Abs 1 auch für die Vergangenheit verlangen könnte, weil er aus bestimmten Gründen (Abs 2 Nr 2 Buchst a und b) an der rechtzeitigen Geltendmachung der Ansprüche gehindert war. Anders als der frühere § 1615i BGB, der für bestimmte rückständige Ansprüche die Möglichkeit der Stundung oder des Erlasses durch Gestaltungsakt des Gerichts vorgesehen hatte, greift Abs 3 unmittelbar in diesen Unterhaltsanspruch ein. Unter der Voraussetzung, dass die volle oder die sofortige Erfüllung des Anspruchs auf den rückständigen Unterhalt **für den Verpflichteten eine unbillige Härte** bedeuten würde, ist dieser Anspruch entweder **ganz hinfällig** (Erfüllung „kann … nicht … verlangt werden"), oder der Verpflichtete braucht ihn nur in – konkret in ihrer Höhe und Fälligkeit festgelegten – **Teilbeträgen** oder erst zu einem – gleichfalls konkret festgelegten – **späteren Zeitpunkt** zu erfüllen. Ob hierdurch die Regelung des früheren § 1615i Abs 1 und 2 BGB wirklich „vereinfacht und verallgemeinert" wird, wie in der Begründung des RegE zum KindUG gesagt wird (BT-Drucks 13/7338, 32), ist zweifelhaft. Wenn es dort weiter heißt, der Anspruch auf rückständigen Unterhalt sei durch die Bestimmung des Abs 3 S 1 „modifiziert", steht dies in Widerspruch zu dem anschließenden Satz, dass die Billigkeitsgründe „vom Unterhaltsverpflichteten bei einer außergerichtlichen oder gerichtlichen Verfolgung des Anspruchs auf Rückstände eingewendet werden" müssten. Zumindest dann, wenn offensichtlich ist, dass die sofortige volle „Erfüllung" für den Verpflichteten eine unbillige Härte bedeuten 105 würde, müsste der Berechtigte dies schon im Zahlungsantrag berücksichtigen; ob das Gericht – wenn dies nicht in ausreichendem Maß geschieht – bei der Kostenentscheidung im Rahmen des § 81 FamFG abhilft, ist nicht vorauszusehen, und auch der Verpflichtete tut sich schwer bei der Kalkulation seines Kostenrisikos. Der gedankliche Fehler liegt darin, dass durch die Verwendung des Wortes „Erfüllung" (statt „Leistung rückständigen Unterhalts") das Bestehen eines Anspruchs unterstellt zu werden scheint, der gehemmt ist oder – wenn die unbillige Härte vorliegt – von vornherein nicht oder nicht in voller Höhe besteht.

106 Ein **Erlass** der rückständigen Unterhaltsbeträge oder eines Teils davon kommt nicht nur, wie es § 1615i Abs 2 S 1 BGB vorgesehen hatte, für Beträge in Betracht, die länger als ein Jahr vor Anerkennung der Vaterschaft oder Erhebung der Klage auf Feststellung der Vaterschaft fällig geworden waren (vgl Staudinger/Eichenhofer [1997] § 1615i Rn 21). Das KindUG hielt diese Zeitschranke für entbehrlich, da der Zeitfaktor bei der Billigkeitsentscheidung ohnehin zu berücksichtigen sei; im Übrigen werde ein Erlass auch nach der neuen Formulierung „nur ganz ausnahmsweise gewährt werden können" (BT-Drucks 13/7338, 32). Stets wird zu prüfen sein, ob nicht Stundung oder Herabsetzung des Unterhaltsbetrags (also Teilerlass) für die Vergangenheit genügen (ähnlich Rühl/Gressmann Rn 46). An einen Erlass des gesamten rückständigen Betrags oder eines Teils davon ist vor allem dann zu denken, wenn und soweit der Vater während des Zeitraums, für den er Unterhalt schuldet, subjektiv redlich war, also nicht mit der Unterhaltspflicht rechnen musste, wenn durch seine Belastung mit einem hohen rückständigen Betrag der laufende Unterhalt für das Kind oder für andere Kinder oder die Ehefrau des Vaters objektiv gefährdet wäre und wenn die Gefährdung nicht durch mildere Mittel (Stundung oder Herabsetzung des Unterhaltsbetrags) abgewendet werden kann (vgl zum früheren Recht LG Augsburg DAVorm 1975, 493; LG Kassel DAVorm 1978, 361; LG Heilbronn DAVorm 1981, 301; AG Göttingen FamRZ 1985, 199; LG Ulm FamRZ 1995, 633).

107 Auch **Stundung** oder **Bewilligung von Ratenzahlung** („Erfüllung nur in Teilbeträgen oder erst zu einem späteren Zeitpunkt") kann der Unterhaltsverpflichtete nur in den Fällen des Abs 2 Nr 2 verlangen. Diese Möglichkeit erstreckt sich also – im Gegensatz zum früheren § 1615i BGB (vgl Staudinger/Eichenhofer [1997] § 1615i Rn 13) – nicht auf den Anspruch auf Befriedigung von **Sonderbedarf** (§ 1613 Abs 2 Nr 1 BGB), obwohl auch durch die alsbaldige Erfüllung eines solchen Anspruchs die Fähigkeit des Schuldners zur Gewährung des laufenden Unterhalts gefährdet sein kann. In Abs 2 Nr 1 und Nr 2 werden zwei verschiedene Tatbestände einander gegenübergestellt. Die in Nr 1 genannten Ansprüche sind durch ihren Gegenstand gekennzeichnet; für sie gilt, dass sie – wenn nicht der Verpflichtete in Verzug gesetzt worden oder der Anspruch rechtshängig geworden ist – innerhalb Jahresfrist geltend gemacht werden müssen. Im Gegensatz dazu stellt Nr 2 auf den Zeitraum ab, für den Unterhalt geschuldet wird; daraus kann geschlossen werden, dass sich diese Bestimmung nur auf den laufenden Unterhalt bezieht. Es hieße diesem unterschiedlichen Wortlaut Gewalt antun, wollte man unter Abs 2 Nr 2 – und damit unter den Begriff der „Fälle des Absatzes 2 Nr 2" in Abs 3 S 1 – auch Ansprüche auf Befriedigung von Sonderbedarf subsumieren, die in dem Zeitraum entstanden sind, in dem der Berechtigte an der Geltendmachung gehindert war.

§ 1614
Verzicht auf den Unterhaltsanspruch; Vorausleistung

(1) Für die Zukunft kann auf den Unterhalt nicht verzichtet werden.

(2) Durch eine Vorausleistung wird der Verpflichtete bei erneuter Bedürftigkeit des Berechtigten nur für den im § 760 Abs 2 bestimmten Zeitabschnitt oder, wenn er selbst den Zeitabschnitt zu bestimmen hatte, für einen den Umständen nach angemessenen Zeitabschnitt befreit.

Materialien: E I § 1495; II § 1509; III § 1592; Mot IV 709; Prot IV 483, 515; Jakobs/Schubert §§ 1564–1921, 268; Planck, in: Schubert, Vorlagen der Redaktoren, Familienrecht II, 345.

Schrifttum

Bömelburg, Auslegung einer Vereinbarung über Kindesunterhalt als Freistellungsversprechen?, FF 2009, 250
Börger, Der Weg zu Trennungs- und Scheidungsfolgenvereinbarungen, NZFam 2015, 850
Joosten, Vertragliche Vereinbarungen zum Kindesunterhalt, ZFE 2003, 231
Müller, Regelungen zum Kindesunterhalt in Trennungs- und Scheidungsvereinbarungen, FPR 2000, 255
Röthel, Der Verzicht, insbesondere im Familien- und Erbrecht, Jura 2015, 1065
Terhorst, Der Schutz der Sozialleistungsträger vor selbstgeschaffenen Versorgungslücken des Leistungsberechtigten durch einen Verzicht auf Unterhalt und Arbeitsentgelt (1993).

Systematische Übersicht

Alphabetische Übersicht

I. Allgemeines

1. Inhalt und Normzweck

1 Absatz 1 verbietet den Verzicht auf Unterhalt für die Zukunft. Absatz 2 begrenzt den Zeitraum, für den ein Unterhaltspflichtiger durch Vorausleistung befreit wird. Durch beide Vorschriften wird die **Verfügungsbefugnis** der Parteien über den Unterhaltsanspruch **eingeschränkt**.

2 Der Gesetzgeber hat das Verzichtsverbot aus der **sittlichen Grundlage der Unterhaltspflicht** und dem öffentlichen Interesse wegen der öffentlichen Armenpflege hergeleitet (Mot IV 709; vgl schon RGZ 4, 208, 210; aber auch OLG Nürnberg FamRZ 1996, 353: „Grundprinzip unserer Rechtsordnung"). Aus heutiger Sicht wird die **Rechtsnatur des Unterhaltsanspruchs** das Verbot für minderjährige Kinder rechtfertigen, weil die Unterhaltspflicht ihnen gegenüber durch das Kindeswohl geprägt ist. Ob das auch für volljährige Abkömmlinge und für die Unterhaltspflicht von Kindern und Enkeln gegenüber Eltern und Großeltern gilt, ist angesichts der Bestrebungen, den Verwandtenunterhalt zu beschränken (vgl Beschlüsse des 59. Deutschen Juristentages FamRZ 1992, 1275), zweifelhaft. Normzweck bleibt insoweit das **öffentliche Interesse** an der Vermeidung von Sozialleistungen (BGH FamRZ 2015, 2131 Rn 12; FamRZ 2014, 629 Rn 48 – jeweils zum Trennungsunterhalt nach § 1361). Dagegen bedarf es zum Schutz anderer Unterhaltspflichtiger nicht des Verzichtsverbots, weil ihnen gegenüber eine Erstreckung der Verzichtswirkungen auf ihre Pflicht entsprechend § 1611 Abs 3 BGB ausreichen würde (ebenso Staudinger/Rieble [2017] § 397 Rn 216). Auch der Schutz des Unterhaltsberechtigten vor leichtfertigen Verfügungen erfordert nicht ein Verzichtsverbot.

2. Geltungsbereich

3 § 1614 BGB gilt jetzt ausnahmslos für Unterhaltsansprüche zwischen Verwandten. Über das frühere Recht, das innerhalb bestimmter Grenzen Vereinbarungen über Unterhaltsansprüche nichtehelicher Kinder zugelassen hatte, s § 1615a Rn 17 ff. Der

vom NEhelG eingeführte § 1615e BGB wurde durch das KindUG mit Wirkung vom 1. 7. 1998 aufgehoben, und das Verzichtsverbot gilt jetzt auch für Unterhaltsansprüche von Kindern, deren Eltern nicht miteinander verheiratet sind.

Die Vorschrift ist entsprechend anzuwenden auf den **Familienunterhalt** und den **Trennungsunterhalt** (§§ 1360a Abs 3, 1361 Abs 4 S 4 BGB) sowie auf Unterhaltsansprüche der **Mutter eines nichtehelichen Kindes** gegen dessen Vater (§ 1615l Abs 3 S 1 BGB; vgl OLG Celle FamRZ 2014, 1787 – und umgekehrt § 1615l Abs 4 BGB). Dagegen kann nach § 1585c BGB auf **nachehelichen Unterhalt** verzichtet werden (BGH NJW 1991, 913 = FamRZ 1991, 301 mwNw; krit Bosch, in: FS Habscheid [1989] 23, 24; vgl auch Meder FuR 1993, 12). § 1614 Abs 2 BGB ist auf nachehelichen Unterhalt nicht entsprechend anwendbar (BGHZ 123, 53, 59 = NJW 1993, 2105 = FamRZ 1993, 1186). Das Unterhaltsrechtsänderungsgesetz vom 21. 12. 2007 hat zwar die Ansprüche aus § 1615l BGB und § 1570 BGB weitgehend angeglichen. Dennoch hat man die Unterschiede bei der Verzichtbarkeit beibehalten. 4

Für **vertraglich begründete Unterhaltsansprüche** gilt § 1614 BGB ebenfalls nicht (s Vorbem 137 ff zu §§ 1601 ff).

II. Verzichtsverbot, Absatz 1

1. Verzicht

Zum Verzicht auf eine Forderung ist nach § 397 BGB, der auch auf Unterhaltsansprüche anzuwenden ist (BGH FamRZ 1988, 478, 479; OLG Stuttgart DAVorm 1997, 796), ein Vertrag erforderlich **(Erlassvertrag)**. Ein einseitiger Verzicht ist daher wirkungslos (Staudinger/Rieble [2017] § 397 Rn 1 ff). Allerdings kann die Annahme einer Verzichtserklärung durch den Schuldner stillschweigend erfolgen (Staudinger/Rieble [2017] § 397 Rn 122: „äußerste Zurückhaltung angebracht"). Im Übrigen kann ein Berechtigter im Ergebnis einseitig auf seinen Unterhaltsanspruch „verzichten", indem er ihn nicht geltend macht, sodass er nach § 1613 BGB erlischt (§ 1613 Rn 22, 91). 5

Der Erlass einer Forderung setzt einen **Verzichtswillen** des Gläubigers voraus. Dieser muss wissen oder zumindest damit rechnen, dass er ein bestehendes Recht aufgibt (Staudinger/Rieble [2017] § 397 Rn 117 ff; Gernhuber, Die Erfüllung und ihre Surrogate [1983] § 16 I 9 c). Allerdings bejaht die herrschende Meinung im Unterhaltsrecht einen teilweisen Verzicht schon dann, wenn die Parteien **objektiv** einen geringeren als den dem Berechtigten gesetzlich zustehenden Unterhaltsbetrag vereinbart haben. Es komme nicht darauf an, ob sie einen Verzicht gewollt haben (RG JW 1919, 824; BGH FamRZ 2015, 2131 Rn 15; BGH FamRZ 1984, 997, 999; OLG Oldenburg FamRZ 1979, 333; OLG Köln FamRZ 1983, 250, 252; Walter FamRZ 1982, 7, 10; Soergel/Häberle[12] Rn 2; MünchKomm/Köhler[3] Rn 2 a; BGB-RGRK/Mutschler Rn 2; FamGb/Griesche Rn 1). Nach Engler (Staudinger/Engler [2000] Rn 6) soll dem nicht gefolgt werden können, weil kein hinreichender Grund für eine Abweichung von den allgemeinen Regeln des Schuldrechts bestehe. Das öffentliche Interesse an der Vermeidung von Sozialleistungen rechtfertige es nicht, das Verzichtsverbot auf Vereinbarungen der Parteien über die Höhe des Unterhalts, den sie für angemessen halten, auszudehnen. Damit werden allerdings die unterschiedlichen Zusammenhänge verkannt und ein offensichtlich falsches Ergebnis erzielt. Fehlt es am subjektiven Element des Verzichtswillens, so 6 kommt kein Erlassvertrag zustande, sodass der Gläubiger sein Recht nicht verliert. Widersinnig wäre es dann aber, wenn im Unterhaltsrecht der Gläubiger sein Recht entgegen dem Verzichtsverbot des § 1614 BGB einbüßen soll, obwohl er darauf gar nicht verzichten wollte (zu – vom Verzichtswillen unabhängigen – Angemessenheitsspielräumen s Rn 10 ff).

7 Dasselbe gilt – auch insoweit entgegen Staudinger/Engler [2000] Rn 7 – für einen **Vergleich** über die Höhe des Unterhalts. Der Vergleich enthält seinem Inhalt nach ein gegenseitiges Nachgeben (§ 779 BGB) und damit einen Verzicht des Gläubigers, soweit die wirklich geschuldete Summe höher war (Staudinger/Marburger [1997] § 779 Rn 43). Im Rahmen von § 1614 BGB wird daher zu Recht auf die **Wirkungen der Vereinbarung** abgestellt und diese an dem Verzichtsverbot gemessen. Daher steht auch ein **pactum de non petendo** als unzulässiges Umgehungsgeschäft einem Verzicht im Sinne des § 1614 BGB gleich (vgl BGH FamRZ 2014, 727 Rn 48 mwNw; FamRZ 2015, 2131 Rn 13). Auch ein **Vollstreckungsverzicht** über bestehenden Unterhalt für die Zukunft ist unwirksam (OLG Zweibrücken FamRZ 2009, 142). Gleiches gilt für einen vereinbarten Ausschluss der Abänderung eines Unterhaltstitels (OLG Hamm FamRZ 2010, 2080). Stets ist darauf abzustellen, ob das, was der Unterhaltspflichtige kraft Gesetzes schuldet, **objektiv verkürzt** worden ist (BGH FamRZ 2015, 2131 Rn 15). Dabei lassen allerdings offene Gesetzesbegriffe, vor allem die **Angemessenheit** (etwa des Bedarfs nach § 1610 Abs 1 BGB oder des Selbstbehalts des Schuldners nach § 1603 Abs 1 BGB einschließlich der jeweiligen Einkommensanrechnung, zB bei überobligatorischer Tätigkeit) Spielräume für Vereinbarungen (vgl Rn 10).

2. Verbot des Verzichts

a) Allgemeines

8 Abs 1 verbietet den Verzicht auf Unterhalt **für die Zukunft**, also für den Zeitraum nach Abschluss des Erlassvertrages. Dagegen kann auf Unterhalt für die Vergangenheit verzichtet werden. Ein verbotswidriger Verzicht ist nach § 134 BGB nichtig. Ein im Ausland erklärter Unterhaltsverzicht kann gegen den deutschen ordre public verstoßen und unbeachtlich sein (OLG Nürnberg FamRZ 1996, 353; OLG Koblenz FamRZ 1990, 426 [Rumänien]; s auch OLG Hamm FamRZ 1998, 1532 [Tadschikistan]).

b) Teilverzicht

9 Das Verzichtsverbot ist umfassend. Es richtet sich sowohl gegen einen vollständigen Verzicht auf alle künftigen Unterhaltsansprüche als auch gegen einen Verzicht auf einen **Teil der Ansprüche** (RGZ 50, 96; RG JW 1919, 824; allgM).

Zur Beurteilung, ob ein Verzicht vorliegt, ist zunächst festzustellen, wie hoch der Unterhalt zu bemessen ist (BGH FamRZ 2015, 2131 Rn 17). Hier ist zu beachten, dass der Unterhalt vielfältigen Angemessenheitsbetrachtungen unterliegt, die einen weiten Spielraum eröffnen. Ein verbotener Teilverzicht kann in einem Verzicht auf Unterhaltsansprüche **für einen bestimmten Zeitraum** (zB ab Abschluss der Ausbildung) oder in einer Begrenzung der **Höhe des Anspruchs** bestehen. Bei Vereinbarungen über die Höhe lässt die herrschende Meinung allerdings **ausgestaltende Regelungen** entsprechend der Natur des Unterhaltsanspruchs zu (Näheres s Rn 10). Verboten ist auch ein Verzicht auf eine Erhöhung der Unterhaltsrente wegen **Veränderung der Verhältnisse** gemäß §§ 238 FamFG, 313 BGB (OLG Hamm FamRZ 2010,

2080; BGB-RGRK/MUTSCHLER Rn 5). Ob bei einem Teilverzicht die gesamte Vereinbarung oder nur der Verzichtsteil nichtig ist, richtet sich gemäß § 139 BGB danach, ob die Parteien die Vereinbarung auch ohne den nichtigen Teil geschlossen hätten (vgl BGH FamRZ 2014, 629 Rn 47 [Trennungsunterhalt]; OLG Koblenz MDR 1987, 497).

c) Spielraum (Angemessenheit)

Bei einer Vereinbarung über die Höhe des Unterhalts billigt die herrschende Meinung den Parteien einen gewissen **Spielraum** zu (Rn 6 f), innerhalb dessen die Vereinbarung auch dann wirksam ist, wenn die vereinbarte Höhe geringer ist, als der sich etwa aus der Düsseldorfer Tabelle **rechnerisch ergebende Betrag** (BGH FamRZ 2015, 2131 Rn 16; OLG Jena FamRZ 2014, 1032, 1033; OLG Hamm FamRZ 1981, 869; OLG Celle NdsRpfl 1991, 244). Zweifelhaft ist die Abgrenzung dieses Spielraumes. Teilweise wird ein unzulässiger Teilverzicht jedenfalls dann angenommen, wenn der gesetzlich geschuldete Unterhalt um ein Drittel unterschritten wird (OLG Oldenburg FamRZ 1979, 333; OLG Köln FamRZ 1983, 750, 752 [aber Überprüfung bei Unterschreitung ab 20%]) oder wenn der Mindestunterhalt nach § 1612a BGB trotz hinreichender Leistungsfähigkeit nicht erreicht wird (GÖPPINGER/WENZ, Vereinbarungen anlässlich der Ehescheidung[6] Rn 579). Der Ermessensspielraum soll überschritten sein, wenn die festgelegten Unterhaltsbeträge einer Einkommensgruppe der Düsseldorfer Tabelle um drei Stufen unterschreiten (KG FamRZ 1997, 627, 628). Dagegen soll die unterbliebene Erhöhung des Tabellensatzes für Kindesunterhalt trotz geringer Zahl der Berechtigten eine – hinnehmbare – Ermessensentscheidung sein (OLG Hamm FamRZ 1981, 869). Die vereinbarte Zahlung für eine Ausbildungsversicherung anstelle eines Teils des geschuldeten Unterhalts wird in begrenztem Umfang als zulässig angesehen (OLG Celle NdsRpfl 1991, 244; vgl § 1612 Abs 2 BGB). Zu weit geht die Ansicht von WALTER (FamRZ 1982, 7, 11), nach der ein Verzicht entsprechend dem Normzweck des Verzichtsverbots (Rn 2) bis zu der Grenze zulässig ist, von der an die Hilfsbedürftigkeit des Berechtigten zu einem Anspruch auf Sozialhilfe führen würde. 10

Die Vorstellung von einem **gesetzlich exakt bestimmten Unterhalt** ist theoretisch wie praktisch eine Fehlvorstellung. Sie verkennt, dass der Unterhalt durch eine Vielzahl von Angemessenheitsbetrachtungen geprägt ist, die zum großen Teil in der wenn auch **begrenzten Dispositionsbefugnis** der Beteiligten liegen. 11

Beispiele:

- Lassen etwa vermögende Eltern ihrem volljährigen studierenden Kind zur Finanzierung seines Studiums den BAföG-Höchstsatz und Wohnkosten für eine kleine Wohnung zukommen und ermöglichen sie ihm ansonsten angemessene Studienwünsche (bspw Auslandssemester), so bewegt sich dies im zulässigen Rahmen nach § 1610 Abs 1 BGB (vgl § 1610 Rn 246, 258, 335). Das Kind wird dann kaum unter Berufung auf früheres Wohnen im luxuriösen elterlichen Anwesen und kostspielige Urlaubsreisen mit den Eltern die Nichtigkeit einer entsprechenden Vereinbarung geltend machen können.

- Soll bei der üblichen Bemessung des Trennungsunterhalts nach der Düsseldorfer Tabelle auf 3/7 der Einkommensdifferenz aus Sicht eines bayerischen Familiengerichts ein nichtiger Teilverzicht vorliegen, weil dieses den Süddeutschen Leitlinien folgt und dem erwerbstätigen Unterhaltsschuldner statt des Anreizsiebtels nur ein Anreizzehntel zubilligt (zur Anwendung „außerbezirklicher Leitlinien" s BGHZ 166, 351 = FamRZ 2006, 683, 686; § 1610 Rn 297)?

Mit Recht wird demgegenüber vorausgesetzt, dass die Anwendung der Düsseldorfer Tabelle und der Unterhaltsleitlinien eine **einzelfallbezogene Angemessenheitsbetrachtung** nicht ersetzen kann (vgl auch § 1612 Abs 1 S 2, Abs 2 BGB). Dann würde es aber einen Widerspruch darstellen und über das Ziel des Verzichtsverbots hinausschießen, wenn man eine entsprechend ausgestaltete und an den Gegebenheiten des Einzelfalls orientierte Unterhaltsvereinbarung sogleich als nichtigen Teilverzicht ansehen würde.

12 Neben der mithin auch im Rahmen von § 1614 BGB stets erforderlichen **Einzelfallbetrachtung** stellt sich das Problem der **quantitativen Abgrenzung** zwischen **Ausgestaltung des Unterhalts** und **Teilverzicht**.

Der **BGH** (BGH FamRZ 2015, 2131 Rn 16 mwNw) formuliert insoweit, es sei anerkannt, dass § 1614 Abs 1 BGB einer vertraglichen Ausgestaltung des Trennungsunterhalts für die Zukunft nicht entgegenstehe. Vielmehr bestehe für die Bemessung des Unterhalts insoweit ein Spielraum, innerhalb dessen interessengemäße, angemessene Regelungen vereinbart werden könnten. Nur eine Abrede, die unterhalb eines solchen Rahmens des angemessenen Unterhalts iSv § 1361 Abs 1 S 1 BGB liege, könne keinen Bestand haben (vgl BGH FamRZ 1984, 997, 999). Er hat zudem auf eine in der Rechtsprechung und im Schrifttum weitgehend noch als angemessen und damit hinnehmbar erachtete Unterschreitung des **rein rechnerisch ermittelten Unterhalts** von bis zu **20%** verwiesen, während eine Unterschreitung um ein Drittel im Regelfall als mit § 1614 Abs 1 BGB unvereinbar angesehen werde. In dem dazwischenliegenden Bereich solle aufgrund der Umstände des Einzelfalls entschieden werden (vgl auch Palandt/Brudermüller[76] Rn 1; Wendl/Klinkhammer[9] § 2 Rn 759 f). Damit mag eine **ungefähre Richtschnur** vorgegeben sein. Eine **Einzelfallprüfung** (s Rn 11) vermag auch diese Formel aber nicht zu ersetzen.

13 **Beispiele** (aus der neueren Rechtsprechung):

- Nicht gebilligt hat der BGH etwa eine vom Familiengericht vorgenommene Gesamtbetrachtung des Trennungsunterhaltsverzichts mit dem Gläubiger zugewendeten sonstigen Vermögenswerten (BGH FamRZ 2015, 2131).
- Unzulässiger Teilverzicht bei Herabsetzung eines durch Jugendamtsurkunde mit 228,55 € titulierten Kindesunterhalts um 35% auf 150 € (OLG Jena FamRZ 2014, 1032).

d) Kapitalabfindung

14 Auch ein **entgeltlicher Verzicht**, insbesondere eine Kapitalabfindung, ist nach Absatz 1 verboten (BGH FamRZ 2015, 2131; RG JW 1919, 824; allgM). § 1615e BGB, wonach ein nichteheliches Kind mit seinem Vater und dessen Verwandten eine Abfindungsvereinbarung treffen und gegen Entgelt auf den Unterhalt für die Zukunft verzichten konnte (s dazu Staudinger/Eichenhofer [1997] § 1615e), wurde durch das KindUG aufgehoben.

e) DDR-Recht

15 Das Verbot, auf Unterhalt für die Zukunft zu verzichten, galt nach §§ 87 S 2, 21 Abs 1 FGB (Vorbem 20, 23 zu §§ 1601 ff) auch in der früheren DDR. Abfindungsverträge über Kindesunterhalt, die Väter vor dem Verlassen der DDR geschlossen haben, sind deshalb unwirksam (OLG Koblenz FamRZ 1994, 1195; OLG Hamm DAVorm 1992, 362; AG Weilburg FamRZ 1993, 1354). Dagegen bestand eine dem § 1614 Abs 2 BGB entsprechende Bestimmung in der DDR nicht. Eine vorzeitige Erfüllung kam jedoch einem teilweisen Unterhaltsverzicht für die Zukunft gleich, soweit dadurch eine Anpassung des Unterhalts an veränderte Verhältnisse zugunsten des Berechtigten ausgeschlossen wurde. Das war auch nach DDR-Recht unzulässig (OLG Düsseldorf FamRZ 1994, 1344).

3. Freistellungsvereinbarung

16 Ein Unterhaltsschuldner kann mit einem Dritten vereinbaren, dass dieser den geschuldeten Unterhalt leistet und ihn damit von seiner Unterhaltspflicht freistellt. Auch Eltern können sich unabhängig von § 1606 Abs 3 BGB dahin einigen, dass einer von ihnen den Barunterhalt für das Kind allein zu tragen hat. Das Verzichtsverbot des Abs 1 steht einer solchen **Freistellungsvereinbarung** nicht entgegen, weil der Unterhaltsanspruch des Berechtigten dadurch nicht berührt wird (BGH FamRZ 2009, 768; NJW 1986, 1167 = FamRZ 1986, 444; OLG Köln NJW-RR 1995, 1474; OLG Frankfurt FamRZ 1994, 1131; OLG Stuttgart FamRZ 1992, 716 = NJW-RR 1993, 133; OLG Hamm FamRZ 1999, 163; **aA** unzutreffend OLG Naumburg FamRZ 2005, 298; vgl auch Vorbem 135 zu §§ 1601 ff; § 1606 Rn 65). Aus einer von den Eltern vereinbarten Begrenzung des Kindesunterhalts kann nach einer Entscheidung des BGH auf ein – konkludentes – Freistellungsversprechen der die Kinder betreuenden Mutter zugunsten des Vaters (über die Differenz zum gesetzlichen Unterhalt) nicht allein deswegen geschlossen werden, weil es der Mutter bewusst war, dass der gesetzliche Unterhalt durch die Vereinbarung nicht ausgeschöpft wird (BGH FamRZ 2009, 768 mAnm Bömelburg FF 2009, 250).

III. Befreiung durch Vorausleistung, Absatz 2

1. Vorausleistung

17 Eine Unterhaltsrente ist nach § 1612 Abs 1 S 1 BGB monatlich im Voraus zu zahlen. Die Monatsbeträge müssen jeweils zu Beginn des Monats geleistet werden (s dazu § 1612 Rn 75 f). Nach § 271 Abs 2 BGB kann, wenn eine Zeit für die Leistung bestimmt ist, im Zweifel der Gläubiger die Leistung nicht vor dieser Zeit verlangen, der Schuldner sie aber vorher bewirken. Das gilt auch für Unterhaltsleistungen (vgl aber BGH NJW 1993, 2105 = FamRZ 1993, 1186). Ein Unterhaltspflichtiger darf daher auch Beträge für spätere Monate im Voraus zahlen. Diese Befugnis wird durch § 1614 BGB nicht eingeschränkt. Abs 2 enthält **kein Vorauszahlungsverbot**, sondern schränkt die Erfüllungswirkung der Vorauszahlung ein (Rn 18). Der Unterhaltsberechtigte gerät daher in Verzug, wenn er die ihm angebotene Vorauszahlung für einen längeren als den in Abs 2 bestimmten Zeitraum nicht annimmt (§ 293 BGB). Das gilt aber nicht, wenn die vorzeitige Leistung gegen Treu und Glauben verstößt (zB bei Währungsverfall).

2. Einschränkung der Erfüllungswirkung

18 Durch eine Vorausleistung erlischt nach § 362 Abs 1 BGB die Schuld für den Vorausleistungszeitraum, der Schuldner wird insoweit von seiner Schuld befreit. Bei einer Vorauszahlung von Unterhalt **entfällt** jedoch nach § 1614 Abs 2 BGB **die befreiende Wirkung der Erfüllung** nach Ablauf eines bestimmten Zeitabschnitts im Falle einer erneuten Bedürftigkeit des Berechtigten. Die Unterhaltspflicht lebt dann trotz der Vorauszahlung wieder auf. Eine dem minderjährigen Kind in der ehemaligen UdSSR anlässlich der Ausreise des unterhaltspflichtigen Vaters geleistete Unterhaltsvorauszahlung hindert ein erneutes Unterhaltsbegehren des Kindes jedenfalls dann nicht, wenn die Grundlagen der Vorauszahlungsvereinbarung mit der Ausreise des Kindes entfallen sind (OLG Braunschweig FamRZ 1996, 965; vgl auch die oben Rn 8 aufgeführten Entscheidungen).

19 Der Berechtigte wird **erneut bedürftig**, wenn er die Vorauszahlung vorzeitig verbraucht hat, zB durch Schuldentilgung, Vermehrung seines Bedarfs oder Luxusausgaben. Auf den Grund kommt es nach Abs 2 nicht an. Die Unterhaltspflicht kann jedoch nach § 1611 Abs 1 BGB beschränkt sein oder ganz entfallen, wenn der Berechtigte durch sittliches Verschulden erneut bedürftig geworden ist (s dazu § 1611 Rn 9 ff).

20 Der **Zeitabschnitt**, nach dessen Ablauf die Erfüllungswirkung der Vorauszahlung entfällt, beträgt gemäß der Verweisung auf § 760 Abs 2 BGB **drei Monate**. Dieser Zeitraum galt bis 1957 auch für die Vorauszahlungspflicht nach § 1612 Abs 3 BGB (s § 1612 Rn 2). Durch das Gleichberechtigungsgesetz ist der Zeitraum in § 1612 Abs 3 BGB auf einen Monat verkürzt worden. Dagegen ist § 1614 Abs 2 BGB unverändert geblieben. Hier gilt also nach wie vor der Drei-Monats-Zeitraum.

21 Haben Eltern gemäß § 1612 Abs 2 BGB einen anderen Vorauszahlungszeitraum bestimmt, so werden sie nach Abs 2 HS 2 durch eine längere Vorauszahlung für einen den Umständen nach **angemessenen Zeitabschnitt** befreit. Angemessen werden auch hier in der Regel drei Monate sein (Soergel/Seibl[13] Rn 8; Soergel/Häberle[12] Rn 4; **aA** MünchKomm/Köhler[3] Rn 5: bei minderjährigen Kindern idR ein Monat), denn die Ausübung des Bestimmungsrechts sollte sich nicht nachteilig für die Eltern auswirken, und ein längerer Zeitabschnitt wird allenfalls bei einem langen Auslandsaufenthalt angebracht sein.

§ 1615
Erlöschen des Unterhaltsanspruchs

(1) Der Unterhaltsanspruch erlischt mit dem Tode des Berechtigten oder des Verpflichteten, soweit er nicht auf Erfüllung oder Schadensersatz wegen Nichterfüllung für die Vergangenheit oder auf solche im Voraus zu bewirkende Leistungen gerichtet ist, die zur Zeit des Todes des Berechtigten oder des Verpflichteten fällig sind.

(2) Im Falle des Todes des Berechtigten hat der Verpflichtete die Kosten der Beerdigung zu tragen, soweit ihre Bezahlung nicht von dem Erben zu erlangen ist.

Materialien: E I §§ 1488 Abs 4, 1496; II § 1510; III § 1593; Mot IV 699, 710; Prot IV 484, 491, 493, 515. JAKOBS/SCHUBERT §§ 1564–1921, 258 f, 271; PLANCK, in: SCHUBERT, Vorlagen der Redaktoren, Familienrecht II 322, 346.

Systematische Übersicht

Alphabetische Übersicht

I. Inhalt und Anwendungsbereich

1 Absatz 1 regelt das **Erlöschen des Unterhaltsanspruchs** mit dem Tode des Berechtigten oder des Verpflichteten. Absatz 2 regelt die Verpflichtung zum Tragen der **Beerdigungskosten** durch den Unterhaltspflichtigen.

2 Beide Vorschriften sind auf den **Familienunterhalt** und den **Trennungsunterhalt** entsprechend anzuwenden (§§ 1360a Abs 3, 1361 Abs 4 S 4 BGB). Sie gelten ferner entsprechend für den Unterhaltsanspruch des **verarmten Schenkers** gegen den Beschenkten im Falle des Todes des Schenkers (§ 528 Abs 1 S 3 BGB; s dazu Staudinger/Chiusi [2013] § 528 Rn 8), sowie für den Unterhaltsanspruch der **Mutter eines nichtehelichen Kindes** gegen den Vater im Falle des Todes der Mutter (§ 1615l Abs 3 S 1, 4 BGB; vgl auch § 1615m BGB).

3 Bei **nachehelichen Unterhaltsansprüchen** (§§ 1569 ff BGB) ist das Erlöschen des Anspruchs mit dem Tode des Berechtigten in § 1586 BGB ebenso geregelt wie in § 1615 Abs 1 BGB. Dagegen geht beim Tode des Verpflichteten die Unterhaltspflicht nach § 1586b Abs 1 BGB auf den Erben über. Die Pflicht zum Tragen von Beerdigungskosten ist nicht geregelt (anders nach früherem Eherecht: § 69 Abs 2 EheG). Nach heute wohl allgemeiner Auffassung ist § 1615 Abs 2 BGB nicht entsprechend anzuwenden.

II. Erlöschen des Unterhaltsanspruchs, Absatz 1

1. Grundsatz

4 Nach Absatz 1 erlischt der Unterhaltsanspruch mit dem Tode des Berechtigten oder des Verpflichteten. Der Grund für das Erlöschen ist nicht, wie vielfach angenommen wird (zB Soergel/Häberle[12] Rn 1; MünchKomm/Köhler[3] Rn 2), eine höchstpersönliche Natur des Unterhaltsanspruchs, sondern der **Wegfall von Anspruchsvoraussetzungen** (Palandt/Brudermüller[76] Rn 1; Erman/Hammermann[14] Rn 1, 2). Einmal entfällt mit dem Tode eines Beteiligten die persönliche Voraussetzung der Verwandtschaft (§ 1601 Rn 1). Außerdem hat der Berechtigte nach seinem Tode keinen Lebensbedarf mehr, und der Verpflichtete ist nicht mehr leistungsfähig. Daraus folgt zugleich, dass Ansprüche, die im Zeitpunkt des Todes bereits entstanden waren, bestehen bleiben (Rn 5). Mit dem Tode eines Unterhaltspflichtigen endet auch die persönliche Haftung seines mit ihm in Gütergemeinschaft lebenden Ehegatten (OLG Hamburg SeuffA 69 Nr 106; s auch § 1604 Rn 18, 21).

2. Ausnahmen

5 Ansprüche für die Zeit bis zum Tode **bleiben bestehen**, soweit sie nicht nach § 1613 BGB erloschen sind (§ 1613 Rn 22, 91). Das gilt für **Rentenansprüche** (§ 1612 Abs 3

BGB) und für **Schadensersatzansprüche** wegen Nichterfüllung (§ 1613 Rn 25), wenn der Verpflichtete in Verzug gekommen oder der Anspruch rechtshängig geworden ist (§ 1613 Abs 1 BGB). Dasselbe gilt für Ansprüche wegen **Sonderbedarfs**, die im letzten Jahr vor dem Tode entstanden oder innerhalb eines Jahres nach ihrer Entstehung angemahnt oder rechtshängig geworden sind (§ 1613 Abs 2 Nr 1 BGB). Anderes gilt für einen **Abfindungsanspruch** für künftigen Unterhalt (OLG Hamburg FamRZ 2002, 234).

Außerdem bleiben Unterhaltsansprüche für die Zeit nach dem Tode bestehen, die 6 im Todeszeitpunkt **fällig** waren. Das sind die Ansprüche für die restlichen Tage des Monats, für den der Unterhalt nach § 1612 Abs 3 BGB vorauszuleisten war. Für den Fall des Todes des Berechtigten ist dies bereits durch § 1612 Abs 3 S 2 BGB bestimmt (s § 1612 Rn 110). § 1615 Abs 1 BGB erstreckt diese Regelung auf den Fall des Todes des Verpflichteten.

Soweit Ansprüche bestehen bleiben, ist zu unterscheiden: Beim **Tode des Berechtigten** gehen sie nach § 1922 BGB auf den oder die Erben über, die sie im eigenen Namen gegen den Verpflichteten geltend machen können. Ob die Ansprüche damit ihren Charakter als Unterhaltsansprüche verlieren, ist zweifelhaft. Die Frage wird ähnlich zu lösen sein wie bei einem Übergang des Unterhaltsanspruchs auf den nachrangig haftenden Verpflichteten nach § 1607 Abs 2 S 2 BGB (s § 1607 Rn 29 ff). Jedenfalls kann der Erbe nicht besser gestellt werden als der nachrangig Verpflichtete. 7

Beim **Tode des Verpflichteten** haftet dessen Erbe nach § 1967 BGB für die bestehen 8 gebliebenen Unterhaltsschulden. Die Haftung ist grundsätzlich unbeschränkt, der Erbe kann sie jedoch auf den Nachlass beschränken (Näheres s Staudinger/Dutta [2016] Vorbem 7 ff zu §§ 1967 ff).

3. Neue Unterhaltsansprüche

Nach dem Tode des Verpflichteten können neue Unterhaltsansprüche des Berech- 9 tigten entstehen: Hat er zu dessen Haushalt gehört, so muss ihm der Erbe in den ersten 30 Tagen nach dem Eintritt des Erbfalls in demselben Umfang, wie der Erblasser es getan hat, Unterhalt gewähren (sog **Dreißigster**, § 1969 Abs 1 BGB). Außerdem hat er bei fortdauernder Bedürftigkeit Unterhaltsansprüche gegen den nächstrangigen leistungsfähigen Verwandten.

III. Beerdigungskosten, Absatz 2

1. Totensorge

Die nach Absatz 2 bestehende Pflicht zum Tragen der Beerdigungskosten umfasst 10 nicht das Recht und die Pflicht, für die Beisetzung des Verstorbenen zu sorgen (sog **Totensorge**). Wem – privatrechtlich – die Totensorge obliegt, ist gesetzlich nicht geregelt, landesrechtliche Bestattungspflichten sind öffentlich-rechtlicher Natur. In erster Linie ist der Wille des Verstorbenen maßgebend (Staudinger/Stieper [2017] § 90 Rn 42; vgl auch BGHZ 15, 249, 259). Ist ein Wille des Verstorbenen nicht erkennbar, so obliegt die Totensorge gewohnheitsrechtlich den nächsten Angehörigen (RGZ 154,

269, 270; BGHZ 61, 238 = NJW 1973, 2103 = FamRZ 1973, 620; FamRZ 1978, 15; FamRZ 1992, 657 = NJW-RR 1992, 834; OLG Düsseldorf NJW-RR 1995, 1161). Sie ist eine Nachwirkung des familienrechtlichen Verhältnisses, das den Toten bei Lebzeiten mit dem Überlebenden verbunden hat (Staudinger/Kunz [2017] § 1922 Rn 295).

2. Kostentragung

11 Der Unterhaltspflichtige ist – gegenüber dem Totensorgeberechtigten und dem Bestattungspflichtigen – zum Tragen der Beerdigungskosten verpflichtet, soweit ihre Bezahlung nicht von den **Erben** zu erlangen ist. Ist der Unterhaltspflichtige zugleich der Erbe, kann er sich auf diese Beschränkung nicht berufen. Die Kostentragungspflicht des Erben ergibt sich aus § 1968 BGB. **Nicht zu erlangen** sind die Kosten, wenn der Erbe seine Haftung auf den Nachlass beschränkt hat und dieser nicht ausreicht, oder wenn er aus anderen Gründen außerstande ist, die Kosten zu zahlen. Nicht erforderlich ist der erfolglose Versuch einer Zwangsvollstreckung. Meist wird der Nachlass zur Deckung der Kosten nicht ausreichen, weil der Berechtigte wegen seiner Bedürftigkeit nur geringe Vermögenswerte hinterlassen wird. Zahlt der Unterhaltspflichtige die Kosten, obwohl sie vom Erben zu erlangen sind, so kann er von ihm wegen Geschäftsführung ohne Auftrag (§§ 677, 683 BGB) oder ungerechtfertigter Bereicherung (§ 812 BGB) Ersatz verlangen (Gernhuber/Coester-Waltjen § 45 XII 2; allgM). Die Kostentragungspflicht der Angehörigen nach Landesrecht und nach dem bürgerlichen Recht bestehen grundsätzlich unabhängig voneinander (BVerwG ZEV 2011, 9).

12 Bei einer **Tötung** des Unterhaltsberechtigten hat der ersatzpflichtige Schädiger die Kosten der Beerdigung demjenigen zu ersetzen, dem die Verpflichtung obliegt, diese Kosten zu tragen (§§ 844 Abs 1; 5 Abs 1 S 2 HaftpflG; 10 Abs 1 S 2 StVG; 35 Abs 1 S 2 LuftVG; 28 Abs 1 S 2 AtomG; 86 Abs 1 S 2 ArzneimittelG). Diese Ersatzpflicht besteht auch gegenüber dem Unterhaltspflichtigen.

13 Nach § 74 SGB XII hat der **Sozialhilfeträger** die erforderlichen Kosten einer Bestattung zu übernehmen, soweit dem hierzu Verpflichteten nicht zugemutet werden kann, die Kosten zu tragen. Auf die Kostenübernahme besteht ein Rechtsanspruch (zum Kreis der Bestattungspflichtigen vgl BVerwGE 120, 111 = NJW 2004, 1969; zu den Voraussetzungen BSGE 104, 219 = FamRZ 2010, 292). Der Anspruch hängt nicht davon ab, ob der Tote zu Lebzeiten Sozialhilfe bezogen hat (Grube, in: Grube/Wahrendorf, SGB XII[5] § 74 Rn 5). Bei der Prüfung der Zumutbarkeit sind die wirtschaftlichen Verhältnisse des Verpflichteten und sein persönliches Verhältnis zum Verstorbenen zu berücksichtigen. Über die Zumutbarkeit entscheidet der Sozialhilfeträger.

3. Bestattungsart

14 Nach Absatz 2 hat der Verpflichtete die Kosten der **Beerdigung**, also einer Erdbestattung zu tragen. Der Gesetzgeber hat die **Feuerbestattung** bewusst ausgenommen, weil sie damals außergewöhnlich und mit besonderen Kosten verbunden war (Mot IV 699; Prot IV 494). Durch § 1 des Gesetzes über die Feuerbestattung vom 15. 5. 1934 (RGBl I 380) ist aber die Feuerbestattung der Erdbestattung grundsätzlich gleichgestellt worden. Seither gilt Abs 2 auch für die Kosten einer Feuerbestattung (allgM; vgl § 1615m Rn 16), die heute nicht mehr höher sind als die einer Erdbestattung.

Das Feuerbestattungsgesetz, das nach Inkrafttreten des Grundgesetzes als Landesrecht fortgegolten hat (Art 70 Abs 1, 123 Abs 1 GG), ist in einigen Ländern aufgehoben worden (vgl GAEDKE, Handbuch, Anhang). Das ändert aber nichts an der Auslegung des § 1615 Abs 2 BGB (und des § 1968 BGB).

4. Leistungsfähigkeit

Die Kostentragungspflicht nach Abs 2 ist aus der Unterhaltspflicht abgeleitet. Deshalb gelten die Bestimmungen für die Unterhaltspflicht auch für die Bestattungskosten. Der Verpflichtete muss demnach die Kosten nur insoweit tragen, als er ohne Gefährdung seines eigenen angemessenen Unterhalts dazu imstande ist (§ 1603 Abs 1 BGB; vgl AG Büdingen NJW 2014, 3168). 15

5. Angemessene Kosten

Die Bestattung muss der früheren Lebensstellung des Verstorbenen entsprechen (§ 1610 Abs 1 BGB). Ein unterhaltsberechtigter Verstorbener war vor seinem Tode außerstande, sich selbst zu unterhalten (§ 1602 BGB). Auch wenn er früher einmal eine gehobene Lebensstellung gehabt hatte, kann ihm daher grundsätzlich nur ein **einfaches Begräbnis** zugebilligt werden. Anders ist es beim Tode eines Kindes, dessen Lebensstellung von den Eltern abgeleitet war (§ 1610 Rn 256 ff). Schuldete der Verpflichtete wegen eines schwerwiegenden Fehlverhaltens des Berechtigten nur einen **Billigkeitsunterhalt** (§ 1611 Abs 1 BGB), so beschränkt sich die Kostentragungspflicht auf einen der Billigkeit entsprechenden Anteil. 16

Angemessene Bestattungskosten sind über das unbedingt Notwendige hinaus Kosten für alles, was nach den in den Kreisen des Verstorbenen herrschenden Auffassungen und Gebräuchen zu einer würdigen und angemessenen Bestattung gehört (BGHZ 61, 238 = NJW 1973, 2103 = FamRZ 1973, 620 mwNw; vgl § 1615m Rn 14 ff). 17

Dazu gehören folgende Aufwendungen (vgl auch STAUDINGER/DUTTA [2016] § 1968 Rn 5 ff): 18

- Erwerb der **Grabstätte**, nicht aber Mehrkosten für ein Doppelgrab (BGHZ 61, 238 [s Rn 17]),
- **Überführung** des Leichnams zum Bestattungsort (LG Münster FamRZ 2009, 431),
- **Beisetzung** der Leiche oder **Einäscherung** und Beisetzung der Urne,
- **Erstausstattung** der Grabstätte einschließlich eines angemessenen **Grabsteins** (RGZ 139, 393; OLG Kiel JW 1931, 668; OLG Karlsruhe VersR 1956, 542; OLG München NJW 1974, 703 = FamRZ 1974, 261; OLG Düsseldorf NJW-RR 1995, 1161), nicht jedoch die Instandhaltung und Pflege der Grabstätte und des Grabsteins (RGZ 160, 255; BGHZ 61, 238, 240 [s Rn 17]; OLG München NJW 1974, 703),
- **Todesanzeigen** und Danksagungen (KG JW 1922, 1685; OLG Kiel JW 1931, 668; OLG Köln VersR 1956, 646),

– **Beköstigung** der Trauergäste (sog Leichenmahl) in angemessenem Umfang, soweit üblich (OLG Kiel JW 1931, 668; OLG Köln VersR 1956, 646; LG Karlsruhe VersR 1957, 724).

19 Dagegen braucht der Unterhaltsverpflichtete die Kosten für **Trauerkleidung** und für **Reisen** zur Teilnahme an der Bestattung nicht zu tragen (KG JW 1922, 1685; BGHZ 32, 72; OLG München NJW 1974, 703; SCHULTZE VersR 1956, 631; **aA** OLG Karlsruhe VersR 1956, 542; OLG Köln VersR 1956, 646; LG Karlsruhe VersR 1957, 724; s auch STAUDINGER/DUTTA [2016] § 1968 Rn 7 f). Diese Kosten gehören zum Lebensbedarf der – möglicherweise nicht bedürftigen – Gäste, den zu tragen dem Unterhaltsschuldner des Verstorbenen nicht zugemutet werden kann. Anders mag es bei einer Kostentragungspflicht des Erben sein, der seine Haftung auf den Nachlass beschränken kann, oder des Schädigers (Rn 12), der für den Tod verantwortlich ist.

IV. Hinweise für das gerichtliche Verfahren

1. Anhängiger Rechtsstreit

20 Ein Rechtsstreit über den Unterhaltsanspruch, der im Zeitpunkt des Todes anhängig ist, wird durch den Tod einer Partei **unterbrochen** (§§ 113 Abs 1 S 2 FamFG, 239 Abs 1 ZPO), wenn der Verstorbene nicht durch einen Prozessbevollmächtigten vertreten war. Bei einer Vertretung durch einen Bevollmächtigten muss auf seinen Antrag das Verfahren **ausgesetzt** werden (§§ 113 Abs 1 S 2 FamFG, 246 Abs 1 ZPO). Wegen der Aufnahme des unterbrochenen oder ausgesetzten Verfahrens durch den Erben wird auf §§ 239 Abs 2 bis 5, 246 Abs 2 ZPO verwiesen. Soweit Unterhalt für die Zeit nach dem Tod beantragt war, hat sich das Verfahren mit dem Tod **in der Hauptsache erledigt** (vgl § 91a ZPO).

2. Titulierte Ansprüche

21 Ein rechtskräftiges Urteil über den Unterhalt wirkt im Falle des Todes einer Partei **für und gegen ihren Erben** (§§ 113 Abs 1 S 2 FamFG, 325 ZPO). Beim Tod des Verpflichteten kann eine bereits gegen ihn begonnene **Zwangsvollstreckung** in den Nachlass fortgesetzt werden (§§ 120 Abs 1 FamFG, 779 Abs 1 ZPO). Sonst ist eine Zwangsvollstreckung aus einem Unterhaltstitel nur aufgrund einer vollstreckbaren Ausfertigung für oder gegen den Erben möglich (§§ 723, 727 ZPO). Die Vollstreckungsklausel darf aber nur für Beträge erteilt werden, die bis zum Tode zu zahlen waren (MünchKommZPO/WOLFSTEINER § 727 Rn 23; ZÖLLER/STÖBER, ZPO § 727 Rn 4). Außerdem kann der Unterhaltspflichtige das Erlöschen des Anspruchs im Wege der **Vollstreckungsgegenklage** (bzw -antrag) geltend machen (§§ 120 Abs 1 FamFG, 767 ZPO).

Untertitel 2
Besondere Vorschriften für das Kind und seine nicht miteinander verheirateten Eltern

§ 1615a
Anwendbare Vorschriften

Besteht für ein Kind keine Vaterschaft nach § 1592 Nr. 1, § 1593 und haben die Eltern das Kind auch nicht während ihrer Ehe gezeugt oder nach seiner Geburt die Ehe miteinander geschlossen, gelten die allgemeinen Vorschriften, soweit sich nichts anderes aus den folgenden Vorschriften ergibt.

Materialien: Art 1 Nr 16 NEhelG; BT-Drucks V/2370, 43 ff; BT-Drucks V/4179, 9, Anh 3; Art 1 Nr 3 u 4 KindRG; BT-Drucks 13/4899, 89.

Schrifttum zum früheren Recht

Adlerstein/Wagenitz, Das Verwandtschaftsrecht in den neuen Bundesländern, FamRZ 1990, 1169
Boehmer, Welche Anforderungen sind an eine Reform des Rechts des unehelichen Kindes zu stellen?, Gutachten für den 44. Deutschen Juristentag (1962)
Bosch, Welche Anforderungen sind an eine Reform des Rechts des unehelichen Kindes zu stellen?, Gutachten für den 44. Deutschen Juristentag (1962)
ders, Das neue Recht des nichtehelichen Kindes in Deutschland, FamRZ 1970, 157
ders, Aktuelle Probleme des Familien- und Erbrechts, FamRZ 1970, 497
Brühl, Das allgemeine Verwandten-Unterhaltsrecht und der Unterhaltsanspruch des unehelichen Kindes gegen den Vater, FamRZ 1966, 541
Coester, Reform des Kindschaftsrechts, JZ 1992, 809
Dethloff, Reform des Kindschaftsrechts, NJW 1992, 2200
Diederichsen, Referat, Verhandlungen des 59. Deutschen Juristentages (1992) Bd II, M 62
Dopffel, Kindschaftsrecht im Wandel (1994)
Dopffel/Buchhofer (Hrsg), Unterhaltsrecht in Europa (1983)
Göppinger (Hrsg), Unterhaltsrecht (5. Aufl 1987)
Hahne, Überlegungen zur Verbesserung der Rechtsstellung des nichtehelichen Kindes, FamRZ 1990, 982
Henrich, Probleme der deutschen Rechtseinheit im Familienrecht, FamRZ 1991, 873
Herlan, Das nichteheliche Kind und sein Recht (1985)
vHülsen, Das materielle Unterhaltsrecht des unehelichen Kindes im Referentenentwurf, FamRZ 1966, 431
Jansen/Knöpfel, Das neue Unehelichengesetz. Die Gesetzesvorlage der Bundesregierung (1967)
Knöpfel, Anregungen aus dem skandinavischen Recht für die deutsche Unehelichenrechts-Reform, FamRZ 1966, 408
ders, Der Regierungsentwurf zum Unehelichenrecht, FamRZ 1967, 581
Knur, Zur Reform des Unehelichenrechts, FamRZ 1967, 245
Köhler, Handbuch des Unterhaltsrechts (7. Aufl 1987)
Kropholler, Kritische Bestandsaufnahme zum Nichtehelichenrecht, AcP 185 (1985) 244
Lange, Das neue Nichtehelichenrecht, NJW 1970, 297

LEINEWEBER, Die rechtlichen Beziehungen des nichtehelichen Kindes zu seinem Erzeuger in der Geschichte des Privatrechts (1978)
MARTINY, Der Unterhalt in Ein-Eltern-Familien aus rechtsvergleichender Sicht, in: DOPFFEL/BUCHHOFER (Hrsg), Unterhaltsrecht in Europa (1983) 603
MAURER, Kindesunterhalt im Beitrittsgebiet, FamRZ 1994, 337
MÜTHER, Unterhalt des nichtehelichen Kindes, MDR 1995, 325
MUTSCHLER, Zur Verbindung des Unterhaltsbegehrens mit der gerichtlichen Vaterschaftsfeststellung im Statusverfahren (§§ 643, 643 a ZPO), DAVorm 1997, 7
NEUHAUS, Ehe und Kindschaft in rechtsvergleichender Sicht (1979)
ODERSKY, Nichtehelichengesetz (4. Aufl 1978)
PESCHEL-GUTZEIT/JENCKEL, Gleichstellung von ehelichen und nichtehelichen Kindern – Altfälle, FuR 1996, 129
RULAND, Familienunterhalt und soziale Sicherung (1973)
SCHUMANN, Das Nichtehelichenrecht: Gesetzeslage und Reformbestrebungen, JuS 1996, 506
SCHWENZER, Empfiehlt es sich, das Kindschaftsrecht neu zu regeln?, Gutachten A zum 59. Deutschen Juristentag (1992)
WAGNER, Zum Referentenentwurf eines Gesetzes zur Vereinheitlichung des Unterhaltsrechts minderjähriger Kinder (Kindesunterhaltsgesetz), FamRZ 1996, 705
ZACHER, Elternrecht, in: ISENSEE/KIRCHHOF (Hrsg), Handbuch des Staatsrechts, Band IV (1989) § 134
ZWEIGERT, Reform des Unehelichenrechts, Verhandlungen des 44. Deutschen Juristentages (1962) Band II, C 7.

Systematische Übersicht

Alphabetische Übersicht

I. Allgemeines über den Sinn der Vorschrift

1 Was die Vorschrift des § 1615a BGB und die ihr vorangehende Überschrift des Untertitels II in ihrer heutigen Fassung besagen sollen, ist nur aus dem Zusammenhang und der Vorgeschichte abzuleiten. Der Text der im Untertitel verbliebenen Vorschriften ist nur noch ein Torso der durch das Nichtehelichengesetz vom 19. 8. 1969 eingeführten Regelung des für nichteheliche Kinder geltenden Unterhaltsrechts. Durch die Änderungen, die das Kindschaftsrechtsreformgesetz vom 16. 12. 1997 und das Kindesunterhaltsgesetz vom 6. 4. 1998 vorgenommen haben, hat § 1615a BGB seinen ursprünglichen Sinn verloren.

2 Art 6 Abs 5 GG gebietet, den nichtehelichen Kindern durch die Gesetzgebung die gleichen Bedingungen für ihre leibliche und geistige Entwicklung und ihre Stellung in der Gesellschaft zu schaffen wie den ehelichen Kindern. Das NEhelG suchte diesen Verfassungsauftrag auch im Unterhaltsrecht zu erfüllen, indem es im Grundsatz die allgemeinen Vorschriften über den Verwandtenunterhalt für anwendbar erklärte (§ 1615a aF) und in den §§ 1615b bis 1615i BGB eine Reihe von Modifikationen vorsah, die den besonderen Gegebenheiten im Verhältnis zwischen dem nichtehelichen Kind und seinem Vater Rechnung tragen sollten (s unten Rn 11 ff). Die §§ 1615k bis 1615n BGB regelten Ansprüche der Mutter gegen den Vater des Kindes; sie modifizierten also nicht die Vorschriften über den Verwandtenunterhalt, sodass auf sie die den Untertitel II einleitende Bestimmung des § 1615a aF, die von der „Unterhaltspflicht gegenüber nichtehelichen Kindern" sprach, nicht zutraf, sondern allenfalls die Überschrift des Untertitels, die die §§ 1615a bis 1615o BGB als besondere Vorschriften „für das nichteheliche Kind und seine Mutter" zusammenfasste.

3 § 1615a idF des NEhelG v 19 8. 1969 hatte bestimmt: „Für die Unterhaltspflicht gegenüber nichtehelichen Kindern gelten die allgemeinen Vorschriften, soweit sich nicht aus den folgenden Bestimmungen ein anderes ergibt". Das KindRG wollte generell den Begriff des nichtehelichen Kindes aus dem BGB tilgen; es stellte deshalb – mitunter in recht umständlich formulierter „Präzisierung" – jeweils, wo es nötig war, darauf ab, „ob die Eltern des Kindes miteinander verheiratet sind/waren oder nicht" (BT-Drucks 13/4899, 89). Ziel des KindUG war es, das Unterhaltsrecht für eheliche und nichteheliche Kinder zu vereinheitlichen; deshalb sollten die unterhaltsrechtlichen Sonderregelungen für nichteheliche Kinder (abgesehen von der Vorschrift des § 1615o Abs 1 BGB) beseitigt werden (BT-Drucks 13/7338, 18 f). Bei der Änderung des § 1615a BGB und der ihm vorangehenden Überschrift wurde anscheinend nicht bedacht oder nicht als wichtig angesehen, dass die Bestimmungen, die Modifikationen der allgemeinen Vorschriften enthielten, wegfallen sollten. Die Eingangsworte in § 1615a aF „Für die Unterhaltspflicht gegenüber nichtehelichen Kindern" wurden durch den umständlichen Bedingungssatz „Besteht für ein Kind keine Vaterschaft" (usw) ersetzt, und die Aussage, dass die allgemeinen Vorschriften gelten, soweit sich nicht aus den folgenden Vorschriften anderes ergibt, wurde beibehalten, obwohl in den folgenden Paragraphen keine Bestimmungen, die eine Ausnahme von den allgemeinen Vorschriften statuierten, bestehen blieben.

4 In seiner jetzigen Fassung sagt § 1615a BGB – zwar nicht wörtlich, aber dem Sinn nach – Selbstverständliches: Auch auf Unterhaltsansprüche eines Kindes, das nach der früheren Terminologie als nichteheliches Kind bezeichnet wurde, sind die allgemeinen Vorschriften über den Unterhalt unter Verwandten anzuwenden. Zuvor hatte § 1615a aF (idF des NEhelG) klar gesagt, dass „für die Unterhaltspflicht gegenüber nichtehelichen Kindern" die allgemeinen Vorschriften gelten, soweit sich nicht aus den folgenden Bestimmungen ein anderes ergibt. Der Sinn des neuen § 1615a BGB muss aus dem Zusammenhang hergeleitet werden. § 1615a BGB steht innerhalb des Titels „Unterhaltspflicht", dieser im Abschnitt „Verwandtschaft". Der Titel „Unterhaltspflicht" ist in die Untertitel I „Allgemeine Vorschriften" und II „Besondere Vorschriften für das Kind und seine nicht miteinander verheirateten Eltern" eingeteilt. Auch ein Kind, dessen Vater nicht mit der Mutter verheiratet ist oder war, ist seit der Aufhebung der Fiktion im früheren § 1589 Abs 2 BGB durch das Nichtehelichengesetz (s dazu Staudinger/Rauscher [2011] Einl 55 zu §§ 1589 ff) mit seinem Vater auch im Rechtssinn verwandt. Die Aussage, dass für Kinder, deren Eltern nicht miteinander verheiratet sind oder waren (was in der Überschrift des Untertitels noch anschaulich, im neugefassten § 1615a BGB „präziser" [BT-Drucks 13/4899, 89] und deshalb sehr umständlich ausgedrückt wird), die allgemeinen Vorschriften gelten, ist überflüssig. Sie erhält auch durch den letzten Satzteil („soweit sich nicht anderes aus den folgenden Vorschriften ergibt") keinen Sinn, weil die vom früheren Paragraphenbestand allein übrig gebliebenen §§ 1615l bis 1615o BGB nicht etwa Modifikationen der „allgemeinen Vorschriften" über den eigentlichen Verwandtenunterhalt (§§ 1601 bis 1615 BGB) enthalten, sondern zusätzliche Ansprüche gewähren, die einer nicht mit dem Vater verheirateten Mutter gegen diesen zustehen. Auch durch § 1615o Abs 1 BGB, der (iVm Abs 3) die Möglichkeit vorsieht, dem Vater durch einstweilige Verfügung die Zahlung von Unterhalt an das Kind aufzugeben, ohne dass es der Glaubhaftmachung des Anspruchs bedarf, wird die Regelung des Unterhaltsanspruchs des Kindes nicht modifiziert, sondern ergänzt. Deshalb passt das gedankliche Schema des § 1615a BGB auch nicht auf diesen Fall.

Die Bestimmung des § 1615a BGB erschien daher schon früher als überflüssig. Nach ENGLER (STAUDINGER/ENGLER [2000] Rn 5) hätte § 1615o Abs 1 BGB im Anschluss an die allgemeinen Vorschriften der §§ 1601 bis 1615 BGB in das Gesetz eingestellt werden können. Nachdem § 1615o BGB im Zuge des FGG-Reformgesetzes nunmehr entfallen ist und die einstweilige gerichtliche Geltendmachung des Kindesunterhalts in der allgemeinen (Verfahrens-)Vorschrift des § 247 FamFG zur einstweiligen Anordnung aufgegangen ist (vgl Vorbem 45, 66, 226 f zu §§ 1601 ff), sollte § 1615a BGB als Relikt einer heute überwundenen Diskriminierung nichtehelicher Kinder aus dem Gesetz gestrichen werden. 5

II. Der Unterhaltsanspruch des unehelichen Kindes gegen den Vater in der ursprünglichen Fassung des BGB

Das BGB hatte ursprünglich in § 1589 Abs 2 BGB bestimmt, dass ein uneheliches Kind und sein Vater nicht als verwandt gelten. Dementsprechend hatte das nichteheliche Kind nur im Verhältnis zu seiner Mutter und der Verwandten der Mutter die rechtliche Stellung eines ehelichen Kindes, und die allgemeinen Vorschriften über die Unterhaltspflicht unter Verwandten waren auf das nichteheliche Kind und seinen Vater (und dessen Verwandte) nicht anzuwenden. Der Vater war nach § 1708 aF verpflichtet, dem Kind – im Regelfall bis zur Vollendung des 16., seit der am 1. 1. 1962 in Kraft getretenen Änderung durch das FamRÄndG vom 11. 8. 1961 bis zur Vollendung des 18. Lebensjahrs – den der Lebensstellung der Mutter entsprechenden Unterhalt zu gewähren. Eine Unterhaltspflicht des nichtehelichen Kindes gegenüber seinem Vater und dessen Verwandten bestand nicht. Der Unterhaltsanspruch des Kindes gegen seinen Vater hing nicht von der Bedürftigkeit des Kindes und der Leistungsfähigkeit des Vaters (vgl §§ 1602, 1603 BGB) ab. Er wurde deshalb von der Mehrzahl der Schriftsteller nicht als familienrechtlicher, sondern als schuldrechtlicher Anspruch betrachtet (s STAUDINGER/GÖPPINGER[10/11] § 1708 Rn 7 ff). 6

Einzelheiten der Unterhaltspflicht des Vaters waren in den §§ 1709 bis 1712 aF geregelt, nämlich ihr Vorrang vor der Unterhaltspflicht der Mutter und der mütterlichen Verwandten, die Art der Unterhaltsgewährung, die Möglichkeit der Nachforderung des Unterhalts für die Vergangenheit und der Übergang der Unterhaltsverpflichtung auf den Erben des Vaters bei dessen Tod (s wegen der Einzelheiten die Erläuterungen der §§ 1708 bis 1712 aF bei STAUDINGER/GÖPPINGER[10/11]; zusammenfassend STAUDINGER/EICHENHOFER [1997] § 1615a Rn 15 ff). 7

III. Die Neuregelung durch das Nichtehelichengesetz

1. Grundzüge der Reform

Das NEhelG vom 19. 8. 1969, das an weit zurückreichende Reformbestrebungen anknüpfte (STAUDINGER/GÖPPINGER[10/11] Vorbem 15 ff vor § 1705), brachte eine grundlegende Neuordnung des Rechts des nichtehelichen Kindes. Dreh- und Angelpunkt dieser Reform, die am 1. 7. 1970 in Kraft trat, war die Aufhebung des § 1589 Abs 2 BGB, also die Beseitigung der Fiktion, die die Grundlage dafür war, dass die Rechtsvorschriften, die an die Verwandtschaft anknüpfen, im Verhältnis zwischen dem nichtehelichen Kind und seinem Vater (und den Verwandten beider Seiten) nicht anzuwenden waren. Im Anschluss an die für eheliche Kinder geltenden Regelungen 8 wurden jeweils ergänzende Bestimmungen in das Gesetz aufgenommen, die der besonderen Situation nichtehelicher Kinder Rechnung tragen sollten, so in §§ 1600a bis 1600o aF für die Feststellung der Abstammung, in §§ 1615a bis 1615o aF für das Unterhaltsrecht, in §§ 1617, 1618 aF für das Namensrecht, in §§ 1705 bis 1712 aF für die elterliche Gewalt; die §§ 1634a bis 1934e aF regelten die erbrechtlichen Beziehungen.

9 Der Dritte Titel des Abschnitts „Verwandtschaft", der die Bestimmungen über die Unterhaltspflicht enthält, wurde gegliedert in einen I. Teil „Allgemeine Vorschriften" (§§ 1601 bis 1615 BGB) und einen neuen II. Teil mit der Überschrift „Besondere Vorschriften für das nichteheliche Kind und seine Mutter" (§§ 1615a bis 1615o BGB). § 1615a BGB sagte allgemein: „Für die Unterhaltspflicht gegenüber nichtehelichen Kindern gelten die allgemeinen Vorschriften, soweit sich nicht aus den folgenden Bestimmungen ein anderes ergibt".

10 Die Rechtsbeziehung zwischen dem nichtehelichen Kind und seinem Vater hat seit der Neuregelung durch das NEhelG auch im Unterhaltsrecht den der natürlichen Verwandtschaft entsprechenden familienrechtlichen Charakter. Es gilt der Grundsatz des § 1601 BGB, dass Verwandte in gerader Linie verpflichtet sind, einander Unterhalt zu gewähren. Der Unterhaltsanspruch des Kindes hängt – ohne feste Altersgrenze – von seiner Bedürftigkeit (§ 1602 BGB) und von der Leistungsfähigkeit des Vaters (§ 1603 BGB) ab, und in die gegenseitige Unterhaltspflicht sind die Eltern und Voreltern des Vaters und die Abkömmlinge des Kindes in gleicher Weise einbezogen wie bei ehelicher Abstammung.

2. Die besonderen Bestimmungen über den Unterhalt des nichtehelichen Kindes (§§ 1615b bis 1615e und § 1615o aF)

a) Übergang des Unterhaltsanspruchs (§ 1615b)

11 Der Vater ist dem nichtehelichen Kind von dessen Geburt an unterhaltspflichtig. Der Anspruch des Kindes ist aber erst durchsetzbar, wenn die Vaterschaft feststeht. Zuvor wird der Unterhalt häufig entweder von der Mutter oder ihren Eltern, vom Ehemann der Mutter oder auch von einem Dritten (etwa weil er der Vater zu sein glaubt) geleistet. Für diese Fälle sah § 1615b aF vor, dass der Unterhaltsanspruch des Kindes, soweit anstelle des Vaters ein anderer den Unterhalt gewährt, auf diesen übergeht. Zuvor hatte schon § 1709 Abs 2 aF bestimmt, dass der Unterhaltsanspruch des Kindes gegen den Vater, soweit die Mutter oder ein unterhaltspflichtiger mütterlicher Verwandter dem Kind den Unterhalt gewährt, auf die Mutter oder den Verwandten übergeht (s dazu Staudinger/Göppinger[10/11] § 1709 Rn 54 ff). Die Rechtsprechung hatte diese Regelung auf Fälle erstreckt, in denen der Ehemann der Mutter, der nicht der Vater ist, dem Kind Unterhalt leistet (Staudinger/Eichenhofer [1997] § 1615b Rn 54 ff). Auch bei der Auslegung des § 1615b ergaben sich zahlreiche Zweifels- und Streitfragen (s dazu Staudinger/Eichenhofer [1997] § 1615b Rn 18 ff).

12 Das Kindesunterhaltsgesetz vom 6. 4. 1998 hob § 1615b BGB „im Hinblick auf die vorgesehene Neufassung des § 1607 Abs 2 bis 4" auf (BT-Drucks 13/7338, 32, s auch 21). Die Fälle des gesetzlichen Übergangs der Unterhaltsforderung sind jetzt abschließend in § 1607 Abs 2 S 2, Abs 3 BGB geregelt.

b) Bemessung des Unterhalts (§ 1615c)

§ 1615c BGB bestimmte, dass bei der Bemessung des Unterhalts, solange das Kind noch keine selbständige Lebensstellung erlangt hat, die Lebensstellung beider Eltern zu berücksichtigen ist. Zuvor hatte § 1708 aF vorgesehen, dass der Vater dem Kind den der Lebensstellung der Mutter entsprechenden Unterhalt zu gewähren hat (s dazu STAUDINGER/GÖPPINGER[10/11] § 1708 Rn 38 ff). Bei der Neuregelung durch das Nichtehelichengesetz kam es insbesondere darauf an, nichteheliche und eheliche Kinder des Vaters gleichzustellen (BT-Drucks V/2370, 46 f). Eine in jeder Hinsicht befriedigende Lösung ließ sich vor allem dann schwerlich finden, wenn das Kind nicht mit beiden Eltern in Haushaltsgemeinschaft lebte und die wirtschaftlichen Verhältnisse der Eltern sich erheblich voneinander unterschieden (s zu den Lösungsversuchen STAUDINGER/EICHENHOFER [1997] § 1615c Rn 21 ff). 13

Das Kindesunterhaltsgesetz vom 6. 4. 1998 hob § 1615c BGB auf, weil diese Bestimmung zu den Sonderregelungen zähle, die nur für nichteheliche Kinder gälten. Eine Ausdehnung dieser Vorschrift auf alle Kinder erscheine nicht angezeigt. In finanzieller Hinsicht prägten immer die wirtschaftlichen Verhältnisse des barunterhaltspflichtigen Elternteils die Lebensstellung des Kindes, auch wenn es lediglich mit dem einkommenslosen Elternteil zusammenlebe (BT-Drucks 13/7338, 32). 14

c) Unterhalt für die Vergangenheit (§ 1615d)

Nach § 1615d BGB konnte das Kind von seinem Vater Unterhaltsbeträge, die fällig geworden waren, bevor die Vaterschaft anerkannt oder gerichtlich festgestellt worden war, auch für die Vergangenheit verlangen. Hierin lag eine Ausnahme von dem das ganze Unterhaltsrecht beherrschenden gemeinrechtlichen Grundsatz des § 1613 Abs 1 aF, dass der Berechtigte Unterhalt für die Vergangenheit nur von der Zeit an fordern kann, zu welcher der Verpflichtete in Verzug gekommen oder der Unterhaltsanspruch rechtshängig geworden ist („in praeteritum non vivitur“, vgl für den Ehegattenunterhalt § 1360a Abs 3, für den Unterhalt des geschiedenen Ehegatten § 1585b Abs 2 BGB). Ursprünglich konnte das uneheliche Kind gemäß § 1711 aF von seinem Vater Unterhalt ohne Einschränkung auch für die Vergangenheit verlangen; dies entsprach dem schuldrechtlichen Charakter des von der Bedürftigkeit des Kindes und der Leistungsfähigkeit des Vaters unabhängigen Anspruchs. Auch nach der Neuregelung durch das NEhelG sollte aber vermieden werden, dass der Vater, wenn seine Vaterschaft nach der Geburt des Kindes festgestellt wurde und erst dann geltend gemacht werden konnte (§ 1600a aF), hieraus durch Freistellung von der Unterhaltspflicht einen Vorteil zöge. „Ist seine Vaterschaft festgestellt, so muß verlangt werden, daß er den für die frühere Zeit zu gewährenden Unterhalt nachbezahlt“ (BT-Drucks V/2370, 47). Doch bestand kein Grund, dem Kind auch nach Anerkennung oder gerichtlicher Feststellung der Vaterschaft noch eine Sonderstellung einzuräumen. Das Kind hat von diesem Zeitpunkt an dieselben Möglichkeiten wie ein eheliches Kind, sodass von ihm verlangt werden kann, dass es den Vater rechtzeitig in Verzug setzt oder den Anspruch rechtshängig macht (BT-Drucks V/2370, 47; s STAUDINGER/EICHENHOFER [1997] § 1615d Rn 6 und wegen der Einzelheiten Rn 7 ff). 15

Das Kindesunterhaltsgesetz vom 6. 4. 1998 hob auch § 1615d BGB im Hinblick auf die Neuregelung in § 1613 BGB auf (BT-Drucks 13/7338, 32). Diese Bestimmung sieht jetzt – ohne danach zu unterscheiden, ob die Eltern des Kindes bei dessen Geburt miteinander verheiratet waren oder nicht – allgemein vor, dass „zum Schutz des 16

Unterhaltspflichtigen gegen hohe Nachforderungen" Unterhalt für die Vergangenheit nur von dem Zeitpunkt an gefordert werden kann, zu dem der Unterhaltspflichtige zum Zweck der Geltendmachung des Unterhaltsanspruchs aufgefordert worden ist, über seine Einkünfte oder sein Vermögen Auskunft zu erteilen, oder zu dem er in Verzug gekommen oder der Unterhaltsanspruch rechtshängig geworden ist. Von diesem Zeitpunkt an muss der Unterhaltspflichtige „konkret damit rechnen, auf Unterhalt in Anspruch genommen zu werden" (BT-Drucks 13/7338, 31; vgl § 1613 Rn 5).

d) Vereinbarungen über den Unterhalt (§ 1615e)

17 § 1614 verbietet für Unterhaltsansprüche unter Verwandten allgemein den Verzicht auf Unterhalt für die Zukunft (s wegen der Gründe § 1614 Rn 2, über die Einzelheiten des Verzichtsverbots § 1614 Rn 5 ff). Das BGB hatte in § 1714 aF eine Vereinbarung zwischen dem Vater und dem unehelichen Kind, die nach § 1589 Abs 2 aF als nicht miteinander verwandt galten, über den Unterhalt für die Zukunft oder eine an Stelle des Unterhalts zu gewährende Abfindung grundsätzlich zugelassen, ihre Wirksamkeit aber von der Genehmigung des Vormundschaftsgerichts abhängig gemacht und einen unentgeltlichen Verzicht generell ausgeschlossen (s wegen der Einzelheiten Staudinger/Göppinger[10/11] 1§ 1714 Rn 3 ff).

18 Das Nichtehelichengesetz sah in § 1615e BGB vor, dass das Kind mit dem Vater und seinen Verwandten eine Vereinbarung über den Unterhalt für die Zukunft oder über eine an Stelle des Unterhalts zu gewährende Abfindung treffen konnte; das gleiche galt für Unterhaltsansprüche des Vaters und seiner Verwandten gegen das Kind und für die Unterhaltsansprüche der Abkömmlinge des Kindes. Die Vereinbarung bedurfte, wenn der Berechtigte nicht voll geschäftsfähig war, der Genehmigung des Vormundschaftsgerichts. Ein unentgeltlicher Verzicht auf den Unterhalt für die Zukunft war in jedem Fall nichtig (s wegen der Voraussetzungen und Wirkungen statthafter vertraglicher Regelungen über zukünftigen Unterhalt im Einzelnen Staudinger/Eichenhofer [1997] § 1615e Rn 15 ff).

19 Das Kindesunterhaltsgesetz vom 6. 4. 1998 übernahm diese Regelung nicht, sondern hob § 1615e BGB auf, weil Abfindungsverträge in der Praxis sehr selten seien und zudem bei derartigen Verträgen die Gefahr bestehe, dass der Berechtigte benachteiligt werde (BT-Drucks 13/7338, 33; über – insbesondere verfassungsrechtliche – Bedenken gegen die Zulässigkeit von Abfindungsverträgen nach § 1615e s Staudinger/Eichenhofer [1997] § 1615e Rn 11 ff). Es gilt jetzt also auch für Unterhaltsansprüche von Kindern, deren Eltern nicht miteinander verheiratet sind, das generelle Verzichtsverbot des § 1614 BGB.

e) Die Bestimmungen über den Regelunterhalt (§§ 1615 f – 1615i)

20 Um die Geltendmachung des Unterhaltsanspruchs durch das Kind zu erleichtern, sah § 1615 f BGB vor, dass der Vater dem Kind bis zur Vollendung des 18. Lebensjahrs mindestens den Regelunterhalt zu zahlen hat, falls das Kind nicht in den väterlichen Haushalt aufgenommen ist. Als Regelunterhalt war der zum Unterhalt eines Kindes, das sich in der Pflege der Mutter befindet, bei einfacher Lebenshaltung im Regelfall erforderliche Betrag (Regelbedarf), abzüglich bestimmter anzurechnender Beträge, wie sie § 1615g BGB festlegte (zB Kindergeld), definiert. Der Regelbedarf wurde nach § 1615 f Abs 2 BGB von der Bundesregierung mit Zustim-

mung des Bundesrats durch Rechtsverordnung festgelegt. In der Regelunterhaltsverordnung, in der nach dem Alter der Berechtigten drei Gruppen unterschieden waren (bis 6, bis 12 und bis 18 Jahre), wurde der Regelbedarf in Abständen von jeweils mehreren Jahren der Entwicklung der wirtschaftlichen Verhältnisse angepasst. Das Kind konnte nach § 642 und § 643 ZPO idF des NEhelG mit einer selbständigen Unterhaltsklage oder im Zusammenhang mit der Vaterschaftsklage anstelle eines bezifferten Klageantrags den Antrag stellen, den Vater zur Leistung des Regelunterhalts zu verurteilen; dann wurde der Unterhaltsbeitrag in einem sich anschließenden besonderen Beschlussverfahren durch den Rechtspfleger festgesetzt. Wurde der Regelbedarf, nach dem sich der Regelunterhalt richtete, geändert oder änderte sich ein sonstiger für die Bestimmung des Betrags des Regelunterhalts maßgebender Umstand, so wurde der Betrag des Regelunterhalts auf Antrag durch Beschluss neu festgesetzt (§ 642b Abs 1 ZPO idF des NEhelG).

In § 1615g BGB war die Anrechnung von Kindergeld, Kinderzuschlägen und ähn- 21
lichen Sozialleistungen auf den Regelbedarf, in § 1615h BGB die Möglichkeit der Herabsetzung des Regelunterhalts auf das Maß des Unterhalts, den der Vater nach den Grundsätzen der allgemeinen Regeln über den Verwandtenunterhalt als Individualunterhalt leisten müsste, in § 1615i BGB die Möglichkeit der Stundung und des Erlasses rückständiger Unterhaltsleistungen aus Billigkeitsgründen geregelt. Wegen der Einzelheiten s die Erläuterungen zu den §§ 1615g bis 1615i BGB bei STAUDINGER/EICHENHOFER (1997).

Das Kindesunterhaltsgesetz vom 6. 4. 1998 übernahm das System des Regelunter- 22
halts in die jetzt für alle Kinder geltenden Vorschriften des Verwandtenunterhaltsrechts in materiell- und verfahrensrechtlich weiterentwickelter Form, weil es sich im Grundsatz bewährt habe. Jedes minderjährige Kind soll gegenüber einem Elternteil, mit dem es nicht in einem Haushalt lebt, in einem vereinfachten Verfahren den Regelunterhalt geltend machen können (BT-Drucks 13/7338, 22). Deshalb wurden § 1612a BGB neu gefasst, die §§ 1612b und 1612c BGB eingefügt und die §§ 1615 f bis 1615i BGB aufgehoben.

f) Einstweilige Verfügung (§ 1615o – aF)

Nach § 1716 aF konnte auf Antrag der Mutter schon vor der Geburt des nichtehe- 23
lichen Kindes durch einstweilige Verfügung angeordnet werden, dass der Vater den für die ersten drei Monate dem Kind zu gewährenden Unterhalt alsbald nach der Geburt an die Mutter oder den Vormund zu zahlen und den erforderlichen Betrag angemessene Zeit vor der Geburt zu hinterlegen hatte; dabei brauchte eine Gefährdung des Anspruchs nicht glaubhaft gemacht zu werden.

Das Nichtehelichengesetz übernahm diese Regelung der Sache nach, wenn auch in 24
sprachlich geänderter Form, in § 1615o BGB. In der Begründung des RegE ist ausgeführt: Zwar sei § 1716 aF in der Praxis nicht sehr bedeutsam gewesen. Gleichwohl sei das Schutzbedürfnis von Kind und Mutter in der Zeit vor und nach der Geburt so stark, dass ein lückenloser Schutz angestrebt werden müsse und etwaige Bedenken zurücktreten müssten. Deshalb solle auf die Möglichkeit, schon vor der Geburt des Kindes gegen den Vater im Wege einer einstweiligen Verfügung vorzugehen, nicht verzichtet werden (vgl BT-Drucks V/2370, 58; JANSEN/KNÖPFEL, Das neue Unehelichengesetz 231).

25 Auch die Reformgesetze der Jahre 1997 und 1998 behielten diese Möglichkeit bei. Das Kindschaftsrechtsreformgesetz vom 16. 12. 1997 passte § 1615o BGB den geänderten Bestimmungen über die Abstammung an, und das Kindesunterhaltsgesetz vom 6. 4. 1998 brachte weitere redaktionelle, aber auch sachliche Änderungen (s dazu Staudinger/Engler [2000] § 1615o Rn 3 ff).

3. Die Bestimmungen über die Ansprüche der Mutter gegen den Vater (§§ 1615k bis 1615o)

26 Die durch das Nichtehelichengesetz eingefügten §§ 1615k bis 1615o BGB hatten und haben Ansprüche zum Gegenstand, durch die Belastungen, die der Mutter durch Schwangerschaft und Geburt entstehen, ausgeglichen werden sollen.

27 § 1615k BGB, der der Sache nach den früheren § 1715 BGB übernommen hatte, sah die Verpflichtung des Vaters eines nichtehelichen Kindes vor, der Mutter die Kosten der Entbindung und, falls infolge der Schwangerschaft oder der Entbindung weitere Aufwendungen notwendig werden, auch die dadurch entstehenden Kosten zu erstatten. Diese Bestimmung wurde durch das Kindesunterhaltsgesetz aufgehoben, weil in dem gleichzeitig an § 1615l Abs 1 BGB angefügten weiteren Satz gesagt wurde, dass sich die Verpflichtung des Vaters, der Mutter für die Dauer von sechs Wochen vor und acht Wochen nach der Geburt des Kindes Unterhalt zu gewähren, auch auf die Kosten erstreckt, die infolge der Schwangerschaft oder der Entbindung außerhalb dieses Zeitraums entstehen (BT-Drucks 13/7338, 32; s dazu § 1615l Rn 12).

28 § 1615l BGB, der durch das Schwangeren- und Familienhilfeänderungsgesetz vom 21. 8. 1995 und durch das Kindschaftsrechtsreformgesetz vom 16. 12. 1997 geändert wurde und seine jetzige Fassung durch das Kindesunterhaltsgesetz vom 6. 4. 1998 erhalten hat, gibt der Mutter einen grundsätzlich befristeten Anspruch auf Unterhalt. § 1615m BGB regelt die Tragung der Beerdigungskosten, wenn die Mutter infolge der Schwangerschaft oder der Entbindung gestorben ist, und § 1615n BGB präzisiert die unter dem früheren Recht zweifelhaften Tatbestandsvoraussetzungen der in §§ 1615l und 1615m BGB geregelten Ansprüche für die Fälle, in denen der Vater vor der Geburt des Kindes gestorben ist, das Kind tot geboren wird oder die Mutter eine Fehlgeburt erlitten hat. Nach § 1615o Abs 2 BGB (in der Fassung des Kindschaftsrechtsreformgesetzes und des Kindesunterhaltsgesetzes) kann auf Antrag der Mutter durch einstweilige Verfügung angeordnet werden, dass der Mann, der die Vaterschaft anerkannt hat oder der nach § 1600d Abs 2 BGB als Vater vermutet wird, die nach § 1615l Abs 1 BGB voraussichtlich zu leistenden Beträge an die Mutter zu zahlen hat; auch kann die Hinterlegung eines angemessenen Betrages angeordnet werden.

IV. Das geltende Recht

1. Die Aussage des § 1615a

29 Mit der Vorschrift soll – wie vor der Änderung des Wortlauts durch das KindRG – zunächst gesagt werden, dass für Kinder, deren Eltern nicht miteinander verheiratet sind oder waren (die das Gesetz früher als nichteheliche Kinder bezeichnet hatte), grundsätzlich die allgemeinen Vorschriften über den Verwandtenunterhalt gelten.

Die Einschränkung „soweit sich nicht anderes aus den folgenden Vorschriften ergibt" bezog sich, soweit es um die Unterhaltsansprüche des Kindes gegen den Vater geht, zuletzt nur noch auf § 1615o Abs 1 und 3 BGB. Die dort vorgesehene Möglichkeit, durch einstweilige Verfügung einem Mann, der nicht mit der Mutter verheiratet ist oder war, die Zahlung des Unterhalts für die ersten drei Lebensmonate des Kindes aufzuerlegen, wobei eine Gefährdung des Anspruchs nicht glaubhaft gemacht zu werden brauchte, ist aber keine Modifikation, sondern eine Ergänzung der allgemeinen Bestimmungen über den Unterhaltsanspruch eines Kindes gegen seinen Vater (s oben Rn 1 ff). Auf ein Kind, dessen Eltern miteinander verheiratet sind (das also nach der früheren Terminologie den Status eines ehelichen Kindes hatte), war § 1615o BGB (inzwischen aufgehoben; vgl nunmehr §§ 247, 248 FamFG) schon nach seinem Wortlaut nicht anzuwenden.

Auch die Vorschriften der §§ 1615l, 1615m und 1615n BGB in denen Ansprüche der Mutter gegen den Vater, die mit Schwangerschaft und Geburt zusammenhängen, geregelt sind, sind nur anwendbar, wenn die Mutter nicht mit dem Vater verheiratet ist oder war. Das ergibt sich aus der Geschichte der Vorschrift und ihrer Stellung im Titel „Unterhaltspflicht" und im Untertitel „Besondere Vorschriften für das Kind und seine nicht miteinander verheirateten Eltern". Der Gesetzgeber des KindRG und des KindUG, der unter allen Umständen die Weiterverwendung des Begriffs der nichtehelichen Kinder vermeiden wollte, hat offenbar zunächst übersehen, dass der frühere § 1615a BGB ausdrücklich von der „Unterhaltspflicht gegenüber nichtehelichen Kindern" gesprochen hatte, sodass sich die Aussage des § 1615a aF nur auf die §§ 1615b bis 1615i BGB und auf § 1615o Abs 1 und 3 BGB, dagegen nicht auch auf die Bestimmungen der §§ 1615k bis 1615n BGB und auf § 1615o Abs 2 BGB bezog. Er achtete dann auch nicht darauf, dass im neuen § 1615a BGB nicht gesagt wird, wann die allgemeinen Vorschriften gelten sollen, und dass die Vorschrift, da die früheren §§ 1615b bis 1615i BGB aufgehoben wurden, schon früher fast gänzlich ins Leere ging (s dazu oben Rn 4 f) und nunmehr – zu Recht – völlig bedeutungslos geworden ist. **30**

2. Die Fälle, auf die sich § 1615a bezieht

Die Vorschrift zählt umständlich die Fälle auf, in denen ein Kind nicht den Status eines Kindes hat, dessen Eltern miteinander verheiratet sind oder waren, nur um (wenn auch unbeholfen) zu sagen, dass sich auch die Unterhaltsansprüche eines solchen Kindes nach den allgemeinen, für alle Kinder geltenden Vorschriften richten (vgl auch Erman/Hammermann[14] Rn 1 ff). **31**

§ 1615a BGB bezieht sich also nicht auf ein Kind, dessen Vater im Zeitpunkt der Geburt mit der Mutter verheiratet war (§ 1592 Nr 1 BGB), auch wenn die Ehe durch Tod aufgelöst und das Kind innerhalb von dreihundert Tagen nach der Auflösung geboren wurde (§ 1593 BGB), ferner auf ein Kind, das die Eltern während ihrer Ehe gezeugt haben, und schließlich auf ein Kind, nach dessen Geburt die Eltern die Ehe miteinander geschlossen haben. **32**

§ 1615b bis § 1615k

Aufgehoben durch das **Kindesunterhaltsgesetz** vom 6. 4. 1998 Art 1 Nr 16.

§ 1615l
Unterhaltsanspruch von Mutter und Vater aus Anlass der Geburt

(1) Der Vater hat der Mutter für die Dauer von sechs Wochen vor und acht Wochen nach der Geburt des Kindes Unterhalt zu gewähren. Dies gilt auch hinsichtlich der Kosten, die infolge der Schwangerschaft oder der Entbindung außerhalb dieses Zeitraums entstehen.

(2) Soweit die Mutter einer Erwerbstätigkeit nicht nachgeht, weil sie infolge der Schwangerschaft oder einer durch die Schwangerschaft oder die Entbindung verursachten Krankheit dazu außerstande ist, ist der Vater verpflichtet, ihr über die in Absatz 1 Satz 1 bezeichnete Zeit hinaus Unterhalt zu gewähren. Das Gleiche gilt, soweit von der Mutter wegen der Pflege oder Erziehung des Kindes eine Erwerbstätigkeit nicht erwartet werden kann. Die Unterhaltspflicht beginnt frühestens vier Monate vor der Geburt und besteht für mindestens drei Jahre nach der Geburt. Sie verlängert sich, solange und soweit dies der Billigkeit entspricht. Dabei sind insbesondere die Belange des Kindes und die bestehenden Möglichkeiten der Kinderbetreuung zu berücksichtigen.

(3) Die Vorschriften über die Unterhaltspflicht zwischen Verwandten sind entsprechend anzuwenden. Die Verpflichtung des Vaters geht der Verpflichtung der Verwandten der Mutter vor. § 1613 Abs. 2 gilt entsprechend. Der Anspruch erlischt nicht mit dem Tode des Vaters.

(4) Wenn der Vater das Kind betreut, steht ihm der Anspruch nach Absatz 2 Satz 2 gegen die Mutter zu. In diesem Fall gilt der Absatz 3 entsprechend.

Materialien: Art 1 Nr 16 NEhelG; geändert durch Art 6 Schwangeren- und Familienhilfeänderungsgesetz vom 21. 8. 1995 (BGBl I 1050); BT-Drucks V/2370, 55 f, 103, 110; BT-Drucks V/4179, 12 Anh 3 f; BT-Drucks 13/1850, 24. Geändert durch Art 1 Nr 5 KindRG vom 16. 12. 1997 (BGBl I 2942) und Art 1 Nr 13 KindUG vom 6. 4. 1998 (BGBl I 666); BT-Drucks 13/4899, 89 f, 149, 157; BT-Drucks 13/7338, 32; BT-Drucks 16/1830, 30.

Schrifttum

Benkelberg, § 1615l BGB und das begrenzte Realsplitting, FuR 1999, 301

Borth, Die Gleichstellung des Betreuungsunterhalts nach § 1615l BGB mit § 1570 BGB – ein noch nicht erfülltes Verfassungsgebot?, FamRZ 2016, 269

Brühl, Ersatzansprüche der Kindesmutter aus § 1715 BGB, FamRZ 1965, 241 (zum früheren Recht)

Brudermüller, Der Betreuungsunterhalt nicht miteinander verheirateter Eltern und das Dilemma seiner Begründung, ZKJ 2011, 327

Büdenbender, Der Unterhaltsanspruch des Vaters eines nichtehelichen Kindes gegen die Kindesmutter, FamRZ 1998, 129

Büttner, Unterhalt für die nichteheliche Mutter, FamRZ 2000, 781

Christl, Einfluss einer nichtehelichen Lebensgemeinschaft auf den Unterhalt nach § 1615l BGB, FF 2016, 290

Ehinger, Der Betreuungsunterhaltsanspruch der Mutter eines nichtehelichen Kindes, FPR 2010, 389

Finger, § 1615l BGB – Unterhalt der nichtehelichen Mutter/Des nichtehelichen Vaters, FuR 2005, 493

Griesche, Verwirkung eines Unterhaltsanspruchs aus § 1615l II 2 bis 5 BGB beim Zusammenleben in einer verfestigten Lebensgemeinschaft, FamFR 2011, 51

Hahne, Die Annäherung des Unterhaltsanspruchs einer nichtverheirateten Mutter nach § 1615l BGB an den Unterhaltsanspruch einer verheirateten Mutter nach 3 1570 BGB, in: FS Schwab (2005) 783

Heiderhoff, Verlängerung des Betreuungsunterhalts über das dritte Lebensjahr hinaus in der aktuellen Rechtsprechung des BGH – lässt die Unterhaltsrechtsreform wirklich so wenig Spielraum?, FamRZ 2012, 1604

Hoffmann, Unterhalt wegen Betreuung eines nichtehelichen Kinds – ein Fallbeispiel, FF 2016, 393

ders, Der Betreuungsunterhalt nach § 1615l BGB, FF 2015, 296

Hohloch, Unterhaltsanspruch der Mutter eines nichtehelichen Kindes (Anm zu BGH Urteil vom 21. 1. 1998, FamRZ 1998, 541), JuS 1998, 560

Hohmann-Dennhardt, Familienrechtliche Antworten auf veränderte Familienwelten, FF 2007, 174

Löhnig, Das Unterhaltsrecht der faktischen Partnerschaft, NJW 2016, 1487

ders/Preisner, Zur notwendigen Neugestaltung des Betreuungsunterhalts, FamRZ 2010, 2029

Mehrle, Zum Bedarf der Unterhaltsberechtigten nach §§ 1610, 1615l BGB, FamRZ 2010, 510

Meier, Betreuungsunterhalt gemäß §§ 1570 und 1615l nach der Unterhaltsrechtsreform, FamRZ 2008, 101

Menne, Der Betreuungsunterhalt nach § 1615l BGB im Regierungsentwurf zum Unterhaltsrechtsänderungsgesetz, FamRZ 2007, 173

Peschel-Gutzeit, Der neue Betreuungsunterhalt – Ende des Altersphasenmodells?, FPR 2008, 24

Puls, Der Betreuungsunterhalt der Mutter eines nichtehelichen Kindes, FamRZ 1998, 865

Schilling, Der Wegfall des Betreuungsunterhalts nach § 1586 Abs 1 BGB bei Wiederheirat, FF 2015, 59

ders, Der Wegfall des Betreuungsunterhalts nach § 1586 Abs 1 BGB bei Wiederheirat, in: FS Brudermüller (2014) 669

ders, Der Betreuungsunterhalt, FPR 2011, 145

ders, § 1615l nach der Reform, FPR 2008, 27

ders, Der Betreuungsunterhalt nach der Reform, FF 2008, 279

ders, Betreuungsunterhalt und Wechselmodell, FPR 2006, 291

ders, § 1615l BGB im Spiegel der höchstrichterlichen Rechtsprechung, FamRZ 2006, 1

ders, § 1615l BGB-E – ein Fortschritt?, FPR 2005, 513

Schüler, Der Betreuungsunterhalt nach der Erosion des Altersphasenmodells (2012)

Schulz, Betreuungsunterhalt für Mütter nichtehelicher Kinder nach § 1615l BGB, DAVorm 1996, 463

Viefhues, Der Unterhaltsanspruch der unverheirateten Mutter nach § 1615l BGB, FuR 2016, 27; FuR 2015, 686

Wagner, Anspruchskonkurrenzen beim Betreuungsunterhalt, NJW 1998, 3097

Wapler, Kinderbetreuung und Erwerbsobliegenheit: Tendenzen in der neueren Rechtsprechung zum nachehelichen Unterhalt, RdJB 2015, 36

Wellenhofer, Gesetzlicher Unterhaltsanspruch für nichteheliche Lebensgemeinschaften?, FamRZ 2015, 973

Wever, Unterhalt bei Betreuung nichtehelicher Kinder – der neu gestaltete § 1615l BGB, FamRZ 2008, 553

ders, Zur unterschiedlichen Ausgestaltung des Betreuungsunterhalts nach § 1615l und § 1570 BGB, FF 2005, 174

ders/Schilling, Streitfragen zum Unterhalt nicht miteinander verheirateter Eltern wegen Kindesbetreuung, FamRZ 2002, 581

Wohlgemuth, Bedarfsbestimmung bei Betreuung nichtehelicher Kinder, FamRZ 2010, 1302

dies, Der Unterhaltstatbestand des § 1615l BGB – wohin führt die Entwicklung?, FuR 2007, 195.

Systematische Übersicht

Alphabetische Übersicht

I. Bedeutung der Vorschrift

Der Bestimmung liegt der Gedanke zugrunde, dass eine Frau in einem engeren Zeitraum vor und nach der Geburt eines Kindes im Regelfall nicht imstande ist, selbst für ihren Unterhalt zu sorgen, und dass auch in der Zeit danach noch Umstände vorliegen können, die sie an einer Erwerbstätigkeit hindern. Zur Zahl nichtehelich geborener Kinder und weiteren rechtstatsächlichen Fragen wird auf MENNE (in: BÜTE/POPPEN/MENNE, Unterhaltsrecht[3] § 1615l Rn 5) verwiesen (vgl auch NK-BGB/SCHILLING[3] § 1615l Rn 1). 1

Ist oder war die Frau verheiratet, so kann sie vom Ehemann oder geschiedenen Mann Unterhalt verlangen, soweit dies im Zusammenhang mit ihrer Schwangerschaft und der Geburt eines Kindes notwendig ist (§§ 1360, 1361, 1570 BGB). Einen entsprechenden Schutz bezweckt § 1615l BGB, der der **Mutter eines Kindes nicht miteinander verheirateter Eltern** (s die Überschrift vor § 1615a BGB und die nähere Umschreibung dieses Begriffs in § 1615a BGB) einen Unterhaltsanspruch gegen den Vater des Kindes gibt. Der **ordentliche Unterhaltsanspruch** (Abs 1) soll die Mutter in der Zeit von sechs Wochen vor und acht Wochen nach der Geburt wirtschaftlich sichern. Über diesen Zeitraum hinaus steht der Mutter ein **zeitlich erweiterter Unterhaltsanspruch** (Abs 2) zu, wenn sie infolge der Schwangerschaft oder wegen einer durch Schwangerschaft oder Entbindung verursachten Krankheit oder wegen der Betreuung des Kindes einer Erwerbstätigkeit nicht nachgehen kann. Der erweiterte Unterhaltsanspruch nach Abs 2 ist aufgrund des **Unterhaltsrechtsänderungsgesetzes vom 21. 12. 2007** (BGBl I 3189) seit dem 1. 1. 2008 dem Unterhaltsanspruch gemäß § 1570 BGB weitgehend angenähert worden. Die Entwicklung ist wesentlich von einer **Entscheidung des Bundesverfassungsgerichts vom 28. 2. 2007** (BVerfGE 118, 45 = FamRZ 2007, 965) beeinflusst worden, mit der das BVerfG es für einen Verstoß gegen Art 6 Abs 5 GG erklärt hat, die Dauer eines Unterhaltsanspruchs, den der Gesetzgeber einem Elternteil wegen der Betreuung seines Kindes gegen den anderen Elternteil einräumt, für eheliche und nichteheliche Kinder unterschiedlich zu bestimmen (dazu näher Rn 17). 2

Der durch das KindRG angefügte Abs 5 (seit 1. 1. 2008 nunmehr Abs 4) gibt dem **Vater, der das Kind betreut**, einen entsprechenden Anspruch gegen die Mutter; dass sich dieser Anspruch nur auf die Zeit nach der Geburt des Kindes beziehen kann, ist selbstverständlich (s dazu unten Rn 95 ff). 3

Der Anspruch nach § 1615l BGB ist – anders als der noch im früheren § 1615k BGB geregelte Anspruch der Mutter gegen den Vater auf Erstattung der Entbindungskosten – ein **Unterhaltsanspruch**, dessen Bestehen und Umfang von der Bedürftigkeit des Berechtigten (§ 1602 Abs 1 BGB) und der Leistungsfähigkeit des Verpflichteten (§ 1603 Abs 1 BGB) abhängen. Dies gilt auch für die der Frau infolge der Schwangerschaft und der Entbindung entstandenen Kosten; dies ergibt sich aus dem durch das KindUG an Abs 1 angefügten S 2 (BT-Drucks 13/7338, 32; s dazu unten Rn 43). 4

Der Charakter des Anspruchs hat sich gegenüber dem ursprünglichen Recht des unehelichen Kindes grundsätzlich gewandelt. Der in § 1715 aF geregelte Anspruch enthält zwar dieselben Komponenten wie jetzt der Anspruch aus § 1615l BGB, der sich von jenem vor allem in der Dauer der geschuldeten Unterhaltsleistungen un- 5 terscheidet. Der Anspruch aus § 1715 aF war aber ein „gesetzlicher Entschädigungsanspruch sui generis", der nicht als Unterhaltsanspruch zu qualifizieren war (s dazu Staudinger/Göppinger[10/11] § 1715 Rn 38; Mot IV 907; Brühl FamRZ 1965, 241, 242; Gernhuber[1] § 60 I 1–3; Klinkhammer FamRZ 2007, 1205, 1209).

II. Entstehungsgeschichte

1. Ursprüngliche Regelung des BGB

6 Vor Schaffung des NEhelG war in § 1715 aF die Unterhaltspflicht des Vaters gegenüber der Mutter seines nichtehelichen Kindes als schuldrechtlicher Anspruch ausgestaltet: Der Vater schuldete danach der Mutter – neben dem Ersatz der Kosten der Entbindung und weiterer durch Schwangerschaft oder Entbindung verursachter Aufwendungen – Unterhalt für die ersten 6 Wochen nach der Entbindung unabhängig von seiner eigenen Leistungsfähigkeit und der Bedürftigkeit der Mutter (Staudinger/Göppinger[10/11] § 1715 Rn 15 ff). War der Vater vor der Geburt des Kindes gestorben, so richtete sich der Anspruch der Mutter gegen den Erben (§ 1715 Abs 2 aF).

2. Neuregelung durch das Nichtehelichengesetz

7 Durch das NEhelG wurde der Anspruch nach dem Vorbild einer Reihe ausländischer Rechtsordnungen zeitlich ausgedehnt (6 Wochen vor und 8 Wochen nach der Entbindung), auf Fälle der Erwerbsunfähigkeit der Mutter oder von Versorgungsschwierigkeiten des Kindes ausgeweitet und als familienrechtlicher Anspruch ausgestaltet (vgl zum Ganzen näher Jansen/Knöpfel, Das neue Unehelichengesetz 223 ff; BT-Drucks V/2370, 56 ff). Das bedeutete insbesondere, dass der Anspruch von der Bedürftigkeit der Mutter (§ 1602 BGB) und der wirtschaftlichen Leistungsfähigkeit des Vaters (§ 1603 BGB) abhängig gemacht wurde.

Die Ausweitung der Unterhaltspflicht sollte der Schwangeren vor der Geburt wirtschaftliche Sorgen ersparen und einen Beitrag zur ungestörten Entwicklung des Kindes leisten. Der Anspruch sollte jedoch nicht bestehen, falls die Mutter aufgrund eines Arbeits- oder Sozialleistungsverhältnisses oder als Witwe Versorgungsansprüche habe. Außerordentlicher Unterhalt stehe der Mutter zu, die für das Kind keine Pflegestelle gefunden habe. Die Unterhaltspflicht des Vaters solle dazu beitragen, dass sich „frühzeitig eine feste Beziehung zwischen dem Kind und der Mutter (oder einer an ihre Stelle tretenden Pflegeperson) entwickelt". Der Entwurf hob jedoch gleichzeitig hervor: „Allein der Wunsch, sich ganz der Pflege des Kindes zu widmen, kann für die Frage der Zumutbarkeit nicht ausschlaggebend sein und vermag eine Fortdauer der Unterhaltsverpflichtung des Vaters über den in Absatz 1 genannten Zeitraum hinaus nicht zu begründen" (BT-Drucks V/2370, 56).

§ 1615l BGB werde im Gegensatz zu § 1615k BGB als ein unterhaltsrechtlicher Anspruch ausgestaltet. Der Unterhaltsanspruch der Mutter gegen den Vater ihres Kindes habe gegenüber dem Unterhaltsanspruch der Mutter gegen deren Eltern den Vorrang, weil der Vater durch Zeugung die Bedürftigkeit der Mutter herbeigeführt habe. Um indes die Ehe und Familie des Vaters zu schützen, komme den Unterhaltsansprüchen der Ehefrau und der minderjährigen unverheirateten Kinder des

Vaters gegenüber dem Unterhaltsanspruch der Mutter gegen den Vater der Vorrang zu (BT-Drucks V/2370, 57).

Der Rechtsausschuss des Deutschen Bundestages hat § 1615l Abs 2 BGB sprachlich anders gefasst (vgl BT-Drucks V/4179, 12). Damit sollte verdeutlicht werden (vgl zu Drucks V/4179, 4): „Es soll nicht im Ermessen der Mutter liegen, ob sie nach dem Zeitpunkt" – also nach dem Ende der Frist zur Gewährung des ordentlichen Unterhalts – „eine Erwerbstätigkeit aufnimmt oder sich der Pflege des Kindes widmet. Nur soweit das Kind nicht versorgt wäre, soll ihr nach Satz 2 ein über den genannten Zeitpunkt hinausreichender Unterhaltsanspruch zustehen". Im Übrigen wurde die bereits in § 1615k Abs 2 BGB getroffene Regelung, dass Tatbestände der Hemmung oder Unterbrechung auf die Verjährungsfrist anzuwenden sind, auch in § 1615l Abs 4 BGB aufgenommen. § 1615l BGB wurde in der vom Rechtsausschuss beschlossenen Fassung Gesetz. 8

3. Erweiterung des Anspruchs durch das Schwangeren- und Familienhilfeänderungsgesetz

§ 1615l Abs 2 S 2 und S 3 BGB wurden durch das Schwangeren- und Familienhilfeänderungsgesetz vom 21. 8. 1995 (BGBl I 1050) geändert. In Abs 2 S 2 wurden die Worte „wenn die Mutter nicht oder nur beschränkt erwerbstätig ist, weil das Kind anderenfalls nicht versorgt werden könnte" durch die Formulierung ersetzt: „soweit von der Mutter wegen der Pflege oder Erziehung eines Kindes eine Erwerbstätigkeit nicht erwartet werden kann". In Abs 2 S 3 wurde die Dauer des Anspruchs von einem Jahr auf drei Jahre nach der Entbindung verlängert. Der Gesetzgeber griff damit Anregungen aus der rechtspolitischen Diskussion auf, die allesamt eine Verbesserung in der Betreuung nichtehelicher Kinder in weitgehender Anlehnung an den Betreuungsunterhalt nach Scheidung (§ 1570 BGB) für angezeigt hielten (vgl Bosch FamRZ 1991, 1121, 1131; Hahne FamRZ 1991, 928, 931; Roth FamRZ 1991, 139, 145; Schwenzer, Gutachten zum 59. DJT 1992, A 52; Willutzki, in: FS Gerd Jauch [1990] 231, 248; vgl auch AG Erding FamRZ 1994, 1613). Im Zuge der Neuregelung der strafrechtlichen Sanktionierung von Schwangerschaftsabbrüchen sah es der Gesetzgeber für geboten an, im Interesse der Chancengleichheit für nichteheliche und eheliche Kinder die Anspruchsvoraussetzungen für den Unterhaltsanspruch einer nichtehelichen Mutter wegen Kinderbetreuung dem Anspruch auf Betreuungsunterhalt nach Ehescheidung (§ 1570 BGB) anzugleichen und den Bezugszeitraum so zu verlängern, dass die Betreuung des Kindes durch die Mutter bis zu dessen Eintritt in den Kindergarten (nach Vollendung des 3. Lebensjahres) gewährleistet ist (BT-Drucks 13/1850, 24; s auch BT-Drucks 13/4899, 149, 167). 9

4. Weitere Verbesserung durch das Kindschaftsrechtsreformgesetz

Mit dem KindRG vom 16. 12. 1997 (BGBl I 2942) wurde eine weitere Verbesserung des Anspruchs der Mutter auf Betreuungsunterhalt bezweckt. Um Härten, wie sie bei der starren Befristung in Ausnahmefällen entstehen könnten, zu vermeiden, sah der RegE des KindRG vor, dass der Betreuungsunterhalt künftig auch über die Dreijahresfrist hinaus sollte gewährt werden können, nämlich dann, wenn eine Beendigung nach Ablauf von drei Jahren unter Berücksichtigung der Belange des Kindes grob unbillig wäre. Es sei etwa daran zu denken, dass das Kind behindert und 10 deshalb auf eine intensive und längere Betreuung durch die Mutter angewiesen ist. In diesem Falle könne es der Billigkeit entsprechen, den Vater des Kindes auch über den Dreijahreszeitraum hinaus für den Betreuungsunterhalt der Mutter aufkommen zu lassen (BT-Drucks 13/4899, 89). Der neue Abs 5 (nunmehr Abs 4) trage dem Umstand Rechnung, dass die Betreuung des Kindes auch durch den Vater stattfinden könne; in diesem Fall müsse der Anspruch nach Abs 2 S 2 dem Vater zustehen (BT-Drucks 13/4899, 90).

11 Der Bundesrat schlug vor, die Anwendung der §§ 1570, 1577 BGB (aF) auf den Betreuungsunterhalt vorzusehen und eine Korrektur lediglich für Fälle vorzubehalten, in denen eine solche Ausweitung des Anspruchs aus schwerwiegenden Gründen grob unbillig wäre (BT-Drucks 13/4899, 149). Dem trat die Bundesregierung entgegen, wobei sie besonders hervorhob, dass es nicht um einen Anspruch des Kindes, sondern um einen Anspruch des das Kind betreuenden Elternteils gegen den anderen Elternteil gehe; dabei liege es nahe, das Kriterium, ob die Eltern mit der Eheschließung eine ihre Beziehung rechtlich überdauernde Verantwortung übernommen haben oder ob dies bewusst unterblieben ist, nicht außer Acht zu lassen (BT-Drucks 13/4899, 167). Auch der Rechtsausschuss des Deutschen Bundestags hielt es für gerechtfertigt, den Anspruch der (früheren) Ehefrau unter dem Gesichtspunkt der nachehelichen Solidarität stärker auszugestalten als den Anspruch der Mutter, die mit dem Vater des Kindes nicht verheiratet ist (BT-Drucks 13/8411, 71). § 1615l Abs 2 S 3 und Abs 5 BGB (nunmehr Abs 4) erhielten daraufhin die jetzige Fassung (dazu kritisch PULS FamRZ 1998, 865, 868 f).

5. Neuordnung durch das Kindesunterhaltsgesetz und weitere Änderung

12 Das KindUG vom 6. 4. 1998 (BGBl I 666) hob, um das Unterhaltsrecht für eheliche und nichteheliche Kinder zu vereinheitlichen, die nur für nichteheliche Kinder geltenden Sondervorschriften der §§ 1615b bis 1615k BGB auf (dazu BT-Drucks 13/7338, 32 f). Es fügte aber die zuvor in § 1615k Abs 1 BGB enthaltene Bestimmung, dass der Vater der Mutter die Kosten der Entbindung und etwaige weitere durch Schwangerschaft und Entbindung verursachte Kosten zu erstatten hat, als weiteren Satz dem § 1615l Abs 1 BGB an. In der Begründung des RegE ist dies so gedeutet, dass der Anspruch nach dem früheren § 1615k BGB „künftig wie die übrigen Ansprüche nach § 1615l BGB ein Unterhaltsanspruch sein soll"; anders als bisher solle also der Anspruch auf die Kosten der Entbindung und den Ersatz weiterer Aufwendungen, die infolge der Entbindung oder der Schwangerschaft entstünden, den Voraussetzungen der Bedürftigkeit und der Leistungsfähigkeit unterliegen. Dies diene der Rechtsvereinfachung und liege letztlich – etwa wenn bei einem nur eingeschränkt leistungsfähigen Vater der Erstattungsanspruch mit dem Unterhaltsanspruch des Kindes konkurriere – auch im Interesse des Kindes (BT-Drucks 13/7338, 32; s auch 33, wo lapidar gesagt wird, § 1615k sei aufzuheben, „weil der Anspruch auf Entbindungskosten künftig als Unterhaltsanspruch von § 1615l erfaßt wird").

13 Durch **Gesetz zur Modernisierung des Schuldrechts** vom 26. 11. 2001 (BGBl I 3138) wurde mit Wirkung vom 1. 1. 2002 der frühere Absatz 4 aufgehoben, der eine Sonderregelung zur Verjährung enthielt. Der frühere Absatz 5 jetzt wurde zu Absatz 4 und entsprechend umformuliert. Zu weiteren Änderungen im Verjährungsrecht s Vorbem 95 ff zu §§ 1601 ff.

6. Unterhaltrechtsänderungsgesetz 2007: Annäherung an § 1570 und Gleichrang der Ansprüche

14 Ihre heutige Fassung hat die Vorschrift durch das **Unterhaltsrechtsänderungsgesetz vom 21. 12. 2007** (BGBl I 3189) erhalten. Dadurch ist die Anspruchsdauer des Betreuungsunterhalts nach Abs 2 S 2 auf mindestens drei Jahre, verbunden mit einer Verlängerungsmöglichkeit nach Billigkeit, verlängert und dem ebenfalls neu gefassten § 1570 BGB insoweit angeglichen worden. Der Rang des Unterhaltsanspruchs ist nunmehr in § 1609 BGB (früher Abs 3 S 3) geregelt und ist ebenfalls dem § 1570 BGB gleichgestellt worden. Beide Ansprüche befinden sich nunmehr im 2. Rang (§ 1609 Rn 31 ff).

15 Durch die Neufassung wollte der Gesetzgeber den bereits früher eingeschlagenen Weg, den Betreuungsunterhaltsanspruch der nicht verheirateten Mutter auszudehnen, konsequent fortsetzen (BT-Drucks 16/1830, 31 auch für das Folgende). Die Begrenzung des Betreuungsunterhalts auf drei Jahre sei bei der gebotenen, typisierenden Betrachtung im Regelfall angemessen, weil ab dem dritten Lebensjahr des Kindes eine Fremdbetreuung regelmäßig möglich sei und tatsächlich auch erfolge, ohne dass sich dies zum Nachteil des Kindes auswirke. Denn an den Dreijahreszeitraum knüpften zahlreiche sozialstaatliche Leistungen und Regelungen an. Insoweit sind etwa der Anspruch des Kindes auf einen Kindergartenplatz vom vollendeten dritten Lebensjahr (§ 24 SGB VIII) zu nennen oder die Zumutbarkeit einer Erwerbstätigkeit eines Hilfebedürftigen, soweit die Betreuung des Kindes, das das dritte Lebensjahr vollendet hat, in einer Tageseinrichtung sichergestellt ist (§ 10 Abs 1 Nr 3 SGB II).

16 Die damit verbundene (nach dem ursprünglichen Gesetzentwurf noch) **unterschiedliche Ausgestaltung** des Betreuungsunterhaltsanspruchs von geschiedenen bzw getrennt lebenden Elternteilen einerseits und nicht verheirateten Elternteilen andererseits sei gerechtfertigt und mit den Artikeln 3 und 6 GG vereinbar (BT-Drucks 16/1830, 31; Klammerzusatz vom Verf). Der Unterhaltsanspruch des nicht verheirateten Elternteils soll diesen während der ersten drei Lebensjahre des Kindes von der Erwerbspflicht freistellen, damit er sich in vollem Umfang der Pflege und Erziehung des Kindes widmen könne. Die demgegenüber stärkere Ausgestaltung des nachehelichen Unterhaltsanspruchs durch die grundsätzlich längere Dauer der Unterhaltspflicht sei durch den zusätzlichen Schutzzweck der nachehelichen Solidarität begründet und finde seine Rechtfertigung in der tatsächlich und rechtlich unterschiedlichen Situation verheirateter und nicht verheirateter Eltern (BT-Drucks 16/1830, 31).

17 Dem ist das **BVerfG** mit einer im Lauf des Gesetzgebungsverfahrens an entscheidender Stelle veröffentlichten (vgl Schwab FamRZ 2007, 1053, 1054: „Koinzidenz"; Klinkhammer FamRZ 2007, 1205, 1211) Entscheidung vom 28. 2. 2007 entgegen getreten (BVerfGE 118, 45 = FamRZ 2007, 965 mAnm Born). Das BVerfG hat mit unübersehbarem Bezug auf die Reform in der unterschiedlichen Laufzeit der Unterhaltsansprüche (die Mindest-Dauer von drei Jahren war in § 1570 BGB-E noch nicht enthalten) einen Verstoß gegen Art 6 Abs 5 GG erblickt. Art 6 Abs 5 GG verbiete, mit zweierlei Maß zu messen und bei ehelichen Kindern eine erheblich längere persönliche Betreuung für angezeigt zu erachten als bei nichtehelichen Kindern. Denn wie viel ein Kind an persönlicher elterlicher Betreuung und Zuwendung bedürfe, richte sich

nicht danach, ob es ehelich oder unehelich geboren sei. Die Schlechterstellung nichtehelicher Kinder gegenüber ehelichen Kindern rechtfertige sich nicht durch unterschiedliche soziale Situationen, in denen sich die Kinder befinden, oder durch Unterschiede, die in den Beziehungen ihrer Eltern auszumachen seien. Auch vermöge die nacheheliche Solidarität bei geschiedenen Ehegatten im Gegensatz zu nicht miteinander verheirateten Eltern nicht zu rechtfertigen, dass nach § 1615l Abs 2 S 3 BGB dem Elternteil eines nichtehelichen Kindes nur bis zu dessen dritten Lebensjahr ein Anspruch auf Betreuungsunterhalt zusteht, während nach § 1570 BGB dem Elternteil eines ehelichen Kindes ein nach Altersphasen des Kindes bemessener, weit länger reichender Unterhaltsanspruch wegen der Kinderbetreuung zuerkannt werde. Unter Berücksichtigung der von der Rechtsprechung ausschließlich am Kindesalter bemessenen Dauer des Unterhaltsanspruchs nach § 1570 BGB erweise sich das vom BGH angeführte Argument der nachehelichen Solidarität (entgegen BGH NJW 2006, 2687 = FamRZ 2006, 1362) nicht als tragfähig, die unterschiedliche Dauer der Unterhaltsansprüche zu rechtfertigen. Der Verstoß gegen Art 6 Abs 5 GG durch die Schlechterstellung nichtehelicher Kinder gegenüber ehelichen Kindern aufgrund der unterschiedlichen Dauer des Betreuungsunterhalts nach § 1570 BGB und § 1615l Abs 2 S 3 BGB lasse sich nicht durch verfassungskonforme Auslegung von § 1615l Abs 2 S 3 BGB beheben.

18 Bemerkenswert erscheint allerdings, dass das BVerfG in § 1570 BGB die **nacheheliche Solidarität** neben den Belangen des Kindes nicht als weiteres gesetzgeberisches Motiv zu erkennen vermochte. Nach seiner Meinung trifft es „nicht zu, dass der Anspruch aus § 1570 BGB nicht allein wegen der Kinderbetreuung eingeräumt sei" (BVerfGE 118, 45 = FamRZ 2007, 965 Rn 58). Weder dem Wortlaut des § 1570 BGB noch seiner Entstehungsgeschichte sei eine „über die Kinderbetreuung hinausgehende" Ausrichtung des Unterhaltsanspruchs zu entnehmen (BVerfGE 118, 45 = FamRZ 2007, 965 Rn 59 ff). Bei den hierfür angeführten Gesetzesmaterialien zur Entwicklung des Anspruchs aus § 1570 BGB ist indessen wohl übersehen worden, auch den Vergleichstatbestand aus § 1615l Abs 2 BGB und dessen Entwicklung in den Blick zu nehmen. Hier wäre das BVerfG fündig geworden. Denn der Gesetzgeber hatte bei allen vorangegangenen Reformen des Unterhalts nichtehelicher Mütter stets auf den statusbedingten Abstand zwischen nichtehelicher Mutter und der (geschiedenen) Ehefrau geachtet, schon weil er eine Angleichung der beiden Unterhaltstatbestände wegen des besonderen Schutzes von Ehe und Familie sogar für versperrt hielt (vgl Klinkhammer FamRZ 2007, 1205, 1209 mwNw).

19 Ungeachtet der vorstehenden Kritik hat die Entscheidung das heutige Gesetz geprägt, indem der im Gesetzgebungsverfahren streitige **Rang** der nichtehelichen Mutter dem der verheirateten oder geschiedenen gleichgestellt wurde, der sogenannte **Basisunterhalt von drei Jahren** parallel ausgestaltet und eine **Verlängerung** nicht nur aus kindbezogenen, sondern **auch aus elternbezogenen Gründen** ermöglicht worden ist.

20 Gerade durch die Angleichung des Unterhalts nach Abs 2 S 2 an § 1570 BGB ist deutlich geworden, dass durch die Verweisung auf die Vorschriften über den Verwandtenunterhalt in Abs 3 S 1 erhebliche inhaltliche Diskrepanzen zwischen den Ansprüchen bestehen. An diesen entzündet sich die **rechtspolitische Kritik** (vgl stellvertretend für die große Zahl kritischer Stellungnahmen Schwab FamRZ 2007, 1053, 1056; Schil-

LING FPR 2005, 513; BORTH FamRZ 2016, 269; WEVER FamRZ 2008, 553; vgl auch MENNE FamRZ 2007, 173, 176 mwNw). In der Tat dürfte die von vornherein systemwidrige Einordnung der Ansprüche beim Verwandtenunterhalt inzwischen überholt sein. Da die gesellschaftliche Sonderbehandlung nichtehelicher Mütter (vgl KLINKHAMMER FamRZ 2007, 1205, 1209) der Vergangenheit angehören sollte, empfiehlt sich eine weitergehende Verknüpfung mit § 1570 BGB, jedenfalls aber eine weitere Angleichung, mit der die bestehenden Widersprüche (etwa bei dem Verzicht auf den Anspruch oder bei der Verwirkung) beseitigt werden könnten (vgl NK-BGB/SCHILLING[3] Rn 3 mwNw). Bestimmte Unterschiede, etwa bei der Bedarfsbemessung, liegen dagegen in der Natur der Sache und sind durch die Unterschiede zwischen Ehe als rechtlicher Bindung mit Nachwirkungen und nichtehelicher (faktischer) Lebensgemeinschaft weiterhin gerechtfertigt.

Fassung bis zum 31. 12. 2007: 21

§ 1615l
Unterhaltsanspruch von Mutter und Vater aus Anlass der Geburt

(1) Der Vater hat der Mutter für die Dauer von sechs Wochen vor und acht Wochen nach der Geburt des Kindes Unterhalt zu gewähren. Dies gilt auch hinsichtlich der Kosten, die infolge der Schwangerschaft oder der Entbindung außerhalb dieses Zeitraums entstehen.

(2) Soweit die Mutter einer Erwerbstätigkeit nicht nachgeht, weil sie infolge der Schwangerschaft oder einer durch die Schwangerschaft oder die Entbindung verursachten Krankheit dazu außerstande ist, ist der Vater verpflichtet, ihr über die in Absatz 1 Satz 1 bezeichnete Zeit hinaus Unterhalt zu gewähren. Das Gleiche gilt, soweit von der Mutter wegen der Pflege oder Erziehung des Kindes eine Erwerbstätigkeit nicht erwartet werden kann. Die Unterhaltspflicht beginnt frühestens vier Monate vor der Geburt; sie endet drei Jahre nach der Geburt, sofern es nicht insbesondere unter Berücksichtigung der Belange des Kindes grob unbillig wäre, einen Unterhaltsanspruch nach Ablauf dieser Frist zu versagen.

(3) Die Vorschriften über die Unterhaltspflicht zwischen Verwandten sind entsprechend anzuwenden. Die Verpflichtung des Vaters geht der Verpflichtung der Verwandten der Mutter vor. Die Ehefrau und minderjährige unverheiratete Kinder des Vaters gehen bei Anwendung des § 1609 der Mutter vor; die Mutter geht den übrigen Verwandten des Vaters vor. § 1613 Abs 2 gilt entsprechend. Der Anspruch erlischt nicht mit dem Tode des Vaters.

(4) Wenn der Vater das Kind betreut, steht ihm der Anspruch nach Absatz 2 Satz 2 gegen die Mutter zu. In diesem Falle gilt Absatz 3 entsprechend.

III. Voraussetzungen des Mutterschutzunterhalts nach Abs 1

1. Die Mutter eines nichtehelichen Kindes als Anspruchsberechtigte

22 Eine Frau, die mit dem Vater ihres Kindes nicht verheiratet ist (vgl die Überschrift vor § 1615a BGB), kann nach Abs 1 S 1 vom Vater für die Dauer von sechs Wochen

vor und acht Wochen nach der Geburt des Kindes Unterhalt verlangen. Die Vorschrift spricht vereinfachend – auch für die Zeit vor der Geburt – von der **Mutter**; insoweit hatte schon das NEhelG den Sprachgebrauch des § 1715 BGB aF (der keine Regelung für die Zeit vor der Geburt enthielt) übernommen, und die Eingangsworte sind seither unverändert geblieben.

23 Mutter eines Kindes ist nach § 1591 BGB die Frau, die es geboren hat; nur ihr, und nicht etwa einer anderen Frau, die die genetische Mutter ist und vielleicht absprachegemäß das Kind betreut (vgl STAUDINGER/RAUSCHER [2011] § 1591 Rn 6 ff), kann ein Anspruch aus § 1615l BGB zustehen. Wird der Anspruch vor der Geburt des Kindes geltend gemacht, muss die Frau die Schwangerschaft und den voraussichtlichen Zeitpunkt der Geburt dartun und notfalls beweisen.

24 Die Vorschrift betrifft nur die Mutter eines **nichtehelichen Kindes** (dazu § 1615a Rn 29 ff). Handelt es sich um ein eheliches Kind, ergeben sich zwar für dieses keine Unterschiede (Art 6 Abs 5 GG; § 1615a Rn 31), wohl aber für die Mutter, der dann Unterhaltsansprüche nach §§ 1360, 1361, 1569 BGB zustehen (WENDL/BÖMELBURG[9] § 7 Rn 192).

2. Der Vater als Verpflichteter

25 Der Anspruch richtet sich gegen den Vater des Kindes. Als Schuldner kommt **der Mann** in Betracht, der die **Vaterschaft anerkannt** hat (§ 1592 Nr 2 BGB) oder dessen Vaterschaft nach § 1600d BGB **gerichtlich festgestellt** ist (§ 1592 Nr 3 BGB). Darüber hinaus ist der Anspruch in der Rechtsprechung schon dann angenommen worden, wenn der Anspruchsgegner die leibliche Vaterschaft nicht bestreitet (OLG Zweibrücken FamRZ 1998, 554; OLG Schleswig FamRZ 2008, 2057; OLG Düsseldorf FamRZ 1995, 690; PALANDT/BRUDERMÜLLER[76] Rn 2), sodass es etwa auf eine vorherige Anfechtung durch den rechtlichen Vater nicht ankommen soll. § 1615l BGB stellt indessen auf die **rechtliche Vaterschaft** ab. Wer als rechtlicher Vater eines Kindes anzusehen ist, sagt mithin abschließend § 1592 BGB; dies gilt auch für die Ansprüche aus § 1615l BGB (KOCH/WELLENHOFER[13] § 3 Rn 4; NK-BGB/SCHILLING[3] § 1615l Rn 4; MENNE, in: BÜTE/POPPEN/MENNE, Unterhaltsrecht[3] § 1615l Rn 7). Eine Konstellation, dass der Anspruch ausnahmsweise gegen den (nur) leiblichen Vater geltend gemacht werden kann (vgl § 1601 Rn 10 ff), kann hier nicht entstehen, schon weil die Mutter es regelmäßig in der Hand hat, den Erzeuger gerichtlich als Vater feststellen zu lassen (bzw zuvor die Vaterschaft ihres Ehemanns anzufechten). Eine andere Frage ist es, ob für wie lange die Mutter den Unterhalt nach späterer Anerkennung der Vaterschaft nachfordern kann (vgl hierzu iE wohl zutreffend OLG Schleswig FamRZ 2008, 2057; vgl auch § 1613 Rn 97).

26 Eine **Ausnahme** vom Erfordernis der vorgängigen Anerkennung und gerichtlichen Feststellung der Vaterschaft sieht nur § 247 FamFG für den Antrag der Mutter auf **einstweilige Anordnung** vor (früher einstweilige Verfügung nach § 1600o BGB). Dieser kann schon vor der Geburt des Kindes gestellt werden.

3. Die durch Schwangerschaft und Entbindung verursachten Kosten

a) Rechtsnatur des Anspruchs

27 Zum Lebensbedarf gehören auch die notwendigen Aufwendungen für die Erhaltung und Wiederherstellung der Gesundheit (§ 1610 Rn 169 ff). Ebenso können dazu auch die durch Schwangerschaft und Entbindung einer unterhaltsberechtigten Frau verursachten Kosten gezählt werden (GÖPPINGER[5] Rn 949); es handelt sich dabei um einen Sonderbedarf, wie er in § 1613 Abs 2 S 1 BGB (vgl § 1585b Abs 1 BGB) definiert ist. Ob dies auch für den Anspruch der Mutter eines nichtehelichen Kindes gegen den Vater gilt, war vor der Neuregelung des Betreuungsunterhalts durch das KindUG streitig (s STAUDINGER/EICHENHOFER [1997] § 1615k Rn 7 ff). Die Pflicht, die durch Schwangerschaft und Entbindung verursachten Kosten zu tragen, hatte das Gesetz im Anschluss an § 1715 BGB aF (zur Rechtsentwicklung s STAUDINGER/EICHENHOFER [1997] § 1615k Rn 4 ff) bisher in § 1615k Abs 1 BGB dem Vater auferlegt. Daraus konnte man folgern, dass unter dem **Begriff Unterhalt in § 1615l Abs 1 BGB** nur die Kosten der allgemeinen Lebenshaltung, dagegen nicht die durch Schwangerschaft und Entbindung verursachten Kosten zu verstehen waren.

Das KindUG wollte die zuvor bestehende Rechtslage durch Anfügen des Satzes 2 an § 1615l Abs 1 BGB (unter gleichzeitiger Aufhebung des § 1615k BGB) dahingehend ändern, dass der Anspruch auf die Kosten der Entbindung und die Erstattung weiterer infolge der Entbindung oder der Schwangerschaft entstehender Aufwendungen „künftig“ ein **Unterhaltsanspruch** sein, also „anders als bisher … den Voraussetzungen der Bedürftigkeit und der Leistungsfähigkeit unterliegen“ soll (BT-Drucks 13/7338, 32). Diese Absicht des Gesetzgebers ist aber im neuen Abs 1 S 2 recht ungeschickt ausgedrückt. Wenn es hier heißt „Dies gilt“, ist damit offenbar nicht gemeint „Was in Satz 1 gesagt ist, gilt“, denn eine solche – dem allgemeinen Sprachgebrauch folgende – Auslegung wäre nur dann stimmig, wenn der Begriff Unterhalt in Satz 1 bereits die Kosten der Schwangerschaft und der Entbindung umfasst hätte; das wird aber im RegE des KindUG (aaO) gerade verneint. Mit Abs 1 S 2 soll offenbar gesagt werden, dass der **Unterhaltsanspruch der Mutter** auch **alle** – innerhalb und außerhalb des in S 1 genannten Zeitraums – **infolge der Schwangerschaft oder der Entbindung entstehenden Kosten umfasst**. 28

Am Vorgehen des Gesetzgebers ist zum einen erstaunlich, dass die Begründung sich nicht darum bemüht, die beabsichtigte Änderung der Rechtsnatur des Anspruchs zu begründen. Der RegE sagt nur, die Änderung diene „der Rechtsvereinfachung“; worin diese bestehen soll, wird nicht erläutert. Und weiter heißt es, die Änderung liege „letztlich auch im Interesse des Kindes“; denn bisher habe eine uneingeschränkte Erstattungspflicht zu Lasten des Kindes gehen können, wenn einem ohnehin nur eingeschränkt leistungsfähigen Vater durch die Erstattung der Entbindungskosten in Höhe von mehreren tausend Mark auf längere Zeit Mittel genommen worden seien, die er sonst für den Kindesunterhalt hätte verwenden können (BT-Drucks 13/7338, 32). Dass sich der RegE mit diesen oberflächlichen Bemerkungen begnügt, ohne die dogmatisch bedeutsame Änderung zu rechtfertigen, ist umso erstaunlicher, als die überkommene Regelung in der neueren Literatur erheblicher Kritik begegnet war (s etwa GERNHUBER/COESTER-WALTJEN § 59 III 2, die die Belastung des Vaters mit den Entbindungskosten als problematisch bezeichnet, weil sie „auf dem antiquierten Gedanken einer besonderen Verantwortung des Mannes für sexuellen Verkehr und seine Folgen“ beruhe und damit der Stellung der Frau in der Gesellschaft nicht mehr gerecht werde; s auch GÖPPINGER[5] Rn 313; BRÜGGEMANN FamRZ 1971, 140, 141 f). 29

Nach der Einbeziehung der Schwangerschafts- und Entbindungskosten in den Un- 30 terhaltsbedarf sind diese folgerichtig als **Sonderbedarf** einzustufen (KG FamRZ 2007, 77; NK-BGB/Schilling[3] § 1615l Rn 7; Staudinger/Engler [2000] Rn 31).

b) Unmittelbare Kosten der Entbindung

31 Der Ausdruck „Kosten der Entbindung", den § 1715 BGB aF und § 1615k Abs 1 S 1 BGB aF verwendet hatten, kommt in § 1615l Abs 1 BGB nF nicht mehr vor. Aus der Entstehungsgeschichte des § 1615l Abs 1 S 2 BGB geht aber hervor, dass das KindUG zwar den Charakter, nicht aber den Rahmen der Kosten, die der Vater zu tragen hat, ändern wollte (s oben Rn 12, 27 ff). Der Anspruch umfasst also alle Kosten, die für die Entbindung der Mutter aufgewendet werden müssen: Kosten der Dienste des Arztes, der Hebamme, von Arznei- und Verbandmitteln, bei Entbindung in einem Krankenhaus oder einer Entbindungsanstalt auch die Kosten der Reise dorthin und des stationären Aufenthalts (s schon Staudinger/Göppinger[10/11] Rn 13).

32 Zu erstatten sind nur die **notwendigen Aufwendungen**. Bei Entbindung in einem Krankenhaus oder Entbindungsheim bestimmt sich der Umfang der zu erstattenden Aufwendungen (Unterbringung im Ein-, Zwei- oder Mehrbettzimmer) nach der Lebensstellung der Mutter (so auch Palandt/Brudermüller[76] Rn 6; Soergel/Häberle[12] § 1615k Rn 4; FamRefK/Maurer Rn 5; **aA** AK-BGB/Derleder § 1615k Rn 2: Lebenszuschnitt des Vaters).

c) Weitere Kosten, die durch Schwangerschaft oder Entbindung entstehen

33 Der Vater muss ferner auch alle weiteren Aufwendungen ersetzen, die durch die Schwangerschaft oder Entbindung hervorgerufen worden sind, und zwar grundsätzlich ohne Beschränkung des Zeitraums, in dem sie entstanden sind (NK-BGB/Schilling[3] § 1615l Rn 7). Hierzu gehören namentlich die Kosten von Vorsorgeuntersuchungen, Schwangerschaftsgymnastik, Anschaffung von Umstands- und Stillkleidung (AG Krefeld FamRZ 1985, 1181; LG Hildesheim DAVorm 1972, 422), der Heilbehandlung für schwangerschafts- oder entbindungsbedingte Krankheiten und der Nachsorge.

34 Dagegen fallen unter den Anspruch aus § 1615l Abs 1 BGB nicht die Kosten der Erstausstattung des Kindes (LG Aachen FamRZ 1986, 1040; NK-BGB/Schilling[3] § 1615l Rn 7). Sie sind, ebenso wie die Kosten einer stationären Unterbringung des Kindes im Krankenhaus oder in der Entbindungsanstalt nach der Geburt, eigener Bedarf des Kindes. Nicht zu erstatten sind ferner die Aufwendungen für eine Feier anlässlich der Taufe, Telefon- oder Fahrtkosten (abgesehen von Fahrten, die den Charakter eines Krankentransports haben) und Aufwendungen für den Babysitter (AG Köln FamRZ 1991, 735).

d) Durch Schwangerschaft und Entbindung verursachte wirtschaftliche Nachteile

35 Schwierig und umstritten war nach früherem Recht vor allem die Zuordnung von Kosten, die die Mutter aufwendet, um die Nachteile auszugleichen, die ihr infolge von Schwangerschaft und Entbindung in ihrer wirtschaftlichen Stellung entstehen. Dieses Problem stellt sich wegen des ausgebauten Systems arbeits- und sozialrechtlicher Sicherungen nach dem MuSchG namentlich für Selbständige: Muss der Vater gemäß § 1615l Abs 1 BGB (früher § 1615k Abs 1 BGB) auch für die **Kosten** aufkommen, die eine selbständig (etwa als Unternehmerin, Ärztin, Rechtsanwältin) erwerbstätige Mutter für eine **Ersatzkraft** aufwendet? Für die Einbeziehung auch dieser Kostengattung könnte man anführen, dass auch dieser Aufwand durch Schwangerschaft und Entbindung verursacht worden ist (LG Waldshut FamRZ 1973, 320). Gegen die Einbeziehung sprach schon nach früherem Recht, dass nach § 1615l BGB die Einbußen der Erwerbsfähigkeit durch den in § 1615l BGB geregelten Unterhaltsanspruch auszugleichen sind (LG Hamburg FamRZ 1993, 301; Büdenbender FamRZ 1974, 410 ff; BGB-RGRK/Mutschler § 1615k Rn 7; Soergel/Häberle[12] § 1615k Rn 5). Nach der Übernahme der Regelung des früheren § 1615k BGB in § 1615l Abs 1 BGB ist diese Frage **im Rahmen des generellen Anspruchs auf Unterhalt** zu beantworten. Abs 1 S 2 behandelt zwar die durch Schwangerschaft und Entbindung verursachten Kosten als Teil des Unterhalts. Es erscheint aber nicht gerechtfertigt, auf Ansprüche, die aus Maßnahmen zur Erhaltung der Erwerbssituation resultieren, die speziellere Bestimmung des Abs 1 S 2 anzuwenden mit der Folge, dass die Ausdehnung dieser Ansprüche über den in Abs 1 S 1 genannten Zeitraum hinaus unabhängig von den in Abs 2 geregelten Voraussetzungen anzunehmen wäre. Ob und in welchem Umfang der Vater der Mutter die Kosten eines Vertreters in ihrer freiberuflichen Praxis oder in der Leitung ihres Betriebs zu erstatten hat, richtet sich also nicht nach Abs 1 S 2, der ohne Einschränkung die Ursächlichkeit von Schwangerschaft und Entbindung für die zu erstattenden Kosten genügen lässt, sondern **nach Abs 2** (so auch NK-BGB/Schilling[3] § 1615l Rn 7). Auf den Ersatz von – über den angemessenen Unterhalt hinausgehenden – Vermögensnachteilen erstreckt sich die in § 1615l BGB geregelte Unterhaltspflicht des Vaters nicht.

4. Anrechnung von Leistungen des Arbeitgebers oder von Versicherungen

36 § 1615k Abs 1 S 2 BGB aF hatte ausdrücklich bestimmt, dass der Vater schwangerschafts- und entbindungsbedingte Kosten, die durch Leistungen des Arbeitgebers oder durch Versicherungsleistungen gedeckt werden, nicht zu erstatten hat. Die **Subsidiarität** des gegen den Vater gerichteten Anspruchs **gegenüber anderen Ansprüchen auf Ersatz** von Schwangerschafts- und Entbindungskosten erklärt sich daraus, dass im System der sozialen Sicherung die Mutterschaft ein eigener Leistungsfall ist und auch Arbeits- und Beamtenrecht die Mutter schützen. Auch eine Privatversicherung dient dem finanziellen Schutz im Fall der Mutterschaft.

37 Der **Mutterschutz** vermittelt die Inanspruchnahme von **Vorsorge, Früherkennungsmaßnahmen, Heilbehandlung** oder **Pflege** bei Schwangerschaft und Entbindung. Diese Ansprüche werden für **Versicherungspflichtige** (§ 5 SGB V) und **freiwillig Versicherte** (§ 9 SGB V) in §§ 24c–24i SGB V geregelt. Für **Beamte** besteht im Rahmen der Beihilferegelungen Anspruch auf Kostenerstattung in Höhe eines Teils der bei Mutterschaft anfallenden Aufwendungen. Für Personen, die weder wegen eigener Erwerbstätigkeit sozialversichert sind noch einen Anspruch auf Beihilfe haben, kommt eine Sicherung durch **Familienversicherung** (§ 10 SGB V) im Rahmen der Sozialversicherung in Betracht. Die Familienversicherung wird durch die Pflicht- oder freiwillige Versicherung eines **Elternteils** begründet. Besteht ein Versicherungsschutz nach dieser Vorschrift nicht oder deckt ein Anspruch die Aufwendungen nur zum Teil (Beihilfe), kann Versicherungsschutz durch **Privatversicherung** begründet werden.

38 In die Familienversicherung der gesetzlichen Krankenversicherung sind nach § 10 Abs 2 SGB V auch **Kinder** eines Versicherten bis zur Vollendung des 18. Lebens-

jahres, bei Nichterwerbstätigkeit bis zur Vollendung des 23. Lebensjahres und bis zur Vollendung des 25. Lebensjahres einbezogen, wenn sie sich in weiterführender **Berufs-** oder **Hochschulausbildung** befinden. Unter der Herrschaft des früheren Rechts (§ 205 RVO aF) hat das BSG (FamRZ 1981, 353) einen Anspruch der Tochter eines Versicherten auf Familienhilfe verneint, wenn ihr ein nichtehelicher Vater gemäß § 1615k BGB Unterhalt schulde, weil diese Unterhaltspflicht der Unterhaltspflicht des versicherten Elternteils vorgehe und deshalb auch einen Anspruch auf Familienkrankenhilfe ausschließe. Folgte man auch für § 10 SGB V dieser Auslegung, so wäre die nichteheliche Mutter gemäß § 1615l Abs 1 BGB auf den Vater des Kindes verwiesen, selbst wenn sie im Übrigen in die Familienversicherung ihrer Eltern einbezogen wäre. Diese Auslegung ist jedoch mit § 10 Abs 2 SGB V nicht mehr vereinbar. Denn diese Bestimmung macht die Familienversicherung nicht mehr vom Bestehen einer Unterhaltspflicht der Eltern abhängig.

39 Zugleich mit der Aufhebung des § 1615k BGB wurde nur der Inhalt von dessen Abs 1 S 1, nicht jedoch S 2 in die ausdrückliche Regelung des § 1615l BGB übernommen. An der **Subsidiarität** des gegen den Vater bestehenden Anspruchs gegenüber den Ansprüchen, die der Mutter gegen ihren Arbeitgeber und gegen öffentliche oder private Versicherungsträger bestehen, hat sich damit aber nichts geändert. Dies ergibt sich daraus, dass auf den Anspruch der Mutter die allgemeinen Vorschriften über die Unterhaltspflicht zwischen Verwandten, also insbesondere auch die Voraussetzung der Bedürftigkeit (§ 1602 BGB), entsprechend anzuwenden sind (§ 1615l Abs 3 S 1 BGB). Die Mutter ist nicht bedürftig, soweit sie Leistungen, wie sie der Vater nach § 1615l Abs 1 BGB schuldet, vom Arbeitgeber oder von einem öffentlichen oder privaten Versicherungsträger erhält.

40 Vor dem Hintergrund dieser weithin durch **Sozial-, Beamten- und Versicherungsrecht** vermittelten Sicherung wird deutlich, dass § 1615l Abs 1 S 2 BGB (ebenso wie der frühere § 1615k BGB) heute nur noch eine **geringe praktische Bedeutung** hat. Die Vorschrift kommt nur noch zum Zuge für Mütter, die keine eigene sozial-, beamten- oder privatrechtliche Sicherung haben. Eine Anwendung kommt ferner in Betracht, falls der durch Sozial-, Beamten- oder Privatrecht vermittelte Schutz nicht hinreicht, um die nötigen Aufwendungen für die Entbindung oder die Pflege bei Schwangerschaft und nach der Entbindung zu sichern. Der Grundsatz des Nachrangs der Verpflichtung des Vaters ist hingegen nicht anzuwenden auf Leistungen, die ein **Sozialhilfeträger** nach **§ 50 SGB XII** der Mutter erbringt. Insoweit gilt der Grundsatz der **Subsidiarität der Sozialhilfe** gegenüber anderweitigen Leistungspflichten. Denn auch die Einstandspflicht des Vaters gegenüber der Mutter nach § 1615l Abs 1 BGB ist eine solche vorrangige Leistungspflicht (allgM; vgl KG FamRZ 2007, 77; Wendl/Klinkhammer[9] § 8 Rn 18 ff).

41 Soweit der Sozialhilfeträger Leistungen nach § 50 SGB XII erbringt, geht ein gegen den Vater bestehender Anspruch der Mutter gemäß § 94 Abs 1 S 1 SGB XII (Text s § 1602 Rn 69) auf den Sozialhilfeträger über. Das ergibt sich daraus, dass dieser Anspruch jetzt den Charakter eines Unterhaltsanspruchs hat (anders für das frühere Recht – weil der Anspruch aus § 1615k aF nach der im Schrifttum überwiegenden Meinung kein Unterhaltsanspruch sei – OVG Lüneburg FamRZ 1986, 600; Staudinger/Eichenhofer [1997] § 1615k Rn 18: Überleitung des Regressanspruchs gemäß § 90 BSHG).

IV. Der erweiterte Unterhaltsanspruch (Abs 2)

Nach Abs 2 ist der Vater verpflichtet, der Mutter unter bestimmten Voraussetzungen **über die in Abs 1 S 1 bezeichnete Zeit hinaus** Unterhalt zu gewähren. Auch dieser Anspruch richtet sich nach den allgemeinen Vorschriften über die Unterhaltspflicht zwischen Verwandten (Abs 3 S 1 BGB), also insbesondere nach den Bestimmungen über die Unterhaltsbedürftigkeit der Berechtigten (§ 1602 Abs 1 BGB) und die Leistungsfähigkeit des Verpflichteten (§ 1603 Abs 1 BGB; s dazu unten Rn 77 ff). 42

1. Voraussetzungen des erweiterten Unterhaltsanspruchs

a) Durch Schwangerschaft oder Entbindung verursachte Erwerbsunfähigkeit der Mutter (Abs 2 S 1)

Abs 2 S 1 setzt voraus, dass die Mutter einer Erwerbstätigkeit nicht nachgeht, weil sie infolge der Schwangerschaft oder einer durch die Schwangerschaft oder die Entbindung verursachten Krankheit dazu außerstande ist. Schwangerschaft, Entbindung oder eine dadurch verursachte Krankheit müssen zumindest mitursächlich für die Nichtaufnahme einer Erwerbstätigkeit sein; ein Unterhaltsanspruch scheidet deshalb aus, wenn die Erwerbstätigkeit aus anderen Gründen, etwa wegen einer davon unabhängigen Erkrankung, einer schon zuvor bestehenden Erwerbslosigkeit oder der Versorgung anderer Kinder unterlassen wird. Die Unterhaltsverpflichtung des Vaters geht nur so weit, wie die Bedürftigkeit der Mutter von ihm mitverursacht worden ist (BGHZ 184, 13 = FamRZ 2010, 357 Rn 53; FamRZ 1998, 541, 543 = NJW 1998, 1309, 1310 = DAVorm 1998, 389, 392 [jeweils zu Abs 2 S 2]; OLG Bremen FamRZ 2010, 1917; OLG Hamm FamRZ 1989, 619, 620; 1991, 979 = NJW 1991, 1763; OLG Düsseldorf FamRZ 1995, 690; OLG Stuttgart FamRZ 1997, 419, 420; Ehinger, in: Ehinger/Griesche/Rasch[7] Kap D Rn 28; Gernhuber/Coester-Waltjen § 59 III 4; Palandt/Brudermüller[76] Rn 8). 43

b) Keine Erwerbstätigkeit wegen Pflege oder Erziehung des Kindes (Abs 2 S 2)

Nach Abs 2 S 2 kommt es nur darauf an, dass von der Mutter wegen der Pflege oder Erziehung des Kindes eine Erwerbstätigkeit nicht erwartet werden kann. Vor der Neufassung durch das Schwangeren- und Familienhilfeänderungsgesetz vom 21. 8. 1995 (BGBl I 1050) war für den Unterhaltsanspruch vorausgesetzt, dass die Mutter nicht oder nur beschränkt erwerbstätig ist, weil das Kind andernfalls nicht versorgt werden könnte. Die Mutter musste also nachweisen, dass eine anderweitige Versorgung des Kindes (etwa in einer Kindertagesstätte oder durch Verwandte) nicht möglich ist; es stand somit nicht im Belieben der Mutter, ob sie selbst das Kind versorgte (BGHZ 93, 123, 128 = FamRZ 1985, 273, 274). In der zwischenzeitlichen Fassung stellte Abs 2 S 2 allein darauf ab, dass die Mutter das Kind pflegt und erzieht und dass deshalb nicht erwartet werden kann, dass sie einer Erwerbstätigkeit nachgeht. War die Bestimmung damit der Regelung des § 1570 BGB bereits angeglichen, so ist sie diesem nach den Änderungen des Unterhaltsrechtsänderungsgesetz vom 21. 12. 2007 (BGBl I 3189) weitgehend gleichgestellt (vgl Rn 14 ff). 44

Nunmehr besteht der Anspruch auf Betreuungsunterhalt nach Abs 2 S 2, soweit von der Mutter **wegen der Pflege oder Erziehung** des Kindes eine **Erwerbstätigkeit nicht erwartet werden kann**. Nach Abs 2 S 3 beginnt die Unterhaltspflicht frühestens vier Monate vor der Geburt und besteht für **mindestens drei Jahre** nach der Geburt (sog 45

Basisunterhalt). Nach Abs 2 S 4 und 5 verlängert sie sich, solange und soweit dies der Billigkeit entspricht **(Billigkeitsunterhalt)**. Dabei sind *insbesondere* die Belange des Kindes und die bestehenden Möglichkeiten der Kinderbetreuung zu berücksichtigen. Der Grund für den Unterhaltsanspruch ist mithin eine **Unterhaltsbedürftigkeit wegen Kinderbetreuung**.

46 Der Unterhalt nach § 1615l Abs 2 S 2 BGB entspricht im Wesentlichen dem aus § 1570 BGB. Entsprechend ist der Unterhaltsanspruch zugleich begrenzt. **Keine Gründe** für einen Unterhalt der nichtehelichen Mutter sind mithin insbesondere eine bestehende **Krankheit** (vgl BGHZ 184, 13 = FamRZ 2010, 357 Rn 53) oder eine von ihr absolvierte **Ausbildung** (vgl BGH FamRZ 2012, 1624 zu § 1570 Abs 2; vgl Rn 33). Insoweit sieht das Gesetz im Gegensatz zum Ehegattenunterhalt (§§ 1571 ff BGB) eine Unterhaltspflicht des nichtehelichen Vaters (oder auch der Mutter, Abs 4 BGB) nicht vor. Die nichteheliche (faktische) Lebensgemeinschaft als solche kann keine Grundlage für einen gesetzlichen Unterhaltsanspruch darstellen.

47 Auf der anderen Seite steht das **Zusammenleben** der Anwendung des § 1615l Abs 2 S 2 BGB auch nicht entgegen. Insoweit besteht in der Rechtsprechung zuweilen die unzutreffende Vorstellung, dass § 1615l Abs 2 S 2 BGB nur bei getrennt lebenden Elternteil eingreife. So hat der **Bundesfinanzhof** Unterhaltsleistungen an die nichteheliche und mit dem Vater als Steuerpflichtigen zusammenlebende Mutter eines einjährigen Kindes zu Unrecht nicht als Unterhalt an eine gesetzlich unterhaltsberechtigte Person iSv § 33a Abs 1 S 1 EStG, sondern als auf einer nur sittlichen, nicht rechtlichen Pflicht beruhend angesehen und bei § 33a Abs 1 S 2 EStG (nunmehr § 33a Abs 1 *S 3* EStG) eingeordnet (BFHE 227, 491 = FamRZ 2010, 902, 903; beim Vorrang des Kindesunterhalts hat der BFH hingegen auf § 1615 Abs 3 S 3 aF verwiesen).

47a Der Anspruch ist demnach **auch bei zusammenlebenden Eltern** gegeben und steht hier grundsätzlich unter den allgemeinen Voraussetzungen (Bedarf, Bedürftigkeit, Leistungsfähigkeit; BGHZ 177, 272 = FamRZ 2008, 1739 Rn 24). Das ist insbesondere bei Konkurrenz mit anderen Unterhaltsansprüchen von Bedeutung (vgl BGHZ 209, 243 = FamRZ 2016, 887 zur Konkurrenz mit dem Elternunterhalt).

2. Dauer der Unterhaltsverpflichtung

a) Basisunterhalt von drei Jahren

48 Für den Zeitraum des **Basisunterhalts**, der bis zur Vollendung des dritten Lebensjahres des Kindes dauert, besteht **keine Erwerbsobliegenheit** der das Kind betreuenden Mutter. Eine von ihr dennoch ausgeübte Erwerbstätigkeit kann sie jederzeit einstellen. Den nach Vollendung des ersten Lebensjahres bestehenden gesetzlichen Anspruch auf frühkindliche Förderung in einer Tageseinrichtung nach § 24 Abs 2 SGB VIII muss sie – für das Kind – nicht geltend machen.

49 Voraussetzung des Anspruchs ist in dieser Phase nur die **persönliche Betreuung des Kindes** durch die Mutter (BGH FamRZ 2010, 1050 Rn 32). Die Mutter kann sich hierzu der Hilfe Dritter bedienen. Wenn sie die Betreuung des Kindes hingegen in vollem Umfang Dritten (etwa den Großeltern) überlässt, hat sie keinen Anspruch nach § 1615l Abs 2 S 2 BGB.

Bei gerichtlicher Geltendmachung des Betreuungsunterhalts findet **keine Befristung** der Unterhaltsverpflichtung bis zur Vollendung des dritten Lebensjahres des (jüngsten) Kindes statt (BGHZ 198, 242 = FamRZ 2013, 1958 Rn 20; BGHZ 180, 170 = FamRZ 2009, 770 [zu § 1570]). Der Antrag ist vom Gericht nur dann abzuweisen, wenn im Zeitpunkt der Entscheidung für die Zeit nach Vollendung des dritten Lebensjahres absehbar keine kind- und elternbezogenen Verlängerungsgründe mehr vorliegen (BGHZ 198, 242 = FamRZ 2013, 1958 Rn 20 mwNw auch zur **aA**). 50

b) Verlängerung über die Dreijahresfrist hinaus (Billigkeitsunterhalt)

Nach Vollendung des dritten Lebensjahres steht ein weiterer Betreuungsunterhalt unter der Voraussetzung der **Billigkeit**. Als Billigkeitsgründe sind in Abs 2 S 3 **kindbezogene Gründe** genannt. Daraus, dass diese mit dem Zusatz *insbesondere* aufgeführt werden, folgt, dass von der Unterhaltsberechtigten auch andere, also **elternbezogene Gründe** für eine Fortdauer des Betreuungsunterhalts geltend gemacht werden können (näher Rn 62). Eine Pauschalierung nach dem früheren **Altersphasenmodell** zu § 1570 BGB (dazu vgl STAUDINGER/VERSCHRAEGEN [2014] § 1570 Rn 3, 66 ff und STAUDINGER/VERSCHRAEGEN[12] § 1570 Rn 36 ff), das für § 1615l Abs 2 BGB ohnedies nicht angewendet wurde, findet keine Grundlage (BGHZ 193, 78 = FamRZ 2012, 1040; FamRZ 2011, 1375; FamRZ 2011, 1209; BGHZ 180, 170 = FamRZ 2009, 770 [jeweils zu § 1570]; NK-BGB/SCHILLING[3] § 1615l Rn 11). Die vom BVerfG flankierte (BVerfGE 118, 45 = FamRZ 2007, 965 Rn 46 f; vgl auch HOHMANN-DENNHARDT FF 2007, 174, 181) gesetzgeberische Grundentscheidung für eine grundsätzliche Zumutbarkeit einer ganztägigen Fremdbetreuung ab dem Alter des Kindes von drei Jahren ist insoweit eindeutig (ausführlich zur Entstehung und zum Verhältnis von § 1615l und § 1570 BGHZ 177, 272 = FamRZ 2008, 1739 Rn 82 ff). 51

Zur **Prüfungsreihenfolge** kann exemplarisch auf BGHZ 193, 78 = FamRZ 2012, 1040 Bezug genommen werden. 52

Die Neuregelung allerdings **keinen abrupten Wechsel** von der elterlichen Betreuung zu einer Vollzeiterwerbstätigkeit (BT-Drucks 16/6980, 9). Insbesondere nach Maßgabe der im Gesetz ausdrücklich genannten kindbezogenen Gründe ist unter Berücksichtigung der bestehenden Möglichkeiten der Kinderbetreuung (§ 1615l Abs 2 S 5 BGB) ein **gestufter Übergang** bis hin zu einer Vollzeiterwerbstätigkeit möglich (BGH FamRZ 2010, 444 Rn 26; BGH FamRZ 2009, 1391, 1393 f mwNw [zu § 1570]). 53

Die **Darlegungs- und Beweislast** für kind- oder elternbezogene Gründe liegt bei der Unterhaltsberechtigten (BGHZ 193, 78 = FamRZ 2012, 1040 Rn 21 [zu § 1570]: FamRZ 2010, 444 Rn 27; FamRZ 2009, 1391, 1393; BGHZ 177, 272, 304 = FamRZ 2008, 1739, 1748). An die Darlegung sind freilich **keine überzogenen Anforderungen** zu stellen (vgl BGHZ 193, 78 = FamRZ 2012, 1040 Rn 21 [zu § 1570]). Sieht allerdings eine Unterhaltsberechtigte im Unterhaltsverfahren sogar bewusst von der Darlegung einzelfallbezogener Umstände ab und liegen solche für das Gericht aufgrund des unstreitigen oder festgestellten Sachverhalts auch nicht auf der Hand, so ist der Antrag abzuweisen (BGH FamRZ 2010, 444 Rn 28 ff). 54

aa) Kindbezogene Gründe

Kindbezogene Gründe, die eine Verlängerung des Betreuungsunterhalts unabhängig davon gebieten, ob das Kind ehelich oder nichtehelich geboren ist, liegen insbesondere dann vor, wenn die notwendige **Betreuung des Kindes auch unter Berücksich-** 55

tigung staatlicher Hilfen nicht gesichert ist und der unterhaltsberechtigte Elternteil deswegen dem Kind wenigstens zeitweise weiterhin zur Verfügung stehen muss. Dieser im Einzelfall zu prüfende Gesichtspunkt dürfte mit der zunehmenden Ausweitung der Vollzeitbetreuung in Kindergärten und Ganztagsschulen allerdings künftig an Bedeutung verlieren (so BGHZ 177, 272 = FamRZ 2008, 1739 Rn 101; vgl BT-Drucks 13/8511, 71). Allerdings können auch individuelle Umstände auf Seiten des Kindes, zB eine **Behinderung oder schwere Erkrankung**, eine Fortdauer des Betreuungsbedarfs begründen (BGHZ 177, 272 = FamRZ 2008, 1739 Rn 101). Ebenso spielt die **Anzahl** der zu betreuenden Kinder eine Rolle, wobei allerdings nicht gemeinschaftliche Kinder nicht mitzählen (OLG Koblenz NJW 2010, 1537).

56 Die Möglichkeit der Betreuung des Kindes in **kindgerechten Einrichtungen** ist vom betreuenden Elternteil grundsätzlich in Anspruch zu nehmen (BGH FamRZ 2014, 1987 Rn 20; FamRZ 2011, 791; FamRZ 2010, 1880). Bieten diese eine Halbtags- oder Ganztagsbetreuung an, so muss letztere gewählt werden.

57 Wird das Kind im erforderlichen Umfang in einer Kindertagesstätte oder Schule betreut, sind **verbleibende notwendige Betreuungsleistungen** des Elternteils zu berücksichtigen (BGHZ 193, 78 = FamRZ 2012, 1040; BGH FamRZ 2014, 1987 Rn 20). Dies wird allerdings dadurch begrenzt, dass die von dem Elternteil zu erbringenden Betreuungsleistungen und sonstigen Tätigkeiten nicht außer Verhältnis zu der dadurch gehinderten Erwerbstätigkeit stehen dürfen (BGH FamRZ 2014, 1987 Rn 20; BGHZ 193, 78 = FamRZ 2012, 1040 Rn 21). Auch bei **überobligatorischer Vollzeittätigkeit** kann ein Betreuungsunterhaltsanspruch bestehen (BGH FamRZ 2014, 1987 Rn 18).

58 Steht der Umfang einer möglichen anderweitigen Kinderbetreuung fest, ist die **Vereinbarkeit einer ausgeübten oder möglichen Erwerbstätigkeit mit den Zeiten der Kinderbetreuung** (einschließlich der Fahrzeiten) zu berücksichtigen, um zu ermitteln, in welchem Umfang dem Unterhaltsberechtigten in dem dadurch vorgegebenen zeitlichen Rahmen eine Erwerbstätigkeit zumutbar ist. Daraus können sich insbesondere bei mehreren Kindern Einschränkungen ergeben. Auch die Eigenart der jeweiligen Erwerbstätigkeit ist zu berücksichtigen, etwa wenn es sich um Schichtarbeit handelt oder diese sich ansonsten mit den Zeiten der Kinderbetreuung nur teilweise überschneidet. Inwiefern in diesen Fällen etwa die **Hilfe Dritter** in Anspruch genommen werden kann, ist im jeweiligen Einzelfall zu beurteilen (BGHZ 193, 78 = FamRZ 2012, 1040 Rn 22; FamRZ 2014, 1987 Rn 21). Zumutbare **Betreuungsangebote des unterhaltspflichtigen Elternteils** sind grundsätzlich in Anspruch zu nehmen (BGH FamRZ 2014, 1183 Rn 47; FamRZ 2009, 1124 Rn 25; BGHZ 180, 170 = FamRZ 2009, 770 Rn 20; OLG Saarbrücken ZFE 2010, 113).

59 Soweit die Betreuung des Kindes auf andere Weise sichergestellt oder in einer kindgerechten Einrichtung möglich ist, kann einer Erwerbsobliegenheit des betreuenden Elternteils schließlich – teilweise – entgegenstehen, dass die von ihm daneben zu leistende Betreuung und Erziehung des Kindes zu einer **überobligationsmäßigen Belastung** führen kann (BGHZ 193, 78 = FamRZ 2012, 1040 Rn 24; BGHZ 180, 170 = FamRZ 2009, 770 Rn 31; BGHZ 177, 272 = FamRZ 2008, 1739 Rn 99; FamRZ 2010, 1050).

60 **Einzelfälle** aus der jüngeren Rechtsprechung (auch zu § 1570; weitere Beispiele bei Koch/Wellenhofer[13] § 3 Rn 18 ff):

- Autistisches Kind mit erhöhtem Förderbedarf (OLG Hamm NJW-RR 2017, 2)
- Fehlende Möglichkeit der Ganztagsbetreuung bei Schulkindern (OLG Düsseldorf FamRZ 2016, 63)
- Eingeschränktes Zeitfenster für Vollzeiterwerbstätigkeit auch bei Ganztagsbetreuung in Kindertagesstätte (OLG Hamm FamRZ 2014, 1468; OLG Zweibrücken FamRZ 2011, 982 [LS])
- Erwerbsobliegenheit nur für 25 Wochenstunden, wenn Hortbetreuung und Arbeitszeiten der Mutter voneinander abweichen (OLG Düsseldorf FamRZ 2014, 772)
- Erhebliche weitere Betreuungsleistungen, ua regelmäßige Fahrten zu Kliniken, Freizeit, Nachhilfe (BGHZ 193, 78 = FamRZ 2012, 1040 Rn 22; FamRZ 2014, 1987)
- Erwerbsobliegenheit für nur 20 Stunden aus psychischen Gründen (Furcht vor Ausbruch der Krankheit Chorea Huntington) und gestufter Übergang (OLG Celle FamRZ 2013, 1141 – weitgehend)
- Erwerbsobliegenheit von 2/3 bei Betreuung zweier Zwillingspaare im Alter von 9 und 17 Jahren (OLG Hamm FamRZ 2013, 706 [LS])
- Nur teilschichtige Tätigkeit bei Narkolepsie-Erkrankung eines 14-jährigen Kindes (OLG Düsseldorf 18. 10. 2011 – II-1 UF 48/11 – juris)
- Zur Betreuung eines volljährigen behinderten Kindes (BGHZ 205, 342 = FamRZ 2015, 1369; BGH FamRZ 2010, 802 [zu § 1570])
- Nicht mehr als halbschichtige Tätigkeit bei einem unter einer Immunschwäche leidenden Kindergartenkind (OLG Düsseldorf FamRZ 2010, 301).

Im Übrigen wird aufgrund des Gleichlaufs von § 1615l Abs 2 S 2 BGB und § 1570 **61** Abs 1 BGB Verweis auf Kommentierung zu § 1570 BGB verwiesen (Staudinger/Verschraegen [2014] § 1570 Rn 23 ff).

bb) Elternbezogene Gründe

Neben den vorrangig zu berücksichtigenden kindbezogenen Gründen sieht § 1570 **62** Abs 2 BGB für den nachehelichen Betreuungsunterhalt eine weitere Verlängerungsmöglichkeit aus elternbezogenen Gründen vor. Danach verlängert sich der nacheheliche Betreuungsunterhalt über die Verlängerung aus kindbezogenen Gründen hinaus, wenn dies unter Berücksichtigung der Gestaltung von Kinderbetreuung und Erwerbstätigkeit in der Ehe sowie deren Dauer der Billigkeit entspricht. Insoweit ist also ausdrücklich auch ein **Vertrauenstatbestand** zu berücksichtigen, der sich aus den Nachwirkungen der Ehe ergeben kann. Im Rahmen des Anspruchs wegen Betreuung eines nichtehelich geborenen Kindes ist diese Regelung zwar nicht ausdrücklich übernommen worden. Weil **§ 1615l Abs 2 S 5 BGB** jedoch eine Verlängerung des Unterhaltsanspruchs **„insbesondere“** aus kindbezogenen Gründen zulässt, kommen im Einzelfall auch elternbezogene Gründe für eine Verlängerung des Betreuungsunterhalts in Betracht. Das kann etwa dann gelten, wenn die Eltern – wie hier – mit ihrem gemeinsamen Kind zusammengelebt haben und außerdem ein besonderer **Vertrauenstatbestand** als Nachwirkung dieser Familie entstanden ist (BT-Drucks 16/6980, 10; BGH FamRZ 2010, 444 Rn 26; BGHZ 177, 272, 305 f = FamRZ 2008, 1739, 1748 mwNw). Das gilt erst recht bei zusammenlebenden Eltern, wenn die Konkurrenz mit nachrangigen Unterhaltsansprüchen zu klären ist (BGHZ 209, 243 = FamRZ 2016, 887 Rn 25; krit Löhnig NJW 2016, 1487; ähnlich bereits – allerdings zur früheren Rechtslage – Hohmann-Dennhardt FF 2007, 174, 179). Konkurriert der Anspruch indessen mit gleichrangigen Ansprüchen, so scheiden elternbezogene Gründe wegen der gebotenen Gleichbehandlung der Ansprüche aus der Betrachtung aus (s § 1609 Rn 41).

63 Elternbezogene Gründe müssen sich in jedem Fall auf die Fortdauer der **persönlichen Betreuung** durch die Mutter beziehen (Rn 49). Gründe, die nicht mit der Kinderbetreuung im Zusammenhang stehen, sind schon wegen der auf den Betreuungsunterhalt beschränkten Reichweite des Anspruchs unerheblich (vgl BGH FamRZ 2012, 1624; unzutreffend daher OLG Nürnberg FamRZ 2010, 577 m **abl** Anm Wever FF 2010, 214). Ließe man sie dagegen zu, so würden dadurch in unzulässiger Weise, weil über die gesetzliche Regelung hinausgehend, weitere Unterhaltstatbestände geschaffen (im Fall des OLG Nürnberg FamRZ 2010, 577 ein Anspruch auf Ausbildungsunterhalt – zutreffend Wever FF 2010, 214).

64 **Einzelfälle** aus der jüngeren Rechtsprechung (auch zu § 1570 BGB; weitere Beispiele bei Koch/Wellenhofer[13] § 3 Rn 27 ff):

- Einvernehmliche Wahl lediglich eines Teilzeitplatzes in Kindergarten und Schule (OLG Koblenz 10. 6. 2015 – 13 UF 76/15 – juris);
- BGHZ 209, 243 = FamRZ 2016, 887 Rn 25: Einvernehmliche Regelung bei zusammenlebenden Elternteilen im Fall der Konkurrenz mit gleichzeitigem Elternunterhalt;
- Belastung des betreuenden Elternteils durch berufliche Ausbildungs-, Fortbildungs- oder Qualifizierungsmaßnahmen (hier: Habilitationsverfahren) ist kein elternbezogener Grund im Sinne des § 1570 Abs 2 BGB (BGH FamRZ 2012, 1624);
- Aufwand für Haushaltstätigkeit ist Teil der Kinderbetreuung und kein elternbezogener Grund (OLG Saarbrücken NJW-RR 2010, 1303).

V. Entsprechende Anwendung der Vorschriften über den Verwandtenunterhalt (Abs 3 S 1)

65 Der Anspruch auf Betreuungsunterhalt richtet sich – auch wenn die Eltern in einer eheähnlichen Gemeinschaft zusammenleben – nicht nach den Regeln über den Familienunterhalt (§ 1360 BGB; vgl BGHZ 209, 243 = FamRZ 2016, 887), auch nicht nach denen über den Trennungsunterhalt (§ 1361 BGB) oder die Unterhaltspflicht zwischen geschiedenen Ehegatten (§ 1570 BGB). Dies gilt auch für den Unterhaltsanspruch einer geschiedenen Ehefrau, die ein nach der Scheidung geborenes, von ihrem früheren Ehemann stammendes Kind betreut (BGH FamRZ 1998, 426 = NJW 1998, 1065). Vielmehr sind gemäß § 1615l Abs 3 S 1 BGB die Vorschriften über die Unterhaltspflicht zwischen Verwandten entsprechend anzuwenden.

1. Bedarf der Mutter und Art der Unterhaltsleistung

Nach § 1615l Abs 3 S 1 BGB iVm § 1610 Abs 1 BGB hat der Vater der Mutter **angemessenen Unterhalt** zu leisten, und zwar in Form einer **Geldrente** (§ 1612 Abs 1 S 1, Abs 3 BGB). 66

Der **angemessene Lebensbedarf** bestimmt sich nach der **Lebensstellung der Mutter** als der Anspruchsberechtigten. Die für die Höhe des Unterhaltsbedarfs relevante Lebensstellung des Unterhaltsberechtigten ergibt sich auch dann, wenn er schon vor der Geburt des gemeinsamen Kindes mit dem anderen Elternteil zusammen gelebt hat, aus den Einkünften, die er ohne die Geburt des Kindes hätte. In einem solchen Fall ist also nicht etwa ein Quotenunterhalt nach den Einkommens- und Vermögensverhältnisses innerhalb der **nichtehelichen Lebensgemeinschaft** geschuldet (BGHZ 177, 272 = FamRZ 2008, 1739 Rn 24, 32). Anders als beim Trennungs- oder dem nachehelichen Unterhalt, bei dem der Bedarf von den ehelichen Lebensverhältnissen bestimmt wird, sind daher die wirtschaftlichen Verhältnisse des Vaters für die Bedarfsbemessung nicht maßgebend. Ausschlaggebend ist vielmehr, in welchen wirtschaftlichen Verhältnissen die Mutter bisher gelebt hat und was sie nunmehr ohne die Geburt durch eigene Erwerbstätigkeit erzielen könnte (vgl BGHZ 205, 342 = FamRZ 2015, 1369 Rn 34; BGH FamRZ 2007, 1303 – juris Rn 16 [insoweit in FamRZ nicht abgedruckt]; Puls FamRZ 1998, 865, 873 f; Schulz DAVorm 1996, 463, 467; Scholz FamRZ 1998, 797, 803; Gernhuber/Coester-Waltjen § 59 III 2 Fn 4). Eine Teilhabe an der Lebensstellung des Vaters des Kindes besteht nicht (OLG Koblenz NJW 2000, 669 = FamRZ 2000, 637). **Ausbildungsunterhalt** nach § 1610 Abs 2 BGB kann die Mutter indessen nicht verlangen (vgl BGH FamRZ 2012, 1624 [Ehegattenunterhalt]; **aA** Staudinger/Engler [2000] Rn 23), was sich allerdings nur für den Anspruch aus Abs 2 auswirkt, der ein reiner Anspruch auf Betreuungsunterhalt ist. Der Anspruch aus Abs 1 ist insoweit unabhängig von der Ursache der Bedürftigkeit. 67

Da der Bedarf sich ausschließlich an der eigenen Lebensstellung des Unterhaltsberechtigten und nicht an der des Unterhaltspflichtigen ausrichtet, wird der Bedarf auch nicht im Sinne einer **Bedarfsbegrenzung** beeinflusst. Zwar hat der **BGH** in dem **Halbteilungsgrundsatz** in dieser Hinsicht (ähnlich der früheren Rechtsprechung zum Ehegattenunterhalt, vgl BGHZ 177, 356 = FamRZ 2008, 1911; BGHZ 166, 351 = FamRZ 2006, 683) eine Obergrenze für den Bedarf der Unterhaltsberechtigten gesehen (BGHZ 184, 13 = FamRZ 2010, 357 Rn 17; FamRZ 2005, 442, 443 f; näher NK-BGB/Schilling[3] § 1615l Rn 22 mwNw; **aA** OLG Düsseldorf FamRZ 2008, 87; Soergel/Lettmaier[13] Rn 36). Das stimmt indessen mit der gesetzlichen Konzeption insoweit nicht überein, als gerade der Bedarf nach § 1615l Abs 3 Satz 1 BGB iVm § 1610 BGB sich nach der selbständigen, nicht vom Unterhaltspflichtigen abgeleiteten Lebensstellung der Unterhaltsberechtigten richtet. Der in der Sache dennoch zutreffende Gedanke einer am Einkommen des Unterhaltspflichtigen orientierten Anspruchsbegrenzung findet seinen Platz bei der **Leistungsfähigkeit** des Unterhaltspflichtigen nach § 1603 Abs 1 BGB und führt durch entsprechende Kürzung zum selben Ergebnis (§ 1609 Rn 41; § 1603 Rn 285 f; vgl bereits BGHZ 192, 45 = FamRZ 2012, 281 Rn 42 zur Konkurrenz des Anspruchs aus § 1615l mit dem Ehegattenunterhalt; NK-BGB/Schilling[3] § 1615l Rn 22 f). 68

Untergrenze des angemessenen Unterhalts ist das **Existenzminimum als Mindestbedarf** (§ 1610 Rn 19 ff, 250 ff, 287 ff). 69

70 Maßstab des Unterhaltsbedarfs ist grundsätzlich das ohne Geburt (und Kinderbetreuung) von der Mutter **erzielbare Einkommen** (BGHZ 205, 342 = FamRZ 2015, 1369 Rn 34; OLG Köln NZFam 2017, 574; WENDL/BÖMELBURG[9] § 7 Rn 100). Die entsprechende Lebensstellung der Mutter ist deshalb **nicht auf den Zeitpunkt der Geburt des Kindes festgeschrieben**, sodass sich später ein höherer Bedarf ergeben kann (BGHZ 205, 342 = FamRZ 2015, 1369 Rn 34; teilweise anders noch BGHZ 184, 13 = FamRZ 2010, 357 und FamRZ 2010, 444; dazu mit Recht kritisch MEHRLE FamRZ 2010, 510, 511 f; WOHLGEMUTH FamRZ 2010, 1302, 1303 f). Das Einkommen ist ggf entsprechend dem (hypothetischen) beruflichen Werdegang der Mutter, soweit dieser realistisch ist, **fortzuschreiben** (hierzu und zu den verschiedenen Konstellationen NK-BGB/SCHILLING[3] § 1615l Rn 24 mwNw).

71 Ist die Mutter mit einem anderen Mann als dem Vater **verheiratet**, so ändert das nichts an den vorstehenden Grundsätzen. Insbesondere kann in diesem Fall der Bedarf der Mutter nicht nach den ehelichen Lebensverhältnissen bemessen werden (ebenso SCHUMANN FamRZ 2000, 389, 396; **aA** BGH FamRZ 2007, 1303 [Ehegattenbedarf unterhalb des Existenzminimums] mwNw; FamRZ 1998, 541, 544; NK-BGB/SCHILLING[3] § 1615l Rn 24 mwNw; KOCH/WELLENHOFER[13] § 3 Rn 38; ERMAN/HAMMERMANN[14] Rn 23 mwNw). Dies würde nämlich der vom Ehegattenunterhalt verschiedenen Bedarfsbemessung nach der selbständigen Lebensstellung der Mutter (Rn 33) widersprechen. Denn der Anspruch nach § 1615l BGB sichert der Mutter nicht den ehelichen Lebensstandard als abgeleitete Lebensstellung, das macht nur Sinn im Verhältnis der Ehegatten zueinander. Auch soll der Unterhalt nach § 1615l BGB der Mutter nicht einen ganz oder teilweise entfallenen Ehegatten-Unterhaltsanspruch ersetzen. Denn erstens ist der Unterhaltsanspruch aus § 1615l BGB kein Entschädigungsanspruch. Und zweitens entfällt der Ehegattenunterhalt nicht notwendigerweise durch das Entstehen des Anspruchs aus § 1615l Abs 2 BGB. Den Kindesvater kann aber vor allem keine höhere Unterhaltsverantwortung treffen, nur weil die Mutter (nicht mit ihm) verheiratet ist. Die Diskrepanz zwischen beiden Ansätzen wirkt sich allerdings nur aus, wenn der Unterhaltsbedarf nach § 1578 Abs 1 BGB höher wäre als derjenige nach § 1610 Abs 1 BGB. Im **Konkurrenzfall** (relativer Mangelfall mit drei Beteiligten) werden sich ohnedies in vielen Fällen aufgrund der im Rahmen der Leistungsfähigkeit anwendbaren **Dreiteilung** (§ 1609 Rn 41 mwNw) dennoch gleiche Beträge ergeben.

Beispiel: F (Nettoeinkommen aus vollschichtiger Tätigkeit: 2000 €) ist mit **EM** (Einkommen: 6000 €) verheiratet. Sie zeugt mit **V** (Einkommen: 5452 €) ein Kind **K. EM** und **F** streiten und versöhnen sich. **EM** ficht seine Vaterschaft sogleich nach der Geburt an. **V** erkennt die Vaterschaft an und zahlt Kindesunterhalt von mtl 452 € (Einkommensgruppe 10 der Düsseldorfer Tabelle 2017 ./. hälftiges Kindergeld). **F** hat ihre Erwerbstätigkeit aufgegeben und betreut das Kind.

Der Bedarf der **F** nach den ehelichen Lebensverhältnissen läge bei 3000 € (= 6.000 : 2; zur Vereinfachung ohne Erwerbsanreiz und ohne konkrete Bedarfsermittlung). Würde man diesen Bedarf auch auf § 1615l BGB übertragen, so müsste der **V** mtl 2500 € zahlen. Zwar wäre seine Leistungsfähigkeit insoweit bereits begrenzt: 5452 € ./. 452 € (vorrangiger Kindesunterhalt) = 5000 € : 2 = 2500 € (Begrenzung nach dem Halbteilungsgrundsatz; Rn 68). Das hätte aber dennoch zur Folge, dass der Familie **F/EM** nun mehr Geld zur Verfügung stünde (6.000 + 2500 = 8500 €) als vorher mit vollschichtiger Tätigkeit der **F** (6.000 + 2000 = 8000 €). Das kann aber nicht richtig sein.

Stellt man – wie hier vertreten – nach der selbständigen Lebensstellung der **F** nur auf das von ihr erzielbare Einkommen ab, so liegt ihr Bedarf bei 2000 €. Nur diesen Betrag muss der (insoweit voll leistungsfähige) **V** als Unterhalt zahlen. Der Familie steht dann dasselbe Einkommen zur Verfügung wie vor der Geburt. Der restliche eheliche Lebensbedarf der **F** von 1000 € (= 3.000 ./. 2000) beruht auf dem höheren Einkommen des **EM** und ist nach wie vor von diesem zu decken (§ 1360 BGB).

So löst sich auch die **Konkurrenz** von Ehegattenunterhalt und Unterhalt nach § 1615l Abs 2 S 2 BGB. Zum selben Ergebnis würde man im Übrigen gelangen, wenn man den ehelichen Lebensbedarf entsprechend der Konkurrenz von Unterhaltsberechtigten (vgl § 1609 Rn 39 ff) berechnen würde. Dann betrüge der ungedeckte eheliche Lebensbedarf der F: 3000 ./. 2000 € (erzielbares Einkommen; die Betreuung zählt nicht, weil das Kind kein gemeinschaftliches ist) = 1000 €. Bedarf nach § 1615l, 1610 BGB gegenüber **V**: 2000 €.

Fraglich ist, ob auch Beiträge zur **Altersvorsorge** als Bestandteil des Unterhaltsbedarfs anzuerkennen sind (dafür Büttner FamRZ 2004, 1918, 1923; ebenso Erman/Hammermann[15] Rn 28 mwNw; Palandt/Brudermüller[76] Rn 22; Koch/Wellenhofer[13] § 3 Rn 39; Mehrle FamRZ 2010, 510, 513). Dafür könnte sprechen, dass der Unterhaltsanspruch zum Teil anscheinend als Entschädigungsanspruch für durch die Geburt und die Kinderbetreuung verlorenes Einkommen der Mutter aufgefasst worden ist (vgl BT-Drucks V/2370, 57). Dagegen spricht hingegen, dass der Anspruch seiner Natur nach eindeutig ein Unterhaltsanspruch ist, der als solcher grundsätzlich nur den **gegenwärtigen Bedarf** abdecken soll (vgl § 1610 Rn 13, 184, 237 ff). Dass der Altersvorsorgeunterhalt nicht geschuldet ist (so bereits OLG München FamRZ 2006, 812; OLG Hamm FamRZ 2005, 1276; OLG Köln NZFam 2017, 574; Wendl/Bömelburg[9] § 7 Rn 111; MünchKomm/Born[7] Rn 31), ergibt sich zudem auch aus einem Umkehrschluss zu der gesetzlichen Regelung beim Ehegattenunterhalt, der die Verpflichtung zum Altersvorsorgeunterhalt ausdrücklich bestimmt (§§ 1361 Abs 1 S 2, 1578 Abs 3 BGB). Die Lage ist hier mit dem Unterhalt des volljährigen Kindes und dem Elternunterhalt vergleichbar, für die anerkanntermaßen ebenfalls kein Anspruch auf Altersvorsorgebeiträge besteht (§ 1610 Rn 237 ff). Anders verhält es sich mit Beiträgen für die **Kranken- und Pflegeversicherung** (vgl § 1610 Rn 169 ff). Ein **Prozesskostenvorschuss** (bzw Verfahrenskostenvorschuss) ist wiederum nicht geschuldet (vgl § 1610 Rn 204; BGH FamRZ 2017, 1052 [zu § 1570]; FamRZ 2005, 883; NK-BGB/Schilling[3] § 1615l Rn 50 mwNw; **aA** MünchKomm/Born[7] Rn 59 mwNw). 72

Der Vater und die Mutter sind verpflichtet, einander gemäß § 1605 BGB über ihre Einkünfte und ihr Vermögen **Auskunft** zu erteilen. Sie sollen dadurch in die Lage versetzt werden, einen Unterhaltsrechtsstreit zu vermeiden oder in einem Unterhaltsverfahren die Forderung richtig zu bemessen und begründete Einwendungen vorzubringen (vgl § 1605 Rn 2). 73

2. Bedürftigkeit der Mutter

Vorausgesetzt ist also zunächst, dass die **Mutter außerstande** ist, **sich selbst zu un-** 74

terhalten (§ 1602 Abs 1 BGB). Dies ist – soweit es um den regulären Unterhalt in den sechs Wochen vor und acht Wochen nach der Geburt geht – nicht der Fall, wenn eine Arbeitnehmerin, die in der gesetzlichen Krankenversicherung versicherungspflichtig ist, in dieser Zeit Mutterschaftsgeld oder Leistungen des Arbeitgebers (§ 13 MuSchG) erhält. Der Zeitraum des § 1615l Abs 1 S 1 BGB deckt sich mit den Schutzfristen der §§ 3 Abs 2, 6 Abs 1 MuSchG. Die Bestimmung betrifft also vor allem eine nicht abhängig beschäftigte oder nicht erwerbstätige Mutter; diese trifft in der genannten Zeit auch keine Erwerbsobliegenheit.

75 Bedürftigkeit der Mutter liegt auch dann nicht vor, wenn sie imstande ist, ihren Unterhaltsbedarf durch Einkünfte aus selbständiger Erwerbstätigkeit, aus Kapitalvermögen oder auf andere Weise zu decken (vgl § 1602 Rn 25 ff; OLG Koblenz NJW 2000, 669; zu weiteren spezifischen Einkünften s NK-BGB/SCHILLING[3] § 1615l Rn 26 ff; vgl auch OLG Koblenz NZFam 2017, 573 mAnm OBERMANN).

76 Eine **kausale Verknüpfung der Bedürftigkeit der Mutter mit Schwangerschaft und Geburt** ist für den Anspruch aus Abs 1 anders als für den Anspruch aus Abs 2 **nicht vorausgesetzt**. Der Anspruch besteht vielmehr auch dann, wenn die Mutter bereits aus einem anderen Grund ihren Bedarf nicht durch eigene Erwerbstätigkeit decken kann, wenn also die Bedürftigkeit nicht erst durch Schwangerschaft, Geburt oder Versorgung des Neugeborenen eingetreten ist. Die Bestimmung soll – in Anlehnung an die Mutterschutzvorschriften – „die Mutter in der kritischen Phase vor und nach der Entbindung allein mit Rücksicht auf die damit verbundenen Belastungen von jeder Erwerbspflicht freistellen" (BGH FamRZ 1998, 541, 542 = NJW 1998, 1309, 1310 = DAVorm 1998, 389, 392; OLG Hamm FamRZ 1991, 979). Für die **Ansprüche aus Abs 2** verbleibt es indessen bei den allgemeinen Voraussetzungen.

3. Leistungsfähigkeit des Vaters

77 Ferner ist vorausgesetzt, dass der Vater leistungsfähig ist; daran fehlt es, wenn er außerstande ist, ohne Gefährdung seines angemessenen Unterhalts der Frau den Unterhalt zu gewähren (§ 1603 Abs 1 BGB). Zu den hier von der Praxis der Oberlandesgerichte zugebilligten **Selbstbehaltssätzen** wird auf § 1603 Rn 287 f verwiesen. Die Leistungsfähigkeit fehlt, wenn der Vater kein Einkommen hat und wenn ihn keine Erwerbsobliegenheit trifft (dazu § 1603 Rn 110 ff). Ferner ergeben sich Einschränkungen aus dem **Halbteilungsgrundsatz** (vgl Rn 68). Über die Konkurrenz des Anspruchs der Mutter mit Unterhaltsansprüchen anderer Berechtigter, insbesondere minderjähriger Kinder des Vaters s Rn 92 f; § 1609 Rn 27.

4. Unterhalt für die Vergangenheit

78 Das KindUG hat in § 1615l Abs 3 S 4 BGB die Verweisung auf § 1615d BGB und § 1615i Abs 1, 3 BGB gestrichen, weil diese Bestimmungen aufgehoben wurden, die Verweisung auf § 1613 Abs 2 BGB (nunmehr in Abs 3 S 2) aber beibehalten; die Begründung spricht von redaktionellen Folgeänderungen (BT-Drucks 13/1338, 32). Daraus kann man folgern, dass die zuvor geltende sachliche Regelung im Grundsatz bestehen bleiben sollte.

79 Aus der Verweisung auf § 1613 Abs 2 BGB ergibt sich zunächst, dass die Mutter für

die Vergangenheit **ohne die in § 1613 Abs 1 BGB enthaltenen Einschränkungen** Unterhalt verlangen kann

(1) wegen eines unregelmäßigen außergewöhnlich hohen Bedarfs **(Sonderbedarf)**; hierunter wird man insbesondere die jetzt in § 1615l Abs 1 S 2 BGB genannten Kosten, die infolge der Schwangerschaft oder der Entbindung entstehen, zu verstehen haben. Für sie gilt aber die in **§ 1613 Abs 2 Nr 1 HS 2 BGB** enthaltene Einschränkung, dass dieser Anspruch nach Ablauf eines Jahres nur geltend gemacht werden kann, wenn vorher der Verpflichtete in Verzug geraten oder der Anspruch rechtshängig geworden ist;

(2) für den **Zeitraum**, in dem die Mutter aus rechtlichen oder aus tatsächlichen, in 80
den Verantwortungsbereich des Vaters fallenden Gründen **an der Geltendmachung des Anspruchs gehindert** war. Von dieser Regelung werden insbesondere die Ansprüche der Mutter erfasst, die vor der Anerkennung oder gerichtlichen Feststellung der Vaterschaft entstanden sind; sie können wegen der Sperrwirkung der §§ 1594 Abs 1, 1600d Abs 4 BGB nicht früher geltend gemacht werden (s § 1613 Rn 94 ff). Dieses Ergebnis entspricht der im früheren § 1615d BGB enthaltenen Bestimmung, dass das Kind Unterhaltsleistungen, die fällig geworden sind, bevor die Vaterschaft anerkannt oder rechtskräftig festgestellt war, auch für die Vergangenheit verlangen kann. Diese Bestimmung hatte der durch das KindUG geänderte § 1615l Abs 3 S 4 BGB für entsprechend anwendbar erklärt.

Der **BGH** hat dementsprechend entschieden, dass § 1615l Abs 3 BGB eine **Rechts-** 81
grundverweisung auf § 1613 BGB enthält, weshalb für die Geltendmachung von Unterhalt für die Vergangenheit grundsätzlich die Voraussetzungen des § 1613 Abs 1 BGB vorliegen müssen, also namentlich eine Aufforderung zur Auskunft oder eine Inverzugsetzung (BGHZ 198, 242 = FamRZ 2013, 1598 Rn 11 ff mit näherer Begründung aus der Entstehungsgeschichte). Für Unterhaltsansprüche der Mutter, auf die die in § 1613 Abs 2 Nr 1 und 2 BGB genannten Voraussetzungen nicht zutreffen, gelten mithin die **Regeln des § 1613 Abs 1 BGB**. Aus dem Umstand, dass in § 1615l Abs 3 S 2 BGB nur die Verweisung auf § 1613 Abs 2 BGB übrig geblieben ist, kann nicht gefolgert werden, die entsprechende Anwendung der übrigen Absätze des § 1613 BGB sei ausgeschlossen.

Ob für die gesonderte Verweisung auf § 1613 Abs 2 BGB angesichts der Änderungen, die § 1615l BGB und § 1613 BGB zwischenzeitlich erfahren haben, ein eigenständiger Anwendungsbereich im Sinne einer einjährigen Ausschlussfrist bezogen auf die Fälle des § 1613 Abs 2 Nr 2 BGB verbleibt, hat der BGH offen gelassen (BGHZ 198, 242 = FamRZ 2013, 1598 Rn 15 mwNw).

Schließlich wird man ein Redaktionsversehen auch insofern annehmen können, als 82
der – durch Streichung geänderte – § 1615l Abs 3 S 2 BGB nicht auch auf **§ 1613 Abs 3 BGB** verweist. In Fällen, in denen jemand zur Zahlung von Unterhaltsrückständen verpflichtet ist, sieht diese Bestimmung vor, dass Erfüllung nicht, nur in Teilbeträgen oder erst zu einem späteren Zeitpunkt verlangt werden kann, soweit die volle oder die sofortige Erfüllung für den Verpflichteten eine unbillige Härte bedeuten würde (s dazu § 1613 Rn 105 ff). Ähnliches, nämlich die Möglichkeit der Stundung oder des Erlasses von rückständigen Unterhaltsbeträgen, hatte zuvor

§ 1615d BGB vorgesehen; der RegE des KindUG sagt dazu, es handle sich bei der Änderung der Verweisung in § 1615l Abs 3 S 4 BGB „um eine redaktionelle Folgeänderung der Streichung der §§ 1615d und 1615i" (BT-Drucks 13/7338, 32).

83 Das bedeutet, dass **alle Bestimmungen des § 1613 BGB** auch auf den in § 1615l BGB geregelten Unterhaltsanspruch der Mutter gegen den Vater entsprechend anzuwenden sind (vgl Wendl/Bömelburg[9] § 7 Rn 198; **aA** FamRefK/Häussermann § 1613 Rn 10) Rechtsgrundlage ist § 1615l Abs 3 S 1 BGB; die als Torso stehen gebliebene Bestimmung des Abs 3 S 2 ist überflüssig.

5. Kein Verzicht auf künftigen Unterhalt

84 Aus der allgemeinen Verweisung in Abs 3 S 2 ergibt sich, dass § 1614 BGB, wonach für die Zukunft auf den Unterhalt nicht verzichtet werden kann, auch für den Anspruch der Mutter aus § 1615l Abs 1 und 2 BGB gilt (BGH FamRZ 2009, 768; FamRZ 1992, 1403, 1404; OLG Celle FamRZ 2014, 1787 [LS]; Wendl/Bömelburg[9] § 7 Rn 226 f; vgl § 1614 Rn 4). Dies mag Gegenstand rechtspolitischer Überlegungen sein (Rn 20; Wendl/Bömelburg[9] § 7 Rn 227 mwNw), es ist aber jedenfalls derzeit geltendes Recht (vgl NK-BGB/Schilling[3] § 1615l Rn 57).

6. Verwirkung, Verjährung

85 Von der Verweisung in Abs 3 Satz 1 ist ohne Weiteres auch § 1611 BGB erfasst. Ob wegen der Nähe zum Ehegattenunterhalt stattdessen § 1579 BGB besser passt, ist umstritten. Der BGH hat die Frage offen gelassen (BGHZ 177, 272 = FamRZ 2008, 1739 Rn 52; gegen eine Anwendung des § 1579 OLG Nürnberg FamRZ 2011, 735).

86 Es erscheint bereits fraglich, ob eine analoge Anwendung von § 1579 BGB überhaupt erforderlich ist. Denn § 1611 BGB lässt als offene Billigkeitsvorschrift durchaus genügenden Spielraum für die Einbeziehung der sich aus der besonderen Rechtsnatur des § 1615l BGB ergebenden Gesichtspunkte. Hierbei kann etwa auch eine **verfestigte Lebensgemeinschaft der Mutter** von Bedeutung sein. Gerade in diesem Fall spricht aber die vom Unterhaltspflichtigen verursachte Unterhaltsbedürftigkeit gegen eine Verwirkung. Dass hier die Belange des Kindes nicht ausdrücklich aufgeführt sind, ist schließlich kein Hinderungsgrund für ihre Berücksichtigung (vgl Wendl/Bömelburg[9] § 7 Rn 231 mwNw auch zur **aA**; NK-BGB/Schilling[3] § 1615l Rn 47). Im Einzelfall kann eine Verwirkung auch im Fall späterer Anerkennung der Vaterschaft vorliegen (OLG Schleswig FamRZ 2008, 2057; Rn 25; vgl auch § 1613 Rn 97).

87 Die Unterhaltsansprüche aus § 1615l BGB unterliegen der allgemeinen **Verjährung** (vgl Vorbem 95 ff zu §§ 1601 ff sowie BGH FamRZ 2017, 900 [Verjährung des Scheinvaterregresses]). Die frühere Sondervorschrift in Abs 4 ist gestrichen worden (Rn 13).

7. Übergang der Unterhaltspflicht auf den Erben

88 Nach Abs 3 S 4 erlischt der Anspruch der Mutter nicht mit dem Tode des Vaters. Diese Bestimmung weicht ab von dem für den Unterhalt unter Verwandten geltenden Grundsatz des § 1615 Abs 1 BGB, dass der Unterhaltsanspruch, von bestimmten Ausnahmen abgesehen (§ 1615 Rn 5 ff), mit dem Tode des Verpflichteten erlischt

(ebenso § 1360a Abs 3 BGB für den Unterhalt unter Ehegatten). Der Erbe des Vaters hat also für die Unterhaltsansprüche der Mutter gemäß § 1615l Abs 1 und 2 BGB einzustehen. Für den Fall, dass der Vater schon vor der Geburt des Kindes gestorben ist, ergibt sich das aus § 1615n BGB (vgl § 1615n Rn 5 f). Eine Beschränkung auf einen fiktiven Pflichtteil, wie sie § 1586b Abs 1 S 3 BGB bei der auf den Erben eines geschiedenen Ehegatten übergegangenen Unterhaltspflicht vorsieht, hat das NEhelG nicht in Erwägung gezogen.

VI. Konkurrenzen

1. Mehrere Unterhaltspflichtige

Nach **Abs 3 S 2** geht die Verpflichtung des Vaters der (in § 1601 BGB festgelegten) Unterhaltspflicht der **Verwandten** der Mutter, also vor allem ihrer Eltern, vor (vgl OLG Nürnberg NJW-RR 2001, 1010). Diese haften also nur, wenn und soweit der Vater nicht leistungsfähig ist (§ 1615l Abs 3 S 1 BGB iVm § 1607 BGB). Die Erwerbsobliegenheit der Mutter entspricht im Fall der Ersatzhaftung nicht notwendigerweise den Maßstäben des § 1615l Abs 2 BGB (vgl NK-BGB/Schilling[3] § 1615l Rn 33 mwNw). Denn der Unterhalt gegen die Verwandten hat eine eigenständige Grundlage und resultiert aus § 1601 BGB (vgl § 1607 Rn 8 ff). Insoweit wird auf die Ausführungen zur Bedürftigkeit wegen Kindesbetreuung in § 1602 Rn 13 ff verwiesen. 89

Bei **Betreuung mehrerer Kinder** hat die Mutter gegen den geschiedenen Ehegatten wegen der Betreuung eines ehelichen Kindes ein Anspruch auf Betreuungsunterhalt (§ 1570 BGB) und wegen der Betreuung des nichtehelichen Kindes gegen dessen Vater nach § 1615l Abs 2 S 2 BGB, so haften die Väter nach ständiger Rechtsprechung des BGH anteilig entsprechend **§ 1606 Abs 3 S 1 BGB** (BGHZ 177, 272 = FamRZ 2008, 1739; FamRZ 1998, 541, 543 f; FamRZ 2005, 357, 358 und FamRZ 2007, 1303, 1305; zur möglichen Berechnung s NK-BGB/Schilling[3] § 1615l Rn 36 mwNw). Zur Konkurrenz der Unterhaltsansprüche auf **Ehegattenunterhalt aus sonstigen Gründen** und aus Abs 2 S 2 wird auf Rn 71 verwiesen. Auf den Familienunterhalt wird man insbesondere hinsichtlich elternbezogener Gründe dieselben Grundsätze anwenden können wie bei Konkurrenz mehrerer Berechtigter nach § 1609 Nr 2 (vgl § 1609 Rn 39 ff; zu weiteren Konstellationen – teils abweichend – Menne, in: Büte/Poppen/Menne, Unterhaltsrecht[3] § 1615l Rn 40 mwNw sowie Staudinger/Engler [2000] Rn 55). Bei Betreuung mehrerer nichtehelicher Kinder verschiedener Väter greift wiederum § 1606 Abs 3 S 1 BGB (NK-BGB/Schilling[3] § 1615l Rn 37). 90

Anders liegt es, wenn die Mutter **nach Geburt des Kindes** einen anderen Mann als den Vater **heiratet**. Dann erlischt nach dem **BGH** der Unterhaltsanspruch nach § 1615l Abs 2 BGB in entsprechender Anwendung von **§ 1586 Abs 1 BGB** (BGH FamRZ 2016, 892 Rn 14; BGHZ 161, 124, 132 f = FamRZ 2005, 347, 349; dies hinterfragend NK-BGB/Schilling[3] § 1615l Rn 39 mwNw; Schilling, in: FS Brudermüller 669, 673 mit Vorschlag einer Gesetzesänderung). Der vorstehend zitierten Kritik ist insoweit zuzugeben, dass sich ein Spannungsverhältnis zur anders behandelten Fallgruppe der Geburt während bestehender Ehe kaum leugnen lässt. Das Problem der Unterhaltsverantwortung bei (Wieder-)Heirat des unterhaltsberechtigten Elternteils (vgl exemplarisch den Fall des BGH FamRZ 2016, 892 zur Rechtsanwaltshaftung bei Falschberatung) ist indessen allgemeiner Natur und bedarf wohl eher einer rechtspolitischen Lösung. 91

2. Mehrere Unterhaltsberechtigte

92 Der Betreuungsunterhalt nach § 1615l BGB befindet sich seit dem 1. 1. 2008 (s Rn 14) im 2. Rang nach § 1609 Nr 2. Das heißt, dass ihm nur die Unterhaltsansprüche minderjähriger Kinder und privilegierter Volljähriger (§ 1609 Nr 1 BGB) vorgehen.

93 Der Betreuungsunterhalt steht in vollem Umfang, also auch wenn er aus elternbezogenen Gründen zu gewähren ist, im 2. Rang. Eine Differenzierung nach kind- und elternbezogenen Gründen (vgl NK-BGB/Schilling[3] § 1615l Rn 42) scheidet von vornherein aus, weil der Anspruch in beiden Fällen Betreuungsunterhalt ist. Daher können auch keine dem Ehegattenunterhalt im Fall mehrerer verwirklichter Unterhaltstatbestände vergleichbaren Probleme auftreten (vgl § 1609 Rn 17).

94 Wegen der Auflösung des Gleichrangs von Anspruchsberechtigten nach § 1615l BGB und – geschiedenen – Ehegatten wird auf die Erläuterungen in § 1609 Rn 38 ff verwiesen.

VII. Unterhaltsanspruch des Vaters gegen die Mutter

95 Der durch das KindRG eingefügte Abs 5 (nunmehr **Abs 4)** sieht vor, dass dem Vater ein Unterhaltsanspruch gegen die Mutter zusteht, wenn er das Kind betreut. Diese Vorschrift bezweckt die Gleichbehandlung von Vater und Mutter (bei gleicher Situation) und die Schaffung gleicher Lebensbedingungen für nichteheliche und eheliche Kinder (deren Eltern nach §§ 1360 ff, 1569 ff gegenseitige Unterhaltsansprüche zustehen; Büdenbender FamRZ 1998, 129).

Abs 4 S 1 verweist auf Abs 2 S 2; für den Anspruch ist also vorausgesetzt, dass **vom Vater wegen der Pflege und Erziehung des Kindes eine Erwerbstätigkeit nicht erwartet werden kann**.

1. Betreuung des Kindes durch den Vater

96 Das Gesetz macht den Anspruch des Vaters nicht davon abhängig, dass ihm die elterliche Sorge zusteht. Vielmehr genügt die **tatsächliche Betreuung** durch den Vater; in der Begründung des KindRG heißt es nur, dass der neue Abs 5 (nunmehr Abs 4) „dem Umstand Rechnung“ trägt, dass die Betreuung des Kindes „auch durch den Vater stattfinden kann“ (BT-Drucks 13/4899, 90; einschränkend auf die „rechtmäßige“ Betreuung NK-BGB/Schilling[3] § 1615l Rn 54). Dabei ist an alle Fälle zu denken, in denen die Mutter sich „um ihr Kind nicht kümmern kann oder will“ (so noch Staudinger/Engler [2000] Rn 63 mwNw). Aus heutiger Sicht ist noch der Fall hinzuzufügen, dass der Vater die besser geeignete Betreuungsperson ist, ohne dass es auf die Häufigkeit dieses Falles ankommt.

2. Zeitliche Begrenzung des Anspruchs

97 Abs 4 S 1 gibt dem Vater, der das Kind betreut, den „Anspruch nach Absatz 2 Satz 2“. Dies könnte wörtlich so ausgelegt werden, dass sich der Unterhaltsanspruch des Vaters nicht auf die ersten acht Wochen nach der Geburt des Kindes bezieht,

weil in Abs 2 S 2 nur der Anspruch der Mutter auf den „über die in Absatz 1 Satz 1 bezeichnete Zeit hinaus" erforderlichen Unterhalt angesprochen ist („Das Gleiche gilt"). Eine solche zeitliche Begrenzung ist aber offenbar nicht gewollt. Es wird zwar selten vorkommen, dass der Vater die Pflege eines noch nicht acht Wochen alten Kindes übernimmt. Aber auch in einem solchen Fall kann der Vater, der außerstande ist, seinen Unterhalt zu bestreiten, die leistungsfähige Mutter auch wegen des Unterhalts innerhalb der ersten acht Wochen nach der Geburt des Kindes in Anspruch nehmen (Palandt/Brudermüller[76] Rn 33; Büdenbender FamRZ 1998, 129, 133; Grziwotz FamRZ 1999, 413, 419; NK-BGB/Schilling[3] § 1615l Rn 55 mwNw; **aA** FamRefK/Maurer Rn 27, der – unter bestimmten Voraussetzungen – mit der Rechtsfigur eines familienrechtlichen Vertrags eigener Art abhelfen will).

Die Gesetzesverfasser, denen es offenbar vor allem darauf ankam, die **formale Gleichbehandlung von Vater und Mutter** plakativ herauszustellen, haben die Unstimmigkeit, die durch den Wortlaut der Verweisung in Abs 4 S 1 verursacht wurde, anscheinend nicht gesehen (das vermutet auch Büdenbender FamRZ 1998, 129, 133 Rn 34). Dem Sinn des Abs 4 entspricht es, dass der Vater für die Zeit nach der Geburt des Kindes von der Mutter Unterhalt verlangen kann, wenn er das Kind betreut und von ihm wegen der Pflege und Erziehung des Kindes eine Erwerbstätigkeit nicht erwartet werden kann. Dass ein Unterhaltsanspruch für die Zeit vor der Geburt des Kindes nicht in Betracht kommt, ist selbstverständlich. Nicht ausgenommen sind dagegen die ersten acht Wochen nach der Geburt, und für die darüber hinausgehende Zeit kommt es auf die in Abs 2 enthaltenen Voraussetzungen an. **98**

3. Entsprechende Anwendung der Absätze 2 und 3

Nach Abs 4 S 2 gelten, wenn die Voraussetzungen eines Unterhaltsanspruchs des Vaters gegeben sind, die Abs 2 und 3 entsprechend. **99**

Das heißt insbesondere, dass die Vorschriften über die Unterhaltspflicht zwischen Verwandten (§§ 1602–1615 BGB) anzuwenden sind. Es kommt also insbesondere auf die Bedürftigkeit des Vaters (§ 1602 BGB) und die Leistungsfähigkeit der Mutter (§ 1603 BGB) an. Maßgebend ist die Lebensstellung des Vaters (§ 1610 Abs 1 BGB). Die Verpflichtung der Mutter geht der Verpflichtung der Verwandten (Eltern) des Vaters vor. **100**

§ 1615m
Beerdigungskosten für die Mutter

Stirbt die Mutter infolge der Schwangerschaft oder der Entbindung, so hat der Vater die Kosten der Beerdigung zu tragen, soweit ihre Bezahlung nicht von dem Erben der Mutter zu erlangen ist.

Materialien: Art 1 Nr 16 NEhelG; BT-Drucks V/2370, 6 f, 57; BT-Drucks V/4179, 6 f.

Systematische Übersicht

Alphabetische Übersicht

I. Entwicklung der Vorschrift

1. Die Rechtslage vor der Reform des Nichtehelichenrechts

1 Für eine Verpflichtung des Vaters, die Kosten der Beerdigung der im Wochenbett verstorbenen Mutter zu tragen, hatten die Motive zum BGB einen hinreichenden Grund nicht anerkannt (Mot IV 910). Dennoch wurde ein solcher Anspruch von einzelnen Gerichten (LG Tilsit und LG Bückeburg – mit **abl** Anm Knodt – JW 1911, 383) und von der Mehrzahl der Schriftsteller bejaht. Er wurde meist auf die entsprechende

Anwendung des § 1715 aF gestützt, der dem Vater eines unehelichen Kindes die Verpflichtung auferlegte, der Mutter die Kosten der Entbindung, ferner den Unterhalt für die ersten sechs Wochen nach der Entbindung und etwaige weitere infolge der Schwangerschaft und der Entbindung notwendige Aufwendungen zu ersetzen (Staudinger/Göppinger[10/11] § 1715 Rn 36 mit Schrifttumsnachweisen; Enneccerus/Kipp § 95 XI Fn 69; Dölle § 104 I 2; Soergel/Siebert/Lade[9] § 1715 Rn 4; wohl auch Gernhuber[1] § 60 I 4 aE; **aA** noch Staudinger/Engelmann/Keidel[9] § 1715 Anm 2aE, vor allem aus systematischen Gründen: § 1715 aF gab nur der Mutter Ersatzansprüche; ebenso Gaul FamRZ 1963, 531, 535).

2. Die Regelung des Nichtehelichengesetzes

2 Auch die Rechtsbeziehung zwischen der Mutter und dem nicht mit ihr verheirateten Vater ihres Kindes hat seit der Reform des Nichtehelichenrechts familienrechtlichen Charakter (ebenso wie seine Beziehung zum Kind, s § 1615a Rn 10). Die gemeinsame Zeugung des Kindes rechtfertigt es, dem Vater, wenn die Mutter infolge der Schwangerschaft oder der Entbindung stirbt, die Kosten der Beerdigung ebenso aufzuerlegen, wie sie ein unterhaltspflichtiger Verwandter beim Tode des Berechtigten (§ 1615 Abs 2 BGB) und ein Ehegatte beim Tode des anderen Ehegatten (§§ 1360a Abs 3, 1361 Abs 4 S 3 BGB) zu tragen hat. Der Vater muss also, ebenso wie bei den Kosten der Entbindung und dem durch Schwangerschaft und Geburt bedingten Unterhaltsbedarf (§ 1615l BGB), auch im Extremfall für die Folgen der von ihm (mit-)verursachten Schwangerschaft einstehen.

Das Nichtehelichengesetz vom 19. 8. 1969 hat in § 1615m BGB diesem Gedanken entsprochen und die zuvor bestehenden Zweifel ausgeräumt. Der Vater hat die Kosten der Beerdigung zu tragen, wenn die Mutter infolge der Schwangerschaft oder der Entbindung stirbt.

II. Die Voraussetzungen der Leistungspflicht des Vaters

1. Ursächlichkeit der Schwangerschaft oder Entbindung für den Tod der Mutter

3 Für die Verpflichtung des Vaters, die Kosten der Beerdigung zu tragen, ist vorausgesetzt, dass die Mutter infolge der Schwangerschaft oder der Entbindung gestorben ist. Es kommt also nicht auf ein Verschulden des Vaters, sondern nur auf die Ursächlichkeit der Schwangerschaft für den Tod der Mutter an.

Die Haftung des Vaters besteht **unabhängig von seiner Leistungsfähigkeit**. Sie ist der Einstandspflicht für die unmittelbaren und mittelbaren Kosten der Entbindung nach dem früheren § 1615k BGB (jetzt § 1615l Abs 1 S 2 BGB; s dazu § 1615l Rn 27 ff) nachgebildet, sodass man von einer Verlängerung der Ersatzpflicht für die durch die Schwangerschaft oder die Entbindung verursachten Sonderkosten sprechen konnte (so Brüggemann FamRZ 1971, 140, 149).

4 Dass die Schwangerschaft oder die Entbindung für den Tod der Mutter adäquat kausal war, wird man auch dann sagen können, wenn die Mutter an einer **Krankheit** gestorben ist, deren Entstehung oder ungünstiger Verlauf durch die Schwangerschaft gefördert wurde, oder wenn eine Krankheit oder ein Unfall zu einer **Fehlgeburt**

geführt hat, an der die Mutter gestorben ist, ebenso auch, wenn sie sich bei der Geburt oder im Wochenbett eine Infektion zugezogen hat, die ihren Tod zur Folge hatte. Der für die Haftung des Vaters vorausgesetzte Ursachenzusammenhang wird auch nicht dadurch unterbrochen, dass der Tod durch fahrlässiges Verhalten eines Dritten (Arzt, Hebamme) im Zusammenhang mit Schwangerschaft oder Entbindung herbeigeführt wurde. Solche Ereignisse gehören zu dem allgemeinen Risiko, das mit einer Schwangerschaft verbunden ist.

2. Tod der Mutter als Folge einer Abtreibung

5 Der in § 1615m BGB vorausgesetzte Ursachenzusammenhang zwischen Schwangerschaft und Tod der Mutter besteht grundsätzlich auch dann, wenn die Mutter infolge einer **Abtreibung** stirbt, unabhängig davon, ob diese legal oder illegal vorgenommen wurde. Selbst dann, wenn die Schwangerschaft abgebrochen wurde, um Leben und Gesundheit der Mutter zu schützen, entspricht es dem Sinn der Vorschrift, dass der Vater im Todesfall für die Kosten der Beerdigung aufzukommen hat, weil er die Schwangerschaft, die sich als gefährlich für die Mutter erwiesen hatte, verursacht hat.

6 Etwas anderes gilt nur dann, **wenn die Mutter eine selbständige Ursachenkette in Gang gesetzt hat**, indem sie ohne Wissen und Billigung des Vaters oder gegen seinen Willen eine **Abtreibung** herbeigeführt hat; in einem solchen Fall unterbricht die autonome Entscheidung der Mutter den „Zurechnungszusammenhang" (ERMAN/HAMMERMANN[14] Rn 3 mwNw; s auch BGB-RGRK/MUTSCHLER Rn 2, **aA** SOERGEL/LETTMAIER[13] Rn 5). Eine solche Ausnahme ist dogmatisch nicht leicht zu begründen. Man wird sie aber rechtfertigen können, weil das Band zwischen der Mutter und dem nicht mit ihr verheirateten Vater des Kindes (s oben Rn 2) rechtlich nicht ebenso ausgestaltet und in vielen Fällen auch in tatsächlicher Hinsicht wesentlich schwächer ist als die Bindung zwischen Ehegatten und zwischen gegenseitig unterhaltspflichtigen Verwandten. Bei diesen umfasst die Einstandspflicht des Unterhaltspflichtigen stets auch die Beerdigungskosten, ohne dass es auf die Ursächlichkeit eines Verhaltens der Mutter für ihren Tod ankäme. Jedenfalls dann, wenn zwischen den Eltern des Kindes keine tatsächliche Bindung besteht, entspricht es auch nicht dem Sinn des § 1615m BGB, dass der Vater selbst dann für die Kosten der Beerdigung der Mutter aufzukommen hat, wenn sie die ihr Leben gefährdende Abtreibung ohne Rücksicht auf seinen Willen herbeigeführt hat.

3. Selbsttötung der Mutter

7 Im Falle der Selbsttötung der Mutter während der Schwangerschaft oder in zeitlichem Zusammenhang mit der Geburt wird man – je nach den gegebenen Umständen – den Tod der Mutter als psychische Folge der Schwangerschaft ansehen können, etwa dann, wenn der Mann, der ihr die Ehe oder dauernden Beistand versprochen hatte, sie im Stich gelassen hat. Eine Einstandspflicht des Mannes kann man aber auch in einem solchen Fall dann nicht bejahen, wenn sich feststellen lässt, dass der Entschluss der Mutter, sich das Leben zu nehmen, durch die Tatsache ihrer Schwangerschaft nicht beeinflusst war.

III. Konkurrenz der Haftung des Vaters mit der anderer Personen

1. Vorrangige Haftung des Erben der Mutter

Die Haftung des Vaters tritt in jedem Fall hinter die in § 1968 BGB statuierte Haftung des Erben der Mutter zurück, wenn die Bezahlung der Beerdigungskosten von diesem zu erlangen ist. Dies sagt § 1615m BGB mit den gleichen Worten wie § 1615 Abs 2 BGB für die Verpflichtung des unterhaltsverpflichteten Verwandten, die Kosten der Beerdigung des Unterhaltsberechtigten zu tragen; auf diese Bestimmung verweisen § 1360a Abs 3 BGB und – mittelbar – § 1361 Abs 4 S 3 BGB für den unterhaltspflichtigen Ehegatten, ferner § 528 Abs 1 S 3 BGB für den Beschenkten bei Verarmung des Schenkers. 8

Die Bezahlung der Kosten ist vom Erben dann nicht zu erlangen, wenn der Erbe seine Haftung auf den Nachlass beschränkt hat und und dieser nicht ausreicht, oder wenn er aus anderen Gründen nicht imstande ist, die Kosten zu tragen (vgl § 1615 Rn 11). Es genügt auch hier, wenn die Zwangsvollstreckung voraussichtlich keine Aussicht auf Erfolg bietet (Göppinger/Wax/Maurer[8] Rn 1282). 9

2. Nachrangige Haftung unterhaltspflichtiger Verwandter oder Ehegatten

Die Haftung des Vaters geht derjenigen unterhaltspflichtiger Verwandter (§ 1615 Abs 2 BGB) und des unterhaltspflichtigen Ehegatten (§§ 1360a Abs 3, 1361 Abs 4 S 3 BGB) vor, und zwar nach dem Grundsatz der Spezialität (Palandt/Brudermüller[76] Rn 1; ebenso im Ergebnis Erman/Hammermann Rn 8; MünchKomm/Born[7] Rn 5). Dass § 1615m BGB im Verhältnis zu den genannten Bestimmungen das speziellere Gesetz ist, ergibt sich aus der systematischen Sonderstellung der Vorschrift und auch daraus, dass die Haftung des Vaters im Gegensatz zu der eines unterhaltspflichtigen Verwandten und auch des Ehegatten (vgl § 1615 Rn 15) nicht gemäß dem Grundsatz des § 1603 Abs 1 BGB von der Leistungsfähigkeit des Verpflichteten abhängt. 10

3. Haftung eines wegen Tötung der Mutter zum Schadensersatz Verpflichteten

Wer wegen Tötung der Mutter zum Schadensersatz verpflichtet ist (§ 844 Abs 1 BGB; § 5 Abs 1 S 2 HaftpflG; § 10 Abs 1 S 2 StVG; § 35 Abs 1 S 2 LuftVG; § 28 Abs 1 S 2 AtomG), hat dem zur Tragung der Beerdigungskosten nach einer anderen Vorschrift Verpflichteten, also auch dem Vater des Kindes, wenn dieser sie getragen hat, die Kosten zu ersetzen (vgl § 1615 Rn 12; Staudinger/Dutta [2017] § 1968 Rn 21). 11

IV. Gläubiger, Umfang und Verjährung des Anspruchs

1. Gläubiger des Anspruchs

Wem der Anspruch zusteht, sagt das Gesetz nicht ausdrücklich (anders § 844 Abs 1 BGB; s dazu Staudinger/Röthel [2015] § 844 Rn 35 ff). Es unterstellt offenbar auch in § 1615m BGB (wie bei der Kostentragungspflicht des Erben nach § 1968 BGB, s Mot V 535), dass derjenige, der die Beerdigung vorgenommen hat, die Erstattung der Kosten oder die Befreiung von entsprechenden Verbindlichkeiten vom Vater verlangen kann (vgl Staudinger/Dutta [2016] § 1968 Rn 1 ff; s auch oben § 1615 Rn 10 ff, ferner 12

Staudinger/Stieper [2017] § 90 Rn 42 ff zum Totensorgerecht und Rn 44 ff zu den Modalitäten der Bestattung).

13 Hat der Vater die Kosten getragen, so kann er vom Erben Ersatz verlangen (Gernhuber/Coester-Waltjen § 59 III 7).

2. Umfang des Anspruchs

14 Nach dem Wortlaut des § 1615m BGB hat der Vater die – nicht näher umschriebenen – „Kosten der Beerdigung" zu tragen. Darunter sind nach wohl allgemeiner Auffassung die **angemessenen Kosten** zu verstehen. Das Gesetz spricht jetzt auch in § 1968 BGB nicht mehr von der „standesmäßigen" Beerdigung; dieses Wort wurde mit Wirkung vom 1. 1. 1999 durch Art 33 Nr 31 EGInsO gestrichen, um eine redaktionelle Anpassung an die Fassung der §§ 844 Abs 1, 1615 Abs 2 und 1615m BGB zu erreichen. Der Vater hat also nicht ohne Weiteres alle Kosten zu tragen, die im Einzelfall für die Bestattung aufgewendet worden sind, sondern das, was nach den in den Kreisen der Mutter herrschenden Auffassungen und Gebräuchen zu einer würdigen und angemessenen Bestattung gehört, also auch nicht nur das unbedingt Notwendige (vgl § 1615 Rn 17 ff; Staudinger/Dutta [2016] § 1968 Rn 3 ff).

15 Die Höhe der Kosten, die der Vater zu tragen hat, bemisst sich entsprechend dem Grundsatz des § 1610 Abs 1 BGB nach der früheren **Lebensstellung der Mutter**.

16 Unter Kosten der Beerdigung sind auch die Kosten einer **Feuerbestattung** zu verstehen (s dazu § 1615 Rn 14; Staudinger/Dutta [2016] Rn 4).

3. Verjährung

17 Der Anspruch verjährt in der regelmäßigen Frist nach §§ 195, 199 Abs 1 BGB (Soergel/Lettmaier[13] Rn 12).

§ 1615n
Kein Erlöschen bei Tod des Vaters oder Totgeburt

Die Ansprüche nach den §§ 1615l, 1615m bestehen auch dann, wenn der Vater vor der Geburt des Kindes gestorben oder wenn das Kind tot geboren ist. Bei einer Fehlgeburt gelten die Vorschriften der §§ 1615l, 1615m sinngemäß.

Materialien: Art 1 Nr 16 NEhelG; BT-Drucks V/2370, 7, 57 f; BT-Drucks V/4179, 13; BT-Drucks 13/7338, 32.

Systematische Übersicht

Alphabetische Übersicht

I. Gegenstand der Vorschrift

§ 1615n BGB regelt drei Zweifelsfragen der Anwendung von §§ 1615l und 1615m BGB: Bestehen diese Ansprüche auch, wenn der Vater vor Geburt des Kindes verstorben ist, wenn das Kind tot geboren ist, oder wenn die Mutter eine Fehlgeburt hat? 1

Gemäß § 1615n BGB sind die §§ 1615l und 1615m BGB in allen diesen Fällen entweder unmittelbar – so bei Tod des Vaters oder Totgeburt – oder entsprechend – so bei der Fehlgeburt – anzuwenden. Freilich sind auch bei Totgeburt die Ansprüche nur eingeschränkt begründet. Offen ist, ob diese Regelung Bedeutung hat für gegebenenfalls bestehende Ansprüche im Falle eines Schwangerschaftsabbruchs.

Die Bestimmung hatte sich ursprünglich auch auf die zunächst in § 1615k BGB eigens geregelten Ansprüche der Mutter gegen den Vater auf Erstattung der Kosten 2 der Entbindung und etwaiger weiterer infolge der Schwangerschaft oder Entbindung notwendiger Kosten (s § 1615l Rn 31 ff) bezogen. Das KindUG hob § 1615k BGB auf und fügte an § 1615l Abs 1 BGB einen Satz an, der in den Anspruch der Mutter auf Unterhalt in der Zeit von 6 Wochen vor und 8 Wochen nach der Geburt des Kindes auch die Kosten, die infolge der Schwangerschaft oder der Entbindung außerhalb dieses Zeitraums entstehen, einbezog (s dazu § 1615l Rn 31 ff). Als redaktionelle Folgeänderung wurde in § 1615n S 1 und 2 BGB die Angabe „§§ 1615k bis 1615m" jeweils durch die Angabe „§§ 1615l, 1615m" ersetzt (BT-Drucks 13/7338, 32).

II. Entstehungsgeschichte

3 Schon nach früherem Recht (§ 1715 Abs 2 aF) standen der Mutter die Ansprüche auf Unterhalt und Entbindungskosten auch im Falle des Todes des Vaters vor der Geburt des Kindes oder bei Totgeburt zu. Lediglich die Frage, ob solche Ansprüche bei der Fehlgeburt bestünden, war umstritten (vgl Staudinger/Göppinger[10/11] § 1715 Rn 6).

4 Der Gesetzgeber wollte in § 1615n BGB klarstellen, dass die §§ 1615k–1615m (aF) entsprechend auch bei einer Fehlgeburt angewendet werden sollten (vgl BT-Drucks V/2370, 57 f; Jansen/Knöpfel, Das neue Unehelichengesetz 228 f). Denn die Gründe, die die Einstandspflicht des Vaters gegenüber der Mutter bei Schwangerschaft und Entbindung rechtfertigten, begründeten auch die Einstandspflicht bei einer Fehlgeburt. Allerdings sei nur eine sinngemäße Anwendung der genannten Anspruchsnormen auf die Fehlgeburt möglich, weil weder ein Tatbestand der „Entbindung" vorliege noch – mangels „Geburt" – die Vaterschaft anerkannt oder festgestellt werden könne. Wie bei der Fehlgeburt die Empfängniszeit zu berechnen sei, wollte der Gesetzgeber der Rechtsprechung überlassen (BT-Drucks V/2370, 58).

III. Einzelerläuterungen

1. Unterhaltsanspruch der Mutter bei Tod des Vaters

5 § 1615n BGB stellt klar, dass bei Tod des Vaters vor der Geburt des Kindes die Erben des Vaters für die nach §§ 1615l und 1615m BGB begründeten Ansprüche der Mutter einzustehen haben. Dieser Rechtsgedanke ist für den Unterhaltsanspruch nach § 1615l bereits in § 1615l Abs 3 S 5 BGB verwirklicht; es heißt dort, dass der Anspruch nicht mit dem Tode des Vaters erlischt. § 1615n BGB erfasst auch den Anspruch auf Tragung der Beerdigungskosten (§ 1615m BGB) und gilt auch für den ursprünglich in § 1615k BGB, jetzt in § 1615l Abs 1 S 2 BGB geregelten Anspruch auf Erstattung von Kosten, die der Mutter durch Schwangerschaft und Entbindung entstehen.

6 Die Haftung des Erben des Vaters für Ersatz- oder Unterhaltsansprüche der Mutter (§ 1615l BGB) und die Kosten der Beerdigung der Mutter (§ 1615m BGB) rechtfertigt sich daraus, dass die **Mutter** im Gegensatz zum Kind am väterlichen Nachlass **nicht erbrechtlich beteiligt** ist, weshalb der für den Unterhaltsanspruch des nichtehelichen Kindes seit der Neuregelung des Nichtehelichenrechts geltende Grundsatz, dass die Unterhaltspflicht mit dem Tode des Unterhaltspflichtigen erlischt (§§ 1615a, 1615 Abs 1 BGB), auf die Mutter nicht übertragen werden kann. Denn die Been-

digung der Unterhaltspflicht mit dem Tode des unterhaltspflichtigen Verwandten (oder Ehegatten) rechtfertigt sich daraus, dass der Unterhaltsberechtigte als Erbe am Nachlass des Unterhaltspflichtigen teilhat; die Mutter ist dagegen weder durch eine gesetzliche Beteiligung am Nachlass des Vaters noch durch Unterhaltsansprüche gegen Verwandte des Erblassers gesichert (Jansen/Knöpfel, Das neue Unehelichengesetz 227).

Die Unterhaltspflicht des Vaters ist eine Nachlassverbindlichkeit, nämlich eine **Erblasserschuld** im Sinne von § 1967 Abs 2, 1. Alt (BGB-RGRK/Mutschler Rn 2; Gernhuber/Coester-Waltjen § 59 III 6). 7

2. Unterhaltspflicht des Vaters bei Totgeburt

Auch im Falle der Totgeburt (zur Abgrenzung von der Fehlgeburt vgl unten Rn 12 f) – dh einer Geburt, nach deren Abschluss das **hinreichend entwickelte Kind kein Lebenszeichen** von sich gegeben hat – bestehen grundsätzlich die in §§ 1615l und 1615m BGB geregelten Ansprüche. Dies rechtfertigt sich daraus, dass das Risiko einer Totgeburt mit der Schwangerschaft notwendig verbunden ist. Ist dem Vater eine Haftung für die Folgen der Schwangerschaft auferlegt, so muss diese auch das Risiko der Totgeburt umfassen. Es kommt hinzu, dass die Mutter während der Schwangerschaft Aufwendungen für das Kind getroffen haben kann. Es wäre unverständlich, wenn diese Aufwendungen vom Vater deshalb nicht ersetzt werden müssten, weil das Kind nicht lebend geboren ist. 8

Allerdings bedingt die Eigentümlichkeit der Totgeburt, dass nicht alle in §§ 1615l und 1615m BGB normierten Ansprüche bestehen können. Zwar ist § 1615l Abs 1 BGB auch bei der Totgeburt anzuwenden, weil auch in diesem Falle eine Schwangerschaft bestand und eine Entbindung stattgefunden hat. Auch wenn der zuvor in § 1615k BGB eigens geregelte Anspruch auf Erstattung der Kosten der Entbindung jetzt „wie die übrigen Ansprüche nach § 1615l BGB ein Unterhaltsanspruch sein soll" (BT-Drucks 13/7338, 32), kann man in diesen Unterhaltsanspruch zwanglos auch im Falle einer Totgeburt die mit der Entbindung verbundenen Aufwendungen einbeziehen. Darüber hinaus umfasst der Anspruch aus § 1615l Abs 1 BGB im Falle der Totgeburt auch den Ersatz für die Kosten der Bestattung des Kindes, soweit sie von der Mutter getragen werden (Erman/Hammermann[15] Rn 3; Gernhuber/Coester-Waltjen § 59 III 5 Fn 21; Soergel/Lettmaier[13] Rn 7). 9

Hingegen kommt im Falle der Totgeburt ein Anspruch auf **Betreuungsunterhalt** gemäß § 1615l Abs 2 S 2 BGB nicht in Betracht. Denn dieser Anspruch setzt voraus, dass das Kind lebt. Andererseits kann der Anspruch nach § 1615l BGB von praktisch größerer Bedeutung sein als im Falle der Lebendgeburt. Deshalb wird man der Mutter jedenfalls einen Anspruch auf ordentlichen Unterhalt gemäß § 1615l Abs 1 BGB zubilligen müssen. Hat die Totgeburt – etwa wegen der durch sie verursachten besonderen psychischen Belastung – einen **Ausschluss der Erwerbsfähigkeit der Mutter** zur Folge, so kann dies die Leistungspflicht des Vaters nach § 1615l Abs 2 S 1 BGB begründen. Auch ein Anspruch nach § 1615m BGB kommt in Betracht, falls infolge der Totgeburt auch die Mutter verstirbt. 10

Da bei Totgeburt die §§ 1594 Abs 1, 1600d Abs 4 BGB nicht anzuwenden sind (vgl 11

Staudinger/Rauscher [2011] § 1594 Rn 24), kann ein nach §§ 1615l oder 1615m BGB bestehender Anspruch geltend gemacht werden, ohne dass dem das Verbot der Geltendmachung der Vaterschaft vor **Anerkennung** oder gerichtlicher **Feststellung** entgegensteht. Über die Vaterschaft ist im Leistungsprozess **incidenter** zu entscheiden (Soergel/Lettmaier[13] Rn 4).

3. Unterhaltspflicht des Vaters bei Fehlgeburt

12 Eine **Fehlgeburt** liegt vor, wenn die Mutter ein totes Kind zur Welt bringt, das wegen seiner **nicht hinlänglichen Entwicklung** nicht **lebensfähig** ist. Insoweit unterscheidet sich die Fehlgeburt von der Totgeburt, bei der die Entwicklung des Kindes hinreichend vorangeschritten ist, das Kind aber gleichwohl – wegen einer **individuellen Fehlentwicklung** – nicht lebensfähig ist.

13 In der Praxis wird die Totgeburt von der Fehlgeburt für Standesbeamte primär nach der **Körpergröße** des Kindes unterschieden. Eine Fehlgeburt liegt vor, wenn das Kind kleiner als 35 cm ist; eine Totgeburt liegt dagegen vor, wenn die Körpergröße des Kindes 35 cm erreicht oder überschritten hat (vgl Leeb/Weber StAZ 2013, 365).

14 Im Falle der Fehlgeburt schuldet der Vater der Mutter gemäß § 1615l Abs 1 BGB alle **Aufwendungen**, die diese während der Schwangerschaft für Zwecke der **Vorsorge** getroffen hat, sowie die Kosten einer infolge der **Fehlgeburt** notwendig werdenden Heilbehandlung (BGB-RGRK/Mutschler Rn 5). Zweifelhaft erscheint, ob bei einer Fehlgeburt ein **ordentlicher Unterhaltsanspruch** nach § 1615l Abs 1 BGB besteht. Dies wird regelmäßig zu verneinen sein, wenn die Fehlgeburt bereits in einem frühen Stadium der Schwangerschaft eingetreten ist. Denn § 1615l Abs 1 S 1 BGB ist auf den Fall zugeschnitten, dass eine Mutter ein lebendes Kind zur Welt bringt und sich deshalb in den ersten Wochen nach der Entbindung vollständig der **Pflege** und **Betreuung** des Kindes widmet. In einem Fall der Fehlgeburt kann diese Funktion des § 1615l Abs 1 S 1 BGB nicht erfüllt werden. Doch kommt eine entsprechende Anwendung des § 1615l Abs 2 S 1 BGB in Betracht, wenn infolge der Fehlgeburt eine **Beeinträchtigung** der **Erwerbsfähigkeit** der Mutter eingetreten ist. Ein Anspruch nach § 1615 m kommt in Betracht, falls infolge der Fehlgeburt die **Mutter verstirbt** (§ 1615m Rn 4).

15 Umstritten ist die Frage, ob die Einstandspflicht des Vaters auch im Falle einer Fehlgeburt besteht, die Spätfolge eines versuchten **Schwangerschaftsabbruchs** ist. Das AG Brake (FamRZ 1976, 288) hat diese Frage bejaht, weil für den Anspruch nach § 1615k BGB die Gründe, die zu einer Fehlgeburt geführt haben, unbeachtlich seien (so auch Brüggemann FamRZ 1971, 142). Dies gelte auch, wenn der Versuch eines Schwangerschaftsabbruchs gegen den Willen des Vaters vorgenommen worden sei (so auch AK-BGB/Derleder Rn 4). Dieser Entscheidung ist entgegenzuhalten, dass der Vater grundsätzlich nur für das **natürliche Risiko einer Fehlgeburt** einzustehen hat. Wurde das Risiko der Fehlgeburt dagegen durch einen willentlichen **Eingriff** in die Schwangerschaft **erhöht**, ist diese **Risikosteigerung** dem Vater nur zuzurechnen, wenn er für den Schwangerschaftsabbruch mitverantwortlich ist. Dies ist der Fall, wenn er die Mutter zum Schwangerschaftsabbruch zu bewegen suchte oder sie durch ausdrückliche oder innerliche Billigung in ihrem Beschluss bestärkte. Dagegen haftet der Vater nicht, wenn die Fehlgeburt auf einen versuchten Schwangerschaftsabbruch

zurückgeht, der ohne oder sogar gegen den Willen des Vaters vorgenommen worden ist. Insoweit gelten dieselben Grundsätze, die auch für die Tragung der **Beerdigungskosten** einer Mutter infolge Schwangerschaftsabbruches gelten (vgl § 1615m Rn 5 f).

Im Falle der Fehlgeburt sind die §§ 1594 Abs 1, 1600d Abs 4 BGB nicht anzuwenden (vgl oben Rn 11). Deshalb kann ein Anspruch nach § 1615l BGB gegen den Vater geltend gemacht werden, obwohl seine Vaterschaft **nicht anerkannt** oder **gerichtlich festgestellt** ist (vgl Soergel/Lettmaier Rn 8). 16

4. Einstandspflicht des Vaters für Kosten eines Schwangerschaftsabbruchs?

Die Rechtsprechung ist mit der Frage konfrontiert worden, ob § 1615n entsprechend anzuwenden sei auf die Tragung der Kosten eines **nicht rechtswidrigen Schwangerschaftsabbruchs**. Das AG Bühl (FamRZ 1985, 107) hat diese Frage verneint, falls der Schwangerschaftsabbruch von der Mutter gegen den Willen des Vaters veranlasst worden sei: Müsste der Vater für die Kosten des Schwangerschaftsabbruchs aufkommen, so sei dies mit seiner **Gewissensfreiheit** (Art 4 Abs 1 GG) nicht vereinbar. Wesentlicher dürfte sein, dass § 1615l Abs 1 BGB den Vater primär dazu verpflichtet, Aufwendungen zu tragen, die der **Erhaltung des Lebens** des gezeugten Kindes dienen; verwirklicht sich das natürliche Risiko des Todes, so hat der Vater nur sekundär für die hierdurch entstandenen Kosten einzustehen. Dagegen verpflichtet § 1615l BGB **nicht** zum Ersatz von Kosten, die auf **willentliche Beendigung der Schwangerschaft** gerichtet sind. Deshalb kann diese Bestimmung nicht analog auf die Aufwendungen für den Schwangerschaftsabbruch angewendet werden (so auch Soergel/Häberle[12] Rn 6; **aA** AG Brake FamRZ 1976, 288; differenzierend Soergel/Lettmaier[13] Rn 10; Palandt/Brudermüller[76] Rn 2 aE). Im Falle eines nicht rechtswidrigen Schwangerschaftsabbruchs steht jedoch einer in der gesetzlichen **Krankenversicherung** versicherten Mutter gemäß § 24b SGB V ein sozialrechtlicher Anspruch zu. 17

§ 1615o

(weggefallen)

Sachregister

Die fetten Zahlen beziehen sich auf die Paragraphen, die mageren Zahlen auf die Randnummern.

J. von Staudingers Kommentar zum Bürgerlichen Gesetzbuch mit Einführungsgesetz und Nebengesetzen

Übersicht vom 1. 2. 2018
Die Übersicht informiert über die Erscheinungsjahre der Kommentierungen in der 13. Bearbeitung und deren Neubearbeitungen (= Gesamtwerk STAUDINGER). *Kursiv* geschrieben sind die geplanten Erscheinungsjahre.

Die Übersicht ist für die 13. Bearbeitung und für deren Neubearbeitungen zugleich ein Vorschlag für das Aufstellen des „Gesamtwerk STAUDINGER" (insbesondere für solche Bände, die nur eine Sachbezeichnung haben). Es wird empfohlen, die Austauschbände chronologisch neben den überholten Bänden einzusortieren, um bei Querverweisungen auf diese schnell Zugriff zu haben. Bei Platzmangel sollten die ausgetauschten Bände an anderem Ort in gleicher Reihenfolge verwahrt werden.

	Neubearbeitungen				
Buch 1. Allgemeiner Teil					
Einl BGB; §§ 1–14; VerschG	2004	2013			
§§ 21–79	2005				
§§ 80–89	2011	2017			
§§ 90–124; 130–133		2012	2016		
§§ 125–129; BeurkG			2012	2017	
§§ 134–163	2003				
§§ 134–138		2011	2017		
§§ 139–163		2010	2015		
§§ 164–240	2004	2009	2014		
Buch 2. Recht der Schuldverhältnisse					
§§ 241–243	2005	2009	2014		
§§ 244–248	2016				
§§ 249–254	2005	2016			
§§ 255–314	2001				
§§ 255–304	2004	2009	2014		
§§ 305–310; UKlaG	2006		2013		
§§ 311, 311a, 312, 312a–i	2013				
§§ 311, 311a–c		2018			
§§ 311b, 311c	2012				
§§ 313, 314	*2019*				
§§ 315–327	2001	2004	2009	2015	
§§ 328–361b	2001				
§§ 328–359		2004			
§§ 328–345			2009	2015	
§§ 346–361			2012		
§§ 358–360				2016	
§§ 362–396	2000	2006	2011	2016	
§§ 397–432	2005	2012	2017		
§§ 433–487; Leasing	2004				
§§ 433–480		2013			
Wiener UN-Kaufrecht (CISG)	1999	2005	2013	2017	
§§ 488–490; 607–609	2011	2015			
VerbrKrG; HWiG; § 13a UWG; TzWrG	2001				
§§ 491–512	2004	2012			
§§ 516–534	2005	2013			
§§ 535–562d (Mietrecht 1)	2003	2006	2011		
§§ 563–580a (Mietrecht 2)	2003	2006	2011		
§§ 535–555f (Mietrecht 1)				2014	
§§ 556–561; HeizkostenV; BetrKV (Mietrecht 2)				2014	
§§ 562–580a; Anh AGG (Mietrecht 3)				2014	
§§ 535–556g (Mietrecht 1)					2017
§§ 557–580a; Anh AGG (Mietrecht 2)					2017
Leasing		2014			
§§ 581–606	2005	2013			
§§ 607–610 (siehe §§ 488–490; 607–609)	./.				
§§ 611–615	2005				
§§ 611–613		2011	2015		
§§ 613a–619a		2011	2016		
§§ 616–630	2002				
§§ 620–630		2012	2016		
§§ 631–651	2003	2008	2013		
§§ 651a–651m	2003	2011	2015		
§§ 652–656	2003	2010			
§§ 652–661a			2015		
§§ 657–704	2006				
§§ 662–675b		2017			
§§ 675c–676c		2012			
§§ 677–704		2015			
§§ 741–764	2002	2008	2015		
§§ 765–778	2013				
§§ 779–811	2002	2009	2015		
§§ 812–822	1999	2007			
§§ 823 A-D	2016				
§§ 823 E–I, 824, 825	2009				
§§ 826–829; ProdHaftG	2003	2009	2013		
§§ 830–838	2002	2008	2012	2017	
§§ 839, 839a	2007	2013			
§§ 840–853	2007	2015			
AGG	2017				
UmweltHR	2002	2010	2017		

Neubearbeitungen

Buch 3. Sachenrecht			
§§ 854–882	2000	2007	2012
§§ 883–902	2002	2008	2013
§§ 903–924	2002	2009	2015
§§ 925–984; Anh §§ 929 ff	2004	2011	2016
§§ 985–1011	1999	2006	2013
ErbbauRG; §§ 1018–1112	2002	2009	2016
§§ 1113–1203	2002	2009	2014
§§ 1204–1296; §§ 1–84 SchiffsRG	2002	2009	
§§ 1–19 WEG	2017		
§§ 20–64 WEG	2017		
Buch 4. Familienrecht			
§§ 1297–1320; Anh §§ 1297 ff; §§ 1353–1362	2007		
§§ 1297–1352		2012	2015
LPartG		2010	
§§ 1353–1362		2012	
§§ 1363–1563	2000	2007	
§§ 1363–1407			2017
§§ 1564–1568; §§ 1–27 HausratsVO	2004		
§§ 1564–1568; §§ 1568 a+b		2010	
§§ 1569–1586b	2014		
§§ 1587–1588; VAHRG	2004		
§§ 1589–1600d	2000	2004	2011
§§ 1601–1615n	2000	2018	
§§ 1616–1625	2007	2014	
§§ 1626–1633; §§ 1–11 RKEG	2007	2015	
§§ 1638–1683	2004	2009	2015
§§ 1684–1717	2006	2013	
§§ 1741–1772	2007		
§§ 1773–1895; Anh §§ 1773–1895 (KJHG)	2004		
§§ 1773–1895		2013	
§§ 1896–1921	2006	2013	2017
Buch 5. Erbrecht			
§§ 1922–1966	2000	2008	2016
§§ 1967–2063	2002	2010	2016
§§ 2064–2196	2003	2013	
§§ 2197–2264	2003		
§§ 2197–2228		2012	2016
§§ 2229–2264		2012	2017
§§ 2265–2338	2006		
§§ 2265–2302		2013	
§§ 2303–2345		2014	
§§ 2339–2385	2004		
§§ 2346–2385		2010	2016
EGBGB			
Einl EGBGB; Art 1, 2, 50–218	2005	2013	
Art 219–245	2003		
Art 219–232		2015	
Art 233–248		2015	
EGBGB/Internationales Privatrecht			
Einl IPR; Art 3–6	2003		
Einl IPR		2012	
Art 3–6		2013	
Art 7, 9–12, 47,48	2007	2013	
IntGesR	1998		
Art 13–17b	2003	2011	
Art 18; Vorbem A + B zu Art 19	2003		
Haager Unterhaltsprotokoll		2016	
Vorbem C–H zu Art 19	2009		
IntVerfREhe	2005		
IntVerfREhe 1		2014	
IntVerfREhe 2		2016	
Art 19–24	2002	2008	2014
Art 25, 26	2000	2007	
Art 1–10 Rom I VO	2011	2016	
Art 11–29 Rom I–VO; Art 46b, c; IntVertrVerfR	2011	2016	
Art 38–42	2001		
IntWirtschR	2006	2010	2015
Art 43–46	2014		
Eckpfeiler des Zivilrechts	2011	2012	2014
Demnächst erscheinen			
Einl zum BGB; §§ 1–14; VerschG	2004	2013	2018
§§ 1408–1563		2018	
Vorbem C–H zu Art 19 EGBGB	2009	2018	

oHG Dr. Arthur L. Sellier & Co. KG – Walter de Gruyter GmbH, Berlin
Postfach 30 34 21, D-10728 Berlin, Telefon (030) 2 60 05-0, Fax (030) 2 60 05-222